辽宁经济普查年鉴 2013

Liaoning Economic Census Yearbook

第三产业卷

辽宁省第三次全国经济普查领导小组办公室
辽　宁　省　统　计　局　编

中国统计出版社
China Statistics Press

图书在版编目（CIP）数据

辽宁经济普查年鉴. 2013/辽宁省第三次全国经济普查领导小组办公室，辽宁省统计局编. ——北京：中国统计出版社，2015.11

ISBN 978-7-5037-7707-3

Ⅰ. ①辽… Ⅱ. ①辽… ②辽… Ⅲ. ①经济-普查-辽宁省-2013-年鉴 Ⅳ. ①F127.31-54

中国版本图书馆 CIP 数据核字（2015）第 284336 号

辽宁经济普查年鉴—2013/第三产业卷

作　　者/辽宁省第三次全国经济普查领导小组办公室
　　　　　辽宁省统计局
责任编辑/马　平
封面设计/黄俊杰　李雪燕
出版发行/中国统计出版社
通信地址/北京市丰台区西三环南路甲 6 号　邮政编码/100073
电　　话/邮购（010）63376909　书店（010）68783171
网　　址/http://www.zgtjcbs.com/
印　　刷/河北天普润印刷厂
经　　销/新华书店
开　　本/880mm×1230mm　1/16
字　　数/780 千字
印　　张/25.25
版　　别/2015 年 12 月第 1 版
版　　次/2015 年 12 月第 1 次印刷
定　　价/780.00 元（全四册附光盘）

本书附同版本 CD-ROM 一张，光盘内容以书面文字为准。
如有印装差错，由本社发行部调换。

辽宁经济普查年鉴-2013/第三产业卷

第一篇　批发和零售业

第二篇　住宿和餐饮业

主　　编：巩士宏

副 主 编：宋建群

编辑人员：李东华　李晓棠　赵德任　张　申

数据处理：李东华　李晓棠　赵德任　张　申

校　　对：李东华　李晓棠　赵德任　张　申

第三篇　房地产开发经营业

主　　编：金　萍

副 主 编：李相岩

编辑人员：万　鹏　赵德任　张　申　李　冰

数据处理：万　鹏　赵德任　张　申　李　冰

校　　对：万　鹏　赵德任　张　申　李　冰

第四篇　重点服务业企业

主　　编：刘灵杰

副 主 编：李中杰

编辑人员：李中杰　国洪飞　赵德任　张　申

数据处理：李中杰　国洪飞　赵德任　张　申

校　　对：李中杰　国洪飞　赵德任　张　申

第五篇　行政事业、社团及其他单位

主　　编：琚慧敏

副 主 编：李明昱

编辑人员：李明昱　李　博　朴志红　张　申　李　冰

数据处理：李明昱　李　博　朴志红　张　申　李　冰

校　　对：李明昱　张　申　李　冰

第六篇　企业信息化和电子商务交易

主　　编：刘灵杰

副 主 编：宋振兴

编辑人员：宋振兴　国洪飞

数据处理：宋振兴　国洪飞

校　　对：宋振兴　国洪飞

编者说明

为便于社会各界共同分享第三次辽宁经济普查的成果，更方便地开发利用普查资料，我们将经济普查资料编辑整理，汇编成《辽宁经济普查年鉴—2013》一书。全书共三卷四册，即综合卷、第二产业卷和第三产业卷，并随书配送同版本光盘一张。《综合卷》分三篇：第一篇为“综合”，第二篇为“小微企业”，第三篇为“文化及相关产业”。《第二产业卷》按内容分三篇：第一篇为“工业”，第二篇为“建筑业”，第三篇为“科技”。《第三产业卷》分六篇：第一篇为“批发和零售业”，第二篇为“住宿和餐饮业”，第三篇为“房地产开发经营业”，第四篇为“重点服务业企业”，第五篇为 “行政事业、社团及其他单位”，第六篇为“企业信息化和电子商务交易”。为使读者能够更好地使用本资料，现对有关问题做如下说明：

一、第三次全国经济普查的标准时点为2013年12月31日，时期资料为2013年度；

二、每卷后附有该卷详细的指标解释，使用时请仔细阅读；

三、综合卷中综合篇和小微企业篇汇总表分组数据不包括金融业和铁路运输业；

四、本资料建筑业按法人单位注册地，其他行业按法人单位经营地进行汇总；

五、本资料对部分数据由于单位取舍不同或四舍五入而产生的差数均未作调整；

六、表中空格表示该项统计指标数值为零或无该项数据。

我们希望此书的面世，能使社会各界对我省第三次经济普查有一个全面概括的了解，更愿本书的内容，能为社会经济研究工作者提供有价值的参考。

第三次辽宁经济普查资料是全省普查工作者共同辛勤工作的成果，也是广大普查对象积极支持配合的结果。在此，我们向所有普查工作者、普查对象和所有参与和支持普查工作的人员致以崇高的敬意和衷心的感谢！

第三产业卷　目录

第一篇　批发和零售业

第二篇　住宿和餐饮业

第三篇 房地产开发经营业

第四篇 重点服务业企业

第五篇 行政事业、社团及其他单位

第六篇 企业信息化和电子商务交易

附 录

第一篇

批发和零售业

1-A-1　批发业法人企业基本情况

分　　组	法人单位数（个）	年末从业人数（人）
总　计	**80530**	**612394**
按国民经济行业分组		
农、林、牧产品批发	4775	40653
谷物、豆及薯类批发	1588	16914
种子批发	1518	9033
饲料批发	357	2176
棉、麻批发	32	319
林业产品批发	302	3268
牲畜批发	490	4755
其他农牧产品批发	488	4188
食品、饮料及烟草制品批发	8186	86683
米、面制品及食用油批发	867	8646
糕点、糖果及糖批发	331	2286
果品、蔬菜批发	2236	27590
肉、禽、蛋、奶及水产品批发	1526	16251
盐及调味品批发	280	2896
营养和保健品批发	320	1984
酒、饮料及茶叶批发	1159	9577
烟草制品批发	73	9364
其他食品批发	1394	8089
纺织、服装及家庭用品批发	7117	75211
纺织品、针织品及原料批发	877	5772
服装批发	2731	37163
鞋帽批发	158	2920
化妆品及卫生用品批发	615	3988
厨房、卫生间用具及日用杂货批发	772	4317
灯具、装饰物品批发	276	1482
家用电器批发	854	6277
其他家庭用品批发	834	13292
文化、体育用品及器材批发	1825	11272
文具用品批发	778	4668
体育用品及器材批发	172	1475
图书批发	167	1112
报刊批发	27	166
音像制品及电子出版物批发	51	365
首饰、工艺品及收藏品批发	335	1868
其他文化用品批发	295	1618
医药及医疗器材批发	2121	21154
西药批发	356	8512
中药批发	280	3419
医疗用品及器材批发	1485	9223
矿产品、建材及化工产品批发	27060	191305
煤炭及制品批发	2307	18904
石油及制品批发	2632	31823
非金属矿及制品批发	771	5930
金属及金属矿批发	7685	51746
建材批发	6708	40167
化肥批发	2625	14709
农药批发	881	4290
农用薄膜批发	70	378
其他化工产品批发	3381	23358

1-A-1 续表

分　　组	法人单位数（个）	年末从业人数（人）
机械设备、五金产品及电子产品批发	20397	126779
农业机械批发	708	5063
汽车批发	492	6867
汽车零配件批发	1017	7818
摩托车及零配件批发	148	1022
五金产品批发	5304	32494
电气设备批发	1760	9875
计算机、软件及辅助设备批发	1628	9562
通讯及广播电视设备批发	514	3776
其他机械设备及电子产品批发	8826	50302
贸易经纪与代理	3256	21795
贸易代理	1656	10913
拍卖	199	1413
其他贸易经纪与代理	1401	9469
其他批发业	5793	37542
再生物资回收与批发	2065	14315
其他未列明批发业	3728	23227
按登记注册类型分组		
内资企业	79853	602361
国有企业	963	23404
集体企业	1505	12020
股份合作企业	342	2701
联营企业	127	1005
国有联营企业	10	78
集体联营企业	46	335
国有与集体联营企业	7	56
其他联营企业	64	536
有限责任公司	17814	150827
国有独资公司	70	3823
其他有限责任公司	17744	147004
股份有限公司	1350	20823
私营企业	52021	337709
私营独资企业	9384	53529
私营合伙企业	289	2195
私营有限责任公司	40875	263453
私营股份有限公司	1473	18532
其他企业	5731	53872
港、澳、台商投资企业	128	3857
合资经营企业	36	1199
合作经营企业	4	193
独资经营企业	81	2346
投资股份有限公司	2	3
其他港澳台商投资企业	5	116
外商投资企业	549	6176
中外合资经营企业	109	1524
中外合作经营企业	11	114
外资企业	384	4124
外商投资股份有限公司	20	270
其他外商投资企业	25	144

1-A-2　批发业法人企业财务状况

分　　组	营业收入（千元）	主营业务收入	资产总计（千元）
总　计	**1671934214**	**1666329485**	**798156704**
按国民经济行业分组			
农、林、牧产品批发	65913786	65747489	44398050
谷物、豆及薯类批发	47999727	47858384	32865010
种子批发	6200396	6182550	4002973
饲料批发	3665339	3665320	1502318
棉、麻批发	694035	693853	846551
林业产品批发	1777503	1776926	1233732
牲畜批发	3181020	3180581	1534761
其他农牧产品批发	2395766	2389875	2412705
食品、饮料及烟草制品批发	113430882	113227834	68382771
米、面制品及食用油批发	19343764	19319802	12966522
糕点、糖果及糖批发	2061917	2050667	911897
果品、蔬菜批发	22330762	22316334	11521051
肉、禽、蛋、奶及水产品批发	14928655	14862561	13635329
盐及调味品批发	2104839	2094959	1311252
营养和保健品批发	1207431	1203422	861149
酒、饮料及茶叶批发	10819300	10807394	8488516
烟草制品批发	34243076	34186399	14908650
其他食品批发	6391138	6386296	3778405
纺织、服装及家庭用品批发	98267101	97875596	45285979
纺织品、针织品及原料批发	6436102	6430282	4128334
服装批发	56102966	55874871	25564519
鞋帽批发	3006929	2995857	1696793
化妆品及卫生用品批发	3384060	3358335	1472622
厨房、卫生间用具及日用杂货批发	2757408	2752308	1918267
灯具、装饰物品批发	998830	997539	963690
家用电器批发	11614220	11510411	5730258
其他家庭用品批发	13966586	13955993	3811496
文化、体育用品及器材批发	9899746	9860358	6745566
文具用品批发	4694927	4684276	2730744
体育用品及器材批发	784457	784100	659365
图书批发	686053	659679	853969
报刊批发	66204	65787	54793
音像制品及电子出版物批发	240565	240565	222438
首饰、工艺品及收藏品批发	2321721	2321281	1558957
其他文化用品批发	1105819	1104670	665300
医药及医疗器材批发	48361177	48194823	24926970
西药批发	31908590	31775593	16451551
中药批发	5933122	5922434	3097852
医疗用品及器材批发	10519465	10496796	5377567
矿产品、建材及化工产品批发	1122534668	1118837391	444152612
煤炭及制品批发	89171537	87102052	60468489
石油及制品批发	626087120	625243510	73401477
非金属矿及制品批发	8693823	8678162	4804752
金属及金属矿批发	270972056	270582077	201270354
建材批发	46096810	45882238	37738140
化肥批发	18224198	18215950	15295373
农药批发	2174451	2173482	1592921
农用薄膜批发	280877	279726	300838
其他化工产品批发	60833796	60680194	49280268

1-A-2 续表

分组	营业收入(千元)	主营业务收入	资产总计(千元)
机械设备、五金产品及电子产品批发	154642066	153751192	122496801
农业机械批发	5303576	5221920	4488373
汽车批发	18519614	18299912	20529121
汽车零配件批发	14207137	14198422	7885543
摩托车及零配件批发	1969589	1968985	846884
五金产品批发	29342787	29277117	22980098
电气设备批发	8635711	8612995	5949044
计算机、软件及辅助设备批发	11927037	11901146	5880159
通讯及广播电视设备批发	6869885	6695712	3610425
其他机械设备及电子产品批发	57866730	57574983	50327154
贸易经纪与代理	20644393	20630735	16818903
贸易代理	15669013	15661331	11283360
拍卖	234213	230862	1534997
其他贸易经纪与代理	4741167	4738542	4000546
其他批发业	38240395	38204067	24949052
再生物资回收与批发	10408194	10383005	6796349
其他未列明批发业	27832201	27821062	18152703
按登记注册类型分组			
内资企业	1648869694	1643401145	770485295
国有企业	96909841	96546398	62091112
集体企业	8645638	8603587	4885745
股份合作企业	2013407	1994898	958091
联营企业	687207	685452	852361
国有联营企业	148269	146544	170127
集体联营企业	186753	186723	110614
国有与集体联营企业	15319	15319	56404
其他联营企业	336866	336866	515216
有限责任公司	484133848	480910071	335680693
国有独资公司	52602558	52428524	27825227
其他有限责任公司	431531290	428481547	307855466
股份有限公司	502942626	502385591	57833175
私营企业	522812697	521626438	292103313
私营独资企业	30148671	30089697	19798644
私营合伙企业	1398550	1398201	888437
私营有限责任公司	461370064	460258477	258867090
私营股份有限公司	29895412	29880063	12549142
其他企业	30724430	30648710	16080805
港、澳、台商投资企业	6785481	6714355	15665650
合资经营企业	1299240	1230412	11180944
合作经营企业	385160	385160	127578
独资经营企业	5073694	5071396	4324693
投资股份有限公司	6101	6101	4028
其他港澳台商投资企业	21286	21286	28407
外商投资企业	16279039	16213985	12005759
中外合资经营企业	2517244	2514456	1201273
中外合作经营企业	112089	112089	635657
外资企业	13342988	13281276	9852277
外商投资股份有限公司	231040	230486	185056
其他外商投资企业	75678	75678	131496

1-A-3 零售业法人企业基本情况

分 组	法人单位数（个）	年末从业人数（人）	年末零售营业面积（平方米）
总 计	**35195**	**429741**	**17380444**
按国民经济行业分组			
综合零售	3239	140019	6631308
百货零售	1511	86234	4689136
超级市场零售	424	42660	1616651
其他综合零售	1304	11125	325521
食品、饮料及烟草制品专门零售	2875	21139	501297
粮油零售	375	2515	83332
糕点、面包零售	143	2011	16012
果品、蔬菜零售	320	2975	89399
肉、禽、蛋、奶及水产品零售	581	3560	94545
营养和保健品零售	212	1272	25268
酒、饮料及茶叶零售	550	3857	87981
烟草制品零售	118	1195	25257
其他食品零售	576	3754	79503
纺织、服装及日用品专门零售	3479	33840	1094941
纺织品及针织品零售	406	2780	76919
服装零售	1430	18715	735473
鞋帽零售	116	1451	40611
化妆品及卫生用品零售	349	2781	50468
钟表、眼镜零售	229	2645	47829
箱、包零售	53	320	5263
厨房用具及日用杂品零售	248	1410	35884
自行车零售	36	281	5522
其他日用品零售	612	3457	96972
文化、体育用品及器材专门零售	1815	17252	549121
文具用品零售	556	3743	73655
体育用品及器材零售	176	1413	31222
图书、报刊零售	240	5752	135689
音像制品及电子出版物零售	39	226	5485
珠宝首饰零售	291	3096	208643
工艺美术品及收藏品零售	305	1939	68599
乐器零售	53	344	9744
照相器材零售	43	259	4000
其他文化用品零售	112	480	12084
医药及医疗器材专门零售	5379	46679	1006631
药品零售	4737	43167	932429
医疗用品及器材零售	642	3512	74202
汽车、摩托车、燃料及零配件专门零售	5807	77560	4362681
汽车零售	2112	42640	1937977
汽车零配件零售	1287	7810	252509
摩托车及零配件零售	332	1801	74608
机动车燃料零售	2076	25309	2097587
家用电器及电子产品专门零售	4589	39932	1090681
家用视听设备零售	323	4081	139936
日用家电设备零售	860	9680	529627
计算机、软件及辅助设备零售	1652	14751	216038
通信设备零售	704	5848	100251
其他电子产品零售	1050	5572	104829

1-A-3 续表

分　组	法人单位数（个）	年末从业人数（人）	年末零售营业面积（平方米）
五金、家具及室内装饰材料专门零售	5137	33748	1321499
五金零售	3114	17273	393321
灯具零售	110	597	13282
家具零售	534	4503	549488
涂料零售	135	598	14089
卫生洁具零售	68	604	11686
木质装饰材料零售	187	1071	25228
陶瓷、石材装饰材料零售	177	1316	30891
其他室内装饰材料零售	812	7786	283514
货摊、无店铺及其他零售业	2875	19572	822285
货摊食品零售	9	42	1515
货摊纺织、服装及鞋零售	20	526	2248
货摊日用品零售	17	71	2072
互联网零售	29	876	1075
邮购及电视、电话零售	9	40	150
旧货零售	42	187	18007
生活用燃料零售	1036	7875	562686
其他未列明零售业	1713	9955	234532
按登记注册类型分组			
内资企业	34981	396967	16038125
国有企业	488	11618	261579
集体企业	1030	10391	283178
股份合作企业	250	1706	70017
联营企业	89	2825	20504
国有联营企业	7	77	3423
集体联营企业	41	2497	9879
国有与集体联营企业	7	76	1880
其他联营企业	34	175	5322
有限责任公司	6623	120590	5379067
国有独资公司	17	1644	131108
其他有限责任公司	6606	118946	5247959
股份有限公司	657	31584	1945608
私营企业	23835	204826	7712900
私营独资企业	9333	51119	1962298
私营合伙企业	209	1192	47366
私营有限责任公司	13740	146262	5365812
私营股份有限公司	553	6253	337424
其他企业	2009	13427	365272
港、澳、台商投资企业	87	16193	690435
合资经营企业	31	6117	208796
合作经营企业	1	4	102
独资经营企业	49	9278	471407
投资股份有限公司	5	792	9630
其他港澳台商投资企业	1	2	500
外商投资企业	127	16581	651884
中外合资经营企业	41	7608	204831
中外合作经营企业	4	7	2180
外资企业	74	8063	431873
外商投资股份有限公司	4	881	12610
其他外商投资企业	4	22	390

1-A-4　零售业法人企业财务状况

分　　组	营业收入 (千元)	主营业务收入	资产总计 (千元)
总　计	**392456809**	**384637288**	**259938361**
按国民经济行业分组	**392456809**	**384637288**	**259938361**
综合零售	103080099	97179668	87314029
百货零售	77352967	72108203	66939172
超级市场零售	22287365	21651722	17394474
其他综合零售	3439767	3419743	2980383
食品、饮料及烟草制品专门零售	9362245	9232867	7566191
粮油零售	1589205	1525081	885861
糕点、面包零售	536725	533066	560847
果品、蔬菜零售	909324	905850	907039
肉、禽、蛋、奶及水产品零售	1932999	1924647	1288110
营养和保健品零售	527356	497656	517526
酒、饮料及茶叶零售	1637731	1636641	1700472
烟草制品零售	826657	824099	513315
其他食品零售	1402248	1385827	1193021
纺织、服装及日用品专门零售	16667948	16571724	17492402
纺织品及针织品零售	1369882	1364310	1275601
服装零售	10201873	10123450	10770262
鞋帽零售	850221	850221	443341
化妆品及卫生用品零售	882145	877347	1142662
钟表、眼镜零售	1802601	1802344	1940524
箱、包零售	125643	125613	88715
厨房用具及日用杂品零售	385317	382562	411416
自行车零售	58915	58895	104100
其他日用品零售	991351	986982	1315781
文化、体育用品及器材专门零售	9901504	9829796	9103033
文具用品零售	1803700	1787763	1835966
体育用品及器材零售	617085	617017	795071
图书、报刊零售	1777680	1726424	1619505
音像制品及电子出版物零售	50562	50561	67608
珠宝首饰零售	3763770	3763306	2883276
工艺美术品及收藏品零售	1253419	1249911	1362457
乐器零售	146193	145997	124231
照相器材零售	253214	253212	149899
其他文化用品零售	235881	235605	265020

1-A-4 续表 1

分　　组	营业收入（千元）	主营业务收入	资产总计（千元）
医药及医疗器材专门零售	23390087	23257345	14431453
药品零售	21577430	21452763	12824106
医疗用品及器材零售	1812657	1804582	1607347
汽车、摩托车、燃料及零配件专门零售	170639904	169517974	78910720
汽车零售	100170518	99647596	54530151
汽车零配件零售	4136700	4093075	4199186
摩托车及零配件零售	1226255	1224723	598064
机动车燃料零售	65106431	64552580	19583319
家用电器及电子产品专门零售	30640364	30377282	19085410
家用视听设备零售	3502120	3484748	1917280
日用家电设备零售	12803995	12715306	6498323
计算机、软件及辅助设备零售	8132938	8108235	5779663
通信设备零售	4422200	4294610	2384103
其他电子产品零售	1779111	1774383	2506041
五金、家具及室内装饰材料专门零售	14900242	14858466	14528630
五金零售	7914256	7879292	7002965
灯具零售	177510	177086	264313
家具零售	1981490	1977751	2676547
涂料零售	253079	253074	175608
卫生洁具零售	393348	393348	391273
木质装饰材料零售	527275	527219	471572
陶瓷、石材装饰材料零售	350402	350348	503231
其他室内装饰材料零售	3302882	3300348	3043121
货摊、无店铺及其他零售业	13874416	13812166	11506493
货摊食品零售	6987	6987	6168
货摊纺织、服装及鞋零售	285648	285648	141382
货摊日用品零售	25995	25995	19237
互联网零售	2622244	2622244	604425
邮购及电视、电话零售	8359	8359	14664
旧货零售	41850	41541	71224
生活用燃料零售	5618891	5568984	5695806
其他未列明零售业	5264442	5252408	4953587

1-A-4 续表 2

分 组	营业收入（千元）	主营业务收入	资产总计（千元）
按登记注册类型分组			
内资企业	358983805	354812241	231510557
国有企业	17471740	17357458	8804851
集体企业	4203943	4132318	2596499
股份合作企业	906270	905483	683002
联营企业	514864	514864	242119
国有联营企业	198257	198257	33631
集体联营企业	235666	235666	145548
国有与集体联营企业	11703	11703	29734
其他联营企业	69238	69238	33206
有限责任公司	116172479	114618963	80117140
国有独资公司	1013861	998057	1005833
其他有限责任公司	115158618	113620906	79111307
股份有限公司	62484603	61486013	28142221
私营企业	153072740	151654344	107098475
私营独资企业	21003254	20935321	16067719
私营合伙企业	426911	426511	330919
私营有限责任公司	126823541	125522030	87139270
私营股份有限公司	4819034	4770482	3560567
其他企业	4157166	4142798	3826250
港、澳、台商投资企业	17961580	17350010	15560757
合资经营企业	8981077	8681570	5496871
合作经营企业	4150	4150	380
独资经营企业	8139334	7842309	9577996
投资股份有限公司	837019	821981	244407
其他港澳台商投资企业			241103
外商投资企业	15511424	12475037	12867047
中外合资经营企业	5727852	5536702	2938599
中外合作经营企业	2648	2648	25843
外资企业	9452720	6607493	9555340
外商投资股份有限公司	327134	327124	345268
其他外商投资企业	1070	1070	1997

1-B-1 分地区批发业法人企业基本情况

地　区	法人单位数 (个)	年末从业人数 (人)
全　省	**80530**	**612394**
沈阳市	**25739**	**159488**
和平区	3267	19115
沈河区	4154	29825
大东区	2107	14010
皇姑区	3419	21701
铁西区	5020	25679
苏家屯区	363	2933
东陵区	1954	9483
沈北新区	567	3871
于洪区	1889	8506
辽中县	543	2751
康平县	401	3467
法库县	1612	15021
新民市	443	3126
大连市	**25915**	**185339**
中山区	4009	24097
西岗区	3060	18106
沙河口区	4564	19926
甘井子区	3933	18776
旅顺口区	518	3627
金州区	5744	56878
长海县	5	25
瓦房店市	2205	26793
普兰店市	1130	11314
庄河市	747	5797
鞍山市	**6487**	**83994**
铁东区	725	11959
铁西区	1864	13483
立山区	822	6233
千山区	419	2341
台安县	324	2319
岫岩满族自治县	275	1484
海城市	2058	46175
抚顺市	**3086**	**21043**
新抚区	374	3815
东洲区	517	2682
望花区	1050	7303

1-B-1　续表 1

地　　区	法人单位数（个）	年末从业人数（人）
顺城区	242	1552
抚顺县	350	1791
新宾满族自治县	241	2379
清原满族自治县	312	1521
本溪市	**2604**	**26009**
平山区	715	7107
溪湖区	406	4325
明山区	739	6780
南芬区	93	550
本溪满族自治县	235	2537
桓仁满族自治县	416	4710
丹东市	**1783**	**13485**
元宝区	473	4481
振兴区	501	3883
振安区	63	662
宽甸满族自治县	141	803
东港市	300	1947
凤城市	305	1709
锦州市	**2091**	**15671**
古塔区	379	3103
凌河区	406	2433
太和区	535	3930
黑山县	174	2326
义县	256	1371
凌海市	173	1480
北镇市	168	1028
营口市	**3653**	**29570**
站前区	496	5874
西市区	411	2690
鲅鱼圈区	529	3706
老边区	421	4355
盖州市	1065	7742
大石桥市	731	5203
阜新市	**1686**	**11881**
海州区	368	4008
新邱区	56	302
太平区	193	1563
清河门区	37	228
细河区	274	1390

1-B-1 续表 2

地　区	法人单位数（个）	年末从业人数（人）
阜新蒙古族自治县	320	2262
彰武县	438	2128
辽阳市	**1547**	**18349**
白塔区	393	3074
文圣区	68	376
宏伟区	182	1274
弓长岭区	29	119
太子河区	119	778
辽阳县	651	12185
灯塔市	105	543
盘锦市	**1477**	**10839**
双台子区	392	3410
兴隆台区	538	4217
大洼县	259	1721
盘山县	288	1491
铁岭市	**998**	**10296**
银州区	116	3214
清河区	42	151
铁岭县	99	1201
西丰县	74	641
昌图县	517	4193
调兵山市	45	281
开原市	105	615
朝阳市	**1522**	**11983**
双塔区	347	3526
龙城区	334	2307
朝阳县	148	1230
建平县	222	1240
喀喇沁左翼蒙古族自治县	110	701
北票市	171	1355
凌源市	190	1624
葫芦岛市	**1942**	**14447**
连山区	472	2529
龙港区	309	3172
南票区	225	1922
绥中县	613	4744
建昌县	105	1221
兴城市	218	859

1-B-2　分地区批发业法人企业基本情况(按国民经济行业分)

地　区	农、林、牧产品批发		食品、饮料及烟草制品批发	
	法人单位数(个)	年末从业人数(人)	法人单位数(个)	年末从业人数(人)
全　省	**4775**	**40653**	**8186**	**86683**
沈阳市	**1075**	**6859**	**1591**	**13154**
和平区	19	221	334	1797
沈河区	97	455	245	3447
大东区	24	106	113	530
皇姑区	68	396	302	2471
铁西区	36	97	260	1280
苏家屯区	33	262	32	393
东陵区	31	240	69	440
沈北新区	152	1115	32	651
于洪区	78	314	65	270
辽中县	128	495	30	270
康平县	111	793	26	317
法库县	191	1583	48	940
新民市	107	782	35	348
大连市	**952**	**8498**	**3705**	**35922**
中山区	219	1540	656	4453
西岗区	62	256	395	3095
沙河口区	92	452	579	2715
甘井子区	88	473	372	2274
旅顺口区	23	81	74	1441
金州区	80	870	339	3745
长海县			1	6
瓦房店市	162	2455	850	13755
普兰店市	199	2243	359	3938
庄河市	27	128	80	500
鞍山市	**327**	**3959**	**429**	**6022**
铁东区	8	66	77	1420
铁西区	28	250	79	928
立山区	10	36	48	261
千山区	10	110	34	377
台安县	34	336	18	201
岫岩满族自治县	40	137	14	218
海城市	197	3024	159	2617
抚顺市	**154**	**782**	**154**	**1603**
新抚区	4	20	29	598
东洲区	18	51	20	118
望花区	23	152	29	373
顺城区	4	15	38	269

1-B-2 续表 1

地 区	农、林、牧产品批发		食品、饮料及烟草制品批发	
	法人单位数（个）	年末从业人数（人）	法人单位数（个）	年末从业人数（人）
抚顺县	47	201	14	71
新宾满族自治县	11	117	12	106
清原满族自治县	47	226	12	68
本溪市	**149**	**1285**	**190**	**2549**
平山区	15	144	37	364
溪湖区	10	78	17	364
明山区	35	292	69	896
南芬区	24	146	12	98
本溪满族自治县	45	440	17	447
桓仁满族自治县	20	185	38	380
丹东市	**165**	**833**	**170**	**2447**
元宝区	18	146	66	639
振兴区	16	76	40	1054
振安区	14	74	8	70
宽甸满族自治县	39	195	12	271
东港市	38	168	36	310
凤城市	40	174	8	103
锦州市	**250**	**2597**	**190**	**2413**
古塔区	10	129	30	718
凌河区	6	22	40	255
太和区	71	756	38	307
黑山县	59	945	34	528
义县	57	386	10	110
凌海市	27	261	12	233
北镇市	20	98	26	262
营口市	**290**	**1797**	**675**	**6561**
站前区	7	92	71	1021
西市区	6	49	33	168
鲅鱼圈区	37	307	66	681
老边区	2	51	38	224
盖州市	120	569	310	3298
大石桥市	118	729	157	1169
阜新市	**330**	**2631**	**123**	**1866**
海州区	5	170	59	1076
新邱区	6	83	2	9
太平区	3	56	18	130
清河门区	11	54	1	3
细河区	14	130	13	106
阜新蒙古族自治县	153	1264	15	394

1-B-2　续表 2

地　区	农、林、牧产品批发		食品、饮料及烟草制品批发	
	法人单位数（个）	年末从业人数（人）	法人单位数（个）	年末从业人数（人）
彰武县	138	874	15	148
辽阳市	**313**	**4828**	**284**	**5240**
白塔区	9	45	24	517
文圣区	8	59	3	32
宏伟区	1	3	3	12
弓长岭区	1	3	2	9
太子河区	16	112	10	262
辽阳县	263	4553	236	4380
灯塔市	15	53	6	28
盘锦市	**93**	**574**	**105**	**1009**
双台子区	7	108	35	187
兴隆台区	25	142	33	436
大洼县	33	218	23	172
盘山县	28	106	14	214
铁岭市	**275**	**3332**	**89**	**2472**
银州区	13	198	18	1469
清河区	3	21	3	26
铁岭县	31	556	10	143
西丰县	33	374	13	127
昌图县	158	1919	33	615
调兵山市	1	22	6	51
开原市	36	242	6	41
朝阳市	**187**	**1231**	**143**	**2114**
双塔区	24	142	52	1203
龙城区	5	18	30	232
朝阳县	22	96	22	279
建平县	44	255	11	167
喀喇沁左翼蒙古族自治县	21	113	11	75
北票市	49	348	7	72
凌源市	22	259	10	86
葫芦岛市	**215**	**1447**	**338**	**3311**
连山区	10	85	48	250
龙港区	16	152	22	633
南票区	10	41	2	13
绥中县	114	846	210	1828
建昌县	24	145	16	347
兴城市	41	178	40	240

1-B-2 续表 3

地 区	纺织、服装及家庭用品批发		文化、体育用品及器材批发	
	法人单位数(个)	年末从业人数(人)	法人单位数(个)	年末从业人数(人)
全 省	**7117**	**75211**	**1825**	**11272**
沈阳市	**2715**	**18325**	**943**	**5640**
和平区	425	2386	128	740
沈河区	1065	7527	219	1646
大东区	209	2803	106	656
皇姑区	324	1883	114	696
铁西区	376	1692	120	556
苏家屯区	16	59	3	8
东陵区	92	459	160	719
沈北新区	19	171	13	42
于洪区	75	352	29	109
辽中县	36	378	2	4
康平县	7	61	8	44
法库县	48	470	35	359
新民市	23	84	6	61
大连市	**2848**	**19317**	**596**	**3458**
中山区	939	6636	141	773
西岗区	481	2856	123	566
沙河口区	564	2512	122	466
甘井子区	329	1955	54	210
旅顺口区	22	119	10	31
金州区	391	3872	128	1269
长海县	1	8		
瓦房店市	36	481	7	51
普兰店市	55	617	4	66
庄河市	30	261	7	26
鞍山市	**660**	**31598**	**85**	**856**
铁东区	83	1543	31	545
铁西区	83	744	15	108
立山区	50	612	19	79
千山区	11	37	1	3
台安县	2	8	1	6
岫岩满族自治县	2	36	2	5
海城市	429	28618	16	110
抚顺市	**110**	**814**	**25**	**124**
新抚区	27	168	5	31
东洲区	9	34	4	12
望花区	36	399	10	42
顺城区	18	112	3	13

1-B-2　续表 4

地　　区	纺织、服装及家庭用品批发		文化、体育用品及器材批发	
	法人单位数（个）	年末从业人数（人）	法人单位数（个）	年末从业人数（人）
抚顺县	10	59	1	3
新宾满族自治县	2	8	2	23
清原满族自治县	8	34		
本溪市	**105**	**864**	**17**	**120**
平山区	30	266	6	47
溪湖区	24	244	1	24
明山区	41	273	8	37
南芬区				
本溪满族自治县	3	38		
桓仁满族自治县	7	43	2	12
丹东市	**199**	**1466**	**21**	**119**
元宝区	108	802	10	74
振兴区	62	386	6	29
振安区	7	98	1	5
宽甸满族自治县	3	16		
东港市	16	136	3	7
凤城市	3	28	1	4
锦州市	**90**	**508**	**31**	**175**
古塔区	26	166	4	14
凌河区	37	168	12	48
太和区	17	123	8	40
黑山县	1	9	2	27
义县	3	18		
凌海市	3	8	4	44
北镇市	3	16	1	2
营口市	**117**	**875**	**35**	**306**
站前区	28	267	15	121
西市区	39	217	10	62
鲅鱼圈区	19	80	4	29
老边区	12	115	4	79
盖州市	6	92		
大石桥市	13	104	2	15
阜新市	**44**	**216**	**11**	**35**
海州区	11	73	6	18
新邱区	2	2		
太平区	9	41	3	14
清河门区	2	4		
细河区	12	73	2	3
阜新蒙古族自治县	6	11		

1-B-2 续表 5

地 区	纺织、服装及家庭用品批发		文化、体育用品及器材批发	
	法人单位数(个)	年末从业人数(人)	法人单位数(个)	年末从业人数(人)
彰武县	2	12		
辽阳市	**41**	**228**	**10**	**70**
白塔区	30	123	5	17
文圣区	2	4		
宏伟区			1	2
弓长岭区				
太子河区	3	15	3	13
辽阳县	4	84	1	38
灯塔市	2	2		
盘锦市	**67**	**371**	**28**	**193**
双台子区	31	153	4	10
兴隆台区	18	105	22	152
大洼县	16	86	2	31
盘山县	2	27		
铁岭市	**28**	**94**	**6**	**29**
银州区	10	34	3	14
清河区			1	8
铁岭县	2	7		
西丰县				
昌图县	10	24	1	5
调兵山市	1	3		
开原市	5	26	1	2
朝阳市	**41**	**282**	**8**	**27**
双塔区	19	92	5	15
龙城区	11	73	2	11
朝阳县	3	54		
建平县	3	14		
喀喇沁左翼蒙古族自治县				
北票市	1	2	1	1
凌源市	4	47		
葫芦岛市	**52**	**253**	**9**	**120**
连山区	19	87	5	44
龙港区	12	81	2	6
南票区				
绥中县	3	8	2	70
建昌县	3	31		
兴城市	15	46		

1-B-2　续表 6

地　　区	医药及医疗器材批发		矿产品、建材及化工产品批发	
	法人单位数（个）	年末从业人数（人）	法人单位数（个）	年末从业人数（人）
全　　省	**2121**	**21154**	**27060**	**191305**
沈阳市	**1149**	**11500**	**7551**	**44688**
和平区	297	3376	528	3468
沈河区	169	1258	636	4520
大东区	74	425	665	3889
皇姑区	135	789	1311	8703
铁西区	248	2713	1479	6844
苏家屯区	19	790	145	651
东陵区	55	664	335	1313
沈北新区	16	507	193	918
于洪区	62	236	946	4450
辽中县	15	105	245	1030
康平县	12	223	165	1391
法库县	37	360	728	6581
新民市	10	54	175	930
大连市	**416**	**3946**	**6216**	**43870**
中山区	77	590	702	4650
西岗区	81	646	529	3219
沙河口区	110	1027	742	3336
甘井子区	44	400	1096	4945
旅顺口区	3	11	187	995
金州区	62	740	1347	13456
长海县	1	2	1	7
瓦房店市	14	210	902	7294
普兰店市	21	284	244	2289
庄河市	3	36	466	3679
鞍山市	**78**	**848**	**3255**	**26449**
铁东区	21	285	296	5010
铁西区	26	243	998	5976
立山区	13	69	341	2687
千山区	1	2	321	1513
台安县	1	2	216	1327
岫岩满族自治县	2	22	164	868
海城市	14	225	919	9068
抚顺市	**44**	**330**	**1924**	**13327**
新抚区	5	39	155	2048
东洲区			370	2061
望花区	14	114	680	4634
顺城区	8	50	100	645

1-B-2 续表 7

地　区	医药及医疗器材批发		矿产品、建材及化工产品批发	
	法人单位数（个）	年末从业人数（人）	法人单位数（个）	年末从业人数（人）
抚顺县	7	60	240	1168
新宾满族自治县	6	47	174	1804
清原满族自治县	4	20	205	967
本溪市	**87**	**879**	**1224**	**11741**
平山区	6	70	358	3758
溪湖区	19	291	229	2349
明山区	5	43	395	3659
南芬区	3	20	43	248
本溪满族自治县	7	120	117	1178
桓仁满族自治县	47	335	82	549
丹东市	**40**	**300**	**712**	**4612**
元宝区	5	59	119	1354
振兴区	18	82	176	981
振安区	3	12	13	129
宽甸满族自治县			64	255
东港市	5	72	132	780
凤城市	9	75	208	1113
锦州市	**93**	**930**	**820**	**5090**
古塔区	36	250	108	787
凌河区	27	399	130	705
太和区	18	111	241	1618
黑山县	4	140	35	272
义县	1	2	157	732
凌海市	2	4	77	544
北镇市	5	24	72	432
营口市	**37**	**330**	**1510**	**13162**
站前区	5	27	170	2970
西市区	3	31	192	1275
鲅鱼圈区	3	49	266	1837
老边区	3	36	274	3012
盖州市	5	20	285	1668
大石桥市	18	167	323	2400
阜新市	**24**	**205**	**822**	**5061**
海州区	7	70	180	2006
新邱区			30	157
太平区	2	21	98	826
清河门区			18	151
细河区	7	50	136	600
阜新蒙古族自治县	2	46	102	320

1-B-2　续表 8

地　　区	医药及医疗器材批发		矿产品、建材及化工产品批发	
	法人单位数（个）	年末从业人数（人）	法人单位数（个）	年末从业人数（人）
彰武县	6	18	258	1001
辽阳市	**39**	**545**	**513**	**4570**
白塔区	8	38	156	1600
文圣区			42	220
宏伟区	2	15	115	904
弓长岭区			17	66
太子河区	2	4	62	281
辽阳县	23	468	60	1108
灯塔市	4	20	61	391
盘锦市	**14**	**225**	**778**	**5926**
双台子区	5	104	216	2248
兴隆台区	8	110	213	1832
大洼县	1	11	131	955
盘山县			218	891
铁岭市	**45**	**301**	**303**	**2664**
银州区	8	136	27	1068
清河区			11	29
铁岭县			29	238
西丰县	9	64	16	57
昌图县	27	100	168	1034
调兵山市			21	130
开原市	1	1	31	108
朝阳市	**30**	**526**	**663**	**4802**
双塔区	14	149	97	1182
龙城区	9	247	113	716
朝阳县	1	1	78	617
建平县	2	88	126	569
喀喇沁左翼蒙古族自治县	3	37	55	363
北票市			87	581
凌源市	1	4	107	774
葫芦岛市	**25**	**289**	**769**	**5343**
连山区	8	28	182	1069
龙港区	4	44	174	1792
南票区			54	351
绥中县	9	147	205	1289
建昌县	1	48	48	516
兴城市	3	22	106	326

1-B-2 续表 9

地　　区	机械设备、五金产品及电子产品批发		贸易经纪与代理		其他批发业	
	法人单位数（个）	年末从业人数（人）	法人单位数（个）	年末从业人数（人）	法人单位数（个）	年末从业人数（人）
全　　省	**20397**	**126779**	**3256**	**21795**	**5793**	**37542**
沈阳市	**9366**	**51397**	**345**	**2855**	**1004**	**5070**
和平区	1403	6582	77	248	56	297
沈河区	1405	9014	113	701	205	1257
大东区	816	5253	16	45	84	303
皇姑区	982	5572	38	203	145	988
铁西区	2345	10671	43	1413	113	413
苏家屯区	68	639	5	11	42	120
东陵区	1111	5308	19	71	82	269
沈北新区	100	318	11	42	31	107
于洪区	522	2372	11	53	101	350
辽中县	63	366	2	5	22	98
康平县	51	524			21	114
法库县	445	4303	4	25	76	400
新民市	55	475	6	38	26	354
大连市	**6260**	**40775**	**1668**	**8019**	**3254**	**21534**
中山区	724	3623	307	1017	244	815
西岗区	959	5733	226	1009	204	726
沙河口区	1640	7286	293	957	422	1175
甘井子区	954	4363	413	1299	583	2857
旅顺口区	140	724	24	73	35	152
金州区	1433	15558	346	3225	1618	14143
长海县			1	2		
瓦房店市	177	1875	20	131	37	541
普兰店市	147	1042	31	247	70	588
庄河市	86	571	7	59	41	537
鞍山市	**1085**	**9518**	**229**	**1893**	**339**	**2851**
铁东区	155	2201	31	617	23	272
铁西区	543	4449	14	104	78	681
立山区	241	1689	36	269	64	531
千山区	21	95	4	57	16	147
台安县	17	161	7	18	28	260
岫岩满族自治县	17	66			34	132
海城市	91	857	137	828	96	828
抚顺市	**464**	**2982**	**27**	**147**	**184**	**934**
新抚区	115	716	13	87	21	108
东洲区	48	205			48	201
望花区	185	1263	4	14	69	312
顺城区	45	309	5	20	21	119

1-B-2　续表 10

地　　区	机械设备、五金产品及电子产品批发		贸易经纪与代理		其他批发业	
	法人单位数（个）	年末从业人数（人）	法人单位数（个）	年末从业人数（人）	法人单位数（个）	年末从业人数（人）
抚顺县	24	173	1	5	6	51
新宾满族自治县	27	220	1	10	6	44
清原满族自治县	20	96	3	11	13	99
本溪市	**433**	**3745**	**220**	**3270**	**179**	**1556**
平山区	188	1723	10	95	65	640
溪湖区	71	691	1	16	34	268
明山区	152	1211	5	35	29	334
南芬区	2	8	1	1	8	29
本溪满族自治县	14	85	2	9	30	220
桓仁满族自治县	6	27	201	3114	13	65
丹东市	**328**	**2793**	**76**	**484**	**72**	**431**
元宝区	121	1139	16	175	10	93
振兴区	130	1013	48	230	5	32
振安区	9	187			8	87
宽甸满族自治县	10	28	2	12	11	26
东港市	36	263	8	53	26	158
凤城市	22	163	2	14	12	35
锦州市	**488**	**3192**	**28**	**193**	**101**	**573**
古塔区	156	979	4	38	5	22
凌河区	141	769	2	5	11	62
太和区	102	737	10	88	30	150
黑山县	24	239			15	166
义县	20	85			8	38
凌海市	28	289	6	44	14	53
北镇市	17	94	6	18	18	82
营口市	**471**	**3105**	**351**	**2417**	**167**	**1017**
站前区	145	910	22	177	33	289
西市区	87	628	12	56	29	204
鲅鱼圈区	57	283	42	304	35	136
老边区	46	525	6	30	36	283
盖州市	48	173	267	1848	24	74
大石桥市	88	586	2	2	10	31
阜新市	**249**	**1303**	**10**	**52**	**73**	**512**
海州区	77	472	6	39	17	84
新邱区	9	30	1	5	6	16
太平区	40	348	1	5	19	122
清河门区	4	15			1	1
细河区	85	285	1	2	4	141
阜新蒙古族自治县	22	97			20	130

1-B-2 续表 11

地 区	机械设备、五金产品及电子产品批发		贸易经纪与代理		其他批发业	
	法人单位数（个）	年末从业人数（人）	法人单位数（个）	年末从业人数（人）	法人单位数（个）	年末从业人数（人）
彰武县	12	56	1	1	6	18
辽阳市	**242**	**1478**	**18**	**165**	**87**	**1225**
白塔区	136	623	9	52	16	59
文圣区	8	38	1	6	4	17
宏伟区	45	214	6	97	9	27
弓长岭区	7	35	1	4	1	2
太子河区	14	50			9	41
辽阳县	27	499			37	1055
灯塔市	5	19	1	6	11	24
盘锦市	**293**	**1940**	**30**	**226**	**69**	**375**
双台子区	74	484	8	32	12	84
兴隆台区	171	1129	17	141	31	170
大洼县	34	139	3	21	16	88
盘山县	14	188	2	32	10	33
铁岭市	**96**	**599**	**13**	**59**	**143**	**746**
银州区	29	239	5	30	3	26
清河区	8	21	2	12	14	34
铁岭县	14	114	2	4	11	139
西丰县	1	2			2	17
昌图县	25	141	4	13	91	342
调兵山市	8	32			8	43
开原市	11	50			14	145
朝阳市	**353**	**2432**	**22**	**118**	**75**	**451**
双塔区	100	552	12	50	24	141
龙城区	148	940	3	6	13	64
朝阳县	15	130	4	44	3	9
建平县	29	126			7	21
喀喇沁左翼蒙古族自治县	10	73	2	4	8	36
北票市	14	280			12	71
凌源市	37	331	1	14	8	109
葫芦岛市	**269**	**1520**	**219**	**1897**	**46**	**267**
连山区	157	792	17	53	26	121
龙港区	65	397	8	47	6	20
南票区	3	18	152	1453	4	46
绥中县	28	186	38	331	4	39
建昌县	10	110	1	2	2	22
兴城市	6	17	3	11	4	19

1-B-3　分地区批发业法人企业基本情况(按登记注册类型分)

地　　区	内资企业		国有企业	
	法人单位数(个)	年末从业人数(人)	法人单位数(个)	年末从业人数(人)
全　　省	**79853**	**602361**	**963**	**23404**
沈阳市	**25616**	**156724**	**317**	**5970**
和平区	3232	18796	70	678
沈河区	4132	29542	61	2133
大东区	2103	13916	30	406
皇姑区	3405	21528	39	584
铁西区	4991	24311	53	1340
苏家屯区	360	2778	11	78
东陵区	1950	9478	14	276
沈北新区	564	3551	7	18
于洪区	1885	8485	8	39
辽中县	539	2737	2	116
康平县	401	3467	8	156
法库县	1612	15021	5	71
新民市	442	3114	9	75
大连市	**25422**	**178921**	**111**	**2206**
中山区	3894	23050	32	341
西岗区	2997	17503	19	890
沙河口区	4521	19653	11	126
甘井子区	3907	18396	12	261
旅顺口区	514	3051	2	26
金州区	5513	53510	21	316
长海县	5	25	1	6
瓦房店市	2197	26667	3	35
普兰店市	1129	11311	7	139
庄河市	745	5755	3	66
鞍山市	**6480**	**83856**	**79**	**1984**
铁东区	724	11916	25	1368
铁西区	1863	13472	11	122
立山区	820	6198	20	96
千山区	419	2341	2	73
台安县	324	2319	7	83
岫岩满族自治县	275	1484	4	93
海城市	2055	46126	10	149
抚顺市	**3081**	**20842**	**69**	**1253**
新抚区	372	3799	23	843
东洲区	517	2682	10	39
望花区	1048	7123	16	171

1-B-3 续表 1

地　区	内资企业		国有企业	
	法人单位数(个)	年末从业人数(人)	法人单位数(个)	年末从业人数(人)
顺城区	241	1547	4	88
抚顺县	350	1791	1	3
新宾满族自治县	241	2379	8	79
清原满族自治县	312	1521	7	30
本溪市	**2595**	**25957**	**74**	**1408**
平山区	714	7097	29	279
溪湖区	404	4304	11	302
明山区	734	6761	11	535
南芬区	93	550		
本溪满族自治县	234	2535	14	231
桓仁满族自治县	416	4710	9	61
丹东市	**1775**	**13386**	**57**	**1481**
元宝区	469	4400	10	118
振兴区	498	3869	7	792
振安区	63	662	1	2
宽甸满族自治县	141	803	14	314
东港市	300	1947	11	94
凤城市	304	1705	14	161
锦州市	**2087**	**15652**	**39**	**1377**
古塔区	379	3103	11	722
凌河区	406	2433	6	53
太和区	533	3927	13	360
黑山县	174	2326	1	24
义县	254	1355	2	25
凌海市	173	1480	5	188
北镇市	168	1028	1	5
营口市	**3636**	**29350**	**30**	**622**
站前区	495	5776	7	475
西市区	403	2623	1	9
鲅鱼圈区	526	3698	13	84
老边区	421	4355	1	5
盖州市	1064	7719	5	29
大石桥市	727	5179	3	20
阜新市	**1682**	**11800**	**45**	**1375**
海州区	368	4008	24	1001
新邱区	56	302	1	66
太平区	192	1557	3	110
清河门区	36	225	1	1
细河区	273	1325	3	4

1-B-3　续表 2

地　　区	内资企业		国有企业	
	法人单位数（个）	年末从业人数（人）	法人单位数（个）	年末从业人数（人）
阜新蒙古族自治县	319	2255	9	138
彰武县	438	2128	4	55
辽阳市	**1546**	**18341**	**21**	**724**
白塔区	392	3066	7	501
文圣区	68	376		
宏伟区	182	1274		
弓长岭区	29	119		
太子河区	119	778	6	124
辽阳县	651	12185	2	33
灯塔市	105	543	6	66
盘锦市	**1476**	**10838**	**28**	**621**
双台子区	392	3410	3	114
兴隆台区	537	4216	8	394
大洼县	259	1721	13	82
盘山县	288	1491	4	31
铁岭市	**998**	**10296**	**44**	**2380**
银州区	116	3214	2	1312
清河区	42	151	1	8
铁岭县	99	1201	10	175
西丰县	74	641	6	218
昌图县	517	4193	23	652
调兵山市	45	281	1	8
开原市	105	615	1	7
朝阳市	**1519**	**11967**	**23**	**1074**
双塔区	345	3520	7	952
龙城区	334	2307		
朝阳县	148	1230	2	5
建平县	222	1240	2	23
喀喇沁左翼蒙古族自治县	110	701	3	8
北票市	170	1345	7	79
凌源市	190	1624	2	7
葫芦岛市	**1940**	**14431**	**26**	**929**
连山区	471	2526	6	75
龙港区	308	3159	2	448
南票区	225	1922	1	1
绥中县	613	4744	9	346
建昌县	105	1221	2	24
兴城市	218	859	6	35

1-B-3 续表 3

地 区	集体企业		股份合作企业	
	法人单位数（个）	年末从业人数（人）	法人单位数（个）	年末从业人数（人）
全 省	**1505**	**12020**	**342**	**2701**
沈阳市	**385**	**2365**	**125**	**1184**
和平区	39	183	33	273
沈河区	59	509	13	89
大东区	54	182	3	12
皇姑区	52	446	26	597
铁西区	53	273	37	151
苏家屯区	17	74		
东陵区	16	66	3	7
沈北新区	1	3		
于洪区	34	192	6	24
辽中县	4	20	4	31
康平县	15	66		
法库县	17	91		
新民市	24	260		
大连市	**176**	**2107**	**104**	**637**
中山区	13	63	15	95
西岗区	28	153	22	125
沙河口区	20	211	38	189
甘井子区	25	280	11	60
旅顺口区	5	22	3	32
金州区	24	187	12	126
长海县				
瓦房店市	23	272	3	10
普兰店市	14	76		
庄河市	24	843		
鞍山市	**151**	**1620**	**18**	**157**
铁东区	16	235	3	51
铁西区	43	349	9	54
立山区	27	405	1	15
千山区	6	63		
台安县	2	8	1	4
岫岩满族自治县	8	102		
海城市	49	458	4	33
抚顺市	**146**	**824**	**6**	**47**
新抚区	14	91	2	11
东洲区	50	269	1	14
望花区	52	323	1	6

1-B-3　续表 4

地　　区	集体企业		股份合作企业	
	法人单位数（个）	年末从业人数（人）	法人单位数（个）	年末从业人数（人）
顺城区	5	17	2	16
抚顺县	5	16		
新宾满族自治县	6	40		
清原满族自治县	14	68		
本溪市	**95**	**1012**	**4**	**38**
平山区	46	566	2	20
溪湖区	12	144		
明山区	11	59		
南芬区			1	10
本溪满族自治县	21	198		
桓仁满族自治县	5	45	1	8
丹东市	**72**	**638**	**33**	**237**
元宝区	10	62	14	152
振兴区	8	110	15	46
振安区	5	66	1	2
宽甸满族自治县	6	18	2	32
东港市	21	220		
凤城市	22	162	1	5
锦州市	**75**	**415**	**13**	**56**
古塔区	10	58	6	33
凌河区	12	60	3	7
太和区	17	82	4	16
黑山县	6	73		
义县	17	42		
凌海市	7	45		
北镇市	6	55		
营口市	**118**	**887**		
站前区	12	79		
西市区	7	60		
鲅鱼圈区	26	80		
老边区	5	58		
盖州市	60	513		
大石桥市	8	97		
阜新市	**55**	**609**	**1**	**3**
海州区	23	256		
新邱区	2	11		
太平区	13	236		
清河门区	2	34		
细河区	5	19	1	3

1-B-3 续表 5

地　区	集体企业		股份合作企业	
	法人单位数(个)	年末从业人数(人)	法人单位数(个)	年末从业人数(人)
阜新蒙古族自治县	9	43		
彰武县	1	10		
辽阳市	**40**	**365**	**6**	**64**
白塔区	2	8	2	6
文圣区	5	32	1	1
宏伟区	1	3	1	5
弓长岭区	2	5		
太子河区	7	51		
辽阳县	5	93	2	52
灯塔市	18	173		
盘锦市	**45**	**260**	**16**	**182**
双台子区	3	12	6	36
兴隆台区	3	13	7	61
大洼县	35	221	3	85
盘山县	4	14		
铁岭市	**51**	**216**	**8**	**55**
银州区	3	15	5	37
清河区	9	21		
铁岭县	3	19		
西丰县	10	29	1	8
昌图县	11	50	1	6
调兵山市	4	46		
开原市	11	36	1	4
朝阳市	**43**	**225**		
双塔区	5	28		
龙城区				
朝阳县	3	4		
建平县	19	114		
喀喇沁左翼蒙古族自治县	4	28		
北票市	3	3		
凌源市	9	48		
葫芦岛市	**53**	**477**	**8**	**41**
连山区	13	58	2	8
龙港区			5	32
南票区	10	39		
绥中县	14	274	1	1
建昌县	4	45		
兴城市	12	61		

1-B-3　续表 6

地　　区	联营企业		有限责任公司	
	法人单位数（个）	年末从业人数（人）	法人单位数（个）	年末从业人数（人）
全　　省	**127**	**1005**	**17814**	**150827**
沈阳市	**36**	**169**	**5525**	**43550**
和平区	2	10	311	4369
沈河区	6	42	1081	7879
大东区	2	3	348	4361
皇姑区	5	32	1406	8566
铁西区	17	65	1202	7301
苏家屯区	2	8	50	1169
东陵区			123	1158
沈北新区			223	1938
于洪区			144	711
辽中县			125	749
康平县			25	525
法库县			389	3904
新民市	2	9	98	920
大连市	**27**	**219**	**7100**	**45971**
中山区	2	37	1188	5982
西岗区	1	6	1061	6267
沙河口区	1	3	1594	6954
甘井子区	4	9	983	4551
旅顺口区	4	14	118	531
金州区	5	48	1241	13525
长海县			1	7
瓦房店市	8	88	485	4065
普兰店市	2	14	221	2260
庄河市			208	1829
鞍山市	**14**	**317**	**1722**	**32081**
铁东区			183	2559
铁西区	9	74	605	4865
立山区	3	218	226	984
千山区			40	294
台安县			55	565
岫岩满族自治县			4	8
海城市	2	25	609	22806
抚顺市	**5**	**17**	**613**	**4848**
新抚区			58	370
东洲区	1	2	57	316
望花区	3	13	250	2012

1-B-3 续表 7

地 区	联营企业		有限责任公司	
	法人单位数（个）	年末从业人数（人）	法人单位数（个）	年末从业人数（人）
顺城区			142	849
抚顺县				
新宾满族自治县			84	937
清原满族自治县	1	2	22	364
本溪市	**13**	**171**	**500**	**4337**
平山区	5	125	123	1326
溪湖区			47	408
明山区	5	38	186	1319
南芬区	2	3	6	23
本溪满族自治县			49	494
桓仁满族自治县	1	5	89	767
丹东市	**5**	**26**	**216**	**2026**
元宝区	1	20	33	381
振兴区	1	2	120	1055
振安区			15	279
宽甸满族自治县	3	4	10	36
东港市			10	79
凤城市			28	196
锦州市	**2**	**6**	**450**	**3261**
古塔区	2	6	85	498
凌河区			121	920
太和区			136	1029
黑山县			8	236
义县			86	461
凌海市			14	117
北镇市				
营口市	**5**	**15**	**328**	**2978**
站前区			42	602
西市区			118	741
鲅鱼圈区	2	5	48	658
老边区			21	295
盖州市	3	10	43	282
大石桥市			56	400
阜新市	**4**	**14**	**55**	**719**
海州区	2	7	8	36
新邱区				
太平区			9	88
清河门区			1	2
细河区			3	52

1-B-3　续表 8

地　　区	联营企业		有限责任公司	
	法人单位数(个)	年末从业人数(人)	法人单位数(个)	年末从业人数(人)
阜新蒙古族自治县	2	7	16	350
彰武县			18	191
辽阳市	**3**	**10**	**123**	**2065**
白塔区			6	876
文圣区			11	86
宏伟区			74	613
弓长岭区			3	7
太子河区			8	113
辽阳县			15	346
灯塔市	3	10	6	24
盘锦市	**3**	**9**	**278**	**2278**
双台子区			59	243
兴隆台区	1	2	161	1400
大洼县	1	5	21	318
盘山县	1	2	37	317
铁岭市	**6**	**15**	**151**	**1063**
银州区	1	4	19	247
清河区			17	60
铁岭县	5	11	14	45
西丰县			19	120
昌图县			25	195
调兵山市			12	80
开原市			45	316
朝阳市			**396**	**3264**
双塔区			112	635
龙城区			163	1147
朝阳县			25	319
建平县			5	148
喀喇沁左翼蒙古族自治县			22	261
北票市			1	12
凌源市			68	742
葫芦岛市	**4**	**17**	**357**	**2386**
连山区	2	7	134	970
龙港区			180	1119
南票区			10	71
绥中县			15	134
建昌县	1	5	14	84
兴城市	1	5	4	8

1-B-3 续表 9

地 区	股份有限公司		私营企业	
	法人单位数(个)	年末从业人数(人)	法人单位数(个)	年末从业人数(人)
全 省	**1350**	**20823**	**52021**	**337709**
沈阳市	**609**	**4477**	**17819**	**95486**
和平区	30	177	2727	13076
沈河区	133	1070	2689	17385
大东区	29	121	1622	8774
皇姑区	149	1535	1632	9249
铁西区	175	1052	3388	13920
苏家屯区	18	112	234	1200
东陵区	17	85	1662	7517
沈北新区	6	22	309	1507
于洪区	34	159	1632	7292
辽中县	1	2	359	1678
康平县	2	26	322	2549
法库县	4	24	994	9738
新民市	11	92	249	1601
大连市	**337**	**4933**	**16269**	**107641**
中山区	42	2067	2595	14453
西岗区	25	147	1828	9895
沙河口区	64	827	2778	11308
甘井子区	56	580	2771	12496
旅顺口区	14	65	339	2133
金州区	48	527	4018	37712
长海县	1	8	2	4
瓦房店市	82	690	964	12086
普兰店市	4	20	484	4628
庄河市	1	2	490	2926
鞍山市	**95**	**2144**	**3786**	**38728**
铁东区	33	1528	455	6132
铁西区	20	214	1138	7577
立山区	19	106	515	4326
千山区	6	24	333	1462
台安县	7	66	234	1398
岫岩满族自治县			259	1281
海城市	10	206	852	16552
抚顺市	**40**	**1203**	**2201**	**12650**
新抚区	35	1021	239	1463
东洲区	1	129	397	1913
望花区	3	34	723	4564

1-B-3 续表 10

地 区	股份有限公司		私营企业	
	法人单位数(个)	年末从业人数(人)	法人单位数(个)	年末从业人数(人)
顺城区	1	19	87	558
抚顺县			344	1772
新宾满族自治县			143	1323
清原满族自治县			268	1057
本溪市	**46**	**1038**	**1507**	**13496**
平山区	12	147	483	4525
溪湖区			325	3409
明山区	23	834	463	3712
南芬区			44	253
本溪满族自治县	3	24	115	1073
桓仁满族自治县	8	33	77	524
丹东市	**54**	**373**	**1232**	**7657**
元宝区	13	93	358	2975
振兴区	31	230	281	1491
振安区	1	15	32	252
宽甸满族自治县	3	11	83	313
东港市	1	2	255	1511
凤城市	5	22	223	1115
锦州市	**8**	**102**	**1487**	**10398**
古塔区	3	42	261	1744
凌河区	1	2	263	1391
太和区	3	13	356	2415
黑山县			159	1993
义县	1	45	143	766
凌海市			147	1130
北镇市			158	959
营口市	**41**	**1791**	**2095**	**15731**
站前区	10	1531	409	2989
西市区	10	68	258	1708
鲅鱼圈区	5	33	340	2536
老边区	9	108	383	3877
盖州市	3	10	338	1981
大石桥市	4	41	367	2640
阜新市	**11**	**695**	**1446**	**8061**
海州区	4	648	304	2051
新邱区			51	214
太平区			167	1123
清河门区			30	185
细河区	2	11	259	1236

1-B-3 续表 11

地区	股份有限公司		私营企业	
	法人单位数(个)	年末从业人数(人)	法人单位数(个)	年末从业人数(人)
阜新蒙古族自治县	2	13	259	1564
彰武县	3	23	376	1688
辽阳市	**16**	**160**	**860**	**6797**
白塔区			375	1675
文圣区			46	207
宏伟区	5	77	97	563
弓长岭区	2	5	20	100
太子河区	5	56	83	362
辽阳县	1	19	175	3637
灯塔市	3	3	64	253
盘锦市	**35**	**1060**	**952**	**5857**
双台子区	16	961	295	1966
兴隆台区	10	65	314	2090
大洼县	7	22	160	826
盘山县	2	12	183	975
铁岭市	**23**	**1094**	**453**	**3707**
银州区	8	954	70	584
清河区	3	17	11	44
铁岭县	3	50	40	473
西丰县	2	24	25	168
昌图县	6	45	250	2115
调兵山市	1	4	24	124
开原市			33	199
朝阳市	**1**	**750**	**1049**	**6625**
双塔区	1	750	220	1155
龙城区			171	1160
朝阳县			113	879
建平县			194	949
喀喇沁左翼蒙古族自治县			81	404
北票市			159	1251
凌源市			111	827
葫芦岛市	**34**	**1003**	**865**	**4875**
连山区	22	179	248	1044
龙港区	8	759	88	486
南票区			52	400
绥中县	1	5	224	1322
建昌县	2	52	71	918
兴城市	1	8	182	705

1-B-3　续表 12

地　区	其他企业		港澳台商投资企业		外商投资企业	
	法人单位数（个）	年末从业人数（人）	法人单位数（个）	年末从业人数（人）	法人单位数（个）	年末从业人数（人）
全　省	**5731**	**53872**	**128**	**3857**	**549**	**6176**
沈阳市	**800**	**3523**	**27**	**1736**	**96**	**1028**
和平区	20	30	7	182	28	137
沈河区	90	435	2	92	20	191
大东区	15	57	1	2	3	92
皇姑区	96	519	5	131	9	42
铁西区	66	209	4	1310	25	58
苏家屯区	28	137			3	155
东陵区	115	369	2	3	2	2
沈北新区	18	63	1	1	2	319
于洪区	27	68	2	8	2	13
辽中县	44	141	3	7	1	7
康平县	29	145				
法库县	203	1193				
新民市	49	157			1	12
大连市	**1298**	**15207**	**80**	**1683**	**413**	**4735**
中山区	7	12	18	186	97	861
西岗区	13	20	15	85	48	518
沙河口区	15	35	7	81	36	192
甘井子区	45	159	5	129	21	251
旅顺口区	29	228	2	572	2	4
金州区	144	1069	30	578	201	2790
长海县						
瓦房店市	629	9421	1	10	7	116
普兰店市	397	4174			1	3
庄河市	19	89	2	42		
鞍山市	**615**	**6825**	**2**	**48**	**5**	**90**
铁东区	9	43	1	43		
铁西区	28	217			1	11
立山区	9	48			2	35
千山区	32	425				
台安县	18	195				
岫岩满族自治县						
海城市	519	5897	1	5	2	44
抚顺市	**1**		**3**	**192**	**2**	**9**
新抚区	1		1	12	1	4
东洲区						
望花区			2	180		

1-B-3 续表 13

地区	其他企业		港澳台商投资企业		外商投资企业	
	法人单位数（个）	年末从业人数（人）	法人单位数（个）	年末从业人数（人）	法人单位数（个）	年末从业人数（人）
顺城区					1	5
抚顺县						
新宾满族自治县						
清原满族自治县						
本溪市	**356**	**4457**	**4**	**24**	**5**	**28**
平山区	14	109			1	10
溪湖区	9	41	2	21		
明山区	35	264	2	3	3	16
南芬区	40	261				
本溪满族自治县	32	515			1	2
桓仁满族自治县	226	3267				
丹东市	**106**	**948**	**2**	**65**	**6**	**34**
元宝区	30	599	2	65	2	16
振兴区	35	143			3	14
振安区	8	46				
宽甸满族自治县	20	75				
东港市	2	41				
凤城市	11	44			1	4
锦州市	**13**	**37**	**2**	**14**	**2**	**5**
古塔区	1					
凌河区						
太和区	4	12	1	1	1	2
黑山县						
义县	5	16	1	13	1	3
凌海市						
北镇市	3	9				
营口市	**1019**	**7326**	**5**	**22**	**12**	**198**
站前区	15	100			1	98
西市区	9	37	2	13	6	54
鲅鱼圈区	92	302	1	4	2	4
老边区	2	12				
盖州市	612	4894			1	23
大石桥市	289	1981	2	5	2	19
阜新市	**65**	**324**	**2**	**71**	**2**	**10**
海州区	3	9				
新邱区	2	11				
太平区			1	6		
清河门区	2	3			1	3
细河区			1	65		

1-B-3　续表 14

地　区	其他企业		港澳台商投资企业		外商投资企业	
	法人单位数（个）	年末从业人数（人）	法人单位数（个）	年末从业人数（人）	法人单位数（个）	年末从业人数（人）
阜新蒙古族自治县	22	140			1	7
彰武县	36	161				
辽阳市	**477**	**8156**			**1**	**8**
白塔区					1	8
文圣区	5	50				
宏伟区	4	13				
弓长岭区	2	2				
太子河区	10	72				
辽阳县	451	8005				
灯塔市	5	14				
盘锦市	**119**	**571**			**1**	**1**
双台子区	10	78				
兴隆台区	33	191			1	1
大洼县	19	162				
盘山县	57	140				
铁岭市	**262**	**1766**				
银州区	8	61				
清河区	1	1				
铁岭县	24	428				
西丰县	11	74				
昌图县	201	1130				
调兵山市	3	19				
开原市	14	53				
朝阳市	**7**	**29**	**1**	**2**	**2**	**14**
双塔区			1	2	1	4
龙城区						
朝阳县	5	23				
建平县	2	6				
喀喇沁左翼蒙古族自治县						
北票市					1	10
凌源市						
葫芦岛市	**593**	**4703**			**2**	**16**
连山区	44	185			1	3
龙港区	25	315			1	13
南票区	152	1411				
绥中县	349	2662				
建昌县	11	93				
兴城市	12	37				

1-B-4 分地区批发业法人企业财务状况

地区	营业收入（千元）	主营业务收入	资产总计（千元）
全省	**1671934214**	**1666329485**	**798156704**
沈阳市	**746498792**	**743142821**	**191636287**
和平区	48661215	48593528	28420276
沈河区	503870829	503541178	43771547
大东区	26029822	25635092	16309064
皇姑区	28304335	28275442	24480993
铁西区	71139487	70973940	34932141
苏家屯区	8911745	8684017	6928408
东陵区	16845664	16820802	13322895
沈北新区	10693678	8695877	7951423
于洪区	12809699	12806708	6090633
辽中县	1425125	1422311	875637
康平县	2741625	2741621	1414188
法库县	12134979	12123986	5534631
新民市	2930589	2828319	1604451
大连市	**480485704**	**479490440**	**323312886**
中山区	111208570	110945603	80654298
西岗区	20579028	20360222	22753994
沙河口区	40098818	40024309	25891217
甘井子区	51757250	51464385	67952418
旅顺口区	2554459	2552461	3350010
金州区	181521390	181393574	84112712
长海县	145802	145802	28226
瓦房店市	52073301	52065087	24911190
普兰店市	5279928	5274646	3436695
庄河市	15267158	15264351	10222126
鞍山市	**149885531**	**149448035**	**86037681**
铁东区	36704712	36485480	37547152
铁西区	19751676	19592730	13372617
立山区	8458391	8455187	2592270
千山区	6776425	6765901	3632720
台安县	2828423	2816616	1694643
岫岩满族自治县	731787	720269	447391
海城市	74634117	74611852	26750888
抚顺市	**19469403**	**19417067**	**10469488**
新抚区	5672082	5625320	1580325
东洲区	1835692	1835692	524492
望花区	5908239	5904633	3915115

1-B-4 续表 1

地区	营业收入（千元）	主营业务收入	资产总计（千元）
顺城区	4252413	4250455	3104607
抚顺县	432256	432256	378083
新宾满族自治县	645521	645511	619154
清原满族自治县	723200	723200	347712
本溪市	**18029447**	**17978876**	**23046507**
平山区	4107903	4104944	13989736
溪湖区	4354554	4348562	4051590
明山区	6091160	6062551	2357622
南芬区	62358	62138	166450
本溪满族自治县	1614678	1605305	1401686
桓仁满族自治县	1798794	1795376	1079423
丹东市	**16061091**	**15959395**	**9810111**
元宝区	3309990	3259186	1255392
振兴区	9023515	9009602	5040526
振安区	1914588	1896884	1773436
宽甸满族自治县	171516	164356	130074
东港市	1009699	998785	981693
凤城市	631783	630582	628990
锦州市	**23481275**	**23449686**	**10369062**
古塔区	7334858	7333422	2115466
凌河区	1702020	1699624	1252435
太和区	8302141	8274712	4902162
黑山县	2037917	2037914	594336
义县	620326	620301	446637
凌海市	755036	755036	392063
北镇市	2728977	2728677	665963
营口市	**54215279**	**54100343**	**59725066**
站前区	12206174	12118375	3098083
西市区	5266573	5258680	1534786
鲅鱼圈区	19964450	19957333	41497729
老边区	4841145	4835992	2945313
盖州市	4259891	4256707	4838029
大石桥市	7677046	7673256	5811126
阜新市	**24548517**	**24509335**	**13765780**
海州区	10175064	10143252	2289557
新邱区	573156	573114	553615
太平区	6143905	6143841	2935553
清河门区	1101289	1101289	2070291
细河区	1654868	1650936	2775603

1-B-4 续表 2

地　区	营业收入（千元）	主营业务收入	资产总计（千元）
阜新蒙古族自治县	2013659	2012554	1207623
彰武县	2886576	2884349	1933538
辽阳市	**40202570**	**40183499**	**22327334**
白塔区	5263954	5262598	1532970
文圣区	527175	524023	149495
宏伟区	25424706	25420567	15043215
弓长岭区	82891	82891	128642
太子河区	659899	659899	862433
辽阳县	7984651	7975666	4321779
灯塔市	259294	257855	288800
盘锦市	**46134809**	**45976003**	**14141290**
双台子区	15408098	15320299	6078939
兴隆台区	19210025	19200578	4466363
大洼县	6466361	6457034	1449632
盘山县	5050325	4998092	2146356
铁岭市	**14292578**	**14172032**	**5004046**
银州区	6027302	5961329	2134677
清河区	13253	12762	36307
铁岭县	530452	526494	606370
西丰县	225610	224384	137589
昌图县	1108421	1080285	852216
调兵山市	5897102	5896451	753666
开原市	490438	470327	483221
朝阳市	**20058581**	**19991011**	**15308546**
双塔区	5433353	5382431	1570837
龙城区	2817150	2809664	1555644
朝阳县	3905155	3904867	8358990
建平县	3054193	3054193	1132721
喀喇沁左翼蒙古族自治县	1365128	1364953	1098070
北票市	1518938	1514399	757057
凌源市	1964664	1960504	835227
葫芦岛市	**18570637**	**18510942**	**13202620**
连山区	2078893	2072046	1477207
龙港区	10727122	10682962	7125960
南票区	699300	698010	550490
绥中县	3695837	3689188	1647732
建昌县	1234040	1233709	2164957
兴城市	135445	135027	236274

1-B-5　分地区批发业法人企业财务状况(按国民经济行业分)

地　　区	农、林、牧产品批发			食品、饮料及烟草制品批发		
	营业收入(千元)	主营业务收入	资产总计(千元)	营业收入(千元)	主营业务收入	资产总计(千元)
全　　省	**65913786**	**65747489**	**44398050**	**113430882**	**113227834**	**68382771**
沈阳市	**5789590**	**5774258**	**4926714**	**19838366**	**19801146**	**11949624**
和平区	379374	379372	241667	2076794	2071421	1581601
沈河区	300256	300256	266030	9106346	9101116	3904083
大东区	22095	22095	182661	285779	285764	356034
皇姑区	482066	482066	765743	1804680	1804628	822406
铁西区	140752	140686	76340	975776	965634	996699
苏家屯区	117274	116985	246704	829114	826589	89228
东陵区	852559	843917	713523	455984	455984	506273
沈北新区	1147356	1144543	679738	2343662	2341190	2930387
于洪区	221486	221486	328415	130941	130941	146813
辽中县	338306	338266	173340	440960	440960	87661
康平县	508170	508170	359532	358707	358707	196710
法库县	988004	985024	594819	819152	818152	236236
新民市	291892	291392	298202	210471	200060	95493
大连市	**38881232**	**38786372**	**24506463**	**51736362**	**51666914**	**36353591**
中山区	14997917	14910030	12684889	16189054	16156861	11928693
西岗区	344619	344619	359309	8348418	8342130	6675380
沙河口区	3199972	3199912	2445116	2573446	2559361	2010551
甘井子区	3434126	3427228	713423	3105735	3100302	4111274
旅顺口区	43127	43127	35485	523796	522157	562003
金州区	13034796	13034796	6492434	3896065	3893567	2809099
长海县				140000	140000	10863
瓦房店市	2561423	2561408	1189600	14981332	14980315	6693775
普兰店市	1073507	1073507	551175	1661090	1656138	1155803
庄河市	191745	191745	35032	317426	316083	396150
鞍山市	**3026087**	**3024428**	**1985914**	**6865286**	**6844469**	**3978771**
铁东区	26608	26608	10293	2947871	2946013	1572051
铁西区	187440	187428	185785	1206741	1204387	1279919
立山区	29145	29023	3699	315146	315146	59001
千山区	150451	148935	311213	293977	293967	108934
台安县	226146	226146	239849	173874	173874	63393
岫岩满族自治县	99244	99244	52811	121699	121699	28794
海城市	2307053	2307044	1182264	1805978	1789383	866679
抚顺市	**625027**	**625027**	**261532**	**2566951**	**2562508**	**861010**
新抚区	1537	1537	1023	1592675	1589665	525414
东洲区	12289	12289	6817	49445	49445	15317
望花区	13278	13278	18032	786886	786041	98582

1-B-5 续表 1

地　　区	农、林、牧产品批发			食品、饮料及烟草制品批发		
	营业收入（千元）	主营业务收　入	资产总计（千元）	营业收入（千元）	主营业务收　入	资产总计（千元）
顺城区	1348	1348	2402	101980	101392	162700
抚顺县	27256	27256	27727	7626	7626	10305
新宾满族自治县	279608	279608	128605	14383	14383	31057
清原满族自治县	289711	289711	76926	13956	13956	17635
本溪市	**427374**	**426380**	**542252**	**2389087**	**2386247**	**1566815**
平山区	56252	56252	15498	165320	164992	65851
溪湖区	30279	30279	32431	453366	452730	669932
明山区	52004	52004	17569	1378150	1376624	627847
南芬区	19349	19349	44805	6309	6309	11327
本溪满族自治县	236602	235608	400854	118913	118563	61613
桓仁满族自治县	32888	32888	31095	267029	267029	130245
丹东市	**420809**	**409310**	**790321**	**2807004**	**2790641**	**1373720**
元宝区	69729	58569	82385	462244	449680	122264
振兴区	61535	61535	326411	2121956	2120344	953201
振安区	5492	5492	17687	40719	40719	17893
宽甸满族自治县	83773	83598	56250	19280	19280	19050
东港市	29349	29261	106690	124893	122706	248028
凤城市	170931	170855	200898	37912	37912	13284
锦州市	**5294259**	**5289669**	**2820008**	**6143292**	**6142001**	**1488810**
古塔区	53101	53101	68402	3399210	3398299	785163
凌河区	3976	3976	11016	148225	148195	75816
太和区	4354946	4350359	2346478	234052	234022	72390
黑山县	714081	714078	264569	775739	775739	106819
义县	105250	105250	77588	27184	27164	26047
凌海市	54729	54729	36113	110246	110246	26617
北镇市	8176	8176	15842	1448636	1448336	395958
营口市	**826049**	**824394**	**450390**	**5756558**	**5751040**	**3569103**
站前区	59766	59766	6220	2348868	2348212	853359
西市区	152647	152647	13143	204598	204598	28961
鲅鱼圈区	386948	386948	125457	1143063	1143063	413192
老边区	8225	8225	29159	82081	82081	159279
盖州市	87657	87457	120374	1477403	1474751	1832644
大石桥市	130806	129351	156037	500545	498335	281668
阜新市	**1860171**	**1857607**	**1867926**	**2113729**	**2112906**	**877550**
海州区	96681	96334	156937	1419508	1418801	456871
新邱区	39164	39122	133362	541	541	1013
太平区	25572	25572	95573	343701	343687	147964
清河门区	18625	18625	10611	650	650	1000
细河区	40341	40341	281841	62247	62247	38064

1-B-5　续表 2

地　　区	农、林、牧产品批发			食品、饮料及烟草制品批发		
	营业收入(千元)	主营业务收　　入	资产总计(千元)	营业收入(千元)	主营业务收　　入	资产总计(千元)
阜新蒙古族自治县	1440006	1438927	818121	245445	245443	167655
彰武县	199782	198686	371481	41637	41537	64983
辽阳市	**3196623**	**3190217**	**1661469**	**4491990**	**4487771**	**2090917**
白塔区	3046	3046	10623	1570305	1568977	495863
文圣区	51311	51311	7598	28984	28984	8594
宏伟区	118	118	150	645	645	1380
弓长岭区	570	570	500	2309	2309	11405
太子河区	16095	16095	33866	240286	240286	395520
辽阳县	3114214	3108080	1575386	2616184	2613333	1147723
灯塔市	11269	10997	33346	33277	33237	30432
盘锦市	**314510**	**308438**	**648151**	**1363955**	**1363875**	**760898**
双台子区	164681	164681	225374	81741	81711	64083
兴隆台区	38502	38502	53633	1117917	1117867	491944
大洼县	94554	88802	277137	33632	33632	56337
盘山县	16773	16453	92007	130665	130665	148534
铁岭市	**1312386**	**1295159**	**1436139**	**2473323**	**2445773**	**699084**
银州区	77214	75923	312953	2023851	2011412	556648
清河区	1926	1926	7142	1078	1078	3518
铁岭县	212878	209377	334322	22281	22099	22555
西丰县	164637	163633	100325	52661	52658	11432
昌图县	605864	594889	560098	275675	261049	71697
调兵山市	72	72	14	40349	40349	29395
开原市	249795	249339	121285	57428	57128	3839
朝阳市	**1079228**	**1076016**	**1216457**	**2780839**	**2771791**	**1121469**
双塔区	135655	135650	150319	1833010	1824513	501273
龙城区	1040	1040	20368	623521	622970	226116
朝阳县	9223	9223	34812	111107	111107	74105
建平县	136887	136887	255961	32103	32103	118334
喀喇沁左翼蒙古族自治县	505650	505650	387169	9014	9014	66467
北票市	216362	214456	276847	35953	35953	75745
凌源市	74411	73110	90981	136131	136131	59429
葫芦岛市	**2860441**	**2860214**	**1284314**	**2104140**	**2100752**	**1691409**
连山区	15374	15374	20173	73228	73040	39536
龙港区	616321	616321	210045	1680265	1677745	563956
南票区	4153	4153	7384	400	400	1060
绥中县	2023209	2023009	769327	302846	302746	273654
建昌县	141925	141925	200780	30473	30203	733979
兴城市	59459	59432	76605	16928	16618	79224

1-B-5 续表 3

地　　区	纺织、服装及家庭用品批发			文化、体育用品及器材批发		
	营业收入（千元）	主营业务收　　入	资产总计（千元）	营业收入（千元）	主营业务收　　入	资产总计（千元）
全　　省	**98267101**	**97875596**	**45285979**	**9899746**	**9860358**	**6745566**
沈阳市	**17463372**	**17285739**	**9504362**	**4850411**	**4816819**	**3172697**
和平区	1973760	1965303	1473612	770085	767705	617014
沈河区	9211903	9076108	4113692	1682821	1657390	826292
大东区	1310462	1285516	726819	544715	544138	327245
皇姑区	692991	692990	444253	208540	208540	135348
铁西区	913556	913328	609980	750699	746036	592338
苏家屯区	1742	1742	6981	4035	4035	11076
东陵区	2711168	2705738	1640671	582290	582290	411500
沈北新区	99826	99826	109234	61277	60746	43411
于洪区	143801	143799	151283	18897	18887	22635
辽中县	44101	41327	41676	280	280	1362
康平县	62984	62984	32557	7065	7065	8028
法库县	282612	282612	139611	211174	211174	122276
新民市	14466	14466	13993	8533	8533	54172
大连市	**27175097**	**27005014**	**14820087**	**3833651**	**3832677**	**2245237**
中山区	13681296	13665477	7084081	1458018	1457650	877882
西岗区	1281121	1264205	919709	130582	130462	111957
沙河口区	1855102	1842092	1266064	339090	338810	344424
甘井子区	2550255	2434345	1823734	245837	245731	173598
旅顺口区	48240	48240	88273	9566	9566	18619
金州区	6362883	6354455	2948452	1552170	1552070	667682
长海县	1200	1200	2220			
瓦房店市	511707	511707	228135	78198	78198	30343
普兰店市	268137	268137	259007	16484	16484	16351
庄河市	615156	615156	200412	3706	3706	4381
鞍山市	**48166851**	**48162174**	**17902220**	**631140**	**631040**	**777198**
铁东区	287367	283333	1220874	101460	101360	585578
铁西区	615504	615185	349511	93147	93147	32086
立山区	287757	287757	90702	68164	68164	22574
千山区	37738	37738	26950	3537	3537	2770
台安县	360	360	6034	27501	27501	16224
岫岩满族自治县	5676	5676	5024	1620	1620	2051
海城市	46932449	46932125	16203125	335711	335711	115915
抚顺市	**516022**	**516022**	**224545**	**21220**	**21220**	**17204**
新抚区	30897	30897	17803	3889	3889	1927
东洲区	5732	5732	2423	2253	2253	3000
望花区	442202	442202	170661	8367	8367	9757

1-B-5　续表 4

地　　区	纺织、服装及家庭用品批发			文化、体育用品及器材批发		
	营业收入（千元）	主营业务收　　入	资产总计（千元）	营业收入（千元）	主营业务收　　入	资产总计（千元）
顺城区	18824	18824	13172	1192	1192	520
抚顺县	6907	6907	14794	260	260	10
新宾满族自治县	1928	1928	1800	5259	5259	1990
清原满族自治县	9532	9532	3892			
本溪市	**455851**	**452681**	**202010**	**54791**	**54791**	**22473**
平山区	158222	157042	39584	20387	20387	7005
溪湖区	178412	178312	100922	8157	8157	1341
明山区	86374	86374	39768	13910	13910	7766
南芬区						
本溪满族自治县	21420	21420	13687			
桓仁满族自治县	11423	9533	8049	12337	12337	6361
丹东市	**3212466**	**3183986**	**1217535**	**62792**	**62572**	**36334**
元宝区	672978	662628	311899	49743	49743	20054
振兴区	2376436	2372836	858862	12096	12096	6224
振安区	105252	91722	26416	340	190	150
宽甸满族自治县	580	580	918			
东港市	39831	38831	16960	373	303	7306
凤城市	17389	17389	2480	240	240	2600
锦州市	**178543**	**175321**	**179508**	**95704**	**95632**	**169175**
古塔区	62883	62882	63144	3231	3231	6439
凌河区	29548	29548	79624	14182	14110	31601
太和区	74831	71610	29559	5253	5253	76557
黑山县	1921	1921	1300	3175	3175	1798
义县	6445	6445	2368			
凌海市	1875	1875	813	69863	69863	52730
北镇市	1040	1040	2700			50
营口市	**493600**	**489500**	**730674**	**189170**	**189170**	**66922**
站前区	112510	112510	57736	76975	76975	10415
西市区	195306	195306	433893	79584	79584	28072
鲅鱼圈区	36885	36885	35771	10872	10872	7363
老边区	105442	101342	99408	19073	19073	20128
盖州市	9064	9064	15100			
大石桥市	34393	34393	88766	2666	2666	944
阜新市	**65755**	**65705**	**99755**	**4024**	**4004**	**3057**
海州区	9106	9106	63049	1836	1816	795
新邱区			60			
太平区	10296	10246	6732	2008	2008	2224
清河门区	540	540	507			
细河区	42691	42691	24367	180	180	38

1-B-5 续表 5

地区	纺织、服装及家庭用品批发			文化、体育用品及器材批发		
	营业收入(千元)	主营业务收入	资产总计(千元)	营业收入(千元)	主营业务收入	资产总计(千元)
阜新蒙古族自治县	1622	1622	1740			
彰武县	1500	1500	3300			
辽阳市	**116525**	**116497**	**120136**	**24838**	**24838**	**34131**
白塔区	50507	50479	35815	7749	7749	4486
文圣区	567	567	150			
宏伟区				77	77	26
弓长岭区						
太子河区	7571	7571	5843	480	480	4060
辽阳县	57880	57880	77968	16532	16532	25559
灯塔市			360			
盘锦市	**165361**	**165360**	**100988**	**97250**	**97250**	**170705**
双台子区	53919	53919	37306	5505	5505	1753
兴隆台区	45801	45800	30244	83815	83815	166923
大洼县	60408	60408	27405	7930	7930	2029
盘山县	5233	5233	6033			
铁岭市	**25003**	**25003**	**9136**	**8094**	**3684**	**17468**
银州区	17698	17698	7015	7388	2978	7979
清河区				178	178	324
铁岭县	60	60	50			
西丰县						
昌图县	3135	3135	1350			
调兵山市	200	200	510			
开原市	3910	3910	211	528	528	9165
朝阳市	**94839**	**94839**	**59652**	**3875**	**3875**	**7474**
双塔区	27245	27245	18596	812	812	5059
龙城区	19529	19529	11681	3013	3013	1865
朝阳县	18288	18288	10661			
建平县	17335	17335	3427			
喀喇沁左翼蒙古族自治县						
北票市			350	50	50	550
凌源市	12442	12442	14937			
葫芦岛市	**137816**	**137755**	**115371**	**22786**	**22786**	**5491**
连山区	55039	54979	30083	3456	3456	1551
龙港区	28080	28080	71366	360	360	490
南票区						
绥中县	1040	1040	1200	18970	18970	3450
建昌县	50819	50818	7481			
兴城市	2838	2838	5241			

1-B-5 续表 6

地区	医药及医疗器材批发			矿产品、建材及化工产品批发		
	营业收入(千元)	主营业务收入	资产总计(千元)	营业收入(千元)	主营业务收入	资产总计(千元)
全省	**48361177**	**48194823**	**24926970**	**1122534668**	**1118837391**	**444152612**
沈阳市	**33311193**	**33261655**	**15042540**	**606246060**	**603615362**	**101561924**
和平区	12289917	12282635	5147553	19472514	19444774	10884151
沈河区	4197552	4197316	840030	469303667	469146292	28418493
大东区	197381	187830	248403	16169417	16082229	10354616
皇姑区	983791	983791	578973	20156008	20128018	19124964
铁西区	6173198	6172869	3038590	50449771	50318204	16595857
苏家屯区	5908850	5880863	3631664	1152708	960084	1483519
东陵区	600801	600076	618397	5188418	5185787	4216226
沈北新区	1562577	1559161	556451	5140213	3151700	3303151
于洪区	116096	116084	125696	10192998	10192727	3125081
辽中县	19541	19541	12290	412480	412480	408541
康平县	167576	167576	40049	1150733	1150733	446233
法库县	1068193	1068193	158784	6282163	6278693	2690726
新民市	25720	25720	45660	1174970	1163641	510366
大连市	**7703760**	**7699846**	**5172083**	**241703223**	**241434162**	**154158540**
中山区	1259770	1259740	530867	54462353	54361866	40082771
西岗区	682018	679947	488932	3866892	3835325	6982393
沙河口区	2668898	2668363	1751118	17311695	17298602	9938926
甘井子区	586491	586249	1265739	27669424	27623197	36915694
旅顺口区	846	846	1515	1590340	1590228	2210934
金州区	1977299	1976270	895883	92120705	92051073	33173811
长海县	1260	1260	2763	1742	1742	7480
瓦房店市	262590	262583	103814	30449207	30442032	15061723
普兰店市	236832	236832	114441	1146045	1146045	810391
庄河市	27756	27756	17011	13084820	13084052	8974417
鞍山市	**2471866**	**2363689**	**1761588**	**75935669**	**75668308**	**50918264**
铁东区	1343679	1244829	1155290	31323835	31212880	30298683
铁西区	482017	472690	388564	11994463	11878481	8052316
立山区	39081	39081	84022	5085390	5082626	1546406
千山区				5921961	5912963	3019463
台安县	400	400	150	1416877	1405070	956825
岫岩满族自治县	32020	32020	22850	412007	400489	306927
海城市	574669	574669	110712	19781136	19775799	6737644
抚顺市	**106358**	**106358**	**89620**	**14014073**	**13966190**	**8026713**
新抚区	19494	19494	8323	3883507	3839755	870930
东洲区				1709130	1709130	452187
望花区	18978	18978	23611	3808399	3805638	3134171

1-B-5 续表 7

地 区	医药及医疗器材批发			矿产品、建材及化工产品批发		
	营业收入(千元)	主营业务收入	资产总计(千元)	营业收入(千元)	主营业务收入	资产总计(千元)
顺城区	49912	49912	32633	3757010	3755650	2698112
抚顺县	6462	6462	10026	299609	299609	274323
新宾满族自治县	10145	10145	12710	285454	285444	383432
清原满族自治县	1367	1367	2317	270964	270964	213558
本溪市	**1327836**	**1325348**	**749305**	**9477078**	**9463290**	**18009227**
平山区	22311	22311	5533	2237838	2237838	13505903
溪湖区	1228371	1225913	628577	2042707	2040240	2288585
明山区	5591	5591	2820	3890443	3887129	1217470
南芬区	1800	1800	3375	26370	26150	74874
本溪满族自治县	15680	15650	22832	1118881	1111094	838596
桓仁满族自治县	54083	54083	86168	160839	160839	83799
丹东市	**117987**	**117751**	**103090**	**2618746**	**2587136**	**2640470**
元宝区	47045	47045	5206	913711	902721	350196
振兴区	50628	50592	75432	1043024	1034497	1469369
振安区	997	997	2386	105749	102200	44441
宽甸满族自治县				63984	57284	45725
东港市	6250	6250	10750	205556	204637	360297
凤城市	13067	12867	9316	286722	285797	370442
锦州市	**1251425**	**1251425**	**614349**	**9091118**	**9072321**	**3571713**
古塔区	147104	147104	93355	3502133	3501639	958012
凌河区	993122	993122	476007	328950	328813	433779
太和区	76515	76515	23488	3083701	3065540	1419812
黑山县	27851	27851	15679	417727	417727	148171
义县	1417	1417	365	437809	437804	301491
凌海市	1078	1078	1110	83258	83258	92546
北镇市	4338	4338	4345	1237540	1237540	217902
营口市	**216610**	**216610**	**287427**	**41424981**	**41322590**	**51398103**
站前区	9018	9018	3414	8869577	8782522	1924511
西市区	4670	4670	59452	3904786	3897893	532154
鲅鱼圈区	52273	52273	163742	16153883	16146875	39304116
老边区	54694	54694	22762	3746213	3745210	2102908
盖州市	60950	60950	16042	2151010	2150698	2479380
大石桥市	35005	35005	22015	6599512	6599392	5055034
阜新市	**110971**	**110943**	**68259**	**19893413**	**19858470**	**9914350**
海州区	40630	40610	2665	8435550	8405146	1369929
新邱区				526414	526414	402375
太平区	1454	1454	3410	5627734	5627734	2596905
清河门区				1078785	1078785	2055121
细河区	35626	35626	35570	1385217	1381285	2023516

1-B-5　续表 8

地　　区	医药及医疗器材批发			矿产品、建材及化工产品批发		
	营业收入（千元）	主营业务收　入	资产总计（千元）	营业收入（千元）	主营业务收　入	资产总计（千元）
阜新蒙古族自治县	30438	30438	18406	218857	218833	95527
彰武县	2823	2815	8208	2620856	2620273	1370977
辽阳市	**345306**	**345306**	**299901**	**30347625**	**30339337**	**16896624**
白塔区	11179	11179	4606	3252374	3252374	674077
文圣区				381091	377939	111115
宏伟区	4694	4694	6138	25341350	25337341	14942731
弓长岭区				29820	29820	90691
太子河区	100	100	150	366983	366983	354951
辽阳县	314339	314339	272063	781207	781207	539180
灯塔市	14994	14994	16944	194800	193673	183879
盘锦市	**677260**	**677064**	**322744**	**39013665**	**38907774**	**9235070**
双台子区	201683	201531	104011	12154958	12106661	4420978
兴隆台区	474286	474242	218433	16540153	16535048	2457935
大洼县	1291	1291	300	5644791	5641246	774331
盘山县				4673763	4624819	1581826
铁岭市	**182420**	**181690**	**169321**	**9835625**	**9767792**	**1862529**
银州区	173229	173229	151381	3576832	3529000	799486
清河区				2834	2393	10796
铁岭县				225516	225516	119034
西丰县				6157	5942	18447
昌图县	9191	8461	17940	145420	145420	139580
调兵山市				5819087	5819087	703262
开原市				59779	40434	71924
朝阳市	**320246**	**319471**	**171519**	**14080604**	**14035057**	**11576325**
双塔区	98342	98342	58270	3095718	3053298	592112
龙城区	198053	197278	86158	1543444	1543444	741534
朝阳县	408	408	42	3722348	3722060	8147770
建平县	7510	7510	1436	2763153	2763153	684014
喀喇沁左翼蒙古族自治县	15133	15133	15613	745301	745126	504243
北票市				1159726	1159726	367101
凌源市	800	800	10000	1050914	1048250	539551
葫芦岛市	**217939**	**217667**	**75224**	**8852788**	**8799602**	**4382760**
连山区	3280	3280	3839	1712655	1706713	1097125
龙港区	35820	35808	3185	4675748	4634644	1425583
南票区				535463	535463	255586
绥中县	155587	155387	55508	1027418	1021349	430730
建昌县	22076	22076	6742	870209	870159	1118653
兴城市	1176	1116	5950	31295	31274	55083

1-B-5 续表 9

地区	机械设备、五金产品及电子产品批发			贸易经纪与代理			其他批发业		
	营业收入（千元）	主营业务收入	资产总计（千元）	营业收入（千元）	主营业务收入	资产总计（千元）	营业收入（千元）	主营业务收入	资产总计（千元）
全　省	**154642066**	**153751192**	**122496801**	**20644393**	**20630735**	**16818903**	**38240395**	**38204067**	**24949052**
沈阳市	**54542351**	**54137151**	**39870991**	**1166719**	**1163365**	**2274512**	**3290730**	**3287326**	**3332923**
和平区	10752501	10737690	6925514	82951	82410	435303	863319	862218	1113861
沈河区	8852739	8849515	4292893	465326	462966	689416	750219	750219	420618
大东区	7357439	7084986	3893104	6576	6576	18405	135958	135958	201777
皇姑区	3499196	3498346	2341525	47582	47582	64319	429481	429481	203462
铁西区	11101364	11083099	11934452	417729	417726	494305	216642	216358	593580
苏家屯区	855067	852693	1370971	1581	1581	11707	41374	39445	76558
东陵区	6266492	6259508	4795709	82999	82549	161642	104953	104953	258954
沈北新区	192605	192599	230697	17899	17899	14325	128263	128213	84029
于洪区	1692002	1689339	1642539	22031	22031	363357	271447	271414	184814
辽中县	150262	150262	123553			129	19195	19195	27085
康平县	356780	356780	311435				129610	129606	19644
法库县	2302853	2299313	1482406	12790	12790	13130	168038	168035	96643
新民市	1163051	1083021	526193	9255	9255	8474	32231	32231	51898
大连市	**71002966**	**70634392**	**59883612**	**11333841**	**11330364**	**8457759**	**27115572**	**27100699**	**17715514**
中山区	6566556	6540948	5967829	1653567	1653278	1030372	940039	939753	466914
西岗区	5286319	5126794	6173099	358727	357679	746730	280332	279061	296485
沙河口区	11378161	11346553	6574370	373832	372637	493341	398622	397979	1067307
甘井子区	7576110	7460714	16371003	2221160	2220453	2048354	4368112	4366166	4529599
旅顺口区	265831	265831	322013	19977	19977	21750	52736	52489	89418
金州区	36432209	36396363	22726343	6458356	6458118	3782853	19686907	19676862	10616155
长海县				1600	1600	4900			
瓦房店市	2630757	2630757	1113600	123621	123621	237882	474466	474466	252318
普兰店市	518704	518374	225023	104226	104226	69885	254903	254903	234619
庄河市	348319	348058	410332	18775	18775	21692	659455	659020	162699
鞍山市	**8995482**	**8970854**	**6159634**	**881249**	**881022**	**1294435**	**2911901**	**2902051**	**1259657**
铁东区	568212	565824	1965421	62858	62631	705930	42822	42002	33032
铁西区	4518249	4496327	2484030	70388	70388	204399	583727	574697	396007
立山区	1841521	1841203	648874	258645	258645	31213	533542	533542	105779
千山区	155490	155490	80194	36701	36701	21395	176570	176570	61801
台安县	288402	288402	209098	5276	5276	6016	689587	689587	197054
岫岩满族自治县	38622	38622	16689				20899	20899	12245
海城市	1584986	1584986	755328	447381	447381	325482	864754	864754	453739
抚顺市	**1356461**	**1356451**	**798674**	**25086**	**25086**	**31700**	**238205**	**238205**	**158490**
新抚区	114210	114210	125233	13254	13254	14307	12619	12619	15365
东洲区	34843	34843	33895				22000	22000	10853
望花区	740432	740432	371398	1761	1761	7663	87936	87936	81240

1-B-5 续表 10

地区	机械设备、五金产品及电子产品批发			贸易经纪与代理			其他批发业		
	营业收入(千元)	主营业务收入	资产总计(千元)	营业收入(千元)	主营业务收入	资产总计(千元)	营业收入(千元)	主营业务收入	资产总计(千元)
顺城区	309736	309726	170069	3653	3653	8188	8758	8758	16811
抚顺县	43974	43974	34387	1450	1450	580	38712	38712	5931
新宾满族自治县	39524	39524	43880	1909	1909	160	7311	7311	15520
清原满族自治县	73742	73742	19812	3059	3059	802	60869	60869	12770
本溪市	**1818110**	**1792315**	**805319**	**1267113**	**1265709**	**719971**	**812207**	**812115**	**429135**
平山区	1146242	1144791	253036	35903	35903	12178	265428	265428	85148
溪湖区	260626	260295	225713	3062	3062	5378	149574	149574	98711
明山区	382877	359108	260449	6683	6683	3223	275128	275128	180710
南芬区	8500	8500	29234	30	30	100			2735
本溪满族自治县	13903	13783	26321	1442	1442	2238	87837	87745	35545
桓仁满族自治县	5962	5838	10566	1219993	1218589	696854	34240	34240	26286
丹东市	**5199512**	**5192529**	**3090690**	**263348**	**262376**	**258851**	**1358427**	**1353094**	**299100**
元宝区	912321	906581	308977	114723	114723	37604	67496	67496	16807
振兴区	2512708	2512570	1005995	138987	138987	187969	706145	706145	157063
振安区	1578633	1578298	1620067				77406	77266	44396
宽甸满族自治县	1924	1924	3156	494	494	1854	1481	1196	3121
东港市	91051	90281	129972	7474	6502	29224	504922	500014	72466
凤城市	102875	102875	22523	1670	1670	2200	977	977	5247
锦州市	**1313435**	**1309818**	**1303245**	**23497**	**23497**	**106232**	**90002**	**90002**	**116022**
古塔区	158562	158532	135546	5172	5172	4235	3462	3462	1170
凌河区	178098	175941	135737	493	493	946	5426	5426	7909
太和区	429078	427648	795145	8399	8399	82516	35366	35366	56217
黑山县	78807	78807	40479				18616	18616	15521
义县	36160	36160	27682				6061	6061	11096
凌海市	417434	417434	154410	5306	5306	16870	11247	11247	10854
北镇市	15296	15296	14246	4127	4127	1665	9824	9824	13255
营口市	**1969291**	**1968147**	**1039626**	**2966409**	**2966301**	**1853609**	**372611**	**372591**	**329212**
站前区	465927	465927	136649	146561	146473	35352	116972	116972	70427
西市区	235827	234827	118420	455361	455361	288596	33794	33794	32095
鲅鱼圈区	174598	174509	246837	1968779	1968779	1157884	37149	37129	43367
老边区	642263	642213	332163	25374	25374	31779	157780	157780	147727
盖州市	92334	92334	18525	370334	370314	339498	11139	11139	16466
大石桥市	358342	358337	187032			500	15777	15777	19130
阜新市	**415011**	**414657**	**611597**	**11941**	**11941**	**230335**	**73502**	**73102**	**92951**
海州区	144572	144258	196139	11360	11360	12730	15821	15821	30442
新邱区	6707	6707	10145			200	330	330	6460
太平区	97802	97802	53322	531	531	669	34807	34807	28754
清河门区	2689	2689	2952						100
细河区	86716	86716	154826			216696	1850	1850	685

1-B-5 续表 11

地区	机械设备、五金产品及电子产品批发			贸易经纪与代理			其他批发业		
	营业收入（千元）	主营业务收入	资产总计（千元）	营业收入（千元）	主营业务收入	资产总计（千元）	营业收入（千元）	主营业务收入	资产总计（千元）
阜新蒙古族自治县	58627	58627	86575				18664	18664	19599
彰武县	17898	17858	107638	50	50	40	2030	1630	6911
辽阳市	**826996**	**826996**	**741178**	**34850**	**34850**	**60496**	**817817**	**817687**	**422482**
白塔区	341298	341298	255708	4428	4428	33442	23068	23068	18350
文圣区	48658	48658	13660	6599	6599	801	9965	9965	7577
宏伟区	56988	56988	66870	18577	18577	21367	2257	2127	4553
弓长岭区	46112	46112	24436	4000	4000	1400	80	80	210
太子河区	18290	18290	62018				10094	10094	6025
辽阳县	313945	313945	301492				770350	770350	382408
灯塔市	1705	1705	16994	1246	1246	3486	2003	2003	3359
盘锦市	**1945551**	**1901846**	**1661344**	**2388777**	**2385951**	**1020684**	**168480**	**168445**	**220706**
双台子区	487011	447691	526755	2196566	2196566	619798	62034	62034	78881
兴隆台区	641983	640567	564120	182296	179470	386921	85272	85267	96210
大洼县	603034	603034	294164	4460	4460	4374	16261	16231	13555
盘山县	213523	210554	276305	5455	5455	9591	4913	4913	32060
铁岭市	**258839**	**258051**	**423155**	**5534**	**5534**	**79358**	**191354**	**189346**	**307856**
银州区	143825	143824	172858	4835	4835	78359	2430	2430	47998
清河区	4660	4640	9855	341	341	239	2236	2206	4433
铁岭县	66761	66486	53755				2956	2956	76654
西丰县	30	30	200				2125	2121	7185
昌图县	34063	34060	23614	358	358	760	34715	32913	37177
调兵山市	6190	5711	6586				31204	31032	13899
开原市	3310	3300	156287				115688	115688	120510
朝阳市	**924591**	**915642**	**891379**	**84232**	**84232**	**86657**	**690127**	**690088**	**177614**
双塔区	160018	160018	209154	3827	3827	6820	78726	78726	29234
龙城区	381677	375556	455673	687	687	211	46186	46147	12038
朝阳县	36279	36279	26676	3821	3821	63465	3681	3681	1459
建平县	80846	80846	67400				16359	16359	2149
喀喇沁左翼蒙古族自治县	21643	21643	20351			547	68387	68387	103680
北票市	90178	87545	22846				16669	16669	13618
凌源市	153950	153755	89279	75897	75897	15614	460119	460119	15436
葫芦岛市	**4073470**	**4072343**	**5216357**	**191797**	**190507**	**344304**	**109460**	**109316**	**87390**
连山区	186097	185580	211712	3453	3453	14524	26311	26171	58664
龙港区	3662622	3662102	4826258	6591	6591	22291	21315	21311	2786
南票区	3432	3432	4165	119752	118462	267763	36100	36100	14532
绥中县	103127	103047	72002	60890	60890	39126	2750	2750	2735
建昌县	113978	113968	96112	320	320	260	4240	4240	950
兴城市	4214	4214	6108	791	791	340	18744	18744	7723

1-B-6　分地区批发业法人企业财务状况(按登记注册类型分)

地　　区	内资企业			国有企业		
	营业收入(千元)	主营业务收　入	资产总计(千元)	营业收入(千元)	主营业务收　入	资产总计(千元)
全　　省	**1648869694**	**1643401145**	**770485295**	**96909841**	**96546398**	**62091112**
沈阳市	**740032792**	**736676847**	**186180702**	**18730347**	**18543392**	**10978701**
和平区	48251586	48183922	28242715	1332743	1332114	1953584
沈河区	502540680	502211029	43418480	8014348	8011244	3665030
大东区	25948822	25554092	16078519	777543	706496	746651
皇姑区	28082250	28053357	24448943	2647176	2638616	1249832
铁西区	69319938	69154394	33342804	5332069	5238664	2502686
苏家屯区	8207061	7979333	6924470	25856	25785	35883
东陵区	16752893	16728031	13007900	198497	188644	531929
沈北新区	8900270	6902469	5236225	5387	5101	53687
于洪区	12797911	12794920	6072387	14764	14764	34486
辽中县	1424188	1421374	874625	6007	6007	3841
康平县	2741625	2741621	1414188	152874	152874	148239
法库县	12134979	12123986	5534631	193130	193130	27298
新民市	2930589	2828319	1584815	29953	29953	25555
大连市	**465461248**	**464599466**	**303467326**	**16401437**	**16340069**	**11227910**
中山区	107421673	107168201	78935737	3573359	3563746	1821114
西岗区	19476002	19285315	22311247	7283047	7277764	6024869
沙河口区	39632948	39558472	25372343	75724	75693	46582
甘井子区	50951345	50727315	57973096	1180564	1136694	1842597
旅顺口区	2402992	2400994	3229504	8467	8467	17435
金州区	173037169	172936353	77357775	3848960	3846689	1171969
长海县	145802	145802	28226	140000	140000	10863
瓦房店市	51922093	51913879	24842785	41799	41799	17203
普兰店市	5276336	5271054	3435330	174983	174872	114093
庄河市	15194888	15192081	9981283	74534	74345	161185
鞍山市	**149756911**	**149319415**	**85945247**	**25946104**	**25902868**	**27172496**
铁东区	36702732	36483500	37487152	25408270	25371618	26589526
铁西区	19741867	19582921	13371607	64481	59413	87616
立山区	8376205	8373001	2582193	115105	115105	27534
千山区	6776425	6765901	3632720	101356	99840	304290
台安县	2828423	2816616	1694643	108831	108831	111144
岫岩满族自治县	731787	720269	447391	44677	44677	12362
海城市	74599472	74577207	26729541	103384	103384	40024
抚顺市	**19104711**	**19052375**	**10348883**	**2255612**	**2249695**	**925667**
新抚区	5670258	5623496	1579634	1790347	1785236	580206
东洲区	1835692	1835692	524492	5515	5515	6132
望花区	5545671	5542065	3795401	101052	100246	50288

1-B-6 续表 1

地　　区	内资企业			国有企业		
	营业收入（千元）	主营业务收　　入	资产总计（千元）	营业收入（千元）	主营业务收　　入	资产总计（千元）
顺城区	4252113	4250155	3104407	18387	18387	97863
抚顺县	432256	432256	378083	550	550	563
新宾满族自治县	645521	645511	619154	273331	273331	132638
清原满族自治县	723200	723200	347712	66430	66430	57977
本溪市	**17226080**	**17175509**	**22284085**	**1881987**	**1879627**	**1284394**
平山区	4103362	4100403	13987559	115918	115918	34360
溪湖区	3570260	3564268	3296435	432552	431916	627091
明山区	6077078	6048469	2353032	1211639	1210541	550903
南芬区	62358	62138	166450			
本溪满族自治县	1614228	1604855	1401186	93873	93247	54420
桓仁满族自治县	1798794	1795376	1079423	28005	28005	17620
丹东市	**16003857**	**15902161**	**9787406**	**2044816**	**2040364**	**1052759**
元宝区	3264265	3213461	1245284	64888	61738	31865
振兴区	9013506	8999593	5029429	1910411	1909159	756402
振安区	1914588	1896884	1773436			
宽甸满族自治县	171516	164356	130074	19729	19679	46591
东港市	1009699	998785	981693	35057	35057	192073
凤城市	630283	629082	627490	14731	14731	25828
锦州市	**23478882**	**23447313**	**9869139**	**4786903**	**4781915**	**2092225**
古塔区	7334858	7333422	2115466	2826907	2825996	1383868
凌河区	1702020	1699624	1252435	66166	66166	36781
太和区	8302141	8274712	4408659	1772864	1768787	645800
黑山县	2037917	2037914	594336	6500	6500	4500
义县	617933	617928	440217	9145	9145	10872
凌海市	755036	755036	392063	103421	103421	9858
北镇市	2728977	2728677	665963	1900	1900	546
营口市	**54092389**	**53980105**	**59524406**	**2211278**	**2210534**	**931888**
站前区	12206125	12118326	3098044	2149470	2148726	819198
西市区	5198649	5190756	1521443	3748	3748	415
鲅鱼圈区	19963228	19956111	41495789	24346	24346	99374
老边区	4841145	4835992	2945313	5	5	1
盖州市	4242540	4242008	4761203	15122	15122	9908
大石桥市	7640702	7636912	5702614	18587	18587	2992
阜新市	**24494615**	**24455433**	**13733824**	**11634891**	**11633017**	**1970675**
海州区	10175064	10143252	2289557	6951635	6950818	1047712
新邱区	573156	573114	553615	30364	30322	127052
太平区	6142763	6142699	2934489	4498843	4498829	457106
清河门区	1100639	1100639	2069291			
细河区	1602958	1599026	2749411			229954

1-B-6　续表 2

地　区	内资企业			国有企业		
	营业收入（千元）	主营业务收　入	资产总计（千元）	营业收入（千元）	主营业务收　入	资产总计（千元）
阜新蒙古族自治县	2013459	2012354	1203923	148422	147421	96208
彰武县	2886576	2884349	1933538	5627	5627	12643
辽阳市	**40201111**	**40182040**	**22319640**	**1722017**	**1721412**	**951601**
白塔区	5262495	5261139	1525276	1433738	1433143	501808
文圣区	527175	524023	149495			
宏伟区	25424706	25420567	15043215			
弓长岭区	82891	82891	128642			
太子河区	659899	659899	862433	198993	198993	356176
辽阳县	7984651	7975666	4321779	35000	35000	49710
灯塔市	259294	257855	288800	54286	54276	43907
盘锦市	**46134809**	**45976003**	**14141290**	**2803418**	**2798777**	**1596821**
双台子区	15408098	15320299	6078939	168039	168039	271214
兴隆台区	19210025	19200578	4466363	2615300	2610979	1068401
大洼县	6466361	6457034	1449632	15109	15109	183992
盘山县	5050325	4998092	2146356	4970	4650	73214
铁岭市	**14292578**	**14172032**	**5004046**	**2254995**	**2226578**	**678983**
银州区	6027302	5961329	2134677	1961367	1949097	462714
清河区	13253	12762	36307	178	178	324
铁岭县	530452	526494	606370	123731	123548	129367
西丰县	225610	224384	137589	20000	20000	
昌图县	1108421	1080285	852216	144705	128741	84912
调兵山市	5897102	5896451	753666	2857	2857	843
开原市	490438	470327	483221	2157	2157	823
朝阳市	**20040309**	**19972739**	**15268337**	**1822729**	**1812770**	**586818**
双塔区	5415481	5364559	1570628	1730013	1721916	418180
龙城区	2817150	2809664	1555644			
朝阳县	3905155	3904867	8358990	464	464	500
建平县	3054193	3054193	1132721	23203	23203	89328
喀喇沁左翼蒙古族自治县	1365128	1364953	1098070	1226	1226	1221
北票市	1518538	1513999	717057	67368	65506	76889
凌源市	1964664	1960504	835227	455	455	700
葫芦岛市	**18549402**	**18489707**	**12610964**	**2413307**	**2405380**	**640174**
连山区	2071214	2064367	888606	14355	14267	10350
龙港区	10713566	10669406	7122905	1694111	1691775	566654
南票区	699300	698010	550490			200
绥中县	3695837	3689188	1647732	697729	692226	54043
建昌县	1234040	1233709	2164957	4377	4377	4589
兴城市	135445	135027	236274	2735	2735	4338

1-B-6 续表 3

地区	集体企业			股份合作企业		
	营业收入（千元）	主营业务收入	资产总计（千元）	营业收入（千元）	主营业务收入	资产总计（千元）
全省	**8645638**	**8603587**	**4885745**	**2013407**	**1994898**	**958091**
沈阳市	**1201499**	**1200386**	**1217140**	**1024502**	**1024382**	**366677**
和平区	48466	47540	56703	88135	88135	69653
沈河区	122190	122150	144383	28260	28140	26141
大东区	105759	105759	150063	15410	15410	2886
皇姑区	520370	520370	397371	567809	567809	132730
铁西区	116363	116363	111042	190661	190661	93018
苏家屯区	43319	43311	124781			
东陵区	7752	7752	62270	22748	22748	9111
沈北新区						
于洪区	62438	62415	84902	33807	33807	18574
辽中县	1898	1898	2085	77672	77672	14564
康平县	14321	14321	13298			
法库县	15419	15416	17655			
新民市	143204	143091	52587			
大连市	**3993362**	**3993230**	**937223**	**437150**	**435665**	**298855**
中山区	479467	479467	157313	54836	54836	68871
西岗区	11313	11313	25508	16378	16087	28947
沙河口区	101958	101868	59746	129743	128549	47794
甘井子区	132069	132027	189808	48313	48313	34888
旅顺口区	3502	3502	5389	22110	22110	12867
金州区	2159308	2159308	256288	147056	147056	102326
长海县						
瓦房店市	331760	331760	119816	18714	18714	3162
普兰店市	38605	38605	22008			
庄河市	735380	735380	101347			
鞍山市	**1006657**	**1006523**	**557151**	**134826**	**134826**	**95843**
铁东区	32263	32263	145761	23395	23395	42270
铁西区	288964	288830	149395	74834	74834	29680
立山区	124489	124489	59178	2344	2344	1862
千山区	13300	13300	6019			
台安县	5045	5045	2436	1800	1800	1000
岫岩满族自治县	98206	98206	8754			
海城市	444390	444390	185608	32453	32453	21031
抚顺市	**147916**	**147916**	**120577**	**87420**	**87403**	**7238**
新抚区	10404	10404	10311	1622	1622	1223
东洲区	97621	97621	34721	82525	82525	2193
望花区	7555	7555	49021	176	176	50

1-B-6　续表 4

地　　区	集体企业			股份合作企业		
	营业收入（千元）	主营业务收　入	资产总计（千元）	营业收入（千元）	主营业务收　入	资产总计（千元）
顺城区	249	249	1031	3097	3080	3772
抚顺县	2020	2020	2142			
新宾满族自治县	10410	10410	19206			
清原满族自治县	19657	19657	4145			
本溪市	**547551**	**547355**	**234610**	**9070**	**9070**	**4340**
平山区	198053	198053	108016	7478	7478	3360
溪湖区	119591	119591	78084			
明山区	13644	13644	4672			
南芬区						500
本溪满族自治县	207938	207742	31187			
桓仁满族自治县	8325	8325	12651	1592	1592	480
丹东市	**142290**	**141507**	**241437**	**219097**	**208207**	**62056**
元宝区	36340	36340	9772	200674	189784	42491
振兴区	21610	21132	125044	16293	16293	16365
振安区	44562	44562	39137	130	130	200
宽甸满族自治县	491	251	5805			
东港市	13333	13268	52821			
凤城市	25954	25954	8858	2000	2000	3000
锦州市	**360043**	**360033**	**134037**	**15365**	**15321**	**25797**
古塔区	8527	8527	4989	6877	6877	9637
凌河区	12496	12496	24600	5041	5041	4788
太和区	274278	274268	31753	3447	3403	11372
黑山县	6695	6695	2208			
义县	49497	49497	59631			
凌海市	4919	4919	6303			
北镇市	3631	3631	4553			
营口市	**365506**	**365476**	**213291**			
站前区	38935	38935	16392			
西市区	68167	68167	10048			
鲅鱼圈区	26622	26592	20948			
老边区	29792	29792	17477			
盖州市	130012	130012	117125			
大石桥市	71978	71978	31301			
阜新市	**436469**	**436409**	**588071**	**151**	**151**	**200**
海州区	34467	34407	127440			
新邱区	330	330	3170			
太平区	377094	377094	357167			
清河门区	1625	1625	1944			
细河区	17252	17252	85105	151	151	200

1-B-6 续表 5

地区	集体企业			股份合作企业		
	营业收入(千元)	主营业务收入	资产总计(千元)	营业收入(千元)	主营业务收入	资产总计(千元)
阜新蒙古族自治县	4701	4701	10245			
彰武县	1000	1000	3000			
辽阳市	**103699**	**103691**	**125704**	**34570**	**34570**	**50756**
白塔区	11527	11527	9249	520	520	450
文圣区	8966	8966	6045			
宏伟区	118	118	150	300	300	1000
弓长岭区	948	948	810			
太子河区	5841	5841	47052			
辽阳县	54882	54882	21768	33750	33750	49306
灯塔市	21417	21409	40630			
盘锦市	**107260**	**67915**	**142345**	**36660**	**30908**	**30314**
双台子区	63308	24009	58714	14931	14931	8853
兴隆台区	2621	2621	7262	10707	10707	10064
大洼县	40261	40215	74359	11022	5270	11397
盘山县	1070	1070	2010			
铁岭市	**44402**	**44172**	**207150**	**10716**	**10515**	**12645**
银州区	6877	6877	9649	6196	6195	6035
清河区	2103	2073	5231			
铁岭县	6280	6280	3065			
西丰县	3376	3176	2200	3600	3600	4000
昌图县	13665	13665	20159	120	120	1610
调兵山市	8760	8760	2170			
开原市	3341	3341	164676	800	600	1000
朝阳市	**127139**	**127139**	**64853**			
双塔区	5668	5668	9123			
龙城区						
朝阳县	460	460	1320			
建平县	111099	111099	37823			
喀喇沁左翼蒙古族自治县	1851	1851	5884			
北票市						
凌源市	8061	8061	10703			
葫芦岛市	**61845**	**61835**	**102156**	**3880**	**3880**	**3370**
连山区	4186	4186	14760	310	310	1374
龙港区				3570	3570	1976
南票区	14157	14157	17201			
绥中县	28159	28159	49469			20
建昌县	3139	3129	7793			
兴城市	12204	12204	12933			

1-B-6　续表 6

地　　区	联营企业 营业收入（千元）	联营企业 主营业务收入	联营企业 资产总计（千元）	有限责任公司 营业收入（千元）	有限责任公司 主营业务收入	有限责任公司 资产总计（千元）
全　　省	**687207**	**685452**	**852361**	**484133848**	**480910071**	**335680693**
沈阳市	**139403**	**137678**	**268198**	**156224852**	**153659861**	**79369852**
和平区	18175	16450	65354	24423313	24388580	12124612
沈河区	14631	14631	111729	39218575	39173995	13036461
大东区	165	165	1385	17445570	17192111	9529035
皇姑区	17294	17294	3087	11150105	11150093	13062657
铁西区	87502	87502	85766	40449353	40388391	17751595
苏家屯区	65	65	33	6483922	6326971	5230840
东陵区				2537536	2535461	1694439
沈北新区				6804711	4807408	3671079
于洪区				3477706	3477628	997461
辽中县				819161	816387	276281
康平县				541732	541732	216341
法库县				1850111	1849211	1292448
新民市	1571	1571	844	1023057	1011893	486603
大连市	**345131**	**345131**	**175739**	**163351735**	**162881768**	**124419055**
中山区	17958	17958	46581	27835748	27686041	24779282
西岗区	20	20	12	4885742	4723388	8733439
沙河口区	5207	5207	15957	19586350	19545314	12613326
甘井子区	44890	44890	18991	24322539	24264831	32390256
旅顺口区	11329	11329	13172	703564	703564	2212379
金州区	126006	126006	23292	75324479	75266294	36722212
长海县				1742	1742	7480
瓦房店市	137521	137521	57134	5810602	5810523	4122547
普兰店市	2200	2200	600	1245208	1245124	859660
庄河市				3635761	3634947	1978474
鞍山市	**142220**	**142220**	**375841**	**61723539**	**61646340**	**28241595**
铁东区				2299529	2294475	3733253
铁西区	67702	67702	274546	7168642	7099546	5224137
立山区	53883	53883	93298	1404358	1401752	942904
千山区				999448	999448	291234
台安县				872924	872814	677591
岫岩满族自治县				3421	3421	4929
海城市	20635	20635	7997	48975217	48974884	17367547
抚顺市	**4139**	**4139**	**3445**	**5921677**	**5917050**	**3600608**
新抚区				58071	58071	32878
东洲区	532	532	1500	254921	254921	76318
望花区	2106	2106	1645	1458375	1455689	474661

1-B-6 续表 7

地　　区	联营企业			有限责任公司		
	营业收入（千元）	主营业务收　　入	资产总计（千元）	营业收入（千元）	主营业务收　　入	资产总计（千元）
顺城区				3830742	3828801	2766424
抚顺县						
新宾满族自治县				136000	136000	191854
清原满族自治县	1501	1501	300	183568	183568	58473
本溪市	**29232**	**29232**	**9533**	**2885916**	**2877691**	**15033254**
平山区	21753	21753	5832	1047901	1047890	13002792
溪湖区				632948	632947	996553
明山区	5542	5542	2361	513513	513134	211447
南芬区			580			5490
本溪满族自治县				364378	356668	656947
桓仁满族自治县	1937	1937	760	327176	327052	160025
丹东市	**18266**	**18266**	**5760**	**5222644**	**5203325**	**2499539**
元宝区	18250	18250	2760	222818	222818	110120
振兴区	1	1	1000	4485667	4482811	2046866
振安区				295171	278741	91721
宽甸满族自治县	15	15	2000	1555	1522	2453
东港市				34800	34800	45112
凤城市				182633	182633	203267
锦州市	**1300**	**1270**	**350**	**3993009**	**3971327**	**2906922**
古塔区	1300	1270	350	274993	274993	314424
凌河区				1190349	1190319	845193
太和区				2028444	2006792	1464107
黑山县				163721	163721	47973
义县				320696	320696	211137
凌海市				14806	14806	24088
北镇市						
营口市	**1136**	**1136**	**4276**	**21519517**	**21509332**	**41692422**
站前区				1445465	1438799	347029
西市区				1114544	1114544	320152
鲅鱼圈区	786	786	776	16313014	16309550	38454617
老边区				238996	238946	147335
盖州市	350	350	3500	1583584	1583584	1604359
大石桥市				823914	823909	818930
阜新市	**652**	**652**	**1342**	**3007083**	**3006456**	**1386563**
海州区	643	643	569	10628	10121	15967
新邱区						
太平区				157870	157870	43108
清河门区						22960
细河区				120278	120278	76347

1-B-6　续表 8

地　　区	联营企业 营业收入(千元)	主营业务收入	资产总计(千元)	有限责任公司 营业收入(千元)	主营业务收入	资产总计(千元)
阜新蒙古族自治县	9	9	773	265096	265076	182518
彰武县				2453211	2453111	1045663
辽阳市	**308**	**308**	**522**	**22377071**	**22373062**	**15073488**
白塔区				2794589	2794589	241609
文圣区				195326	195326	30480
宏伟区				18849857	18845848	14418016
弓长岭区				708	708	1343
太子河区				27323	27323	15978
辽阳县				499294	499294	357321
灯塔市	308	308	522	9974	9974	8741
盘锦市	**1430**	**1430**	**670**	**17517942**	**17511050**	**4623398**
双台子区				2030561	2030560	1787411
兴隆台区				14977205	14972883	2000287
大洼县	1250	1250	450	235427	235427	362331
盘山县	180	180	220	274749	272180	473369
铁岭市	**64**	**64**	**684**	**6260576**	**6237314**	**1286764**
银州区	64	64	184	137314	135436	358295
清河区				5549	5549	15807
铁岭县			500	61146	61146	24976
西丰县				11648	10648	5354
昌图县				54004	54001	83147
调兵山市				5770180	5769579	577610
开原市				220735	200955	221575
朝阳市				**7244851**	**7235026**	**9002693**
双塔区				262354	261948	291340
龙城区				1840774	1834114	1109093
朝阳县				1567371	1567371	6008466
建平县				1773233	1773233	284742
喀喇沁左翼蒙古族自治县				1175459	1175284	832140
北票市				778	778	5276
凌源市				624882	622298	471636
葫芦岛市	**3926**	**3926**	**6001**	**6883436**	**6880469**	**6544540**
连山区	326	326	696	1658290	1657457	445043
龙港区				5067506	5065542	5970169
南票区				32738	32738	23916
绥中县				55707	55537	42536
建昌县	3500	3500	5205	68445	68445	48408
兴城市	100	100	100	750	750	14468

1-B-6 续表 9

地区	股份有限公司			私营企业		
	营业收入(千元)	主营业务收入	资产总计(千元)	营业收入(千元)	主营业务收入	资产总计(千元)
全省	**502942626**	**502385591**	**57833175**	**522812697**	**521626438**	**292103313**
沈阳市	**430482576**	**430359598**	**20778924**	**130457252**	**129999900**	**71807159**
和平区	702573	699674	894379	21635997	21609295	13075615
沈河区	425934379	425817053	16038405	28940218	28775832	10275753
大东区	71551	71551	61558	7520150	7449926	5575465
皇姑区	1741540	1741540	2850494	11078446	11059814	6625265
铁西区	1683230	1683229	613729	21362753	21351587	12111423
苏家屯区	35302	32552	36525	1497402	1445783	1426641
东陵区	115678	115678	99821	13460741	13448610	10098514
沈北新区	78760	78760	26343	2005233	2005021	1479886
于洪区	70876	70876	131379	9119334	9116454	4779555
辽中县	1375	1375	1264	476249	476209	528025
康平县	5205	5205	2505	1969553	1969549	1017603
法库县	7729	7729	11464	9719457	9711047	3830129
新民市	34378	34376	11058	1671719	1580773	983285
大连市	**31316468**	**31281626**	**30655459**	**235625686**	**235338103**	**129516305**
中山区	22737236	22708465	24795174	52689794	52624413	27263842
西岗区	1059075	1056769	1657425	6218815	6198362	5835904
沙河口区	3316248	3315713	531427	16374924	16343334	12048312
甘井子区	1035452	1035452	1597053	23992116	23869706	21787127
旅顺口区	86342	86342	19050	1471815	1469817	847732
金州区	2306104	2302879	1437965	87948692	87912778	37006368
长海县	1200	1200	2220	2860	2860	7663
瓦房店市	764310	764305	601863	33908721	33901391	15425174
普兰店市	10501	10501	2716	2287874	2287161	1603998
庄河市			10566	10730075	10728281	7690185
鞍山市	**5655284**	**5590599**	**1187258**	**49633321**	**49402017**	**26038210**
铁东区	5160973	5096288	880112	3718516	3605675	6081315
铁西区	128289	128289	80881	11782356	11697708	7442083
立山区	64760	64760	32942	6579584	6578986	1413272
千山区	45600	45600	13411	5300728	5291730	2917028
台安县	112450	112450	39716	1526332	1514635	748143
岫岩满族自治县				585483	573965	421346
海城市	143212	143212	140196	20140322	20139318	7015023
抚顺市	**4152840**	**4111189**	**488330**	**6535107**	**6534983**	**5203018**
新抚区	3124615	3082964	351987	685199	685199	603029
东洲区	836781	836781	75652	557797	557797	327976
望花区	134440	134440	35987	3841967	3841853	3183749

1-B-6　续表 10

地　区	股份有限公司			私营企业		
	营业收入（千元）	主营业务收入	资产总计（千元）	营业收入（千元）	主营业务收入	资产总计（千元）
顺城区	57004	57004	24704	342634	342634	210613
抚顺县				429686	429686	375378
新宾满族自治县				225780	225770	275456
清原满族自治县				452044	452044	226817
本溪市	**2714308**	**2710994**	**424634**	**7610083**	**7577419**	**4444755**
平山区	64190	64190	21227	2592758	2589810	793749
溪湖区				2380188	2374833	1588478
明山区	2599345	2596031	337909	1677057	1653239	1225257
南芬区				38079	37859	108628
本溪满族自治县	20701	20701	10134	782341	782018	571047
桓仁满族自治县	30072	30072	55364	139660	139660	157596
丹东市	**253774**	**242994**	**201858**	**7749028**	**7696726**	**5513226**
元宝区	105181	94831	16834	2372141	2348887	959138
振兴区	106736	106406	150753	2409600	2400603	1865946
振安区	180	180	3000	1554898	1553624	1628755
宽甸满族自治县	254	254	824	142510	135683	58990
东港市	16272	16272	20483	894787	883938	659616
凤城市	25151	25051	9964	375092	373991	340781
锦州市	**2819945**	**2819504**	**96352**	**11497835**	**11493461**	**4605405**
古塔区	2351148	2350707	37508	1865106	1865052	364690
凌河区	543	543	700	427425	425059	340373
太和区	454198	454198	53736	3768493	3766847	2201066
黑山县				1861001	1860998	539655
义县	14056	14056	4408	222074	222069	147638
凌海市				631890	631890	351814
北镇市				2721846	2721546	660169
营口市	**5089915**	**5006466**	**1317761**	**23650368**	**23634024**	**14258105**
站前区	4838329	4758980	997479	3641152	3640112	908666
西市区	1146	1146	9327	4008115	4000222	1177721
鲅鱼圈区	8754	8754	22672	3530107	3526484	2839677
老边区	83907	79807	89688	4484007	4483004	2688232
盖州市	12452	12452	1871	1692131	1691619	2354989
大石桥市	145327	145327	196724	6294856	6292583	4288820
阜新市	**2655141**	**2626444**	**526450**	**6640280**	**6632510**	**9168147**
海州区	2571378	2542681	401694	601747	600016	694565
新邱区				541262	541262	421693
太平区				1108956	1108906	2077108
清河门区				1098404	1098404	2043337
细河区	600	600	81458	1464677	1460745	2276347

1-B-6 续表 11

地　　区	股份有限公司			私营企业		
	营业收入(千元)	主营业务收　　入	资产总计(千元)	营业收入(千元)	主营业务收　　入	资产总计(千元)
阜新蒙古族自治县	69367	69367	25455	1434539	1434455	830094
彰武县	13796	13796	17843	390695	388722	825003
辽阳市	**6391991**	**6391991**	**451944**	**4492862**	**4487699**	**3397036**
白塔区				1022121	1021360	772160
文圣区				298726	295574	110016
宏伟区	6363891	6363891	340186	209500	209370	278017
弓长岭区	4000	4000	1400	77235	77235	122089
太子河区	16749	16749	93385	399636	399636	330768
辽阳县	7351	7351	7513	2314288	2314287	1602273
灯塔市			9460	171356	170237	181713
盘锦市	**3106924**	**3064503**	**535809**	**22459327**	**22399992**	**7012025**
双台子区	3073037	3030616	487005	10054288	10048230	3401272
兴隆台区	22627	22627	41283	1529694	1528890	1283154
大洼县	6660	6660	3231	6123066	6119537	756135
盘山县	4600	4600	4290	4752279	4703335	1571464
铁岭市	**2566044**	**2524628**	**481735**	**2902901**	**2883541**	**1968117**
银州区	2542492	2501517	431739	1356112	1345263	849462
清河区	1854	1413	3483	3569	3549	11212
铁岭县	6042	6042	37309	255248	254973	234563
西丰县	8800	8800	5000	138855	138833	109350
昌图县	6856	6856	4200	773309	765275	512762
调兵山市			4	113503	113453	170919
开原市				262305	262195	79849
朝阳市	**2623188**	**2580774**	**285084**	**8215580**	**8210208**	**5325239**
双塔区	2623188	2580774	285084	794258	794253	566901
龙城区				976376	975550	446551
朝阳县				2330395	2330107	2345954
建平县				1146301	1146301	719928
喀喇沁左翼蒙古族自治县				186592	186592	258825
北票市				1450392	1447715	634892
凌源市				1331266	1329690	352188
葫芦岛市	**3114228**	**3074281**	**401577**	**5343067**	**5335855**	**3846566**
连山区	114173	114053	40158	262754	256948	359676
龙港区	2987262	2947435	328430	887172	887141	197084
南票区				550577	550577	260061
绥中县	1980	1980	1207	2397253	2396617	1108375
建昌县	7356	7356	31765	1131263	1130942	1720732
兴城市	3457	3457	17	114048	113630	200638

1-B-6　续表 12

地　区	其他企业			港澳台商投资企业			外商投资企业		
	营业收入（千元）	主营业务收入	资产总计（千元）	营业收入（千元）	主营业务收入	资产总计（千元）	营业收入（千元）	主营业务收入	资产总计（千元）
全　省	**30724430**	**30648710**	**16080805**	**6785481**	**6714355**	**15665650**	**16279039**	**16213985**	**12005759**
沈阳市	**1772361**	**1751650**	**1394051**	**3568457**	**3568454**	**2417304**	**2897543**	**2897520**	**3038281**
和平区	2184	2134	2815	348742	348742	103033	60887	60864	74528
沈河区	268079	267984	120578	1146295	1146295	266535	183854	183854	86532
大东区	12674	12674	11476			204126	81000	81000	26419
皇姑区	359510	357821	127507	213820	213820	29563	8265	8265	2487
铁西区	98007	97997	73545	1755578	1755575	1475168	63971	63971	114169
苏家屯区	121195	104866	69767				704684	704684	3938
东陵区	409941	409138	511816	92771	92771	313383			1612
沈北新区	6179	6179	5230			7000	1793408	1793408	2708198
于洪区	18986	18976	26030	11251	11251	17996	537	537	250
辽中县	41826	41826	48565			500	937	937	512
康平县	57940	57940	16202						
法库县	349133	347453	355637						
新民市	26707	26662	24883						19636
大连市	**13990279**	**13983874**	**6236780**	**1933294**	**1862191**	**11806659**	**13091162**	**13028783**	**8038901**
中山区	33275	33275	3560	375082	374736	172392	3411815	3402666	1546169
西岗区	1612	1612	5143	18022	18022	18057	1085004	1056885	424690
沙河口区	42794	42794	9199	114646	114646	197036	351224	351191	321838
甘井子区	195402	195402	112376	357605	288777	9819045	448300	448293	160277
旅顺口区	95863	95863	101480	149394	149394	119804	2073	2073	702
金州区	1176564	1175343	637355	823955	822026	1231832	7660266	7635195	5523105
长海县									
瓦房店市	10908666	10907866	4495886	22320	22320	7650	128888	128888	60755
普兰店市	1516965	1512591	832255				3592	3592	1365
庄河市	19138	19128	39526	72270	72270	240843			
鞍山市	**5514960**	**5494022**	**2276853**	**11781**	**11781**	**66090**	**116839**	**116839**	**26344**
铁东区	59786	59786	14915	1980	1980	60000			
铁西区	166599	166599	83269				9809	9809	1010
立山区	31682	31682	11203				82186	82186	10077
千山区	315993	315983	100738						
台安县	201041	201041	114613						
岫岩满族自治县									
海城市	4739859	4718931	1952115	9801	9801	6090	24844	24844	15257
抚顺市				**364068**	**364068**	**120372**	**624**	**624**	**233**
新抚区				1500	1500	658	324	324	33
东洲区									
望花区				362568	362568	119714			

1-B-6 续表 13

地　　区	其他企业			港澳台商投资企业			外商投资企业		
	营业收入（千元）	主营业务收入	资产总计（千元）	营业收入（千元）	主营业务收入	资产总计（千元）	营业收入（千元）	主营业务收入	资产总计（千元）
顺城区							300	300	200
抚顺县									
新宾满族自治县									
清原满族自治县									
本溪市	**1547933**	**1544121**	**848565**	**794811**	**794811**	**755866**	**8556**	**8556**	**6556**
平山区	55311	55311	18223				4541	4541	2177
溪湖区	4981	4981	6229	784294	784294	755155			
明山区	56338	56338	20483	10517	10517	711	3565	3565	3879
南芬区	24279	24279	51252						
本溪满族自治县	144997	144479	77451				450	450	500
桓仁满族自治县	1262027	1258733	674927						
丹东市	**353942**	**350772**	**210771**	**34991**	**34991**	**7848**	**22243**	**22243**	**14857**
元宝区	243973	240813	72304	34991	34991	7848	10734	10734	2260
振兴区	63188	63188	67053				10009	10009	11097
振安区	19647	19647	10623						
宽甸满族自治县	6962	6952	13411						
东港市	15450	15450	11588						
凤城市	4722	4722	35792				1500	1500	1500
锦州市	**4482**	**4482**	**8051**	**872**	**852**	**434968**	**1521**	**1521**	**64955**
古塔区									
凌河区									
太和区	417	417	825			430421			63082
黑山县									
义县	2465	2465	6531	872	852	4547	1521	1521	1873
凌海市									
北镇市	1600	1600	695						
营口市	**1254669**	**1253137**	**1106663**	**24155**	**24155**	**29283**	**98735**	**96083**	**171377**
站前区	92774	92774	9280				49	49	39
西市区	2929	2929	3780	4963	4963	4379	62961	62961	8964
鲅鱼圈区	59599	59599	57725	1039	1039	1759	183	183	181
老边区	4438	4438	2580						
盖州市	808889	808869	669451				17351	14699	76826
大石桥市	286040	284528	363847	18153	18153	23145	18191	18191	85367
阜新市	**119948**	**119794**	**92376**	**53052**	**53052**	**27256**	**850**	**850**	**4700**
海州区	4566	4566	1610						
新邱区	1200	1200	1700						
太平区				1142	1142	1064			
清河门区	610	610	1050				650	650	1000
细河区				51910	51910	26192			

1-B-6　续表 14

地　区	其他企业			港澳台商投资企业			外商投资企业		
	营业收入（千元）	主营业务收入	资产总计（千元）	营业收入（千元）	主营业务收入	资产总计（千元）	营业收入（千元）	主营业务收入	资产总计（千元）
阜新蒙古族自治县	91325	91325	58630				200	200	3700
彰武县	22247	22093	29386						
辽阳市	**5078593**	**5069307**	**2268589**				**1459**	**1459**	**7694**
白塔区							1459	1459	7694
文圣区	24157	24157	2954						
宏伟区	1040	1040	5846						
弓长岭区			3000						
太子河区	11357	11357	19074						
辽阳县	5040086	5031102	2233888						
灯塔市	1953	1651	3827						
盘锦市	**101848**	**101428**	**199908**						
双台子区	3934	3914	64470						
兴隆台区	51871	51871	55912						
大洼县	33566	33566	57737						
盘山县	12477	12077	21789						
铁岭市	**252880**	**245220**	**367968**						
银州区	16880	16880	16599						
清河区			250						
铁岭县	78005	74505	176590						
西丰县	39331	39327	11685						
昌图县	115762	111627	145426						
调兵山市	1802	1802	2120						
开原市	1100	1079	15298						
朝阳市	**6822**	**6822**	**3650**			**4**	**18272**	**18272**	**40205**
双塔区						4	17872	17872	205
龙城区									
朝阳县	6465	6465	2750						
建平县	357	357	900						
喀喇沁左翼蒙古族自治县									
北票市							400	400	40000
凌源市									
葫芦岛市	**725713**	**724081**	**1066580**				**21235**	**21235**	**591656**
连山区	16820	16820	16549				7679	7679	588601
龙港区	73945	73943	58592				13556	13556	3055
南票区	101828	100538	249112						
绥中县	515009	514669	392082						
建昌县	15960	15960	346465						
兴城市	2151	2151	3780						

1-B-7 分地区零售业法人企业基本情况

地　　区	法人单位数(个)	年末从业人数(人)	年末零售营业面积(平方米)
全　　省	**35195**	**429741**	**17380444**
沈阳市	**10062**	**126498**	**5715313**
和平区	1287	22298	745793
沈河区	1333	32505	1714278
大东区	683	8559	881645
皇姑区	1394	16922	589395
铁西区	1165	16494	456206
苏家屯区	433	2271	210593
东陵区	927	6503	212376
沈北新区	217	1400	82266
于洪区	613	5426	309536
辽中县	339	2127	53616
康平县	413	2885	144959
法库县	851	6001	144329
新民市	407	3107	170321
大连市	**6369**	**80916**	**3149623**
中山区	621	26058	1281218
西岗区	708	6174	231027
沙河口区	993	10603	325620
甘井子区	1361	13992	424614
旅顺口区	300	2202	49794
金州区	713	7449	330079
长海县	31	131	6271
瓦房店市	644	6254	201632
普兰店市	535	4271	119876
庄河市	463	3782	179492
鞍山市	**3893**	**47518**	**1291540**
铁东区	1121	21375	339731
铁西区	654	6689	220771
立山区	639	4636	168448
千山区	86	599	38163
台安县	167	1401	96460
岫岩满族自治县	214	2358	97014
海城市	1012	10460	330953
抚顺市	**1071**	**15005**	**893464**
新抚区	314	6178	449160
东洲区	159	1098	74526
望花区	175	3940	177633

1-B-7　续表 1

地　　区	法人单位数(个)	年末从业人数(人)	年末零售营业面积(平方米)
顺城区	146	1644	84803
抚顺县	94	563	11788
新宾满族自治县	102	998	61067
清原满族自治县	81	584	34487
本溪市	**1550**	**22549**	**656375**
平山区	605	13260	275242
溪湖区	121	1239	53079
明山区	443	4496	142491
南芬区	71	707	17212
本溪满族自治县	123	1417	115563
桓仁满族自治县	187	1430	52788
丹东市	**1252**	**13027**	**429702**
元宝区	315	3107	96432
振兴区	354	4933	151783
振安区	33	339	12280
宽甸满族自治县	177	1233	32072
东港市	174	2037	73338
凤城市	199	1378	63797
锦州市	**1654**	**21315**	**1153048**
古塔区	211	4560	341735
凌河区	238	5104	248535
太和区	210	2262	227434
黑山县	417	3628	150806
义县	122	799	39314
凌海市	291	3317	81598
北镇市	165	1645	63626
营口市	**2235**	**25432**	**861053**
站前区	802	7502	174862
西市区	232	2006	80163
鲅鱼圈区	595	7164	192900
老边区	78	1067	52094
盖州市	327	3433	264289
大石桥市	201	4260	96745
阜新市	**2039**	**13788**	**736048**
海州区	376	4224	149640
新邱区	81	479	38977
太平区	222	1838	66427
清河门区	44	177	10358
细河区	372	3261	265929

1-B-7 续表 2

地　　区	法人单位数（个）	年末从业人数（人）	年末零售营业面积（平方米）
阜新蒙古族自治县	563	2048	127603
彰武县	381	1761	77114
辽阳市	**642**	**6891**	**365162**
白塔区	264	2785	212333
文圣区	20	89	4269
宏伟区	60	705	28558
弓长岭区	17	102	6413
太子河区	57	845	57691
辽阳县	123	1662	38122
灯塔市	101	703	17776
盘锦市	**1464**	**17056**	**485122**
双台子区	268	2677	82565
兴隆台区	1025	12455	282680
大洼县	128	1672	71781
盘山县	43	252	48096
铁岭市	**756**	**10813**	**570341**
银州区	197	4837	151863
清河区	38	198	18042
铁岭县	57	901	100510
西丰县	31	172	21400
昌图县	293	2022	138947
调兵山市	39	1276	29312
开原市	101	1407	110267
朝阳市	**1066**	**15015**	**590932**
双塔区	280	9081	227605
龙城区	95	1484	46789
朝阳县	203	745	43966
建平县	109	825	105061
喀喇沁左翼蒙古族自治县	106	838	51659
北票市	132	937	51153
凌源市	141	1105	64699
葫芦岛市	**1142**	**13918**	**482721**
连山区	284	5720	160442
龙港区	176	2210	122326
南票区	38	200	14545
绥中县	227	2196	54033
建昌县	110	1519	48153
兴城市	307	2073	83222

1-B-8 分地区零售业法人企业基本情况(按国民经济行业分)

地区	综合零售			食品、饮料及烟草制品专门零售		
	法人单位数(个)	年末从业人数(人)	年末零售营业面积(平方米)	法人单位数(个)	年末从业人数(人)	年末零售营业面积(平方米)
全省	**3239**	**140019**	**6631308**	**2875**	**21139**	**501297**
沈阳市	**788**	**40651**	**2572390**	**672**	**5042**	**101976**
和平区	65	5887	341151	116	754	7862
沈河区	133	15993	1165517	94	1244	13229
大东区	47	2475	427755	56	478	11117
皇姑区	103	3298	67289	160	1125	21592
铁西区	65	5886	174790	74	289	6336
苏家屯区	24	604	69768	27	159	16175
东陵区	43	1001	44755	31	185	3578
沈北新区	28	686	29695	16	68	1758
于洪区	58	2098	115670	37	125	5479
辽中县	25	344	8057	4	17	580
康平县	60	540	29785	21	242	6641
法库县	87	602	20320	21	303	5829
新民市	50	1237	77838	15	53	1800
大连市	**672**	**26252**	**1157967**	**722**	**4844**	**126697**
中山区	35	13378	370819	80	584	6307
西岗区	93	2091	79242	83	370	16034
沙河口区	68	2789	194493	120	489	8655
甘井子区	70	1609	122087	102	915	11436
旅顺口区	49	957	25314	39	259	2290
金州区	78	2239	210807	47	202	7387
长海县				13	43	1988
瓦房店市	65	723	48893	139	1443	47768
普兰店市	132	1311	31575	62	299	17998
庄河市	82	1155	74737	37	240	6834
鞍山市	**397**	**10333**	**342749**	**254**	**2326**	**47184**
铁东区	107	4280	128222	114	1384	18299
铁西区	38	410	19797	32	240	9984
立山区	129	1194	60759	29	98	3386
千山区	9	29	1764	7	97	3250
台安县	18	307	48156	12	55	3565
岫岩满族自治县	13	592	21115	12	70	2682
海城市	83	3521	62936	48	382	6018
抚顺市	**166**	**4514**	**529858**	**98**	**564**	**12514**
新抚区	29	2728	351808	28	157	2967
东洲区	32	265	17685	15	62	1670
望花区	24	437	68915	18	76	1799

1-B-8 续表 1

地区	综合零售			食品、饮料及烟草制品专门零售		
	法人单位数(个)	年末从业人数(人)	年末零售营业面积(平方米)	法人单位数(个)	年末从业人数(人)	年末零售营业面积(平方米)
顺城区	12	477	32479	25	165	4527
抚顺县	32	156	3015	3	13	185
新宾满族自治县	16	220	30930	4	49	1110
清原满族自治县	21	231	25026	5	42	256
本溪市	**181**	**7380**	**263086**	**152**	**1384**	**25816**
平山区	57	5117	134678	37	396	6566
溪湖区	20	213	14670	14	130	1870
明山区	34	647	26044	61	457	7832
南芬区	15	377	12758	3	109	610
本溪满族自治县	19	454	51609	9	153	3196
桓仁满族自治县	36	572	23327	28	139	5742
丹东市	**149**	**2679**	**112250**	**102**	**865**	**17746**
元宝区	37	582	36291	32	263	3966
振兴区	21	991	35937	26	158	3586
振安区	9	34	1190	3	96	2550
宽甸满族自治县	20	165	6745	16	154	3149
东港市	28	628	15408	12	109	2625
凤城市	34	279	16679	13	85	1870
锦州市	**111**	**7292**	**449693**	**98**	**1098**	**22711**
古塔区	12	1390	75958	21	197	2240
凌河区	31	2932	128861	36	302	6734
太和区	12	515	127720	19	76	3135
黑山县	14	530	58132	8	313	8085
义县	12	164	11350	4	13	420
凌海市	10	1186	23512	4	136	1030
北镇市	20	575	24160	6	61	1067
营口市	**266**	**10520**	**226713**	**314**	**2237**	**50932**
站前区	46	1376	34426	156	816	13298
西市区	16	252	21750	27	307	3174
鲅鱼圈区	90	4062	88204	68	403	8706
老边区	8	121	6453	3	19	271
盖州市	81	1611	34859	47	594	23119
大石桥市	25	3098	41021	13	98	2364
阜新市	**99**	**2917**	**237697**	**117**	**777**	**20271**
海州区	21	1797	79456	36	236	7023
新邱区	3	3	1400	2	8	306
太平区	6	27	1752	24	170	3420
清河门区	1	2	60	1	1	92
细河区	11	448	99241	30	224	5092

1-B-8　续表 2

地　区	综合零售			食品、饮料及烟草制品专门零售		
	法　人 单位数 (个)	年末从业 人　数 (人)	年末零售 营业面积 (平方米)	法　人 单位数 (个)	年末从业 人　数 (人)	年末零售 营业面积 (平方米)
阜新蒙古族自治县	29	232	23620	15	90	3983
彰武县	28	408	32168	9	48	355
辽阳市	**72**	**1625**	**87675**	**38**	**207**	**4133**
白塔区	18	944	72135	24	76	1819
文圣区	5	19	200			
宏伟区	5	53	2550	3	12	360
弓长岭区	5	21	3320			
太子河区	4	13	650	3	5	444
辽阳县	31	368	7320	4	79	500
灯塔市	4	207	1500	4	35	1010
盘锦市	**119**	**5906**	**80163**	**139**	**807**	**27141**
双台子区	22	791	24653	27	166	2722
兴隆台区	83	4213	28546	93	534	12071
大洼县	13	900	26948	16	102	11868
盘山县	1	2	16	3	5	480
铁岭市	**62**	**5771**	**178204**	**56**	**513**	**12839**
银州区	4	3031	26863	20	104	2768
清河区	4	30	1510			
铁岭县	10	251	63365	6	169	3150
西丰县	1	30	6000			
昌图县	26	704	5488	20	150	5671
调兵山市	9	1007	14145	4	21	230
开原市	8	718	60833	6	69	1020
朝阳市	**41**	**7496**	**260513**	**40**	**204**	**5510**
双塔区	12	6829	137860	20	112	2548
龙城区	2	12	276	2	3	243
朝阳县	1	2	100	2	21	230
建平县	10	230	83566	6	32	570
喀喇沁左翼蒙古族自治县	5	196	10940	3	8	730
北票市	2	5	270	2	5	400
凌源市	9	222	27501	5	23	789
葫芦岛市	**116**	**6683**	**132350**	**73**	**271**	**25827**
连山区	29	3331	55941	12	45	915
龙港区	7	530	20420	18	70	14855
南票区	3	18	1800	1	1	70
绥中县	17	1124	15166	11	41	1080
建昌县	9	719	3518	5	39	3460
兴城市	51	961	35505	26	75	5447

1-B-8 续表 3

地 区	纺织、服装及日用品专门零售			文化、体育用品及器材专门零售		
	法 人 单位数 (个)	年末从业 人 数 (人)	年末零售 营业面积 (平方米)	法 人 单位数 (个)	年末从业 人 数 (人)	年末零售 营业面积 (平方米)
全 省	**3479**	**33840**	**1094941**	**1815**	**17252**	**549121**
沈阳市	**1033**	**9107**	**319648**	**654**	**6423**	**208924**
和平区	202	1703	70628	164	1361	41488
沈河区	274	3155	100003	122	3032	100433
大东区	89	781	12675	52	341	28499
皇姑区	196	1527	31008	117	729	14844
铁西区	85	521	10248	41	169	4061
苏家屯区	15	45	2512	7	24	945
东陵区	42	390	55807	43	140	3085
沈北新区	11	55	4746	7	14	522
于洪区	36	103	7560	23	66	2518
辽中县	13	306	4639	6	73	990
康平县	24	196	7246	20	120	4715
法库县	33	201	4176	49	296	5600
新民市	13	124	8400	3	58	1224
大连市	**641**	**6184**	**154193**	**320**	**2601**	**44471**
中山区	132	2854	64563	72	799	11124
西岗区	116	650	18184	68	714	14946
沙河口区	130	1294	30938	54	188	3068
甘井子区	128	466	10712	50	259	3830
旅顺口区	19	72	1612	12	51	1205
金州区	36	309	15846	28	239	2599
长海县				1	8	113
瓦房店市	30	264	5727	7	112	2330
普兰店市	17	118	2700	14	126	3705
庄河市	33	157	3911	14	105	1551
鞍山市	**516**	**7898**	**140980**	**245**	**3150**	**51881**
铁东区	212	5278	62280	113	2226	23638
铁西区	53	400	25418	15	74	1781
立山区	43	215	8096	27	131	3654
千山区	3	73	555	5	37	1907
台安县	6	35	2057	4	42	670
岫岩满族自治县	25	751	18046	41	287	13876
海城市	174	1146	24528	40	353	6355
抚顺市	**134**	**1247**	**39414**	**47**	**266**	**8489**
新抚区	53	739	18977	22	121	4256
东洲区	19	86	2570	5	19	529
望花区	24	203	8939	5	23	640

1-B-8　续表 4

地　区	纺织、服装及日用品专门零售			文化、体育用品及器材专门零售		
	法　人 单位数 (个)	年末从业 人　数 (人)	年末零售 营业面积 (平方米)	法　人 单位数 (个)	年末从业 人　数 (人)	年末零售 营业面积 (平方米)
顺城区	16	78	3074	8	54	1205
抚顺县	3	15	300	3	10	150
新宾满族自治县	11	102	5090	2	13	710
清原满族自治县	8	24	464	2	26	999
本溪市	**122**	**1088**	**42211**	**67**	**628**	**14242**
平山区	68	692	33997	25	248	5215
溪湖区	13	127	1873	1	1	500
明山区	22	167	3092	12	71	4017
南芬区	5	10	233	19	101	1187
本溪满族自治县	3	24	1543	4	149	1548
桓仁满族自治县	11	68	1473	6	58	1775
丹东市	**138**	**1545**	**62645**	**48**	**492**	**9690**
元宝区	49	383	9462	9	116	1396
振兴区	50	398	31431	16	171	3170
振安区						
宽甸满族自治县	11	145	3690	8	37	1104
东港市	17	503	15152	7	83	2230
凤城市	11	116	2910	8	85	1790
锦州市	**109**	**1306**	**74143**	**59**	**496**	**29174**
古塔区	33	400	15020	10	120	805
凌河区	36	567	46744	21	189	21004
太和区	8	25	2147	8	24	1585
黑山县	8	117	4120	7	77	2583
义县	6	58	2180	6	28	1560
凌海市	7	54	1440	4	34	1070
北镇市	11	85	2492	3	24	567
营口市	**254**	**1266**	**38377**	**84**	**677**	**114410**
站前区	146	718	14735	49	329	8141
西市区	18	75	2434	12	96	1471
鲅鱼圈区	64	291	7855	13	109	3642
老边区	2	8	272	1	5	121
盖州市	17	151	12521	3	87	100150
大石桥市	7	23	560	6	51	885
阜新市	**121**	**812**	**22918**	**53**	**626**	**14902**
海州区	55	511	11189	26	291	5392
新邱区	1	1	80			
太平区	15	92	3053	10	177	5863
清河门区						
细河区	25	80	5341	3	15	312

1-B-8 续表 5

地　区	纺织、服装及日用品专门零售			文化、体育用品及器材专门零售		
	法　人 单位数 (个)	年末从业 人　数 (人)	年末零售 营业面积 (平方米)	法　人 单位数 (个)	年末从业 人　数 (人)	年末零售 营业面积 (平方米)
阜新蒙古族自治县	4	29	1325	11	97	2255
彰武县	21	99	1930	3	46	1080
辽阳市	**56**	**332**	**93298**	**39**	**257**	**7092**
白塔区	36	225	91518	28	156	5460
文圣区	1	6	100	1	4	20
宏伟区	1	2	99	4	18	250
弓长岭区						
太子河区	1		100			
辽阳县	4	52	506	3	45	970
灯塔市	13	47	975	3	34	392
盘锦市	**144**	**887**	**21404**	**111**	**715**	**16893**
双台子区	37	226	8448	19	103	1843
兴隆台区	94	619	11721	83	583	14060
大洼县	11	33	1080	7	27	760
盘山县	2	9	155	2	2	230
铁岭市	**39**	**305**	**28648**	**21**	**231**	**10033**
银州区	24	156	4973	6	67	1433
清河区				1	2	50
铁岭县	2	4	300			
西丰县						
昌图县	3	4	415	8	75	7645
调兵山市	1	12		2	32	
开原市	9	129	22960	4	55	905
朝阳市	**58**	**710**	**19068**	**30**	**327**	**10372**
双塔区	31	193	5490	16	149	6948
龙城区	3	16	500			
朝阳县	3	21	225			
建平县	4	47	2894	5	50	1268
喀喇沁左翼蒙古族自治县	3	23	650	4	45	749
北票市	4	279	7560	1	22	600
凌源市	10	131	1749	4	61	807
葫芦岛市	**114**	**1153**	**37994**	**37**	**363**	**8548**
连山区	37	583	24104	12	142	2625
龙港区	12	50	1060	9	45	680
南票区	4	31	640			
绥中县	9	51	1230	3	42	2310
建昌县	6	198	2936	2	40	1221
兴城市	46	240	8024	11	94	1712

1-B-8　续表 6

地　区	医药及医疗器材专门零售			汽车、摩托车、燃料及零配件专门零售		
	法人单位数（个）	年末从业人数（人）	年末零售营业面积（平方米）	法人单位数（个）	年末从业人数（人）	年末零售营业面积（平方米）
全　省	**5379**	**46679**	**1006631**	**5807**	**77560**	**4362681**
沈阳市	**1633**	**18654**	**432281**	**1239**	**21666**	**1045500**
和平区	165	8802	210812	76	608	27427
沈河区	100	1636	38999	106	2420	78790
大东区	115	968	31197	120	2014	87482
皇姑区	179	1136	20965	95	5941	369219
铁西区	199	2315	22097	310	5460	155688
苏家屯区	105	479	15713	102	318	27175
东陵区	92	516	7554	48	1240	47272
沈北新区	68	212	6221	26	174	14801
于洪区	164	836	31421	93	1468	99428
辽中县	126	542	13130	63	379	12558
康平县	49	205	7046	81	547	53081
法库县	109	404	9244	59	580	23187
新民市	162	603	17882	60	517	49392
大连市	**701**	**7371**	**115669**	**701**	**17241**	**1082912**
中山区	45	806	10813	30	5082	702632
西岗区	43	444	7602	51	374	35739
沙河口区	83	2492	30717	84	1220	23364
甘井子区	120	616	10107	232	7040	201983
旅顺口区	31	138	1809	20	197	10729
金州区	106	750	8808	86	1474	34333
长海县	4	10	400			
瓦房店市	81	756	12590	86	1014	34533
普兰店市	123	970	16055	53	463	16838
庄河市	65	389	16768	59	377	22761
鞍山市	**461**	**3359**	**73366**	**673**	**7250**	**354922**
铁东区	113	1430	20071	66	880	15138
铁西区	65	402	8416	197	3400	123084
立山区	131	675	19070	78	494	35609
千山区	12	48	5836	18	140	12043
台安县	23	102	6312	46	350	21398
岫岩满族自治县	14	59	2256	53	340	22525
海城市	103	643	11405	215	1646	125125
抚顺市	**70**	**1583**	**22522**	**154**	**1853**	**86646**
新抚区	17	699	8073	28	423	7078
东洲区	11	164	1136	23	208	40197
望花区	13	203	1834	28	752	16111

1-B-8 续表 7

地 区	医药及医疗器材专门零售			汽车、摩托车、燃料及零配件专门零售		
	法 人 单位数 (个)	年末从业 人 数 (人)	年末零售 营业面积 (平方米)	法 人 单位数 (个)	年末从业 人 数 (人)	年末零售 营业面积 (平方米)
顺城区	11	354	9052	35	267	13926
抚顺县	6	34	460	13	57	2086
新宾满族自治县	10	116	1737	6	48	2780
清原满族自治县	2	13	230	21	98	4468
本溪市	**115**	**1373**	**19822**	**264**	**2344**	**92584**
平山区	31	309	4365	41	324	6081
溪湖区	10	54	2585	21	393	23611
明山区	37	713	8102	113	1174	35781
南芬区	4	29	448	4	11	291
本溪满族自治县	12	156	2916	42	228	13828
桓仁满族自治县	21	112	1406	43	214	12992
丹东市	**120**	**1257**	**31595**	**263**	**2984**	**81463**
元宝区	31	250	3990	19	133	2816
振兴区	33	511	17195	78	1924	36409
振安区	5	111	2650	5	26	880
宽甸满族自治县	27	172	2766	54	319	7992
东港市	12	102	2354	38	264	18510
凤城市	12	111	2640	69	318	14856
锦州市	**555**	**3627**	**75112**	**386**	**4597**	**370003**
古塔区	26	396	3290	24	1268	217235
凌河区	29	316	4342	25	250	7982
太和区	27	110	5192	83	1256	56658
黑山县	257	1222	31648	76	712	29096
义县	17	198	2168	46	206	14244
凌海市	175	1141	24494	61	431	20316
北镇市	24	244	3978	71	474	24472
营口市	**129**	**967**	**35047**	**433**	**4244**	**172086**
站前区	29	287	10046	73	1346	40426
西市区	18	263	4983	34	263	5556
鲅鱼圈区	65	237	7705	122	1037	38146
老边区	5	48	1521	39	665	40453
盖州市	3	5	190	78	421	31754
大石桥市	9	127	10602	87	512	15751
阜新市	**847**	**2407**	**67895**	**356**	**3281**	**252089**
海州区	77	289	9477	25	104	6866
新邱区	31	91	3047	15	156	23761
太平区	50	268	5343	26	175	22113
清河门区	25	76	2464	8	43	2720
细河区	91	308	10106	106	1840	109602

1-B-8　续表 8

地　区	医药及医疗器材专门零售			汽车、摩托车、燃料及零配件专门零售		
	法　人 单位数 (个)	年末从业 人　数 (人)	年末零售 营业面积 (平方米)	法　人 单位数 (个)	年末从业 人　数 (人)	年末零售 营业面积 (平方米)
阜新蒙古族自治县	361	825	25972	107	557	64147
彰武县	212	550	11486	69	406	22880
辽阳市	**63**	**838**	**14166**	**159**	**1929**	**98684**
白塔区	22	434	4822	17	238	6014
文圣区	4	18	287	6	24	802
宏伟区	3	172	2445	13	291	19718
弓长岭区				5	21	450
太子河区	3	8	482	33	773	49790
辽阳县	15	131	4440	37	338	12771
灯塔市	16	75	1690	48	244	9139
盘锦市	**54**	**1264**	**34854**	**236**	**2760**	**128717**
双台子区	10	782	24784	37	198	9587
兴隆台区	33	398	9102	145	2140	64431
大洼县	11	84	968	28	222	8755
盘山县				26	200	45944
铁岭市	**154**	**812**	**16647**	**233**	**2090**	**237383**
银州区	16	219	2268	52	777	64467
清河区	11	35	879	10	81	7922
铁岭县				25	419	31185
西丰县	1	1	80	21	80	11460
昌图县	112	429	11468	79	456	99562
调兵山市	2	23		13	89	3820
开原市	12	105	1952	33	188	18967
朝阳市	**321**	**2012**	**48530**	**401**	**2948**	**195452**
双塔区	84	714	9388	42	418	42585
龙城区	26	496	8892	47	900	34185
朝阳县	130	302	10595	53	359	29236
建平县	6	42	1495	67	311	13375
喀喇沁左翼蒙古族自治县	10	118	2459	62	312	30573
北票市	42	173	5723	68	324	28800
凌源市	23	167	9978	62	324	16698
葫芦岛市	**156**	**1155**	**19125**	**309**	**2373**	**164240**
连山区	26	556	6825	55	387	28956
龙港区	12	164	1288	53	1012	76034
南票区	8	49	615	16	85	10310
绥中县	72	196	4838	80	435	16259
建昌县	7	35	1420	48	219	20356
兴城市	31	155	4139	57	235	12325

1-B-8 续表 9

地区	家用电器及电子产品专门零售			五金、家具及室内装饰材料专门零售			货摊、无店铺及其他零售业		
	法人单位数(个)	年末从业人数(人)	年末零售营业面积(平方米)	法人单位数(个)	年末从业人数(人)	年末零售营业面积(平方米)	法人单位数(个)	年末从业人数(人)	年末零售营业面积(平方米)
全省	**4589**	**39932**	**1090681**	**5137**	**33748**	**1321499**	**2875**	**19572**	**822285**
沈阳市	**1724**	**11428**	**430681**	**1576**	**8507**	**414390**	**743**	**5020**	**189523**
和平区	316	2391	29985	134	591	13658	49	201	2782
沈河区	201	3127	170799	206	1280	30903	97	618	15605
大东区	84	869	110146	92	507	168745	28	126	4029
皇姑区	194	1166	26575	268	1502	27192	82	498	10711
铁西区	112	423	8863	232	1209	67302	47	222	6821
苏家屯区	23	96	5639	55	196	14665	75	350	58001
东陵区	509	1889	39391	81	228	7748	38	914	3186
沈北新区	19	50	3487	19	54	8313	23	87	12723
于洪区	33	123	3969	88	288	9078	81	319	34413
辽中县	14	57	1575	41	203	5198	47	206	6889
康平县	76	403	11277	57	471	18433	25	161	6735
法库县	89	620	13506	289	1888	41610	115	1107	20857
新民市	54	214	5469	14	90	1545	36	211	6771
大连市	**806**	**6144**	**179068**	**920**	**4921**	**141734**	**886**	**5358**	**146912**
中山区	85	1834	95747	101	481	16347	41	240	2866
西岗区	135	735	22584	65	625	28408	54	171	8288
沙河口区	187	1028	11563	134	677	12862	133	426	9960
甘井子区	189	1058	16597	275	1073	26922	195	956	20940
旅顺口区	20	88	715	84	282	3688	26	158	2432
金州区	58	478	8727	94	610	8563	180	1148	33009
长海县	1	3	120	2	9	200	10	58	3450
瓦房店市	54	478	9058	85	562	13704	97	902	27029
普兰店市	37	262	6154	36	279	11063	61	443	13788
庄河市	40	180	7803	44	323	19977	89	856	25150
鞍山市	**448**	**5885**	**77484**	**587**	**4858**	**107168**	**312**	**2459**	**95806**
铁东区	207	3853	30183	163	1847	23640	26	197	18260
铁西区	55	742	8326	175	823	20856	24	198	3109
立山区	59	272	18987	108	1355	13289	35	202	5598
千山区	4	9	1230	18	87	9053	10	79	2525
台安县	10	89	1806	10	102	2758	38	319	9738
岫岩满族自治县	22	80	3309	13	71	3683	21	108	9522
海城市	91	840	13643	100	573	33889	158	1356	47054
抚顺市	**136**	**1177**	**31817**	**181**	**3129**	**138251**	**85**	**672**	**23953**
新抚区	67	682	20255	58	555	34468	12	74	1278
东洲区	10	61	1343	26	129	3244	18	104	6152
望花区	21	154	2335	23	1864	69982	19	228	7078

1-B-8　续表 10

地　区	家用电器及电子产品专门零售			五金、家具及室内装饰材料专门零售			货摊、无店铺及其他零售业		
	法人单位数（个）	年末从业人数（人）	年末零售营业面积（平方米）	法人单位数（个）	年末从业人数（人）	年末零售营业面积（平方米）	法人单位数（个）	年末从业人数（人）	年末零售营业面积（平方米）
顺城区	11	67	1215	22	150	17897	6	32	1428
抚顺县	5	20	485	19	167	2577	10	91	2530
新宾满族自治县	15	148	5975	22	167	7345	16	135	5390
清原满族自治县	7	45	209	11	97	2738	4	8	97
本溪市	**163**	**5152**	**61040**	**381**	**2434**	**75764**	**105**	**766**	**61810**
平山区	92	4689	51455	229	1303	25820	25	182	7065
溪湖区	5	55	473	32	239	4222	5	27	3275
明山区	36	230	4186	90	736	41705	38	301	11732
南芬区	3	16	146	9	18	822	9	36	717
本溪满族自治县	12	60	1461	9	66	2310	13	127	37152
桓仁满族自治县	15	102	3319	12	72	885	15	93	1869
丹东市	**177**	**1496**	**51267**	**167**	**1048**	**36602**	**88**	**661**	**26444**
元宝区	74	747	26411	45	394	10046	19	239	2054
振兴区	45	331	10744	74	396	12493	11	53	818
振安区				4	21	2400	7	51	2610
宽甸满族自治县	16	110	3376	14	53	1789	11	78	1461
东港市	25	167	5785	15	57	4984	20	124	6290
凤城市	17	141	4951	15	127	4890	20	116	13211
锦州市	**154**	**1376**	**28853**	**129**	**1056**	**78436**	**53**	**467**	**24923**
古塔区	49	522	8031	34	205	18296	2	62	860
凌河区	35	356	7217	22	164	23561	3	28	2090
太和区	19	91	2113	26	125	25232	8	40	3652
黑山县	18	203	4262	17	324	3790	12	130	9090
义县	13	62	2710	12	45	3465	6	25	1217
凌海市	10	87	2200	10	147	2602	10	101	4934
北镇市	10	55	2320	8	46	1490	12	81	3080
营口市	**204**	**1873**	**49154**	**347**	**2427**	**73478**	**204**	**1221**	**100856**
站前区	93	1022	23077	160	1312	24927	50	296	5786
西市区	13	122	2471	60	418	7097	34	210	31227
鲅鱼圈区	53	395	12702	93	504	14110	27	126	11830
老边区	8	31	1051	2	10	201	10	160	1751
盖州市	21	182	7833	24	131	26070	53	251	27793
大石桥市	16	121	2020	8	52	1073	30	178	22469
阜新市	**148**	**873**	**27457**	**199**	**1379**	**55717**	**99**	**716**	**37102**
海州区	58	522	15267	70	440	13895	8	34	1075
新邱区	2	11	140	6	23	880	21	186	9363
太平区	12	49	1488	50	562	8306	29	318	15089
清河门区				5	32	972	4	23	4050
细河区	54	169	6024	43	154	28447	9	23	1764

1-B-8 续表 11

地区	家用电器及电子产品专门零售			五金、家具及室内装饰材料专门零售			货摊、无店铺及其他零售业		
	法人单位数（个）	年末从业人数（人）	年末零售营业面积（平方米）	法人单位数（个）	年末从业人数（人）	年末零售营业面积（平方米）	法人单位数（个）	年末从业人数（人）	年末零售营业面积（平方米）
阜新蒙古族自治县	8	26	860	12	117	2010	16	75	3431
彰武县	14	96	3678	13	51	1207	12	57	2330
辽阳市	**106**	**764**	**31656**	**72**	**417**	**10404**	**37**	**522**	**18054**
白塔区	76	520	25979	39	179	4274	4	13	312
文圣区	1	4	200				2	14	2660
宏伟区	8	59	1229	18	79	1345	5	19	562
弓长岭区	4	25	323	1	1	20	2	34	2300
太子河区	3	9	475	4	13	750	6	24	5000
辽阳县	11	118	2900	7	131	3685	11	400	5030
灯塔市	3	29	550	3	14	330	7	18	2190
盘锦市	**224**	**1657**	**38104**	**350**	**2503**	**105360**	**87**	**557**	**32486**
双台子区	30	93	2668	57	205	4990	29	113	2870
兴隆台区	185	1531	34151	267	2164	96726	42	273	11872
大洼县	7	29	1040	22	116	3438	13	159	16924
盘山县	2	4	245	4	18	206	3	12	820
铁岭市	**62**	**342**	**8356**	**59**	**301**	**47444**	**70**	**448**	**30787**
银州区	30	218	3866	28	192	43163	17	73	2062
清河区	1	3	130	6	25	1099	5	22	6452
铁岭县	3	20	415	2	6	250	9	32	1845
西丰县							8	61	3860
昌图县	15	50	2105	14	56	2182	16	98	4411
调兵山市	2	8	300	1	3		5	81	10817
开原市	11	43	1540	8	19	750	10	81	1340
朝阳市	**109**	**982**	**29267**	**43**	**202**	**13366**	**23**	**134**	**8854**
双塔区	63	604	17116	8	45	4395	4	17	1275
龙城区	2	11	260	8	28	1240	5	18	1193
朝阳县	7	21	1550	4	11	670	3	8	1360
建平县	8	54	1193	2	9	490	1	50	210
喀喇沁左翼蒙古族自治县	9	91	2250	5	24	870	5	21	2438
北票市	6	101	5060	6	25	740	1	3	2000
凌源市	14	100	1838	10	60	4961	4	17	378
葫芦岛市	**128**	**783**	**46477**	**126**	**566**	**23385**	**83**	**571**	**24775**
连山区	57	444	33555	39	120	3612	17	112	3909
龙港区	16	64	1217	38	214	6131	11	61	641
南票区	2	7	400	3	6	210	1	3	500
绥中县	16	78	1850	11	91	7220	8	138	4080
建昌县	13	107	5740	8	29	1730	12	133	7772
兴城市	24	83	3715	27	106	4482	34	124	7873

1-B-9　分地区零售业法人企业基本情况(按登记注册类型分)

地　　区	内资企业			国有企业		
	法　人 单位数 (个)	年末从业 人　　数 (人)	年末零售 营业面积 (平方米)	法　人 单位数 (个)	年末从业 人　　数 (人)	年末零售 营业面积 (平方米)
全　　省	**34981**	**396967**	**16038125**	**488**	**11618**	**261579**
沈阳市	**9985**	**110050**	**5068292**	**125**	**4694**	**75091**
和平区	1270	20151	620030	23	844	17778
沈河区	1308	21910	1376614	14	209	5825
大东区	676	7689	831773	5	61	1220
皇姑区	1388	15590	573331	24	2200	23058
铁西区	1153	15530	395288	10	1007	4154
苏家屯区	433	2271	210593	18	89	8587
东陵区	923	6064	161126	6	19	437
沈北新区	214	1308	79146	4	11	260
于洪区	612	5425	309271	3	6	5920
辽中县	339	2127	53616	2	48	600
康平县	413	2885	144959	4	73	1880
法库县	851	6001	144329	4	66	2540
新民市	405	3099	168216	8	61	2832
大连市	**6287**	**69902**	**2677789**	**52**	**987**	**16840**
中山区	598	21839	1092979	6	370	2847
西岗区	699	4058	156109	4	40	500
沙河口区	979	7995	153164	9	165	7389
甘井子区	1336	12014	391345	14	147	2575
旅顺口区	299	2201	49744	1	30	400
金州区	708	7403	329036	5	65	423
长海县	31	131	6271	4	19	836
瓦房店市	643	6251	201492	3	86	320
普兰店市	531	4228	118157	5	61	1470
庄河市	463	3782	179492	1	4	80
鞍山市	**3880**	**45894**	**1216282**	**45**	**983**	**40787**
铁东区	1111	20143	284675	17	765	34634
铁西区	653	6671	220671	3	26	400
立山区	639	4636	168448	10	34	2596
千山区	86	599	38163	3	22	1440
台安县	167	1401	96460	3	38	490
岫岩满族自治县	214	2358	97014	3	61	655
海城市	1010	10086	310851	6	37	572
抚顺市	**1067**	**14939**	**881066**	**61**	**482**	**37383**
新抚区	313	6174	449115	15	115	6417
东洲区	159	1098	74526	20	118	4663
望花区	174	3914	177133	7	17	1140

1-B-9 续表 1

地 区	内资企业			国有企业		
	法人单位数(个)	年末从业人数(人)	年末零售营业面积(平方米)	法人单位数(个)	年末从业人数(人)	年末零售营业面积(平方米)
顺城区	144	1608	72950	8	49	4830
抚顺县	94	563	11788			
新宾满族自治县	102	998	61067	5	75	15347
清原满族自治县	81	584	34487	6	108	4986
本溪市	**1548**	**22509**	**636220**	**61**	**1173**	**19379**
平山区	605	13260	275242	12	224	6285
溪湖区	121	1239	53079	10	131	1493
明山区	443	4496	142491	22	603	5946
南芬区	71	707	17212	4	33	1710
本溪满族自治县	122	1388	95563	7	147	2682
桓仁满族自治县	186	1419	52633	6	35	1263
丹东市	**1243**	**12749**	**412583**	**26**	**307**	**6604**
元宝区	312	3090	96077	7	58	836
振兴区	349	4818	135365	8	126	1528
振安区	33	339	12280			
宽甸满族自治县	177	1233	32072	2	17	400
东港市	173	1891	72992	2	10	1400
凤城市	199	1378	63797	7	96	2440
锦州市	**1653**	**20863**	**1144692**	**20**	**908**	**4664**
古塔区	210	4108	333379	2	20	200
凌河区	238	5104	248535	3	35	380
太和区	210	2262	227434	5	25	705
黑山县	417	3628	150806	3	36	729
义县	122	799	39314	1	12	1000
凌海市	291	3317	81598	4	759	1250
北镇市	165	1645	63626	2	21	400
营口市	**2226**	**24939**	**855663**	**15**	**271**	**5692**
站前区	798	7311	173582	3	24	790
西市区	232	2006	80163	2	2	170
鲅鱼圈区	594	7151	192750	4	97	2722
老边区	77	1009	51014	1	12	360
盖州市	326	3273	262489	3	89	850
大石桥市	199	4189	95665	2	47	800
阜新市	**2037**	**13383**	**702568**	**21**	**339**	**8924**
海州区	376	4224	149640	6	87	3439
新邱区	81	479	38977			
太平区	222	1838	66427	1	8	120
清河门区	44	177	10358			
细河区	370	2856	232449	4	6	1575

1-B-9　续表 2

地　区	内资企业			国有企业		
	法　人单位数（个）	年末从业人　数（人）	年末零售营业面积（平方米）	法　人单位数（个）	年末从业人　数（人）	年末零售营业面积（平方米）
阜新蒙古族自治县	563	2048	127603	3	154	1590
彰武县	381	1761	77114	7	84	2200
辽阳市	**637**	**6222**	**349192**	**14**	**326**	**7890**
白塔区	260	2122	196463	5	75	3300
文圣区	19	83	4169			
宏伟区	60	705	28558			
弓长岭区	17	102	6413			
太子河区	57	845	57691	4	186	3253
辽阳县	123	1662	38122	1	30	800
灯塔市	101	703	17776	4	35	537
盘锦市	**1462**	**17048**	**484872**	**4**	**84**	**2500**
双台子区	267	2675	82465			
兴隆台区	1024	12449	282530	3	80	2400
大洼县	128	1672	71781	1	4	100
盘山县	43	252	48096			
铁岭市	**753**	**10485**	**560793**	**15**	**452**	**7090**
银州区	196	4831	151815	3	57	1425
清河区	38	198	18042			
铁岭县	57	901	100510	3	26	860
西丰县	31	172	21400	1	18	200
昌图县	293	2022	138947	5	274	3800
调兵山市	38	1264	29312	1	17	
开原市	100	1097	100767	2	60	805
朝阳市	**1064**	**14559**	**582592**	**13**	**266**	**8460**
双塔区	279	8675	219475	4	111	5324
龙城区	95	1484	46789	1	6	400
朝阳县	203	745	43966			
建平县	108	775	104851	1	33	800
喀喇沁左翼蒙古族自治县	106	838	51659	1	25	400
北票市	132	937	51153	2	25	800
凌源市	141	1105	64699	4	66	736
葫芦岛市	**1139**	**13425**	**465521**	**16**	**346**	**20275**
连山区	284	5720	160442	5	150	1420
龙港区	173	1717	105126	2	25	13996
南票区	38	200	14545			
绥中县	227	2196	54033	1	34	2100
建昌县	110	1519	48153	4	81	2259
兴城市	307	2073	83222	4	56	500

1-B-9 续表 3

地区	集体企业			股份合作企业		
	法人单位数（个）	年末从业人数（人）	年末零售营业面积（平方米）	法人单位数（个）	年末从业人数（人）	年末零售营业面积（平方米）
全省	**1030**	**10391**	**283178**	**250**	**1706**	**70017**
沈阳市	**226**	**2918**	**83478**	**79**	**610**	**21730**
和平区	23	186	1977	13	100	1579
沈河区	19	1256	2594	21	225	3547
大东区	9	120	1080	1	10	450
皇姑区	35	343	5117	27	200	6882
铁西区	15	70	1898	4	8	305
苏家屯区	20	94	22739	3	12	560
东陵区	12	53	1402	2	13	4780
沈北新区	12	55	4187			
于洪区	16	159	10302	2	13	2932
辽中县	6	21	1100	6	29	695
康平县	19	103	6197			
法库县	7	29	766			
新民市	33	429	24119			
大连市	**144**	**1192**	**28478**	**59**	**267**	**7393**
中山区	13	43	1402	15	70	1991
西岗区	12	35	1550	15	57	1796
沙河口区	12	40	698	14	31	551
甘井子区	14	272	989	4	19	480
旅顺口区	4	8	92	3	16	270
金州区	16	105	3214	4	27	545
长海县	2	8	500			
瓦房店市	19	208	6025	3	29	760
普兰店市	43	242	6607	1	18	1000
庄河市	9	231	7401			
鞍山市	**90**	**1653**	**25853**	**18**	**156**	**2393**
铁东区	20	250	4633	6	111	595
铁西区	22	123	4913	9	39	1280
立山区	17	954	3338	3	6	518
千山区	6	26	1899			
台安县	6	67	1410			
岫岩满族自治县	5	81	1400			
海城市	14	152	8260			
抚顺市	**84**	**470**	**20649**	**4**	**35**	**4507**
新抚区	9	52	1241	3	25	1090
东洲区	23	78	2866			
望花区	14	76	7295			

1-B-9 续表 4

地区	集体企业			股份合作企业		
	法人单位数(个)	年末从业人数(人)	年末零售营业面积(平方米)	法人单位数(个)	年末从业人数(人)	年末零售营业面积(平方米)
顺城区	4	18	470	1	10	3417
抚顺县	8	52	2065			
新宾满族自治县	15	118	5730			
清原满族自治县	11	76	982			
本溪市	**77**	**588**	**11701**	**5**	**133**	**800**
平山区	31	245	2891	1	109	300
溪湖区	4	31	1274			
明山区	18	93	2940			
南芬区	4	55	860			
本溪满族自治县	8	30	2026			
桓仁满族自治县	12	134	1710	4	24	500
丹东市	**65**	**571**	**17759**	**27**	**149**	**3411**
元宝区	3	10	220	6	51	440
振兴区	5	27	470	18	78	2684
振安区	5	22	620			
宽甸满族自治县	11	35	4980	3	20	287
东港市	12	304	7529			
凤城市	29	173	3940			
锦州市	**40**	**937**	**18620**	**15**	**96**	**21957**
古塔区	3	13	225	5	22	430
凌河区	5	230	2129	7	35	20820
太和区	7	104	2432			
黑山县	2	6	212	3	39	707
义县	1	3	100			
凌海市	9	501	8137			
北镇市	13	80	5385			
营口市	**89**	**605**	**19221**	**2**	**11**	**580**
站前区	20	146	6013			
西市区	5	58	502			
鲅鱼圈区	22	67	2395	1	10	280
老边区	3	20	565			
盖州市	27	279	8481	1	1	300
大石桥市	12	35	1265			
阜新市	**59**	**740**	**12666**	**2**	**12**	**295**
海州区	9	85	974	1	8	200
新邱区	1	1	80			
太平区	6	214	3197			
清河门区						
细河区	5	56	3906	1	4	95

1-B-9 续表 5

地区	集体企业			股份合作企业		
	法人单位数(个)	年末从业人数(人)	年末零售营业面积(平方米)	法人单位数(个)	年末从业人数(人)	年末零售营业面积(平方米)
阜新蒙古族自治县	25	156	3469			
彰武县	13	228	1040			
辽阳市	**23**	**94**	**3700**	**2**	**14**	**250**
白塔区	2	8	140	1	5	100
文圣区	4	15	270			
宏伟区	3	12	250			
弓长岭区	5	6	500			
太子河区	1	2	100			
辽阳县	5	44	1880	1	9	150
灯塔市	3	7	560			
盘锦市	**16**	**111**	**11633**	**29**	**163**	**4333**
双台子区	9	80	1115	6	14	326
兴隆台区	2	12	248	22	143	3918
大洼县	3	12	270	1	6	89
盘山县	2	7	10000			
铁岭市	**30**	**135**	**5486**	**2**	**24**	**348**
银州区	1	5	78	2	24	348
清河区						
铁岭县	8	29	3355			
西丰县						
昌图县	14	75	1463			
调兵山市						
开原市	7	26	590			
朝阳市	**32**	**111**	**9177**			
双塔区	2	11	780			
龙城区						
朝阳县						
建平县	13	30	3216			
喀喇沁左翼蒙古族自治县	2	12	580			
北票市	3	11	820			
凌源市	12	47	3781			
葫芦岛市	**55**	**266**	**14757**	**6**	**36**	**2020**
连山区	8	44	5349	1	5	100
龙港区				3	24	1620
南票区	9	34	4810	1	5	100
绥中县	15	61	1420			
建昌县	7	29	1030	1	2	200
兴城市	16	98	2148			

1-B-9 续表 6

地区	联营企业			有限责任公司		
	法人单位数(个)	年末从业人数(人)	年末零售营业面积(平方米)	法人单位数(个)	年末从业人数(人)	年末零售营业面积(平方米)
全省	**89**	**2825**	**20504**	**6623**	**120590**	**5379067**
沈阳市	**16**	**83**	**3324**	**2048**	**40760**	**2411050**
和平区				129	9774	309046
沈河区	4	19	438	372	8325	905854
大东区	3	9	340	120	2981	492825
皇姑区	4	34	1200	604	5084	130978
铁西区	1	2	120	293	6768	198400
苏家屯区				94	858	47120
东陵区	1	10	70	65	1736	41361
沈北新区				71	615	46836
于洪区	2	3	156	48	2114	115915
辽中县				46	398	7606
康平县				28	402	29386
法库县				125	1000	22760
新民市	1	6	1000	53	705	62963
大连市	**10**	**53**	**1026**	**1551**	**19568**	**548490**
中山区				181	4705	97269
西岗区				200	1620	52300
沙河口区	3	21	155	340	4444	92939
甘井子区				295	3346	142172
旅顺口区				86	654	19026
金州区	3	13	166	108	2052	55001
长海县				1	6	300
瓦房店市	2	7	205	89	722	18982
普兰店市	1	6	300	110	790	26238
庄河市	1	6	200	141	1229	44263
鞍山市	**12**	**115**	**1161**	**831**	**10871**	**316631**
铁东区	4	63	230	254	4190	84978
铁西区	3	23	501	265	3542	111877
立山区	1	3	50	113	735	36758
千山区				9	84	7840
台安县				17	254	13586
岫岩满族自治县				4	166	7050
海城市	4	26	380	169	1900	54542
抚顺市	**2**	**8**	**400**	**219**	**6677**	**380880**
新抚区				54	2918	208972
东洲区				13	167	34360
望花区	2	8	400	41	2090	88237

1-B-9 续表 7

地 区	联营企业			有限责任公司		
	法 人 单位数 (个)	年末从业 人 数 (人)	年末零售 营业面积 (平方米)	法 人 单位数 (个)	年末从业 人 数 (人)	年末零售 营业面积 (平方米)
顺城区				72	1056	37910
抚顺县				7	82	1185
新宾满族自治县				29	343	10030
清原满族自治县				3	21	186
本溪市	**17**	**2324**	**5998**	**280**	**4342**	**282848**
平山区	11	2278	4830	104	1505	133860
溪湖区				9	125	13363
明山区	5	40	1110	99	1503	66797
南芬区				1	215	8788
本溪满族自治县				18	405	38096
桓仁满族自治县	1	6	58	49	589	21944
丹东市	**3**	**75**	**2206**	**179**	**2005**	**80655**
元宝区				22	258	11639
振兴区	2	37	2156	113	1374	42505
振安区				2	10	390
宽甸满族自治县				25	179	5632
东港市	1	38	50	6	19	1915
凤城市				11	165	18574
锦州市	**2**	**14**	**980**	**203**	**6712**	**400028**
古塔区				50	1397	84102
凌河区	1	10	800	52	3399	140646
太和区				37	271	133124
黑山县				23	200	5438
义县	1	4	180	32	258	9248
凌海市				7	791	16970
北镇市				2	396	10500
营口市	**11**	**31**	**1033**	**273**	**5005**	**231342**
站前区				53	496	13936
西市区				97	1042	35254
鲅鱼圈区	9	15	553	54	365	15184
老边区	1	8	100	5	90	3120
盖州市	1	8	380	42	357	116147
大石桥市				22	2655	47701
阜新市	**1**	**7**	**150**	**56**	**1833**	**83546**
海州区				13	1297	63069
新邱区						
太平区				14	84	3002
清河门区				1	1	92
细河区	1	7	150	10	262	9777

1-B-9　续表 8

地　　区	联营企业			有限责任公司		
	法　人 单位数 （个）	年末从业 人　数 （人）	年末零售 营业面积 （平方米）	法　人 单位数 （个）	年末从业 人　数 （人）	年末零售 营业面积 （平方米）
阜新蒙古族自治县				9	128	5028
彰武县				9	61	2578
辽阳市	**3**	**31**	**600**	**42**	**1188**	**48240**
白塔区				8	320	11229
文圣区				3	15	1312
宏伟区				13	235	2374
弓长岭区				1	26	2000
太子河区	1	2	300	10	217	26349
辽阳县	1	28	200	7	375	4976
灯塔市	1	1	100			
盘锦市	**5**	**35**	**522**	**422**	**8104**	**170820**
双台子区				50	213	10402
兴隆台区	4	12	442	354	7378	131814
大洼县	1	23	80	13	491	24814
盘山县				5	22	3790
铁岭市	**4**	**8**	**864**	**115**	**1861**	**91770**
银州区				38	383	15604
清河区				9	27	3926
铁岭县	1	2	200	10	181	15150
西丰县				1	1	700
昌图县	3	6	664	18	64	2133
调兵山市				13	995	19447
开原市				26	210	34810
朝阳市				**191**	**8308**	**178978**
双塔区				67	6866	129638
龙城区				38	953	20399
朝阳县				33	82	8358
建平县				2	6	178
喀喇沁左翼蒙古族自治县				20	204	11562
北票市						
凌源市				31	197	8843
葫芦岛市	**3**	**41**	**2240**	**213**	**3356**	**153789**
连山区	1	32	2000	96	2021	92409
龙港区				99	1072	55225
南票区						
绥中县						
建昌县	1	6	200	9	122	2300
兴城市	1	3	40	9	141	3855

1-B-9 续表 9

地区	股份有限公司			私营企业		
	法人单位数（个）	年末从业人数（人）	年末零售营业面积（平方米）	法人单位数（个）	年末从业人数（人）	年末零售营业面积（平方米）
全省	**657**	**31584**	**1945608**	**23835**	**204826**	**7712900**
沈阳市	**250**	**9871**	**602428**	**6618**	**48309**	**1758420**
和平区	10	2993	156086	1064	6237	133179
沈河区	63	1176	81722	764	10422	369881
大东区	10	109	25310	510	4331	307838
皇姑区	56	3991	286097	568	3347	96923
铁西区	51	680	32907	746	6829	152903
苏家屯区	24	160	4905	219	879	106851
东陵区	8	75	728	769	3869	101908
沈北新区	1	1	50	101	544	22977
于洪区	20	212	12801	486	2806	154323
辽中县	1	200	102	228	1215	36493
康平县				349	2249	105889
法库县	3	250	1200	567	3931	99875
新民市	3	24	520	247	1650	69380
大连市	**91**	**11610**	**810062**	**4028**	**33524**	**1192424**
中山区	13	10945	778727	359	5599	210013
西岗区	7	39	780	455	2255	98543
沙河口区	8	44	373	587	3240	50544
甘井子区	31	247	6130	938	7746	231747
旅顺口区	4	34	100	192	1438	28927
金州区	6	159	20950	534	4730	245776
长海县	1	3	50	21	88	4245
瓦房店市	18	111	2610	338	3402	131358
普兰店市	3	28	342	306	2785	67293
庄河市				298	2241	123978
鞍山市	**80**	**1591**	**24382**	**2538**	**28201**	**760096**
铁东区	40	737	4214	749	13756	151627
铁西区	10	121	2948	334	2766	97277
立山区	12	316	7118	476	2562	117171
千山区	1	7	600	61	375	25132
台安县	3	102	1915	131	845	76041
岫岩满族自治县	3	239	6500	198	1511	78409
海城市	11	69	1087	589	6386	214439
抚顺市	**42**	**1549**	**93621**	**654**	**5718**	**343626**
新抚区	38	1209	58878	193	1855	172517
东洲区	1	92	4136	102	643	28501
望花区	1	196	17837	109	1527	62224

1-B-9　续表 10

地　区	股份有限公司			私营企业		
	法　人单位数(个)	年末从业人　数(人)	年末零售营业面积(平方米)	法　人单位数(个)	年末从业人　数(人)	年末零售营业面积(平方米)
顺城区				59	475	26323
抚顺县				79	429	8538
新宾满族自治县				53	462	29960
清原满族自治县	2	52	12770	59	327	15563
本溪市	**22**	**195**	**22854**	**989**	**13088**	**275922**
平山区	5	76	20440	413	8637	100671
溪湖区				96	919	36685
明山区	7	65	1152	268	2011	61303
南芬区				58	358	5689
本溪满族自治县	2	9	238	76	754	49686
桓仁满族自治县	8	45	1024	78	409	21888
丹东市	**40**	**1743**	**50031**	**830**	**7241**	**243234**
元宝区	9	460	32761	244	1957	47440
振兴区	24	1210	12270	154	1842	70887
振安区	2	26	4000	19	199	6430
宽甸满族自治县	1	6	120	117	868	18956
东港市				152	1520	62098
凤城市	4	41	880	144	855	37423
锦州市	**8**	**1389**	**228276**	**1356**	**10775**	**469049**
古塔区	3	1150	214856	145	1506	33566
凌河区	3	226	13050	163	1148	70410
太和区	2	13	370	157	1843	90165
黑山县				386	3347	143720
义县				86	517	28606
凌海市				271	1266	55241
北镇市				148	1148	47341
营口市	**35**	**553**	**25786**	**1655**	**17185**	**533774**
站前区	20	444	20960	674	6044	129209
西市区	2	7	280	125	889	43837
鲅鱼圈区	5	69	2771	440	5760	143963
老边区	3	16	415	64	863	46454
盖州市	3	8	880	215	2281	126961
大石桥市	2	9	480	137	1348	43350
阜新市	**8**	**262**	**31797**	**1852**	**10035**	**561623**
海州区	2	6	530	337	2690	80417
新邱区	1	6	60	78	469	38697
太平区	2	12	190	197	1483	59713
清河门区				41	170	10064
细河区	1	57	13817	347	2462	203044

1-B-9 续表 11

地区	股份有限公司			私营企业		
	法人单位数(个)	年末从业人数(人)	年末零售营业面积(平方米)	法人单位数(个)	年末从业人数(人)	年末零售营业面积(平方米)
阜新蒙古族自治县				511	1574	115942
彰武县	2	181	17200	341	1187	53746
辽阳市	**7**	**35**	**3040**	**524**	**4310**	**281734**
白塔区				242	1708	181546
文圣区				12	53	2587
宏伟区	3	24	810	40	433	25074
弓长岭区				11	70	3913
太子河区	1	4	500	40	434	27189
辽阳县				98	1110	27906
灯塔市	3	7	1730	81	502	13519
盘锦市	**46**	**450**	**9661**	**825**	**7434**	**266918**
双台子区	13	160	942	180	2186	63188
兴隆台区	29	196	7819	515	4074	125116
大洼县	3	20	300	100	1049	45579
盘山县	1	74	600	30	125	33035
铁岭市	**9**	**2126**	**20795**	**408**	**4525**	**404100**
银州区	4	2100	20165	121	2110	110508
清河区				24	158	13577
铁岭县				24	497	78765
西丰县				25	132	19230
昌图县	3	15	410	145	709	113173
调兵山市	1	3	120	21	225	8245
开原市	1	8	100	48	694	60602
朝阳市	**1**	**4**	**300**	**827**	**5870**	**385677**
双塔区				206	1687	83733
龙城区	1	4	300	55	521	25690
朝阳县				170	663	35608
建平县				92	706	100657
喀喇沁左翼蒙古族自治县				83	597	39117
北票市				127	901	49533
凌源市				94	795	51339
葫芦岛市	**18**	**206**	**22575**	**731**	**8611**	**236303**
连山区	8	43	11586	128	3195	41614
龙港区	9	73	989	40	307	31609
南票区				27	156	9550
绥中县				195	2052	48708
建昌县				81	1250	40008
兴城市	1	90	10000	260	1651	64814

1-B-9　续表 12

地　　区	其他企业			港澳台商投资企业			外商投资企业		
	法　人单位数（个）	年末从业人　数（人）	年末零售营业面积（平方米）	法　人单位数（个）	年末从业人　数（人）	年末零售营业面积（平方米）	法　人单位数（个）	年末从业人　数（人）	年末零售营业面积（平方米）
全　　省	**2009**	**13427**	**365272**	**87**	**16193**	**690435**	**127**	**16581**	**651884**
沈阳市	**623**	**2805**	**112771**	**30**	**7088**	**303504**	**47**	**9360**	**343517**
和平区	8	17	385	7	1866	123873	10	281	1890
沈河区	51	278	6753	12	3922	107179	13	6673	230485
大东区	18	68	2710	3	10	240	4	860	49632
皇姑区	70	391	23076	2	555	9807	4	777	6257
铁西区	33	166	4601	3	428	9500	9	536	51418
苏家屯区	55	179	19831						
东陵区	60	289	10440	1	215	50000	3	224	1250
沈北新区	25	82	4836	1	87	2800	2	5	320
于洪区	35	112	6922				1	1	265
辽中县	50	216	7020						
康平县	13	58	1607						
法库县	145	725	17188						
新民市	60	224	7402	1	5	105	1	3	2000
大连市	**352**	**2701**	**73076**	**29**	**5474**	**201545**	**53**	**5540**	**270289**
中山区	11	107	730	10	4007	185732	13	212	2507
西岗区	6	12	640	2	140	250	7	1976	74668
沙河口区	6	10	515	3	175	1065	11	2433	171391
甘井子区	40	237	7252	11	1138	13928	14	840	19341
旅顺口区	9	21	929				1	1	50
金州区	32	252	2961	1	10	100	4	36	943
长海县	2	7	340						
瓦房店市	171	1686	41232	1	3	140			
普兰店市	62	298	14907	1	1	330	3	42	1389
庄河市	13	71	3570						
鞍山市	**266**	**2324**	**44979**	**10**	**1595**	**74658**	**3**	**29**	**600**
铁东区	21	271	3764	8	1221	54556	2	11	500
铁西区	7	31	1475				1	18	100
立山区	7	26	899						
千山区	6	85	1252						
台安县	7	95	3018						
岫岩满族自治县	1	300	3000						
海城市	217	1516	31571	2	374	20102			
抚顺市	**1**			**1**	**4**	**45**	**3**	**62**	**12353**
新抚区	1			1	4	45			
东洲区									
望花区							1	26	500

1-B-9 续表 13

地区	其他企业			港澳台商投资企业			外商投资企业		
	法人单位数(个)	年末从业人数(人)	年末零售营业面积(平方米)	法人单位数(个)	年末从业人数(人)	年末零售营业面积(平方米)	法人单位数(个)	年末从业人数(人)	年末零售营业面积(平方米)
顺城区							2	36	11853
抚顺县									
新宾满族自治县									
清原满族自治县									
本溪市	**97**	**666**	**16718**	**2**	**40**	**20155**			
平山区	28	186	5965						
溪湖区	2	33	264						
明山区	24	181	3243						
南芬区	4	46	165						
本溪满族自治县	11	43	2835	1	29	20000			
桓仁满族自治县	28	177	4246	1	11	155			
丹东市	**73**	**658**	**8683**	**2**	**96**	**16200**	**7**	**182**	**919**
元宝区	21	296	2741				3	17	355
振兴区	25	124	2865	2	96	16200	3	19	218
振安区	5	82	840						
宽甸满族自治县	18	108	1697						
东港市							1	146	346
凤城市	4	48	540						
锦州市	**9**	**32**	**1118**				**1**	**452**	**8356**
古塔区	2						1	452	8356
凌河区	4	21	300						
太和区	2	6	638						
黑山县									
义县	1	5	180						
凌海市									
北镇市									
营口市	**146**	**1278**	**38235**	**3**	**192**	**1360**	**6**	**301**	**4030**
站前区	28	157	2674	2	134	280	2	57	1000
西市区	1	8	120						
鲅鱼圈区	59	768	24882				1	13	150
老边区				1	58	1080			
盖州市	34	250	8490				1	160	1800
大石桥市	24	95	2069				2	71	1080
阜新市	**38**	**155**	**3567**	**2**	**405**	**33480**			
海州区	8	51	1011						
新邱区	1	3	140						
太平区	2	37	205						
清河门区	2	6	202						
细河区	1	2	85	2	405	33480			

1-B-9　续表 14

地　区	其他企业			港澳台商投资企业			外商投资企业		
	法　人单位数(个)	年末从业人　数(人)	年末零售营业面积(平方米)	法　人单位数(个)	年末从业人　数(人)	年末零售营业面积(平方米)	法　人单位数(个)	年末从业人　数(人)	年末零售营业面积(平方米)
阜新蒙古族自治县	15	36	1574						
彰武县	9	20	350						
辽阳市	**22**	**224**	**3738**	**1**	**33**	**4500**	**4**	**636**	**11470**
白塔区	2	6	148	1	33	4500	3	630	11370
文圣区							1	6	100
宏伟区	1	1	50						
弓长岭区									
太子河区									
辽阳县	10	66	2210						
灯塔市	9	151	1330						
盘锦市	**115**	**667**	**18485**	**1**	**2**	**100**	**1**	**6**	**150**
双台子区	9	22	6492	1	2	100			
兴隆台区	95	554	10773				1	6	150
大洼县	6	67	549						
盘山县	5	24	671						
铁岭市	**170**	**1354**	**30340**	**2**	**316**	**9548**	**1**	**12**	
银州区	27	152	3687	1	6	48			
清河区	5	13	539						
铁岭县	11	166	2180						
西丰县	4	21	1270						
昌图县	105	879	17304						
调兵山市	2	24	1500				1	12	
开原市	16	99	3860	1	310	9500			
朝阳市				**2**	**456**	**8340**			
双塔区				1	406	8130			
龙城区									
朝阳县									
建平县				1	50	210			
喀喇沁左翼蒙古族自治县									
北票市									
凌源市									
葫芦岛市	**97**	**563**	**13562**	**2**	**492**	**17000**	**1**	**1**	**200**
连山区	37	230	5964						
龙港区	20	216	1687	2	492	17000	1	1	200
南票区	1	5	85						
绥中县	16	49	1805						
建昌县	7	29	2156						
兴城市	16	34	1865						

1-B-10 分地区零售业法人企业财务状况

地区	营业收入(千元)	主营业务收入	资产总计(千元)
全省	**392456809**	**384637288**	**259938361**
沈阳市	**167203287**	**162453966**	**99402669**
和平区	24537433	21468153	17665785
沈河区	38048142	37463461	32387507
大东区	17012166	16696737	7942738
皇姑区	34062191	33798419	11316880
铁西区	21610747	21452860	14571535
苏家屯区	1171887	1155603	1522473
东陵区	10820759	10789988	5121570
沈北新区	747499	738179	339672
于洪区	6357160	6209434	3092833
辽中县	3440130	3420743	830430
康平县	1061138	1060894	745671
法库县	3904102	3903672	1705085
新民市	4429933	4295823	2160490
大连市	**86418193**	**84764814**	**62513630**
中山区	38555565	37497413	23934828
西岗区	4157302	4076021	3751865
沙河口区	9988998	9935281	7484780
甘井子区	18693576	18557023	12348540
旅顺口区	1190088	1165841	700080
金州区	7203916	6913065	8630420
长海县	47545	47545	157914
瓦房店市	2867632	2866867	2804869
普兰店市	1702968	1702661	1413563
庄河市	2010603	2003097	1286771
鞍山市	**29317483**	**29093271**	**32186589**
铁东区	7247356	7146738	19113367
铁西区	8721393	8607276	5110103
立山区	2922466	2916919	1175131
千山区	434102	434102	264588
台安县	882644	882554	740452
岫岩满族自治县	1422112	1422112	908537
海城市	7687410	7683570	4874411
抚顺市	**13252027**	**13170607**	**4948872**
新抚区	8490834	8440882	2400949
东洲区	586617	581692	332401
望花区	2028178	2027539	1131382

1-B-10　续表 1

地　　区	营业收入（千元）	主营业务收入	资产总计（千元）
顺城区	917730	891836	589113
抚顺县	160088	160088	115381
新宾满族自治县	483505	483495	243510
清原满族自治县	585075	585075	136136
本溪市	**8805664**	**8712523**	**5038751**
平山区	5558969	5497835	2239208
溪湖区	673770	672336	498834
明山区	1567791	1547565	1228243
南芬区	86445	85245	46262
本溪满族自治县	532794	523666	591623
桓仁满族自治县	385895	385876	434581
丹东市	**10631246**	**10498930**	**6052758**
元宝区	2101625	2094958	639246
振兴区	6332857	6235380	3646402
振安区	86659	84633	56332
宽甸满族自治县	326456	320390	321109
东港市	1082818	1064518	808648
凤城市	700831	699051	581021
锦州市	**17927743**	**17706394**	**6116691**
古塔区	6101130	6010499	1138805
凌河区	4289504	4160353	1748718
太和区	3005395	3005343	1423259
黑山县	1381241	1380791	691763
义县	213335	212470	177558
凌海市	1041257	1041057	548126
北镇市	1895881	1895881	388462
营口市	**15563831**	**15501411**	**9787473**
站前区	5167607	5137085	3246290
西市区	1272567	1271293	633682
鲅鱼圈区	4066112	4056939	2096315
老边区	1385009	1384031	901762
盖州市	2119510	2099310	1277304
大石桥市	1553026	1552753	1632120
阜新市	**6717042**	**6658522**	**6310663**
海州区	1906503	1872829	1499187
新邱区	280233	279720	305390
太平区	762206	762101	834981
清河门区	120093	120093	89612
细河区	2502631	2479352	2379710

1-B-10 续表 2

地 区	营业收入(千元)	主营业务收入	资产总计(千元)
阜新蒙古族自治县	724501	724358	617961
彰武县	420875	420069	583822
辽阳市	**4974821**	**4929044**	**3142888**
白塔区	1386832	1346889	1040516
文圣区	89890	89890	37664
宏伟区	587322	587322	344359
弓长岭区	24564	22209	33943
太子河区	1706678	1704605	941144
辽阳县	989954	989954	412715
灯塔市	189581	188175	332547
盘锦市	**11491314**	**11348497**	**11759014**
双台子区	2000809	1944182	1670585
兴隆台区	7570482	7511467	8248732
大洼县	1451205	1426925	1559140
盘山县	468818	465923	280557
铁岭市	**6687799**	**6579374**	**4356051**
银州区	3441936	3416379	2734793
清河区	137891	134813	159820
铁岭县	573804	572319	169313
西丰县	70865	70588	77983
昌图县	405053	365043	301690
调兵山市	538525	510325	437940
开原市	1519725	1509907	474512
朝阳市	**6881138**	**6688811**	**4386211**
双塔区	3062409	2915791	1762878
龙城区	1575619	1531633	765813
朝阳县	321580	320780	219415
建平县	403846	403735	405054
喀喇沁左翼蒙古族自治县	298616	298615	289724
北票市	364454	364272	140916
凌源市	854614	853985	802411
葫芦岛市	**6585221**	**6531124**	**3936101**
连山区	2563414	2537574	1225947
龙港区	2381003	2366047	1116755
南票区	28837	28837	56108
绥中县	705028	696218	423711
建昌县	340309	336359	586707
兴城市	566630	566089	526873

1-B-11 分地区零售业法人企业财务状况(按国民经济行业分)

地 区	综合零售			食品、饮料及烟草制品专门零售			纺织、服装及日用品专门零售		
	营业收入(千元)	主营业务收入	资产总计(千元)	营业收入(千元)	主营业务收入	资产总计(千元)	营业收入(千元)	主营业务收入	资产总计(千元)
全 省	**103080099**	**97179668**	**87314029**	**9362245**	**9232867**	**7566191**	**16667948**	**16571724**	**17492402**
沈阳市	**39086905**	**35219391**	**38218655**	**3072815**	**3036190**	**1841805**	**6613383**	**6560330**	**4696541**
和平区	9040732	6072048	8095931	263270	263270	366591	1478973	1470232	1807705
沈河区	13293444	12828460	20299457	655169	654671	335480	2030451	2025199	1588761
大东区	4445438	4248108	1892327	407696	371653	212123	370306	337191	165393
皇姑区	2379981	2347885	1680789	1182642	1182642	203751	1099712	1097860	331133
铁西区	4422462	4316384	4375277	93474	93454	49451	237539	233608	216839
苏家屯区	386441	374727	246175	97808	97808	308023	2171	2020	2857
东陵区	335707	333608	254196	91999	91995	94297	379879	379878	308598
沈北新区	527270	518422	149689	1208	1208	9470	8574	8574	14011
于洪区	784541	766908	337283	24214	24214	32104	24391	24391	18538
辽中县	1718931	1718931	104183	6100	6100	4500	824862	824862	114064
康平县	149028	149023	127412	46268	46268	54392	34830	34830	42658
法库县	120193	120093	98465	188606	188606	159001	36220	36220	43775
新民市	1482737	1424794	557471	14361	14301	12622	85475	85465	42209
大连市	**22067277**	**20915245**	**22106762**	**2159566**	**2146033**	**1856090**	**3850789**	**3829959**	**3604441**
中山区	14226864	13444161	14573806	421514	420974	343123	1775591	1757453	2001891
西岗区	1762745	1694157	1208417	118286	107126	181912	187732	187426	194957
沙河口区	1941583	1926698	1425465	128638	128045	186411	1201978	1199703	822681
甘井子区	904993	889743	491394	541969	540839	305234	258841	258840	155350
旅顺口区	621831	599175	253935	24984	24984	38207	20798	20718	92464
金州区	1336227	1095861	3040372	68842	68842	43811	167657	167657	122693
长海县				20965	20965	76773			
瓦房店市	309563	309563	327013	574092	573982	514980	120926	120926	130780
普兰店市	347365	347232	313828	144170	144170	106722	60136	60106	21836
庄河市	616106	608655	472532	116106	116106	58917	57130	57130	61789
鞍山市	**7289821**	**7198506**	**4663289**	**649031**	**640979**	**1490671**	**2211659**	**2206934**	**6162951**
铁东区	3277703	3191913	2539397	311843	304058	1258125	1015508	1013985	5493097
铁西区	372725	368158	160663	64203	63936	68323	196201	193405	193904
立山区	729696	728738	242256	64026	64026	15022	129485	129149	48004
千山区	14997	14997	11357	13263	13263	23845	9141	9141	11791
台安县	142178	142178	218116	35670	35670	23970	10027	10027	12150
岫岩满族自治县	189420	189420	108317	14582	14582	9956	235193	235193	91295
海城市	2563102	2563102	1383183	145444	145444	91430	616104	616034	312710
抚顺市	**8545046**	**8467948**	**2085350**	**112479**	**112257**	**99929**	**195113**	**194104**	**210987**
新抚区	6399823	6352073	1606143	22573	22573	20599	113123	112114	94971
东洲区	235099	230174	51949	7020	7020	9243	9414	9414	12402
望花区	588402	588193	151044	7750	7750	16383	31927	31927	42615

1-B-11 续表 1

地　区	综合零售			食品、饮料及烟草制品专门零售			纺织、服装及日用品专门零售		
	营业收入（千元）	主营业务收入	资产总计（千元）	营业收入（千元）	主营业务收入	资产总计（千元）	营业收入（千元）	主营业务收入	资产总计（千元）
顺城区	574923	550709	106556	42667	42445	30838	11268	11268	29767
抚顺县	22519	22519	22053	1740	1740	2020	2560	2560	1650
新宾满族自治县	321363	321363	71917	6373	6373	10367	20558	20558	24000
清原满族自治县	402917	402917	75688	24356	24356	10479	6263	6263	5582
本溪市	**3515706**	**3434630**	**1567932**	**497884**	**497883**	**325099**	**274794**	**273947**	**189432**
平山区	2977979	2918614	1004937	238690	238690	96951	213074	212327	96698
溪湖区	81126	81026	60433	46783	46783	35887	22672	22572	56723
明山区	172205	155109	94234	80860	80859	56441	27477	27477	17733
南芬区	45637	45637	8425	1160	1160	3860	120	120	192
本溪满族自治县	127547	123032	305654	88385	88385	28243	622	622	3450
桓仁满族自治县	111212	111212	94249	42006	42006	103717	10829	10829	14636
丹东市	**1870334**	**1823861**	**2107182**	**418954**	**415066**	**229308**	**797181**	**784782**	**389512**
元宝区	950601	950601	140336	103365	101493	38194	170067	170067	76882
振兴区	563109	523651	1359113	173987	173977	36903	243098	240646	218206
振安区	1065	1065	8243	5220	3294	11037			
宽甸满族自治县	13039	12638	22785	45907	45857	31479	35169	33177	15811
东港市	210958	204379	455600	44316	44286	9697	246900	238945	64137
凤城市	131562	131527	121105	46159	46159	101998	101947	101947	14476
锦州市	**3940791**	**3753145**	**1470824**	**649173**	**648543**	**269459**	**892842**	**892842**	**741445**
古塔区	1007370	947295	271747	92872	92872	52986	96634	96634	99738
凌河区	1827990	1700419	470022	45494	44864	22921	740216	740216	551050
太和区	24669	24669	123211	54860	54860	93275	6513	6513	64786
黑山县	263185	263185	104708	235189	235189	75882	33735	33735	11980
义县	38850	38850	54233	2287	2287	1617	3268	3268	4471
凌海市	530002	530002	311802	69988	69988	11896	6955	6955	5649
北镇市	248725	248725	135101	148483	148483	10882	5521	5521	3771
营口市	**3759309**	**3726551**	**3143561**	**1021699**	**1012602**	**613422**	**556199**	**554840**	**310284**
站前区	964528	951143	1272078	239673	239673	134405	244033	243862	93391
西市区	94394	94394	74531	97299	97299	100590	19108	17920	8807
鲅鱼圈区	1083986	1083986	338815	369481	360884	130101	173281	173281	121371
老边区	25412	25412	26183	5623	5623	10496	29	29	15190
盖州市	728836	709463	455385	254706	254206	213398	111574	111574	61876
大石桥市	862153	862153	976569	54917	54917	24432	8174	8174	9649
阜新市	**1704693**	**1663895**	**1186938**	**230326**	**228249**	**213436**	**250236**	**250134**	**192963**
海州区	1337613	1316733	598421	27480	25403	67865	64157	64057	44740
新邱区			41050	33290	33290	2580			30
太平区	4531	4531	6381	45832	45832	50106	52778	52776	20003
清河门区			20						
细河区	255589	235944	313631	103991	103991	71599	116010	116010	96117

1-B-11　续表 2

地　区	综合零售			食品、饮料及烟草制品专门零售			纺织、服装及日用品专门零售		
	营业收入（千元）	主营业务收入	资产总计（千元）	营业收入（千元）	主营业务收入	资产总计（千元）	营业收入（千元）	主营业务收入	资产总计（千元）
阜新蒙古族自治县	44448	44445	96918	10301	10301	14143	1300	1300	7600
彰武县	62512	62242	130517	9432	9432	7143	15991	15991	24473
辽阳市	**581172**	**560617**	**700128**	**33500**	**33500**	**87815**	**113691**	**113490**	**102711**
白塔区	424237	403883	598886	9037	9037	14586	76893	76772	72705
文圣区	4118	4118	2042				3600	3600	2100
宏伟区	26983	26983	10910	311	311	591	150	150	200
弓长岭区	224	223	2036						
太子河区	550	550	1900	5100	5100	4500			
辽阳县	115950	115950	74159	7340	7340	6390	16628	16628	15238
灯塔市	9110	8910	10195	11712	11712	61748	16420	16340	12468
盘锦市	**3505133**	**3432014**	**5174357**	**340650**	**285492**	**313028**	**296001**	**295198**	**279992**
双台子区	828315	826920	814489	141519	86361	94239	78793	78793	70254
兴隆台区	1990740	1941722	3582912	157327	157327	163963	192209	192206	183718
大洼县	685878	663172	776456	41794	41794	54776	15318	14518	19158
盘山县	200	200	500	10	10	50	9681	9681	6862
铁岭市	**2327983**	**2288414**	**1710215**	**73933**	**73899**	**98852**	**236885**	**236885**	**107059**
银州区	1306964	1286685	1246642	25019	25006	20150	25117	25117	45717
清河区	3830	3830	8466						
铁岭县	23209	21744	22162	32520	32520	29304			12670
西丰县	25649	25649	17347						
昌图县	7753	6783	56663	14293	14293	46506			
调兵山市	341295	333796	108033	741	741	1192			
开原市	619283	609927	250902	1360	1339	1700	211768	211768	48672
朝阳市	**2499657**	**2357818**	**1951959**	**47333**	**47333**	**46804**	**201607**	**200761**	**109531**
双塔区	2003687	1861848	1252885	36847	36847	31766	43935	43935	65977
龙城区	300	300	502	100	100	350	426	426	829
朝阳县	500	500	1000	1000	1000	6202	3870	3070	3268
建平县	35003	35003	79478	7421	7421	3928	17738	17712	22975
喀喇沁左翼蒙古族自治县	42362	42362	58954	823	823	1418	1833	1833	5745
北票市	300	300	800	335	335	843	120819	120819	6729
凌源市	417505	417505	558340	807	807	2297	12986	12966	4008
葫芦岛市	**2386272**	**2337633**	**1226877**	**54902**	**54841**	**80473**	**177568**	**177518**	**394553**
连山区	1507674	1484447	524066	7707	7707	9275	89373	89373	163334
龙港区	286986	273563	71536	16189	16138	49958	2544	2514	4333
南票区	3387	3387	4002			220	893	893	2430
绥中县	213832	205574	136897	12737	12737	5106	6484	6484	8218
建昌县	42156	38556	213620	10406	10406	8088	66503	66503	169261
兴城市	332237	332106	276756	7863	7853	7826	11771	11751	46977

1-B-11 续表 3

地区	文化、体育用品及器材专门零售			医药及医疗器材专门零售			汽车、摩托车、燃料及零配件专门零售		
	营业收入(千元)	主营业务收入	资产总计(千元)	营业收入(千元)	主营业务收入	资产总计(千元)	营业收入(千元)	主营业务收入	资产总计(千元)
全省	**9901504**	**9829796**	**9103033**	**23390087**	**23257345**	**14431453**	**170639904**	**169517974**	**78910720**
沈阳市	**5403754**	**5348808**	**3218599**	**13739557**	**13636837**	**6983110**	**75678027**	**75222891**	**31154804**
和平区	825339	805121	801568	7155274	7113614	3813905	1520718	1520266	899002
沈河区	3239225	3227482	1845649	829617	829293	420378	11084400	11079965	4166295
大东区	329718	329718	67299	3146740	3143294	1288821	6565278	6538731	3405948
皇姑区	574796	567102	234389	717807	715342	356604	26466783	26247466	7824021
铁西区	108357	107972	67349	932567	932549	550359	14922018	14875000	8186806
苏家屯区	9354	9354	5464	79250	78078	71152	297712	297212	75485
东陵区	43055	43040	41266	54926	54415	32694	4901912	4883264	2255519
沈北新区	255	255	2205	12190	12106	23668	163661	163281	71038
于洪区	8319	8319	20641	80120	80046	77752	5175839	5046454	2323048
辽中县	17343	17343	23009	117837	117837	119695	440796	440775	256564
康平县	18325	18325	12446	39949	39742	41338	399266	399244	164492
法库县	87323	87323	46366	85242	85242	64743	1632935	1632935	225806
新民市	142345	127454	50948	488038	435279	122001	2106709	2098298	1300780
大连市	**1377819**	**1375400**	**1446183**	**4391664**	**4385345**	**2924469**	**41400389**	**41052894**	**21431147**
中山区	358933	357896	393634	863773	863773	551662	17641475	17446829	4650175
西岗区	389263	388915	272868	371859	371858	262211	519771	519771	557991
沙河口区	114330	114048	81883	1500981	1500856	904193	3927153	3902818	2785951
甘井子区	121756	121756	420641	234873	229257	121455	14863988	14752524	9150187
旅顺口区	6929	6177	23743	37796	37796	27110	266940	266939	90837
金州区	272113	272113	150176	411511	411506	404263	3037305	3020407	3242868
长海县	1492	1492	3264	4907	4907	5324			
瓦房店市	29929	29929	18976	326771	326385	276548	533522	533371	437125
普兰店市	47291	47291	30268	493592	493461	307246	233112	233112	263540
庄河市	35783	35783	50730	145601	145546	64457	377123	377123	252473
鞍山市	**1034844**	**1031608**	**2917363**	**1305354**	**1303525**	**1649556**	**10158807**	**10063844**	**5972212**
铁东区	391472	388397	2226166	432343	431523	1199633	753932	753932	708356
铁西区	36687	36526	20379	149727	148718	89526	5956586	5868809	3591016
立山区	54736	54736	25725	318570	318570	160257	774308	770953	365440
千山区	8385	8385	8029	13479	13479	6956	307725	307725	124963
台安县	5952	5952	15324	28513	28513	20595	404618	404557	231124
岫岩满族自治县	355298	355298	444835	43896	43896	26866	465938	465938	156890
海城市	182314	182314	176905	318826	318826	145723	1495700	1491930	794423
抚顺市	**37760**	**37231**	**38999**	**398937**	**398809**	**302618**	**1541771**	**1540402**	**1052845**
新抚区	18536	18536	12437	210829	210701	169365	168522	168522	83933
东洲区	1968	1968	1128	24012	24012	5524	242850	242850	216345
望花区	3185	3185	7657	26295	26295	26295	930187	929757	530157

1-B-11　续表 4

地　　区	文化、体育用品及器材专门零售			医药及医疗器材专门零售			汽车、摩托车、燃料及零配件专门零售		
	营业收入（千元）	主营业务收　　入	资产总计（千元）	营业收入（千元）	主营业务收　　入	资产总计（千元）	营业收入（千元）	主营业务收　　入	资产总计（千元）
顺城区	6640	6121	13246	102468	102468	67284	141983	141044	173787
抚顺县	1200	1200	747	1990	1990	4300	11280	11280	23009
新宾满族自治县	2647	2637	760	25160	25160	25090	17073	17073	11520
清原满族自治县	3584	3584	3024	8183	8183	4760	29876	29876	14094
本溪市	**151537**	**150337**	**146749**	**319913**	**318555**	**393790**	**1730764**	**1723498**	**1048941**
平山区	81846	81846	67522	70999	70999	63181	228519	228519	104566
溪湖区				40029	40029	33708	389860	388626	245921
明山区	18176	18176	6818	139213	138229	239585	817852	815898	502608
南芬区	26734	25534	14856	4016	4016	2219	1762	1762	5807
本溪满族自治县	8636	8636	14774	45172	44798	41068	162977	158918	93528
桓仁满族自治县	16145	16145	42779	20484	20484	14029	129794	129775	96511
丹东市	**307031**	**306675**	**147181**	**391585**	**377035**	**208308**	**5289508**	**5242418**	**1799643**
元宝区	29335	29335	24650	95797	93457	35864	75916	75404	29490
振兴区	116547	116519	55436	146204	134192	73491	4706614	4664166	1296760
振安区				39957	39957	7193	9848	9848	6470
宽甸满族自治县	10995	10995	12778	31973	31775	58146	112811	109541	117817
东港市	132391	132391	41431	27676	27676	10508	243056	242756	160110
凤城市	17763	17435	12886	49978	49978	23106	141263	140703	188996
锦州市	**643500**	**643049**	**361388**	**655321**	**654500**	**382506**	**9091721**	**9060040**	**2118092**
古塔区	52126	52126	21932	82924	82918	40977	4269103	4238566	422328
凌河区	548890	548890	305278	60052	60052	31169	469843	468949	156916
太和区	2697	2696	3479	9336	9336	7276	2692051	2692001	1056592
黑山县	16244	15794	16946	264900	264900	179852	296496	296496	166011
义县	6830	6830	6442	18627	17812	11564	112405	112405	67138
凌海市	9267	9267	4095	194706	194706	93574	139524	139324	85171
北镇市	7446	7446	3216	24776	24776	18094	1112299	1112299	163936
营口市	**231922**	**231922**	**116765**	**301235**	**301178**	**177258**	**6423114**	**6419991**	**3160536**
站前区	158469	158469	52658	61099	61049	49252	2399864	2397712	998133
西市区	18820	18820	10848	83665	83665	50377	243285	243229	96616
鲅鱼圈区	34311	34311	43945	108766	108759	47274	1634717	1634570	887081
老边区	2397	2397	2037	16448	16448	8461	1178640	1178472	601839
盖州市	3592	3592	135	2170	2170	150	536188	535861	219082
大石桥市	14333	14333	7142	29087	29087	21744	430420	430147	357785
阜新市	**197014**	**194128**	**195321**	**521482**	**520838**	**417671**	**2700590**	**2696358**	**2407058**
海州区	53361	50475	90680	37047	37043	39541	40376	40162	18190
新邱区				5109	4996	9057	93812	93412	146841
太平区	103119	103119	87642	76649	76629	50867	166005	166005	115671
清河门区				6395	6395	7407	26744	26744	11526
细河区	3463	3463	953	17319	17285	41052	1931473	1927873	1650679

1-B-11 续表 5

地区	文化、体育用品及器材专门零售			医药及医疗器材专门零售			汽车、摩托车、燃料及零配件专门零售		
	营业收入(千元)	主营业务收入	资产总计(千元)	营业收入(千元)	主营业务收入	资产总计(千元)	营业收入(千元)	主营业务收入	资产总计(千元)
阜新蒙古族自治县	30272	30272	13179	277628	277503	127489	284351	284336	265526
彰武县	6799	6799	2867	101335	100987	142258	157829	157826	198625
辽阳市	**49937**	**49937**	**50261**	**123307**	**122206**	**118026**	**2793387**	**2772606**	**1628204**
白塔区	24685	24685	25445	48316	47631	52194	339893	321785	118012
文圣区	1395	1395	2451	5186	5186	3014	10238	10238	10020
宏伟区	703	703	3274	16121	16121	17208	477269	477269	257781
弓长岭区							7751	7751	2726
太子河区				340	340	870	1667213	1665140	915324
辽阳县	15679	15679	14244	48665	48665	38539	184368	184368	118063
灯塔市	7475	7475	4847	4679	4263	6201	106655	106055	206278
盘锦市	**219707**	**218463**	**294532**	**338951**	**337844**	**275218**	**4689345**	**4680987**	**2449881**
双台子区	23551	23551	17023	144279	144250	175401	273054	273031	123219
兴隆台区	187801	186557	262624	116302	115224	75535	3488545	3482810	1808472
大洼县	8355	8355	14385	78370	78370	24282	473299	473249	256783
盘山县			500				454447	451897	261407
铁岭市	**67260**	**67256**	**36621**	**206749**	**205349**	**146887**	**3192643**	**3138450**	**1718191**
银州区	17838	17838	19640	36187	36187	42203	1719013	1714726	1199708
清河区	10	6	40	3628	3528	5637	118607	115974	126812
铁岭县							516186	516186	99509
西丰县							31902	31628	46497
昌图县	13282	13282	5876	36415	35196	59729	310147	273284	99944
调兵山市	8354	8354	3476	1470	1470		80093	70067	40511
开原市	27776	27776	7589	129049	128968	39318	416695	416585	105210
朝阳市	**128595**	**125705**	**77251**	**397174**	**396467**	**218887**	**3113155**	**3069007**	**1594245**
双塔区	63547	61147	48677	88107	87421	51930	536149	536149	216810
龙城区				101827	101827	85343	1467425	1423439	669840
朝阳县				60144	60144	20023	247965	247965	182961
建平县	14705	14705	8901	31608	31608	12588	255474	255474	161334
喀喇沁左翼蒙古族自治县	11203	11203	7052	33404	33403	22704	149834	149834	118897
北票市	23597	23597	4500	13190	13170	18693	153147	152985	93947
凌源市	15543	15053	8121	68894	68894	7606	303161	303161	150456
葫芦岛市	**50824**	**49277**	**55820**	**298858**	**298857**	**233149**	**2836683**	**2834588**	**1374921**
连山区	27386	25868	23817	160559	160559	122426	381147	381047	207926
龙港区	2190	2190	21839	7002	7001	4954	1924055	1922612	825582
南票区				6602	6602	6491	14766	14766	36652
绥中县	9440	9440	4240	55727	55727	29706	307144	306592	152956
建昌县	1314	1314	707	10288	10288	35959	114277	114277	69126
兴城市	10494	10465	5217	58680	58680	33613	95294	95294	82679

1-B-11 续表 6

地区	家用电器及电子产品专门零售			五金、家具及室内装饰材料专门零售			货摊、无店铺及其他零售业		
	营业收入(千元)	主营业务收入	资产总计(千元)	营业收入(千元)	主营业务收入	资产总计(千元)	营业收入(千元)	主营业务收入	资产总计(千元)
全省	**30640364**	**30377282**	**19085410**	**14900242**	**14858466**	**14528630**	**13874416**	**13812166**	**11506493**
沈阳市	**15519050**	**15363861**	**7234339**	**3411718**	**3390731**	**3444826**	**4678078**	**4674927**	**2609990**
和平区	3897043	3867614	1316283	142821	142725	202806	213263	213263	361994
沈河区	5857960	5760574	2551183	757092	757068	903887	300784	300749	276417
大东区	1552990	1534199	712229	133555	133398	161144	60445	60445	37454
皇姑区	898112	897804	329137	670760	670720	267094	71598	71598	89962
铁西区	183482	183075	139978	654605	654575	913424	56243	56243	72052
苏家屯区	43106	43101	521450	78883	78873	129551	177162	174430	162316
东陵区	2313448	2304610	1279479	56541	55899	179026	2643292	2643279	676495
沈北新区	11956	11951	23284	8902	8899	22451	13483	13483	23856
于洪区	32285	32275	44881	34580	33966	62216	192871	192861	176370
辽中县	132958	132958	44400	71877	52511	79171	109426	109426	84844
康平县	142829	142819	90921	173978	173978	156548	56665	56665	55464
法库县	367619	367619	148772	623484	623484	358825	762480	762150	559332
新民市	85262	85262	32342	4640	4635	8683	20366	20335	33434
大连市	**5480976**	**5407650**	**3191347**	**2969660**	**2968988**	**2990074**	**2720053**	**2683300**	**2963117**
中山区	2851288	2791003	1080006	253442	253441	243947	162685	161883	96584
西岗区	327679	326801	311718	461848	461848	521752	18119	18119	240039
沙河口区	771388	760531	607308	249794	249485	450896	153153	153097	219992
甘井子区	651358	650371	549892	678416	678262	790289	437382	435431	364098
旅顺口区	31217	31217	48641	110694	110694	73866	68899	68141	51277
金州区	357603	357284	258384	679053	678953	360710	873605	840442	1007143
长海县	1448	1448	1556	3179	3179	5206	15554	15554	65791
瓦房店市	282660	282660	236652	299924	299816	371265	390245	390235	491530
普兰店市	127250	127250	54010	101569	101569	85366	148483	148470	230747
庄河市	79085	79085	43180	131741	131741	86777	451928	451928	195916
鞍山市	**2648173**	**2644797**	**4711162**	**1939905**	**1930435**	**2399704**	**2079889**	**2072643**	**2219681**
铁东区	716002	715237	3746609	274661	274119	1590777	73892	73574	351207
铁西区	1038104	1035702	500382	708023	699469	317536	199137	192553	168374
立山区	270461	270281	90871	435346	434972	145846	145838	145494	81710
千山区	4113	4113	12204	39348	39348	43234	23651	23651	22209
台安县	61543	61514	73726	40675	40675	32358	153468	153468	113089
岫岩满族自治县	37792	37792	23813	18875	18875	11080	61118	61118	35485
海城市	520158	520158	263557	422977	422977	258873	1422785	1422785	1447607
抚顺市	**532556**	**532556**	**217091**	**1698725**	**1697660**	**807961**	**189640**	**189640**	**133092**
新抚区	397230	397230	146333	1145445	1144380	261689	14753	14753	5479
东洲区	6308	6308	3011	26602	26602	12918	33344	33344	19881
望花区	58840	58840	19553	312883	312883	301118	68709	68709	36560

1-B-11 续表 7

地　　区	家用电器及电子产品专门零售			五金、家具及室内装饰材料专门零售			货摊、无店铺及其他零售业		
	营业收入（千元）	主营业务收入	资产总计（千元）	营业收入（千元）	主营业务收入	资产总计（千元）	营业收入（千元）	主营业务收入	资产总计（千元）
顺城区	16260	16260	11297	19581	19581	154052	1940	1940	2286
抚顺县	13203	13203	4792	64126	64126	30554	41470	41470	26256
新宾满族自治县	32121	32121	28723	31927	31927	33160	26283	26283	37973
清原满族自治县	8594	8594	3382	98161	98161	14470	3141	3141	4657
本溪市	**933184**	**932044**	**439198**	**980546**	**980355**	**638464**	**401336**	**401274**	**289146**
平山区	824587	823565	355651	689909	689909	362906	233366	233366	86796
溪湖区	5590	5590	5465	71636	71636	35130	16074	16074	25567
明山区	62145	62145	53039	194711	194520	207121	55152	55152	50664
南芬区	650	650	810	936	936	2790	5430	5430	7303
本溪满族自治县	17714	17596	12783	12680	12680	23885	69061	68999	68238
桓仁满族自治县	22498	22498	11450	10674	10674	6632	22253	22253	50578
丹东市	**1000480**	**996636**	**519749**	**280833**	**277627**	**263536**	**275340**	**274830**	**388339**
元宝区	474180	472597	186423	131323	131323	77529	71041	70681	29878
振兴区	282957	281917	241543	85410	85381	124537	14931	14931	240413
振安区				1586	1586	1276	28983	28883	22113
宽甸满族自治县	40103	40003	21124	8085	8080	14048	28374	28324	27121
东港市	104480	104194	26093	29158	26008	16758	43883	43883	24314
凤城市	98760	97925	44566	25271	25249	29388	88128	88128	44500
锦州市	**891324**	**891205**	**323069**	**625390**	**625389**	**256117**	**537681**	**537681**	**193791**
古塔区	268876	268863	135045	115287	115287	62519	115938	115938	31533
凌河区	266256	266200	89033	201744	201744	61885	129019	129019	60444
太和区	30535	30535	16731	115803	115802	41899	68931	68931	16010
黑山县	112909	112909	40892	120524	120524	60473	38059	38059	35019
义县	19800	19750	10506	7051	7051	5572	4217	4217	16015
凌海市	7449	7449	12629	60909	60909	8587	22457	22457	14723
北镇市	185499	185499	18233	4072	4072	15182	159060	159060	20047
营口市	**961116**	**948847**	**593362**	**1348004**	**1344257**	**772534**	**961233**	**961223**	**899751**
站前区	478744	467637	329689	456334	452677	174508	164863	164863	142176
西市区	25774	25774	18027	537836	537806	190590	152386	152386	83296
鲅鱼圈区	291443	291081	143157	268781	268731	294338	101346	101336	90233
老边区	8828	8028	6070	160	150	500	147472	147472	230986
盖州市	101763	101763	58467	61225	61225	98350	319456	319456	170461
大石桥市	54564	54564	37952	23668	23668	14248	75710	75710	182599
阜新市	**407904**	**401069**	**396777**	**236945**	**236077**	**845642**	**467852**	**467774**	**454857**
海州区	291759	284924	181532	49402	48724	434951	5308	5308	23267
新邱区	443	443	860	2950	2950	18267	144629	144629	86705
太平区	11886	11886	19268	54940	54857	254599	246466	246466	230444
清河门区				51614	51614	26849	35340	35340	43810
细河区	43973	43973	134149	28688	28688	61745	2125	2125	9785

1-B-11　续表 8

地　　区	家用电器及电子产品专门零售			五金、家具及室内装饰材料专门零售			货摊、无店铺及其他零售业		
	营业收入（千元）	主营业务收入	资产总计（千元）	营业收入（千元）	主营业务收入	资产总计（千元）	营业收入（千元）	主营业务收入	资产总计（千元）
阜新蒙古族自治县	8421	8421	5939	41122	41122	40221	26658	26658	46946
彰武县	51422	51422	55029	8229	8122	9010	7326	7248	13900
辽阳市	**525711**	**525046**	**203768**	**144565**	**144445**	**115675**	**609551**	**607197**	**136300**
白塔区	432704	432039	137974	29931	29921	19233	1136	1136	1481
文圣区	2462	2462	1203				62891	62891	16834
宏伟区	15009	15009	4523	49726	49726	46020	1050	1050	3852
弓长岭区	11011	11011	11988	5	5	130	5573	3219	17063
太子河区	301	301	270	21076	21076	4681	12098	12098	13599
辽阳县	40538	40538	32047	40037	40037	42910	520749	520749	71125
灯塔市	23686	23686	15763	3790	3680	2701	6054	6054	12346
盘锦市	**691384**	**689598**	**733301**	**850476**	**849612**	**1683346**	**559667**	**559289**	**555359**
双台子区	31479	31459	30383	235624	235622	205827	244195	244195	139750
兴隆台区	630201	628435	677648	584795	584657	1245751	222562	222529	248109
大洼县	29437	29437	22170	29227	28503	230665	89527	89527	160465
盘山县	267	267	3100	830	830	1103	3383	3038	7035
铁岭市	**203008**	**200675**	**103336**	**233806**	**233342**	**97334**	**145532**	**135104**	**337556**
银州区	79194	78319	70969	221339	221236	74283	11265	11265	15481
清河区	1090	1090	1432	3543	3202	6237	7183	7183	11196
铁岭县	500	500	2000	150	130	200	1239	1239	3468
西丰县							13314	13311	14139
昌图县	9657	8699	9518	5516	5516	13856	7990	7990	9598
调兵山市	4167	3667	6554	590	590	450	101815	91640	277724
开原市	108400	108400	12863	2668	2668	2308	2726	2476	5950
朝阳市	**387955**	**386058**	**182935**	**73890**	**73890**	**74068**	**31772**	**31772**	**130531**
双塔区	230590	228897	76743	40072	40072	11305	19475	19475	6785
龙城区			62	5211	5211	2554	330	330	6333
朝阳县	4637	4637	1625	2208	2208	2210	1256	1256	2126
建平县	32099	32014	12847	4176	4176	997	5622	5622	102006
喀喇沁左翼蒙古族自治县	55527	55527	66814	1641	1641	3275	1989	1989	4865
北票市	46543	46543	10383	5523	5523	3665	1000	1000	1356
凌源市	18559	18440	14461	15059	15059	50062	2100	2100	7060
葫芦岛市	**457543**	**457240**	**235976**	**105779**	**105658**	**139349**	**216792**	**215512**	**194983**
连山区	313168	313140	132981	32632	32632	15775	43768	42801	26347
龙港区	15891	15891	10833	42078	42078	87938	84068	84060	39782
南票区	540	540	3500	2300	2300	1950	349	349	863
绥中县	40601	40601	26794	12156	12156	20084	46907	46907	39710
建昌县	60081	59826	47367	11104	11104	7676	24180	24085	34903
兴城市	27262	27242	14501	5509	5388	5926	17520	17310	53378

1-B-12 分地区零售业法人企业财务状况(按登记注册类型分)

地区	内资企业			国有企业			集体企业		
	营业收入(千元)	主营业务收入	资产总计(千元)	营业收入(千元)	主营业务收入	资产总计(千元)	营业收入(千元)	主营业务收入	资产总计(千元)
全　省	**358983805**	**354812241**	**231510557**	**17471740**	**17357458**	**8804851**	**4203943**	**4132318**	**2596499**
沈阳市	**152823163**	**151324810**	**84062003**	**14547152**	**14453951**	**6745260**	**1276204**	**1253082**	**570857**
和平区	19230432	19059894	12113497	483304	471126	673009	56620	56620	19495
沈河区	32833229	32569233	25554076	141930	141930	129430	89992	89881	71499
大东区	16051984	15753851	7576984	183726	183726	18508	783	783	9123
皇姑区	33534518	33270787	10618356	13011476	12930857	5700706	145735	145735	53286
铁西区	19858844	19706286	13116671	480716	480716	165914	8815	8815	20881
苏家屯区	1171887	1155603	1522473	28232	27828	33082	58392	57654	39136
东陵区	10350572	10319871	4752556	2111	2111	2695	25293	25293	24045
沈北新区	612282	611767	297195	4000	4000	2407	2104	2104	6954
于洪区	6357155	6209429	3091513			30	245303	245303	110132
辽中县	3440130	3420743	830430	14083	14083	3015	3630	3630	8736
康平县	1061138	1060894	745671	147728	147728	6824	22869	22869	14554
法库县	3904102	3903672	1705085	35822	35822	2863	6597	6597	5030
新民市	4416890	4282780	2137496	14024	14024	6777	610071	587798	187986
大连市	**71363650**	**69995499**	**52487516**	**351635**	**344528**	**313126**	**703021**	**668832**	**442925**
中山区	33405736	32575254	20557083	140669	140669	123872	92970	92970	43626
西岗区	2108028	2053006	2480244	3999	3715	11722	7941	7941	11874
沙河口区	6494256	6457652	4813475	75927	70431	39127	20193	20193	29956
甘井子区	14564031	14441664	9811681	58228	57653	62577	279769	245643	112328
旅顺口区	1189758	1165511	699745	4363	3611	3981	674	674	808
金州区	6995740	6704889	8561735	20277	20277	46357	60842	60837	48840
长海县	47545	47545	157914	5921	5921	7861	3436	3436	8528
瓦房店市	2865773	2865008	2802746	20155	20155	8960	64181	64123	46419
普兰店市	1682180	1681873	1316122	20911	20911	7836	98528	98528	113452
庄河市	2010603	2003097	1286771	1185	1185	833	74487	74487	27094
鞍山市	**27872961**	**27693037**	**31332112**	**213551**	**210777**	**341607**	**684740**	**672942**	**414432**
铁东区	5858479	5802149	18334282	144591	141984	302787	177651	177651	169436
铁西区	8716795	8602678	5105091	7105	6938	3221	112898	101100	44733
立山区	2922466	2916919	1175131	12097	12097	3697	47147	47147	52440
千山区	434102	434102	264588	10683	10683	9659	8252	8252	8146
台安县	882644	882554	740452	5789	5789	14416	30390	30390	15040
岫岩满族自治县	1422112	1422112	908537	17581	17581	2815	226405	226405	52045
海城市	7636363	7632523	4804031	15705	15705	5012	81997	81997	72592
抚顺市	**13227588**	**13146168**	**4940321**	**601564**	**601105**	**99898**	**116098**	**116098**	**115115**
新抚区	8490034	8440082	2400149	244655	244655	19415	7875	7875	3768
东洲区	586617	581692	332401	10531	10531	8777	7950	7950	8690
望花区	2020329	2019690	1126005	382	382	8722	5778	5778	8782

1-B-12　续表 1

地　区	内资企业			国有企业			集体企业		
	营业收入（千元）	主营业务收入	资产总计（千元）	营业收入（千元）	主营业务收入	资产总计（千元）	营业收入（千元）	主营业务收入	资产总计（千元）
顺城区	901940	876046	586739	4250	3791	13332	1697	1697	19881
抚顺县	160088	160088	115381				4195	4195	8065
新宾满族自治县	483505	483495	243510	252347	252347	26804	75074	75074	48245
清原满族自治县	585075	585075	136136	89399	89399	22848	13529	13529	17684
本溪市	**8795360**	**8702221**	**4976202**	**235251**	**233419**	**363912**	**164966**	**164825**	**86627**
平山区	5558969	5497835	2239208	42172	42127	38925	89504	89504	41196
溪湖区	673770	672336	498834	31014	31014	42662	12604	12504	8427
明山区	1567791	1547565	1228243	113631	112068	224448	20314	20273	9480
南芬区	86445	85245	46262	743	743	1317	220	220	1376
本溪满族自治县	524429	515303	561054	34724	34500	40960	28228	28228	14168
桓仁满族自治县	383956	383937	402601	12967	12967	15600	14096	14096	11980
丹东市	**10433936**	**10310254**	**5361030**	**70628**	**68720**	**179130**	**144769**	**144376**	**102729**
元宝区	2099494	2092827	637216	28838	28326	18521	4251	4251	2004
振兴区	6205281	6110066	3295736	10693	9638	27895	325	322	2115
振安区	86659	84633	56332				1018	1018	8297
宽甸满族自治县	326456	320390	321109	15565	15565	26018	657	340	10396
东港市	1015215	1003287	469616	3945	3945	5800	116151	116078	53458
凤城市	700831	699051	581021	11587	11246	100896	22367	22367	26459
锦州市	**17566069**	**17359414**	**6015606**	**276466**	**276015**	**95487**	**536577**	**535982**	**320604**
古塔区	5739456	5663519	1037720	20449	20449	9376	2746	2746	3655
凌河区	4289504	4160353	1748718	14760	14760	37128	129184	128589	63592
太和区	3005395	3005343	1423259	11231	11230	5128	25225	25225	17238
黑山县	1381241	1380791	691763	8174	7724	5957	1106	1106	473
义县	213335	212470	177558	4718	4718	2837	190	190	380
凌海市	1041257	1041057	548126	209451	209451	32669	357551	357551	222420
北镇市	1895881	1895881	388462	7683	7683	2392	20575	20575	12846
营口市	**14671944**	**14609524**	**9363074**	**92690**	**92690**	**62474**	**182838**	**182167**	**169089**
站前区	4699631	4669109	3127345	42029	42029	27369	72916	72745	23777
西市区	1272567	1271293	633682				10051	10051	4230
鲅鱼圈区	4064128	4054955	2095275	16474	16474	22777	11288	11288	18942
老边区	1041655	1040677	748848	2232	2232	528	5097	5097	9154
盖州市	2084406	2064206	1227579	13234	13234	7698	78612	78112	104046
大石桥市	1509557	1509284	1530345	18721	18721	4102	4874	4874	8940
阜新市	**6405077**	**6361763**	**6000302**	**52336**	**52019**	**59350**	**186951**	**186791**	**196252**
海州区	1906503	1872829	1499187	4110	3853	23646	12595	12545	6278
新邱区	280233	279720	305390						30
太平区	762206	762101	834981	798	798	516	108219	108219	91731
清河门区	120093	120093	89612						
细河区	2190666	2182593	2069349	560	560	161	40437	40437	46948

1-B-12 续表 2

地区	内资企业			国有企业			集体企业		
	营业收入（千元）	主营业务收入	资产总计（千元）	营业收入（千元）	主营业务收入	资产总计（千元）	营业收入（千元）	主营业务收入	资产总计（千元）
阜新蒙古族自治县	724501	724358	617961	38409	38409	15448	9183	9183	31828
彰武县	420875	420069	583822	8459	8399	19579	16517	16407	19437
辽阳市	**4734394**	**4688728**	**2777617**	**454443**	**454443**	**335303**	**36045**	**36044**	**16052**
白塔区	1150005	1110173	677345	10769	10769	12529	759	759	959
文圣区	86290	86290	35564				3135	3135	422
宏伟区	587322	587322	344359				2172	2172	3522
弓长岭区	24564	22209	33943				103	102	360
太子河区	1706678	1704605	941144	430832	430832	316738	30	30	400
辽阳县	989954	989954	412715	5960	5960	830	29473	29473	9958
灯塔市	189581	188175	332547	6882	6882	5206	373	373	431
盘锦市	**11489564**	**11346747**	**11740292**	**19997**	**19139**	**22516**	**25405**	**25405**	**19320**
双台子区	2000759	1944132	1654663				16616	16616	8964
兴隆台区	7568782	7509767	8245932	18189	17331	18546	2744	2744	2900
大洼县	1451205	1426925	1559140	1808	1808	3970	2180	2180	2796
盘山县	468818	465923	280557				3865	3865	4660
铁岭市	**6583691**	**6479120**	**4354463**	**314922**	**314922**	**51816**	**29448**	**29013**	**26257**
银州区	3433764	3408207	2733205	14008	14008	9416	240	240	335
清河区	137891	134813	159820						
铁岭县	573804	572319	169313	244597	244597	17000	15407	15007	15350
西丰县	70865	70588	77983	10240	10240	10433			
昌图县	405053	365043	301690	15390	15390	9067	4500	4500	8360
调兵山市	538525	510325	437940	3487	3487				
开原市	1423789	1417825	474512	27200	27200	5900	9301	9266	2212
朝阳市	**6712798**	**6532100**	**4248884**	**135082**	**132192**	**58919**	**70287**	**70287**	**34770**
双塔区	2899691	2764702	1727557	73530	71130	33928	1834	1834	7807
龙城区	1575619	1531633	765813	2509	2509	221			
朝阳县	321580	320780	219415						
建平县	398224	398113	303048	13014	13014	1287	12355	12355	6225
喀喇沁左翼蒙古族自治县	298616	298615	289724	7501	7501	3818	2302	2302	5090
北票市	364454	364272	140916	23682	23682	5143	5709	5709	4063
凌源市	854614	853985	802411	14846	14356	14522	48087	48087	11585
葫芦岛市	**6303610**	**6262856**	**3851135**	**106023**	**103538**	**76053**	**46594**	**46474**	**81470**
连山区	2563414	2537574	1225947	69556	67071	22847	11539	11539	8662
龙港区	2099392	2097779	1031789	11952	11952	39550			
南票区	28837	28837	56108				2788	2788	27295
绥中县	705028	696218	423711	8556	8556	3400	11791	11791	11558
建昌县	340309	336359	586707	8694	8694	8675	5333	5238	17994
兴城市	566630	566089	526873	7265	7265	1581	15143	15118	15961

1-B-12　续表 3

地　　区	股份合作企业			联营企业			有限责任公司		
	营业收入（千元）	主营业务收入	资产总计（千元）	营业收入（千元）	主营业务收入	资产总计（千元）	营业收入（千元）	主营业务收入	资产总计（千元）
全　　省	**906270**	**905483**	**683002**	**514864**	**514864**	**242119**	**116172479**	**114618963**	**80117140**
沈阳市	**377338**	**377333**	**187009**	**33953**	**33953**	**29995**	**53799611**	**53211994**	**34128905**
和平区	66655	66655	64951				6813013	6734586	4394519
沈河区	41459	41459	63805	2883	2883	480	13207224	13083552	11594709
大东区	47299	47299	13660	2060	2060	2504	8484568	8284976	3719455
皇姑区	90072	90072	25281	28153	28153	1540	6264380	6223372	2595417
铁西区	2937	2937	3168	57	57	96	8506828	8434522	6360995
苏家屯区	964	959	1390				510805	509863	1017467
东陵区	29386	29386	3380			13504	4424553	4405685	1478768
沈北新区							491235	490807	159004
于洪区	34043	34043	2539	800	800	1051	1690166	1670181	618400
辽中县	64523	64523	8835				991416	972258	165258
康平县							122150	122150	95162
法库县							546907	546907	618698
新民市						10820	1746366	1733135	1311053
大连市	**116258**	**116149**	**62035**	**105255**	**105255**	**23981**	**19049589**	**18688746**	**15908338**
中山区	27641	27641	15323				3850635	3767490	1505673
西岗区	14025	14024	8749				692847	638901	1077578
沙河口区	4525	4517	4226	77519	77519	3107	4507303	4489447	3315398
甘井子区	39230	39230	12061				5433826	5384329	4157099
旅顺口区	4799	4799	3688				508942	486983	197625
金州区	11734	11734	7616	12734	12734	6633	2645791	2511803	4488902
长海县							1107	1107	2212
瓦房店市	9541	9441	7880	6821	6821	11195	320499	320203	556392
普兰店市	4763	4763	2492	4000	4000	2400	306698	306542	211973
庄河市				4181	4181	646	781941	781941	395486
鞍山市	**33098**	**32740**	**139898**	**31659**	**31659**	**11559**	**11125204**	**11058749**	**9016974**
铁东区	8531	8417	108391	11189	11189	4444	2250620	2212297	3131230
铁西区	21587	21343	29416	7493	7493	4367	6007910	5987403	3929085
立山区	2980	2980	2091				632031	627996	332573
千山区							127765	127765	88671
台安县							188651	188651	199833
岫岩满族自治县							69145	69145	8111
海城市				12977	12977	2748	1849082	1845492	1327471
抚顺市	**34162**	**34162**	**61238**	**131**	**131**	**80**	**5618111**	**5549060**	**2300020**
新抚区	20248	20248	12027				3929262	3886270	1211790
东洲区							206657	206657	162344
望花区				131	131	80	640669	640030	530759

1-B-12 续表 4

地　　区	股份合作企业			联营企业			有限责任公司		
	营业收入（千元）	主营业务收入	资产总计（千元）	营业收入（千元）	主营业务收入	资产总计（千元）	营业收入（千元）	主营业务收入	资产总计（千元）
顺城区	13914	13914	49211				723852	698432	290168
抚顺县							39119	39119	14606
新宾满族自治县							68801	68801	85091
清原满族自治县							9751	9751	5262
本溪市	**15251**	**15251**	**28341**	**167734**	**167734**	**72170**	**3913194**	**3892212**	**1854415**
平山区	13436	13436	28332	159619	159619	66912	2582967	2582220	648496
溪湖区							109241	107907	110079
明山区				6123	6123	2348	896339	877717	616108
南芬区							28358	28358	4669
本溪满族自治县							150154	149875	317085
桓仁满族自治县	1815	1815	9	1992	1992	2910	146135	146135	157978
丹东市	**52665**	**52663**	**44936**	**4049**	**4049**	**5361**	**1604288**	**1562078**	**1950454**
元宝区	14977	14977	5289				130303	126380	48935
振兴区	19888	19886	26147	2849	2849	861	1163840	1125564	1698194
振安区							500	500	1000
宽甸满族自治县	17800	17800	13500				72789	72778	65806
东港市				1200	1200	4500	4980	4980	18016
凤城市							231876	231876	118503
锦州市	**15122**	**15122**	**20438**	**20317**	**20317**	**3902**	**4018431**	**3845413**	**1506146**
古塔区	6095	6095	7898				752675	707294	277720
凌河区	3812	3812	6327	19486	19486	2470	2388281	2260684	710474
太和区							263103	263063	285869
黑山县	5215	5215	6213				210053	210053	49103
义县				831	831	1432	33162	33162	18218
凌海市							235875	235875	94616
北镇市							135282	135282	70146
营口市	**10290**	**10290**	**2646**	**2185**	**2185**	**8436**	**1973096**	**1971772**	**1893973**
站前区							164291	164241	90187
西市区							446413	445139	331724
鲅鱼圈区	10290	10290	2646	1721	1721	2564	358394	358394	237286
老边区				220	220	5742	199005	199005	109433
盖州市				244	244	130	127167	127167	162503
大石桥市							677826	677826	962840
阜新市	**3321**	**3321**	**1322**	**38434**	**38434**	**49255**	**1501747**	**1494922**	**755666**
海州区	3153	3153	530				893250	887718	461622
新邱区									
太平区							25120	25037	68276
清河门区									
细河区	168	168	792	38434	38434	49255	424990	423780	139305

1-B-12　续表 5

地　区	股份合作企业			联营企业			有限责任公司		
	营业收入（千元）	主营业务收入	资产总计（千元）	营业收入（千元）	主营业务收入	资产总计（千元）	营业收入（千元）	主营业务收入	资产总计（千元）
阜新蒙古族自治县							113357	113357	51670
彰武县							45030	45030	34793
辽阳市	**4955**	**4955**	**1675**	**4448**	**4448**	**5313**	**1383318**	**1340923**	**634628**
白塔区	300	300	500				455641	417484	274236
文圣区							61981	61981	19656
宏伟区							14914	14914	26778
弓长岭区							4782	2428	15251
太子河区				121	121	151	339078	337194	230288
辽阳县	4655	4655	1175	4327	4327	5062	506922	506922	68419
灯塔市						100			
盘锦市	**236796**	**236483**	**110813**	**4501**	**4501**	**1762**	**5083562**	**5029352**	**6193546**
双台子区	145542	145542	9569				262120	262107	135086
兴隆台区	89074	88761	96226	1	1	2	4508948	4454751	5552787
大洼县	2180	2180	5018	4500	4500	1760	267337	267337	470671
盘山县							45157	45157	35002
铁岭市	**873**	**873**	**13520**	**20**	**20**	**1590**	**967611**	**959479**	**780026**
银州区	873	873	13520				539682	539255	616230
清河区							3742	3642	9656
铁岭县							18845	18825	8748
西丰县							20	20	50
昌图县				20	20	1590	7744	7744	12594
调兵山市							291932	284407	100890
开原市							105646	105586	31858
朝阳市							**3318224**	**3222594**	**1767018**
双塔区							2201390	2139873	1207955
龙城区							938411	904298	347580
朝阳县							12974	12974	9932
建平县							1569	1569	14460
喀喇沁左翼蒙古族自治县							77733	77733	120536
北票市									
凌源市							86147	86147	66555
葫芦岛市	**6141**	**6141**	**9131**	**102178**	**102178**	**28715**	**2816493**	**2791669**	**1427031**
连山区	650	650	560	97912	97912	27254	1093350	1070009	671648
龙港区	3453	3453	7422				1640040	1638557	701931
南票区	1038	1038	749						
绥中县									
建昌县	1000	1000	400	4156	4156	1426	17467	17467	24317
兴城市				110	110	35	65636	65636	29135

1-B-12 续表 6

地区	股份有限公司			私营企业			其他企业		
	营业收入（千元）	主营业务收入	资产总计（千元）	营业收入（千元）	主营业务收入	资产总计（千元）	营业收入（千元）	主营业务收入	资产总计（千元）
全　省	**62484603**	**61486013**	**28142221**	**153072740**	**151654344**	**107098475**	**4157166**	**4142798**	**3826250**
沈阳市	**23758916**	**23537157**	**8814316**	**58372796**	**57808559**	**32879172**	**657193**	**648781**	**706489**
和平区	3693428	3628511	2316167	8114752	8099736	4643588	2660	2660	1768
沈河区	3683158	3683158	3547950	15515818	15375605	10053484	150765	150765	92719
大东区	379572	379572	290707	6945839	6847298	3519025	8137	8137	4002
皇姑区	12360730	12223231	1494800	1578565	1575523	678100	55407	53844	69226
铁西区	1288472	1282097	568490	9510120	9436243	5955797	60899	60899	41330
苏家屯区	47201	47191	55139	474789	467255	328824	51504	44853	47435
东陵区	58318	58117	72811	5733603	5721971	3016609	77308	77308	140744
沈北新区				103920	103833	111859	11023	11023	16971
于洪区	934033	921276	386794	3408717	3293743	1955987	44093	44083	16580
辽中县	1139280	1139280	63980	1187112	1186883	509574	40086	40086	71032
康平县				762249	762012	620233	6142	6135	8898
法库县	173532	173532	15417	3019722	3019292	906180	121522	121522	156897
新民市	1192	1192	2061	2017590	1919165	579912	27647	27466	38887
大连市	**23612448**	**22951090**	**15178072**	**26282141**	**25978981**	**19499817**	**1143303**	**1141918**	**1059222**
中山区	23244776	22584003	14810428	6006133	5919569	4035175	42912	42912	22986
西岗区	1838	1838	8011	1386084	1385293	1361242	1294	1294	1068
沙河口区	6964	6964	5445	1801123	1787879	1415416	702	702	800
甘井子区	202697	202112	146972	8392578	8356193	5203305	157703	156504	117339
旅顺口区	13088	13088	13971	642027	640491	464983	15865	15865	14689
金州区	53735	53735	115378	4090081	3933223	3715151	100546	100546	132858
长海县	1464	1464	4564	32476	32476	123922	3141	3141	10827
瓦房店市	81102	81102	69875	1666635	1666374	1435469	696839	696789	666556
普兰店市	6784	6784	3428	1135327	1135312	896750	105169	105033	77791
庄河市				1129677	1122171	848404	19132	19132	14308
鞍山市	**677942**	**677823**	**971417**	**14068820**	**13970401**	**19464810**	**1037947**	**1037946**	**971415**
铁东区	261483	261364	748099	2954781	2939614	13474658	49633	49633	395237
铁西区	123190	123190	33877	2407762	2326361	1044907	28850	28850	15485
立山区	169269	169269	85399	2052692	2051181	607562	6250	6249	91369
千山区	4300	4300	1400	267667	267667	145848	15435	15435	10864
台安县	22561	22561	70582	604356	604266	410788	30897	30897	29793
岫岩满族自治县	69194	69194	4016	941627	941627	825850	98160	98160	15700
海城市	27945	27945	28044	4839935	4839685	2955197	808722	808722	412967
抚顺市	**3991912**	**3985979**	**807456**	**2865610**	**2859633**	**1556514**			
新抚区	3000447	2999439	674281	1287547	1281595	478868			
东洲区	194190	189265	18260	167289	167289	134330			
望花区	578735	578735	81461	794634	794634	496201			

1-B-12 续表 7

地区	股份有限公司 营业收入(千元)	股份有限公司 主营业务收入	股份有限公司 资产总计(千元)	私营企业 营业收入(千元)	私营企业 主营业务收入	私营企业 资产总计(千元)	其他企业 营业收入(千元)	其他企业 主营业务收入	其他企业 资产总计(千元)
顺城区				158227	158212	214147			
抚顺县				116774	116774	92710			
新宾满族自治县				87283	87273	83370			
清原满族自治县	218540	218540	33454	253856	253856	56888			
本溪市	**104810**	**103897**	**51108**	**4042628**	**3973357**	**2409650**	**151526**	**151526**	**109979**
平山区	61594	60682	25875	2554949	2495519	1357103	54728	54728	32369
溪湖区				519351	519351	332586	1560	1560	5080
明山区	9723	9723	5473	492345	492345	353512	29316	29316	16874
南芬区				55614	54414	37630	1510	1510	1270
本溪满族自治县	5136	5135	1032	287468	278846	162967	18719	18719	24842
桓仁满族自治县	28357	28357	18728	132901	132882	165852	45693	45693	29544
丹东市	**4566342**	**4524419**	**984953**	**3868032**	**3831201**	**2026705**	**123163**	**122748**	**66762**
元宝区	999722	999722	128856	848967	846735	405394	72436	72436	28217
振兴区	3537945	3496022	827588	1444676	1430775	693560	25065	25010	19376
振安区	3130	3130	9000	80049	78023	36274	1962	1962	1761
宽甸满族自治县				203637	197959	191031	16008	15948	14358
东港市				888939	877084	387842			
凤城市	25545	25545	19509	401764	400625	312604	7692	7392	3050
锦州市	**4212095**	**4181558**	**404141**	**8486330**	**8484276**	**3663636**	**731**	**731**	**1252**
古塔区	4188975	4158438	333886	768516	768497	405185			
凌河区	23047	23047	69655	1710683	1709724	858752	251	251	320
太和区	73	73	600	2705763	2705752	1113864			560
黑山县				1156693	1156693	630017			
义县				173954	173089	154319	480	480	372
凌海市				238380	238180	198421			
北镇市				1732341	1732341	303078			
营口市	**510992**	**496807**	**179941**	**11584918**	**11539014**	**6804197**	**314935**	**314599**	**242318**
站前区	375183	361798	150351	4029043	4012127	2827487	16169	16169	8174
西市区	430	430	180	815514	815514	297448	159	159	100
鲅鱼圈区	113390	113390	18586	3325209	3316372	1613558	227362	227026	178916
老边区	13179	12379	4778	821922	821744	619213			
盖州市	5062	5062	3564	1804364	1784664	903591	55723	55723	46047
大石桥市	3748	3748	2482	788866	788593	542900	15522	15522	9081
阜新市	**131400**	**131400**	**151092**	**4456508**	**4420516**	**4705466**	**34380**	**34360**	**81899**
海州区	2332	2332	1040	975187	947372	976448	15876	15856	29623
新邱区	231	231	464	275915	275402	302034	4087	4087	2862
太平区	2430	2430	1450	623529	623507	643495	2110	2110	29513
清河门区				119903	119903	89362	190	190	250
细河区	50567	50567	30218	1635480	1628617	1802660	30	30	10

1-B-12 续表 8

地　　区	股份有限公司			私营企业			其他企业		
	营业收入（千元）	主营业务收　入	资产总计（千元）	营业收入（千元）	主营业务收　入	资产总计（千元）	营业收入（千元）	主营业务收　入	资产总计（千元）
阜新蒙古族自治县				556063	555920	502442	7489	7489	16573
彰武县	75840	75840	117920	270431	269795	389025	4598	4598	3068
辽阳市	**39003**	**39003**	**23166**	**2782054**	**2779160**	**1716474**	**30128**	**29752**	**45006**
白塔区				681036	679361	388121	1500	1500	1000
文圣区				21174	21174	15486			
宏伟区	36063	36063	14577	534173	534173	299482			
弓长岭区				19679	19679	18332			
太子河区	1000	1000	2489	935617	935428	391078			
辽阳县				416276	416276	307661	22341	22341	19610
灯塔市	1940	1940	6100	174099	173069	296314	6287	5911	24396
盘锦市	**386859**	**385379**	**369656**	**5554006**	**5468673**	**4774181**	**178438**	**177815**	**248498**
双台子区	58239	58239	87034	1515375	1458761	1388935	2867	2867	25075
兴隆台区	168524	168524	148446	2623754	2620266	2282155	157548	157389	144870
大洼县	15766	15456	13319	1146740	1123234	987206	10694	10230	74400
盘山县	144330	143160	120857	268137	266412	115885	7329	7329	4153
铁岭市	**463633**	**443254**	**135444**	**4382514**	**4309629**	**3116371**	**424670**	**421930**	**229439**
银州区	461937	441558	128266	2205947	2201360	1879848	211077	210913	85590
清河区				133258	130371	148411	891	800	1753
铁岭县				272034	270969	111632	22921	22921	16583
西丰县				60205	59928	66500	400	400	1000
昌图县	241	241	350	324159	286342	186765	52999	50806	82964
调兵山市	455	455	2828	230436	209761	329955	12215	12215	4267
开原市	1000	1000	4000	1156475	1150898	393260	124167	123875	37282
朝阳市	**1950**	**1950**	**5800**	**3187255**	**3105077**	**2382377**			
双塔区				622937	551865	477867			
龙城区	1950	1950	5800	632749	622876	412212			
朝阳县				308606	307806	209483			
建平县				371286	371175	281076			
喀喇沁左翼蒙古族自治县				211080	211079	160280			
北票市				335063	334881	131710			
凌源市				705534	705395	709749			
葫芦岛市	**26301**	**26297**	**65659**	**3139128**	**3125867**	**2099105**	**60752**	**60692**	**63971**
连山区	10414	10410	10813	1265764	1265764	466857	14229	14219	17306
龙港区	4976	4976	17257	425994	425914	247126	12977	12927	18503
南票区				24811	24811	28004	200	200	60
绥中县				666564	657754	391511	18117	18117	17242
建昌县				290457	286602	526390	13202	13202	7505
兴城市	10911	10911	37589	465538	465022	439217	2027	2027	3355

1-B-12 续表 9

地区	港澳台商投资企业			外商投资企业		
	营业收入(千元)	主营业务收入	资产总计(千元)	营业收入(千元)	主营业务收入	资产总计(千元)
全省	**17961580**	**17350010**	**15560757**	**15511424**	**12475037**	**12867047**
沈阳市	**4970487**	**4714004**	**7389318**	**9409637**	**6415152**	**7951348**
和平区	2219192	2133104	1919532	3087809	275155	3632756
沈河区	1680538	1522408	4217167	3534375	3371820	2616264
大东区	597	597	51147	959585	942289	314607
皇姑区	271277	271248	364943	256396	256384	333581
铁西区	305491	302060	573598	1446412	1444514	881266
苏家屯区						
东陵区	347898	347898	219394	122289	122219	149620
沈北新区	135099	126294	41797	118	118	680
于洪区				5	5	1320
辽中县						
康平县						
法库县						
新民市	10395	10395	1740	2648	2648	21254
大连市	**9726340**	**9461827**	**6317177**	**5328203**	**5307488**	**3708937**
中山区	5047157	4819537	3029240	102672	102622	348505
西岗区	177144	162106	21169	1872130	1860909	1250452
沙河口区	943318	935649	1038670	2551424	2541980	1632635
甘井子区	3393523	3379337	2221919	736022	736022	314940
旅顺口区				330	330	335
金州区	163339	163339	4056	44837	44837	64629
长海县						
瓦房店市	1859	1859	2123			
普兰店市				20788	20788	97441
庄河市						
鞍山市	**1438924**	**1394636**	**849347**	**5598**	**5598**	**5130**
铁东区	1387877	1343589	778967	1000	1000	118
铁西区				4598	4598	5012
立山区						
千山区						
台安县						
岫岩满族自治县						
海城市	51047	51047	70380			
抚顺市	**800**	**800**	**800**	**23639**	**23639**	**7751**
新抚区	800	800	800			
东洲区						
望花区				7849	7849	5377

1-B-12 续表 10

地区	港澳台商投资企业			外商投资企业		
	营业收入(千元)	主营业务收入	资产总计(千元)	营业收入(千元)	主营业务收入	资产总计(千元)
顺城区				15790	15790	2374
抚顺县						
新宾满族自治县						
清原满族自治县						
本溪市	**10304**	**10302**	**62549**			
平山区						
溪湖区						
明山区						
南芬区						
本溪满族自治县	8365	8363	30569			
桓仁满族自治县	1939	1939	31980			
丹东市	**121050**	**118798**	**136506**	**76260**	**69878**	**555222**
元宝区				2131	2131	2030
振兴区	121050	118798	136506	6526	6516	214160
振安区						
宽甸满族自治县						
东港市				67603	61231	339032
凤城市						
锦州市				**361674**	**346980**	**101085**
古塔区				361674	346980	101085
凌河区						
太和区						
黑山县						
义县						
凌海市						
北镇市						
营口市	**810070**	**810070**	**271829**	**81817**	**81817**	**152570**
站前区	466716	466716	118915	1260	1260	30
西市区						
鲅鱼圈区				1984	1984	1040
老边区	343354	343354	152914			
盖州市				35104	35104	49725
大石桥市				43469	43469	101775
阜新市	**311965**	**296759**	**310361**			
海州区						
新邱区						
太平区						
清河门区						
细河区	311965	296759	310361			

1-B-12　续表 11

地　　区	港澳台商投资企业			外商投资企业		
	营业收入（千元）	主营业务收　入	资产总计（千元）	营业收入（千元）	主营业务收　入	资产总计（千元）
阜新蒙古族自治县						
彰武县						
辽阳市	**17531**	**17531**	**2421**	**222896**	**222785**	**362850**
白塔区	17531	17531	2421	219296	219185	360750
文圣区				3600	3600	2100
宏伟区						
弓长岭区						
太子河区						
辽阳县						
灯塔市						
盘锦市	**50**	**50**	**15922**	**1700**	**1700**	**2800**
双台子区	50	50	15922			
兴隆台区				1700	1700	2800
大洼县						
盘山县						
铁岭市	**104108**	**100254**	**1588**			
银州区	8172	8172	1588			
清河区						
铁岭县						
西丰县						
昌图县						
调兵山市						
开原市	95936	92082				
朝阳市	**168340**	**156711**	**137327**			
双塔区	162718	151089	35321			
龙城区						
朝阳县						
建平县	5622	5622	102006			
喀喇沁左翼蒙古族自治县						
北票市						
凌源市						
葫芦岛市	**281611**	**268268**	**65612**			**19354**
连山区						
龙港区	281611	268268	65612			19354
南票区						
绥中县						
建昌县						
兴城市						

第二篇

住宿和餐饮业

2-A-1　住宿业法人企业基本情况

分　　组	法人单位数（个）	年末从业人数（人）	年末餐饮营业面积（平方米）
总　计	**2733**	**76887**	**1997066**
按国民经济行业分组			
旅游饭店	771	54662	1135559
一般旅馆	1764	19933	757389
其他住宿业	198	2292	104118
按登记注册类型分组			
内资企业	2652	66936	1871250
国有企业	255	12316	256428
集体企业	162	3040	97118
股份合作企业	24	182	8945
联营企业	11	116	7280
国有联营企业	5	76	6390
集体联营企业	4	32	410
国有与集体联营企业	1	5	480
其他联营企业	1	3	
有限责任公司	391	19485	439194
国有独资公司	8	1883	25647
其他有限责任公司	383	17602	413547
股份有限公司	38	1041	43036
私营企业	1644	29511	971336
私营独资企业	978	9760	389083
私营合伙企业	26	276	2341
私营有限责任公司	608	18093	547941
私营股份有限公司	32	1382	31971
其他企业	127	1245	47913
港、澳、台商投资企业	32	5461	43939
合资经营企业	19	3788	32212
合作经营企业	1	355	3383
独资经营企业	12	1318	8344
投资股份有限公司			
其他港澳台商投资企业			
外商投资企业	49	4490	81877
中外合资经营企业	29	3196	58556
中外合作经营企业	2	241	2500
外资企业	17	1013	20821
外商投资股份有限公司			
其他外商投资企业	1	40	

2-A-2 住宿业法人企业财务状况

分组	营业收入(千元)	主营业务收入	资产总计(千元)
总 计	**12889219**	**12774806**	**36400095**
按国民经济行业分组			
旅游饭店	9715539	9666325	29461410
一般旅馆	2812843	2748293	5803949
其他住宿业	360837	360188	1134736
按登记注册类型分组			
内资企业	10870615	10759951	28564041
国有企业	1922253	1887571	3917031
集体企业	430580	429382	518808
股份合作企业	17895	17657	42902
联营企业	13036	13036	44469
国有联营企业	9131	9131	40123
集体联营企业	3243	3243	3993
国有与集体联营企业	162	162	53
其他联营企业	500	500	300
有限责任公司	3030696	3008805	9623857
国有独资公司	386801	386481	1164369
其他有限责任公司	2643895	2622324	8459488
股份有限公司	332709	332706	641056
私营企业	4931371	4878960	13111313
私营独资企业	1296532	1291767	2858184
私营合伙企业	40246	40206	48646
私营有限责任公司	3403736	3358858	9257592
私营股份有限公司	190857	188129	946891
其他企业	192075	191834	664605
港、澳、台商投资企业	1245272	1243678	5112537
合资经营企业	773455	772594	3285518
合作经营企业	78211	78211	183807
独资经营企业	393606	392873	1643212
投资股份有限公司			
其他港澳台商投资企业			
外商投资企业	773332	771177	2723517
中外合资经营企业	567119	564965	2150825
中外合作经营企业	39870	39870	103260
外资企业	157331	157330	462681
外商投资股份有限公司			
其他外商投资企业	9012	9012	6751

2-A-3　餐饮业法人企业基本情况

分　　组	法人单位数（个）	年末从业人数（人）	年末餐饮营业面积（平方米）
总　计	**3666**	**78711**	**2303090**
按国民经济行业分组			
正餐服务	2955	60455	2017020
快餐服务	282	12783	188692
饮料及冷饮服务	142	1768	36191
茶馆服务	36	183	5896
咖啡馆服务	62	1066	20795
酒吧服务	19	255	4449
其他饮料及冷饮服务	25	264	5051
其他餐饮业	287	3705	61187
小吃服务	88	611	10680
餐饮配送服务	35	1043	6264
其他未列明餐饮业	164	2051	44243
按登记注册类型分组			
内资企业	3464	64696	2031361
国有企业	66	1645	58871
集体企业	103	1134	22251
股份合作企业	24	362	8651
联营企业	9	65	3960
国有联营企业	1	4	100
集体联营企业	3	33	2000
国有与集体联营企业	5	28	1860
其他联营企业			
有限责任公司	514	11908	416844
国有独资公司	5	462	6130
其他有限责任公司	509	11446	410714
股份有限公司	56	1543	46932
私营企业	2531	45812	1407642
私营独资企业	1474	21258	652696
私营合伙企业	29	544	7992
私营有限责任公司	982	22981	696533
私营股份有限公司	46	1029	50421
其他企业	161	2227	66210
港、澳、台商投资企业	39	2483	52770
合资经营企业	16	627	16150
合作经营企业	3	19	4248
独资经营企业	18	1815	28692
投资股份有限公司	1	2	3470
其他港澳台商投资企业	1	20	210
外商投资企业	163	11532	218959
中外合资经营企业	63	1730	44948
中外合作经营企业	5	921	16489
外资企业	85	8683	150858
外商投资股份有限公司	8	189	6464
其他外商投资企业	2	9	200

2-A-4 餐饮业法人企业财务状况

分组	营业收入（千元）	主营业务收入	资产总计（千元）
总计	**17629583**	**17563524**	**22514014**
按国民经济行业分组			
正餐服务	10929451	10868953	17957068
快餐服务	6030229	6028248	2904569
饮料及冷饮服务	276510	275822	678320
茶馆服务	33842	33413	71860
咖啡馆服务	196408	196149	247749
酒吧服务	16801	16801	223514
其他饮料及冷饮服务	29459	29459	135197
其他餐饮业	393393	390501	974057
小吃服务	60452	59452	267291
餐饮配送服务	149489	149083	166034
其他未列明餐饮业	183452	181966	540732
按登记注册类型分组			
内资企业	11181724	11120197	18805580
国有企业	256238	255416	820799
集体企业	194343	194308	107533
股份合作企业	29915	29798	36668
联营企业	13155	13155	5762
国有联营企业	3000	3000	118
集体联营企业	4930	4930	3100
国有与集体联营企业	5225	5225	2544
其他联营企业			
有限责任公司	1845109	1835895	4114575
国有独资公司	25042	23996	17538
其他有限责任公司	1820067	1811899	4097037
股份有限公司	391828	391068	389729
私营企业	8112881	8090537	13113960
私营独资企业	3711180	3699816	4843611
私营合伙企业	70709	70709	150634
私营有限责任公司	4136529	4128182	7576953
私营股份有限公司	194463	191830	542762
其他企业	338255	310020	216554
港、澳、台商投资企业	777795	776480	863588
合资经营企业	146754	146452	115050
合作经营企业	7443	7443	1664
独资经营企业	618756	617743	716449
投资股份有限公司			28699
其他港澳台商投资企业	4842	4842	1726
外商投资企业	5670064	5666847	2844846
中外合资经营企业	570053	569771	662820
中外合作经营企业	284739	284739	224977
外资企业	4782872	4779937	1927113
外商投资股份有限公司	31128	31128	29469
其他外商投资企业	1272	1272	467

2-B-1 分地区住宿业法人企业基本情况

地区	法人单位数(个)	年末从业人数(人)	年末餐饮营业面积(平方米)
全 省	**2733**	**76887**	**1997066**
沈阳市	**546**	**16929**	**456953**
和平区	105	3097	81454
沈河区	145	5474	88697
大东区	63	1451	99399
皇姑区	89	3469	51353
铁西区	39	552	21713
苏家屯区	13	108	6127
东陵区	26	845	19455
沈北新区	12	316	5301
于洪区	28	1088	40014
辽中县	4	148	16230
康平县	11	100	8542
法库县	7	250	17968
新民市	4	31	700
大连市	**747**	**24353**	**531474**
中山区	157	8701	146486
西岗区	161	3152	73697
沙河口区	94	3282	59169
甘井子区	60	1359	66519
旅顺口区	23	355	12235
金州区	120	4009	64691
长海县	12	178	14585
瓦房店市	67	1545	45756
普兰店市	34	1510	29456
庄河市	19	262	18880
鞍山市	**284**	**6396**	**207030**
铁东区	72	3249	102091
铁西区	33	243	11002
立山区	24	373	9002
千山区	7	54	1225
台安县	7	113	6060
岫岩满族自治县	18	473	34225
海城市	123	1891	43425
抚顺市	**91**	**1890**	**38600**
新抚区	26	752	9700
东洲区	18	170	9700
望花区	11	140	3150

2-B-1 续表 1

地 区	法人单位数(个)	年末从业人数(人)	年末餐饮营业面积(平方米)
顺城区	11	333	4360
抚顺县	1	4	100
新宾满族自治县	16	305	7710
清原满族自治县	8	186	3880
本溪市	**88**	**1812**	**66393**
平山区	22	639	25068
溪湖区	5	32	
明山区	22	509	23936
南芬区	5	76	520
本溪满族自治县	12	176	3000
桓仁满族自治县	22	380	13869
丹东市	**173**	**4470**	**159825**
元宝区	12	475	14710
振兴区	78	2246	59658
振安区	11	125	23150
宽甸满族自治县	33	520	10130
东港市	17	507	27825
凤城市	22	597	24352
锦州市	**154**	**3452**	**44994**
古塔区	38	1108	14501
凌河区	24	649	4180
太和区	22	559	14933
黑山县	22	304	3120
义县	4	148	1100
凌海市	28	376	5660
北镇市	16	308	1500
营口市	**240**	**6376**	**110715**
站前区	44	1846	20323
西市区	6	83	3460
鲅鱼圈区	144	2777	41525
老边区	2	41	300
盖州市	28	1090	40840
大石桥市	16	539	4267
阜新市	**73**	**1083**	**49933**
海州区	46	586	22883
新邱区			
太平区	5	57	4185
清河门区			
细河区	7	112	9815

2-B-1 续表 2

地　区	法人单位数(个)	年末从业人数(人)	年末餐饮营业面积(平方米)
阜新蒙古族自治县	10	142	5800
彰武县	5	186	7250
辽阳市	**59**	**2438**	**32679**
白塔区	30	1304	15177
文圣区	3	17	310
宏伟区	2	12	500
弓长岭区	7	972	5200
太子河区	1	6	
辽阳县	5	70	2040
灯塔市	11	57	9452
盘锦市	**49**	**2080**	**78347**
双台子区	8	132	2400
兴隆台区	31	1321	51347
大洼县	6	440	22200
盘山县	4	187	2400
铁岭市	**60**	**2061**	**60111**
银州区	33	1225	26358
清河区	6	115	1050
铁岭县	5	168	6300
西丰县	1	176	1000
昌图县	7	39	3543
调兵山市	2	190	10900
开原市	6	148	10960
朝阳市	**54**	**1237**	**54575**
双塔区	31	662	34660
龙城区	4	122	13200
朝阳县	1	20	270
建平县	1	2	160
喀喇沁左翼蒙古族自治县	6	189	5965
北票市	3	39	
凌源市	8	203	320
葫芦岛市	**115**	**2310**	**105437**
连山区	19	274	39980
龙港区	18	739	18880
南票区	1	15	
绥中县	11	301	16120
建昌县	4	429	12387
兴城市	62	552	18070

2-B-2 分地区住宿业法人企业基本(按国民经济行业分)

地　　区	旅游饭店			一般旅馆			其他住宿业		
	法　人单位数（个）	年末从业人　　数（人）	年末餐饮营业面积（平方米）	法　人单位数（个）	年末从业人　　数（人）	年末餐饮营业面积（平方米）	法　人单位数（个）	年末从业人　　数（人）	年末餐饮营业面积（平方米）
全　　省	**771**	**54662**	**1135559**	**1764**	**19933**	**757389**	**198**	**2292**	**104118**
沈阳市	**144**	**11667**	**257068**	**342**	**4507**	**178176**	**60**	**755**	**21709**
和平区	38	2356	36451	62	721	44253	5	20	750
沈河区	33	3954	59825	98	1200	25612	14	320	3260
大东区	6	907	68911	42	460	27188	15	84	3300
皇姑区	30	2638	39161	51	738	9792	8	93	2400
铁西区	10	345	11603	25	166	6530	4	41	3580
苏家屯区	4	31	1700	8	67	4427	1	10	
东陵区	7	470	16755	14	334	2500	5	41	200
沈北新区	5	27	460	6	177	3700	1	112	1141
于洪区	6	754	13202	17	311	20334	5	23	6478
辽中县	1	2		3	146	16230			
康平县				10	91	8042	1	9	500
法库县	3	163	9000	3	85	8868	1	2	100
新民市	1	20		3	11	700			
大连市	**248**	**19362**	**272962**	**427**	**4131**	**214231**	**72**	**860**	**44281**
中山区	72	7718	78470	76	880	62491	9	103	5525
西岗区	30	1842	21000	122	1173	50020	9	137	2677
沙河口区	32	2824	36325	53	430	20245	9	28	2599
甘井子区	21	836	27676	23	270	21036	16	253	17807
旅顺口区	11	334	11200	7	10	700	5	11	335
金州区	33	3179	29839	73	640	26205	14	190	8647
长海县	8	166	12135	4	12	2450			
瓦房店市	23	967	24706	36	454	15640	8	124	5410
普兰店市	9	1294	18051	23	202	10124	2	14	1281
庄河市	9	202	13560	10	60	5320			
鞍山市	**37**	**3059**	**89923**	**230**	**3222**	**110737**	**17**	**115**	**6370**
铁东区	20	2076	58506	48	1135	40465	4	38	3120
铁西区	2	12	617	30	227	10125	1	4	260
立山区	5	164	2100	15	182	4492	4	27	2410
千山区	2	18	1000	3	24	135	2	12	90
台安县	1	51	5400	6	62	660			
岫岩满族自治县	3	272	12300	15	201	21925			
海城市	4	466	10000	113	1391	32935	6	34	490
抚顺市	**14**	**1107**	**17940**	**77**	**783**	**20660**			
新抚区	4	497	7400	22	255	2300			
东洲区	2	42	2140	16	128	7560			
望花区	1	48	2000	10	92	1150			

2-B-2 续表 1

地 区	旅游饭店			一般旅馆			其他住宿业		
	法 人 单位数 (个)	年末从业 人 数 (人)	年末餐饮 营业面积 (平方米)	法 人 单位数 (个)	年末从业 人 数 (人)	年末餐饮 营业面积 (平方米)	法 人 单位数 (个)	年末从业 人 数 (人)	年末餐饮 营业面积 (平方米)
顺城区	1	201	1200	10	132	3160			
抚顺县				1	4	100			
新宾满族自治县	5	176	3900	11	129	3810			
清原满族自治县	1	143	1300	7	43	2580			
本溪市	**35**	**1003**	**55581**	**45**	**715**	**7544**	**8**	**94**	**3268**
平山区	7	357	23230	12	237	1570	3	45	268
溪湖区	3	25		1	4		1	3	
明山区	8	253	18602	14	256	5334			
南芬区	1	46	300	4	30	220			
本溪满族自治县	2	26		7	109		3	41	3000
桓仁满族自治县	14	296	13449	7	79	420	1	5	
丹东市	**64**	**3375**	**104045**	**92**	**926**	**41760**	**17**	**169**	**14020**
元宝区	5	377	10400	7	98	4310			
振兴区	35	1902	50413	41	336	9245	2	8	
振安区	3	65	14800	5	42	7900	3	18	450
宽甸满族自治县	11	300	6230	18	183	2430	4	37	1470
东港市	3	322	10200	13	155	17125	1	30	500
凤城市	7	409	12002	8	112	750	7	76	11600
锦州市	**43**	**2201**	**36498**	**110**	**1248**	**8196**	**1**	**3**	**300**
古塔区	19	922	12516	19	186	1985			
凌河区	7	265	3160	17	384	1020			
太和区	7	377	12250	14	179	2383	1	3	300
黑山县	4	200	2872	18	104	248			
义县	1	40	400	3	108	700			
凌海市	2	188	4450	26	188	1210			
北镇市	3	209	850	13	99	650			
营口市	**58**	**4853**	**67961**	**173**	**1380**	**41454**	**9**	**143**	**1300**
站前区	13	1556	8663	30	282	11160	1	8	500
西市区	2	51	2000	4	32	1460			
鲅鱼圈区	20	2042	21621	121	719	19904	3	16	
老边区				2	41	300			
盖州市	17	865	33010	8	160	7830	3	65	
大石桥市	6	339	2667	8	146	800	2	54	800
阜新市	**5**	**294**	**10160**	**67**	**777**	**31773**	**1**	**12**	**8000**
海州区	3	140	4560	43	446	18323			
新邱区									
太平区				5	57	4185			
清河门区									
细河区				6	100	1815	1	12	8000

2-B-2 续表 2

地区	旅游饭店			一般旅馆			其他住宿业		
	法人单位数(个)	年末从业人数(人)	年末餐饮营业面积(平方米)	法人单位数(个)	年末从业人数(人)	年末餐饮营业面积(平方米)	法人单位数(个)	年末从业人数(人)	年末餐饮营业面积(平方米)
阜新蒙古族自治县	1	70	5000	9	72	800			
彰武县	1	84	600	4	102	6650			
辽阳市	**18**	**2074**	**17537**	**41**	**364**	**15142**			
白塔区	9	1118	11857	21	186	3320			
文圣区				3	17	310			
宏伟区				2	12	500			
弓长岭区	6	904	4640	1	68	560			
太子河区				1	6				
辽阳县	3	52	1040	2	18	1000			
灯塔市				11	57	9452			
盘锦市	**28**	**1673**	**67942**	**18**	**374**	**9305**	**3**	**33**	**1100**
双台子区	2	40		6	92	2400			
兴隆台区	17	1010	43342	11	278	6905	3	33	1100
大洼县	5	436	22200	1	4				
盘山县	4	187	2400						
铁岭市	**18**	**1554**	**36460**	**35**	**422**	**20181**	**7**	**85**	**3470**
银州区	5	855	13270	24	330	10888	4	40	2200
清河区	2	96		3	14	1050	1	5	
铁岭县	3	121	1100	2	47	5200			
西丰县	1	176	1000						
昌图县				6	31	3043	1	8	500
调兵山市	2	190	10900						
开原市	5	116	10190				1	32	770
朝阳市	**25**	**876**	**45895**	**29**	**361**	**8680**			
双塔区	12	498	26140	19	164	8520			
龙城区	4	122	13200						
朝阳县	1	20	270						
建平县				1	2	160			
喀喇沁左翼蒙古族自治县	5	169	5965	1	20				
北票市	1	1		2	38				
凌源市	2	66	320	6	137				
葫芦岛市	**34**	**1564**	**55587**	**78**	**723**	**49550**	**3**	**23**	**300**
连山区	4	130	10200	15	144	29780			
龙港区	10	608	17480	7	124	1400	1	7	
南票区				1	15				
绥中县	7	285	16120	4	16				
建昌县	2	354	5887	2	75	6500			
兴城市	11	187	5900	49	349	11870	2	16	300

2-B-3　分地区住宿业法人企业基本情况(按登记注册类型分)

地　区	内资企业 法　人 单位数 (个)	内资企业 年末从业 人　数 (人)	内资企业 年末餐饮 营业面积 (平方米)	国有企业 法　人 单位数 (个)	国有企业 年末从业 人　数 (人)	国有企业 年末餐饮 营业面积 (平方米)
全　省	**2652**	**66936**	**1871250**	**255**	**12316**	**256428**
沈阳市	**519**	**14434**	**419179**	**73**	**4004**	**73686**
和平区	98	2228	72920	21	559	18940
沈河区	135	4130	73443	8	533	5710
大东区	62	1401	97399	4	212	6145
皇姑区	87	3352	50297	24	2118	27700
铁西区	38	551	18713	2	17	
苏家屯区	12	107	6127	1	14	900
东陵区	24	821	19155	10	407	11950
沈北新区	12	316	5301	3	144	2341
于洪区	26	1073	40014			
辽中县	3	74	8600			
康平县	11	100	8542			
法库县	7	250	17968			
新民市	4	31	700			
大连市	**719**	**19611**	**493009**	**81**	**3032**	**80689**
中山区	142	5569	123537	30	1288	50029
西岗区	159	2999	73197	20	1006	18660
沙河口区	91	3212	58019	11	87	3480
甘井子区	60	1359	66519	12	447	4520
旅顺口区	23	355	12235	1	2	
金州区	113	2671	51325	5	196	2500
长海县	12	178	14585	1	2	
瓦房店市	66	1496	45256			
普兰店市	34	1510	29456	1	4	1500
庄河市	19	262	18880			
鞍山市	**281**	**6297**	**204030**	**12**	**1404**	**29457**
铁东区	69	3150	99091	9	1381	28990
铁西区	33	243	11002	2	11	467
立山区	24	373	9002			
千山区	7	54	1225			
台安县	7	113	6060			
岫岩满族自治县	18	473	34225			
海城市	123	1891	43425	1	12	
抚顺市	**90**	**1870**	**38430**	**23**	**910**	**13360**
新抚区	26	752	9700	4	376	4000
东洲区	18	170	9700	7	75	4400
望花区	10	120	2980	4	18	

2-B-3 续表 1

地　区	内资企业			国有企业		
	法　人 单位数 (个)	年末从业 人　数 (人)	年末餐饮 营业面积 (平方米)	法　人 单位数 (个)	年末从业 人　数 (人)	年末餐饮 营业面积 (平方米)
顺城区	11	333	4360	2	210	1800
抚顺县	1	4	100			
新宾满族自治县	16	305	7710	3	75	1360
清原满族自治县	8	186	3880	3	156	1800
本溪市	**87**	**1796**	**66393**	**12**	**344**	**15750**
平山区	21	623	25068	5	242	11348
溪湖区	5	32				
明山区	22	509	23936	3	59	1402
南芬区	5	76	520			
本溪满族自治县	12	176	3000	3	33	3000
桓仁满族自治县	22	380	13869	1	10	
丹东市	**169**	**4175**	**145485**	**5**	**499**	**6153**
元宝区	11	355	11210			
振兴区	75	2071	48818	4	496	6153
振安区	11	125	23150			
宽甸满族自治县	33	520	10130			
东港市	17	507	27825			
凤城市	22	597	24352	1	3	
锦州市	**153**	**3390**	**42890**	**8**	**333**	**2500**
古塔区	37	1046	12397	1	126	1500
凌河区	24	649	4180	3	21	
太和区	22	559	14933	1	7	
黑山县	22	304	3120			
义县	4	148	1100	1	86	700
凌海市	28	376	5660	1	3	
北镇市	16	308	1500	1	90	300
营口市	**233**	**4726**	**100573**	**11**	**440**	**5150**
站前区	41	1468	18003			
西市区	5	33	1460			
鲅鱼圈区	141	1555	35703	6	162	3850
老边区	2	41	300	1	35	300
盖州市	28	1090	40840	1	2	200
大石桥市	16	539	4267	3	241	800
阜新市	**72**	**1011**	**48033**	**6**	**329**	**6126**
海州区	45	514	20983	3	180	4526
新邱区						
太平区	5	57	4185			
清河门区						
细河区	7	112	9815	2	65	1000

2-B-3　续表 2

地　区	内资企业			国有企业		
	法　人 单位数 (个)	年末从业 人　数 (人)	年末餐饮 营业面积 (平方米)	法　人 单位数 (个)	年末从业 人　数 (人)	年末餐饮 营业面积 (平方米)
阜新蒙古族自治县	10	142	5800			
彰武县	5	186	7250	1	84	600
辽阳市	**56**	**2179**	**31544**	**6**	**387**	**3702**
白塔区	27	1045	14042	3	273	800
文圣区	3	17	310			
宏伟区	2	12	500			
弓长岭区	7	972	5200	2	113	1560
太子河区	1	6				
辽阳县	5	70	2040			
灯塔市	11	57	9452	1	1	1342
盘锦市	**47**	**1956**	**64361**	**3**	**61**	**3475**
双台子区	8	132	2400			
兴隆台区	29	1197	37361	3	61	3475
大洼县	6	440	22200			
盘山县	4	187	2400			
铁岭市	**60**	**2061**	**60111**	**4**	**148**	**3910**
银州区	33	1225	26358			
清河区	6	115	1050	1	86	
铁岭县	5	168	6300	1	40	3700
西丰县	1	176	1000			
昌图县	7	39	3543	1	2	
调兵山市	2	190	10900			
开原市	6	148	10960	1	20	210
朝阳市	**53**	**1195**	**53775**	**3**	**80**	**1320**
双塔区	31	662	34660	1	30	1000
龙城区	4	122	13200			
朝阳县	1	20	270			
建平县	1	2	160			
喀喇沁左翼蒙古族自治县	5	147	5165			
北票市	3	39				
凌源市	8	203	320	2	50	320
葫芦岛市	**113**	**2235**	**103437**	**8**	**345**	**11150**
连山区	17	199	37980	1	50	8200
龙港区	18	739	18880	2	193	1350
南票区	1	15				
绥中县	11	301	16120			
建昌县	4	429	12387			
兴城市	62	552	18070	5	102	1600

2-B-3 续表 3

地　区	集体企业			股份合作企业		
	法　人 单位数 (个)	年末从业 人　数 (人)	年末餐饮 营业面积 (平方米)	法　人 单位数 (个)	年末从业 人　数 (人)	年末餐饮 营业面积 (平方米)
全　省	**162**	**3040**	**97118**	**24**	**182**	**8945**
沈阳市	**40**	**659**	**16007**	**7**	**44**	**6621**
和平区	7	157	4549	1	1	
沈河区	15	235	4337	2	12	500
大东区	2	27	2400			
皇姑区	8	62	421	2	10	501
铁西区	2	3		1	1	
苏家屯区	1	24	1700			
东陵区	4	126	600			
沈北新区						
于洪区	1	25	2000			
辽中县				1	20	5620
康平县						
法库县						
新民市						
大连市	**39**	**826**	**36442**	**12**	**100**	**1694**
中山区	9	155	6222	3	8	280
西岗区	8	130	1600	5	57	644
沙河口区	7	82	900	2	4	600
甘井子区	3	109	9020			
旅顺口区	2	2				
金州区	6	263	4300	1	1	50
长海县	1	4	450			
瓦房店市						
普兰店市	1	41	7500	1	30	120
庄河市	2	40	6450			
鞍山市	**9**	**152**	**5380**	**1**	**11**	**50**
铁东区	3	111	2500	1	11	50
铁西区	3	13	1730			
立山区	1	6	120			
千山区	2	22	1030			
台安县						
岫岩满族自治县						
海城市						
抚顺市	**12**	**211**	**6150**			
新抚区	3	40				
东洲区	2	17	300			
望花区	1	2	300			

2-B-3 续表 4

地区	集体企业			股份合作企业		
	法人单位数(个)	年末从业人数(人)	年末餐饮营业面积(平方米)	法人单位数(个)	年末从业人数(人)	年末餐饮营业面积(平方米)
顺城区						
抚顺县						
新宾满族自治县	6	152	5550			
清原满族自治县						
本溪市	**16**	**208**	**3570**			
平山区	7	78	3570			
溪湖区						
明山区	4	30				
南芬区						
本溪满族自治县	4	85				
桓仁满族自治县	1	15				
丹东市	**12**	**351**	**14100**	**1**	**4**	
元宝区	1	60	600			
振兴区	5	130	3500	1	4	
振安区	1	3	4400			
宽甸满族自治县	2	50	2000			
东港市	1	5	500			
凤城市	2	103	3100			
锦州市	**8**	**299**	**1493**	**1**	**2**	**80**
古塔区	3	130	1103			
凌河区	4	167	390			
太和区				1	2	80
黑山县						
义县						
凌海市						
北镇市	1	2				
营口市	**10**	**46**				
站前区	9	40				
西市区						
鲅鱼圈区						
老边区						
盖州市						
大石桥市	1	6				
阜新市	**2**	**42**	**5806**			
海州区	1	41	5494			
新邱区						
太平区						
清河门区						
细河区	1	1	312			

2-B-3 续表 5

地 区	集体企业			股份合作企业		
	法人单位数(个)	年末从业人数(人)	年末餐饮营业面积(平方米)	法人单位数(个)	年末从业人数(人)	年末餐饮营业面积(平方米)
阜新蒙古族自治县						
彰武县						
辽阳市	**2**	**17**	**500**			
白塔区	1	6				
文圣区						
宏伟区						
弓长岭区						
太子河区						
辽阳县	1	11	500			
灯塔市						
盘锦市	**1**	**120**	**500**	**1**	**6**	
双台子区						
兴隆台区	1	120	500	1	6	
大洼县						
盘山县						
铁岭市	**1**	**10**	**500**			
银州区	1	10	500			
清河区						
铁岭县						
西丰县						
昌图县						
调兵山市						
开原市						
朝阳市	**4**	**29**	**2300**			
双塔区	3	28	2300			
龙城区						
朝阳县						
建平县						
喀喇沁左翼蒙古族自治县						
北票市	1	1				
凌源市						
葫芦岛市	**6**	**70**	**4370**	**1**	**15**	**500**
连山区	1	5	200	1	15	500
龙港区	1	28	3800			
南票区						
绥中县						
建昌县						
兴城市	4	37	370			

2-B-3　续表 6

地　区	联营企业 法人单位数(个)	联营企业 年末从业人数(人)	联营企业 年末餐饮营业面积(平方米)	有限责任公司 法人单位数(个)	有限责任公司 年末从业人数(人)	有限责任公司 年末餐饮营业面积(平方米)
全　省	**11**	**116**	**7280**	**391**	**19485**	**439194**
沈阳市	**3**	**14**	**500**	**91**	**4912**	**128197**
和平区	1	10	500	12	700	6413
沈河区	1	1		28	2215	29861
大东区	1	3		10	788	64653
皇姑区				16	647	7285
铁西区				8	259	5600
苏家屯区				3	28	
东陵区				3	159	5405
沈北新区				6	31	
于洪区				2	26	4000
辽中县				2	54	2980
康平县						
法库县				1	5	2000
新民市						
大连市	**3**	**38**	**4780**	**129**	**7736**	**98047**
中山区	2	28	4480	30	2875	24375
西岗区				26	959	17530
沙河口区				19	1498	19587
甘井子区				11	442	15795
旅顺口区				3	57	500
金州区				19	1328	8254
长海县				1	3	2000
瓦房店市				13	465	3610
普兰店市	1	10	300	2	14	2576
庄河市				5	95	3820
鞍山市	**2**	**32**	**1610**	**33**	**1345**	**36736**
铁东区	1	27	1500	12	298	11456
铁西区	1	5	110	5	43	2350
立山区				3	38	1100
千山区						
台安县				2	67	5400
岫岩满族自治县						
海城市				11	899	16430
抚顺市	**1**	**15**	**390**	**8**	**275**	**6300**
新抚区				3	160	3550
东洲区				1	16	700
望花区				1	48	2000

2-B-3 续表 7

地 区	联营企业			有限责任公司		
	法 人 单位数 (个)	年末从业 人 数 (人)	年末餐饮 营业面积 (平方米)	法 人 单位数 (个)	年末从业 人 数 (人)	年末餐饮 营业面积 (平方米)
顺城区	1	15	390	2	50	50
抚顺县						
新宾满族自治县				1	1	
清原满族自治县						
本溪市	**1**	**15**		**16**	**496**	**28110**
平山区	1	15		1	25	150
溪湖区				2	17	
明山区				4	160	15200
南芬区						
本溪满族自治县				1	20	
桓仁满族自治县				8	274	12760
丹东市				**26**	**951**	**23130**
元宝区				2	52	360
振兴区				22	883	22770
振安区						
宽甸满族自治县						
东港市				1	1	
凤城市				1	15	
锦州市				**15**	**578**	**14451**
古塔区				5	157	2841
凌河区				4	69	130
太和区				6	352	11480
黑山县						
义县						
凌海市						
北镇市						
营口市	**1**	**2**		**26**	**699**	**18511**
站前区				2	14	200
西市区				2	3	260
鲅鱼圈区				11	472	7563
老边区				1	6	
盖州市	1	2		10	204	10488
大石桥市						
阜新市				**2**	**63**	**6500**
海州区						
新邱区						
太平区						
清河门区						
细河区						

2-B-3　续表 8

地　　区	联营企业			有限责任公司		
	法　人单位数(个)	年末从业人　　数(人)	年末餐饮营业面积(平方米)	法　人单位数(个)	年末从业人　　数(人)	年末餐饮营业面积(平方米)
阜新蒙古族自治县				1	20	
彰武县				1	43	6500
辽阳市				**4**	**466**	**8560**
白塔区				1	20	
文圣区				1	1	
宏伟区						
弓长岭区				1	430	860
太子河区						
辽阳县						
灯塔市				1	15	7700
盘锦市				**11**	**737**	**23886**
双台子区						
兴隆台区				9	556	19986
大洼县				1	11	1900
盘山县				1	170	2000
铁岭市				**5**	**289**	**13250**
银州区				1	26	1000
清河区				1	10	1050
铁岭县				1	110	600
西丰县						
昌图县						
调兵山市				1	130	10000
开原市				1	13	600
朝阳市				**12**	**324**	**13610**
双塔区				9	282	13340
龙城区						
朝阳县				1	20	270
建平县						
喀喇沁左翼蒙古族自治县				1	20	
北票市						
凌源市				1	2	
葫芦岛市				**13**	**614**	**19906**
连山区				1	4	
龙港区				6	377	10880
南票区						
绥中县				1	50	2200
建昌县				1	48	3500
兴城市				4	135	3326

2-B-3 续表 9

地区	股份有限公司			私营企业		
	法人单位数(个)	年末从业人数(人)	年末餐饮营业面积(平方米)	法人单位数(个)	年末从业人数(人)	年末餐饮营业面积(平方米)
全省	**38**	**1041**	**43036**	**1644**	**29511**	**971336**
沈阳市	**11**	**350**	**10050**	**267**	**4031**	**169743**
和平区				55	799	42318
沈河区	5	61	3190	72	1025	27980
大东区	1	23	330	41	333	23331
皇姑区	3	241	3030	22	207	10770
铁西区	2	25	3500	20	180	9433
苏家屯区				6	37	3327
东陵区				7	129	1200
沈北新区				3	141	2960
于洪区				22	814	24014
辽中县						
康平县				10	91	8042
法库县				6	245	15968
新民市				3	30	400
大连市	**9**	**106**	**4350**	**420**	**7529**	**257222**
中山区	1	30		62	1168	35644
西岗区	1	4		95	829	34763
沙河口区	1	17	500	50	1523	32952
甘井子区	3	13	1150	31	348	36034
旅顺口区	2	21	2700	15	273	9035
金州区				77	808	31564
长海县				8	166	11435
瓦房店市	1	21		44	886	40580
普兰店市				26	1401	16605
庄河市				12	127	8610
鞍山市	**1**	**39**	**10000**	**217**	**3209**	**119477**
铁东区	1	39	10000	40	1264	44475
铁西区				22	171	6345
立山区				20	329	7782
千山区				5	32	195
台安县				3	24	660
岫岩满族自治县				17	459	33025
海城市				110	930	26995
抚顺市	**1**	**30**	**30**	**45**	**429**	**12200**
新抚区	1	30	30	15	146	2120
东洲区				8	62	4300
望花区				4	52	680

2-B-3　续表 10

地　区	股份有限公司			私营企业		
	法　人 单位数 (个)	年末从业 人　数 (人)	年末餐饮 营业面积 (平方米)	法　人 单位数 (个)	年末从业 人　数 (人)	年末餐饮 营业面积 (平方米)
顺城区				6	58	2120
抚顺县				1	4	100
新宾满族自治县				6	77	800
清原满族自治县				5	30	2080
本溪市	**3**	**291**	**11689**	**32**	**403**	**7174**
平山区	1	178	10000	5	73	
溪湖区				2	7	
明山区	1	101	1000	10	159	6334
南芬区				4	75	420
本溪满族自治县				4	38	
桓仁满族自治县	1	12	689	7	51	420
丹东市	**3**	**88**	**500**	**113**	**2214**	**99922**
元宝区				8	243	10250
振兴区	3	88	500	39	462	14995
振安区				9	120	18750
宽甸满族自治县				26	429	7950
东港市				15	501	27325
凤城市				16	459	20652
锦州市				**120**	**2178**	**24286**
古塔区				27	633	6873
凌河区				13	392	3660
太和区				14	198	3373
黑山县				22	304	3120
义县				3	62	400
凌海市				27	373	5660
北镇市				14	216	1200
营口市	**4**	**19**	**2517**	**153**	**3369**	**70113**
站前区	1	10	1500	26	1378	15403
西市区				3	30	1200
鲅鱼圈区	3	9	1017	99	837	21191
老边区						
盖州市				16	882	30152
大石桥市				9	242	2167
阜新市				**62**	**577**	**29601**
海州区				41	293	10963
新邱区						
太平区				5	57	4185
清河门区						
细河区				4	46	8503

2-B-3 续表 11

地区	股份有限公司			私营企业		
	法人单位数(个)	年末从业人数(人)	年末餐饮营业面积(平方米)	法人单位数(个)	年末从业人数(人)	年末餐饮营业面积(平方米)
阜新蒙古族自治县				9	122	5800
彰武县				3	59	150
辽阳市				**42**	**1300**	**18782**
白塔区				22	746	13242
文圣区				2	16	310
宏伟区				2	12	500
弓长岭区				4	429	2780
太子河区				1	6	
辽阳县				4	59	1540
灯塔市				7	32	410
盘锦市	**3**	**88**	**3300**	**27**	**934**	**33200**
双台子区				8	132	2400
兴隆台区	2	29		12	415	13400
大洼县	1	59	3300	4	370	17000
盘山县				3	17	400
铁岭市	**2**	**20**		**38**	**1439**	**34390**
银州区	2	20		21	1030	17497
清河区				4	19	
铁岭县				2	10	1800
西丰县				1	176	1000
昌图县				5	29	3043
调兵山市				1	60	900
开原市				4	115	10150
朝阳市				**33**	**744**	**36545**
双塔区				18	322	18020
龙城区				4	122	13200
朝阳县						
建平县				1	2	160
喀喇沁左翼蒙古族自治县				4	127	5165
北票市				2	38	
凌源市				4	133	
葫芦岛市	**1**	**10**	**600**	**75**	**1155**	**58681**
连山区	1	10	600	5	91	20250
龙港区				9	141	2850
南票区				1	15	
绥中县				10	251	13920
建昌县				3	381	8887
兴城市				47	276	12774

2-B-3　续表 12

地　区	其他企业			港澳台商投资企业			外商投资企业		
	法　人单位数（个）	年末从业人　数（人）	年末餐饮营业面积（平方米）	法　人单位数（个）	年末从业人　数（人）	年末餐饮营业面积（平方米）	法　人单位数（个）	年末从业人　数（人）	年末餐饮营业面积（平方米）
全　省	**127**	**1245**	**47913**	**32**	**5461**	**43939**	**49**	**4490**	**81877**
沈阳市	**27**	**420**	**14375**	**6**	**702**	**5034**	**21**	**1793**	**32740**
和平区	1	2	200	3	617	2534	4	252	6000
沈河区	4	48	1865				10	1344	15254
大东区	3	15	540	1	50	2000			
皇姑区	12	67	590	1	22	500	1	95	556
铁西区	3	66	180				1	1	3000
苏家屯区	1	4	200				1	1	
东陵区							2	24	300
沈北新区									
于洪区	1	208	10000	1	13		1	2	
辽中县							1	74	7630
康平县	1	9	500						
法库县									
新民市	1	1	300						
大连市	**26**	**244**	**9785**	**13**	**3674**	**26921**	**15**	**1068**	**11544**
中山区	5	17	2507	9	2669	16555	6	463	6394
西岗区	4	14					2	153	500
沙河口区	1	1		1	1		2	69	1150
甘井子区									
旅顺口区									
金州区	5	75	4657	3	1004	10366	4	334	3000
长海县	1	3	700						
瓦房店市	8	124	1066				1	49	500
普兰店市	2	10	855						
庄河市									
鞍山市	**6**	**105**	**1320**	**2**	**47**	**1000**	**1**	**52**	**2000**
铁东区	2	19	120	2	47	1000	1	52	2000
铁西区									
立山区									
千山区									
台安县	2	22							
岫岩满族自治县	1	14	1200						
海城市	1	50							
抚顺市							**1**	**20**	**170**
新抚区									
东洲区									
望花区							1	20	170

2-B-3 续表 13

地区	其他企业			港澳台商投资企业			外商投资企业		
	法人单位数(个)	年末从业人数(人)	年末餐饮营业面积(平方米)	法人单位数(个)	年末从业人数(人)	年末餐饮营业面积(平方米)	法人单位数(个)	年末从业人数(人)	年末餐饮营业面积(平方米)
顺城区									
抚顺县									
新宾满族自治县									
清原满族自治县									
本溪市	**7**	**39**	**100**	**1**	**16**				
平山区	1	12		1	16				
溪湖区	1	8							
明山区									
南芬区	1	1	100						
本溪满族自治县									
桓仁满族自治县	4	18							
丹东市	**9**	**68**	**1680**	**1**	**120**	**3500**	**3**	**175**	**10840**
元宝区				1	120	3500			
振兴区	1	8	900				3	175	10840
振安区	1	2							
宽甸满族自治县	5	41	180						
东港市									
凤城市	2	17	600						
锦州市	**1**		**80**	**1**	**62**	**2104**			
古塔区	1		80	1	62	2104			
凌河区									
太和区									
黑山县									
义县									
凌海市									
北镇市									
营口市	**28**	**151**	**4282**	**5**	**608**	**3945**	**2**	**1042**	**6197**
站前区	3	26	900	2	220	1123	1	158	1197
西市区				1	50	2000			
鲅鱼圈区	22	75	2082	2	338	822	1	884	5000
老边区									
盖州市									
大石桥市	3	50	1300						
阜新市							**1**	**72**	**1900**
海州区							1	72	1900
新邱区									
太平区									
清河门区									
细河区									

2-B-3　续表 14

地　　区	其他企业			港澳台商投资企业			外商投资企业		
	法　人单位数（个）	年末从业人　数（人）	年末餐饮营业面积（平方米）	法　人单位数（个）	年末从业人　数（人）	年末餐饮营业面积（平方米）	法　人单位数（个）	年末从业人　数（人）	年末餐饮营业面积（平方米）
阜新蒙古族自治县									
彰武县									
辽阳市	**2**	**9**		**2**	**190**	**635**	**1**	**69**	**500**
白塔区				2	190	635	1	69	500
文圣区									
宏伟区									
弓长岭区									
太子河区									
辽阳县									
灯塔市	2	9							
盘锦市	**1**	**10**					**2**	**124**	**13986**
双台子区									
兴隆台区	1	10					2	124	13986
大洼县									
盘山县									
铁岭市	**10**	**155**	**8061**						
银州区	8	139	7361						
清河区									
铁岭县	1	8	200						
西丰县									
昌图县	1	8	500						
调兵山市									
开原市									
朝阳市	**1**	**18**		**1**	**42**	**800**			
双塔区									
龙城区									
朝阳县									
建平县									
喀喇沁左翼蒙古族自治县				1	42	800			
北票市									
凌源市	1	18							
葫芦岛市	**9**	**26**	**8230**				**2**	**75**	**2000**
连山区	7	24	8230				2	75	2000
龙港区									
南票区									
绥中县									
建昌县									
兴城市	2	2							

2-B-4 分地区住宿业法人企业财务状况

地　　区	营业收入（千元）	主营业务收入	资产总计（千元）
全　　省	**12889219**	**12774806**	**36400095**
沈阳市	**3566230**	**3497288**	**7749617**
和平区	566028	558722	2256526
沈河区	1133884	1094170	2276748
大东区	337600	331202	476624
皇姑区	922859	908296	1226074
铁西区	129235	129038	213766
苏家屯区	13786	13392	106950
东陵区	131377	131007	506055
沈北新区	31786	31786	57785
于洪区	229162	229162	510145
辽中县	27951	27951	51230
康平县	9681	9681	16899
法库县	29097	29097	48732
新民市	3784	3784	2083
大连市	**3887885**	**3867406**	**14623345**
中山区	1629525	1625541	6234200
西岗区	478845	464507	2159999
沙河口区	491982	491932	945639
甘井子区	209009	208638	549057
旅顺口区	39146	39146	185726
金州区	631820	630634	1944463
长海县	24995	24995	202893
瓦房店市	171756	171726	1101051
普兰店市	170978	170458	1180685
庄河市	39829	39829	119632
鞍山市	**970362**	**966262**	**3539077**
铁东区	510660	508107	2893812
铁西区	26666	25992	34783
立山区	74943	74931	32925
千山区	2822	2822	20768
台安县	14357	14357	184512
岫岩满族自治县	90148	89480	114929
海城市	250766	250573	257348
抚顺市	**330823**	**326995**	**637591**
新抚区	128500	124876	352364
东洲区	17322	17322	19163
望花区	13674	13470	89692

2-B-4　续表 1

地　区	营业收入(千元)	主营业务收入	资产总计(千元)
顺城区	17832	17832	51658
抚顺县	111	111	315
新宾满族自治县	80622	80622	75606
清原满族自治县	72762	72762	48793
本溪市	**248164**	**245301**	**535102**
平山区	63371	60708	58455
溪湖区	847	847	2358
明山区	81739	81739	196838
南芬区	2658	2658	1620
本溪满族自治县	33606	33406	69037
桓仁满族自治县	65943	65943	206794
丹东市	**688170**	**687269**	**997578**
元宝区	123567	123567	76463
振兴区	302445	302206	433649
振安区	45738	45738	103683
宽甸满族自治县	54794	54374	83240
东港市	65393	65393	84493
凤城市	96233	95991	216050
锦州市	**517639**	**515068**	**1664867**
古塔区	155498	154760	466355
凌河区	131939	130126	583163
太和区	56859	56839	392727
黑山县	66561	66561	26797
义县	11586	11586	16908
凌海市	71504	71504	117507
北镇市	23692	23692	61410
营口市	**1174877**	**1173595**	**2569052**
站前区	512738	512738	840134
西市区	28078	28078	9398
鲅鱼圈区	481963	481390	955765
老边区	4333	4333	6983
盖州市	90738	90029	577500
大石桥市	57027	57027	179272
阜新市	**77525**	**77027**	**339274**
海州区	46129	45688	98227
新邱区			
太平区	4633	4633	16698
清河门区			
细河区	7048	7048	152474

2-B-4 续表 2

地 区	营业收入(千元)		资产总计(千元)
		主营业务收入	
阜新蒙古族自治县	9557	9557	34889
彰武县	10158	10101	36986
辽阳市	**251340**	**250464**	**1197685**
白塔区	144655	143794	768792
文圣区	2259	2259	4198
宏伟区	500	500	1400
弓长岭区	88102	88102	390647
太子河区	600	600	1030
辽阳县	8753	8753	11190
灯塔市	6471	6456	20428
盘锦市	**412447**	**407794**	**897404**
双台子区	29270	28750	72425
兴隆台区	251537	247404	463286
大洼县	119798	119798	351961
盘山县	11842	11842	9732
铁岭市	**388602**	**387406**	**497524**
银州区	185640	185614	392403
清河区	3390	3390	18707
铁岭县	40920	39950	24139
西丰县	9091	9091	31748
昌图县	1472	1272	10110
调兵山市	22658	22658	3993
开原市	125431	125431	16424
朝阳市	**119497**	**117959**	**242206**
双塔区	57708	56190	106523
龙城区	4925	4905	30455
朝阳县	1085	1085	15825
建平县			200
喀喇沁左翼蒙古族自治县	21504	21504	45130
北票市	4955	4955	8565
凌源市	29320	29320	35508
葫芦岛市	**255658**	**254972**	**909773**
连山区	25303	24814	20085
龙港区	96986	96933	638279
南票区	874	874	20000
绥中县	19324	19213	63803
建昌县	27275	27275	30931
兴城市	85896	85863	136675

2-B-5　分地区住宿业法人企业财务状况(按国民经济行业分)

地　区	旅游饭店			一般旅馆			其他住宿业		
	营业收入(千元)	主营业务收入	资产总计(千元)	营业收入(千元)	主营业务收入	资产总计(千元)	营业收入(千元)	主营业务收入	资产总计(千元)
全　省	**9715539**	**9666325**	**29461410**	**2812843**	**2748293**	**5803949**	**360837**	**360188**	**1134736**
沈阳市	**2540912**	**2520902**	**6334940**	**937153**	**888398**	**1269828**	**88165**	**87988**	**144849**
和平区	467318	464268	2028321	97667	93411	227383	1043	1043	822
沈河区	717393	716028	1987021	379763	341414	177629	36728	36728	112098
大东区	213394	212425	375357	120310	114881	95979	3896	3896	5288
皇姑区	782225	767949	1125817	123620	123510	89719	17014	16837	10538
铁西区	101155	101155	154436	21972	21775	53785	6108	6108	5545
苏家屯区	3122	3122	86533	9597	9203	20258	1067	1067	159
东陵区	82792	82442	371753	42075	42055	132531	6510	6510	1771
沈北新区			32567	18234	18234	20601	13552	13552	4617
于洪区	151843	151843	130046	76189	76189	377272	1130	1130	2827
辽中县			10000	27951	27951	41230			
康平县				8814	8814	16615	867	867	284
法库县	18570	18570	31789	10277	10277	16043	250	250	900
新民市	3100	3100	1300	684	684	783			
大连市	**3224191**	**3209479**	**12409261**	**524298**	**518531**	**1641840**	**139396**	**139396**	**572244**
中山区	1504400	1503266	6118285	107173	104323	109913	17952	17952	6002
西岗区	295407	283355	1545639	161927	159641	522063	21511	21511	92297
沙河口区	447169	447159	863581	43442	43402	74627	1371	1371	7431
甘井子区	111148	110923	259606	36986	36840	49375	60875	60875	240076
旅顺口区	37610	37610	158811	1214	1214	26685	322	322	230
金州区	535216	534345	1624019	76292	75977	263339	20312	20312	57105
长海县	21261	21261	187757	3734	3734	15136			
瓦房店市	99731	99701	799824	57262	57262	138518	14763	14763	162709
普兰店市	144698	144308	782304	23990	23860	391987	2290	2290	6394
庄河市	27551	27551	69435	12278	12278	50197			
鞍山市	**517054**	**515505**	**2442796**	**417756**	**415217**	**1041871**	**35552**	**35540**	**54410**
铁东区	386607	385175	2114170	119527	118406	744010	4526	4526	35632
铁西区	1117	1000	2143	24997	24440	31859	552	552	781
立山区	13561	13561	13504	37072	37072	10939	24310	24298	8482
千山区	2050	2050	11311	772	772	8609			848
台安县	6992	6992	165738	7365	7365	18774			
岫岩满族自治县	40727	40727	76684	49421	48753	38245			
海城市	66000	66000	59246	178602	178409	189435	6164	6164	8667
抚顺市	**235272**	**231672**	**487882**	**95551**	**95323**	**149709**			
新抚区	103335	99735	335193	25165	25141	17171			
东洲区	4536	4536	406	12786	12786	18757			
望花区	5363	5363	74545	8311	8107	15147			

2-B-5 续表 1

地 区	旅游饭店			一般旅馆			其他住宿业		
	营业收入(千元)	主营业务收入	资产总计(千元)	营业收入(千元)	主营业务收入	资产总计(千元)	营业收入(千元)	主营业务收入	资产总计(千元)
顺城区	4016	4016	1202	13816	13816	50456			
抚顺县				111	111	315			
新宾满族自治县	52535	52535	36736	28087	28087	38870			
清原满族自治县	65487	65487	39800	7275	7275	8993			
本溪市	**145290**	**142427**	**364157**	**81639**	**81639**	**159663**	**21235**	**21235**	**11282**
平山区	33746	31083	39380	24200	24200	14229	5425	5425	4846
溪湖区	527	527	1838	320	320	520			
明山区	50662	50662	153556	31077	31077	43282			
南芬区	2000	2000	750	658	658	870			
本溪满族自治县	4780	4580	5420	14958	14958	57701	13868	13868	5916
桓仁满族自治县	53575	53575	163213	10426	10426	43061	1942	1942	520
丹东市	**572363**	**572190**	**696019**	**82268**	**81990**	**167643**	**33539**	**33089**	**133916**
元宝区	115658	115658	69119	7909	7909	7344			
振兴区	284661	284532	338937	17258	17198	94416	526	476	296
振安区	36452	36452	60029	8916	8916	8554	370	370	35100
宽甸满族自治县	35212	35212	46095	10432	10412	33025	9150	8750	4120
东港市	54312	54312	63244	8081	8081	20749	3000	3000	500
凤城市	46068	46024	118595	29672	29474	3555	20493	20493	93900
锦州市	**356534**	**355791**	**1270783**	**160925**	**159097**	**393284**	**180**	**180**	**800**
古塔区	108949	108229	424083	46549	46531	42272			
凌河区	98212	98209	448223	33727	31917	134940			
太和区	33052	33032	259595	23627	23627	132332	180	180	800
黑山县	45684	45684	8596	20877	20877	18201			
义县	4500	4500	2335	7086	7086	14573			
凌海市	51453	51453	90153	20051	20051	27354			
北镇市	14684	14684	37798	9008	9008	23612			
营口市	**885045**	**885027**	**2125817**	**281569**	**280305**	**405731**	**8263**	**8263**	**37504**
站前区	462505	462505	804729	49103	49103	35255	1130	1130	150
西市区	20665	20665	8400	7413	7413	998			
鲅鱼圈区	307699	307681	703236	171681	171126	249645	2583	2583	2884
老边区				4333	4333	6983			
盖州市	58327	58327	463982	29611	28902	83518	2800	2800	30000
大石桥市	35849	35849	145470	19428	19428	29332	1750	1750	4470
阜新市	**28403**	**28403**	**67664**	**46226**	**45728**	**139349**	**2896**	**2896**	**132261**
海州区	16937	16937	40409	29192	28751	57818			
新邱区									
太平区				4633	4633	16698			
清河门区									
细河区				4152	4152	20213	2896	2896	132261

2-B-5　续表 2

地区	旅游饭店			一般旅馆			其他住宿业		
	营业收入（千元）	主营业务收入	资产总计（千元）	营业收入（千元）	主营业务收入	资产总计（千元）	营业收入（千元）	主营业务收入	资产总计（千元）
阜新蒙古族自治县	7634	7634	20198	1923	1923	14691			
彰武县	3832	3832	7057	6326	6269	29929			
辽阳市	**222547**	**221686**	**1119711**	**28793**	**28778**	**77974**			
白塔区	131352	130491	722034	13303	13303	46758			
文圣区				2259	2259	4198			
宏伟区				500	500	1400			
弓长岭区	86086	86086	389187	2016	2016	1460			
太子河区				600	600	1030			
辽阳县	5109	5109	8490	3644	3644	2700			
灯塔市				6471	6456	20428			
盘锦市	**363211**	**360228**	**789168**	**43528**	**41858**	**80487**	**5708**	**5708**	**27749**
双台子区	21286	21286	51115	7984	7464	21310			
兴隆台区	211405	208422	377410	34424	33274	58127	5708	5708	27749
大洼县	118678	118678	350911	1120	1120	1050			
盘山县	11842	11842	9732						
铁岭市	**330431**	**330431**	**414111**	**35587**	**34401**	**68335**	**22584**	**22574**	**15078**
银州区	151610	151610	338046	31786	31770	47954	2244	2234	6403
清河区	1890	1890	10500	1253	1253	4782	247	247	3425
铁岭县	39720	39720	18000	1200	230	6139			
西丰县	9091	9091	31748						
昌图县				1348	1148	9460	124	124	650
调兵山市	22658	22658	3993						
开原市	105462	105462	11824				19969	19969	4600
朝阳市	**97554**	**96016**	**186923**	**21943**	**21943**	**55283**			
双塔区	47880	46362	78391	9828	9828	28132			
龙城区	4925	4905	30455						
朝阳县	1085	1085	15825						
建平县						200			
喀喇沁左翼蒙古族自治县	20794	20794	44073	710	710	1057			
北票市				4955	4955	8565			
凌源市	22870	22870	18179	6450	6450	17329			
葫芦岛市	**196732**	**196568**	**752178**	**55607**	**55085**	**152952**	**3319**	**3319**	**4643**
连山区	11235	11235	10494	14068	13579	9591			
龙港区	92096	92043	626059	3582	3582	11577	1308	1308	643
南票区				874	874	20000			
绥中县	18384	18273	60733	940	940	3070			
建昌县	21125	21125	19131	6150	6150	11800			
兴城市	53892	53892	35761	29993	29960	96914	2011	2011	4000

2-B-6 分地区住宿业法人企业财务状况(按登记注册类型分)

地　区	内资企业			国有企业		
	营业收入(千元)	主营业务收入	资产总计(千元)	营业收入(千元)	主营业务收入	资产总计(千元)
全　省	**10870615**	**10759951**	**28564041**	**1922253**	**1887571**	**3917031**
沈阳市	**3089752**	**3022175**	**5809213**	**756033**	**732550**	**1481267**
和平区	409740	402434	1454990	84727	77563	304540
沈河区	861246	822897	1305930	58433	58433	122171
大东区	332483	326085	462437	101151	99458	81132
皇姑区	900564	886001	1148090	426676	412400	589962
铁西区	129235	129038	210825	2956	2956	3224
苏家屯区	13786	13392	56950	926	926	236
东陵区	128033	127663	502269	64184	63834	373125
沈北新区	31786	31786	57785	16980	16980	6877
于洪区	226524	226524	499598			
辽中县	13793	13793	42625			
康平县	9681	9681	16899			
法库县	29097	29097	48732			
新民市	3784	3784	2083			
大连市	**2737192**	**2717502**	**9724048**	**457534**	**453251**	**1177403**
中山区	819572	815588	1981065	168552	165702	468679
西岗区	445427	431458	2123844	162757	161534	330393
沙河口区	484774	484724	934687	5862	5862	8363
甘井子区	209009	208638	549057	81675	81675	278963
旅顺口区	39146	39146	185726	905	905	16304
金州区	335942	335176	1349998	35199	35019	61437
长海县	24995	24995	202893	1684	1684	12577
瓦房店市	167520	167490	1096461			
普兰店市	170978	170458	1180685	900	870	687
庄河市	39829	39829	119632			
鞍山市	**948574**	**945207**	**3431699**	**188996**	**188516**	**348792**
铁东区	488872	487052	2786434	185748	185385	344459
铁西区	26666	25992	34783	1317	1200	1494
立山区	74943	74931	32925			
千山区	2822	2822	20768			
台安县	14357	14357	184512			
岫岩满族自治县	90148	89480	114929			
海城市	250766	250573	257348	1931	1931	2839
抚顺市	**329724**	**325897**	**636153**	**174200**	**171397**	**260993**
新抚区	128500	124876	352364	67441	64841	172275
东洲区	17322	17322	19163	7150	7150	9598
望花区	12575	12372	88254	1327	1124	2526

2-B-6 续表 1

地 区	内资企业			国有企业		
	营业收入（千元）	主营业务收入	资产总计（千元）	营业收入（千元）	主营业务收入	资产总计（千元）
顺城区	17832	17832	51658	5163	5163	1428
抚顺县	111	111	315			
新宾满族自治县	80622	80622	75606	24427	24427	32273
清原满族自治县	72762	72762	48793	68692	68692	42893
本溪市	**246362**	**243499**	**534232**	**42371**	**39708**	**38291**
平山区	61569	58906	57585	22064	19401	17799
溪湖区	847	847	2358			
明山区	81739	81739	196838	8510	8510	9585
南芬区	2658	2658	1620			
本溪满族自治县	33606	33406	69037	9971	9971	9494
桓仁满族自治县	65943	65943	206794	1826	1826	1413
丹东市	**643162**	**642261**	**947129**	**78107**	**78107**	**151780**
元宝区	109711	109711	65807			
振兴区	271293	271054	393856	78032	78032	151170
振安区	45738	45738	103683			
宽甸满族自治县	54794	54374	83240			
东港市	65393	65393	84493			
凤城市	96233	95991	216050	75	75	610
锦州市	**508341**	**505770**	**1627522**	**44135**	**44135**	**77278**
古塔区	146200	145462	429010	30914	30914	41923
凌河区	131939	130126	583163	474	474	797
太和区	56859	56839	392727	2115	2115	6075
黑山县	66561	66561	26797			
义县	11586	11586	16908	5209	5209	11023
凌海市	71504	71504	117507	254	254	72
北镇市	23692	23692	61410	5169	5169	17388
营口市	**920416**	**919134**	**1904147**	**42326**	**42326**	**93929**
站前区	452770	452770	682292			
西市区	7413	7413	998			
鲅鱼圈区	308135	307562	457102	27067	27067	60939
老边区	4333	4333	6983	2483	2483	5410
盖州市	90738	90029	577500	330	330	2994
大石桥市	57027	57027	179272	12446	12446	24586
阜新市	**68266**	**67768**	**332353**	**24160**	**24160**	**45263**
海州区	36870	36429	91306	17941	17941	35824
新邱区						
太平区	4633	4633	16698			
清河门区						
细河区	7048	7048	152474	2387	2387	2382

2-B-6 续表 2

地 区	内资企业			国有企业		
	营业收入(千元)	主营业务收入	资产总计(千元)	营业收入(千元)	主营业务收入	资产总计(千元)
阜新蒙古族自治县	9557	9557	34889			
彰武县	10158	10101	36986	3832	3832	7057
辽阳市	**230870**	**230855**	**1128920**	**33605**	**33605**	**21156**
白塔区	124185	124185	700027	27314	27314	18913
文圣区	2259	2259	4198			
宏伟区	500	500	1400			
弓长岭区	88102	88102	390647	6291	6291	2243
太子河区	600	600	1030			
辽阳县	8753	8753	11190			
灯塔市	6471	6456	20428			
盘锦市	**393143**	**388490**	**859082**	**5481**	**5481**	**6465**
双台子区	29270	28750	72425			
兴隆台区	232233	228100	424964	5481	5481	6465
大洼县	119798	119798	351961			
盘山县	11842	11842	9732			
铁岭市	**388602**	**387406**	**497524**	**17028**	**16058**	**11639**
银州区	185640	185614	392403			
清河区	3390	3390	18707	1780	1780	6000
铁岭县	40920	39950	24139	970		4139
西丰县	9091	9091	31748			
昌图县	1472	1272	10110			
调兵山市	22658	22658	3993			
开原市	125431	125431	16424	14278	14278	1500
朝阳市	**116528**	**114990**	**227370**	**21893**	**21893**	**17148**
双塔区	57708	56190	106523	1123	1123	1969
龙城区	4925	4905	30455			
朝阳县	1085	1085	15825			
建平县			200			
喀喇沁左翼蒙古族自治县	18535	18535	30294			
北票市	4955	4955	8565			
凌源市	29320	29320	35508	20770	20770	15179
葫芦岛市	**249683**	**248997**	**904649**	**36384**	**36384**	**185627**
连山区	19328	18839	14961	5175	5175	5170
龙港区	96986	96933	638279	19051	19051	153993
南票区	874	874	20000			
绥中县	19324	19213	63803			
建昌县	27275	27275	30931			
兴城市	85896	85863	136675	12158	12158	26464

2-B-6　续表 3

地　　区	集体企业			股份合作企业		
	营业收入（千元）	主营业务收　入	资产总计（千元）	营业收入（千元）	主营业务收　入	资产总计（千元）
全　　省	**430580**	**429382**	**518808**	**17895**	**17657**	**42902**
沈阳市	**96697**	**96697**	**174525**	5854	5854	19283
和平区	27973	27973	74835			
沈河区	33454	33454	53945	1165	1165	232
大东区	1072	1072	737			
皇姑区	6779	6779	3945	876	876	51
铁西区	13	13	61			16250
苏家屯区	3023	3023	34140			
东陵区	22752	22752	3964			
沈北新区						
于洪区	1631	1631	2898			
辽中县				3813	3813	2750
康平县						
法库县						
新民市						
大连市	**128851**	**128851**	**147289**	7447	7447	18100
中山区	23267	23267	46182	523	523	2242
西岗区	15804	15804	30413	4842	4842	12744
沙河口区	16493	16493	8473	142	142	114
甘井子区	38154	38154	14823			
旅顺口区	37	37	10000			
金州区	23011	23011	27023			
长海县						
瓦房店市						
普兰店市	3741	3741	5017	1940	1940	3000
庄河市	8344	8344	5358			
鞍山市	**10261**	**10050**	**33969**	1983	1795	26
铁东区	5568	5568	27864	1983	1795	26
铁西区	2011	1800	3138			
立山区	632	632	99			
千山区	2050	2050	2868			
台安县						
岫岩满族自治县						
海城市						
抚顺市	**41624**	**41603**	**25280**			
新抚区	2301	2280	1754			
东洲区	1844	1844	2213			
望花区			100			

2-B-6 续表 4

地区	集体企业			股份合作企业		
	营业收入（千元）	主营业务收入	资产总计（千元）	营业收入（千元）	主营业务收入	资产总计（千元）
顺城区						
抚顺县						
新宾满族自治县	37479	37479	21213			
清原满族自治县						
本溪市	**32994**	**32794**	**24909**			
平山区	10786	10786	7302			
溪湖区						
明山区	3812	3812	2797			
南芬区						
本溪满族自治县	16481	16281	6300			
桓仁满族自治县	1915	1915	8510			
丹东市	**70500**	**70394**	**59630**	166	116	50
元宝区	31114	31114	2332			
振兴区	20723	20723	40947	166	116	50
振安区			2774			
宽甸满族自治县	5012	5012	3180			
东港市	78	78	26			
凤城市	13573	13467	10371			
锦州市	**28559**	**27899**	**8517**			4000
古塔区	12191	11531	2981			
凌河区	16018	16018	4986			
太和区						4000
黑山县						
义县						
凌海市						
北镇市	350	350	550			
营口市	**2026**	**2026**	**2431**			
站前区	1980	1980	1431			
西市区						
鲅鱼圈区						
老边区						
盖州市						
大石桥市	46	46	1000			
阜新市	**2290**	**2290**	**3952**			
海州区	2290	2290	3922			
新邱区						
太平区						
清河门区						
细河区			30			

2-B-6　续表 5

地　　区	集体企业			股份合作企业		
	营业收入（千元）	主营业务收　　入	资产总计（千元）	营业收入（千元）	主营业务收　　入	资产总计（千元）
阜新蒙古族自治县						
彰武县						
辽阳市	**2915**	**2915**	**2486**			
白塔区	1130	1130	140			
文圣区						
宏伟区						
弓长岭区						
太子河区						
辽阳县	1785	1785	2346			
灯塔市						
盘锦市	**8689**	**8689**	**25215**	**1780**	**1780**	**1000**
双台子区						
兴隆台区	8689	8689	25215	1780	1780	1000
大洼县						
盘山县						
铁岭市	**1176**	**1176**	**3570**			
银州区	1176	1176	3570			
清河区						
铁岭县						
西丰县						
昌图县						
调兵山市						
开原市						
朝阳市	**1037**	**1037**	**1945**			
双塔区	1037	1037	1945			
龙城区						
朝阳县						
建平县						
喀喇沁左翼蒙古族自治县						
北票市						
凌源市						
葫芦岛市	**2961**	**2961**	**5090**	**665**	**665**	**443**
连山区	26	26	326	665	665	443
龙港区	50	50	310			
南票区						
绥中县						
建昌县						
兴城市	2885	2885	4454			

2-B-6 续表 6

地　区	联营企业			有限责任公司		
	营业收入(千元)	主营业务收　入	资产总计(千元)	营业收入(千元)	主营业务收　入	资产总计(千元)
全　省	**13036**	**13036**	**44469**	**3030696**	**3008805**	**9623857**
沈阳市	**2044**	**2044**	**30694**	**974382**	**969878**	**2363098**
和平区	240	240	54	113998	113998	417811
沈河区	1304	1304	30340	420071	420071	889067
大东区	500	500	300	149703	145967	344983
皇姑区				173937	173760	357296
铁西区				66248	66051	142931
苏家屯区				6950	6556	3765
东陵区				28385	28385	114403
沈北新区				2222	2222	42030
于洪区				2438	2438	937
辽中县				9980	9980	39875
康平县						
法库县				450	450	10000
新民市						
大连市	**2577**	**2577**	**6388**	**1083015**	**1071692**	**4649790**
中山区	1857	1857	5548	433718	432689	1207319
西岗区				137393	127440	890251
沙河口区				194428	194388	596282
甘井子区				63269	63239	184234
旅顺口区				9118	9118	15249
金州区				172929	172658	874332
长海县				1790	1790	1730
瓦房店市				61744	61744	523877
普兰店市	720	720	840	118	118	313599
庄河市				8508	8508	42917
鞍山市	**4962**	**4962**	**3294**	**154191**	**154111**	**594070**
铁东区	4392	4392	2834	52440	52440	340100
铁西区	570	570	460	3771	3691	5356
立山区				3167	3167	393
千山区						
台安县				8115	8115	174694
岫岩满族自治县						
海城市				86698	86698	73527
抚顺市	**1500**	**1500**	**1400**	**53602**	**52602**	**271324**
新抚区				38585	37585	164430
东洲区				2339	2339	135
望花区				5363	5363	74545

2-B-6　续表 7

地　区	联营企业			有限责任公司		
	营业收入(千元)	主营业务收　入	资产总计(千元)	营业收入(千元)	主营业务收　入	资产总计(千元)
顺城区	1500	1500	1400	7315	7315	32214
抚顺县						
新宾满族自治县						
清原满族自治县						
本溪市	**1853**	**1853**	**1693**	**68618**	**68618**	**152761**
平山区	1853	1853	1693	3564	3564	16846
溪湖区				527	527	872
明山区				23553	23553	10671
南芬区						
本溪满族自治县				480	480	40300
桓仁满族自治县				40494	40494	84072
丹东市				**100058**	**100014**	**95405**
元宝区				2910	2910	11250
振兴区				95480	95480	77540
振安区						
宽甸满族自治县						
东港市						2000
凤城市				1668	1624	4615
锦州市				**100819**	**100721**	**431149**
古塔区				26343	26265	109108
凌河区				51147	51147	19645
太和区				23329	23309	302396
黑山县						
义县						
凌海市						
北镇市						
营口市	**100**	**100**	**1000**	**117139**	**116430**	**361005**
站前区				10000	10000	12000
西市区				247	247	34
鲅鱼圈区				86069	86069	220252
老边区				1850	1850	1573
盖州市	100	100	1000	18973	18264	127146
大石桥市						
阜新市				**3329**	**3329**	**5524**
海州区						
新邱区						
太平区						
清河门区						
细河区						

2-B-6 续表 8

地区	联营企业			有限责任公司		
	营业收入(千元)	主营业务收入	资产总计(千元)	营业收入(千元)	主营业务收入	资产总计(千元)
阜新蒙古族自治县						1560
彰武县				3329	3329	3964
辽阳市				**35655**	**35655**	**91905**
白塔区				2005	2005	2250
文圣区						
宏伟区						
弓长岭区				29987	29987	85687
太子河区						
辽阳县						
灯塔市				3663	3663	3968
盘锦市				**161583**	**157450**	**156314**
双台子区						
兴隆台区				149716	145583	145577
大洼县				25	25	1005
盘山县				11842	11842	9732
铁岭市				**61640**	**61640**	**24138**
银州区				1360	1360	5400
清河区				527	527	500
铁岭县				39720	39720	18000
西丰县						
昌图县						
调兵山市				20033	20033	238
开原市						
朝阳市				**18520**	**18520**	**49454**
双塔区				16305	16305	32541
龙城区						
朝阳县				1085	1085	15825
建平县						
喀喇沁左翼蒙古族自治县				710	710	1057
北票市						
凌源市				420	420	31
葫芦岛市				**98145**	**98145**	**377920**
连山区						
龙港区				57895	57895	354551
南票区						
绥中县				3572	3572	7197
建昌县				5000	5000	4150
兴城市				31678	31678	12022

2-B-6 续表 9

地区	股份有限公司			私营企业		
	营业收入(千元)	主营业务收入	资产总计(千元)	营业收入(千元)	主营业务收入	资产总计(千元)
全省	**332709**	**332706**	**641056**	**4931371**	**4878960**	**13111313**
沈阳市	**238257**	**238257**	**161039**	**926253**	**886663**	**1211018**
和平区				182642	182500	657750
沈河区	6001	6001	5535	332192	293843	199761
大东区	5928	5928	7059	73422	72453	27738
皇姑区	224344	224344	146395	58310	58200	48932
铁西区	1984	1984	2050	52857	52857	42863
苏家屯区				2357	2357	18759
东陵区				12712	12692	10777
沈北新区				12584	12584	8878
于洪区				157932	157932	138160
辽中县						
康平县				8814	8814	16615
法库县				28647	28647	38732
新民市				3784	3784	2053
大连市	**13145**	**13145**	**100183**	**1024455**	**1020427**	**3497491**
中山区	1530	1530	1854	189763	189658	244284
西岗区	1144	1144	60537	122825	120032	798141
沙河口区	6182	6182	14722	261667	261657	306733
甘井子区	418	418	2608	25493	25152	68429
旅顺口区	1971	1971	16462	27115	27115	127711
金州区				100459	100200	365698
长海县				19559	19559	185653
瓦房店市	1900	1900	4000	94514	94484	472971
普兰店市				160083	159593	856514
庄河市				22977	22977	71357
鞍山市	**1963**	**1963**	**56230**	**574856**	**572448**	**2350984**
铁东区	1963	1963	56230	233322	232053	1979332
铁西区				18997	18731	24335
立山区				71144	71132	32433
千山区				772	772	17900
台安县				3402	3402	6518
岫岩满族自治县				87892	87224	112484
海城市				159327	159134	177982
抚顺市	**7206**	**7203**	**1177**	**51592**	**51592**	**75979**
新抚区	7206	7203	1177	12967	12967	12728
东洲区				5989	5989	7217
望花区				5885	5885	11083

2-B-6 续表 10

地 区	股份有限公司			私营企业		
	营业收入（千元）	主营业务收入	资产总计（千元）	营业收入（千元）	主营业务收入	资产总计（千元）
顺城区				3854	3854	16616
抚顺县				111	111	315
新宾满族自治县				18716	18716	22120
清原满族自治县				4070	4070	5900
本溪市	**42078**	**42078**	**144281**	**51026**	**51026**	**164459**
平山区	12461	12461	6560	8965	8965	5785
溪湖区				320	320	520
明山区	27537	27537	136766	18327	18327	37019
南芬区				2658	2658	1370
本溪满族自治县				6674	6674	12943
桓仁满族自治县	2080	2080	955	14082	14082	106822
丹东市	**7246**	**7246**	**10921**	**382088**	**381536**	**607978**
元宝区				75687	75687	52225
振兴区	7246	7246	10921	67792	67732	111626
振安区				45618	45618	98409
宽甸满族自治县				48747	48347	67365
东港市				65315	65315	82467
凤城市				78929	78837	195886
锦州市				**334828**	**333015**	**1106578**
古塔区				76752	76752	274998
凌河区				64300	62487	557735
太和区				31415	31415	80256
黑山县				66561	66561	26797
义县				6377	6377	5885
凌海市				71250	71250	117435
北镇市				18173	18173	43472
营口市	**3063**	**3063**	**4081**	**721440**	**720877**	**1379160**
站前区	300	300	500	437597	437597	666424
西市区				7166	7166	964
鲅鱼圈区	2763	2763	3581	171817	171254	148506
老边区						
盖州市				71335	71335	446360
大石桥市				33525	33525	116906
阜新市				**38487**	**37989**	**277614**
海州区				16639	16198	51560
新邱区						
太平区				4633	4633	16698
清河门区						
细河区				4661	4661	150062

2-B-6　续表 11

地　　区	股份有限公司			私营企业		
	营业收入（千元）	主营业务收　　入	资产总计（千元）	营业收入（千元）	主营业务收　　入	资产总计（千元）
阜新蒙古族自治县				9557	9557	33329
彰武县				2997	2940	25965
辽阳市				**158145**	**158140**	**1007773**
白塔区				93736	93736	678724
文圣区				2259	2259	4198
宏伟区				500	500	1400
弓长岭区				51824	51824	302717
太子河区				600	600	1030
辽阳县				6968	6968	8844
灯塔市				2258	2253	10860
盘锦市	**17436**	**17436**	**160941**	**196324**	**195804**	**507147**
双台子区				29270	28750	72425
兴隆台区	6521	6521	8643	58196	58196	236064
大洼县	10915	10915	152298	108858	108858	198658
盘山县						
铁岭市	**1895**	**1895**	**2110**	**288631**	**288421**	**434972**
银州区	1895	1895	2110	163101	163091	360878
清河区				1083	1083	12207
铁岭县				230	230	2000
西丰县				9091	9091	31748
昌图县				1348	1148	9460
调兵山市				2625	2625	3755
开原市				111153	111153	14924
朝阳市				**72978**	**71440**	**155823**
双塔区				39243	37725	70068
龙城区				4925	4905	30455
朝阳县						
建平县						200
喀喇沁左翼蒙古族自治县				17825	17825	29237
北票市				4955	4955	8565
凌源市				6030	6030	17298
葫芦岛市	**420**	**420**	**93**	**110268**	**109582**	**334337**
连山区	420	420	93	12202	11713	7790
龙港区				19990	19937	129425
南票区				874	874	20000
绥中县				15752	15641	56606
建昌县				22275	22275	26781
兴城市				39175	39142	93735

2-B-6 续表 12

地　　区	其他企业			港澳台商投资企业			外商投资企业		
	营业收入（千元）	主营业务收入	资产总计（千元）	营业收入（千元）	主营业务收入	资产总计（千元）	营业收入（千元）	主营业务收入	资产总计（千元）
全　　省	**192075**	**191834**	**664605**	**1245272**	**1243678**	**5112537**	**773332**	**771177**	**2723517**
沈阳市	**90232**	**90232**	**368289**	**146930**	**146930**	**717870**	**329548**	**328183**	**1222534**
和平区	160	160		130815	130815	660082	25473	25473	141454
沈河区	8626	8626	4879				272638	271273	970818
大东区	707	707	488	5117	5117	14187			
皇姑区	9642	9642	1509	8360	8360	33074	13935	13935	44910
铁西区	5177	5177	3446						2941
苏家屯区	530	530	50						50000
东陵区							3344	3344	3786
沈北新区									
于洪区	64523	64523	357603	2638	2638	10527			20
辽中县							14158	14158	8605
康平县	867	867	284						
法库县									
新民市			30						
大连市	**20168**	**20112**	**127404**	**927089**	**927089**	**3907006**	**223604**	**222815**	**992291**
中山区	362	362	4957	702107	702107	3524388	107846	107846	728747
西岗区	662	662	1365				33418	33049	36155
沙河口区							7208	7208	10952
甘井子区									
旅顺口区									
金州区	4344	4288	21508	224982	224982	382618	70896	70476	211847
长海县	1962	1962	2933						
瓦房店市	9362	9362	95613				4236	4236	4590
普兰店市	3476	3476	1028						
庄河市									
鞍山市	**11362**	**11362**	**44334**	**11719**	**10986**	**99464**	**10069**	**10069**	**7914**
铁东区	3456	3456	35589	11719	10986	99464	10069	10069	7914
铁西区									
立山区									
千山区									
台安县	2840	2840	3300						
岫岩满族自治县	2256	2256	2445						
海城市	2810	2810	3000						
抚顺市							**1099**	**1098**	**1438**
新抚区									
东洲区									
望花区							1099	1098	1438

2-B-6 续表 13

地 区	其他企业			港澳台商投资企业			外商投资企业		
	营业收入（千元）	主营业务收入	资产总计（千元）	营业收入（千元）	主营业务收入	资产总计（千元）	营业收入（千元）	主营业务收入	资产总计（千元）
顺城区									
抚顺县									
新宾满族自治县									
清原满族自治县									
本溪市	**7422**	**7422**	**7838**	**1802**	**1802**	**870**			
平山区	1876	1876	1600	1802	1802	870			
溪湖区			966						
明山区									
南芬区			250						
本溪满族自治县									
桓仁满族自治县	5546	5546	5022						
丹东市	**4997**	**4848**	**21365**	**13856**	**13856**	**10656**	**31152**	**31152**	**39793**
元宝区				13856	13856	10656			
振兴区	1854	1725	1602				31152	31152	39793
振安区	120	120	2500						
宽甸满族自治县	1035	1015	12695						
东港市									
凤城市	1988	1988	4568						
锦州市				**9298**	**9298**	**37345**			
古塔区				9298	9298	37345			
凌河区									
太和区									
黑山县									
义县									
凌海市									
北镇市									
营口市	**34322**	**34312**	**62541**	**115268**	**115268**	**295820**	**139193**	**139193**	**369085**
站前区	2893	2893	1937	36624	36624	59327	23344	23344	98515
西市区				20665	20665	8400			
鲅鱼圈区	20419	20409	23824	57979	57979	228093	115849	115849	270570
老边区									
盖州市									
大石桥市	11010	11010	36780						
阜新市							**9259**	**9259**	**6921**
海州区							9259	9259	6921
新邱区									
太平区									
清河门区									
细河区									

2-B-6 续表 14

地区	其他企业			港澳台商投资企业			外商投资企业		
	营业收入(千元)	主营业务收入	资产总计(千元)	营业收入(千元)	主营业务收入	资产总计(千元)	营业收入(千元)	主营业务收入	资产总计(千元)
阜新蒙古族自治县									
彰武县									
辽阳市	**550**	**540**	**5600**	**16341**	**15480**	**28670**	**4129**	**4129**	**40095**
白塔区				16341	15480	28670	4129	4129	40095
文圣区									
宏伟区									
弓长岭区									
太子河区									
辽阳县									
灯塔市	550	540	5600						
盘锦市	**1850**	**1850**	**2000**				**19304**	**19304**	**38322**
双台子区									
兴隆台区	1850	1850	2000				19304	19304	38322
大洼县									
盘山县									
铁岭市	**18232**	**18216**	**21095**						
银州区	18108	18092	20445						
清河区									
铁岭县									
西丰县									
昌图县	124	124	650						
调兵山市									
开原市									
朝阳市	**2100**	**2100**	**3000**	**2969**	**2969**	**14836**			
双塔区									
龙城区									
朝阳县									
建平县									
喀喇沁左翼蒙古族自治县				2969	2969	14836			
北票市									
凌源市	2100	2100	3000						
葫芦岛市	**840**	**840**	**1139**				**5975**	**5975**	**5124**
连山区	840	840	1139				5975	5975	5124
龙港区									
南票区									
绥中县									
建昌县									
兴城市									

2-B-7 分地区餐饮业法人企业基本情况

地 区	法人单位数（个）	年末从业人数（人）	年末餐饮营业面积（平方米）
全 省	**3666**	**78711**	**2303090**
沈阳市	**609**	**18972**	**482124**
和平区	143	8263	151868
沈河区	120	2913	83036
大东区	66	1180	44165
皇姑区	90	2687	51361
铁西区	68	1289	47146
苏家屯区	21	594	30590
东陵区	49	1146	34186
沈北新区	7	152	9073
于洪区	21	256	11984
辽中县	1	2	100
康平县	5	34	715
法库县	5	48	2880
新民市	13	408	15020
大连市	**917**	**20448**	**526776**
中山区	184	5473	116985
西岗区	117	1383	53671
沙河口区	156	5667	103895
甘井子区	111	2475	94348
旅顺口区	37	514	21776
金州区	196	2727	53643
长海县	4	59	10060
瓦房店市	33	618	16347
普兰店市	50	1094	34485
庄河市	29	438	21566
鞍山市	**774**	**13535**	**302012**
铁东区	292	6929	140204
铁西区	61	701	12898
立山区	161	2683	52033
千山区	7	120	2545
台安县	17	368	12813
岫岩满族自治县	38	475	22052
海城市	198	2259	59467
抚顺市	**132**	**1903**	**85487**
新抚区	47	626	17968
东洲区	26	274	7143
望花区	24	275	16826

2-B-7 续表 1

地 区	法人单位数(个)	年末从业人数(人)	年末餐饮营业面积(平方米)
顺城区	26	640	38203
抚顺县	2	12	180
新宾满族自治县	1	12	250
清原满族自治县	6	64	4917
本溪市	**203**	**3222**	**102817**
平山区	74	1307	32343
溪湖区	8	91	8200
明山区	62	1149	30697
南芬区	6	99	1220
本溪满族自治县	21	322	12588
桓仁满族自治县	32	254	17769
丹东市	**174**	**3060**	**118614**
元宝区	30	375	7956
振兴区	78	1329	44517
振安区	5	174	13000
宽甸满族自治县	24	355	14043
东港市	21	451	14643
凤城市	16	376	24455
锦州市	**161**	**3045**	**77886**
古塔区	39	700	14933
凌河区	23	470	15237
太和区	19	571	10004
黑山县	45	698	17406
义县	5	42	1345
凌海市	14	187	5941
北镇市	16	377	13020
营口市	**236**	**4330**	**128289**
站前区	84	1416	41527
西市区	26	351	17431
鲅鱼圈区	74	1836	53847
老边区	3	8	260
盖州市	20	280	4200
大石桥市	29	439	11024
阜新市	**79**	**2337**	**197520**
海州区	31	773	28894
新邱区	9	113	14264
太平区	9	306	5330
清河门区	1	14	600
细河区	12	585	98462
阜新蒙古族自治县	6	366	40540
彰武县	11	180	9430

2-B-7　续表 2

地　　区	法人单位数（个）	年末从业人数（人）	年末餐饮营业面积（平方米）
辽阳市	**103**	**1443**	**51222**
白塔区	42	816	29259
文圣区	2	21	480
宏伟区	4	61	2480
弓长岭区	6	123	2980
太子河区	6	37	1500
辽阳县	31	306	10333
灯塔市	12	79	4190
盘锦市	**88**	**1808**	**58767**
双台子区	8	239	9800
兴隆台区	68	924	24947
大洼县	9	546	17820
盘山县	3	99	6200
铁岭市	**53**	**1110**	**32157**
银州区	24	449	9327
清河区	5	58	150
铁岭县	6	104	2700
西丰县	4	126	3600
昌图县	7	120	2780
调兵山市	3	178	7300
开原市	4	75	6300
朝阳市	**32**	**1410**	**51653**
双塔区	18	904	25742
龙城区	1	5	200
朝阳县	2	52	2400
建平县	1	120	9400
喀喇沁左翼蒙古族自治县治县			
北票市	4	79	11891
凌源市	6	250	2020
葫芦岛市	**105**	**2088**	**87766**
连山区	31	586	27208
龙港区	16	849	38480
南票区	4	27	2060
绥中县	12	156	4840
建昌县	6	57	4110
兴城市	36	413	11068

2-B-8 分地区餐饮业法人企业基本(按国民经济行业分)

地区	正餐服务			快餐服务		
	法人单位数(个)	年末从业人数(人)	年末餐饮营业面积(平方米)	法人单位数(个)	年末从业人数(人)	年末餐饮营业面积(平方米)
全省	**2955**	**60455**	**2017020**	**282**	**12783**	**188692**
沈阳市	**445**	**10054**	**358040**	**76**	**7392**	**99984**
和平区	106	2139	73083	15	5575	69768
沈河区	76	2033	66587	22	600	11758
大东区	47	1091	42147	12	63	408
皇姑区	70	1664	34134	9	964	16390
铁西区	53	1162	45414	6	50	370
苏家屯区	15	422	29916	2	24	214
东陵区	38	721	29188	4	71	200
沈北新区	4	133	8495	2	8	578
于洪区	16	229	10806	2	13	178
辽中县	1	2	100			
康平县	3	23	350	1	6	120
法库县	4	45	2800			
新民市	12	390	15020	1	18	
大连市	**645**	**14085**	**426903**	**76**	**3916**	**55884**
中山区	132	3173	77639	23	2008	32130
西岗区	91	1193	49655	8	107	611
沙河口区	125	4186	82372	11	1291	18669
甘井子区	72	1535	85303	15	356	3240
旅顺口区	34	444	21776	2	10	
金州区	90	1530	33273	12	48	411
长海县	4	59	10060			
瓦房店市	30	608	15847	3	10	500
普兰店市	45	977	32172	1	80	123
庄河市	22	380	18806	1	6	200
鞍山市	**692**	**12395**	**285307**	**46**	**540**	**9049**
铁东区	258	6247	131514	15	262	3740
铁西区	57	672	12324	2	15	396
立山区	147	2573	49413	8	46	1417
千山区	7	120	2545			
台安县	16	365	12813			
岫岩满族自治县	37	472	21952	1	3	100
海城市	170	1946	54746	20	214	3396
抚顺市	**118**	**1756**	**80560**	**11**	**111**	**3389**
新抚区	39	544	15371	7	75	2389
东洲区	24	255	6813	1	9	200
望花区	23	265	16726	1	10	100

2-B-8　续表 1

地　区	正餐服务			快餐服务		
	法　人 单位数 （个）	年　末 从业人数 （人）	年末餐饮 营业面积 （平方米）	法　人 单位数 （个）	年　末 从业人数 （人）	年末餐饮 营业面积 （平方米）
顺城区	23	604	36303	2	17	700
抚顺县	2	12	180			
新宾满族自治县	1	12	250			
清原满族自治县	6	64	4917			
本溪市	**171**	**2875**	**96756**	**20**	**237**	**4381**
平山区	53	1028	27152	16	213	4151
溪湖区	6	86	8100	2	5	100
明山区	57	1107	30567	2	19	130
南芬区	5	97	1120			
本溪满族自治县	21	322	12588			
桓仁满族自治县	29	235	17229			
丹东市	**144**	**2752**	**109080**	**10**	**134**	**4885**
元宝区	24	334	7586	3	10	250
振兴区	62	1142	36318	6	114	4405
振安区	5	174	13000			
宽甸满族自治县	23	345	13813	1	10	230
东港市	15	391	14108			
凤城市	15	366	24255			
锦州市	**150**	**2934**	**74389**	**3**	**34**	**975**
古塔区	34	644	13406	1	10	85
凌河区	20	445	14347	2	24	890
太和区	18	566	9764			
黑山县	45	698	17406			
义县	5	42	1345			
凌海市	12	162	5101			
北镇市	16	377	13020			
营口市	**179**	**3982**	**120744**	**10**	**104**	**2820**
站前区	65	1252	36327	6	80	2650
西市区	19	299	16956			
鲅鱼圈区	49	1726	52307	4	24	170
老边区						
盖州市	18	276	4130			
大石桥市	28	429	11024			
阜新市	**76**	**2325**	**197298**	**1**	**2**	
海州区	30	767	28794			
新邱区	9	113	14264			
太平区	9	306	5330			
清河门区	1	14	600			
细河区	10	579	98340	1	2	
阜新蒙古族自治县	6	366	40540			
彰武县	11	180	9430			

2-B-8 续表 2

地区	正餐服务			快餐服务		
	法人单位数（个）	年末从业人数（人）	年末餐饮营业面积（平方米）	法人单位数（个）	年末从业人数（人）	年末餐饮营业面积（平方米）
辽阳市	**90**	**1300**	**49543**	**10**	**131**	**1445**
白塔区	34	748	28365	5	56	660
文圣区	2	21	480			
宏伟区	4	61	2480			
弓长岭区	6	123	2980			
太子河区	6	37	1500			
辽阳县	27	237	9548	4	69	785
灯塔市	11	73	4190	1	6	
盘锦市	**74**	**1691**	**54100**	**10**	**80**	**4126**
双台子区	8	239	9800			
兴隆台区	54	807	20280	10	80	4126
大洼县	9	546	17820			
盘山县	3	99	6200			
铁岭市	**44**	**1006**	**28125**	**4**	**36**	**520**
银州区	20	408	8815	3	26	400
清河区	4	42	150			
铁岭县	5	94	2580	1	10	120
西丰县	3	116	3200			
昌图县	6	113	2780			
调兵山市	3	178	7300			
开原市	3	55	3300			
朝阳市	**27**	**1251**	**49853**	**2**	**40**	**500**
双塔区	14	754	23942	2	40	500
龙城区	1	5	200			
朝阳县	2	52	2400			
建平县	1	120	9400			
喀喇沁左翼蒙古族自治县						
北票市	3	70	11891			
凌源市	6	250	2020			
葫芦岛市	**100**	**2049**	**86322**	**3**	**26**	**734**
连山区	27	554	26214	3	26	734
龙港区	16	849	38480			
南票区	4	27	2060			
绥中县	12	156	4840			
建昌县	6	57	4110			
兴城市	35	406	10618			

2-B-8　续表 3

地　　区	饮料及冷饮服务			其他餐饮业		
	法　人 单位数 (个)	年　　末 从业人数 (人)	年末餐饮 营业面积 (平方米)	法　人 单位数 (个)	年　　末 从业人数 (人)	年末餐饮 营业面积 (平方米)
全　　省	**142**	**1768**	**36191**	**287**	**3705**	**61187**
沈阳市	**27**	**560**	**8570**	**61**	**966**	**15530**
和平区	11	384	6267	11	165	2750
沈河区	10	132	1518	12	148	3173
大东区	2	11	60	5	15	1550
皇姑区	1	5	80	10	54	757
铁西区	1	20	300	8	57	1062
苏家屯区				4	148	460
东陵区				7	354	4798
沈北新区				1	11	
于洪区	1	3	100	2	11	900
辽中县						
康平县	1	5	245			
法库县				1	3	80
新民市						
大连市	**51**	**415**	**12286**	**145**	**2032**	**31703**
中山区	20	212	5627	9	80	1589
西岗区	6	39	1410	12	44	1995
沙河口区	7	51	1230	13	139	1624
甘井子区	3	12	2050	21	572	3755
旅顺口区				1	60	
金州区	12	89	1509	82	1060	18450
长海县						
瓦房店市						
普兰店市				4	37	2190
庄河市	3	12	460	3	40	2100
鞍山市	**24**	**430**	**5693**	**12**	**170**	**1963**
铁东区	17	369	4730	2	51	220
铁西区	2	14	178			
立山区	2	19	545	4	45	658
千山区						
台安县				1	3	
岫岩满族自治县						
海城市	3	28	240	5	71	1085
抚顺市	**2**	**26**	**1408**	**1**	**10**	**130**
新抚区	1	7	208			
东洲区				1	10	130
望花区						

2-B-8 续表 4

地区	饮料及冷饮服务			其他餐饮业		
	法人单位数(个)	年末从业人数(人)	年末餐饮营业面积(平方米)	法人单位数(个)	年末从业人数(人)	年末餐饮营业面积(平方米)
顺城区	1	19	1200			
抚顺县						
新宾满族自治县						
清原满族自治县						
本溪市	**8**	**82**	**1190**	**4**	**28**	**490**
平山区	4	51	950	1	15	90
溪湖区						
明山区	3	23				
南芬区				1	2	100
本溪满族自治县						
桓仁满族自治县	1	8	240	2	11	300
丹东市	**11**	**74**	**1914**	**9**	**100**	**2735**
元宝区	1	6		2	25	120
振兴区	8	54	1714	2	19	2080
振安区						
宽甸满族自治县						
东港市	1	4		5	56	535
凤城市	1	10	200			
锦州市	**5**	**55**	**2062**	**3**	**22**	**460**
古塔区	3	40	1362	1	6	80
凌河区	1	1				
太和区				1	5	240
黑山县						
义县						
凌海市	1	14	700	1	11	140
北镇市						
营口市	**4**	**40**	**1500**	**43**	**204**	**3225**
站前区	3	38	1260	10	46	1290
西市区				7	52	475
鲅鱼圈区				21	86	1370
老边区	1	2	240	2	6	20
盖州市				2	4	70
大石桥市				1	10	
阜新市	**2**	**10**	**222**			
海州区	1	6	100			
新邱区						
太平区						
清河门区						
细河区	1	4	122			
阜新蒙古族自治县						
彰武县						

2-B-8　续表 5

地　区	饮料及冷饮服务			其他餐饮业		
	法　人 单位数 (个)	年　末 从业人数 (人)	年末餐饮 营业面积 (平方米)	法　人 单位数 (个)	年　末 从业人数 (人)	年末餐饮 营业面积 (平方米)
辽阳市	**2**	**10**	**178**	**1**	**2**	**56**
白塔区	2	10	178	1	2	56
文圣区						
宏伟区						
弓长岭区						
太子河区						
辽阳县						
灯塔市						
盘锦市	**3**	**35**	**496**	**1**	**2**	**45**
双台子区						
兴隆台区	3	35	496	1	2	45
大洼县						
盘山县						
铁岭市	**1**	**15**	**112**	**4**	**53**	**3400**
银州区	1	15	112			
清河区				1	16	
铁岭县						
西丰县				1	10	400
昌图县				1	7	
调兵山市						
开原市				1	20	3000
朝阳市	**1**	**10**	**300**	**2**	**109**	**1000**
双塔区	1	10	300	1	100	1000
龙城区						
朝阳县						
建平县						
喀喇沁左翼蒙古族自治县						
北票市				1	9	
凌源市						
葫芦岛市	**1**	**6**	**260**	**1**	**7**	**450**
连山区	1	6	260			
龙港区						
南票区						
绥中县						
建昌县						
兴城市				1	7	450

2-B-9 分地区餐饮业法人企业基本情况(按登记注册类型分)

地区	内资企业			国有企业		
	法人单位数(个)	年末从业人数(人)	年末餐饮营业面积(平方米)	法人单位数(个)	年末从业人数(人)	年末餐饮营业面积(平方米)
全省	**3464**	**64696**	**2031361**	**66**	**1645**	**58871**
沈阳市	**535**	**11199**	**342417**	**13**	**307**	**11000**
和平区	95	2167	58243	3	8	920
沈河区	110	2472	74089	2	63	1580
大东区	65	1122	42165	1	1	
皇姑区	83	1626	29516	1	80	1500
铁西区	65	1204	44336			
苏家屯区	18	568	20210	1	22	1200
东陵区	48	1143	34086	2	21	800
沈北新区	7	152	9073			
于洪区	20	253	11984	1	110	5000
辽中县	1	2	100			
康平县	5	34	715			
法库县	5	48	2880			
新民市	13	408	15020	2	2	
大连市	**857**	**15953**	**442924**	**14**	**262**	**9990**
中山区	149	3197	74664	3	42	1960
西岗区	114	1370	53461			
沙河口区	143	3781	72531	4	73	2040
甘井子区	109	2200	92588	1	1	
旅顺口区	37	514	21776	1	6	500
金州区	189	2682	45446	3	78	1490
长海县	4	59	10060			
瓦房店市	33	618	16347			
普兰店市	50	1094	34485	1	46	1200
庄河市	29	438	21566	1	16	2800
鞍山市	**767**	**13276**	**294862**	**6**	**122**	**5320**
铁东区	288	6766	134674	3	84	5060
铁西区	60	691	11898			
立山区	161	2683	52033	2	24	260
千山区	6	50	2145			
台安县	17	368	12813	1	14	
岫岩满族自治县	38	475	22052			
海城市	197	2243	59247			
抚顺市	**128**	**1822**	**83547**	**5**	**63**	**4190**
新抚区	45	583	17478			
东洲区	26	274	7143	1	8	247
望花区	24	275	16826	1	2	500

2-B-9　续表 1

地　区	内资企业			国有企业		
	法　人 单位数 (个)	年　末 从业人数 (人)	年末餐饮 营业面积 (平方米)	法　人 单位数 (个)	年　末 从业人数 (人)	年末餐饮 营业面积 (平方米)
顺城区	24	602	36753			
抚顺县	2	12	180			
新宾满族自治县	1	12	250			
清原满族自治县	6	64	4917	3	53	3443
本溪市	**189**	**2934**	**100537**	**12**	**222**	**15110**
平山区	61	1026	30063	5	98	7702
溪湖区	8	91	8200	2	63	5000
明山区	61	1142	30697			
南芬区	6	99	1220			
本溪满族自治县	21	322	12588	4	49	108
桓仁满族自治县	32	254	17769	1	12	2300
丹东市	**162**	**2856**	**111419**	**2**	**30**	**400**
元宝区	28	348	6956			
振兴区	69	1192	39522	1	20	400
振安区	5	174	13000			
宽甸满族自治县	24	355	14043			
东港市	20	411	13443	1	10	
凤城市	16	376	24455			
锦州市	**160**	**2965**	**77086**	**2**	**68**	**480**
古塔区	39	700	14933	1	1	80
凌河区	23	470	15237			
太和区	18	491	9204	1	67	400
黑山县	45	698	17406			
义县	5	42	1345			
凌海市	14	187	5941			
北镇市	16	377	13020			
营口市	**229**	**3956**	**121749**			
站前区	80	1150	37987			
西市区	25	269	14431			
鲅鱼圈区	74	1836	53847			
老边区	3	8	260			
盖州市	19	279	4200			
大石桥市	28	414	11024			
阜新市	**78**	**2326**	**196520**	**5**	**321**	**11591**
海州区	30	762	27894	3	43	991
新邱区	9	113	14264			
太平区	9	306	5330			
清河门区	1	14	600	1	14	600
细河区	12	585	98462	1	264	10000
阜新蒙古族自治县	6	366	40540			
彰武县	11	180	9430			

2-B-9 续表 2

地　　区	内资企业			国有企业		
	法　人单位数(个)	年　　末从业人数(人)	年末餐饮营业面积(平方米)	法　人单位数(个)	年　　末从业人数(人)	年末餐饮营业面积(平方米)
辽阳市	**92**	**1225**	**44907**			
白塔区	33	641	24479			
文圣区	2	21	480			
宏伟区	4	61	2480			
弓长岭区	6	123	2980			
太子河区	6	37	1500			
辽阳县	30	279	10198			
灯塔市	11	63	2790			
盘锦市	**88**	**1808**	**58767**	**2**	**100**	**320**
双台子区	8	239	9800			
兴隆台区	68	924	24947			
大洼县	9	546	17820	2	100	320
盘山县	3	99	6200			
铁岭市	**51**	**1091**	**31957**	**2**	**23**	
银州区	22	430	9127			
清河区	5	58	150	1	16	
铁岭县	6	104	2700			
西丰县	4	126	3600	1	7	
昌图县	7	120	2780			
调兵山市	3	178	7300			
开原市	4	75	6300			
朝阳市	**32**	**1410**	**51653**	**2**	**117**	**470**
双塔区	18	904	25742	1	1	150
龙城区	1	5	200			
朝阳县	2	52	2400			
建平县	1	120	9400			
喀喇沁左翼蒙古族自治县						
北票市	4	79	11891			
凌源市	6	250	2020	1	116	320
葫芦岛市	**96**	**1875**	**73016**	**1**	**10**	
连山区	29	572	26608			
龙港区	9	650	24330	1	10	
南票区	4	27	2060			
绥中县	12	156	4840			
建昌县	6	57	4110			
兴城市	36	413	11068			

2-B-9　续表 3

地　　区	集体企业			股份合作企业		
	法　人单位数（个）	年　末从业人数（人）	年末餐饮营业面积（平方米）	法　人单位数（个）	年　末从业人数（人）	年末餐饮营业面积（平方米）
全　省	**103**	**1134**	**22251**	**24**	**362**	**8651**
沈阳市	**21**	**114**	**3612**	**11**	**150**	**1570**
和平区				2	6	70
沈河区	1	10	100	2	14	
大东区	4	38	2880			
皇姑区	6	44	392	6	50	500
铁西区	2	8	50	1	80	1000
苏家屯区	2	6	70			
东陵区	2	3				
沈北新区						
于洪区	1	1				
辽中县	1	2	100			
康平县						
法库县						
新民市	2	2	20			
大连市	**25**	**366**	**4368**	**5**	**88**	**3750**
中山区	4	12	149	1	18	120
西岗区	5	25	614	3	69	2630
沙河口区	3	45	920			
甘井子区	6	64	1785	1	1	1000
旅顺口区	4	78	200			
金州区	3	142	700			
长海县						
瓦房店市						
普兰店市						
庄河市						
鞍山市	**11**	**194**	**2154**			
铁东区	5	135	1479			
铁西区	1	15	100			
立山区	5	44	575			
千山区						
台安县						
岫岩满族自治县						
海城市						
抚顺市	**14**	**88**	**2841**	**1**	**40**	**600**
新抚区	1	5	98			
东洲区	10	77	1793			
望花区	3	6	950			

2-B-9 续表 4

地区	集体企业			股份合作企业		
	法人单位数(个)	年末从业人数(人)	年末餐饮营业面积(平方米)	法人单位数(个)	年末从业人数(人)	年末餐饮营业面积(平方米)
顺城区				1	40	600
抚顺县						
新宾满族自治县						
清原满族自治县						
本溪市	**15**	**189**	**6170**			
平山区	8	115	2470			
溪湖区						
明山区	2	22	200			
南芬区						
本溪满族自治县	5	52	3500			
桓仁满族自治县						
丹东市	**4**	**27**	**200**	**2**	**23**	**500**
元宝区	1	4	120			
振兴区	1	7	80	2	23	500
振安区						
宽甸满族自治县						
东港市						
凤城市	2	16				
锦州市				**1**	**7**	**131**
古塔区				1	7	131
凌河区						
太和区						
黑山县						
义县						
凌海市						
北镇市						
营口市	**4**	**46**	**630**			
站前区	4	46	630			
西市区						
鲅鱼圈区						
老边区						
盖州市						
大石桥市						
阜新市	**5**	**25**	**1776**			
海州区	2	4	420			
新邱区						
太平区						
清河门区						
细河区	2	5	156			
阜新蒙古族自治县	1	16	1200			
彰武县						

2-B-9　续表 5

地　　区	集体企业			股份合作企业		
	法　人 单位数 (个)	年　　末 从业人数 (人)	年末餐饮 营业面积 (平方米)	法　人 单位数 (个)	年　　末 从业人数 (人)	年末餐饮 营业面积 (平方米)
辽阳市						
白塔区						
文圣区						
宏伟区						
弓长岭区						
太子河区						
辽阳县						
灯塔市						
盘锦市				**3**	**31**	**800**
双台子区				1	16	300
兴隆台区				2	15	500
大洼县						
盘山县						
铁岭市	**2**	**61**	**300**			
银州区	2	61	300			
清河区						
铁岭县						
西丰县						
昌图县						
调兵山市						
开原市						
朝阳市	**1**	**16**				
双塔区						
龙城区						
朝阳县						
建平县						
喀喇沁左翼蒙古族自治县						
北票市						
凌源市	1	16				
葫芦岛市	**1**	**8**	**200**	**1**	**23**	**1300**
连山区	1	8	200	1	23	1300
龙港区						
南票区						
绥中县						
建昌县						
兴城市						

2-B-9 续表 6

地区	联营企业			有限责任公司		
	法人单位数(个)	年末从业人数(人)	年末餐饮营业面积(平方米)	法人单位数(个)	年末从业人数(人)	年末餐饮营业面积(平方米)
全省	**9**	**65**	**3960**	**514**	**11908**	**416844**
沈阳市	**2**	**7**	**1500**	**132**	**3210**	**79444**
和平区				15	658	14211
沈河区				30	876	15286
大东区	2	7	1500	7	198	6128
皇姑区				38	465	11379
铁西区				20	202	11640
苏家屯区				3	150	2200
东陵区				12	483	7205
沈北新区				4	147	8595
于洪区				1	5	300
辽中县						
康平县						
法库县						
新民市				2	26	2500
大连市				**172**	**2393**	**68044**
中山区				27	323	7154
西岗区				28	217	6861
沙河口区				41	985	15238
甘井子区				21	335	7644
旅顺口区				5	90	9854
金州区				31	194	4033
长海县				1	25	8000
瓦房店市				4	55	932
普兰店市				9	112	5950
庄河市				5	57	2378
鞍山市	**1**	**4**	**160**	**49**	**816**	**13664**
铁东区				21	307	4370
铁西区				6	107	1815
立山区				5	172	2800
千山区						
台安县						
岫岩满族自治县						
海城市	1	4	160	17	230	4679
抚顺市				**21**	**501**	**20710**
新抚区				2	50	1400
东洲区				2	74	1710
望花区				5	108	2350

2-B-9 续表 7

地　区	联营企业			有限责任公司		
	法　人 单位数 （个）	年　末 从业人数 （人）	年末餐饮 营业面积 （平方米）	法　人 单位数 （个）	年　末 从业人数 （人）	年末餐饮 营业面积 （平方米）
顺城区				11	257	15000
抚顺县						
新宾满族自治县				1	12	250
清原满族自治县						
本溪市	**4**	**37**	**2100**	**33**	**746**	**32325**
平山区	3	33	2000	13	348	9780
溪湖区	1	4	100	2	6	200
明山区				15	334	11745
南芬区						
本溪满族自治县				2	43	7500
桓仁满族自治县				1	15	3100
丹东市				**18**	**374**	**15541**
元宝区						
振兴区				16	340	14741
振安区						
宽甸满族自治县						
东港市				2	34	800
凤城市						
锦州市				**9**	**269**	**4034**
古塔区				3	167	1950
凌河区				2	37	884
太和区				1	2	100
黑山县				3	63	1100
义县						
凌海市						
北镇市						
营口市	**1**	**10**		**17**	**698**	**12980**
站前区				4	62	3600
西市区				3	7	100
鲅鱼圈区				4	510	6800
老边区				1	1	20
盖州市				3	109	800
大石桥市	1	10		2	9	1660
阜新市				**5**	**501**	**83400**
海州区						
新邱区						
太平区						
清河门区						
细河区				2	68	73400
阜新蒙古族自治县				1	326	3000
彰武县				2	107	7000

2-B-9 续表 8

地区	联营企业			有限责任公司		
	法人单位数(个)	年末从业人数(人)	年末餐饮营业面积(平方米)	法人单位数(个)	年末从业人数(人)	年末餐饮营业面积(平方米)
辽阳市				**3**	**197**	**5250**
白塔区				1	118	2800
文圣区						
宏伟区				1	36	2000
弓长岭区				1	43	450
太子河区						
辽阳县						
灯塔市						
盘锦市				**24**	**766**	**31592**
双台子区				2	97	6000
兴隆台区				18	201	8292
大洼县				3	391	15300
盘山县				1	77	2000
铁岭市	**1**	**7**	**200**	**14**	**243**	**12980**
银州区	1	7	200	1	10	500
清河区				2	9	150
铁岭县				3	20	350
西丰县						
昌图县				2	8	1180
调兵山市				2	121	4500
开原市				4	75	6300
朝阳市				**6**	**584**	**9300**
双塔区				3	523	6100
龙城区				1	5	200
朝阳县				1	50	2400
建平县						
喀喇沁左翼蒙古族自治县						
北票市						
凌源市				1	6	600
葫芦岛市				**11**	**610**	**27580**
连山区				4	67	4950
龙港区				6	537	22330
南票区						
绥中县						
建昌县				1	6	300
兴城市						

2-B-9　续表 9

地　区	股份有限公司			私营企业		
	法　人单位数(个)	年　末从业人数(人)	年末餐饮营业面积(平方米)	法　人单位数(个)	年　末从业人数(人)	年末餐饮营业面积(平方米)
全　省	**56**	**1543**	**46932**	**2531**	**45812**	**1407642**
沈阳市	**17**	**805**	**11463**	**314**	**6228**	**224593**
和平区	1	16		72	1463	42717
沈河区	3	26	850	67	1406	55223
大东区	1	5		47	740	28157
皇姑区	5	648	9390	24	318	6355
铁西区	4	85	1000	34	799	29346
苏家屯区				9	341	16480
东陵区	2	13	150	30	623	25931
沈北新区				3	5	478
于洪区	1	12	73	13	86	4091
辽中县						
康平县				5	34	715
法库县				3	35	2600
新民市				7	378	12500
大连市	**7**	**141**	**10550**	**594**	**12100**	**325601**
中山区	2	2		105	2708	60413
西岗区	1	115	10000	72	907	32636
沙河口区	2	3	50	89	2531	50471
甘井子区	1	4	500	74	1685	79004
旅顺口区				25	323	11222
金州区				140	2166	34659
长海县				2	12	600
瓦房店市	1	17		24	467	12873
普兰店市				40	936	27335
庄河市				23	365	16388
鞍山市	**8**	**106**	**2380**	**683**	**11803**	**263121**
铁东区	5	63	2070	251	6042	118895
铁西区				52	565	9783
立山区				146	2394	46035
千山区				5	40	1145
台安县				15	321	11113
岫岩满族自治县				38	475	22052
海城市	3	43	310	176	1966	54098
抚顺市	**5**	**93**	**5873**	**82**	**1037**	**49333**
新抚区	3	40	2600	39	488	13380
东洲区				13	115	3393
望花区	1	52	2250	14	107	10776

2-B-9 续表 10

地　　区	股份有限公司			私营企业		
	法　人 单位数 (个)	年　末 从业人数 (人)	年末餐饮 营业面积 (平方米)	法　人 单位数 (个)	年　末 从业人数 (人)	年末餐饮 营业面积 (平方米)
顺城区				12	305	21153
抚顺县				2	12	180
新宾满族自治县						
清原满族自治县	1	1	1023	2	10	451
本溪市	**4**	**39**	**350**	**106**	**1510**	**42772**
平山区	1	15	150	25	322	7071
溪湖区				3	18	2900
明山区	2	20		41	754	18752
南芬区				5	95	1100
本溪满族自治县				8	137	1180
桓仁满族自治县	1	4	200	24	184	11769
丹东市	**5**	**46**	**1529**	**120**	**2111**	**81126**
元宝区	1	10	60	24	270	5776
振兴区	4	36	1469	41	714	21309
振安区				3	155	12900
宽甸满族自治县				22	340	14043
东港市				17	367	12643
凤城市				13	265	14455
锦州市				**146**	**2570**	**72441**
古塔区				34	525	12772
凌河区				19	382	14353
太和区				16	422	8704
黑山县				42	635	16306
义县				5	42	1345
凌海市				14	187	5941
北镇市				16	377	13020
营口市	**2**	**34**	**900**	**175**	**2948**	**100486**
站前区	2	34	900	62	909	30167
西市区				16	219	12466
鲅鱼圈区				55	1256	45449
老边区				2	7	240
盖州市				15	162	2800
大石桥市				25	395	9364
阜新市				**62**	**1476**	**99753**
海州区				25	715	26483
新邱区				9	113	14264
太平区				9	306	5330
清河门区						
细河区				7	248	14906
阜新蒙古族自治县				4	24	36340
彰武县				8	70	2430

2-B-9　续表 11

地　区	股份有限公司			私营企业		
	法　人单位数（个）	年　末从业人数（人）	年末餐饮营业面积（平方米）	法　人单位数（个）	年　末从业人数（人）	年末餐饮营业面积（平方米）
辽阳市	**1**	**10**	**180**	**86**	**1004**	**39147**
白塔区				32	523	21679
文圣区				2	21	480
宏伟区				3	25	480
弓长岭区				5	80	2530
太子河区				6	37	1500
辽阳县				29	267	9998
灯塔市	1	10	180	9	51	2480
盘锦市	**3**	**56**	**2000**	**44**	**771**	**22270**
双台子区				5	126	3500
兴隆台区	3	56	2000	34	570	12570
大洼县				3	53	2000
盘山县				2	22	4200
铁岭市	**2**	**144**	**3700**	**23**	**474**	**11252**
银州区				14	279	5752
清河区				2	33	
铁岭县				1	25	1200
西丰县				3	119	3600
昌图县	1	87	900	3	18	700
调兵山市	1	57	2800			
开原市						
朝阳市				**23**	**693**	**41883**
双塔区				14	380	19492
龙城区						
朝阳县				1	2	
建平县				1	120	9400
喀喇沁左翼蒙古族自治县						
北票市				4	79	11891
凌源市				3	112	1100
葫芦岛市	**2**	**69**	**8007**	**73**	**1087**	**33864**
连山区	1	66	8007	17	354	10566
龙港区	1	3		1	100	2000
南票区				4	27	2060
绥中县				12	156	4840
建昌县				4	43	3410
兴城市				35	407	10988

2-B-9 续表 12

地区	其他企业			港澳台商投资企业			外商投资企业		
	法人单位数(个)	年末从业人数(人)	年末餐饮营业面积(平方米)	法人单位数(个)	年末从业人数(人)	年末餐饮营业面积(平方米)	法人单位数(个)	年末从业人数(人)	年末餐饮营业面积(平方米)
全省	**161**	**2227**	**66210**	**39**	**2483**	**52770**	**163**	**11532**	**218959**
沈阳市	**25**	**378**	**9235**	**12**	**936**	**23204**	**62**	**6837**	**116503**
和平区	2	16	325	10	611	15207	38	5485	78418
沈河区	5	77	1050	1	320	6997	9	121	1950
大东区	3	133	3500				1	58	2000
皇姑区	3	21		1	5	1000	6	1056	20845
铁西区	4	30	1300				3	85	2810
苏家屯区	3	49	260				3	26	10380
东陵区							1	3	100
沈北新区									
于洪区	3	39	2520				1	3	
辽中县									
康平县									
法库县	2	13	280						
新民市									
大连市	**40**	**603**	**20621**	**13**	**1087**	**12006**	**47**	**3408**	**71846**
中山区	7	92	4868	7	298	4700	28	1978	37621
西岗区	5	37	720	1	6	20	2	7	190
沙河口区	4	144	3812	3	508	5526	10	1378	25838
甘井子区	5	110	2655	2	275	1760			
旅顺口区	2	17							
金州区	12	102	4564				7	45	8197
长海县	1	22	1460						
瓦房店市	4	79	2542						
普兰店市									
庄河市									
鞍山市	**9**	**231**	**8063**	**1**	**45**	**80**	**6**	**214**	**7070**
铁东区	3	135	2800	1	45	80	3	118	5450
铁西区	1	4	200				1	10	1000
立山区	3	49	2363						
千山区	1	10	1000				1	70	400
台安县	1	33	1700						
岫岩满族自治县									
海城市							1	16	220
抚顺市				**1**	**26**	**450**	**3**	**55**	**1490**
新抚区							2	43	490
东洲区									
望花区									

2-B-9 续表 13

地区	其他企业			港澳台商投资企业			外商投资企业		
	法人单位数(个)	年末从业人数(人)	年末餐饮营业面积(平方米)	法人单位数(个)	年末从业人数(人)	年末餐饮营业面积(平方米)	法人单位数(个)	年末从业人数(人)	年末餐饮营业面积(平方米)
顺城区				1	26	450	1	12	1000
抚顺县									
新宾满族自治县									
清原满族自治县									
本溪市	**15**	**191**	**1710**				**14**	**288**	**2280**
平山区	6	95	890				13	281	2280
溪湖区									
明山区	1	12					1	7	
南芬区	1	4	120						
本溪满族自治县	2	41	300						
桓仁满族自治县	5	39	400						
丹东市	**11**	**245**	**12123**	**3**	**75**	**3190**	**9**	**129**	**4005**
元宝区	2	64	1000	1	21	1000	1	6	
振兴区	4	52	1023	2	54	2190	7	83	2805
振安区	2	19	100						
宽甸满族自治县	2	15							
东港市							1	40	1200
凤城市	1	95	10000						
锦州市	**2**	**51**					**1**	**80**	**800**
古塔区									
凌河区	2	51							
太和区							1	80	800
黑山县									
义县									
凌海市									
北镇市									
营口市	**30**	**220**	**6753**	**3**	**108**	**3000**	**4**	**266**	**3540**
站前区	8	99	2690				4	266	3540
西市区	6	43	1865	1	82	3000			
鲅鱼圈区	15	70	1598						
老边区									
盖州市	1	8	600	1	1				
大石桥市				1	25				
阜新市	**1**	**3**		**1**	**11**	**1000**			
海州区				1	11	1000			
新邱区									
太平区									
清河门区									
细河区									
阜新蒙古族自治县									
彰武县	1	3							

2-B-9 续表 14

地区	其他企业			港澳台商投资企业			外商投资企业		
	法人单位数(个)	年末从业人数(人)	年末餐饮营业面积(平方米)	法人单位数(个)	年末从业人数(人)	年末餐饮营业面积(平方米)	法人单位数(个)	年末从业人数(人)	年末餐饮营业面积(平方米)
辽阳市	**2**	**14**	**330**	**1**	**30**	**290**	**10**	**188**	**6025**
白塔区				1	30	290	8	145	4490
文圣区									
宏伟区									
弓长岭区									
太子河区									
辽阳县	1	12	200				1	27	135
灯塔市	1	2	130				1	16	1400
盘锦市	**12**	**84**	**1785**						
双台子区									
兴隆台区	11	82	1585						
大洼县	1	2	200						
盘山县									
铁岭市	**7**	**139**	**3525**				**2**	**19**	**200**
银州区	4	73	2375				2	19	200
清河区									
铁岭县	2	59	1150						
西丰县									
昌图县	1	7							
调兵山市									
开原市									
朝阳市									
双塔区									
龙城区									
朝阳县									
建平县									
喀喇沁左翼蒙古族自治县									
北票市									
凌源市									
葫芦岛市	**7**	**68**	**2065**	**4**	**165**	**9550**	**5**	**48**	**5200**
连山区	5	54	1585				2	14	600
龙港区				4	165	9550	3	34	4600
南票区									
绥中县									
建昌县	1	8	400						
兴城市	1	6	80						

2-B-10　分地区餐饮业法人企业财务状况

地　区	营业收入 （千元）	主营业务收入	资产总计 （千元）
全　省	**17629583**	**17563524**	**22514014**
沈阳市	**6968833**	**6947777**	**5201161**
和平区	4311781	4309199	2173448
沈河区	970803	965549	1027902
大东区	371844	359521	148225
皇姑区	757577	757430	548449
铁西区	226923	226923	255850
苏家屯区	54129	54104	489484
东陵区	144838	144113	429349
沈北新区	17103	17103	33824
于洪区	38859	38859	42181
辽中县			
康平县	5316	5316	4735
法库县	6470	6470	6200
新民市	63190	63190	41514
大连市	**3995089**	**3983804**	**4896592**
中山区	1641089	1639013	1232476
西岗区	193282	192849	183402
沙河口区	1121369	1120652	1233550
甘井子区	350373	347264	570795
旅顺口区	57989	55851	143943
金州区	285607	283045	511004
长海县	9537	9537	23398
瓦房店市	90367	90317	203759
普兰店市	172887	172687	694247
庄河市	72589	72589	100018
鞍山市	**2708523**	**2700670**	**4431868**
铁东区	1442157	1440420	3398368
铁西区	152839	151288	64957
立山区	508566	508506	245492
千山区	19382	17897	13436
台安县	136779	136779	99755
岫岩满族自治县	105035	102015	152983
海城市	343765	343765	456877
抚顺市	**244224**	**244204**	**456926**
新抚区	56870	56850	61509
东洲区	21220	21220	16995
望花区	18565	18565	67775

2-B-10 续表 1

地　　区	营业收入（千元）	主营业务收入	资产总计（千元）
顺城区	76395	76395	230848
抚顺县	471	471	500
新宾满族自治县	6400	6400	3140
清原满族自治县	64303	64303	76159
本溪市	**470917**	**469939**	**982935**
平山区	171134	170806	193592
溪湖区	12741	12741	105278
明山区	191240	191140	332779
南芬区	5869	5869	5321
本溪满族自治县	37039	36489	295040
桓仁满族自治县	52894	52894	50925
丹东市	**541044**	**520830**	**853685**
元宝区	61708	61708	24811
振兴区	197467	197428	359108
振安区	51317	51317	291516
宽甸满族自治县	18367	18082	33826
东港市	69071	67255	68041
凤城市	143114	125040	76383
锦州市	**490586**	**490516**	**450288**
古塔区	101732	101732	63752
凌河区	74006	73936	34920
太和区	33666	33666	186650
黑山县	229569	229569	75917
义县	4029	4029	2596
凌海市	23197	23197	22186
北镇市	24387	24387	64267
营口市	**905761**	**902409**	**2615286**
站前区	379144	378484	235198
西市区	54513	54513	248290
鲅鱼圈区	352733	350410	1799151
老边区	583	214	990
盖州市	81838	81838	272131
大石桥市	36950	36950	59526
阜新市	**190903**	**190903**	**704085**
海州区	64682	64682	83383
新邱区	6561	6561	27596
太平区	26620	26620	85941
清河门区	2040	2040	100
细河区	56722	56722	280637
阜新蒙古族自治县	16080	16080	119379
彰武县	18198	18198	107049

2-B-10　续表 2

地　区	营业收入(千元)	主营业务收入	资产总计(千元)
辽阳市	**235084**	**235064**	**280900**
白塔区	144496	144496	155087
文圣区	3760	3760	3036
宏伟区	6783	6783	4077
弓长岭区	12785	12785	25763
太子河区	3260	3260	5581
辽阳县	57808	57808	78722
灯塔市	6192	6172	8634
盘锦市	**298669**	**298662**	**526833**
双台子区	25465	25465	21648
兴隆台区	163499	163499	149000
大洼县	102331	102324	294487
盘山县	7374	7374	61698
铁岭市	**135056**	**134938**	**111520**
银州区	50012	49994	54032
清河区	1293	1293	6022
铁岭县	6617	6517	3110
西丰县	6108	6108	28645
昌图县	3300	3300	1105
调兵山市	16623	16623	15876
开原市	51103	51103	2730
朝阳市	**177751**	**177343**	**629881**
双塔区	68611	68205	103011
龙城区	629	629	946
朝阳县	21022	21022	5843
建平县	31391	31391	418818
喀喇沁左翼蒙古族自治县			
北票市	4407	4405	924
凌源市	51691	51691	100339
葫芦岛市	**267143**	**266465**	**372054**
连山区	56806	56450	33440
龙港区	131843	131543	219547
南票区	963	963	6380
绥中县	15489	15489	58307
建昌县	10494	10494	12098
兴城市	51548	51526	42282

2-B-11 分地区餐饮业法人企业财务状况(按国民经济行业分)

地区	正餐服务			快餐服务		
	营业收入(千元)	主营业务收入	资产总计(千元)	营业收入(千元)	主营业务收入	资产总计(千元)
全省	**10929451**	**10868953**	**17957068**	**6030229**	**6028248**	**2904569**
沈阳市	**2381672**	**2361945**	**2990191**	**4375102**	**4375066**	**1795473**
和平区	437518	435510	708910	3786065	3786065	1406312
沈河区	666349	661095	877774	273189	273189	125091
大东区	363343	351020	137443	6254	6254	9100
皇姑区	462095	461978	316495	287403	287373	227961
铁西区	213404	213404	247564	8966	8966	7453
苏家屯区	47169	47144	482533	1596	1596	2856
东陵区	78014	78014	107370	5374	5368	9740
沈北新区	6560	6560	25878	1437	1437	2527
于洪区	35849	35849	36905	1733	1733	2253
辽中县						
康平县	2761	2761	3305	2285	2285	680
法库县	6220	6220	6000			
新民市	62390	62390	40014	800	800	1500
大连市	**2244643**	**2235518**	**3567415**	**1463703**	**1462048**	**890386**
中山区	598117	597342	638946	970714	969665	536279
西岗区	180069	179636	164490	6327	6327	13946
沙河口区	684313	683926	989986	414065	413735	219196
甘井子区	211033	208200	354099	54312	54036	55632
旅顺口区	54471	52333	143217	1378	1378	100
金州区	193760	191451	322189	6035	6035	13290
长海县	9537	9537	23398			
瓦房店市	83309	83259	189463	7058	7058	14296
普兰店市	165513	165313	652522	1982	1982	34079
庄河市	64521	64521	89105	1832	1832	3568
鞍山市	**2586248**	**2578435**	**3774754**	**69907**	**69867**	**136310**
铁东区	1380487	1378750	2790151	31062	31062	107149
铁西区	150158	148607	64003	1626	1626	662
立山区	494930	494910	237346	5582	5542	1502
千山区	19382	17897	13436			
台安县	134953	134953	99025			
岫岩满族自治县	105035	102015	152183			800
海城市	301303	301303	418610	31637	31637	26197
抚顺市	**229316**	**229296**	**447704**	**11199**	**11199**	**7371**
新抚区	46283	46263	58243	8774	8774	2479
东洲区	19550	19550	16348	914	914	367
望花区	17485	17485	63610	1080	1080	4165

2-B-11　续表 1

地　区	正餐服务			快餐服务		
	营业收入（千元）	主营业务收入	资产总计（千元）	营业收入（千元）	主营业务收入	资产总计（千元）
顺城区	74824	74824	229704	431	431	360
抚顺县	471	471	500			
新宾满族自治县	6400	6400	3140			
清原满族自治县	64303	64303	76159			
本溪市	**411250**	**410272**	**952195**	**38819**	**38819**	**20541**
平山区	125647	125319	167097	33308	33308	19473
溪湖区	9741	9741	105160	3000	3000	118
明山区	183940	183840	329862	2511	2511	950
南芬区	5619	5619	5221			
本溪满族自治县	37039	36489	295040			
桓仁满族自治县	49264	49264	49815			
丹东市	**501872**	**482665**	**812866**	**18855**	**18855**	**14366**
元宝区	57348	57348	22620	1154	1154	291
振兴区	172705	172666	332659	17455	17455	13860
振安区	51317	51317	291516			
宽甸满族自治县	18121	17836	33611	246	246	215
东港市	64267	63458	60077			
凤城市	138114	120040	72383			
锦州市	**476337**	**476267**	**435759**	**1792**	**1792**	**670**
古塔区	90964	90964	51045	887	887	320
凌河区	73031	72961	34348	905	905	350
太和区	33486	33486	186610			
黑山县	229569	229569	75917			
义县	4029	4029	2596			
凌海市	20871	20871	20976			
北镇市	24387	24387	64267			
营口市	**857464**	**854481**	**2395721**	**18108**	**18108**	**7996**
站前区	356468	355808	226392	14508	14508	5528
西市区	49345	49345	246292			
鲅鱼圈区	335803	333480	1790086	3600	3600	2468
老边区						
盖州市	81338	81338	74655			
大石桥市	34510	34510	58296			
阜新市	**190352**	**190352**	**702484**			**160**
海州区	64671	64671	82252			
新邱区	6561	6561	27596			
太平区	26620	26620	85941			
清河门区	2040	2040	100			
细河区	56182	56182	280167			160
阜新蒙古族自治县	16080	16080	119379			
彰武县	18198	18198	107049			

2-B-11 续表 2

地区	正餐服务			快餐服务		
	营业收入(千元)	主营业务收入	资产总计(千元)	营业收入(千元)	主营业务收入	资产总计(千元)
辽阳市	**223611**	**223591**	**267621**	**9075**	**9075**	**12581**
白塔区	140483	140483	152189	1615	1615	2200
文圣区	3760	3760	3036			
宏伟区	6783	6783	4077			
弓长岭区	12785	12785	25763			
太子河区	3260	3260	5581			
辽阳县	50398	50398	68401	7410	7410	10321
灯塔市	6142	6122	8574	50	50	60
盘锦市	**276651**	**276644**	**509338**	**14937**	**14937**	**13649**
双台子区	25465	25465	21648			
兴隆台区	141481	141481	131505	14937	14937	13649
大洼县	102331	102324	294487			
盘山县	7374	7374	61698			
铁岭市	**113445**	**113327**	**104529**	**3402**	**3402**	**1814**
银州区	45408	45390	50652	3402	3402	1814
清河区	797	797	5896			
铁岭县	6617	6517	3110			
西丰县	6008	6008	26645			
昌图县	3060	3060	1050			
调兵山市	16623	16623	15876			
开原市	34932	34932	1300			
朝阳市	**171623**	**171621**	**626977**	**3494**	**3494**	**1052**
双塔区	62703	62703	100159	3494	3494	1052
龙城区	629	629	946			
朝阳县	21022	21022	5843			
建平县	31391	31391	418818			
喀喇沁左翼蒙古族自治县						
北票市	4187	4185	872			
凌源市	51691	51691	100339			
葫芦岛市	**264967**	**264539**	**369514**	**1836**	**1586**	**2200**
连山区	54870	54764	31060	1836	1586	2200
龙港区	131843	131543	219547			
南票区	963	963	6380			
绥中县	15489	15489	58307			
建昌县	10494	10494	12098			
兴城市	51308	51286	42122			

2-B-11　续表 3

地　区	饮料及冷饮服务			其他餐饮业		
	营业收入(千元)	主营业务收入	资产总计(千元)	营业收入(千元)	主营业务收入	资产总计(千元)
全　省	**276510**	**275822**	**678320**	**393393**	**390501**	**974057**
沈阳市	**95089**	**94660**	**60225**	**116970**	**116106**	**355272**
和平区	78123	77694	44297	10075	9930	13929
沈河区	14751	14751	14142	16514	16514	10895
大东区	1310	1310	236	937	937	1446
皇姑区	415	415	600	7664	7664	3393
铁西区	20	20	100	4533	4533	733
苏家屯区				5364	5364	4095
东陵区				61450	60731	312239
沈北新区				9106	9106	5419
于洪区	200	200	100	1077	1077	2923
辽中县						
康平县	270	270	750			
法库县				250	250	200
新民市						
大连市	**91164**	**90912**	**105577**	**195579**	**195326**	**333214**
中山区	67456	67204	53114	4802	4802	4137
西岗区	3112	3112	2386	3774	3774	2580
沙河口区	4828	4828	12174	18163	18163	12194
甘井子区	469	469	356	84559	84559	160708
旅顺口区				2140	2140	626
金州区	12819	12819	36936	72993	72740	138589
长海县						
瓦房店市						
普兰店市				5392	5392	7646
庄河市	2480	2480	611	3756	3756	6734
鞍山市	**36522**	**36522**	**473488**	**15846**	**15846**	**47316**
铁东区	28522	28522	465564	2086	2086	35504
铁西区	1055	1055	292			
立山区	2635	2635	3961	5419	5419	2683
千山区						
台安县				1826	1826	730
岫岩满族自治县						
海城市	4310	4310	3671	6515	6515	8399
抚顺市	**2953**	**2953**	**1571**	**756**	**756**	**280**
新抚区	1813	1813	787			
东洲区				756	756	280
望花区						

2-B-11 续表 4

地 区	饮料及冷饮服务			其他餐饮业		
	营业收入（千元）	主营业务收入	资产总计（千元）	营业收入（千元）	主营业务收入	资产总计（千元）
顺城区	1140	1140	784			
抚顺县						
新宾满族自治县						
清原满族自治县						
本溪市	**16703**	**16703**	**8059**	**4145**	**4145**	**2140**
平山区	10234	10234	5732	1945	1945	1290
溪湖区						
明山区	4789	4789	1967			
南芬区				250	250	100
本溪满族自治县						
桓仁满族自治县	1680	1680	360	1950	1950	750
丹东市	**10090**	**10083**	**7995**	**10227**	**9227**	**18458**
元宝区	950	950	210	2256	2256	1690
振兴区	4110	4110	3755	3197	3197	8834
振安区						
宽甸满族自治县						
东港市	30	23	30	4774	3774	7934
凤城市	5000	5000	4000			
锦州市	**9495**	**9495**	**12554**	**2962**	**2962**	**1305**
古塔区	8425	8425	12307	1456	1456	80
凌河区	70	70	222			
太和区				180	180	40
黑山县						
义县						
凌海市	1000	1000	25	1326	1326	1185
北镇市						
营口市	**4301**	**4301**	**2138**	**25888**	**25519**	**209431**
站前区	4266	4266	2038	3902	3902	1240
西市区				5168	5168	1998
鲅鱼圈区				13330	13330	6597
老边区	35	35	100	548	179	890
盖州市				500	500	197476
大石桥市				2440	2440	1230
阜新市	**551**	**551**	**1441**			
海州区	11	11	1131			
新邱区						
太平区						
清河门区						
细河区	540	540	310			
阜新蒙古族自治县						
彰武县						

2-B-11　续表 5

地　区	饮料及冷饮服务			其他餐饮业		
	营业收入（千元）	主营业务收入	资产总计（千元）	营业收入（千元）	主营业务收入	资产总计（千元）
辽阳市	**2281**	**2281**	**680**	**117**	**117**	**18**
白塔区	2281	2281	680	117	117	18
文圣区						
宏伟区						
弓长岭区						
太子河区						
辽阳县						
灯塔市						
盘锦市	**5781**	**5781**	**2646**	**1300**	**1300**	**1200**
双台子区						
兴隆台区	5781	5781	2646	1300	1300	1200
大洼县						
盘山县						
铁岭市	**1202**	**1202**	**1566**	**17007**	**17007**	**3611**
银州区	1202	1202	1566			
清河区				496	496	126
铁岭县						
西丰县				100	100	2000
昌图县				240	240	55
调兵山市						
开原市				16171	16171	1430
朝阳市	**278**	**278**	**200**	**2356**	**1950**	**1652**
双塔区	278	278	200	2136	1730	1600
龙城区						
朝阳县						
建平县						
喀喇沁左翼蒙古族自治县						
北票市				220	220	52
凌源市						
葫芦岛市	**100**	**100**	**180**	**240**	**240**	**160**
连山区	100	100	180			
龙港区						
南票区						
绥中县						
建昌县						
兴城市				240	240	160

2-B-12 分地区餐饮业法人企业财务状况(按登记注册类型分)

地区	内资企业			国有企业		
	营业收入(千元)	主营业务收入	资产总计(千元)	营业收入(千元)	主营业务收入	资产总计(千元)
全省	**11181724**	**11120197**	**18805580**	**256238**	**255416**	**820799**
沈阳市	**2462393**	**2443860**	**3229753**	**51936**	**51920**	**79834**
和平区	409701	408133	629542	618	618	287
沈河区	701686	696432	917850	8723	8723	52822
大东区	361665	350821	143870			
皇姑区	449732	449615	313022	16737	16737	3922
铁西区	211558	211558	223454			
苏家屯区	52661	52636	444686	2075	2059	217
东陵区	144452	143727	428875	2552	2552	5791
沈北新区	17103	17103	33824			
于洪区	38859	38859	42181	21231	21231	16495
辽中县						
康平县	5316	5316	4735			
法库县	6470	6470	6200			
新民市	63190	63190	41514			300
大连市	**2368726**	**2359150**	**3962890**	**28249**	**27771**	**305893**
中山区	597206	596526	650320	10415	9937	72277
西岗区	192660	192227	183274			
沙河口区	604783	604379	945570	7103	7103	2972
甘井子区	290105	286996	528200			
旅顺口区	57989	55851	143943	287	287	614
金州区	280603	278041	490161	6105	6105	29260
长海县	9537	9537	23398			
瓦房店市	90367	90317	203759			
普兰店市	172887	172687	694247	1800	1800	200000
庄河市	72589	72589	100018	2539	2539	770
鞍山市	**2668350**	**2660497**	**4355485**	**24267**	**24267**	**73477**
铁东区	1413769	1412032	3338052	16018	16018	61201
铁西区	152725	151174	57371			
立山区	508566	508506	245492	2699	2699	1776
千山区	9699	8214	7266			
台安县	136779	136779	99755	5550	5550	10500
岫岩满族自治县	105035	102015	152983			
海城市	341777	341777	454566			
抚顺市	**236006**	**235986**	**453352**	**63786**	**63786**	**68260**
新抚区	54110	54090	59996			
东洲区	21220	21220	16995	836	836	300
望花区	18565	18565	67775			164

2-B-12　续表 1

地　　区	内资企业			国有企业		
	营业收入（千元）	主营业务收　入	资产总计（千元）	营业收入（千元）	主营业务收　入	资产总计（千元）
顺城区	70937	70937	228787			
抚顺县	471	471	500			
新宾满族自治县	6400	6400	3140			
清原满族自治县	64303	64303	76159	62950	62950	67796
本溪市	**444058**	**443080**	**960794**	**28544**	**28216**	**128898**
平山区	145502	145174	172340	9924	9596	13422
溪湖区	12741	12741	105278	6116	6116	101004
明山区	190013	189913	331890			
南芬区	5869	5869	5321			
本溪满族自治县	37039	36489	295040	8199	8199	12648
桓仁满族自治县	52894	52894	50925	4305	4305	1824
丹东市	**503448**	**483234**	**737287**	**1000**	**1000**	**30**
元宝区	54819	54819	20262			
振兴区	170410	170371	251069	1000	1000	30
振安区	51317	51317	291516			
宽甸满族自治县	18367	18082	33826			
东港市	65421	63605	64231			
凤城市	143114	125040	76383			
锦州市	**486558**	**486488**	**444495**	**3893**	**3893**	**836**
古塔区	101732	101732	63752			1
凌河区	74006	73936	34920			
太和区	29638	29638	180857	3893	3893	835
黑山县	229569	229569	75917			
义县	4029	4029	2596			
凌海市	23197	23197	22186			
北镇市	24387	24387	64267			
营口市	**788259**	**784907**	**2078316**			
站前区	280989	280329	116494			
西市区	39595	39595	41750			
鲅鱼圈区	352733	350410	1799151			
老边区	583	214	990			
盖州市	81838	81838	75155			
大石桥市	32521	32521	44776			
阜新市	**189103**	**189103**	**703875**	**31817**	**31817**	**136824**
海州区	62882	62882	83173	3152	3152	601
新邱区	6561	6561	27596			
太平区	26620	26620	85941			
清河门区	2040	2040	100	2040	2040	100
细河区	56722	56722	280637	26625	26625	136123
阜新蒙古族自治县	16080	16080	119379			
彰武县	18198	18198	107049			

2-B-12 续表 2

地区	内资企业			国有企业		
	营业收入(千元)	主营业务收入	资产总计(千元)	营业收入(千元)	主营业务收入	资产总计(千元)
辽阳市	**201708**	**201688**	**261283**			
白塔区	115845	115845	142171			
文圣区	3760	3760	3036			
宏伟区	6783	6783	4077			
弓长岭区	12785	12785	25763			
太子河区	3260	3260	5581			
辽阳县	55843	55843	75406			
灯塔市	3432	3412	5249			
盘锦市	**298669**	**298662**	**526833**	**14002**	**14002**	**22381**
双台子区	25465	25465	21648			
兴隆台区	163499	163499	149000			
大洼县	102331	102324	294487	14002	14002	22381
盘山县	7374	7374	61698			
铁岭市	**132939**	**132821**	**110320**	**496**	**496**	**126**
银州区	47895	47877	52832			
清河区	1293	1293	6022	496	496	126
铁岭县	6617	6517	3110			
西丰县	6108	6108	28645			
昌图县	3300	3300	1105			
调兵山市	16623	16623	15876			
开原市	51103	51103	2730			
朝阳市	**177751**	**177343**	**629881**	**7795**	**7795**	**4142**
双塔区	68611	68205	103011			
龙城区	629	629	946			
朝阳县	21022	21022	5843			
建平县	31391	31391	418818			
喀喇沁左翼蒙古族自治县						
北票市	4407	4405	924			
凌源市	51691	51691	100339	7795	7795	4142
葫芦岛市	**223756**	**223378**	**351016**	**453**	**453**	**98**
连山区	55506	55150	32438			
龙港区	89756	89756	199511	453	453	98
南票区	963	963	6380			
绥中县	15489	15489	58307			
建昌县	10494	10494	12098			
兴城市	51548	51526	42282			

2-B-12　续表 3

地　　区	集体企业 营业收入(千元)	集体企业 主营业务收　入	集体企业 资产总计(千元)	股份合作企业 营业收入(千元)	股份合作企业 主营业务收　入	股份合作企业 资产总计(千元)
全　　省	**194343**	**194308**	**107533**	**29915**	**29798**	**36668**
沈阳市	**47245**	**47245**	**13869**	**13204**	**13087**	**21271**
和平区				403	403	1460
沈河区	615	615	288	1262	1262	1358
大东区	32624	32624	6911			
皇姑区	11629	11629	5982	4261	4144	3638
铁西区	5	5	80	7278	7278	14815
苏家屯区	2298	2298	295			
东陵区	74	74	137			
沈北新区						
于洪区						
辽中县						
康平县						
法库县						
新民市			176			
大连市	**41931**	**41896**	**28892**	**6717**	**6717**	**5370**
中山区	241	241	62	2093	2093	1425
西岗区	1214	1214	271	4623	4623	3877
沙河口区	6474	6474	954			
甘井子区	14167	14132	14632	1	1	68
旅顺口区	7775	7775	5474			
金州区	12060	12060	7499			
长海县						
瓦房店市						
普兰店市						
庄河市						
鞍山市	**51233**	**51233**	**15984**			
铁东区	34557	34557	13683			
铁西区	12060	12060	420			
立山区	4616	4616	1881			
千山区						
台安县						
岫岩满族自治县						
海城市						
抚顺市	**7863**	**7863**	**5815**	**1635**	**1635**	**1962**
新抚区	82	82	324			
东洲区	7781	7781	5286			
望花区			205			

2-B-12 续表 4

地 区	集体企业			股份合作企业		
	营业收入（千元）	主营业务收入	资产总计（千元）	营业收入（千元）	主营业务收入	资产总计（千元）
顺城区				1635	1635	1962
抚顺县						
新宾满族自治县						
清原满族自治县						
本溪市	**24437**	**24437**	**14306**			
平山区	14918	14918	11282			
溪湖区						
明山区	4857	4857	465			
南芬区						
本溪满族自治县	4662	4662	2559			
桓仁满族自治县						
丹东市	**1979**	**1979**	**2826**	**2018**	**2018**	**2588**
元宝区	1056	1056	1120			
振兴区	467	467	50	2018	2018	2588
振安区						
宽甸满族自治县						
东港市						
凤城市	456	456	1656			
锦州市				**1202**	**1202**	**1550**
古塔区				1202	1202	1550
凌河区						
太和区						
黑山县						
义县						
凌海市						
北镇市						
营口市	**13285**	**13285**	**8810**			
站前区	13285	13285	8810			
西市区						
鲅鱼圈区						
老边区						
盖州市						
大石桥市						
阜新市	**1425**	**1425**	**1249**			
海州区	840	840	118			
新邱区						
太平区						
清河门区						
细河区	25	25	252			
阜新蒙古族自治县	560	560	879			
彰武县						

2-B-12　续表 5

地　　区	集体企业			股份合作企业		
	营业收入（千元）	主营业务收　　入	资产总计（千元）	营业收入（千元）	主营业务收　　入	资产总计（千元）
辽阳市						
白塔区						
文圣区						
宏伟区						
弓长岭区						
太子河区						
辽阳县						
灯塔市						
盘锦市				**3339**	**3339**	**2442**
双台子区						
兴隆台区				3339	3339	2442
大洼县						
盘山县						
铁岭市	**1880**	**1880**	**11494**			
银州区	1880	1880	11494			
清河区						
铁岭县						
西丰县						
昌图县						
调兵山市						
开原市						
朝阳市	**1148**	**1148**	**4100**			
双塔区						
龙城区						
朝阳县						
建平县						
喀喇沁左翼蒙古族自治县						
北票市						
凌源市	1148	1148	4100			
葫芦岛市	**1917**	**1917**	**188**	**1800**	**1800**	**1485**
连山区	1917	1917	188	1800	1800	1485
龙港区						
南票区						
绥中县						
建昌县						
兴城市						

2-B-12 续表 6

地 区	联营企业			有限责任公司		
	营业收入(千元)	主营业务收入	资产总计(千元)	营业收入(千元)	主营业务收入	资产总计(千元)
全 省	**13155**	**13155**	**5762**	**1845109**	**1835895**	**4114575**
沈阳市	**487**	**487**	**350**	**500387**	**494479**	**809999**
和平区				110164	109982	186874
沈河区				164589	159540	333310
大东区	487	487	350	32482	32482	26811
皇姑区				60791	60791	70501
铁西区				25242	25242	25856
苏家屯区				9153	9145	3891
东陵区				69718	69049	121307
沈北新区				15834	15834	33364
于洪区				80	80	630
辽中县						
康平县						
法库县						
新民市				12334	12334	7455
大连市				**403404**	**403000**	**785883**
中山区				80407	80407	69154
西岗区				28536	28536	20592
沙河口区				195307	194903	371754
甘井子区				45597	45597	143811
旅顺口区				2809	2809	28230
金州区				16770	16770	41841
长海县				4337	4337	7916
瓦房店市				10272	10272	19095
普兰店市				12201	12201	77570
庄河市				7168	7168	5920
鞍山市	**1013**	**1013**	**350**	**118843**	**118692**	**370242**
铁东区				30867	30726	277765
铁西区				27983	27973	5726
立山区				35884	35884	27544
千山区						
台安县						
岫岩满族自治县						
海城市	1013	1013	350	24109	24109	59207
抚顺市				**42994**	**42994**	**45143**
新抚区				4456	4456	9036
东洲区				2242	2242	292
望花区				5924	5924	16442

2-B-12 续表 7

地区	联营企业			有限责任公司		
	营业收入（千元）	主营业务收入	资产总计（千元）	营业收入（千元）	主营业务收入	资产总计（千元）
顺城区				23972	23972	16233
抚顺县						
新宾满族自治县				6400	6400	3140
清原满族自治县						
本溪市	**7930**	**7930**	**3218**	**98191**	**98191**	**128902**
平山区	4930	4930	3100	47006	47006	70597
溪湖区	3000	3000	118	500	500	500
明山区				44342	44342	21991
南芬区						
本溪满族自治县				6043	6043	27814
桓仁满族自治县				300	300	8000
丹东市				**61484**	**61475**	**103460**
元宝区						
振兴区				46071	46062	89630
振安区						
宽甸满族自治县						
东港市				15413	15413	13830
凤城市						
锦州市				**78931**	**78931**	**19917**
古塔区				4516	4516	16035
凌河区				5650	5650	802
太和区						
黑山县				68765	68765	3080
义县						
凌海市						
北镇市						
营口市	**2440**	**2440**	**1230**	**112799**	**110107**	**1109163**
站前区				9813	9813	3130
西市区				2211	2211	1312
鲅鱼圈区				62601	60278	1071855
老边区				369		590
盖州市				37705	37705	21276
大石桥市	2440	2440	1230	100	100	11000
阜新市				**35595**	**35595**	**187586**
海州区						
新邱区						
太平区						
清河门区						
细河区				10056	10056	76176
阜新蒙古族自治县				13600	13600	11000
彰武县				11939	11939	100410

2-B-12 续表 8

地　　区	联营企业			有限责任公司		
	营业收入(千元)	主营业务收　　入	资产总计(千元)	营业收入(千元)	主营业务收　　入	资产总计(千元)
辽阳市				**46258**	**46258**	**18793**
白塔区				37026	37026	8850
文圣区						
宏伟区				5783	5783	1457
弓长岭区				3449	3449	8486
太子河区						
辽阳县						
灯塔市						
盘锦市				**145931**	**145931**	**256573**
双台子区				12121	12121	18315
兴隆台区				44671	44671	44362
大洼县				84587	84587	184885
盘山县				4552	4552	9011
铁岭市	**1285**	**1285**	**614**	**66135**	**66085**	**12079**
银州区	1285	1285	614	1647	1647	2300
清河区				360	360	2620
铁岭县				1000	950	720
西丰县						
昌图县				50	50	
调兵山市				11975	11975	3709
开原市				51103	51103	2730
朝阳市				**62642**	**62642**	**77337**
双塔区				36102	36102	68368
龙城区				629	629	946
朝阳县				21022	21022	5843
建平县						
喀喇沁左翼蒙古族自治县						
北票市						
凌源市				4889	4889	2180
葫芦岛市				**71515**	**71515**	**189498**
连山区				4726	4726	11623
龙港区				66479	66479	174270
南票区						
绥中县						
建昌县				310	310	3605
兴城市						

2-B-12 续表 9

地区	股份有限公司 营业收入(千元)	股份有限公司 主营业务收入	股份有限公司 资产总计(千元)	私营企业 营业收入(千元)	私营企业 主营业务收入	私营企业 资产总计(千元)
全省	**391828**	**391068**	**389729**	**8112881**	**8090537**	**13113960**
沈阳市	**299604**	**299604**	**245834**	**1467195**	**1462651**	**2045250**
和平区			7	297236	295850	440603
沈河区	2402	2402	866	515609	515504	527485
大东区	400	400	186	236708	233712	104920
皇姑区	277995	277995	205725	74569	74569	23154
铁西区	12899	12899	18090	162589	162589	163477
苏家屯区				37266	37265	438485
东陵区	1065	1065	20670	71043	70987	280970
沈北新区				1269	1269	460
于洪区	4843	4843	290	10514	10514	23578
辽中县						
康平县				5316	5316	4735
法库县				4220	4220	3800
新民市				50856	50856	33583
大连市	**25304**	**25304**	**40558**	**1802636**	**1796122**	**2715581**
中山区				498479	498314	505583
西岗区	24316	24316	37858	130311	129878	120167
沙河口区			210	372487	372487	526943
甘井子区	20	20	1000	220686	217612	363887
旅顺口区				42791	42711	109207
金州区				238040	235478	395775
长海县				3274	3274	9776
瓦房店市	968	968	1490	74800	74800	174238
普兰店市				158886	158686	416677
庄河市				62882	62882	93328
鞍山市	**15547**	**15547**	**10119**	**2402741**	**2395039**	**3865176**
铁东区	10716	10716	5261	1286869	1285273	2971885
铁西区				111162	109621	49075
立山区				456151	456091	212523
千山区				7011	5526	5104
台安县				124689	124689	83455
岫岩满族自治县				105035	102015	152983
海城市	4831	4831	4858	311824	311824	390151
抚顺市	**6768**	**6768**	**7139**	**112960**	**112940**	**325033**
新抚区	1703	1703	975	47869	47849	49661
东洲区				10361	10361	11117
望花区	5050	5050	6114	7591	7591	44850

2-B-12 续表 10

地 区	股份有限公司			私营企业		
	营业收入（千元）	主营业务收入	资产总计（千元）	营业收入（千元）	主营业务收入	资产总计（千元）
顺城区				45330	45330	210592
抚顺县				471	471	500
新宾满族自治县						
清原满族自治县	15	15	50	1338	1338	8313
本溪市	**6028**	**5928**	**6074**	**259939**	**259389**	**661837**
平山区	1779	1779	1420	55868	55868	64919
溪湖区				3125	3125	3656
明山区	2399	2299	4154	137250	137250	305031
南芬区				5612	5612	4963
本溪满族自治县				16915	16365	250919
桓仁满族自治县	1850	1850	500	41169	41169	32349
丹东市	**5211**	**5211**	**1869**	**374054**	**371923**	**593716**
元宝区	480	480	310	48183	48183	15983
振兴区	4731	4731	1559	110630	110600	153227
振安区				49954	49954	285879
宽甸满族自治县				18182	17897	33499
东港市				50008	48192	50401
凤城市				97097	97097	54727
锦州市				**400662**	**400592**	**421880**
古塔区				96014	96014	46166
凌河区				66486	66416	33806
太和区				25745	25745	180022
黑山县				160804	160804	72837
义县				4029	4029	2596
凌海市				23197	23197	22186
北镇市				24387	24387	64267
营口市	**1670**	**1010**	**23045**	**630567**	**630567**	**918325**
站前区	1670	1010	23045	253057	253057	79092
西市区				28685	28685	39742
鲅鱼圈区				276597	276597	714266
老边区				214	214	400
盖州市				42033	42033	52279
大石桥市				29981	29981	32546
阜新市				**120266**	**120266**	**378216**
海州区				58890	58890	82454
新邱区				6561	6561	27596
太平区				26620	26620	85941
清河门区						
细河区				20016	20016	68086
阜新蒙古族自治县				1920	1920	107500
彰武县				6259	6259	6639

2-B-12 续表 11

地区	股份有限公司			私营企业		
	营业收入（千元）	主营业务收入	资产总计（千元）	营业收入（千元）	主营业务收入	资产总计（千元）
辽阳市	**740**	**740**	**500**	**152693**	**152673**	**239190**
白塔区				78819	78819	133321
文圣区				3760	3760	3036
宏伟区				1000	1000	2620
弓长岭区				9336	9336	17277
太子河区				3260	3260	5581
辽阳县				53946	53946	72741
灯塔市	740	740	500	2572	2552	4614
盘锦市	**14125**	**14125**	**25081**	**104945**	**104938**	**204740**
双台子区				13344	13344	3333
兴隆台区	14125	14125	25081	85037	85037	61755
大洼县				3742	3735	86965
盘山县				2822	2822	52687
铁岭市	**6348**	**6348**	**12167**	**44505**	**44505**	**62310**
银州区				31133	31133	27049
清河区				437	437	3276
铁岭县				5517	5517	2290
西丰县				6108	6108	28645
昌图县	1700	1700		1310	1310	1050
调兵山市	4648	4648	12167			
开原市						
朝阳市				**106166**	**105758**	**544302**
双塔区				32509	32103	34643
龙城区						
朝阳县						
建平县				31391	31391	418818
喀喇沁左翼蒙古族自治县						
北票市				4407	4405	924
凌源市				37859	37859	89917
葫芦岛市	**10483**	**10483**	**17343**	**133552**	**133174**	**138404**
连山区	10483	10483	4615	33944	33588	12027
龙港区			12728	22824	22824	12415
南票区				963	963	6380
绥中县				15489	15489	58307
建昌县				8984	8984	7293
兴城市				51348	51326	41982

2-B-12 续表 12

地区	其他企业			港澳台商投资企业			外商投资企业		
	营业收入(千元)	主营业务收入	资产总计(千元)	营业收入(千元)	主营业务收入	资产总计(千元)	营业收入(千元)	主营业务收入	资产总计(千元)
全　省	**338255**	**310020**	**216554**	**777795**	**776480**	**863588**	**5670064**	**5666847**	**2844846**
沈阳市	**82335**	**74387**	**13346**	**374345**	**374342**	**218677**	**4132095**	**4129575**	**1752731**
和平区	1280	1280	311	137127	137124	123685	3764953	3763942	1420221
沈河区	8486	8386	1721	236368	236368	94982	32749	32749	15070
大东区	58964	51116	4692				10179	8700	4355
皇姑区	3750	3750	100	850	850	10	306995	306965	235417
铁西区	3545	3545	1136				15365	15365	32396
苏家屯区	1869	1869	1798				1468	1468	44798
东陵区							386	386	474
沈北新区									
于洪区	2191	2191	1188						
辽中县									
康平县									
法库县	2250	2250	2400						
新民市									
大连市	**60485**	**58340**	**80713**	**298560**	**297548**	**189018**	**1327803**	**1327106**	**744684**
中山区	5571	5534	1819	97490	96478	82480	946393	946009	499676
西岗区	3660	3660	509	238	238	106	384	384	22
沙河口区	23412	23412	42737	140564	140564	63837	376022	375709	224143
甘井子区	9634	9634	4802	60268	60268	42595			
旅顺口区	4327	2269	418						
金州区	7628	7628	15786				5004	5004	20843
长海县	1926	1926	5706						
瓦房店市	4327	4277	8936						
普兰店市									
庄河市									
鞍山市	**54706**	**54706**	**20137**	**15375**	**15375**	**2006**	**24798**	**24798**	**74377**
铁东区	34742	34742	8257	15375	15375	2006	13013	13013	58310
铁西区	1520	1520	2150				114	114	7586
立山区	9216	9216	1768						
千山区	2688	2688	2162				9683	9683	6170
台安县	6540	6540	5800						
岫岩满族自治县									
海城市							1988	1988	2311
抚顺市				**3751**	**3751**	**934**	**4467**	**4467**	**2640**
新抚区							2760	2760	1513
东洲区									
望花区									

2-B-12　续表 13

地　　区	其他企业 营业收入(千元)	其他企业 主营业务收入	其他企业 资产总计(千元)	港澳台商投资企业 营业收入(千元)	港澳台商投资企业 主营业务收入	港澳台商投资企业 资产总计(千元)	外商投资企业 营业收入(千元)	外商投资企业 主营业务收入	外商投资企业 资产总计(千元)
顺城区				3751	3751	934	1707	1707	1127
抚顺县									
新宾满族自治县									
清原满族自治县									
本溪市	**18989**	**18989**	**17559**				**26859**	**26859**	**22141**
平山区	11077	11077	7600				25632	25632	21252
溪湖区									
明山区	1165	1165	249				1227	1227	889
南芬区	257	257	358						
本溪满族自治县	1220	1220	1100						
桓仁满族自治县	5270	5270	8252						
丹东市	**57702**	**39628**	**32798**	**16774**	**16774**	**23913**	**20822**	**20822**	**92485**
元宝区	5100	5100	2849	5939	5939	4339	950	950	210
振兴区	5493	5493	3985	10835	10835	19574	16222	16222	88465
振安区	1363	1363	5637						
宽甸满族自治县	185	185	327						
东港市							3650	3650	3810
凤城市	45561	27487	20000						
锦州市	**1870**	**1870**	**312**				**4028**	**4028**	**5793**
古塔区									
凌河区	1870	1870	312						
太和区							4028	4028	5793
黑山县									
义县									
凌海市									
北镇市									
营口市	**27498**	**27498**	**17743**	**19347**	**19347**	**418266**	**98155**	**98155**	**118704**
站前区	3164	3164	2417				98155	98155	118704
西市区	8699	8699	696	14918	14918	206540			
鲅鱼圈区	13535	13535	13030						
老边区									
盖州市	2100	2100	1600			196976			
大石桥市				4429	4429	14750			
阜新市				**1800**	**1800**	**210**			
海州区				1800	1800	210			
新邱区									
太平区									
清河门区									
细河区									
阜新蒙古族自治县									
彰武县									

2-B-12 续表 14

地区	其他企业			港澳台商投资企业			外商投资企业		
	营业收入（千元）	主营业务收入	资产总计（千元）	营业收入（千元）	主营业务收入	资产总计（千元）	营业收入（千元）	主营业务收入	资产总计（千元）
辽阳市	**2017**	**2017**	**2800**	**8522**	**8522**	**1581**	**24854**	**24854**	**18036**
白塔区				8522	8522	1581	20129	20129	11335
文圣区									
宏伟区									
弓长岭区									
太子河区									
辽阳县	1897	1897	2665				1965	1965	3316
灯塔市	120	120	135				2760	2760	3385
盘锦市	**16327**	**16327**	**15616**						
双台子区									
兴隆台区	16327	16327	15360						
大洼县			256						
盘山县									
铁岭市	**12290**	**12222**	**11530**				**2117**	**2117**	**1200**
银州区	11950	11932	11375				2117	2117	1200
清河区									
铁岭县	100	50	100						
西丰县									
昌图县	240	240	55						
调兵山市									
开原市									
朝阳市									
双塔区									
龙城区									
朝阳县									
建平县									
喀喇沁左翼蒙古族自治县									
北票市									
凌源市									
葫芦岛市	**4036**	**4036**	**4000**	**39321**	**39021**	**8983**	**4066**	**4066**	**12055**
连山区	2636	2636	2500				1300	1300	1002
龙港区				39321	39021	8983	2766	2766	11053
南票区									
绥中县									
建昌县	1200	1200	1200						
兴城市	200	200	300						

第三篇

房地产开发经营业

3-A-1 各地区按登记注册类型

地区	法人单位数(个)	内资	国有	集体	股份合作	联营
全省	**6237**	**5702**	**67**	**10**	**19**	**5**
沈阳市	**1413**	**1202**	**12**	**1**	**1**	**1**
和平区	148	114	5			
沈河区	190	150	1	1	1	1
大东区	91	78	1			
皇姑区	172	151	2			
铁西区	163	131	1			
苏家屯区	62	59	1			
东陵区	193	156	1			
沈北新区	109	89				
于洪区	125	116				
辽中县	45	45				
康平县	21	21				
法库县	32	30				
新民市	62	62				
大连市	**1615**	**1441**	**15**	**3**	**3**	
中山区	193	161	1	1		
西岗区	130	118	1			
沙河口区	138	126	1			
甘井子区	257	238	2		1	
旅顺口区	138	124	3	1	2	
金州区	333	260	3			
长海县	13	13				
瓦房店市	165	156	1	1		
普兰店市	129	128	3			
庄河市	119	117				
鞍山市	**608**	**557**	**11**	**3**	**2**	**1**
铁东区	187	164	3	2		1
铁西区	115	106	4			
立山区	105	94	1		1	
千山区	9	5				
台安县	32	32				
岫岩满族自治县	20	20	1			
海城市	140	136	2	1	1	
抚顺市	**232**	**223**	**4**	**1**		
新抚区	18	18	1			
东洲区	29	29	1			
望花区	87	82	1			

分房地产开发企业法人单位数

国有联营	集体联营	国有与集体联营	其他联营	有限责任公司	国有独资	其他有限责任公司	股份有限公司	私营
		1	**4**	**2211**	**50**	**2161**	**194**	**3120**
			1	**599**	**9**	**590**	**55**	**525**
				52	1	51	5	52
			1	87		87	8	51
				41		41	2	34
				97	2	95	9	39
				62	1	61	9	57
				26	1	25	3	29
				79	2	77	7	67
				54	1	53	4	31
				38		38	4	74
				21		21	2	22
				8	1	7	1	12
				13		13		17
				21		21	1	40
				498	**9**	**489**	**33**	**873**
				80		80	4	75
				40		40		76
				47		47	9	68
				111	2	109	4	120
				44	2	42	3	69
				100	5	95	8	143
				4		4		8
				27		27	3	120
				29		29	1	94
				16		16	1	100
			1	**199**	**7**	**192**	**16**	**293**
			1	25	4	21	5	121
				29	1	28	3	64
				53	1	52	4	29
				3		3		2
				17	1	16	2	13
				9		9		9
				63		63	2	55
				115	**4**	**111**	**15**	**88**
				11	1	10	2	4
				11	1	10	3	14
				38		38	2	41

3-A-1 续表 1

地 区	法 人 单位数 (个)	内资	国有	集体	股份合作	联营
顺城区	56	52		1		
抚顺县	6	6				
新宾满族自治县	15	15				
清原满族自治县	21	21	1			
本溪市	**201**	**196**	**8**	**1**		
平山区	43	43	4			
溪湖区	23	22				
明山区	90	86	3			
南芬区	3	3				
本溪满族自治县	21	21	1			
桓仁满族自治县	21	21		1		
丹东市	**255**	**240**	**2**		**8**	
元宝区	31	30				
振兴区	75	65			2	
振安区	24	21				
宽甸满族自治县	23	23			1	
东港市	65	65			1	
凤城市	37	36	2		4	
锦州市	**234**	**224**		**1**	**1**	**1**
古塔区	37	33		1		
凌河区	53	52			1	1
太和区	76	72				
黑山县	11	11				
义县	24	23				
凌海市	13	13				
北镇市	20	20				
营口市	**479**	**462**	**7**		**1**	**1**
站前区	60	54	1			
西市区	94	87	6		1	
鲅鱼圈区	169	166				
老边区	35	35				
盖州市	57	57				
大石桥市	64	63				1
阜新市	**186**	**181**	**1**			
海州区	41	39				
新邱区	8	8				
太平区	10	8				
清河门区	6	6				
细河区	71	70				

国有联营	集体联营	国有与集体联营	其他联营	有限责任公司	国有独资	其他有限责任公司	股份有限公司	私营
				31	2	29	3	17
				2		2	1	3
				8		8	4	3
				14		14		6
				88	**3**	**85**	**12**	**85**
				15	1	14	3	20
				18		18		4
				34	2	32	4	45
				1		1		2
				7		7	2	10
				13		13	3	4
				80		**80**	**20**	**127**
				5		5		24
				21		21	10	31
				6		6	3	12
				8		8	3	10
				14		14	4	46
				26		26		4
		1		**93**		**93**	**7**	**121**
				11		11	2	19
		1		23		23	1	26
				41		41	2	29
				2		2		9
				12		12	2	9
				3		3		10
				1		1		19
			1	**125**	**3**	**122**	**4**	**315**
				18	1	17	1	32
				41	2	39	1	33
				29		29	1	135
				4		4		31
				18		18	1	37
			1	15		15		47
				41	**6**	**35**	**1**	**138**
				12	1	11	1	26
				1		1		7
				4	1	3		4
				1		1		5
				14	4	10		56

3-A-1 续表 2

地　区	法　人 单位数 (个)	内资	国有	集体	股份合作	联营
阜新蒙古族自治县	21	21	1			
彰武县	29	29				
辽阳市	**148**	**144**	**1**			
白塔区	61	60				
文圣区	13	12				
宏伟区	25	25				
弓长岭区	10	9				
太子河区	9	9				
辽阳县	17	17	1			
灯塔市	13	12				
盘锦市	**187**	**169**	**1**		**1**	
双台子区	37	32			1	
兴隆台区	70	61				
大洼县	62	61	1			
盘山县	18	15				
铁岭市	**198**	**193**	**3**		**1**	**1**
银州区	63	63			1	
清河区	12	12				1
铁岭县	38	34				
西丰县	3	3				
昌图县	39	38	1			
调兵山市	17	17	1			
开原市	26	26	1			
朝阳市	**251**	**248**				
双塔区	98	98				
龙城区	30	29				
朝阳县	18	18				
建平县	32	30				
喀喇沁左翼蒙古族自治县	13	13				
北票市	20	20				
凌源市	40	40				
葫芦岛市	**230**	**222**	**2**		**1**	
连山区	43	40	1			
龙港区	83	81	1		1	
南票区	2	2				
绥中县	39	37				
建昌县	20	20				
兴城市	43	42				

国有联营	集体联营	国有与集体联营	其他联营	有限责任公司	国有独资	其他有限责任公司	股份有限公司	私营
				4		4		16
				5		5		24
				36		**36**	**5**	**102**
				13		13	1	46
				8		8		4
				7		7	2	16
				5		5		4
				2		2	2	5
				1		1		15
								12
				79	**1**	**78**	**6**	**81**
				9		9	2	20
				32		32	1	27
				30	1	29	2	28
				8		8	1	6
			1	**51**	**6**	**45**	**15**	**119**
				11	1	10	2	49
			1	2		2	2	7
				14	2	12	3	17
								3
				9	2	7	3	22
				3		3	2	11
				12	1	11	3	10
				119	**1**	**118**		**129**
				45		45		53
				20		20		9
				2		2		16
				11		11		19
				7		7		6
				5		5		15
				29	1	28		11
				88	**1**	**87**	**5**	**124**
				16		16	1	21
				55	1	54	2	21
								2
				5		5		32
				4		4		16
				8		8	2	32

3-A-1 续表 3

地区	私营独资	私营合伙	私营有限责任公司	私营股份有限公司	其他	港、澳、台商投资
全省	**71**	**2**	**2900**	**147**	**76**	**342**
沈阳市	**3**		**503**	**19**	**8**	**125**
和平区			51	1		22
沈河区	1		47	3		23
大东区			33	1		8
皇姑区			36	3	4	11
铁西区	1		54	2	2	20
苏家屯区	1		25	3		1
东陵区			65	2	2	20
沈北新区			29	2		14
于洪区			73	1		4
辽中县			21	1		
康平县			12			
法库县			17			2
新民市			40			
大连市	**13**		**817**	**43**	**16**	**119**
中山区			72	3		20
西岗区			74	2	1	5
沙河口区			66	2	1	8
甘井子区	1		116	3		15
旅顺口区	2		63	4	2	9
金州区			133	10	6	54
长海县			8		1	
瓦房店市	10		103	7	4	7
普兰店市			82	12	1	
庄河市			100			1
鞍山市	**21**		**260**	**12**	**32**	**30**
铁东区	4		114	3	7	15
铁西区	4		57	3	6	5
立山区	3		23	3	6	6
千山区			2			3
台安县	2		11			
岫岩满族自治县	1		8		1	
海城市	7		45	3	12	1
抚顺市			**84**	**4**		**8**
新抚区			4			
东洲区			14			
望花区			37	4		4

港澳台商合资经营	港澳台商合作经营	港澳台商独资	港澳台商投资股份有限公司	其他港澳台商投资	外商投资企业	中外合资经营	中外合作经营	外资企业	外商投资股份有限公司	其他外商投资
147	**12**	**175**	**8**		**193**	**93**	**8**	**86**	**6**	
42	**8**	**73**	**2**		**86**	**33**	**7**	**43**	**3**	
2	2	17	1		12	5	2	5		
7	2	13	1		17	8	2	7		
4		4			5	2		3		
5		6			10	5	1	4		
7	2	11			12	1		11		
		1			2	1		1		
9	1	10			17	7	2	7	1	
6		8			6	1		3	2	
1		3			5	3		2		
1	1									
57	**2**	**58**	**2**		**55**	**33**		**22**		
7	2	11			12	6		6		
2		2	1		7	6		1		
4		4			4	2		2		
8		7			4	3		1		
8		1			5	1		4		
23		30	1		19	13		6		
								0		
4		3			2			2		
					1	1		0		
1					1	1		0		
15	**1**	**11**	**3**		**21**	**10**	**1**	**8**	**2**	
8	1	6			8	3		3	2	
4		1			4	2	1	1		
1		3	2		5	3		2		
2			1		1			1		
								0		
								0		
		1			3	2		1		
6		**2**			**1**			**1**		
2		2			1			1		

3-A-1 续表 4

地区						
						港、澳、台商投资
					其他	
	私营独资	私营合伙	私营有限责任公司	私营股份有限公司		
顺城区			17			4
抚顺县			3			
新宾满族自治县			3			
清原满族自治县			6			
本溪市	**2**		**71**	**12**	**2**	**4**
平山区			16	4	1	
溪湖区	1		2	1		1
明山区	1		40	4		3
南芬区			1	1		
本溪满族自治县			9	1	1	
桓仁满族自治县			3	1		
丹东市	**2**	**1**	**116**	**8**	**3**	**4**
元宝区			20	4	1	
振兴区			30	1	1	3
振安区	1		11			1
宽甸满族自治县			8	2	1	
东港市			45	1		
凤城市	1	1	2			
锦州市	**2**		**112**	**7**		**8**
古塔区			18	1		2
凌河区			25	1		1
太和区			26	3		4
黑山县			9			
义县			8	1		1
凌海市	1		8	1		
北镇市	1		18			
营口市	**13**		**291**	**11**	**9**	**10**
站前区	1		27	4	2	4
西市区	2		30	1	5	3
鲅鱼圈区			133	2	1	2
老边区			31			
盖州市	2		35		1	
大石桥市	8		35	4		1
阜新市	**3**		**131**	**4**		**3**
海州区			24	2		1
新邱区			7			
太平区			4			2
清河门区			5			
细河区	1		54	1		

港澳台商合资经营	港澳台商合作经营	港澳台商独资	港澳台商投资股份有限公司	其他港澳台商投资	外商投资企业	中外合资经营	中外合作经营	外资企业	外商投资股份有限公司	其他外商投资
4										
		4			**1**	**1**				
		1								
		3			1	1				
1		**3**			**11**	**5**		**6**		
					1	1				
		3			7	2		5		
1					2	1		1		
					1	1				
5		**3**			**2**	**1**		**1**		
		2			2	1		1		
		1								
4										
1										
3		**6**	**1**		**7**	**5**		**1**	**1**	
		3	1		2	2				
1		2			4	2		1	1	
1		1			1	1				
1										
3					**2**	**2**				
1					1	1				
2										
					1	1				

3-A-1 续表 5

地区	私营独资	私营合伙	私营有限责任公司	私营股份有限公司	其他	港、澳、台商投资
阜新蒙古族自治县			15	1		
彰武县	2		22			
辽阳市	**2**	**1**	**92**	**7**		**3**
白塔区			40	6		
文圣区			4			1
宏伟区			16			
弓长岭区	1		2	1		1
太子河区	1		4			
辽阳县			15			
灯塔市		1	11			1
盘锦市	**2**		**73**	**6**	**1**	**16**
双台子区	1		18	1		4
兴隆台区	1		23	3	1	9
大洼县			26	2		1
盘山县			6			2
铁岭市	**5**		**106**	**8**	**3**	**5**
银州区	1		45	3		
清河区	2		5			
铁岭县			15	2		4
西丰县			3			
昌图县	2		20		3	1
调兵山市			8	3		
开原市			10			
朝阳市			**129**			**2**
双塔区			53			
龙城区			9			1
朝阳县			16			
建平县			19			1
喀喇沁左翼蒙古族自治县			6			
北票市			15			
凌源市			11			
葫芦岛市	**3**		**115**	**6**	**2**	**5**
连山区	1		17	3	1	3
龙港区			20	1	1	2
南票区			2			
绥中县			32			
建昌县			15	1		
兴城市	2		29	1		

港澳台商合资经营	港澳台商合作经营	港澳台商独资	港澳台商投资股份有限公司	其他港澳台商投资	外商投资企业	中外合资经营	中外合作经营	外资企业	外商投资股份有限公司	其他外商投资
2		**1**			**1**	**1**				
					1	1				
1										
		1								
1										
9		**7**			**2**	**1**		**1**		
4					1	1				
3		6								
1										
1		1			1			1		
		5								
		4								
		1								
1		**1**			**1**	**1**				
1										
		1			1	1				
3	**1**	**1**			**3**			**3**		
1	1	1								
2										
					2			2		
					1			1		

3-A-2 各地区按资质等级分房地产开发企业法人单位数

地区	法人单位数(个)	一级	二级	三级	四级	暂定	其他
全省	**6237**	**82**	**303**	**1337**	**111**	**2833**	**1571**
沈阳市	**1413**	**23**	**88**	**234**	**11**	**666**	**391**
和平区	148	4	9	28		77	30
沈河区	190	3	16	35	1	54	81
大东区	91	3	4	24		43	17
皇姑区	172	4	8	25	2	69	64
铁西区	163	2	10	31	3	81	36
苏家屯区	62	2	4	9	2	29	16
东陵区	193	1	8	23	1	125	35
沈北新区	109	2	4	11	1	67	24
于洪区	125	1	10	32		59	23
辽中县	45		4	5		23	13
康平县	21			1		11	9
法库县	32	1	1	2		8	20
新民市	62		10	8	1	20	23
大连市	**1615**	**28**	**72**	**383**	**23**	**621**	**488**
中山区	193	3	16	51		66	57
西岗区	130	1	7	40	2	33	47
沙河口区	138	11	8	33	1	50	35
甘井子区	257	8	13	59	1	114	62
旅顺口区	138		3	40	1	54	40
金州区	333	4	12	72	5	140	100
长海县	13			3	4	3	3
瓦房店市	165	1	5	33	3	77	46
普兰店市	129		4	25	1	44	55
庄河市	119		4	27	5	40	43
鞍山市	**608**	**8**	**31**	**87**	**23**	**185**	**274**
铁东区	187	3	6	12		43	123
铁西区	115	3	7	14	4	42	45
立山区	105	2	7	16	2	40	38
千山区	9			1	1	4	3
台安县	32		6	8		10	8
岫岩满族自治县	20			6	3	7	4
海城市	140		5	30	13	39	53
抚顺市	**232**	**2**	**11**	**56**	**15**	**97**	**51**
新抚区	18	1	2	10		2	3
东洲区	29		1			17	11
望花区	87	1	5	20	1	41	19
顺城区	56		1	18		27	10
抚顺县	6			2	1	2	1
新宾满族自治县	15		1	4	5	2	3
清原满族自治县	21		1	2	8	6	4
本溪市	**201**	**8**	**12**	**43**	**3**	**74**	**61**
平山区	43	3	1	6		8	25
溪湖区	23			1		15	7
明山区	90	4	6	23	1	35	21
南芬区	3		1			2	
本溪满族自治县	21		1	8	1	7	4
桓仁满族自治县	21	1	3	5	1	7	4
丹东市	**255**	**2**	**9**	**61**	**10**	**142**	**31**
元宝区	31		1	10	1	14	5
振兴区	75	2	3	18		42	10
振安区	24			6		15	3
宽甸满族自治县	23		2	4	1	13	3
东港市	65		2	11	4	41	7
凤城市	37		1	12	4	17	3

3-A-2　续表

地　　区	法人单位数(个)	一　级	二　级	三　级	四　级	暂　定	其　他
锦州市	**234**	**2**	**8**	**47**	**3**	**99**	**75**
古塔区	37		1	9	1	11	15
凌河区	53		3	15		15	20
太和区	76	2	1	10		40	23
黑山县	11			1	2	8	
义县	24		1	6		11	6
凌海市	13		1	4		4	4
北镇市	20		1	2		10	7
营口市	**479**		**11**	**94**	**7**	**299**	**68**
站前区	60		1	12	3	29	15
西市区	94		1	17	1	50	25
鲅鱼圈区	169		6	40		122	1
老边区	35		1	5	1	22	6
盖州市	57			9	1	38	9
大石桥市	64		2	11	1	38	12
阜新市	**186**		**6**	**44**	**7**	**113**	**16**
海州区	41		3	16		20	2
新邱区	8			2		6	
太平区	10		1	6		3	
清河门区	6					5	1
细河区	71		2	13		51	5
阜新蒙古族自治县	21			5	2	11	3
彰武县	29			2	5	17	5
辽阳市	**148**		**6**	**53**	**1**	**76**	**12**
白塔区	61		3	21		32	5
文圣区	13			4	1	8	
宏伟区	25		1	9		13	2
弓长岭区	10			6		3	1
太子河区	9		2	3		2	2
辽阳县	17			6		11	
灯塔市	13			4		7	2
盘锦市	**187**	**3**	**19**	**55**	**1**	**68**	**41**
双台子区	37		6	7		12	12
兴隆台区	70	3	11	31		15	10
大洼县	62		1	11		32	18
盘山县	18		1	6	1	9	1
铁岭市	**198**	**1**	**10**	**59**	**1**	**104**	**23**
银州区	63	1	4	16		32	10
清河区	12			5		6	1
铁岭县	38		2	15		16	5
西丰县	3			1		2	
昌图县	39		1	9	1	26	2
调兵山市	17		2	6		8	1
开原市	26		1	7		14	4
朝阳市	**251**	**2**	**9**	**61**	**6**	**157**	**16**
双塔区	98	1	4	29	1	56	7
龙城区	30		2	5		23	
朝阳县	18			3		14	1
建平县	32			5	2	22	3
喀喇沁左翼蒙古族自治县	13		1	3	1	8	
北票市	20		2	7		10	1
凌源市	40	1		9	2	24	4
葫芦岛市	**230**	**3**	**11**	**60**		**132**	**24**
连山区	43		4	11		24	4
龙港区	83	2	5	24		46	6
南票区	2			1		1	
绥中县	39		1	8		28	2
建昌县	20			4		14	2
兴城市	43	1	1	12		19	10

3-A-3 各地区按登记注册类型

地区	从业人员数（人）					
		内资				
			国有	集体	股份合作	联营
全　　省	**124495**	**108951**	**1404**	**123**	**420**	**49**
沈阳市	**31052**	**24072**	**148**	**3**	**2**	**5**
和平区	2905	1649	63			
沈河区	3562	2326	8	3	2	5
大东区	1508	1212	16			
皇姑区	2066	1595	28			
铁西区	2927	2217	7			
苏家屯区	1246	851	7			
东陵区	4841	3854	19			
沈北新区	3038	1869				
于洪区	3949	3503				
辽中县	1155	1155				
康平县	280	280				
法库县	438	424				
新民市	3137	3137				
大连市	**34915**	**29577**	**186**	**10**	**85**	
中山区	4698	4004	10	2		
西岗区	1701	1477	5			
沙河口区	3221	2698	9			
甘井子区	6991	6147	15		10	
旅顺口区	2185	1908	19	5	75	
金州区	7235	4885	63			
长海县	441	441				
瓦房店市	3589	3260	17	3		
普兰店市	2584	2570	48			
庄河市	2270	2187				
鞍山市	**9425**	**8633**	**187**	**84**	**120**	**16**
铁东区	2514	2208	81	71		16
铁西区	1170	1058	25			
立山区	1709	1509	11		42	
千山区	136	65				
台安县	829	829				
岫岩满族自治县	315	315	3			
海城市	2752	2649	67	13	78	
抚顺市	**3930**	**3619**	**25**	**11**		
新抚区	548	548	3			
东洲区	604	604	5			
望花区	1527	1319	15			

分房地产开发企业年末从业人数

国有联营	集体联营	国有与集体联营	其他联营	有限责任公司	国有独资	其他有限责任公司	股份有限公司	私营
		25	**24**	**49334**	**2220**	**47114**	**5548**	**51053**
			5	**14152**	**779**	**13373**	**1187**	**8525**
				886	7	879	122	578
			5	1753		1753	104	451
				854		854	13	329
				1115	112	1003	108	312
				1330	460	870	182	688
				427	30	397	75	342
				2484	124	2360	341	1002
				1153	36	1117	81	635
				2343		2343	70	1090
				298		298	68	789
				88	10	78	10	182
				171		171		253
				1250		1250	13	1874
				12013	**212**	**11801**	**2038**	**14952**
				1969		1969	950	1073
				641		641		815
				1154		1154	361	1134
				3641	76	3565	342	2139
				860	33	827	66	838
				2094	103	1991	230	2460
				202		202		192
				614		614	35	2490
				620		620	21	1875
				218		218	33	1936
			16	**3537**	**106**	**3431**	**206**	**4075**
			16	422	83	339	29	1492
				252	2	250	42	703
				1108	15	1093	21	282
				45		45		20
				226	6	220	100	503
				190		190		109
				1294		1294	14	966
				2028	**318**	**1710**	**243**	**1312**
				423	248	175	34	88
				321	33	288	22	256
				575		575	89	640

3-A-3 续表 1

地 区	从业人员数（人）					
		内资				
			国有	集体	股份合作	联营
顺城区	732	629		11		
抚顺县	76	76				
新宾满族自治县	181	181				
清原满族自治县	262	262	2			
本溪市	**5393**	**5306**	**267**	**7**		
平山区	2437	2437	152			
溪湖区	262	237				
明山区	1474	1412	91			
南芬区	39	39				
本溪满族自治县	330	330	24			
桓仁满族自治县	851	851		7		
丹东市	**6047**	**5759**	**28**		**124**	
元宝区	701	690				
振兴区	1603	1415			25	
振安区	402	313				
宽甸满族自治县	1574	1574			6	
东港市	1194	1194			14	
凤城市	573	573	28		79	
锦州市	**4409**	**4123**		**8**	**16**	**25**
古塔区	762	658		8		
凌河区	790	773			16	25
太和区	1656	1507				
黑山县	180	180				
义县	363	347				
凌海市	300	300				
北镇市	358	358				
营口市	**7046**	**6668**	**135**		**8**	**1**
站前区	873	715	22			
西市区	1176	1080	113		8	
鲅鱼圈区	2902	2808				
老边区	696	696				
盖州市	809	809				
大石桥市	590	560				1
阜新市	**3198**	**3091**	**2**			
海州区	678	622				
新邱区	152	152				
太平区	187	142				
清河门区	61	61				
细河区	1091	1085				
阜新蒙古族自治县	286	286	2			
彰武县	743	743				

国有联营	集体联营	国有与集体联营	其他联营	有限责任公司	国有独资	其他有限责任公司	股份有限公司	私营
				336	37	299	51	231
				10		10	7	59
				115		115	40	26
				248		248		12
				3256	**341**	**2915**	**372**	**1360**
				1853	271	1582	61	357
				146		146		91
				584	70	514	87	650
				17		17		22
				87		87	31	158
				569		569	193	82
				2366		**2366**	**865**	**2332**
				156		156		520
				445		445	486	439
				77		77	47	189
				1052		1052	233	273
				209		209	99	872
				427		427		39
		25		**1978**		**1978**	**143**	**1953**
				230		230	72	348
		25		437		437		295
				1041		1041	50	416
				63		63		117
				155		155	21	171
				37		37		263
				15		15		343
			1	**1895**	**78**	**1817**	**41**	**4470**
				238	37	201	20	430
				517	41	476	5	388
				641		641	4	2109
				38		38		658
				328		328	12	459
			1	133		133		426
				707	**157**	**550**	**13**	**2369**
				208	30	178	13	401
				5		5		147
				46	9	37		96
				3		3		58
				265	118	147		820
				72		72		212
				108		108		635

3-A-3 续表 2

地 区	从业人员数（人）	内资				
			国有	集体	股份合作	联营
辽阳市	**2537**	**2476**	**4**			
白塔区	872	862				
文圣区	266	240				
宏伟区	595	595				
弓长岭区	126	121				
太子河区	137	137				
辽阳县	262	262	4			
灯塔市	279	259				
盘锦市	**4163**	**3647**	**50**		**22**	
双台子区	879	757			22	
兴隆台区	1793	1452				
大洼县	1286	1274	50			
盘山县	205	164				
铁岭市	**3401**	**3177**	**284**		**10**	**2**
银州区	867	867			10	
清河区	133	133				2
铁岭县	597	444				
西丰县	42	42				
昌图县	877	806	22			
调兵山市	515	515	198			
开原市	370	370	64			
朝阳市	**4539**	**4523**				
双塔区	1908	1908				
龙城区	598	597				
朝阳县	168	168				
建平县	455	440				
喀喇沁左翼蒙古族自治县	254	254				
北票市	376	376				
凌源市	780	780				
葫芦岛市	**4440**	**4280**	**88**		**33**	
连山区	935	920	38			
龙港区	1522	1497	50		33	
南票区	22	22				
绥中县	926	866				
建昌县	345	345				
兴城市	690	630				

国有联营	集体联营	国有与集体联营	其他联营	有限责任公司	国有独资	其他有限责任公司	股份有限公司	私营
				897		**897**	**35**	**1540**
				201		201	11	650
				181		181		59
				415		415	9	171
				70		70		51
				22		22	15	100
				8		8		250
								259
				1679	**13**	**1666**	**132**	**1760**
				241		241	61	433
				867		867	2	579
				484	13	471	65	675
				87		87	4	73
			2	**758**	**164**	**594**	**171**	**1901**
				140	22	118	25	692
			2	18		18	12	101
				265	98	167	35	144
								42
				101	24	77	56	576
				106		106	26	185
				128	20	108	17	161
				2219	**35**	**2184**		**2304**
				945		945		963
				330		330		267
				22		22		146
				124		124		316
				145		145		109
				97		97		279
				556	35	521		224
				1849	**17**	**1832**	**102**	**2200**
				363		363	33	481
				1098	17	1081	32	281
								22
				217		217		649
				60		60		285
				111		111	37	482

3-A-3 续表 3

地区	私营独资	私营合伙	私营有限责任公司	私营股份有限公司	其他	港、澳、台商投资
全　省	**1172**	**42**	**47328**	**2511**	**1020**	**9328**
沈阳市	**30**		**8183**	**312**	**50**	**3345**
和平区			564	14		658
沈河区	7		394	50		581
大东区			313	16		222
皇姑区			289	23	32	356
铁西区	20		654	14	10	282
苏家屯区	3		287	52		32
东陵区			927	75	8	603
沈北新区			603	32		397
于洪区			1074	16		200
辽中县			769	20		
康平县			182			
法库县			253			14
新民市			1874			
大连市	**293**		**13910**	**749**	**293**	**3700**
中山区			1023	50		319
西岗区			795	20	16	97
沙河口区			1124	10	40	222
甘井子区	46		2049	44		760
旅顺口区	26		779	33	45	188
金州区			2333	127	38	1947
长海县			192		47	
瓦房店市	221		2059	210	101	124
普兰店市			1620	255	6	
庄河市			1936			43
鞍山市	**551**		**3345**	**179**	**408**	**490**
铁东区	78		1355	59	97	194
铁西区	62		618	23	36	59
立山区	21		234	27	45	140
千山区			20			59
台安县	304		199			
岫岩满族自治县	3		106		13	
海城市	83		813	70	217	38
抚顺市			**1258**	**54**		**203**
新抚区			88			
东洲区			256			
望花区			586	54		100

港澳台商合资经营	港澳台商合作经营	港澳台商独资	港澳台商投资股份有限公司	其他港澳台商投资	外商投资企业	中外合资经营	中外合作经营	外资企业	外商投资股份有限公司	其他外商投资
3865	**202**	**5107**	**154**		**6216**	**2045**	**448**	**3595**	**128**	
1349	**179**	**1807**	**10**		**3635**	**927**	**440**	**2162**	**106**	
138	76	439	5		598	181	348	69		
296	35	245	5		655	262	50	343		
125		97			74	20		54		
198		158			115	39	2	74		
91	31	160			428	2		426		
		32			363	103		260		
329	30	244			384	165	40	134	45	
137		260			772	20		691	61	
28		172			246	135		111		
7	7									
1563	**8**	**2084**	**45**		**1638**	**712**		**926**		
59	8	252			375	100		275		
12		81	4		127	116		11		
117		105			301	145		156		
359		401			84	56		28		
173		15			89	43		46		
720		1186	41		403	198		205		
80		44			205			205		
					14	14				
43					40	40				
195	**10**	**222**	**63**		**302**	**183**	**8**	**104**	**7**	
88	10	96			112	70		35	7	
28		31			53	17	8	28		
25		57	58		60	49		11		
54			5		12			12		
		38			65	47		18		
147		**56**			**108**			**108**		
44		56			108			108		

3-A-3 续表 4

地 区	私营独资	私营合伙	私营有限责任公司	私营股份有限公司	其他	港、澳、台商投资
顺城区			231			103
抚顺县			59			
新宾满族自治县			26			
清原满族自治县			12			
本溪市	**28**		**1176**	**156**	**44**	**76**
平山区			311	46	14	
溪湖区	19		68	4		25
明山区	9		562	79		51
南芬区			11	11		
本溪满族自治县			148	10	30	
桓仁满族自治县			76	6		
丹东市	**20**	**7**	**2167**	**138**	**44**	**85**
元宝区			432	88	14	
振兴区			418	21	20	48
振安区	18		171			37
宽甸满族自治县			262	11	10	
东港市			854	18		
凤城市	2	7	30			
锦州市	**7**		**1858**	**88**		**244**
古塔区			345	3		62
凌河区			277	18		17
太和区			376	40		149
黑山县			117			
义县			158	13		16
凌海市	5		244	14		
北镇市	2		341			
营口市	**86**		**4267**	**117**	**118**	**291**
站前区	3		405	22	5	128
西市区	13		333	42	49	66
鲅鱼圈区			2080	29	54	67
老边区			658			
盖州市	10		449		10	
大石桥市	60		342	24		30
阜新市	**22**		**2272**	**75**		**91**
海州区			373	28		46
新邱区			147			
太平区			96			45
清河门区			58			
细河区	12		774	34		
阜新蒙古族自治县			199	13		
彰武县	10		625			

港澳台商合资经营	港澳台商合作经营	港澳台商独资	港澳台商投资股份有限公司	其他港澳台商投资	外商投资企业	中外合资经营	中外合作经营	外资企业	外商投资股份有限公司	其他外商投资
103										
		76			**11**	**11**				
		25								
		51			11	11				
37		**48**			**203**	**48**		**155**		
					11	11				
		48			140	29		111		
37					52	8		44		
165		**79**			**42**	**38**		**4**		
		62			42	38		4		
		17								
149										
16										
48		**207**	**36**		**87**	**67**		**5**	**15**	
		92	36		30	30				
6		60			30	10		5	15	
12		55			27	27				
30										
91					**16**	**16**				
46					10	10				
45										
					6	6				

3-A-3 续表 5

地 区	私营独资	私营合伙	私营有限责任公司	私营股份有限公司	其他	港、澳、台商投资
辽阳市	**23**	**35**	**1320**	**162**		**51**
白塔区			508	142		
文圣区			59			26
宏伟区			171			
弓长岭区	15		16	20		5
太子河区	8		92			
辽阳县			250			
灯塔市		35	224			20
盘锦市	**23**		**1495**	**242**	**4**	**482**
双台子区	10		393	30		99
兴隆台区	13		546	20	4	341
大洼县			483	192		12
盘山县			73			30
铁岭市	**52**		**1744**	**105**	**51**	**224**
银州区	5		637	50		
清河区	25		76			
铁岭县			127	17		153
西丰县			42			
昌图县	22		554		51	71
调兵山市			147	38		
开原市			161			
朝阳市			**2304**			**6**
双塔区			963			
龙城区			267			1
朝阳县			146			
建平县			316			5
喀喇沁左翼蒙古族自治县			109			
北票市			279			
凌源市			224			
葫芦岛市	**37**		**2029**	**134**	**8**	**40**
连山区	15		417	49	5	15
龙港区			251	30	3	25
南票区			22			
绥中县			649			
建昌县			280	5		
兴城市	22		410	50		

港澳台商合资经营	港澳台商合作经营	港澳台商独　资	港澳台商投资股份有限公司	其他港澳台商投资	外商投资企　业	中外合资经　营	中外合作经　营	外资企业	外商投资股份有限公　司	其他外商投　资
46		**5**			**10**	**10**				
					10	10				
26										
		5								
20										
188		**294**			**34**	**23**		**11**		
99					23	23				
67		274								
12										
10		20			11			11		
		224								
		153								
		71								
1		**5**			**10**	**10**				
1										
		5			10	10				
35	**5**				**120**			**120**		
10	5									
25										
					60			60		
					60			60		

3-A-4 各地区按资质等级分房地产开发企业年末从业人数

地区	从业人员数（人）	一级	二级	三级	四级	暂定	其他
全省	**124495**	**4298**	**14135**	**29383**	**1549**	**53002**	**22128**
沈阳市	**31052**	**666**	**5729**	**6079**	**85**	**13377**	**5116**
和平区	2905	221	502	600		1290	292
沈河区	3562	68	477	980	8	1305	724
大东区	1508	16	56	455		899	82
皇姑区	2066	135	123	463	11	808	526
铁西区	2927	140	632	718	18	1134	285
苏家屯区	1246	32	319	117	6	564	208
东陵区	4841	9	347	526	12	2902	1045
沈北新区	3038	18	673	362	27	1508	450
于洪区	3949	14	1856	689		1203	187
辽中县	1155		29	139		510	477
康平县	280			20		115	145
法库县	438	13	23	53		73	276
新民市	3137		692	957	3	1066	419
大连市	**34915**	**1513**	**2436**	**9244**	**234**	**14500**	**6988**
中山区	4698	113	522	2091		1326	646
西岗区	1701	40	200	439	10	701	311
沙河口区	3221	577	365	683	10	1089	497
甘井子区	6991	672	521	1555	2	3419	822
旅顺口区	2185		121	809	6	767	482
金州区	7235	74	418	1533	32	3401	1777
长海县	441			73	51	139	178
瓦房店市	3589	37	73	870	34	1680	895
普兰店市	2584		113	578	3	934	956
庄河市	2270		103	613	86	1044	424
鞍山市	**9425**	**403**	**919**	**1370**	**276**	**3044**	**3413**
铁东区	2514	106	104	101		563	1640
铁西区	1170	9	59	90	51	621	340
立山区	1709	288	111	177	34	762	337
千山区	136			42	6	56	32
台安县	829		466	154		130	79
岫岩满族自治县	315			97	86	104	28
海城市	2752		179	709	99	808	957
抚顺市	**3930**	**301**	**419**	**1004**	**177**	**1386**	**643**
新抚区	548	248	34	189		29	48
东洲区	604		183			304	117
望花区	1527	53	173	423	5	609	264
顺城区	732		14	266		358	94
抚顺县	76			26	18	7	25
新宾满族自治县	181		12	53	48	20	48
清原满族自治县	262		3	47	106	59	47
本溪市	**5393**	**638**	**443**	**1119**	**29**	**1030**	**2134**
平山区	2437	402	36	90		107	1802
溪湖区	262			9		191	62
明山区	1474	177	187	551	5	386	168
南芬区	39		17			22	
本溪满族自治县	330		8	147	18	101	56
桓仁满族自治县	851	59	195	322	6	223	46
丹东市	**6047**	**95**	**1158**	**1306**	**145**	**2962**	**381**
元宝区	701		46	302	10	291	52
振兴区	1603	95	114	369		931	94
振安区	402			131		242	29
宽甸满族自治县	1574		931	89	6	520	28
东港市	1194		55	208	88	692	151
凤城市	573		12	207	41	286	27

3-A-4　续表

地　　区	从　业 人员数 （人）	一　级	二　级	三　级	四　级	暂　定	其　他
锦州市	**4409**	**383**	**280**	**1015**	**76**	**1691**	**964**
古塔区	762		52	167	12	288	243
凌河区	790		41	278		242	229
太和区	1656	383	79	223		655	316
黑山县	180			18	64	98	
义县	363		9	99		196	59
凌海市	300		49	127		62	62
北镇市	358		50	103		150	55
营口市	**7046**		**216**	**1619**	**68**	**4350**	**793**
站前区	873		26	126	18	526	177
西市区	1176		4	300	3	647	222
鲅鱼圈区	2902		113	845		1938	6
老边区	696		41	143	42	326	144
盖州市	809			115	1	557	136
大石桥市	590		32	90	4	356	108
阜新市	**3198**		**138**	**781**	**73**	**2055**	**151**
海州区	678		75	308		284	11
新邱区	152			26		126	
太平区	187		9	109		69	
清河门区	61					53	8
细河区	1091		54	226		759	52
阜新蒙古族自治县	286			79	21	144	42
彰武县	743			33	52	620	38
辽阳市	**2537**		**291**	**1077**	**5**	**1003**	**161**
白塔区	872		189	304		315	64
文圣区	266			105	5	156	
宏伟区	595		39	416		137	3
弓长岭区	126			68		53	5
太子河区	137		63	42		7	25
辽阳县	262			83		179	
灯塔市	279			59		156	64
盘锦市	**4163**	**38**	**665**	**1317**	**6**	**1490**	**647**
双台子区	879		179	135		259	306
兴隆台区	1793	38	441	748		463	103
大洼县	1286		23	375		654	234
盘山县	205		22	59	6	114	4
铁岭市	**3401**	**2**	**547**	**857**	**289**	**1373**	**333**
银州区	867	2	197	214		330	124
清河区	133			71		60	2
铁岭县	597		96	162		284	55
西丰县	42			20		22	
昌图县	877		16	107	289	424	41
调兵山市	515		203	156		81	75
开原市	370		35	127		172	36
朝阳市	**4539**	**148**	**396**	**1254**	**86**	**2462**	**193**
双塔区	1908	120	139	714		874	61
龙城区	598		129	85		384	
朝阳县	168			38		120	10
建平县	455			83	20	327	25
喀喇沁左翼蒙古族自治县	254		43	51	7	153	
北票市	376		85	129		122	40
凌源市	780	28		154	59	482	57
葫芦岛市	**4440**	**111**	**498**	**1341**		**2279**	**211**
连山区	935		163	345		396	31
龙港区	1522	81	288	464		627	62
南票区	22			11		11	
绥中县	926		10	191		715	10
建昌县	345			91		218	36
兴城市	690	30	37	239		312	72

3-A-5 各地区按登记注册类型

地 区	资产总计(千元)	内资	国有	集体	股份合作	联营
全 省	**2085806687**	**1659224965**	**19463458**	**342164**	**4755114**	**73382**
沈阳市	**619644241**	**420401513**	**1878176**	**60**	**12508**	**512**
和平区	88616072	46579455	762143			
沈河区	91659102	48514624	66135	60	12508	512
大东区	34191637	24294850	105420			
皇姑区	50477486	33292705	599417			
铁西区	78170791	62449557	5000			
苏家屯区	17029889	9711703	89999			
东陵区	127792753	89525205	250062			
沈北新区	44467426	30704029				
于洪区	71153354	59440544				
辽中县	3286529	3286529				
康平县	1448731	1448731				
法库县	3170949	2974059				
新民市	8179522	8179522				
大连市	**825556335**	**657556268**	**7258568**	**49982**	**1906122**	
中山区	245403273	221861622	9000	25267		
西岗区	34377199	27716277				
沙河口区	118068858	77961838				
甘井子区	155589922	124964300	2651788		54110	
旅顺口区	38695942	29569959	3335905	16550	1852012	
金州区	166677747	118213699	625684			
长海县	2072371	2072371				
瓦房店市	27115609	20332901	21688	8165		
普兰店市	24404007	22235876	614503			
庄河市	13151407	12627425				
鞍山市	**104640857**	**86635829**	**81150**	**154255**	**1998920**	**34870**
铁东区	34619589	28897124	37625	154225		34870
铁西区	16203546	13772173	38606			
立山区	26434549	21248413	1270		1986425	
千山区	4035141	1184432				
台安县	2571854	2571854				
岫岩满族自治县	2487581	2487581	800			
海城市	18288597	16474252	2849	30	12495	
抚顺市	**47898993**	**44016706**	**10389**	**18914**		
新抚区	9260396	9260396	1210			
东洲区	4561631	4561631	729			
望花区	19443871	17047160	950			

分房地产开发企业资产总计

国有联营	集体联营	国有与集体联营	其他联营	有限责任公司	国有独资	其他有限责任公司	股份有限公司	私营
		10000	**63382**	**842520385**	**115475103**	**727045282**	**180307227**	**610484545**
			512	**265635561**	**34331894**	**231303667**	**26469333**	**126350875**
				27984079	1235723	26748356	2057611	15775622
			512	34721925		34721925	3630542	10082942
				13608704		13608704	48868	10531858
				25116609	7468692	17647917	453387	7107587
				41466921	17653887	23813034	6304445	14661697
				4186454	166	4186288	1034433	4400817
				57011745	5738709	51273036	9592388	22643721
				20746380	1849599	18896781	761241	9196408
				33155918		33155918	2219801	24064825
				1579212		1579212	312218	1395099
				754209	385118	369091	49899	644623
				1869322		1869322		1104737
				3434083		3434083	4500	4740939
				296368543	**50066904**	**246301639**	**128004086**	**223604565**
				82263431		82263431	110391190	29172734
				13041797		13041797		14673136
				24506496		24506496	10492212	42839297
				76797702	2075656	74722046	4382418	41078282
				13098927	253983	12844944	810731	10354131
				74056538	47737265	26319273	977897	42522347
				851090		851090		1192653
				3969315		3969315	427682	15828693
				5604198		5604198	256601	15760271
				2179049		2179049	265355	10183021
			34870	**52292021**	**16192011**	**36100010**	**2121588**	**29696609**
			34870	17886254	15124677	2761577	1383246	9320911
				4966830	1046160	3920670	264420	8493597
				16898112	1113	16896999	25778	2314133
				1162000		1162000		22432
				1515109	20061	1495048	341933	714812
				1984202		1984202		501293
				7879514		7879514	106211	8329431
				27012368	**2997193**	**24015175**	**4360873**	**12614162**
				6847320	2096118	4751202	1137309	1274557
				3048504	700979	2347525	480972	1031426
				9231138		9231138	1665582	6149490

3-A-5 续表 1

地 区	资产总计(千元)					
		内资	国有	集体	股份合作	联营
顺城区	11327683	9842107		18914		
抚顺县	650599	650599				
新宾满族自治县	771309	771309				
清原满族自治县	1883504	1883504	7500			
本溪市	**35491485**	**32927123**	**1507636**	**716**		
平山区	5355383	5355383	1218261			
溪湖区	4946604	4711843				
明山区	16963065	14633464	215615			
南芬区	115127	115127				
本溪满族自治县	2892529	2892529	73760			
桓仁满族自治县	5218777	5218777		716		
丹东市	**55128480**	**49986445**	**173009**		**540392**	
元宝区	8181484	8180854				
振兴区	25995476	22225070			276518	
振安区	6504614	5133615				
宽甸满族自治县	2704952	2704952			500	
东港市	7721773	7721773			177640	
凤城市	4020181	4020181	173009		85734	
锦州市	**40826141**	**36923440**		**118237**	**2000**	**10000**
古塔区	8408184	7511613		118237		
凌河区	7333170	7138341			2000	10000
太和区	17836659	15070543				
黑山县	435595	435595				
义县	1284804	1239619				
凌海市	1441504	1441504				
北镇市	4086225	4086225				
营口市	**102960349**	**96707945**	**4838453**		**89200**	**8000**
站前区	12486868	9493810	72019			
西市区	23614646	21973726	4766434		89200	
鲅鱼圈区	48698156	47079955				
老边区	5454478	5454478				
盖州市	7731750	7731750				
大石桥市	4974451	4974226				8000
阜新市	**28206805**	**26976466**	**7506**			
海州区	6070392	5104292				
新邱区	977311	977311				
太平区	2492331	2347863				
清河门区	538908	538908				
细河区	12705778	12586007				
阜新蒙古族自治县	3134512	3134512	7506			
彰武县	2287573	2287573				

国有联营	集体联营	国有与集体联营	其他联营	有限责任公司	国有独资	其他有限责任公司	股份有限公司	私营
				5571803	200096	5371707	798296	3453094
				154701		154701	50182	445716
				458812		458812	228532	83965
				1700090		1700090		175914
				18395458	**1861417**	**16534041**	**1204768**	**11814945**
				3407423	1597813	1809610	230683	496266
				3720036		3720036		991807
				5603838	263604	5340234	149483	8664528
				103371		103371		11756
				681997		681997	597024	1538898
				4878793		4878793	227578	111690
				18834337		**18834337**	**9146289**	**21160588**
				1745992		1745992		6425682
				8726540		8726540	6526782	6582580
				2177350		2177350	1125507	1830758
				1088825		1088825	961518	644109
				1358539		1358539	532482	5653112
				3737091		3737091		24347
		10000		**20083848**		**20083848**	**1155545**	**15553810**
				3570929		3570929	291632	3530815
		10000		4364178		4364178	728258	2033905
				10817566		10817566	108162	4144815
				170900		170900		264695
				703062		703062	27493	509064
				409936		409936		1031568
				47277		47277		4038948
			8000	**39661177**	**1544054**	**38117123**	**557312**	**51193534**
				5749823	34602	5715221	3150	3666903
				9977251	1509452	8467799	15600	7110719
				18680036		18680036	334537	27731800
				305574		305574		5148904
				3565421		3565421	204025	3952054
			8000	1383072		1383072		3583154
				6604326	**1599169**	**5005157**	**682807**	**19681827**
				1054346	353770	700576	682807	3367139
				34314		34314		942997
				539520	110978	428542		1808343
				9276		9276		529632
				2789039	1134421	1654618		9796968
				1205552		1205552		1921454
				972279		972279		1315294

3-A-5 续表 2

地　　区	资产总计（千元）	内资	国有	集体	股份合作	联营
辽阳市	**34574937**	**32944168**				
白塔区	11922268	11678689				
文圣区	6773799	6333370				
宏伟区	2978622	2978622				
弓长岭区	1749530	1473837				
太子河区	3226383	3226383				
辽阳县	3088380	3088380				
灯塔市	4835955	4164887				
盘锦市	**65259061**	**52676358**	**714087**		**37495**	
双台子区	12242606	8697807			37495	
兴隆台区	36703737	28797490				
大洼县	13286718	13155626	714087			
盘山县	3026000	2025435				
铁岭市	**40707987**	**39078438**	**1693217**		**8000**	**20000**
银州区	13867587	13867587			8000	
清河区	832458	832458				20000
铁岭县	11531904	10275901				
西丰县	176371	176371				
昌图县	4011455	3637909	21363			
调兵山市	3649927	3649927	1242024			
开原市	6638285	6638285	429830			
朝阳市	**35393870**	**35366748**				
双塔区	17181796	17181796				
龙城区	7785567	7785397				
朝阳县	590057	590057				
建平县	1824690	1797738				
喀喇沁左翼蒙古族自治县	2807387	2807387				
北票市	1809019	1809019				
凌源市	3395354	3395354				
葫芦岛市	**49517146**	**47027518**	**1301267**		**160477**	
连山区	10079819	9121556	451747			
龙港区	22815046	22475781	849520		160477	
南票区	116729	116729				
绥中县	9277916	8366326				
建昌县	1858658	1858658				
兴城市	5368978	5088468				

国有联营	集体联营	国有与集体联营	其他联营	有限责任公司	国有独资	其他有限责任公司	股份有限公司	私营
				11631304		**11631304**	**1149093**	**20163771**
				3827158		3827158	23823	7827708
				5491022		5491022		842348
				1242239		1242239	17594	1718789
				831056		831056		642781
				223408		223408	1107676	1895299
				16421		16421		3071959
								4164887
				25278034	**190**	**25277844**	**2126214**	**24519773**
				4281619		4281619	79741	4298952
				15028014		15028014	1214	13767507
				5619645	190	5619455	1996088	4825806
				348756		348756	49171	1627508
			20000	**18311165**	**6532873**	**11778292**	**1447123**	**17558933**
				4591578	217276	4374302	60533	9207476
			20000	101067		101067	6500	704891
				7531897	5544598	1987299	299924	2444080
								176371
				1352199	770807	581392	269868	1954479
				1203255		1203255	217328	987320
				3531169	192	3530977	592970	2084316
				18902401	**61154**	**18841247**		**16464347**
				7952944		7952944		9228852
				5822741		5822741		1962656
				84972		84972		505085
				318967		318967		1478771
				2078784		2078784		728603
				930771		930771		878248
				1713222	61154	1652068		1682132
				23509842	**288244**	**23221598**	**1882196**	**20106806**
				4399300		4399300	182096	4087723
				15898953	288244	15610709	1187042	4313549
								116729
				1988868		1988868		6377458
				287693		287693		1570965
				935028		935028	513058	3640382

3-A-5 续表 3

地区						
						港、澳、台商投资
					其他	
	私营独资	私营合伙	私营有限责任公司	私营股份有限公司		
全　省	**7082653**	**205277**	**577219484**	**25977131**	**1278690**	**267927425**
沈阳市	**1560872**		**117801684**	**6988319**	**54488**	**102771334**
和平区			15749615	26007		22595212
沈河区	5000		7488606	2589336		21728192
大东区			10257928	273930		7880973
皇姑区			7095807	11780	15705	8513202
铁西区	1554072		13055980	51645	11494	7783850
苏家屯区	1800		2780102	1618915		628867
东陵区			20823672	1820049	27289	19508253
沈北新区			8666421	529987		8768171
于洪区			23998488	66337		5167724
辽中县			1394766	333		
康平县			644623			
法库县			1104737			196890
新民市			4740939			
大连市	**987579**		**217227095**	**5389891**	**364402**	**120820697**
中山区			28896477	276257		13926512
西岗区			14240270	432866	1344	4308688
沙河口区			42819308	19989	123833	22404822
甘井子区	362715		40404097	311470		27769511
旅顺口区	581587		9506916	265628	101703	8100916
金州区			40685350	1836997	31233	38941015
长海县			1192653		28628	
瓦房店市	43277		14632896	1152520	77358	5152403
普兰店市			14666107	1094164	303	
庄河市			10183021			216830
鞍山市	**710788**		**27890890**	**1094931**	**256416**	**12223787**
铁东区	129950		8970929	220032	79993	4310212
铁西区	160329		8246569	86699	8720	2006865
立山区	2529		2309962	1642	22695	2813189
千山区			22432			2562479
台安县	301144		413668			
岫岩满族自治县	700		500593		1286	
海城市	116136		7426737	786558	143722	531042
抚顺市			**10793143**	**1821019**		**3611396**
新抚区			1274557			
东洲区			1031426			
望花区			4328471	1821019		2125820

港澳台商合资经营	港澳台商合作经营	港澳台商独资	港澳台商投资股份有限公司	其他港澳台商投资	外商投资企业	中外合资经营	中外合作经营	外资企业	外商投资股份有限公司	其他外商投资
121756835	**5786232**	**137478791**	**2905567**		**158654297**	**63536751**	**18834518**	**72203116**	**4079912**	
35550395	**4792957**	**62427265**	**717**		**96471394**	**34437153**	**18834098**	**39671737**	**3528406**	
7739850	1812347	13042515	500		19441405	4546693	11960481	2934231		
4292601	1466888	15968486	217		21416286	9789155	1775365	9851766		
4433810		3447163			2015814	930154		1085660		
4829048		3684154			8671579	2323112	1253062	5095405		
840271	849207	6094372			7937384	116		7937268		
		628867			6689319	3554304		3135015		
7823429	477625	11207199			18759295	7126455	3845190	5067809	2719841	
4187227		4580944			4995226	1005361		3181300	808565	
1394159		3773565			6545086	5161803		1383283		
10000	186890									
67741338	**782362**	**51997438**	**299559**		**47179370**	**20221793**		**26957577**		
1549056	782362	11595094			9615139	2303474		7311665		
517228		3730170	61290		2352234	2290213		62021		
16960722		5444100			17702198	6471079		11231119		
16707150		11062361			2856111	2154895		701216		
6897913		1203003			1025067	341826		683241		
20964951		17737795	238269		9523033	4185023		5338010		
3927488		1224915			1630305			1630305		
					2168131	2168131				
216830					307152	307152				
6162857	**209913**	**3548403**	**2302614**		**5781241**	**4816493**	**420**	**657560**	**306768**	
2697884	209913	1402415			1412253	795244		310241	306768	
1490941		515924			424508	410311	420	13777		
961353		1099022	752814		2372947	2332285		40662		
1012679			1549800		288230			288230		
		531042			1283303	1278653		4650		
2254976		**1356420**			**270891**			**270891**		
769400		1356420			270891			270891		

3-A-5 续表 4

地区	私营独资	私营合伙	私营有限责任公司	私营股份有限公司	其他	港、澳、台商投资
顺城区			3453094			1485576
抚顺县			445716			
新宾满族自治县			83965			
清原满族自治县			175914			
本溪市	**689819**		**9420867**	**1704259**	**3600**	**2564287**
平山区			492370	3896	2750	
溪湖区	689547		243610	58650		234761
明山区	272		7038408	1625848		2329526
南芬区			8099	3657		
本溪满族自治县			1527190	11708	850	
桓仁满族自治县			111190	500		
丹东市	**117402**	**897**	**18365013**	**2677276**	**131830**	**1522093**
元宝区			4800556	1625126	9180	
振兴区			6243062	339518	112650	1031129
振安区	116952		1713806			490964
宽甸满族自治县			409991	234118	10000	
东港市			5174598	478514		
凤城市	450	897	23000			
锦州市	**13700**		**14535779**	**1004331**		**3665224**
古塔区			3529115	1700		659094
凌河区			1979845	54060		194829
太和区			3677601	467214		2766116
黑山县			264695			
义县			465457	43607		45185
凌海市	1000		592818	437750		
北镇市	12700		4026248			
营口市	**365859**		**49269359**	**1558316**	**360269**	**3889454**
站前区	5000		3456822	205081	1915	2406680
西市区	11027		6919906	179786	14522	771292
鲅鱼圈区			26641026	1090774	333582	711257
老边区			5148904			
盖州市	151747		3800307		10250	
大石桥市	198085		3302394	82675		225
阜新市	**44018**		**19247729**	**390080**		**1014168**
海州区			3246207	120932		869700
新邱区			942997			
太平区			1808343			144468
清河门区			529632			
细河区	36511		9638960	121497		
阜新蒙古族自治县			1773803	147651		
彰武县	7507		1307787			

港澳台商合资经营	港澳台商合作经营	港澳台商独资	港澳台商投资股份有限公司	其他港澳台商投资	外商投资企业	中外合资经营	中外合作经营	外资企业	外商投资股份有限公司	其他外商投资
1485576										
		2564287			**75**	**75**				
		234761								
		2329526			75	75				
490964		**1031129**			**3619942**	**592171**		**3027771**		
					630	630				
		1031129			2739277	485657		2253620		
490964					880035	105884		774151		
2811301		**853923**			**237477**	**236977**		**500**		
		659094			237477	236977		500		
		194829								
2766116										
45185										
107480		**3479297**	**302677**		**2362950**	**1964452**		**153760**	**244738**	
		2104003	302677		586378	586378				
6225		765067			869628	471130		153760	244738	
101030		610227			906944	906944				
225										
1014168					**216171**	**216171**				
869700					96400	96400				
144468										
					119771	119771				

3-A-5 续表 5

地 区	私营独资	私营合伙	私营有限责任公司	私营股份有限公司	其他	港、澳、台商投资
辽阳市	**303967**	**204380**	**17889665**	**1765759**		**1387190**
白塔区			6212056	1615652		
文圣区			842348			440429
宏伟区			1718789			
弓长岭区	139124		353550	150107		275693
太子河区	164843		1730456			
辽阳县			3071959			
灯塔市		204380	3960507			671068
盘锦市	**1947193**		**22190235**	**382345**	**755**	**11507817**
双台子区	8013		4258378	32561		2741133
兴隆台区	1939180		11631069	197258	755	7906247
大洼县			4673280	152526		131092
盘山县			1627508			729345
铁岭市	**316562**		**16419467**	**822904**	**40000**	**1629549**
银州区	16066		9022425	168985		
清河区	255415		449476			
铁岭县			1963415	480665		1256003
西丰县			176371			
昌图县	45081		1909398		40000	373546
调兵山市			814066	173254		
开原市			2084316			
朝阳市			**16464347**			**22901**
双塔区			9228852			
龙城区			1962656			170
朝阳县			505085			
建平县			1478771			22731
喀喇沁左翼蒙古族自治县			728603			
北票市			878248			
凌源市			1682132			
葫芦岛市	**24894**		**19704211**	**377701**	**66930**	**1297528**
连山区	443		4078554	8726	690	958263
龙港区			3967731	345818	66240	339265
南票区			116729			
绥中县			6377458			
建昌县			1549808	21157		
兴城市	24451		3613931	2000		

港澳台商合资经营	港澳台商合作经营	港澳台商独资	港澳台商投资股份有限公司	其他港澳台商投资	外商投资企业	中外合资经营	中外合作经营	外资企业	外商投资股份有限公司	其他外商投资
1111497		**275693**			**243579**	**243579**				
					243579	243579				
440429										
		275693								
671068										
3895777		**7612040**			**1074886**	**803666**		**271220**		
2741133					803666	803666				
731837		7174410								
131092										
291715		437630			271220			271220		
		1629549								
		1256003								
		373546								
170		**22731**			**4221**	**4221**				
170										
		22731			4221	4221				
615912	**1000**	**680616**			**1192100**			**1192100**		
276647	1000	680616								
339265										
					911590			911590		
					280510			280510		

3-A-6 各地区按登记注册类型分联网直报房地产开发企业法人单位个数

地区	法人单位数(个)	内资企业					
			国有企业	集体企业	股份合作企业	国有独资公司	其他有限责任公司
全省	**4082**	**3671**	**34**	**6**	**8**	**39**	**1421**
沈阳市	837	667	6			7	334
大连市	1025	897	12	3	2	6	310
鞍山市	377	342	3	2	1	4	116
抚顺市	156	147				4	84
本溪市	126	122	4			3	61
丹东市	214	201	2		4		71
锦州市	121	116		1			53
营口市	283	270				3	74
阜新市	161	156	1			5	34
辽阳市	134	131	1				35
盘锦市	121	106					51
铁岭市	163	160	3			5	35
朝阳市	187	184				1	92
葫芦岛市	177	172	2		1	1	71

注：本表数据范围为联网直报房地产开发企业。

3-A-6 续表 1

地区						港澳台商投资企业		
	股份有限公司	私营独资企业	私营有限责任公司	私营股份有限公司	其他企业		与港澳台商合资经营企业	与港澳台商合资合作经营企业
全省	**137**	**18**	**1907**	**94**	**7**	**268**	**115**	**10**
沈阳市	29	1	279	11		98	33	7
大连市	23	1	513	26	1	95	47	2
鞍山市	12	4	191	7	2	21	11	1
抚顺市	15		42	2		8	6	
本溪市	9	1	39	5		4		
丹东市	18	1	96	8	1	4	1	
锦州市	5	1	52	4		5	2	
营口市	2	4	178	7	2	7	1	
阜新市	1	2	110	3		3	3	
辽阳市	5		83	7		2	2	
盘锦市	3	1	49	2		13	6	
铁岭市	11	2	96	8		3		
朝阳市			91			2	1	
葫芦岛市	4		88	4	1	3	2	

3-A-6　续表 2

地　区	港澳台商独资经营企　业	港澳台商投资股份有限公司	外商投资企　业	中外合资经营企业	中外合作经营企业	外资企业	外商投资股份有限公　司
全　省	**139**	**4**	**143**	**68**	**6**	**65**	**4**
沈阳市	58		72	27	6	37	2
大连市	44	2	33	20		13	
鞍山市	8	1	14	9		4	1
抚顺市	2		1			1	
本溪市	4						
丹东市	3		9	3		6	
锦州市	3						
营口市	5	1	6	4		1	1
阜新市			2	2			
辽阳市			1	1			
盘锦市	7		2	1		1	
铁岭市	3						
朝阳市	1		1	1			
葫芦岛市	1		2			2	

3-A-7　各地区按资质等级分联网直报房地产开发企业法人单位数

地　区	法　人单位数(个)	一　级	二　级	三　级	四　级	暂　定	其　他
全　省	**4082**	**57**	**244**	**1119**	**79**	**2210**	**373**
沈阳市	837	13	68	181	4	509	62
大连市	1025	21	58	327	14	485	120
鞍山市	377	7	24	69	20	149	108
抚顺市	156	2	9	47	13	74	11
本溪市	126	5	10	35	1	56	19
丹东市	214	2	7	56	8	133	8
锦州市	121	1	4	30	3	72	11
营口市	283		9	71	2	191	10
阜新市	161		6	40	7	104	4
辽阳市	134		5	52	1	71	5
盘锦市	121	2	16	44		56	3
铁岭市	163	1	10	55	1	87	9
朝阳市	187	1	8	54	5	118	1
葫芦岛市	177	2	10	58		105	2

注：本表数据范围为联网直报房地产开发企业。

3-A-8 各地区按用途分联网直报房地产开发企业房屋施工面积

地区	房屋施工面积（平方米）	住宅	别墅、高档公寓	办公楼	商业营业用房	其他
全省	**416256030**	**314165103**	**9404680**	**7964625**	**62302769**	**31823533**
沈阳市	115682918	84824949	3737106	3396692	19220040	8241237
大连市	63961671	48678923	2315240	1702721	7554695	6025332
鞍山市	43739692	33067520	715368	243142	7140231	3288799
抚顺市	14758034	11007266	413356	136823	2734502	879443
本溪市	16568512	12630199	68450	196402	1894894	1847017
丹东市	14666331	10944000	561082	151394	2765631	805306
锦州市	16084198	13171443	522138	247852	1764351	900552
营口市	33071288	25738295	433266	331702	4738292	2262999
阜新市	12646366	8939645	75608	157829	2191351	1357541
辽阳市	11225339	7866048	9774	196256	2026487	1136548
盘锦市	18055730	12684714	465033	535297	3575634	1260085
铁岭市	19981542	16164059	46155	81967	2694000	1041516
朝阳市	19206882	14891674	2681	552707	2379667	1382834
葫芦岛市	16607527	13556368	39423	33841	1622994	1394324

注：本表数据范围为联网直报房地产开发企业。

3-A-9 各地区按资质等级分联网直报房地产开发企业房屋施工面积

地区	房屋施工面积（平方米）	一级	二级	三级	四级	暂定	其他
全省	**416256030**	**10531924**	**44690801**	**91669617**	**2365557**	**240947281**	**25867208**
沈阳市	115682918	1842275	17054525	15187828	128764	74294293	7175233
大连市	63961671	1643285	5039390	13804737	158952	38637175	4678132
鞍山市	43739692	1120460	3528233	5608542	879889	26843441	5759127
抚顺市	14758034	533913	1596777	5587830	345510	5533562	1160442
本溪市	16568512	3014382	1595681	4408780		5678652	1871017
丹东市	14666331	170000	628877	4162655	92901	8146852	1465046
锦州市	16084198	1093726	674109	4126319	173083	8980113	1036848
营口市	33071288		1534296	7069516	214443	23392429	676962
阜新市	12646366		1060637	2557585	281161	8728480	18503
辽阳市	11225339		2150429	3962657		4731745	380508
盘锦市	18055730	220843	3456435	7148811		6977486	252155
铁岭市	19981542	127143	1480873	7009433	47097	10329605	987391
朝阳市	19206882	306586	2834162	4261291	43757	11360318	400768
葫芦岛市	16607527	459311	2056377	6773633		7313130	5076

注：本表数据范围为联网直报房地产开发企业。

3-A-10　各地区按用途分联网直报房地产开发企业房屋新开工面积

地　区	房屋新开工面　积(平方米)	住　　宅		办公楼	商业营业用　　房	其　　他
			别墅、高档公　　寓			
全　省	**134444501**	**101416585**	**2449108**	**1967966**	**19654992**	**11404958**
沈阳市	36191035	27206038	498771	699683	5524233	2761081
大连市	20043410	15055422	618035	669907	2050225	2267856
鞍山市	11474150	8489264	305351	39198	1571060	1374628
抚顺市	3972279	3051940	121919	35657	671945	212737
本溪市	8008303	6048165		176806	846081	937251
丹东市	7488817	6039248	381076	75990	1082875	290704
锦州市	7018102	5523302	147862	88933	958851	447016
营口市	6304370	4753787	126313	26020	1194913	329650
阜新市	3266630	2242026		42129	600702	381773
辽阳市	4017925	2543286		25476	922113	527050
盘锦市	5094436	3269238	243320	4838	1411629	408731
铁岭市	8573873	6695158	6461	9636	1492789	376290
朝阳市	7584879	6169008		62021	780180	573670
葫芦岛市	5406292	4330703		11672	547396	516521

注：本表数据范围为联网直报房地产开发企业。

3-A-11　各地区按资质等级分联网直报房地产开发企业房屋新开工面积

地　区	房屋新开工面积(平方米)	一　级	二　级	三　级	四　级	暂　定	其　他
全　省	**134444501**	**3485221**	**15944260**	**27437997**	**917923**	**75387820**	**11271280**
沈阳市	36191035	280000	6548266	4000542	60956	22839006	2462265
大连市	20043410	62249	1741515	3772411	8354	12905608	1553273
鞍山市	11474150	413591	1113046	1463794	312194	5113408	3058117
抚顺市	3972279	28946	331481	1073682	147165	1696727	694278
本溪市	8008303	1412208	462032	2014275		2784505	1335283
丹东市	7488817	170000	287584	2219498	50399	3907546	853790
锦州市	7018102	667000	329901	1340285	136714	4011219	532983
营口市	6304370		62119	1878304		4363947	
阜新市	3266630		556773	920865	111287	1659679	18026
辽阳市	4017925		973004	1321184		1654467	69270
盘锦市	5094436	220843	789409	1494751		2507994	81439
铁岭市	8573873	53597	605501	2214478	47097	5206488	446712
朝阳市	7584879	81449	1343222	1217770	43757	4737913	160768
葫芦岛市	5406292	95338	800407	2506158		1999313	5076

注：本表数据范围为联网直报房地产开发企业。

3-A-12 各地区按用途分联网直报房地产开发企业房屋竣工面积

地 区	房屋竣工面积(平方米)	住 宅		办公楼	商业营业用房	其 他
			别墅、高档公寓			
全 省	**61519737**	**50256920**	**459124**	**662431**	**7160794**	**3439592**
沈阳市	14597997	12303370	15788	85439	1785973	423215
大连市	10465682	8506630	84453	234442	964536	760074
鞍山市	2592531	2132937	92204	29000	366876	63718
抚顺市	2149669	1846998	50714	4518	259514	38639
本溪市	6032148	4812137		44282	623255	552474
丹东市	1405845	1165149		292	193889	46515
锦州市	1835914	1443447		74503	210160	107804
营口市	4863029	4011562	115934	24439	492842	334186
阜新市	1870972	1281626		31545	419740	138061
辽阳市	748887	590558		5971	65740	86618
盘锦市	2361618	1628227	35263	24677	500966	207748
铁岭市	5739839	4829497	39694	10506	580524	319312
朝阳市	4567625	3688874	1861	87629	582360	208762
葫芦岛市	2287981	2015908	23213	5188	114419	152466

注：本表数据范围为联网直报房地产开发企业。

3-A-13 各地区按资质等级分联网直报房地产开发企业房屋竣工面积

地 区	房屋竣工面积(平方米)	一 级	二 级	三 级	四 级	暂 定	其 他
全 省	**61519737**	**1986868**	**7306735**	**17567849**	**950474**	**30473352**	**3234459**
沈阳市	14597997		2667335	1887331		9048115	995216
大连市	10465682	198148	704833	2437469	38036	6225007	862189
鞍山市	2592531		877891	613266	64188	1037186	
抚顺市	2149669	145174	157740	1090152	289441	458919	8243
本溪市	6032148	1279616	636487	1652384		2060168	403493
丹东市	1405845		219291	460539	48732	423615	253668
锦州市	1835914	8560		403380	172619	1251355	
营口市	4863029		310266	1089533	200000	3139597	123633
阜新市	1870972		46203	694491	130500	998468	1310
辽阳市	748887		337178	255623		156086	
盘锦市	2361618		126155	971469		1207555	56439
铁岭市	5739839	127143	108196	2730138	6958	2486336	281068
朝阳市	4567625		616147	1767155		1935123	249200
葫芦岛市	2287981	228227	499013	1514919		45822	

注：本表数据范围为联网直报房地产开发企业。

3-A-14　各地区按用途分联网直报房地产开发企业房屋竣工价值

地　区	房屋竣工价值（万元）	住　宅	别墅、高档公寓	办公楼	商业营业用房	其他
全　省	**14908128**	**12146000**	**147933**	**147116**	**1806324**	**808688**
沈阳市	3588205	2989138	3157	12687	478355	108025
大连市	3423939	2834144	68547	69616	295940	224239
鞍山市	561168	445505	12286	6860	92940	15863
抚顺市	549570	459185	13409	827	79569	9989
本溪市	1432306	1141817		12245	149641	128603
丹东市	372092	300254		60	60136	11642
锦州市	386717	317596		9418	40181	19522
营口市	924961	761113	28164	4181	99722	59945
阜新市	338900	215924		5721	90885	26370
辽阳市	161527	130688		1493	14234	15112
盘锦市	552298	402958	10198	5996	94202	49142
铁岭市	1131801	928384	8253	2297	128700	72420
朝阳市	1058585	850471	504	14304	156419	37391
葫芦岛市	426059	368823	3415	1411	25400	30425

注：本表数据范围为联网直报房地产开发企业。

3-A-15　各地区联网直报房地产开发企业建造的房屋面积和造价

地　区	房屋施工面积（平方米）	房屋竣工面积（平方米）	房屋建筑面积竣工率（%）	房屋竣工价值（万元）	房屋竣工造价（元/平方米）
全　省	**416256030**	**61519737**	**14.8**	**14908128**	**2423**
沈阳市	115682918	14597997	12.6	3588205	2458
大连市	63961671	10465682	16.4	3423939	3272
鞍山市	43739692	2592531	5.9	561168	2165
抚顺市	14758034	2149669	14.6	549570	2557
本溪市	16568512	6032148	36.4	1432306	2374
丹东市	14666331	1405845	9.6	372092	2647
锦州市	16084198	1835914	11.4	386717	2106
营口市	33071288	4863029	14.7	924961	1902
阜新市	12646366	1870972	14.8	338900	1811
辽阳市	11225339	748887	6.7	161527	2157
盘锦市	18055730	2361618	13.1	552298	2339
铁岭市	19981542	5739839	28.7	1131801	1972
朝阳市	19206882	4567625	23.8	1058585	2318
葫芦岛市	16607527	2287981	13.8	426059	1862

注：本表数据范围为联网直报房地产开发企业。

3-A-16　各地区按用途分联网直报房地产开发企业商品房销售面积

地　区	商品房销售面积(平方米)	住　宅	别墅、高档公寓	办公楼	商业营业用房	其他
全　省	**92923312**	**80147974**	**1982018**	**536088**	**8589992**	**3649258**
沈阳市	22623264	20173699	1172391	174531	2019580	255454
大连市	12221250	11040202	169782	63805	887593	229650
鞍山市	8896137	6905392	226088	106176	987025	897544
抚顺市	3356450	2890588	45916		436799	29063
本溪市	5270592	3586205	6976	22704	447837	1213846
丹东市	4908325	4445253	6144	61682	336804	64586
锦州市	5281340	4999846	209249	23152	193202	65140
营口市	6209843	5365849	10392	11720	601840	230434
阜新市	2107449	1663529	14365	34895	344967	64058
辽阳市	2750734	2443410			250412	56912
盘锦市	3729442	3209889	79005		427262	92291
铁岭市	4944931	3980023	41710	4500	729776	230632
朝阳市	7490602	6481599		32923	793235	182845
葫芦岛市	3132953	2962490			133660	36803

注：本表数据范围为联网直报房地产开发企业。

3-A-17　各地区按资质等级分联网直报房地产开发企业商品房销售面积

单位：平方米

地　区	商品房销售面积(平方米)	一　级	二　级	三　级	四　级	暂　定	其　他
全　省	**92923312**	**2176504**	**11245025**	**23291168**	**803359**	**50491055**	**4909568**
沈阳市	22623264	316943	3851122	3813326	51185	13767485	823203
大连市	12221250	92485	636621	2885007	8892	7641525	956720
鞍山市	8896137	71842	942437	1091783	137106	6342685	310284
抚顺市	3356450	127589	440863	1153749	141835	1097225	395189
本溪市	5270592	675712	357394	1321613		1903409	1012464
丹东市	4908325	140917	350858	1483846	26259	2619197	287248
锦州市	5281340	104556	299265	1545025	152450	2901007	279037
营口市	6209843		205732	1537497	99426	4058563	301992
阜新市	2107449		209479	507079	173308	1214689	2894
辽阳市	2750734		702968	938758		1044288	64720
盘锦市	3729442	61400	855169	1528843		1245304	38726
铁岭市	4944931	21374	666134	1841375	11458	2231775	172815
朝阳市	7490602	261361	1288595	2253528	1440	3426478	259200
葫芦岛市	3132953	302325	438388	1389739		997425	5076

注：本表数据范围为联网直报房地产开发企业。

3-A-18　各地区按用途分联网直报房地产开发企业商品房期房销售面积

地　区	商品房期房销售面积(平方米)	住　　宅	别墅、高档公　　寓	办公楼	商业营业用　　房	其 他
全　省	**69271702**	**60879671**	**1597013**	**441881**	**5828246**	**2121904**
沈阳市	16814204	15061571	1042073	158775	1364906	228952
大连市	8596101	7876220	141213	56921	518813	144147
鞍山市	7180104	5436158	79650	106176	769407	868363
抚顺市	2752990	2451225	43223		276990	24775
本溪市	1526127	1136150			178871	211106
丹东市	4062474	3761810	6144	38642	220975	41047
锦州市	4119400	3919954	209249	16440	140553	42453
营口市	5137743	4483491	10392	11720	439456	203076
阜新市	1577168	1320201	14365	16642	186430	53895
辽阳市	2478734	2226110			221323	31301
盘锦市	2807756	2446578	45678		341605	19573
铁岭市	3092288	2594657	5026	4000	416029	77602
朝阳市	6459512	5621364		32565	663085	142498
葫芦岛市	2667101	2544182			89803	33116

注：本表数据范围为联网直报房地产开发企业。

3-A-19　各地区按用途分联网直报房地产开发企业房屋出租面积

地　区	房屋出租面　　积(平方米)	住　　宅	别墅、高档公　　寓	办公楼	商业营业用　　房	其 他
全　省	**238413**	**25436**		**11859**	**201118**	
沈阳市	41536	21536			20000	
大连市	194677	3900		11859	178918	
鞍山市						
抚顺市						
本溪市						
丹东市						
锦州市	2200				2200	
营口市						
阜新市						
辽阳市						
盘锦市						
铁岭市						
朝阳市						
葫芦岛市						

注：本表数据范围为联网直报房地产开发企业。

3-A-20 各地区按用途分联网直报房地产开发企业商品房销售额

地 区	商品房销售额（万元）	住 宅		办公楼	商业营业用 房	其 他
			别墅、高档公 寓			
全 省	**47592106**	**39418642**	**1572901**	**363416**	**6365457**	**1444591**
沈阳市	14360531	12252851	914496	186244	1759989	161447
大连市	10098738	8676651	298508	41401	1235285	145401
鞍山市	3665196	2891740	135271	34673	453548	285235
抚顺市	1680682	1299038	45701		364225	17419
本溪市	1969323	1298184	6025	9714	229119	432306
丹东市	2117326	1748858	8978	49321	281140	38007
锦州市	1887418	1746215	65042	10370	105979	24854
营口市	2704327	2159635	7792	5341	432186	107165
阜新市	802278	561652	3735	13021	208985	18620
辽阳市	1168420	969214			177517	21689
盘锦市	1559885	1252899	60417		263349	43637
铁岭市	1827826	1387048	26936	1720	347119	91939
朝阳市	2314320	1875876		11611	381021	45812
葫芦岛市	1435836	1298781			125995	11060

注：本表数据范围为联网直报房地产开发企业。

3-A-21 各地区按资质等级分联网直报房地产开发企业商品房销售额

地 区	商品房销售额（万元）	一 级	二 级	三 级	四 级	暂 定	其 他
全 省	**47592106**	**1235916**	**5700219**	**11420995**	**284432**	**26428202**	**2518397**
沈阳市	14360531	268089	2392196	2464298	35528	8736023	464397
大连市	10098738	122798	620749	2508223	3738	5977107	866123
鞍山市	3665196	47040	364085	377276	39445	2711456	125894
抚顺市	1680682	92315	213317	590711	56823	545704	181812
本溪市	1969323	290085	118976	508392		716295	335575
丹东市	2117326	104991	169596	596385	9502	1122310	114542
锦州市	1887418	63426	126309	550763	46257	984436	116227
营口市	2704327		100600	707096	42056	1727573	123057
阜新市	802278		100599	179972	47336	473424	947
辽阳市	1168420		281657	365488		500291	20984
盘锦市	1559885	25071	375926	646567		489630	22691
铁岭市	1827826	7803	233877	683010	3315	829593	70228
朝阳市	2314320	81627	374019	643758	432	1140174	74310
葫芦岛市	1435836	132671	228313	599056		474186	1610

注：本表数据范围为联网直报房地产开发企业。

3-A-22 各地区联网直报房地产开发企业商品房屋待售情况

地 区	商品房待售面积（平方米）	#待售1-3年面积	#待售3年以上面积
全 省	**34265939**	**19911787**	**1453028**
沈阳市	10220030	6277105	625429
大连市	7658681	4677876	360789
鞍山市	1802184	1237733	31997
抚顺市	1398387	493443	4559
本溪市	1819345	661987	
丹东市	737876	316084	44596
锦州市	1224296	620524	34945
营口市	1976042	1028049	78000
阜新市	1218506	412210	90478
辽阳市	238517	52101	25143
盘锦市	1526963	631355	58000
铁岭市	3715754	3137539	88013
朝阳市	480295	292390	8923
葫芦岛市	249063	73391	2156

注：本表数据范围为联网直报房地产开发企业。

3-A-23 各地区按用途分联网直报房地产开发企业商品房待售面积

地 区	商品房待售面积（平方米）	住 宅	别墅、高档公寓	办公楼	商业营业用房	其 他
全 省	**34265939**	**25912770**	**920957**	**588337**	**5751781**	**2013051**
沈阳市	10220030	7967857	483092	303777	1567736	380660
大连市	7658681	5573320	147008	185210	1200516	699635
鞍山市	1802184	1294124	123383	6353	428508	73199
抚顺市	1398387	1114449	41160	4979	238534	40425
本溪市	1819345	1338130	59031	12028	355201	113986
丹东市	737876	521538		16150	164884	35304
锦州市	1224296	954705	16507	20975	181059	67557
营口市	1976042	1554514	10116	4503	308628	108397
阜新市	1218506	811848		12101	298096	96461
辽阳市	238517	83086		1688	129209	24534
盘锦市	1526963	1087347	11320		211519	228097
铁岭市	3715754	3185201	29340	1100	397366	132087
朝阳市	480295	321867		19073	133345	6010
葫芦岛市	249063	104784		400	137180	6699

注：本表数据范围为联网直报房地产开发企业。

3-A-24 各地区联网直报房地产开发企业土地开发及其购置情况

地　区	待开发土地面积（平方米）	本年土地购置面积（平方米）	本年土地成交价款（万元）
全　省	**20061519**	**25022721**	**5668331**
沈阳市	7045259	8600384	2477814
大连市	2901404	3362551	1214533
鞍山市	680862	1283160	214123
抚顺市	792063	675546	183721
本溪市	840853	1309753	180614
丹东市	1063412	504792	83995
锦州市	1177545	996167	303577
营口市	479888	1207686	155910
阜新市	168243	1237957	199687
辽阳市	519268	650651	112673
盘锦市	1105751	1198726	132142
铁岭市	1771979	1249892	73524
朝阳市	874494	1247976	159544
葫芦岛市	640498	1497480	176474

注：本表数据范围为联网直报房地产开发企业。

3-A-25 各地区按登记注册类型分联网直报房地产开发企业资产总计

地　区	资产总计（万元）	内资企业（万元）					
			国有企业	集体企业	股份合作企业	国有独资公司	其他有限责任公司
全　省	**19214659**	**15206400**	**128431**	**3222**	**42607**	**1133596**	**6627014**
沈阳市	5847952	3898131	10600			324821	2198425
大连市	7349158	5832043	70683	500	18520	498350	2054077
鞍山市	993666	833295	374	1540	19864	161670	352541
抚顺市	466426	427603				29972	232745
本溪市	352378	326735	15025			18614	164124
丹东市	535969	487138	1730		2618		182156
锦州市	352070	334886		1182			180392
营口市	903782	843524				15441	359289
阜新市	278278	265975	75			15908	50051
辽阳市	336326	322776					116300
盘锦市	610192	486409					233435
铁岭市	372257	356047	16932			65327	95694
朝阳市	329472	329201				612	177495
葫芦岛市	486733	462638	13013		1605	2882	230291

注：本表数据范围为联网直报房地产开发企业。

3-A-25　续表 1

地　区	股　份有限公司	私　营独资企业	私　营有限责任公　司	私　营股份有限公　司	其他企业	港澳台商投资企业(万元)	与港澳台商合资经营企业	与港澳台商合资合作经营企业
全　省	**1762857**	**54514**	**5196133**	**250950**	**7074**	**2536026**	**1180846**	**56965**
沈阳市	240068	15541	1040338	68338		1007130	351880	47043
大连市	1270444	3627	1864057	50547	1238	1127085	666981	7824
鞍山市	21153	4066	261172	10889	25	105953	61220	2099
抚顺市	43609		103213	18065		36114	22550	
本溪市	12004	6895	93078	16995		25643		
丹东市	90595	1170	180970	26773	1127	15221	4910	
锦州市	11255	127	132834	9095		17183	8644	
营口市	5386	1821	442949	15201	3438	38682	1010	
阜新市	6828	75	189217	3821		10142	10142	
辽阳市	11491		177327	17658		11115	11115	
盘锦市	20453	19392	211479	1650		113035	36914	
铁岭市	10752	1800	157313	8229		16210		
朝阳市			151094			229	2	
葫芦岛市	18820		191092	3690	1246	12285	5479	

3-A-25　续表 2

地　区	港澳台商独资经营企　业	港澳台商投资股份有限公司	外商投资企　业(万元)	中外合资经营企业	中外合作经营企业	外资企业	外　商投资股份有限公司
全　省	**1284669**	**13546**	**1472232**	**561084**	**188131**	**683139**	**39879**
沈阳市	608208		942691	338789	188131	381387	34384
大连市	449285	2996	390030	140761		249269	
鞍山市	35110	7524	54418	47933		3437	3048
抚顺市	13564		2709			2709	
本溪市	25643						
丹东市	10311		33610	3333		30278	
锦州市	8539						
营口市	34645	3027	21576	17591		1538	2447
阜新市			2162	2162			
辽阳市			2436	2436			
盘锦市	76120		10749	8037		2712	
铁岭市	16210						
朝阳市	227		42	42			
葫芦岛市	6806		11810			11810	

3-A-26 各地区按登记注册类型分联网直报房地产开发企业负债合计

地 区	负债合计（万元）	内资企业（万元）	国有企业	集体企业	股份合作企业	国有独资公司	其他有限责任公司
全 省	**14876632**	**12506993**	**110185**	**2974**	**28591**	**803788**	**5532607**
沈阳市	4313593	3234978	8261			290935	1797328
大连市	5493464	4572734	58926	311	16582	270554	1684446
鞍山市	743645	623924		1490	8860	91120	276655
抚顺市	400802	372671				29419	206717
本溪市	311551	290887	14079			20351	145657
丹东市	460261	424196	1600		1613		155983
锦州市	297789	287935		1172			147942
营口市	778265	740479				15082	318679
阜新市	245873	235359	67			15362	40906
辽阳市	302722	290984					103576
盘锦市	485876	411257					202362
铁岭市	324613	319463	15844			67698	85459
朝阳市	274399	274218				651	155292
葫芦岛市	443780	427910	11407		1537	2617	211606

注：本表数据范围为联网直报房地产开发企业。

3-A-26 续表 1

地 区	股份有限公司	私营独资企业	私营有限责任公司	私营股份有限公司	其他企业	港澳台商投资企业（万元）	与港澳台商合资经营企业	与港澳台商合资合作经营企业
全 省	**1412754**	**38225**	**4361518**	**210423**	**5930**	**1545024**	**823775**	**42095**
沈阳市	157169	17653	905039	58593		564597	212615	31345
大连市	1042369	3263	1458293	37157	832	719108	491032	8563
鞍山市	21199	3150	211309	10142		72480	41931	2186
抚顺市	35410		83119	18006		26774	17996	
本溪市	8659	5495	81558	15089		20665		
丹东市	75453	1144	163005	24314	1084	10181	4441	
锦州市	11357	97	121174	6192		9854	4040	
营口市	4868	1413	388521	9205	2711	20082		
阜新市	6859	75	168582	3508		9378	9378	
辽阳市	11738		159084	16585		9575	9575	
盘锦市	13709	5147	188463	1577		70258	28833	
铁岭市	7809	788	135349	6516		5150		
朝阳市			118275			142		
葫芦岛市	16152		179747	3540	1303	6779	3934	

3-A-26　续表 2

地　区	港澳台商独资经营企　业	港澳台商投资股份有限公司	外商投资企　业(万元)	中外合资经营企业	中外合作经营企业	外资企业	外　商投资股份有限公司
全　省	**672692**	**6461**	**824615**	**335084**	**86414**	**387290**	**15828**
沈阳市	320637		514017	205318	86414	210366	11920
大连市	217597	1915	201622	61562		140060	
鞍山市	23613	4749	47242	44363		656	2224
抚顺市	8778		1357			1357	
本溪市	20665						
丹东市	5740		25884	1646		24238	
锦州市	5814						
营口市	20285	-203	17704	15350		670	1685
阜新市			1136	1136			
辽阳市			2163	2163			
盘锦市	41425		4360	3507		854	
铁岭市	5150						
朝阳市	142		40	40			
葫芦岛市	2846		9090			9090	

3-A-27　各地区联网直报房地产开发企业主营业务收入及其构成

地　区	主营业务收　　入(万元)	土地转让收　　入	商品房销售收入	房屋出租收　　入	其他收入
全　省	**2751966**	**2744**	**2683018**	**24000**	**42204**
沈阳市	820110	62	808109	6432	5507
大连市	843213	178	805384	10872	26780
鞍山市	176850	41	175517	44	1248
抚顺市	83328	219	82231	342	536
本溪市	68308	1	66786	515	1005
丹东市	68193		66052	1032	1109
锦州市	123961	977	121692	731	562
营口市	141117	78	140210	234	596
阜新市	45658	2	42554	11	3092
辽阳市	56912	584	53126	3066	137
盘锦市	84298	602	83044	71	582
铁岭市	64203		63829	124	250
朝阳市	109928		109017	324	587
葫芦岛市	65885		65468	205	212

注：本表数据范围为联网直报房地产开发企业。

3-A-28 各地区按登记注册类型分联网直报房地产开发企业主营业务收入

地 区	主营业务收入（万元）	内资企业（万元）					
			国有企业	集体企业	股份合作企业	国有独资公司	其他有限责任公司
全 省	**2751966**	**2130206**	**23806**	**5**	**6728**	**18923**	**943317**
沈阳市	820110	514635	3255			6224	293314
大连市	843213	612578	12454	0	3875	2839	245992
鞍山市	176850	137950	1240	5	1632	3967	60530
抚顺市	83328	77036				16	33357
本溪市	68308	65753	3771			1469	44566
丹东市	68193	63759	3		1213		18869
锦州市	123961	121144					57544
营口市	141117	127189				579	39904
阜新市	45658	45310				1787	15190
辽阳市	56912	54084					18563
盘锦市	84298	71056					39955
铁岭市	64203	64203	457			1247	6473
朝阳市	109928	109635					41873
葫芦岛市	65885	65875	2625		8	796	27187

注：本表数据范围为联网直报房地产开发企业。

3-A-28 续表 1

地 区	股份有限公司	私营独资企业	私营有限责任公司	私营股份有限公司	其他企业	港澳台商投资企业（万元）	与港澳台商合资经营企业	与港澳台商合资合作经营企业
全 省	**109640**	**5311**	**962277**	**57137**	**3061**	**386173**	**152941**	**1650**
沈阳市	24954	60	180564	6263		142219	41123	1305
大连市	49353	590	280764	15990	722	171543	81718	339
鞍山市	9294	3353	54823	3060	45	32110	22285	6
抚顺市	5469		37178	1016		6019	2135	
本溪市	8242	-20	7728	-2		2555		
丹东市	5585		32701	4338	1050	1792		
锦州市	674	5	54594	8327		2817	2577	
营口市	1064	50	81537	2812	1243	10486		
阜新市		4	27428	901		259	259	
辽阳市			27666	7855		2829	2829	
盘锦市	267	293	28521	2021		13243	17	
铁岭市	3680	977	46856	4514				
朝阳市			67762			292		
葫芦岛市	1060		34156	42		11		

3-A-28　续表 2

地　区	港澳台商独资经营企　业	港澳台商投资股份有限公司	外商投资企　业(万元)	中外合资经营企业	中外合作经营企业	外资企业	外　商投资股份有限公司
全　省	**227764**	**3818**	**235587**	**91990**	**55786**	**80929**	**68814**
沈阳市	99791		163257	51686	55786	48903	68814
大连市	89470	16	59092	33461		25632	
鞍山市	6016	3802	6790	3101		3689	
抚顺市	3884		273			273	
本溪市	2555						
丹东市	1792		2642	208		2433	
锦州市	240						
营口市	10486		3443	3443			
阜新市			90	90			
辽阳市							
盘锦市	13226						
铁岭市							
朝阳市	292						
葫芦岛市	11						

3-A-29　各地区按登记注册类型分联网直报房地产开发企业利润总额

地　区	利润总额(万元)	内资企业	国有企业	集体企业	股　份合作企业	国　有独资公司	其　他有限责任公　司
全　省	**304273**	**238217**	**1749**	**-28**	**246**	**3262**	**85615**
沈阳市	63015	28773	154			228	21069
大连市	171516	142010	1221	-4	57	1327	40021
鞍山市	25429	24321	485	-4	-41	1767	5857
抚顺市	5785	5496				-340	3629
本溪市	421	-55	-768			-72	1339
丹东市	-4188	-4188	-1		230		-4316
锦州市	10610	10607		-20			4402
营口市	14937	13696				-291	5991
阜新市	2151	2141	-2			913	655
辽阳市	3293	3199					1194
盘锦市	490	230					1225
铁岭市	4182	4948	-82			-489	344
朝阳市	6536	6533				-2	3768
葫芦岛市	97	506	742		-1	222	438

3-A-29 续表 1

地 区	股份有限公司	私营独资企业	私营有限责任公司	私营股份有限公司	其他企业	港澳台商投资企业	与港澳台商合资经营企业	与港澳台商合资合作经营企业
全 省	**70878**	**116**	**72784**	**3572**	**23**	**28238**	**9130**	**-1381**
沈阳市	-402	-101	8036	-212		8562	-1402	-1389
大连市	72138	-6	24912	2256	87	19111	9372	17
鞍山市	23	562	15330	322	20	-277	1312	-9
抚顺市	-1045		3300	-47		437	47	
本溪市	-65	-44	-108	-336		476		
丹东市	-161		-39	97		-467	-28	
锦州市	-140	0	5133	1232		3	132	
营口市	253	-4	7317	479	-50	718	-20	
阜新市	-42	0	605	14		0	0	
辽阳市	-125		2294	-163		180	180	
盘锦市	-9	-302	-598	-86		401	-416	
铁岭市	629	11	4511	25		-766		
朝阳市			2767			4	0	
葫芦岛市	-176		-675	-10	-34	-142	-46	

3-A-29 续表 2

地 区	港澳台商独资经营企业	港澳台商投资股份有限公司	外商投资企业	中外合资经营企业	中外合作经营企业	外资企业	外商投资股份有限公司
全 省	**21917**	**-1428**	**37818**	**11030**	**14019**	**12562**	**207**
沈阳市	11353		25680	6296	14019	5114	251
大连市	9888	-167	10395	4140		6255	
鞍山市	-373	-1207	1386	169		1263	-46
抚顺市	391		-148			-148	
本溪市	476						
丹东市	-439		467	64		403	
锦州市	-129						
营口市	792	-54	523	552		-31	2
阜新市			10	10			
辽阳市			-86	-86			
盘锦市	817		-141	-114		-27	
铁岭市	-766						
朝阳市	4		-1	-1			
葫芦岛市	-96		-267			-267	

注：本表数据范围为联网直报房地产开发企业。

第四篇

重点服务业企业

4-1　交通运输、仓储和邮政业企业法人单位主要指标

行　　业	单位数(个)	资产总计(亿元)	营业收入(亿元)	从业人员(人)
总　计	**11794**	**8447.0**	**2027.4**	**581095**
铁路运输业	97	3107.2	484.9	213890
道路运输业	6213	998.5	404.2	196021
城市公共交通运输	584	466.0	64.9	71406
公路旅客运输	374	66.3	32.0	19912
道路货物运输	4974	400.3	289.0	93848
道路运输辅助活动	281	65.9	18.4	10855
水上运输业	371	3021.2	471.0	44261
水上旅客运输	48	43.1	11.4	2273
水上货物运输	202	197.1	66.1	6616
水上运输辅助活动	121	2781.0	393.5	35372
航空运输业	57	140.5	27.8	10994
航空客货运输	21	11.7	2.6	738
通用航空服务	11	0.4	0.1	114
航空运输辅助活动	25	128.4	25.1	10142
管道运输业	11	15.1	5.5	1282
管道运输业	11	15.1	5.5	1282
装卸搬运和运输代理业	3440	523.6	313.5	64388
装卸搬运	376	168.5	29.9	32422
运输代理业	3064	355.1	283.6	31966
仓储业	1185	600.7	275.4	19527
谷物、棉花等农产品仓储	414	312.1	143.2	7896
其他仓储业	771	288.5	132.3	11631
邮政业	420	40.3	45.1	30732
邮政基本服务	35	23.5	34.2	20518
快递服务	385	16.8	10.9	10214

4-2 交通运输、仓储和邮政业企业法人单位分地区主要指标

地区	单位数（个）	资产总计（千元）	营业收入（千元）	从业人员（人）
全省	**11794**	**844705000**	**202737000**	**581095**
沈阳市	**2784**	**416412011**	**79635525**	**264098**
和平区	190	356556037	67839548	208002
沈河区	353	31333736	1659857	7738
大东区	261	9372846	2147794	9385
皇姑区	285	2909092	1378022	7974
铁西区	370	3464697	1758745	7362
苏家屯区	81	563927	513237	2902
东陵区	205	3510422	1670535	10089
沈北新区	68	3360728	750875	1489
于洪区	379	1473916	376941	1778
辽中县	74	548055	223418	1241
康平县	164	220214	191167	1565
法库县	285	1396690	606768	3438
新民市	69	1701651	518618	1135
大连市	**3926**	**230433401**	**74168316**	**105107**
中山区	1395	120245420	32025265	41701
西岗区	352	7310766	1077483	8352
沙河口区	230	3063994	691257	2039
甘井子区	574	21128284	9942850	17512
旅顺口区	99	1932025	346158	1423
金州区	673	67008904	27218476	22832
长海县	24	375578	117475	769
瓦房店市	233	2823401	1048863	4566
普兰店市	165	1105868	473777	2493
庄河市	181	5439161	1226712	3420
鞍山市	**722**	**16109418**	**12534182**	**47832**
铁东区	95	3361877	2840200	12188
铁西区	147	1824571	688962	1685
立山区	72	268293	155517	1355
千山区	54	419650	393080	1277
台安县	72	1709542	1242160	3140
岫岩满族自治县	37	96282	129035	1693
海城市	245	8429203	7085228	26494
抚顺市	**518**	**3569643**	**2837534**	**11547**
新抚区	68	453450	647612	4865
东洲区	84	1524155	916008	1297
望花区	138	517850	279146	1333

注：铁路系统资产总计和营业收入无按地区分组汇总指标，故此表中分项数之和不等于总计数

4-2　续表 1

地　区	单位数 (个)	资产总计 (千元)	营业收入 (千元)	从业人员 (人)
顺城区	73	518822	392926	2276
抚顺县	84	300004	208508	640
新宾满族自治县	30	83933	64200	378
清原满族自治县	41	171429	329134	758
本溪市	**297**	**9223183**	**9368617**	**11408**
平山区	113	1455817	1500230	6843
溪湖区	70	106326	402124	968
明山区	43	175955	205599	1419
南芬区	13	7158029	7028597	635
本溪满族自治县	30	127056	96363	471
桓仁满族自治县	28	200000	135704	1072
丹东市	**363**	**40352782**	**4748546**	**13917**
元宝区	46	122771	55054	361
振兴区	130	37837092	4113512	9056
振安区	20	31690	26578	108
宽甸满族自治县	31	274055	48766	667
东港市	57	1755896	394502	2639
凤城市	79	331278	110134	1086
锦州市	**650**	**18574232**	**7592526**	**18600**
古塔区	38	321625	263802	3037
凌河区	76	720398	1043655	4475
太和区	234	16392345	4562597	5824
黑山县	40	325674	1195916	1247
义县	74	252691	252765	1198
凌海市	63	453884	184884	1596
北镇市	125	107615	88907	1223
营口市	**1211**	**136112562**	**26058252**	**69362**
站前区	145	1468913	975020	4381
西市区	147	1427337	489878	3135
鲅鱼圈区	565	126201833	19456128	46602
老边区	83	1942722	1370989	1982
盖州市	179	1988099	1587622	3861
大石桥市	92	3083658	2178615	9401
阜新市	**185**	**1210443**	**782134**	**5494**
海州区	41	185485	134090	2159
新邱区	8	110471	15040	89
太平区	20	162853	39102	299
清河门区	5	48325	5451	146
细河区	45	278993	209114	1684
阜新蒙古族自治县	16	34625	19410	284
彰武县	50	389691	359927	833

4-2 续表 2

地　　区	单位数（个）	资产总计（千元）	营业收入（千元）	从业人员（人）
辽阳市	**264**	**2406102**	**1772839**	**9704**
白塔区	68	503744	490087	4269
文圣区	28	92532	120262	262
宏伟区	27	909803	297425	514
弓长岭区	24	410938	595045	2050
太子河区	36	256423	106984	710
辽阳县	41	155424	102991	1417
灯塔市	40	77238	60045	482
盘锦市	**218**	**5551640**	**1800944**	**7505**
双台子区	60	562633	241637	1168
兴隆台区	68	679532	544925	3429
大洼县	48	3513787	800159	2382
盘山县	42	795688	214223	526
铁岭市	**176**	**4615175**	**1187417**	**3964**
银州区	27	676708	247589	1655
清河区	12	32793	13418	68
铁岭县	27	16055	33765	499
西丰县	6	41108	12750	181
昌图县	47	1120265	288704	543
调兵山市	14	38978	30610	163
开原市	43	2689268	560581	855
朝阳市	**197**	**3728411**	**1382390**	**5771**
双塔区	54	1419044	597067	3115
龙城区	24	1005874	394355	517
朝阳县	25	157660	131582	249
建平县	22	749345	113326	576
喀喇沁左翼蒙古族自治县	20	109743	35390	309
北票市	23	120060	63822	696
凌源市	29	166685	46848	309
葫芦岛市	**283**	**8275682**	**1748734**	**6786**
连山区	60	629473	876365	2438
龙港区	67	5673341	309983	2217
南票区	16	67621	7496	90
绥中县	79	420463	104086	776
建昌县	21	582025	169925	608
兴城市	40	902759	280879	657

4-3　信息传输、软件和信息技术服务业企业法人单位主要指标

行　　业	单位数(个)	资产总计(亿元)	营业收入(亿元)	从业人员(人)
总　计	**8281**	**1618.9**	**799.5**	**175431**
电信、广播电视和卫星传输服务	757	1023.1	475.5	59344
电信	579	926.7	445.9	48687
广播电视传输服务	168	96.2	29.3	10538
卫星传输服务	10	0.2	0.3	119
互联网和相关服务	626	36.1	41.0	13697
互联网接入及相关服务	105	8.3	5.6	2074
互联网信息服务	412	24.2	34.4	11005
其他互联网服务	109	3.6	1.0	618
软件和信息技术服务业	6898	559.6	283.1	102390
软件开发	4377	417.3	230.7	75982
信息系统集成服务	643	40.2	18.5	6518
信息技术咨询服务	1186	52.5	21.7	11987
数据处理和存储服务	85	2.2	3.1	3275
集成电路设计	36	13.5	1.0	315
其他信息技术服务业	571	34.1	8.2	4313

4-4 信息传输、软件和信息技术服务业企业法人单位分地区主要指标

地 区	单位数(个)	资产总计(千元)	营业收入(千元)	从业人员(人)
全 省	**8281**	**161885837**	**79949384**	**175431**
沈阳市	**3062**	**64228464**	**19567317**	**37758**
和平区	484	19794502	8270484	13645
沈河区	558	6789496	7340546	8212
大东区	127	212978	122495	1303
皇姑区	460	647325	359759	2943
铁西区	303	1032660	326946	1583
苏家屯区	15	77038	42183	135
东陵区	601	34660555	2477883	6640
沈北新区	43	426405	58225	452
于洪区	62	88532	21133	304
辽中县	41	41952	34500	240
康平县	65	218007	174582	689
法库县	232	191293	291831	1377
新民市	71	47721	46750	235
大连市	**3659**	**56271276**	**35855825**	**90811**
中山区	464	11404231	9696155	8910
西岗区	457	7021549	2132722	4251
沙河口区	908	4225986	1268067	7967
甘井子区	1250	22123460	21673718	65488
旅顺口区	78	9353868	62951	295
金州区	358	1830053	711305	2823
长海县	3	7623	4017	6
瓦房店市	61	145900	99966	443
普兰店市	67	105540	166216	470
庄河市	13	53066	40708	158
鞍山市	**466**	**8566285**	**3862253**	**8003**
铁东区	171	7250941	3349348	5941
铁西区	65	144570	121566	463
立山区	169	1003193	323936	976
千山区	13	27826	11015	50
台安县	4	2384	2000	23
岫岩满族自治县	8	11891	3779	107
海城市	36	125480	50609	443
抚顺市	**113**	**2545776**	**1920097**	**3029**
新抚区	33	2300545	1602882	2032
东洲区	14	3465	7557	140

4-4　续表 1

地　区	单位数（个）	资产总计（千元）	营业收入（千元）	从业人员（人）
望花区	29	20935	19833	128
顺城区	24	212460	283393	654
抚顺县	8	3680	3179	50
新宾满族自治县	2	2417	1603	16
清原满族自治县	3	2274	1650	9
本溪市	**127**	**2019852**	**1498441**	**4094**
平山区	61	1284874	703357	2372
溪湖区	26	38888	48260	325
明山区	28	592258	694286	788
南芬区	2	550		5
本溪满族自治县	4	96270	42838	585
桓仁满族自治县	6	7012	9700	19
丹东市	**126**	**2934316**	**2150305**	**4694**
元宝区	59	52026	63436	357
振兴区	46	2751082	2002675	3624
振安区	5	10487	7343	101
宽甸满族自治县	5	33218	18109	164
东港市	3	48768	22492	190
凤城市	8	38735	36250	258
锦州市	**114**	**3238385**	**2279330**	**3665**
古塔区	40	1206880	1160278	1040
凌河区	35	483423	338782	622
太和区	27	1491263	752006	1743
黑山县	2	1726	871	10
义县	5	41649	22707	152
凌海市	2	596	666	5
北镇市	3	12848	4020	93
营口市	**137**	**2824402**	**2389379**	**4727**
站前区	54	2521269	2209207	3406
西市区	34	47071	18552	191
鲅鱼圈区	15	118089	55268	263
老边区	20	46116	39705	203
盖州市	8	48426	24984	159
大石桥市	6	43431	41663	505
阜新市	**72**	**2115962**	**1260199**	**3129**
海州区	13	349949	163893	507
新邱区	2	130	288	11
太平区	5	6395	3919	31

4-4 续表 2

地 区	单位数(个)	资产总计(千元)	营业收入(千元)	从业人员(人)
清河门区	2	5200	1711	22
细河区	40	1749584	1087942	2512
阜新蒙古族自治县	6	2403	1683	36
彰武县	4	2301	763	10
辽阳市	**46**	**2349506**	**1689292**	**3195**
白塔区	31	2236581	1615661	2963
宏伟区	7	18354	19453	88
弓长岭区	3	89047	48703	86
太子河区	1	100	1000	2
辽阳县	4	5424	4475	56
盘锦市	**162**	**2363445**	**1806218**	**3195**
双台子区	9	113255	22901	81
兴隆台区	145	2196307	1773507	3018
大洼县	3	6297	1587	9
盘山县	5	47586	8223	87
铁岭市	**47**	**6952470**	**1759265**	**2660**
银州区	11	6851336	1703462	2380
清河区	2	1377	2257	7
铁岭县	6	61834	15932	76
西丰县	9	5827	12424	61
昌图县	13	7968	3789	61
调兵山市	3	23633	21401	67
开原市	3	495		8
朝阳市	**58**	**2392471**	**1916521**	**2760**
双塔区	39	2330260	1899678	2613
龙城区	3	55586	10968	86
朝阳县	5	350	3190	11
建平县	4	3784	874	17
喀喇沁左翼蒙古族自治县	2	1449	690	9
凌源市	5	1042	1121	24
葫芦岛市	**92**	**3083227**	**1994942**	**3711**
连山区	19	55692	13576	142
龙港区	51	2870091	1933098	3351
南票区	2	1500	1950	26
绥中县	15	155584	44911	162
建昌县	1	315	905	13
兴城市	4	45	502	17

4-5　信息传输、软件和信息技术服务业企业法人单位分登记注册类型主要指标

登记注册类型	单位数（个）	资产总计（亿元）	营业收入（亿元）	从业人员（人）
总　计	**8281**	**1618.9**	**799.5**	**175431**
内资企业	7884	833.0	438.5	101052
国有企业	110	129.4	44.5	7184
集体企业	25	0.5	0.4	231
股份合作企业	17	0.4	0.1	118
联营企业	14	0.0	0.1	87
有限责任公司	1982	305.0	128.0	38587
股份有限公司	186	179.8	173.4	14684
私营企业	5282	207.2	88.1	38036
其他企业	268	10.7	3.9	2125
港、澳、台商投资企业	58	297.0	146.3	18060
外商投资企业	339	488.9	214.7	56319

4-6　金融业企业法人单位主要指标

行　业	单位数（个）	资产总计（亿元）	营业收入（亿元）	从业人员（人）
总　计	**2790**	**53614.7**	**2133.5**	**207005**
货币金融服务	1416	51054.4	1553.3	156906
资本市场服务	572	735.6	92.2	6460
保险业	736	1488.5	450.7	43052
其他金融业	66	336.2	37.3	587

4-7　房地产业企业法人单位主要指标

行　业	单位数（个）	资产总计（亿元）	营业收入（亿元）	从业人员（人）
总　计	**14650**	**21710.4**	**3090.3**	**295067**
房地产开发经营	6237	20858.1	2888.7	124495
物业管理	5140	412.5	123.9	138669
房地产中介服务	2512	116.8	33.8	22229
自有房地产经营活动	483	254.2	38.4	6838
其他房地产业	278	68.9	5.5	2836

4-8 房地产业企业法人单位分地区主要指标

地　区	单位数（个）	资产总计（千元）	营业收入（千元）	从业人员（人）
全　省	**14650**	**2171043448**	**309033351**	**295067**
沈阳市	**3914**	**639693668**	**90138840**	**73784**
和平区	585	93901877	10713480	12892
沈河区	724	95516065	9800117	13529
大东区	266	36137007	5755807	4779
皇姑区	522	52995219	7382474	6343
铁西区	452	80723055	14447976	7837
苏家屯区	105	17147779	2175876	1829
东陵区	382	130259361	14054542	9326
沈北新区	172	45034815	6083547	4199
于洪区	297	71509285	11929776	5868
辽中县	101	3399974	4721338	1613
康平县	91	1583278	173661	894
法库县	89	3250672	599642	944
新民市	128	8235281	2300604	3731
大连市	**4409**	**880076298**	**99478236**	**100177**
中山区	602	259208268	11089180	16509
西岗区	573	38308592	5468007	13786
沙河口区	558	123617517	10794414	17232
甘井子区	649	179146449	23429177	17807
旅顺口区	286	39855125	3093649	4005
金州区	950	172140343	25285982	16887
长海县	18	2133910	1128030	466
瓦房店市	282	27628338	4767679	5284
普兰店市	252	24691246	8309136	4260
庄河市	239	13346510	6112982	3941
鞍山市	**1089**	**107207118**	**19776933**	**15395**
铁东区	331	36718435	4239296	4855
铁西区	220	16355917	3968843	1953
立山区	198	26573472	3499271	2849
千山区	18	4041672	53884	210
台安县	55	2591345	1293324	1129
岫岩满族自治县	33	2501881	508080	539
海城市	234	18424396	6214235	3860
抚顺市	**562**	**48541802**	**9216427**	**9131**
新抚区	84	9308499	1784717	2017
东洲区	70	4588830	1391333	950
望花区	175	19703817	2118328	3082

4-8　续表 1

地　区	单位数（个）	资产总计（千元）	营业收入（千元）	从业人员（人）
顺城区	146	11534677	2697068	2189
抚顺县	18	671274	359137	199
新宾满族自治县	24	796845	408606	266
清原满族自治县	45	1937860	457238	428
本溪市	**500**	**35970066**	**7700020**	**12899**
平山区	140	5467560	1370452	6421
溪湖区	49	4986775	819149	678
明山区	194	17176539	1162551	2889
南芬区	5	115577	71605	59
本溪满族自治县	59	2954079	763916	1604
桓仁满族自治县	53	5269536	3512347	1248
丹东市	**512**	**55930729**	**7279687**	**13582**
元宝区	84	8347662	1142762	1497
振兴区	168	26430553	2089827	6456
振安区	47	6545991	319166	759
宽甸满族自治县	42	2732535	354866	1993
东港市	94	7800097	2879508	1633
凤城市	77	4073891	493558	1244
锦州市	**504**	**41463291**	**13387298**	**11086**
古塔区	117	8691816	2961379	1765
凌河区	110	7495133	2664142	4642
太和区	141	17913643	4698121	2841
黑山县	24	453060	368033	363
义县	46	1355950	434552	520
凌海市	23	1447501	1228060	414
北镇市	43	4106188	1033011	541
营口市	**926**	**104477127**	**16832877**	**12753**
站前区	163	12712106	3299259	2175
西市区	174	23718087	2486548	2061
鲅鱼圈区	316	49451373	6525415	4819
老边区	55	5536498	1755097	1175
盖州市	120	7880579	1374828	1361
大石桥市	98	5178484	1391730	1162
阜新市	**355**	**29245815**	**4896328**	**9223**
海州区	89	6300402	917575	3016
新邱区	14	1002486	302724	712
太平区	25	2646861	131348	723
清河门区	14	612758	55359	825
细河区	138	13021355	2358841	2473

4-8 续表 2

地　区	单位数（个）	资产总计（千元）	营业收入（千元）	从业人员（人）
阜新蒙古族自治县	34	3141179	387974	539
彰武县	41	2520774	742507	935
辽阳市	**271**	**34945821**	**5923032**	**5881**
白塔区	127	11995622	1921760	2612
文圣区	18	6781375	994289	543
宏伟区	44	3055229	306273	1513
弓长岭区	13	1751060	270325	140
太子河区	17	3395642	386033	227
辽阳县	31	3116177	1007373	454
灯塔市	21	4850716	1036979	392
盘锦市	**390**	**66416940**	**9303199**	**8139**
双台子区	75	12466695	850341	1303
兴隆台区	183	37251123	6292900	4442
大洼县	100	13632319	1470842	2088
盘山县	32	3066803	689116	306
铁岭市	**327**	**41043055**	**6925240**	**6863**
银州区	106	13967282	2959751	1610
清河区	23	840516	650891	234
铁岭县	50	11548893	933483	1882
西丰县	7	179238	503699	75
昌图县	81	4132744	527606	1397
调兵山市	24	3651070	797739	852
开原市	36	6723312	552071	813
朝阳市	**473**	**36087287**	**11385070**	**7924**
双塔区	235	17802118	3146898	4268
龙城区	36	7793236	1107351	624
朝阳县	20	591232	596192	194
建平县	52	1837091	1961205	795
喀喇沁左翼蒙古族自治县	38	2831358	1178173	609
北票市	33	1817759	1050387	491
凌源市	59	3414493	2344864	943
葫芦岛市	**418**	**49944431**	**6790164**	**8230**
连山区	83	10210426	747211	1835
龙港区	148	22990546	2858364	3548
南票区	8	121705	3865	66
绥中县	78	9306981	1622089	1294
建昌县	37	1936562	617327	571
兴城市	64	5378211	941308	916

4-9　房地产业企业法人单位分登记注册类型主要指标

	单位数（个）	资产总计（亿元）	营业收入（亿元）	从业人员（人）
总　计	**14650**	**21710.4**	**3090.3**	**295067**
内资企业	13959	17271.1	2443.7	269911
国有企业	331	228.6	31.8	9178
集体企业	229	24.5	4.7	4525
股份合作企业	73	50.9	7.8	1068
联营企业	25	1.7	1.0	303
有限责任公司	4691	8835.5	1114.3	113288
股份有限公司	405	1809.9	117.1	10103
私营企业	7908	6295.7	1158.3	128033
其他企业	297	24.3	8.8	3413
港、澳、台商投资企业	418	2786.5	399.7	13901
外商投资企业	273	1652.9	247.0	11255

4-10　租赁和商务服务业企业法人单位主要指标

行业名称	单位数（个）	资产总计（亿元）	营业收入（亿元）	从业人员（人）
总　计	**28985**	**6524.0**	**650.9**	**353558**
租赁业	1905	67.0	23.6	12152
机械设备租赁	1862	66.4	23.1	11881
文化及日用品出租	43	0.6	0.4	271
商务服务业	27080	6457.0	627.4	341406
企业管理服务	3918	5004.7	203.1	65449
法律服务	233	3.5	3.2	2332
咨询与调查	8038	387.8	73.5	48740
广告业	5747	187.4	92.3	35233
知识产权服务	151	3.8	1.0	993
人力资源服务	2318	56.4	73.2	84120
旅行社及相关服务	1504	53.2	50.7	12176
安全保护服务	325	20.7	20.2	43216
其他商务服务业	4846	739.4	110.1	49147

4-11 租赁和商务服务业企业法人单位分地区主要指标

地区	单位数（个）	资产总计（千元）	营业收入（千元）	从业人员（人）
全省	**28985**	**652394831**	**65094009**	**353558**
沈阳市	**9156**	**150486802**	**19558055**	**93867**
和平区	1792	52100770	8961403	30139
沈河区	2142	25722186	4169900	19979
大东区	560	7909960	1054672	8091
皇姑区	1425	5809960	1519306	8950
铁西区	1039	6274566	1070804	9036
苏家屯区	134	2369863	340202	1944
东陵区	546	33155428	759275	4466
沈北新区	185	2563835	122950	1161
于洪区	357	3225810	310869	2621
辽中县	127	2561232	163656	1215
康平县	194	267918	167277	1257
法库县	446	1142463	488840	3533
新民市	209	7382811	428901	1475
大连市	**11312**	**340667756**	**26406372**	**115403**
中山区	2259	80131314	4123765	17845
西岗区	1813	54079253	5256412	29983
沙河口区	2486	75888563	3140763	18326
甘井子区	1275	33423836	3010944	12429
旅顺口区	214	34764353	2808772	2328
金州区	1872	26368793	3976132	17659
长海县	43	5559389	925293	505
瓦房店市	308	6307289	786733	4916
普兰店市	396	1427089	893185	5111
庄河市	646	22717877	1484373	6301
鞍山市	**1784**	**22135153**	**3407600**	**33347**
铁东区	845	17122478	1773085	21503
铁西区	225	952033	298065	1817
立山区	247	1048486	210036	2240
千山区	27	40424	33028	132
台安县	81	189643	82198	610
岫岩满族自治县	81	1251563	250436	2688
海城市	278	1530526	760752	4357
抚顺市	**747**	**4182449**	**1087982**	**13429**
新抚区	213	821890	202701	1456
东洲区	68	311246	64631	814
望花区	220	970182	456029	7309

4-11　续表 1

地　区	单位数（个）	资产总计（千元）	营业收入（千元）	从业人员（人）
顺城区	112	1594650	205715	2603
抚顺县	45	74968	45689	339
新宾满族自治县	33	350934	60753	413
清原满族自治县	56	58579	52464	495
本溪市	**775**	**46465323**	**5412929**	**17583**
平山区	333	44002267	4526906	12521
溪湖区	77	233142	88829	848
明山区	209	492532	354876	2516
南芬区	16	97143	4831	178
本溪满族自治县	63	252107	306284	860
桓仁满族自治县	77	1388132	131203	660
丹东市	**577**	**4977241**	**499456**	**5510**
元宝区	183	1002630	244291	1387
振兴区	202	693554	127575	2017
振安区	12	24038	6884	48
宽甸满族自治县	46	201386	24333	619
东港市	75	1494325	36990	858
凤城市	59	1561308	59383	581
锦州市	**830**	**15786638**	**824086**	**9730**
古塔区	158	2105430	193106	1778
凌河区	237	595313	230140	1646
太和区	177	12518234	193880	3748
黑山县	38	194112	67098	853
义县	77	161055	40048	529
凌海市	68	37927	52639	522
北镇市	75	174567	47175	654
营口市	**1072**	**23554766**	**2788271**	**13883**
站前区	347	1134834	929638	2970
西市区	245	2362168	299479	3630
鲅鱼圈区	221	16025289	1037560	4575
老边区	78	1175789	170448	592
盖州市	77	173120	94017	860
大石桥市	104	2683566	257129	1256
阜新市	**425**	**1869862**	**393548**	**5422**
海州区	132	187569	133105	2143
新邱区	18	206126	7103	306
太平区	39	82090	37722	369
清河门区	10	40770	23880	148
细河区	142	1069491	139573	1605

4-11 续表 2

地 区	单位数 (个)	资产总计 (千元)	营业收入 (千元)	从业人员 (人)
阜新蒙古族自治县	46	192703	25783	470
彰武县	38	91113	26382	381
辽阳市	**355**	**19666155**	**845660**	**6131**
白塔区	188	1238187	173596	1540
文圣区	21	14165482	108898	206
宏伟区	37	1420537	7530	206
弓长岭区	17	700712	85869	2942
太子河区	17	444949	12403	207
辽阳县	41	58012	63565	423
灯塔市	34	1638276	393799	607
盘锦市	**607**	**14570775**	**2525765**	**15541**
双台子区	83	468771	45110	608
兴隆台区	414	12567340	912982	5058
大洼县	82	619546	78257	1316
盘山县	28	915118	1489416	8559
铁岭市	**285**	**3050924**	**270057**	**2952**
银州区	120	1753987	191555	1537
清河区	16	32809	10981	75
铁岭县	27	128900	4988	278
西丰县	8	7417	8942	37
昌图县	62	70703	27655	390
调兵山市	14	267353	11100	221
开原市	38	789755	14836	414
朝阳市	**546**	**2802622**	**498899**	**9555**
双塔区	280	2236234	220919	3692
龙城区	38	138928	96657	1592
朝阳县	23	35463	63843	2418
建平县	41	40588	29954	567
喀喇沁左翼蒙古族自治县	51	57477	20189	285
北票市	50	248464	14102	416
凌源市	63	45468	53235	585
葫芦岛市	**514**	**2178365**	**575329**	**11205**
连山区	117	1045679	106638	2196
龙港区	157	923171	346559	7072
南票区	20	29420	5550	254
绥中县	128	116904	66573	893
建昌县	34	38746	22443	281
兴城市	58	24445	27566	509

4-12　租赁和商务服务业企业法人单位分登记注册类型主要指标

	单位数 (个)	资产总计 (亿元)	营业收入 (亿元)	从业人员 (人)
总　计	**28985**	**6524.0**	**650.9**	**353558**
内资企业	28563	6285.2	633.1	347878
国有企业	666	292.3	49.7	46913
集体企业	749	121.1	24.9	26033
股份合作企业	125	5.7	1.5	1160
联营企业	44	0.9	0.2	269
有限责任公司	7583	4126.6	271.8	102605
股份有限公司	603	127.0	19.2	5946
私营企业	17840	1560.1	254.4	155893
其他企业	953	51.7	11.5	9059
港、澳、台商投资企业	96	125.9	8.2	2070
外商投资企业	326	112.9	9.7	3610

4-13　科学研究和技术服务业企业法人单位主要指标

行业名称	单位数 (个)	资产总计 (亿元)	营业收入 (亿元)	从业人员 (人)
总　计	**11834**	**1562.6**	**412.7**	**153821**
研究和试验发展	1660	157.7	40.8	15209
专业技术服务业	6237	1160.3	318.5	109018
科技推广和应用服务业	3937	244.7	53.5	29594

4-14 科学研究和技术服务业企业法人单位分地区主要指标

地区	单位数(个)	资产总计(千元)	营业收入(千元)	从业人员(人)
全省	**11834**	**156259594**	**41269384**	**153821**
沈阳市	**4172**	**61697839**	**13543288**	**50568**
和平区	643	9804487	5293123	14734
沈河区	1083	6282065	3990002	13514
大东区	189	497061	223867	1575
皇姑区	666	1304641	980002	5309
铁西区	412	2177404	1229239	4771
苏家屯区	69	288313	67853	501
东陵区	377	39191966	759532	2823
沈北新区	152	773416	281658	2539
于洪区	177	492839	157431	836
辽中县	54	69062	35229	267
康平县	78	62050	59932	643
法库县	208	441596	372979	2181
新民市	64	312939	92441	875
大连市	**3667**	**57348169**	**14414345**	**46289**
中山区	324	12775404	729327	2832
西岗区	491	5667095	1963292	8337
沙河口区	658	16429785	1181926	6461
甘井子区	609	9065812	6044188	8321
旅顺口区	198	995279	282710	1685
金州区	855	9514497	2962330	11267
长海县	9	22739	10863	39
瓦房店市	171	427906	299143	2035
普兰店市	176	440786	520963	2244
庄河市	176	2008866	419603	3068
鞍山市	**946**	**12832926**	**4324208**	**16002**
铁东区	230	7319103	1338422	7055
铁西区	85	1726788	1602136	1547
立山区	165	2885574	580070	2182
千山区	13	16076	8847	104
台安县	299	505778	396801	2655
岫岩满族自治县	71	79825	52387	1052
海城市	83	299782	345545	1407
抚顺市	**352**	**7542830**	**1317584**	**5044**
新抚区	78	353235	382860	1168
东洲区	57	252234	107951	749
望花区	117	6634914	604763	1595

4-14　续表 1

地　区	单位数 (个)	资产总计 (千元)	营业收入 (千元)	从业人员 (人)
顺城区	54	250300	190464	1200
抚顺县	21	37768	14420	155
新宾满族自治县	3	6560	3320	47
清原满族自治县	22	7819	13806	130
本溪市	**511**	**5381356**	**995456**	**6815**
平山区	135	288218	306956	1988
溪湖区	89	205222	74651	874
明山区	102	4507729	157503	1083
南芬区	2	207	3	12
本溪满族自治县	159	352508	398528	2665
桓仁满族自治县	24	27472	57815	193
丹东市	**194**	**1072657**	**562372**	**3204**
元宝区	52	129626	165861	743
振兴区	45	164137	90091	1049
振安区	8	19611	11136	106
宽甸满族自治县	26	28568	7260	297
东港市	35	56435	50866	510
凤城市	28	674280	237158	499
锦州市	**264**	**562255**	**533310**	**4256**
古塔区	55	129379	95546	1026
凌河区	68	233430	284358	1460
太和区	66	150015	98757	723
黑山县	16	13713	20944	280
义县	17	14504	9682	145
凌海市	17	16169	17167	212
北镇市	25	5045	6856	410
营口市	**314**	**1157262**	**582799**	**3612**
站前区	90	195976	166744	1071
西市区	84	397004	43726	663
鲅鱼圈区	56	294198	251591	859
老边区	17	35834	23415	268
盖州市	34	40710	34075	380
大石桥市	33	193540	63248	371
阜新市	**229**	**571837**	**264873**	**2997**
海州区	49	142361	132544	1312
新邱区	8	5779	5262	43
太平区	11	45107	17362	379
清河门区	5	2117	435	35
细河区	92	302097	84142	852

4-14 续表 2

地 区	单位数（个）	资产总计（千元）	营业收入（千元）	从业人员（人）
阜新蒙古族自治县	49	64153	16436	278
彰武县	15	10223	8692	98
辽阳市	**152**	**537346**	**233295**	**2206**
白塔区	66	275702	157081	1290
文圣区	15	74859	15943	202
宏伟区	20	24149	11981	197
弓长岭区	3	610	81	5
太子河区	9	56169	12064	133
辽阳县	24	88928	27485	269
灯塔市	15	16929	8660	110
盘锦市	**254**	**4034586**	**3592037**	**4063**
双台子区	26	587159	46683	324
兴隆台区	182	3279042	3489001	3185
大洼县	30	143352	35664	398
盘山县	16	25033	20689	156
铁岭市	**89**	**1061746**	**98767**	**1249**
银州区	34	223223	27834	373
清河区	10	24166	12191	99
铁岭县	17	67249	13253	159
西丰县	2	6791	19082	23
昌图县	11	1915	4185	82
调兵山市	8	7278	15867	429
开原市	7	731124	6355	84
朝阳市	**485**	**1709149**	**585937**	**5128**
双塔区	138	1332783	251837	2028
龙城区	14	111671	30711	196
朝阳县	205	145888	206501	1212
建平县	18	13904	12793	187
喀喇沁左翼蒙古族自治县	36	50407	26275	758
北票市	21	19767	12551	293
凌源市	53	34729	45269	454
葫芦岛市	**205**	**749636**	**221113**	**2388**
连山区	31	74942	28941	279
龙港区	70	487588	115891	1048
南票区	6	19088	3489	84
绥中县	32	75987	33704	425
建昌县	27	43857	17892	246
兴城市	39	48174	21196	306

4-15　科学研究和技术服务业企业法人单位分登记注册类型主要指标

登记注册类型	单位数 (个)	资产总计 (亿元)	营业收入 (亿元)	从业人员 (人)
总　计	**11834**	**1562.6**	**412.7**	**153821**
内资企业	11654	1548.5	406.8	150306
国有企业	637	165.7	55.3	17605
集体企业	264	19.5	10.0	6293
股份合作企业	72	2.8	1.4	827
联营企业	27	0.6	0.4	252
有限责任公司	2909	683.5	201.0	48966
股份有限公司	280	47.4	15.2	5028
私营企业	6249	590.0	107.8	58173
其他企业	1216	39.0	15.8	13162
港、澳、台商投资企业	27	2.9	1.6	1172
外商投资企业	153	11.2	4.3	2343

4-16　水利、环境和公共设施管理业企业法人单位主要指标

行　　业	单位数 (个)	资产总计 (亿元)	营业收入 (亿元)	从业人员 (人)
总　计	**1740**	**540.8**	**63.0**	**35187**
水利管理业	184	312.8	6.1	3401
防洪除涝设施管理	12	0.1	0.1	68
水资源管理	46	109.6	0.8	579
天然水收集与分配	27	198.1	4.0	1802
水文服务	11	0.2	0.2	135
其他水利管理业	88	4.8	1.1	817
生态保护和环境治理业	190	37.0	7.7	2684
生态保护	19	1.8	0.3	347
环境治理业	171	35.2	7.3	2337
公共设施管理业	1366	191.1	49.2	29102
市政设施管理	151	64.1	5.9	2679
环境卫生管理	114	10.0	6.4	10287
城乡市容管理	26	1.4	0.2	253
绿化管理	806	52.3	28.8	9417
公园和游览景区管理	269	63.3	7.8	6466

4-17 水利、环境和公共设施管理业企业法人单位分地区主要指标

地区	单位数(个)	资产总计(千元)	营业收入(千元)	从业人员(人)
全省	**1740**	**54078363**	**6296068**	**35187**
沈阳市	**346**	**21130928**	**740211**	**5482**
和平区	42	18045087	52170	762
沈河区	45	63199	61174	321
大东区	18	40493	36593	135
皇姑区	51	159238	167710	671
铁西区	38	116708	44875	301
苏家屯区	11	25647	20285	84
东陵区	39	369684	110773	1636
沈北新区	26	2005899	147582	649
于洪区	18	59822	23371	99
辽中县	4	700	4484	68
康平县	11	9359	5099	230
法库县	32	38577	49923	395
新民市	11	196515	16172	131
大连市	**549**	**9461940**	**2442306**	**15592**
中山区	56	800971	299981	1840
西岗区	41	457325	124365	1344
沙河口区	42	324525	131850	1815
甘井子区	67	1688068	571859	2928
旅顺口区	29	680143	91073	695
金州区	113	1481013	735318	3710
长海县	7	179398	12434	189
瓦房店市	92	3272966	241251	1696
普兰店市	56	129542	133094	480
庄河市	46	447989	101081	895
鞍山市	**93**	**190049**	**107799**	**834**
铁东区	14	93597	31469	147
铁西区	17	27075	22507	164
立山区	23	14156	14915	138
千山区	8	12438	7360	60
台安县	4	5637	3901	22
岫岩满族自治县	6	10328	8114	84
海城市	21	26818	19533	219
抚顺市	**103**	**5008774**	**664058**	**1740**
新抚区	9	61735	90715	137
东洲区	11	3721789	131561	294

4-17　续表 1

地　区	单位数 (个)	资产总计 (千元)	营业收入 (千元)	从业人员 (人)
望花区	30	297430	127859	253
顺城区	18	512269	226218	534
抚顺县	15	137943	51490	150
新宾满族自治县	10	24946	11923	262
清原满族自治县	10	252662	24292	110
本溪市	**116**	**3969008**	**315409**	**2307**
平山区	27	42203	44535	316
溪湖区	11	32713	14715	72
明山区	31	80879	69296	405
本溪满族自治县	37	3724144	161801	1312
桓仁满族自治县	10	89069	25062	202
丹东市	**51**	**385907**	**113813**	**543**
元宝区	11	18222	33382	111
振兴区	5	76456	34764	48
振安区	9	1635	869	59
宽甸满族自治县	16	253766	24361	236
东港市	5	4728	4707	26
凤城市	5	31100	15730	63
锦州市	**75**	**1124208**	**359203**	**1681**
古塔区	6	11329	10392	179
凌河区	13	45593	52615	182
太和区	12	546784	120461	449
黑山县	4	5402	3154	58
义县	16	17412	10774	96
凌海市	4	4307	2960	26
北镇市	20	493381	158847	691
营口市	**102**	**2476830**	**649321**	**2462**
站前区	18	63836	114047	337
西市区	31	150068	117824	383
鲅鱼圈区	15	1261115	144806	660
老边区	6	260591	94111	194
盖州市	22	655242	54664	354
大石桥市	10	85978	123869	534
阜新市	**56**	**220393**	**79280**	**654**
海州区	7	57740	19995	74
新邱区	4	42344	2175	51
太平区	9	29719	19894	86
清河门区	3	374	4	12

4-17 续表 2

地 区	单位数（个）	资产总计（千元）	营业收入（千元）	从业人员（人）
细河区	13	12009	15412	166
阜新蒙古族自治县	16	53455	17706	217
彰武县	4	24752	4094	48
辽阳市	**29**	**2502657**	**158671**	**1031**
白塔区	12	1077254	48010	349
文圣区	1			1
宏伟区	6	9097	7497	158
弓长岭区	5	1387019	94322	495
辽阳县	2	25545	5814	20
灯塔市	3	3742	3028	8
盘锦市	**85**	**2766821**	**307442**	**1082**
双台子区	5	636297	62727	122
兴隆台区	42	616491	78124	408
大洼县	32	1142209	124552	462
盘山县	6	371824	42039	90
铁岭市	**32**	**1729394**	**33052**	**511**
银州区	7	10972	6861	72
清河区	4	1683480	17215	211
铁岭县	4	3025	20	20
西丰县	1		2800	10
昌图县	10	4130	4058	124
调兵山市	2	23000	545	28
开原市	4	4787	1553	46
朝阳市	**50**	**185031**	**74979**	**447**
双塔区	21	32199	32945	171
龙城区	5	46724	22236	58
朝阳县	2	7020	1720	9
建平县	3	4790	300	12
喀喇沁左翼蒙古族自治县	12	66758	7984	151
北票市	5	27340	8572	39
凌源市	2	200	1222	7
葫芦岛市	**53**	**2926423**	**250524**	**821**
连山区	12	87724	33345	156
龙港区	15	2583536	155904	280
南票区	4	24030	2364	37
绥中县	13	187209	52987	263
建昌县	2	38501	2536	39
兴城市	7	5423	3388	46

4-18　水利、环境和公共设施管理业企业法人单位分登记注册类型主要指标

登记注册类型	单位数（个）	资产总计（亿元）	营业收入（亿元）	从业人员（人）
总　计	**1740**	**540.8**	**63.0**	**35187**
内资企业	1719	531.1	62.0	34900
国有企业	103	69.6	5.4	4056
集体企业	66	1.0	0.7	679
股份合作企业	5	0.1	0.1	136
联营企业	6	0.4	0.3	78
有限责任公司	521	403.0	26.0	13605
股份有限公司	46	4.4	0.7	846
私营企业	914	51.5	28.4	15040
其他企业	58	1.2	0.4	460
港、澳、台商投资企业	9	4.0	0.9	148
外商投资企业	12	5.7	0.1	139

4-19　居民服务、修理和其他服务业企业法人单位主要指标

行　　业	单位数（个）	资产总计（亿元）	营业收入（亿元）	从业人员（人）
总　计	**6529**	**202.1**	**95.3**	**68972**
居民服务业	2532	109.5	39.6	32341
家庭服务	366	5.3	2.4	5422
托儿所服务	3	0.0		14
洗染服务	81	1.2	0.7	722
理发及美容服务	427	12.8	3.7	4025
洗浴服务	689	50.1	15.8	12157
保健服务	148	2.6	1.1	1086
婚姻服务	268	5.9	1.9	1555
殡葬服务	226	23.5	9.4	3632
其他居民服务业	324	8.1	4.7	3728
机动车、电子产品和日用产品修理业	3108	69.3	45.4	26403
汽车、摩托车修理与维护	2503	53.8	38.5	21617
计算机和办公设备维修	275	10.1	3.6	2786
家用电器修理	206	3.5	2.2	1151
其他日用产品修理业	124	2.0	1.1	849
其他服务业	889	23.3	10.3	10228
清洁服务	569	8.4	6.1	8274
其他未列明服务业	320	14.9	4.2	1954

4-20 居民服务、修理和其他服务业企业法人单位分地区主要指标

地　区	单位数(个)	资产总计(千元)	营业收入(千元)	从业人员(人)
全　省	**6529**	**20209969**	**9529725**	**68972**
沈阳市	**1422**	**2631048**	**1664634**	**11506**
和平区	215	215710	128360	1423
沈河区	245	247788	206299	1644
大东区	137	449493	293784	921
皇姑区	233	212836	280033	1752
铁西区	173	314223	195957	1993
苏家屯区	55	124474	63351	523
东陵区	74	628544	264289	901
沈北新区	39	108810	48223	622
于洪区	110	103698	55019	504
辽中县	26	30954	23468	164
康平县	41	42785	26063	378
法库县	43	120465	61829	336
新民市	31	31268	17959	345
大连市	**2008**	**8166238**	**3292388**	**19205**
中山区	284	756956	290747	3138
西岗区	292	405424	248330	2087
沙河口区	331	752803	295917	1983
甘井子区	340	972352	651477	3883
旅顺口区	68	347132	170989	1037
金州区	455	3123302	1131403	4715
长海县	3	28156	3308	7
瓦房店市	63	1395737	66014	601
普兰店市	96	272534	301609	1145
庄河市	76	111842	132594	609
鞍山市	**828**	**4840795**	**1458331**	**10006**
铁东区	259	3462573	405626	3849
铁西区	146	202268	145283	879
立山区	128	77734	121942	1113
千山区	32	175855	71580	305
台安县	28	152782	105454	460
岫岩满族自治县	67	51114	79226	1269
海城市	168	718469	529220	2131
抚顺市	**244**	**535338**	**350214**	**5084**
新抚区	46	88573	20775	506
东洲区	43	165537	149840	1474
望花区	78	114359	95845	530

4-20　续表 1

地　区	单位数（个）	资产总计（千元）	营业收入（千元）	从业人员（人）
顺城区	48	105155	50457	2162
抚顺县	14	37308	22147	289
新宾满族自治县	8	17956	6623	78
清原满族自治县	7	6450	4527	45
本溪市	**245**	**377555**	**437772**	**2985**
平山区	90	154459	178449	1131
溪湖区	22	15842	21899	180
明山区	88	105602	180219	1070
南芬区	5	11580	2270	33
本溪满族自治县	16	43615	23374	233
桓仁满族自治县	24	46457	31561	338
丹东市	**232**	**492519**	**188358**	**2217**
元宝区	63	46847	64441	408
振兴区	82	182842	65090	914
振安区	10	59704	3840	126
宽甸满族自治县	24	11653	6790	257
东港市	37	147607	34474	331
凤城市	16	43866	13723	181
锦州市	**200**	**386294**	**263387**	**3486**
古塔区	39	142395	93109	545
凌河区	37	59456	56995	1630
太和区	45	28056	17922	306
黑山县	19	31771	28261	309
义县	17	37972	23387	173
凌海市	23	79398	39647	410
北镇市	20	7246	4066	113
营口市	**352**	**573341**	**691530**	**2736**
站前区	98	85932	105108	748
西市区	41	28653	22835	268
鲅鱼圈区	121	117920	107984	758
老边区	26	207828	352930	403
盖州市	44	73792	66507	338
大石桥市	22	59216	36166	221
阜新市	**170**	**342343**	**161673**	**2169**
海州区	42	59771	58375	863
新邱区	5	19740	4017	39
太平区	17	23900	17495	285
清河门区	3	452	665	20
细河区	49	150496	37775	382

4-20 续表 2

地 区	单位数 (个)	资产总计 (千元)	营业收入 (千元)	从业人员 (人)
阜新蒙古族自治县	19	47501	20459	255
彰武县	35	40483	22887	325
辽阳市	**198**	**347126**	**180291**	**1732**
白塔区	87	47897	34026	637
文圣区	16	148830	59358	252
宏伟区	19	9869	9245	142
弓长岭区	14	49337	14687	212
太子河区	17	13137	19588	91
辽阳县	25	40461	33253	231
灯塔市	20	37595	10134	167
盘锦市	**241**	**770892**	**538183**	**3211**
双台子区	18	13281	8798	151
兴隆台区	186	543590	464392	2659
大洼县	29	178409	35995	266
盘山县	8	35612	28998	135
铁岭市	**113**	**341184**	**105095**	**1521**
银州区	33	73014	53983	832
清河区	12	12167	8761	81
铁岭县	9	182153	10781	140
西丰县	3	5401	7680	19
昌图县	30	49606	8758	256
调兵山市	12	9825	5660	44
开原市	14	9018	9472	149
朝阳市	**98**	**123929**	**66073**	**817**
双塔区	40	48762	31783	337
龙城区	13	24119	7199	150
朝阳县	8	9883	11699	41
建平县	4	3994	1017	33
喀喇沁左翼蒙古族自治县	8	18446	2215	74
北票市	8	12060	1494	56
凌源市	17	6665	10666	126
葫芦岛市	**178**	**281367**	**131796**	**2297**
连山区	66	151127	59291	1072
龙港区	36	30520	28870	264
南票区	8	48810	8140	352
绥中县	27	21336	11597	259
建昌县	9	10417	9565	87
兴城市	32	19157	14333	263

4-21　居民服务、修理和其他服务业企业法人单位分登记注册类型主要指标

登记注册类型	单位数（个）	资产总计（亿元）	营业收入（亿元）	从业人员（人）
总　计	**6529**	**202.1**	**95.3**	**68972**
内资企业	6450	196.4	93.6	67714
国有企业	155	12.8	4.8	2605
集体企业	325	6.2	4.1	3503
股份合作企业	80	1.6	1.8	2093
联营企业	22	0.2	0.3	184
有限责任公司	1035	39.7	19.5	14484
股份有限公司	115	9.4	3.5	2149
私营企业	4204	105.7	54.5	37674
其他企业	514	21.0	5.1	5022
港、澳、台商投资企业	18	3.6	0.9	565
外商投资企业	61	2.1	0.7	693

4-22　教育企业法人单位主要指标

行　　业	单位数（个）	资产总计（亿元）	营业收入（亿元）	从业人员（人）
总　计	**1922**	**52.7**	**21.5**	**22726**
学前教育	544	4.6	3.2	5009
初等教育	2	0.8	0.1	270
中等教育	33	5.8	1.3	1638
高等教育	11	1.5	0.9	584
特殊教育	5			50
技能培训、教育辅助及其他教育	1327	40.0	16.0	15175

4-23 教育企业法人单位分地区主要指标

地　　区	单位数（个）	资产总计（千元）	营业收入（千元）	从业人员（人）
全　　省	**1922**	**5269467**	**2146153**	**22726**
沈阳市	**458**	**856902**	**567609**	**5133**
和平区	52	53985	53723	579
沈河区	80	260590	97435	838
大东区	38	116341	71736	479
皇姑区	135	101071	129126	1085
铁西区	66	48467	34712	549
苏家屯区	13	99523	52796	387
东陵区	14	13899	7641	414
沈北新区	14	108707	69935	339
于洪区	20	28744	32473	218
辽中县	6	9749	10706	102
康平县	7	5858	1794	28
法库县	10	5299	3447	96
新民市	3	4669	2085	19
大连市	**335**	**1512070**	**474854**	**4631**
中山区	55	82703	44723	414
西岗区	29	37112	32211	314
沙河口区	59	159477	88447	940
甘井子区	66	157184	101451	938
旅顺口区	17	22577	22199	315
金州区	54	924599	103141	966
长海县	2	8444	2545	11
瓦房店市	24	47081	21594	325
普兰店市	23	72544	57376	322
庄河市	6	349	1167	86
鞍山市	**383**	**1762360**	**364888**	**4025**
铁东区	116	1580372	131595	1661
铁西区	40	43622	34204	275
立山区	122	52523	104132	1090
千山区	18	8365	7632	105
台安县	6	11717	9478	81
岫岩满族自治县	29	9343	19345	182
海城市	52	56418	58502	631
抚顺市	**37**	**19782**	**14843**	**587**
新抚区	13	4328	6206	314
东洲区	6	304	1702	63

4-23 续表 1

地 区	单位数(个)	资产总计(千元)	营业收入(千元)	从业人员(人)
望花区	6	5127	3539	59
顺城区	6	9020	2547	70
抚顺县	1	3	4	35
新宾满族自治县	2	5	5	31
清原满族自治县	3	995	840	15
本溪市	**121**	**303171**	**272356**	**1842**
平山区	56	74303	103247	981
溪湖区	4	29352	30804	148
明山区	20	156866	109549	390
南芬区	1	300		10
本溪满族自治县	13	19549	6148	147
桓仁满族自治县	27	22801	22608	166
丹东市	**41**	**26128**	**30530**	**350**
元宝区	14	8969	17858	129
振兴区	10	7530	6631	67
振安区	3	6497	2616	32
宽甸满族自治县	1	570	178	5
东港市	6	277	11	68
凤城市	7	2285	3236	49
锦州市	**37**	**123113**	**35679**	**802**
古塔区	8	5935	10435	180
凌河区	11	103993	14173	358
太和区	1	720	2056	22
黑山县	5	986	999	48
义县	2	702	757	12
凌海市	9	10774	7254	139
北镇市	1	3	5	43
营口市	**66**	**55734**	**34041**	**468**
站前区	24	10076	12324	178
西市区	4	11720	993	21
鲅鱼圈区	10	6893	5922	77
老边区	3	4685	3001	27
盖州市	21	16088	8794	106
大石桥市	4	6272	3007	59
阜新市	**38**	**124913**	**40754**	**824**
海州区	5	34040	2726	34
新邱区	2	1587	966	17

4-23 续表 2

地 区	单位数（个）	资产总计（千元）	营业收入（千元）	从业人员（人）
太平区	5	14943	11198	213
细河区	15	60603	15305	318
阜新蒙古族自治县	5	6076	3367	95
彰武县	6	7664	7192	147
辽阳市	**206**	**239284**	**128048**	**1721**
白塔区	73	31646	24749	483
宏伟区	4	26463	13452	55
弓长岭区	2	1	1	10
太子河区	2	1522	888	33
辽阳县	77	154603	72317	892
灯塔市	48	25049	16641	248
盘锦市	**66**	**71257**	**67797**	**680**
双台子区	4	2139	1377	39
兴隆台区	53	61858	62110	571
大洼县	7	7170	4110	67
盘山县	2	90	200	3
铁岭市	**22**	**23460**	**12611**	**196**
银州区	6	14281	7434	73
清河区	3	1765	1559	23
昌图县	8	6050	2340	49
调兵山市	1	500	410	4
开原市	4	864	868	47
朝阳市	**33**	**52820**	**35331**	**623**
双塔区	14	23434	13871	161
龙城区	1	3844	1656	30
朝阳县	1	1739	1532	3
建平县	1	3	3	16
喀喇沁左翼蒙古族自治县	3	16135	2538	43
北票市	2	2352	1728	62
凌源市	11	5313	14003	308
葫芦岛市	**79**	**98473**	**66812**	**844**
连山区	14	22955	12996	180
龙港区	11	11500	11888	155
南票区	4	5799	1303	39
绥中县	16	26388	16116	180
建昌县	5	15548	11015	89
兴城市	29	16283	13494	201

4-24 教育企业法人单位分登记注册类型主要指标

登记注册类型	单位数（个）	资产总计（亿元）	营业收入（亿元）	从业人员（人）
总 计	**1922**	**52.7**	**21.5**	**22726**
内资企业	1914	52.5	21.3	22593
国有企业	77	6.2	2.5	2745
集体企业	36	0.9	0.3	508
股份合作企业	10	0.1		96
联营企业	6		0.1	64
有限责任公司	207	4.8	2.6	2066
股份有限公司	23	0.3	0.2	160
私营企业	1004	20.7	10.2	9888
其他企业	551	19.6	5.4	7066
港、澳、台商投资企业	2			38
外商投资企业	6	0.2	0.1	95

4-25 卫生和社会工作企业法人单位主要指标

行 业	单位数（个）	资产总计（亿元）	营业收入（亿元）	从业人员（人）
总 计	**1434**	**100.1**	**75.2**	**43997**
卫生	1312	97.7	74.3	42825
医院	402	85.8	66.9	34946
社区医疗与卫生院	156	2.2	1.6	2116
门诊部(所)	657	7.1	4.1	3773
计划生育技术服务活动	1			4
妇幼保健院(所、站)	4	0.3	0.2	351
专科疾病防治院(所、站)	31	0.7	0.5	431
疾病预防控制中心	13		0.1	168
其他卫生活动	48	1.7	1.0	1036
社会工作	122	2.4	0.9	1172
提供住宿社会工作	108	2.2	0.8	1092
不提供住宿社会工作	14	0.2	0.1	80

4-26 卫生和社会工作企业法人单位分地区主要指标

地　　区	单位数（个）	资产总计（千元）	营业收入（千元）	从业人员（人）
全　　省	**1434**	**10012770**	**7523535**	**43997**
沈阳市	**366**	**1558743**	**1438041**	**7610**
和平区	32	235468	310832	1229
沈河区	73	218978	164770	1229
大东区	24	445599	425156	1654
皇姑区	39	26716	30890	365
铁西区	96	177856	170071	990
苏家屯区	14	41308	37136	235
东陵区	5	6437	509	108
沈北新区	4	23372	18116	141
于洪区	35	61091	18536	196
辽中县	3	10550	2025	27
康平县	15	146108	142741	590
法库县	11	139612	98946	531
新民市	15	25648	18313	315
大连市	**273**	**1895494**	**1430563**	**8022**
中山区	34	100023	81781	560
西岗区	43	126539	77206	751
沙河口区	39	179847	133125	934
甘井子区	32	110652	114273	852
旅顺口区	10	7676	2274	53
金州区	48	213197	118246	817
长海县	27	1022058	794152	3581
瓦房店市	39	129609	105708	463
普兰店市	1	5893	3798	11
庄河市	208	1292332	850494	6643
鞍山市	**52**	**1015584**	**603401**	**2858**
铁东区	12	19229	21988	202
铁西区	47	25586	41406	405
立山区	28	30234	48517	127
千山区	12	40499	47394	591
台安县	19	21445	21726	1630
岫岩满族自治县	38	139755	66062	830
海城市	42	885907	961904	4043
抚顺市	**15**	**707785**	**766746**	**2170**
新抚区	8	25108	14266	240
东洲区	6	16841	29317	372
望花区	6	47157	41333	490

4-26　续表 1

地　区	单位数(个)	资产总计(千元)	营业收入(千元)	从业人员(人)
顺城区	1	65	85	3
抚顺县	6	88951	110157	768
新宾满族自治县	43	818275	604207	2560
清原满族自治县	19	766816	572824	2108
本溪市	**5**	**23871**	**5092**	**62**
平山区	11	5851	10312	203
溪湖区	2	1100	1230	6
明山区	6	20637	14749	181
南芬区	26	415526	289166	1575
本溪满族自治县	6	379443	274347	1134
桓仁满族自治县	3	12920	2240	22
丹东市	**4**	**5219**	**81**	**86**
元宝区	2	5115	460	40
振兴区	3	4569	1988	92
振安区	8	8260	10050	201
宽甸满族自治县	74	643016	182649	2201
东港市	24	466291	56510	689
凤城市	30	33221	17789	292
锦州市	**9**	**21479**	**26249**	**366**
古塔区	4	38733	34633	281
凌河区	1	1458	1206	15
太和区	3	73311	44307	460
黑山县	3	8523	1955	98
义县	61	562424	200156	1409
凌海市	9	2088	3313	98
北镇市	5	8826	9476	104
营口市	**27**	**204363**	**79488**	**409**
站前区	1	4909	5775	11
西市区	13	299148	80881	612
鲅鱼圈区	6	43090	21223	175
老边区	48	544363	643493	3297
盖州市	14	386994	479461	2297
大石桥市	8	19199	24688	350
阜新市	**1**	**7430**	**4654**	**46**
海州区	15	121337	127870	510
新邱区	5	6150	4430	49
太平区	5	3253	2390	45
清河门区	55	182887	130609	1109
细河区	28	118584	94804	795
阜新蒙古族自治县	2	1504	1654	29
彰武县	1	24249	5	1

4-26 续表 2

地　　区	单位数(个)	资产总计(千元)	营业收入(千元)	从业人员(人)
辽阳市	**3**	**9239**	**14202**	**111**
白塔区	10	25975	18439	153
文圣区	11	3336	1505	20
宏伟区	48	154578	106707	836
弓长岭区	17	64198	69713	397
太子河区	29	40430	34446	347
辽阳县	2	49950	2548	92
灯塔市	95	659211	403834	1911
盘锦市	**11**	**11760**	**6914**	**87**
双台子区	3	74	52	15
兴隆台区	1			23
大洼县	4	6120	3240	45
盘山县	69	21131	4335	287
铁岭市	**3**	**597033**	**366478**	**1190**
银州区	4	23093	22815	264
清河区	32	64404	23883	617
铁岭县	19	53222	10844	393
西丰县	2	350	196	5
昌图县	4	7923	7283	84
调兵山市	2	1	3	54
开原市	5	2908	5557	81
朝阳市	**63**	**335610**	**257829**	**2164**
双塔区	18	150843	118721	704
龙城区	12	32912	44672	352
朝阳县	2	57555	16846	262
建平县	7	16962	11674	320
喀喇沁左翼蒙古族自治县	3	8750	3470	36
北票市	21	68588	62446	490
凌源市	17	6665	10666	126
葫芦岛市	**178**	**281367**	**131796**	**2297**
连山区	66	151127	59291	1072
龙港区	36	30520	28870	264
南票区	8	48810	8140	352
绥中县	27	21336	11597	259
建昌县	9	10417	9565	87
兴城市	32	19157	14333	263

4-27 卫生和社会工作企业法人单位分登记注册类型主要指标

登记注册类型	单位数(个)	资产总计(亿元)	营业收入(亿元)	从业人员(人)
总 计	**1434**	**100.1**	**75.2**	**43997**
内资企业	1431	99.9	75.2	43981
国有企业	115	55.7	46.3	22271
集体企业	84	4.0	3.1	1911
股份合作企业	17	1.2	1.1	691
联营企业	6	1.0	0.7	280
有限责任公司	65	5.3	4.9	1809
股份有限公司	22	1.0	1.1	864
私营企业	739	22.6	12.2	11004
其他企业	383	9.1	6.0	5151
港、澳、台商投资企业	2	0.1		10
外商投资企业	1	0.1		6

4-28 文化、体育和娱乐业法人单位主要指标

行 业	单位数(个)	资产总计(亿元)	营业收入(亿元)	从业人员(人)
总 计	**5721**	**315.9**	**95.0**	**48180**
新闻出版业	174	115.6	30.5	10028
新闻业	4	9.2	3.8	2367
出版业	170	106.4	26.6	7661
广播、电视、电影和音像业	318	29.5	15.4	4737
广播	12	0.5	0.1	86
电视	20	3.2	4.8	526
电影和影视节目制作	100	5.4	1.7	651
电影和影视节目发行	26	3.0	1.1	396
电影放映	143	16.5	7.3	2929
录音制作	17	1.0	0.4	149
文化艺术业	633	20.4	8.0	5093
文艺创作与表演	189	10.3	2.9	1985
艺术表演场馆	24	0.8	0.4	433
图书馆与档案馆	24	0.3	0.3	206
文物及非物质文化遗产保护	5	0.1	0.0	37
博物馆	20	1.6	2.1	509
烈士陵园、纪念馆	1			1
群众文化活动	60	1.0	0.5	441
其他文化艺术业	310	6.2	1.9	1481
体育	362	36.3	4.7	4628
体育组织	43	5.4	0.7	405
体育场馆	38	2.2	0.4	416
休闲健身活动	247	22.2	3.2	3394
其他体育	34	6.6	0.4	413
娱乐业	4234	114.1	36.4	23694
室内娱乐活动	4008	46.7	24.8	19108
游乐园	53	46.6	10.1	3134
彩票活动	5	0.3		53
文化、娱乐、体育经纪代理	100	1.9	0.5	496
其他娱乐业	68	18.5	1.0	903

4-29 文化、体育和娱乐业企业法人单位分地区主要指标

地　区	单位数（个）	资产总计（千元）	营业收入（千元）	从业人员（人）
全　省	**5721**	**31588754**	**9499352**	**48180**
沈阳市	**1309**	**14703894**	**3208364**	**13744**
和平区	246	5307513	1324559	2998
沈河区	192	5880604	1176520	4764
大东区	130	89270	97733	745
皇姑区	224	292811	191539	1578
铁西区	120	353883	71331	946
苏家屯区	44	40443	21819	205
东陵区	85	749497	100150	799
沈北新区	53	1844303	153783	921
于洪区	93	47891	32055	325
辽中县	39	46023	11863	117
康平县	15	19457	5062	96
法库县	25	12653	12553	122
新民市	43	19546	9397	128
大连市	**1287**	**10007589**	**3590804**	**14101**
中山区	173	2457261	741467	3977
西岗区	137	330660	159286	991
沙河口区	205	1789708	1143801	2491
甘井子区	175	813169	346464	1566
旅顺口区	65	147230	60307	425
金州区	265	4051384	876569	3266
长海县	14	21559	7115	27
瓦房店市	94	156423	83695	509
普兰店市	108	158369	113380	465
庄河市	51	81826	58720	384
鞍山市	**559**	**3315140**	**897267**	**5906**
铁东区	124	2525549	274337	2498
铁西区	27	86624	51983	279
立山区	98	46492	81203	593
千山区	11	65535	7071	31
台安县	26	30654	18351	202
岫岩满族自治县	77	117875	57981	385
海城市	196	442411	406341	1918
抚顺市	**178**	**595441**	**251733**	**1619**
新抚区	40	79698	46505	422
东洲区	9	2531	3301	46
望花区	25	427725	146737	715

4-29　续表 1

地　区	单位数（个）	资产总计（千元）	营业收入（千元）	从业人员（人）
顺城区	45	34316	25987	193
抚顺县	19	13233	6337	87
新宾满族自治县	7	11950	6500	28
清原满族自治县	33	25988	16366	128
本溪市	**152**	**159656**	**176600**	**1032**
平山区	45	49114	65656	365
溪湖区	18	22699	18199	107
明山区	32	30166	38239	309
南芬区	12	5599	1024	29
本溪满族自治县	7	13201	3802	42
桓仁满族自治县	38	38877	49680	180
丹东市	**179**	**678215**	**96839**	**1365**
元宝区	33	40053	39189	229
振兴区	50	93043	19397	531
振安区	2	390602	6997	54
宽甸满族自治县	16	19089	2792	97
东港市	46	23851	13163	218
凤城市	32	111577	15301	236
锦州市	**330**	**501278**	**437930**	**2834**
古塔区	88	102694	87102	671
凌河区	53	71839	26142	346
太和区	55	184233	236552	1027
黑山县	52	96843	44774	375
义县	10	15402	4057	59
凌海市	61	22878	34909	257
北镇市	11	7389	4394	99
营口市	**331**	**262195**	**259508**	**1791**
站前区	57	28287	49000	440
西市区	37	47037	9674	237
鲅鱼圈区	117	100742	137747	551
老边区	6	6550	5778	35
盖州市	35	47055	21448	222
大石桥市	79	32524	35861	306
阜新市	**353**	**247020**	**99992**	**1315**
海州区	52	74215	42862	382
新邱区	43	10681	2360	73
太平区	41	61820	18685	275
清河门区	30	6328	3995	57
细河区	53	18956	4980	162
阜新蒙古族自治县	50	28298	10395	141
彰武县	84	46722	16715	225

4-29 续表 2

地 区	单位数（个）	资产总计（千元）	营业收入（千元）	从业人员（人）
辽阳市	**94**	**76387**	**33784**	**545**
白塔区	56	45191	18661	313
文圣区	1	180	50	6
宏伟区	3	1819	142	8
弓长岭区	3	52	83	37
太子河区	4	540	290	12
辽阳县	15	24923	12177	127
灯塔市	12	3682	2381	42
盘锦市	**192**	**349410**	**232692**	**1207**
双台子区	9	2840	1827	24
兴隆台区	126	206791	192090	856
大洼县	46	126886	36045	298
盘山县	11	12893	2730	29
铁岭市	**187**	**255697**	**45023**	**907**
银州区	47	219089	27514	360
清河区	12	5510	1510	38
铁岭县	3	1763	1392	18
西丰县	8	940	415	22
昌图县	60	18318	7474	200
调兵山市	12	3602	2882	155
开原市	45	6475	3836	114
朝阳市	**247**	**141148**	**96972**	**853**
双塔区	68	55785	29873	356
龙城区	9	2588	1435	22
朝阳县	21	6851	26203	49
建平县	37	14011	7899	140
喀喇沁左翼蒙古族自治县	24	20771	5556	68
北票市	52	20159	4656	112
凌源市	36	20983	21350	106
葫芦岛市	**323**	**295684**	**71844**	**961**
连山区	79	17887	10527	222
龙港区	44	213105	11245	107
南票区	11	1685	1580	19
绥中县	82	38722	29312	318
建昌县	45	10392	10581	137
兴城市	62	13893	8599	158

4-30　文化、体育和娱乐业企业法人单位分登记注册类型主要指标

登记注册类型	单位数（个）	资产总计（亿元）	营业收入（亿元）	从业人员（人）
总　计	**5721**	**315.9**	**95.0**	**48180**
内资企业	5661	262.3	86.0	45007
国有企业	168	31.0	12.4	6619
集体企业	52	2.0	0.4	396
股份合作企业	17	0.8	0.1	91
联营企业	11	0.3	0.1	65
有限责任公司	627	112.9	31.6	11860
股份有限公司	62	27.9	6.3	881
私营企业	3920	73.4	30.4	20894
其他企业	804	14.0	4.7	4201
港、澳、台商投资企业	21	13.9	1.0	441
外商投资企业	39	39.7	8.0	2732

4-31 规模以上交通运输、仓储

行业	固定资产原价(万元)	本年折旧(万元)	资产总计(万元)	负债合计(万元)	所有者权益合计(万元)	营业收入(万元)	营业成本(万元)
总计	**21707209**	**1087636**	**47526373**	**29283254**	**18243119**	**13614103**	**11500375**
铁路运输业	395971	19229	581207	119870	461338	477970	396478
道路运输业	3711877	286131	7481919	4399853	3082066	3056844	2449684
城市公共交通运输	1604254	72238	4343984	2756916	1587069	541912	520405
公路旅客运输	464428	40066	553748	383224	170524	269512	195924
道路货物运输	1423821	160595	2104330	1057583	1046747	2099779	1629409
道路运输辅助活动	219374	13232	479857	202130	277728	145642	103947
水上运输业	13386973	452093	29320938	18252782	11068156	4564708	3730480
水上旅客运输	440016	15388	414665	272501	142164	111274	93108
水上货物运输	1600551	72996	1854440	1497783	356656	568117	621921
水上运输辅助活动	11346405	363709	27051834	16482498	10569336	3885317	3015451
航空运输业	1126622	120900	1372319	594605	777714	267017	230795
航空客货运输	35308	2816	91564	101300	-9736	17003	17797
通用航空服务							
航空运输辅助活动	1091314	118084	1280754	493304	787450	250014	212997
管道运输业	127989	22682	143442	94119	49322	53107	43204
管道运输业	127989	22682	143442	94119	49322	53107	43204
装卸搬运和运输代理业	1475296	103360	3589895	1850978	1738917	2294486	2010658
装卸搬运	1045066	54894	1596753	328107	1268646	245001	175617
运输代理业	430230	48467	1993141	1522871	470271	2049485	1835040
仓储业	1152365	70695	4690395	3805360	885035	2503854	2292205
谷物、棉花等农产品仓储	492988	28530	2722240	2304734	417506	1287270	1199702
其他仓储业	659378	42165	1968154	1500626	467529	1216583	1092503
邮政业	330116	12546	346258	165687	180571	396117	346871
邮政基本服务	319318	10421	230998	60176	170823	333502	288256
快递服务	10798	2126	115259	105511	9748	62616	58615

和邮政业企业法人单位主要指标

营业税金及附加（万元）	销售费用、管理费用、财务费用合计（万元）	投资收益（万元）	营业利润（万元）	利润总额（万元）	应交所得税（万元）	应付职工薪酬（万元）	应交增值税（万元）	从业人员（人）
181506	**1650220**	**184287**	**488918**	**678108**	**174407**	**1759364**	**75247**	**264715**
6403	21000	500	54617	55645	13002	45451	1689	4812
68636	444452	15193	132975	228186	44298	579982	29658	132510
13001	141471	6844	-113968	-15685	4902	273406	2750	59844
7248	60148	4396	12756	13954	4032	53834	2493	15217
43680	197853	2885	231045	226758	34349	226189	23423	49582
4707	44981	1069	3142	3159	1015	26553	992	7867
64422	708052	145601	202446	277577	82918	467268	27973	41578
2935	23526	921	-9418	-815	624	23496	1157	1745
6635	62575	11971	-110719	-94611	1588	70819	1585	5217
54852	621950	132709	322583	373003	80706	372954	25231	34616
7526	64086	331	-35633	-27789	1174	106266	2156	10160
670	11160		-12626	-12441		5099	96	233
6855	52926	331	-23007	-15349	1174	101167	2060	9927
2188	9464		-1586	-1587	452	24389	198	565
2188	9464		-1586	-1587	452	24389	198	565
15757	148784	13900	124966	105336	20227	263674	7426	38867
5800	37817	9384	35381	40516	7649	162029	902	27355
9957	110966	4516	89585	64821	12578	101646	6524	11512
12923	199974	8762	14178	42127	11450	63910	5681	10170
3991	109587	8448	-11802	23910	4606	30057	1134	4712
8931	90387	314	25981	18217	6845	33853	4547	5458
3651	54408		-3045	-1387	886	208424	468	26053
2340	40335		6852	7934	627	183077	181	19916
1311	14072		-9897	-9321	259	25347	287	6137

4-32 规模以上信息传输、软件和

行业	固定资产原价（万元）	本年折旧（万元）	资产总计（万元）	负债合计（万元）	所有者权益合计（万元）	营业收入（万元）	营业成本（万元）
总计	**13596629**	**1006850**	**8864577**	**4384626**	**4479951**	**7075643**	**4264446**
电信、广播电视和卫星传输服务	13201824	973495	7100110	3570976	3529134	4628835	2342411
电信	12594297	918191	6325340	3052552	3272788	4395985	2188956
广播电视传输服务	607527	55304	774770	518424	256346	232851	153456
卫星传输服务							
互联网和相关服务	56119	7916	168203	116582	51621	349903	290125
互联网接入及相关服务	23040	2164	53222	32323	20898	46204	27003
互联网信息服务	33078	5752	114982	84259	30723	303698	263122
其他互联网服务							
软件和信息技术服务业	338686	25439	1596264	697068	899196	2096905	1631910
软件开发	291764	20347	1391284	621979	769305	1858200	1515080
信息系统集成服务	29113	2667	114825	49394	65431	96500	72448
信息技术咨询服务	11135	1426	65596	16075	49521	105352	19830
数据处理和存储服务	5424	817	15395	2934	12462	25087	17246
集成电路设计	542	66	1669	1157	512	5089	4706
其他信息技术服务业	709	118	7495	5530	1965	6677	2601

4-33 规模以上物业管理和房地产

行业	固定资产原价（万元）	本年折旧（万元）	资产总计（万元）	负债合计（万元）	所有者权益合计（万元）	营业收入（万元）	营业成本（万元）
总计	**943779**	**51602**	**2288758**	**1763258**	**525501**	**752977**	**449950**
物业管理	763169	35947	1973776	1496972	476804	649988	412143
房地产中介服务	180610	15655	314982	266286	48697	102989	37807

信息技术服务业企业法人单位主要指标

营业税金及附加(万元)	销售费用、管理费用、财务费用合计(万元)	投资收益(万元)	营业利润(万元)	利润总额(万元)	应交所得税(万元)	应付职工薪酬(万元)	应交增值税(万元)	从业人员(人)
167289	**1752939**	**-2006**	**1012586**	**943320**	**46562**	**1078134**	**31631**	**109635**
147038	1286820	-10710	857362	799366	22553	439227	4011	54357
140008	1218396	-10752	851239	788381	21317	391557	1470	45815
7029	68425	42	6123	10985	1235	47670	2541	8542
3672	34908	317	23280	25823	6560	128902	3888	8737
1198	15725		3887	4462	569	5624	998	874
2475	19184	317	19394	21361	5991	123278	2890	7863
16579	431211	8387	131944	118131	17449	510005	23732	46541
14183	321291	8217	116820	99238	14054	425838	21253	36838
1589	20444	53	4328	7713	1120	20227	1875	2195
519	73919		11259	11230	1895	43025	470	4558
261	11376	117	20	270	156	18154	66	2643
6	410		-16	84	23	127	20	31
21	3770		-467	-403	201	2634	48	276

中介服务企业法人单位主要指标

营业税金及附加(万元)	销售费用、管理费用、财务费用合计(万元)	投资收益(万元)	营业利润(万元)	利润总额(万元)	应交所得税(万元)	应付职工薪酬(万元)	应交增值税(万元)	从业人员(人)
38059	**254422**	**2774**	**10177**	**8186**	**11569**	**242657**	**714**	**66385**
32319	194570	2515	11389	8954	8744	196102	695	60233
5740	59852	259	-1212	-768	2825	46555	19	6152

4-34 规模以上租赁和商务

行业	固定资产原价(万元)	本年折旧(万元)	资产总计(万元)	负债合计(万元)	所有者权益合计(万元)	营业收入(万元)	营业成本(万元)
总计	**3967296**	**198196**	**19909418**	**14218223**	**5691194**	**2926536**	**1763821**
租赁业	52876	8046	62623	24944	37678	38810	22897
机械设备租赁	52876	8046	62623	24944	37678	38810	22897
文化及日用品出租							
商务服务业	3914420	190150	19846795	14193279	5653516	2887726	1740924
企业管理服务	2215683	76734	15107983	11395526	3712457	853833	387460
法律服务	3383	296	8635	5806	2829	19168	5307
咨询与调查	249824	15910	822115	680754	141360	111135	65933
广告业	85625	12983	348286	262587	85700	407701	346784
知识产权服务							
人力资源服务	18935	2025	94473	66351	28122	422558	345214
旅行社及相关服务	28504	938	105608	79719	25889	380959	362168
安全保护服务	78052	7887	82155	37672	44483	175231	80984
其他商务服务业	1234415	73378	3277542	1664865	1612677	517143	147073

4-35 规模以上科学研究和技术

行业	固定资产原价(万元)	本年折旧(万元)	资产总计(万元)	负债合计(万元)	所有者权益合计(万元)	营业收入(万元)	营业成本(万元)
总计	**985605**	**68449**	**4475326**	**2561675**	**1913651**	**2787367**	**1960889**
研究和试验发展	198064	11998	763038	296589	466449	206740	140729
自然科学研究和试验发展	2190	9	8235	6021	2214	1935	917
工程和技术研究和试验发展	195144	11915	743056	288458	454597	202523	138178
农业科学研究和试验发展	5		334	165	169	456	181
医学研究和试验发展	725	75	11413	1945	9469	1826	1453
社会人文科学研究							
专业技术服务业	580902	49312	2768440	1665806	1102634	2433737	1728743
气象服务	82	4	396	63	333	2158	1408
地震服务							
海洋服务	575	52	846	913	-67	1509	852
测绘服务	15790	2513	30977	18394	12584	22232	10815
质检技术服务	52736	5668	118005	62425	55579	87623	45331
环境与生态监测	438	53	1648	478	1170	987	497
地质勘查	26359	2398	79214	55207	24007	71708	59717
工程技术	458991	35242	2406329	1457733	948595	2122427	1528657
其他专业技术服务业	25932	3382	131026	70592	60434	125093	81468
科技推广和应用服务业	206639	7139	943848	599280	344568	146890	91417
技术推广服务	173117	6810	896593	565435	331158	121592	73911
科技中介服务	20579	629	19619	8320	11299	16220	10361
其他科技推广和应用服务业	12943	-300	27636	25525	2111	9078	7145

服务业企业法人单位主要指标

营业税金及附加（万元）	销售费用、管理费用、财务费用合计（万元）	投资收益（万元）	营业利润（万元）	利润总额（万元）	应交所得税（万元）	应付职工薪酬（万元）	应交增值税（万元）	从业人员（人）
89569	**859641**	**88344**	**293817**	**291606**	**45900**	**607511**	**41336**	**140174**
1273	7213	-2	4833	4779	784	4498	702	903
1273	7213	-2	4833	4779	784	4498	702	903
88296	852428	88346	288984	286827	45116	603013	40634	139271
30172	367853	78335	166119	151788	10665	146160	36009	21333
863	8763		4646	4670	861	5647	144	630
3256	51398	4983	-6172	2524	2339	19771	492	2461
5509	46093	270	8047	8309	1960	27735	858	3471
6487	32383	-83	12600	12573	2127	228809	128	55544
1321	21594	35	-387	-112	277	10437	3	3182
4771	76551	9	8665	8323	2131	96476	691	39246
35918	247794	4798	95466	98750	24757	67977	2310	13404

服务业企业法人单位主要指标

营业税金及附加（万元）	销售费用、管理费用、财务费用合计（万元）	投资收益（万元）	营业利润（万元）	利润总额（万元）	应交所得税（万元）	应付职工薪酬（万元）	应交增值税（万元）	从业人员（人）
63675	**574725**	**40404**	**252973**	**266321**	**47154**	**522792**	**27894**	**58961**
3162	57922	34825	38086	41946	2761	32776	2925	2401
137	1131		-250	-250		740	15	103
2849	55732	31585	35781	39437	2756	31616	2846	2200
165	11		2	1	1	35		8
11	1049	3240	2553	2757	5	385	64	90
57498	484262	4192	193975	203108	41325	474583	21383	52975
121	496		133	133	34	368		48
48	586		22	19	10	374		139
1032	8027	887	2299	3127	534	5570	36	1348
3316	31012	348	9678	9756	2375	21554	1001	3641
31	487		-28	-29	24	165	14	38
2362	8327		1481	1415	455	13635	619	2357
47888	403483	2901	170327	178935	36176	393321	18783	41315
2700	31844	57	10063	9752	1716	39597	930	4089
3015	32541	1387	20912	21267	3068	15433	3585	3585
1961	27515	1387	19252	19345	2580	13163	3506	3105
697	3399		1764	2006	473	1805	79	366
358	1627		-104	-84	15	466		114

4-36 规模以上水利、环境和

行业	固定资产原价(万元)	本年折旧(万元)	资产总计(万元)	负债合计(万元)	所有者权益合计(万元)	营业收入(万元)	营业成本(万元)
总计	**1671015**	**51280**	**2175967**	**796552**	**1379414**	**310973**	**237354**
水利管理业	1446524	33944	1218496	114024	1104471	40535	50588
防洪除涝设施管理							
水资源管理	416	46	536	192	344	678	447
天然水收集与分配	1445936	33881	1217369	113732	1103637	37921	48501
水文服务							
其他水利管理业	172	17	592	101	491	1936	1641
生态保护和环境治理业	82231	4198	89793	25388	64405	22890	14562
生态保护	9367	298	9827	706	9122	1619	
环境治理业	72864	3900	79965	24682	55283	21271	14562
公共设施管理业	142260	13138	867678	657140	210538	247548	172204
市政设施管理	6372	470	248993	216104	32890	19054	16005
环境卫生管理	12146	1704	30686	15869	14817	36132	20105
城乡市容管理							
绿化管理	16851	1756	195129	147907	47221	128308	108738
公园和游览景区管理	106891	9208	392870	277260	115610	64055	27356

4-37 规模以上居民服务、修理和

行业	固定资产原价(万元)	本年折旧(万元)	资产总计(万元)	负债合计(万元)	所有者权益合计(万元)	营业收入(万元)	营业成本(万元)
总计	**240763**	**26092**	**476009**	**320774**	**155237**	**295795**	**162930**
居民服务业	183701	22879	365314	256847	108467	176673	57656
家庭服务	262	37	454	183	270	2343	1449
托儿所服务							
洗染服务							
理发及美容服务	1034	149	4353	2833	1521	4013	1729
洗浴服务	121743	17548	189984	127097	62887	97875	23404
保健服务							
婚姻服务							
殡葬服务	59702	5048	158939	119977	38962	70412	31017
其他居民服务业	961	97	11584	6756	4828	2030	57
机动车、电子产品和日用产品修理业	54840	3113	107100	61204	45897	115543	103922
汽车、摩托车修理与维护	51024	2394	94741	54944	39797	106865	97350
计算机和办公设备维修	3570	708	11829	5992	5837	7646	5799
家用电器修理	247	10	530	268	262	1032	773
其他日用产品修理业							
其他服务业	2222	100	3595	2723	873	3579	1352
清洁服务	2222	100	3595	2723	873	3579	1352
其他未列明服务业							

公共设施管理业企业法人单位主要指标

营业税金及附加（万元）	销售费用、管理费用、财务费用合计（万元）	投资收益（万元）	营业利润（万元）	利润总额（万元）	应交所得税（万元）	应付职工薪酬（万元）	应交增值税（万元）	从业人员（人）
13943	**81558**	**2553**	**-10103**	**-12577**	**5010**	**58995**	**525**	**15627**
1655	14503	464	-26589	-25340	1707	9585	252	1691
22	119		89	89	22	118		23
1530	14384	464	-26872	-25623	1636	9373	252	1646
102			194	194	48	94		22
249	7175		2192	2093	508	3245	37	775
59	3319		-508	-570		747		212
190	3856		2701	2663	508	2498	37	563
12039	59880	2089	14294	10670	2795	46165	236	13161
592	2759		-149	272	306	4570	110	1227
1824	17117		2226	2259	122	17586	5	6164
4256	7926		6122	6078	1608	6176	103	1892
5368	32078	2089	6095	2062	759	17833	18	3878

其他服务业企业法人单位主要指标

营业税金及附加（万元）	销售费用、管理费用、财务费用合计（万元）	投资收益（万元）	营业利润（万元）	利润总额（万元）	应交所得税（万元）	应付职工薪酬（万元）	应交增值税（万元）	从业人员（人）
10003	**104888**	**30**	**16392**	**17407**	**5210**	**44028**	**2554**	**12387**
8912	87370	115	20661	21703	4215	25927	397	8590
76	835		17	17		1723		2769
246	1794		244	242	92	417		187
5139	54650	85	13272	13311	1623	13908	52	3737
3384	29030	30	6263	7091	2239	9593	289	1832
67	1060		866	1041	261	286	55	65
935	15238	-85	-3994	-4044	955	15437	2154	2524
714	13904		-4459	-4439	841	14822	1996	2390
215	1075	-85	471	401	114	465	102	90
6	257		-6	-6		151	57	44
156	2280		-275	-252	40	2664	3	1273
156	2280		-275	-252	40	2664	3	1273

4-38 规模以上教育企业

行业	固定资产原价(万元)	本年折旧(万元)	资产总计(万元)	负债合计(万元)	所有者权益合计(万元)	营业收入(万元)	营业成本(万元)
总计	**166040**	**9170**	**233284**	**111124**	**122162**	**107468**	**56397**
学前教育	2065	112	1908	683	1225	1257	1017
初等教育	9810	403	8885	8419	467	3195	2137
中等教育	88565	2260	152805	56300	96505	36339	16381
高等教育	21007	545	18522	6392	12131	9266	6882
特殊教育							
技能培训、教育辅助及其他教育	44593	5850	51164	39330	11834	57411	29980

4-39 规模以上卫生和社会

行业	固定资产原价(万元)	本年折旧(万元)	资产总计(万元)	负债合计(万元)	所有者权益合计(万元)	营业收入(万元)	营业成本(万元)
总计	**862312**	**95510**	**1150368**	**734070**	**416299**	**901302**	**737759**
卫生	862290	95506	1150176	733836	416340	900916	737413
医院	844629	94384	1128795	724698	404097	880530	723143
社区医疗与卫生院	10040	392	9252	5350	3902	8908	8062
门诊部(所)	3180	282	5951	1735	4215	5279	2974
计划生育技术服务活动							
妇幼保健院(所、站)	973	160	2309	1337	973	2282	1446
专科疾病防治院(所、站)	2319	198	2592	367	2224	2876	1652
疾病预防控制中心							
其他卫生活动	1151	90	1278	348	930	1042	137
社会工作	22	4	192	234	-41	386	346
提供住宿社会工作	22	4	192	234	-41	386	346
不提供住宿社会工作							

法人单位分行业主要指标

营业税金及附加（万元）	销售费用、管理费用、财务费用合计（万元）	投资收益（万元）	营业利润（万元）	利润总额（万元）	应交所得税（万元）	应付职工薪酬（万元）	应交增值税（万元）	从业人员（人）
2146	**41723**	**121**	**5304**	**6180**	**789**	**35251**	**153**	**6327**
	293		-30	-30		513		203
	1026		32	34	1	2002		558
280	13911	114	4845	5145	41	15340		2050
19	2341		24	75		2833	153	304
1847	24152	7	433	956	747	14563	0	3212

工作企业法人单位主要指标

营业税金及附加（万元）	销售费用、管理费用、财务费用合计（万元）	投资收益（万元）	营业利润（万元）	利润总额（万元）	应交所得税（万元）	应付职工薪酬（万元）	应交增值税（万元）	从业人员（人）
1567	**142176**	**-7**	**38066**	**32261**	**4053**	**221841**	**678**	**38954**
1567	142132	-7	38071	32266	4053	221675	678	38892
1412	136346	-7	37506	31664	3905	214913	588	37443
136	339		332	332	4	2286	90	596
19	1865		410	406	128	2291		375
	835	1	1	1		534		199
1	1846		-180	-138	16	1516		222
	903		2	2	1	135		57
	44		-5	-5		166		62
	44		-5	-5		166		62

4-40 规模以上文化、体育和

行业	固定资产原价（万元）	本年折旧（万元）	资产总计（万元）	负债合计（万元）	所有者权益合计（万元）	营业收入（万元）	营业成本（万元）
总计	**710494**	**56945**	**2013086**	**1037679**	**975408**	**598046**	**326543**
新闻出版业	193422	10982	1120097	477000	643097	294838	177373
新闻业	17917	1888	92623	73484	19139	39293	30300
出版业	175505	9094	1027475	403517	623958	255545	147073
广播、电视、电影和音像业	58848	5455	163266	97727	65539	118328	72106
广播	919		998	5	993	900	498
电视	4457	405	25217	19438	5779	44282	35137
电影和影视节目制作	23907	2352	30583	18694	11889	8132	3433
电影和影视节目发行	1500	108	26475	23327	3148	9693	7870
电影放映	27987	2565	78342	35921	42420	53054	24306
录音制作	80	26	1652	342	1310	2268	862
文化艺术业	19257	1027	87816	43661	44155	42307	6909
文艺创作与表演	10732	384	78287	28286	50001	20479	5820
艺术表演场馆							
图书馆与档案馆	1678	49	1981	4649	-2668	1417	997
文物及非物质文化遗产保护							
博物馆	5496	413	6233	9600	-3366	20073	92
烈士陵园、纪念馆							
群众文化活动							
其他文化艺术业	1352	180	1314	1126	188	338	
体育	84601	3634	152077	134136	17942	17951	10011
体育组织	117	7	5218	4010	1207	2316	289
体育场馆	4724	315	7861	10192	-2331	1796	215
休闲健身活动	71235	2876	118949	97231	21719	11982	8502
其他体育	8525	435	20049	22703	-2654	1857	1006
娱乐业	354366	35847	489830	285155	204675	124622	60144
室内娱乐活动	22234	1609	39710	22446	17264	28709	11414
游乐园	332132	34238	450120	262709	187411	95913	48730
彩票活动							
文化、娱乐、体育经纪代理							
其他娱乐业							

娱乐业法人单位主要指标

营业税金及附加(万元)	销售费用、管理费用、财务费用合计(万元)	投资收益(万元)	营业利润(万元)	利润总额(万元)	应交所得税(万元)	应付职工薪酬(万元)	应交增值税(万元)	从业人员(人)
17371	**232677**	**9241**	**35901**	**63561**	**12586**	**103373**	**11515**	**17213**
6221	105179	8770	14301	37185	1994	63896	9557	9361
1436	7789		34	34	17	13862		2409
4785	97392	8770	14267	37151	1977	50033	9557	6952
3130	38805	471	9315	11410	2691	11011	1333	1993
	401					429		152
407	7152		1587	1550	386	2261	84	351
414	7603		-581	435	1	1100	4	83
69	2436	214	-402	177	1	1049	73	229
2102	20405	258	8252	8753	2179	5600	1160	1135
138	808		460	495	124	571	12	43
1367	30359		3672	3591	3685	6548	132	1157
607	5376		8675	8426	3650	3303	11	690
3	511		-94	-94		159	76	84
723	24234		-4976	-4808	18	2931	45	333
33	238		67	67	17	156		50
1539	14058		-5355	-5265	116	4477	247	1279
82	2048		-102	-102		141		69
69	1895		-382	-437	24	327	0	231
1082	9301		-4640	-4550	93	3479	247	909
307	814		-230	-176		530		70
5114	44276		13968	16640	4100	17441	247	3423
1767	7944		7124	7124	1358	3154	13	1036
3347	36333		6844	9516	2743	14287	234	2387

第五篇

行政事业、社团及其他单位

5-1　服务业行政事业及非企业法人单位分行业主要指标

行　业	单位数(个)	年末资产(亿元)	非企业单位支出(费用)(亿元)	从业人员(人)
农林牧渔服务业	7691	63.3	27.1	90339
开采辅助活动				
金属制品、机械和设备修理业				
批发和零售业	75	1.0		1872
批发业	40	1.0		1213
零售业	35			659
交通运输、仓储和邮政业	433	993.1	77.0	31483
铁路运输业	21			356
道路运输业	323	988.1	75.0	28974
水上运输业	22			662
航空运输业	4	3.0	1.0	439
管道运输业				
装卸搬运和运输代理业	20			99
仓储业	33	2.0		891
邮政业	10			62
信息传输、软件和信息技术服务业	443	16.3	12.0	6342
电信、广播电视和卫星传输服务	114	6.0	2.0	2621
互联网和相关服务	34	1.0	4.0	353
软件和信息技术服务业	295	9.3	6.0	3368
住宿和餐饮业	75	1.0		1872
住宿业	40	1.0		1213
餐饮业	35			659
金融业	113	7.0	1.0	6867
货币金融服务	80	7.0	1.0	5050
资本市场服务	21			511
保险业	11			1298
其他金融业	1			8
房地产	664	85.0	433.0	17353
物业管理	230	15.0	11.0	6704
房地产中介服务	23			238
自有房地产经营活动	7			218
其他房地产业	403	69.0	422.0	10189
租赁和商务服务业	3709	105.2	56.5	41258
租赁业	36			244
机械设备租赁	34			237
文化及日用品出租	2			7
商务服务业	3673	105.2	56.5	41014
企业管理服务	1584	70.1	34.0	19241
法律服务	1173	4.2	5.2	8744

5-1 续表 1

行 业	单位数(个)	年末资产(亿元)	非企业单位支出(费用)(亿元)	从业人员(人)
咨询与调查	257	1.3	2.1	1994
广告业	26			125
知识产权服务	10		0.0	65
人力资源服务	396	10.1	13.1	7358
旅行社及相关服务	19	0.0		181
安全保护服务	15			1171
其他商务服务业	193	18.5	2.1	2135
科学研究和技术服务业	6058	303.8	170.3	106248
研究和试验发展	430	133.3	63.4	23537
专业技术服务业	1728	132.3	79.2	36424
科技推广和应用服务业	3900	37.2	25.6	46287
水利、环境和公共设施管理业	2005	206.4	123.3	97648
水利管理业	920	77.0	24.0	16639
防洪除涝设施管理	150	4.0	3.0	2373
水资源管理	403	13.0	4.0	6342
天然水收集与分配	139	55.0	10.0	4746
水文服务	25	2.0	3.0	628
其他水利管理业	203	4.0	4.0	2550
生态保护和环境治理业	234	22.1	5.2	4191
生态保护	190	15.0	4.0	3725
环境治理业	44	6.0	1.2	466
公共设施管理业	851	107.3	93.1	76818
市政设施管理	437	63.1	65.0	45428
环境卫生管理	139	11.2	9.0	12446
城乡市容管理	22	1.0	1.0	2647
绿化管理	149	17.0	11.0	10479
公园和游览景区管理	104	16.0	7.0	5818
居民服务、修理和其他服务业	942	19.9	12.5	11018
居民服务业	895	19.9	12.5	10390
机动车、电子产品和日用产品修理业	31			410
其他服务业	16		0.0	218
教育	11386	1526.9	726.3	535673
学前教育	2854	34.8	24.0	39098
初等教育	2103	143.8	143.1	154569
中等教育	2235	383.1	222.3	209682
高等教育	199	889.8	278.7	77797
特殊教育	80	3.1	5.1	2654
技能培训、教育辅助及其他教育	3915	73.4	53.3	51873

5-1　续表 2

行　业	单位数（个）	年末资产（亿元）	非企业单位支出（费用）（亿元）	从业人员（人）
卫生和社会工作	10544	686.1	586.4	283901
卫生	8587	632.8	553.0	262301
医院	898	533.8	472.2	191724
社区医疗与卫生院	3297	44.6	36.8	36586
门诊部(所)	3262	6.3	3.9	7313
计划生育技术服务活动	311	5.0	5.0	2414
妇幼保健院(所、站)	193	13.0	12.0	6831
专科疾病防治院(所、站)	97	7.0	6.0	4742
疾病预防控制中心	423	15.0	12.0	8949
其他卫生活动	106	7.0	6.0	3742
社会工作	1956	53.4	34.4	21596
提供住宿社会工作	1546	48.2	27.2	18412
不提供住宿社会工作	410	5.2	6.2	3184
文化、体育和娱乐业	2246	121.9	80.1	43096
新闻出版业	141	3.0	3.0	2803
新闻业	43	1.0	2.0	679
出版业	98	2.0	2.0	2124
广播、电视、电影和音像业	245	52.0	36.1	15211
文化艺术业	1204	43.3	23.7	18710
文艺创作与表演	131	1.2	2.2	2735
艺术表演场馆	29	2.2	2.0	1508
图书馆与档案馆	226	13.0	6.0	3761
文物及非物质文化遗产保护	68	3.0	1.0	1059
博物馆	105	9.0	4.1	2304
烈士陵园、纪念馆	40	3.0	1.0	665
群众文化活动	491	11.8	7.3	5948
其他文化艺术业	114	0.1	1.0	730
体育	564	13.6	7.4	5541
体育组织	463	6.4	6.3	4304
体育场馆	55	7.1	2.0	926
休闲健身活动	42	0.1	0.1	287
其他体育	4	0.0		24
娱乐业	92	10.0	9.0	831
公共管理、社会保障和社会组织	42340	2696.0	2518.5	772521
中国共产党机关	1587	42.8	62.7	28626
国家机构	14561	2102.3	2329.7	544299
人民政协、民主党派	284	6.9	8.3	3923
社会保障	557	21.7	18.8	7409
群众团体、社会团体和其他成员组织	9469	123.5	46.6	79211
基层群众自治组织	15882	398.2	52.4	109053

5-2 信息传输、软件和信息技术服务业行政事业及非企业法人单位分地区主要指标

地 区	单位数(个)	年末资产(亿元)	非企业单位支出(费用)(亿元)	从业人员(人)
全 省	**443**	**16.8**	**11.9**	**6342**
沈阳市	103	7.5	3.8	1185
大连市	12	3.3	1.6	228
鞍山市	3	0.2	0.2	19
抚顺市	1		0.1	190
本溪市	7	0.2	0.1	173
丹东市	5	2.2	3.5	113
锦州市	26	0.9	0.8	872
营口市	34	0.5	0.3	364
阜新市	38	0.1	0.2	228
辽阳市	11	0.1	0.2	116
盘锦市	25	0.7	0.3	500
铁岭市	8	0.4	0.4	73
朝阳市	1	0.2	0.3	3
葫芦岛市	1	0.2	0.2	17

5-3 租赁和商务服务业行政事业及非企业法人单位分地区主要指标

地 区	单位数(个)	年末资产(亿元)	非企业单位支出(费用)(亿元)	从业人员(人)
全 省	**3709**	**104.9**	**57.0**	**41258**
沈阳市	949	24.5	21.6	10280
大连市	482	9.7	9.6	5119
鞍山市	296	11.7	2.5	3128
抚顺市	174	1.5	0.8	1288
本溪市	106	1.3	0.8	1181
丹东市	318	2.9	1.6	4667
锦州市	165	2.6	1.2	2196
营口市	252	15.3	4.1	3190
阜新市	247	6.6	1.1	1759
辽阳市	136	1.5	1.2	1862
盘锦市	98	0.8	1.8	1106
铁岭市	224	16.6	1.3	2206
朝阳市	170	2.0	2.3	2287
葫芦岛市	92	7.6	6.8	989

5-4 科学研究和技术服务业行政事业及非企业法人单位分地区主要指标

地 区	单位数（个）	年末资产（亿元）	非企业单位支出（费用）(亿元)	从业人员（人）
全 省	**6058**	**303.5**	**169.4**	**106248**
沈阳市	1155	156.5	80.5	32332
大连市	401	72.5	37.9	7621
鞍山市	741	13.7	7.6	7787
抚顺市	595	5.3	3.8	5789
本溪市	141	3.3	2.6	1979
丹东市	556	7.9	6.1	16464
锦州市	379	4.3	3.6	5668
营口市	167	8.7	4.8	3254
阜新市	252	7.8	4.9	3435
辽阳市	153	3.6	2.8	2334
盘锦市	315	4.2	3.2	3438
铁岭市	389	5.1	3.2	5468
朝阳市	653	6.8	5.2	7899
葫芦岛市	161	3.7	2.8	2780

5-5 水利、环境和公共设施管理业行政事业及非企业法人单位分地区主要指标

地 区	单位数（个）	年末资产（亿元）	非企业单位支出（费用）(亿元)	从业人员（人）
全 省	**2005**	**206.5**	**122.3**	**97648**
沈阳市	439	43.2	35.4	24344
大连市	155	43.7	12.2	8045
鞍山市	162	11.8	9.4	11046
抚顺市	94	4.2	3.9	5820
本溪市	77	7.8	2.6	2673
丹东市	188	7.0	5.2	4769
锦州市	132	4.2	4.5	3084
营口市	85	10.7	6.3	6910
阜新市	131	12.5	7.8	5850
辽阳市	76	4.5	4.7	4215
盘锦市	125	19.5	4.6	8051
铁岭市	144	1.6	1.9	3737
朝阳市	125	4.0	15.1	6296
葫芦岛市	72	31.6	8.7	2808

5-6 居民服务、修理和其他服务业行政事业及非企业业法人单位分地区主要指标

地　区	单位数(个)	年末资产(亿元)	非企业单位支出(费用)(亿元)	从业人员(人)
全　省	**942**	**19.7**	**12.6**	**11018**
沈阳市	230	4.6	2.8	2179
大连市	149	5.4	3.2	2192
鞍山市	93	2.0	0.8	1213
抚顺市	13	0.9	0.5	237
本溪市	42	0.7	1.4	554
丹东市	48	1.6	0.5	507
锦州市	72	0.6	0.6	757
营口市	57	0.5	0.5	567
阜新市	50	0.8	0.6	449
辽阳市	20	0.2	0.2	343
盘锦市	15	0.3	0.2	228
铁岭市	27	0.8	0.2	569
朝阳市	103	0.7	0.5	830
葫芦岛市	23	0.5	0.3	393

5-7 教育行政事业及非企业业法人单位分地区主要指标

地　区	单位数(个)	年末资产(亿元)	非企业单位支出(费用)(亿元)	从业人员(人)
全　省	**11386**	**1527.3**	**726.3**	**535673**
沈阳市	2400	449.0	213.7	110062
大连市	2555	638.5	206.0	105935
鞍山市	895	50.2	33.2	36322
抚顺市	632	50.6	26.5	26507
本溪市	413	22.6	18.1	18063
丹东市	615	33.8	27.7	22057
锦州市	468	85.0	42.8	32469
营口市	597	23.7	28.0	26097
阜新市	652	49.7	23.7	28304
辽阳市	492	21.6	17.9	18353
盘锦市	195	21.6	13.4	16631
铁岭市	426	24.7	19.3	27605
朝阳市	562	37.9	35.4	40880
葫芦岛市	484	18.2	20.9	26388

5-8　卫生和社会工作行政事业及非企业业法人单位分地区主要指标

地　区	单位数（个）	年末资产（亿元）	非企业单位支出（费用）（亿元）	从业人员（人）
全　省	**10544**	**685.8**	**586.9**	**283901**
沈阳市	1985	214.1	189.6	67404
大连市	1093	157.3	145.0	48277
鞍山市	484	31.9	32.2	15998
抚顺市	1033	20.5	19.1	13376
本溪市	239	21.5	19.3	13107
丹东市	572	37.2	23.2	14717
锦州市	476	35.6	29.1	16232
营口市	530	25.5	18.3	15677
阜新市	1060	19.4	18.8	12642
辽阳市	302	18.2	20.9	10688
盘锦市	698	25.8	11.1	8835
铁岭市	504	18.1	15.7	14556
朝阳市	1161	37.2	26.0	18874
葫芦岛市	407	23.3	18.3	13518

5-9　文化、体育和娱乐业行政事业及非企业法人单位分地区主要指标

地　区	单位数（个）	年末资产（亿元）	非企业单位支出（费用）（亿元）	从业人员（人）
全　省	**2246**	**122.3**	**79.6**	**43096**
沈阳市	413	45.1	42.2	12029
大连市	359	36.8	13.8	6161
鞍山市	166	5.8	4.2	2917
抚顺市	106	3.5	1.2	2224
本溪市	90	4.5	3.2	2022
丹东市	103	4.1	1.6	1743
锦州市	144	3.3	1.7	2745
营口市	159	3.9	2.0	2841
阜新市	145	1.8	1.4	2430
辽阳市	100	4.6	2.4	1190
盘锦市	96	3.4	1.2	1397
铁岭市	131	1.0	0.6	1484
朝阳市	151	3.3	2.3	2637
葫芦岛市	83	1.1	1.3	1276

5-10 公共管理、社会保障和社会组织行政事业及非企业业法人单位分地区主要指标

地 区	单位数(个)	年末资产(亿元)	非企业单位支出(费用)(亿元)	从业人员(人)
全 省	**42340**	**2695.7**	**2518.5**	**772521**
沈阳市	6602	692.8	782.1	133288
大连市	4479	810.0	594.2	111475
鞍山市	3142	194.2	177.2	55020
抚顺市	2505	62.1	79.9	40083
本溪市	2196	92.0	88.2	38247
丹东市	2531	92.2	89.5	35178
锦州市	2991	91.7	96.0	50662
营口市	2252	121.3	130.7	44683
阜新市	2467	78.5	80.9	37789
辽阳市	1820	87.4	86.6	30929
盘锦市	1575	127.9	104.7	31012
铁岭市	3126	63.7	61.7	51341
朝阳市	3811	102.1	94.6	64838
葫芦岛市	2843	79.7	52.0	47976

第六篇

企业信息化和电子商务交易

6-1 分行业企业使用计算机情况

行业	企业数(个)	使用计算机的企业		期末在用计算机数(台)	每百人拥有计算机数(台)
		数量(个)	比重(%)		
总 计	**38190**	**37763**	**98.9**	**1172900**	**15.6**
采矿业	**1523**	**1495**	**98.2**	**47148**	**9.4**
煤炭开采和洗选业	132	131	99.2	15936	7.8
石油和天然气开采业	1	1	100	13780	28.2
黑色金属矿采选业	782	764	97.7	4895	4.8
有色金属矿采选业	188	186	98.9	2152	4.8
非金属矿采选业	386	380	98.4	1964	4.4
开采辅助活动	32	32	100	8414	14.1
其他采矿业	2	1	50	7	1.9
制造业	**15111**	**14976**	**99.1**	**459962**	**14.1**
农副食品加工业	1505	1490	99	19742	6.7
食品制造业	318	311	97.8	4818	7.4
酒、饮料和精制茶制造业	229	226	98.7	5948	15.3
烟草制品业	4	4	100	515	23.4
纺织业	306	302	98.7	3575	6.6
纺织服装、服饰业	513	508	99	7741	5.7
皮革、毛皮、羽毛及其制品和制鞋业	97	97	100	1133	7.2
木材加工和木、竹、藤、棕、草制品业	392	387	98.7	4789	8.1
家具制造业	170	168	98.8	2839	7.1
造纸和纸制品业	232	227	97.8	3107	8.3
印刷和记录媒介复制业	108	108	100	2441	16.8
文教、工美、体育和娱乐用品制造业	131	131	100	1269	6.7
石油加工、炼焦和核燃料加工业	261	259	99.2	24828	25.0
化学原料和化学制品制造业	961	956	99.5	23766	14.8
医药制造业	268	266	99.3	11928	22.2
化学纤维制造业	19	19	100	637	9.8
橡胶和塑料制品业	850	843	99.2	13154	8.8
非金属矿物制品业	1687	1670	99	19835	7.9
黑色金属冶炼和压延加工业	871	862	99	51246	12.7
有色金属冶炼和压延加工业	329	326	99.1	6575	9.9
金属制品业	930	926	99.6	28325	16.8
通用设备制造业	1995	1985	99.5	57837	14.4
专用设备制造业	936	929	99.3	43788	23.7
汽车制造业	423	421	99.5	33683	23.0
铁路、船舶、航空航天和其他运输设备制造业	205	197	96.1	12861	16.9
电气机械和器材制造业	843	835	99.1	27562	17.9
计算机、通信和其他电子设备制造业	201	199	99	33380	40.4
仪器仪表制造业	174	173	99.4	8520	33.2
其他制造业	37	37	100	1461	15.4
废弃资源综合利用业	55	54	98.2	691	8.3
金属制品、机械和设备修理业	61	60	98.4	1968	6.7
电力、热力、燃气及水生产和供应业	**347**	**345**	**99.4**	**37710**	**23.5**
电力、热力生产和供应业	265	263	99.2	30524	25.1
燃气生产和供应业	38	38	100	3637	25.1
水的生产和供应业	44	44	100	3549	14.3
建筑业	**6398**	**6346**	**99.2**	**143323**	**6.1**
房屋建筑业	1725	1717	99.5	46805	3.1
土木工程建筑业	1217	1204	98.9	45827	10.3
建筑安装业	1789	1780	99.5	28889	12.3
建筑装饰和其他建筑业	1667	1645	98.7	21802	13.0

6-1 续表

行业	企业数(个)	使用计算机的企业		期末在用计算机数(台)	每百人拥有计算机数(台)
		数量(个)	比重(%)		
批发和零售业	**6567**	**6502**	**99**	**130329**	**35.7**
批发业	3341	3302	98.8	48198	37.9
零售业	3226	3200	99.2	82131	34.5
交通运输、仓储和邮政业	**1057**	**1041**	**98.5**	**48549**	**18.7**
铁路运输业	7	7	100	820	16.9
道路运输业	597	586	98.2	12912	9.9
水上运输业	66	66	100	12830	31.1
航空运输业	10	10	100	3622	35.9
管道运输业	3	3	100	905	159.6
装卸搬运和运输代理业	187	186	99.5	8053	20.6
仓储业	163	159	97.5	3115	31.6
邮政业	24	24	100	6292	26.7
住宿和餐饮业	**1243**	**1233**	**99.2**	**20525**	**20.3**
住宿业	566	563	99.5	12184	22.0
餐饮业	677	670	99	8341	18.3
信息传输、软件和信息技术服务业	**318**	**315**	**99.1**	**134221**	**124.4**
电信、广播电视和卫星传输服务	102	100	98	57706	106.3
互联网和相关服务	25	25	100	13675	168.1
软件和信息技术服务业	191	190	99.5	62840	138.3
房地产业	**4068**	**3963**	**97.4**	**63710**	**39.9**
房地产业	4068	3963	97.4	63710	39.9
租赁和商务服务业	**585**	**576**	**98.5**	**21480**	**15.4**
租赁业	16	16	100	118	13.3
商务服务业	569	560	98.4	21362	15.4
科学研究和技术服务业	**486**	**485**	**99.8**	**40056**	**69.8**
研究和试验发展	23	23	100	2874	124.6
专业技术服务业	413	412	99.8	36284	70.2
科技推广和应用服务业	50	50	100	898	26.5
水利、环境和公共设施管理业	**105**	**104**	**99**	**1806**	**12.6**
水利管理业	9	9	100	625	45.0
生态保护和环境治理业	8	8	100	184	26.7
公共设施管理业	88	87	98.9	997	8.1
居民服务、修理和其他服务业	**117**	**117**	**100**	**1693**	**14.9**
居民服务业	78	78	100	1097	14.4
机动车、电子产品和日用产品修理业	34	34	100	544	21.3
其他服务业	5	5	100	52	4.4
教育	**43**	**43**	**100**	**3738**	**96.7**
教育	43	43	100	3738	96.7
卫生和社会工作	**106**	**106**	**100**	**9872**	**39.5**
卫生	105	105	100	9871	39.6
社会工作	1	1	100	1	1.6
文化、体育和娱乐业	**116**	**116**	**100**	**8778**	**54.2**
新闻和出版业	39	39	100	6579	76.1
广播、电视、电影和影视录音制作业	31	31	100	806	48.6
文化艺术业	8	8	100	150	14.6
体育	15	15	100	253	21.0
娱乐业	23	23	100	990	27.1

6-2　分地区企业使用计算机情况

地　区	企业数(个)	使用计算机的企业		期末在用计算机数(台)	每百人拥有计算机数(台)
		数量(个)	比重(%)		
全　省	**38190**	**37763**	**98.9**	**1172900**	**15.6**
沈阳市	9551	9495	99.4	336488	19.5
大连市	8467	8337	98.5	373775	20.1
鞍山市	3203	3127	97.6	70165	11.6
抚顺市	1727	1718	99.5	50788	13.7
本溪市	1369	1349	98.5	40687	14.0
丹东市	1596	1590	99.6	32459	12.1
锦州市	1661	1653	99.5	36689	11.2
营口市	2616	2593	99.1	44412	11.2
阜新市	1299	1281	98.6	25748	11.4
辽阳市	1224	1210	98.9	28318	13.1
盘锦市	1183	1176	99.4	53544	17.2
铁岭市	1736	1712	98.6	32103	10.0
朝阳市	1497	1471	98.3	23720	6.3
葫芦岛市	1061	1051	99.1	24004	9.7

6-3 分行业企业

行业	企业数(个)	使用信息化管理的企业数		财务管理		购销存管理	
		数量(个)	比重(%)	数量(个)	占使用信息化管理企业比重(%)	数量(个)	占使用信息化管理企业比重(%)
总　计	**38190**	**35723**	**93.5**	**32568**	**91.2**	**12758**	**35.7**
采矿业	**1523**	**1362**	**89.4**	**1244**	**91.3**	**299**	**22**
煤炭开采和洗选业	132	117	88.6	116	99.1	26	22.2
石油和天然气开采业	1	1	100	1	100	1	100
黑色金属矿采选业	782	703	89.9	640	91	124	17.6
有色金属矿采选业	188	176	93.6	156	88.6	45	25.6
非金属矿采选业	386	344	89.1	310	90.1	100	29.1
开采辅助活动	32	20	62.5	20	100	3	15
其他采矿业	2	1	50	1	100		
制造业	**15111**	**14134**	**93.5**	**12862**	**91**	**5882**	**41.6**
农副食品加工业	1505	1384	92	1253	90.5	578	41.8
食品制造业	318	298	93.7	268	89.9	148	49.7
酒、饮料和精制茶制造业	229	213	93	195	91.5	84	39.4
烟草制品业	4	4	100	4	100	2	50
纺织业	306	290	94.8	248	85.5	124	42.8
纺织服装、服饰业	513	480	93.6	434	90.4	201	41.9
皮革、毛皮、羽毛及其制品和制鞋业	97	94	96.9	79	84	39	41.5
木材加工和木、竹、藤、棕、草制品业	392	374	95.4	346	92.5	122	32.6
家具制造业	170	164	96.5	157	95.7	49	29.9
造纸和纸制品业	232	215	92.7	197	91.6	93	43.3
印刷和记录媒介复制业	108	100	92.6	91	91	40	40
文教、工美、体育和娱乐用品制造业	131	125	95.4	104	83.2	42	33.6
石油加工、炼焦和核燃料加工业	261	253	96.9	244	96.4	87	34.4
化学原料和化学制品制造业	961	900	93.7	817	90.8	390	43.3
医药制造业	268	258	96.3	238	92.2	123	47.7
化学纤维制造业	19	19	100	19	100	13	68.4
橡胶和塑料制品业	850	797	93.8	721	90.5	404	50.7
非金属矿物制品业	1687	1556	92.2	1431	92	538	34.6
黑色金属冶炼和压延加工业	871	788	90.5	706	89.6	320	40.6
有色金属冶炼和压延加工业	329	310	94.2	283	91.3	131	42.3
金属制品业	930	861	92.6	758	88	336	39
通用设备制造业	1995	1879	94.2	1715	91.3	824	43.9
专用设备制造业	936	879	93.9	804	91.5	344	39.1
汽车制造业	423	401	94.8	373	93	211	52.6
铁路、船舶、航空航天和其他运输设备制造业	205	192	93.7	171	89.1	83	43.2
电气机械和器材制造业	843	796	94.4	735	92.3	326	41
计算机、通信和其他电子设备制造业	201	197	98	186	94.4	112	56.9
仪器仪表制造业	174	165	94.8	154	93.3	72	43.6
其他制造业	37	34	91.9	31	91.2	16	47.1
废弃资源综合利用业	55	52	94.5	48	92.3	15	28.8
金属制品、机械和设备修理业	61	56	91.8	52	92.9	15	26.8
电力、热力、燃气及水生产和供应业	**347**	**337**	**97.1**	**321**	**95.3**	**141**	**41.8**
电力、热力生产和供应业	265	256	96.6	242	94.5	101	39.5
燃气生产和供应业	38	38	100	36	94.7	22	57.9
水的生产和供应业	44	43	97.7	43	100	18	41.9
建筑业	**6398**	**6050**	**94.6**	**5439**	**89.9**	**1501**	**24.8**
房屋建筑业	1725	1640	95.1	1502	91.6	387	23.6
土木工程建筑业	1217	1154	94.8	1061	91.9	249	21.6
建筑安装业	1789	1704	95.2	1503	88.2	524	30.8
建筑装饰和其他建筑业	1667	1552	93.1	1373	88.5	341	22

信息化管理情况

生产制造管理		物流配送管理		客户关系管理		人力资源管理		其他	
数量（个）	占使用信息化管理企业比重（%）	数量（个）	占使用信息化管理企业比重（%）	数量（个）	占使用信息化管理企业比重（%）	数量（个）	占使用信息化管理企业比重（%）	数量（个）	占使用信息化管理企业比重（%）
5677	**15.9**	**3086**	**8.6**	**8885**	**24.9**	**11319**	**31.7**	**7716**	**21.6**
166	**12.2**	**86**	**6.3**	**205**	**15.1**	**258**	**18.9**	**202**	**14.8**
16	13.7	4	3.4	9	7.7	18	15.4	28	23.9
1	100			1	100	1	100		
60	8.5	42	6	88	12.5	91	12.9	88	12.5
27	15.3	4	2.3	33	18.8	46	26.1	36	20.5
59	17.2	36	10.5	74	21.5	95	27.6	46	13.4
3	15					6	30	4	20
						1	100		
3822	**27**	**1776**	**12.6**	**3445**	**24.4**	**4240**	**30**	**2566**	**18.2**
335	24.2	180	13	365	26.4	376	27.2	259	18.7
74	24.8	48	16.1	87	29.2	91	30.5	46	15.4
55	25.8	46	21.6	66	31	61	28.6	45	21.1
3	75	2	50			3	75		
73	25.2	42	14.5	65	22.4	86	29.7	63	21.7
122	25.4	51	10.6	128	26.7	139	29	87	18.1
26	27.7	34	36.2	31	33	35	37.2	13	13.8
68	18.2	41	11	89	23.8	78	20.9	57	15.2
39	23.8	35	21.3	39	23.8	56	34.1	25	15.2
60	27.9	36	16.7	62	28.8	60	27.9	46	21.4
32	32	9	9	22	22	29	29	15	15
27	21.6	12	9.6	33	26.4	38	30.4	28	22.4
45	17.8	22	8.7	51	20.2	84	33.2	46	18.2
226	25.1	113	12.6	239	26.6	279	31	187	20.8
82	31.8	41	15.9	68	26.4	93	36	54	20.9
4	21.1	3	15.8	8	42.1	5	26.3	1	5.3
164	20.6	90	11.3	143	17.9	193	24.2	148	18.6
362	23.3	151	9.7	314	20.2	393	25.3	255	16.4
224	28.4	76	9.6	169	21.4	216	27.4	133	16.9
78	25.2	28	9	71	22.9	107	34.5	56	18.1
255	29.6	103	12	197	22.9	280	32.5	157	18.2
607	32.3	221	11.8	514	27.4	601	32	365	19.4
232	26.4	84	9.6	208	23.7	275	31.3	144	16.4
168	41.9	91	22.7	108	26.9	131	32.7	83	20.7
69	35.9	29	15.1	48	25	72	37.5	33	17.2
220	27.6	110	13.8	187	23.5	270	33.9	142	17.8
91	46.2	36	18.3	65	33	90	45.7	27	13.7
56	33.9	20	12.1	43	26.1	58	35.2	24	14.5
11	32.4	4	11.8	11	32.4	8	23.5	8	23.5
6	11.5	1	1.9	6	11.5	18	34.6	7	13.5
8	14.3	17	30.4	8	14.3	15	26.8	12	21.4
125	**37.1**	**16**	**4.7**	**64**	**19**	**175**	**51.9**	**61**	**18.1**
99	38.7	9	3.5	41	16	132	51.6	49	19.1
12	31.6	3	7.9	11	28.9	20	52.6	4	10.5
14	32.6	4	9.3	12	27.9	23	53.5	8	18.6
857	**14.2**	**223**	**3.7**	**1599**	**26.4**	**2344**	**38.7**	**1924**	**31.8**
240	14.6	47	2.9	385	23.5	710	43.3	567	34.6
166	14.4	40	3.5	270	23.4	514	44.5	361	31.3
252	14.8	81	4.8	482	28.3	633	37.1	526	30.9
199	12.8	55	3.5	462	29.8	487	31.4	470	30.3

6-3 续表

行业	企业数(个)	使用信息化管理的企业数		财务管理		购销存管理	
		数量(个)	比重(%)	数量(个)	占使用信息化管理企业比重(%)	数量(个)	占使用信息化管理企业比重(%)
批发和零售业	**6567**	**6074**	**92.5**	**5564**	**91.6**	**3023**	**49.8**
批发业	3341	3079	92.2	2862	93	1441	46.8
零售业	3226	2995	92.8	2702	90.2	1582	52.8
交通运输、仓储和邮政业	**1057**	**993**	**93.9**	**904**	**91**	**192**	**19.3**
铁路运输业	7	7	100	7	100	1	14.3
道路运输业	597	548	91.8	485	88.5	74	13.5
水上运输业	66	65	98.5	62	95.4	16	24.6
航空运输业	10	10	100	10	100	3	30
管道运输业	3	3	100	3	100	2	66.7
装卸搬运和运输代理业	187	179	95.7	170	95	24	13.4
仓储业	163	157	96.3	146	93	60	38.2
邮政业	24	24	100	21	87.5	12	50
住宿和餐饮业	**1243**	**1154**	**92.8**	**1043**	**90.4**	**434**	**37.6**
住宿业	566	546	96.5	501	91.8	206	37.7
餐饮业	677	608	89.8	542	89.1	228	37.5
信息传输、软件和信息技术服务业	**318**	**312**	**98.1**	**297**	**95.2**	**123**	**39.4**
电信、广播电视和卫星传输服务	102	100	98	98	98	56	56
互联网和相关服务	25	25	100	23	92	8	32
软件和信息技术服务业	191	187	97.9	176	94.1	59	31.6
房地产业	**4068**	**3813**	**93.7**	**3517**	**92.2**	**889**	**23.3**
房地产业	4068	3813	93.7	3517	92.2	889	23.3
租赁和商务服务业	**585**	**555**	**94.9**	**509**	**91.7**	**56**	**10.1**
租赁业	16	15	93.8	13	86.7	2	13.3
商务服务业	569	540	94.9	496	91.9	54	10
科学研究和技术服务业	**486**	**468**	**96.3**	**437**	**93.4**	**65**	**13.9**
研究和试验发展	23	22	95.7	22	100	9	40.9
专业技术服务业	413	397	96.1	371	93.5	45	11.3
科技推广和应用服务业	50	49	98	44	89.8	11	22.4
水利、环境和公共设施管理业	**105**	**101**	**96.2**	**94**	**93.1**	**23**	**22.8**
水利管理业	9	9	100	7	77.8		
生态保护和环境治理业	8	8	100	7	87.5	2	25
公共设施管理业	88	84	95.5	80	95.2	21	25
居民服务、修理和其他服务业	**117**	**113**	**96.6**	**99**	**87.6**	**45**	**39.8**
居民服务业	78	74	94.9	64	86.5	21	28.4
机动车、电子产品和日用产品修理业	34	34	100	30	88.2	22	64.7
其他服务业	5	5	100	5	100	2	40
教育	**43**	**39**	**90.7**	**36**	**92.3**	**5**	**12.8**
教育	43	39	90.7	36	92.3	5	12.8
卫生和社会工作	**106**	**104**	**98.1**	**94**	**90.4**	**36**	**34.6**
卫生	105	103	98.1	93	90.3	36	35
社会工作	1	1	100	1	100		
文化、体育和娱乐业	**116**	**114**	**98.3**	**108**	**94.7**	**44**	**38.6**
新闻和出版业	39	39	100	39	100	20	51.3
广播、电视、电影和影视录音制作业	31	31	100	30	96.8	13	41.9
文化艺术业	8	7	87.5	6	85.7	2	28.6
体育	15	14	93.3	13	92.9	3	21.4
娱乐业	23	23	100	20	87	6	26.1

生产制造管理		物流配送管理		客户关系管理		人力资源管理		其他	
数量（个）	占使用信息化管理企业比重（%）	数量（个）	占使用信息化管理企业比重（%）	数量（个）	占使用信息化管理企业比重（%）	数量（个）	占使用信息化管理企业比重（%）	数量（个）	占使用信息化管理企业比重（%）
252	**4.1**	**645**	**10.6**	**1610**	**26.5**	**1380**	**22.7**	**985**	**16.2**
151	4.9	345	11.2	753	24.5	625	20.3	470	15.3
101	3.4	300	10	857	28.6	755	25.2	515	17.2
58	**5.8**	**178**	**17.9**	**214**	**21.6**	**388**	**39.1**	**255**	**25.7**
1	14.3					3	42.9	1	14.3
21	3.8	87	15.9	87	15.9	176	32.1	139	25.4
7	10.8	7	10.8	18	27.7	39	60	25	38.5
				1	10	8	80	1	10
2	66.7			1	33.3	3	100		
11	6.1	46	25.7	54	30.2	89	49.7	51	28.5
13	8.3	28	17.8	39	24.8	53	33.8	28	17.8
3	12.5	10	41.7	14	58.3	17	70.8	10	41.7
39	**3.4**	**29**	**2.5**	**277**	**24**	**360**	**31.2**	**203**	**17.6**
14	2.6	9	1.6	179	32.8	217	39.7	99	18.1
25	4.1	20	3.3	98	16.1	143	23.5	104	17.1
58	**18.6**	**28**	**9**	**144**	**46.2**	**190**	**60.9**	**82**	**26.3**
13	13	16	16	54	54	73	73	25	25
1	4	1	4	6	24	7	28	3	12
44	23.5	11	5.9	84	44.9	110	58.8	54	28.9
190	**5**	**55**	**1.4**	**965**	**25.3**	**1340**	**35.1**	**1016**	**26.6**
190	5	55	1.4	965	25.3	1340	35.1	1016	26.6
11	**2**	**10**	**1.8**	**149**	**26.8**	**232**	**41.8**	**139**	**25**
				6	40	1	6.7	1	6.7
11	2	10	1.9	143	26.5	231	42.8	138	25.6
58	**12.4**	**16**	**3.4**	**105**	**22.4**	**224**	**47.9**	**149**	**31.8**
4	18.2	3	13.6	6	27.3	11	50	1	4.5
49	12.3	11	2.8	87	21.9	199	50.1	136	34.3
5	10.2	2	4.1	12	24.5	14	28.6	12	24.5
10	**9.9**	**1**	**1**	**21**	**20.8**	**43**	**42.6**	**29**	**28.7**
						4	44.4	3	33.3
3	37.5			1	12.5	5	62.5	4	50
7	8.3	1	1.2	20	23.8	34	40.5	22	26.2
6	**5.3**	**3**	**2.7**	**34**	**30.1**	**34**	**30.1**	**27**	**23.9**
1	1.4	1	1.4	17	23	19	25.7	23	31.1
5	14.7	2	5.9	17	50	14	41.2	3	8.8
						1	20	1	20
1	**2.6**			**7**	**17.9**	**19**	**48.7**	**17**	**43.6**
1	2.6			7	17.9	19	48.7	17	43.6
9	**8.7**	**9**	**8.7**	**18**	**17.3**	**45**	**43.3**	**34**	**32.7**
9	8.7	9	8.7	18	17.5	45	43.7	34	33
15	**13.2**	**11**	**9.6**	**28**	**24.6**	**47**	**41.2**	**27**	**23.7**
14	35.9	10	25.6	9	23.1	16	41	4	10.3
				8	25.8	13	41.9	10	32.3
				2	28.6	4	57.1	2	28.6
1	7.1			4	28.6	4	28.6	4	28.6
		1	4.3	5	21.7	10	43.5	7	30.4

6-4 分地区企业

地 区	企业数(个)	使用信息化管理的企业数		财务管理		购销存管理	
		数量(个)	比重(%)	数量(个)	占使用信息化管理企业比重(%)	数量(个)	占使用信息化管理企业比重(%)
全 省	**38190**	**35723**	**93.5**	**32568**	**91.2**	**12758**	**35.7**
沈阳市	9551	9096	95.2	8579	94.3	3364	37
大连市	8467	7924	93.6	7131	90	3329	42
鞍山市	3203	2864	89.4	2525	88.2	879	30.7
抚顺市	1727	1668	96.6	1596	95.7	435	26.1
本溪市	1369	1252	91.5	1089	87	417	33.3
丹东市	1596	1487	93.2	1329	89.4	506	34
锦州市	1661	1594	96	1538	96.5	628	39.4
营口市	2616	2371	90.6	1999	84.3	823	34.7
阜新市	1299	1183	91.1	1075	90.9	430	36.3
辽阳市	1224	1141	93.2	968	84.8	360	31.6
盘锦市	1183	1163	98.3	1158	99.6	336	28.9
铁岭市	1736	1579	91	1311	83	528	33.4
朝阳市	1497	1361	90.9	1265	92.9	396	29.1
葫芦岛市	1061	1040	98	1005	96.6	327	31.4

信息化管理情况

生产制造管理		物流配送管理		客户关系管理		人力资源管理		其他	
数量（个）	占使用信息化管理企业比重（%）	数量（个）	占使用信息化管理企业比重（%）	数量（个）	占使用信息化管理企业比重（%）	数量（个）	占使用信息化管理企业比重（%）	数量（个）	占使用信息化管理企业比重（%）
5677	**15.9**	**3086**	**8.6**	**8885**	**24.9**	**11319**	**31.7**	**7716**	**21.6**
1216	13.4	823	9	2297	25.3	2757	30.3	1762	19.4
1667	21	841	10.6	2492	31.4	3389	42.8	1880	23.7
308	10.8	243	8.5	505	17.6	647	22.6	596	20.8
177	10.6	104	6.2	330	19.8	375	22.5	367	22
187	14.9	88	7	278	22.2	372	29.7	335	26.8
226	15.2	114	7.7	419	28.2	467	31.4	369	24.8
306	19.2	145	9.1	393	24.7	487	30.6	254	15.9
424	17.9	139	5.9	561	23.7	703	29.6	495	20.9
208	17.6	91	7.7	257	21.7	378	32	248	21
210	18.4	133	11.7	256	22.4	306	26.8	251	22
120	10.3	66	5.7	237	20.4	398	34.2	240	20.6
320	20.3	146	9.2	384	24.3	411	26	477	30.2
166	12.2	100	7.3	226	16.6	333	24.5	232	17
142	13.7	53	5.1	250	24	296	28.5	210	20.2

6-5 分行业企业使用网络情况

行业	企业数(个)	使用局域网的企业		使用互联网的企业					
						宽带接入		窄带接入	
		数量(个)	比重(%)	数量(个)	比重(%)	数量(个)	占接入互联网企业比重(%)	数量(个)	占接入互联网企业比重(%)
总 计	**38190**	**20606**	**54**	**37143**	**97.3**	**36086**	**97.2**	**1182**	**3.2**
采矿业	**1523**	**523**	**34.3**	**1464**	**96.1**	**1385**	**94.6**	**60**	**4.1**
煤炭开采和洗选业	132	54	40.9	130	98.5	126	96.9	3	2.3
石油和天然气开采业	1	1	100	1	100	1	100		
黑色金属矿采选业	782	229	29.3	740	94.6	687	92.8	36	4.9
有色金属矿采选业	188	79	42	183	97.3	173	94.5	8	4.4
非金属矿采选业	386	146	37.8	377	97.7	365	96.8	13	3.4
开采辅助活动	32	13	40.6	32	100	32	100		
其他采矿业	2	1	50	1	50	1	100		
制造业	**15111**	**8039**	**53.2**	**14825**	**98.1**	**14258**	**96.2**	**493**	**3.3**
农副食品加工业	1505	713	47.4	1473	97.9	1427	96.9	41	2.8
食品制造业	318	171	53.8	310	97.5	304	98.1	9	2.9
酒、饮料和精制茶制造业	229	101	44.1	217	94.8	205	94.5	8	3.7
烟草制品业	4	4	100	4	100	4	100		
纺织业	306	160	52.3	295	96.4	285	96.6	9	3.1
纺织服装、服饰业	513	239	46.6	501	97.7	489	97.6	11	2.2
皮革、毛皮、羽毛及其制品和制鞋业	97	68	70.1	95	97.9	91	95.8	1	1.1
木材加工和木、竹、藤、棕、草制品业	392	192	49	385	98.2	371	96.4	13	3.4
家具制造业	170	104	61.2	167	98.2	160	95.8	11	6.6
造纸和纸制品业	232	113	48.7	224	96.6	211	94.2	9	4
印刷和记录媒介复制业	108	55	50.9	108	100	103	95.4	3	2.8
文教、工美、体育和娱乐用品制造业	131	49	37.4	129	98.5	125	96.9	4	3.1
石油加工、炼焦和核燃料加工业	261	136	52.1	257	98.5	249	96.9	6	2.3
化学原料和化学制品制造业	961	525	54.6	947	98.5	909	96	31	3.3
医药制造业	268	176	65.7	266	99.3	257	96.6	5	1.9
化学纤维制造业	19	14	73.7	19	100	19	100		
橡胶和塑料制品业	850	392	46.1	839	98.7	812	96.8	24	2.9
非金属矿物制品业	1687	794	47.1	1649	97.7	1558	94.5	75	4.5
黑色金属冶炼和压延加工业	871	403	46.3	854	98	831	97.3	20	2.3
有色金属冶炼和压延加工业	329	186	56.5	322	97.9	309	96	15	4.7
金属制品业	930	487	52.4	919	98.8	868	94.5	30	3.3
通用设备制造业	1995	1163	58.3	1968	98.6	1902	96.6	61	3.1
专用设备制造业	936	536	57.3	925	98.8	898	97.1	22	2.4
汽车制造业	423	294	69.5	419	99.1	405	96.7	14	3.3
铁路、船舶、航空航天和其他运输设备制造业	205	116	56.6	189	92.2	183	96.8	9	4.8
电气机械和器材制造业	843	491	58.2	829	98.3	787	94.9	45	5.4
计算机、通信和其他电子设备制造业	201	149	74.1	197	98	190	96.4	8	4.1
仪器仪表制造业	174	124	71.3	171	98.3	165	96.5	5	2.9
其他制造业	37	14	37.8	35	94.6	34	97.1		
废弃资源综合利用业	55	29	52.7	54	98.2	53	98.1	3	5.6
金属制品、机械和设备修理业	61	41	67.2	58	95.1	54	93.1	1	1.7
电力、热力、燃气及水生产和供应业	**347**	**245**	**70.6**	**343**	**98.8**	**336**	**98**	**5**	**1.5**
电力、热力生产和供应业	265	181	68.3	261	98.5	257	98.5	2	0.8
燃气生产和供应业	38	30	78.9	38	100	36	94.7	1	2.6
水的生产和供应业	44	34	77.3	44	100	43	97.7	2	4.5
建筑业	**6398**	**3677**	**57.5**	**6220**	**97.2**	**6139**	**98.7**	**199**	**3.2**
房屋建筑业	1725	995	57.7	1678	97.3	1655	98.6	50	3
土木工程建筑业	1217	703	57.8	1180	97	1163	98.6	40	3.4
建筑安装业	1789	1063	59.4	1748	97.7	1723	98.6	52	3
建筑装饰和其他建筑业	1667	916	54.9	1614	96.8	1598	99	57	3.5

6-5　续表

行　　业	企业数（个）	使用局域网的企业		使用互联网的企业		宽带接入		窄带接入	
		数量（个）	比重（%）	数量（个）	比重（%）	数量（个）	占接入互联网企业比重（%）	数量（个）	占接入互联网企业比重（%）
批发和零售业	**6567**	**2993**	**45.6**	**6391**	**97.3**	**6201**	**97**	**232**	**3.6**
批发业	3341	1578	47.2	3247	97.2	3153	97.1	119	3.7
零售业	3226	1415	43.9	3144	97.5	3048	96.9	113	3.6
交通运输、仓储和邮政业	**1057**	**675**	**63.9**	**1007**	**95.3**	**982**	**97.5**	**22**	**2.2**
铁路运输业	7	4	57.1	7	100	7	100		
道路运输业	597	314	52.6	559	93.6	543	97.1	13	2.3
水上运输业	66	53	80.3	63	95.5	61	96.8	1	1.6
航空运输业	10	10	100	10	100	10	100	1	10
管道运输业	3	3	100	3	100	3	100		
装卸搬运和运输代理业	187	149	79.7	184	98.4	181	98.4	2	1.1
仓储业	163	120	73.6	157	96.3	154	98.1	4	2.5
邮政业	24	22	91.7	24	100	23	95.8	1	4.2
住宿和餐饮业	**1243**	**612**	**49.2**	**1196**	**96.2**	**1158**	**96.8**	**38**	**3.2**
住宿业	566	341	60.2	553	97.7	536	96.9	14	2.5
餐饮业	677	271	40	643	95	622	96.7	24	3.7
信息传输、软件和信息技术服务业	**318**	**292**	**91.8**	**312**	**98.1**	**306**	**98.1**	**12**	**3.8**
电信、广播电视和卫星传输服务	102	92	90.2	98	96.1	97	99	9	9.2
互联网和相关服务	25	22	88	25	100	25	100		
软件和信息技术服务业	191	178	93.2	189	99	184	97.4	3	1.6
房地产业	**4068**	**2439**	**60**	**3870**	**95.1**	**3834**	**99.1**	**80**	**2.1**
房地产业	4068	2439	60	3870	95.1	3834	99.1	80	2.1
租赁和商务服务业	**585**	**373**	**63.8**	**564**	**96.4**	**556**	**98.6**	**12**	**2.1**
租赁业	16	8	50	16	100	14	87.5	2	12.5
商务服务业	569	365	64.1	548	96.3	542	98.9	10	1.8
科学研究和技术服务业	**486**	**394**	**81.1**	**475**	**97.7**	**463**	**97.5**	**19**	**4**
研究和试验发展	23	20	87	22	95.7	22	100	1	4.5
专业技术服务业	413	345	83.5	404	97.8	394	97.5	16	4
科技推广和应用服务业	50	29	58	49	98	47	95.9	2	4.1
水利、环境和公共设施管理业	**105**	**63**	**60**	**102**	**97.1**	**101**	**99**	**3**	**2.9**
水利管理业	9	7	77.8	9	100	9	100		
生态保护和环境治理业	8	3	37.5	8	100	8	100		
公共设施管理业	88	53	60.2	85	96.6	84	98.8	3	3.5
居民服务、修理和其他服务业	**117**	**67**	**57.3**	**114**	**97.4**	**113**	**99.1**	**2**	**1.8**
居民服务业	78	40	51.3	75	96.2	74	98.7	2	2.7
机动车、电子产品和日用产品修理业	34	25	73.5	34	100	34	100		
其他服务业	5	2	40	5	100	5	100		
教育	**43**	**25**	**58.1**	**42**	**97.7**	**41**	**97.6**	**1**	**2.4**
教育	43	25	58.1	42	97.7	41	97.6	1	2.4
卫生和社会工作	**106**	**94**	**88.7**	**104**	**98.1**	**102**	**98.1**	**3**	**2.9**
卫生	105	94	89.5	103	98.1	101	98.1	3	2.9
社会工作	1			1	100	1	100		
文化、体育和娱乐业	**116**	**95**	**81.9**	**114**	**98.3**	**111**	**97.4**	**1**	**0.9**
新闻和出版业	39	37	94.9	39	100	36	92.3		
广播、电视、电影和影视录音制作业	31	26	83.9	31	100	31	100		
文化艺术业	8	6	75	8	100	8	100		
体育	15	11	73.3	13	86.7	13	100	1	7.7
娱乐业	23	15	65.2	23	100	23	100		

6-6 分地区企业使用网络情况

地区	企业数(个)	使用局域网的企业		使用互联网的企业		宽带接入		窄带接入	
		数量(个)	比重(%)	数量(个)	比重(%)	数量(个)	占接入互联网企业比重(%)	数量(个)	占接入互联网企业比重(%)
全　省	**38190**	**20606**	**54**	**37143**	**97.3**	**36086**	**97.2**	**1182**	**3.2**
沈阳市	9551	5171	54.1	9383	98.2	9061	96.6	393	4.2
大连市	8467	5542	65.5	8180	96.6	8024	98.1	222	2.7
鞍山市	3203	1251	39.1	3039	94.9	2876	94.6	119	3.9
抚顺市	1727	855	49.5	1709	99	1672	97.8	41	2.4
本溪市	1369	693	50.6	1332	97.3	1298	97.4	38	2.9
丹东市	1596	861	53.9	1562	97.9	1533	98.1	38	2.4
锦州市	1661	812	48.9	1634	98.4	1608	98.4	30	1.8
营口市	2616	1480	56.6	2545	97.3	2434	95.6	93	3.7
阜新市	1299	679	52.3	1269	97.7	1235	97.3	24	1.9
辽阳市	1224	595	48.6	1173	95.8	1099	93.7	47	4
盘锦市	1183	590	49.9	1170	98.9	1162	99.3	32	2.7
铁岭市	1736	882	50.8	1685	97.1	1655	98.2	42	2.5
朝阳市	1497	596	39.8	1445	96.5	1418	98.1	35	2.4
葫芦岛市	1061	599	56.5	1017	95.9	1011	99.4	28	2.8

6-7　分行业企业建网站情况

行　　业	企业数（个）	建立网站的企业		网站数量（个）	每百家拥有网站数（个）
		数量（个）	比重（%）		
总　计	**38190**	**13631**	**35.7**	**16012**	**42**
采矿业	**1523**	**286**	**18.8**	**328**	**22**
煤炭开采和洗选业	132	18	13.6	23	17
石油和天然气开采业	1				
黑色金属矿采选业	782	122	15.6	141	18
有色金属矿采选业	188	55	29.3	60	32
非金属矿采选业	386	89	23.1	102	26
开采辅助活动	32	1	3.1	1	3
其他采矿业	2	1	50	1	50
制造业	**15111**	**6050**	**40**	**7132**	**47**
农副食品加工业	1505	592	39.3	679	45
食品制造业	318	142	44.7	165	52
酒、饮料和精制茶制造业	229	78	34.1	95	41
烟草制品业	4	3	75	6	150
纺织业	306	98	32	120	39
纺织服装、服饰业	513	191	37.2	217	42
皮革、毛皮、羽毛及其制品和制鞋业	97	29	29.9	35	36
木材加工和木、竹、藤、棕、草制品业	392	99	25.3	107	27
家具制造业	170	59	34.7	69	41
造纸和纸制品业	232	76	32.8	86	37
印刷和记录媒介复制业	108	48	44.4	61	56
文教、工美、体育和娱乐用品制造业	131	36	27.5	40	31
石油加工、炼焦和核燃料加工业	261	101	38.7	112	43
化学原料和化学制品制造业	961	396	41.2	484	50
医药制造业	268	154	57.5	172	64
化学纤维制造业	19	10	52.6	13	68
橡胶和塑料制品业	850	280	32.9	326	38
非金属矿物制品业	1687	584	34.6	688	41
黑色金属冶炼和压延加工业	871	335	38.5	387	44
有色金属冶炼和压延加工业	329	151	45.9	166	50
金属制品业	930	362	38.9	438	47
通用设备制造业	1995	868	43.5	1045	52
专用设备制造业	936	395	42.2	472	50
汽车制造业	423	211	49.9	243	57
铁路、船舶、航空航天和其他运输设备制造业	205	104	50.7	124	60
电气机械和器材制造业	843	383	45.4	436	52
计算机、通信和其他电子设备制造业	201	125	62.2	182	91
仪器仪表制造业	174	91	52.3	105	60
其他制造业	37	8	21.6	8	22
废弃资源综合利用业	55	14	25.5	19	35
金属制品、机械和设备修理业	61	27	44.3	32	52
电力、热力、燃气及水生产和供应业	**347**	**136**	**39.2**	**162**	**47**
电力、热力生产和供应业	265	97	36.6	117	44
燃气生产和供应业	38	16	42.1	16	42
水的生产和供应业	44	23	52.3	29	66
建筑业	**6398**	**2137**	**33.4**	**2433**	**38**
房屋建筑业	1725	560	32.5	657	38
土木工程建筑业	1217	374	30.7	438	36
建筑安装业	1789	632	35.3	703	39
建筑装饰和其他建筑业	1667	571	34.3	635	38

6-7 续表

行业	企业数(个)	建立网站的企业		网站数量(个)	每百家拥有网站数(个)
		数量(个)	比重(%)		
批发和零售业	**6567**	**1826**	**27.8**	**2194**	**33**
批发业	3341	932	27.9	1085	32
零售业	3226	894	27.7	1109	34
交通运输、仓储和邮政业	**1057**	**346**	**32.7**	**385**	**36**
铁路运输业	7	3	42.9	3	43
道路运输业	597	138	23.1	152	25
水上运输业	66	36	54.5	48	73
航空运输业	10	9	90	9	90
管道运输业	3	1	33.3	1	33
装卸搬运和运输代理业	187	99	52.9	106	57
仓储业	163	48	29.4	52	32
邮政业	24	12	50	14	58
住宿和餐饮业	**1243**	**406**	**32.7**	**456**	**37**
住宿业	566	234	41.3	254	45
餐饮业	677	172	25.4	202	30
信息传输、软件和信息技术服务业	**318**	**246**	**77.4**	**339**	**107**
电信、广播电视和卫星传输服务	102	69	67.6	96	94
互联网和相关服务	25	20	80	25	100
软件和信息技术服务业	191	157	82.2	218	114
房地产业	**4068**	**1416**	**34.8**	**1669**	**41**
房地产业	4068	1416	34.8	1669	41
租赁和商务服务业	**585**	**265**	**45.3**	**315**	**54**
租赁业	16	2	12.5	2	13
商务服务业	569	263	46.2	313	55
科学研究和技术服务业	**486**	**256**	**52.7**	**286**	**59**
研究和试验发展	23	12	52.2	15	65
专业技术服务业	413	221	53.5	246	60
科技推广和应用服务业	50	23	46	25	50
水利、环境和公共设施管理业	**105**	**43**	**41**	**51**	**49**
水利管理业	9	6	66.7	6	67
生态保护和环境治理业	8	2	25	4	50
公共设施管理业	88	35	39.8	41	47
居民服务、修理和其他服务业	**117**	**46**	**39.3**	**55**	**47**
居民服务业	78	36	46.2	43	55
机动车、电子产品和日用产品修理业	34	10	29.4	12	35
其他服务业	5				
教育	**43**	**23**	**53.5**	**26**	**60**
教育	43	23	53.5	26	60
卫生和社会工作	**106**	**65**	**61.3**	**82**	**77**
卫生	105	65	61.9	82	78
社会工作	1				
文化、体育和娱乐业	**116**	**84**	**72.4**	**99**	**85**
新闻和出版业	39	33	84.6	35	90
广播、电视、电影和影视录音制作业	31	24	77.4	34	110
文化艺术业	8	5	62.5	8	100
体育	15	10	66.7	10	67
娱乐业	23	12	52.2	12	52

6-8　分地区企业建网站情况

地　区	企业数（个）	建立网站的企业		网站数量（个）	每百家拥有网站数（个）
		数量（个）	比重（%）		
全　省	**38190**	**13631**	**35.7**	**16012**	**42**
沈阳市	9551	3293	34.5	3782	40
大连市	8467	4086	48.3	4843	57
鞍山市	3203	855	26.7	956	30
抚顺市	1727	341	19.7	376	22
本溪市	1369	353	25.8	438	32
丹东市	1596	634	39.7	755	47
锦州市	1661	563	33.9	644	39
营口市	2616	974	37.2	1230	47
阜新市	1299	381	29.3	459	35
辽阳市	1224	413	33.7	503	41
盘锦市	1183	372	31.4	416	35
铁岭市	1736	551	31.7	607	35
朝阳市	1497	446	29.8	561	37
葫芦岛市	1061	369	34.8	442	42

6-9 分行业企业通过

行业	企业数(个)	使用互联网的企业		收发电子邮件	
		数量(个)	比重(%)	数量(个)	占使用互联网企业的比重(%)
总　计	**38190**	**37143**	**97.3**	**32252**	**86.8**
采矿业	**1523**	**1464**	**96.1**	**1118**	**76.4**
煤炭开采和洗选业	132	130	98.5	99	76.2
石油和天然气开采业	1	1	100	1	100
黑色金属矿采选业	782	740	94.6	548	74.1
有色金属矿采选业	188	183	97.3	142	77.6
非金属矿采选业	386	377	97.7	310	82.2
开采辅助活动	32	32	100	17	53.1
其他采矿业	2	1	50	1	100
制造业	**15111**	**14825**	**98.1**	**12957**	**87.4**
农副食品加工业	1505	1473	97.9	1285	87.2
食品制造业	318	310	97.5	269	86.8
酒、饮料和精制茶制造业	229	217	94.8	195	89.9
烟草制品业	4	4	100	3	75
纺织业	306	295	96.4	231	78.3
纺织服装、服饰业	513	501	97.7	450	89.8
皮革、毛皮、羽毛及其制品和制鞋业	97	95	97.9	91	95.8
木材加工和木、竹、藤、棕、草制品业	392	385	98.2	324	84.2
家具制造业	170	167	98.2	137	82
造纸和纸制品业	232	224	96.6	197	87.9
印刷和记录媒介复制业	108	108	100	95	88
文教、工美、体育和娱乐用品制造业	131	129	98.5	110	85.3
石油加工、炼焦和核燃料加工业	261	257	98.5	228	88.7
化学原料和化学制品制造业	961	947	98.5	842	88.9
医药制造业	268	266	99.3	238	89.5
化学纤维制造业	19	19	100	16	84.2
橡胶和塑料制品业	850	839	98.7	732	87.2
非金属矿物制品业	1687	1649	97.7	1377	83.5
黑色金属冶炼和压延加工业	871	854	98	758	88.8
有色金属冶炼和压延加工业	329	322	97.9	283	87.9
金属制品业	930	919	98.8	797	86.7
通用设备制造业	1995	1968	98.6	1710	86.9
专用设备制造业	936	925	98.8	818	88.4
汽车制造业	423	419	99.1	383	91.4
铁路、船舶、航空航天和其他运输设备制造业	205	189	92.2	173	91.5
电气机械和器材制造业	843	829	98.3	741	89.4
计算机、通信和其他电子设备制造业	201	197	98	185	93.9
仪器仪表制造业	174	171	98.3	157	91.8
其他制造业	37	35	94.6	34	97.1
废弃资源综合利用业	55	54	98.2	44	81.5
金属制品、机械和设备修理业	61	58	95.1	54	93.1
电力、热力、燃气及水生产和供应业	**347**	**343**	**98.8**	**322**	**93.9**
电力、热力生产和供应业	265	261	98.5	247	94.6
燃气生产和供应业	38	38	100	37	97.4
水的生产和供应业	44	44	100	38	86.4
建筑业	**6398**	**6220**	**97.2**	**5689**	**91.5**
房屋建筑业	1725	1678	97.3	1543	92
土木工程建筑业	1217	1180	97	1087	92.1
建筑安装业	1789	1748	97.7	1628	93.1
建筑装饰和其他建筑业	1667	1614	96.8	1431	88.7

互联网开展活动情况

了解商品和服务的信息		从政府机构获取信息		与政府机构互动		使用网上银行	
数量（个）	占使用互联网企业的比重（%）	数量（个）	占使用互联网企业的比重（%）	数量（个）	占使用互联网企业的比重（%）	数量（个）	占使用互联网企业的比重（%）
16329	**44**	**14907**	**40.1**	**8216**	**22.1**	**18447**	**49.7**
471	**32.2**	**441**	**30.1**	**354**	**24.2**	**462**	**31.6**
36	27.7	30	23.1	47	36.2	34	26.2
		1	100	1	100	1	100
199	26.9	212	28.6	176	23.8	233	31.5
75	41	76	41.5	37	20.2	66	36.1
150	39.8	119	31.6	93	24.7	127	33.7
11	34.4	3	9.4			1	3.1
7082	**47.8**	**5432**	**36.6**	**3203**	**21.6**	**6336**	**42.7**
706	47.9	495	33.6	262	17.8	604	41
147	47.4	117	37.7	67	21.6	142	45.8
93	42.9	95	43.8	40	18.4	90	41.5
2	50	3	75	1	25	4	100
137	46.4	97	32.9	63	21.4	116	39.3
215	42.9	178	35.5	88	17.6	231	46.1
56	58.9	32	33.7	34	35.8	47	49.5
144	37.4	114	29.6	102	26.5	143	37.1
75	44.9	60	35.9	28	16.8	71	42.5
107	47.8	62	27.7	29	12.9	89	39.7
49	45.4	37	34.3	22	20.4	48	44.4
60	46.5	50	38.8	30	23.3	40	31
124	48.2	82	31.9	66	25.7	110	42.8
474	50.1	381	40.2	263	27.8	412	43.5
139	52.3	123	46.2	82	30.8	135	50.8
11	57.9	9	47.4	6	31.6	12	63.2
363	43.3	245	29.2	164	19.5	273	32.5
705	42.8	541	32.8	345	20.9	673	40.8
430	50.4	332	38.9	142	16.6	360	42.2
163	50.6	123	38.2	75	23.3	153	47.5
431	46.9	327	35.6	177	19.3	380	41.3
991	50.4	774	39.3	426	21.6	869	44.2
433	46.8	348	37.6	213	23	383	41.4
219	52.3	176	42	111	26.5	213	50.8
87	46	94	49.7	42	22.2	104	55
428	51.6	298	35.9	188	22.7	369	44.5
121	61.4	102	51.8	66	33.5	121	61.4
99	57.9	78	45.6	35	20.5	87	50.9
16	45.7	13	37.1	14	40	13	37.1
26	48.1	19	35.2	10	18.5	21	38.9
31	53.4	27	46.6	12	20.7	23	39.7
123	**35.9**	**176**	**51.3**	**101**	**29.4**	**172**	**50.1**
92	35.2	138	52.9	76	29.1	130	49.8
17	44.7	19	50	9	23.7	20	52.6
14	31.8	19	43.2	16	36.4	22	50
2727	**43.8**	**3423**	**55**	**1523**	**24.5**	**3813**	**61.3**
662	39.5	978	58.3	476	28.4	1067	63.6
479	40.6	657	55.7	288	24.4	700	59.3
916	52.4	976	55.8	438	25.1	1126	64.4
670	41.5	812	50.3	321	19.9	920	57

6-9 续表 1

行业	企业数(个)	使用互联网的企业		收发电子邮件	
		数量(个)	比重(%)	数量(个)	占使用互联网企业的比重(%)
批发和零售业	**6567**	**6391**	**97.3**	**5243**	**82**
批发业	3341	3247	97.2	2780	85.6
零售业	3226	3144	97.5	2463	78.3
交通运输、仓储和邮政业	**1057**	**1007**	**95.3**	**887**	**88.1**
铁路运输业	7	7	100	7	100
道路运输业	597	559	93.6	478	85.5
水上运输业	66	63	95.5	53	84.1
航空运输业	10	10	100	10	100
管道运输业	3	3	100	3	100
装卸搬运和运输代理业	187	184	98.4	169	91.8
仓储业	163	157	96.3	145	92.4
邮政业	24	24	100	22	91.7
住宿和餐饮业	**1243**	**1196**	**96.2**	**855**	**71.5**
住宿业	566	553	97.7	456	82.5
餐饮业	677	643	95	399	62.1
信息传输、软件和信息技术服务业	**318**	**312**	**98.1**	**296**	**94.9**
电信、广播电视和卫星传输服务	102	98	96.1	91	92.9
互联网和相关服务	25	25	100	22	88
软件和信息技术服务业	191	189	99	183	96.8
房地产业	**4068**	**3870**	**95.1**	**3532**	**91.3**
房地产业	4068	3870	95.1	3532	91.3
租赁和商务服务业	**585**	**564**	**96.4**	**489**	**86.7**
租赁业	16	16	100	12	75
商务服务业	569	548	96.3	477	87
科学研究和技术服务业	**486**	**475**	**97.7**	**445**	**93.7**
研究和试验发展	23	22	95.7	21	95.5
专业技术服务业	413	404	97.8	385	95.3
科技推广和应用服务业	50	49	98	39	79.6
水利、环境和公共设施管理业	**105**	**102**	**97.1**	**98**	**96.1**
水利管理业	9	9	100	9	100
生态保护和环境治理业	8	8	100	8	100
公共设施管理业	88	85	96.6	81	95.3
居民服务、修理和其他服务业	**117**	**114**	**97.4**	**89**	**78.1**
居民服务业	78	75	96.2	57	76
机动车、电子产品和日用产品修理业	34	34	100	28	82.4
其他服务业	5	5	100	4	80
教育	**43**	**42**	**97.7**	**36**	**85.7**
教育	43	42	97.7	36	85.7
卫生和社会工作	**106**	**104**	**98.1**	**90**	**86.5**
卫生	105	103	98.1	90	87.4
社会工作	1	1	100		
文化、体育和娱乐业	**116**	**114**	**98.3**	**106**	**93**
新闻和出版业	39	39	100	39	100
广播、电视、电影和影视录音制作业	31	31	100	29	93.5
文化艺术业	8	8	100	8	100
体育	15	13	86.7	13	100
娱乐业	23	23	100	17	73.9

了解商品和服务的信息		从政府机构获取信息		与政府机构互动		使用网上银行	
数量（个）	占使用互联网企业的比重（%）	数量（个）	占使用互联网企业的比重（%）	数量（个）	占使用互联网企业的比重（%）	数量（个）	占使用互联网企业的比重（%）
3081	**48.2**	**1852**	**29**	**1075**	**16.8**	**3337**	**52.2**
1623	50	1018	31.4	570	17.6	1875	57.7
1458	46.4	834	26.5	505	16.1	1462	46.5
331	**32.9**	**443**	**44**	**238**	**23.6**	**550**	**54.6**
2	28.6	1	14.3	2	28.6	4	57.1
143	25.6	223	39.9	144	25.8	265	47.4
27	42.9	39	61.9	20	31.7	40	63.5
4	40	5	50	1	10	8	80
1	33.3	1	33.3	2	66.7		
81	44	91	49.5	33	17.9	128	69.6
66	42	75	47.8	31	19.7	90	57.3
7	29.2	8	33.3	5	20.8	15	62.5
374	**31.3**	**303**	**25.3**	**192**	**16.1**	**472**	**39.5**
196	35.4	176	31.8	94	17	250	45.2
178	27.7	127	19.8	98	15.2	222	34.5
184	**59**	**180**	**57.7**	**112**	**35.9**	**228**	**73.1**
56	57.1	39	39.8	26	26.5	65	66.3
16	64	7	28	6	24	17	68
112	59.3	134	70.9	80	42.3	146	77.2
1385	**35.8**	**1941**	**50.2**	**1022**	**26.4**	**2212**	**57.2**
1385	35.8	1941	50.2	1022	26.4	2212	57.2
198	**35.1**	**233**	**41.3**	**125**	**22.2**	**310**	**55**
6	37.5	7	43.8	3	18.8	6	37.5
192	35	226	41.2	122	22.3	304	55.5
210	**44.2**	**265**	**55.8**	**134**	**28.2**	**297**	**62.5**
9	40.9	10	45.5	6	27.3	19	86.4
173	42.8	236	58.4	119	29.5	261	64.6
28	57.1	19	38.8	9	18.4	17	34.7
35	**34.3**	**61**	**59.8**	**41**	**40.2**	**60**	**58.8**
4	44.4	6	66.7	2	22.2	8	88.9
3	37.5	5	62.5	3	37.5	6	75
28	32.9	50	58.8	36	42.4	46	54.1
33	**28.9**	**32**	**28.1**	**21**	**18.4**	**60**	**52.6**
17	22.7	20	26.7	11	14.7	39	52
15	44.1	10	29.4	10	29.4	19	55.9
1	20	2	40			2	40
7	**16.7**	**18**	**42.9**	**7**	**16.7**	**15**	**35.7**
7	16.7	18	42.9	7	16.7	15	35.7
33	**31.7**	**54**	**51.9**	**37**	**35.6**	**52**	**50**
33	32	54	52.4	37	35.9	52	50.5
55	**48.2**	**53**	**46.5**	**31**	**27.2**	**71**	**62.3**
27	69.2	25	64.1	15	38.5	24	61.5
14	45.2	11	35.5	7	22.6	23	74.2
4	50	4	50	2	25	3	37.5
3	23.1	8	61.5	4	30.8	10	76.9
7	30.4	5	21.7	3	13	11	47.8

6-9 续表 2

行业	使用其他金融服务		提供客户服务		拨打互联网电话或召开视频会议	
	数量(个)	占使用互联网企业的比重(%)	数量(个)	占使用互联网企业的比重(%)	数量(个)	占使用互联网企业的比重(%)
总 计	**3192**	**8.6**	**8491**	**22.9**	**2540**	**6.8**
采矿业	**52**	**3.6**	**177**	**12.1**	**32**	**2.2**
煤炭开采和洗选业	6	4.6	7	5.4	6	4.6
石油和天然气开采业					1	100
黑色金属矿采选业	19	2.6	80	10.8	13	1.8
有色金属矿采选业	6	3.3	26	14.2	2	1.1
非金属矿采选业	20	5.3	64	17	9	2.4
开采辅助活动					1	3.1
其他采矿业	1	100				
制造业	**1143**	**7.7**	**3417**	**23**	**926**	**6.2**
农副食品加工业	113	7.7	307	20.8	69	4.7
食品制造业	24	7.7	79	25.5	26	8.4
酒、饮料和精制茶制造业	13	6	48	22.1	15	6.9
烟草制品业	2	50			2	50
纺织业	27	9.2	65	22	21	7.1
纺织服装、服饰业	27	5.4	116	23.2	16	3.2
皮革、毛皮、羽毛及其制品和制鞋业	9	9.5	29	30.5	4	4.2
木材加工和木、竹、藤、棕、草制品业	14	3.6	72	18.7	7	1.8
家具制造业	9	5.4	40	24	10	6
造纸和纸制品业	13	5.8	44	19.6	9	4
印刷和记录媒介复制业	17	15.7	24	22.2	7	6.5
文教、工美、体育和娱乐用品制造业	11	8.5	35	27.1	8	6.2
石油加工、炼焦和核燃料加工业	21	8.2	44	17.1	14	5.4
化学原料和化学制品制造业	72	7.6	232	24.5	80	8.4
医药制造业	36	13.5	70	26.3	36	13.5
化学纤维制造业	3	15.8	9	47.4	1	5.3
橡胶和塑料制品业	45	5.4	166	19.8	36	4.3
非金属矿物制品业	106	6.4	265	16.1	61	3.7
黑色金属冶炼和压延加工业	53	6.2	156	18.3	29	3.4
有色金属冶炼和压延加工业	29	9	82	25.5	20	6.2
金属制品业	62	6.7	224	24.4	45	4.9
通用设备制造业	181	9.2	566	28.8	133	6.8
专用设备制造业	65	7	203	21.9	59	6.4
汽车制造业	49	11.7	126	30.1	67	16
铁路、船舶、航空航天和其他运输设备制造业	19	10.1	52	27.5	18	9.5
电气机械和器材制造业	72	8.7	200	24.1	64	7.7
计算机、通信和其他电子设备制造业	24	12.2	81	41.1	45	22.8
仪器仪表制造业	12	7	54	31.6	17	9.9
其他制造业	4	11.4	9	25.7		
废弃资源综合利用业	1	1.9	8	14.8	3	5.6
金属制品、机械和设备修理业	10	17.2	11	19	4	6.9
电力、热力、燃气及水生产和供应业	**35**	**10.2**	**73**	**21.3**	**56**	**16.3**
电力、热力生产和供应业	28	10.7	51	19.5	44	16.9
燃气生产和供应业	3	7.9	10	26.3	8	21.1
水的生产和供应业	4	9.1	12	27.3	4	9.1
建筑业	**672**	**10.8**	**1388**	**22.3**	**276**	**4.4**
房屋建筑业	193	11.5	279	16.6	81	4.8
土木工程建筑业	123	10.4	228	19.3	65	5.5
建筑安装业	210	12	474	27.1	81	4.6
建筑装饰和其他建筑业	146	9	407	25.2	49	3

在线提供产品		发布消息或即时消息		员工培训		对外或对内招聘	
数量（个）	占使用互联网企业的比重（%）	数量（个）	占使用互联网企业的比重（%）	数量（个）	占使用互联网企业的比重（%）	数量（个）	占使用互联网企业的比重（%）
2662	**7.2**	**6603**	**17.8**	**6472**	**17.4**	**8508**	**22.9**
56	**3.8**	**71**	**4.8**	**107**	**7.3**	**71**	**4.8**
3	2.3	9	6.9	16	12.3	12	9.2
		1	100	1	100		
14	1.9	23	3.1	47	6.4	28	3.8
14	7.7	9	4.9	15	8.2	7	3.8
25	6.6	26	6.9	24	6.4	21	5.6
		2	6.3	4	12.5	3	9.4
		1	100				
1334	**9**	**2114**	**14.3**	**1978**	**13.3**	**2835**	**19.1**
139	9.4	184	12.5	205	13.9	236	16
41	13.2	53	17.1	50	16.1	66	21.3
15	6.9	34	15.7	41	18.9	39	18
		1	25	1	25	1	25
34	11.5	32	10.8	39	13.2	42	14.2
29	5.8	50	10	54	10.8	78	15.6
14	14.7	13	13.7	13	13.7	21	22.1
27	7	23	6	41	10.6	43	11.2
9	5.4	19	11.4	12	7.2	36	21.6
18	8	26	11.6	29	12.9	34	15.2
6	5.6	14	13	16	14.8	17	15.7
11	8.5	21	16.3	9	7	15	11.6
21	8.2	35	13.6	37	14.4	39	15.2
107	11.3	166	17.5	134	14.1	200	21.1
32	12	61	22.9	53	19.9	78	29.3
3	15.8	5	26.3	3	15.8	4	21.1
62	7.4	79	9.4	84	10	113	13.5
86	5.2	172	10.4	190	11.5	245	14.9
47	5.5	93	10.9	93	10.9	128	15
31	9.6	46	14.3	46	14.3	58	18
93	10.1	135	14.7	108	11.8	183	19.9
223	11.3	292	14.8	306	15.5	396	20.1
83	9	171	18.5	117	12.6	209	22.6
46	11	100	23.9	78	18.6	139	33.2
19	10.1	28	14.8	30	15.9	46	24.3
73	8.8	142	17.1	107	12.9	200	24.1
34	17.3	60	30.5	40	20.3	86	43.7
25	14.6	36	21.1	31	18.1	62	36.3
		2	5.7	1	2.9	3	8.6
2	3.7	9	16.7	5	9.3	8	14.8
4	6.9	12	20.7	5	8.6	10	17.2
16	**4.7**	**89**	**25.9**	**89**	**25.9**	**69**	**20.1**
14	5.4	60	23	65	24.9	47	18
2	5.3	14	36.8	15	39.5	12	31.6
		15	34.1	9	20.5	10	22.7
292	**4.7**	**1329**	**21.4**	**1569**	**25.2**	**1870**	**30.1**
53	3.2	375	22.3	532	31.7	434	25.9
58	4.9	302	25.6	320	27.1	339	28.7
101	5.8	359	20.5	390	22.3	581	33.2
80	5	293	18.2	327	20.3	516	32

6-9 续表 3

行业	使用其他金融服务		提供客户服务		拨打互联网电话或召开视频会议	
	数量(个)	占使用互联网企业的比重(%)	数量(个)	占使用互联网企业的比重(%)	数量(个)	占使用互联网企业的比重(%)
批发和零售业	**525**	**8.2**	**1539**	**24.1**	**448**	**7**
批发业	299	9.2	786	24.2	224	6.9
零售业	226	7.2	753	24	224	7.1
交通运输、仓储和邮政业	**80**	**7.9**	**272**	**27**	**110**	**10.9**
铁路运输业	1	14.3			2	28.6
道路运输业	33	5.9	126	22.5	32	5.7
水上运输业	8	12.7	17	27	13	20.6
航空运输业			2	20	3	30
管道运输业	1	33.3	2	66.7		
装卸搬运和运输代理业	19	10.3	76	41.3	22	12
仓储业	16	10.2	39	24.8	26	16.6
邮政业	2	8.3	10	41.7	12	50
住宿和餐饮业	**59**	**4.9**	**267**	**22.3**	**40**	**3.3**
住宿业	31	5.6	172	31.1	25	4.5
餐饮业	28	4.4	95	14.8	15	2.3
信息传输、软件和信息技术服务业	**55**	**17.6**	**179**	**57.4**	**145**	**46.5**
电信、广播电视和卫星传输服务	19	19.4	52	53.1	43	43.9
互联网和相关服务	4	16	12	48	8	32
软件和信息技术服务业	32	16.9	115	60.8	94	49.7
房地产业	**435**	**11.2**	**743**	**19.2**	**378**	**9.8**
房地产业	435	11.2	743	19.2	378	9.8
租赁和商务服务业	**57**	**10.1**	**154**	**27.3**	**51**	**9**
租赁业	2	12.5	3	18.8	2	12.5
商务服务业	55	10	151	27.6	49	8.9
科学研究和技术服务业	**45**	**9.5**	**163**	**34.3**	**41**	**8.6**
研究和试验发展			6	27.3	5	22.7
专业技术服务业	45	11.1	147	36.4	34	8.4
科技推广和应用服务业			10	20.4	2	4.1
水利、环境和公共设施管理业	**13**	**12.7**	**19**	**18.6**	**3**	**2.9**
水利管理业	2	22.2	3	33.3	1	11.1
生态保护和环境治理业	1	12.5	2	25	1	12.5
公共设施管理业	10	11.8	14	16.5	1	1.2
居民服务、修理和其他服务业	**6**	**5.3**	**32**	**28.1**	**6**	**5.3**
居民服务业	3	4	20	26.7	2	2.7
机动车、电子产品和日用产品修理业	2	5.9	10	29.4	4	11.8
其他服务业	1	20	2	40		
教育	**2**	**4.8**	**8**	**19**	**4**	**9.5**
教育	2	4.8	8	19	4	9.5
卫生和社会工作	**6**	**5.8**	**22**	**21.2**	**6**	**5.8**
卫生	6	5.8	22	21.4	6	5.8
社会工作						
文化、体育和娱乐业	**7**	**6.1**	**38**	**33.3**	**18**	**15.8**
新闻和出版业	1	2.6	14	35.9	1	2.6
广播、电视、电影和影视录音制作业	1	3.2	11	35.5	13	41.9
文化艺术业			1	12.5		
体育	3	23.1	4	30.8		
娱乐业	2	8.7	8	34.8	4	17.4

在线提供产品		发布消息或即时消息		员工培训		对外或对内招聘	
数量(个)	占使用互联网企业的比重(%)	数量(个)	占使用互联网企业的比重(%)	数量(个)	占使用互联网企业的比重(%)	数量(个)	占使用互联网企业的比重(%)
449	**7**	**1063**	**16.6**	**1030**	**16.1**	**1284**	**20.1**
224	6.9	491	15.1	482	14.8	618	19
225	7.2	572	18.2	548	17.4	666	21.2
42	**4.2**	**221**	**21.9**	**165**	**16.4**	**194**	**19.3**
1	14.3	2	28.6				
18	3.2	98	17.5	70	12.5	95	17
2	3.2	23	36.5	14	22.2	12	19
2	20	5	50	4	40	3	30
		2	66.7	1	33.3		
9	4.9	48	26.1	35	19	54	29.3
9	5.7	32	20.4	31	19.7	24	15.3
1	4.2	11	45.8	10	41.7	6	25
73	**6.1**	**191**	**16**	**212**	**17.7**	**302**	**25.3**
49	8.9	120	21.7	124	22.4	163	29.5
24	3.7	71	11	88	13.7	139	21.6
93	**29.8**	**148**	**47.4**	**158**	**50.6**	**182**	**58.3**
30	30.6	47	48	53	54.1	42	42.9
9	36	10	40	9	36	10	40
54	28.6	91	48.1	96	50.8	130	68.8
185	**4.8**	**945**	**24.4**	**797**	**20.6**	**1244**	**32.1**
185	4.8	945	24.4	797	20.6	1244	32.1
58	**10.3**	**142**	**25.2**	**123**	**21.8**	**151**	**26.8**
2	12.5	4	25	2	12.5	1	6.3
56	10.2	138	25.2	121	22.1	150	27.4
38	**8**	**155**	**32.6**	**122**	**25.7**	**174**	**36.6**
2	9.1	10	45.5	3	13.6	7	31.8
32	7.9	138	34.2	113	28	158	39.1
4	8.2	7	14.3	6	12.2	9	18.4
3	**2.9**	**22**	**21.6**	**23**	**22.5**	**20**	**19.6**
		2	22.2	3	33.3	1	11.1
		2	25	3	37.5	1	12.5
3	3.5	18	21.2	17	20	18	21.2
4	**3.5**	**20**	**17.5**	**26**	**22.8**	**25**	**21.9**
2	2.7	12	16	16	21.3	15	20
2	5.9	7	20.6	8	23.5	10	29.4
		1	20	2	40		
4	**9.5**	**14**	**33.3**	**15**	**35.7**	**11**	**26.2**
4	9.5	14	33.3	15	35.7	11	26.2
4	**3.8**	**24**	**23.1**	**27**	**26**	**27**	**26**
4	3.9	24	23.3	27	26.2	27	26.2
11	**9.6**	**55**	**48.2**	**31**	**27.2**	**49**	**43**
5	12.8	24	61.5	13	33.3	16	41
2	6.5	17	54.8	8	25.8	14	45.2
		3	37.5	1	12.5	3	37.5
		4	30.8	4	30.8	5	38.5
4	17.4	7	30.4	5	21.7	11	47.8

6-10 分地区企业通过

地区	企业数(个)	使用互联网的企业			
		数量(个)	比重(%)	收发电子邮件	
				数量(个)	占使用互联网企业的比重(%)
全省	**38190**	**37143**	**97.3**	**32252**	**86.8**
沈阳市	9551	9383	98.2	8352	89
大连市	8467	8180	96.6	7635	93.3
鞍山市	3203	3039	94.9	2271	74.7
抚顺市	1727	1709	99	1501	87.8
本溪市	1369	1332	97.3	1172	88
丹东市	1596	1562	97.9	1357	86.9
锦州市	1661	1634	98.4	1444	88.4
营口市	2616	2545	97.3	2021	79.4
阜新市	1299	1269	97.7	1045	82.3
辽阳市	1224	1173	95.8	930	79.3
盘锦市	1183	1170	98.9	1029	87.9
铁岭市	1736	1685	97.1	1384	82.1
朝阳市	1497	1445	96.5	1218	84.3
葫芦岛市	1061	1017	95.9	893	87.8

6-10 续表

地区	使用其他金融服务		提供客户服务		拨打互联网电话或召开视频会议	
	数量(个)	占使用互联网企业的比重(%)	数量(个)	占使用互联网企业的比重(%)	数量(个)	占使用互联网企业的比重(%)
全省	**3192**	**8.6**	**8491**	**22.9**	**2540**	**6.8**
沈阳市	663	7.1	2138	22.8	659	7
大连市	1275	15.6	2690	32.9	918	11.2
鞍山市	167	5.5	471	15.5	126	4.1
抚顺市	65	3.8	240	14	79	4.6
本溪市	92	6.9	268	20.1	66	5
丹东市	120	7.7	359	23	85	5.4
锦州市	136	8.3	355	21.7	70	4.3
营口市	143	5.6	518	20.4	103	4
阜新市	85	6.7	253	19.9	70	5.5
辽阳市	86	7.3	235	20	69	5.9
盘锦市	78	6.7	212	18.1	60	5.1
铁岭市	129	7.7	277	16.4	112	6.6
朝阳市	79	5.5	241	16.7	54	3.7
葫芦岛市	74	7.3	234	23	69	6.8

互联网开展活动情况

了解商品和服务的信息		从政府机构获取信息		与政府机构互动		使用网上银行	
数量（个）	占使用互联网企业的比重（%）	数量（个）	占使用互联网企业的比重（%）	数量（个）	占使用互联网企业的比重（%）	数量（个）	占使用互联网企业的比重（%）
16329	**44**	**14907**	**40.1**	**8216**	**22.1**	**18447**	**49.7**
3926	41.8	3223	34.3	1474	15.7	4371	46.6
4346	53.1	4722	57.7	2143	26.2	5456	66.7
1117	36.8	941	31	426	14	1047	34.5
569	33.3	521	30.5	1110	65	676	39.6
560	42	505	37.9	280	21	648	48.6
674	43.1	663	42.4	280	17.9	684	43.8
761	46.6	630	38.6	268	16.4	768	47
1139	44.8	798	31.4	383	15	1150	45.2
459	36.2	505	39.8	477	37.6	665	52.4
465	39.6	463	39.5	252	21.5	595	50.7
467	39.9	415	35.5	257	22	535	45.7
778	46.2	577	34.2	366	21.7	594	35.3
617	42.7	520	36	312	21.6	690	47.8
451	44.3	424	41.7	188	18.5	568	55.9

在线提供产品		发布消息或即时消息		员工培训		对外或对内招聘	
数量（个）	占使用互联网企业的比重（%）	数量（个）	占使用互联网企业的比重（%）	数量（个）	占使用互联网企业的比重（%）	数量（个）	占使用互联网企业的比重（%）
2662	**7.2**	**6603**	**17.8**	**6472**	**17.4**	**8508**	**22.9**
548	5.8	1796	19.1	1469	15.7	2454	26.2
877	10.7	2049	25	1977	24.2	2707	33.1
166	5.5	338	11.1	386	12.7	463	15.2
64	3.7	204	11.9	225	13.2	255	14.9
85	6.4	197	14.8	219	16.4	170	12.8
117	7.5	252	16.1	310	19.8	285	18.2
109	6.7	233	14.3	280	17.1	296	18.1
173	6.8	320	12.6	348	13.7	358	14.1
98	7.7	194	15.3	204	16.1	277	21.8
67	5.7	178	15.2	178	15.2	236	20.1
77	6.6	235	20.1	221	18.9	232	19.8
126	7.5	197	11.7	255	15.1	237	14.1
87	6	192	13.3	211	14.6	241	16.7
68	6.7	218	21.4	189	18.6	297	29.2

6-11 分行业企业互联网

行业	企业数（个）	使用互联网的企业		通过互联网进行宣传推广的企业数		自有网站	
		数量（个）	比重（%）	数量（个）	占使用互联网企业的比重（%）	数量（个）	占使用互联网企业的比重（%）
总　计	**38190**	**37143**	**97.3**	**23521**	**63.3**	**8882**	**23.9**
采矿业	**1523**	**1464**	**96.1**	**706**	**48.2**	**140**	**9.6**
煤炭开采和洗选业	132	130	98.5	44	33.8	9	6.9
石油和天然气开采业	1	1	100	1	100		
黑色金属矿采选业	782	740	94.6	341	46.1	53	7.2
有色金属矿采选业	188	183	97.3	96	52.5	28	15.3
非金属矿采选业	386	377	97.7	208	55.2	48	12.7
开采辅助活动	32	32	100	15	46.9	1	3.1
其他采矿业	2	1	50	1	100	1	100
制造业	**15111**	**14825**	**98.1**	**10104**	**68.2**	**3893**	**26.3**
农副食品加工业	1505	1473	97.9	985	66.9	341	23.2
食品制造业	318	310	97.5	221	71.3	90	29
酒、饮料和精制茶制造业	229	217	94.8	152	70	49	22.6
烟草制品业	4	4	100	2	50	2	50
纺织业	306	295	96.4	188	63.7	59	20
纺织服装、服饰业	513	501	97.7	333	66.5	111	22.2
皮革、毛皮、羽毛及其制品和制鞋业	97	95	97.9	62	65.3	14	14.7
木材加工和木、竹、藤、棕、草制品业	392	385	98.2	242	62.9	58	15.1
家具制造业	170	167	98.2	114	68.3	35	21
造纸和纸制品业	232	224	96.6	141	62.9	41	18.3
印刷和记录媒介复制业	108	108	100	72	66.7	31	28.7
文教、工美、体育和娱乐用品制造业	131	129	98.5	91	70.5	20	15.5
石油加工、炼焦和核燃料加工业	261	257	98.5	164	63.8	78	30.4
化学原料和化学制品制造业	961	947	98.5	651	68.7	255	26.9
医药制造业	268	266	99.3	205	77.1	107	40.2
化学纤维制造业	19	19	100	13	68.4	9	47.4
橡胶和塑料制品业	850	839	98.7	596	71	177	21.1
非金属矿物制品业	1687	1649	97.7	1025	62.2	332	20.1
黑色金属冶炼和压延加工业	871	854	98	569	66.6	201	23.5
有色金属冶炼和压延加工业	329	322	97.9	226	70.2	96	29.8
金属制品业	930	919	98.8	597	65	226	24.6
通用设备制造业	1995	1968	98.6	1402	71.2	594	30.2
专用设备制造业	936	925	98.8	674	72.9	273	29.5
汽车制造业	423	419	99.1	301	71.8	138	32.9
铁路、船舶、航空航天和其他运输设备制造业	205	189	92.2	127	67.2	75	39.7
电气机械和器材制造业	843	829	98.3	575	69.4	282	34
计算机、通信和其他电子设备制造业	201	197	98	158	80.2	94	47.7
仪器仪表制造业	174	171	98.3	127	74.3	72	42.1
其他制造业	37	35	94.6	20	57.1	5	14.3
废弃资源综合利用业	55	54	98.2	30	55.6	8	14.8
金属制品、机械和设备修理业	61	58	95.1	41	70.7	20	34.5
电力、热力、燃气及水生产和供应业	**347**	**343**	**98.8**	**183**	**53.4**	**88**	**25.7**
电力、热力生产和供应业	265	261	98.5	135	51.7	60	23
燃气生产和供应业	38	38	100	23	60.5	11	28.9
水的生产和供应业	44	44	100	25	56.8	17	38.6
建筑业	**6398**	**6220**	**97.2**	**3874**	**62.3**	**1352**	**21.7**
房屋建筑业	1725	1678	97.3	1048	62.5	323	19.2
土木工程建筑业	1217	1180	97	688	58.3	256	21.7
建筑安装业	1789	1748	97.7	1121	64.1	399	22.8
建筑装饰和其他建筑业	1667	1614	96.8	1017	63	374	23.2

宣传和推广情况

互联网广告		搜索引擎		电子商务平台		电子邮件		社交网站和即时通讯社交工具		其他	
数量（个）	占使用互联网企业的比重（%）	数量（个）	占使用互联网企业的比重（%）	数量（个）	占使用互联网企业的比重（%）	数量（个）	占使用互联网企业的比重（%）	数量（个）	占使用互联网企业的比重（%）	数量（个）	占使用互联网企业的比重（%）
5900	**15.9**	**3259**	**8.8**	**2271**	**6.1**	**9063**	**24.4**	**824**	**2.2**	**6119**	**16.5**
106	**7.2**	**83**	**5.7**	**38**	**2.6**	**303**	**20.7**	**21**	**1.4**	**218**	**14.9**
4	3.1	3	2.3	3	2.3	20	15.4	2	1.5	22	16.9
1	100										
41	5.5	24	3.2	15	2	159	21.5	10	1.4	117	15.8
17	9.3	21	11.5	8	4.4	28	15.3	1	0.5	31	16.9
43	11.4	35	9.3	9	2.4	89	23.6	8	2.1	44	11.7
				3	9.4	7	21.9			4	12.5
2522	**17**	**1576**	**10.6**	**1017**	**6.9**	**4045**	**27.3**	**377**	**2.5**	**2258**	**15.2**
239	16.2	136	9.2	110	7.5	391	26.5	32	2.2	244	16.6
64	20.6	39	12.6	25	8.1	86	27.7	7	2.3	43	13.9
40	18.4	20	9.2	15	6.9	56	25.8	6	2.8	42	19.4
		1	25	1	25						
40	13.6	29	9.8	19	6.4	71	24.1	5	1.7	52	17.6
59	11.8	32	6.4	35	7	162	32.3	15	3	81	16.2
24	25.3	10	10.5	11	11.6	37	38.9	2	2.1	8	8.4
45	11.7	29	7.5	18	4.7	112	29.1	19	4.9	53	13.8
27	16.2	18	10.8	6	3.6	39	23.4	14	8.4	30	18
36	16.1	17	7.6	14	6.3	48	21.4	2	0.9	33	14.7
15	13.9	10	9.3	6	5.6	24	22.2			13	12
23	17.8	9	7	7	5.4	42	32.6	4	3.1	35	27.1
27	10.5	22	8.6	16	6.2	56	21.8	3	1.2	32	12.5
186	19.6	120	12.7	68	7.2	264	27.9	20	2.1	150	15.8
50	18.8	30	11.3	25	9.4	75	28.2	5	1.9	36	13.5
4	21.1	3	15.8	2	10.5	7	36.8	1	5.3	1	5.3
118	14.1	67	8	44	5.2	307	36.6	21	2.5	117	13.9
254	15.4	145	8.8	90	5.5	371	22.5	49	3	237	14.4
157	18.4	95	11.1	51	6	223	26.1	16	1.9	117	13.7
51	15.8	35	10.9	28	8.7	104	32.3	8	2.5	48	14.9
173	18.8	90	9.8	52	5.7	255	27.7	29	3.2	142	15.5
363	18.4	281	14.3	157	8	548	27.8	63	3.2	308	15.7
170	18.4	119	12.9	55	5.9	245	26.5	22	2.4	167	18.1
74	17.7	37	8.8	28	6.7	126	30.1	9	2.1	69	16.5
22	11.6	16	8.5	10	5.3	45	23.8	2	1.1	18	9.5
157	18.9	103	12.4	67	8.1	200	24.1	14	1.7	116	14
47	23.9	37	18.8	26	13.2	66	33.5	3	1.5	15	7.6
33	19.3	22	12.9	21	12.3	45	26.3	4	2.3	27	15.8
5	14.3			1	2.9	10	28.6			4	11.4
4	7.4	1	1.9	3	5.6	15	27.8	2	3.7	11	20.4
15	25.9	3	5.2	6	10.3	15	25.9			9	15.5
27	**7.9**	**9**	**2.6**	**6**	**1.7**	**55**	**16**	**10**	**2.9**	**45**	**13.1**
21	8	6	2.3	4	1.5	43	16.5	6	2.3	39	14.9
4	10.5	2	5.3	1	2.6	5	13.2	2	5.3	4	10.5
2	4.5	1	2.3	1	2.3	7	15.9	2	4.5	2	4.5
726	**11.7**	**466**	**7.5**	**299**	**4.8**	**1823**	**29.3**	**142**	**2.3**	**1193**	**19.2**
190	11.3	118	7	81	4.8	517	30.8	47	2.8	336	20
120	10.2	87	7.4	45	3.8	322	27.3	24	2	202	17.1
204	11.7	151	8.6	94	5.4	557	31.9	37	2.1	338	19.3
212	13.1	110	6.8	79	4.9	427	26.5	34	2.1	317	19.6

6-11 续表

行业	企业数(个)	使用互联网的企业		通过互联网进行宣传推广的企业数		自有网站	
		数量(个)	比重(%)	数量(个)	占使用互联网企业的比重(%)	数量(个)	占使用互联网企业的比重(%)
批发和零售业	**6567**	**6391**	**97.3**	**3517**	**55**	**1216**	**19**
批发业	3341	3247	97.2	1712	52.7	635	19.6
零售业	3226	3144	97.5	1805	57.4	581	18.5
交通运输、仓储和邮政业	**1057**	**1007**	**95.3**	**577**	**57.3**	**242**	**24**
铁路运输业	7	7	100	5	71.4	3	42.9
道路运输业	597	559	93.6	283	50.6	91	16.3
水上运输业	66	63	95.5	44	69.8	26	41.3
航空运输业	10	10	100	10	100	9	90
管道运输业	3	3	100	2	66.7	1	33.3
装卸搬运和运输代理业	187	184	98.4	130	70.7	68	37
仓储业	163	157	96.3	85	54.1	35	22.3
邮政业	24	24	100	18	75	9	37.5
住宿和餐饮业	**1243**	**1196**	**96.2**	**726**	**60.7**	**263**	**22**
住宿业	566	553	97.7	382	69.1	163	29.5
餐饮业	677	643	95	344	53.5	100	15.6
信息传输、软件和信息技术服务业	**318**	**312**	**98.1**	**274**	**87.8**	**207**	**66.3**
电信、广播电视和卫星传输服务	102	98	96.1	86	87.8	62	63.3
互联网和相关服务	25	25	100	23	92	18	72
软件和信息技术服务业	191	189	99	165	87.3	127	67.2
房地产业	**4068**	**3870**	**95.1**	**2506**	**64.8**	**890**	**23**
房地产业	4068	3870	95.1	2506	64.8	890	23
租赁和商务服务业	**585**	**564**	**96.4**	**356**	**63.1**	**191**	**33.9**
租赁业	16	16	100	5	31.3	1	6.3
商务服务业	569	548	96.3	351	64.1	190	34.7
科学研究和技术服务业	**486**	**475**	**97.7**	**341**	**71.8**	**207**	**43.6**
研究和试验发展	23	22	95.7	17	77.3	10	45.5
专业技术服务业	413	404	97.8	292	72.3	180	44.6
科技推广和应用服务业	50	49	98	32	65.3	17	34.7
水利、环境和公共设施管理业	**105**	**102**	**97.1**	**72**	**70.6**	**29**	**28.4**
水利管理业	9	9	100	8	88.9	4	44.4
生态保护和环境治理业	8	8	100	4	50	1	12.5
公共设施管理业	88	85	96.6	60	70.6	24	28.2
居民服务、修理和其他服务业	**117**	**114**	**97.4**	**73**	**64**	**32**	**28.1**
居民服务业	78	75	96.2	48	64	24	32
机动车、电子产品和日用产品修理业	34	34	100	23	67.6	8	23.5
其他服务业	5	5	100	2	40		
教育	**43**	**42**	**97.7**	**33**	**78.6**	**16**	**38.1**
教育	43	42	97.7	33	78.6	16	38.1
卫生和社会工作	**106**	**104**	**98.1**	**76**	**73.1**	**50**	**48.1**
卫生	105	103	98.1	76	73.8	50	48.5
社会工作	1	1	100				
文化、体育和娱乐业	**116**	**114**	**98.3**	**103**	**90.4**	**66**	**57.9**
新闻和出版业	39	39	100	39	100	30	76.9
广播、电视、电影和影视录音制作业	31	31	100	29	93.5	17	54.8
文化艺术业	8	8	100	7	87.5	3	37.5
体育	15	13	86.7	11	84.6	6	46.2
娱乐业	23	23	100	17	73.9	10	43.5

互联网广告		搜索引擎		电子商务平台		电子邮件		社交网站和即时通讯社交工具		其他	
数量（个）	占使用互联网企业的比重（%）	数量（个）	占使用互联网企业的比重（%）	数量（个）	占使用互联网企业的比重（%）	数量（个）	占使用互联网企业的比重（%）	数量（个）	占使用互联网企业的比重（%）	数量（个）	占使用互联网企业的比重（%）
926	**14.5**	**458**	**7.2**	**454**	**7.1**	**1197**	**18.7**	**96**	**1.5**	**993**	**15.5**
333	10.3	197	6.1	206	6.3	643	19.8	29	0.9	468	14.4
593	18.9	261	8.3	248	7.9	554	17.6	67	2.1	525	16.7
100	**9.9**	**54**	**5.4**	**49**	**4.9**	**232**	**23**	**7**	**0.7**	**165**	**16.4**
						4	57.1			1	14.3
50	8.9	22	3.9	14	2.5	117	20.9	3	0.5	96	17.2
8	12.7	6	9.5	5	7.9	12	19	1	1.6	10	15.9
2	20	1	10			1	10	1	10	1	10
						1	33.3				
27	14.7	17	9.2	15	8.2	55	29.9			23	12.5
11	7	6	3.8	10	6.4	38	24.2	2	1.3	30	19.1
2	8.3	2	8.3	5	20.8	4	16.7			4	16.7
217	**18.1**	**91**	**7.6**	**95**	**7.9**	**201**	**16.8**	**29**	**2.4**	**212**	**17.7**
114	20.6	61	11	59	10.7	116	21	14	2.5	97	17.5
103	16	30	4.7	36	5.6	85	13.2	15	2.3	115	17.9
99	**31.7**	**54**	**17.3**	**50**	**16**	**91**	**29.2**	**8**	**2.6**	**42**	**13.5**
44	44.9	12	12.2	23	23.5	25	25.5	3	3.1	17	17.3
6	24	6	24	5	20	5	20	2	8	2	8
49	25.9	36	19	22	11.6	61	32.3	3	1.6	23	12.2
930	**24**	**339**	**8.8**	**177**	**4.6**	**810**	**20.9**	**109**	**2.8**	**727**	**18.8**
930	24	339	8.8	177	4.6	810	20.9	109	2.8	727	18.8
90	**16**	**48**	**8.5**	**41**	**7.3**	**101**	**17.9**	**15**	**2.7**	**101**	**17.9**
						3	18.8				
90	16.4	48	8.8	41	7.5	98	17.9	15	2.7	101	18.4
66	**13.9**	**36**	**7.6**	**20**	**4.2**	**110**	**23.2**	**2**	**0.4**	**75**	**15.8**
1	4.5	3	13.6	2	9.1	6	27.3	1	4.5	2	9.1
57	14.1	30	7.4	17	4.2	93	23	1	0.2	69	17.1
8	16.3	3	6.1	1	2	11	22.4			4	8.2
12	**11.8**	**7**	**6.9**	**4**	**3.9**	**31**	**30.4**	**2**	**2**	**22**	**21.6**
						3	33.3			2	22.2
		1	12.5			1	12.5	1	12.5	2	25
12	14.1	6	7.1	4	4.7	27	31.8	1	1.2	18	21.2
21	**18.4**	**11**	**9.6**	**6**	**5.3**	**13**	**11.4**	**2**	**1.8**	**26**	**22.8**
13	17.3	8	10.7	2	2.7	9	12	2	2.7	17	22.7
7	20.6	2	5.9	4	11.8	4	11.8			9	26.5
1	20	1	20								
15	**35.7**	**4**	**9.5**	**3**	**7.1**	**7**	**16.7**	**1**	**2.4**	**8**	**19**
15	35.7	4	9.5	3	7.1	7	16.7	1	2.4	8	19
19	**18.3**	**15**	**14.4**	**2**	**1.9**	**22**	**21.2**			**20**	**19.2**
19	18.4	15	14.6	2	1.9	22	21.4			20	19.4
24	**21.1**	**8**	**7**	**10**	**8.8**	**22**	**19.3**	**3**	**2.6**	**14**	**12.3**
6	15.4	3	7.7	4	10.3	8	20.5	1	2.6	4	10.3
6	19.4	2	6.5	4	12.9	8	25.8	2	6.5	4	12.9
1	12.5					1	12.5			1	12.5
3	23.1					2	15.4				
8	34.8	3	13	2	8.7	3	13			5	21.7

6-12 分地区企业互联网

地区	企业数（个）	使用互联网的企业		通过互联网进行宣传推广的企业数		自有网站	
		数量（个）	比重（%）	数量（个）	占使用互联网企业的比重（%）	数量（个）	占使用互联网企业的比重（%）
全　省	**38190**	**37143**	**97.3**	**23521**	**63.3**	**8882**	**23.9**
沈阳市	9551	9383	98.2	6011	64.1	2478	26.4
大连市	8467	8180	96.6	5658	69.2	2480	30.3
鞍山市	3203	3039	94.9	1666	54.8	505	16.6
抚顺市	1727	1709	99	1051	61.5	334	19.5
本溪市	1369	1332	97.3	800	60.1	206	15.5
丹东市	1596	1562	97.9	994	63.6	337	21.6
锦州市	1661	1634	98.4	1122	68.7	445	27.2
营口市	2616	2545	97.3	1532	60.2	399	15.7
阜新市	1299	1269	97.7	644	50.7	216	17
辽阳市	1224	1173	95.8	692	59	215	18.3
盘锦市	1183	1170	98.9	726	62.1	372	31.8
铁岭市	1736	1685	97.1	1163	69	283	16.8
朝阳市	1497	1445	96.5	795	55	278	19.2
葫芦岛市	1061	1017	95.9	667	65.6	334	32.8

宣传和推广情况

互联网广告		搜索引擎		电子商务平台		电子邮件		社交网站和即时通讯社交工具		其他	
数量（个）	占使用互联网企业的比重（%）	数量（个）	占使用互联网企业的比重（%）	数量（个）	占使用互联网企业的比重（%）	数量（个）	占使用互联网企业的比重（%）	数量（个）	占使用互联网企业的比重（%）	数量（个）	占使用互联网企业的比重（%）
5900	**15.9**	**3259**	**8.8**	**2271**	**6.1**	**9063**	**24.4**	**824**	**2.2**	**6119**	**16.5**
1430	15.2	808	8.6	480	5.1	2174	23.2	223	2.4	1460	15.6
1592	19.5	955	11.7	754	9.2	2403	29.4	232	2.8	1313	16.1
430	14.1	162	5.3	141	4.6	544	17.9	48	1.6	483	15.9
201	11.8	96	5.6	49	2.9	601	35.2	16	0.9	262	15.3
161	12.1	84	6.3	72	5.4	372	27.9	27	2	236	17.7
237	15.2	136	8.7	119	7.6	381	24.4	40	2.6	281	18
320	19.6	187	11.4	97	5.9	387	23.7	42	2.6	222	13.6
416	16.3	285	11.2	148	5.8	547	21.5	54	2.1	405	15.9
123	9.7	53	4.2	75	5.9	258	20.3	10	0.8	202	15.9
210	17.9	112	9.5	65	5.5	260	22.2	22	1.9	206	17.6
134	11.5	68	5.8	48	4.1	199	17	11	0.9	199	17
316	18.8	191	11.3	90	5.3	341	20.2	52	3.1	429	25.5
170	11.8	56	3.9	59	4.1	341	23.6	28	1.9	226	15.6
160	15.7	66	6.5	74	7.3	255	25.1	19	1.9	195	19.2

6-13 分行业企业开展

行业	企业数(个)	有电子商务销售的企业		B2B	
		数量(个)	金额(万元)	企业数量(个)	金额(万元)
总　计	**38190**	**766**	**13275826**	**584**	**11631289**
采矿业	**1523**	**6**	**9003**	**6**	**9003**
煤炭开采和洗选业	132				
石油和天然气开采业	1				
黑色金属矿采选业	782	4	9000	4	9000
有色金属矿采选业	188	1	3	1	3
非金属矿采选业	386				
开采辅助活动	32	1		1	
其他采矿业	2				
制造业	**15111**	**328**	**9271269**	**257**	**8916512**
农副食品加工业	1505	47	468063	31	142554
食品制造业	318	10	16715	8	16606
酒、饮料和精制茶制造业	229	1	2563		
烟草制品业	4				
纺织业	306	4	27018	1	25651
纺织服装、服饰业	513	20	16552	14	11970
皮革、毛皮、羽毛及其制品和制鞋业	97	2	1221	1	1220
木材加工和木、竹、藤、棕、草制品业	392	7	6848	5	6547
家具制造业	170	3	18621	3	18621
造纸和纸制品业	232	1		1	
印刷和记录媒介复制业	108	2	50	2	50
文教、工美、体育和娱乐用品制造业	131	2	3075	2	3075
石油加工、炼焦和核燃料加工业	261	5	500	4	400
化学原料和化学制品制造业	961	25	106548	24	106448
医药制造业	268	6	5570	3	5565
化学纤维制造业	19				
橡胶和塑料制品业	850	10	48054	8	47951
非金属矿物制品业	1687	14	26117	8	25830
黑色金属冶炼和压延加工业	871	13	59733	8	59595
有色金属冶炼和压延加工业	329	5	17449	5	17449
金属制品业	930	18	136883	15	135741
通用设备制造业	1995	57	144318	47	141663
专用设备制造业	936	19	123093	18	122893
汽车制造业	423	15	7864002	13	7850028
铁路、船舶、航空航天和其他运输设备制造业	205	6	61080	5	60987
电气机械和器材制造业	843	17	70150	17	70150
计算机、通信和其他电子设备制造业	201	9	44189	8	44188
仪器仪表制造业	174	6	1255	5	1249
其他制造业	37				
废弃资源综合利用业	55				
金属制品、机械和设备修理业	61	4	1600	1	80
电力、热力、燃气及水生产和供应业	**347**	**2**	**54621**	**2**	**54621**
电力、热力生产和供应业	265	2	54621	2	54621
燃气生产和供应业	38				
水的生产和供应业	44				
建筑业	**6398**	**157**	**30616**	**136**	**29896**
房屋建筑业	1725	34	16310	30	15762
土木工程建筑业	1217	19	1730	17	1696
建筑安装业	1789	56	10021	49	9991
建筑装饰和其他建筑业	1667	48	2555	40	2447

电子商务交易情况

B2C		有面向大陆区域以外销售		有电子商务采购的企业		有面向大陆以外区域采购的企业	
企业数量（个）	金额（万元）	企业数量（个）	金额（万元）	数量（个）	金额（万元）	数量（个）	金额（万元）
182	**1644537**	**109**	**441149**	**503**	**8485382**	**68**	**2094969**
				6	**21666**	**1**	**10**
				4	1656		
				1	10	1	10
				1	20000		
71	**354757**	**78**	**374371**	**214**	**6155529**	**43**	**2088301**
16	325509	12	100050	26	89159	12	76526
2	109	3	1896	4	1066		
1	2563	1	2563	1	9856	1	9856
3	1367	1	17569	3	29857	1	1174
6	4582	4	6183	10	3599		
1	1			2	1320	1	0
2	301	4	4221	5	2678	2	710
		2	18121	1	50		
				1	2		
				2	146		
		1	630	1	215		
1	100			4	545292		
1	100	5	13684	17	454910	2	21170
3	5	1	4	3	799		
2	103	2	6975	8	39703	3	12452
6	287	3	13555	11	7579	1	127
5	138	2	285	11	19139	2	1005
		2	8389	4	17449	1	8003
3	1142	5	60247	7	24877	1	487
10	2655	13	14073	36	51037	4	1157
1	200	6	25553	12	831080	2	95
2	13974	2	5015	11	3948612	3	1944331
1	93	1	53936	4	11231	2	10211
		3	20295	14	42051	1	114
1	1	2	454	8	21625	2	872
1	6	2	663	4	70	1	1
3	1520	1	10	4	2128	1	10
				2	**31199**		
				2	31199		
21	**720**	**4**	**260**	**137**	**25285**	**11**	**565**
4	548			31	11138	3	81
2	34	1	10	16	2241	1	10
7	30			47	8392	2	24
8	108	3	250	43	3514	5	450

6-13 续表

行业	企业数(个)	有电子商务销售的企业		B2B	
		数量(个)	金额(万元)	企业数量(个)	金额(万元)
批发和零售业	**6567**	**123**	**3644696**	**87**	**2526610**
批发业	3341	71	3375780	64	2514058
零售业	3226	52	268916	23	12552
交通运输、仓储和邮政业	**1057**	**12**	**7223**	**8**	**585**
铁路运输业	7				
道路运输业	597	4	521	3	520
水上运输业	66	1	36	1	36
航空运输业	10	1	6376		
管道运输业	3				
装卸搬运和运输代理业	187	4	255	3	5
仓储业	163	1	3	1	3
邮政业	24	1	32		21
住宿和餐饮业	**1243**	**44**	**5634**	**28**	**5069**
住宿业	566	35	5147	21	4597
餐饮业	677	9	487	7	472
信息传输、软件和信息技术服务业	**318**	**30**	**179802**	**18**	**18442**
电信、广播电视和卫星传输服务	102	14	175476	4	14124
互联网和相关服务	25	2	1927	2	1927
软件和信息技术服务业	191	14	2400	12	2392
房地产业	**4068**	**25**	**1908**	**18**	**1675**
房地产业	4068	25	1908	18	1675
租赁和商务服务业	**585**	**20**	**61839**	**13**	**60335**
租赁业	16				
商务服务业	569	20	61839	13	60335
科学研究和技术服务业	**486**	**6**	**8540**	**5**	**8540**
研究和试验发展	23	1	2	1	2
专业技术服务业	413	5	8539	4	8538
科技推广和应用服务业	50				
水利、环境和公共设施管理业	**105**	**3**	**3**	**2**	**1**
水利管理业	9				
生态保护和环境治理业	8				
公共设施管理业	88	3	3	2	1
居民服务、修理和其他服务业	**117**	**3**	**1**	**2**	
居民服务业	78	2	1	1	
机动车、电子产品和日用产品修理业	34	1		1	
其他服务业	5				
教育	**43**				
教育	43				
卫生和社会工作	**106**	**2**	**6**	**1**	
卫生	105	2	6	1	
社会工作	1				
文化、体育和娱乐业	**116**	**5**	**667**	**1**	**1**
新闻和出版业	39	1	1		
广播、电视、电影和影视录音制作业	31	1	500		
文化艺术业	8				
体育	15	1	1	1	1
娱乐业	23	2	165		

B2C		有面向大陆区域以外销售		有电子商务采购的企业		有面向大陆以外区域采购的企业	
企业数量（个）	金额（万元）	企业数量（个）	金额（万元）	数量（个）	金额（万元）	数量（个）	金额（万元）
36	**1118085**	**18**	**61884**	**68**	**2229797**	**4**	**3428**
7	861722	13	59311	46	2199578	3	3428
29	256364	5	2573	22	30218	1	1
4	**6638**			**4**	**218**	**1**	**120**
1	1			2	50		
				1	48		
1	6376						
1	250			1	120	1	120
1	11						
16	**565**	**2**	**44**	**15**	**383**	**1**	**0**
14	550	2	44	11	379	1	0
2	15			4	4		
12	**161360**	**3**	**1758**	**16**	**12938**	**3**	**2320**
10	161352			4	7949		
				1	20		
2	8	3	1758	11	4969	3	2320
7	**234**	**1**	**0**	**22**	**624**	**2**	**1**
7	234	1	0	22	624	2	1
7	**1504**	**1**	**1923**	**9**	**1483**	**2**	**224**
7	1504	1	1923	9	1483	2	224
1	**1**	**2**	**908**	**4**	**4855**		
		1	2	1	0		
1	1	1	907	3	4854		
1	**2**			**1**	**1**		
1	2			1	1		
1	**1**			**3**	**1401**		
1	1			2	1		
				1	1400		
1	**6**			**1**	**4**		
1	6			1	4		
4	**666**			**1**	**1**		
1	1						
1	500						
				1	1		
2	165						

6-14 分地区企业开展

地　区	企业数(个)	有电子商务销售的企业			
				B2B	
		数量(个)	金额(亿)	企业数量(个)	金额(亿)
全　省	**38190**	**766**	**1327.6**	**584**	**1163.1**
沈阳市	9551	134	952.3	99	880.6
大连市	8467	379	158.3	292	79.9
鞍山市	3203	18	27.3	17	27.2
抚顺市	1727	12	16.3	11	16.3
本溪市	1369	19	11.9	14	11.8
丹东市	1596	38	18.8	28	17.9
锦州市	1661	21	20.4	14	20.3
营口市	2616	28	24.8	19	24.4
阜新市	1299	28	4.9	21	4.9
辽阳市	1224	21	20.4	18	20.4
盘锦市	1183	9	12.2	6	1.6
铁岭市	1736	12	21.2	8	19.8
朝阳市	1497	20	21.8	12	20.9
葫芦岛市	1061	27	17.0	25	17.0

电子商务交易情况

B2C		有面向大陆区域以外销售		有电子商务采购的企业		有面向大陆以外区域采购的企业	
企业数量（个）	金额（亿）	企业数量（个）	金额（亿）	数量（个）	金额（亿）	数量（个）	金额（亿）
182	**164.5**	**109**	**44.1**	**503**	**848.5**	**68**	**209.5**
35	71.7	13	6.2	80	450.2	6	194.6
87	78.4	69	33.9	250	174.2	43	10.0
1	0.1			15	18.4	1	
1	0.0	1	0.4	10	42.4	2	2.2
5	0.0	2	0.1	12	0.7	2	
10	0.8	10	0.4	22	5.6	3	
7	0.1			14	0.2	1	
9	0.4	5	1.7	19	20.0	6	1.8
7	0.0	1	0.9	19	14.2		
3	0.0	2	0.1	17	52.1		
3	10.6	1		6	12.8	1	
4	1.4			10	15.9		
8	0.9	3	0.1	10	9.7	2	0.8
2	0.0	2	0.3	19	32.1	1	

6-15 分行业企业电子商务交易平台情况

行业	提供电子商务交易平台企业(个)	提供自营电子商务交易平台企业(个)	平台交易额(万元)	销售额(万元)	采购额(万元)	提供第三方电子商务交易平台的企业(个)	第三方平台交易额(万元)
总计	**169**	**137**	**15694777**	**9837415**	**5857361**	**32**	**200754**
采矿业	**2**	**1**	**3**	**3**		**1**	**3**
煤炭开采和洗选业							
石油和天然气开采业							
黑色金属矿采选业							
有色金属矿采选业	2	1	3	3		1	3
非金属矿采选业							
开采辅助活动							
其他采矿业							
制造业	**65**	**56**	**12987510**	**8031150**	**4956360**	**9**	**545**
农副食品加工业	11	8	343340	335577	7763	3	172
食品制造业	2	2	311	311			
酒、饮料和精制茶制造业	1	1	10615	2191	8424		
烟草制品业							
纺织业	2	2	19681	8524	11157		
纺织服装、服饰业	1	1	6	6			
皮革、毛皮、羽毛及其制品和制鞋业							
木材加工和木、竹、藤、棕、草制品业							
家具制造业							
造纸和纸制品业							
印刷和记录媒介复制业							
文教、工美、体育和娱乐用品制造业							
石油加工、炼焦和核燃料加工业	5	5	400860	200	400660		
化学原料和化学制品制造业	3	3	20761	10638	10123		
医药制造业	2	2	4	4			
化学纤维制造业							
橡胶和塑料制品业							
非金属矿物制品业	5	3	2800	1860	940	2	220
黑色金属冶炼和压延加工业							
有色金属冶炼和压延加工业	3	3	20136	9068	11068		
金属制品业	5	5	43132	27794	15338		
通用设备制造业	9	7	4029	3360	669	2	133
专用设备制造业	1	1	734528		734528		
汽车制造业	8	7	11384404	7629377	3755027	1	10
铁路、船舶、航空航天和其他运输设备制造业							
电气机械和器材制造业	2	2	2111	1520	590		
计算机、通信和其他电子设备制造业	1	1	55	25	30		
仪器仪表制造业	4	3	738	695	43	1	10
其他制造业							
废弃资源综合利用业							
金属制品、机械和设备修理业							
电力、热力、燃气及水生产和供应业							
电力、热力生产和供应业							
燃气生产和供应业							
水的生产和供应业							
建筑业	**9**	**7**	**1753**	**298**	**1455**	**2**	**20**
房屋建筑业	4	3	451	235	216	1	0
土木工程建筑业							
建筑安装业	3	3	1277	38	1239		
建筑装饰和其他建筑业	2	1	25	25		1	20

6-15　续表

行　　业	提供电子商务交易平台企业(个)	提供自营电子商务交易平台企业(个)	平台交易额(万元)	销售额(万元)	采购额(万元)	提供第三方电子商务交易平台的企业(个)	第三方平台交易额(万元)
批发和零售业	**42**	**33**	**2466893**	**1577949**	**888944**	**9**	**199684**
批发业	21	17	2220650	1332704	887946	4	165461
零售业	21	16	246243	245245	998	5	34223
交通运输、仓储和邮政业	**2**	**2**	**12**	**12**			
铁路运输业							
道路运输业	1	1	1	1			
水上运输业							
航空运输业							
管道运输业							
装卸搬运和运输代理业							
仓储业							
邮政业	1	1	11	11			
住宿和餐饮业	**8**	**7**	**910**	**879**	**30**	**1**	**0**
住宿业	6	6	458	427	30		
餐饮业	2	1	452	452		1	0
信息传输、软件和信息技术服务业	**23**	**18**	**187191**	**176851**	**10339**	**5**	**374**
电信、广播电视和卫星传输服务	15	12	183169	175316	7853	3	19
互联网和相关服务	3	2	912	897	15	1	350
软件和信息技术服务业	5	4	3110	639	2472	1	5
房地产业	**5**	**3**	**132**	**30**	**103**	**2**	**99**
房地产业	5	3	132	30	103	2	99
租赁和商务服务业	**8**	**7**	**49867**	**49737**	**130**	**1**	**25**
租赁业							
商务服务业	8	7	49867	49737	130	1	25
科学研究和技术服务业	**2**	**1**	**1**	**1**		**1**	**1**
研究和试验发展							
专业技术服务业	2	1	1	1		1	1
科技推广和应用服务业							
水利、环境和公共设施管理业	**1**					**1**	**2**
水利管理业							
生态保护和环境治理业							
公共设施管理业	1					1	2
居民服务、修理和其他服务业							
居民服务业							
机动车、电子产品和日用产品修理业							
其他服务业							
教育							
教育							
卫生和社会工作	**1**	**1**	**6**	**6**			
卫生	1	1	6	6			
社会工作							
文化、体育和娱乐业	**1**	**1**	**500**	**500**			
新闻和出版业							
广播、电视、电影和影视录音制作业	1	1	500	500			
文化艺术业							
体育							
娱乐业							

6-16 分地区企业电子商务交易平台情况

地区	提供电子商务交易平台企业(个)	提供自营电子商务交易平台企业(个)	平台交易额(亿)			提供第三方电子商务交易平台的企业(个)	第三方平台交易额(亿)
				销售额(亿)	采购额(亿)		
全省	**169**	**137**	**1569.48**	**983.74**	**585.74**	**32**	**20.08**
沈阳市	**35**	**30**	**1213.12**	**840.62**	**372.50**	**5**	**0.30**
大连市	21	16	82.45	1.76	80.68	5	0.01
鞍山市	4	3	44.31	26.09	18.23	1	0.04
抚顺市	6	5	41.57	15.80	25.77	1	0.01
本溪市	5	5	1.22	0.55	0.67		
丹东市	28	22	6.66	1.88	4.78	6	0.03
锦州市	3	3	20.33	20.33			
营口市	24	18	39.29	21.72	17.57	6	3.44
阜新市	11	10	12.80	0.32	12.48	1	0.15
辽阳市	2	2	26.49	15.52	10.97		
盘锦市	5	4	20.37	10.61	9.77	1	0.00
铁岭市	8	4	1.47	1.45	0.02	4	16.10
朝阳市	12	10	11.15	10.71	0.44	2	0.00
葫芦岛市	5	5	48.26	16.39	31.87		

附　录

主要指标解释

主要指标解释

房屋施工面积 指报告期内施工的全部房屋建筑面积。包括本期新开工的房屋建筑面积、上期跨入本期继续施工的房屋建筑面积、上期停缓建在本期恢复施工的房屋建筑面积、本期竣工的房屋建筑面积以及本期施工后又停缓建的房屋建筑面积。多层建筑应填各层建筑面积之和。

房屋新开工面积 指报告期内新开工建设的房屋建筑面积，以单位工程为核算对象，即整栋房屋的全部建筑面积，不能分割计算。不包括在上期开工跨入报告期继续施工的房屋建筑面积和上期停缓建而在本期恢复施工的房屋建筑面积。房屋的开工应以房屋正式开始破土刨槽（地基处理或打永久桩）的日期为准。

房屋竣工面积 指报告期内房屋建筑按照设计要求已全部完工，达到住人和使用条件，经验收鉴定合格或达到竣工验收标准，可正式移交使用的各栋房屋建筑面积的总和。

竣工面积以房屋单位工程（栋）为核算对象，在整栋房屋符合竣工条件后按其全部建筑面积一次性计算，而不是按各栋施工房屋中已完成的部分或层次分割计算。

计算房屋竣工面积，要求严格执行房屋竣工验收标准。民用建筑一般应按设计要求在土建工程和房屋本身附属的水、电、卫（包括设计中有的煤气、暖气）工程已经完工，通风、电梯等设备已经安装完毕，做到水通、灯亮，经验收鉴定合格，并正式交付给使用单位后，才能计算竣工面积。工业及科研等生产性房屋建筑一般应按设计要求在土建工程（包括水、暖、电、卫、通风）及属于房屋组成部分的生活间、操作间等已经完成（不包括安装设备的基础工程），可以进行工艺设备和管线安装时，方可计算房屋竣工面积。

商品房销售面积 指报告期内出售商品房屋的合同总面积（即双方签署的正式买卖合同中所确定的建筑面积）。本月销售面积指从本月 1 日起至本月最后一天止出售商品房屋的合同总面积。商品房销售面积由现房销售面积和期房销售面积两部分组成。

（1）现房销售面积：指在报告期内正式签订买卖合同、已经竣工达到入住条件的商品房屋建筑面积。包括以一次性付款方式和分期付款方式销售的现房建筑面积。

（2）期房销售面积：指在报告期内正式签订买卖合同、正在建设尚未竣工交付使用的商品房屋建筑面积。包括以一次性付款方式和分期付款方式销售的商品房屋建筑面积。期房销售建筑面积竣工后不再结转为现房销售建筑面积。

商品房销售额 指报告期内出售商品房屋的合同总价款（即双方签署的正式买卖合同中所确定的合同总价）。本月销售额指从本月 1 日起至本月最后一天止出售商品房屋的合同总价款。该指标与商品房销售面积同口径，由现房销售额和期房销售额两部分组成。

（1）现房销售额：指报告期内销售的已竣工商品房屋的合同总价款。包括现房销售前期预收的定金、预收款、首付款及全部按揭贷款的本金等款项。该指标与现房销售面积同口径。

（2）期房销售额：指报告期内销售的正在建设尚未竣工的商品房屋的合同总价款。包括预售房屋前期预收的定金、预收款、首付款及全部按揭贷款的本金等项。该指标与期房销售面积同口径。

房屋竣工价值 指报告期内按规定已经上报竣工的房屋本身的建造价值。一般按房屋设计和预算规定的内容计算。包括竣工房屋本身的基础、结构、屋面、装修以及水、电、卫等附属工程的建筑价值；也包括作为房屋建筑组成部分而列入房屋建筑工程预算内的设备（如电梯、通风设备等）的购置和安装费用。不包括厂房内的工艺设备、工艺管线的购置和安装，工艺设备基础的建造；室外的水、暖、电、卫、道路工程、挡土墙等环境工程的费用；办公和生活用家具的购置等费用；购置土地的费用；迁移补偿费和场地平整的费用及城市建设配套投资。

房屋竣工价值不仅包括该竣工房屋在报告期内完成的价值，也包括跨年施工的房屋在本期以前完成的价值。未竣工而转让给其他单位的房屋建筑工程，出让单位不计算竣工价值，待接受单位继续施工并符合竣工条件后，由接受单位计算其竣工价值，包括出让单位在出让前所完成的价值。房屋竣工价值一般按结算价格（或中标价）计算。

待开发土地面积 指经有关部门批准，通过各种方式获得土地使用权，但尚未开工建设的土地面积。

本年土地购置面积 指在本年内通过各种方式获得土地使用权的土地面积。

资产总计 指企业过去的交易或者事项形成的、由企业拥有或者控制的、预期会给企业带来经济利益的资源。资产一般按流动性（资产的变现或耗用时间长短）分为流动资产和非流动资产。其中流动资产可分为货币资金、交易性金融资产、应收票据、应收账款、预付款项、其他应收款、存货等；非流动资产可分为长期股权投资、固定资产、无形资产及其他非流动资产等。根据会计“资产负债表”中“资产总计”项目的期末余额数填报。

执行 2006 年《企业会计准则》的企业：资产总计=流动资产合计+非流动资产合计；未执行 2006 年《企业会计准则》企业的资产包括流动资产、长期投资、固定资产、无形资产和其他资产等。

负债合计 指企业过去的交易或者事项形成的，预期会导致经济利益流出企业的现时义务。负债一般按偿还期长短分为流动负债和非流动负债。根据会计“资产负债表”中“负债合计”项目的期末余额数填报。

执行 2006 年《企业会计准则》的企业：负债合计=流动负债合计+非流动负债合计；未执行 2006 年《企业会计准则》企业的负债包括流动负债和长期负债。

主营业务收入 指企业确认的销售商品、提供劳务等主营业务的收入。根据会计“主营业务收入”科目的期末贷方余额（结转前）填报。执行 2006 年《企业会计准则》的企业，如未设置该科目，以“营业收入”代替填报。

土地转让收入 指房地产开发企业按国家规定在报告期转让已经开发的土地和未经开发的土地所得到的收入。根据会计“利润表”和相关核算资料计算填报。

商品房销售收入 指房地产开发企业在报告期售出商品房屋的收入，一次收款的，一次性全部计入销售收入，按合同规定分期收款的，可按合同规定的时间分次计入收入。根据会计“利润表”和相关核算资料计算填报。

房屋出租收入 指房地产开发企业在报告期内，在不改变现有财产所有权关系的条件下，将企业的全部或部分房屋出租给其他单位或个人使用所得到的租金收入。根据会计“利润表”和相关核算资料计算填报。

其他（主营业务）收入 指房地产开发企业在报告期内从事除以上收入外的其他业务活动所得到的收入，包括配套设施销售收入、代建工程结算收入等。根据会计“利润表”和相关核算资料计算填报。

利润总额 指企业在一定会计期间的经营成果，是生产经营过程中各种收入扣除各种耗费后的盈余，反映企业在报告期内实现的盈亏总额。根据会计“利润表”中“利润总额”项目的本期金额数填报。执行 2006 年《企业会计准则》的企业，利润总额为营业利润加上营业外收入，减去营业外支出后的金额；未执行 2006 年《企业会计准则》的企业，利润总额为营业利润加上投资收益、补贴收入、营业外收入，再减去营业外支出后的金额。

辽宁经济普查年鉴

Liaoning Economic Census Yearbook

2013

综 | 合 | 卷

辽宁省第三次全国经济普查领导小组办公室
辽　宁　省　统　计　局　编

中国统计出版社
China Statistics Press

图书在版编目（CIP）数据

辽宁经济普查年鉴. 2013/辽宁省第三次全国经济普查领导小组办公室，辽宁省统计局编. ——北京：中国统计出版社，2015.11

ISBN 978-7-5037-7707-3

Ⅰ. ①辽… Ⅱ. ①辽… ②辽… Ⅲ. ①经济-普查-辽宁省-2013-年鉴 Ⅳ. ①F127.31-54

中国版本图书馆 CIP 数据核字（2015）第 284336 号

辽宁经济普查年鉴—2013/综合卷

作　　者/辽宁省第三次全国经济普查领导小组办公室
　　　　辽宁省统计局
责任编辑/马　平
封面设计/黄俊杰　李雪燕
出版发行/中国统计出版社
通信地址/北京市丰台区西三环南路甲 6 号　邮政编码/100073
电　　话/邮购（010）63376909　书店（010）68783171
网　　址/http://www.zgtjcbs.com/
印　　刷/河北天普润印刷厂
经　　销/新华书店
开　　本/880mm×1230mm　1/16
字　　数/1090 千字
印　　张/34.75
版　　别/2015 年 12 月第 1 版
版　　次/2015 年 12 月第 1 次印刷
定　　价/780.00 元（全四册附光盘）

本书附同版本 CD-ROM 一张，光盘内容以书面文字为准。
如有印装差错，由本社发行部调换。

辽宁经济普查年鉴-2013/综合卷

第一篇 综合

第二篇 小微企业

主　编：李　川

副主编：姚显鹏　赵德任

编辑人员：赵德任　张　申　李　冰

数据处理：赵德任　张　申　李　冰

校　对：赵德任　张　申　李　冰　赵锦凡　赵　箐

第三篇 文化及相关产业

主　编：张建华

副主编：董保国

编辑人员：安　娜　冯　伟

数据处理：安　娜　冯　伟

校　对：安　娜　冯　伟

编者说明

为便于社会各界共同分享第三次辽宁经济普查的成果，更方便地开发利用普查资料，我们将经济普查资料编辑整理，汇编成《辽宁经济普查年鉴—2013》一书。全书共三卷四册，即综合卷、第二产业卷和第三产业卷，并随书配送同版本光盘一张。《综合卷》分三篇：第一篇为“综合”，第二篇为“小微企业”，第三篇为“文化及相关产业”。《第二产业卷》按内容分三篇：第一篇为“工业”，第二篇为“建筑业”，第三篇为“科技”。《第三产业卷》分六篇：第一篇为“批发和零售业”，第二篇为“住宿和餐饮业”，第三篇为“房地产开发经营业”，第四篇为“重点服务业企业”，第五篇为 “行政事业、社团及其他单位”，第六篇为“企业信息化和电子商务交易”。为使读者能够更好地使用本资料，现对有关问题做如下说明：

一、第三次全国经济普查的标准时点为2013年12月31日，时期资料为2013年度；

二、每卷后附有该卷详细的指标解释，使用时请仔细阅读；

三、综合卷中综合篇和小微企业篇汇总表分组数据不包括金融业和铁路运输业；

四、本资料建筑业按法人单位注册地，其他行业按法人单位经营地进行汇总；

五、本资料对部分数据由于单位取舍不同或四舍五入而产生的差数均未作调整；

六、表中空格表示该项统计指标数值为零或无该项数据。

我们希望此书的面世，能使社会各界对我省第三次经济普查有一个全面概括的了解，更愿本书的内容，能为社会经济研究工作者提供有价值的参考。

第三次辽宁经济普查资料是全省普查工作者共同辛勤工作的成果，也是广大普查对象积极支持配合的结果。在此，我们向所有普查工作者、普查对象和所有参与和支持普查工作的人员致以崇高的敬意和衷心的感谢！

综合卷　目录

第一篇　综合

第二篇　小微企业

第三篇 文化及相关产业

附 录

第一篇

综合

1-1　按地区、行业(门类)分组的法人单位数

地　区	法人单位数(个)	农、林、牧、渔业	采矿业	制造业	电力、热力、燃气及水生产和供应业	建筑业	批发和零售业	交通运输、仓储和邮政业	住宿和餐饮业	信息传输、软件和信息技术服务业
全　省	**418475**	**9607**	**5444**	**82989**	**1895**	**19727**	**115758**	**12227**	**6474**	**8724**
沈阳市	**107144**	**2359**	**112**	**19591**	**350**	**5522**	**35804**	**2855**	**1173**	**3165**
和平区	12344	2	1	839	43	734	4554	195	251	507
沈河区	15050	4	1	978	40	951	5487	356	269	578
大东区	7639	3		1617	19	481	2790	264	130	129
皇姑区	13392	8	2	1861	32	797	4814	291	181	491
铁西区	14060	103	3	2580	44	773	6185	378	108	305
苏家屯区	3806	89	8	1459	11	144	796	86	34	18
东陵区	8515	70	6	1859	33	406	2881	209	77	606
沈北新区	3936	197	7	1273	22	180	784	73	20	44
于洪区	9313	214		3446	41	503	2502	388	50	66
辽中县	3671	457	2	936	15	85	883	79	5	45
康平县	3861	478	16	741	11	142	814	172	16	69
法库县	7048	322	55	747	20	151	2464	290	14	236
新民市	4509	412	11	1255	19	175	850	74	18	71
大连市	**104577**	**1173**	**206**	**20752**	**286**	**6456**	**32285**	**3978**	**1695**	**3709**
中山区	12406		1	253	16	532	4630	1398	346	476
西岗区	10842			558	9	760	3768	356	278	472
沙河口区	14265	6		620	15	1179	5557	233	252	918
甘井子区	17284	18	14	4371	55	1112	5294	578	175	1253
旅顺口区	5006	58	16	2130	28	269	818	102	62	78
金州区	20474	118	23	5270	49	1271	6457	681	325	361
长海县	475	8		45	5	26	36	27	16	4
瓦房店市	8785	206	44	2618	53	349	2849	243	103	63
普兰店市	8807	475	62	3224	31	447	1666	174	89	68
庄河市	6233	284	46	1663	25	511	1210	186	49	16
鞍山市	**35042**	**341**	**451**	**7831**	**239**	**1334**	**10399**	**749**	**1059**	**489**
铁东区	6651	1	9	412	18	458	1846	100	364	174
铁西区	6202	2	11	1808	27	263	2518	153	94	68
立山区	5288	5	43	1489	24	263	1461	73	186	173
千山区	1913	44	19	535	3	65	524	56	14	13
台安县	2802	21	1	535	107	34	491	77	24	8
岫岩满族自治县	3099	32	164	584	15	27	489	42	56	12
海城市	9087	236	204	2468	45	224	3070	248	321	41
抚顺市	**18145**	**349**	**259**	**4058**	**125**	**757**	**4157**	**531**	**225**	**119**
新抚区	2553	7	11	307	9	91	688	68	73	34
东洲区	2694	24	75	777	26	84	676	84	46	14
望花区	4541	7	17	1504	36	259	1225	138	35	29

1-1 续表 1

地　区	法　人单位数（个）	农、林、牧、渔业	采矿业	制造业	电力、热力、燃气及水生产和供应业	建筑业	批发和零售业	交通运输、仓储和邮政业	住宿和餐饮业	信息传输、软件和信息技术服务业
顺城区	2788	38	4	559	12	151	388	79	37	28
抚顺县	1569	189	47	232	5	65	444	84	3	8
新宾满族自治县	1840	21	37	288	23	53	343	34	17	3
清原满族自治县	2160	63	68	391	14	54	393	44	14	3
本溪市	**15036**	**27**	**559**	**2753**	**126**	**726**	**4154**	**308**	**295**	**140**
平山区	4239	6	42	547	14	227	1320	113	96	62
溪湖区	2346	7	74	786	17	139	527	71	13	28
明山区	3647	5	50	568	19	244	1182	48	88	35
南芬区	707		71	152	5	11	164	13	11	2
本溪满族自治县	2004	2	268	407	32	37	358	33	33	5
桓仁满族自治县	2093	7	54	293	39	68	603	30	54	8
丹东市	**16403**	**118**	**669**	**3961**	**107**	**698**	**3038**	**388**	**352**	**165**
元宝区	2609		8	531	10	196	788	46	42	61
振兴区	3638		1	761	14	167	855	140	157	51
振安区	1126	8	13	434	4	73	96	20	16	12
宽甸满族自治县	2534	12	227	304	36	60	318	37	59	19
东港市	3425	81	35	1030	22	144	475	62	39	7
凤城市	3071	17	385	901	21	58	506	83	39	15
锦州市	**17788**	**1059**	**219**	**3422**	**104**	**724**	**3745**	**680**	**318**	**140**
古塔区	2222	5	1	264	6	146	590	39	77	42
凌河区	2456	2	1	287	11	169	644	78	47	40
太和区	3859	56	11	1075	30	228	745	241	44	34
黑山县	2630	362	45	388	20	29	591	47	67	5
义县	2283	262	86	450	9	51	378	78	9	11
凌海市	2463	237	60	529	16	66	464	66	42	3
北镇市	1875	135	15	429	12	35	333	131	32	5
营口市	**23276**	**376**	**537**	**6064**	**84**	**860**	**5888**	**1263**	**478**	**171**
站前区	4506	2	1	672	5	206	1298	154	129	66
西市区	3318	2	6	1142	9	213	643	149	32	40
鲅鱼圈区	4683	16	25	822	24	222	1124	592	219	19
老边区	2450	103	21	1057	6	84	499	86	5	24
盖州市	4180	148	122	965	27	75	1392	186	48	13
大石桥市	4139	105	362	1406	13	60	932	96	45	9
阜新市	**15131**	**714**	**348**	**2479**	**68**	**469**	**3725**	**209**	**152**	**110**
海州区	2771	11	22	267	11	86	744	42	77	25
新邱区	863	12	63	217	3	20	137	10	9	4
太平区	1437	6	26	391	4	77	415	21	14	10
清河门区	606	20	26	93	6	10	81	9	1	5
细河区	3123	3	3	781	10	204	646	52	19	53
阜新蒙古族自治县	3476	145	159	442	18	41	883	20	16	6
彰武县	2855	517	49	288	16	31	819	55	16	7

1-1　续表 2

地　区	法　人单位数（个）	农、林、牧、渔业	采矿业	制造业	电力、热力、燃气及水生产和供应业	建筑业	批发和零售业	交通运输、仓储和邮政业	住宿和餐饮业	信息传输、软件和信息技术服务业
辽阳市	**11556**	**184**	**481**	**3143**	**38**	**404**	**2189**	**280**	**163**	**62**
白塔区	2874	2	1	292	9	182	657	70	72	42
文圣区	860	5	56	261	2	16	88	30	5	1
宏伟区	1249	7	14	413	4	87	242	28	6	7
弓长岭区	543	2	69	89	7	20	46	26	13	4
太子河区	1411	49	3	727	3	42	176	40	7	1
辽阳县	2947	59	174	944	5	28	774	43	37	7
灯塔市	1672	60	164	417	8	29	206	43	23	
盘锦市	**11628**	**261**	**94**	**2033**	**85**	**509**	**2941**	**234**	**140**	**185**
双台子区	1693	11	1	255	12	77	660	63	16	14
兴隆台区	5014	8	88	651	13	272	1563	74	100	161
大洼县	2785	129	2	684	39	110	387	52	16	5
盘山县	2136	113	3	443	21	50	331	45	8	5
铁岭市	**13353**	**1892**	**131**	**2523**	**87**	**249**	**1757**	**216**	**115**	**72**
银州区	2093	8	10	429	9	87	313	29	58	14
清河区	847	23	6	219	9	24	81	15	11	4
铁岭县	2035	317	56	563	14	29	156	31	11	15
西丰县	851	44	18	158	5	5	105	7	5	10
昌图县	5235	1437	7	614	34	69	812	72	14	21
调兵山市	673	13	6	133	7	14	84	16	6	4
开原市	1619	50	28	407	9	21	206	46	10	4
朝阳市	**16406**	**671**	**1073**	**2180**	**131**	**517**	**2592**	**225**	**87**	**88**
双塔区	3819	11	22	414	53	248	628	62	49	52
龙城区	1451	12	18	428	9	68	429	26	5	5
朝阳县	1680	47	110	231	3	37	352	25	3	6
建平县	2213	280	381	214	12	45	331	27	2	8
喀喇沁左翼蒙古族自治县	1700	1	122	249	21	21	216	23	6	3
北票市	3059	309	259	298	17	56	303	25	8	7
凌源市	2484	11	161	346	16	42	333	37	14	7
葫芦岛市	**12989**	**83**	**305**	**2199**	**64**	**502**	**3084**	**311**	**222**	**109**
连山区	2652	24	89	410	12	147	756	65	51	20
龙港区	2536	4	3	325	20	198	485	73	34	63
南票区	982	1	66	187	4	12	263	18	5	3
绥中县	2711	15	38	361	10	63	840	84	23	16
建昌县	1420	18	46	103	7	33	215	25	10	2
兴城市	2688	21	63	813	11	49	525	46	99	5

1-1 续表 3

地 区	房地产业	租赁和商务服务业	科学研究和技术服务业	水利、环境和公共设施管理业	居民服务、修理和其他服务业	教育	卫生和社会工作	文化、体育和娱乐业	公共管理、社会保障和社会组织
全 省	**15314**	**32694**	**17892**	**3745**	**7471**	**13308**	**11978**	**7967**	**42358**
沈阳市	**4120**	**10105**	**5327**	**785**	**1652**	**2858**	**2351**	**1722**	**6602**
和平区	607	1923	709	84	236	359	127	330	724
沈河区	759	2334	1181	96	260	370	166	252	638
大东区	292	614	208	58	150	254	111	157	331
皇姑区	547	1564	758	85	244	568	155	285	661
铁西区	462	1115	437	69	183	279	304	168	532
苏家屯区	122	166	107	30	71	99	95	53	402
东陵区	391	579	420	62	82	150	58	108	464
沈北新区	182	215	174	52	46	113	84	69	397
于洪区	317	414	202	47	123	178	267	107	418
辽中县	107	160	95	25	35	144	64	52	479
康平县	105	244	134	31	59	63	284	35	437
法库县	93	528	792	83	96	87	543	47	472
新民市	136	249	110	63	67	194	93	59	647
大连市	**4457**	**11794**	**4068**	**704**	**2157**	**2890**	**1366**	**1646**	**4480**
中山区	608	2342	349	71	289	255	100	224	371
西岗区	580	1933	544	59	313	308	132	209	456
沙河口区	559	2551	695	54	382	439	128	267	348
甘井子区	650	1310	630	73	359	539	176	192	435
旅顺口区	292	233	235	38	75	139	65	92	272
金州区	962	1922	899	123	478	496	114	302	565
长海县	20	51	18	9	3	41	12	19	134
瓦房店市	285	347	220	112	70	220	145	124	708
普兰店市	257	431	246	102	108	255	401	151	614
庄河市	244	674	232	63	80	198	93	66	577
鞍山市	**1141**	**2080**	**1687**	**255**	**921**	**1278**	**692**	**725**	**3144**
铁东区	345	923	275	52	293	308	126	180	649
铁西区	238	253	96	23	157	117	48	38	271
立山区	201	283	184	30	147	203	85	107	320
千山区	20	78	39	15	40	75	100	17	249
台安县	57	106	430	35	32	203	81	55	494
岫岩满族自治县	36	131	414	56	79	189	149	117	498
海城市	244	306	249	44	173	183	103	211	663
抚顺市	**593**	**921**	**947**	**197**	**257**	**669**	**1075**	**284**	**2506**
新抚区	88	246	96	21	48	166	98	71	395
东洲区	79	86	99	24	44	86	133	16	320
望花区	176	240	136	35	81	129	102	40	344

1-1 续表 4

地 区	房地产业	租赁和商务服务业	科学研究和技术服务业	水利、环境和公共设施管理业	居民服务、修理和其他服务业	教育	卫生和社会工作	文化、体育和娱乐业	公共管理、社会保障和社会组织
顺城区	157	153	94	37	51	186	161	81	519
抚顺县	18	47	56	21	14	14	149	19	149
新宾满族自治县	28	57	253	26	9	35	185	12	412
清原满族自治县	47	92	213	33	10	53	247	45	367
本溪市	**522**	**881**	**652**	**193**	**287**	**534**	**282**	**242**	**2197**
平山区	149	367	162	46	97	191	53	61	612
溪湖区	51	98	97	21	22	52	60	22	253
明山区	202	229	137	42	97	130	65	62	385
南芬区	5	25	7	4	20	24	10	17	164
本溪满族自治县	62	71	192	51	21	49	28	18	328
桓仁满族自治县	53	91	57	29	30	88	66	62	455
丹东市	**527**	**895**	**750**	**239**	**280**	**656**	**598**	**282**	**2532**
元宝区	85	197	67	24	71	92	39	42	259
振兴区	175	237	85	19	87	142	99	75	516
振安区	47	35	30	24	13	39	59	9	187
宽甸满族自治县	45	182	156	71	35	108	182	48	626
东港市	97	129	300	50	52	184	141	67	498
凤城市	78	115	112	51	22	91	78	41	446
锦州市	**542**	**995**	**643**	**207**	**272**	**505**	**550**	**474**	**2991**
古塔区	121	178	73	20	49	77	90	99	304
凌河区	117	261	94	21	43	97	79	80	317
太和区	153	208	112	44	66	80	71	66	548
黑山县	30	71	162	37	24	62	109	81	497
义县	49	101	86	33	39	53	84	47	448
凌海市	26	93	63	16	28	78	60	81	513
北镇市	46	83	53	36	23	58	57	20	364
营口市	**985**	**1324**	**481**	**187**	**409**	**663**	**591**	**490**	**2252**
站前区	177	433	129	37	121	214	168	128	488
西市区	182	281	103	39	44	75	85	54	205
鲅鱼圈区	334	270	85	28	136	140	127	141	313
老边区	61	118	36	21	29	26	38	15	213
盖州市	125	97	60	34	51	119	108	56	544
大石桥市	106	125	68	28	28	89	65	96	489
阜新市	**386**	**672**	**481**	**187**	**220**	**690**	**1108**	**498**	**2473**
海州区	98	218	96	29	51	186	186	99	465
新邱区	18	36	15	13	6	33	34	52	176
太平区	29	67	15	19	20	31	41	50	189
清河门区	18	26	13	9	11	29	40	43	163
细河区	143	199	158	37	55	132	75	83	424
阜新蒙古族自治县	34	65	86	32	21	182	615	63	637
彰武县	46	61	98	48	56	97	117	108	419

1-1 续表 5

地　区	房地产业	租赁和商务服务业	科学研究和技术服务业	水利、环境和公共设施管理业	居民服务、修理和其他服务业	教育	卫生和社会工作	文化、体育和娱乐业	公共管理、社会保障和社会组织
辽阳市	**311**	**491**	**305**	**105**	**218**	**698**	**357**	**194**	**1820**
白塔区	140	234	104	33	90	276	99	86	402
文圣区	21	35	30	5	19	36	31	16	203
宏伟区	47	48	31	12	28	66	34	16	157
弓长岭区	16	21	6	7	15	36	26	10	123
太子河区	21	27	24	7	17	32	38	10	186
辽阳县	38	79	79	27	28	128	53	35	398
灯塔市	28	47	31	14	21	124	76	21	351
盘锦市	**424**	**705**	**569**	**210**	**256**	**261**	**746**	**288**	**1575**
双台子区	85	102	41	23	21	47	49	18	182
兴隆台区	192	455	237	63	192	119	62	158	523
大洼县	110	103	87	86	33	63	309	78	480
盘山县	37	45	204	38	10	32	326	34	390
铁岭市	**375**	**509**	**478**	**176**	**140**	**448**	**599**	**318**	**3126**
银州区	113	142	53	25	35	99	110	73	409
清河区	25	35	23	23	19	23	39	23	242
铁岭县	60	61	65	27	12	51	42	16	499
西丰县	7	10	11	6	5	42	63	10	335
昌图县	103	179	280	67	38	122	235	114	982
调兵山市	25	24	13	8	12	41	59	22	182
开原市	42	58	33	20	19	70	51	60	477
朝阳市	**497**	**716**	**1138**	**175**	**201**	**595**	**1193**	**398**	**3816**
双塔区	247	360	255	63	98	160	153	148	717
龙城区	36	45	22	10	18	33	31	15	235
朝阳县	21	27	226	8	12	64	34	22	451
建平县	55	53	42	13	7	69	73	48	541
喀喇沁左翼蒙古族自治县	41	64	272	28	14	86	51	34	444
北票市	34	77	153	28	15	86	444	73	861
凌源市	63	90	168	25	37	97	407	58	567
葫芦岛市	**434**	**606**	**366**	**125**	**201**	**563**	**470**	**406**	**2844**
连山区	85	132	45	17	75	97	95	106	401
龙港区	152	188	114	30	37	94	94	57	517
南票区	9	23	11	5	9	32	24	13	296
绥中县	80	140	59	31	31	124	80	93	614
建昌县	42	49	66	14	11	88	71	65	548
兴城市	66	74	71	28	38	128	106	72	468

1-2　按地区分组的法人单位数及从业人员数

地　区	法人单位				
	单位数（个）			从业人员数（人）	
		单产业法人	多产业法人		女性
全　省	**418475**	**407647**	**10828**	**12585094**	**3717043**
沈阳市	**107144**	**104722**	**2422**	**2898943**	**771846**
和平区	12344	11927	417	521790	127132
沈河区	15050	14577	473	379216	105250
大东区	7639	7433	206	213674	56472
皇姑区	13392	13140	252	225165	64789
铁西区	14060	13819	241	394010	101285
苏家屯区	3806	3654	152	98600	22797
东陵区	8515	8249	266	179497	53844
沈北新区	3936	3869	67	156915	45011
于洪区	9313	9209	104	211686	52834
辽中县	3671	3614	57	96381	22975
康平县	3861	3799	62	129497	50878
法库县	7048	7018	30	161949	32635
新民市	4509	4414	95	130563	35944
大连市	**104577**	**102072**	**2505**	**3118894**	**952936**
中山区	12406	11982	424	260670	110196
西岗区	10842	10562	280	238931	66553
沙河口区	14265	13953	312	230515	88266
甘井子区	17284	16965	319	464588	149602
旅顺口区	5006	4879	127	126382	35596
金州区	20474	20077	397	675388	218224
长海县	475	406	69	10678	3759
瓦房店市	8785	8617	168	387705	87682
普兰店市	8807	8642	165	375435	108479
庄河市	6233	5989	244	348602	84579
鞍山市	**35042**	**34578**	**464**	**1029851**	**316125**
铁东区	6651	6524	127	202929	78172
铁西区	6202	6155	47	237872	55109
立山区	5288	5222	66	135912	43011
千山区	1913	1884	29	34030	8535
台安县	2802	2737	65	71257	18646
岫岩满族自治县	3099	3069	30	66952	22528
海城市	9087	8987	100	280899	90124
抚顺市	**18145**	**17757**	**388**	**554283**	**158834**
新抚区	2553	2496	57	104027	31128
东洲区	2694	2640	54	90482	25353
望花区	4541	4442	99	136722	37536
顺城区	2788	2713	75	97926	31120

1-2 续表 1

地 区	法人单位				
	单位数（个）	单产业法人	多产业法人	从业人员数（人）	女性
抚顺县	1569	1556	13	32349	8439
新宾满族自治县	1840	1813	27	39942	13004
清原满族自治县	2160	2097	63	52835	12254
本溪市	**15036**	**14174**	**862**	**497242**	**147549**
平山区	4239	4021	218	188811	52103
溪湖区	2346	2268	78	74383	19951
明山区	3647	3455	192	92242	33775
南芬区	707	670	37	18571	6042
本溪满族自治县	2004	1762	242	68881	20687
桓仁满族自治县	2093	1998	95	54354	14991
丹东市	**16403**	**15806**	**597**	**497182**	**151954**
元宝区	2609	2574	35	46144	16432
振兴区	3638	3507	131	131229	45444
振安区	1126	1085	41	41650	10258
宽甸满族自治县	2534	2481	53	58103	13239
东港市	3425	3284	141	141872	45035
凤城市	3071	2875	196	78184	21546
锦州市	**17788**	**17265**	**523**	**553208**	**177550**
古塔区	2222	2141	81	77802	27002
凌河区	2456	2379	77	106546	33720
太和区	3859	3783	76	119114	38254
黑山县	2630	2554	76	81922	26829
义县	2283	2249	34	50032	12797
凌海市	2463	2372	91	74357	23755
北镇市	1875	1787	88	43435	15193
营口市	**23276**	**22870**	**406**	**671035**	**208492**
站前区	4506	4400	106	133880	44692
西市区	3318	3255	63	85505	25996
鲅鱼圈区	4683	4643	40	164668	50249
老边区	2450	2432	18	70831	21287
盖州市	4180	4084	96	86236	28942
大石桥市	4139	4056	83	129915	37326
阜新市	**15131**	**14642**	**489**	**403067**	**124988**
海州区	2771	2667	104	119704	32666
新邱区	863	847	16	18855	6697
太平区	1437	1402	35	38595	12925
清河门区	606	576	30	17319	5934
细河区	3123	3017	106	103983	32705

1-2 续表 2

地　区	法人单位				
	单位数（个）			从业人员数（人）	
		单产业法人	多产业法人		女性
阜新蒙古族自治县	3476	3408	68	62879	20596
彰武县	2855	2725	130	41732	13465
辽阳市	**11556**	**11335**	**221**	**386469**	**127718**
白塔区	2874	2816	58	92456	36628
文圣区	860	847	13	23537	7172
宏伟区	1249	1229	20	62663	19297
弓长岭区	543	528	15	21111	5834
太子河区	1411	1368	43	32913	10374
辽阳县	2947	2930	17	94384	31137
灯塔市	1672	1617	55	59405	17276
盘锦市	**11628**	**11250**	**378**	**476637**	**153059**
双台子区	1693	1637	56	49083	18105
兴隆台区	5014	4833	181	236078	87444
大洼县	2785	2710	75	116775	29472
盘山县	2136	2070	66	74701	18038
铁岭市	**13353**	**13079**	**274**	**503269**	**145577**
银州区	2093	2038	55	87669	27201
清河区	847	837	10	24300	7006
铁岭县	2035	1989	46	83326	21279
西丰县	851	815	36	22445	7442
昌图县	5235	5194	41	118526	33476
调兵山市	673	638	35	95608	25394
开原市	1619	1568	51	71395	23779
朝阳市	**16406**	**15778**	**628**	**522626**	**141436**
双塔区	3819	3675	144	156011	48223
龙城区	1451	1379	72	51151	13298
朝阳县	1680	1616	64	41265	9280
建平县	2213	2132	81	54227	16159
喀喇沁左翼蒙古族自治县	1700	1632	68	47953	13926
北票市	3059	2987	72	77242	18471
凌源市	2484	2357	127	94777	22079
葫芦岛市	**12989**	**12319**	**670**	**423057**	**129319**
连山区	2652	2566	86	110536	29713
龙港区	2536	2385	151	129077	40358
南票区	982	921	61	23059	6300
绥中县	2711	2579	132	57477	14813
建昌县	1420	1302	118	37977	11621
兴城市	2688	2566	122	64931	26514

1-3 按地区、开业(成立)

地区	法人单位数(个)	1949年及以前	1950-1977年	1978-1991年	1992-1995年	1996年	1997年	1998年	1999年	2000年	2001年
全省	**418475**	**2529**	**13824**	**28649**	**13591**	**3880**	**4063**	**6533**	**7358**	**10258**	**11593**
沈阳市	**107144**	**352**	**1921**	**5986**	**3750**	**817**	**1038**	**1691**	**2094**	**2046**	**2390**
和平区	12344	59	204	700	586	104	150	240	288	273	309
沈河区	15050	44	162	643	499	153	176	253	327	318	392
大东区	7639	21	133	415	389	92	91	150	199	178	236
皇姑区	13392	17	192	684	530	89	149	257	296	285	305
铁西区	14060	29	202	533	504	93	134	246	320	257	335
苏家屯区	3806	20	99	400	179	41	41	51	75	60	102
东陵区	8515	10	124	329	234	63	71	123	145	180	234
沈北新区	3936	22	140	251	139	21	36	64	65	78	86
于洪区	9313	14	121	380	273	53	74	124	180	129	188
辽中县	3671	47	93	290	86	17	24	48	48	60	46
康平县	3861	21	118	358	86	26	24	25	37	95	37
法库县	7048	20	172	473	116	35	29	46	49	64	63
新民市	4509	28	161	530	129	30	39	64	65	69	57
大连市	**104577**	**403**	**1591**	**3684**	**3491**	**889**	**986**	**1546**	**1652**	**2555**	**3044**
中山区	12406	25	121	312	453	105	126	177	201	291	337
西岗区	10842	33	101	360	436	118	117	187	205	320	339
沙河口区	14265	31	81	311	406	86	83	143	172	286	369
甘井子区	17283	32	99	503	611	123	163	270	320	373	473
旅顺口区	5006	30	124	282	261	64	102	136	93	149	153
金州区	20474	31	159	455	671	182	174	249	263	390	603
长海县	475	34	36	51	17	5	2	5	9	16	6
瓦房店市	8785	35	188	505	237	76	75	131	111	245	273
普兰店市	8807	74	499	579	270	97	93	157	178	346	340
庄河市	6233	78	183	326	129	33	51	91	100	139	151
鞍山市	**35042**	**249**	**1035**	**2231**	**1073**	**330**	**357**	**606**	**724**	**1052**	**1082**
铁东区	6651	33	167	407	250	69	76	126	118	231	206
铁西区	6202	14	129	244	170	53	71	98	132	174	213
立山区	5288	15	92	316	195	52	56	109	150	188	209
千山区	1913	23	71	131	45	26	23	24	24	53	61
台安县	2802	58	187	239	63	17	17	44	67	86	77
岫岩满族自治县	3099	41	210	312	110	35	19	34	36	65	55
海城市	9087	65	179	582	240	78	95	171	197	255	261
抚顺市	**18145**	**117**	**805**	**1957**	**687**	**177**	**206**	**297**	**351**	**634**	**585**
新抚区	2553	21	102	187	102	29	36	46	52	125	148
东洲区	2694	16	127	287	136	20	29	41	75	116	104
望花区	4541	15	105	269	168	37	44	65	61	158	131

时间分组的法人单位数

2002年	2003年	2004年	2005年	2006年	2007年	2008年	2009年	2010年	2011年	2012年	2013年	无开业年份
12966	**15538**	**16882**	**18566**	**20623**	**21138**	**22840**	**29507**	**39658**	**41319**	**39323**	**36167**	**1670**
2867	**3325**	**3647**	**4250**	**5189**	**5495**	**6288**	**7571**	**11361**	**12230**	**11154**	**11492**	**188**
385	454	499	565	632	644	769	873	1106	1324	1170	1000	10
468	551	559	611	789	900	966	1182	1596	1626	1340	1480	14
223	291	322	332	401	350	461	499	790	751	664	645	6
443	430	509	597	600	677	806	801	1366	1558	1248	1541	12
337	409	514	580	807	768	895	1105	1384	1609	1405	1533	61
101	131	154	181	188	164	196	221	338	367	340	350	7
288	332	305	395	467	467	473	606	854	1008	917	867	23
102	113	130	194	213	200	174	282	479	408	382	352	5
280	318	340	389	481	501	561	572	1125	1187	1055	960	8
61	65	65	73	116	154	204	224	488	492	494	474	2
41	55	55	89	131	224	157	278	558	413	568	449	16
60	82	81	103	179	270	335	720	832	902	1016	1399	2
79	94	114	141	185	176	291	208	445	585	555	442	22
3803	**4667**	**5161**	**5218**	**5750**	**5880**	**6133**	**7466**	**9435**	**11031**	**10668**	**9391**	**133**
450	572	731	708	775	713	742	927	1135	1251	1264	976	14
456	563	625	651	667	721	635	709	936	1043	916	699	5
465	646	651	666	768	832	895	1022	1507	1378	1555	1909	3
645	788	907	860	914	1015	1129	1406	1454	1841	1851	1502	5
198	187	219	230	299	267	270	325	324	463	495	311	24
744	967	1012	993	1191	1090	1120	1342	1863	2553	2273	2124	25
26	23	28	25	24	17	28	22	34	22	25	20	
251	351	390	373	380	430	489	700	999	939	912	681	14
367	339	336	403	437	425	541	551	619	873	661	600	22
201	231	262	309	295	370	284	462	564	668	716	569	21
1293	**1329**	**1601**	**1674**	**1800**	**1758**	**1813**	**2720**	**3477**	**3130**	**3008**	**2657**	**43**
342	268	309	350	436	401	375	509	561	463	723	214	17
212	271	397	393	366	356	395	476	609	588	386	454	1
221	235	227	294	293	247	273	406	473	561	368	303	5
69	97	100	93	92	115	93	135	207	162	161	107	1
137	67	88	88	121	156	141	207	212	144	308	268	10
74	100	203	111	111	122	132	177	309	265	282	291	5
238	291	277	345	381	361	404	810	1106	947	780	1020	4
511	**585**	**646**	**902**	**1057**	**914**	**754**	**1275**	**1715**	**1510**	**1249**	**1137**	**74**
98	94	112	104	138	156	166	189	242	150	117	109	30
91	93	124	147	132	130	98	189	250	243	138	99	9
113	168	170	371	471	314	130	279	403	435	341	270	23

1-3 续表 1

地区	法人单位数(个)	1949年及以前	1950-1977年	1978-1991年	1992-1995年	1996年	1997年	1998年	1999年	2000年	2001年
顺城区	2788	25	108	304	98	46	43	48	67	96	108
抚顺县	1569		70	193	41	7	14	26	20	16	19
新宾满族自治县	1840	30	191	304	72	19	17	35	31	68	50
清原满族自治县	2160	10	102	413	70	19	23	36	45	55	25
本溪市	**15036**	**89**	**574**	**1173**	**456**	**348**	**203**	**350**	**281**	**612**	**471**
平山区	4239	20	155	309	132	180	60	132	100	240	153
溪湖区	2346	15	77	134	80	51	34	68	59	81	73
明山区	3647	3	74	213	90	62	49	52	67	194	100
南芬区	707	2	16	107	26	12	8	12	3	21	14
本溪满族自治县	2004	17	125	230	88	25	23	40	32	47	61
桓仁满族自治县	2093	32	127	180	40	18	29	46	20	29	70
丹东市	**16403**	**239**	**1139**	**1791**	**735**	**224**	**196**	**389**	**433**	**503**	**618**
元宝区	2609	9	74	153	100	41	42	75	78	102	103
振兴区	3638	39	162	310	174	60	44	81	98	133	152
振安区	1126	9	98	119	44	18	17	31	33	49	47
宽甸满族自治县	2534	43	165	487	130	34	22	62	67	57	106
东港市	3425	55	254	393	148	33	33	86	91	90	94
凤城市	3071	84	386	329	139	38	38	54	66	72	116
锦州市	**17788**	**204**	**841**	**1748**	**511**	**125**	**140**	**231**	**246**	**427**	**368**
古塔区	2222	18	67	161	100	26	28	51	54	105	71
凌河区	2456	20	63	208	81	30	26	51	54	96	68
太和区	3859	28	97	241	142	26	27	40	63	88	94
黑山县	2630	39	250	231	30	11	12	15	15	34	34
义县	2283	27	92	328	39	11	18	23	18	36	42
凌海市	2463	31	125	326	72	16	19	25	31	47	33
北镇市	1875	41	147	253	47	5	10	26	11	21	26
营口市	**23276**	**110**	**669**	**1303**	**611**	**204**	**180**	**332**	**375**	**600**	**532**
站前区	4506	16	96	268	152	55	40	84	72	141	133
西市区	3318	5	49	139	92	22	24	48	59	68	66
鲅鱼圈区	4683	6	24	197	112	31	33	55	68	134	84
老边区	2450	4	53	128	49	14	12	41	31	75	40
盖州市	4180	27	156	400	120	44	33	56	81	72	99
大石桥市	4139	52	291	171	86	38	38	48	64	110	110
阜新市	**15131**	**129**	**741**	**1621**	**428**	**116**	**140**	**178**	**146**	**320**	**514**
海州区	2771	11	103	269	92	26	29	44	36	66	108
新邱区	863	7	60	86	26	3	8	5	11	23	28
太平区	1437		50	150	46	10	11	16	12	32	49
清河门区	606	1	13	123	21	7	9	6	7	9	19
细河区	3123	10	74	215	104	33	24	41	33	51	98

2002年	2003年	2004年	2005年	2006年	2007年	2008年	2009年	2010年	2011年	2012年	2013年	无开业年份
108	97	99	120	126	128	114	151	220	232	181	269	
21	37	33	44	44	37	78	166	239	157	179	128	
42	47	58	62	80	73	76	154	146	107	81	89	8
38	49	50	54	66	76	92	147	215	186	212	173	4
500	**625**	**798**	**877**	**935**	**815**	**815**	**850**	**960**	**1249**	**1131**	**895**	**29**
162	205	267	280	312	235	220	214	266	276	164	154	3
71	96	99	135	119	104	117	144	184	227	171	196	11
99	145	219	235	233	199	213	192	150	320	466	268	4
17	30	24	37	31	16	36	45	52	71	63	63	1
88	95	98	88	128	133	107	109	125	159	103	76	7
63	54	91	102	112	128	122	146	183	196	164	138	3
613	**742**	**724**	**688**	**717**	**768**	**791**	**908**	**1052**	**1155**	**1010**	**851**	**117**
118	160	174	125	134	170	177	148	134	154	197	132	9
140	149	125	143	160	165	160	220	260	310	258	265	30
42	46	49	62	55	54	39	54	50	74	67	53	16
81	128	135	112	103	114	119	121	120	137	78	76	37
95	114	110	115	124	113	163	196	304	285	271	254	4
137	145	131	131	141	152	133	169	184	195	139	71	21
497	**561**	**664**	**709**	**702**	**800**	**777**	**1274**	**1484**	**1590**	**1933**	**1902**	**54**
83	92	102	124	101	100	78	125	123	186	175	251	1
76	79	84	81	83	111	93	129	210	209	251	348	5
117	131	127	178	173	185	166	278	362	384	417	464	31
71	84	58	68	86	141	92	217	307	237	328	269	1
44	78	104	111	96	113	98	167	161	249	216	197	15
63	62	146	92	93	90	147	244	141	172	303	185	
43	35	43	55	70	60	103	114	180	153	243	188	1
575	**864**	**823**	**1045**	**1142**	**1152**	**1499**	**1981**	**2551**	**2252**	**2155**	**1822**	**499**
137	214	187	328	305	291	269	322	423	361	340	261	11
82	122	151	156	173	155	175	276	289	410	344	280	133
101	179	144	180	216	239	429	491	601	469	455	420	15
57	76	76	88	137	111	132	255	407	210	204	176	74
87	109	117	108	118	160	270	328	436	386	384	348	241
111	164	148	185	193	196	224	309	395	416	428	337	25
356	**437**	**401**	**577**	**552**	**607**	**629**	**1123**	**1445**	**1614**	**1698**	**1314**	**44**
79	116	94	129	122	125	137	226	296	257	298	101	7
25	21	11	24	23	40	45	100	77	82	102	45	11
36	46	45	60	43	67	44	90	115	186	214	115	
18	19	13	26	25	35	21	46	37	39	73	38	1
86	86	123	138	161	143	147	233	318	395	345	254	11

1-3 续表 2

地 区	法人单位数(个)	1949年及以前	1950-1977年	1978-1991年	1992-1995年	1996年	1997年	1998年	1999年	2000年	2001年
阜新蒙古族自治县	3476	66	285	461	87	24	46	42	34	119	170
彰武县	2855	34	157	317	52	13	13	24	13	20	42
辽阳市	**11556**	**82**	**386**	**1437**	**463**	**140**	**127**	**223**	**249**	**317**	**441**
白塔区	2874	22	104	276	124	31	36	73	94	110	106
文圣区	860	7	36	148	30	14	11	28	15	21	57
宏伟区	1249		15	108	58	13	7	21	34	42	42
弓长岭区	543	1	10	83	23	3	2	10	12	12	16
太子河区	1411	5	50	149	75	19	17	37	40	34	66
辽阳县	2947	10	54	405	85	37	18	38	25	55	99
灯塔市	1672	37	117	268	68	23	36	16	29	43	55
盘锦市	**11628**	**27**	**435**	**1047**	**326**	**134**	**125**	**168**	**261**	**330**	**405**
双台子区	1693	8	28	132	39	19	32	23	43	43	49
兴隆台区	5014	2	17	360	141	49	47	76	144	199	225
大洼县	2785	7	217	270	87	36	33	40	53	45	49
盘山县	2136	10	173	285	59	30	13	29	21	43	82
铁岭市	**13353**	**246**	**1298**	**1453**	**304**	**121**	**121**	**170**	**175**	**224**	**300**
银州区	2093	10	71	195	60	25	36	37	35	50	84
清河区	847	5	31	125	23	23	8	17	18	18	29
铁岭县	2035	29	287	172	37	20	21	21	21	28	35
西丰县	851	29	75	223	17	7	5	9	11	13	12
昌图县	5235	118	557	420	87	36	33	57	46	56	79
调兵山市	673	6	24	125	25	4	5	11	15	17	17
开原市	1619	49	253	193	55	6	13	18	29	42	44
朝阳市	**16406**	**147**	**1626**	**1676**	**415**	**148**	**127**	**186**	**209**	**335**	**455**
双塔区	3819	19	158	358	135	47	43	50	69	95	163
龙城区	1451	10	48	115	14	8	5	17	26	24	30
朝阳县	1680	13	131	273	16	7	10	4	12	28	15
建平县	2213	2	332	149	39	6	8	9	15	25	30
喀喇沁左翼蒙古族自治县	1700	38	253	126	37	8	6	15	19	18	36
北票市	3059	26	295	410	94	30	28	56	42	86	100
凌源市	2484	39	409	245	80	42	27	35	26	59	81
葫芦岛市	**12989**	**135**	**762**	**1542**	**341**	**107**	**117**	**166**	**161**	**303**	**388**
连山区	2652	4	47	289	66	18	24	31	28	127	130
龙港区	2536	6	15	190	88	40	24	35	34	56	123
南票区	982	1	30	233	36	10	10	15	29	10	26
绥中县	2711	43	98	388	46	10	21	27	27	36	43
建昌县	1420	23	383	153	36	11	8	14	12	17	17
兴城市	2688	58	189	289	69	18	30	44	31	57	49

2002年	2003年	2004年	2005年	2006年	2007年	2008年	2009年	2010年	2011年	2012年	2013年	无开业年份
77	94	71	121	110	116	127	202	277	339	336	270	2
35	55	44	79	68	81	108	226	325	316	330	491	12
400	**491**	**535**	**553**	**506**	**538**	**640**	**668**	**924**	**894**	**785**	**742**	**15**
117	136	111	124	111	114	163	168	221	231	215	181	6
30	29	52	46	42	39	31	26	53	43	43	57	2
55	57	55	49	54	59	50	57	130	113	110	119	1
31	25	27	30	43	33	19	34	36	30	30	33	
62	74	53	80	71	62	93	59	110	82	105	68	
69	109	166	144	139	143	199	237	226	254	206	228	1
36	61	71	80	46	88	85	87	148	141	76	56	5
402	**494**	**367**	**391**	**458**	**478**	**567**	**797**	**1346**	**1206**	**1038**	**789**	**37**
44	63	62	52	62	81	71	152	206	195	164	123	2
233	280	196	184	219	208	255	214	675	534	429	326	1
71	91	68	108	106	104	138	172	260	316	280	218	16
54	60	41	47	71	85	103	259	205	161	165	122	18
411	**411**	**454**	**540**	**537**	**582**	**671**	**1121**	**1120**	**880**	**1003**	**1151**	**60**
85	94	83	117	120	118	130	200	181	136	98	94	34
27	27	28	33	52	44	45	59	76	58	58	30	13
55	55	70	74	96	114	109	114	136	124	159	253	5
20	28	52	21	22	20	28	26	66	49	52	66	
101	119	135	192	150	189	250	580	521	400	508	600	1
49	24	29	30	30	36	24	32	42	32	45	44	7
74	64	57	73	67	61	85	110	98	81	83	64	
414	**559**	**664**	**690**	**732**	**751**	**876**	**1038**	**1374**	**1301**	**1297**	**1288**	**98**
141	184	171	179	209	230	222	230	332	255	247	277	5
46	58	61	55	59	62	84	100	152	205	196	75	1
23	30	52	38	51	48	98	161	187	171	185	122	5
50	87	134	95	92	79	121	117	162	174	198	259	30
34	30	57	50	58	100	100	113	127	143	144	139	49
72	90	106	124	141	114	137	187	253	181	177	305	5
48	80	83	149	122	118	114	130	161	172	150	111	3
323	**448**	**397**	**451**	**546**	**600**	**587**	**715**	**1414**	**1277**	**1194**	**736**	**279**
65	106	109	120	127	136	157	179	305	219	222	124	19
80	104	102	103	152	148	131	160	250	255	247	132	61
28	36	28	44	41	53	44	50	74	84	56	30	14
71	62	46	72	87	133	112	174	317	285	306	206	101
28	38	34	40	46	57	54	54	120	92	112	52	19
51	102	78	72	93	73	89	98	348	342	251	192	65

1-4 按地区、开业(成立)时间分组

地区	从业人员数(人)	1949年及以前	1950-1977年	1978-1991年	1992-1995年	1996年	1997年	1998年	1999年	2000年	2001年
全省	**12585094**	**747533**	**959765**	**1286804**	**811358**	**224220**	**250983**	**328368**	**431155**	**392045**	**547597**
沈阳市	**2898943**	**278180**	**195289**	**261453**	**207078**	**39397**	**50337**	**63578**	**73381**	**69164**	**84707**
和平区	521790	230298	20695	33069	29496	5022	4198	8538	9775	13549	10461
沈河区	379216	7252	28106	39403	22570	7850	12588	6943	12792	8033	14138
大东区	213674	9036	11726	43725	11263	9444	4441	2362	5249	4163	5992
皇姑区	225165	3460	37536	28454	12959	1717	3693	9139	7110	9103	6634
铁西区	394010	9032	21859	36903	81975	6695	7998	6972	9168	6033	14392
苏家屯区	98600	1704	3828	13069	8838	960	2503	1646	2836	1998	4404
东陵区	179497	4619	7560	15285	6654	2367	4140	5002	2955	8773	8620
沈北新区	156915	2688	33026	7793	9601	926	2433	7450	5794	3571	4776
于洪区	211686	1653	13886	13526	7451	1893	3217	3772	4654	4555	6252
辽中县	96381	2148	3449	10710	5132	298	1656	3492	2180	2018	2690
康平县	129497	1351	5034	4213	1976	416	892	401	2110	1442	472
法库县	161949	1787	3443	6354	5630	812	543	3068	2206	1694	2019
新民市	130563	3152	5141	8949	3533	997	2035	4793	6552	4232	3857
大连市	**3118894**	**102488**	**116180**	**296479**	**295935**	**81687**	**81790**	**80494**	**69848**	**124112**	**186464**
中山区	260670	12332	15100	24437	29088	2352	5686	17897	4943	11206	9712
西岗区	238931	17376	9993	19172	16687	2424	29262	3003	6472	7992	15524
沙河口区	230515	15708	16008	31400	21956	3347	3032	3883	4263	7677	9173
甘井子区	464588	22812	12649	27957	43925	13649	10866	14802	13084	24968	17020
旅顺口区	126382	5508	8025	13951	7631	1919	3306	3344	2958	3977	5583
金州区	675388	9169	10469	75156	84453	40484	12386	10598	12325	22034	59086
长海县	10678	1108	1179	1430	502	195	9	15	202	335	257
瓦房店市	387705	4919	9243	22338	33635	7727	4606	8243	11122	19139	22728
普兰店市	375435	8102	22099	41180	38197	7630	8384	9481	10174	16432	15446
庄河市	348602	5454	11415	39458	19861	1960	4253	9228	4305	10352	31935
鞍山市	**1029851**	**146076**	**65774**	**135314**	**54536**	**20316**	**13359**	**32120**	**23723**	**36005**	**36393**
铁东区	202929	9585	11233	41657	9275	7707	2771	7763	4884	5477	5096
铁西区	237872	127153	6760	8195	5381	1469	1841	4146	5123	3516	4726
立山区	135912	1096	13729	36998	7696	1490	1575	3162	2953	5775	3347
千山区	34030	324	2403	4981	1348	201	419	884	535	739	1048
台安县	71257	1509	3449	6112	4022	923	1246	1718	1782	2807	2206
岫岩满族自治县	66952	2524	8617	8131	5929	4493	313	1087	745	1193	1113
海城市	280899	3885	19583	29240	20885	4033	5194	13360	7701	16498	18857
抚顺市	**554283**	**37950**	**42061**	**49496**	**23830**	**7477**	**8737**	**11099**	**24864**	**20046**	**54114**
新抚区	104027	5246	7857	9041	3963	2576	2490	967	2023	5154	34087
东洲区	90482	22049	9373	8032	2363	812	483	588	2490	2906	2634
望花区	136722	1474	8310	6521	7467	827	1837	1989	11426	3459	3124

的法人单位从业人员数

2002年	2003年	2004年	2005年	2006年	2007年	2008年	2009年	2010年	2011年	2012年	2013年	无开业年份
519577	**583711**	**593426**	**588850**	**609649**	**535914**	**528109**	**612397**	**711546**	**533007**	**443973**	**327538**	**17569**
81817	**117293**	**110243**	**132343**	**167024**	**150359**	**114991**	**170198**	**222863**	**139407**	**92891**	**74595**	**2355**
9502	8749	7791	9048	22542	7900	12993	26127	26543	11787	7377	6244	88
8895	17823	16948	12075	12734	16901	12838	37572	43922	18456	11405	9051	921
11211	21507	7517	7672	7189	6153	5125	6690	15560	7674	6627	3253	95
8061	5920	9707	7800	7328	10655	9054	6680	11679	11893	7725	8772	86
9385	12010	18123	20872	18917	22912	13252	19935	32425	10648	7990	6320	194
2787	7424	4922	5357	5554	4335	4428	4409	4423	7408	2888	2320	559
6377	12514	7162	11311	10651	10224	7127	9808	14540	10019	8067	5608	114
7732	7113	9083	9023	8526	6126	3723	5825	9127	5347	4145	3074	13
6873	9649	10036	18753	33017	12910	11775	10872	9143	15922	6870	4990	17
2456	3558	3243	5894	6036	4030	5964	8017	8266	6687	5253	3188	16
2706	2139	2350	6733	14693	21162	8507	12933	19303	8397	8859	3327	81
1425	3013	7790	9339	9848	19359	8146	16803	15951	17864	10454	14394	7
4407	5874	5571	8466	9989	7692	12059	4527	11981	7305	5231	4054	166
126279	**184555**	**212743**	**176517**	**166253**	**129316**	**111575**	**124211**	**140196**	**127186**	**112232**	**71149**	**1205**
9621	9892	15173	11260	18435	11469	5605	8005	9072	11608	12543	5165	69
6385	8385	14284	11263	11244	6244	4712	14039	14095	9893	6223	4228	31
7217	11277	16322	9321	8740	8917	6699	12405	9992	8295	7581	7297	5
16436	38806	27059	21599	26446	18776	21708	19302	27411	19647	15960	9573	133
8104	4253	7098	6393	9566	6218	5878	4014	3466	6523	4594	3912	161
30247	34881	38494	34724	24943	24935	21312	19966	28402	33967	26104	20996	257
438	259	497	1123	243	210	407	284	662	770	276	277	
15777	22739	37321	25033	26971	17011	17189	16709	23475	16364	17855	7345	216
16165	24593	24826	26910	24966	13317	13951	10479	12953	12584	9210	8057	299
15889	29470	31669	28891	14699	22219	14114	19008	10668	7535	11886	4299	34
39461	**28063**	**35559**	**32571**	**41618**	**32066**	**33526**	**45023**	**52474**	**40515**	**39158**	**45989**	**212**
9511	6545	6421	7686	8781	7297	5918	8949	11202	7942	13601	3628	
4762	4326	6943	5073	5080	4158	5764	9176	7983	6615	4558	5124	
11661	4466	4691	4036	6185	2954	3890	4702	5226	4673	3478	2102	27
978	1572	3488	1010	3680	1118	1510	1609	2649	1423	1029	1055	27
3538	3259	3237	2400	6166	5706	3299	4393	4723	3055	3138	2521	48
1751	1918	3356	2226	2086	2804	3141	2993	4418	2877	2443	2772	22
7260	5977	7423	10140	9640	8029	10004	13201	16273	13930	10911	28787	88
29612	**23951**	**19003**	**30655**	**29017**	**17968**	**20034**	**24587**	**30817**	**23995**	**13370**	**10233**	**1367**
2497	1365	1974	2170	2851	1723	3548	1862	2465	6841	1280	1170	877
7132	2264	3916	3178	1931	3033	3197	3993	4624	3157	1396	833	98
8990	10854	3560	14487	10962	5866	3361	6331	14162	5270	3243	2971	231

1-4 续表 1

地 区	从 业人员数(人)	1949年及以前	1950-1977年	1978-1991年	1992-1995年	1996年	1997年	1998年	1999年	2000年	2001年
顺城区	97926	5930	7988	11100	5073	1637	1851	4233	7043	6860	9411
抚顺县	32349		690	1919	1456	429	1315	1260	473	337	2876
新宾满族自治县	39942	1820	4463	4144	2130	713	322	992	669	827	1386
清原满族自治县	52835	1431	3380	8739	1378	483	439	1070	740	503	596
本溪市	**497242**	**15343**	**37422**	**40708**	**28583**	**18648**	**30645**	**22013**	**6118**	**16905**	**23887**
平山区	188811	11153	11752	11252	17914	9503	24360	9083	1809	5689	5455
溪湖区	74383	1223	3269	5807	2297	2324	2782	3550	2110	2287	4080
明山区	92242	483	11165	7896	2955	4617	1405	4444	1210	2829	5044
南芬区	18571	421	1336	5791	506	447	110	635	9	637	652
本溪满族自治县	68881	884	5784	6358	3601	1454	506	1448	773	1537	5086
桓仁满族自治县	54354	1179	4116	3604	1310	303	1482	2853	207	3926	3570
丹东市	**497182**	**19768**	**52935**	**51361**	**24983**	**12282**	**6884**	**22149**	**20406**	**17312**	**19491**
元宝区	46144	1576	3927	4452	2296	581	687	4141	2072	1512	2229
振兴区	131229	7420	21489	15747	6944	6436	2081	7542	3228	6299	4320
振安区	41650	351	2589	5128	1925	685	507	1555	1962	1577	1680
宽甸满族自治县	58103	2368	3189	6141	2384	622	1149	1682	6319	1696	2376
东港市	141872	3724	10826	11508	6721	2114	1371	6078	4729	4247	5849
凤城市	78184	4329	10915	8385	4713	1844	1089	1151	2096	1981	3037
锦州市	**553208**	**34639**	**54716**	**55321**	**27995**	**5277**	**9227**	**19325**	**32870**	**17146**	**17936**
古塔区	77802	14793	7221	8508	8013	454	1342	1831	1068	2766	1533
凌河区	106546	4083	10332	14665	3583	940	666	6551	22488	1431	6013
太和区	119114	2181	12225	6162	7863	2177	5796	1633	1734	5360	2892
黑山县	81922	4624	5569	9957	1328	741	362	3075	2901	2903	2455
义县	50032	2022	4630	6056	836	253	208	653	515	822	1593
凌海市	74357	4457	7185	5583	4287	689	705	2672	3719	2799	2324
北镇市	43435	2479	7554	4390	2085	23	148	2910	445	1065	1126
营口市	**671035**	**10113**	**30140**	**51678**	**38756**	**9414**	**13569**	**14748**	**20214**	**26732**	**27782**
站前区	133880	1172	6898	11341	10957	2048	993	3182	7503	6795	6471
西市区	85505	2107	2467	6324	4370	663	2866	3427	2218	1747	1621
鲅鱼圈区	164668	884	2220	11965	7379	1335	2310	2435	3061	2713	3557
老边区	70831	40	3325	5253	3635	368	255	1595	1560	3130	962
盖州市	86236	2149	8525	6296	3680	1957	2320	1529	2296	2145	9125
大石桥市	129915	3761	6705	10499	8735	3043	4825	2580	3576	10202	6046
阜新市	**403067**	**62650**	**36574**	**42886**	**11752**	**6320**	**4589**	**5537**	**5332**	**8829**	**11383**
海州区	119704	56415	8482	10055	2374	934	611	1710	565	2321	2216
新邱区	18855	339	2039	2233	509	7	46	104	815	214	1000
太平区	38595		3607	8685	486	229	2302	298	496	794	1239
清河门区	17319	1	551	1873	275	231	82	377	794	67	129
细河区	103983	1388	8308	8533	3426	4363	628	893	2153	3125	4255

2002年	2003年	2004年	2005年	2006年	2007年	2008年	2009年	2010年	2011年	2012年	2013年	无开业年份
4276	4207	2896	5559	3204	2910	3163	2268	2168	2364	2032	1753	
1801	2178	2038	2210	1022	872	1659	2456	2407	1468	2125	1358	
1672	1625	1100	1501	1893	2038	1756	4867	2011	1627	1097	1134	155
3244	1458	3519	1550	7154	1526	3350	2810	2980	3268	2197	1014	6
41703	**16149**	**28059**	**22764**	**18848**	**19942**	**19485**	**19909**	**21157**	**23041**	**16212**	**9182**	**519**
27011	4299	11683	5318	5854	3097	3940	6118	3699	6223	1929	1614	56
4912	3020	2033	4322	2824	3757	4512	4980	5295	3764	3026	2024	185
5740	4421	4651	6187	3504	4135	3959	2513	2831	4722	5142	2374	15
95	447	567	755	1103	815	720	523	472	668	927	875	60
2147	2840	4920	2208	3706	5147	3784	3334	4844	5066	2332	937	185
1798	1122	4205	3974	1857	2991	2570	2441	4016	2598	2856	1358	18
24371	**26538**	**21573**	**18886**	**19476**	**23224**	**22819**	**29383**	**17459**	**15878**	**16792**	**12039**	**1173**
1137	2592	1876	2153	1326	1654	1856	2325	1957	2375	2012	1304	104
7372	3234	5180	2921	4621	3238	6442	3058	4735	3582	3059	2207	74
1313	4943	2038	1578	1931	1341	1885	5331	700	744	1033	499	355
1273	2969	3040	2006	3783	3772	3238	3469	1692	1766	2133	738	298
8421	8821	6293	6585	4780	8394	7484	10397	5760	5152	6088	6438	92
4855	3979	3146	3643	3035	4825	1914	4803	2615	2259	2467	853	250
17620	**20951**	**23113**	**23041**	**27601**	**21707**	**27128**	**27394**	**25427**	**19384**	**23152**	**21515**	**723**
2654	4579	2869	2231	5633	2477	1746	1734	1338	1784	1610	1614	4
1832	3510	3022	2092	1518	1391	7637	4005	4167	1894	2799	1924	3
5835	4573	4904	5921	9424	6522	5127	5941	6031	3747	5517	6902	647
1855	2786	4109	4182	4141	3162	3386	4784	5182	3788	5165	5460	7
1107	1515	3595	2959	2287	2884	2587	5067	2847	3279	2449	1810	58
3436	2614	3709	4358	2577	3130	4833	4383	2346	2429	3832	2290	
901	1374	905	1298	2021	2141	1812	1480	3516	2463	1780	1515	4
31891	**50585**	**31633**	**29963**	**34755**	**30025**	**50657**	**42747**	**44570**	**26524**	**30406**	**19821**	**4312**
5550	8163	5947	6398	5899	6116	8504	8104	9891	3853	3856	3910	329
5341	3851	4416	3395	9336	4365	2928	6475	5426	5097	3330	2712	1023
6148	28595	7886	8329	6853	6747	27338	7841	11834	4462	6712	3939	125
4261	1959	4180	3349	4805	2336	2832	6675	7987	3252	5158	2594	1320
2083	2301	2424	2761	3123	3243	3825	7234	5027	3879	5274	3650	1390
8508	5716	6780	5731	4739	7218	5230	6418	4405	5981	6076	3016	125
16305	**18621**	**12932**	**16004**	**13514**	**11144**	**14910**	**19500**	**26038**	**22231**	**22596**	**11884**	**1536**
2701	2818	2267	3366	2259	2189	2325	2626	4746	4200	3768	725	31
1022	399	184	2331	398	547	1663	729	691	1017	945	312	1311
1403	2159	793	1232	1016	1308	1933	1450	3326	1866	2862	1111	
1853	870	1266	774	686	1196	352	906	2129	1045	1338	521	3
4050	9332	6519	4441	4145	2783	5566	8692	8083	6499	5258	1506	37

1-4 续表 2

地 区	从业人员数(人)	1949年及以前	1950–1977年	1978–1991年	1992–1995年	1996年	1997年	1998年	1999年	2000年	2001年
阜新蒙古族自治县	62879	2643	8611	5540	3225	339	705	1835	442	1933	2097
彰武县	41732	1864	4976	5967	1457	217	215	320	67	375	447
辽阳市	**386469**	**7065**	**25240**	**59211**	**30912**	**3943**	**7031**	**8250**	**25508**	**13620**	**11807**
白塔区	92456	4351	12007	23161	4598	376	2895	2140	2803	4887	2604
文圣区	23537	520	1416	2877	483	124	125	691	164	1059	600
宏伟区	62663		1680	7365	12106	127	82	667	17918	1331	733
弓长岭区	21111	171	849	4407	2179	89	15	420	481	357	168
太子河区	32913	613	3832	5721	2484	250	552	1302	1246	610	1941
辽阳县	94384	487	2865	7595	6235	2300	861	1706	734	3176	2711
灯塔市	59405	923	2591	8085	2827	677	2501	1324	2162	2200	3050
盘锦市	**476637**	**2297**	**74152**	**93428**	**17337**	**3094**	**4304**	**21205**	**52406**	**7607**	**18419**
双台子区	49083	1094	15196	6433	3086	514	1418	751	825	1477	1100
兴隆台区	236078	123	10236	72369	11933	1432	1239	3414	47950	3682	12146
大洼县	116775	298	26293	5851	1228	699	1227	16665	2957	1985	2086
盘山县	74701	782	22427	8775	1090	449	420	375	674	463	3087
铁岭市	**503269**	**12771**	**101972**	**39709**	**13689**	**8661**	**4720**	**8694**	**8874**	**8960**	**12719**
银州区	87669	528	14083	10091	2862	1954	1970	3209	2145	2581	2904
清河区	24300	23	293	3747	257	210	60	150	2024	194	454
铁岭县	83326	1826	5400	7007	4686	830	662	2250	1104	887	2614
西丰县	22445	2286	3718	3534	1111	72	64	67	400	118	314
昌图县	118526	4992	13477	6721	2068	2785	982	969	1624	1461	3496
调兵山市	95608	104	58515	4776	789	2499	33	544	352	615	435
开原市	71395	3012	6486	3833	1916	311	949	1505	1225	3104	2502
朝阳市	**522626**	**11366**	**73483**	**48557**	**15808**	**4329**	**5756**	**11504**	**7062**	**11009**	**22953**
双塔区	156011	1264	13162	14501	8498	1952	3758	5124	1636	3860	3781
龙城区	51151	414	2298	3305	345	265	248	683	497	537	1500
朝阳县	41265	717	3669	3777	884	58	244	24	495	714	106
建平县	54227	92	13755	4354	1378	612	138	134	400	778	1627
喀喇沁左翼蒙古族自治县	47953	2194	8257	6478	1418	86	46	926	573	1014	810
北票市	77242	3168	7536	7791	1672	220	336	1784	915	2731	12316
凌源市	94777	3517	24806	8351	1613	1136	986	2829	2546	1375	2813
葫芦岛市	**423057**	**6827**	**53827**	**61203**	**20164**	**3375**	**10035**	**7652**	**11218**	**14598**	**19542**
连山区	129077	487	12508	13383	5906	374	6006	2862	6476	3407	11288
龙港区	128029	489	16924	19367	8686	1619	1586	1199	2454	7429	4849
南票区	23059	30	1173	4394	646	123	295	215	358	1164	683
绥中县	57477	2000	5423	8578	2020	304	371	271	611	1873	1112
建昌县	37977	1447	8973	6004	684	324	335	210	226	166	1107
兴城市	64931	2374	8826	9477	2222	631	1442	2895	1093	559	503

2002年	2003年	2004年	2005年	2006年	2007年	2008年	2009年	2010年	2011年	2012年	2013年	无开业年份
4836	2444	1232	2339	3093	1987	1376	2476	3876	4311	5105	2425	9
440	599	671	1521	1917	1134	1695	2621	3187	3293	3320	5284	145
12351	**16460**	**24135**	**19239**	**16301**	**11553**	**19549**	**17788**	**21299**	**12994**	**12122**	**9511**	**580**
3407	2941	1766	2962	2196	2622	2917	2450	5283	1644	2370	2076	
361	850	6618	1181	1385	609	891	698	1178	502	548	600	57
2476	1254	1359	1390	1109	1193	2160	2525	4010	1000	1551	626	1
603	1659	650	688	771	428	3630	1288	563	584	355	756	
1345	1191	869	1801	1832	565	1303	968	1656	1073	1282	477	
2720	5422	9519	6044	5873	3792	6214	6885	5226	5134	4386	4427	72
1439	3143	3354	5173	3135	2344	2434	2974	3383	3057	1630	549	450
24604	**14076**	**10599**	**12477**	**11354**	**15198**	**20901**	**17181**	**19025**	**14355**	**14934**	**7506**	**178**
1177	966	1828	495	748	1004	904	1731	3403	1829	1948	1129	27
9960	6815	5268	7654	4230	6898	2988	4801	8182	5561	6536	2655	6
12087	3578	2643	2509	4228	4424	5198	7100	3919	4564	4067	3119	50
1380	2717	860	1819	2148	2872	11811	3549	3521	2401	2383	603	95
23112	**18356**	**23625**	**23764**	**29717**	**26979**	**24357**	**33813**	**29108**	**17003**	**18653**	**13494**	**519**
3531	4467	3562	5761	3803	6806	3781	4205	3944	3223	1176	896	187
3316	242	589	3125	1624	1156	1936	1271	1386	1642	373	184	44
3026	3653	2998	5333	7513	4611	7541	6842	6367	1616	3006	3336	218
782	1713	815	974	577	456	680	432	1211	1249	1274	598	
2090	3551	3239	3988	7478	8052	4571	12393	11498	5517	10495	7069	10
6117	812	7460	1996	1593	1605	1588	2544	1457	678	792	244	60
4250	3918	4962	2587	7129	4293	4260	6126	3245	3078	1537	1167	
23184	**29754**	**28707**	**29212**	**18309**	**26573**	**32313**	**26640**	**34270**	**31350**	**17241**	**12817**	**429**
10602	7603	8822	7778	4826	5963	15896	10046	11548	8497	3945	2924	25
4913	4658	1936	4963	2547	5153	3242	3542	4460	3567	1506	568	4
1539	3327	1747	1886	1422	957	1838	1777	5076	6903	2857	1222	26
2013	2145	4232	2741	2644	2287	1761	2322	3011	3391	2226	2022	164
511	936	2612	1829	1256	4629	3174	2323	2405	2306	2307	1699	164
2637	3869	5117	4189	2306	3679	2865	2944	4078	2733	1879	2453	24
969	7216	4241	5826	3308	3905	3537	3686	3692	3953	2521	1929	22
27267	**18359**	**11502**	**21414**	**15862**	**19860**	**15864**	**14023**	**26843**	**19144**	**14214**	**7803**	**2461**
5976	3182	2840	10666	3545	3667	2101	3311	4838	4557	2084	981	91
16766	7631	2782	1771	3727	3057	7836	3071	6795	4289	5006	1399	345
522	261	607	664	688	7045	783	353	524	1159	655	649	68
1208	1776	567	5921	1010	2292	2717	5400	5030	3657	2556	1566	1214
882	1504	3140	631	2789	1932	1008	875	1843	1242	1062	1226	367
1913	4005	1566	1761	4103	1867	1419	1013	7813	4240	2851	1982	376

1-5 按地区、登记注册类型

地区	法人单位数(个)					
		内资				
			国有	集体	股份合作	联营
全　省	**418475**	**410607**	**47087**	**13150**	**2302**	**704**
沈阳市	**107144**	**105274**	**8856**	**3239**	**722**	**162**
和平区	12344	11998	1312	307	158	15
沈河区	15050	14790	1202	296	97	34
大东区	7639	7525	580	460	21	13
皇姑区	13392	13253	1245	518	185	24
铁西区	14060	13697	713	366	119	37
苏家屯区	3806	3737	469	199	16	6
东陵区	8515	8257	509	102	36	7
沈北新区	3936	3794	368	101	5	1
于洪区	9313	9207	508	239	40	10
辽中县	3671	3652	411	62	34	1
康平县	3861	3859	460	175	2	2
法库县	7048	7038	527	265	2	4
新民市	4509	4467	552	149	7	8
大连市	**104577**	**100542**	**5249**	**1630**	**677**	**125**
中山区	12406	11859	595	124	103	6
西岗区	10842	10598	700	161	173	3
沙河口区	14265	14012	529	157	181	10
甘井子区	17284	16594	558	324	95	14
旅顺口区	5006	4847	351	113	44	33
金州区	20474	18853	622	243	56	24
长海县	475	474	160	37		
瓦房店市	8785	8603	522	188	15	16
普兰店市	8807	8555	673	221	9	14
庄河市	6233	6147	539	62	1	5
鞍山市	**35042**	**34771**	**3901**	**1426**	**127**	**68**
铁东区	6651	6589	882	225	31	15
铁西区	6202	6141	400	302	39	26
立山区	5288	5237	452	435	27	11
千山区	1913	1897	265	92	2	
台安县	2802	2796	691	69	3	2
岫岩满族自治县	3099	3088	702	103	3	2
海城市	9087	9023	509	200	22	12
抚顺市	**18145**	**17986**	**2580**	**1416**	**61**	**30**
新抚区	2553	2531	489	136	10	7
东洲区	2694	2668	374	335	10	2
望花区	4541	4480	343	386	7	13
顺城区	2788	2754	615	103	31	4

分组的法人单位数

国有联营	集体联营	国有与集体联营	其他联营	有限责任公司	国有独资	其他有限责任公司	股份有限公司	私营
63	**228**	**55**	**358**	**65924**	**846**	**65078**	**6810**	**214082**
18	**37**	**22**	**85**	**20212**	**258**	**19954**	**2253**	**57963**
5	4	5	1	1357	64	1293	137	8094
3	11	2	18	3717	43	3674	560	8025
1	3	4	5	1171	24	1147	97	4789
3		1	20	4807	18	4789	445	5080
	5	4	28	3215	28	3187	442	7854
	3		3	458	13	445	110	1918
1		1	5	946	26	920	109	5712
			1	1288	19	1269	61	1310
	4	2	4	663	10	653	164	6635
	1			613	6	607	31	1555
	1	1		235	2	233	15	1983
	4			1262	3	1259	23	2993
5	1	2		480	2	478	59	2015
10	**38**	**11**	**66**	**19634**	**150**	**19484**	**1397**	**63796**
1	1	2	2	3014	28	2986	174	7398
1	1		1	2204	19	2185	91	6801
3	6		1	3970	16	3954	177	8402
1	2	3	8	3279	25	3254	289	11251
1	2	2	28	841	7	834	134	2927
2	13	1	8	3131	35	3096	227	13428
				41	1	40	9	149
1	3	2	10	1314	5	1309	211	4657
	6	1	7	963	7	956	63	4925
	4		1	877	7	870	22	3858
6	**23**	**8**	**31**	**6456**	**53**	**6403**	**623**	**16541**
3	5	1	6	1279	15	1264	241	3041
	4	5	17	1771	2	1769	110	3244
1	4	1	5	989	14	975	154	2693
				185	2	183	19	991
1	1			296	2	294	33	911
	1		1	89	6	83	14	1508
1	8	1	2	1847	12	1835	52	4153
7	**12**	**4**	**7**	**2641**	**41**	**2600**	**322**	**7777**
3	1	1	2	385	16	369	124	987
1		1		250	8	242	20	1307
1	10	2		951	9	942	55	2398
1			3	639	7	632	70	766

1-5 续表 1

地 区	法人单位数(个)	内资	国有	集体	股份合作	联营
抚顺县	1569	1563	75	150		
新宾满族自治县	1840	1836	334	149	1	2
清原满族自治县	2160	2154	350	157	2	2
本溪市	**15036**	**14886**	**2523**	**990**	**43**	**65**
平山区	4239	4191	800	427	20	32
溪湖区	2346	2311	277	167	1	4
明山区	3647	3622	498	137	7	17
南芬区	707	698	166	55	3	2
本溪满族自治县	2004	1991	371	146	3	3
桓仁满族自治县	2093	2073	411	58	9	7
丹东市	**16403**	**16081**	**3029**	**761**	**188**	**33**
元宝区	2609	2559	333	114	57	6
振兴区	3638	3533	707	89	79	9
振安区	1126	1081	228	61	11	2
宽甸满族自治县	2534	2525	691	145	16	13
东港市	3425	3363	520	188	8	1
凤城市	3071	3020	550	164	17	2
锦州市	**17788**	**17649**	**3119**	**522**	**122**	**15**
古塔区	2222	2204	373	87	29	4
凌河区	2456	2451	434	105	33	3
太和区	3859	3773	659	87	45	6
黑山县	2630	2628	529	60	6	
义县	2283	2272	470	67	4	1
凌海市	2463	2453	370	65	2	1
北镇市	1875	1868	284	51	3	
营口市	**23276**	**22843**	**2455**	**602**	**26**	**44**
站前区	4506	4456	704	148	8	5
西市区	3318	3215	315	100	4	2
鲅鱼圈区	4683	4561	433	69	5	19
老边区	2450	2429	283	43	2	2
盖州市	4180	4134	361	181	3	10
大石桥市	4139	4048	359	61	4	6
阜新市	**15131**	**15068**	**3010**	**602**	**12**	**17**
海州区	2771	2761	667	163	4	2
新邱区	863	863	243	35	2	
太平区	1437	1426	247	158	1	1
清河门区	606	600	221	34		1
细河区	3123	3101	657	66	5	2

国有联营	集体联营	国有与集体联营	其他联营	有限责任公司	国有独资	其他有限责任公司	股份有限公司	私营
				37	1	36	8	938
1			1	231		231	11	525
	1		1	148		148	34	856
4	**40**		**21**	**2266**	**67**	**2199**	**334**	**6493**
	32			586	43	543	95	1864
2	1		1	264	6	258	17	1371
2	3		12	736	9	727	105	1741
	2			34	2	32	4	290
	2		1	257	2	255	42	781
			7	389	5	384	71	446
3	**11**	**1**	**18**	**1536**	**12**	**1524**	**373**	**7408**
	4	1	1	191		191	60	1538
3	2		4	676	7	669	176	1330
			2	107	1	106	36	453
	3		10	117	1	116	41	806
	1			123	2	121	15	1788
	1		1	322	1	321	45	1493
1	**4**	**2**	**8**	**2280**	**29**	**2251**	**143**	**8165**
	2	1	1	383	3	380	32	1074
1		1	1	502	7	495	39	1091
			6	762	15	747	47	1807
				97	3	94		1163
	1			411		411	13	722
	1			114	1	113	9	1205
				11		11	3	1103
6	**21**	**1**	**16**	**3123**	**48**	**3075**	**380**	**12675**
	1		4	493	14	479	132	2492
2				891	11	880	63	1623
4	11		4	634	12	622	55	2806
	1		1	200	7	193	35	1680
	7		3	528	2	526	40	1733
	1	1	4	377	2	375	55	2341
2	**11**	**1**	**3**	**559**	**31**	**528**	**81**	**7644**
	2			93	7	86	26	1313
				18	2	16	2	470
			1	91	5	86	5	835
			1	23	2	21	1	217
	2			136	11	125	22	2008

1-5 续表 2

地区	法人单位数(个)					
		内资				
			国有	集体	股份合作	联营
阜新蒙古族自治县	3476	3465	458	84		10
彰武县	2855	2852	517	62		1
辽阳市	**11556**	**11443**	**1946**	**289**	**49**	**14**
白塔区	2874	2841	556	39	9	
文圣区	860	855	229	43	3	
宏伟区	1249	1235	201	21	16	
弓长岭区	543	539	123	30	1	
太子河区	1411	1375	194	45	12	5
辽阳县	2947	2940	378	38	4	1
灯塔市	1672	1658	265	73	4	8
盘锦市	**11628**	**11518**	**1867**	**507**	**162**	**19**
双台子区	1693	1674	238	56	26	
兴隆台区	5014	4959	638	47	123	11
大洼县	2785	2760	619	255	12	7
盘山县	2136	2125	372	149	1	1
铁岭市	**13353**	**13273**	**3029**	**398**	**37**	**62**
银州区	2093	2073	484	70	17	6
清河区	847	840	278	39	1	4
铁岭县	2035	2012	523	39	3	34
西丰县	851	846	200	26	3	4
昌图县	5235	5227	1006	107	5	13
调兵山市	673	664	191	43	2	1
开原市	1619	1611	347	74	6	
朝阳市	**16406**	**16352**	**3104**	**306**	**11**	**11**
双塔区	3819	3805	940	57	5	2
龙城区	1451	1449	163	9		
朝阳县	1680	1671	152	6		4
建平县	2213	2200	330	69	1	1
喀喇沁左翼蒙古族自治县	1700	1694	311	51	1	1
北票市	3059	3050	785	36	1	2
凌源市	2484	2483	423	78	3	1
葫芦岛市	**12989**	**12920**	**2419**	**462**	**65**	**39**
连山区	2652	2639	321	143	24	11
龙港区	2536	2500	600	33	28	13
南票区	982	979	164	98	2	3
绥中县	2711	2704	476	77	4	5
建昌县	1420	1420	411	34	6	4
兴城市	2688	2678	447	77	1	3

国有联营	集体联营	国有与集体联营	其他联营	有限责任公司	国有独资	其他有限责任公司	股份有限公司	私营
2	6	1	1	96	2	94	11	1526
	1			102	2	100	14	1275
	4		**10**	**691**	**15**	**676**	**112**	**6086**
				76	4	72	38	1783
				67	1	66		381
				287	2	285	24	561
				36	5	31	4	254
	1		4	101	2	99	18	783
	1			83		83	6	1536
	2		6	41	1	40	22	788
	2		**17**	**2122**	**27**	**2095**	**314**	**4586**
				244	4	240	65	875
			11	1467	6	1461	152	1939
	2		5	248	14	234	52	1129
			1	163	3	160	45	643
1	**9**	**3**	**49**	**998**	**21**	**977**	**196**	**3642**
			6	233	5	228	78	837
		1	3	99	1	98	16	262
		1	33	170	3	167	23	588
1	2		1	41		41	7	202
	6	1	6	117	4	113	38	1138
	1			96	4	92	14	186
				242	4	238	20	429
1	**6**	**1**	**3**	**1737**	**73**	**1664**	**70**	**6354**
	1		1	760	31	729	47	1435
				321	4	317	10	767
	3		1	105	5	100	1	712
	1			62	3	59	3	1018
		1		155	4	151	5	597
1			1	29	8	21	2	1054
	1			305	18	287	2	771
4	**10**	**1**	**24**	**1668**	**20**	**1648**	**212**	**4952**
3	2	1	5	586	5	581	93	925
			13	820	10	810	80	547
	1		2	29	1	28	6	300
1	3		1	71		71	6	1211
	2		2	59	1	58	9	391
	2		1	103	3	100	18	1578

1-5 续表 3

地区	私营独资	私营合伙	私营有限责任公司	私营股份有限公司	其他	港、澳、台商投资
全 省	**56550**	**2685**	**148796**	**6051**	**60548**	**2051**
沈阳市	**11496**	**517**	**44267**	**1683**	**11867**	**552**
和平区	636	83	7228	147	618	94
沈河区	640	93	7092	200	859	85
大东区	869	31	3730	159	394	31
皇姑区	860	56	3881	283	949	39
铁西区	1125	71	6365	293	951	112
苏家屯区	877	41	941	59	561	13
东陵区	951	49	4612	100	836	78
沈北新区	529	6	736	39	660	48
于洪区	1331	30	5028	246	948	32
辽中县	732	6	768	49	945	6
康平县	797	4	1166	16	987	1
法库县	1381	19	1549	44	1962	4
新民市	768	28	1171	48	1197	9
大连市	**8559**	**558**	**53145**	**1534**	**8034**	**842**
中山区	277	80	6900	141	445	140
西岗区	525	123	6021	132	465	51
沙河口区	447	86	7682	187	586	50
甘井子区	1333	93	9501	324	784	146
旅顺口区	997	25	1815	90	404	30
金州区	1777	63	11290	298	1122	305
长海县	23	1	120	5	78	
瓦房店市	1158	29	3283	187	1680	55
普兰店市	1574	32	3192	127	1687	42
庄河市	448	26	3341	43	783	23
鞍山市	**7527**	**310**	**8068**	**636**	**5629**	**110**
铁东区	1106	67	1731	137	875	39
铁西区	910	51	2124	159	249	23
立山区	1112	34	1436	111	476	16
千山区	204	6	692	89	343	6
台安县	516	10	371	14	791	2
岫岩满族自治县	1048	25	417	18	667	6
海城市	2631	117	1297	108	2228	18
抚顺市	**2805**	**98**	**4574**	**300**	**3159**	**45**
新抚区	312	22	627	26	393	9
东洲区	525	16	753	13	370	5
望花区	718	28	1540	112	327	16
顺城区	201	8	520	37	526	11

港澳台商合资经营	港澳台商合作经营	港澳台商独资	港澳台商投资股份有限公司	其他港澳台商投资	外商投资企业	中外合资经营	中外合作经营	外资企业	外商投资股份有限公司	其他外商投资
968	**81**	**929**	**56**	**17**	**5817**	**2286**	**216**	**3041**	**152**	**122**
233	**19**	**280**	**14**	**6**	**1318**	**503**	**33**	**725**	**27**	**30**
19	5	66	3	1	252	68	5	170	1	8
33	3	46	3		175	60	5	100	4	6
18		13			83	39	1	39	3	1
19	1	17	1	1	100	37	4	52	5	2
57	4	45	3	3	251	113	1	127	4	6
7	1	4	1		56	21	2	32	1	
37	2	37	1	1	180	72	8	95	2	3
17	1	30			94	46	3	40	3	2
14		16	2		74	23	2	46	1	2
2		4			13	10		3		
1					1	1				
2	1	1			6	1		5		
7	1	1			33	12	2	16	3	
376	**36**	**402**	**20**	**8**	**3193**	**1015**	**137**	**1916**	**75**	**50**
41	6	86	5	2	407	100	15	265	18	9
25	2	20	3	1	193	52	10	121	4	6
18	2	26	1	3	203	56	9	133	3	2
76	2	64	4		544	182	24	320	13	5
17	4	9			129	62	9	53	3	2
136	7	157	4	1	1316	383	26	861	24	22
					1	1				
28	5	19	2	1	127	46	10	65	3	3
21	4	16	1		210	92	27	84	6	1
14	4	5			63	41	7	14	1	
63	**3**	**36**	**8**		**161**	**95**	**1**	**50**	**7**	**8**
23	1	12	3		23	11		7	2	3
13		8	2		38	21	1	13	2	1
8		6	2		35	24		11		
4		1	1		10	4		6		
1		1			4	2		1		1
3	1	2			5	4		1		
11	1	6			46	29		11	3	3
32	**5**	**7**	**1**		**114**	**55**	**4**	**51**	**2**	**2**
5		4			13	9		3		1
3	1	1			21	10	1	9		1
11	3	2			45	14	3	26	2	
10	1				23	14		9		

1-5 续表 4

地区	私营独资	私营合伙	私营有限责任公司	私营股份有限公司	其他	港、澳、台商投资
抚顺县	392	5	476	65	355	2
新宾满族自治县	204	7	293	21	583	2
清原满族自治县	453	12	365	26	605	
本溪市	**1831**	**152**	**4157**	**353**	**2172**	**55**
平山区	299	62	1353	150	367	12
溪湖区	232	10	1079	50	210	14
明山区	416	23	1208	94	381	11
南芬区	188	3	95	4	144	6
本溪满族自治县	470	39	244	28	388	3
桓仁满族自治县	226	15	178	27	682	9
丹东市	**3280**	**202**	**3699**	**227**	**2753**	**65**
元宝区	288	46	1124	80	260	12
振兴区	450	29	791	60	467	17
振安区	177	16	243	17	183	9
宽甸满族自治县	591	38	156	21	696	2
东港市	836	20	914	18	720	8
凤城市	938	53	471	31	427	17
锦州市	**3006**	**97**	**4864**	**198**	**3283**	**61**
古塔区	231	18	790	35	222	4
凌河区	170	15	874	32	244	2
太和区	308	20	1419	60	360	39
黑山县	718	7	434	4	773	
义县	350	4	343	25	584	6
凌海市	826	19	345	15	687	5
北镇市	403	14	659	27	413	5
营口市	**3385**	**130**	**8832**	**328**	**3538**	**129**
站前区	579	27	1801	85	474	16
西市区	149	5	1437	32	217	28
鲅鱼圈区	957	21	1784	44	540	38
老边区	302	7	1361	10	184	9
盖州市	775	19	904	35	1278	15
大石桥市	623	51	1545	122	845	23
阜新市	**3553**	**51**	**3910**	**130**	**3143**	**23**
海州区	509	19	756	29	493	2
新邱区	359	1	106	4	93	
太平区	349	2	462	22	88	4
清河门区	102		110	5	103	1
细河区	299	9	1667	33	205	8

港澳台商合资经营	港澳台商合作经营	港澳台商独资	港澳台商投资股份有限公司	其他港澳台商投资	外商投资企业	中外合资经营	中外合作经营	外资企业	外商投资股份有限公司	其他外商投资
1			1		4			4		
2					2	2				
					6	6				
26	**5**	**22**	**1**	**1**	**95**	**65**	**4**	**19**	**4**	**3**
9		1	1	1	36	24	1	7	3	1
7		7			21	15	1	5		
4		7			14	8	1	4		1
	2	4			3	1			1	1
1	1	1			10	7		3		
5	2	2			11	10	1			
38	**3**	**19**	**4**	**1**	**257**	**147**	**12**	**83**	**9**	**6**
7	1	3		1	38	23		15		
8		8	1		88	44	5	33	3	3
5		4			36	18	1	12	2	3
2					7	6		1		
6		2			54	35	3	15	1	
10	2	2	3		34	21	3	7	3	
32		**27**	**2**		**78**	**42**	**5**	**27**	**2**	**2**
2		2			14	8	1	5		
1		1			3	2		1		
20		19			47	25	2	18	1	1
					2	1		1		
3		2	1		5	2		1	1	1
3		1	1		5	3	1	1		
3		2			2	1	1			
75	**3**	**46**	**4**	**1**	**304**	**177**	**8**	**96**	**12**	**11**
10		5	1		34	25		6	1	2
19		9			75	31	4	31	6	3
19		19			84	45	1	34		4
6		2	1		12	10		2		
3	3	9			31	15		14	2	
18		2	2	1	68	51	3	9	3	2
17	**2**	**4**			**40**	**27**		**9**	**4**	
2					8	6		2		
3		1			7	5		1	1	
1					5	5				
5	1	2			14	8		5	1	

1-5 续表 5

地区	私营独资	私营合伙	私营有限责任公司	私营股份有限公司	其他	港、澳、台商投资
阜新蒙古族自治县	1043	10	447	26	1280	5
彰武县	892	10	362	11	881	3
辽阳市	**3575**	**178**	**2146**	**187**	**2256**	**36**
白塔区	561	76	1060	86	340	8
文圣区	247	17	112	5	132	1
宏伟区	268	17	260	16	125	3
弓长岭区	189	6	48	11	91	2
太子河区	479	23	239	42	217	9
辽阳县	1265	24	239	8	894	5
灯塔市	566	15	188	19	457	8
盘锦市	**992**	**55**	**3336**	**203**	**1941**	**46**
双台子区	99	8	711	57	170	9
兴隆台区	294	29	1524	92	582	22
大洼县	407	16	661	45	438	12
盘山县	192	2	440	9	751	3
铁岭市	**1569**	**78**	**1897**	**98**	**4911**	**36**
银州区	202	19	576	40	348	9
清河区	123	5	128	6	141	2
铁岭县	216	5	362	5	632	14
西丰县	107	6	84	5	363	4
昌图县	614	23	488	13	2803	3
调兵山市	79	4	89	14	131	1
开原市	228	16	170	15	493	3
朝阳市	**2323**	**124**	**3875**	**32**	**4759**	**31**
双塔区	333	23	1066	13	559	8
龙城区	227	1	532	7	179	2
朝阳县	323	3	383	3	691	7
建平县	407	37	573	1	716	5
喀喇沁左翼蒙古族自治县	262	12	323		573	6
北票市	467	27	556	4	1141	3
凌源市	304	21	442	4	900	
葫芦岛市	**2649**	**135**	**2026**	**142**	**3103**	**20**
连山区	550	29	317	29	536	7
龙港区	187	17	327	16	379	10
南票区	172	17	82	29	377	
绥中县	587	27	578	19	854	1
建昌县	147	10	224	10	506	
兴城市	1006	35	498	39	451	2

港澳台商合资经营	港澳台商合作经营	港澳台商独资	港澳台商投资股份有限公司	其他港澳台商投资	外商投资企业	中外合资经营	中外合作经营	外资企业	外商投资股份有限公司	其他外商投资
3	1	1			6	3		1	2	
3										
20	**2**	**14**			**77**	**50**	**2**	**17**	**4**	**4**
5		3			25	15		8	2	
1					4	3		1		
2		1			11	9		2		
		2			2	2				
4	1	4			27	15	1	6	1	4
4	1				2	1			1	
4		4			6	5	1			
18	**1**	**27**			**64**	**45**	**2**	**12**	**2**	**3**
7		2			10	10				
8	1	13			33	20	2	8	2	1
2		10			13	9		2		2
1		2			8	6		2		
11	**1**	**22**	**2**		**44**	**21**	**5**	**15**	**1**	**2**
3		6			11	2	1	8		
1		1			5	1	1	2		1
3		9	2		9	9				
3		1			1			1		
	1	2			5	2		3		
		1			8	6	1			1
1		2			5	1	2	1	1	
16		**15**			**23**	**13**	**1**	**8**	**1**	
4		4			6	3		3		
1		1								
6		1			2	1	1			
2		3			8	4		4		
2		4								
1		2			6	4		1	1	
					1	1				
11	**1**	**8**			**49**	**31**	**2**	**13**	**2**	**1**
1	1	5			6	3	2	1		
8		2			26	17		6	2	1
					3	3				
		1			6	1		5		
2					8	7		1		

1-6 按地区、登记注册类型

地区	从业人员数(人)	内资	国有	集体	股份合作	联营
全省	**12585094**	**11677111**	**2526245**	**434499**	**68489**	**19246**
沈阳市	**2898943**	**2689107**	**648853**	**83252**	**13402**	**1085**
和平区	521790	501538	288154	11311	2657	190
沈河区	379216	355228	66736	6669	1899	253
大东区	213674	180157	38614	9396	393	104
皇姑区	225165	218796	66041	10622	2682	157
铁西区	394010	337910	43800	8366	1042	206
苏家屯区	98600	89241	15663	8374	571	14
东陵区	179497	151478	31408	1547	542	35
沈北新区	156915	139587	18699	1852	167	2
于洪区	211686	204410	25659	5523	752	19
辽中县	96381	94872	12721	2877	2516	13
康平县	129497	129169	11988	4420	7	37
法库县	161949	160290	11709	6951	4	15
新民市	130563	126431	17661	5344	170	40
大连市	**3118894**	**2658526**	**329726**	**51143**	**11891**	**9138**
中山区	260670	236139	44671	1233	978	82
西岗区	238931	229646	57827	4011	2253	15
沙河口区	230515	203656	40564	6534	1850	72
甘井子区	464588	389343	49060	8644	2024	1416
旅顺口区	126382	112324	18489	1956	1383	514
金州区	675388	473085	50277	5059	2455	293
长海县	10678	10652	3654	378		
瓦房店市	387705	363256	17865	13166	698	365
普兰店市	375435	318520	25543	4345	200	280
庄河市	348602	321905	21776	5817	50	6101
鞍山市	**1029851**	**1011238**	**294118**	**80133**	**5236**	**1592**
铁东区	202929	200181	54033	8487	681	397
铁西区	237872	234270	140739	9527	651	306
立山区	135912	132975	20027	31211	798	458
千山区	34030	33520	5896	3808	136	
台安县	71257	70545	12939	1896	257	56
岫岩满族自治县	66952	65806	20231	6285	1055	233
海城市	280899	273941	40253	18919	1658	142
抚顺市	**554283**	**537012**	**106339**	**27765**	**2070**	**390**
新抚区	104027	101017	20715	3661	61	289
东洲区	90482	87484	13375	9206	173	6
望花区	136722	130427	17017	6376	207	53

分组的法人单位从业人员数

				有限责任公司			股份有限公司	私营
国有联营	集体联营	国有与集体联营	其他联营		国有独资	其他有限责任公司		
1561	**11169**	**1069**	**5447**	**2762540**	**376392**	**2386148**	**698408**	**4600501**
101	**321**	**252**	**411**	**706102**	**94145**	**611957**	**143725**	**997458**
32	94	63	1	82710	10392	72318	24094	87499
16	109	9	119	127476	23844	103632	46845	97229
1	51	34	18	62404	20082	42322	8729	56374
19		5	133	77230	1001	76229	9404	43570
	12	88	106	147664	6657	141007	16818	111537
	10		4	18641	393	18248	1997	39818
2		10	23	38762	2161	36601	14388	59567
			2	68130	28261	39869	6819	38891
	8	6	5	22491	299	22192	3524	138899
	13			12809	642	12167	5963	50151
	7	30		10990	305	10685	260	94937
	15			21629	103	21526	1382	106546
31	2	7		15166	5	15161	3502	72440
114	**6561**	**332**	**2131**	**597521**	**40157**	**557364**	**127925**	**1441095**
23	3	39	17	64375	22034	42341	44688	75065
6	6		3	57020	8144	48876	14110	90611
20	46		6	57179	2558	54621	12641	76919
8	12	36	1360	103088	2922	100166	20938	191917
8	51	196	259	22007	853	21154	4842	57532
46	146	1	100	149886	1189	148697	16524	236114
				1033	64	969	793	4043
3	31	54	277	48578	1291	47287	6964	253681
	178	6	96	51444	753	50691	2378	220489
	6088		13	42911	349	42562	4047	234724
98	**623**	**232**	**639**	**217124**	**9652**	**207472**	**33749**	**321151**
39	230	43	85	53333	420	52913	14922	54172
	35	37	234	28076	7	28069	6423	46234
8	52	150	248	37108	7520	29588	6304	33556
				5085	12	5073	255	16271
46	10			19977	10	19967	2065	26426
	168		65	4939	361	4578	2542	24738
5	128	2	7	68606	1322	67284	1238	119754
282	**50**	**12**	**46**	**179904**	**44045**	**135859**	**53881**	**141542**
256	7	3	23	55015	36813	18202	8177	10432
4		2		17387	2630	14757	21861	22284
5	41	7		56408	2958	53450	16347	30689

1-6 续表 1

地区	从业人员数(人)	内资	国有	集体	股份合作	联营
顺城区	97926	94377	30535	1673	1094	25
抚顺县	32349	31581	2067	576		
新宾满族自治县	39942	39694	10229	1109	263	10
清原满族自治县	52835	52432	12401	5164	272	7
本溪市	**497242**	**478428**	**87481**	**32745**	**1699**	**3374**
平山区	188811	179631	27843	12923	536	2640
溪湖区	74383	72987	8783	5966	1	8
明山区	92242	89823	21736	2904	490	555
南芬区	18571	18250	3596	5091	89	3
本溪满族自治县	68881	65676	14683	4579	288	64
桓仁满族自治县	54354	52061	10840	1282	295	104
丹东市	**497182**	**457102**	**96540**	**17138**	**4424**	**594**
元宝区	46144	44294	7841	3290	1022	121
振兴区	131229	115355	32225	1899	670	206
振安区	41650	35455	6835	1458	194	13
宽甸满族自治县	58103	56527	12327	1870	560	210
东港市	141872	129083	20071	4414	715	38
凤城市	78184	76388	17241	4207	1263	6
锦州市	**553208**	**526651**	**141052**	**26945**	**5182**	**136**
古塔区	77802	74452	24535	3197	534	54
凌河区	106546	104741	28340	7439	460	42
太和区	119114	100861	23532	3249	1621	25
黑山县	81922	81684	20099	5697	502	
义县	50032	48792	13640	1911	977	4
凌海市	74357	72979	16060	4139	525	11
北镇市	43435	43142	14846	1313	563	
营口市	**671035**	**617144**	**113633**	**14928**	**1211**	**485**
站前区	133880	125079	30082	3013	94	149
西市区	85505	79853	14004	3474	17	3
鲅鱼圈区	164668	145308	21687	662	163	194
老边区	70831	69393	8818	936	227	15
盖州市	86236	81272	17891	3000	4	54
大石桥市	129915	116239	21151	3843	706	70
阜新市	**403067**	**394124**	**99330**	**16300**	**96**	**376**
海州区	119704	119161	24555	4268	16	7
新邱区	18855	18855	4896	1132	11	
太平区	38595	37760	6482	5416	8	2
清河门区	17319	16935	3240	1480		40
细河区	103983	98484	24720	1106	61	11

国有联营	集体联营	国有与集体联营	其他联营	有限责任公司	国有独资	其他有限责任公司	股份有限公司	私营
15			10	26862	1263	25599	5078	24056
				4548	381	4167	1342	19839
2			8	7203		7203	486	16103
	2		5	12481		12481	590	18139
20	**2724**		**630**	**136961**	**35321**	**101640**	**59352**	**133574**
	2640			51222	32785	18437	43800	36556
5	1		2	21072	1302	19770	1908	33550
15	24		516	29541	478	29063	6604	23004
	3			3065	465	2600	98	5344
	56		8	14340	223	14117	2610	24123
			104	17721	68	17653	4332	10997
152	**146**	**38**	**258**	**90058**	**2187**	**87871**	**28805**	**180681**
	70	38	13	5120		5120	2666	20752
152	28		26	36415	1822	34593	16604	21807
			13	8675	140	8535	3017	13447
	5		205	9085	170	8915	2025	21894
	38			13478	34	13444	2620	71738
	5		1	17285	21	17264	1873	31043
10	**21**	**51**	**54**	**96131**	**5343**	**90788**	**38194**	**192543**
	6	26	22	17817	102	17715	11897	14393
10		25	7	25290	4474	20816	9617	31377
			25	29502	685	28817	11421	28343
				5922	47	5875		41830
	4			8112		8112	732	19827
	11			8877	35	8842	3026	34673
				611		611	1501	22100
126	**96**	**16**	**247**	**92477**	**2040**	**90437**	**42589**	**322522**
	8		141	12315	526	11789	9137	66652
3				22437	968	21469	6622	31639
123	28		43	22457	318	22139	18939	76518
	8		7	8987	181	8806	675	48137
	44		10	11147	40	11107	1109	37729
	8	16	46	15134	7	15127	6107	61847
4	**284**	**6**	**82**	**103890**	**57790**	**46100**	**9196**	**142108**
	7			60674	53498	7176	2918	23031
				4201	3	4198	401	7729
			2	7722	1359	6363	1047	15051
			40	1661	570	1091	2	9939
	11			17220	1653	15567	3164	49873

1-6 续表 2

地　区	从　业 人员数 (人)	内资	国有	集体	股份合作	联营
阜新蒙古族自治县	62879	61216	21096	1708		306
彰武县	41732	41713	14341	1190		10
辽阳市	**386469**	**365735**	**89856**	**22373**	**3539**	**55**
白塔区	92456	87825	33634	3138	418	
文圣区	23537	23502	11229	582	35	
宏伟区	62663	52803	11399	4734	904	
弓长岭区	21111	20802	3802	5488	81	
太子河区	32913	30487	6210	630	666	15
辽阳县	94384	93227	9873	2382	826	28
灯塔市	59405	57089	13709	5419	609	12
盘锦市	**476637**	**468943**	**168565**	**4324**	**10670**	**160**
双台子区	49083	47972	13673	1623	809	
兴隆台区	236078	232623	93033	865	3810	46
大洼县	116775	115195	31750	665	753	112
盘山县	74701	73153	30109	1171	5298	2
铁岭市	**503269**	**490005**	**112145**	**15255**	**4323**	**657**
银州区	87669	83741	28919	2817	613	80
清河区	24300	20379	4740	1177	118	60
铁岭县	83326	81550	18714	1481	1222	167
西丰县	22445	22235	8789	1214	427	53
昌图县	118526	117601	25629	2419	906	293
调兵山市	95608	94639	8836	3230	259	4
开原市	71395	69860	16518	2917	778	
朝阳市	**522626**	**515567**	**134255**	**8138**	**2971**	**630**
双塔区	156011	153253	40413	611	1118	20
龙城区	51151	51146	6174	398		
朝阳县	41265	41018	8588	19		13
建平县	54227	52711	20115	1000	544	6
喀喇沁左翼蒙古族自治县	47953	46764	14999	3733	367	39
北票市	77242	75948	19255	1121	450	542
凌源市	94777	94727	24711	1256	492	10
葫芦岛市	**423057**	**418198**	**104352**	**34060**	**1775**	**574**
连山区	110536	110302	19899	12508	375	263
龙港区	129077	125521	26234	11911	692	160
南票区	23059	22994	5275	2600	198	78
绥中县	57477	57235	16436	4776	17	19
建昌县	37977	37977	17795	656	492	43
兴城市	64931	64169	18713	1609	1	11

				有限责任公司			股份有限公司	私营
国有联营	集体联营	国有与集体联营	其他联营		国有独资	其他有限责任公司		
4	256	6	40	7477	327	7150	1123	21610
	10			4935	380	4555	541	14875
	34		**21**	**49054**	**2955**	**46099**	**22084**	**154638**
				11855	1126	10729	5269	30051
				3384	83	3301		7270
				9532	19	9513	14387	10723
				4579	313	4266	230	5911
	2		13	6504	1006	5498	1517	13178
	28			9926		9926	519	56675
	4		8	3274	408	2866	162	30830
	28		**132**	**79304**	**797**	**78507**	**80489**	**110840**
				4810	384	4426	14449	11194
			46	51050	150	50900	55543	23289
	28		84	18288	239	18049	1887	57360
			2	5156	24	5132	8610	18997
23	**116**	**90**	**428**	**108928**	**3563**	**105365**	**15229**	**167852**
			80	6843	386	6457	8865	31743
		45	15	2488	196	2292	105	10929
		20	147	10364	1827	8537	2234	38122
23	13		17	1058		1058	237	5083
	99	25	169	5543	81	5462	1118	42631
	4			66081	507	65574	1633	12432
				16551	566	15985	1037	26912
538	**37**	**39**	**16**	**143715**	**21193**	**122522**	**14293**	**181092**
	13		7	54783	6675	48108	7773	44629
				18233	863	17370	2097	22474
	8		5	7230	35	7195	2	20939
	6			3199	76	3123	309	22568
		39		5038	40	4998	2512	15698
538			4	12457	564	11893	1155	34659
	10			42775	12940	29835	445	20125
93	**128**	**1**	**352**	**112040**	**7873**	**104167**	**28897**	**113405**
83	35	1	144	37807	71	37736	20573	14196
			160	52245	1585	50660	6629	22758
	64		14	6617	6174	443	99	5081
10	8		1	4660		4660	248	25996
	13		30	3926	12	3914	320	11726
	8		3	6785	31	6754	1028	33648

1-6 续表 3

地区	私营独资	私营合伙	私营有限责任公司	私营股份有限公司	其他	港、澳、台商投资
全省	**797657**	**37315**	**3573568**	**191961**	**567183**	**229773**
沈阳市	**155195**	**6299**	**803387**	**32577**	**95230**	**59624**
和平区	2524	639	82077	2259	4923	11050
沈河区	5472	701	89439	1617	8121	8274
大东区	5755	310	48225	2084	4143	2243
皇姑区	5969	541	34874	2186	9090	1529
铁西区	8384	885	99214	3054	8477	18501
苏家屯区	10665	846	25245	3062	4163	1296
东陵区	6180	327	50826	2234	5229	7501
沈北新区	7865	224	28869	1933	5027	4283
于洪区	13188	233	122350	3128	7543	3221
辽中县	9490	200	39052	1409	7822	222
康平县	48466	86	45866	519	6530	142
法库县	14729	605	85514	5698	12054	798
新民市	16508	702	51836	3394	12108	564
大连市	**139230**	**5962**	**1237708**	**58195**	**90087**	**75633**
中山区	1836	1125	70525	1579	5047	13674
西岗区	3409	1133	82975	3094	3799	2663
沙河口区	2479	907	64146	9387	7897	1803
甘井子区	17546	943	166769	6659	12256	9712
旅顺口区	12529	444	41428	3131	5601	2589
金州区	18032	648	209330	8104	12477	22109
长海县	122	7	3843	71	751	
瓦房店市	44788	338	199016	9539	21939	6633
普兰店市	30263	166	178843	11217	13841	13110
庄河市	8226	251	220833	5414	6479	3340
鞍山市	**102225**	**5700**	**185864**	**27362**	**58135**	**7058**
铁东区	17516	923	33386	2347	14156	2331
铁西区	8473	582	34478	2701	2314	1566
立山区	10645	300	18911	3700	3513	875
千山区	2333	112	10878	2948	2069	98
台安县	11773	500	13577	576	6929	50
岫岩满族自治县	10354	1333	11930	1121	5783	290
海城市	41131	1950	62704	13969	23371	1848
抚顺市	**33003**	**1147**	**99151**	**8241**	**25121**	**6671**
新抚区	2609	190	7112	521	2667	1848
东洲区	5857	155	15894	378	3192	273
望花区	5785	215	21618	3071	3330	2480

港澳台商合资经营	港澳台商合作经营	港澳台商独资	港澳台商投资股份有限公司	其他港澳台商投资	外商投资企业	中外合资经营	中外合作经营	外资企业	外商投资股份有限公司	其他外商投资
107951	**8360**	**103316**	**9185**	**961**	**678210**	**294430**	**28520**	**324330**	**26352**	**4578**
23406	**1862**	**31829**	**1879**	**648**	**150212**	**71132**	**2671**	**67771**	**8260**	**378**
1587	395	8160	907	1	9202	1229	376	7520	2	75
3668	40	4539	27		15714	7778	59	7723	116	38
1830		413			31274	24766	287	6155	60	6
710	46	663	2	108	4840	2474	912	615	828	11
5789	1060	10949	166	537	37599	13570	70	23722	205	32
544	278	218	256		8063	4020	201	3562	280	
4386	32	2645	436	2	20518	6687	414	6963	6446	8
1784	3	2496			13045	5451	280	7007	106	201
1670		1466	85		4055	994	31	3020	3	7
205		17			1287	1005		282		
142					186	186				
530	7	261			861	564		297		
561	1	2			3568	2408	41	905	214	
36146	**4961**	**30612**	**3612**	**302**	**384735**	**141316**	**16082**	**214599**	**12141**	**597**
5989	297	4054	3093	241	10857	3427	862	5146	1374	48
2318	4	220	120	1	6622	2353	271	3710	202	86
371	28	1371	10	23	25056	18535	65	6228	215	13
4758	67	4822	65		65533	14444	1755	41158	8097	79
1496	317	776			11469	5293	355	5734	56	31
12564	689	8680	175	1	180194	56628	1593	121312	373	288
					26	26				
3943	1257	1377	20	36	17816	5902	1336	10486	43	49
3530	286	9165	129		43805	19031	7134	16207	1430	3
1177	2016	147			23357	15677	2711	4618	351	
4189	**15**	**1835**	**1019**		**11555**	**5732**	**8**	**4393**	**744**	**678**
1300	10	350	671		417	311		87	7	12
940		341	285		2036	1150	8	421	445	12
411		406	58		2062	868		1194		
90		3	5		412	228		184		
25		25			662	32		50		580
273	1	16			856	831		25		
1150	4	694			5110	2312		2432	292	74
6060	**446**	**160**	**5**		**10600**	**3738**	**1376**	**5350**	**112**	**24**
1792		56			1162	455		704		3
161	64	48			2725	1443	1113	148		21
2074	350	56			3815	792	263	2648	112	

1-6 续表 4

地 区	私营独资	私营合伙	私营有限责任公司	私营股份有限公司	其他	港、澳、台商投资
顺城区	2334	180	20793	749	5054	1200
抚顺县	5112	22	14210	495	3209	725
新宾满族自治县	5755	75	8913	1360	4291	145
清原满族自治县	5551	310	10611	1667	3378	
本溪市	**32990**	**2296**	**89177**	**9111**	**23242**	**11178**
平山区	5574	718	27660	2604	4111	7590
溪湖区	4168	299	27654	1429	1699	605
明山区	4542	235	16690	1537	4989	1689
南芬区	1660	19	3623	42	964	114
本溪满族自治县	14202	850	6724	2347	4989	58
桓仁满族自治县	2844	175	6826	1152	6490	1122
丹东市	**48324**	**2689**	**119098**	**10570**	**38862**	**11166**
元宝区	2844	302	14433	3173	3482	642
振兴区	3285	249	16628	1645	5529	2976
振安区	3119	307	9017	1004	1816	4213
宽甸满族自治县	9345	836	9404	2309	8556	92
东港市	15077	252	54793	1616	16009	2810
凤城市	14654	743	14823	823	3470	433
锦州市	**42790**	**1920**	**141736**	**6097**	**26468**	**11434**
古塔区	1911	250	11328	904	2025	439
凌河区	1102	127	29559	589	2176	1438
太和区	2923	154	23927	1339	3168	8706
黑山县	14005	589	27022	214	7634	
义县	5085	51	14049	642	3589	75
凌海市	12960	604	20060	1049	5668	528
北镇市	4804	145	15791	1360	2208	248
营口市	**35400**	**1823**	**272920**	**12379**	**29299**	**17099**
站前区	3548	251	59711	3142	3637	1944
西市区	1156	76	27309	3098	1657	2751
鲅鱼圈区	7636	87	67108	1687	4688	9038
老边区	7057	80	40758	242	1598	469
盖州市	8045	147	28075	1462	10338	589
大石桥市	7958	1182	49959	2748	7381	2308
阜新市	**30854**	**707**	**107979**	**2568**	**22828**	**3444**
海州区	4918	115	17407	591	3692	57
新邱区	4217	5	3363	144	485	
太平区	3427	13	11322	289	2032	287
清河门区	2166		7587	186	573	95
细河区	2075	75	47315	408	2329	1859

港澳台商合资经营	港澳台商合作经营	港澳台商独资	港澳台商投资股份有限公司	其他港澳台商投资	外商投资企业	中外合资经营	中外合作经营	外资企业	外商投资股份有限公司	其他外商投资
1168	32				2349	542		1807		
720			5		43			43		
145					103	103				
					403	403				
9341	**186**	**1624**	**23**	**4**	**7636**	**3827**	**173**	**3515**	**78**	**43**
6418		1145	23	4	1590	1233	27	246	62	22
438		167			791	557	2	232		
1473		216			730	121	14	589		6
	70	44			207	176			16	15
13	16	29			3147	699		2448		
999	100	23			1171	1041	130			
3677	**51**	**5442**	**1993**	**3**	**28914**	**21032**	**1331**	**5738**	**787**	**26**
537	18	84		3	1208	789		419		
752		266	1958		12898	9948	796	1514	626	14
491		3722			1982	1397	138	340	95	12
92					1484	1316		168		
1446		1364			9979	6736	287	2926	30	
359	33	6	35		1363	846	110	371	36	
4362		**7012**	**60**		**15123**	**10801**	**239**	**3927**	**151**	**5**
377		62			2911	2436	1	474		
1421		17			367	361		6		
1871		6835			9547	5995	147	3306	97	2
					238	218		20		
30		15	30		1165	1013		95	54	3
423		75	30		850	734	90	26		
240		8			45	44	1			
9427	**74**	**7274**	**320**	**4**	**36792**	**18913**	**5017**	**9694**	**439**	**2729**
1743		165	36		6857	2829		2128	20	1880
1036		1715			2901	1718	154	638	370	21
4242		4796			10322	6083	265	3935		39
362		49	58		969	929		40		
47	74	468			4375	2064		2287	24	
1997		81	226	4	11368	5290	4598	666	25	789
1966	**640**	**838**			**5499**	**2429**		**2637**	**433**	
57					486	323		163		
51		236			548	535		5	8	
95					289	289				
1114	340	405			3640	1126		2454	60	

1-6 续表 5

地区	私营独资	私营合伙	私营有限责任公司	私营股份有限公司	其他	港、澳、台商投资
阜新蒙古族自治县	8980	159	11982	489	7896	1127
彰武县	5071	340	9003	461	5821	19
辽阳市	**75477**	**3109**	**69782**	**6270**	**24136**	**10380**
白塔区	3629	538	23386	2498	3460	961
文圣区	3822	238	3140	70	1002	26
宏伟区	2100	226	7667	730	1124	5629
弓长岭区	3643	118	1581	569	711	50
太子河区	4412	111	7812	843	1767	758
辽阳县	42114	1499	12322	740	12998	966
灯塔市	15757	379	13874	820	3074	1990
盘锦市	**10810**	**758**	**93252**	**6020**	**14591**	**2883**
双台子区	1091	51	9110	942	1414	628
兴隆台区	2184	234	19427	1444	4987	1424
大洼县	6378	458	47194	3330	4380	589
盘山县	1157	15	17521	304	3810	242
铁岭市	**34919**	**1201**	**124536**	**7196**	**65616**	**6817**
银州区	2952	283	24502	4006	3861	2553
清河区	1190	16	9324	399	762	2631
铁岭县	10184	50	27672	216	9246	594
西丰县	1795	46	2829	413	5374	204
昌图县	11107	322	30692	510	39062	215
调兵山市	886	45	10845	656	2164	30
开原市	6805	439	18672	996	5147	590
朝阳市	**33004**	**2314**	**143793**	**1981**	**30473**	**5337**
双塔区	2780	584	40542	723	3906	2051
龙城区	2488	8	19097	881	1770	5
朝阳县	4770	56	15927	186	4227	30
建平县	4838	492	17225	13	4970	931
喀喇沁左翼蒙古族自治县	4544	355	10799		4378	1189
北票市	9339	488	24734	98	6309	1131
凌源市	4245	331	15469	80	4913	
葫芦岛市	**23436**	**1390**	**85185**	**3394**	**23095**	**1049**
连山区	5883	240	7761	312	4681	122
龙港区	1630	181	20680	267	4892	920
南票区	1506	195	2600	780	3046	
绥中县	4251	356	20927	462	5083	3
建昌县	1468	192	9932	134	3019	
兴城市	8698	226	23285	1439	2374	4

港澳台商合资经营	港澳台商合作经营	港澳台商独资	港澳台商投资股份有限公司	其他港澳台商投资	外商投资企业	中外合资经营	中外合作经营	外资企业	外商投资股份有限公司	其他外商投资
630	300	197			536	156		15	365	
19										
2416	**58**	**7906**			**10354**	**6901**	**86**	**1739**	**1580**	**48**
243		718			3670	751		1386	1533	
26					9	8		1		
2		5627			4231	4223		8		
		50			259	259				
451	3	304			1668	1246	10	344	20	48
911	55				191	164			27	
783		1207			326	250	76			
732	**20**	**2131**			**4811**	**3133**	**380**	**727**	**559**	**12**
551		77			483	483				
155	20	1249			2031	706	380	381	559	5
16		573			991	744		240		7
10		232			1306	1200		106		
2022	**42**	**4479**	**274**		**6447**	**3268**	**904**	**2243**	**7**	**25**
613		1940			1375	632	60	683		
1159		1472			1290	400	304	573		13
65		255	274		1182	1182				
150		54			6			6		
	42	173			710	170		540		
		30			939	802	125			12
35		555			945	82	415	441	7	
3765		**1572**			**1722**	**418**	**187**	**1107**	**10**	
1639		412			707	22		685		
1		4								
18		12			217	30	187			
396		535			585	215		370		
943		246								
768		363			163	101		52	10	
					50	50				
442	**5**	**602**			**3810**	**1790**	**66**	**890**	**1051**	**13**
10	5	107			112	34	66	12		
428		492			2636	943		629	1051	13
					65	65				
		3			239	50		189		
4					758	698		60		

1-7 按地区、机构类型分组的法人单位数

地 区	法人单位数(个)	企业	事业单位	机关	社会团体	民办非企业单位	基金会	居委会	村委会	其他组织机构
全 省	**418475**	**329733**	**28908**	**9320**	**8358**	**11150**	**51**	**4400**	**11482**	**15073**
沈阳市	**107144**	**90413**	**5230**	**1223**	**1602**	**2885**	**25**	**1148**	**1366**	**3252**
和平区	12344	10815	597	148	354	236	8	92	16	78
沈河区	15050	13531	640	143	250	215	7	112		152
大东区	7639	6817	339	60	88	166	2	111	9	47
皇姑区	13392	11773	667	126	286	305	5	128	5	97
铁西区	14059	12796	344	93	175	203		150	65	233
苏家屯区	3806	3021	280	81	55	70		55	121	123
东陵区	8515	7644	277	89	44	104	1	135	108	113
沈北新区	3936	3067	227	72	55	77	1	159	45	233
于洪区	9313	8216	330	71	52	243	1	94	98	208
辽中县	3671	2442	316	74	70	103		44	163	459
康平县	3861	2444	367	79	64	176		19	162	550
法库县	7048	4855	459	78	56	837		16	232	515
新民市	4509	2991	387	109	53	150		33	342	444
大连市	**104577**	**94129**	**2972**	**1011**	**1216**	**2348**	**14**	**654**	**939**	**1294**
中山区	12406	11554	264	109	160	204	4	51		60
西岗区	10842	9707	353	117	244	303	2	45		71
沙河口区	14265	13197	265	87	163	421	3	87		42
甘井子区	17284	16117	274	91	71	514	4	149	45	19
旅顺口区	5006	4428	199	71	74	103		15	67	49
金州区	20474	19138	358	123	116	355	1	108	146	129
长海县	475	260	84	55	23	14		7	23	9
瓦房店市	8785	7558	335	146	130	152		52	269	143
普兰店市	8807	7146	466	99	132	208		89	166	501
庄河市	6233	5024	374	113	103	74		51	223	271
鞍山市	**35042**	**28639**	**2520**	**646**	**567**	**580**	**1**	**350**	**802**	**937**
铁东区	6651	5458	446	172	225	159	1	91	13	86
铁西区	6202	5723	228	55	57	28		54	36	21
立山区	5288	4749	231	82	52	42		91	23	18
千山区	1913	1371	182	61	34	86		9	54	116
台安县	2802	1797	555	81	79	44		9	154	83
岫岩满族自治县	3099	1780	545	104	78	101		13	193	285
海城市	9087	7761	333	91	42	120		83	329	328
抚顺市	**18145**	**12619**	**1341**	**564**	**449**	**693**	**1**	**347**	**613**	**1518**
新抚区	2553	1814	192	99	129	182		70	13	54
东洲区	2694	2055	193	76	34	128		80	50	78
望花区	4541	3912	135	82	72	122	1	89	50	78

1-7 续表 1

地区	法人单位数(个)	企业	事业单位	机关	社会团体	民办非企业单位	基金会	居委会	村委会	其他组织机构
顺城区	2788	1740	333	165	124	207		71	37	111
抚顺县	1569	1029	57	8	17	25		2	94	337
新宾满族自治县	1840	886	210	72	46	6		13	181	426
清原满族自治县	2160	1183	221	62	27	23		22	188	434
本溪市	**15036**	**11663**	**1207**	**522**	**713**	**270**	**3**	**216**	**285**	**157**
平山区	4239	3344	320	145	266	85	2	46	11	20
溪湖区	2346	1939	122	86	40	48		56	25	30
明山区	3647	2964	242	76	151	87	1	52	26	48
南芬区	707	474	92	51	26	23		13	23	5
本溪满族自治县	2004	1533	180	76	73	6		32	97	7
桓仁满族自治县	2093	1409	251	88	157	21		17	103	47
丹东市	**16403**	**11268**	**2076**	**658**	**335**	**639**		**183**	**649**	**595**
元宝区	2609	2175	178	76	36	69		38	10	27
振兴区	3638	2747	388	191	68	119		53	30	42
振安区	1126	764	162	52	21	40		16	44	27
宽甸满族自治县	2534	1216	553	147	90	233		17	165	113
东港市	3425	2126	428	85	84	143		25	201	333
凤城市	3071	2240	367	107	36	35		34	199	53
锦州市	**17788**	**11898**	**2120**	**598**	**424**	**271**	**1**	**215**	**1134**	**1127**
古塔区	2222	1698	232	81	45	74		50	13	29
凌河区	2456	1896	271	76	71	61		65	2	14
太和区	3859	2952	388	150	85	72		39	112	61
黑山县	2630	1360	421	78	49	12		22	278	410
义县	2283	1289	368	72	61	18	1	5	239	230
凌海市	2463	1487	245	76	79	14		18	267	277
北镇市	1875	1216	195	65	34	20		16	223	106
营口市	**23276**	**18703**	**1459**	**538**	**491**	**717**		**161**	**638**	**569**
站前区	4506	3391	343	161	214	293		43	4	57
西市区	3318	2863	188	78	47	94		26	3	19
鲅鱼圈区	4683	3949	296	71	51	134		43	48	91
老边区	2450	1979	190	62	30	29		7	51	102
盖州市	4180	3230	212	93	84	96		17	282	166
大石桥市	4139	3291	230	73	65	71		25	250	134
阜新市	**15131**	**9736**	**1908**	**637**	**404**	**595**	**4**	**187**	**620**	**1040**
海州区	2771	1711	367	134	160	268	2	64	9	56
新邱区	863	565	155	65	17	15		13	9	24
太平区	1437	1125	156	56	16	22		31	11	20
清河门区	606	295	137	61	22	41	1	12	16	21
细河区	3123	2313	432	135	83	90	1	43	9	17

1-7 续表 2

地 区	法人单位数(个)	企业	事业单位	机关	社会团体	民办非企业单位	基金会	居委会	村委会	其他组织机构
阜新蒙古族自治县	3476	1936	301	91	55	99		8	382	604
彰武县	2855	1791	360	95	51	60		16	184	298
辽阳市	**11556**	**8267**	**1143**	**502**	**297**	**463**		**137**	**535**	**212**
白塔区	2874	2031	289	141	128	192		61	5	27
文圣区	860	534	124	78	33	30		10	42	9
宏伟区	1249	936	118	56	27	60		18	21	13
弓长岭区	543	338	55	44	27	42		11	22	4
太子河区	1411	1067	102	50	37	36		17	51	51
辽阳县	2947	2243	284	67	20	39		10	199	85
灯塔市	1672	1118	171	66	25	64		10	195	23
盘锦市	**11628**	**8228**	**1416**	**406**	**250**	**68**		**239**	**263**	**758**
双台子区	1693	1351	152	56	27	22		40	18	27
兴隆台区	5014	4198	368	152	101	32		106	15	42
大洼县	2785	1657	651	108	62	13		76	91	127
盘山县	2136	1022	245	90	60	1		17	139	562
铁岭市	**13353**	**6528**	**2065**	**728**	**411**	**169**		**160**	**1207**	**2085**
银州区	2093	1387	283	147	59	88		65	27	37
清河区	847	455	166	89	35	21		10	41	30
铁岭县	2035	1001	333	128	52	7		2	206	306
西丰县	851	358	116	69	74	9		2	175	48
昌图县	5235	2053	772	169	142	21		40	450	1588
调兵山市	673	350	141	57	33	14		24	34	20
开原市	1619	924	254	69	16	9		17	274	56
朝阳市	**16406**	**8931**	**2070**	**699**	**665**	**1173**		**186**	**1365**	**1317**
双塔区	3819	2402	532	224	215	267		54	49	76
龙城区	1451	1109	87	64	43	30		19	67	32
朝阳县	1680	1051	113	30	31	9			298	148
建平县	2213	1178	207	90	96	43		30	260	309
喀喇沁左翼蒙古族自治县	1700	837	205	93	57	50		11	190	257
北票市	3059	1152	639	99	112	374		36	260	387
凌源市	2484	1202	287	99	111	400		36	241	108
葫芦岛市	**12989**	**8710**	**1381**	**588**	**534**	**279**	**2**	**217**	**1066**	**212**
连山区	2652	1990	160	84	60	86		94	118	60
龙港区	2536	1722	290	152	172	111	2	59	18	10
南票区	982	620	80	62	45	3		22	135	15
绥中县	2711	1831	299	92	122	30		9	282	46
建昌县	1420	612	257	111	98	10		6	276	50
兴城市	2688	1935	295	87	37	39		27	237	31

1-8　按地区、机构类型分组的法人单位从业人员数

地　区	从业人员数（人）	企业	事业单位	机关	社会团体	民办非企业单位	基金会	居委会	村委会	其他组织机构
全　省	**12585094**	**10536532**	**1154773**	**448572**	**64629**	**108793**	**290**	**47527**	**61526**	**162452**
沈阳市	**2898943**	**2473108**	**267469**	**73289**	**10605**	**23992**	**150**	**12081**	**7028**	**31221**
和平区	521790	451887	51483	12788	1740	1814	33	1318	110	617
沈河区	379216	324777	35875	10985	1723	2156	39	1710		1951
大东区	213674	182895	22303	3715	539	2425	6	1438	53	300
皇姑区	225165	163417	42600	10147	2072	4328	63	1716	89	733
铁西区	394010	360453	19567	5354	1510	2156		1722	328	2920
苏家屯区	98600	82353	10596	2197	296	551		683	667	1257
东陵区	179497	151641	19074	5072	253	1600	3	782	497	575
沈北新区	156915	136768	12949	3560	330	847	2	898	175	1386
于洪区	211686	183857	15919	6166	326	2322	4	1054	549	1489
辽中县	96381	77448	9218	3177	733	1272		248	840	3445
康平县	129497	113453	6823	3206	388	376		181	885	4185
法库县	161949	142403	7765	3229	302	3261		157	1051	3781
新民市	130563	101756	13297	3693	393	884		174	1784	8582
大连市	**3118894**	**2812732**	**163612**	**71429**	**9876**	**34488**	**108**	**7469**	**8421**	**10759**
中山区	260670	233428	16086	5523	1753	2503	23	749		605
西岗区	238931	194268	17366	21108	1986	2879	8	593		723
沙河口区	230515	187250	28420	4883	1998	6366	32	1107		459
甘井子区	464588	422741	22929	5694	682	9257	24	1546	1483	232
旅顺口区	126382	109929	9578	2171	351	2419		205	1003	726
金州区	675388	623148	25920	15603	931	5563	21	1455	1337	1410
长海县	10678	6564	2164	1389	107	68		59	266	61
瓦房店市	387705	364691	10243	4805	1009	3050		435	1582	1890
普兰店市	375435	348572	15109	5268	586	1411		903	962	2624
庄河市	348602	322141	15797	4985	473	972		417	1788	2029
鞍山市	**1029851**	**889754**	**83943**	**29762**	**3662**	**5083**	**5**	**3263**	**3991**	**10388**
铁东区	202929	169476	18534	9031	1742	1797	5	954	122	1268
铁西区	237872	224475	9866	1651	381	284		645	289	281
立山区	135912	120090	12459	1610	201	406		811	212	123
千山区	34030	27567	3409	1679	105	240		51	328	651
台安县	71257	56961	8856	2824	467	282		68	705	1094
岫岩满族自治县	66952	46378	10892	4925	410	591		139	827	2790
海城市	280899	244807	19927	8042	356	1483		595	1508	4181
抚顺市	**554283**	**452443**	**52823**	**24135**	**2738**	**5742**	**3**	**3307**	**2841**	**10251**
新抚区	104027	89965	7633	3231	937	1247		535	78	401
东洲区	90482	78927	7188	1862	159	797		814	229	506
望花区	136722	119833	10099	3188	326	1492	3	1002	253	526

1-8 续表 1

地 区	从业人员数(人)	企业	事业单位	机关	社会团体	民办非企业单位	基金会	居委会	村委会	其他组织机构
顺城区	97926	68240	15073	9926	686	1988		785	183	1045
抚顺县	32349	27097	1407	532	133	58		7	490	2625
新宾满族自治县	39942	27640	5830	2409	325	34		58	763	2883
清原满族自治县	52835	40741	5593	2987	172	126		106	845	2265
本溪市	**497242**	**417563**	**45998**	**18861**	**6958**	**2512**	**8**	**2190**	**1493**	**1659**
平山区	188811	166618	11781	6349	2340	895	4	553	72	199
溪湖区	74383	65544	4622	2676	336	374		519	120	192
明山区	92242	70702	13607	3073	2225	865	4	643	174	949
南芬区	18571	15492	1833	766	79	148		112	118	23
本溪满族自治县	68881	56760	7184	3002	1043	29		258	495	110
桓仁满族自治县	54354	42447	6971	2995	935	201		105	514	186
丹东市	**497182**	**392556**	**52588**	**20251**	**3029**	**6816**		**1650**	**3337**	**16955**
元宝区	46144	38610	3578	2444	353	534		356	57	212
振兴区	131229	107949	14143	5538	1029	1339		578	175	478
振安区	41650	35627	2984	1631	146	199		215	256	592
宽甸满族自治县	58103	40534	8570	2856	377	3125		82	738	1821
东港市	141872	109346	12293	3856	749	1344		199	1129	12956
凤城市	78184	60490	11020	3926	375	275		220	982	896
锦州市	**553208**	**422223**	**76117**	**30127**	**3069**	**2884**	**1**	**1782**	**5260**	**11745**
古塔区	77802	59829	12930	2940	684	557		440	90	332
凌河区	106546	88996	12532	3243	396	545		738	9	87
太和区	119114	96343	11303	8700	405	1079		264	632	388
黑山县	81922	59375	11400	3685	293	279		161	1129	5600
义县	50032	33432	10115	3219	552	136	1	17	1088	1472
凌海市	74357	55076	9862	4113	612	178		84	1275	3157
北镇市	43435	29172	7975	4227	127	110		78	1037	709
营口市	**671035**	**559399**	**62226**	**27105**	**3500**	**6687**		**1934**	**3398**	**6786**
站前区	133880	112147	10427	6874	1342	2041		486	30	533
西市区	85505	71057	9452	3576	166	582		469	41	162
鲅鱼圈区	164668	145433	12059	3787	392	1395		496	286	820
老边区	70831	60543	4808	3739	146	187		83	249	1076
盖州市	86236	65433	11197	4417	610	1005		77	1265	2232
大石桥市	129915	104786	14283	4712	844	1477		323	1527	1963
阜新市	**403067**	**305479**	**56522**	**20210**	**3491**	**6055**	**5**	**2730**	**3650**	**4925**
海州区	119704	102472	10059	2894	1196	1998	2	650	54	379
新邱区	18855	14010	3743	777	42	45		83	84	71
太平区	38595	31765	3925	900	60	403		1130	231	181
清河门区	17319	13736	2146	775	38	220	1	70	91	242
细河区	103983	81926	13032	6213	665	1380	2	576	87	102

1-8　续表 2

地　区	从　业人员数(人)	企业	事业单位	机关	社会团体	民办非企业单位	基金会	居委会	村委会	其他组织机构
阜新蒙古族自治县	62879	36855	14108	4976	1239	1569		76	1919	2137
彰武县	41732	24715	9509	3675	251	440		145	1184	1813
辽阳市	**386469**	**311959**	**43091**	**19758**	**1668**	**3505**		**1479**	**2616**	**2393**
白塔区	92456	64801	18079	6134	731	1722		765	26	198
文圣区	23537	18084	2731	1973	125	208		115	235	66
宏伟区	62663	57120	2947	1415	217	532		145	110	177
弓长岭区	21111	16773	2024	1470	119	330		153	104	138
太子河区	32913	25956	3891	1652	101	148		120	234	811
辽阳县	94384	82218	6796	3035	159	255		73	944	904
灯塔市	59405	47007	6623	4079	216	310		108	963	99
盘锦市	**476637**	**401311**	**46272**	**18266**	**1841**	**1187**		**2193**	**1738**	**3829**
双台子区	49083	38134	8006	1748	172	300		391	143	189
兴隆台区	236078	209915	15755	7718	717	461		1058	125	329
大洼县	116775	94346	15200	3688	533	423		642	670	1273
盘山县	74701	58916	7311	5112	419	3		102	800	2038
铁岭市	**503269**	**358875**	**63534**	**26537**	**6137**	**1872**		**1402**	**6345**	**38567**
银州区	87669	68838	11584	4259	569	1040		707	132	540
清河区	24300	18955	2683	1907	182	131		80	191	171
铁岭县	83326	58856	11275	5154	1161	103		6	926	5845
西丰县	22445	10301	5547	3172	1122	110		5	1121	1067
昌图县	118526	61439	17445	5560	1487	225		393	2672	29305
调兵山市	95608	86625	4468	2481	1528	109		106	159	132
开原市	71395	53861	10532	4004	88	154		105	1144	1507
朝阳市	**522626**	**367963**	**84073**	**41251**	**4216**	**5344**		**2940**	**6472**	**10367**
双塔区	156011	117100	22424	12024	1127	1668		559	335	774
龙城区	51151	43098	3957	2091	536	393		302	580	194
朝阳县	41265	29970	6086	2454	182	150			1415	1008
建平县	54227	29819	12604	6797	627	516		382	1191	2291
喀喇沁左翼蒙古族自治县	47953	29011	9882	5157	357	304		134	802	2306
北票市	77242	52452	14077	4370	568	707		1126	1109	2833
凌源市	94777	66513	15043	8358	819	1606		437	1040	961
葫芦岛市	**423057**	**321836**	**56505**	**27591**	**3839**	**2626**	**10**	**3107**	**4936**	**2607**
连山区	110536	94256	9080	3063	257	683		2022	604	571
龙港区	129077	103255	10855	10251	1629	1145	10	635	174	1123
南票区	23059	17053	2927	1645	616	12		127	626	53
绥中县	57477	40480	10387	4356	447	243		47	1205	312
建昌县	37977	19953	10826	4606	714	151		98	1244	385
兴城市	64931	46839	12430	3670	176	392		178	1083	163

1-9 按行业(大类)、

行业	代码	法人单位数(个)	沈阳市	和平区	沈河区	大东区	皇姑区
总计	00	**418475**	**107144**	**12344**	**15050**	**7639**	**13392**
农、林、牧、渔业	A	**9607**	**2359**	**2**	**4**	**3**	**8**
农业	01	25	1				
林业	02	12					
畜牧业	03	3	1				
渔业	04	8					
农、林、牧、渔服务业	05	9559	2357	2	4	3	8
采矿业	B	**5444**	**112**	**1**	**1**		**2**
煤炭开采和洗选业	06	616	8				
石油和天然气开采业	07	12	1				
黑色金属矿采选业	08	1707	4				1
有色金属矿采选业	09	762	4				
非金属矿采选业	10	2194	84	1	1		
开采辅助活动	11	124	6				1
其他采矿业	12	29	5				
制造业	C	**82989**	**19591**	**839**	**978**	**1617**	**1861**
农副食品加工业	13	5560	1108	13	14	23	21
食品制造业	14	1993	487	58	19	19	22
酒、饮料和精制茶制造业	15	1129	218	2	4	7	5
烟草制品业	16	8	2	2			
纺织业	17	1688	231	16	17	41	7
纺织服装、服饰业	18	3844	441	15	39	34	26
皮革、毛皮、羽毛及其制品和制鞋业	19	760	184	9	8	9	20
木材加工和木、竹、藤、棕、草制品业	20	2198	447	12	4	27	42
家具制造业	21	1155	502	22	8	23	11
造纸和纸制品业	22	1419	397	14	28	40	36
印刷和记录媒介复制业	23	1923	630	80	110	70	95
文教、工美、体育和娱乐用品制造业	24	1121	332	21	29	33	21
石油加工、炼焦和核燃料加工业	25	939	110	1	4	10	6
化学原料和化学制品制造业	26	4675	883	19	30	62	71
医药制造业	27	736	201	9	15	18	9
化学纤维制造业	28	126	17	1	1	3	
橡胶和塑料制品业	29	4713	1225	40	39	80	84
非金属矿物制品业	30	8857	1484	44	18	75	57
黑色金属冶炼和压延加工业	31	2851	357	4	6	22	29
有色金属冶炼和压延加工业	32	1045	237	4	14	12	22
金属制品业	33	6478	1611	57	93	185	198
通用设备制造业	34	12514	3352	115	139	311	476
专用设备制造业	35	5949	1686	77	90	179	227
汽车制造业	36	1372	480	15	14	84	59
铁路、船舶、航空航天和其他运输设备制造	37	1112	204	7	6	14	22
电气机械和器材制造业	38	4411	1736	95	124	149	160
计算机、通信和其他电子设备制造业	39	1045	349	38	28	21	51
仪器仪表制造业	40	1487	346	24	54	34	54
其他制造业	41	398	93	6	4	4	7
废弃资源综合利用业	42	359	39		1	1	2
金属制品、机械和设备修理业	43	1124	202	19	18	27	21
电力、热力、燃气及水生产和供应业	D	**1895**	**350**	**43**	**40**	**19**	**32**
电力、热力生产和供应业	44	1194	263	32	39	17	19
燃气生产和供应业	45	212	26	3		1	1
水的生产和供应业	46	489	61	8	1	1	12
建筑业	E	**19727**	**5522**	**734**	**951**	**481**	**797**
房屋建筑业	47	3416	680	77	99	40	77
土木工程建筑业	48	3550	1075	133	170	86	133
建筑安装业	49	4419	1524	251	272	118	227
建筑装饰和其他建筑业	50	8342	2243	273	410	237	360

地区分组的法人单位数

铁西区	苏家屯区	东陵区	沈北新区	于洪区	辽中县	康平县	法库县	新民市	代码
14060	**3806**	**8515**	**3936**	**9313**	**3671**	**3861**	**7048**	**4509**	00
103	**89**	**70**	**197**	**214**	**457**	**478**	**322**	**412**	A
						1			01
									02
								1	03
									04
103	89	70	197	214	457	477	322	411	05
3	**8**	**6**	**7**		**2**	**16**	**55**	**11**	B
	4		3				1		06
		1							07
	1	2							08
		1	1				2		09
2	2	2	2		1	11	51	11	10
						5			11
1	1		1		1		1		12
2580	**1459**	**1859**	**1273**	**3446**	**936**	**741**	**747**	**1255**	C
70	108	65	101	123	199	57	63	251	13
42	43	46	45	59	20	31	27	56	14
11	14	34	19	15	57	12	20	18	15
									16
32	13	29	12	32	5	9	4	14	17
42	28	20	28	95	27	67	10	10	18
12	15	60	4	22	12	4	5	4	19
31	27	24	36	109	22	14	51	48	20
72	52	37	16	193	9	14	13	32	21
37	39	45	33	54	14	4	14	39	22
88	15	34	32	50	13	4	13	26	23
25	23	39	23	49	19	22	16	12	24
17	4	5	12	15	13	1	3	19	25
143	77	72	82	134	45	23	35	90	26
32	11	35	34	8	4	2	5	19	27
1	2	4	3	1		1			28
142	107	109	72	177	55	214	31	75	29
133	215	145	113	263	59	67	183	112	30
63	31	24	30	64	41	9	19	15	31
34	44	26	12	39	5	6	9	10	32
189	106	163	97	337	36	52	36	62	33
529	149	250	149	842	128	38	70	156	34
284	85	182	92	280	57	39	41	53	35
83	30	61	43	48	17	14	2	10	36
39	24	14	28	26	6	5	5	8	37
286	137	174	94	315	44	18	47	93	38
36	22	84	29	26	4	5	2	3	39
60	7	55	14	29	6	1	3	5	40
9	9	10	9	12	10	2	8	3	41
7	1	2	2	5	6	2	5	5	42
31	21	11	9	24	3	4	7	7	43
44	**11**	**33**	**22**	**41**	**15**	**11**	**20**	**19**	D
36	6	22	16	34	7	9	14	12	44
3	3	3	2		4	1	3	2	45
5	2	8	4	7	4	1	3	5	46
773	**144**	**406**	**180**	**503**	**85**	**142**	**151**	**175**	E
75	28	72	34	50	18	25	44	41	47
130	36	92	43	108	19	46	39	40	48
195	46	118	37	135	29	34	21	41	49
373	34	124	66	210	19	37	47	53	50

1-9 续表 1

行　　业	代码	法　人 单位数 (个)					
			沈阳市	和平区	沈河区	大东区	皇姑区
批发和零售业	F	**115758**	**35804**	**4554**	**5487**	**2790**	**4814**
批发业	51	80560	25740	3267	4154	2107	3419
零售业	52	35198	10064	1287	1333	683	1395
交通运输、仓储和邮政业	G	**12227**	**2855**	**195**	**356**	**264**	**291**
道路运输业	54	6536	2034	102	213	181	204
水上运输业	55	393					
航空运输业	56	61	31	3	11	2	1
管道运输业	57	11	3		1		1
装卸搬运和运输代理业	58	3460	369	63	98	20	48
仓储业	59	1218	310	8	15	58	15
邮政业	60	430	85	12	16	3	17
住宿和餐饮业	H	**6474**	**1173**	**251**	**269**	**130**	**181**
住宿业	61	2773	557	108	146	63	91
餐饮业	62	3701	616	143	123	67	90
信息传输、软件和信息技术服务业	I	**8724**	**3165**	**507**	**578**	**129**	**491**
电信、广播电视和卫星传输服务	63	871	409	26	40	10	14
互联网和相关服务	64	660	229	30	46	18	44
软件和信息技术服务业	65	7193	2527	451	492	101	433
房地产业	K	**15314**	**4120**	**607**	**759**	**292**	**547**
房地产业	70	15314	4120	607	759	292	547
租赁和商务服务业	L	**32694**	**10105**	**1923**	**2334**	**614**	**1564**
租赁业	71	1941	630	65	84	37	75
商务服务业	72	30753	9475	1858	2250	577	1489
科学研究和技术服务业	M	**17892**	**5327**	**709**	**1181**	**208**	**758**
研究和试验发展	73	2090	809	112	185	47	164
专业技术服务业	74	7965	2404	415	588	102	351
科技推广和应用服务业	75	7837	2114	182	408	59	243
水利、环境和公共设施管理业	N	**3745**	**785**	**84**	**96**	**58**	**85**
水利管理业	76	1104	206	22	7	2	9
生态保护和环境治理业	77	424	71	7	5	5	13
公共设施管理业	78	2217	508	55	84	51	63
居民服务、修理和其他服务业	O	**7471**	**1652**	**236**	**260**	**150**	**244**
居民服务业	79	3427	657	109	92	51	78
机动车、电子产品和日用产品修理业	80	3139	749	83	129	84	129
其他服务业	81	905	246	44	39	15	37
教育	P	**13308**	**2858**	**359**	**370**	**254**	**568**
教育	82	13308	2858	359	370	254	568
卫生和社会工作	Q	**11978**	**2351**	**127**	**166**	**111**	**155**
卫生	83	9899	2116	107	150	89	127
社会工作	84	2079	235	20	16	22	28
文化、体育和娱乐业	R	**7967**	**1722**	**330**	**252**	**157**	**285**
新闻和出版业	85	315	180	59	30	8	61
广播、电视、电影和影视录音制作业	86	563	145	41	27	5	14
文化艺术业	87	1837	535	119	95	45	115
体育	88	926	199	45	22	11	25
娱乐业	89	4326	663	66	78	88	70
公共管理、社会保障和社会组织	S	**42358**	**6602**	**724**	**638**	**331**	**661**
中国共产党机关	90	1587	248	24	30	10	18
国家机构	91	14561	1994	216	217	106	207
人民政协、民主党派	92	284	47	19	8	1	10
社会保障	93	575	63	3	8	2	4
群众团体、社会团体和其他成员组织	94	9469	1736	354	263	92	289
基层群众自治组织	95	15882	2514	108	112	120	133

铁西区	苏家屯区	东陵区	沈北新区	于洪区	辽中县	康平县	法库县	新民市	代码
6185	**796**	**2881**	**784**	**2502**	**883**	**814**	**2464**	**850**	F
5020	363	1954	567	1889	543	401	1613	443	51
1165	433	927	217	613	340	413	851	407	52
378	**86**	**209**	**73**	**388**	**79**	**172**	**290**	**74**	G
285	52	97	38	329	56	157	257	63	54
									55
	2	2	2	1			7		56
1									57
57	4	25	10	25	2	6	10	1	58
29	23	75	21	28	18	3	12	5	59
4	4	10	2	4	2	3	3	5	60
108	**34**	**77**	**20**	**50**	**5**	**16**	**14**	**18**	H
39	13	28	13	28	4	11	8	5	61
69	21	49	7	22	1	5	6	13	62
305	**18**	**606**	**44**	**66**	**45**	**69**	**236**	**71**	I
10	4	16	1	3	23	36	172	54	63
20	3	31	7	13		9	5	3	64
275	11	559	36	50	22	24	59	14	65
462	**122**	**391**	**182**	**317**	**107**	**105**	**93**	**136**	K
462	122	391	182	317	107	105	93	136	70
1115	**166**	**579**	**215**	**414**	**160**	**244**	**528**	**249**	L
71	12	42	20	61	15	39	83	26	71
1044	154	537	195	353	145	205	445	223	72
437	**107**	**420**	**174**	**202**	**95**	**134**	**792**	**110**	M
67	15	93	37	44	12	10	8	15	73
238	37	201	83	90	43	79	126	51	74
132	55	126	54	68	40	45	658	44	75
69	**30**	**62**	**52**	**47**	**25**	**31**	**83**	**63**	N
10	9	5	18	6	9	17	43	49	76
3		9	7	5	4	3	9	1	77
56	21	48	27	36	12	11	31	13	78
183	**71**	**82**	**46**	**123**	**35**	**59**	**96**	**67**	O
64	37	28	17	29	19	31	56	46	79
87	26	39	19	76	14	24	22	17	80
32	8	15	10	18	2	4	18	4	81
279	**99**	**150**	**113**	**178**	**144**	**63**	**87**	**194**	P
279	99	150	113	178	144	63	87	194	82
304	**95**	**58**	**84**	**267**	**64**	**284**	**543**	**93**	Q
283	87	40	75	248	38	267	528	77	83
21	8	18	9	19	26	17	15	16	84
168	**53**	**108**	**69**	**107**	**52**	**35**	**47**	**59**	R
6	1	6	4	3		1		1	85
10	1	20	9	4	4	5	3	2	86
44	7	18	17	18	10	17	19	11	87
35	6	18	8	9	5	4	9	2	88
73	38	46	31	73	33	8	16	43	89
532	**402**	**464**	**397**	**418**	**479**	**437**	**472**	**647**	S
14	21	12	17	11	13	25	15	38	90
131	127	141	104	138	172	126	151	158	91
1	1	1	1	1	1	1	1	1	92
2	3	2	2	12	5	15	3	2	93
169	74	65	69	64	81	89	54	73	94
215	176	243	204	192	207	181	248	375	95

1-9 续表 2

行　　业	代码	大连市	中山区	西岗区	沙河口区	甘井子区	旅顺口区
总　计	00	**104577**	**12406**	**10842**	**14265**	**17284**	**5006**
农、林、牧、渔业	A	**1173**			**6**	**18**	**58**
农业	01	5				2	
林业	02	1					
畜牧业	03						
渔业	04	7					
农、林、牧、渔服务业	05	1160			6	16	58
采矿业	B	**206**	**1**			**14**	**16**
煤炭开采和洗选业	06	3					1
石油和天然气开采业	07	4				2	
黑色金属矿采选业	08	7					2
有色金属矿采选业	09	11				1	
非金属矿采选业	10	170				10	9
开采辅助活动	11	5	1			1	1
其他采矿业	12	6					3
制造业	C	**20752**	**253**	**558**	**620**	**4371**	**2130**
农副食品加工业	13	1418	16	18	11	196	180
食品制造业	14	521	11	12	13	121	38
酒、饮料和精制茶制造业	15	179	2	1	4	17	9
烟草制品业	16						
纺织业	17	365	3	9	10	52	23
纺织服装、服饰业	18	1519	25	30	44	286	34
皮革、毛皮、羽毛及其制品和制鞋业	19	131	4	4	7	44	2
木材加工和木、竹、藤、棕、草制品业	20	580	3	1	7	173	27
家具制造业	21	287	1	5	4	70	18
造纸和纸制品业	22	368		3	6	65	17
印刷和记录媒介复制业	23	394	23	35	40	99	11
文教、工美、体育和娱乐用品制造业	24	197	7	9	10	50	13
石油加工、炼焦和核燃料加工业	25	89	1			30	9
化学原料和化学制品制造业	26	953	9	33	27	235	66
医药制造业	27	109			6	19	7
化学纤维制造业	28	24		1		2	2
橡胶和塑料制品业	29	1087	5	16	24	226	96
非金属矿物制品业	30	1206	7	8	14	265	111
黑色金属冶炼和压延加工业	31	678	1	1	4	88	70
有色金属冶炼和压延加工业	32	99			1	19	12
金属制品业	33	1714	16	75	22	516	180
通用设备制造业	34	4463	23	70	136	789	728
专用设备制造业	35	1305	16	31	53	254	174
汽车制造业	36	259	1	2	8	42	19
铁路、船舶、航空航天和其他运输设备制造	37	602	16	44	29	116	133
电气机械和器材制造业	38	814	6	18	32	194	76
计算机、通信和其他电子设备制造业	39	266	6	10	16	65	16
仪器仪表制造业	40	364	11	44	58	127	19
其他制造业	41	94		3	8	16	7
废弃资源综合利用业	42	84				10	4
金属制品、机械和设备修理业	43	583	40	75	26	185	29
电力、热力、燃气及水生产和供应业	D	**286**	**16**	**9**	**15**	**55**	**28**
电力、热力生产和供应业	44	178	9	7	14	40	20
燃气生产和供应业	45	47	2	1		11	5
水的生产和供应业	46	61	5	1	1	4	3
建筑业	E	**6456**	**532**	**760**	**1179**	**1112**	**269**
房屋建筑业	47	938	28	57	80	118	35
土木工程建筑业	48	904	50	82	112	120	33
建筑安装业	49	1377	110	164	309	264	40
建筑装饰和其他建筑业	50	3237	344	457	678	610	161

金州区	长海县	瓦房店市	普兰店市	庄河市	鞍山市	铁东区	铁西区	立山区	代码
20474	**475**	**8785**	**8807**	**6233**	**35042**	**6651**	**6202**	**5288**	00
118	**8**	**206**	**475**	**284**	**341**	**1**	**2**	**5**	A
2			1						01
1									02
									03
3	3			1					04
112	5	206	474	283	341	1	2	5	05
23		**44**	**62**	**46**	**451**	**9**	**11**	**43**	B
1		1			1			1	06
		2			2			1	07
		3	1	1	123	6	8	25	08
1		5	2	2	70			1	09
18		32	58	43	247	3	3	9	10
1		1			4			3	11
2			1		4			3	12
5270	**45**	**2618**	**3224**	**1663**	**7831**	**412**	**1808**	**1489**	C
255	29	139	274	300	364	5	41	13	13
103		59	104	60	148	6	24	11	14
31	1	28	55	31	80	3	8	5	15
									16
79	1	44	100	44	288	6	36	11	17
401		50	557	92	359	8	36	29	18
44		5	18	3	57	3	28	1	19
199		33	113	24	140	7	33	10	20
76		25	58	30	98	8	33	5	21
155		23	69	30	96	3	20	8	22
111		15	41	19	155	38	27	24	23
58		15	22	13	122	4	18	14	24
11		20	17	1	39	1	7	4	25
220	1	100	214	48	396	15	108	65	26
42		6	21	8	25	1	12	3	27
8		4	5	2	17		5	5	28
327	2	95	200	96	379	30	74	66	29
225	1	188	301	86	1339	42	173	114	30
168	1	130	144	71	294	11	72	60	31
25		14	21	7	79	1	10	12	32
497	1	164	170	73	861	48	237	186	33
1025		1136	348	208	894	58	295	268	34
480		102	101	94	620	35	209	199	35
113		30	35	9	71	14	13	13	36
68	2	79	49	66	59	5	26	15	37
229		72	129	58	325	22	118	120	38
114		6	14	19	132	7	49	67	39
66		6	18	15	240	16	74	112	40
49	1	1	7	2	39	2	5	9	41
14		10	11	35	34	2	4	7	42
77	5	19	8	119	81	11	13	33	43
49	**5**	**53**	**31**	**25**	**239**	**18**	**27**	**24**	D
23	4	28	15	18	90	13	13	15	44
8		14	4	2	21	4	4	3	45
18	1	11	12	5	128	1	10	6	46
1271	**26**	**349**	**447**	**511**	**1334**	**458**	**263**	**263**	E
166	11	124	112	207	290	58	64	51	47
175	5	93	126	108	221	75	38	47	48
316	2	42	86	44	348	109	81	87	49
614	8	90	123	152	475	216	80	78	50

1-9 续表 3

行业	代码	大连市	中山区	西岗区	沙河口区	甘井子区	旅顺口区
批发和零售业	F	**32285**	**4630**	**3768**	**5557**	**5294**	**818**
批发业	51	25916	4009	3060	4564	3933	518
零售业	52	6369	621	708	993	1361	300
交通运输、仓储和邮政业	G	**3978**	**1398**	**356**	**233**	**578**	**102**
道路运输业	54	1184	66	126	88	290	39
水上运输业	55	238	70	33	14	21	18
航空运输业	56	21	5	2	3	3	2
管道运输业	57	4					1
装卸搬运和运输代理业	58	2091	1225	173	116	167	26
仓储业	59	320	8	8	2	73	10
邮政业	60	104	20	10	8	21	6
住宿和餐饮业	H	**1695**	**346**	**278**	**252**	**175**	**62**
住宿业	61	767	160	161	95	63	25
餐饮业	62	928	186	117	157	112	37
信息传输、软件和信息技术服务业	I	**3709**	**476**	**472**	**918**	**1253**	**78**
电信、广播电视和卫星传输服务	63	128	20	23	8	20	5
互联网和相关服务	64	222	15	11	20	71	24
软件和信息技术服务业	65	3359	441	438	890	1162	49
房地产业	K	**4457**	**608**	**580**	**559**	**650**	**292**
房地产业	70	4457	608	580	559	650	292
租赁和商务服务业	L	**11794**	**2342**	**1933**	**2551**	**1310**	**233**
租赁业	71	541	60	62	77	98	15
商务服务业	72	11253	2282	1871	2474	1212	218
科学研究和技术服务业	M	**4068**	**349**	**544**	**695**	**630**	**235**
研究和试验发展	73	743	46	71	75	116	92
专业技术服务业	74	2149	206	334	406	315	82
科技推广和应用服务业	75	1176	97	139	214	199	61
水利、环境和公共设施管理业	N	**704**	**71**	**59**	**54**	**73**	**38**
水利管理业	76	126	9	6	9	9	3
生态保护和环境治理业	77	75	12	8	7	10	7
公共设施管理业	78	503	50	45	38	54	28
居民服务、修理和其他服务业	O	**2157**	**289**	**313**	**382**	**359**	**75**
居民服务业	79	932	173	135	210	124	35
机动车、电子产品和日用产品修理业	80	798	77	114	110	177	30
其他服务业	81	427	39	64	62	58	10
教育	P	**2890**	**255**	**308**	**439**	**539**	**139**
教育	82	2890	255	308	439	539	139
卫生和社会工作	Q	**1366**	**100**	**132**	**128**	**176**	**65**
卫生	83	959	58	81	79	94	30
社会工作	84	407	42	51	49	82	35
文化、体育和娱乐业	R	**1646**	**224**	**209**	**267**	**192**	**92**
新闻和出版业	85	34	6	7	7	5	2
广播、电视、电影和影视录音制作业	86	101	14	9	30	7	4
文化艺术业	87	369	79	57	62	30	31
体育	88	249	49	61	51	17	12
娱乐业	89	893	76	75	117	133	43
公共管理、社会保障和社会组织	S	**4480**	**371**	**456**	**348**	**435**	**272**
中国共产党机关	90	173	25	16	17	18	18
国家机构	91	1342	124	150	91	148	94
人民政协、民主党派	92	21	11	1	2	1	1
社会保障	93	74	3	11	2	1	4
群众团体、社会团体和其他成员组织	94	1277	157	233	149	73	73
基层群众自治组织	95	1593	51	45	87	194	82

金州区	长海县	瓦房店市	普兰店市	庄河市	鞍山市	铁东区	铁西区	立山区	代码
6457	**36**	**2849**	**1666**	**1210**	**10399**	**1846**	**2518**	**1461**	F
5744	5	2205	1131	747	6505	725	1864	822	51
713	31	644	535	463	3894	1121	654	639	52
681	**27**	**243**	**174**	**186**	**749**	**100**	**153**	**73**	G
263	6	114	94	98	512	61	116	49	54
26	19	12	10	15	2	1			55
3	1		2		2				56
1		2							57
277	1	26	28	52	111	18	16	19	58
88		83	31	17	76	9	13	3	59
23		3	9	4	40	11	6	2	60
325	**16**	**103**	**89**	**49**	**1059**	**364**	**94**	**186**	H
124	12	69	38	20	284	72	33	24	61
201	4	34	51	29	775	292	61	162	62
361	**4**	**63**	**68**	**16**	**489**	**174**	**68**	**173**	I
19		14	14	5	46	14	4	5	63
40	1	13	25	2	46	25	5	8	64
302	3	36	29	9	397	135	59	160	65
962	**20**	**285**	**257**	**244**	**1141**	**345**	**238**	**201**	K
962	20	285	257	244	1141	345	238	201	70
1922	**51**	**347**	**431**	**674**	**2080**	**923**	**253**	**283**	L
102		26	26	75	126	8	21	12	71
1820	51	321	405	599	1954	915	232	271	72
899	**18**	**220**	**246**	**232**	**1687**	**275**	**96**	**184**	M
304		8	28	3	84	19	16	29	73
430	15	157	95	109	558	210	54	102	74
165	3	55	123	120	1045	46	26	53	75
123	**9**	**112**	**102**	**63**	**255**	**52**	**23**	**30**	N
16	1	21	42	10	87	11	1	2	76
21		3	4	3	28	5	1	3	77
86	8	88	56	50	140	36	21	25	78
478	**3**	**70**	**108**	**80**	**921**	**293**	**157**	**147**	O
150	2	25	53	25	482	192	48	65	79
167		34	41	48	387	76	105	64	80
161	1	11	14	7	52	25	4	18	81
496	**41**	**220**	**255**	**198**	**1278**	**308**	**117**	**203**	P
496	41	220	255	198	1278	308	117	203	82
114	**12**	**145**	**401**	**93**	**692**	**126**	**48**	**85**	Q
88	9	103	357	60	484	93	34	55	83
26	3	42	44	33	208	33	14	30	84
302	**19**	**124**	**151**	**66**	**725**	**180**	**38**	**107**	R
4		2		1	13	8		2	85
11		6	10	10	38	11	3	4	86
40	6	18	34	12	135	45	8	11	87
32		13	8	6	66	34	5	12	88
215	13	85	99	37	473	82	22	78	89
565	**134**	**708**	**614**	**577**	**3144**	**649**	**271**	**320**	S
12	7	28	19	13	86	19	9	13	90
164	64	190	161	156	1194	272	96	131	91
1	1	1	1	1	18	10	1	1	92
12	3	7	24	7	43	5	15	11	93
122	29	161	154	126	651	239	60	50	94
254	30	321	255	274	1152	104	90	114	95

1-9 续表 4

行　　业	代码	千山区	台安县	岫岩满族自治县	海城市	抚顺市	新抚区	东洲区
总　　计	00	**1913**	**2802**	**3099**	**9087**	**18145**	**2553**	**2694**
农、林、牧、渔业	A	**44**	**21**	**32**	**236**	**349**	**7**	**24**
农业	01							
林业	02					8		
畜牧业	03							
渔业	04							
农、林、牧、渔服务业	05	44	21	32	236	341	7	24
采矿业	B	**19**	**1**	**164**	**204**	**259**	**11**	**75**
煤炭开采和洗选业	06					44	4	25
石油和天然气开采业	07				1			
黑色金属矿采选业	08	17		28	39	109	7	21
有色金属矿采选业	09		1	39	29	28		3
非金属矿采选业	10	2		97	133	78		26
开采辅助活动	11				1			
其他采矿业	12				1			
制造业	C	**535**	**535**	**584**	**2468**	**4058**	**307**	**777**
农副食品加工业	13	24	93	26	162	150	9	12
食品制造业	14	16	24	21	46	95	16	7
酒、饮料和精制茶制造业	15	10	14	15	25	52	2	14
烟草制品业	16							
纺织业	17	11	9	50	165	74	3	7
纺织服装、服饰业	18	7	11	19	249	92	17	20
皮革、毛皮、羽毛及其制品和制鞋业	19	1	5		19	21	2	4
木材加工和木、竹、藤、棕、草制品业	20	7	36	10	37	311	9	15
家具制造业	21	14	3	5	30	29	1	1
造纸和纸制品业	22	4	15	8	38	55	5	12
印刷和记录媒介复制业	23	5	7	5	49	82	20	14
文教、工美、体育和娱乐用品制造业	24	3	33	36	14	70	6	11
石油加工、炼焦和核燃料加工业	25	8	10	1	8	122	18	42
化学原料和化学制品制造业	26	36	57	12	103	407	15	138
医药制造业	27	1	3		5	39	1	4
化学纤维制造业	28		1	1	5	6	1	2
橡胶和塑料制品业	29	16	18	18	157	209	20	49
非金属矿物制品业	30	104	63	263	580	509	27	105
黑色金属冶炼和压延加工业	31	33	7	5	106	107	2	8
有色金属冶炼和压延加工业	32	11	12	3	30	77	2	9
金属制品业	33	78	55	15	242	348	30	84
通用设备制造业	34	75	19	33	146	477	33	98
专用设备制造业	35	30	10	10	127	330	17	64
汽车制造业	36	3	5	1	22	31	3	2
铁路、船舶、航空航天和其他运输设备制造	37	5	1		7	14	3	2
电气机械和器材制造业	38	15	12	8	30	168	24	18
计算机、通信和其他电子设备制造业	39	3		2	4	25	1	1
仪器仪表制造业	40	6	6	10	16	55	6	4
其他制造业	41	2	1	4	16	30	1	13
废弃资源综合利用业	42	2	4	2	13	26	2	2
金属制品、机械和设备修理业	43	5	1	1	17	47	11	15
电力、热力、燃气及水生产和供应业	D	**3**	**107**	**15**	**45**	**125**	**9**	**26**
电力、热力生产和供应业	44	3	7	12	27	101	6	22
燃气生产和供应业	45		5	1	4	10	2	2
水的生产和供应业	46		95	2	14	14	1	2
建筑业	E	**65**	**34**	**27**	**224**	**757**	**91**	**84**
房屋建筑业	47	19	14	12	72	218	25	34
土木工程建筑业	48	12	8	6	35	169	14	16
建筑安装业	49	19	3	4	45	164	32	18
建筑装饰和其他建筑业	50	15	9	5	72	206	20	16

望花区	顺城区	抚顺县	新宾满族自治县	清原满族自治县	本溪市	平山区	溪湖区	代码
4541	**2788**	**1569**	**1840**	**2160**	**15036**	**4239**	**2346**	00
7	**38**	**189**	**21**	**63**	**27**	**6**	**7**	A
					2			01
			1	7	2			02
								03
								04
7	38	189	20	56	23	6	7	05
17	**4**	**47**	**37**	**68**	**559**	**42**	**74**	B
8		1	5	1	114		16	06
								07
4	1	32	16	28	244	29	43	08
		2	1	22	47		1	09
5	3	12	15	17	143	8	14	10
					4	2		11
					7	3		12
1504	**559**	**232**	**288**	**391**	**2753**	**547**	**786**	C
40	27	9	22	31	115	10	22	13
30	20	4	8	10	57	5	12	14
13	4	4	3	12	73	5	3	15
								16
32	8	10	6	8	35	8	9	17
30	14	2	2	7	43	18	11	18
4	3	1	1	6	12	1	3	19
15	23	45	85	119	94	2	15	20
7	8	2	6	4	31	2	8	21
19	13	2	2	2	36	7	11	22
24	20	1		3	62	16	9	23
10	20	2	18	3	39	6	10	24
32	22	4	2	2	42	7	18	25
142	48	20	19	25	178	42	63	26
7	2	1	18	6	150	2	88	27
2			1		4	2		28
70	47	10	6	7	129	28	47	29
211	49	27	35	55	354	42	115	30
72	10	7	5	3	242	74	45	31
52	3	4	1	6	88	6	25	32
138	59	10	12	15	198	55	47	33
201	69	24	13	39	338	96	114	34
172	36	17	12	12	122	24	36	35
24	1		1		31	4	6	36
5	2			2	18	7	5	37
70	22	19	4	11	111	38	23	38
12	9		1	1	19	5	2	39
27	14	3		1	33	12	4	40
10	1		5		23	5	8	41
17	1	3		1	40	12	16	42
16	4	1			36	6	11	43
36	**12**	**5**	**23**	**14**	**126**	**14**	**17**	D
30	11	2	19	11	99	10	10	44
3		1	1	1	13	2	4	45
3	1	2	3	2	14	2	3	46
259	**151**	**65**	**53**	**54**	**726**	**227**	**139**	E
65	28	16	22	28	157	46	30	47
37	31	20	30	21	129	28	33	48
64	38	9		3	167	61	36	49
93	54	20	1	2	273	92	40	50

1-9 续表 5

行　　业	代码	千山区	台安县	岫岩满族自治县	海城市	抚顺市	新抚区	东洲区
批发和零售业	F	**524**	**491**	**489**	**3070**	**4157**	**688**	**676**
批发业	51	437	324	275	2058	3086	374	517
零售业	52	87	167	214	1012	1071	314	159
交通运输、仓储和邮政业	G	**56**	**77**	**42**	**248**	**531**	**68**	**84**
道路运输业	54	41	48	29	168	449	42	76
水上运输业	55				1			
航空运输业	56		2					
管道运输业	57							
装卸搬运和运输代理业	58	11	8	4	35	30	10	1
仓储业	59	4	16	3	28	30	2	6
邮政业	60		3	6	12	18	12	1
住宿和餐饮业	H	**14**	**24**	**56**	**321**	**225**	**73**	**46**
住宿业	61	7	7	18	123	93	26	20
餐饮业	62	7	17	38	198	132	47	26
信息传输、软件和信息技术服务业	I	**13**	**8**	**12**	**41**	**119**	**34**	**14**
电信、广播电视和卫星传输服务	63	2	2	5	14	29	8	6
互联网和相关服务	64	2		2	4	14	3	3
软件和信息技术服务业	65	9	6	5	23	76	23	5
房地产业	K	**20**	**57**	**36**	**244**	**593**	**88**	**79**
房地产业	70	20	57	36	244	593	88	79
租赁和商务服务业	L	**78**	**106**	**131**	**306**	**921**	**246**	**86**
租赁业	71	3	24	8	50	45	4	5
商务服务业	72	75	82	123	256	876	242	81
科学研究和技术服务业	M	**39**	**430**	**414**	**249**	**947**	**96**	**99**
研究和试验发展	73		2	3	15	56	13	9
专业技术服务业	74	19	47	68	58	272	49	42
科技推广和应用服务业	75	20	381	343	176	619	34	48
水利、环境和公共设施管理业	N	**15**	**35**	**56**	**44**	**197**	**21**	**24**
水利管理业	76	4	22	34	13	67	5	7
生态保护和环境治理业	77	1	2	9	7	16	2	1
公共设施管理业	78	10	11	13	24	114	14	16
居民服务、修理和其他服务业	O	**40**	**32**	**79**	**173**	**257**	**48**	**44**
居民服务业	79	18	16	41	102	78	19	12
机动车、电子产品和日用产品修理业	80	20	16	38	68	157	26	28
其他服务业	81	2			3	22	3	4
教育	P	**75**	**203**	**189**	**183**	**669**	**166**	**86**
教育	82	75	203	189	183	669	166	86
卫生和社会工作	Q	**100**	**81**	**149**	**103**	**1075**	**98**	**133**
卫生	83	74	62	94	72	897	74	91
社会工作	84	26	19	55	31	178	24	42
文化、体育和娱乐业	R	**17**	**55**	**117**	**211**	**284**	**71**	**16**
新闻和出版业	85		2	1		11	3	
广播、电视、电影和影视录音制作业	86	2	5	4	9	28	13	1
文化艺术业	87	4	19	32	16	65	21	5
体育	88	1	3	5	6	52	15	6
娱乐业	89	10	26	75	180	128	19	4
公共管理、社会保障和社会组织	S	**249**	**494**	**498**	**663**	**2506**	**395**	**320**
中国共产党机关	90	11	11	13	10	78	21	13
国家机构	91	129	228	185	153	823	147	121
人民政协、民主党派	92	1	3	1	1	22	2	3
社会保障	93	3	3	4	2	28	6	3
群众团体、社会团体和其他成员组织	94	42	86	89	85	595	136	50
基层群众自治组织	95	63	163	206	412	960	83	130

望花区	顺城区	抚顺县	新宾满族自治县	清原满族自治县	本溪市	平山区	溪湖区	代码
1225	**388**	**444**	**343**	**393**	**4154**	**1320**	**527**	F
1050	242	350	241	312	2604	715	406	51
175	146	94	102	81	1550	605	121	52
138	**79**	**84**	**34**	**44**	**308**	**113**	**71**	G
121	64	78	31	37	202	74	55	54
					4			55
								56
								57
10	3	2	1	3	39	18	7	58
6	7	4	2	3	27	6	5	59
1	3			1	25	8	4	60
35	**37**	**3**	**17**	**14**	**295**	**96**	**13**	H
11	11	1	16	8	88	22	5	61
24	26	2	1	6	207	74	8	62
29	**28**	**8**	**3**	**3**	**140**	**62**	**28**	I
5	8		1	1	20	7	1	63
1	4	3			24	14	4	64
23	16	5	2	2	96	41	23	65
176	**157**	**18**	**28**	**47**	**522**	**149**	**51**	K
176	157	18	28	47	522	149	51	70
240	**153**	**47**	**57**	**92**	**881**	**367**	**98**	L
17	5	3	6	5	40	16	2	71
223	148	44	51	87	841	351	96	72
136	**94**	**56**	**253**	**213**	**652**	**162**	**97**	M
18	10		1	5	97	14	59	73
58	71	18	13	21	301	102	27	74
60	13	38	239	187	254	46	11	75
35	**37**	**21**	**26**	**33**	**193**	**46**	**21**	N
2	11	10	12	20	36	2	4	76
1	4	2	5	1	28	10	1	77
32	22	9	9	12	129	34	16	78
81	**51**	**14**	**9**	**10**	**287**	**97**	**22**	O
15	17	3	6	6	135	42	6	79
56	31	10	3	3	122	44	13	80
10	3	1		1	30	11	3	81
129	**186**	**14**	**35**	**53**	**534**	**191**	**52**	P
129	186	14	35	53	534	191	52	82
102	**161**	**149**	**185**	**247**	**282**	**53**	**60**	Q
76	124	141	168	223	179	34	40	83
26	37	8	17	24	103	19	20	84
40	**81**	**19**	**12**	**45**	**242**	**61**	**22**	R
	6			2	6	2		85
4	6	1	1	2	23	6	4	86
9	15		5	10	59	17	2	87
12	17	1		1	23	5	3	88
15	37	17	6	30	131	31	13	89
344	**519**	**149**	**412**	**367**	**2197**	**612**	**253**	S
8	19		9	8	85	30	10	90
108	239	16	110	82	823	234	101	91
4	11		1	1	14	8	1	92
4	8		4	3	20	11	2	93
81	134	37	94	63	754	272	58	94
139	108	96	194	210	501	57	81	95

1-9 续表 6

行业	代码	明山区	南芬区	本溪满族自治县	桓仁满族自治县	丹东市	元宝区
总　计	00	**3647**	**707**	**2004**	**2093**	**16403**	**2609**
农、林、牧、渔业	A	**5**		**2**	**7**	**118**	
农业	01	1			1	6	
林业	02			1	1		
畜牧业	03						
渔业	04						
农、林、牧、渔服务业	05	4		1	5	112	
采矿业	B	**50**	**71**	**268**	**54**	**669**	**8**
煤炭开采和洗选业	06	6	1	82	9	108	
石油和天然气开采业	07					1	1
黑色金属矿采选业	08	16	38	105	13	143	
有色金属矿采选业	09	1	2	27	16	170	1
非金属矿采选业	10	26	28	52	15	242	4
开采辅助活动	11			1	1	2	1
其他采矿业	12	1	2	1		3	1
制造业	C	**568**	**152**	**407**	**293**	**3961**	**531**
农副食品加工业	13	15	6	32	30	386	9
食品制造业	14	16	4	9	11	114	28
酒、饮料和精制茶制造业	15	9	6	16	34	70	8
烟草制品业	16					3	
纺织业	17	8	2	8		164	46
纺织服装、服饰业	18	3	4	5	2	179	33
皮革、毛皮、羽毛及其制品和制鞋业	19	5		1	2	16	3
木材加工和木、竹、藤、棕、草制品业	20	9	6	33	29	114	1
家具制造业	21	7	2	6	6	41	7
造纸和纸制品业	22	7	1	7	3	85	17
印刷和记录媒介复制业	23	29	1	1	6	102	39
文教、工美、体育和娱乐用品制造业	24	4	6	3	10	71	17
石油加工、炼焦和核燃料加工业	25	10	4	3		11	
化学原料和化学制品制造业	26	18	16	32	7	203	29
医药制造业	27	1		9	50	39	8
化学纤维制造业	28	2				3	
橡胶和塑料制品业	29	28	8	10	8	152	19
非金属矿物制品业	30	79	14	64	40	358	29
黑色金属冶炼和压延加工业	31	25	25	62	11	178	4
有色金属冶炼和压延加工业	32	34	1	13	9	69	3
金属制品业	33	50	10	26	10	189	34
通用设备制造业	34	83	16	25	4	427	61
专用设备制造业	35	41	7	10	4	284	41
汽车制造业	36	7	1	13		193	11
铁路、船舶、航空航天和其他运输设备制造	37	5			1	20	
电气机械和器材制造业	38	34	5	8	3	192	34
计算机、通信和其他电子设备制造业	39	9		2	1	79	8
仪器仪表制造业	40	11		1	5	166	28
其他制造业	41	4		5	1	15	4
废弃资源综合利用业	42	3	2	3	4	18	
金属制品、机械和设备修理业	43	12	5		2	20	10
电力、热力、燃气及水生产和供应业	D	**19**	**5**	**32**	**39**	**107**	**10**
电力、热力生产和供应业	44	12	2	27	38	81	9
燃气生产和供应业	45	4	2	1		9	1
水的生产和供应业	46	3	1	4	1	17	
建筑业	E	**244**	**11**	**37**	**68**	**698**	**196**
房屋建筑业	47	38	4	12	27	155	26
土木工程建筑业	48	31	2	8	27	167	23
建筑安装业	49	54	1	8	7	127	40
建筑装饰和其他建筑业	50	121	4	9	7	249	107

振兴区	振安区	宽甸满族自治县	东港市	凤城市	锦州市	古塔区	凌河区	代码
3638	**1126**	**2534**	**3425**	**3071**	**17788**	**2222**	**2456**	**00**
	8	**12**	**81**	**17**	**1059**	**5**	**2**	**A**
	2		4		2		1	01
								02
								03
								04
	6	12	77	17	1057	5	1	05
1	**13**	**227**	**35**	**385**	**219**	**1**	**1**	**B**
		11	2	95	23			06
								07
		66	2	75	22			08
	4	45	5	115	7	1		09
1	9	103	26	99	165		1	10
		1			1			11
		1		1	1			12
761	**434**	**304**	**1030**	**901**	**3422**	**264**	**287**	**C**
53	14	36	233	41	397	5	6	13
15	16	12	21	22	87	6	9	14
7	7	11	16	21	91	2	1	15
				3				16
7	28	7	42	34	52	1	5	17
33	21	8	65	19	73	4	5	18
4	1	1	3	4	122	3	2	19
3	5	38	24	43	77	1	1	20
8	4	5	10	7	17	3	1	21
11	16	6	14	21	63	5	3	22
17	11	1	18	16	98	14	28	23
9	13	3	12	17	28	3	2	24
4	4		2	1	56	9	6	25
36	25	32	39	42	225	17	12	26
10	4	6	6	5	26	2	2	27
3					6		1	28
17	21	8	60	27	184	19	13	29
32	34	58	113	92	512	19	14	30
18	11	22	75	48	126	3	2	31
6	4	11	17	28	68	1	3	32
31	19	12	62	31	192	23	17	33
100	38	5	71	152	300	49	44	34
75	55	7	40	66	167	18	26	35
41	20	1	19	101	56	1	6	36
11	1	2	3	3	54		16	37
52	36	5	39	26	219	36	30	38
51	7	2	7	4	35	11	6	39
98	17	1	2	20	40	5	14	40
3	2	2	1	3	20	3	1	41
1		1	12	4	12		1	42
5		1	4		19	1	10	43
14	**4**	**36**	**22**	**21**	**104**	**6**	**11**	**D**
9	4	34	11	14	70	6	9	44
3			2	3	10		1	45
2		2	9	4	24		1	46
167	**73**	**60**	**144**	**58**	**724**	**146**	**169**	**E**
23	19	25	44	18	153	22	39	47
30	18	25	58	13	113	18	25	48
44	13	6	16	8	111	28	27	49
70	23	4	26	19	347	78	78	50

1-9 续表 7

行　　业	代码	明山区	南芬区	本溪满族自治县	桓仁满族自治县	丹东市	元宝区
批发和零售业	F	**1182**	**164**	**358**	**603**	**3038**	**788**
批发业	51	739	93	235	416	1786	473
零售业	52	443	71	123	187	1252	315
交通运输、仓储和邮政业	G	**48**	**13**	**33**	**30**	**388**	**46**
道路运输业	54	29	4	26	14	191	19
水上运输业	55	1			3	42	2
航空运输业	56					2	
管道运输业	57						
装卸搬运和运输代理业	58	8	3		3	76	16
仓储业	59	2	5	5	4	50	6
邮政业	60	4	1	2	6	19	3
住宿和餐饮业	H	**88**	**11**	**33**	**54**	**352**	**42**
住宿业	61	22	5	12	22	175	12
餐饮业	62	66	6	21	32	177	30
信息传输、软件和信息技术服务业	I	**35**	**2**	**5**	**8**	**165**	**61**
电信、广播电视和卫星传输服务	63	7		2	3	47	3
互联网和相关服务	64	3		1	2	20	13
软件和信息技术服务业	65	25	2	2	3	98	45
房地产业	K	**202**	**5**	**62**	**53**	**527**	**85**
房地产业	70	202	5	62	53	527	85
租赁和商务服务业	L	**229**	**25**	**71**	**91**	**895**	**197**
租赁业	71	11	1	3	7	38	10
商务服务业	72	218	24	68	84	857	187
科学研究和技术服务业	M	**137**	**7**	**192**	**57**	**750**	**67**
研究和试验发展	73	13		4	7	30	6
专业技术服务业	74	95	7	34	36	285	43
科技推广和应用服务业	75	29		154	14	435	18
水利、环境和公共设施管理业	N	**42**	**4**	**51**	**29**	**239**	**24**
水利管理业	76	3	1	11	15	87	2
生态保护和环境治理业	77	5		9	3	65	3
公共设施管理业	78	34	3	31	11	87	19
居民服务、修理和其他服务业	O	**97**	**20**	**21**	**30**	**280**	**71**
居民服务业	79	41	18	12	16	149	32
机动车、电子产品和日用产品修理业	80	46	2	9	8	120	35
其他服务业	81	10			6	11	4
教育	P	**130**	**24**	**49**	**88**	**656**	**92**
教育	82	130	24	49	88	656	92
卫生和社会工作	Q	**65**	**10**	**28**	**66**	**598**	**39**
卫生	83	41	8	20	36	503	27
社会工作	84	24	2	8	30	95	12
文化、体育和娱乐业	R	**62**	**17**	**18**	**62**	**282**	**42**
新闻和出版业	85	1		1	2	4	
广播、电视、电影和影视录音制作业	86	4	2	3	4	20	2
文化艺术业	87	10	2	11	17	79	8
体育	88	12		1	2	29	8
娱乐业	89	35	13	2	37	150	24
公共管理、社会保障和社会组织	S	**385**	**164**	**328**	**455**	**2532**	**259**
中国共产党机关	90	8	11	4	22	116	10
国家机构	91	137	86	119	146	1144	155
人民政协、民主党派	92	1	1	1	2	19	1
社会保障	93	2		1	4	25	3
群众团体、社会团体和其他成员组织	94	159	30	74	161	396	42
基层群众自治组织	95	78	36	129	120	832	48

振兴区	振安区	宽甸满族自治县	东港市	凤城市	锦州市	古塔区	凌河区	代码
855	**96**	**318**	**475**	**506**	**3745**	**590**	**644**	F
501	63	141	301	307	2091	379	406	51
354	33	177	174	199	1654	211	238	52
140	**20**	**37**	**62**	**83**	**680**	**39**	**78**	G
43	14	17	33	65	444	24	22	54
21	1	10	8		20		4	55
2					1			56
					2	1		57
42		3	10	5	136	10	36	58
13	5	5	10	11	49	2	3	59
13			1	2	16		7	60
157	**16**	**59**	**39**	**39**	**318**	**77**	**47**	H
79	11	33	18	22	157	38	24	61
78	5	26	21	17	161	39	23	62
51	**12**	**19**	**7**	**15**	**140**	**42**	**40**	I
9	6	16	5	8	28	4	6	63
3	1	3			13	2	4	64
39	5		2	7	99	36	30	65
175	**47**	**45**	**97**	**78**	**542**	**121**	**117**	K
175	47	45	97	78	542	121	117	70
237	**35**	**182**	**129**	**115**	**995**	**178**	**261**	L
17		4	5	2	104	10	19	71
220	35	178	124	113	891	168	242	72
85	**30**	**156**	**300**	**112**	**643**	**73**	**94**	M
4	5	5	5	5	23	4	7	73
64	13	67	49	49	310	58	59	74
17	12	84	246	58	310	11	28	75
19	**24**	**71**	**50**	**51**	**207**	**20**	**21**	N
4	5	23	31	22	66		3	76
3	8	25	6	20	25	3	3	77
12	11	23	13	9	116	17	15	78
87	**13**	**35**	**52**	**22**	**272**	**49**	**43**	O
51	6	19	30	11	146	28	19	79
35	6	16	18	10	111	19	16	80
1	1		4	1	15	2	8	81
142	**39**	**108**	**184**	**91**	**505**	**77**	**97**	P
142	39	108	184	91	505	77	97	82
99	**59**	**182**	**141**	**78**	**550**	**90**	**79**	Q
81	47	161	123	64	423	79	65	83
18	12	21	18	14	127	11	14	84
75	**9**	**48**	**67**	**41**	**474**	**99**	**80**	R
3		1			10		5	85
5	1	2	5	5	20	4	2	86
19	4	28	15	5	124	9	29	87
10	2	3	3	3	25	2	10	88
38	2	14	44	28	295	84	34	89
516	**187**	**626**	**498**	**446**	**2991**	**304**	**317**	S
26	9	32	17	22	103	16	21	90
323	90	292	144	140	981	153	141	91
13	1	1	1	2	21	4	1	92
2	1	2	14	3	69	13	16	93
69	26	117	96	46	468	55	71	94
83	60	182	226	233	1349	63	67	95

1-9 续表 8

行　　业	代码	太和区	黑山县	义县	凌海市	北镇市	营口市
总　计	00	**3859**	**2630**	**2283**	**2463**	**1875**	**23276**
农、林、牧、渔业	A	**56**	**362**	**262**	**237**	**135**	**376**
农业	01					1	
林业	02						
畜牧业	03						
渔业	04						
农、林、牧、渔服务业	05	56	362	262	237	134	376
采矿业	B	**11**	**45**	**86**	**60**	**15**	**537**
煤炭开采和洗选业	06		7	6	10		2
石油和天然气开采业	07						
黑色金属矿采选业	08	2		15	2	3	45
有色金属矿采选业	09	2		1	3		264
非金属矿采选业	10	6	37	64	45	12	226
开采辅助活动	11		1				
其他采矿业	12	1					
制造业	C	**1075**	**388**	**450**	**529**	**429**	**6064**
农副食品加工业	13	63	95	63	91	74	260
食品制造业	14	31	9	9	8	15	85
酒、饮料和精制茶制造业	15	24	6	25	16	17	43
烟草制品业	16						2
纺织业	17	20	5	6	9	6	219
纺织服装、服饰业	18	13	16	11	13	11	374
皮革、毛皮、羽毛及其制品和制鞋业	19	7	3	10	1	96	42
木材加工和木、竹、藤、棕、草制品业	20	15	39	12	7	2	76
家具制造业	21	4	1		6	2	34
造纸和纸制品业	22	19	12	5	13	6	128
印刷和记录媒介复制业	23	17	15	6	14	4	87
文教、工美、体育和娱乐用品制造业	24	11	10	1		1	93
石油加工、炼焦和核燃料加工业	25	15	3	5	10	8	107
化学原料和化学制品制造业	26	67	22	29	38	40	381
医药制造业	27	14	2	4	1	1	20
化学纤维制造业	28	2		1	2		17
橡胶和塑料制品业	29	62	6	5	38	41	517
非金属矿物制品业	30	138	54	117	126	44	1155
黑色金属冶炼和压延加工业	31	56	9	20	31	5	198
有色金属冶炼和压延加工业	32	21	3	28	9	3	120
金属制品业	33	74	37	13	14	14	460
通用设备制造业	34	139	11	25	24	8	729
专用设备制造业	35	57	18	20	14	14	271
汽车制造业	36	28	3	4	6	8	66
铁路、船舶、航空航天和其他运输设备制造	37	23	1	5	8	1	31
电气机械和器材制造业	38	114	4	10	20	5	333
计算机、通信和其他电子设备制造业	39	12		5		1	50
仪器仪表制造业	40	16		3	1	1	95
其他制造业	41	4	3	7	1	1	9
废弃资源综合利用业	42	2	1	1	7		25
金属制品、机械和设备修理业	43	7			1		37
电力、热力、燃气及水生产和供应业	D	**30**	**20**	**9**	**16**	**12**	**84**
电力、热力生产和供应业	44	22	12	5	10	6	47
燃气生产和供应业	45	2	1	2	3	1	20
水的生产和供应业	46	6	7	2	3	5	17
建筑业	E	**228**	**29**	**51**	**66**	**35**	**860**
房屋建筑业	47	44	5	16	18	9	188
土木工程建筑业	48	24	12	3	18	13	173
建筑安装业	49	38	4	3	6	5	126
建筑装饰和其他建筑业	50	122	8	29	24	8	373

站前区	西市区	鲅鱼圈区	老边区	盖州市	大石桥市	阜新市	海州区	代码
4506	**3318**	**4683**	**2450**	**4180**	**4139**	**15131**	**2771**	00
2	**2**	**16**	**103**	**148**	**105**	**714**	**11**	A
								01
								02
								03
								04
2	2	16	103	148	105	714	11	05
1	**6**	**25**	**21**	**122**	**362**	**348**	**22**	B
		1			1	172	21	06
						1	1	07
			5	6	34	45		08
	1	11	5	39	208	3		09
1	5	13	11	77	119	119		10
						8		11
								12
672	**1142**	**822**	**1057**	**965**	**1406**	**2479**	**267**	C
12	5	34	27	85	97	204	12	13
15	7	6	20	21	16	85	6	14
1	3	10	2	17	10	57	5	15
2								16
28	47	12	31	69	32	40	1	17
40	61	85	69	69	50	48	12	18
	5	10	3	19	5	46	2	19
3	16	12	15	16	14	132	3	20
2	5	10	8	3	6	22	1	21
32	15	13	27	24	17	32	6	22
34	13	17	7	9	7	78	18	23
10	44	16	10	7	6	38	3	24
22	27	3	27	10	18	14	2	25
41	64	33	87	48	108	138	19	26
2	5		8	3	2	20	5	27
8	4	2	2	1		1		28
47	87	185	72	56	70	104	14	29
53	74	95	159	141	633	347	38	30
9	27	34	65	37	26	59	6	31
9	16	10	13	28	44	24	2	32
59	109	55	117	62	58	122	14	33
103	196	90	120	112	108	437	26	34
42	90	19	48	27	45	153	23	35
7	19	13	9	14	4	16		36
3	16	3	1	6	2	9	4	37
55	109	34	56	68	11	118	15	38
8	30		5	2	5	31	3	39
18	33	3	38	3		13	5	40
		5	2		2	26	2	41
1	5	1	5	4	9	24		42
6	10	12	4	4	1	41	20	43
5	**9**	**24**	**6**	**27**	**13**	**68**	**11**	D
2	7	14	2	12	10	42	9	44
1	2	4	2	9	2	10	1	45
2		6	2	6	1	16	1	46
206	**213**	**222**	**84**	**75**	**60**	**469**	**86**	E
43	40	50	26	16	13	132	18	47
26	44	47	26	14	16	108	12	48
44	42	17	8	10	5	78	21	49
93	87	108	24	35	26	151	35	50

1-9 续表 9

行业	代码	太和区	黑山县	义县	凌海市	北镇市	营口市
批发和零售业	F	**745**	**591**	**378**	**464**	**333**	**5888**
批发业	51	535	174	256	173	168	3653
零售业	52	210	417	122	291	165	2235
交通运输、仓储和邮政业	G	**241**	**47**	**78**	**66**	**131**	**1263**
道路运输业	54	117	39	73	45	124	547
水上运输业	55	15		1			50
航空运输业	56	1					2
管道运输业	57	1					
装卸搬运和运输代理业	58	74	1	1	12	2	455
仓储业	59	29	2	3	6	4	168
邮政业	60		5		3	1	36
住宿和餐饮业	H	**44**	**67**	**9**	**42**	**32**	**478**
住宿业	61	25	22	4	28	16	240
餐饮业	62	19	45	5	14	16	238
信息传输、软件和信息技术服务业	I	**34**	**5**	**11**	**3**	**5**	**171**
电信、广播电视和卫星传输服务	63	6	2	7	1	2	33
互联网和相关服务	64	5	1			1	26
软件和信息技术服务业	65	23	2	4	2	2	112
房地产业	K	**153**	**30**	**49**	**26**	**46**	**985**
房地产业	70	153	30	49	26	46	985
租赁和商务服务业	L	**208**	**71**	**101**	**93**	**83**	**1324**
租赁业	71	24	12	15	9	15	82
商务服务业	72	184	59	86	84	68	1242
科学研究和技术服务业	M	**112**	**162**	**86**	**63**	**53**	**481**
研究和试验发展	73	7	1		2	2	50
专业技术服务业	74	57	35	42	29	30	329
科技推广和应用服务业	75	48	126	44	32	21	102
水利、环境和公共设施管理业	N	**44**	**37**	**33**	**16**	**36**	**187**
水利管理业	76	16	23	10	4	10	43
生态保护和环境治理业	77	6	1	7	3	2	14
公共设施管理业	78	22	13	16	9	24	130
居民服务、修理和其他服务业	O	**66**	**24**	**39**	**28**	**23**	**409**
居民服务业	79	36	13	30	11	9	227
机动车、电子产品和日用产品修理业	80	30	11	8	14	13	164
其他服务业	81			1	3	1	18
教育	P	**80**	**62**	**53**	**78**	**58**	**663**
教育	82	80	62	53	78	58	663
卫生和社会工作	Q	**71**	**109**	**84**	**60**	**57**	**591**
卫生	83	54	82	64	32	47	479
社会工作	84	17	27	20	28	10	112
文化、体育和娱乐业	R	**66**	**81**	**47**	**81**	**20**	**490**
新闻和出版业	85	1	1	1	1	1	13
广播、电视、电影和影视录音制作业	86	1	2	5	4	2	22
文化艺术业	87	11	28	29	10	8	73
体育	88	4		4	5		75
娱乐业	89	49	50	8	61	9	307
公共管理、社会保障和社会组织	S	**548**	**497**	**448**	**513**	**364**	**2252**
中国共产党机关	90	22	13	8	11	12	102
国家机构	91	253	109	131	118	76	782
人民政协、民主党派	92	12	1	1	1	1	12
社会保障	93	15	15	3	4	3	31
群众团体、社会团体和其他成员组织	94	95	59	61	94	33	526
基层群众自治组织	95	151	300	244	285	239	799

站前区	西市区	鲅鱼圈区	老边区	盖州市	大石桥市	阜新市	海州区	代码
1298	**643**	**1124**	**499**	**1392**	**932**	**3725**	**744**	F
496	411	529	421	1065	731	1686	368	51
802	232	595	78	327	201	2039	376	52
154	**149**	**592**	**86**	**186**	**96**	**209**	**42**	G
73	52	152	69	136	65	152	23	54
8	22	19	1					55
	1	1						56
								57
53	56	328	8	3	7	21	11	58
10	8	83	7	44	16	13	1	59
9	10	7	1	2	7	15	3	60
129	**32**	**219**	**5**	**48**	**45**	**152**	**77**	H
44	6	144	2	28	16	73	46	61
85	26	75	3	20	29	79	31	62
66	**40**	**19**	**24**	**13**	**9**	**110**	**25**	I
13	3	5	1	8	3	16	5	63
4	12	2	5	1	2	8	1	64
49	25	12	18	4	4	86	19	65
177	**182**	**334**	**61**	**125**	**106**	**386**	**98**	K
177	182	334	61	125	106	386	98	70
433	**281**	**270**	**118**	**97**	**125**	**672**	**218**	L
11	23	28	6	11	3	31	4	71
422	258	242	112	86	122	641	214	72
129	**103**	**85**	**36**	**60**	**68**	**481**	**96**	M
15	20	8	2	2	3	38	14	73
99	62	62	25	39	42	248	62	74
15	21	15	9	19	23	195	20	75
37	**39**	**28**	**21**	**34**	**28**	**187**	**29**	N
9	2	1	8	10	13	62	5	76
4	3	2	1	3	1	17	3	77
24	34	25	12	21	14	108	21	78
121	**44**	**136**	**29**	**51**	**28**	**220**	**51**	O
76	24	81	6	30	10	95	28	79
41	17	51	19	20	16	112	23	80
4	3	4	4	1	2	13		81
214	**75**	**140**	**26**	**119**	**89**	**690**	**186**	P
214	75	140	26	119	89	690	186	82
168	**85**	**127**	**38**	**108**	**65**	**1108**	**186**	Q
142	55	118	30	81	53	985	155	83
26	30	9	8	27	12	123	31	84
128	**54**	**141**	**15**	**56**	**96**	**498**	**99**	R
6	1	1	1	2	2	8	2	85
5		7	2	5	3	36	9	86
31	12	9	6	8	7	79	18	87
39	9	9		12	6	48	26	88
47	32	115	6	29	78	327	44	89
488	**205**	**313**	**213**	**544**	**489**	**2473**	**465**	S
30	17	7	16	15	17	104	16	90
200	102	154	105	114	107	1021	198	91
7	1	1	1	1	1	41	20	92
5	5	7	5	4	5	54	11	93
199	51	53	28	111	84	446	147	94
47	29	91	58	299	275	807	73	95

1-9 续表 10

行　　业	代码	新邱区	太平区	清河门区	细河区	阜新蒙古族自治县	彰武县
总　　计	00	**863**	**1437**	**606**	**3123**	**3476**	**2855**
农、林、牧、渔业	A	**12**	**6**	**20**	**3**	**145**	**517**
农业	01						
林业	02						
畜牧业	03						
渔业	04						
农、林、牧、渔服务业	05	12	6	20	3	145	517
采矿业	B	**63**	**26**	**26**	**3**	**159**	**49**
煤炭开采和洗选业	06	57	23	26	1	44	
石油和天然气开采业	07						
黑色金属矿采选业	08					45	
有色金属矿采选业	09					3	
非金属矿采选业	10	5	3		2	60	49
开采辅助活动	11	1				7	
其他采矿业	12						
制造业	C	**217**	**391**	**93**	**781**	**442**	**288**
农副食品加工业	13	23	7	2	27	84	49
食品制造业	14	10	7		22	19	21
酒、饮料和精制茶制造业	15	6	7	1	10	18	10
烟草制品业	16						
纺织业	17	6	9		17	4	3
纺织服装、服饰业	18	2	13	4	8	4	5
皮革、毛皮、羽毛及其制品和制鞋业	19		3	36	4		1
木材加工和木、竹、藤、棕、草制品业	20	41	8	3	7	22	48
家具制造业	21	1	1		5	3	11
造纸和纸制品业	22	2	6	1	10	3	4
印刷和记录媒介复制业	23	4	11	3	28	10	4
文教、工美、体育和娱乐用品制造业	24	3	4	2	9	14	3
石油加工、炼焦和核燃料加工业	25	1	5		1	1	4
化学原料和化学制品制造业	26	10	21	5	25	29	29
医药制造业	27	1	5		6	2	1
化学纤维制造业	28		1				
橡胶和塑料制品业	29	4	25	1	43	9	8
非金属矿物制品业	30	65	35	12	42	105	50
黑色金属冶炼和压延加工业	31	2	14	1	19	15	2
有色金属冶炼和压延加工业	32	1	9	1	6	4	1
金属制品业	33	5	31	4	27	28	13
通用设备制造业	34	7	87	6	295	14	2
专用设备制造业	35	18	26	5	53	20	8
汽车制造业	36	2	2		10	2	
铁路、船舶、航空航天和其他运输设备制造	37	1	2		2		
电气机械和器材制造业	38		18	2	74	6	3
计算机、通信和其他电子设备制造业	39		4		23		1
仪器仪表制造业	40		4		4		
其他制造业	41		6	2	1	8	7
废弃资源综合利用业	42	2	3	1	2	16	
金属制品、机械和设备修理业	43		17	1	1	2	
电力、热力、燃气及水生产和供应业	D	**3**	**4**	**6**	**10**	**18**	**16**
电力、热力生产和供应业	44	1	3	2	7	7	13
燃气生产和供应业	45	2	1	1	2	2	1
水的生产和供应业	46			3	1	9	2
建筑业	E	**20**	**77**	**10**	**204**	**41**	**31**
房屋建筑业	47	6	16	6	60	16	10
土木工程建筑业	48	8	17	2	45	13	11
建筑安装业	49	3	16	1	32	3	2
建筑装饰和其他建筑业	50	3	28	1	67	9	8

辽阳市	白塔区	文圣区	宏伟区	弓长岭区	太子河区	辽阳县	灯塔市	代码
11556	**2874**	**860**	**1249**	**543**	**1411**	**2947**	**1672**	00
184	**2**	**5**	**7**	**2**	**49**	**59**	**60**	A
								01
								02
								03
								04
184	2	5	7	2	49	59	60	05
481	**1**	**56**	**14**	**69**	**3**	**174**	**164**	B
50					1		49	06
								07
254		8	2	54		97	93	08
13		1		1	1	9	1	09
162		47	11	14	1	68	21	10
2	1		1					11
								12
3143	**292**	**261**	**413**	**89**	**727**	**944**	**417**	C
150	4	10	11	2	32	45	46	13
45	6	1	11	3	8	9	7	14
46	4	4	1	10	3	13	11	15
								16
82	13	3	4		32	13	17	17
267	14	3	5	2	13	199	31	18
98		3		1	3	10	81	19
52	3	3	3	2	14	24	3	20
27		2	3		11	10	1	21
55	4	8	3		26	10	4	22
52	25	1	9	1	9	4	3	23
78	9	11	10	2	37	5	4	24
28	2	2	11		6	6	1	25
255	9	27	109	6	55	32	17	26
14	3	1	2	1	4	1	2	27
23			13		8	2		28
203	16	14	43	1	32	91	6	29
356	12	89	30	13	59	45	108	30
263	9	6	7	9	45	179	8	31
28		2	6	2	7	9	2	32
248	40	12	36	3	62	84	11	33
390	43	27	48	12	127	104	29	34
152	18	15	11	13	60	25	10	35
26	2	3	1	2	11	3	4	36
3					2	1		37
96	28	5	15	2	32	9	5	38
13	7	1	1		2	1	1	39
72	19	4	19		25	5		40
6			1		1	1	3	41
7					1	4	2	42
8	2	4		2				43
38	**9**	**2**	**4**	**7**	**3**	**5**	**8**	D
15	1	2	1	5	1	2	3	44
8	2		3	1		1	1	45
15	6			1	2	2	4	46
404	**182**	**16**	**87**	**20**	**42**	**28**	**29**	E
92	36	3	22	11	5	10	5	47
92	29	4	16	6	15	10	12	48
95	43	5	25	1	13	4	4	49
125	74	4	24	2	9	4	8	50

1-9 续表 11

行　　业	代码	新邱区	太平区	清河门区	细河区	阜新蒙古族自治县	彰武县
批发和零售业	F	**137**	**415**	**81**	**646**	**883**	**819**
批发业	51	56	193	37	274	320	438
零售业	52	81	222	44	372	563	381
交通运输、仓储和邮政业	G	**10**	**21**	**9**	**52**	**20**	**55**
道路运输业	54	6	13	9	44	12	45
水上运输业	55						
航空运输业	56						
管道运输业	57						
装卸搬运和运输代理业	58	4	2		3	1	
仓储业	59		1		1	5	5
邮政业	60		3		4	1	4
住宿和餐饮业	H	**9**	**14**	**1**	**19**	**16**	**16**
住宿业	61		5		7	10	5
餐饮业	62	9	9	1	12	6	11
信息传输、软件和信息技术服务业	I	**4**	**10**	**5**	**53**	**6**	**7**
电信、广播电视和卫星传输服务	63	1	2	2	2	1	3
互联网和相关服务	64		1		1	4	1
软件和信息技术服务业	65	3	7	3	50	1	3
房地产业	K	**18**	**29**	**18**	**143**	**34**	**46**
房地产业	70	18	29	18	143	34	46
租赁和商务服务业	L	**36**	**67**	**26**	**199**	**65**	**61**
租赁业	71	3	6		10	4	4
商务服务业	72	33	61	26	189	61	57
科学研究和技术服务业	M	**15**	**15**	**13**	**158**	**86**	**98**
研究和试验发展	73		1		19	3	1
专业技术服务业	74	7	12	6	99	24	38
科技推广和应用服务业	75	8	2	7	40	59	59
水利、环境和公共设施管理业	N	**13**	**19**	**9**	**37**	**32**	**48**
水利管理业	76	1	1	2	8	11	34
生态保护和环境治理业	77		1		5	2	6
公共设施管理业	78	12	17	7	24	19	8
居民服务、修理和其他服务业	O	**6**	**20**	**11**	**55**	**21**	**56**
居民服务业	79	3	6	8	14	9	27
机动车、电子产品和日用产品修理业	80	3	11	3	34	10	28
其他服务业	81		3		7	2	1
教育	P	**33**	**31**	**29**	**132**	**182**	**97**
教育	82	33	31	29	132	182	97
卫生和社会工作	Q	**34**	**41**	**40**	**75**	**615**	**117**
卫生	83	25	34	36	47	583	105
社会工作	84	9	7	4	28	32	12
文化、体育和娱乐业	R	**52**	**50**	**43**	**83**	**63**	**108**
新闻和出版业	85	1	1	1	1	1	1
广播、电视、电影和影视录音制作业	86	2	2	3	4	3	13
文化艺术业	87	6	9	5	21	8	12
体育	88	1	3	4	11	2	1
娱乐业	89	42	35	30	46	49	81
公共管理、社会保障和社会组织	S	**176**	**189**	**163**	**424**	**637**	**419**
中国共产党机关	90	15	15	13	22	8	15
国家机构	91	109	99	92	246	140	137
人民政协、民主党派	92	5	6	4	4	1	1
社会保障	93	7	5	5	13	8	5
群众团体、社会团体和其他成员组织	94	18	22	21	87	90	61
基层群众自治组织	95	22	42	28	52	390	200

辽阳市	白塔区	文圣区	宏伟区	弓长岭区	太子河区	辽阳县	灯塔市	代码
2189	**657**	**88**	**242**	**46**	**176**	**774**	**206**	F
1547	393	68	182	29	119	651	105	51
642	264	20	60	17	57	123	101	52
280	**70**	**30**	**28**	**26**	**40**	**43**	**43**	G
216	50	28	22	21	33	31	31	54
								55
								56
								57
17	10	1	3				3	58
28		1	2	2	4	10	9	59
14	8		1	2	1	2		60
163	**72**	**5**	**6**	**13**	**7**	**37**	**23**	H
59	30	3	2	7	1	5	11	61
104	42	2	4	6	6	32	12	62
62	**42**	**1**	**7**	**4**	**1**	**7**		I
8	6				1	1		63
7	6					1		64
47	30	1	7	4		5		65
311	**140**	**21**	**47**	**16**	**21**	**38**	**28**	K
311	140	21	47	16	21	38	28	70
491	**234**	**35**	**48**	**21**	**27**	**79**	**47**	L
53	20		9	1	2	16	5	71
438	214	35	39	20	25	63	42	72
305	**104**	**30**	**31**	**6**	**24**	**79**	**31**	M
28	15	2	4		5		2	73
160	77	6	17	4	9	31	16	74
117	12	22	10	2	10	48	13	75
105	**33**	**5**	**12**	**7**	**7**	**27**	**14**	N
39	6	2		1	6	19	5	76
12	7		2		1		2	77
54	20	3	10	6		8	7	78
218	**90**	**19**	**28**	**15**	**17**	**28**	**21**	O
124	60	9	16	11	1	19	8	79
89	30	10	9	4	16	9	11	80
5			3				2	81
698	**276**	**36**	**66**	**36**	**32**	**128**	**124**	P
698	276	36	66	36	32	128	124	82
357	**99**	**31**	**34**	**26**	**38**	**53**	**76**	Q
269	82	21	21	16	30	33	66	83
88	17	10	13	10	8	20	10	84
194	**86**	**16**	**16**	**10**	**10**	**35**	**21**	R
3	1	1				1		85
8	2		1	2		1	2	86
73	24	10	8	2	6	18	5	87
25	8	4	6	3		1	3	88
85	51	1	1	3	4	14	11	89
1820	**402**	**203**	**157**	**123**	**186**	**398**	**351**	S
103	32	15	14	11	9	11	11	90
659	154	97	75	50	65	128	90	91
14	8	1	1	1	1	1	1	92
33	12	4	3	3	4	5	2	93
339	130	34	25	25	39	44	42	94
672	66	52	39	33	68	209	205	95

1-9 续表 12

行业	代码	盘锦市	双台子区	兴隆台区	大洼县	盘山县	铁岭市
总计	00	**11628**	**1693**	**5014**	**2785**	**2136**	**13353**
农、林、牧、渔业	A	**261**	**11**	**8**	**129**	**113**	**1892**
农业	01	7	1	1	3	2	
林业	02	1				1	
畜牧业	03						
渔业	04	1			1		
农、林、牧、渔服务业	05	252	10	7	125	110	1892
采矿业	B	**94**	**1**	**88**	**2**	**3**	**131**
煤炭开采和洗选业	06						13
石油和天然气开采业	07	2		2			1
黑色金属矿采选业	08						8
有色金属矿采选业	09						5
非金属矿采选业	10	2				2	102
开采辅助活动	11	90	1	86	2	1	1
其他采矿业	12						1
制造业	C	**2033**	**255**	**651**	**684**	**443**	**2523**
农副食品加工业	13	275	12	10	146	107	305
食品制造业	14	51	8	6	21	16	83
酒、饮料和精制茶制造业	15	21	6	5	7	3	81
烟草制品业	16						1
纺织业	17	18	4	8	4	2	43
纺织服装、服饰业	18	35	3	18	12	2	29
皮革、毛皮、羽毛及其制品和制鞋业	19	5		2	3		6
木材加工和木、竹、藤、棕、草制品业	20	17	1	2	10	4	92
家具制造业	21	16	6	5	4	1	22
造纸和纸制品业	22	23	1	5	5	12	45
印刷和记录媒介复制业	23	43	6	33	4		57
文教、工美、体育和娱乐用品制造业	24	12	2	5	4	1	17
石油加工、炼焦和核燃料加工业	25	261	38	36	97	90	19
化学原料和化学制品制造业	26	246	33	91	82	40	158
医药制造业	27	20	5	6	4	5	38
化学纤维制造业	28	2	1			1	3
橡胶和塑料制品业	29	151	37	44	31	39	231
非金属矿物制品业	30	219	23	52	76	68	265
黑色金属冶炼和压延加工业	31	6	1	3	1	1	54
有色金属冶炼和压延加工业	32	4			2	2	39
金属制品业	33	134	25	38	58	13	145
通用设备制造业	34	104	17	45	31	11	338
专用设备制造业	35	224	12	160	40	12	207
汽车制造业	36	6	1	1	3	1	74
铁路、船舶、航空航天和其他运输设备制造	37	9			8	1	6
电气机械和器材制造业	38	59	5	31	15	8	92
计算机、通信和其他电子设备制造业	39	6		5	1		11
仪器仪表制造业	40	23	1	18	4		22
其他制造业	41	14	4	6	3	1	15
废弃资源综合利用业	42	8	1	4	2	1	16
金属制品、机械和设备修理业	43	21	2	12	6	1	9
电力、热力、燃气及水生产和供应业	D	**85**	**12**	**13**	**39**	**21**	**87**
电力、热力生产和供应业	44	22	3	8	9	2	45
燃气生产和供应业	45	13	4	1	7	1	10
水的生产和供应业	46	50	5	4	23	18	32
建筑业	E	**509**	**77**	**272**	**110**	**50**	**249**
房屋建筑业	47	85	9	46	16	14	81
土木工程建筑业	48	150	35	55	35	25	63
建筑安装业	49	83	12	57	10	4	32
建筑装饰和其他建筑业	50	191	21	114	49	7	73

银州区	清河区	铁岭县	西丰县	昌图县	调兵山市	开原市	朝阳市	代码
2093	**847**	**2035**	**851**	**5235**	**673**	**1619**	**16406**	00
8	**23**	**317**	**44**	**1437**	**13**	**50**	**671**	A
							1	01
								02
							1	03
								04
8	23	317	44	1437	13	50	669	05
10	**6**	**56**	**18**	**7**	**6**	**28**	**1073**	B
		5	4	1	3		24	06
		1						07
		3	1			4	659	08
		3	1			1	43	09
10	6	42	12	6	3	23	347	10
		1						11
		1						12
429	**219**	**563**	**158**	**614**	**133**	**407**	**2180**	C
17	20	31	18	141	11	67	244	13
11	11	14	10	24	7	6	83	14
4	9	10	7	34	9	8	55	15
			1					16
2	1	3	15	13	3	6	33	17
6	2	4	3	10	1	3	43	18
3		2		1			11	19
2	16	18	13	32	2	9	40	20
5		6	1	2	2	6	18	21
7	17	7	2	2	2	8	25	22
13	8	1		15	3	17	39	23
2	1	7		2	1	4	16	24
		11			6	2	8	25
17	19	45	8	43	8	18	116	26
5	4	7	18	1		3	15	27
2		1					2	28
69	13	70	21	19	8	31	82	29
28	29	62	20	73	22	31	387	30
3	10	27	4	4	2	4	203	31
10	1	16	1	4	1	6	50	32
31	10	46	5	32	7	14	98	33
63	30	72	3	94	12	64	120	34
34	9	44	4	23	11	82	331	35
46	2	15	1	7	2	1	45	36
1	1	3			1		4	37
21	4	33		15	8	11	59	38
9		1		1			15	39
15		3		1	1	2	3	40
1	1	2	1	8	1	1	10	41
1	1	1	1	11		1	19	42
1		1	1	2	2	2	6	43
9	**9**	**14**	**5**	**34**	**7**	**9**	**131**	D
3	4	9	2	17	5	5	101	44
3	1	2		3		1	9	45
3	4	3	3	14	2	3	21	46
87	**24**	**29**	**5**	**69**	**14**	**21**	**517**	E
24	5	9	3	26	7	7	126	47
18	10	10	1	18		6	112	48
11	3	7	1	4	2	4	93	49
34	6	3		21	5	4	186	50

1-9 续表 13

行业	代码						
		盘锦市	双台子区	兴隆台区	大洼县	盘山县	铁岭市
批发和零售业	F	**2941**	**660**	**1563**	**387**	**331**	**1757**
批发业	51	1477	392	538	259	288	1001
零售业	52	1464	268	1025	128	43	756
交通运输、仓储和邮政业	G	**234**	**63**	**74**	**52**	**45**	**216**
道路运输业	54	152	40	51	33	28	149
水上运输业	55	7		4	2	1	
航空运输业	56	1		1			
管道运输业	57	1		1			
装卸搬运和运输代理业	58	28	14	8	6		15
仓储业	59	35	6	3	10	16	29
邮政业	60	7	2	5			20
住宿和餐饮业	H	**140**	**16**	**100**	**16**	**8**	**115**
住宿业	61	50	8	31	7	4	60
餐饮业	62	90	8	69	9	4	55
信息传输、软件和信息技术服务业	I	**185**	**14**	**161**	**5**	**5**	**72**
电信、广播电视和卫星传输服务	63	22	6	13		3	33
互联网和相关服务	64	17	2	12	2	1	16
软件和信息技术服务业	65	146	6	136	3	1	23
房地产业	K	**424**	**85**	**192**	**110**	**37**	**375**
房地产业	70	424	85	192	110	37	375
租赁和商务服务业	L	**705**	**102**	**455**	**103**	**45**	**509**
租赁业	71	81	14	38	25	4	33
商务服务业	72	624	88	417	78	41	476
科学研究和技术服务业	M	**569**	**41**	**237**	**87**	**204**	**478**
研究和试验发展	73	41	4	22	8	7	25
专业技术服务业	74	268	28	182	38	20	192
科技推广和应用服务业	75	260	9	33	41	177	261
水利、环境和公共设施管理业	N	**210**	**23**	**63**	**86**	**38**	**176**
水利管理业	76	80	10	13	30	27	102
生态保护和环境治理业	77	14		8	4	2	20
公共设施管理业	78	116	13	42	52	9	54
居民服务、修理和其他服务业	O	**256**	**21**	**192**	**33**	**10**	**140**
居民服务业	79	103	8	79	13	3	72
机动车、电子产品和日用产品修理业	80	125	11	92	15	7	43
其他服务业	81	28	2	21	5		25
教育	P	**261**	**47**	**119**	**63**	**32**	**448**
教育	82	261	47	119	63	32	448
卫生和社会工作	Q	**746**	**49**	**62**	**309**	**326**	**599**
卫生	83	689	42	47	289	311	482
社会工作	84	57	7	15	20	15	117
文化、体育和娱乐业	R	**288**	**18**	**158**	**78**	**34**	**318**
新闻和出版业	85	8	1	5	1	1	8
广播、电视、电影和影视录音制作业	86	46	2	8	22	14	45
文化艺术业	87	58	5	33	11	9	60
体育	88	15	3	9	3		29
娱乐业	89	161	7	103	41	10	176
公共管理、社会保障和社会组织	S	**1575**	**182**	**523**	**480**	**390**	**3126**
中国共产党机关	90	88	12	24	32	20	142
国家机构	91	629	71	251	185	122	1090
人民政协、民主党派	92	11	1	8	1	1	14
社会保障	93	21	4	8	5	4	30
群众团体、社会团体和其他成员组织	94	324	36	111	90	87	483
基层群众自治组织	95	502	58	121	167	156	1367

银州区	清河区	铁岭县	西丰县	昌图县	调兵山市	开原市	朝阳市	代码
313	**81**	**156**	**105**	**812**	**84**	**206**	**2592**	F
116	43	99	74	519	45	105	1526	51
197	38	57	31	293	39	101	1066	52
29	**15**	**31**	**7**	**72**	**16**	**46**	**225**	G
18	13	23	5	49	14	27	129	54
								55
							1	56
							1	57
4	1	4		4		2	18	58
3	1	3	2	10		10	47	59
4		1		8	2	5	17	60
58	**11**	**11**	**5**	**14**	**6**	**10**	**87**	H
33	6	5	1	7	2	6	54	61
25	5	6	4	7	4	4	33	62
14	**4**	**15**	**10**	**21**	**4**	**4**	**88**	I
9	2	3	4	12	1	2	28	63
2		3	6	4		1	4	64
3	2	9		5	3	1	56	65
113	**25**	**60**	**7**	**103**	**25**	**42**	**497**	K
113	25	60	7	103	25	42	497	70
142	**35**	**61**	**10**	**179**	**24**	**58**	**716**	L
13	3	5	2	7		3	46	71
129	32	56	8	172	24	55	670	72
53	**23**	**65**	**11**	**280**	**13**	**33**	**1138**	M
10	2	6		6		1	44	73
38	15	32	9	63	12	23	296	74
5	6	27	2	211	1	9	798	75
25	**23**	**27**	**6**	**67**	**8**	**20**	**175**	N
7	11	12	3	53	3	13	62	76
5	5	6		2	1	1	25	77
13	7	9	3	12	4	6	88	78
35	**19**	**12**	**5**	**38**	**12**	**19**	**201**	O
19	12	10	2	17		12	138	79
13	6	1	2	14	2	5	57	80
3	1	1	1	7	10	2	6	81
99	**23**	**51**	**42**	**122**	**41**	**70**	**595**	P
99	23	51	42	122	41	70	595	82
110	**39**	**42**	**63**	**235**	**59**	**51**	**1193**	Q
92	23	38	29	202	53	45	1039	83
18	16	4	34	33	6	6	154	84
73	**23**	**16**	**10**	**114**	**22**	**60**	**398**	R
3			1	2	1	1	13	85
1	2		1	37	1	3	20	86
16	7	7	1	14	5	10	84	87
9	2	6		5	5	2	58	88
44	12	3	7	56	10	44	223	89
409	**242**	**499**	**335**	**982**	**182**	**477**	**3816**	S
15	19	20	10	57	12	9	89	90
224	122	213	89	247	75	120	1249	91
1	1	8	1	1	1	1	15	92
7	3	4	1	7	1	7	40	93
70	46	46	57	180	35	49	872	94
92	51	208	177	490	58	291	1551	95

1-9 续表 14

行　　业	代码	双塔区	龙城区	朝阳县	建平县	喀喇沁左翼蒙古族自治县	北票市
总　计	00	**3819**	**1451**	**1680**	**2213**	**1700**	**3059**
农、林、牧、渔业	A	**11**	**12**	**47**	**280**	**1**	**309**
农业	01				1		
林业	02						
畜牧业	03		1				
渔业	04						
农、林、牧、渔服务业	05	11	11	47	279	1	309
采矿业	B	**22**	**18**	**110**	**381**	**122**	**259**
煤炭开采和洗选业	06	2	1	1	1	2	4
石油和天然气开采业	07						
黑色金属矿采选业	08	2	5	84	258	69	201
有色金属矿采选业	09	1		2	3	17	15
非金属矿采选业	10	17	12	23	119	34	39
开采辅助活动	11						
其他采矿业	12						
制造业	C	**414**	**428**	**231**	**214**	**249**	**298**
农副食品加工业	13	19	38	42	66	17	24
食品制造业	14	12	5	8	9	19	10
酒、饮料和精制茶制造业	15	11	4	5	7	11	10
烟草制品业	16						
纺织业	17	5	4	6	2	1	10
纺织服装、服饰业	18	6	6	6	2	3	7
皮革、毛皮、羽毛及其制品和制鞋业	19	1	1	3		1	3
木材加工和木、竹、藤、棕、草制品业	20	5	8	6	4	5	4
家具制造业	21	1	7	4	1	3	1
造纸和纸制品业	22	3	4	2	3	3	2
印刷和记录媒介复制业	23	15	6	2	5	1	4
文教、工美、体育和娱乐用品制造业	24	4	1	1		2	5
石油加工、炼焦和核燃料加工业	25	2	1	1		3	
化学原料和化学制品制造业	26	17	27	13	12	10	10
医药制造业	27	3	6	1	3	1	
化学纤维制造业	28		1				
橡胶和塑料制品业	29	17	23	13	5	9	7
非金属矿物制品业	30	43	39	43	45	72	53
黑色金属冶炼和压延加工业	31	27	44	16	11	33	40
有色金属冶炼和压延加工业	32	5	7	10	2	10	11
金属制品业	33	24	22	8	12	13	10
通用设备制造业	34	26	45	5	3	8	16
专用设备制造业	35	133	78	26	12	8	65
汽车制造业	36	8	9	2	2	5	1
铁路、船舶、航空航天和其他运输设备制造	37		3			1	
电气机械和器材制造业	38	13	28	5	3	4	2
计算机、通信和其他电子设备制造业	39	6	3	1	2	1	1
仪器仪表制造业	40	1	2				
其他制造业	41	2	2		2	1	
废弃资源综合利用业	42	2	4		1	4	1
金属制品、机械和设备修理业	43	3		2			1
电力、热力、燃气及水生产和供应业	D	**53**	**9**	**3**	**12**	**21**	**17**
电力、热力生产和供应业	44	47	5	2	9	17	10
燃气生产和供应业	45	2	1	1		1	3
水的生产和供应业	46	4	3		3	3	4
建筑业	E	**248**	**68**	**37**	**45**	**21**	**56**
房屋建筑业	47	43	27	12	6	5	15
土木工程建筑业	48	46	12	6	15	6	19
建筑安装业	49	61	10	5	2	1	7
建筑装饰和其他建筑业	50	98	19	14	22	9	15

凌源市	葫芦岛市	连山区	龙港区	南票区	绥中县	建昌县	兴城市	代码
2484	**12989**	**2652**	**2536**	**982**	**2711**	**1420**	**2688**	00
11	**83**	**24**	**4**	**1**	**15**	**18**	**21**	A
	1				1			01
								02
	1				1			03
								04
11	81	24	4	1	13	18	21	05
161	**305**	**89**	**3**	**66**	**38**	**46**	**63**	B
13	54	2		48		1	3	06
								07
40	44	11			2	27	4	08
5	97	55	1	5	3	9	24	09
103	107	21	2	13	31	9	31	10
	1				1			11
	2				1		1	12
346	**2199**	**410**	**325**	**187**	**361**	**103**	**813**	C
38	184	16	3	28	40	24	73	13
20	52	6	2	5	14	11	14	14
7	63	7	3	9	16	9	19	15
								16
5	44	7	1	1	11	3	21	17
13	342	6	7	4	4	1	320	18
2	9		3	1		1	4	19
8	26	6	2	2	7	1	8	20
1	11	7	1		1		2	21
8	11			1	6	1	3	22
6	44	15	8	1	8	4	8	23
3	8	3	1		2		2	24
1	33	12	9	9			3	25
27	136	45	30	11	16	4	30	26
1	20		5	2	10		3	27
1	1						1	28
8	60	13	7	4	11	1	24	29
92	366	56	32	59	66	20	133	30
32	86	39	6	11	4	8	18	31
5	63	26	14	13	4	3	3	32
9	158	41	54	8	19	8	28	33
17	145	49	27	11	22	1	35	34
9	97	25	17	3	30	1	21	35
18	18		1	1	7		9	36
	79		67		5		7	37
4	89	18	18	3	35	1	14	38
1	14	1			12		1	39
	15	4			5		6	40
3	4	1	1		1		1	41
7	7	3	2		1		1	42
	14	4	4		4	1	1	43
16	**64**	**12**	**20**	**4**	**10**	**7**	**11**	D
11	39	8	10	3	6	5	7	44
1	6	2	4					45
4	19	2	6	1	4	2	4	46
42	**502**	**147**	**198**	**12**	**63**	**33**	**49**	E
18	121	29	42	6	20	10	14	47
8	74	12	22	2	18	12	8	48
7	94	44	31	1	9	3	6	49
9	213	62	103	3	16	8	21	50

1-9 续表 15

行　　业	代码	双塔区	龙城区	朝阳县	建平县	喀喇沁左翼蒙古族自治县	北票市
批发和零售业	F	**628**	**429**	**352**	**331**	**216**	**303**
批发业	51	348	334	149	222	110	171
零售业	52	280	95	203	109	106	132
交通运输、仓储和邮政业	G	**62**	**26**	**25**	**27**	**23**	**25**
道路运输业	54	34	19	6	18	13	19
水上运输业	55						
航空运输业	56	1					
管道运输业	57						
装卸搬运和运输代理业	58	3	2	1	3	5	1
仓储业	59	8	5	18	2	2	2
邮政业	60	12			1	1	2
住宿和餐饮业	H	**49**	**5**	**3**	**2**	**6**	**8**
住宿业	61	31	4	1	1	6	3
餐饮业	62	18	1	2	1		5
信息传输、软件和信息技术服务业	I	**52**	**5**	**6**	**8**	**3**	**7**
电信、广播电视和卫星传输服务	63	14	2	2	4		2
互联网和相关服务	64	1	1		1		1
软件和信息技术服务业	65	37	2	4	3	3	4
房地产业	K	**247**	**36**	**21**	**55**	**41**	**34**
房地产业	70	247	36	21	55	41	34
租赁和商务服务业	L	**360**	**45**	**27**	**53**	**64**	**77**
租赁业	71	22	6	2	4	7	
商务服务业	72	338	39	25	49	57	77
科学研究和技术服务业	M	**255**	**22**	**226**	**42**	**272**	**153**
研究和试验发展	73	27	4	2	1	2	4
专业技术服务业	74	140	14	4	25	33	45
科技推广和应用服务业	75	88	4	220	16	237	104
水利、环境和公共设施管理业	N	**63**	**10**	**8**	**13**	**28**	**28**
水利管理业	76	17		2	7	12	9
生态保护和环境治理业	77	12		2	2	1	7
公共设施管理业	78	34	10	4	4	15	12
居民服务、修理和其他服务业	O	**98**	**18**	**12**	**7**	**14**	**15**
居民服务业	79	75	8	5	4	11	11
机动车、电子产品和日用产品修理业	80	19	9	7	2	3	4
其他服务业	81	4	1		1		
教育	P	**160**	**33**	**64**	**69**	**86**	**86**
教育	82	160	33	64	69	86	86
卫生和社会工作	Q	**153**	**31**	**34**	**73**	**51**	**444**
卫生	83	110	17	27	55	38	400
社会工作	84	43	14	7	18	13	44
文化、体育和娱乐业	R	**148**	**15**	**22**	**48**	**34**	**73**
新闻和出版业	85	8			1	1	2
广播、电视、电影和影视录音制作业	86	5	1	1	2	2	6
文化艺术业	87	37	2	2	10	8	13
体育	88	39	3	1		3	3
娱乐业	89	59	9	18	35	20	49
公共管理、社会保障和社会组织	S	**717**	**235**	**451**	**541**	**444**	**861**
中国共产党机关	90	35	10		9	10	14
国家机构	91	347	80	39	119	115	406
人民政协、民主党派	92	8	1		1	1	2
社会保障	93	19	1		6	4	7
群众团体、社会团体和其他成员组织	94	205	57	114	116	113	136
基层群众自治组织	95	103	86	298	290	201	296

凌源市	葫芦岛市	连山区	龙港区	南票区	绥中县	建昌县	兴城市	代码
333	**3084**	**756**	**485**	**263**	**840**	**215**	**525**	F
192	1942	472	309	225	613	105	218	51
141	1142	284	176	38	227	110	307	52
37	**311**	**65**	**73**	**18**	**84**	**25**	**46**	G
20	175	39	24	8	61	19	24	54
	30	2	11		7		10	55
								56
1								57
3	54	9	32	1	6	2	4	58
10	36	6	5	9	6	3	7	59
1	14	9			3	1	1	60
14	**222**	**51**	**34**	**5**	**23**	**10**	**99**	H
8	116	19	18	1	11	4	63	61
6	106	32	16	4	12	6	36	62
7	**109**	**20**	**63**	**3**	**16**	**2**	**5**	I
4	24	1	12	1	7	2	1	63
	14	3	6		2		3	64
3	71	16	45	2	7		1	65
63	**434**	**85**	**152**	**9**	**80**	**42**	**66**	K
63	434	85	152	9	80	42	66	70
90	**606**	**132**	**188**	**23**	**140**	**49**	**74**	L
5	91	10	9		64	6	2	71
85	515	122	179	23	76	43	72	72
168	**366**	**45**	**114**	**11**	**59**	**66**	**71**	M
4	22	1	11	1	3	1	5	73
35	193	30	77	6	25	29	26	74
129	151	14	26	4	31	36	40	75
25	**125**	**17**	**30**	**5**	**31**	**14**	**28**	N
15	41	5	7	2	12	6	9	76
1	14	3	1		3	2	5	77
9	70	9	22	3	16	6	14	78
37	**201**	**75**	**37**	**9**	**31**	**11**	**38**	O
24	89	40	10	6	10	3	20	79
13	105	29	26	3	21	8	18	80
	7	6	1					81
97	**563**	**97**	**94**	**32**	**124**	**88**	**128**	P
97	563	97	94	32	124	88	128	82
407	**470**	**95**	**94**	**24**	**80**	**71**	**106**	Q
392	395	79	86	15	67	59	89	83
15	75	16	8	9	13	12	17	84
58	**406**	**106**	**57**	**13**	**93**	**65**	**72**	R
1	4	1	2				1	85
3	11	3	4		1	3		86
12	44	14	5		10	10	5	87
9	33	8	4	2	4	9	6	88
33	314	80	42	11	78	43	60	89
567	**2844**	**401**	**517**	**296**	**614**	**548**	**468**	S
11	70	8	20	10	13	10	9	90
143	830	112	219	68	161	142	128	91
2	15	2	9	1	1	1	1	92
3	44	6	18	4	8	2	6	93
131	602	61	174	56	140	111	60	94
277	1283	212	77	157	291	282	264	95

1-10 按行业(大类)、地区

行业	代码	从业人员数(人)					
			沈阳市	和平区	沈河区	大东区	皇姑区
总计	00	**12585094**	**2898943**	**521790**	**379216**	**213674**	**225165**
农、林、牧、渔业	A	**140625**	**21990**	**9**	**20**	**8**	**43**
农业	01	26570	295				
林业	02	1815					
畜牧业	03	33	12				
渔业	04	567					
农、林、牧、渔服务业	05	111640	21683	9	20	8	43
采矿业	B	**585158**	**41254**	**1**	**5**		**7**
煤炭开采和洗选业	06	223060	30995				
石油和天然气开采业	07	44297	16				
黑色金属矿采选业	08	121998	168				5
有色金属矿采选业	09	57231	385				
非金属矿采选业	10	75275	8789	1	5		
开采辅助活动	11	62414	816				2
其他采矿业	12	883	85				
制造业	C	**4384752**	**1009550**	**19765**	**18866**	**94137**	**46687**
农副食品加工业	13	360343	64121	42	442	533	233
食品制造业	14	90201	25729	315	1880	186	232
酒、饮料和精制茶制造业	15	49343	15213	21	30	1044	24
烟草制品业	16	2327	855	855			
纺织业	17	77766	7551	79	160	517	51
纺织服装、服饰业	18	215796	19663	68	230	683	306
皮革、毛皮、羽毛及其制品和制鞋业	19	26245	3955	51	68	369	192
木材加工和木、竹、藤、棕、草制品业	20	86356	21458	39	19	416	595
家具制造业	21	55808	17260	180	51	221	177
造纸和纸制品业	22	55067	13389	134	347	468	1146
印刷和记录媒介复制业	23	36131	12261	1322	1403	1616	1255
文教、工美、体育和娱乐用品制造业	24	30258	7580	172	283	585	255
石油加工、炼焦和核燃料加工业	25	109243	8171	45	18	52	168
化学原料和化学制品制造业	26	215434	31497	85	559	855	828
医药制造业	27	62019	24234	138	1199	875	79
化学纤维制造业	28	8920	572	2	5	207	
橡胶和塑料制品业	29	203409	77942	372	430	1584	2550
非金属矿物制品业	30	367415	73934	818	456	1871	646
黑色金属冶炼和压延加工业	31	438063	22166	199	167	547	450
有色金属冶炼和压延加工业	32	79487	14564	277	454	741	132
金属制品业	33	262202	74571	640	1998	11450	4560
通用设备制造业	34	564675	147692	1352	2075	9538	6718
专用设备制造业	35	260285	68713	1249	1080	2280	3646
汽车制造业	36	165633	78412	272	3099	36243	2045
铁路、船舶、航空航天和其他运输设备制造	37	141647	49642	2515	22	14505	15961
电气机械和器材制造业	38	205820	78347	2207	1214	4651	2189
计算机、通信和其他电子设备制造业	39	95268	32765	5690	342	684	1189
仪器仪表制造业	40	42556	10293	501	676	1249	692
其他制造业	41	15026	2201	23	23	13	105
废弃资源综合利用业	42	11485	848		6	2	25
金属制品、机械和设备修理业	43	50524	3951	102	130	152	238
电力、热力、燃气及水生产和供应业	D	**206941**	**29592**	**5861**	**7941**	**1531**	**1403**
电力、热力生产和供应业	44	151646	21293	1961	7936	1198	1127
燃气生产和供应业	45	19458	3123	1492		303	5
水的生产和供应业	46	35837	5176	2408	5	30	271
建筑业	E	**2129188**	**467346**	**70633**	**138411**	**32710**	**32519**
房屋建筑业	47	1218751	232519	38109	80070	19161	10755
土木工程建筑业	48	425719	96281	8753	24351	4016	9161
建筑安装业	49	264962	78628	14287	24798	3863	7480
建筑装饰和其他建筑业	50	219756	59918	9484	9192	5670	5123

分组的法人单位从业人员数

铁西区	苏家屯区	东陵区	沈北新区	于洪区	辽中县	康平县	法库县	新民市	代码
394010	**98600**	**179497**	**156915**	**211686**	**96381**	**129497**	**161949**	**130563**	00
641	**591**	**294**	**1193**	**1816**	**3515**	**3686**	**2755**	**7419**	A
						295			01
									02
								12	03
									04
641	591	294	1193	1816	3515	3391	2755	7407	05
8	**4110**	**49**	**26887**		**66**	**1861**	**7574**	**686**	B
	3841		26879				275		06
		16							07
	150	13							08
		5	2				378		09
6	112	15	4		6	1047	6907	686	10
						814			11
2	7		2		60		14		12
195146	**49726**	**75625**	**75365**	**133030**	**54321**	**85755**	**89350**	**71777**	C
2297	4155	7469	8946	3107	10798	5640	8396	12063	13
3736	880	539	7736	2024	701	1776	3518	2206	14
2921	2459	983	1130	511	1800	931	2339	1020	15
									16
2016	224	372	468	830	597	1217	655	365	17
967	858	172	1367	4819	1401	8141	373	278	18
142	418	765	46	589	255	287	419	354	19
900	765	246	1014	4885	1075	1287	7304	2913	20
647	1449	356	683	10184	287	972	825	1228	21
1569	1384	1116	1744	686	468	338	902	3087	22
1452	218	794	992	549	296	31	297	2036	23
255	337	436	855	1259	1194	1174	532	243	24
4919	35	131	503	245	536	300	333	886	25
3966	4060	1298	5138	2216	2136	1601	4718	4037	26
11684	465	2493	3806	463	355	280	1021	1376	27
6	24	28	76	4		220			28
11197	3135	2342	2543	5559	2599	37249	3654	4728	29
2998	5838	2839	4919	9945	3032	5658	29386	5528	30
3437	2608	418	1387	2686	5357	1007	2678	1225	31
2148	1123	3079	798	1606	1099	816	1000	1291	32
24019	2889	2986	5188	8708	1885	4334	2942	2972	33
44763	4425	6530	6728	31628	9120	4681	9947	10187	34
22953	2254	7038	3514	11809	3287	3034	3571	2998	35
13004	1104	7246	4782	5680	1563	1953	500	921	36
7988	938	2762	1387	1517	202	637	153	1055	37
19478	6338	4047	5550	17357	2854	1784	2439	8239	38
3564	467	15019	2889	2163	343	186	7	222	39
1020	164	3860	478	1133	285	2	53	180	40
124	59	79	417	127	344	100	752	35	41
20	6	24	2	13	41	88	571	50	42
956	647	158	279	728	411	31	65	54	43
4097	**789**	**1517**	**829**	**1685**	**742**	**1240**	**1398**	**559**	D
3621	665	1047	510	1157	124	929	810	208	44
259	119	108	14		364	12	437	10	45
217	5	362	305	528	254	299	151	341	46
81616	**12605**	**19027**	**15282**	**20228**	**11500**	**10886**	**8917**	**13012**	E
33570	7976	9346	6870	5327	8851	2445	4256	5783	47
17750	2141	3850	3272	7521	1458	6397	2562	5049	48
11005	2087	4261	1232	4324	1065	1338	1200	1688	49
19291	401	1570	3908	3056	126	706	899	492	50

1-10 续表 1

行业	代码	从业人员数（人）	沈阳市	和平区	沈河区	大东区	皇姑区
批发和零售业	F	**1042393**	**286010**	**41413**	**62330**	**22569**	**38629**
批发业	51	612640	159505	19115	29825	14010	21701
零售业	52	429753	126505	22298	32505	8559	16928
交通运输、仓储和邮政业	G	**612578**	**269588**	**209968**	**7848**	**9407**	**8278**
道路运输业	54	224995	43602	3683	6449	4982	5831
水上运输业	55	44923					
航空运输业	56	11433	6096	29	98	3600	5
管道运输业	57	1282	443		5		436
装卸搬运和运输代理业	58	64487	3555	568	666	300	404
仓储业	59	20418	4754	32	270	521	514
邮政业	60	30794	8842	3845	350	4	1018
住宿和餐饮业	H	**157470**	**36719**	**11623**	**8589**	**2681**	**6178**
住宿业	61	78100	17460	3360	5479	1451	3491
餐饮业	62	79370	19259	8263	3110	1230	2687
信息传输、软件和信息技术服务业	I	**181773**	**38943**	**13964**	**8472**	**1319**	**3313**
电信、广播电视和卫星传输服务	63	61965	16504	8841	4050	52	101
互联网和相关服务	64	14050	3417	1332	375	487	410
软件和信息技术服务业	65	105758	19022	3791	4047	780	2802
房地产业	K	**312420**	**78860**	**13801**	**15197**	**5314**	**6847**
房地产业	70	312420	78860	13801	15197	5314	6847
租赁和商务服务业	L	**394816**	**104147**	**31713**	**21909**	**8532**	**10715**
租赁业	71	12396	3364	275	445	154	390
商务服务业	72	382420	100783	31438	21464	8378	10325
科学研究和技术服务业	M	**260069**	**82900**	**16283**	**24785**	**1761**	**14450**
研究和试验发展	73	38746	22600	1000	8390	225	6928
专业技术服务业	74	145442	46996	14395	13787	1195	6335
科技推广和应用服务业	75	75881	13304	888	2608	341	1187
水利、环境和公共设施管理业	N	**132835**	**29826**	**5429**	**3193**	**3619**	**2776**
水利管理业	76	20040	3676	883	41	25	128
生态保护和环境治理业	77	6875	1278	52	50	179	136
公共设施管理业	78	105920	24872	4494	3102	3415	2512
居民服务、修理和其他服务业	O	**79990**	**13685**	**1775**	**1815**	**1041**	**1864**
居民服务业	79	42731	6030	1002	782	474	665
机动车、电子产品和日用产品修理业	80	26813	4917	532	768	518	1006
其他服务业	81	10446	2738	241	265	49	193
教育	P	**558399**	**115195**	**13881**	**10350**	**10411**	**20826**
教育	82	558399	115195	13881	10350	10411	20826
卫生和社会工作	Q	**327898**	**75014**	**18587**	**7749**	**8696**	**10108**
卫生	83	305126	71798	18385	7489	8399	9673
社会工作	84	22772	3216	202	260	297	435
文化、体育和娱乐业	R	**91276**	**25773**	**8080**	**6905**	**1208**	**3084**
新闻和出版业	85	12831	5456	1590	2737	35	724
广播、电视、电影和影视录音制作业	86	19948	6800	4622	711	148	132
文化艺术业	87	23803	7200	1166	2719	510	1618
体育	88	10169	2796	328	215	226	154
娱乐业	89	24525	3521	374	523	289	456
公共管理、社会保障和社会组织	S	**772641**	**133288**	**22067**	**16775**	**8404**	**16387**
中国共产党机关	90	28626	5817	1326	1567	206	254
国家机构	91	544299	93900	17388	11402	6121	11890
人民政协、民主党派	92	3923	791	193	167	14	243
社会保障	93	7529	527	15	132	9	53
群众团体、社会团体和其他成员组织	94	79211	13144	1717	1797	563	2142
基层群众自治组织	95	109053	19109	1428	1710	1491	1805

铁西区	苏家屯区	东陵区	沈北新区	于洪区	辽中县	康平县	法库县	新民市	代码
42173	**5204**	**15986**	**5271**	**13932**	**4879**	**6352**	**21039**	**6233**	F
25679	2933	9483	3871	8506	2751	3467	15038	3126	51
16494	2271	6503	1400	5426	2128	2885	6001	3107	52
7390	**3172**	**11902**	**1577**	**1893**	**1344**	**1701**	**3810**	**1298**	G
6549	2071	5051	753	1259	1038	1600	3352	984	54
									55
	52	2188	22	2			100		56
2									57
456	18	930	23	65	12	38	69	6	58
323	417	653	773	398	281	32	251	289	59
17	316	3080	6	161	6	11	9	19	60
1868	**702**	**2124**	**494**	**1348**	**150**	**134**	**309**	**519**	H
552	108	978	342	1088	148	100	252	111	61
1316	594	1146	152	260	2	34	57	408	62
1588	**150**	**6666**	**453**	**349**	**251**	**787**	**1396**	**235**	I
92	80	1776	53	139	134	398	626	162	63
235	7	172	42	65		240	31	21	64
1261	63	4718	358	145	117	149	739	52	65
8076	**2064**	**9438**	**4332**	**6073**	**1917**	**1002**	**966**	**3833**	K
8076	2064	9438	4332	6073	1917	1002	966	3833	70
9986	**2200**	**5121**	**1365**	**3645**	**1495**	**1643**	**4064**	**1759**	L
303	53	137	76	246	70	183	930	102	71
9683	2147	4984	1289	3399	1425	1460	3134	1657	72
5060	**1057**	**4334**	**2735**	**3200**	**566**	**1179**	**6095**	**1395**	M
951	143	968	1183	2209	47	96	92	368	73
3048	509	2808	1320	619	264	767	1321	628	74
1061	405	558	232	372	255	316	4682	399	75
2893	**859**	**2610**	**1931**	**2351**	**767**	**707**	**1163**	**1528**	N
205	194	167	618	23	266	161	267	698	76
8		348	141	107	55	24	89	89	77
2680	665	2095	1172	2221	446	522	807	741	78
2087	**616**	**934**	**684**	**711**	**315**	**470**	**750**	**623**	O
561	310	462	134	279	182	206	466	507	79
555	271	230	121	370	123	213	105	105	80
971	35	242	429	62	10	51	179	11	81
10213	**5554**	**8412**	**10142**	**6573**	**5235**	**3432**	**3797**	**6369**	P
10213	5554	8412	10142	6573	5235	3432	3797	6369	82
8986	**3341**	**3417**	**1264**	**3466**	**2085**	**1823**	**2133**	**3359**	Q
8755	3281	2931	1179	3108	1816	1693	1990	3099	83
231	60	486	85	358	269	130	143	260	84
1243	**348**	**1940**	**1047**	**482**	**296**	**285**	**321**	**534**	R
50	6	211	79	11		10		3	85
175	64	215	76	116	110	118	68	245	86
263	99	129	129	87	81	118	138	143	87
230	64	1198	221	31	21	12	73	23	88
525	115	187	542	237	84	27	42	120	89
10743	**5105**	**9863**	**6006**	**10769**	**6518**	**6124**	**5631**	**8896**	S
334	179	151	288	213	203	276	204	616	90
6498	3144	8031	4230	8452	4333	3575	3934	4902	91
26	21	19	24	14	17	19	16	18	92
18	10	15	13	107	46	71	18	20	93
1817	401	368	378	380	831	1117	251	1382	94
2050	1350	1279	1073	1603	1088	1066	1208	1958	95

1-10 续表 2

行　　业	代码	大连市	中山区	西岗区	沙河口区	甘井子区	旅顺口区
总　计	00	**3118894**	**260670**	**238931**	**230515**	**464588**	**126382**
农、林、牧、渔业	A	**11719**			**23**	**104**	**651**
农业	01	82				24	
林业	02	150					
畜牧业	03						
渔业	04	249					
农、林、牧、渔服务业	05	11238			23	80	651
采矿业	B	**11288**	**1**			**1013**	**902**
煤炭开采和洗选业	06	61					2
石油和天然气开采业	07	118				90	
黑色金属矿采选业	08	194					65
有色金属矿采选业	09	1957				5	
非金属矿采选业	10	8717				913	728
开采辅助活动	11	106	1			5	40
其他采矿业	12	135					67
制造业	C	**1310681**	**4646**	**31685**	**34059**	**180907**	**77012**
农副食品加工业	13	143449	1461	281	317	13577	5796
食品制造业	14	31212	42	182	927	4249	1131
酒、饮料和精制茶制造业	15	10027	9	1	1495	2258	161
烟草制品业	16						
纺织业	17	18733	6	42	89	1429	771
纺织服装、服饰业	18	107056	396	391	601	14557	1900
皮革、毛皮、羽毛及其制品和制鞋业	19	6240	56	21	23	3067	26
木材加工和木、竹、藤、棕、草制品业	20	26302	113	2	52	6128	615
家具制造业	21	28146	1	73	219	3628	963
造纸和纸制品业	22	14614		12	120	1516	290
印刷和记录媒介复制业	23	10765	720	594	255	3627	169
文教、工美、体育和娱乐用品制造业	24	7424	63	62	95	1646	321
石油加工、炼焦和核燃料加工业	25	12595	1			8705	221
化学原料和化学制品制造业	26	42392	83	235	459	9540	1688
医药制造业	27	7223			24	1387	543
化学纤维制造业	28	1245		10		42	190
橡胶和塑料制品业	29	43413	38	134	629	5586	2567
非金属矿物制品业	30	51889	111	58	556	7687	2644
黑色金属冶炼和压延加工业	31	78446	25	4	85	2427	3357
有色金属冶炼和压延加工业	32	3803			18	622	308
金属制品业	33	73309	169	3496	104	14027	5979
通用设备制造业	34	256550	323	593	14185	23425	22571
专用设备制造业	35	82269	293	8903	807	11455	3885
汽车制造业	36	35723	5	5	614	2944	3123
铁路、船舶、航空航天和其他运输设备制造	37	62656	197	13467	10728	8003	14018
电气机械和器材制造业	38	59508	28	146	487	6718	2087
计算机、通信和其他电子设备制造业	39	42438	19	243	92	14147	175
仪器仪表制造业	40	12307	150	548	431	2985	581
其他制造业	41	3173		7	22	318	81
废弃资源综合利用业	42	2213				146	31
金属制品、机械和设备修理业	43	35561	337	2175	625	5061	820
电力、热力、燃气及水生产和供应业	D	**25510**	**1119**	**7645**	**1349**	**3433**	**876**
电力、热力生产和供应业	44	15708	1026	2846	848	3165	760
燃气生产和供应业	45	3699	26	2129		194	40
水的生产和供应业	46	6103	67	2670	501	74	76
建筑业	E	**573762**	**24518**	**54057**	**43153**	**68630**	**11812**
房屋建筑业	47	367146	13219	24424	11835	33821	6463
土木工程建筑业	48	76915	1895	12471	10343	9636	2359
建筑安装业	49	61741	2376	7013	9298	13561	1031
建筑装饰和其他建筑业	50	67960	7028	10149	11677	11612	1959

金州区	长海县	瓦房店市	普兰店市	庄河市	鞍山市	铁东区	铁西区	立山区	代码
675388	**10678**	**387705**	**375435**	**348602**	**1029851**	**202929**	**237872**	**135912**	00
1175	**81**	**2731**	**4794**	**2160**	**3665**	**7**	**12**	**34**	A
38			20						01
150									02
									03
161	43			45					04
826	38	2731	4774	2115	3665	7	12	34	05
459		**3471**	**3764**	**1678**	**18227**	**493**	**124**	**3038**	B
56		3			12			12	06
		28			9			1	07
		47	35	47	9643	449	99	2723	08
22		1544	6	380	2918			1	09
351		1809	3665	1251	5328	44	25	117	10
20		40			210			130	11
10			58		107			54	12
336035	**2084**	**250422**	**218777**	**175054**	**411964**	**8966**	**174506**	**56065**	C
12900	1609	23130	32340	52038	17996	120	430	156	13
3303		6769	11253	3356	5110	93	1035	343	14
504	22	1859	1812	1906	2765	29	718	438	15
									16
4959	60	4438	5275	1664	11063	190	1525	152	17
23658		7987	48149	9417	8974	106	1048	602	18
1867		152	862	166	854	22	509	1	19
8114		3167	6228	1883	2560	141	474	168	20
8949		2235	4620	7458	2039	133	643	183	21
4399		3083	2330	2864	2457	47	751	60	22
3550		589	1036	225	1984	560	386	270	23
2102		641	888	1606	2572	36	269	364	24
1239		1003	1414	12	2909	14	72	403	25
8522	24	9221	10158	2462	11367	246	2286	883	26
3028		265	1438	538	750	96	276	36	27
296		79	105	523	710		93	90	28
13884	68	6302	8753	5452	13380	637	2109	881	29
8646	19	12603	12251	7314	62923	699	3649	2739	30
33245	16	17423	12280	9584	145006	383	132024	3512	31
876		675	594	710	3816	1	461	328	32
21202	15	13298	8274	6745	38589	878	7103	13849	33
50594		105024	22789	17046	23586	2148	7013	6070	34
37647		7022	5680	6577	23167	723	3895	13004	35
22472		3593	1885	1082	2871	293	1161	499	36
3772	94	5054	2708	4615	1820	84	587	403	37
24945		7917	13592	3588	9582	521	2836	3625	38
22545		4057	256	904	3287	179	1008	1998	39
4385		595	1255	1377	4458	379	1592	1592	40
2570	5	32	90	48	503	18	89	60	41
551		1295	44	146	756	41	74	424	42
1311	152	914	418	23748	4110	149	390	2932	43
3764	**92**	**4423**	**1671**	**1138**	**10177**	**2659**	**720**	**2675**	D
2449	67	3330	644	573	4184	823	242	702	44
380		537	176	217	2210	1798	81	38	45
935	25	556	851	348	3783	38	397	1935	46
125217	**1890**	**44575**	**85635**	**114275**	**136904**	**43116**	**18278**	**31284**	E
78396	1134	29672	68085	100097	67767	25215	4889	6184	47
11822	237	11010	9036	8106	26645	5798	3443	12232	48
17335	263	1885	5750	3229	29333	6204	8208	9990	49
17664	256	2008	2764	2843	13159	5899	1738	2878	50

1-10 续表 3

行业	代码	大连市	中山区	西岗区	沙河口区	甘井子区	旅顺口区
批发和零售业	F	**266259**	**50155**	**24280**	**30529**	**32768**	**5829**
批发业	51	185343	24097	18106	19926	18776	3627
零售业	52	80916	26058	6174	10603	13992	2202
交通运输、仓储和邮政业	G	**107581**	**41776**	**8590**	**2127**	**18063**	**1538**
道路运输业	54	37050	13147	2587	1063	4676	540
水上运输业	55	24030	13042	1334	97	278	585
航空运输业	56	4815	106	11	6	4289	45
管道运输业	57	116					10
装卸搬运和运输代理业	58	22800	12047	943	497	1891	257
仓储业	59	5812	50	23	14	1890	68
邮政业	60	6874	3374	63	28	3066	33
住宿和餐饮业	H	**45100**	**14185**	**4535**	**8955**	**3943**	**880**
住宿业	61	24536	8708	3152	3285	1436	366
餐饮业	62	20564	5477	1383	5670	2507	514
信息传输、软件和信息技术服务业	I	**91582**	**9138**	**4475**	**8159**	**65502**	**295**
电信、广播电视和卫星传输服务	63	7950	5867	1419	75	119	23
互联网和相关服务	64	8680	163	50	260	7627	103
软件和信息技术服务业	65	74952	3108	3006	7824	57756	169
房地产业	K	**101763**	**17004**	**14015**	**17235**	**17828**	**4105**
房地产业	70	101763	17004	14015	17235	17828	4105
租赁和商务服务业	L	**120522**	**18850**	**31335**	**19031**	**12736**	**2563**
租赁业	71	3713	303	253	282	877	91
商务服务业	72	116809	18547	31082	18749	11859	2472
科学研究和技术服务业	M	**53910**	**3243**	**9318**	**8989**	**8886**	**1910**
研究和试验发展	73	7415	271	430	2104	1162	519
专业技术服务业	74	38564	2563	8081	5979	6392	1015
科技推广和应用服务业	75	7931	409	807	906	1332	376
水利、环境和公共设施管理业	N	**23637**	**3554**	**2787**	**3236**	**3129**	**1494**
水利管理业	76	1795	61	100	85	44	20
生态保护和环境治理业	77	1641	197	569	20	321	62
公共设施管理业	78	20201	3296	2118	3131	2764	1412
居民服务、修理和其他服务业	O	**21397**	**3175**	**2380**	**2734**	**4197**	**1096**
居民服务业	79	11228	2492	1185	1735	1554	577
机动车、电子产品和日用产品修理业	80	6320	459	762	657	1373	444
其他服务业	81	3849	224	433	342	1270	75
教育	P	**110566**	**6132**	**6565**	**16846**	**23745**	**8413**
教育	82	110566	6132	6565	16846	23745	8413
卫生和社会工作	Q	**56299**	**6511**	**7231**	**12349**	**5715**	**1969**
卫生	83	51454	5610	6783	12003	4746	1701
社会工作	84	4845	901	448	346	969	268
文化、体育和娱乐业	R	**20262**	**4929**	**2010**	**3745**	**1798**	**779**
新闻和出版业	85	3866	2403	98	861	324	17
广播、电视、电影和影视录音制作业	86	2610	183	162	985	65	95
文化艺术业	87	3961	966	817	467	302	336
体育	88	3190	513	583	562	468	98
娱乐业	89	6635	864	350	870	639	233
公共管理、社会保障和社会组织	S	**111476**	**9669**	**26030**	**8660**	**11851**	**4175**
中国共产党机关	90	4250	919	231	389	426	297
国家机构	91	78618	5896	22825	5194	7668	2264
人民政协、民主党派	92	502	311	22	18	26	24
社会保障	93	1314	47	424	6	11	66
群众团体、社会团体和其他成员组织	94	10902	1747	1935	1946	691	316
基层群众自治组织	95	15890	749	593	1107	3029	1208

金州区	长海县	瓦房店市	普兰店市	庄河市	鞍山市	铁东区	铁西区	立山区	代码
64327	**156**	**33047**	**15589**	**9579**	**131624**	**33334**	**20172**	**10869**	F
56878	25	26793	11318	5797	84101	11959	13483	6233	51
7449	131	6254	4271	3782	47523	21375	6689	4636	52
23010	**850**	**4835**	**2904**	**3888**	**49842**	**12346**	**2605**	**1371**	G
7041	460	2889	2058	2589	44400	10292	1876	519	54
7304	348	512	188	342	230	5			55
318	33		7		10				56
85		21							57
5881	9	261	305	709	1636	222	113	819	58
2193		1071	276	227	1476	158	533	28	59
188		31	70	21	1967	1669	55	5	60
6788	**237**	**2192**	**2642**	**743**	**19941**	**10178**	**944**	**3066**	H
4015	178	1554	1537	305	6396	3249	243	373	61
2773	59	638	1105	438	13545	6929	701	2693	62
2869	**7**	**462**	**478**	**197**	**8253**	**6015**	**482**	**1004**	I
157		127	100	63	3939	3531	15	39	63
246	2	130	85	14	840	637	38	54	64
2466	5	205	293	120	3474	1847	429	911	65
17338	**491**	**5371**	**4372**	**4004**	**16478**	**5305**	**2182**	**2880**	K
17338	491	5371	4372	4004	16478	5305	2182	2880	70
18166	**547**	**5237**	**5506**	**6551**	**36475**	**22624**	**2140**	**2550**	L
996		151	168	592	1409	118	117	66	71
17170	547	5086	5338	5959	35066	22506	2023	2484	72
12428	**127**	**2502**	**2860**	**3647**	**23789**	**8042**	**1666**	**2337**	M
2559		93	266	11	1651	362	141	934	73
8381	95	1815	1714	2529	11846	7049	1351	1153	74
1488	32	594	880	1107	10292	631	174	250	75
3941	**254**	**1958**	**1174**	**2110**	**11880**	**3986**	**1534**	**2010**	N
211	26	226	525	497	999	91	24	19	76
267		33	23	149	894	76	17	20	77
3463	228	1699	626	1464	9987	3819	1493	1971	78
5146	**7**	**691**	**1322**	**649**	**11219**	**4145**	**931**	**1440**	O
2468	6	263	650	298	7240	3157	279	674	79
1513		318	483	311	3379	751	622	461	80
1165	1	110	189	40	600	237	30	305	81
22365	**1171**	**8350**	**8887**	**8092**	**40347**	**7495**	**4920**	**5888**	P
22365	1171	8350	8887	8092	40347	7495	4920	5888	82
5536	**414**	**6310**	**5131**	**5133**	**22641**	**6596**	**1949**	**4122**	Q
5137	397	5692	4723	4662	20945	6128	1819	3889	83
399	17	618	408	471	1696	468	130	233	84
4431	**89**	**964**	**803**	**714**	**8823**	**4056**	**478**	**669**	R
120		24		19	479	423		4	85
521		220	186	193	1325	718	49	22	86
515	65	189	157	147	1892	1114	140	105	87
744		113	78	31	952	630	107	60	88
2531	24	418	382	324	4175	1171	182	478	89
21363	**2176**	**9778**	**8985**	**8789**	**55035**	**15302**	**3771**	**4476**	S
855	70	498	320	245	1553	421	62	190	90
16317	1570	5340	5952	5592	39736	11418	2230	2941	91
21	15	26	17	22	223	67	12	10	92
367	40	106	148	99	571	77	133	120	93
1011	156	1791	683	626	5698	2243	400	192	94
2792	325	2017	1865	2205	7254	1076	934	1023	95

1-10 续表 4

行业	代码	千山区	台安县	岫岩满族自治县	海城市	抚顺市	新抚区	东洲区
总计	00	**34030**	**71257**	**66952**	**280899**	**554283**	**104027**	**90482**
农、林、牧、渔业	A	**342**	**175**	**392**	**2703**	**4953**	**42**	**168**
农业	01							
林业	02					1414		
畜牧业	03							
渔业	04							
农、林、牧、渔服务业	05	342	175	392	2703	3539	42	168
采矿业	B	**2457**	**82**	**4714**	**7319**	**51097**	**28084**	**4873**
煤炭开采和洗选业	06					31746	27815	3301
石油和天然气开采业	07				8			
黑色金属矿采选业	08	2427		1691	2254	10210	269	748
有色金属矿采选业	09		82	1979	856	6207		142
非金属矿采选业	10	30		1044	4068	2934		682
开采辅助活动	11				80			
其他采矿业	12				53			
制造业	C	**14392**	**37267**	**21657**	**99111**	**174451**	**4941**	**45018**
农副食品加工业	13	529	9648	1617	5496	5601	80	394
食品制造业	14	314	1250	891	1184	2455	116	122
酒、饮料和精制茶制造业	15	152	763	276	389	2746	86	1410
烟草制品业	16							
纺织业	17	813	649	1110	6624	3096	16	377
纺织服装、服饰业	18	188	616	529	5885	2625	279	603
皮革、毛皮、羽毛及其制品和制鞋业	19	30	42		250	980	6	54
木材加工和木、竹、藤、棕、草制品业	20	121	849	110	697	12699	126	233
家具制造业	21	194	186	162	538	927	6	20
造纸和纸制品业	22	107	411	54	1027	2592	36	253
印刷和记录媒介复制业	23	40	127	15	586	1280	112	185
文教、工美、体育和娱乐用品制造业	24	18	1199	343	343	2304	59	155
石油加工、炼焦和核燃料加工业	25	1065	1201	5	149	24352	229	22499
化学原料和化学制品制造业	26	650	3380	617	3305	13114	634	4064
医药制造业	27	1	213		128	2491	6	240
化学纤维制造业	28		2	44	481	282	2	10
橡胶和塑料制品业	29	376	804	4201	4372	4599	166	1762
非金属矿物制品业	30	2083	5232	8108	40413	14986	782	2969
黑色金属冶炼和压延加工业	31	2842	351	464	5430	22634	228	551
有色金属冶炼和压延加工业	32	189	1432	19	1386	6048	15	112
金属制品业	33	1496	5472	984	8807	6520	611	1583
通用设备制造业	34	1730	695	1074	4856	12209	419	1784
专用设备制造业	35	535	416	623	3971	13511	301	1174
汽车制造业	36	132	421	1	364	1082	70	114
铁路、船舶、航空航天和其他运输设备制造	37	191	2		553	294	10	30
电气机械和器材制造业	38	263	1381	224	732	7697	183	280
计算机、通信和其他电子设备制造业	39	51		19	32	545	8	43
仪器仪表制造业	40	100	475	100	220	1043	110	38
其他制造业	41	55	9	20	252	4694	15	3749
废弃资源综合利用业	42	27	40	19	131	396	45	20
金属制品、机械和设备修理业	43	100	1	28	510	649	185	190
电力、热力、燃气及水生产和供应业	D	**602**	**938**	**340**	**2243**	**14771**	**5600**	**3264**
电力、热力生产和供应业	44	602	404	200	1211	11500	2999	3107
燃气生产和供应业	45		216	25	52	875	563	134
水的生产和供应业	46		318	115	980	2396	2038	23
建筑业	E	**4560**	**5032**	**4430**	**30204**	**104338**	**19212**	**15439**
房屋建筑业	47	2593	3097	3066	22723	60525	11309	9766
土木工程建筑业	48	1304	1280	1003	1585	24923	2232	1783
建筑安装业	49	355	508	311	3757	13348	5403	3148
建筑装饰和其他建筑业	50	308	147	50	2139	5542	268	742

望花区	顺城区	抚顺县	新宾满族自治县	清原满族自治县	本溪市	平山区	溪湖区	代码
136722	**97926**	**32349**	**39942**	**52835**	**497242**	**188811**	**74383**	00
41	**383**	**2196**	**351**	**1772**	**401**	**112**	**23**	A
					53			01
			190	1224	116			02
								03
								04
41	383	2196	161	548	232	112	23	05
351	**108**	**5439**	**2854**	**9388**	**43937**	**13170**	**6185**	B
25		12	591	2	8415		3166	06
								07
227	92	5098	1249	2527	26374	12815	2741	08
		48	262	5755	3940		1	09
99	16	281	752	1104	4683	229	277	10
					89	52		11
					436	74		12
65406	**16879**	**12094**	**15806**	**14307**	**154511**	**70198**	**34587**	C
879	822	570	1662	1194	3692	194	701	13
806	433	137	498	343	1255	108	159	14
785	45	27	184	209	2441	132	30	15
								16
1103	471	545	197	387	1817	193	788	17
669	755	168	30	121	1194	460	243	18
560	154	6	20	180	130	27	8	19
279	759	4026	3909	3367	2454	76	527	20
20	161	19	416	285	1559	29	169	21
1732	332	35	96	108	1268	295	306	22
657	219	18		89	1442	507	76	23
54	546	51	1378	61	1389	133	188	24
1141	271	127	28	57	1201	559	410	25
3174	1969	890	1589	794	7314	2668	2358	26
512	18	80	1339	296	11393	99	8337	27
252			18		61	45		28
894	846	500	203	228	2599	669	1134	29
5443	1494	498	1878	1922	12812	3729	3455	30
18991	361	1863	285	355	60755	49071	3578	31
5259	16	201	90	355	2084	139	566	32
1616	1476	176	332	726	8417	1955	3525	33
4078	3094	584	545	1705	10768	4966	3122	34
9013	1538	340	617	528	3922	620	1413	35
743	85		70		5575	99	884	36
49	83			122	440	195	155	37
4730	457	1061	124	862	2387	919	387	38
303	172		14	5	416	101	177	39
625	235	31		4	894	279	93	40
634	12		284		1050	693	119	41
165	25	137		4	2007	1076	581	42
240	30	4			1775	162	1098	43
2519	**2297**	**65**	**437**	**589**	**8802**	**993**	**454**	D
2365	2293	21	327	388	6068	916	364	44
103		15	8	52	1090	31	53	45
51	4	29	102	149	1644	46	37	46
24264	**27765**	**5132**	**2812**	**9714**	**86084**	**22346**	**14253**	E
4935	20769	3260	1472	9014	42454	9719	8002	47
14171	3170	1568	1330	669	21334	5061	3307	48
2814	1842	125		16	12564	3673	1649	49
2344	1984	179	10	15	9732	3893	1295	50

1-10 续表 5

行　　业	代码	千山区	台安县	岫岩满族自治县	海城市	抚顺市	新抚区	东洲区
批发和零售业	F	**3052**	**3720**	**3842**	**56635**	**36048**	**9993**	**3780**
批发业	51	2448	2319	1484	46175	21043	3815	2682
零售业	52	604	1401	2358	10460	15005	6178	1098
交通运输、仓储和邮政业	G	**1347**	**3321**	**1974**	**26878**	**13546**	**4865**	**1297**
道路运输业	54	1239	2924	1782	25768	9259	2668	1158
水上运输业	55				225			
航空运输业	56		10					
管道运输业	57							
装卸搬运和运输代理业	58	60	26	84	312	364	188	16
仓储业	59	48	344	20	345	686	11	120
邮政业	60		17	88	133	1183	82	3
住宿和餐饮业	H	**174**	**481**	**948**	**4150**	**3984**	**1378**	**635**
住宿业	61	54	113	473	1891	2081	752	361
餐饮业	62	120	368	475	2259	1903	626	274
信息传输、软件和信息技术服务业	I	**50**	**81**	**114**	**507**	**3254**	**2038**	**140**
电信、广播电视和卫星传输服务	63	6	46	94	208	2740	1931	70
互联网和相关服务	64	15		3	93	89	10	28
软件和信息技术服务业	65	29	35	17	206	425	97	42
房地产业	K	**255**	**1147**	**555**	**4154**	**9641**	**2124**	**1039**
房地产业	70	255	1147	555	4154	9641	2124	1039
租赁和商务服务业	L	**278**	**780**	**3232**	**4871**	**14717**	**1741**	**907**
租赁业	71	3	131	45	929	330	24	41
商务服务业	72	275	649	3187	3942	14387	1717	866
科学研究和技术服务业	M	**277**	**3597**	**4366**	**3504**	**10833**	**1364**	**991**
研究和试验发展	73		15	29	170	1257	122	64
专业技术服务业	74	180	431	787	895	4180	1088	624
科技推广和应用服务业	75	97	3151	3550	2439	5396	154	303
水利、环境和公共设施管理业	N	**332**	**521**	**899**	**2598**	**7560**	**910**	**1809**
水利管理业	76	56	92	183	534	807	58	256
生态保护和环境治理业	77	1	17	108	655	386	10	6
公共设施管理业	78	275	412	608	1409	6367	842	1547
居民服务、修理和其他服务业	O	**361**	**575**	**1476**	**2291**	**5321**	**547**	**1488**
居民服务业	79	237	287	903	1703	2671	264	106
机动车、电子产品和日用产品修理业	80	121	288	573	563	2341	261	1314
其他服务业	81	3			25	309	22	68
教育	P	**1469**	**4319**	**5589**	**10667**	**27094**	**3498**	**3066**
教育	82	1469	4319	5589	10667	27094	3498	3066
卫生和社会工作	Q	**1050**	**2090**	**2706**	**4128**	**17419**	**4582**	**2466**
卫生	83	873	1930	2452	3854	15885	4399	2013
社会工作	84	177	160	254	274	1534	183	453
文化、体育和娱乐业	R	**62**	**484**	**626**	**2448**	**3843**	**652**	**79**
新闻和出版业	85		26	26		462	67	
广播、电视、电影和影视录音制作业	86	8	122	34	372	963	220	1
文化艺术业	87	23	84	167	259	998	217	28
体育	88	1	63	25	66	283	51	16
娱乐业	89	30	189	374	1751	1137	97	34
公共管理、社会保障和社会组织	S	**2934**	**6246**	**8406**	**13900**	**40084**	**6786**	**3996**
中国共产党机关	90	141	149	230	360	1113	412	90
国家机构	91	2179	4195	6533	10240	28707	4680	2591
人民政协、民主党派	92	19	47	27	41	277	28	13
社会保障	93	32	67	121	21	248	52	12
群众团体、社会团体和其他成员组织	94	184	1015	529	1135	3591	1001	247
基层群众自治组织	95	379	773	966	2103	6148	613	1043

望花区	顺城区	抚顺县	新宾满族自治县	清原满族自治县	本溪市	平山区	溪湖区	代码
11243	**3196**	**2354**	**3377**	**2105**	**48558**	**20367**	**5564**	F
7303	1552	1791	2379	1521	26009	7107	4325	51
3940	1644	563	998	584	22549	13260	1239	52
1333	**2954**	**640**	**1175**	**1282**	**12049**	**6843**	**969**	G
1088	1392	602	1108	1243	9365	5851	810	54
					26			55
								56
								57
78	34	15	15	18	650	426	78	58
163	301	23	52	16	399	154	50	59
4	1089			5	1280	150	31	60
415	**973**	**16**	**317**	**250**	**5073**	**1946**	**123**	H
140	333	4	305	186	1812	639	32	61
275	640	12	12	64	3261	1307	91	62
128	**683**	**50**	**206**	**9**	**4385**	**2382**	**398**	I
22	523		190	4	2758	1822	1	63
1	28	22			238	136	63	64
105	132	28	16	5	1389	424	334	65
3087	**2445**	**199**	**282**	**465**	**13355**	**6558**	**716**	K
3087	2445	199	282	465	13355	6558	716	70
7404	**3090**	**343**	**560**	**672**	**18764**	**12896**	**992**	L
71	56	9	103	26	315	164	7	71
7333	3034	334	457	646	18449	12732	985	72
1801	**1796**	**452**	**2664**	**1765**	**8794**	**2548**	**896**	M
873	111		3	84	1007	145	626	73
519	1534	91	122	202	4082	1925	212	74
409	151	361	2539	1479	3705	478	58	75
1523	**2205**	**194**	**571**	**348**	**4980**	**776**	**331**	N
5	180	96	89	123	726	17	22	76
1	330	5	28	6	431	129	15	77
1517	1695	93	454	219	3823	630	294	78
558	**2268**	**289**	**82**	**89**	**3539**	**1183**	**180**	O
122	1984	69	64	62	2115	642	50	79
394	267	62	18	25	1068	432	118	80
42	17	158		2	356	109	12	81
7871	**6155**	**1087**	**2303**	**3114**	**19905**	**6122**	**2827**	P
7871	6155	1087	2303	3114	19905	6122	2827	82
2187	**4559**	**386**	**1496**	**1743**	**15667**	**4245**	**1702**	Q
2030	4078	338	1411	1616	14669	4035	1365	83
157	481	48	85	127	998	210	337	84
851	**1654**	**87**	**211**	**309**	**3054**	**1005**	**142**	R
	387			8	313	242		85
31	564	4	10	133	791	71	31	86
105	417		183	48	917	424	3	87
80	127	8		1	229	31	35	88
635	159	75	18	119	804	237	73	89
5509	**13778**	**1299**	**4140**	**4576**	**38249**	**12645**	**3942**	S
58	218		119	216	1424	874	71	90
3612	11544	572	2678	3030	25029	8521	2786	91
36	174		12	14	217	145	11	92
53	60		38	33	193	88	9	93
495	814	230	472	332	7703	2392	426	94
1255	968	497	821	951	3683	625	639	95

1-10 续表 6

行　　业	代码	明山区	南芬区	本溪满族自治县	桓仁满族自治县	丹东市	元宝区
总　　计	00	**92242**	**18571**	**68881**	**54354**	**497182**	**46144**
农、林、牧、渔业	A	**91**		**82**	**93**	**5724**	
农业	01	37			16	3915	
林业	02			76	40		
畜牧业	03						
渔业	04						
农、林、牧、渔服务业	05	54		6	37	1809	
采矿业	B	**1599**	**3715**	**14762**	**4506**	**29088**	**53**
煤炭开采和洗选业	06	131	2	4616	500	4958	
石油和天然气开采业	07					4	4
黑色金属矿采选业	08	849	2974	6322	673	8300	
有色金属矿采选业	09	7	84	1163	2685	9409	1
非金属矿采选业	10	594	343	2602	638	6356	37
开采辅助活动	11			27	10	50	10
其他采矿业	12	18	312	32		11	1
制造业	C	**10996**	**7539**	**21157**	**10034**	**170394**	**12238**
农副食品加工业	13	519	50	1131	1097	29834	162
食品制造业	14	467	75	142	304	4515	590
酒、饮料和精制茶制造业	15	756	27	754	742	1887	675
烟草制品业	16					649	
纺织业	17	104	138	594		6818	1278
纺织服装、服饰业	18	193	108	133	57	16666	422
皮革、毛皮、羽毛及其制品和制鞋业	19	58		23	14	668	22
木材加工和木、竹、藤、棕、草制品业	20	81	295	770	705	2525	2
家具制造业	21	372	183	558	248	1219	94
造纸和纸制品业	22	69	60	144	394	5625	228
印刷和记录媒介复制业	23	311	281	30	237	1185	346
文教、工美、体育和娱乐用品制造业	24	22	103	28	915	1674	324
石油加工、炼焦和核燃料加工业	25	141	59	32		909	
化学原料和化学制品制造业	26	235	479	1379	195	6397	325
医药制造业	27	116		951	1890	3476	662
化学纤维制造业	28	16				3564	
橡胶和塑料制品业	29	383	175	139	99	3654	401
非金属矿物制品业	30	1187	293	3370	778	9948	504
黑色金属冶炼和压延加工业	31	342	2457	4357	950	8141	52
有色金属冶炼和压延加工业	32	707	15	421	236	5062	9
金属制品业	33	849	976	787	325	4793	765
通用设备制造业	34	1597	281	696	106	12815	1615
专用设备制造业	35	635	777	185	292	6422	697
汽车制造业	36	409	160	4023		10791	323
铁路、船舶、航空航天和其他运输设备制造	37	77			13	570	
电气机械和器材制造业	38	680	88	226	87	7321	875
计算机、通信和其他电子设备制造业	39	81		45	12	6273	154
仪器仪表制造业	40	373		5	144	5845	1599
其他制造业	41	78		126	34	171	38
废弃资源综合利用业	42	30	78	108	134	865	
金属制品、机械和设备修理业	43	108	381		26	112	76
电力、热力、燃气及水生产和供应业	D	**4098**	**50**	**889**	**2318**	**10754**	**129**
电力、热力生产和供应业	44	1953	12	653	2170	7109	103
燃气生产和供应业	45	980	24	2		936	26
水的生产和供应业	46	1165	14	234	148	2709	
建筑业	E	**26374**	**1661**	**7197**	**14253**	**89176**	**8817**
房屋建筑业	47	11068	154	4350	9161	45451	6033
土木工程建筑业	48	5679	1474	1148	4665	32909	873
建筑安装业	49	5954	17	959	312	6746	658
建筑装饰和其他建筑业	50	3673	16	740	115	4070	1253

振兴区	振安区	宽甸满族自治县	东港市	凤城市	锦州市	古塔区	凌河区	代码
131229	**41650**	**58103**	**141872**	**78184**	**553208**	**77802**	**106546**	00
	324	**214**	**5007**	**179**	**12831**	**18**	**66**	A
	25		3890		1978		60	01
								02
								03
								04
	299	214	1117	179	10853	18	6	05
1	**551**	**10494**	**1706**	**16283**	**17368**	**5**	**6**	B
		402	927	3629	7224			06
								07
		3546	73	4681	1194			08
	315	3274	345	5474	202	5		09
1	236	3223	361	2498	8722		6	10
		40			16			11
		9		1	10			12
34387	**13683**	**11479**	**70984**	**27623**	**179206**	**15918**	**8072**	C
1531	425	2771	22164	2781	26730	27	85	13
240	507	352	1917	909	2898	65	138	14
73	198	182	278	481	3375	10	5	15
				649				16
279	1348	168	2980	765	3288	7	58	17
1934	1695	536	10469	1610	5986	37	88	18
268	39	4	157	178	2337	15	72	19
30	45	882	1045	521	5983	2	31	20
598	30	69	284	144	223	36	2	21
392	624	236	2898	1247	6188	48	64	22
155	236	4	247	197	1478	216	437	23
76	306	24	563	381	1889	27	18	24
802	83		2	22	13524	10399	87	25
1295	466	2141	942	1228	13499	446	238	26
931	192	318	1167	206	2509	81	17	27
3564					374		34	28
141	232	52	2253	575	6544	275	109	29
502	750	1739	2806	3647	20807	315	338	30
732	377	880	4711	1389	13847	30	206	31
59	94	274	3080	1546	5468	32	120	32
292	258	532	2521	425	6182	303	246	33
4743	609	44	2622	3182	8120	1093	612	34
1589	921	156	1703	1356	7599	301	2263	35
3940	1893	3	1431	3201	3614	5	310	36
79	50	42	391	8	2516		614	37
1305	1601	38	2942	560	10678	1631	651	38
5416	192	13	479	19	1218	401	62	39
3333	496	3	70	344	765	46	430	40
61	16	12	8	36	435	60	6	41
18		1	830	16	262		4	42
9		3	24		870	10	727	43
2794	**4781**	**775**	**1250**	**1025**	**13025**	**1984**	**4229**	D
147	4781	651	669	758	8223	1984	1097	44
836			56	18	1808		1421	45
1811		124	525	249	2994		1711	46
30316	**13764**	**10254**	**19439**	**6586**	**95762**	**20197**	**50757**	E
8031	4173	7754	15040	4420	57883	5829	39712	47
17736	8279	2459	2721	841	16891	5095	6187	48
3067	740	28	1297	956	11293	5361	2856	49
1482	572	13	381	369	9695	3912	2002	50

1-10 续表 7

行　　业	代码	明山区	南芬区	本溪满族自治县	桓仁满族自治县	丹东市	元宝区
批发和零售业	F	**11276**	**1257**	**3954**	**6140**	**26575**	**7588**
批发业	51	6780	550	2537	4710	13548	4481
零售业	52	4496	707	1417	1430	13027	3107
交通运输、仓储和邮政业	G	**1696**	**635**	**594**	**1312**	**14969**	**361**
道路运输业	54	644	478	524	1058	6040	148
水上运输业	55	3			23	4427	13
航空运输业	56					158	
管道运输业	57						
装卸搬运和运输代理业	58	44	83		19	2124	141
仓储业	59	21	67	57	50	744	48
邮政业	60	917	7	13	162	1232	11
住宿和餐饮业	H	**1697**	**175**	**498**	**634**	**7565**	**850**
住宿业	61	509	76	176	380	4488	475
餐饮业	62	1188	99	322	254	3077	375
信息传输、软件和信息技术服务业	I	**961**	**5**	**597**	**42**	**5203**	**386**
电信、广播电视和卫星传输服务	63	622		291	22	4212	38
互联网和相关服务	64	26		3	10	150	93
软件和信息技术服务业	65	313	5	303	10	841	255
房地产业	K	**3133**	**59**	**1641**	**1248**	**14039**	**1502**
房地产业	70	3133	59	1641	1248	14039	1502
租赁和商务服务业	L	**2966**	**208**	**969**	**733**	**10177**	**1486**
租赁业	71	79	5	16	44	181	82
商务服务业	72	2887	203	953	689	9996	1404
科学研究和技术服务业	M	**1672**	**37**	**3147**	**494**	**19668**	**910**
研究和试验发展	73	137		18	81	555	57
专业技术服务业	74	1194	37	393	321	4482	693
科技推广和应用服务业	75	341		2736	92	14631	160
水利、环境和公共设施管理业	N	**586**	**184**	**2166**	**937**	**5312**	**844**
水利管理业	76	69	3	557	58	1585	2
生态保护和环境治理业	77	56		138	93	588	30
公共设施管理业	78	461	181	1471	786	3139	812
居民服务、修理和其他服务业	O	**1276**	**122**	**282**	**496**	**2724**	**464**
居民服务业	79	807	110	210	296	1744	213
机动车、电子产品和日用产品修理业	80	383	12	72	51	900	221
其他服务业	81	86			149	80	30
教育	P	**4165**	**875**	**2553**	**3363**	**22407**	**1710**
教育	82	4165	875	2553	3363	22407	1710
卫生和社会工作	Q	**5799**	**467**	**1733**	**1721**	**16292**	**1677**
卫生	83	5596	451	1664	1558	15272	1522
社会工作	84	203	16	69	163	1020	155
文化、体育和娱乐业	R	**1132**	**75**	**290**	**410**	**3108**	**388**
新闻和出版业	85	36		20	15	155	
广播、电视、电影和影视录音制作业	86	524	34	29	102	858	27
文化艺术业	87	150	6	227	107	752	62
体育	88	146		5	12	375	153
娱乐业	89	276	35	9	174	968	146
公共管理、社会保障和社会组织	S	**8934**	**1379**	**5992**	**5357**	**35183**	**4068**
中国共产党机关	90	82	54	74	269	1307	122
国家机构	91	5208	990	4081	3443	24723	3214
人民政协、民主党派	92	15	10	16	20	225	10
社会保障	93	22		22	52	287	12
群众团体、社会团体和其他成员组织	94	2790	95	1046	954	3654	297
基层群众自治组织	95	817	230	753	619	4987	413

振兴区	振安区	宽甸满族自治县	东港市	凤城市	锦州市	古塔区	凌河区	代码
8816	**1001**	**2036**	**3995**	**3139**	**36986**	**7663**	**7537**	F
3883	662	803	1958	1761	15671	3103	2433	51
4933	339	1233	2037	1378	21315	4560	5104	52
9379	**108**	**762**	**3116**	**1243**	**21635**	**3064**	**4505**	G
2783	84	350	1602	1073	13706	2234	2418	54
3992	6	171	245		2143		38	55
158					141			56
					698	654		57
775		128	1044	36	2095	35	533	58
258	18	75	222	123	871	17	100	59
1207			3	11	1374		1332	60
3590	**299**	**884**	**961**	**981**	**6689**	**1808**	**1119**	H
2261	125	520	510	597	3644	1108	649	61
1329	174	364	451	384	3045	700	470	62
3737	**131**	**301**	**271**	**377**	**4537**	**1054**	**677**	I
3246	21	293	266	348	3290	824	429	63
43	6	8			90	27	36	64
448	104		5	29	1157	203	212	65
6838	**759**	**2013**	**1666**	**1261**	**12794**	**1835**	**5030**	K
6838	759	2013	1666	1261	12794	1835	5030	70
2439	**236**	**3488**	**1471**	**1057**	**11926**	**1984**	**1871**	L
54		20	20	5	763	131	242	71
2385	236	3468	1451	1052	11163	1853	1629	72
2109	**269**	**1879**	**12554**	**1947**	**9924**	**1705**	**2717**	M
61	75	75	88	199	435	27	318	73
1892	153	492	496	756	6806	1566	2199	74
156	41	1312	11970	992	2683	112	200	75
652	**275**	**828**	**1479**	**1234**	**4765**	**482**	**409**	N
174	26	89	1070	224	1060		69	76
59	29	202	30	238	417	20	15	77
419	220	537	379	772	3288	462	325	78
1030	**142**	**348**	**461**	**279**	**4243**	**669**	**1688**	O
770	75	224	300	162	2079	521	356	79
257	54	124	140	104	1889	82	1151	80
3	13		21	13	275	66	181	81
4655	**1627**	**3834**	**5438**	**5143**	**33271**	**2941**	**6288**	P
4655	1627	3834	5438	5143	33271	2941	6288	82
5508	**799**	**2150**	**3576**	**2582**	**18433**	**6525**	**2317**	Q
5199	727	1980	3408	2436	17178	6140	2126	83
309	72	170	168	146	1255	385	191	84
1332	**92**	**222**	**657**	**417**	**5579**	**1660**	**780**	R
144		11			656		40	85
367	2	21	328	113	1217	788	20	86
395	27	83	117	68	1909	411	458	87
58	55	34	46	29	327	16	144	88
368	8	73	166	207	1470	445	118	89
9340	**2742**	**5638**	**7163**	**6232**	**50662**	**6309**	**6770**	S
216	175	325	183	286	1721	109	725	90
7171	1781	3879	4478	4200	37636	4800	4817	91
150	14	15	17	19	296	25	16	92
9	4	31	169	62	543	65	67	93
1041	297	568	988	463	3424	780	398	94
753	471	820	1328	1202	7042	530	747	95

1-10 续表 8

行　　业	代码						
		太和区	黑山县	义县	凌海市	北镇市	营口市
总　计	00	**119114**	**81922**	**50032**	**74357**	**43435**	**671035**
农、林、牧、渔业	A	**393**	**4895**	**1931**	**2779**	**2749**	**4982**
农业	01					1918	
林业	02						
畜牧业	03						
渔业	04						
农、林、牧、渔服务业	05	393	4895	1931	2779	831	4982
采矿业	B	**293**	**8025**	**5031**	**3422**	**586**	**20557**
煤炭开采和洗选业	06		3900	1875	1449		186
石油和天然气开采业	07						
黑色金属矿采选业	08	258		777	156	3	2025
有色金属矿采选业	09	2		88	107		12458
非金属矿采选业	10	23	4109	2291	1710	583	5888
开采辅助活动	11		16				
其他采矿业	12	10					
制造业	C	**47290**	**36767**	**20519**	**35441**	**15199**	**246988**
农副食品加工业	13	2353	10065	3485	6595	4120	6895
食品制造业	14	742	605	886	267	195	3677
酒、饮料和精制茶制造业	15	1152	547	1032	303	326	1089
烟草制品业	16						817
纺织业	17	1705	696	157	583	82	10433
纺织服装、服饰业	18	241	3131	874	691	924	21811
皮革、毛皮、羽毛及其制品和制鞋业	19	88	128	59	15	1960	2141
木材加工和木、竹、藤、棕、草制品业	20	107	4388	670	707	78	1183
家具制造业	21	45	45		81	14	728
造纸和纸制品业	22	503	712	124	4231	506	2838
印刷和记录媒介复制业	23	178	230	46	242	129	1231
文教、工美、体育和娱乐用品制造业	24	117	1689	2		36	1525
石油加工、炼焦和核燃料加工业	25	387	254	1040	839	518	3662
化学原料和化学制品制造业	26	4260	2894	1934	2043	1684	15727
医药制造业	27	1761	155	408	12	75	642
化学纤维制造业	28	324		10	6		1347
橡胶和塑料制品业	29	1958	809	50	2399	944	12634
非金属矿物制品业	30	3913	4783	3145	7494	819	49760
黑色金属冶炼和压延加工业	31	6969	917	1278	4235	212	22601
有色金属冶炼和压延加工业	32	1718	437	1791	1354	16	6709
金属制品业	33	2592	1366	865	510	300	21490
通用设备制造业	34	3268	706	727	665	1049	21928
专用设备制造业	35	1534	1290	753	931	527	10276
汽车制造业	36	2303	292	168	37	499	4871
铁路、船舶、航空航天和其他运输设备制造	37	1414	17	292	173	6	954
电气机械和器材制造业	38	6478	398	449	900	171	12377
计算机、通信和其他电子设备制造业	39	729		25		1	2239
仪器仪表制造业	40	251		26	11	1	3007
其他制造业	41	57	127	163	15	7	1637
废弃资源综合利用业	42	17	86	60	95		367
金属制品、机械和设备修理业	43	126			7		392
电力、热力、燃气及水生产和供应业	D	**3596**	**1086**	**550**	**1138**	**442**	**6331**
电力、热力生产和供应业	44	3366	728	171	638	239	3371
燃气生产和供应业	45	66	81	199	40	1	898
水的生产和供应业	46	164	277	180	460	202	2062
建筑业	E	**12962**	**2303**	**1573**	**4898**	**3072**	**91892**
房屋建筑业	47	4823	871	1043	3606	1999	58935
土木工程建筑业	48	2580	1258	25	768	978	16574
建筑安装业	49	2403	100	280	271	22	6877
建筑装饰和其他建筑业	50	3156	74	225	253	73	9506

站前区	西市区	鲅鱼圈区	老边区	盖州市	大石桥市	阜新市	海州区	代码
133880	**85505**	**164668**	**70831**	**86236**	**129915**	**403067**	**119704**	00
23	**169**	**147**	**1089**	**1796**	**1758**	**6038**	**49**	A
								01
								02
								03
								04
23	169	147	1089	1796	1758	6038	49	05
155	**309**	**1239**	**439**	**4023**	**14392**	**71238**	**54895**	B
		184			2	66747	54869	06
						26	26	07
			157	186	1682	1482		08
	90	799	116	2162	9291	87		09
155	219	256	166	1675	3417	2785		10
						111		11
								12
44663	**32823**	**48029**	**38589**	**27756**	**55128**	**88427**	**7094**	C
582	281	1744	674	1868	1746	9777	967	13
1543	375	73	740	733	213	3154	92	14
347	102	302	25	213	100	2055	35	15
817								16
2599	2157	706	1591	2598	782	3661	5	17
2724	2293	7388	2869	3864	2673	1729	220	18
	67	379	62	1150	483	3391	24	19
43	199	307	243	178	213	4241	79	20
125	138	115	227	27	96	1149	6	21
1031	226	187	629	608	157	1034	82	22
326	188	151	405	67	94	574	160	23
187	592	508	128	73	37	643	7	24
826	681	26	1553	308	268	305	155	25
3618	1521	1474	3600	1681	3833	5989	1005	26
128	106		362	39	7	1397	196	27
974	30	131	122	90		3		28
2968	1237	3932	2019	1302	1176	3675	557	29
4167	2738	4150	5117	3068	30520	11440	1492	30
880	691	12969	6315	790	956	2255	141	31
947	455	809	166	758	3574	1877	285	32
4865	2465	2918	3504	2905	4833	5641	378	33
6614	6195	2481	3103	2025	1510	13720	333	34
2764	4324	367	1244	770	807	3058	179	35
1935	1058	480	224	1132	42	710		36
133	264	36	5	487	29	100	20	37
2215	1973	4939	2005	925	320	3626	348	38
247	1686		135	5	166	1580	11	39
972	634	57	1286	58		75	6	40
		1273	61		303	462	61	41
7	21	25	105	20	189	454		42
79	126	102	70	14	1	652	250	43
2717	**549**	**1586**	**128**	**603**	**748**	**9042**	**2524**	D
719	542	1241	56	236	577	5191	1007	44
522	7	167	50	105	47	1852	45	45
1476		178	22	262	124	1999	1472	46
24810	**17549**	**18639**	**10664**	**10920**	**9310**	**59966**	**12023**	E
13298	9531	12423	8217	8900	6566	30378	5687	47
7052	2389	3685	2026	620	802	16729	2423	48
2960	2947	377	178	141	274	6372	812	49
1500	2682	2154	243	1259	1668	6487	3101	50

1-10 续表 9

行　　业	代码	太和区	黑山县	义县	凌海市	北镇市	营口市
批发和零售业	F	**6192**	**5954**	**2170**	**4797**	**2673**	**55002**
批发业	51	3930	2326	1371	1480	1028	29570
零售业	52	2262	3628	799	3317	1645	25432
交通运输、仓储和邮政业	G	**5980**	**1644**	**2276**	**2379**	**1787**	**70685**
道路运输业	54	1324	1589	2237	2196	1708	25009
水上运输业	55	2102		3			12145
航空运输业	56	141					105
管道运输业	57	44					
装卸搬运和运输代理业	58	1379	22	25	72	29	28455
仓储业	59	591	14	11	91	47	3081
邮政业	60		19		20	3	1251
住宿和餐饮业	H	**1322**	**1002**	**190**	**563**	**685**	**10729**
住宿业	61	751	304	148	376	308	6376
餐饮业	62	571	698	42	187	377	4353
信息传输、软件和信息技术服务业	I	**2173**	**198**	**280**	**8**	**147**	**5091**
电信、广播电视和卫星传输服务	63	1451	184	265	2	135	3948
互联网和相关服务	64	19	6			2	146
软件和信息技术服务业	65	703	8	15	6	10	997
房地产业	K	**3076**	**789**	**784**	**660**	**620**	**14948**
房地产业	70	3076	789	784	660	620	14948
租赁和商务服务业	L	**4230**	**1106**	**788**	**1173**	**774**	**17073**
租赁业	71	102	89	94	47	58	473
商务服务业	72	4128	1017	694	1126	716	16600
科学研究和技术服务业	M	**1192**	**1920**	**721**	**785**	**884**	**6866**
研究和试验发展	73	53	3		28	6	912
专业技术服务业	74	837	682	462	426	634	4616
科技推广和应用服务业	75	302	1235	259	331	244	1338
水利、环境和公共设施管理业	N	**933**	**583**	**624**	**457**	**1277**	**9372**
水利管理业	76	122	346	246	161	116	673
生态保护和环境治理业	77	118	30	50	32	152	193
公共设施管理业	78	693	207	328	264	1009	8506
居民服务、修理和其他服务业	O	**433**	**469**	**332**	**493**	**159**	**3303**
居民服务业	79	211	317	228	366	80	1754
机动车、电子产品和日用产品修理业	80	222	152	89	116	77	1367
其他服务业	81			15	11	2	182
教育	P	**6229**	**5324**	**4107**	**4486**	**3896**	**26565**
教育	82	6229	5324	4107	4486	3896	26565
卫生和社会工作	Q	**1833**	**2746**	**1526**	**1808**	**1678**	**17086**
卫生	83	1731	2551	1384	1631	1615	16130
社会工作	84	102	195	142	177	63	956
文化、体育和娱乐业	R	**1181**	**611**	**356**	**709**	**282**	**4632**
新闻和出版业	85	572	7	6	16	15	384
广播、电视、电影和影视录音制作业	86	1	89	80	172	67	1205
文化艺术业	87	428	154	210	140	108	1100
体育	88	31		12	124		502
娱乐业	89	149	361	48	257	92	1441
公共管理、社会保障和社会组织	S	**11994**	**6054**	**5796**	**7739**	**6000**	**44683**
中国共产党机关	90	232	194	115	150	196	1644
国家机构	91	10107	4116	3951	5343	4502	32773
人民政协、民主党派	92	187	17	17	18	16	170
社会保障	93	95	100	46	122	48	418
群众团体、社会团体和其他成员组织	94	477	337	562	747	123	4346
基层群众自治组织	95	896	1290	1105	1359	1115	5332

站前区	西市区	鲅鱼圈区	老边区	盖州市	大石桥市	阜新市	海州区	代码
13376	**4696**	**10870**	**5422**	**11175**	**9463**	**25669**	**8232**	F
5874	2690	3706	4355	7742	5203	11881	4008	51
7502	2006	7164	1067	3433	4260	13788	4224	52
4554	**3171**	**47203**	**2122**	**4215**	**9420**	**7087**	**2318**	G
2516	2366	5330	1833	3755	9209	4768	460	54
353	141	11639	12					55
	102	3						56
								57
495	370	27329	87	157	17	753	676	58
97	98	2259	188	289	150	158	13	59
1084	94	30	2	9	32	737	658	60
3273	**434**	**4625**	**49**	**1370**	**978**	**3420**	**1359**	H
1846	83	2777	41	1090	539	1083	586	61
1427	351	1848	8	280	439	2337	773	62
3486	**229**	**359**	**218**	**207**	**592**	**3357**	**569**	I
3090	19	129	6	173	531	2871	450	63
24	60	7	46	3	6	27	9	64
372	150	223	166	31	55	459	110	65
2379	**2247**	**5126**	**1335**	**1875**	**1986**	**9622**	**3211**	K
2379	2247	5126	1335	1875	1986	9622	3211	70
3986	**3988**	**5104**	**1172**	**1058**	**1765**	**7181**	**2716**	L
70	134	127	88	40	14	180	16	71
3916	3854	4977	1084	1018	1751	7001	2700	72
1626	**895**	**1704**	**512**	**1166**	**963**	**6432**	**1720**	M
177	174	406	82	51	22	666	57	73
1312	568	1089	366	540	741	4262	1525	74
137	153	209	64	575	200	1504	138	75
863	**2297**	**2661**	**885**	**805**	**1861**	**6504**	**989**	N
100	4	5	95	133	336	848	32	76
82	13	25	4	52	17	194	21	77
681	2280	2631	786	620	1508	5462	936	78
976	**292**	**936**	**412**	**401**	**286**	**2618**	**909**	O
551	155	606	54	273	115	1416	618	79
388	113	288	336	118	124	1072	291	80
37	24	42	22	10	47	130		81
4238	**2907**	**4605**	**1593**	**5848**	**7374**	**29128**	**4752**	P
4238	2907	4605	1593	5848	7374	29128	4752	82
3165	**2803**	**3565**	**535**	**3579**	**3439**	**15939**	**5438**	Q
2954	2542	3492	445	3405	3292	14507	5001	83
211	261	73	90	174	147	1432	437	84
1744	**491**	**861**	**196**	**821**	**519**	**3745**	**1697**	R
269	53	5	7	25	25	234	171	85
500		177	112	328	88	1308	846	86
517	158	139	42	171	73	991	312	87
163	52	63		182	42	357	223	88
295	228	477	35	115	291	855	145	89
10256	**5821**	**6548**	**5142**	**7752**	**9164**	**37852**	**5640**	S
543	245	81	165	172	438	1169	132	90
7734	4750	5131	4433	4965	5760	25182	3445	91
93	13	13	12	17	22	197	107	92
27	104	135	62	35	55	561	132	93
1343	199	406	138	1221	1039	4363	1120	94
516	510	782	332	1342	1850	6380	704	95

1-10 续表 10

行业	代码	新邱区	太平区	清河门区	细河区	阜新蒙古族自治县	彰武县
总　计	00	**18855**	**38595**	**17319**	**103983**	**62879**	**41732**
农、林、牧、渔业	A	**82**	**47**	**248**	**24**	**1134**	**4454**
农业	01						
林业	02						
畜牧业	03						
渔业	04						
农、林、牧、渔服务业	05	82	47	248	24	1134	4454
采矿业	B	**2533**	**3765**	**2338**	**90**	**6227**	**1390**
煤炭开采和洗选业	06	2477	3701	2338	80	3282	
石油和天然气开采业	07						
黑色金属矿采选业	08					1482	
有色金属矿采选业	09					87	
非金属矿采选业	10	5	64		10	1316	1390
开采辅助活动	11	51				60	
其他采矿业	12						
制造业	C	**4276**	**11824**	**5157**	**33926**	**15158**	**10992**
农副食品加工业	13	435	1667	12	2851	2582	1263
食品制造业	14	34	67		1644	756	561
酒、饮料和精制茶制造业	15	44	362	1	130	1328	155
烟草制品业	16						
纺织业	17	103	1642		1774	15	122
纺织服装、服饰业	18	16	216	297	662	109	209
皮革、毛皮、羽毛及其制品和制鞋业	19		33	3261	69		4
木材加工和木、竹、藤、棕、草制品业	20	408	83	6	171	585	2909
家具制造业	21	4	5		9	5	1120
造纸和纸制品业	22	176	83	11	520	66	96
印刷和记录媒介复制业	23	23	61	14	191	91	34
文教、工美、体育和娱乐用品制造业	24	8	33	15	87	460	33
石油加工、炼焦和核燃料加工业	25	12	44		3	30	61
化学原料和化学制品制造业	26	130	1487	134	227	1712	1294
医药制造业	27	5	179		756	165	96
化学纤维制造业	28		3				
橡胶和塑料制品业	29	21	529	2	2045	219	302
非金属矿物制品业	30	1969	1000	482	1228	3471	1798
黑色金属冶炼和压延加工业	31	2	271	40	538	1211	52
有色金属冶炼和压延加工业	32	1	423	150	46	951	21
金属制品业	33	595	299	116	3774	281	198
通用设备制造业	34	21	1394	266	11397	169	140
专用设备制造业	35	188	637	171	1372	227	284
汽车制造业	36	52	16		619	23	
铁路、船舶、航空航天和其他运输设备制造	37	3	22		55		
电气机械和器材制造业	38		715	6	2096	307	154
计算机、通信和其他电子设备制造业	39		29		1539		1
仪器仪表制造业	40		43		26		
其他制造业	41		27	126	15	148	85
废弃资源综合利用业	42	26	78	30	78	242	
金属制品、机械和设备修理业	43		376	17	4	5	
电力、热力、燃气及水生产和供应业	D	**1284**	**1944**	**750**	**1011**	**860**	**669**
电力、热力生产和供应业	44	21	1924	684	537	560	458
燃气生产和供应业	45	1263	20	11	405	80	28
水的生产和供应业	46			55	69	220	183
建筑业	E	**3610**	**7344**	**3639**	**26425**	**5822**	**1103**
房屋建筑业	47	3117	2006	2614	12340	4090	524
土木工程建筑业	48	483	3533	991	7288	1496	515
建筑安装业	49	3	537	34	4914	52	20
建筑装饰和其他建筑业	50	7	1268		1883	184	44

辽阳市	白塔区	文圣区	宏伟区	弓长岭区	太子河区	辽阳县	灯塔市	代码
386469	**92456**	**23537**	**62663**	**21111**	**32913**	**94384**	**59405**	00
2496	**11**	**121**	**48**	**13**	**811**	**710**	**782**	A
								01
								02
								03
								04
2496	11	121	48	13	811	710	782	05
26545	**1**	**1846**	**62**	**3035**	**74**	**8461**	**13066**	B
183					64		119	06
								07
20426		301	2	2547		6334	11242	08
653		49		62	9	478	55	09
5279		1496	57	426	1	1649	1650	10
4	1		3					11
								12
152297	**5770**	**13129**	**42706**	**2781**	**18854**	**46991**	**22066**	C
3714	109	93	180	19	284	1421	1608	13
914	64	2	461	6	39	275	67	14
1237	389	41	13	301	12	315	166	15
								16
2379	51	51	40		690	534	1013	17
10400	1286	155	87	62	358	5556	2896	18
4782		6		95	21	72	4588	19
750	16	10	17	9	53	623	22	20
991		15	97		467	336	76	21
1231	99	83	137		658	228	26	22
420	156	7	61	7	36	144	9	23
1280	43	121	80	20	702	108	206	24
383	20	13	142		28	175	5	25
31803	188	6891	19897	141	1984	1383	1319	26
789	45	3	78	8	475	87	93	27
455			111		128	216		28
9642	142	92	6409	5	277	2648	69	29
14812	281	4323	217	416	1240	1928	6407	30
23587	49	127	877	155	2916	18070	1393	31
7822		52	5919	140	245	1220	246	32
6381	269	102	568	4	966	4103	369	33
16341	376	554	6643	78	2490	5505	695	34
4040	395	239	70	121	1720	1039	456	35
2035	24	55	1	12	1703	112	128	36
110					16	94		37
1897	680	37	316	2	279	443	140	38
1152	1000	7	4		61	30	50	39
1487	83	26	278		922	178		40
130			3		80	35	12	41
124					4	113	7	42
1209	5	24		1180				43
3486	**1123**	**15**	**75**	**281**	**96**	**111**	**1785**	D
1863	1	15	30	250	1	22	1544	44
501	395		45	10		26	25	45
1122	727			21	95	63	216	46
59295	**28884**	**975**	**9322**	**3224**	**3703**	**7866**	**5321**	E
28959	10173	302	4646	2660	725	7153	3300	47
19742	13077	226	1993	536	1886	301	1723	48
7036	3842	371	1695	21	866	81	160	49
3558	1792	76	988	7	226	331	138	50

1-10 续表 11

行业	代码	新邱区	太平区	清河门区	细河区	阜新蒙古族自治县	彰武县
批发和零售业	F	**781**	**3401**	**405**	**4651**	**4310**	**3889**
批发业	51	302	1563	228	1390	2262	2128
零售业	52	479	1838	177	3261	2048	1761
交通运输、仓储和邮政业	G	**113**	**305**	**200**	**2018**	**805**	**1328**
道路运输业	54	75	109	200	1966	685	1273
水上运输业	55						
航空运输业	56						
管道运输业	57						
装卸搬运和运输代理业	58	38	18		9	12	
仓储业	59		49		5	49	42
邮政业	60		26		38	5	10
住宿和餐饮业	H	**113**	**363**	**14**	**697**	**508**	**366**
住宿业	61		57		112	142	186
餐饮业	62	113	306	14	585	366	180
信息传输、软件和信息技术服务业	I	**16**	**43**	**45**	**2624**	**36**	**24**
电信、广播电视和卫星传输服务	63	10	4	22	2359	18	8
互联网和相关服务	64		3		2	10	3
软件和信息技术服务业	65	6	36	23	263	8	13
房地产业	K	**741**	**742**	**867**	**2508**	**539**	**1014**
房地产业	70	741	742	867	2508	539	1014
租赁和商务服务业	L	**348**	**538**	**246**	**2040**	**641**	**652**
租赁业	71	13	29		68	25	29
商务服务业	72	335	509	246	1972	616	623
科学研究和技术服务业	M	**72**	**396**	**79**	**2242**	**1027**	**896**
研究和试验发展	73		1		265	342	1
专业技术服务业	74	40	157	49	1775	305	411
科技推广和应用服务业	75	32	238	30	202	380	484
水利、环境和公共设施管理业	N	**183**	**750**	**109**	**1244**	**1723**	**1506**
水利管理业	76	5	2	6	78	297	428
生态保护和环境治理业	77		4		91	11	67
公共设施管理业	78	178	744	103	1075	1415	1011
居民服务、修理和其他服务业	O	**40**	**312**	**113**	**435**	**356**	**453**
居民服务业	79	23	46	93	169	266	201
机动车、电子产品和日用产品修理业	80	17	206	20	228	68	242
其他服务业	81		60		38	22	10
教育	P	**2739**	**1357**	**781**	**6345**	**8916**	**4238**
教育	82	2739	1357	781	6345	8916	4238
卫生和社会工作	Q	**446**	**1451**	**276**	**3677**	**2977**	**1674**
卫生	83	411	1289	265	3145	2829	1567
社会工作	84	35	162	11	532	148	107
文化、体育和娱乐业	R	**158**	**315**	**96**	**516**	**478**	**485**
新闻和出版业	85	3	3	4	4	38	11
广播、电视、电影和影视录音制作业	86	62	11	12	71	126	180
文化艺术业	87	20	108	19	260	174	98
体育	88	1	81	4	36	11	1
娱乐业	89	72	112	57	145	129	195
公共管理、社会保障和社会组织	S	**1296**	**3631**	**1838**	**8927**	**10500**	**6020**
中国共产党机关	90	41	94	78	534	127	163
国家机构	91	1005	2032	1525	6888	6172	4115
人民政协、民主党派	92	10	14	14	12	18	22
社会保障	93	26	28	21	141	109	104
群众团体、社会团体和其他成员组织	94	47	102	39	689	2079	287
基层群众自治组织	95	167	1361	161	663	1995	1329

辽阳市	白塔区	文圣区	宏伟区	弓长岭区	太子河区	辽阳县	灯塔市	代码
25240	**5859**	**465**	**1979**	**221**	**1623**	**13847**	**1246**	F
18349	3074	376	1274	119	778	12185	543	51
6891	2785	89	705	102	845	1662	703	52
11071	**4320**	**332**	**540**	**2134**	**1516**	**1444**	**785**	G
8868	3216	326	208	1666	1444	1316	692	54
								55
								56
								57
300	40	1	249				10	58
303		5	73	5	20	117	83	59
1090	1059		10	3	7	11		60
3893	**2120**	**38**	**73**	**1095**	**43**	**388**	**136**	H
2438	1304	17	12	972	6	70	57	61
1455	816	21	61	123	37	318	79	62
3338	**3079**	**3**	**88**	**94**	**2**	**72**		I
2813	2808				2	3		63
52	28					24		64
473	243	3	88	94		45		65
7179	**3443**	**564**	**1531**	**176**	**272**	**633**	**560**	K
7179	3443	564	1531	176	272	633	560	70
7993	**2693**	**373**	**269**	**2990**	**284**	**648**	**736**	L
318	54		58	1	3	150	52	71
7675	2639	373	211	2989	281	498	684	72
4540	**2097**	**353**	**279**	**36**	**788**	**710**	**277**	M
433	300	25	27		76		5	73
3087	1715	59	147	21	622	325	198	74
1020	82	269	105	15	90	385	74	75
5246	**3130**	**53**	**517**	**517**	**43**	**607**	**379**	N
733	261	17		191	42	159	63	76
92	53		30		1		8	77
4421	2816	36	487	326		448	308	78
2075	**648**	**263**	**358**	**223**	**91**	**271**	**221**	O
1449	409	220	293	214	20	176	117	79
592	239	43	47	9	71	95	88	80
34			18				16	81
20074	**6309**	**1411**	**1809**	**922**	**1686**	**3859**	**4078**	P
20074	6309	1411	1809	922	1686	3859	4078	82
11797	**6691**	**604**	**568**	**821**	**537**	**1357**	**1219**	Q
10773	6481	547	407	708	505	1166	959	83
1024	210	57	161	113	32	191	260	84
1735	**806**	**164**	**96**	**140**	**24**	**294**	**211**	R
111	90	10				11		85
274	38		6	80		35	115	86
771	379	138	62	10	12	121	49	87
119	34	10	27	13		23	12	88
460	265	6	1	37	12	104	35	89
30929	**9506**	**2828**	**2325**	**2263**	**2456**	**5577**	**5974**	S
1360	553	99	115	129	79	195	190	90
22800	7156	2218	1627	1599	1890	3941	4369	91
171	98	11	9	10	15	20	8	92
329	126	12	12	28	11	94	46	93
2174	782	138	307	240	107	310	290	94
4095	791	350	255	257	354	1017	1071	95

1-10 续表 12

行业	代码	盘锦市	双台子区	兴隆台区	大洼县	盘山县	铁岭市
总计	00	**476637**	**49083**	**236078**	**116775**	**74701**	**503269**
农、林、牧、渔业	A	**23145**	**134**	**1092**	**13988**	**7931**	**36578**
农业	01	20159	30	916	12036	7177	
林业	02	135				135	
畜牧业	03						
渔业	04	318			318		
农、林、牧、渔服务业	05	2533	104	176	1634	619	36578
采矿业	B	**105797**	**2**	**105055**	**13**	**727**	**59721**
煤炭开采和洗选业	06						54013
石油和天然气开采业	07	44102		44102			22
黑色金属矿采选业	08						1494
有色金属矿采选业	09						253
非金属矿采选业	10	701				701	3906
开采辅助活动	11	60994	2	60953	13	26	13
其他采矿业	12						20
制造业	C	**93292**	**16694**	**28935**	**30967**	**16696**	**172483**
农副食品加工业	13	9042	221	275	4796	3750	25246
食品制造业	14	1064	81	141	696	146	5459
酒、饮料和精制茶制造业	15	858	107	53	589	109	2646
烟草制品业	16						6
纺织业	17	646	58	298	275	15	2895
纺织服装、服饰业	18	1348	28	275	700	345	2529
皮革、毛皮、羽毛及其制品和制鞋业	19	52		11	41		450
木材加工和木、竹、藤、棕、草制品业	20	417	52	12	331	22	4625
家具制造业	21	200	79	42	78	1	793
造纸和纸制品业	22	729	2	55	52	620	2403
印刷和记录媒介复制业	23	580	83	436	61		1987
文教、工美、体育和娱乐用品制造业	24	211	5	75	111	20	1300
石油加工、炼焦和核燃料加工业	25	27816	12217	5288	7239	3072	903
化学原料和化学制品制造业	26	12566	1484	4152	5198	1732	7915
医药制造业	27	1371	188	440	247	496	2959
化学纤维制造业	28	3	1			2	282
橡胶和塑料制品业	29	5829	785	1031	2195	1818	13143
非金属矿物制品业	30	7097	453	2391	2377	1876	15129
黑色金属冶炼和压延加工业	31	298	25	77	178	18	7190
有色金属冶炼和压延加工业	32	419			126	293	3644
金属制品业	33	3990	217	1128	1978	667	8061
通用设备制造业	34	3182	273	1457	1151	301	29754
专用设备制造业	35	11462	159	9408	1282	613	12442
汽车制造业	36	736	1	207	7	521	8672
铁路、船舶、航空航天和其他运输设备制造	37	413			373	40	847
电气机械和器材制造业	38	1131	91	597	331	112	6830
计算机、通信和其他电子设备制造业	39	476		446	30		1480
仪器仪表制造业	40	258	1	229	28		1684
其他制造业	41	142	39	45	15	43	330
废弃资源综合利用业	42	285	5	22	198	60	626
金属制品、机械和设备修理业	43	671	39	344	284	4	253
电力、热力、燃气及水生产和供应业	D	**4700**	**2170**	**967**	**1278**	**285**	**8236**
电力、热力生产和供应业	44	1833	488	608	706	31	6601
燃气生产和供应业	45	1076	941	4	40	91	585
水的生产和供应业	46	1791	741	355	532	163	1050
建筑业	E	**94294**	**7949**	**27129**	**37356**	**21860**	**59830**
房屋建筑业	47	57747	2566	8460	29469	17252	36216
土木工程建筑业	48	22967	3705	9415	5726	4121	16325
建筑安装业	49	7341	823	5791	404	323	4535
建筑装饰和其他建筑业	50	6239	855	3463	1757	164	2754

银州区	清河区	铁岭县	西丰县	昌图县	调兵山市	开原市	朝阳市	代码
87669	**24300**	**83326**	**22445**	**118526**	**95608**	**71395**	**522626**	00
110	**101**	**6309**	**1557**	**27057**	**77**	**1367**	**5043**	A
							6	01
								02
							6	03
								04
110	101	6309	1557	27057	77	1367	5031	05
28	**20**	**5220**	**227**	**133**	**52928**	**1165**	**60870**	B
		1132	8	20	52853		10427	06
		22						07
		1056	58			380	38193	08
		159	14			80	2659	09
28	20	2818	147	113	75	705	9591	10
		13						11
		20						12
30499	**10889**	**35252**	**5321**	**34964**	**12999**	**42559**	**106768**	C
1299	2815	1899	500	9961	463	8309	10385	13
803	579	771	185	1067	906	1148	1764	14
43	613	219	179	1146	112	334	2057	15
			6					16
304	8	164	749	784	293	593	3517	17
199	173	508	57	548	10	1034	2092	18
13		401		36			143	19
32	260	845	74	2046	8	1360	596	20
80		146	20	11	122	414	298	21
267	640	105	27	39	33	1292	554	22
460	74	19		95	209	1130	529	23
106	66	720		8	25	375	386	24
		559			291	53	307	25
971	117	1739	104	2046	673	2265	3070	26
694	301	437	959	62		506	430	27
113		169					21	28
3334	332	4457	327	965	425	3303	3690	29
2100	730	4272	617	4116	904	2390	15158	30
103	1505	3260	316	287	199	1520	27719	31
423	3	642	115	334	109	2018	7023	32
2908	459	2477	227	977	214	799	1346	33
3756	546	4111	708	7617	6417	6599	3497	34
1900	1223	2170	114	851	596	5588	8484	35
6489	46	1612	2	487	32	4	8309	36
7	79	467			294		425	37
1249	121	2881		741	398	1440	1725	38
1455		20		5			933	39
1361		115		70	134	4	61	40
18	3	23	2	269	12	3	86	41
4	196	41	26	354		5	2146	42
8		3	7	42	120	73	17	43
1668	**1674**	**2051**	**242**	**976**	**795**	**830**	**7384**	D
1026	1508	1990	36	611	674	756	5359	44
512	2	25		39		7	553	45
130	164	36	206	326	121	67	1472	46
14394	**4803**	**9184**	**1382**	**12932**	**14429**	**2706**	**118200**	E
4159	2324	3737	1107	10326	13459	1104	69757	47
8782	2430	1758	150	2296		909	27540	48
309	18	2881	125	115	413	674	9504	49
1144	31	808		195	557	19	11399	50

1-10 续表 13

行　业	代码	盘锦市	双台子区	兴隆台区	大洼县	盘山县	铁岭市
批发和零售业	F	**27895**	**6087**	**16672**	**3393**	**1743**	**21125**
批发业	51	10839	3410	4217	1721	1491	10312
零售业	52	17056	2677	12455	1672	252	10813
交通运输、仓储和邮政业	G	**8770**	**1476**	**3749**	**2794**	**751**	**7009**
道路运输业	54	5682	1105	2632	1309	636	4424
水上运输业	55	1038		29	1005	4	
航空运输业	56	5		5			
管道运输业	57	20		20			
装卸搬运和运输代理业	58	635	122	137	376		445
仓储业	59	260	40	17	92	111	615
邮政业	60	927	22	905			1518
住宿和餐饮业	H	**3900**	**371**	**2251**	**990**	**288**	**3186**
住宿业	61	2084	132	1321	444	187	2061
餐饮业	62	1816	239	930	546	101	1125
信息传输、软件和信息技术服务业	I	**3643**	**299**	**3196**	**61**	**87**	**3160**
电信、广播电视和卫星传输服务	63	2061	215	1797		49	2798
互联网和相关服务	64	135	7	72	51	5	86
软件和信息技术服务业	65	1447	77	1327	10	33	276
房地产业	K	**8809**	**1462**	**4769**	**2210**	**368**	**7602**
房地产业	70	8809	1462	4769	2210	368	7602
租赁和商务服务业	L	**16647**	**843**	**5532**	**1523**	**8749**	**5158**
租赁业	71	494	78	252	157	7	114
商务服务业	72	16153	765	5280	1366	8742	5044
科学研究和技术服务业	M	**7501**	**542**	**4188**	**1302**	**1469**	**6717**
研究和试验发展	73	626	115	361	92	58	401
专业技术服务业	74	4671	352	3499	547	273	3405
科技推广和应用服务业	75	2204	75	328	663	1138	2911
水利、环境和公共设施管理业	N	**9133**	**2894**	**1714**	**3227**	**1298**	**4248**
水利管理业	76	3437	263	146	1915	1113	1645
生态保护和环境治理业	77	135		77	36	22	129
公共设施管理业	78	5561	2631	1491	1276	163	2474
居民服务、修理和其他服务业	O	**3439**	**164**	**2736**	**354**	**185**	**2090**
居民服务业	79	936	57	503	251	125	1605
机动车、电子产品和日用产品修理业	80	1179	98	939	82	60	362
其他服务业	81	1324	9	1294	21		123
教育	P	**17311**	**2074**	**5667**	**6256**	**3314**	**27801**
教育	82	17311	2074	5667	6256	3314	27801
卫生和社会工作	Q	**9671**	**2259**	**3770**	**2385**	**1257**	**16467**
卫生	83	8624	2095	3477	2088	964	14874
社会工作	84	1047	164	293	297	293	1593
文化、体育和娱乐业	R	**2604**	**98**	**1528**	**707**	**271**	**2391**
新闻和出版业	85	80	10	33	21	16	171
广播、电视、电影和影视录音制作业	86	791	22	417	218	134	428
文化艺术业	87	779	25	416	241	97	764
体育	88	103	24	65	14		306
娱乐业	89	851	17	597	213	24	722
公共管理、社会保障和社会组织	S	**31012**	**3006**	**12996**	**7608**	**7402**	**51341**
中国共产党机关	90	1258	94	486	382	296	2800
国家机构	91	23010	2098	10313	5066	5533	31606
人民政协、民主党派	92	146	15	90	24	17	228
社会保障	93	393	38	146	107	102	508
群众团体、社会团体和其他成员组织	94	2274	227	778	717	552	8452
基层群众自治组织	95	3931	534	1183	1312	902	7747

银州区	清河区	铁岭县	西丰县	昌图县	调兵山市	开原市	朝阳市	代码
8051	**350**	**2102**	**813**	**6230**	**1557**	**2022**	**27037**	F
3214	152	1201	641	4208	281	615	12022	51
4837	198	901	172	2022	1276	1407	15015	52
1667	**189**	**1323**	**513**	**1220**	**272**	**1825**	**9625**	G
377	178	816	508	905	261	1379	6703	54
								55
							103	56
							5	57
20	10	292		88		35	311	58
36	1	210	5	181		182	790	59
1234		5		44	11	224	1250	60
1678	**173**	**272**	**302**	**159**	**379**	**223**	**2766**	H
1225	115	168	176	39	190	148	1237	61
453	58	104	126	120	189	75	1529	62
2649	**10**	**204**	**64**	**134**	**81**	**18**	**3125**	I
2587	5	33	52	88	27	6	2840	63
4		46	12	14		10	9	64
58	5	125		32	54	2	276	65
1803	**291**	**2054**	**75**	**1673**	**855**	**851**	**8674**	K
1803	291	2054	75	1673	855	851	8674	70
1737	**181**	**781**	**125**	**1362**	**343**	**629**	**11842**	L
43	13	25	11	15		7	212	71
1694	168	756	114	1347	343	622	11630	72
1366	**153**	**882**	**191**	**2856**	**781**	**488**	**13027**	M
197	13	107		52		32	433	73
1116	127	428	170	465	778	321	4865	74
53	13	347	21	2339	3	135	7729	75
835	**657**	**478**	**559**	**1012**	**128**	**579**	**6743**	N
203	294	297	45	423	43	340	865	76
24	34	29		18	10	14	217	77
608	329	152	514	571	75	225	5661	78
934	**174**	**195**	**55**	**408**	**44**	**280**	**1647**	O
770	157	187	36	248		207	1251	79
131	16	5	13	124	5	68	378	80
33	1	3	6	36	39	5	18	81
4100	**843**	**4846**	**2555**	**8237**	**2482**	**4738**	**41503**	P
4100	843	4846	2555	8237	2482	4738	41503	82
4273	**492**	**1799**	**1836**	**3873**	**1714**	**2480**	**19491**	Q
3995	376	1768	1133	3512	1676	2414	18129	83
278	116	31	703	361	38	66	1362	84
864	**90**	**160**	**44**	**638**	**271**	**324**	**3490**	R
155			3	6	4	3	282	85
5	11		18	209	57	128	956	86
309	32	62	4	228	46	83	1208	87
128	9	71		44	35	19	418	88
267	38	27	19	151	129	91	626	89
7433	**3036**	**9003**	**6120**	**13109**	**5104**	**7536**	**64869**	S
193	329	587	185	1104	157	245	1783	90
5585	2118	6209	3771	6065	3029	4829	47225	91
24	21	87	22	30	21	23	269	92
129	60	59	17	65	46	132	854	93
663	237	1129	999	2780	1586	1058	5326	94
839	271	932	1126	3065	265	1249	9412	95

1-10 续表 14

行 业	代码	双塔区	龙城区	朝阳县	建平县	喀喇沁左翼蒙古族自治县	北票市
总 计	00	**156011**	**51151**	**41265**	**54227**	**47953**	**77242**
农、林、牧、渔业	A	**66**	**90**	**397**	**2057**	**12**	**2315**
农业	01				6		
林业	02						
畜牧业	03		6				
渔业	04						
农、林、牧、渔服务业	05	66	84	397	2051	12	2315
采矿业	B	**468**	**373**	**9127**	**12073**	**5337**	**26787**
煤炭开采和洗选业	06	63	130	30	300	97	9535
石油和天然气开采业	07						
黑色金属矿采选业	08	182	123	8468	8803	3118	15694
有色金属矿采选业	09	5		148	6	1193	379
非金属矿采选业	10	218	120	481	2964	929	1179
开采辅助活动	11						
其他采矿业	12						
制造业	C	**15240**	**17368**	**6331**	**8662**	**15240**	**13368**
农副食品加工业	13	263	2195	494	2843	413	2190
食品制造业	14	103	80	247	105	613	315
酒、饮料和精制茶制造业	15	127	258	287	585	348	339
烟草制品业	16						
纺织业	17	1841	77	76	33	10	1265
纺织服装、服饰业	18	94	512	221	2	161	137
皮革、毛皮、羽毛及其制品和制鞋业	19	8	5	62		24	10
木材加工和木、竹、藤、棕、草制品业	20	83	78	93	32	149	38
家具制造业	21	2	127	103	7	57	1
造纸和纸制品业	22	108	42	21	14	152	106
印刷和记录媒介复制业	23	254	120	10	27	19	32
文教、工美、体育和娱乐用品制造业	24	297	10	8		27	21
石油加工、炼焦和核燃料加工业	25	2	236	1		57	
化学原料和化学制品制造业	26	181	810	412	348	640	199
医药制造业	27	114	245	3	6	57	
化学纤维制造业	28		1				
橡胶和塑料制品业	29	103	2658	189	135	314	75
非金属矿物制品业	30	1328	865	1275	3386	2481	1675
黑色金属冶炼和压延加工业	31	1861	3455	880	177	3532	2109
有色金属冶炼和压延加工业	32	1444	108	1178	262	811	2440
金属制品业	33	315	191	97	118	395	140
通用设备制造业	34	645	1622	65	14	534	204
专用设备制造业	35	3494	1543	449	150	457	1982
汽车制造业	36	1750	581	86	63	3718	75
铁路、船舶、航空航天和其他运输设备制造	37		357			68	
电气机械和器材制造业	38	100	1011	66	216	91	9
计算机、通信和其他电子设备制造业	39	653	124	2	118	21	1
仪器仪表制造业	40	44	17				
其他制造业	41	6	18		11	2	
废弃资源综合利用业	42	13	22		10	89	1
金属制品、机械和设备修理业	43	7		6			4
电力、热力、燃气及水生产和供应业	D	**3590**	**1050**	**28**	**588**	**386**	**1204**
电力、热力生产和供应业	44	2498	1008	13	364	253	787
燃气生产和供应业	45	402	1	15		36	48
水的生产和供应业	46	690	41		224	97	369
建筑业	E	**58682**	**16662**	**8219**	**3331**	**3534**	**5810**
房屋建筑业	47	34364	10149	5747	1098	3247	2879
土木工程建筑业	48	14975	1925	737	1214	187	2197
建筑安装业	49	4230	573	1205	18	10	203
建筑装饰和其他建筑业	50	5113	4015	530	1001	90	531

凌源市	葫芦岛市	连山区	龙港区	南票区	绥中县	建昌县	兴城市	代码
94777	**423057**	**110536**	**129077**	**23059**	**57477**	**37977**	**64931**	00
106	**1060**	**362**	**89**	**9**	**224**	**245**	**131**	A
	82				82			01
								02
	15				15			03
								04
106	963	362	89	9	127	245	131	05
6705	**28171**	**12944**	**21**	**8496**	**1273**	**4401**	**1036**	B
272	8093	20		8064		6	3	06
								07
1805	2295	406			111	1754	24	08
928	16103	12334	2	253	531	2276	707	09
3700	1596	184	19	179	623	365	226	10
	5				5			11
	79				3		76	12
30559	**113740**	**30125**	**37761**	**3595**	**11526**	**3332**	**27401**	C
1987	3861	231	80	434	1214	594	1308	13
301	995	34	10	140	314	330	167	14
113	947	38	32	100	630	38	109	15
								16
215	1869	533	35	7	60	812	422	17
965	13723	52	281	82	192	20	13096	18
34	122		71	8		8	35	19
123	563	104	8	15	117	43	276	20
1	276	126	15		129		6	21
111	145			2	127	5	11	22
67	415	122	155	7	35	37	59	23
23	81	61	3		11		6	24
11	12206	11828	181	189			8	25
480	12784	8136	1476	279	584	283	2026	26
5	2355		988	90	633		644	27
20	1						1	28
216	2665	463	25	53	382	15	1727	29
4148	6720	1834	491	941	1577	419	1458	30
15705	3418	770	676	245	130	467	1130	31
780	11148	537	9967	243	72	148	181	32
90	2912	438	825	228	603	81	737	33
413	4513	1419	540	468	1112	8	966	34
409	4920	2939	640	20	1052	2	267	35
2036	2232		3	25	149		2055	36
	20860		20299		191		370	37
232	2714	216	794	19	1419	5	261	38
14	466	15			441		10	39
	379	11			312		56	40
49	12	2	3		5		2	41
2011	136	4	124		3		5	42
	302	212	39		32	17	2	43
538	**5800**	**994**	**1511**	**84**	**1729**	**384**	**1098**	D
436	4012	939	442	80	1525	222	804	44
51	252	33	219					45
51	1536	22	850	4	204	162	294	46
21962	**92339**	**30275**	**32806**	**1328**	**12848**	**5979**	**9103**	E
12273	63014	18534	23794	1221	9589	2859	7017	47
6305	9944	1046	2968	13	2453	2513	951	48
3265	9644	6414	1903	83	377	133	734	49
119	9737	4281	4141	11	429	474	401	50

1-10 续表 15

行业	代码	双塔区	龙城区	朝阳县	建平县	喀喇沁左翼蒙古族自治县	北票市
批发和零售业	F	**12623**	**3791**	**1985**	**2065**	**1539**	**2292**
批发业	51	3542	2307	1240	1240	701	1355
零售业	52	9081	1484	745	825	838	937
交通运输、仓储和邮政业	G	**3874**	**646**	**249**	**1387**	**849**	**1363**
道路运输业	54	2170	511	98	1038	734	1102
水上运输业	55						
航空运输业	56	103					
管道运输业	57						
装卸搬运和运输代理业	58	96	8	14	162	21	1
仓储业	59	138	127	137	174	21	32
邮政业	60	1224			4	4	15
住宿和餐饮业	H	**1566**	**127**	**72**	**122**	**189**	**237**
住宿业	61	662	122	20	2	189	39
餐饮业	62	904	5	52	120		198
信息传输、软件和信息技术服务业	I	**2741**	**107**	**13**	**123**	**12**	**70**
电信、广播电视和卫星传输服务	63	2542	92	4	106		55
互联网和相关服务	64	1	1		5		2
软件和信息技术服务业	65	198	14	9	12	12	13
房地产业	K	**4551**	**624**	**214**	**992**	**699**	**545**
房地产业	70	4551	624	214	992	699	545
租赁和商务服务业	L	**4524**	**1707**	**2430**	**663**	**410**	**594**
租赁业	71	81	33	7	23	37	
商务服务业	72	4443	1674	2423	640	373	594
科学研究和技术服务业	M	**4089**	**276**	**1436**	**519**	**3346**	**1618**
研究和试验发展	73	232	51	85	1	9	29
专业技术服务业	74	2776	198	27	369	435	720
科技推广和应用服务业	75	1081	27	1324	149	2902	869
水利、环境和公共设施管理业	N	**3482**	**288**	**283**	**451**	**848**	**766**
水利管理业	76	433		19	104	101	89
生态保护和环境治理业	77	78		21	8	19	76
公共设施管理业	78	2971	288	243	339	728	601
居民服务、修理和其他服务业	O	**696**	**214**	**93**	**67**	**131**	**162**
居民服务业	79	563	151	54	43	96	147
机动车、电子产品和日用产品修理业	80	117	62	39	23	35	15
其他服务业	81	16	1		1		
教育	P	**7763**	**2178**	**4820**	**7080**	**5747**	**5693**
教育	82	7763	2178	4820	7080	5747	5693
卫生和社会工作	Q	**5710**	**835**	**859**	**2759**	**1748**	**3527**
卫生	83	5392	598	734	2593	1594	3275
社会工作	84	318	237	125	166	154	252
文化、体育和娱乐业	R	**1798**	**206**	**52**	**355**	**238**	**382**
新闻和出版业	85	208			20	18	28
广播、电视、电影和影视录音制作业	86	598	7	2	113	40	133
文化艺术业	87	589	136	6	106	116	116
体育	88	179	41	6		21	11
娱乐业	89	224	22	38	116	43	94
公共管理、社会保障和社会组织	S	**16555**	**4168**	**4650**	**10292**	**7302**	**10001**
中国共产党机关	90	853	150		204	177	224
国家机构	91	13129	2518	2591	7584	5539	6645
人民政协、民主党派	92	129	26		25	28	33
社会保障	93	378	20		112	75	206
群众团体、社会团体和其他成员组织	94	1172	572	644	794	547	658
基层群众自治组织	95	894	882	1415	1573	936	2235

凌源市	葫芦岛市	连山区	龙港区	南票区	绥中县	建昌县	兴城市	代码
2742	**28365**	**8249**	**5382**	**2122**	**6940**	**2740**	**2932**	F
1637	14447	2529	3172	1922	4744	1221	859	51
1105	13918	5720	2210	200	2196	1519	2073	52
1257	**9121**	**2737**	**2797**	**166**	**1123**	**1210**	**1088**	G
1050	6119	1324	1890	118	905	1096	786	54
	884	7	613		94		170	55
								56
5								57
9	364	29	238	2	17	60	18	58
161	469	129	42	46	95	51	106	59
3	1269	1248			10	3	8	60
453	**4505**	**873**	**1588**	**42**	**457**	**486**	**1059**	H
203	2404	274	739	15	301	429	646	61
250	2101	599	849	27	156	57	413	62
59	**3902**	**152**	**3472**	**42**	**179**	**29**	**28**	I
41	3241	3	3136	16	55	29	2	63
	91	8	48		11		24	64
18	570	141	288	26	113		2	65
1049	**8656**	**1845**	**3592**	**84**	**1329**	**607**	**1199**	K
1049	8656	1845	3592	84	1329	607	1199	70
1514	**12194**	**2330**	**7475**	**268**	**1024**	**437**	**660**	L
31	530	220	57		225	24	4	71
1483	11664	2110	7418	268	799	413	656	72
1743	**5168**	**438**	**1861**	**106**	**922**	**585**	**1256**	M
26	355	14	88	4	18	3	228	73
340	3580	300	1561	88	532	320	779	74
1377	1233	124	212	14	372	262	249	75
625	**3629**	**276**	**1088**	**138**	**1244**	**410**	**473**	N
119	1191	57	149	106	668	85	126	76
15	280	47	23		52	87	71	77
491	2158	172	916	32	524	238	276	78
284	**2690**	**1111**	**286**	**368**	**372**	**198**	**355**	O
197	1213	229	71	351	160	144	258	79
87	1049	456	213	17	212	54	97	80
	428	426	2					81
8222	**27232**	**3899**	**3880**	**2156**	**5126**	**6112**	**6059**	P
8222	27232	3899	3880	2156	5126	6112	6059	82
4053	**15682**	**4857**	**2045**	**659**	**1990**	**2337**	**3794**	Q
3943	14888	4695	1970	538	1843	2259	3583	83
110	794	162	75	121	147	78	211	84
459	**2237**	**463**	**614**	**31**	**473**	**374**	**282**	R
8	182	35	127				20	85
63	422	100	219		4	99		86
139	561	129	146		154	62	70	87
160	212	13	20	12	17	113	37	88
89	860	186	102	19	298	100	155	89
11901	**47978**	**7030**	**15811**	**3210**	**8012**	**7590**	**6325**	S
175	1427	158	646	92	217	144	170	90
9219	33354	3860	12278	1677	5784	5312	4443	91
28	211	14	99	13	30	33	22	92
63	783	103	314	22	177	55	112	93
939	4160	269	1665	653	552	704	317	94
1477	8043	2626	809	753	1252	1342	1261	95

1-11 按行业(中类)、开业(成立)

行业中类	代码	法人单位数(个)	1949年及以前	1950-1977年	1978-1991年
总　计	00	**418475**	**2528**	**13812**	**28640**
农、林、牧、渔业	A	**9607**	**2**	**66**	**108**
农业	01	25	1	8	3
谷物种植	011	11		5	1
豆类、油料和薯类种植	012	1			1
棉、麻、糖、烟草种植	013				
蔬菜、食用菌及园艺作物种植	014	5			
水果种植	015	4	1		1
坚果、含油果、香料和饮料作物种植	016				
中药材种植	017	1		1	
其他农业	019	3		2	
林业	02	12		6	2
林木育种和育苗	021	1			
造林和更新	022	1		1	
森林经营和管护	023	9		5	1
木材和竹材采运	024	1			1
林产品采集	025				
畜牧业	03	3		1	
牲畜饲养	031	1			
家禽饲养	032	1			
其他畜牧业	039	1		1	
渔业	04	8			
水产养殖	041	8			
水产捕捞	042				
农、林、牧、渔服务业	05	9559	1	51	103
农业服务业	051	6150	1	12	36
林业服务业	052	314		30	56
畜牧服务业	053	2809		8	9
渔业服务业	054	286		1	2
采矿业	B	**5444**	**7**	**60**	**300**
煤炭开采和洗选业	06	616	2	19	98
烟煤和无烟煤开采洗选	061	595	2	18	98
褐煤开采洗选	062	7			
其他煤炭采选	069	14		1	
石油和天然气开采业	07	12			
石油开采	071	6			
天然气开采	072	6			
黑色金属矿采选业	08	1707		7	33
铁矿采选	081	1614		4	27
锰矿、铬矿采选	082	80		3	6
其他黑色金属矿采选	089	13			
有色金属矿采选业	09	762		3	35
常用有色金属矿采选	091	536		2	19
贵金属矿采选	092	157		1	13
稀有稀土金属矿采选	093	69			3
非金属矿采选业	10	2194	5	31	128
土砂石开采	101	1678	2	20	89
化学矿开采	102	101		5	12
采盐	103	24	2	1	4
石棉及其他非金属矿采选	109	391	1	5	23

时间分组的法人单位数

1992–1995年	1996年	1997年	1998年	1999年	2000年	2001年	2002年	代码
13589	**3880**	**4063**	**6533**	**7358**	**10258**	**11592**	**12964**	00
34	**7**	**13**	**17**	**33**	**49**	**35**	**50**	A
3						2		01
2						1		011
								012
								013
1						1		014
								015
								016
								017
								019
1	1	1						02
								021
								022
1	1	1						023
								024
								025
								03
								031
								032
								039
				1	1	2		04
				1	1	2		041
								042
30	6	12	17	32	48	31	50	05
18	2	8	7	18	33	16	24	051
8	1	2	2	3	3	4	6	052
3	2	1	4	5	10	9	15	053
1	1	1	4	6	2	2	5	054
209	**72**	**80**	**123**	**104**	**154**	**188**	**174**	B
59	23	21	20	19	27	40	37	06
59	22	21	20	19	25	40	37	061
								062
	1				2			069
				1			1	07
				1				071
							1	072
53	12	7	24	19	33	41	41	08
48	11	5	22	18	31	40	40	081
5	1	2	1	1	2	1	1	082
			1					089
23	12	17	15	21	27	40	25	09
13	9	10	10	15	14	31	17	091
9	3	4	4	6	8	7	7	092
1		3	1		5	2	1	093
72	25	35	60	41	58	60	66	10
50	15	22	44	28	47	46	39	101
7	5	4	5	3	2	4	6	102
1			1	1				103
14	5	9	10	9	9	10	21	109

1-11 续表 1

行业中类	代码	法人单位数(个)	1949年及以前	1950-1977年	1978-1991年
开采辅助活动	11	124			5
煤炭开采和洗选辅助活动	111	11			
石油和天然气开采辅助活动	112	95			5
其他开采辅助活动	119	18			
其他采矿业	12	29			1
其他采矿业	120	29			1
制造业	**C**	**82989**	**82**	**931**	**4097**
农副食品加工业	13	5560	3	27	112
谷物磨制	131	1059	2	2	10
饲料加工	132	1013			16
植物油加工	133	198	1	2	7
制糖业	134	20			
屠宰及肉类加工	135	925		16	28
水产品加工	136	1109		4	26
蔬菜、水果和坚果加工	137	769		1	17
其他农副食品加工	139	467		2	8
食品制造业	14	1993	2	16	67
焙烤食品制造	141	663		6	17
糖果、巧克力及蜜饯制造	142	67			2
方便食品制造	143	249		1	7
乳制品制造	144	56			
罐头食品制造	145	179	1	1	9
调味品、发酵制品制造	146	296	1	6	16
其他食品制造	149	483		2	16
酒、饮料和精制茶制造业	15	1129	3	7	42
酒的制造	151	617	3	7	32
饮料制造	152	506			10
精制茶加工	153	6			
烟草制品业	16	8	1		3
烟叶复烤	161	3			1
卷烟制造	162	3	1		1
其他烟草制品制造	169	2			1
纺织业	17	1688	2	34	102
棉纺织及印染精加工	171	453		7	20
毛纺织及染整精加工	172	70		4	5
麻纺织及染整精加工	173	11			
丝绢纺织及印染精加工	174	214		7	18
化纤织造及印染精加工	175	41	1		2
针织或钩针编织物及其制品制造	176	270		7	11
家用纺织制成品制造	177	264		6	14
非家用纺织制成品制造	178	365	1	3	32
纺织服装、服饰业	18	3844	1	39	109
机织服装制造	181	3220		34	95
针织或钩针编织服装制造	182	194		1	6
服饰制造	183	430	1	4	8
皮革、毛皮、羽毛及其制品和制鞋业	19	760	2	14	31
皮革鞣制加工	191	33	1	1	2
皮革制品制造	192	196		4	6
毛皮鞣制及制品加工	193	145		1	5
羽毛(绒)加工及制品制造	194	27			
制鞋业	195	359	1	8	18

1992–1995年	1996年	1997年	1998年	1999年	2000年	2001年	2002年	代码
1			3	2	9	7	3	11
					2			111
1			3	2	7	6	3	112
						1		119
1			1	1			1	12
1			1	1			1	120
4077	**1206**	**1331**	**2284**	**2392**	**2726**	**3316**	**3321**	**C**
126	65	75	129	137	204	191	225	13
14	2	5	15	18	34	30	41	131
14	13	21	32	35	41	38	46	132
7	6	2	5	6	6	6	7	133
					1		1	134
18	21	17	29	21	32	36	34	135
37	16	19	25	29	54	51	50	136
24	3	6	15	19	25	20	29	137
12	4	5	8	9	11	10	17	139
85	24	38	55	61	70	78	76	14
29	6	9	15	11	23	23	15	141
4		2	2	2		2	3	142
9	2	2	6	6	3	8	9	143
2			2	2	5	4	3	144
11	2	7	4	6	8	11	10	145
12	9	5	16	12	8	12	14	146
18	5	13	10	22	23	18	22	149
55	23	24	35	50	65	51	53	15
31	18	17	20	34	29	25	21	151
24	4	7	15	16	36	26	32	152
	1							153
	1							16
	1							161
								162
								169
90	42	38	54	50	89	94	85	17
28	19	10	21	11	25	24	29	171
5		1		1	2	1		172
3		2		1		1	1	173
13	5	4	8	5	16	22	15	174
1	2	1	3	1	2		3	175
16	5	7	5	10	15	13	12	176
7	4	5	6	12	11	9	9	177
17	7	8	11	9	18	24	16	178
115	52	47	75	69	128	133	123	18
100	46	40	64	62	114	119	108	181
13	4	7	9	5	6	8	9	182
2	2		2	2	8	6	6	183
28	6	11	11	14	14	22	19	19
1						1		191
10	1	5	5	5	8	5	7	192
6	1	3	2	2	1	2	5	193
1			1		1	2	1	194
10	4	3	3	7	4	12	6	195

1-11 续表 2

行业中类	代码	法人单位数（个）	1949年及以前	1950-1977年	1978-1991年
木材加工和木、竹、藤、棕、草制品业	20	2198		11	74
木材加工	201	764		5	36
人造板制造	202	322			2
木制品制造	203	1036		5	32
竹、藤、棕、草等制品制造	204	76		1	4
家具制造业	21	1155		12	34
木质家具制造	211	923		8	25
竹、藤家具制造	212	6			
金属家具制造	213	77		1	2
塑料家具制造	214	23			2
其他家具制造	219	126		3	5
造纸和纸制品业	22	1419	5	22	101
纸浆制造	221	9		1	1
造纸	222	283	4	6	24
纸制品制造	223	1127	1	15	76
印刷和记录媒介复制业	23	1923	8	36	256
印刷	231	1761	7	36	229
装订及印刷相关服务	232	158	1		27
记录媒介复制	233	4			
文教、工美、体育和娱乐用品制造业	24	1121		17	43
文教办公用品制造	241	102		3	8
乐器制造	242	57		1	1
工艺美术品制造	243	839		12	25
体育用品制造	244	84		1	7
玩具制造	245	23			1
游艺器材及娱乐用品制造	246	16			1
石油加工及炼焦	25	939	6	9	45
化学原料和化学制品制造业	26	4675	7	54	252
基础化学原料制造	261	887	1	12	58
肥料制造	262	622	1	1	8
农药制造	263	96	1	3	12
涂料、油墨、颜料及类似产品制造	264	852	2	9	53
合成材料制造	265	364	1	2	15
专用化学产品制造	266	1416		15	82
炸药、火工及焰火产品制造	267	42	1	9	7
日用化学产品制造	268	396		3	17
医药制造业	27	736	3	10	28
化学药品原料药制造	271	95	2	1	5
化学药品制剂制造	272	119	1	4	9
中药饮片加工	273	110			5
中成药生产	274	115		3	4
兽用药品制造	275	58		2	3
生物药品制造	276	155			1
卫生材料及医药用品制造	277	84			1
化学纤维制造业	28	126			6
纤维素纤维原料及纤维制造	281	33			2
合成纤维制造	282	93			4
橡胶和塑料制品业	29	4713		41	177
橡胶制品业	291	1007		16	68
塑料制品业	292	3706		25	109

1992–1995年	1996年	1997年	1998年	1999年	2000年	2001年	2002年	代码
99	28	30	43	49	58	70	80	20
32	8	12	13	17	24	17	19	201
10	1	5	6	5	7	14	5	202
56	19	13	21	24	26	39	51	203
1			3	3	1		5	204
39	9	12	24	28	26	37	51	21
29	8	11	21	23	20	28	47	211
						1		212
5		1	2	2	3	5	2	213
2			1					214
3	1			3	3	3	2	219
80	25	25	53	54	52	67	71	22
1						1		221
14	6	5	9	12	10	14	14	222
65	19	20	44	42	42	52	57	223
172	40	66	102	75	86	108	63	23
166	36	63	97	71	77	97	60	231
6	4	3	5	3	9	11	3	232
				1				233
69	19	19	20	45	49	44	54	24
9	4	1	1	6	3	9	6	241
3	1	1	1	3	1	2	3	242
47	10	12	14	32	38	29	40	243
8	3	4	4	2	4	1	4	244
1				1		1		245
1	1	1		1	3	2	1	246
40	11	14	26	25	19	53	44	25
284	102	84	171	162	184	217	223	26
54	24	22	39	23	34	51	52	261
12	12	1	15	10	14	19	34	262
3	3	2	4	5	4	5	5	263
58	12	10	31	36	38	45	37	264
19	11	11	9	9	13	9	15	265
108	28	28	51	62	62	69	62	266
3		1	1	1	1	1		267
27	12	9	21	16	18	18	18	268
48	12	10	36	29	27	28	42	27
3	4	1	9	4	4	1	9	271
11	3	1	5	4	8	5	3	272
5	1	5	4	3	3	3	6	273
13	3		5	5	8	7	11	274
3		2	3	5	3	4	5	275
8	1	1	3	5		6	6	276
5			7	3	1	2	2	277
9	4	1	3	4	5	7	3	28
5	1			1	4			281
4	3	1	3	3	1	7	3	282
215	76	76	143	147	161	230	204	29
55	24	20	46	35	32	47	45	291
160	52	56	97	112	129	183	159	292

1-11 续表 3

行业中类	代码	法人单位数(个)	1949年及以前	1950-1977年	1978-1991年
非金属矿物制品业	30	8857	6	80	515
水泥、石灰和石膏制造	301	541	4	14	40
石膏、水泥制品及类似制品制造	302	1611	1	7	63
砖瓦、石材等建筑材料制造	303	3294		33	241
玻璃制造	304	139		2	7
玻璃制品制造	305	347		6	18
玻璃纤维和玻璃纤维增强塑料制品制造	306	213		2	20
陶瓷制品制造	307	147		2	1
耐火材料制品制造	308	1867	1	6	81
石墨及其他非金属矿物制品制造	309	698		8	44
黑色金属冶炼和压延加工业	31	2851	2	37	215
炼铁	311	134		2	6
炼钢	312	73			6
黑色金属铸造	313	1688		23	143
钢压延加工	314	788	2	10	53
铁合金冶炼	315	168		2	7
有色金属冶炼和压延加工业	32	1045	1	8	50
常用有色金属冶炼	321	264		2	12
贵金属冶炼	322	47		1	5
稀有稀土金属冶炼	323	62			2
有色金属合金制造	324	137		2	5
有色金属铸造	325	70			5
有色金属压延加工	326	465	1	3	21
金属制品业	33	6478	2	72	345
结构性金属制品制造	331	2999		13	114
金属工具制造	332	472		12	32
集装箱及金属包装容器制造	333	339		3	32
金属丝绳及其制品制造	334	210	1	9	8
建筑、安全用金属制品制造	335	626		15	23
金属表面处理及热处理加工	336	644		5	59
搪瓷制品制造	337	35		1	2
金属制日用品制造	338	240		2	11
其他金属制品制造	339	913	1	12	64
通用设备制造业	34	12514	6	155	603
锅炉及原动设备制造	341	646	1	16	44
金属加工机械制造	342	1746	2	14	59
物料搬运设备制造	343	517	2	11	37
泵、阀门、压缩机及类似机械制造	344	2095	1	35	116
轴承、齿轮和传动部件制造	345	1151		14	44
烘炉、风机、衡器、包装等设备制造	346	891		22	52
文化、办公用机械制造	347	49		3	2
通用零部件制造	348	4873		40	240
其他通用设备制造业	349	546			9
专用设备制造业	35	5949	7	67	252
采矿、冶金、建筑专用设备制造	351	1951	1	15	66
化工、木材、非金属加工专用设备制造	352	1284	1	13	58
食品、饮料、烟草及饲料生产专用设备制造	353	150		1	14
印刷、制药、日化及日用品生产专用设备制	354	279	2	6	12
纺织、服装和皮革加工专用设备制造	355	107		4	8
电子和电工机械专用设备制造	356	399		1	12
农、林、牧、渔专用机械制造	357	367	2	9	17
医疗仪器设备及器械制造	358	318		5	17
环保、社会公共服务及其他专用设备制造	359	1094	1	13	48

1992–1995年	1996年	1997年	1998年	1999年	2000年	2001年	2002年	代码
389	109	111	216	201	234	297	286	30
24	11	12	24	21	25	16	19	301
46	9	14	24	22	22	29	44	302
121	40	35	57	55	62	94	87	303
8		1	4	2	4	3	7	304
22	6	8	18	14	16	12	15	305
14	4	3	7	5	6	10	8	306
4	4	2	4	3	4	6	9	307
106	27	28	53	51	66	100	76	308
44	8	8	25	28	29	27	21	309
202	56	57	91	102	111	117	133	31
4		2	2	3	3	3	7	311
4	2		1	2	4	1	2	312
122	31	39	66	66	72	80	86	313
63	20	10	20	23	28	30	38	314
9	3	6	2	8	4	3		315
60	25	27	27	24	32	45	37	32
17	6	5	8	5	7	16	7	321
4	2	3		2	1	1	2	322
4		2	2	1	3	3	5	323
7	5	3	6	1	6	3	6	324
5		1	1	2	1	3	2	325
23	12	13	10	13	14	19	15	326
349	94	96	169	195	165	255	233	33
129	30	33	50	77	63	107	102	331
26	13	8	19	18	12	17	22	332
26	5	4	12	16	13	15	19	333
18	4	4	11	7	7	9	12	334
34	15	8	15	13	17	29	22	335
44	7	15	24	28	21	23	22	336
3	2	1	2	5	1	2		337
16	3	4	4	9	1	13	6	338
53	15	19	32	22	30	40	28	339
630	156	211	359	345	417	504	538	34
38	17	14	25	26	23	26	31	341
56	17	16	34	43	53	61	62	342
39	3	13	12	15	21	20	26	343
148	23	56	87	78	96	99	116	344
44	20	16	36	30	44	58	64	345
54	12	20	29	27	42	39	49	346
2	2	2		2	1	2	3	347
228	60	72	124	114	122	179	173	348
21	2	4	10	10	15	20	14	349
257	70	85	144	191	168	229	210	35
84	28	30	45	61	50	75	67	351
50	12	25	33	40	34	42	53	352
6	5	1	9	4		11	3	353
16	3	5	5	12	11	16	9	354
11	3		1	6	6	7	4	355
15	4	4	7	9	12	14	12	356
6	6	2	8	14	11	8	5	357
17	4	6	9	11	8	10	12	358
52	5	12	27	34	36	46	45	359

1-11 续表 4

行业中类	代码	法人单位数（个）	1949年及以前	1950-1977年	1978-1991年
汽车制造业	36	1372	1	27	72
汽车整车制造	361	34		2	4
改装汽车制造	362	55	1	1	5
低速载货汽车制造	363	3			
电车制造	364	6		1	
汽车车身、挂车制造	365	46			4
汽车零部件及配件制造	366	1228		23	59
铁路、船舶、航空航天和其他运输设备制造业	37	1112	9	15	80
铁路运输设备制造	371	346	6	7	59
城市轨道交通设备制造	372	8			
船舶及相关装置制造	373	642	3	6	14
航空、航天器及设备制造	374	53		1	4
摩托车制造	375	10			1
自行车制造	376	23		1	1
非公路休闲车及零配件制造	377	5			
潜水救捞及其他未列明运输设备制造	379	25			1
电气机械和器材制造业	38	4411	3	75	255
电机制造	381	457		9	17
输配电及控制设备制造	382	2147	2	45	134
电线、电缆、光缆及电工器材制造	383	784	1	7	56
电池制造	384	90		2	7
家用电力器具制造	385	224		3	10
非电力家用器具制造	386	115			1
照明器具制造	387	336		8	19
其他电气机械及器材制造	389	258		1	11
计算机、通信和其他电子设备制造业	39	1045		13	46
计算机制造	391	82			3
通信设备制造	392	143		1	11
广播电视设备制造	393	47			1
雷达及配套设备制造	394	8			
视听设备制造	395	36		1	4
电子器件制造	396	199		4	6
电子元件制造	397	313		6	16
其他电子设备制造	399	217		1	5
仪器仪表制造业	40	1487	2	19	75
通用仪器仪表制造	401	1052		11	50
专用仪器仪表制造	402	244	1	1	17
钟表与计时仪器制造	403	24	1	2	4
光学仪器及眼镜制造	404	40		4	
其他仪器仪表制造业	409	127		1	4
其他制造业	41	398		3	23
废弃资源综合利用业	42	359			10
金属废料和碎屑加工处理	421	198			8
非金属废料和碎屑加工处理	422	161			2
金属制品、机械和设备修理业	43	1124		11	74
金属制品修理	431	40			5
通用设备修理	432	185		2	8
专用设备修理	433	139		3	13
铁路、船舶、航空航天等运输设备修理	434	507		4	33
电气设备修理	435	63		1	4
仪器仪表修理	436	25			3
其他机械和设备修理业	439	165		1	8

1992–1995年	1996年	1997年	1998年	1999年	2000年	2001年	2002年	代码
78	16	23	46	39	38	43	49	36
1	1	1		1	2	1	2	361
3		2	2		1	1	3	362
	1						1	363
							2	364
1		1		1	1	1	2	365
73	14	19	44	37	34	40	39	366
59	13	12	27	22	33	31	39	37
29	8	3	13	10	14	13	12	371
			1		1		1	372
26	5	7	9	11	14	15	23	373
			2	1	2	1		374
		1	1		1			375
3			1			1	1	376
1		1						377
					1	1	2	379
248	66	79	123	146	162	187	203	38
19	8	8	11	13	18	20	14	381
146	28	32	62	76	82	92	109	382
44	16	16	29	28	34	36	40	383
6	1		1	4	1	7	4	384
9	4	11	7	6	6	8	13	385
1		1		1		2	3	386
22	4	11	11	12	14	17	10	387
1	5		2	6	7	5	10	389
62	22	14	26	28	38	43	50	39
6	1	1		1	4	6	4	391
8	4	1	6	3	6	3	3	392
	3		3	1	2	2	3	393
1			1		1	1	1	394
4	2			1	5		1	395
21	2	4	5	4	3	6	14	396
14	8	2	5	12	11	12	16	397
8	2	6	6	6	6	13	8	399
93	29	27	45	52	62	83	73	40
67	17	18	40	36	45	65	55	401
13	4	5	4	10	6	12	9	402
1	1			1		1		403
1	1	1		1	3	3	2	404
11	6	3	1	4	8	2	7	409
17		6	6	14	3	16	17	41
4	1		3	7	9	3	6	42
2	1		2	5	4	1	4	421
2			1	2	5	2	2	422
75	10	13	22	27	17	33	31	43
2		1		1		1		431
16	3	2	5	5	6	11	11	432
15	1	4	3	2	3	3	1	433
22	3	5	11	11	6	12	9	434
7	3		1	1	1	2	2	435
					1	1	1	436
13		1	2	7		3	7	439

1-11 续表 5

行业中类	代码	法人单位数(个)	1949年及以前	1950-1977年	1978-1991年
电力、热力、燃气及水生产和供应业	D	**1895**	**9**	**47**	**144**
电力、热力生产和供应业	44	1194		23	74
电力生产	441	314		18	24
电力供应	442	61		4	9
热力生产和供应	443	819		1	41
燃气生产和供应业	45	212	3	2	9
燃气生产和供应业	450	212	3	2	9
水的生产和供应业	46	489	6	22	61
自来水生产和供应	461	315	6	22	59
污水处理及其再生利用	462	146			2
其他水的处理、利用与分配	469	28			
建筑业	E	**19727**	**10**	**174**	**778**
房屋建筑业	47	3416	3	99	314
房屋建筑业	470	3416	3	99	314
土木工程建筑业	48	3550	4	58	196
铁路、道路、隧道和桥梁工程建筑	481	1277	2	28	79
水利和内河港口工程建筑	482	323	1	10	24
海洋工程建筑	483	5			
工矿工程建筑	484	198	1	6	29
架线和管道工程建筑	485	560		8	42
其他土木工程建筑	489	1187		6	22
建筑安装业	49	4419	2	11	193
电气安装	491	1675	1	6	69
管道和设备安装	492	1061			63
其他建筑安装业	499	1683	1	5	61
建筑装饰和其他建筑业	50	8342	1	6	75
建筑装饰业	501	6455	1	4	51
工程准备活动	502	1014		1	16
提供施工设备服务	503	176			1
其他未列明建筑业	509	697		1	7
批发和零售业	F	**115758**	**151**	**506**	**1843**
批发业	51	80560	60	275	1009
农、林、牧产品批发	511	4778	3	52	106
食品、饮料及烟草制品批发	512	8207	8	34	116
纺织、服装及家庭用品批发	513	7117	5	12	58
文化、体育用品及器材批发	514	1825	2	2	21
医药及医疗器材批发	515	2122	1	6	20
矿产品、建材及化工产品批发	516	27061	40	129	362
机械设备、五金产品及电子产品批发	517	20397		26	160
贸易经纪与代理	518	3259		1	18
其他批发业	519	5794	1	13	148
零售业	52	35198	91	231	834
综合零售	521	3240	59	153	320
食品、饮料及烟草制品专门零售	522	2876	1	12	69
纺织、服装及日用品专门零售	523	3479	3	13	68
文化、体育用品及器材专门零售	524	1816	26	14	54
医药及医疗器材专门零售	525	5379	1	15	30
汽车、摩托车、燃料及零配件专门零售	526	5807		12	108
家用电器及电子产品专门零售	527	4589		1	24
五金、家具及室内装饰材料专门零售	528	5137		9	71
货摊、无店铺及其他零售业	529	2875	1	2	90

1992–1995年	1996年	1997年	1998年	1999年	2000年	2001年	2002年	代码
74	**13**	**19**	**36**	**40**	**56**	**61**	**69**	D
53	7	12	26	30	31	44	47	44
13	3	3	5	12	7	9	8	441
5	2		2	6	2	3	2	442
35	2	9	19	12	22	32	37	443
6	3	3	3	3	5	8	3	45
6	3	3	3	3	5	8	3	450
15	3	4	7	7	20	9	19	46
14	3	3	6	6	14	4	14	461
1		1			5	4	4	462
			1	1	1	1	1	469
694	**173**	**205**	**346**	**348**	**368**	**548**	**656**	E
151	33	31	77	70	54	112	119	47
151	33	31	77	70	54	112	119	470
142	22	26	49	68	65	93	112	48
58	11	11	21	24	19	30	26	481
10	2	3	2	4	4	10	12	482
							1	483
11	3		4	7	3	6	4	484
31	5	9	10	14	18	18	29	485
32	1	3	12	19	21	29	40	489
192	61	74	95	103	117	163	183	49
81	23	36	44	39	58	74	90	491
48	16	10	18	28	30	36	44	492
63	22	28	33	36	29	53	49	499
209	57	74	125	107	132	180	242	50
162	40	60	95	89	100	144	180	501
33	11	7	16	13	15	16	35	502
3	2	2	4	2	4	1	6	503
11	4	5	10	3	13	19	21	509
2176	**569**	**784**	**1346**	**1676**	**2236**	**2682**	**3300**	F
1378	367	514	877	1073	1456	1811	2277	51
89	25	22	35	40	81	79	105	511
97	36	43	68	90	126	143	177	512
70	19	48	63	67	115	164	194	513
32	7	10	25	20	43	51	71	514
47	21	18	30	38	43	49	53	515
524	138	169	331	414	528	682	882	516
397	94	135	270	333	424	540	666	517
30	7	24	6	15	25	32	43	518
92	20	45	49	56	71	71	86	519
798	202	270	469	603	780	871	1023	52
89	34	41	47	58	63	83	80	521
43	9	15	21	41	50	49	63	522
61	18	14	46	49	66	87	99	523
33	13	12	22	32	31	47	52	524
55	17	17	50	38	84	100	134	525
281	50	75	134	167	195	187	259	526
49	9	28	36	70	92	132	124	527
86	32	30	57	80	118	116	140	528
101	20	38	56	68	81	70	72	529

1-11 续表 6

行业中类	代码	法人单位数(个)	1949年及以前	1950-1977年	1978-1991年
交通运输、仓储和邮政业	G	**12227**	**13**	**192**	**421**
道路运输业	54	6536	4	111	253
城市公共交通运输	541	587		8	33
公路旅客运输	542	378		11	14
道路货物运输	543	5000	3	24	74
道路运输辅助活动	544	571	1	68	132
水上运输业	55	393	1	1	13
水上旅客运输	551	51			2
水上货物运输	552	205			9
水上运输辅助活动	553	137	1	1	2
航空运输业	56	61			5
航空客货运输	561	21			1
通用航空服务	562	11			
航空运输辅助活动	563	29			4
管道运输业	57	11			1
管道运输业	570	11			1
装卸搬运和运输代理业	58	3460	1	4	51
装卸搬运	581	376		2	24
运输代理业	582	3084	1	2	27
仓储业	59	1218	3	69	75
谷物、棉花等农产品仓储	591	430	2	58	43
其他仓储业	599	788	1	11	32
邮政业	60	430	1	3	5
邮政基本服务	601	40	1	2	4
快递服务	602	390		1	1
住宿和餐饮业	H	**6474**	**2**	**39**	**255**
住宿业	61	2773	2	23	168
旅游饭店	611	777	2	10	57
一般旅馆	612	1793		12	101
其他住宿业	619	203		1	10
餐饮业	62	3701		16	87
正餐服务	621	2978		14	79
快餐服务	622	284		2	4
饮料及冷饮服务	623	143			
其他餐饮业	629	296			4
信息传输、软件和信息技术服务业	I	**8724**	**1**	**25**	**104**
电信、广播电视和卫星传输服务	63	871		23	44
电信	631	587			2
广播电视传输服务	632	274		23	42
卫星传输服务	633	10			
互联网和相关服务	64	660	1		2
互联网接入及相关服务	641	110			
互联网信息服务	642	439	1		2
其他互联网服务	649	111			
软件和信息技术服务业	65	7193		2	58
软件开发	651	4382			10
信息系统集成服务	652	892		2	31
信息技术咨询服务	653	1201			8
数据处理和存储服务	654	104			5
集成电路设计	655	36			
其他信息技术服务业	659	578			4

1992–1995年	1996年	1997年	1998年	1999年	2000年	2001年	2002年	代码
406	**112**	**138**	**171**	**175**	**233**	**272**	**318**	G
245	55	89	82	100	119	143	163	54
118	29	47	34	32	19	24	18	541
13	3	6	7	8	11	10	8	542
75	17	23	28	46	66	100	124	543
39	6	13	13	14	23	9	13	544
14	5	2	8	12	11	10	21	55
5	1	1	2	3	6	3		551
3	1	1	3	4	2	3	20	552
6	3		3	5	3	4	1	553
4	1				1	1	1	56
	1					1		561
								562
4					1		1	563
2					1			57
2					1			570
93	37	23	48	40	60	85	100	58
16	3	4	6	8	6	10	10	581
77	34	19	42	32	54	75	90	582
33	12	22	19	18	24	24	24	59
13	5	12	6	8	9	14	5	591
20	7	10	13	10	15	10	19	599
2	1	1	12	3	14	6	5	60
	1		9	1	9		2	601
2		1	3	2	5	6	3	602
246	**86**	**89**	**133**	**137**	**178**	**169**	**191**	H
149	43	36	60	53	84	74	78	61
65	20	16	23	20	33	23	22	611
78	18	18	34	32	46	47	54	612
6	5	2	3	1	5	4	2	619
97	43	53	73	84	94	95	113	62
80	38	48	66	78	84	82	100	621
11	4	4	5	5	2	5	3	622
		1	1		2	3	7	623
6	1		1	1	6	5	3	629
126	**27**	**26**	**49**	**65**	**170**	**179**	**197**	I
32	5	2	6	10	40	34	27	63
6	1	1	3	2	27	30	15	631
26	4	1	3	7	13	4	10	632
				1			2	633
6	4	1	4	4	16	18	21	64
			1	2	5	5	4	641
5	3	1	2	1	10	11	15	642
1	1		1	1	1	2	2	649
88	18	23	39	51	114	127	149	65
36	8	14	14	33	64	68	95	651
31	5	4	14	7	24	26	22	652
10	2	4	5	7	15	19	19	653
2	2		2	1	1	1	4	654
2							1	655
7	1	1	4	3	10	13	8	659

1-11 续表 7

行业中类	代码	法人单位数(个)	1949年及以前	1950-1977年	1978-1991年
房地产业	K	**15314**	**9**	**75**	**340**
房地产业	70	15314	9	75	340
房地产开发经营	701	6238		1	59
物业管理	702	5370	3	23	86
房地产中介服务	703	2535	1	2	14
自有房地产经营活动	704	490	1	27	103
其他房地产业	709	681	4	22	78
租赁和商务服务业	L	**32694**	**46**	**181**	**1092**
租赁业	71	1941		2	20
机械设备租赁	711	1896		1	19
文化及日用品出租	712	45		1	1
商务服务业	72	30753	46	179	1072
企业管理服务	721	5502	40	154	524
法律服务	722	1406	2	7	190
咨询与调查	723	8295	1	2	51
广告业	724	5773			16
知识产权服务	725	161	1		2
人力资源服务	726	2714	2	5	155
旅行社及相关服务	727	1523		1	25
安全保护服务	728	340			23
其他商务服务业	729	5039		10	86
科学研究和技术服务业	M	**17892**	**27**	**540**	**1321**
研究和试验发展	73	2090	8	66	135
自然科学研究和试验发展	731	193	1	3	9
工程和技术研究和试验发展	732	1119	1	25	51
农业科学研究和试验发展	733	360	6	30	28
医学研究和试验发展	734	283		3	15
社会人文科学研究	735	135		5	32
专业技术服务业	74	7965	11	320	690
气象服务	741	180	4	49	17
地震服务	742	79		33	17
海洋服务	743	43		1	4
测绘服务	744	323		1	13
质检技术服务	745	1101		45	193
环境与生态监测	746	239		14	58
地质勘查	747	233		29	25
工程技术	748	3400	1	54	292
其他专业技术服务业	749	2367	6	94	71
科技推广和应用服务业	75	7837	8	154	496
技术推广服务	751	6984	8	151	446
科技中介服务	752	478		3	40
其他科技推广和应用服务业	759	375			10
水利、环境和公共设施管理业	N	**3745**	**22**	**302**	**630**
水利管理业	76	1104	10	178	325
防洪除涝设施管理	761	162	3	19	66
水资源管理	762	449	2	61	154
天然水收集与分配	763	166	2	67	27
水文服务	764	36	2	5	5
其他水利管理业	769	291	1	26	73

1992–1995年	1996年	1997年	1998年	1999年	2000年	2001年	2002年	代码
562	**130**	**110**	**238**	**269**	**461**	**460**	**661**	K
562	130	110	238	269	461	460	661	70
294	45	39	121	134	227	170	306	701
126	58	49	78	96	142	172	228	702
30	5	6	9	23	60	78	71	703
55	8	9	17	9	12	15	15	704
57	14	7	13	7	20	25	41	709
833	**229**	**215**	**308**	**386**	**655**	**694**	**711**	L
29	3	12	16	10	19	25	20	71
28	3	12	15	10	19	23	19	711
1			1			2	1	712
804	226	203	292	376	636	669	691	72
287	69	56	59	57	86	116	130	721
80	33	20	50	43	63	115	55	722
94	27	27	27	90	192	99	142	723
70	20	24	42	48	89	110	117	724
3	1	1	1	1	3	9	16	725
84	26	16	19	36	48	35	62	726
42	13	10	27	46	70	78	61	727
16	2	4	2	6	4	5	9	728
128	35	45	65	49	81	102	99	729
625	**174**	**127**	**192**	**197**	**282**	**360**	**407**	M
58	24	11	18	26	28	42	36	73
2				2		7	3	731
37	12	3	9	12	14	15	11	732
5	5	7	3	4	6	6	9	733
5	4	1	6	7	5	11	11	734
9	3			1	3	3	2	735
381	99	75	130	121	157	219	255	74
5	1	6	3	3	10	2	5	741
7	6	2	2	1			1	742
5	1	1		1	1			743
14	4		3	4	5	10	18	744
54	16	16	23	19	26	25	28	745
11	1	1	2	1	3	2	10	746
10	2		12	3	6	2	6	747
218	55	36	55	60	59	121	136	748
57	13	13	30	29	47	57	51	749
186	51	41	44	50	97	99	116	75
149	46	36	38	44	79	84	97	751
27	5	4	3	3	12	9	13	752
10		1	3	3	6	6	6	759
186	**48**	**52**	**61**	**48**	**94**	**74**	**126**	N
66	19	22	17	17	22	23	36	76
13	3	6	3	1	2	8	5	761
25	7	6	8	5	9	7	18	762
9	1	2	3	5	2	3	2	763
2	1	1				1	1	764
17	7	7	3	6	9	4	10	769

1-11 续表 8

行业中类	代码	法人单位数(个)	1949年及以前	1950-1977年	1978-1991年
生态保护和环境治理业	77	424	2	30	51
生态保护	771	209	2	30	48
环境治理业	772	215			3
公共设施管理业	78	2217	10	94	254
市政设施管理	781	588	7	53	121
环境卫生管理	782	253	2	15	35
城乡市容管理	783	48			6
绿化管理	784	955		18	56
公园和游览景区管理	785	373	1	8	36
居民服务、修理和其他服务业	**O**	**7471**	**4**	**87**	**285**
居民服务业	79	3427	4	65	135
家庭服务	791	396			4
托儿所服务	792	39			3
洗染服务	793	82	1		2
理发及美容服务	794	437		3	8
洗浴服务	795	699	1	2	11
保健服务	796	156			1
婚姻服务	797	309		1	4
殡葬服务	798	442	2	55	45
其他居民服务业	799	867		4	57
机动车、电子产品和日用产品修理业	80	3139		21	131
汽车、摩托车修理与维护	801	2527		15	102
计算机和办公设备维修	802	278		1	6
家用电器修理	803	209		2	11
其他日用产品修理业	809	125		3	12
其他服务业	81	905		1	19
清洁服务	811	572			12
其他未列明服务业	819	333		1	7
教育	**P**	**13308**	**629**	**2163**	**1541**
教育	82	13308	629	2163	1541
学前教育	821	3398	18	116	309
初等教育	822	2105	473	791	317
中等教育	823	2268	98	1028	438
高等教育	824	210	14	35	54
特殊教育	825	85	1	19	33
技能培训、教育辅助及其他教育	829	5242	25	174	390
卫生和社会工作	**Q**	**11978**	**123**	**2030**	**2040**
卫生	83	9899	115	1824	1752
医院	831	1300	83	300	186
社区医疗与卫生院	832	3453	21	807	397
门诊部(所)	833	3919	4	554	736
计划生育技术服务活动	834	312	1	22	145
妇幼保健院(所、站)	835	197	3	50	86
专科疾病防治院(所、站)	836	128	1	30	52
疾病预防控制中心	837	436	2	50	119
其他卫生活动	839	154		11	31
社会工作	84	2079	8	206	288
提供住宿社会工作	841	1654	8	197	258
不提供住宿社会工作	842	425		9	30

1992–1995年	1996年	1997年	1998年	1999年	2000年	2001年	2002年	代码
18	8	5	8	6	14	6	18	77
14	6	3	6	4	8	2	11	771
4	2	2	2	2	6	4	7	772
102	21	25	36	25	58	45	72	78
36	6	7	13	8	18	12	17	781
16	3	8	5	4	2	6	5	782
2	2					2	1	783
29	7	5	9	10	19	18	37	784
19	3	5	9	3	19	7	12	785
237	**105**	**119**	**161**	**157**	**198**	**223**	**226**	O
109	49	67	81	72	107	109	100	79
4	1	4	3	2	5	9	4	791
3	1	1	1	2	6	2	2	792
3	1	1	1	2		4	1	793
7	1	4	11	6	23	8	19	794
18	21	23	31	29	26	23	25	795
1				1	5	3	3	796
8	7	7	11	4	7	9	6	797
41	11	15	12	11	15	15	9	798
24	6	12	11	15	20	36	31	799
117	54	50	77	73	70	101	103	80
102	45	43	63	66	55	89	88	801
6	4	4	4	3	3	4	10	802
5	4	3	7	3	7	5	3	803
4	1		3	1	5	3	2	809
11	2	2	3	12	21	13	23	81
6	1	1	3	7	13	12	11	811
5	1	1		5	8	1	12	819
474	**132**	**131**	**189**	**197**	**346**	**262**	**413**	P
474	132	131	189	197	346	262	413	82
152	49	49	72	72	137	100	135	821
73	10	14	12	21	29	23	30	822
94	25	21	33	26	35	26	37	823
6	2	3	3	3	6	5	7	824
6	2	1	2	2	3	1	3	825
143	44	43	67	73	136	107	201	829
533	**163**	**163**	**226**	**164**	**437**	**421**	**372**	Q
487	149	150	197	132	393	361	300	83
46	7	12	18	14	13	16	36	831
129	36	54	66	45	148	148	135	832
252	93	68	94	65	203	176	88	833
16	8	7	5	2	9	3	8	834
9			3		2	3		835
5	1	1	1		3	1	1	836
20	2	4	7	2	14	9	30	837
10	2	4	3	4	1	5	2	839
46	14	13	29	32	44	60	72	84
28	7	10	22	23	37	53	57	841
18	7	3	7	9	7	7	15	842

1-11 续表 9

行业中类	代码	法人单位数（个）	1949年及以前	1950-1977年	1978-1991年
文化、体育和娱乐业	R	**7967**	**68**	**222**	**592**
新闻和出版业	85	315	7	11	57
新闻业	851	47		4	5
出版业	852	268	7	7	52
广播、电视、电影和影视录音制作业	86	563	3	50	88
广播	861	56	2	10	7
电视	862	165		12	41
电影和影视节目制作	863	103		3	1
电影和影视节目发行	864	29		1	3
电影放映	865	192	1	24	36
录音制作	866	18			
文化艺术业	87	1837	56	149	379
文艺创作与表演	871	320	2	21	28
艺术表演场馆	872	53	2	9	9
图书馆与档案馆	873	250	7	41	119
文物及非物质文化遗产保护	874	73	2	2	34
博物馆	875	125	5	7	29
烈士陵园、纪念馆	876	41	1	12	8
群众文化活动	877	551	37	53	103
其他文化艺术业	879	424		4	49
体育	88	926	2	12	54
体育组织	881	506		8	39
体育场馆	882	93	2	4	12
休闲健身活动	883	289			3
其他体育	889	38			
娱乐业	89	4326			14
室内娱乐活动	891	4074			8
游乐园	892	53			1
彩票活动	893	26			5
文化、娱乐、体育经纪代理	894	101			
其他娱乐业	899	72			
公共管理、社会保障和社会组织	S	**42358**	**1321**	**6160**	**12665**
中国共产党机关	90	1587	131	308	679
中国共产党机关	900	1587	131	308	679
国家机构	91	14561	380	1661	3944
国家权力机构	911	171		11	116
国家行政机构	912	13927	331	1558	3676
人民法院和人民检察院	913	283	44	74	122
其他国家机构	919	180	5	18	30
人民政协、民主党派	92	284	10	63	138
人民政协	921	158	2	35	80
民主党派	922	126	8	28	58
社会保障	93	575		5	49
社会保障	930	575		5	49
群众团体、社会团体和其他成员组织	94	9469	154	324	1332
群众团体	941	1056	66	198	282
社会团体	942	6800	19	79	864
基金会	943	50			2
宗教组织	944	1563	69	47	184
基层群众自治组织	95	15882	646	3799	6523
社区自治组织	951	4400	32	234	588
村民自治组织	952	11482	614	3565	5935

1992–1995年	1996年	1997年	1998年	1999年	2000年	2001年	2002年	代码
207	**64**	**49**	**56**	**49**	**131**	**150**	**173**	R
41	6	6	6	7	10	5	7	85
5	1	1		1	1	1	2	851
36	5	5	6	6	9	4	5	852
56	9	7	9	3	5	10	13	86
7			2		1		2	861
42	5	5	3	2	3	4	4	862
3	1	2	2		1	1	3	863
2			1	1		1	1	864
2	3		1			4	2	865
							1	866
62	21	14	14	15	24	28	34	87
11	1		1	4	3	5	7	871
1	1	1	1	1	5	1	1	872
10	3	2	2	1	3	4	3	873
4	1			1			1	874
4	2	2	1		1	3	1	875
3	2		1		1	1		876
23	7	5	6	2	10	10	16	877
6	4	4	2	6	1	4	5	879
28	19	12	17	7	32	24	19	88
18	15	7	7	1	21	14	11	881
3	4	4	1	2	5	3	1	882
6		1	8	4	5	5	7	883
1			1		1	2		889
20	9	10	10	17	60	83	100	89
13	5	9	10	16	53	78	92	891
3	1			1	3	1	2	892
2	3				3	2		893
1						1	4	894
1		1			1	1	2	899
1855	**534**	**373**	**558**	**881**	**1457**	**1468**	**1523**	S
84	26	11	12	8	22	29	33	90
84	26	11	12	8	22	29	33	900
977	275	173	197	212	322	409	625	91
2	1		1			1	2	911
956	261	171	189	210	322	402	614	912
6	2	1		1		4	3	913
13	11	1	7	1		2	6	919
13	3	1		1	13	3	2	92
	1				11	1	2	921
13	2	1		1	2	2		922
40	14	7	10	10	22	42	42	93
40	14	7	10	10	22	42	42	930
585	177	129	210	209	323	314	309	94
42	15	12	30	18	36	18	16	941
328	98	60	112	146	214	236	242	942
4		2	1		1	1		943
211	64	55	67	45	72	59	51	944
156	39	52	129	441	755	671	512	95
94	28	43	94	406	720	609	405	951
62	11	9	35	35	35	62	107	952

1-11 续表 10

行业中类	代码	2003年	2004年	2005年	2006年	2007年
总　计	00	**15537**	**16882**	**18565**	**20621**	**21137**
农、林、牧、渔业	A	**59**	**98**	**102**	**103**	**443**
农业	01	3				1
谷物种植	011	1				
豆类、油料和薯类种植	012					
棉、麻、糖、烟草种植	013					
蔬菜、食用菌及园艺作物种植	014	1				1
水果种植	015					
坚果、含油果、香料和饮料作物种植	016					
中药材种植	017					
其他农业	019	1				
林业	02					1
林木育种和育苗	021					1
造林和更新	022					
森林经营和管护	023					
木材和竹材采运	024					
林产品采集	025					
畜牧业	03					
牲畜饲养	031					
家禽饲养	032					
其他畜牧业	039					
渔业	04	2		2		
水产养殖	041	2		2		
水产捕捞	042					
农、林、牧、渔服务业	05	54	98	100	103	441
农业服务业	051	28	63	53	62	241
林业服务业	052	3	6	7	3	10
畜牧服务业	053	15	19	29	32	175
渔业服务业	054	8	10	11	6	15
采矿业	B	**347**	**527**	**440**	**369**	**305**
煤炭开采和洗选业	06	59	24	17	15	14
烟煤和无烟煤开采洗选	061	58	23	17	15	14
褐煤开采洗选	062	1	1			
其他煤炭采选	069					
石油和天然气开采业	07					1
石油开采	071					
天然气开采	072					1
黑色金属矿采选业	08	123	292	219	123	116
铁矿采选	081	114	290	212	117	113
锰矿、铬矿采选	082	8	2	6	6	2
其他黑色金属矿采选	089	1		1		1
有色金属矿采选业	09	53	46	70	66	43
常用有色金属矿采选	091	36	33	50	46	36
贵金属矿采选	092	10	8	10	14	3
稀有稀土金属矿采选	093	7	5	10	6	4
非金属矿采选业	10	106	159	128	150	128
土砂石开采	101	78	136	114	120	96
化学矿开采	102	6	4		6	7
采盐	103	2	3		1	2
石棉及其他非金属矿采选	109	20	16	14	23	23

2008年	2009年	2010年	2011年	2012年	2013年	无开业年份	代码
22840	**29507**	**39657**	**41319**	**39323**	**36167**	**1703**	**00**
988	**1531**	**1152**	**1125**	**1334**	**2231**	**27**	**A**
1	1			2			01
				1			011
							012
							013
	1						014
1				1			015
							016
							017
							019
							02
							021
							022
							023
							024
							025
			1	1			03
				1			031
			1				032
							039
							04
							041
							042
987	1530	1152	1124	1331	2231	27	05
540	808	712	736	948	1764	20	051
12	21	36	33	32	35	1	052
412	662	361	321	314	398	5	053
23	39	43	34	37	34	1	054
353	**322**	**339**	**296**	**368**	**261**	**46**	**B**
4	13	19	17	34	31	4	06
3	12	17	12	31	28	4	061
1	1	2		1			062
			5	2	3		069
	1		3	4	1		07
	1		3	1			071
				3	1		072
139	120	100	85	67	44	9	08
134	111	97	78	57	37	8	081
5	6	3	7	7	5		082
	3			3	2	1	089
52	46	42	48	50	18	10	09
36	35	28	36	39	14	7	091
7	8	8	11	11	3	2	092
9	3	6	1		1	1	093
142	128	157	136	196	160	23	10
112	102	126	101	148	128	15	101
8	4	2	3	3	2	3	102
	1	2	2	1			103
22	21	27	30	44	30	5	109

1-11 续表 11

行业中类	代码	2003年	2004年	2005年	2006年	2007年
开采辅助活动	11	4	6	6	11	2
煤炭开采和洗选辅助活动	111			1		
石油和天然气开采辅助活动	112	4	4	4	9	2
其他开采辅助活动	119		2	1	2	
其他采矿业	12	2			4	1
其他采矿业	120	2			4	1
制造业	**C**	**4260**	**4374**	**4837**	**5507**	**4757**
农副食品加工业	13	286	283	377	363	385
谷物磨制	131	43	41	68	62	66
饲料加工	132	62	57	85	90	68
植物油加工	133	11	9	13	12	17
制糖业	134		2	3	1	2
屠宰及肉类加工	135	48	50	51	59	66
水产品加工	136	65	71	90	75	73
蔬菜、水果和坚果加工	137	35	36	42	42	55
其他农副食品加工	139	22	17	25	22	38
食品制造业	14	84	104	105	105	101
焙烤食品制造	141	21	25	26	33	35
糖果、巧克力及蜜饯制造	142	1	3	3	6	4
方便食品制造	143	10	15	9	14	14
乳制品制造	144	4	7	4	2	1
罐头食品制造	145	12	10	16	12	8
调味品、发酵制品制造	146	16	13	12	17	12
其他食品制造	149	20	31	35	21	27
酒、饮料和精制茶制造业	15	71	60	68	67	51
酒的制造	151	36	31	26	28	26
饮料制造	152	35	29	40	37	25
精制茶加工	153			2	2	
烟草制品业	16	1				1
烟叶复烤	161					1
卷烟制造	162	1				
其他烟草制品制造	169					
纺织业	17	114	94	93	101	76
棉纺织及印染精加工	171	35	31	29	24	19
毛纺织及染整精加工	172	3	5	1	3	3
麻纺织及染整精加工	173					
丝绢纺织及印染精加工	174	19	11	8	14	8
化纤织造及印染精加工	175	3	1	1	3	1
针织或钩针编织物及其制品制造	176	23	15	11	16	15
家用纺织制成品制造	177	16	12	15	14	9
非家用纺织制成品制造	178	15	19	28	27	21
纺织服装、服饰业	18	164	178	216	279	225
机织服装制造	181	141	152	196	256	207
针织或钩针编织服装制造	182	14	14	12	8	4
服饰制造	183	9	12	8	15	14
皮革、毛皮、羽毛及其制品和制鞋业	19	22	26	20	61	27
皮革鞣制加工	191	1	1	1		
皮革制品制造	192	10	8	4	7	4
毛皮鞣制及制品加工	193	2	3	5	5	5
羽毛(绒)加工及制品制造	194	2	1	1		1
制鞋业	195	7	13	9	49	17

2008年	2009年	2010年	2011年	2012年	2013年	无开业年份	代码
13	10	20	4	11	7		11
	3	3			2		111
11	6	12	2	9	5		112
2	1	5	2	2			119
3	4	1	3	6			12
3	4	1	3	6			120
4571	**5121**	**6531**	**6566**	**5677**	**4297**	**728**	**C**
313	362	435	497	526	407	32	13
59	66	77	126	165	108	5	131
59	72	97	66	58	40	3	132
14	15	13	9	16	12	2	133
		1	3	4	1	1	134
48	71	72	79	62	59	8	135
69	53	75	74	76	73	4	136
43	47	66	84	87	69	4	137
21	38	34	56	58	45	5	139
97	97	136	185	230	159	18	14
35	34	47	81	95	67	10	141
2	5	4	9	8	5		142
15	12	25	22	25	34	1	143
2	8	4		2	2	2	144
6	6	10	9	16	3	1	145
9	8	18	30	33	16	1	146
28	24	28	34	51	32	3	149
48	44	60	110	76	57	9	15
18	23	36	73	47	31	5	151
30	21	24	37	29	25	4	152
					1		153
					1		16
							161
							162
					1		169
61	71	130	99	79	79	11	17
18	21	36	19	17	9	1	171
1	4	5	11	7	7	1	172
1		1	1				173
4	8	11	7	6	5		174
2	2	3	5	1	2	1	175
16	12	22	14	15	9	1	176
12	9	21	20	18	30	5	177
7	15	31	22	15	17	2	178
252	266	382	435	286	250	20	18
191	192	300	385	218	181	19	181
8	6	22	12	11	14	1	182
53	68	60	38	57	55		183
30	43	140	92	60	63	4	19
1	3	3	3	12	2		191
7	12	22	26	19	18	3	192
7	7	15	40	15	13		193
1	1	6	1	2	5		194
14	20	94	22	12	25	1	195

1-11 续表 12

行业中类	代码	2003年	2004年	2005年	2006年	2007年
木材加工和木、竹、藤、棕、草制品业	20	99	104	159	166	148
木材加工	201	28	30	47	52	45
人造板制造	202	18	21	28	26	33
木制品制造	203	49	51	78	81	67
竹、藤、棕、草等制品制造	204	4	2	6	7	3
家具制造业	21	54	51	74	79	63
木质家具制造	211	44	45	67	58	50
竹、藤家具制造	212					1
金属家具制造	213	2	2	1	11	1
塑料家具制造	214	1	1			2
其他家具制造	219	7	3	6	10	9
造纸和纸制品业	22	75	68	87	100	64
纸浆制造	221	1	1			1
造纸	222	17	8	20	21	17
纸制品制造	223	57	59	67	79	46
印刷和记录媒介复制业	23	99	96	91	87	59
印刷	231	93	90	84	81	53
装订及印刷相关服务	232	5	6	7	6	6
记录媒介复制	233	1				
文教、工美、体育和娱乐用品制造业	24	63	51	49	75	55
文教办公用品制造	241	5	4	2	6	6
乐器制造	242	2	2	1	2	1
工艺美术品制造	243	48	42	42	60	44
体育用品制造	244	6	3	4	6	
玩具制造	245	2			1	2
游艺器材及娱乐用品制造	246					2
石油加工及炼焦	25	48	54	48	51	63
化学原料和化学制品制造业	26	271	242	282	312	256
基础化学原料制造	261	57	49	57	68	52
肥料制造	262	28	22	47	36	34
农药制造	263	6	8	6	6	2
涂料、油墨、颜料及类似产品制造	264	51	42	46	56	47
合成材料制造	265	22	21	25	22	19
专用化学产品制造	266	86	80	86	98	77
炸药、火工及焰火产品制造	267	1	2	1	2	4
日用化学产品制造	268	20	18	14	24	21
医药制造业	27	48	43	42	27	23
化学药品原料药制造	271	4	8	9	3	2
化学药品制剂制造	272	6	4	8	2	4
中药饮片加工	273	11	11	6	6	3
中成药生产	274	14	7	2	2	3
兽用药品制造	275		6	6	4	3
生物药品制造	276	9	5	6	5	5
卫生材料及医药用品制造	277	4	2	5	5	3
化学纤维制造业	28	7	8	8	6	7
纤维素纤维原料及纤维制造	281	2	2	2		3
合成纤维制造	282	5	6	6	6	4
橡胶和塑料制品业	29	261	245	275	374	336
橡胶制品业	291	66	69	58	70	65
塑料制品业	292	195	176	217	304	271

2008年	2009年	2010年	2011年	2012年	2013年	无开业年份	代码
122	156	214	187	158	132	11	20
47	57	87	81	58	47	2	201
18	27	26	24	22	19	5	202
52	67	93	76	72	60	4	203
5	5	8	6	6	6		204
68	90	121	112	87	78	6	21
53	69	93	91	70	59	4	211
	2				1	1	212
5	7	7	7	7	4		213
2	2	3	4	1	2		214
8	10	18	10	9	12	1	219
70	76	97	97	69	57	4	22
	1		1				221
6	15	15	19	14	12	1	222
64	60	82	77	55	45	3	223
59	58	109	91	105	55	2	23
51	50	98	80	92	48	2	231
7	7	11	11	13	7		232
1	1						233
69	58	89	72	89	61	11	24
4	5	5	3	7	5		241
3	7	5	3	3	3	8	242
54	41	71	58	70	47	3	243
5	5	5	4	3	5		244
3		2	4	5			245
		1		1	1		246
42	81	75	67	54	42	22	25
205	240	307	295	260	209	56	26
35	43	47	40	36	26	7	261
31	49	71	49	73	46	9	262
4	3		4	4	6		263
34	43	53	59	39	46	5	264
14	20	33	26	21	18	9	265
69	60	67	86	68	52	20	266
1	1	1	1		2	1	267
17	21	35	30	19	13	5	268
50	73	44	36	29	38	10	27
5	9	2	2	1	5	2	271
9	14	3	6	2	4	3	272
6	13	10	3	2	4		273
6	5	5	2	2	6	2	274
2	1		3	1	2		275
18	22	14	14	12	12	2	276
4	9	10	6	9	5	1	277
7	7	11	7	5	6	5	28
2	1	6	1			1	281
5	6	5	6	5	6	4	282
268	302	357	315	269	199	42	29
48	50	64	45	41	36	7	291
220	252	293	270	228	163	35	292

1-11 续表 13

行业中类	代码	2003年	2004年	2005年	2006年	2007年
非金属矿物制品业	30	375	365	477	562	470
水泥、石灰和石膏制造	301	26	24	19	37	18
石膏、水泥制品及类似制品制造	302	54	45	62	84	92
砖瓦、石材等建筑材料制造	303	117	110	176	233	181
玻璃制造	304	4	8	7	7	3
玻璃制品制造	305	21	14	22	15	13
玻璃纤维和玻璃纤维增强塑料制品制造	306	9	24	14	14	10
陶瓷制品制造	307	3	8	7	7	12
耐火材料制品制造	308	101	86	132	130	111
石墨及其他非金属矿物制品制造	309	40	46	38	35	30
黑色金属冶炼和压延加工业	31	197	195	241	211	183
炼铁	311	13	13	15	7	11
炼钢	312	4	5	6	5	3
黑色金属铸造	313	114	123	147	135	110
钢压延加工	314	53	34	57	51	48
铁合金冶炼	315	13	20	16	13	11
有色金属冶炼和压延加工业	32	44	66	57	81	77
常用有色金属冶炼	321	8	12	16	25	20
贵金属冶炼	322	3	1	4	4	4
稀有稀土金属冶炼	323	3	5	8	2	6
有色金属合金制造	324	6	5	9	9	9
有色金属铸造	325	3	7	1	4	3
有色金属压延加工	326	21	36	19	37	35
金属制品业	33	331	326	351	441	337
结构性金属制品制造	331	128	130	142	206	168
金属工具制造	332	18	25	23	29	14
集装箱及金属包装容器制造	333	22	19	20	24	13
金属丝绳及其制品制造	334	10	11	16	17	8
建筑、安全用金属制品制造	335	35	28	26	49	29
金属表面处理及热处理加工	336	57	43	48	48	42
搪瓷制品制造	337	1	1		3	2
金属制日用品制造	338	13	12	8	19	13
其他金属制品制造	339	47	57	68	46	48
通用设备制造业	34	663	756	768	852	770
锅炉及原动设备制造	341	35	34	27	43	37
金属加工机械制造	342	85	97	101	99	108
物料搬运设备制造	343	33	24	36	32	34
泵、阀门、压缩机及类似机械制造	344	120	119	109	149	97
轴承、齿轮和传动部件制造	345	82	91	94	77	65
烘炉、风机、衡器、包装等设备制造	346	52	61	55	67	49
文化、办公用机械制造	347	1	3	4	4	1
通用零部件制造	348	240	293	316	364	352
其他通用设备制造业	349	15	34	26	17	27
专用设备制造业	35	318	356	346	410	352
采矿、冶金、建筑专用设备制造	351	107	126	132	155	142
化工、木材、非金属加工专用设备制造	352	88	82	64	111	69
食品、饮料、烟草及饲料生产专用设备制造	353	12	9	11	8	6
印刷、制药、日化及日用品生产专用设备制	354	18	21	24	13	14
纺织、服装和皮革加工专用设备制造	355	3	8	5	5	8
电子和电工机械专用设备制造	356	11	15	23	25	19
农、林、牧、渔专用机械制造	357	15	13	14	17	19
医疗仪器设备及器械制造	358	11	25	17	13	17
环保、社会公共服务及其他专用设备制造	359	53	57	56	63	58

2008年	2009年	2010年	2011年	2012年	2013年	无开业年份	代码
461	551	788	902	832	531	99	30
31	38	42	36	37	16	7	301
86	120	190	221	218	133	25	302
188	168	317	369	357	215	38	303
7	8	14	18	13	11	1	304
13	20	28	30	19	13	4	305
11	8	7	18	9	9	1	306
5	10	11	13	16	10	6	307
95	135	127	139	105	95	16	308
25	44	52	58	58	29	1	309
160	116	150	110	93	49	23	31
6	6	11	10	4	5	1	311
6	4	5	2	4	3	4	312
77	62	81	49	37	16	9	313
54	36	48	42	41	21	6	314
17	8	5	7	7	4	3	315
60	55	64	70	73	48	14	32
16	11	18	16	28	9		321
	3	1	1	3	1	1	322
5	5	3		1	1	1	323
10	11	4	10	10	9	1	324
6	3	6	6	6	3	2	325
23	22	32	37	25	25	9	326
383	388	569	530	451	342	54	33
195	208	327	298	265	182	32	331
23	28	52	32	27	19	3	332
22	18	20	18	10	8		333
14	10	8	11	5	7	3	334
23	37	55	46	51	51	5	335
50	25	35	21	14	13		336
	3	1	1	3	1		337
11	14	16	20	20	23	2	338
45	45	55	83	56	38	9	339
762	830	928	934	761	510	56	34
26	24	43	38	43	31	4	341
125	147	175	157	138	87	10	342
35	23	26	33	19	17	6	343
79	152	124	133	100	52	6	344
85	91	74	49	47	26		345
28	46	42	57	48	34	6	346
2	3		3	6	3		347
346	280	368	412	307	223	20	348
36	64	76	52	53	37	4	349
352	366	492	482	403	344	48	35
123	121	143	152	110	103	15	351
95	68	99	113	71	53	10	352
7	14	10	4	8	7		353
11	16	19	21	12	12	1	354
3	4	7	5	3	5	1	355
21	21	41	43	42	46	2	356
19	27	59	41	31	24		357
19	17	21	18	29	31	1	358
54	78	93	85	97	63	18	359

1-11 续表 14

行业中类	代码					
		2003年	2004年	2005年	2006年	2007年
汽车制造业	36	82	85	90	80	82
汽车整车制造	361	2	1		1	2
改装汽车制造	362	3	3	3	3	3
低速载货汽车制造	363					
电车制造	364					
汽车车身、挂车制造	365	3	5	4	1	1
汽车零部件及配件制造	366	74	76	83	75	76
铁路、船舶、航空航天和其他运输设备制造业	37	41	50	46	65	68
铁路运输设备制造	371	20	13	11	14	11
城市轨道交通设备制造	372		1	1		
船舶及相关装置制造	373	19	30	29	43	48
航空、航天器及设备制造	374		3	4	2	6
摩托车制造	375		1		2	
自行车制造	376	2		1	2	1
非公路休闲车及零配件制造	377		1			
潜水救捞及其他未列明运输设备制造	379		1		2	2
电气机械和器材制造业	38	227	259	224	293	243
电机制造	381	25	33	22	23	22
输配电及控制设备制造	382	125	134	113	153	114
电线、电缆、光缆及电工器材制造	383	41	39	40	64	45
电池制造	384	2	4	3	4	3
家用电力器具制造	385	10	13	14	14	14
非电力家用器具制造	386	4	8	7	8	10
照明器具制造	387	13	16	14	10	18
其他电气机械及器材制造	389	7	12	11	17	17
计算机、通信和其他电子设备制造业	39	54	50	72	74	55
计算机制造	391	4	5	7	3	3
通信设备制造	392	5	4	11	9	8
广播电视设备制造	393	5	5	2	2	2
雷达及配套设备制造	394	1	1	1		
视听设备制造	395		1	1	5	3
电子器件制造	396	11	10	8	7	9
电子元件制造	397	17	17	20	32	22
其他电子设备制造	399	11	7	22	16	8
仪器仪表制造业	40	100	82	92	104	76
通用仪器仪表制造	401	78	59	69	74	49
专用仪器仪表制造	402	16	12	16	18	11
钟表与计时仪器制造	403		1		1	2
光学仪器及眼镜制造	404	2	2	1	1	7
其他仪器仪表制造业	409	4	8	6	10	7
其他制造业	41	24	16	20	15	25
废弃资源综合利用业	42	5	16	15	17	22
金属废料和碎屑加工处理	421	3	7	5	4	11
非金属废料和碎屑加工处理	422	2	9	10	13	11
金属制品、机械和设备修理业	43	32	45	44	49	57
金属制品修理	431	1	4	3	1	1
通用设备修理	432	11	7	6	14	11
专用设备修理	433	5	10	3	5	6
铁路、船舶、航空航天等运输设备修理	434	6	8	19	16	20
电气设备修理	435	2	2	3	1	6
仪器仪表修理	436	1	2	1		2
其他机械和设备修理业	439	6	12	9	12	11

2008年	2009年	2010年	2011年	2012年	2013年	无开业年份	代码
64	86	100	101	74	67	29	36
4	3		3		3		361
2	9	1	2	3	3	1	362
			1				363
	1			1	1		364
1	4	5	4	2	4	1	365
57	69	94	91	68	56	27	366
89	91	107	85	70	43	17	37
12	20	20	19	16	16		371
1			2				372
73	61	74	58	41	20	13	373
1	5	6	1	6	4	4	374
	1			2			375
	3	2	2	1	1		376
		1	1				377
2	1	4	2	4	2		379
245	284	290	285	223	208	83	38
31	25	26	32	26	22	33	381
109	137	135	114	89	89	27	382
45	43	44	40	42	25	9	383
5	9	10	5	2	6	4	384
10	17	19	20	7	9		385
10	15	14	12	9	8	1	386
18	15	19	28	22	27	8	387
17	23	23	34	26	22	1	389
41	59	70	74	71	67	16	39
4	4	3	7	6	10		391
3	7	14	12	12	9	3	392
	6	2	3	4		1	393
							394
2		1	1	1	1	2	395
10	11	11	10	20	20	3	396
13	17	22	17	13	18	3	397
9	14	17	24	15	9	4	399
66	92	88	74	68	71	14	40
48	61	69	42	43	45	11	401
12	17	11	21	10	17	1	402
1	1	1	1	5			403
1	3	2			5		404
4	10	5	10	10	4	2	409
15	30	36	34	36	37	5	41
24	46	29	49	60	27	6	42
15	26	18	29	39	14		421
9	20	11	20	21	13	6	422
88	103	113	139	80	60	1	43
1	4	1	6	5	3		431
12	14	12	16	6	7		432
10	7	7	18	14	6		433
53	63	65	73	35	32	1	434
4	3	8	5	4	3		435
2	1	5	4	1			436
6	11	15	17	15	9		439

1-11 续表 15

行业中类	代码	2003年	2004年	2005年	2006年	2007年
电力、热力、燃气及水生产和供应业	D	**90**	**60**	**95**	**130**	**109**
电力、热力生产和供应业	44	74	44	63	78	56
电力生产	441	8	11	8	23	16
电力供应	442	4	1	2	1	1
热力生产和供应	443	62	32	53	54	39
燃气生产和供应业	45	5	3	9	11	7
燃气生产和供应业	450	5	3	9	11	7
水的生产和供应业	46	11	13	23	41	46
自来水生产和供应	461	6	6	14	27	43
污水处理及其再生利用	462	4	7	9	14	3
其他水的处理、利用与分配	469	1				
建筑业	E	**764**	**888**	**968**	**982**	**1066**
房屋建筑业	47	99	135	139	137	137
房屋建筑业	470	99	135	139	137	137
土木工程建筑业	48	154	146	186	156	168
铁路、道路、隧道和桥梁工程建筑	481	47	41	66	49	51
水利和内河港口工程建筑	482	11	10	17	16	14
海洋工程建筑	483					
工矿工程建筑	484	14	6	9	10	18
架线和管道工程建筑	485	24	39	36	27	33
其他土木工程建筑	489	58	50	58	54	52
建筑安装业	49	206	229	261	259	254
电气安装	491	93	93	120	95	89
管道和设备安装	492	47	55	54	76	68
其他建筑安装业	499	66	81	87	88	97
建筑装饰和其他建筑业	50	305	378	382	430	507
建筑装饰业	501	221	258	255	336	377
工程准备活动	502	47	85	78	53	65
提供施工设备服务	503	6	9	17	8	13
其他未列明建筑业	509	31	26	32	33	52
批发和零售业	F	**4248**	**4534**	**4699**	**5774**	**6035**
批发业	51	2976	3173	3263	4173	4416
农、林、牧产品批发	511	127	129	158	211	225
食品、饮料及烟草制品批发	512	234	238	274	362	456
纺织、服装及家庭用品批发	513	297	292	272	378	413
文化、体育用品及器材批发	514	87	88	80	96	91
医药及医疗器材批发	515	76	76	69	115	120
矿产品、建材及化工产品批发	516	1090	1174	1141	1471	1529
机械设备、五金产品及电子产品批发	517	887	919	928	1187	1210
贸易经纪与代理	518	58	95	106	113	151
其他批发业	519	120	162	235	240	221
零售业	52	1272	1361	1436	1601	1619
综合零售	521	102	113	104	102	93
食品、饮料及烟草制品专门零售	522	81	78	164	129	143
纺织、服装及日用品专门零售	523	120	111	151	177	205
文化、体育用品及器材专门零售	524	63	68	74	106	84
医药及医疗器材专门零售	525	170	190	179	202	183
汽车、摩托车、燃料及零配件专门零售	526	281	309	277	269	265
家用电器及电子产品专门零售	527	192	203	221	274	273
五金、家具及室内装饰材料专门零售	528	179	216	177	237	254
货摊、无店铺及其他零售业	529	84	73	89	105	119

2008年	2009年	2010年	2011年	2012年	2013年	无开业年份	代码
118	**140**	**158**	**145**	**146**	**107**	**29**	D
77	88	107	93	85	68	14	44
22	26	32	23	19	14	10	441
1	2	2		11	1		442
54	60	73	70	55	53	4	443
13	24	20	19	26	19	8	45
13	24	20	19	26	19	8	450
28	28	31	33	35	20	7	46
14	10	14	17	9	3	1	461
12	15	14	10	21	15	5	462
2	3	3	6	5	2	1	469
1140	**1374**	**2069**	**2264**	**1992**	**1874**	**46**	E
142	242	371	362	318	264	7	47
142	242	371	362	318	264	7	470
187	247	347	431	362	323	8	48
64	89	154	136	148	119	4	481
18	18	36	43	28	28	2	482
1		2			1		483
5	15	13	13	11	10		484
36	27	32	47	43	31	1	485
63	98	110	192	132	134	1	489
280	262	420	400	343	299	12	49
85	81	139	146	116	93	4	491
69	69	85	93	76	72	4	492
126	112	196	161	151	134	4	499
531	623	931	1071	969	988	19	50
415	460	763	850	768	820	6	501
66	81	85	99	112	73	7	502
10	13	13	24	13	24	1	503
40	69	70	98	76	71	5	509
7132	**9626**	**14144**	**14825**	**14124**	**13146**	**202**	F
5089	6944	9824	10540	9698	9229	138	51
262	428	736	605	645	603	12	511
567	806	1033	1027	1166	1084	22	512
464	647	771	869	788	1107	4	513
118	143	200	214	224	199	1	514
134	172	212	265	256	300	1	515
1643	2234	3367	3510	2995	2658	50	516
1434	1738	2186	2555	2174	2108	26	517
211	295	397	527	595	497	13	518
256	481	922	968	855	673	9	519
2043	2682	4320	4285	4426	3917	64	52
160	224	329	299	329	348	10	521
165	242	325	359	436	375	6	522
227	259	384	488	426	405	2	523
87	111	164	221	269	229	4	524
217	480	1031	838	782	565	1	525
337	400	608	546	551	478	18	526
386	388	522	522	581	457	5	527
321	369	564	624	715	730	12	528
143	209	393	388	337	330	6	529

1-11 续表 16

行业中类	代码	2003年	2004年	2005年	2006年	2007年
交通运输、仓储和邮政业	G	**392**	**620**	**684**	**750**	**693**
道路运输业	54	175	313	305	378	338
城市公共交通运输	541	17	33	22	24	17
公路旅客运输	542	20	23	23	40	31
道路货物运输	543	129	243	246	295	276
道路运输辅助活动	544	9	14	14	19	14
水上运输业	55	24	27	22	18	33
水上旅客运输	551	5	1		2	4
水上货物运输	552	10	18	14	10	13
水上运输辅助活动	553	9	8	8	6	16
航空运输业	56	3	5	1	2	3
航空客货运输	561	1	2	1	1	2
通用航空服务	562		1			
航空运输辅助活动	563	2	2		1	1
管道运输业	57	1				
管道运输业	570	1				
装卸搬运和运输代理业	58	144	215	282	261	229
装卸搬运	581	12	17	14	17	22
运输代理业	582	132	198	268	244	207
仓储业	59	33	46	56	65	70
谷物、棉花等农产品仓储	591	6	15	23	24	18
其他仓储业	599	27	31	33	41	52
邮政业	60	8	13	16	18	15
邮政基本服务	601		1	1		
快递服务	602	8	12	15	18	15
住宿和餐饮业	H	**227**	**215**	**275**	**301**	**316**
住宿业	61	100	88	105	118	130
旅游饭店	611	33	31	29	34	42
一般旅馆	612	62	49	66	75	79
其他住宿业	619	5	8	10	9	9
餐饮业	62	127	127	170	183	186
正餐服务	621	115	109	137	152	158
快餐服务	622	4	5	16	11	11
饮料及冷饮服务	623	1	7	7	8	7
其他餐饮业	629	7	6	10	12	10
信息传输、软件和信息技术服务业	I	**262**	**284**	**341**	**409**	**453**
电信、广播电视和卫星传输服务	63	24	23	22	39	30
电信	631	11	11	13	23	17
广播电视传输服务	632	13	12	9	15	12
卫星传输服务	633				1	1
互联网和相关服务	64	24	26	48	37	28
互联网接入及相关服务	641	4	5	3	6	3
互联网信息服务	642	20	14	40	28	25
其他互联网服务	649		7	5	3	
软件和信息技术服务业	65	214	235	271	333	395
软件开发	651	127	141	168	209	262
信息系统集成服务	652	39	42	41	48	49
信息技术咨询服务	653	30	34	33	52	52
数据处理和存储服务	654	7	5	5	5	4
集成电路设计	655		3	3	3	1
其他信息技术服务业	659	11	10	21	16	27

2008年	2009年	2010年	2011年	2012年	2013年	无开业年份	代码
771	**945**	**1292**	**1309**	**1151**	**1110**	**59**	G
393	524	770	701	618	623	34	54
18	11	14	24	18	23	4	541
24	20	28	28	27	20	3	542
330	470	707	609	533	556	26	543
21	23	21	40	40	24	1	544
36	33	23	27	24	26	2	55
7	4	1	1	1	2		551
17	19	15	14	13	16		552
12	10	7	12	10	8	2	553
	1	6	8	11	7	1	56
	1	3	3	2	2		561
		1	1	6	2		562
		2	4	3	3	1	563
	1	1	3			1	57
	1	1	3			1	570
249	272	324	349	298	287	8	58
17	24	48	39	37	40		581
232	248	276	310	261	247	8	582
60	76	104	146	142	86	11	59
31	25	29	20	43	19	2	591
29	51	75	126	99	67	9	599
27	32	58	66	48	75	1	60
1	1		4	2	1		601
26	31	58	62	46	74	1	602
331	**476**	**788**	**695**	**767**	**538**	**20**	H
148	161	334	289	281	235	14	61
43	44	46	58	61	55	10	611
94	105	259	205	199	157	3	612
11	12	29	26	21	23	1	619
183	315	454	406	486	303	6	62
143	269	366	309	350	196	5	621
19	19	35	37	56	26		622
4	11	16	15	34	19		623
17	16	37	45	46	62	1	629
559	**769**	**988**	**1202**	**1176**	**1293**	**19**	I
59	66	79	114	113	79		63
46	53	60	96	104	66		631
12	13	17	17	9	12		632
1		2	1		1		633
42	96	71	73	73	62	3	64
3	10	14	9	21	15		641
33	74	40	48	32	31	3	642
6	12	17	16	20	16		649
458	607	838	1015	990	1152	16	65
295	368	516	600	617	723	14	651
45	78	83	111	95	94	1	652
73	92	140	193	188	224	1	653
6	10	8	16	9	11		654
2	2	4	3	8	4		655
37	57	87	92	73	96		659

1-11 续表 17

行业中类	代码	2003年	2004年	2005年	2006年	2007年
房地产业	K	**571**	**642**	**734**	**857**	**997**
房地产业	70	571	642	734	857	997
房地产开发经营	701	173	231	279	393	476
物业管理	702	264	278	274	302	356
房地产中介服务	703	82	89	126	122	137
自有房地产经营活动	704	26	19	21	15	12
其他房地产业	709	26	25	34	25	16
租赁和商务服务业	L	**922**	**1137**	**1362**	**1450**	**1674**
租赁业	71	29	35	53	49	70
机械设备租赁	711	29	34	52	47	68
文化及日用品出租	712		1	1	2	2
商务服务业	72	893	1102	1309	1401	1604
企业管理服务	721	123	159	221	198	282
法律服务	722	54	55	52	69	66
咨询与调查	723	228	306	332	416	447
广告业	724	150	154	208	245	284
知识产权服务	725	15	10	7	7	6
人力资源服务	726	89	128	165	129	150
旅行社及相关服务	727	90	110	104	93	94
安全保护服务	728	18	7	7	10	9
其他商务服务业	729	126	173	213	234	266
科学研究和技术服务业	M	**460**	**545**	**592**	**708**	**893**
研究和试验发展	73	45	64	62	68	85
自然科学研究和试验发展	731		5	2	7	7
工程和技术研究和试验发展	732	25	33	32	34	48
农业科学研究和试验发展	733	10	11	11	14	14
医学研究和试验发展	734	6	11	12	10	13
社会人文科学研究	735	4	4	5	3	3
专业技术服务业	74	288	317	341	435	414
气象服务	741	3	3	3	7	7
地震服务	742	2		1		
海洋服务	743	2			2	2
测绘服务	744	20	23	19	22	19
质检技术服务	745	35	42	47	88	65
环境与生态监测	746	8	8	6	7	10
地质勘查	747	6	15	9	6	8
工程技术	748	140	161	133	182	180
其他专业技术服务业	749	72	65	123	121	123
科技推广和应用服务业	75	127	164	189	205	394
技术推广服务	751	110	138	152	176	341
科技中介服务	752	10	12	26	19	36
其他科技推广和应用服务业	759	7	14	11	10	17
水利、环境和公共设施管理业	N	**116**	**119**	**134**	**104**	**129**
水利管理业	76	20	30	30	22	26
防洪除涝设施管理	761		2	3	4	
水资源管理	762	11	21	14	5	10
天然水收集与分配	763	6	1	1	4	10
水文服务	764		1	1	1	1
其他水利管理业	769	3	5	11	8	5

2008年	2009年	2010年	2011年	2012年	2013年	无开业年份	代码
882	**1254**	**1776**	**1747**	**1302**	**1202**	**35**	K
882	1254	1776	1747	1302	1202	35	70
311	548	867	799	453	297	15	701
353	425	499	541	504	500	13	702
173	232	343	322	271	334	5	703
20	17	21	18	27	22	1	704
25	32	46	67	47	49	1	709
1834	**2348**	**3357**	**4179**	**4489**	**4510**	**82**	L
98	131	240	353	336	380	11	71
94	128	234	347	326	377	11	711
4	3	6	6	10	3		712
1736	2217	3117	3826	4153	4130	71	72
243	362	467	604	580	669	16	721
44	53	88	84	129	54		722
554	631	857	1053	1287	1408	24	723
316	446	651	902	903	971	7	724
8	5	9	13	18	25		725
172	185	281	334	347	241	5	726
78	66	126	126	137	118	8	727
9	14	54	37	52	52		728
312	455	584	673	700	592	11	729
1046	**1706**	**1827**	**2079**	**1934**	**1791**	**59**	M
105	174	237	297	283	206	12	73
8	12	30	43	31	21		731
51	105	135	161	167	131	7	732
22	21	36	40	43	26	3	733
16	30	23	35	33	24	2	734
8	6	13	18	9	4		735
393	491	673	790	701	638	26	74
2	3	5	4	22	15	1	741
1	1		3	1	1		742
3	6	4	4	3	3		743
21	21	27	22	37	20		744
54	67	59	77	63	55	4	745
13	8	16	25	17	16	2	746
9	17	17	18	19	12	2	747
179	187	280	327	274	260	10	748
111	181	265	310	265	256	7	749
548	1041	917	992	950	947	21	75
512	989	812	866	836	858	16	751
24	26	70	40	51	40	5	752
12	26	35	86	63	49		759
119	**196**	**251**	**331**	**324**	**263**	**16**	N
14	24	33	38	77	55		76
1	3	4	2	10	4		761
2	6	8	10	31	29		762
4	2	4	4	6	1		763
3	3	2	1	3	2		764
4	10	15	21	27	19		769

1-11 续表 18

行业中类	代码	2003年	2004年	2005年	2006年	2007年
生态保护和环境治理业	77	12	19	14	16	15
生态保护	771	4	8	8	3	4
环境治理业	772	8	11	6	13	11
公共设施管理业	78	84	70	90	66	88
市政设施管理	781	18	16	30	10	12
环境卫生管理	782	8	5	7	11	12
城乡市容管理	783	1	3	1	1	2
绿化管理	784	38	33	34	23	40
公园和游览景区管理	785	19	13	18	21	22
居民服务、修理和其他服务业	O	**340**	**335**	**365**	**378**	**381**
居民服务业	79	159	164	169	157	174
家庭服务	791	9	14	29	13	9
托儿所服务	792	2	1	2	2	2
洗染服务	793	7	5	1	3	2
理发及美容服务	794	22	20	17	26	31
洗浴服务	795	39	41	42	37	28
保健服务	796	3	5	3	7	11
婚姻服务	797	8	9	12	13	16
殡葬服务	798	10	15	14	18	15
其他居民服务业	799	59	54	49	38	60
机动车、电子产品和日用产品修理业	80	151	148	156	165	160
汽车、摩托车修理与维护	801	130	121	130	132	123
计算机和办公设备维修	802	10	14	12	15	23
家用电器修理	803	6	9	10	16	13
其他日用产品修理业	809	5	4	4	2	1
其他服务业	81	30	23	40	56	47
清洁服务	811	18	10	24	38	32
其他未列明服务业	819	12	13	16	18	15
教育	P	**427**	**459**	**584**	**574**	**611**
教育	82	427	459	584	574	611
学前教育	821	146	162	183	139	129
初等教育	822	42	37	43	30	36
中等教育	823	38	49	56	41	37
高等教育	824	10	3	3	6	6
特殊教育	825	3	1			
技能培训、教育辅助及其他教育	829	188	207	299	358	403
卫生和社会工作	Q	**391**	**338**	**519**	**471**	**524**
卫生	83	312	266	426	371	413
医院	831	35	36	55	43	34
社区医疗与卫生院	832	112	77	115	139	180
门诊部(所)	833	126	91	207	158	124
计划生育技术服务活动	834	5	31	18	2	15
妇幼保健院(所、站)	835	1	2	2	3	20
专科疾病防治院(所、站)	836	3		2	2	2
疾病预防控制中心	837	27	26	20	16	28
其他卫生活动	839	3	3	7	8	10
社会工作	84	79	72	93	100	111
提供住宿社会工作	841	63	53	78	75	86
不提供住宿社会工作	842	16	19	15	25	25

2008年	2009年	2010年	2011年	2012年	2013年	无开业年份	代码
17	25	24	48	33	35		77
4		5	18	12	9		771
13	25	19	30	21	26		772
88	147	194	245	214	173	16	78
26	23	36	49	34	33	3	781
11	11	10	40	22	13	2	782
1	3	6	6	2	9		783
34	79	118	116	132	96	4	784
16	31	24	34	24	22	7	785
401	**505**	**730**	**790**	**738**	**689**	**17**	**O**
170	222	313	322	343	331	5	79
22	36	36	56	76	60		791
1	1	2	2	2	1		792
5	3	10	15	9	6		793
28	37	56	42	38	30		794
32	50	67	64	47	39	3	795
11	12	34	22	16	18		796
18	17	31	37	34	50		797
14	23	20	23	23	34	2	798
39	43	57	61	98	93		799
172	212	316	345	262	244	11	80
145	164	249	273	202	181	9	801
10	22	26	37	29	33	2	802
11	17	22	19	19	17		803
6	9	19	16	12	13		809
59	71	101	123	133	114	1	81
40	52	57	72	82	80	1	811
19	19	44	51	51	34		819
576	**573**	**791**	**756**	**802**	**674**	**4**	**P**
576	573	791	756	802	674	4	82
193	190	256	250	287	253	1	821
23	28	20	25	15	13		822
34	27	39	39	28	19		823
5	11	8	7	10	3		824
1	2		1	3	1		825
320	315	468	434	459	385	3	829
437	**462**	**552**	**628**	**545**	**434**	**5**	**Q**
333	354	408	438	402	312	4	83
50	40	43	68	80	83	2	831
136	121	169	181	143	94		832
123	173	168	148	151	115	2	833
2		3	3	6	1		834
	1	4	5	1	2		835
7	4	3	3	4	2		836
6	9	13	21	7	4		837
9	6	5	9	10	11		839
104	108	144	190	143	122	1	84
84	88	111	133	104	78	1	841
20	20	33	57	39	44		842

1-11 续表 19

行业中类	代码	2003年	2004年	2005年	2006年	2007年
文化、体育和娱乐业	R	**198**	**232**	**332**	**383**	**371**
新闻和出版业	85	14	11	10	12	16
新闻业	851	3	2	2	3	5
出版业	852	11	9	8	9	11
广播、电视、电影和影视录音制作业	86	12	13	32	19	12
广播	861	2	1	3	3	
电视	862	2	2	5	4	1
电影和影视节目制作	863	1	3	5	6	7
电影和影视节目发行	864	1	1	3		2
电影放映	865	6	6	15	4	2
录音制作	866			1	2	
文化艺术业	87	36	79	84	61	74
文艺创作与表演	871	10	14	15	21	11
艺术表演场馆	872				2	2
图书馆与档案馆	873	2	3	9	6	4
文物及非物质文化遗产保护	874	3	2	1	1	5
博物馆	875	2	4	4	1	8
烈士陵园、纪念馆	876	1	1	3	1	2
群众文化活动	877	11	45	43	24	32
其他文化艺术业	879	7	10	9	5	10
体育	88	41	28	49	64	44
体育组织	881	19	16	29	39	29
体育场馆	882	5	6	1	4	4
休闲健身活动	883	15	5	19	19	9
其他体育	889	2	1		2	2
娱乐业	89	95	101	157	227	225
室内娱乐活动	891	90	91	146	214	211
游乐园	892	3	2	3	4	2
彩票活动	893		2	2	1	
文化、娱乐、体育经纪代理	894		2	4	6	9
其他娱乐业	899	2	4	2	2	3
公共管理、社会保障和社会组织	S	**1373**	**1413**	**1382**	**1270**	**1226**
中国共产党机关	90	19	15	19	13	22
中国共产党机关	900	19	15	19	13	22
国家机构	91	378	427	553	529	531
国家权力机构	911	2	3	2		5
国家行政机构	912	373	420	544	523	515
人民法院和人民检察院	913	3		3	3	5
其他国家机构	919		4	4	3	6
人民政协、民主党派	92	4		3	2	3
人民政协	921	1		2		3
民主党派	922	3		1	2	
社会保障	93	43	39	45	58	31
社会保障	930	43	39	45	58	31
群众团体、社会团体和其他成员组织	94	345	407	555	570	512
群众团体	941	22	11	25	22	18
社会团体	942	243	320	479	495	436
基金会	943	1	2	3	4	
宗教组织	944	79	74	48	49	58
基层群众自治组织	95	584	525	207	98	127
社区自治组织	951	176	149	192	78	104
村民自治组织	952	408	376	15	20	23

2008年	2009年	2010年	2011年	2012年	2013年	无开业年份	代码
509	**1015**	**1215**	**698**	**654**	**594**	**5**	R
12	16	10	16	13	22		85
1	1	2	2	4	1		851
11	15	8	14	9	21		852
18	28	48	47	40	41		86
2	1	6	2	3	2		861
2	5	6	11	5	1		862
5	11	15	15	6	12		863
2	3	2	2	2	1		864
6	5	16	16	22	21		865
1	3	3	1	2	4		866
82	101	104	134	136	149	1	87
25	23	22	32	34	30		871
2	4	3	3	3	2		872
8	5	5	5	5	3		873
5	2	2	2	1	4		874
7	8	8	12	8	7	1	875
1	1		2				876
11	20	16	23	29	25		877
23	38	48	55	56	78		879
52	66	93	76	100	85	2	88
23	31	40	38	54	47		881
5	4	7	6	5	4	1	882
24	28	45	25	31	29	1	883
	3	1	7	10	5		889
345	804	960	425	365	297	2	89
336	792	936	388	339	246	1	891
1	3	6	7	6	4		892
		3			3		893
6	6	10	12	9	31		894
2	3	5	18	11	13	1	899
949	**927**	**1332**	**1322**	**1369**	**806**	**194**	S
10	18	45	23	16	9	35	90
10	18	45	23	16	9	35	900
366	442	647	552	485	325	151	91
	1	6		6		12	911
358	417	627	540	469	318	133	912
1	1	1	1	4	1	3	913
7	23	13	11	6	6	3	919
	2	3	4	10	1	5	92
	2	2	4	10		2	921
		1			1	3	922
18	11	24	31	16	17	1	93
18	11	24	31	16	17	1	930
401	393	513	596	739	370	2	94
23	20	50	54	40	37	1	941
268	316	421	486	636	301	1	942
4	3	4	8	8	2		943
106	54	38	48	55	30		944
154	61	100	116	103	84		95
127	47	53	99	70	52		951
27	14	47	17	33	32		952

1-12 按行业(中类)、开业(成立)

行业中类	代码	从业人员数(人)			
			1949年及以前	1950-1977年	1978-1991年
总　计	**00**	**12585094**	**741653**	**934708**	**1271656**
农、林、牧、渔业	**A**	**140625**	**87**	**26469**	**2177**
农业	01	26570	82	24232	120
谷物种植	011	18655		17039	60
豆类、油料和薯类种植	012	37			37
棉、麻、糖、烟草种植	013				
蔬菜、食用菌及园艺作物种植	014	75			
水果种植	015	130	82		23
坚果、含油果、香料和饮料作物种植	016				
中药材种植	017	16		16	
其他农业	019	7657		7177	
林业	02	1815		942	375
林木育种和育苗	021	150			
造林和更新	022	40		40	
森林经营和管护	023	1549		902	299
木材和竹材采运	024	76			76
林产品采集	025				
畜牧业	03	33		15	
牲畜饲养	031	12			
家禽饲养	032	6			
其他畜牧业	039	15		15	
渔业	04	567			
水产养殖	041	567			
水产捕捞	042				
农、林、牧、渔服务业	05	111640	5	1280	1682
农业服务业	051	73462	5	341	338
林业服务业	052	4184		558	386
畜牧服务业	053	30364		368	790
渔业服务业	054	3630		13	168
采矿业	**B**	**585158**	**55498**	**85564**	**80974**
煤炭开采和洗选业	06	223060	52709	80135	9734
烟煤和无烟煤开采洗选	061	218274	52709	80115	9734
褐煤开采洗选	062	737			
其他煤炭采选	069	4049		20	
石油和天然气开采业	07	44297			
石油开采	071	44206			
天然气开采	072	91			
黑色金属矿采选业	08	121998		1467	4472
铁矿采选	081	117368		1292	4273
锰矿、铬矿采选	082	4306		175	199
其他黑色金属矿采选	089	324			
有色金属矿采选业	09	57231		32	2582
常用有色金属矿采选	091	32953		31	1085
贵金属矿采选	092	10025		1	1487
稀有稀土金属矿采选	093	14253			10
非金属矿采选业	10	75275	2789	3930	4891
土砂石开采	101	50295	760	2134	2766
化学矿开采	102	6234		1698	966
采盐	103	3908	1979	1	294
石棉及其他非金属矿采选	109	14838	50	97	865

时间分组的法人单位从业人员数

1992-1995年	1996年	1997年	1998年	1999年	2000年	2001年	2002年	代码
811282	**224220**	**250983**	**328368**	**431155**	**392045**	**546884**	**517408**	00
670	**154**	**334**	**213**	**802**	**1062**	**1489**	**379**	A
290						924		01
289						916		011
								012
								013
1						8		014
								015
								016
								017
								019
47	120	181						02
								021
								022
47	120	181						023
								024
								025
								03
								031
								032
								039
				318	45	147		04
				318	45	147		041
								042
333	34	153	213	484	1017	418	379	05
210	20	111	107	210	646	139	196	051
80	4	11	12	98	199	18	51	052
27	5	1	80	30	104	241	113	053
16	5	30	14	146	68	20	19	054
20660	**5113**	**4605**	**8452**	**49379**	**13646**	**48005**	**9851**	B
2324	1577	600	557	1032	2944	39582	3209	06
2324	1567	600	557	1032	2871	39582	3209	061
								062
	10				73			069
				44082			26	07
				44082				071
							26	072
14047	1703	581	3037	1908	3050	3596	3454	08
13610	1699	518	3026	1803	2853	3576	3438	081
437	4	63	2	105	197	20	16	082
			9					089
1422	946	1907	561	1265	4505	3007	1072	09
447	659	1827	427	969	3622	1624	538	091
968	287	61	118	296	196	1287	533	092
7		19	16		687	96	1	093
2866	887	1517	4059	1045	3052	1755	1994	10
1227	305	672	3027	778	1869	1518	1175	101
218	254	47	394	118	288	44	190	102
1			87	21				103
1420	328	798	551	128	895	193	629	109

1-12 续表 1

行业中类	代码	从业人员数(人)	1949年及以前	1950-1977年	1978-1991年
开采辅助活动	11	62414			59219
煤炭开采和洗选辅助活动	111	1038			
石油和天然气开采辅助活动	112	61169			59219
其他开采辅助活动	119	207			
其他采矿业	12	883			76
其他采矿业	120	883			76
制造业	**C**	**4384752**	**201628**	**104851**	**261457**
农副食品加工业	13	360343	106	494	6318
谷物磨制	131	38191	105	11	84
饲料加工	132	61613			907
植物油加工	133	12991	1	42	911
制糖业	134	2177			
屠宰及肉类加工	135	83220		394	629
水产品加工	136	106767		35	2274
蔬菜、水果和坚果加工	137	34725		10	1220
其他农副食品加工	139	20659		2	293
食品制造业	14	90201	482	253	2220
焙烤食品制造	141	16722		85	957
糖果、巧克力及蜜饯制造	142	1909			6
方便食品制造	143	11333		2	104
乳制品制造	144	10743			
罐头食品制造	145	17218	10	1	298
调味品、发酵制品制造	146	10934	472	163	515
其他食品制造	149	21342		2	340
酒、饮料和精制茶制造业	15	49343	271	150	2253
酒的制造	151	28948	271	150	1861
饮料制造	152	20195			392
精制茶加工	153	200			
烟草制品业	16	2327	754		265
烟叶复烤	161	649			9
卷烟制造	162	1479	754		63
其他烟草制品制造	169	199			193
纺织业	17	77766	2	1010	5825
棉纺织及印染精加工	171	31776		211	1733
毛纺织及染整精加工	172	4422		301	33
麻纺织及染整精加工	173	971			
丝绢纺织及印染精加工	174	6831		79	513
化纤织造及印染精加工	175	2351	1		228
针织或钩针编织物及其制品制造	176	11735		351	813
家用纺织制成品制造	177	8416		35	961
非家用纺织制成品制造	178	11264	1	33	1544
纺织服装、服饰业	18	215796	1	833	7946
机织服装制造	181	191031		778	7056
针织或钩针编织服装制造	182	13484		1	714
服饰制造	183	11281	1	54	176
皮革、毛皮、羽毛及其制品和制鞋业	19	26245	14	51	1445
皮革鞣制加工	191	861	9	1	7
皮革制品制造	192	8269		9	112
毛皮鞣制及制品加工	193	4187		1	66
羽毛(绒)加工及制品制造	194	797			
制鞋业	195	12131	5	40	1260
木材加工和木、竹、藤、棕、草制品业	20	86356		208	1962
木材加工	201	18993		129	826

1992–1995年	1996年	1997年	1998年	1999年	2000年	2001年	2002年	代码
			227	20	95	65	82	11
					5			111
			227	20	90	59	82	112
						6		119
1			11	27			14	12
1			11	27			14	120
357081	**100972**	**107376**	**132620**	**150415**	**173536**	**209738**	**239313**	C
27264	3531	6122	10846	11669	20152	16947	20107	13
706	212	139	192	1196	2837	1180	1706	131
925	357	1981	2559	3251	2408	3153	3202	132
516	90	2	353	304	1558	110	523	133
					8		359	134
7994	1452	1192	3662	2966	6519	3164	2987	135
13713	1055	2215	3050	2811	4267	8120	8473	136
2871	24	440	652	667	1929	616	1885	137
539	341	153	378	474	626	604	972	139
8281	3241	3853	3410	2353	2752	4100	4632	14
1656	411	1510	114	84	1426	375	138	141
80		98	31	3		61	53	142
3341	11	198	285	636	25	248	140	143
407			2202	191	153	758	792	144
1059	1630	1073	72	315	490	947	1434	145
815	348	55	390	362	308	227	530	146
923	841	919	316	762	350	1484	1545	149
8720	509	359	1679	2057	2751	2121	2880	15
4658	438	175	1298	1844	1948	1753	1050	151
4062	53	184	381	213	803	368	1830	152
	18							153
	630							16
	630							161
								162
								169
6911	2438	1259	2408	3392	5283	4678	4109	17
1905	1098	418	1484	2249	1399	1727	1989	171
34		4		6	305	4		172
183		265		16		13	310	173
413	300	79	386	25	757	858	255	174
5	37	218	6	71	103		354	175
2053	365	130	194	286	1553	507	528	176
2004	441	94	234	402	159	472	239	177
314	197	51	104	337	1007	1097	434	178
22906	5415	5371	8732	6109	9318	9425	11394	18
21454	5094	3029	7921	5632	8861	8607	10733	181
1071	298	2342	780	395	52	658	539	182
381	23		31	82	405	160	122	183
2982	378	473	440	1081	619	628	669	19
25						24		191
688	50	300	29	100	466	281	312	192
39	1	141	96	15	102	61	118	193
28			10		34	24	18	194
2202	327	32	305	966	17	238	221	195
3008	1462	1321	1464	1025	2639	6860	1866	20
700	251	225	443	172	609	717	329	201

1-12 续表 2

行业中类	代码	从业人员数(人)	1949年及以前	1950-1977年	1978-1991年
人造板制造	202	22449			64
木制品制造	203	43616		78	1035
竹、藤、棕、草等制品制造	204	1298		1	37
家具制造业	21	55808		161	2955
木质家具制造	211	48295		129	2624
竹、藤家具制造	212	81			
金属家具制造	213	3214		1	11
塑料家具制造	214	451			44
其他家具制造	219	3767		31	276
造纸和纸制品业	22	55067	2376	659	3123
纸浆制造	221	840		24	3
造纸	222	17947	2358	168	805
纸制品制造	223	36280	18	467	2315
印刷和记录媒介复制业	23	36131	968	716	4579
印刷	231	33350	966	716	4109
装订及印刷相关服务	232	2572	2		470
记录媒介复制	233	209			
文教、工美、体育和娱乐用品制造业	24	30258		482	1252
文教办公用品制造	241	2014		17	288
乐器制造	242	1842		48	12
工艺美术品制造	243	22712		416	606
体育用品制造	244	2637		1	278
玩具制造	245	411			8
游艺器材及娱乐用品制造	246	642			60
石油加工及炼焦	25	109243	36285	17348	2753
化学原料和化学制品制造业	26	215434	4877	3279	13752
基础化学原料制造	261	58967	1	362	7346
肥料制造	262	32148	3545	26	114
农药制造	263	5410	235	347	1281
涂料、油墨、颜料及类似产品制造	264	22481	31	173	1562
合成材料制造	265	25707	53	476	247
专用化学产品制造	266	48085		191	2588
炸药、火工及焰火产品制造	267	11747	1012	1699	421
日用化学产品制造	268	10889		5	193
医药制造业	27	62019	384	2300	11807
化学药品原料药制造	271	18565	382	9	9717
化学药品制剂制造	272	10406	2	1694	912
中药饮片加工	273	6504			299
中成药生产	274	9491		144	829
兽用药品制造	275	2461		453	47
生物药品制造	276	11654			1
卫生材料及医药用品制造	277	2938			2
化学纤维制造业	28	8920			73
纤维素纤维原料及纤维制造	281	4026			4
合成纤维制造	282	4894			69
橡胶和塑料制品业	29	203409		1528	7586
橡胶制品业	291	51978		1109	2484
塑料制品业	292	151431		419	5102
非金属矿物制品业	30	367415	592	5191	19713
水泥、石灰和石膏制造	301	39944	540	537	2125
石膏、水泥制品及类似制品制造	302	59990	1	834	1918

1992–1995年	1996年	1997年	1998年	1999年	2000年	2001年	2002年	代码
662	3	314	156	73	407	1918	237	202
1592	1208	782	824	740	1601	4225	1204	203
54			41	40	22		96	204
8060	225	608	834	2436	4627	2524	2353	21
7696	224	528	714	2236	4578	2048	2248	211
						21		212
148		80	53	151	37	324	88	213
33			67					214
183	1			49	12	131	17	219
2977	768	1531	906	2574	2257	3535	4847	22
7						2		221
155	123	157	263	746	795	858	2148	222
2815	645	1374	643	1828	1462	2675	2699	223
3261	1066	1121	2462	1630	1775	1786	1019	23
3222	1012	1109	2285	1443	1188	1679	1008	231
39	54	12	177	44	587	107	11	232
				143				233
1944	574	868	1519	1795	2175	1050	1999	24
233	66	44	5	106	12	108	315	241
71	5	34	40	657	30	470	72	242
1179	277	447	1380	1004	1766	451	1350	243
436	222	88	94	8	338	6	47	244
17				10		12		245
8	4	255		10	29	3	215	246
5975	1263	511	947	6381	972	4780	2417	25
12451	6646	8009	8578	18033	6690	8640	11214	26
2054	3422	6095	2032	1754	774	3042	2755	261
1715	661	10	2230	472	546	322	2774	262
124	54	7	52	812	48	536	332	263
1062	277	170	1116	1084	1553	1221	1527	264
475	412	670	100	12123	365	168	908	265
3908	1257	657	2208	1431	2689	2673	2585	266
19		275	362	2	1	80		267
3094	563	125	478	355	714	598	333	268
4899	1170	1715	2609	1671	2044	2226	4594	27
99	740	898	451	560	984		738	271
1092	167	96	629	162	473	572	201	272
723	3	80	175	158	110	314	221	273
800	147		518	649	412	1060	1265	274
20		152	130	44	45	37	337	275
2084	113	489	90	71		214	1766	276
81			616	27	20	29	66	277
156	104	4	151	181	126	72	88	28
90	10			44	114			281
66	94	4	151	137	12	72	88	282
18552	9101	3657	4205	7119	8493	9287	8450	29
8536	6040	386	1612	1874	1572	1752	1611	291
10016	3061	3271	2593	5245	6921	7535	6839	292
20708	5790	6216	11776	12766	25387	16700	15988	30
1034	1321	1403	3775	1586	2517	1845	2462	301
1979	207	552	582	500	770	1430	1344	302

1-12 续表 3

行业中类	代码	从业人员数（人）	1949年及以前	1950-1977年	1978-1991年
砖瓦、石材等建筑材料制造	303	109070		1297	9065
玻璃制造	304	8637		26	343
玻璃制品制造	305	14656		60	664
玻璃纤维和玻璃纤维增强塑料制品制造	306	9177		15	365
陶瓷制品制造	307	4788		29	4
耐火材料制品制造	308	96842	51	1735	3481
石墨及其他非金属矿物制品制造	309	24311		658	1748
黑色金属冶炼和压延加工业	31	438063	126832	15270	13935
炼铁	311	17741		41	1499
炼钢	312	5950			85
黑色金属铸造	313	104021		1295	5945
钢压延加工	314	295077	126832	13396	6245
铁合金冶炼	315	15274		538	161
有色金属冶炼和压延加工业	32	79487	465	1498	5660
常用有色金属冶炼	321	27450		141	3349
贵金属冶炼	322	5174		195	1531
稀有稀土金属冶炼	323	3878			31
有色金属合金制造	324	6994		211	276
有色金属铸造	325	2269			19
有色金属压延加工	326	33722	465	951	454
金属制品业	33	262202	13	4200	12082
结构性金属制品制造	331	115732		1726	4536
金属工具制造	332	17399		94	984
集装箱及金属包装容器制造	333	24493		253	1604
金属丝绳及其制品制造	334	10719	1	219	202
建筑、安全用金属制品制造	335	16643		409	1118
金属表面处理及热处理加工	336	30531		177	1826
搪瓷制品制造	337	1185		157	76
金属制日用品制造	338	7111		16	291
其他金属制品制造	339	38389	12	1149	1445
通用设备制造业	34	564675	7877	10809	53304
锅炉及原动设备制造	341	25922	6	2562	1025
金属加工机械制造	342	99361	6775	460	2994
物料搬运设备制造	343	31534	1093	940	1488
泵、阀门、压缩机及类似机械制造	344	104034	3	2863	7627
轴承、齿轮和传动部件制造	345	91726		810	3027
烘炉、风机、衡器、包装等设备制造	346	49244		1231	22570
文化、办公用机械制造	347	11753		46	6088
通用零部件制造	348	131052		1897	8364
其他通用设备制造业	349	20049			121
专用设备制造业	35	260285	2441	5895	19090
采矿、冶金、建筑专用设备制造	351	117597	261	1923	9794
化工、木材、非金属加工专用设备制造	352	54121	1482	1828	3744
食品、饮料、烟草及饲料生产专用设备制造	353	5938		1	507
印刷、制药、日化及日用品生产专用设备制	354	9971	654	288	242
纺织、服装和皮革加工专用设备制造	355	3380		611	302
电子和电工机械专用设备制造	356	9844		1	354
农、林、牧、渔专用机械制造	357	12929	2	259	601
医疗仪器设备及器械制造	358	12683		238	2046
环保、社会公共服务及其他专用设备制造	359	33822	42	746	1500

1992–1995年	1996年	1997年	1998年	1999年	2000年	2001年	2002年	代码
3741	1384	1554	2127	2687	1278	3346	2842	303
966		20	66	275	330	121	1398	304
1033	64	232	290	852	308	363	1269	305
393	192	69	365	403	141	295	734	306
83	75	65	165	125	64	539	648	307
9540	2348	1811	3621	5344	17314	7647	3382	308
1939	199	510	785	994	2665	1114	1909	309
12922	28946	25128	7441	17156	7499	10327	33703	31
141		63	283	36	25	540	5950	311
515	30		69	24	304	8	70	312
4407	804	1779	4808	3116	5057	7322	5416	313
5896	27712	23061	2073	13015	1476	2335	22267	314
1963	400	225	208	965	637	122		315
9249	2059	2946	1524	1113	2217	3036	10626	32
871	72	296	686	148	451	1224	6852	321
462	9	576		501	1	39	302	322
541		78	15	11	23	79	619	323
261	602	98	196	1	925	66	144	324
37	6	5	125	2	23	88		325
7077	1376	1892	622	327	815	1605	2621	326
33225	3379	4083	10517	7755	6417	9485	21389	33
20555	1024	2438	1667	2120	2399	3980	8855	331
3412	312	507	1473	650	447	693	572	332
1322	198	33	3238	1619	431	278	1012	333
939	77	26	536	147	182	187	1218	334
811	409	104	425	346	451	1317	1006	335
970	236	295	1146	1034	974	752	7625	336
15	7	4	45	351	29	116		337
870	361	77	67	461	1	219	87	338
4331	755	599	1920	1027	1503	1943	1014	339
63263	10418	12114	16881	18473	19878	29594	33304	34
1211	402	260	572	652	1474	995	1326	341
22674	1223	726	1898	2362	3544	3423	2235	342
1915	1025	1074	424	729	715	3320	2125	343
8688	1938	4786	3797	2883	4265	6908	8793	344
17173	2992	1248	3322	2976	3312	8099	6339	345
2759	566	1452	952	535	1606	823	1385	346
2624	32		54	21	1	386	97	347
5503	2209	2228	5584	8162	4328	4842	10751	348
716	31	340	278	153	633	798	253	349
11268	3129	4030	6712	8317	5283	39098	9197	35
3623	729	1679	1225	1829	1594	30282	3170	351
2303	358	1231	1358	1439	1213	3294	3625	352
172	54	1	467	808		796	216	353
405	75	99	936	441	264	1040	107	354
148	26		10	60	155	53	73	355
306	59	21	248	558	357	462	205	356
191	1562	100	169	818	585	231	110	357
2738	57	90	968	524	154	707	295	358
1382	209	809	1331	1840	961	2233	1396	359

1-12 续表 4

行业中类	代码	从业人员数(人)	1949年及以前	1950-1977年	1978-1991年
汽车制造业	36	165633	615	5446	15331
汽车整车制造	361	40699		815	9612
改装汽车制造	362	12068	615	239	493
低速载货汽车制造	363	109			
电车制造	364	260		190	
汽车车身、挂车制造	365	2251			5
汽车零部件及配件制造	366	110246		4202	5221
铁路、船舶、航空航天和其他运输设备制造业	37	141647	15882	15929	6291
铁路运输设备制造	371	34977	13545	453	4206
城市轨道交通设备制造	372	239			
船舶及相关装置制造	373	67246	2337	13877	1629
航空、航天器及设备制造	374	37934		1591	448
摩托车制造	375	196			2
自行车制造	376	635		8	5
非公路休闲车及零配件制造	377	128			
潜水救捞及其他未列明运输设备制造	379	292			1
电气机械和器材制造业	38	205820	360	6574	16628
电机制造	381	28917		1552	3225
输配电及控制设备制造	382	95943	329	4557	5737
电线、电缆、光缆及电工器材制造	383	45899	31	272	6459
电池制造	384	6152		35	48
家用电力器具制造	385	6528		90	161
非电力家用器具制造	386	4463			267
照明器具制造	387	13211		40	578
其他电气机械及器材制造	389	4707		28	153
计算机、通信和其他电子设备制造业	39	95268		761	9957
计算机制造	391	5461			111
通信设备制造	392	5736		1	239
广播电视设备制造	393	2409			5
雷达及配套设备制造	394	5196			
视听设备制造	395	19720		2	1192
电子器件制造	396	20746		211	1415
电子元件制造	397	20995		532	424
其他电子设备制造	399	15005		15	6571
仪器仪表制造业	40	42556	31	862	3393
通用仪器仪表制造	401	28532		210	1362
专用仪器仪表制造	402	6008	11	10	1038
钟表与计时仪器制造	403	2038	20	73	947
光学仪器及眼镜制造	404	1862		67	
其他仪器仪表制造业	409	4116		502	46
其他制造业	41	15026		2463	2058
废弃资源综合利用业	42	11485			791
金属废料和碎屑加工处理	421	7020			591
非金属废料和碎屑加工处理	422	4465			200
金属制品、机械和设备修理业	43	50524		481	7110
金属制品修理	431	887			113
通用设备修理	432	3702		35	162
专用设备修理	433	4656		10	1310
铁路、船舶、航空航天等运输设备修理	434	36467		369	5075
电气设备修理	435	1207		14	76
仪器仪表修理	436	235			29
其他机械和设备修理业	439	3370		53	345

1992–1995年	1996年	1997年	1998年	1999年	2000年	2001年	2002年	代码
8141	2929	6835	6014	3785	3784	3006	13680	36
4	4	2848		21	2	27	10244	361
49		101	152		134	156	747	362
	98						5	363
							4	364
70		10		275	120	22	46	365
8018	2827	3876	5862	3489	3528	2801	2634	366
8951	647	1475	957	1247	1349	2771	1887	37
4605	498	61	404	419	329	1163	369	371
			70		3		15	372
4196	149	1383	359	774	935	1586	1456	373
			113	54	32	2		374
		6	10		49			375
134			1			10	5	376
16		25						377
					1	10	42	379
19934	3028	5096	6464	5158	11281	8948	9297	38
7619	719	633	304	348	897	768	577	381
7091	1400	2420	2978	3374	5590	2852	3533	382
2627	578	895	2038	1026	3242	2175	2906	383
1484	20		129	14	13	905	962	384
381	50	256	92	105	33	1469	488	385
20		129		28		34	49	386
709	190	763	897	192	1293	533	680	387
3	71		26	71	213	212	102	389
23811	1134	1447	1684	1251	13674	3448	4069	39
1970	1	1		119	39	98	67	391
243	70	10	151	9	160	290	154	392
	26		28	9	905	6	227	393
4172			272		3	2	704	394
2678	12			15	10963		5	395
8061	137	413	753	441	887	187	1039	396
6281	883	433	203	205	397	1585	841	397
406	5	590	277	453	320	1280	1032	399
3735	576	955	3314	1675	3830	2485	2335	40
2855	363	555	2752	663	3539	1634	1002	401
249	21	150	560	232	133	480	126	402
10	2			1		291		403
418	65	3		744	33	40	8	404
203	125	247	2	35	125	40	1199	409
1353		113	28	154	27	439	383	41
38	7		2465	118	107	57	182	42
6	7		2405	29	32	1	148	421
32			60	89	75	56	34	422
2136	409	156	5653	1941	130	1685	635	43
18		23		10		1		431
290	205	42	145	529	78	517	78	432
104	4	50	19	33	18	28	22	433
1355	169	40	5473	1243	30	1039	457	434
209	31		2	26	3	6	23	435
					1	10	10	436
160		1	14	100		84	45	439

1-12 续表 5

行业中类	代码	从业人员数(人)	1949年及以前	1950-1977年	1978-1991年
电力、热力、燃气及水生产和供应业	D	**206941**	**14122**	**11345**	**19669**
电力、热力生产和供应业	44	151646		1349	14234
电力生产	441	44679		1295	4211
电力供应	442	55644		52	2693
热力生产和供应	443	51323		2	7330
燃气生产和供应业	45	19458	4605	799	727
燃气生产和供应业	450	19458	4605	799	727
水的生产和供应业	46	35837	9517	9197	4708
自来水生产和供应	461	31436	9517	9197	4483
污水处理及其再生利用	462	3425			225
其他水的处理、利用与分配	469	976			
建筑业	E	**2129188**	**11401**	**135702**	**324466**
房屋建筑业	47	1218751	872	69464	205610
房屋建筑业	470	1218751	872	69464	205610
土木工程建筑业	48	425719	9840	63316	67528
铁路、道路、隧道和桥梁工程建筑	481	201861	5520	26413	29535
水利和内河港口工程建筑	482	60865	341	14677	7994
海洋工程建筑	483	115			
工矿工程建筑	484	60353	3979	12970	17233
架线和管道工程建筑	485	65806		8377	9058
其他土木工程建筑	489	36719		879	3708
建筑安装业	49	264962	657	2844	42122
电气安装	491	111325	649	1230	14694
管道和设备安装	492	57059			7552
其他建筑安装业	499	96578	8	1614	19876
建筑装饰和其他建筑业	50	219756	32	78	9206
建筑装饰业	501	159104	32	47	7945
工程准备活动	502	33321		5	1091
提供施工设备服务	503	5727			10
其他未列明建筑业	509	21604		26	160
批发和零售业	F	**1042393**	**3897**	**13505**	**35558**
批发业	51	612640	1219	4876	21573
农、林、牧产品批发	511	40665	131	875	1298
食品、饮料及烟草制品批发	512	86872	163	724	10162
纺织、服装及家庭用品批发	513	75211	30	138	625
文化、体育用品及器材批发	514	11272	35	25	220
医药及医疗器材批发	515	21155	13	91	787
矿产品、建材及化工产品批发	516	191311	846	2483	5523
机械设备、五金产品及电子产品批发	517	126779		367	1448
贸易经纪与代理	518	21821		1	197
其他批发业	519	37554	1	172	1313
零售业	52	429753	2678	8629	13985
综合零售	521	140020	671	5565	6849
食品、饮料及烟草制品专门零售	522	21144	1	200	1001
纺织、服装及日用品专门零售	523	33840	5	123	731
文化、体育用品及器材专门零售	524	17258	1993	359	2003
医药及医疗器材专门零售	525	46679	2	1083	715
汽车、摩托车、燃料及零配件专门零售	526	77560		1147	840
家用电器及电子产品专门零售	527	39932		4	349
五金、家具及室内装饰材料专门零售	528	33748		141	659
货摊、无店铺及其他零售业	529	19572	6	7	838

1992-1995年	1996年	1997年	1998年	1999年	2000年	2001年	2002年	代码
16046	**640**	**3300**	**3148**	**53056**	**5989**	**2515**	**4520**	D
14801	167	3151	2895	52858	5300	2198	3595	44
4348	133	2849	572	3164	1552	186	2266	441
83	32		344	49495	47	39	14	442
10370	2	302	1979	199	3701	1973	1315	443
133	458	103	50	82	289	96	50	45
133	458	103	50	82	289	96	50	450
1112	15	46	203	116	400	221	875	46
1098	15	23	153	113	246	16	704	461
14		23			143	197	169	462
			50	3	11	8	2	469
144174	**44465**	**34341**	**87300**	**83559**	**41663**	**139771**	**113963**	E
60404	25830	15767	56913	58995	20038	97024	67502	47
60404	25830	15767	56913	58995	20038	97024	67502	470
34871	8278	6886	13615	10565	5909	21615	19446	48
23937	4723	2959	7480	3821	1970	11445	8596	481
2456	185	900	4768	1726	156	2294	6837	482
							48	483
1859	359		74	620	247	707	153	484
4727	2968	2814	902	3420	2004	4779	2469	485
1892	43	213	391	978	1532	2390	1343	489
20181	5347	6281	10577	7233	10926	13227	16950	49
7696	3395	2370	3968	1876	6164	7048	8747	491
5815	1432	611	1264	2932	2962	1549	4533	492
6670	520	3300	5345	2425	1800	4630	3670	499
28718	5010	5407	6195	6766	4790	7905	10065	50
26523	3183	4975	5151	5865	3301	6953	5613	501
1878	1497	121	565	742	797	567	3062	502
101	38	2	228	45	58	8	679	503
216	292	309	251	114	634	377	711	509
39308	**6212**	**11193**	**14218**	**24792**	**43976**	**39392**	**39607**	F
14032	3687	5247	7999	9640	20173	23112	17184	51
1077	243	204	447	245	681	602	1056	511
2536	678	415	1170	837	1931	1488	1640	512
614	160	473	602	632	1084	9457	1342	513
218	36	46	197	109	302	671	510	514
676	325	339	511	1213	619	641	821	515
5243	966	1955	2464	3446	11521	5403	6648	516
2850	1065	1179	2212	2652	3406	4085	4310	517
268	30	170	48	88	148	235	309	518
550	184	466	348	418	481	530	548	519
25276	2525	5946	6219	15152	23803	16280	22423	52
17426	390	3988	1744	9195	1600	4420	8182	521
760	40	85	256	388	723	351	529	522
1114	177	78	619	582	920	1446	1169	523
789	74	224	126	240	657	361	431	524
536	1013	197	902	336	6351	3092	2635	525
3022	380	693	1510	2382	11317	2358	5929	526
423	90	200	299	1171	707	2891	1039	527
474	250	226	356	474	830	900	1884	528
732	111	255	407	384	698	461	625	529

1-12 续表 6

行业中类	代码	从业人员数(人)	1949年及以前	1950-1977年	1978-1991年
交通运输、仓储和邮政业	G	**612578**	**216694**	**35106**	**42007**
道路运输业	54	224995	2921	28866	28834
城市公共交通运输	541	71467		7667	6030
公路旅客运输	542	19996		3696	1295
道路货物运输	543	94415	2892	4354	8444
道路运输辅助活动	544	39117	29	13149	13065
水上运输业	55	44923	8069	3471	3608
水上旅客运输	551	2361			75
水上货物运输	552	6856			3527
水上运输辅助活动	553	35706	8069	3471	6
航空运输业	56	11433			3770
航空客货运输	561	738			33
通用航空服务	562	114			
航空运输辅助活动	563	10581			3737
管道运输业	57	1282			436
管道运输业	570	1282			436
装卸搬运和运输代理业	58	64487	62	346	2455
装卸搬运	581	32422		132	1422
运输代理业	582	32065	62	214	1033
仓储业	59	20418	114	2114	2037
谷物、棉花等农产品仓储	591	8132	110	1741	749
其他仓储业	599	12286	4	373	1288
邮政业	60	30794	3806	35	16
邮政基本服务	601	20555	3806	21	10
快递服务	602	10239		14	6
住宿和餐饮业	H	**157470**	**256**	**1695**	**10771**
住宿业	61	78100	256	1517	9093
旅游饭店	611	55106	256	1165	7033
一般旅馆	612	20475		313	1608
其他住宿业	619	2519		39	452
餐饮业	62	79370		178	1678
正餐服务	621	60977		160	1633
快餐服务	622	12837		18	25
饮料及冷饮服务	623	1775			
其他餐饮业	629	3781			20
信息传输、软件和信息技术服务业	I	**181773**	**1**	**498**	**1998**
电信、广播电视和卫星传输服务	63	61965		454	796
电信	631	48792			14
广播电视传输服务	632	13054		454	782
卫星传输服务	633	119			
互联网和相关服务	64	14050	1		19
互联网接入及相关服务	641	2105			
互联网信息服务	642	11314	1		19
其他互联网服务	649	631			
软件和信息技术服务业	65	105758		44	1183
软件开发	651	76035			359
信息系统集成服务	652	9224		44	441
信息技术咨询服务	653	12137			76
数据处理和存储服务	654	3601			197
集成电路设计	655	315			
其他信息技术服务业	659	4446			110

1992–1995年	1996年	1997年	1998年	1999年	2000年	2001年	2002年	代码
32053	**5455**	**5025**	**20048**	**8918**	**11438**	**11322**	**7517**	**G**
21836	1350	3965	6476	7066	4658	6310	3917	54
9286	370	3028	2520	3464	663	2670	896	541
624	47	506	881	1320	1000	224	356	542
9816	470	165	657	1507	1755	2987	2320	543
2110	463	266	2418	775	1240	429	345	544
2201	2632	9	1277	151	189	400	372	55
286	136	8	947	26	128	20		551
81	834	1	317	43	2	66	364	552
1834	1662		13	82	59	314	8	553
1198	2				43	51	422	56
	2					51		561
								562
1198					43		422	563
129					654			57
129					654			570
2370	1052	583	1019	794	1230	1940	2087	58
625	210	63	178	304	411	712	279	581
1745	842	520	841	490	819	1228	1808	582
668	288	453	433	564	567	517	477	59
261	91	154	76	248	148	358	54	591
407	197	299	357	316	419	159	423	599
73	125	10	10816	229	4046	95	96	60
	125		10799	211	3773		21	601
73		10	17	18	273	95	75	602
15815	**4561**	**4307**	**4870**	**3943**	**5717**	**4185**	**5636**	**H**
7176	2772	1771	3129	2389	3217	2259	3170	61
6265	2546	1532	2650	1800	2566	1786	2241	611
877	203	222	438	588	579	398	898	612
34	23	17	41	1	72	75	31	619
8639	1789	2536	1741	1554	2500	1926	2466	62
1526	798	1135	1596	1492	2041	1805	2340	621
6828	989	1400	75	60	365	48	69	622
		1	10		26	60	37	623
285	2		60	2	68	13	20	629
3935	**5573**	**973**	**2635**	**1173**	**22804**	**19966**	**4010**	**I**
2868	52	18	1908	229	17186	16991	1182	63
669	3	7	1896	6	16609	16977	1011	631
2199	49	11	12	218	577	14	94	632
				5			77	633
52	58	7	34	218	111	452	360	64
			3	210	45	250	219	641
51	57	7	30	7	65	185	127	642
1	1		1	1	1	17	14	649
1015	5463	948	693	726	5507	2523	2468	65
493	5381	902	170	542	4897	1553	2108	651
361	45	27	335	84	237	794	194	652
59	4	10	44	84	238	92	90	653
50	12		105	5	64	16	40	654
23							1	655
29	21	9	39	11	71	68	35	659

1-12 续表 7

行业中类	代码	从业人员数(人)	1949年及以前	1950-1977年	1978-1991年
房地产业	K	**312420**	**505**	**2962**	**9044**
房地产业	70	312420	505	2962	9044
房地产开发经营	701	124499		15	2550
物业管理	702	145373	357	1530	2725
房地产中介服务	703	22467	4	12	330
自有房地产经营活动	704	7056	33	304	1574
其他房地产业	709	13025	111	1101	1865
租赁和商务服务业	L	**394816**	**8500**	**11043**	**32946**
租赁业	71	12396		6	148
机械设备租赁	711	12118		1	144
文化及日用品出租	712	278		5	4
商务服务业	72	382420	8500	11037	32798
企业管理服务	721	84690	8475	10578	6265
法律服务	722	11076	6	18	1813
咨询与调查	723	50734	6	4	366
广告业	724	35358			116
知识产权服务	725	1058	4		34
人力资源服务	726	91478	9	87	10033
旅行社及相关服务	727	12357		18	588
安全保护服务	728	44387			12225
其他商务服务业	729	51282		332	1358
科学研究和技术服务业	M	**260069**	**3046**	**30361**	**31048**
研究和试验发展	73	38746	2654	7638	5344
自然科学研究和试验发展	731	3441	1367	475	319
工程和技术研究和试验发展	732	23925	162	4625	3278
农业科学研究和试验发展	733	7141	1125	2076	512
医学研究和试验发展	734	2521		115	611
社会人文科学研究	735	1718		347	624
专业技术服务业	74	145442	210	20684	20522
气象服务	741	2456	117	1058	313
地震服务	742	1100		714	143
海洋服务	743	586		2	85
测绘服务	744	4811		217	373
质检技术服务	745	19388		1388	3598
环境与生态监测	746	5879		3147	1020
地质勘查	747	11338		5300	2488
工程技术	748	77443	4	7956	11593
其他专业技术服务业	749	22441	89	902	909
科技推广和应用服务业	75	75881	182	2039	5182
技术推广服务	751	69796	182	1969	4770
科技中介服务	752	3754		70	344
其他科技推广和应用服务业	759	2331			68
水利、环境和公共设施管理业	N	**132835**	**2408**	**24776**	**30504**
水利管理业	76	20040	347	5832	5657
防洪除涝设施管理	761	2441	15	333	1164
水资源管理	762	6921	77	2065	2278
天然水收集与分配	763	6548	199	2622	1220
水文服务	764	763	54	131	71
其他水利管理业	769	3367	2	681	924
生态保护和环境治理业	77	6875	16	539	846
生态保护	771	4072	16	539	828
环境治理业	772	2803			18

1992–1995年	1996年	1997年	1998年	1999年	2000年	2001年	2002年	代码
18545	**7479**	**3371**	**7452**	**8353**	**14834**	**12610**	**13812**	K
18545	7479	3371	7452	8353	14834	12610	13812	70
5199	636	956	2922	2573	5130	4293	5849	701
9896	6533	2263	3753	2941	8408	6818	6592	702
328	35	17	322	2126	769	761	602	703
890	103	56	178	149	169	297	132	704
2232	172	79	277	564	358	441	637	709
27158	**7045**	**16999**	**6651**	**10163**	**9310**	**7885**	**10330**	L
149	18	113	106	208	161	315	112	71
144	18	113	100	208	161	299	108	711
5			6			16	4	712
27009	7027	16886	6545	9955	9149	7570	10218	72
8370	4706	565	1617	3255	1007	1489	1983	721
1016	370	158	339	402	484	747	391	722
732	175	198	207	850	1879	1004	1201	723
654	156	166	326	281	949	1185	1155	724
19	3	6	2	1	22	132	119	725
2481	420	12293	269	537	592	277	1055	726
716	142	50	335	750	608	781	509	727
9651	757	2705	2074	2480	998	819	2068	728
3370	298	745	1376	1399	2610	1136	1737	729
21974	**4366**	**3406**	**4192**	**3038**	**4960**	**6735**	**6019**	M
2680	208	137	243	245	898	533	791	73
38				5		59	58	731
2425	130	86	185	148	801	381	99	732
78	47	50	24	48	67	22	526	733
50	23	1	34	35	16	57	70	734
89	8			9	14	14	38	735
17425	3776	2776	3682	2450	3202	5497	4486	74
27	3	105	62	34	45	8	43	741
38	82	23	11	6			4	742
65	44	33		5	3			743
1019	54		48	80	29	151	190	744
1010	472	491	532	388	706	332	767	745
93	10	29	126	6	84	18	223	746
370	85		835	56	108	29	148	747
13195	2832	1596	1564	1578	1401	4032	2703	748
1608	194	499	504	297	826	927	408	749
1869	382	493	267	343	860	705	742	75
1237	343	432	226	270	715	628	580	751
555	39	28	17	47	109	45	128	752
77		33	24	26	36	32	34	759
7445	**1319**	**4804**	**2425**	**1742**	**3995**	**1858**	**5272**	N
1097	323	368	421	765	389	189	654	76
235	32	209	17	1	104	56	36	761
322	114	60	57	30	186	40	444	762
327	39	15	322	691	13	29	99	763
62	59	3				6	3	764
151	79	81	25	43	86	58	72	769
400	134	567	155	56	204	44	448	77
340	49	515	124	44	140	18	67	771
60	85	52	31	12	64	26	381	772

1-12 续表 8

行业中类	代码	从业人员数(人)	1949年及以前	1950-1977年	1978-1991年
公共设施管理业	78	105920	2045	18405	24001
市政设施管理	781	48107	1129	10808	13802
环境卫生管理	782	22733	494	4951	1961
城乡市容管理	783	2900			2227
绿化管理	784	19896		1992	3542
公园和游览景区管理	785	12284	422	654	2469
居民服务、修理和其他服务业	**O**	**79990**	**149**	**2400**	**4697**
居民服务业	79	42731	149	2196	1541
家庭服务	791	5669			27
托儿所服务	792	281			34
洗染服务	793	724	12		15
理发及美容服务	794	4111		6	76
洗浴服务	795	12247	35	16	142
保健服务	796	1139			5
婚姻服务	797	1825		4	38
殡葬服务	798	7812	102	2157	673
其他居民服务业	799	8923		13	531
机动车、电子产品和日用产品修理业	80	26813		203	2505
汽车、摩托车修理与维护	801	21933		153	1362
计算机和办公设备维修	802	2808		15	971
家用电器修理	803	1221		9	89
其他日用产品修理业	809	851		26	83
其他服务业	81	10446		1	651
清洁服务	811	8414			596
其他未列明服务业	819	2032		1	55
教育	**P**	**558399**	**75589**	**182945**	**88191**
教育	82	558399	75589	182945	88191
学前教育	821	44107	574	3950	5824
初等教育	822	154839	35793	55934	23713
中等教育	823	211320	17402	92612	39276
高等教育	824	78381	20226	21469	10628
特殊教育	825	2704	35	850	1101
技能培训、教育辅助及其他教育	829	67048	1559	8130	7649
卫生和社会工作	**Q**	**327898**	**72962**	**115138**	**46073**
卫生	83	305126	72667	111880	42620
医院	831	226670	70549	84189	30359
社区医疗与卫生院	832	38702	655	17853	2800
门诊部(所)	833	11086	25	1329	1586
计划生育技术服务活动	834	2418	2	70	1603
妇幼保健院(所、站)	835	7182	1228	2342	2512
专科疾病防治院(所、站)	836	5173	68	3128	1313
疾病预防控制中心	837	9117	140	1594	1027
其他卫生活动	839	4778		1375	1420
社会工作	84	22772	295	3258	3453
提供住宿社会工作	841	19504	295	3087	3206
不提供住宿社会工作	842	3268		171	247
文化、体育和娱乐业	**R**	**91276**	**3905**	**6669**	**11726**
新闻和出版业	85	12831	1489	599	2689
新闻业	851	3046		207	41
出版业	852	9785	1489	392	2648

1992–1995年	1996年	1997年	1998年	1999年	2000年	2001年	2002年	代码
5948	862	3869	1849	921	3402	1625	4170	78
4146	332	2100	1163	253	1223	618	2162	781
436	25	831	84	381	611	323	44	782
92	57					99	58	783
976	144	333	287	205	1035	206	1227	784
298	304	605	315	82	533	379	679	785
2748	**1077**	**1543**	**1560**	**1462**	**1984**	**2675**	**2299**	O
1460	549	643	845	909	1365	1639	1161	79
32	5	30	25	43	29	322	14	791
11	9	7	4	19	30	13	8	792
11	64	5	8	13		30	2	793
75	5	23	120	89	263	112	221	794
174	218	221	239	437	598	572	569	795
100				6	17	14	26	796
46	37	61	45	28	84	70	25	797
830	141	131	325	193	186	245	105	798
181	70	165	79	81	158	261	191	799
1203	518	408	687	490	480	928	998	80
1083	442	379	573	436	384	738	913	801
47	44	14	12	33	8	32	65	802
62	24	15	93	15	34	134	10	803
11	8		9	6	54	24	10	809
85	10	492	28	63	139	108	140	81
37	2	489	28	32	97	101	57	811
48	8	3		31	42	7	83	819
18577	**7169**	**8162**	**4754**	**6141**	**9150**	**6317**	**12310**	P
18577	7169	8162	4754	6141	9150	6317	12310	82
1768	572	540	709	858	2291	957	1439	821
4781	973	1233	457	1194	1192	1470	3081	822
9263	2306	1610	2395	2433	3154	1870	2659	823
188	2595	2759	7	799	1160	828	2690	824
147	43	28	77	110	19	3	44	825
2430	680	1992	1109	747	1334	1189	2397	829
7095	**1219**	**1586**	**2215**	**1885**	**3603**	**3837**	**5620**	Q
6634	989	1469	1967	1609	3129	3327	4726	83
4583	487	972	852	1162	1072	710	1476	831
682	72	197	588	226	1022	1382	1335	832
618	209	134	200	156	401	467	345	833
113	64	58	40	5	17	9	38	834
182			61		35	74		835
76	110	2	6		111	29	5	836
102	7	69	214	7	466	602	1524	837
278	40	37	6	53	5	54	3	839
461	230	117	248	276	474	510	894	84
370	109	110	186	210	378	481	721	841
91	121	7	62	66	96	29	173	842
5891	**863**	**540**	**827**	**601**	**1412**	**1602**	**1662**	R
924	72	85	348	70	183	92	68	85
156	1	3		6	3	16	14	851
768	71	82	348	64	180	76	54	852

1-12 续表 9

行业中类	代码	从业人员数(人)	1949年及以前	1950-1977年	1978-1991年
广播、电视、电影和影视录音制作业	86	19948	5	1531	2754
广播	861	2164	2	1080	162
电视	862	12749		158	2132
电影和影视节目制作	863	1156		14	2
电影和影视节目发行	864	431		11	56
电影放映	865	3257	3	268	402
录音制作	866	191			
文化艺术业	87	23803	2363	4184	5606
文艺创作与表演	871	4720	151	1102	552
艺术表演场馆	872	1941	25	654	78
图书馆与档案馆	873	3967	808	870	1541
文物及非物质文化遗产保护	874	1096	26	31	448
博物馆	875	2813	461	212	807
烈士陵园、纪念馆	876	666	25	361	76
群众文化活动	877	6389	867	931	1772
其他文化艺术业	879	2211		23	332
体育	88	10169	48	355	421
体育组织	881	4709		286	222
体育场馆	882	1342	48	69	185
休闲健身活动	883	3681			14
其他体育	889	437			
娱乐业	89	24525			256
室内娱乐活动	891	19410			37
游乐园	892	3134			3
彩票活动	893	558			216
文化、娱乐、体育经纪代理	894	502			
其他娱乐业	899	921			
公共管理、社会保障和社会组织	**S**	**772641**	**70755**	**134430**	**201160**
中国共产党机关	90	28626	4573	5963	11486
中国共产党机关	900	28626	4573	5963	11486
国家机构	91	544299	60635	101916	141243
国家权力机构	911	4276		132	3659
国家行政机构	912	508110	53849	91518	126992
人民法院和人民检察院	913	28556	6718	9710	10016
其他国家机构	919	3357	68	556	576
人民政协、民主党派	92	3923	250	1425	1953
人民政协	921	3179	163	1177	1650
民主党派	922	744	87	248	303
社会保障	93	7529		16	1066
社会保障	930	7529		16	1066
群众团体、社会团体和其他成员组织	94	79211	1892	4481	9701
群众团体	941	12679	1070	3421	2259
社会团体	942	48816	240	472	5841
基金会	943	286			29
宗教组织	944	17430	582	588	1572
基层群众自治组织	95	109053	3405	20629	35711
社区自治组织	951	47527	221	1805	4800
村民自治组织	952	61526	3184	18824	30911

1992–1995年	1996年	1997年	1998年	1999年	2000年	2001年	2002年	代码
2834	183	86	151	156	44	353	314	86
100			24		25		7	861
2650	160	72	106	133	17	319	249	862
16	5	14	13		2	1	10	863
26			7	23		2	1	864
42	18		1			31	5	865
							42	866
659	373	228	118	215	483	570	232	87
84	28		1	51	19	35	90	871
16	132	110	18	1	280	130	5	872
135	71	16	38	2	33	103	29	873
26	4			131			3	874
76	19	15	8		7	130	15	875
29	7		9		3	2		876
240	93	26	31	9	139	161	67	877
53	19	61	13	21	2	9	23	879
947	140	80	149	54	290	202	227	88
321	49	46	30	5	103	118	147	881
28	91	26	2	23	97	31	5	882
597		8	112	26	89	15	75	883
1			5		1	38		889
527	95	61	61	106	412	385	821	89
59	16	46	61	105	312	320	414	891
382	39			1	30	10	387	892
79	40				37	46		893
5						2	13	894
2		15			33	7	7	899
63291	**10845**	**18248**	**7671**	**13395**	**20898**	**21097**	**28542**	S
1239	325	140	104	131	444	378	678	90
1239	325	140	104	131	444	378	678	900
55522	8609	16484	4726	6022	8199	9273	20279	91
16	32		33			1	12	911
54499	8343	16476	4574	6005	8199	9076	20103	912
594	20	6		5		175	105	913
413	214	2	119	12		21	59	919
51	24	3		1	32	4	31	92
	19				26	1	31	921
51	5	3		1	6	3		922
578	159	94	120	256	405	790	768	93
578	159	94	120	256	405	790	768	930
4555	1359	992	1337	1610	3233	2582	2505	94
303	107	95	294	94	390	137	250	941
2045	489	294	568	1210	1732	1826	1850	942
25		12	2		4	1		943
2182	763	591	473	306	1107	618	405	944
1346	369	535	1384	5375	8585	8070	4281	95
935	301	449	1016	5165	8364	7703	3721	951
411	68	86	368	210	221	367	560	952

1-12 续表 10

行业中类	代码	2003年	2004年	2005年	2006年	2007年
总　计	**00**	**581985**	**593426**	**588796**	**608028**	**534796**
农、林、牧、渔业	**A**	**2450**	**1377**	**1042**	**1235**	**5293**
农业	01	805				30
谷物种植	011	295				
豆类、油料和薯类种植	012					
棉、麻、糖、烟草种植	013					
蔬菜、食用菌及园艺作物种植	014	30				30
水果种植	015					
坚果、含油果、香料和饮料作物种植	016					
中药材种植	017					
其他农业	019	480				
林业	02					150
林木育种和育苗	021					150
造林和更新	022					
森林经营和管护	023					
木材和竹材采运	024					
林产品采集	025					
畜牧业	03					
牲畜饲养	031					
家禽饲养	032					
其他畜牧业	039					
渔业	04	18		39		
水产养殖	041	18		39		
水产捕捞	042					
农、林、牧、渔服务业	05	1627	1377	1003	1235	5113
农业服务业	051	299	801	485	855	2745
林业服务业	052	1022	80	53	25	78
畜牧服务业	053	108	149	330	299	2142
渔业服务业	054	198	347	135	56	148
采矿业	**B**	**24191**	**36024**	**28819**	**26061**	**23441**
煤炭开采和洗选业	06	5491	3843	896	1179	9161
烟煤和无烟煤开采洗选	061	5235	3543	896	1179	9161
褐煤开采洗选	062	256	300			
其他煤炭采选	069					
石油和天然气开采业	07					15
石油开采	071					
天然气开采	072					15
黑色金属矿采选业	08	12224	20848	12217	8928	7133
铁矿采选	081	11281	20791	11888	8594	6504
锰矿、铬矿采选	082	937	57	324	334	466
其他黑色金属矿采选	089	6		5		163
有色金属矿采选业	09	2304	5180	11666	9236	2693
常用有色金属矿采选	091	1661	3961	2595	6382	1578
贵金属矿采选	092	494	697	426	426	83
稀有稀土金属矿采选	093	149	522	8645	2428	1032
非金属矿采选业	10	4062	6094	3693	6158	4021
土砂石开采	101	1952	4486	3027	4781	2561
化学矿开采	102	147	520		502	97
采盐	103	903	339		13	162
石棉及其他非金属矿采选	109	1060	749	666	862	1201

2008年	2009年	2010年	2011年	2012年	2013年	无开业年份	代码
528109	**612397**	**704786**	**533007**	**443973**	**327538**	**77891**	00
13197	**19871**	**14665**	**11751**	**13498**	**22327**	**83**	A
5	6			76			01
				56			011
							012
							013
	6						014
5				20			015
							016
							017
							019
							02
							021
							022
							023
							024
							025
			6	12			03
				12			031
			6				032
							039
							04
							041
							042
13192	19865	14665	11745	13410	22327	83	05
8057	11216	10292	8122	9893	18314	60	051
102	182	302	300	253	358	12	052
4680	8195	3553	2931	2941	3267	10	053
353	272	518	392	323	388	1	054
12666	**13421**	**11869**	**12386**	**8063**	**5984**	**486**	B
263	923	1168	4244	678	768	43	06
243	878	1058	440	601	697	43	061
20	45	110		6			062
			3804	71	71		069
	1		103	48	22		07
	1		103	20			071
				28	22		072
6966	5977	4373	3065	1990	833	129	08
6856	5788	4143	2801	1863	650	121	081
110	125	230	264	121	120		082
	64			6	63	8	089
1844	1638	1154	2476	1052	514	175	09
1075	1065	823	1453	632	467	32	091
288	523	230	1022	420	42	140	092
481	50	101	1		5	3	093
3467	4153	4666	2382	4012	3643	139	10
2811	2693	3885	1641	3276	2841	110	101
169	36	108	27	13	377	21	102
	6	46	41	15			103
487	1418	627	673	708	425	8	109

1-12 续表 11

行业中类	代码					
		2003年	2004年	2005年	2006年	2007年
开采辅助活动	11	86	59	347	477	121
煤炭开采和洗选辅助活动	111			10		
石油和天然气开采辅助活动	112	86	37	314	452	121
其他开采辅助活动	119		22	23	25	
其他采矿业	12	24			83	297
其他采矿业	120	24			83	297
制造业	**C**	**261835**	**257335**	**266861**	**297787**	**250339**
农副食品加工业	13	33215	34613	31033	25401	29657
谷物磨制	131	2994	2810	3251	3687	3809
饲料加工	132	7729	3955	5783	5231	5014
植物油加工	133	522	2255	915	524	1033
制糖业	134		342	403	175	377
屠宰及肉类加工	135	4937	4652	7224	6542	8794
水产品加工	136	11057	16065	8752	5922	6328
蔬菜、水果和坚果加工	137	3275	2179	2649	2035	2361
其他农副食品加工	139	2701	2355	2056	1285	1941
食品制造业	14	6054	7175	7361	4015	5848
焙烤食品制造	141	407	1201	954	557	1138
糖果、巧克力及蜜饯制造	142	7	147	201	198	176
方便食品制造	143	297	1379	271	361	548
乳制品制造	144	1809	649	368	240	59
罐头食品制造	145	2135	774	2919	606	1223
调味品、发酵制品制造	146	731	604	490	785	1450
其他食品制造	149	668	2421	2158	1268	1254
酒、饮料和精制茶制造业	15	3888	4777	3616	3523	1204
酒的制造	151	2165	2982	931	2003	362
饮料制造	152	1723	1795	2674	1354	842
精制茶加工	153			11	166	
烟草制品业	16	662				10
烟叶复烤	161					10
卷烟制造	162	662				
其他烟草制品制造	169					
纺织业	17	9812	8041	3895	4172	2555
棉纺织及印染精加工	171	5891	4821	1815	819	819
毛纺织及染整精加工	172	1227	890	10	260	267
麻纺织及染整精加工	173					
丝绢纺织及印染精加工	174	616	304	350	735	299
化纤织造及印染精加工	175	248	5	236	188	7
针织或钩针编织物及其制品制造	176	803	445	354	534	480
家用纺织制成品制造	177	394	277	196	775	95
非家用纺织制成品制造	178	633	1299	934	861	588
纺织服装、服饰业	18	12673	11537	16765	14257	13932
机织服装制造	181	9827	10929	16019	13583	12665
针织或钩针编织服装制造	182	2543	390	566	277	803
服饰制造	183	303	218	180	397	464
皮革、毛皮、羽毛及其制品和制鞋业	19	422	1523	625	1141	594
皮革鞣制加工	191	8	27	5		
皮革制品制造	192	171	871	261	193	166
毛皮鞣制及制品加工	193	82	157	74	61	123
羽毛(绒)加工及制品制造	194	27	67	23		8
制鞋业	195	134	401	262	887	297
木材加工和木、竹、藤、棕、草制品业	20	6220	6937	7999	9487	7466
木材加工	201	1246	817	1158	2682	1508

2008年	2009年	2010年	2011年	2012年	2013年	无开业年份	代码
51	640	499	27	195	204		11
	487	378			158		111
44	137	77	3	155	46		112
7	16	44	24	40			119
75	89	9	89	88			12
75	89	9	89	88			120
208958	**199631**	**208918**	**150404**	**120532**	**63452**	**59713**	**C**
21524	14459	17972	12150	10863	5735	165	13
2727	1767	2563	2751	2167	1285	12	131
3354	3817	3707	2073	1488	697	22	132
648	877	992	452	88	273	2	133
		16	129	335	8	25	134
5066	3135	5954	2440	2395	1069	53	135
4746	1871	1602	1259	2153	980	19	136
4004	1611	1810	2155	1409	906	17	137
979	1381	1328	891	828	517	15	139
4435	3624	6479	3462	4335	1708	128	14
665	736	818	1514	1264	611	101	141
47	70	345	68	284	34		142
702	213	1186	433	624	326	3	143
90	1621	564		825	13	2	144
560	370	655	310	313	20	4	145
462	124	1236	428	296	141	2	146
1909	490	1675	709	729	563	16	149
1433	1367	1055	2725	1218	743	44	15
582	678	621	1871	804	486	17	151
851	689	434	854	414	252	27	152
					5		153
					6		16
							161
							162
					6		169
1949	2076	3325	1744	1759	1076	47	17
546	413	1249	382	648	158	2	171
8	144	539	149	178	62	1	172
171		8	5				173
152	190	235	92	87	106		174
19	159	101	347	5	9	4	175
599	540	427	203	342	226	2	176
226	51	289	359	319	374	20	177
228	579	477	207	180	141	18	178
13057	8477	14008	11164	7331	5095	50	18
11318	6612	12267	9858	5502	3239	47	181
318	318	411	431	355	219	3	182
1421	1547	1330	875	1474	1637		183
1472	1542	5326	2647	1329	829	15	19
10	226	272	43	184	20		191
849	659	1319	649	633	139	12	192
213	382	804	1374	187	90		193
5	2	445	11	64	31		194
395	273	2486	570	261	549	3	195
5418	6889	4370	4381	3345	1977	52	20
1220	1870	1438	1277	881	478	17	201

1-12 续表 12

行业中类	代码	2003年	2004年	2005年	2006年	2007年
人造板制造	202	1549	3558	2463	3367	2397
木制品制造	203	3398	2542	4361	3370	3370
竹、藤、棕、草等制品制造	204	27	20	17	68	191
家具制造业	21	1909	1849	5591	7772	1751
木质家具制造	211	1848	1797	4990	5599	1612
竹、藤家具制造	212					23
金属家具制造	213	24	13	9	721	8
塑料家具制造	214	6	3			16
其他家具制造	219	31	36	592	1452	92
造纸和纸制品业	22	3467	2409	5004	3941	2836
纸浆制造	221	5	17			1
造纸	222	833	448	2676	1121	1440
纸制品制造	223	2629	1944	2328	2820	1395
印刷和记录媒介复制业	23	1667	1364	1468	1732	776
印刷	231	1631	1342	1375	1683	708
装订及印刷相关服务	232	31	22	93	49	68
记录媒介复制	233	5				
文教、工美、体育和娱乐用品制造业	24	2277	1192	1267	3235	1398
文教办公用品制造	241	33	249	100	54	66
乐器制造	242	3	85	1	123	13
工艺美术品制造	243	2044	753	1137	2916	1282
体育用品制造	244	92	105	29	139	
玩具制造	245	105			3	26
游艺器材及娱乐用品制造	246					11
石油加工及炼焦	25	5128	2547	2332	3124	2565
化学原料和化学制品制造业	26	10271	17597	15471	11141	10905
基础化学原料制造	261	2876	2608	4677	4128	2994
肥料制造	262	1714	1692	3560	1254	2289
农药制造	263	62	483	120	646	33
涂料、油墨、颜料及类似产品制造	264	1291	1921	1085	2197	1246
合成材料制造	265	1227	827	1236	303	435
专用化学产品制造	266	2804	3815	4374	2215	2820
炸药、火工及焰火产品制造	267	11	5888	5	41	623
日用化学产品制造	268	286	363	414	357	465
医药制造业	27	4285	3082	2917	1632	1357
化学药品原料药制造	271	1058	594	1098	31	46
化学药品制剂制造	272	330	301	1011	492	510
中药饮片加工	273	646	449	260	453	169
中成药生产	274	1331	1090	39	5	295
兽用药品制造	275		340	203	321	197
生物药品制造	276	826	303	177	282	108
卫生材料及医药用品制造	277	94	5	129	48	32
化学纤维制造业	28	694	1771	116	282	72
纤维素纤维原料及纤维制造	281	148	17	26		13
合成纤维制造	282	546	1754	90	282	59
橡胶和塑料制品业	29	14584	6918	10467	25685	22483
橡胶制品业	291	6503	1716	1790	5338	3901
塑料制品业	292	8081	5202	8677	20347	18582
非金属矿物制品业	30	17054	20521	26461	30514	24528
水泥、石灰和石膏制造	301	2870	2070	2428	2979	1445
石膏、水泥制品及类似制品制造	302	2326	3184	3881	4820	4149

2008年	2009年	2010年	2011年	2012年	2013年	无开业年份	代码
1254	1788	673	696	430	422	18	202
2814	3035	2195	2314	1966	945	17	203
130	196	64	94	68	132		204
2872	1747	2871	1619	1939	1042	63	21
2299	1503	2445	1402	873	892	10	211
	4				30	3	212
495	46	27	82	861	35		213
5	30	187	39	7	14		214
73	164	212	96	198	71	50	219
1751	2564	2623	2779	1126	868	146	22
	415		366				221
96	461	704	968	157	327	140	222
1655	1688	1919	1445	969	541	6	223
1441	1422	3227	852	1232	565	2	23
1342	1065	3137	757	1067	504	2	231
67	328	90	95	165	61		232
32	29						233
1571	1027	1923	975	1087	598	50	24
62	84	96	25	33	18		241
35	58	30	7	8	5	35	242
1141	721	1636	705	989	497	15	243
313	164	34	192	7	44		244
20	123		46	41			245
		4		9	34		246
2176	5605	3083	1641	865	402	143	25
10705	10242	8815	5261	8291	4033	533	26
2818	1947	2314	1049	3011	877	31	261
1582	2186	1604	1206	1698	799	149	262
40	120		17	18	43		263
1153	1505	737	637	509	411	13	264
493	1842	808	646	593	1214	86	265
3183	2166	2211	1282	2338	467	223	266
1013	3	47	124		111	10	267
423	473	1094	300	124	111	21	268
4113	5099	1710	763	912	623	107	27
204	730	17	37	9	161	2	271
888	492	39	269	20	31	23	272
478	1154	635	88	60	29		273
574	42	119	5	24	76	67	274
18	5		59	5	48		275
1653	1915	707	253	438	159	5	276
298	761	193	52	356	119	10	277
3670	488	151	185	102	104	330	28
3245	181	128	5			1	281
425	307	23	180	102	104	329	282
8071	10780	11006	7073	5325	2846	193	29
1432	1754	1103	446	619	380	20	291
6639	9026	9903	6627	4706	2466	173	292
16097	21867	22722	19787	17537	8982	518	30
2637	2798	1758	495	1037	222	60	301
3733	5830	6420	6181	6501	2672	176	302

1-12 续表 13

行业中类	代码	2003年	2004年	2005年	2006年	2007年
砖瓦、石材等建筑材料制造	303	3895	5460	9701	10346	14041
玻璃制造	304	201	779	360	1148	8
玻璃制品制造	305	528	639	919	3401	238
玻璃纤维和玻璃纤维增强塑料制品制造	306	436	1504	1138	925	328
陶瓷制品制造	307	83	212	221	116	169
耐火材料制品制造	308	5611	4638	6617	5534	3407
石墨及其他非金属矿物制品制造	309	1104	2035	1196	1245	743
黑色金属冶炼和压延加工业	31	17137	15046	25471	21250	13795
炼铁	311	3367	515	693	339	1762
炼钢	312	717	163	425	270	554
黑色金属铸造	313	7174	10445	12878	10386	6832
钢压延加工	314	4742	3287	9965	6596	4046
铁合金冶炼	315	1137	636	1510	3659	601
有色金属冶炼和压延加工业	32	2284	4622	2030	11189	5321
常用有色金属冶炼	321	573	807	325	5300	2460
贵金属冶炼	322	314	102	164	488	357
稀有稀土金属冶炼	323	70	296	455	38	312
有色金属合金制造	324	220	363	398	1074	195
有色金属铸造	325	243	288	50	585	14
有色金属压延加工	326	864	2766	638	3704	1983
金属制品业	33	12529	20920	14279	19876	13910
结构性金属制品制造	331	4275	9205	5653	9249	6810
金属工具制造	332	915	440	961	913	294
集装箱及金属包装容器制造	333	1298	3676	2276	1552	799
金属丝绳及其制品制造	334	491	1025	1959	1096	308
建筑、安全用金属制品制造	335	1227	854	599	2008	421
金属表面处理及热处理加工	336	2504	2777	1041	1869	2993
搪瓷制品制造	337	17	2		49	133
金属制日用品制造	338	127	308	161	806	496
其他金属制品制造	339	1675	2633	1629	2334	1656
通用设备制造业	34	31421	34338	31144	34658	25522
锅炉及原动设备制造	341	1261	3605	949	1850	2298
金属加工机械制造	342	3148	3939	5270	6373	5143
物料搬运设备制造	343	1166	2564	823	2512	1839
泵、阀门、压缩机及类似机械制造	344	7540	7337	5193	6129	3463
轴承、齿轮和传动部件制造	345	6466	5786	8023	4606	4430
烘炉、风机、衡器、包装等设备制造	346	2854	2799	1492	2105	1084
文化、办公用机械制造	347	163	606	103	1128	59
通用零部件制造	348	8455	6485	7408	9419	6539
其他通用设备制造业	349	368	1217	1883	536	667
专用设备制造业	35	16207	18034	12994	17478	21647
采矿、冶金、建筑专用设备制造	351	5403	8823	5471	7794	13942
化工、木材、非金属加工专用设备制造	352	5850	4128	1898	4857	4115
食品、饮料、烟草及饲料生产专用设备制造	353	494	430	165	124	152
印刷、制药、日化及日用品生产专用设备制	354	1072	634	503	493	586
纺织、服装和皮革加工专用设备制造	355	46	208	742	292	102
电子和电工机械专用设备制造	356	452	405	520	335	581
农、林、牧、渔专用机械制造	357	522	541	239	953	571
医疗仪器设备及器械制造	358	155	1263	212	598	320
环保、社会公共服务及其他专用设备制造	359	2213	1602	3244	2032	1278

2008年	2009年	2010年	2011年	2012年	2013年	无开业年份	代码
4705	7813	7142	6421	6872	3216	137	303
183	261	752	1034	194	162	10	304
301	579	1298	507	228	841	42	305
436	264	255	549	271	98	1	306
111	713	581	246	349	165	25	307
3182	2823	3188	2783	1431	1288	66	308
809	786	1328	1571	654	318	1	309
22956	8538	6688	3127	3942	698	256	31
129	1047	342	839	55	73	2	311
313	625	129	17	1540	18	74	312
6540	4091	3051	1122	1165	343	45	313
14925	2131	2631	1075	1015	245	111	314
1049	644	535	74	167	19	24	315
3666	2530	2909	1359	2244	848	92	32
1212	257	677	418	1088	243		321
	36	23	50	10	10	4	322
394	377	502		27	8	2	323
811	368	27	198	375	180	5	324
83	116	223	86	179	79	18	325
1166	1376	1457	607	565	328	63	326
13728	11039	15699	7997	8158	4071	7451	33
6026	4855	8758	4634	4689	2117	161	331
1115	475	1805	531	567	222	17	332
1717	1261	776	613	372	165		333
249	1053	75	202	318	191	18	334
815	982	1590	535	734	452	30	335
2119	625	681	294	400	193		336
	77	10	2	82	13		337
441	536	1068	226	258	228	6	338
1246	1175	936	960	738	490	7219	339
26294	27781	26789	26810	15036	7848	1119	34
883	739	1115	745	589	1376	27	341
4911	5768	5828	6221	3186	1094	166	342
2894	741	1255	2060	546	219	67	343
3126	6933	4321	3944	2178	639	680	344
3154	2776	3389	1285	1974	539		345
428	1511	639	1158	706	554	35	346
190	26		67	48	14		347
9035	6443	6011	9806	4661	2809	113	348
1673	2844	4231	1524	1148	604	31	349
11627	8995	14829	9695	7655	4472	2192	35
5170	3156	4961	2858	2241	1520	149	351
3570	1414	2380	1998	1284	678	74	352
106	697	483	13	199	53		353
258	492	731	423	91	136	1	354
99	73	99	97	163	18	3	355
461	514	1715	975	773	538	4	356
544	690	1336	1622	838	445		357
355	169	531	297	496	469	1	358
1064	1790	2593	1412	1570	615	1960	359

1-12 续表 14

行业中类	代码	2003年	2004年	2005年	2006年	2007年
汽车制造业	36	21835	10443	15386	7748	8358
汽车整车制造	361	13790	46		524	52
改装汽车制造	362	1545	547	3348	64	613
低速载货汽车制造	363					
电车制造	364					
汽车车身、挂车制造	365	71	295	174	404	2
汽车零部件及配件制造	366	6429	9555	11864	6756	7691
铁路、船舶、航空航天和其他运输设备制造业	37	2189	2430	2131	6319	8458
铁路运输设备制造	371	1703	216	266	669	1062
城市轨道交通设备制造	372		1	24		
船舶及相关装置制造	373	481	1818	1716	4977	4778
航空、航天器及设备制造	374		337	118	554	2467
摩托车制造	375		17		77	
自行车制造	376	5		7	29	140
非公路休闲车及零配件制造	377		23			
潜水救捞及其他未列明运输设备制造	379		18		13	11
电气机械和器材制造业	38	17207	8770	10728	16546	10537
电机制造	381	1526	1134	905	747	1555
输配电及控制设备制造	382	9060	4269	5383	10204	4735
电线、电缆、光缆及电工器材制造	383	4937	2139	2404	4066	1556
电池制造	384	517	108	49	96	169
家用电力器具制造	385	197	223	427	236	785
非电力家用器具制造	386	262	124	1179	387	203
照明器具制造	387	541	382	317	516	986
其他电气机械及器材制造	389	167	391	64	294	548
计算机、通信和其他电子设备制造业	39	1875	3196	3975	7553	4900
计算机制造	391	288	332	338	997	468
通信设备制造	392	100	112	1391	449	825
广播电视设备制造	393	396	20	3	235	21
雷达及配套设备制造	394	18	24	1		
视听设备制造	395		1335	69	2140	520
电子器件制造	396	308	353	356	423	408
电子元件制造	397	444	666	1138	2922	2407
其他电子设备制造	399	321	354	679	387	251
仪器仪表制造业	40	2602	2304	2277	2004	1486
通用仪器仪表制造	401	1949	1953	1985	1326	989
专用仪器仪表制造	402	540	217	107	588	255
钟表与计时仪器制造	403		4		3	19
光学仪器及眼镜制造	404	39	17	11	2	94
其他仪器仪表制造业	409	74	113	174	85	129
其他制造业	41	1094	358	907	988	525
废弃资源综合利用业	42	268	484	943	119	743
金属废料和碎屑加工处理	421	137	136	17	33	436
非金属废料和碎屑加工处理	422	131	348	926	86	307
金属制品、机械和设备修理业	43	905	2537	2208	1005	5200
金属制品修理	431	4	85	87	3	9
通用设备修理	432	222	193	66	247	218
专用设备修理	433	57	1949	10	75	64
铁路、船舶、航空航天等运输设备修理	434	437	113	730	592	4745
电气设备修理	435	46	39	392	15	76
仪器仪表修理	436	9	29	1		54
其他机械和设备修理业	439	130	129	922	73	34

2008年	2009年	2010年	2011年	2012年	2013年	无开业年份	代码
3814	7539	9024	5075	2674	1631	2540	36
389	305		1580		436		361
6	2074	164	236	54	18	713	362
			6				363
	25			6	35		364
3	106	392	90	23	113	30	365
3416	5029	8468	3163	2591	1029	1797	366
4423	7960	4494	2399	1652	1431	40375	37
574	2153	1149	281	397	455		371
52			74				372
3077	4888	3040	2008	1141	711	9930	373
597	676	221	3	41	235	30445	374
	10			25			375
	232	29	4	6	20		376
		45	19				377
123	1	10	10	42	10		379
11386	13128	10145	5459	5176	2308	1662	38
1186	787	1272	1078	784	183	1118	381
5032	7306	4921	2119	2028	696	329	382
2704	2471	1224	1067	859	155	68	383
282	522	401	113	35	206	44	384
69	292	292	172	166	544		385
131	430	1018	81	43	77	1	386
1388	684	753	436	975	280	78	387
594	636	264	393	286	167	24	389
1476	2699	2559	3607	1266	717	209	39
185	198	28	91	56	74		391
79	192	425	584	107	126	19	392
	28	17	391	89		3	393
							394
82		6	621	5	4	71	395
679	1509	1303	1423	139	283	18	396
103	671	363	154	202	130	11	397
348	101	417	343	668	100	87	399
1704	1927	1780	1377	1362	460	82	40
1296	1230	1398	547	504	363	57	401
303	336	190	275	110	69	8	402
40	12	1	28	587			403
2	173	130			16		404
63	176	61	527	161	12	17	409
492	538	596	426	357	596	1131	41
896	1423	686	973	836	332	17	42
766	906	428	456	300	186		421
130	517	258	517	536	146	17	422
4741	6259	2054	2892	1578	808	1	43
2	291	48	35	35	123		431
263	98	86	120	55	53		432
302	285	38	110	89	79		433
4025	5423	1576	1882	1191	502	1	434
72	33	83	30	19	12		435
8	4	35	35	10			436
69	125	188	680	179	39		439

1-12 续表 15

行业中类	代码	2003年	2004年	2005年	2006年	2007年
电力、热力、燃气及水生产和供应业	D	**11111**	**4585**	**8851**	**9212**	**7203**
电力、热力生产和供应业	44	9364	4169	6207	7176	6314
电力生产	441	4291	2737	1481	4464	3448
电力供应	442	533	8	250	5	26
热力生产和供应	443	4540	1424	4476	2707	2840
燃气生产和供应业	45	134	192	1992	1451	147
燃气生产和供应业	450	134	192	1992	1451	147
水的生产和供应业	46	1613	224	652	585	742
自来水生产和供应	461	1510	151	123	139	614
污水处理及其再生利用	462	102	73	529	446	128
其他水的处理、利用与分配	469	1				
建筑业	E	**100823**	**115414**	**99753**	**71876**	**63201**
房屋建筑业	47	48735	71390	46512	31146	29020
房屋建筑业	470	48735	71390	46512	31146	29020
土木工程建筑业	48	21393	14119	18516	15423	13911
铁路、道路、隧道和桥梁工程建筑	481	11600	6868	8144	7628	3611
水利和内河港口工程建筑	482	717	539	2462	775	710
海洋工程建筑	483					
工矿工程建筑	484	4763	350	2240	2709	5879
架线和管道工程建筑	485	1878	3827	2147	2558	2309
其他土木工程建筑	489	2435	2535	3523	1753	1402
建筑安装业	49	18531	13021	15562	14935	11652
电气安装	491	3924	5985	10526	4935	5229
管道和设备安装	492	6944	3132	1583	5309	1645
其他建筑安装业	499	7663	3904	3453	4691	4778
建筑装饰和其他建筑业	50	12164	16884	19163	10372	8618
建筑装饰业	501	7585	9271	11279	7789	5576
工程准备活动	502	2255	3512	3934	1180	1712
提供施工设备服务	503	979	462	643	787	210
其他未列明建筑业	509	1345	3639	3307	616	1120
批发和零售业	F	**42773**	**50782**	**42848**	**48574**	**51738**
批发业	51	23572	22981	24598	31206	32948
农、林、牧产品批发	511	1077	1327	1399	1965	2322
食品、饮料及烟草制品批发	512	2133	2078	3119	3856	4399
纺织、服装及家庭用品批发	513	3099	2057	1747	3383	2542
文化、体育用品及器材批发	514	646	635	427	619	562
医药及医疗器材批发	515	1863	651	623	1333	1202
矿产品、建材及化工产品批发	516	7138	8077	8159	9922	10274
机械设备、五金产品及电子产品批发	517	6582	6130	6337	7606	7878
贸易经纪与代理	518	283	642	806	568	2259
其他批发业	519	751	1384	1981	1954	1510
零售业	52	19201	27801	18250	17368	18790
综合零售	521	4141	10716	6510	3728	4923
食品、饮料及烟草制品专门零售	522	656	679	1139	655	1217
纺织、服装及日用品专门零售	523	2212	960	1253	1773	2211
文化、体育用品及器材专门零售	524	620	665	670	1109	595
医药及医疗器材专门零售	525	1738	2809	1536	1889	2152
汽车、摩托车、燃料及零配件专门零售	526	4419	4378	3669	3431	3205
家用电器及电子产品专门零售	527	2277	5781	1707	2315	1896
五金、家具及室内装饰材料专门零售	528	2658	1271	1113	1774	1769
货摊、无店铺及其他零售业	529	480	542	653	694	822

2008年	2009年	2010年	2011年	2012年	2013年	无开业年份	代码
9044	**5574**	**5799**	**2697**	**5222**	**1615**	**1678**	D
4435	3627	2804	1823	3795	1090	294	44
3268	1609	944	657	685	263	256	441
2	15	23		1982	1		442
1165	2003	1837	1166	1128	826	38	443
1949	1086	2218	355	861	364	1317	45
1949	1086	2218	355	861	364	1317	450
2660	861	777	519	566	161	67	46
2442	160	318	182	188	41	3	461
147	328	260	176	329	105	31	462
71	373	199	161	49	15	33	469
78378	**138917**	**172167**	**67308**	**41774**	**18594**	**178**	E
46365	92631	120719	32528	16964	4245	77	47
46365	92631	120719	32528	16964	4245	77	470
14264	20052	20660	13505	8605	3376	26	48
4829	11212	10219	4678	5460	1209	4	481
1126	5062	3076	2568	930	551	15	482
45		10			12		483
1108	1621	1410	1783	186	103		484
5955	336	3824	615	534	303	2	485
1201	1821	2121	3861	1495	1198	5	489
8540	15148	12843	7522	7339	3497	27	49
3051	8838	5019	2770	1655	1550	6	491
1248	2402	2078	2150	1309	600	9	492
4241	3908	5746	2602	4375	1347	12	499
9209	11086	17945	13753	8866	7476	48	50
6109	8519	11327	10609	5694	5739	19	501
1630	1561	3239	1223	1941	794	15	502
306	70	446	256	76	321	2	503
1164	936	2933	1665	1155	622	12	509
61473	**77998**	**99810**	**101451**	**96206**	**95829**	**1253**	F
35807	46286	63998	70836	61524	69294	848	51
2150	3552	5528	4607	5410	4413	56	511
6580	7767	9222	8664	9247	7802	261	512
3150	4375	5066	6696	4283	23617	39	513
753	1010	1126	963	1162	931	69	514
1017	1232	1831	2014	1871	1480	2	515
10859	13330	20913	22699	19254	13997	191	516
8487	10040	12154	15443	11700	10746	102	517
1240	1895	2674	3700	3708	2519	33	518
1571	3085	5484	6050	4889	3789	95	519
25666	31712	35812	30615	34682	26535	405	52
9549	13016	7829	4777	7242	7441	118	521
1279	1713	1931	2468	2726	2330	17	522
2699	2479	3601	3168	4204	2302	14	523
591	622	1106	1180	1690	1110	43	524
1322	3104	5068	4305	3391	2500	3	525
4259	4473	7091	5328	4777	2855	97	526
3269	2467	3366	3560	3545	2565	11	527
1656	2638	3509	3373	4105	3644	44	528
1042	1200	2311	2456	3002	1788	58	529

1-12 续表 16

行业中类	代码	2003年	2004年	2005年	2006年	2007年
交通运输、仓储和邮政业	G	**38606**	**18181**	**22011**	**29878**	**19108**
道路运输业	54	7428	12695	10057	21286	12889
城市公共交通运输	541	2435	6999	3420	14566	2685
公路旅客运输	542	1522	739	927	1946	2106
道路货物运输	543	3213	4805	4950	4531	7709
道路运输辅助活动	544	258	152	760	243	389
水上运输业	55	10951	771	4814	1555	2512
水上旅客运输	551	257	8		43	182
水上货物运输	552	115	88	109	345	209
水上运输辅助活动	553	10579	675	4705	1167	2121
航空运输业	56	4870	128	144	19	16
航空客货运输	561	5	18	144	14	13
通用航空服务	562		6			
航空运输辅助活动	563	4865	104		5	3
管道运输业	57	2				
管道运输业	570	2				
装卸搬运和运输代理业	58	14310	2885	3900	2516	2388
装卸搬运	581	12243	474	1106	420	1061
运输代理业	582	2067	2411	2794	2096	1327
仓储业	59	943	1316	1157	998	1099
谷物、棉花等农产品仓储	591	143	501	445	448	246
其他仓储业	599	800	815	712	550	853
邮政业	60	86	381	1932	190	116
邮政基本服务	601		12	1570		
快递服务	602	86	369	362	190	116
住宿和餐饮业	H	**6520**	**6138**	**6665**	**6727**	**8731**
住宿业	61	4093	2952	2815	2478	4041
旅游饭店	611	3021	2490	1953	1453	3160
一般旅馆	612	1045	406	605	872	832
其他住宿业	619	27	56	257	153	49
餐饮业	62	2427	3186	3850	4249	4690
正餐服务	621	2303	2651	3163	3514	4172
快餐服务	622	47	45	301	174	285
饮料及冷饮服务	623	36	72	180	319	129
其他餐饮业	629	41	418	206	242	104
信息传输、软件和信息技术服务业	I	**10672**	**15471**	**6528**	**14279**	**5606**
电信、广播电视和卫星传输服务	63	579	3606	248	1207	371
电信	631	488	3097	131	179	139
广播电视传输服务	632	91	509	117	1020	231
卫星传输服务	633				8	1
互联网和相关服务	64	185	402	321	410	347
互联网接入及相关服务	641	25	67	47	60	30
互联网信息服务	642	160	299	257	341	317
其他互联网服务	649		36	17	9	
软件和信息技术服务业	65	9908	11463	5959	12662	4888
软件开发	651	3860	9949	4520	11705	3735
信息系统集成服务	652	415	975	793	417	318
信息技术咨询服务	653	4757	204	198	407	327
数据处理和存储服务	654	761	93	121	41	341
集成电路设计	655		44	44	33	18
其他信息技术服务业	659	115	198	283	59	149

2008年	2009年	2010年	2011年	2012年	2013年	无开业年份	代码
23560	**13845**	**18715**	**14466**	**10734**	**7450**	**441**	G
7505	7327	10780	7407	6584	4702	136	54
306	609	1522	1067	717	523	24	541
714	469	373	683	406	148	14	542
5903	5868	8222	5170	4871	3711	95	543
582	381	663	487	590	320	3	544
868	298	152	283	175	117	48	55
115	57	11	5	54	3		551
215	156	113	152	42	77		552
538	85	28	126	79	37	48	553
	9	35	462	106	56	102	56
	9	11	423	9	6		561
		11	7	73	17		562
		13	32	24	33	102	563
	5	11	40			5	57
	5	11	40			5	570
10988	2074	4970	2519	2346	1600	53	58
9248	480	1885	259	483	427		581
1740	1594	3085	2260	1863	1173	53	582
1310	1289	1041	1367	1119	476	71	59
730	431	395	214	488	79	22	591
580	858	646	1153	631	397	49	599
2788	2685	1689	811	326	442	1	60
8	5		170	15	9		601
2780	2680	1689	641	311	433	1	602
8712	**10645**	**11443**	**9788**	**11652**	**8557**	**136**	H
4253	4198	4182	4203	3866	4145	125	61
3172	2609	1973	2047	1474	1858	56	611
978	1487	1992	1879	2185	2051	19	612
103	102	217	277	207	236	50	619
4459	6447	7261	5585	7786	4412	11	62
3910	6006	6298	4768	6157	3499	10	621
130	179	493	342	726	238		622
41	76	165	114	329	180		623
378	186	305	361	574	495	1	629
9728	**9946**	**19354**	**10503**	**8694**	**7263**	**163**	I
4360	2423	4793	1713	619	362		63
4000	2089	359	371	438	309		631
357	334	4421	1333	181	50		632
3		13	9		3		633
724	1482	7411	417	688	333	18	64
12	574	252	42	186	83		641
682	808	7082	292	338	171	18	642
30	100	77	83	164	79		649
4644	6041	7150	8373	7387	6568	145	65
3446	2747	5042	5856	4747	3900	123	651
359	924	507	732	609	601	12	652
444	681	817	1197	1258	1140	10	653
29	1322	28	95	196	85		654
12	25	45	17	37	16		655
354	342	711	476	540	826		659

1-12 续表 17

行业中类	代码	2003年	2004年	2005年	2006年	2007年
房地产业	K	**13110**	**18832**	**15588**	**16679**	**20936**
房地产业	70	13110	18832	15588	16679	20936
房地产开发经营	701	3017	5371	4627	9076	9547
物业管理	702	8391	12232	7830	6490	9159
房地产中介服务	703	1099	773	1789	819	1650
自有房地产经营活动	704	291	106	187	92	357
其他房地产业	709	312	350	1155	202	223
租赁和商务服务业	L	**12513**	**10417**	**16292**	**28111**	**15836**
租赁业	71	148	410	328	353	548
机械设备租赁	711	148	398	326	349	538
文化及日用品出租	712		12	2	4	10
商务服务业	72	12365	10007	15964	27758	15288
企业管理服务	721	1326	1497	3184	2771	2757
法律服务	722	525	498	454	518	430
咨询与调查	723	1573	1713	2327	2487	2904
广告业	724	1205	960	1710	2110	1926
知识产权服务	725	90	58	38	37	40
人力资源服务	726	2711	2349	3464	15748	2855
旅行社及相关服务	727	482	933	699	695	835
安全保护服务	728	3331	433	442	836	888
其他商务服务业	729	1122	1566	3646	2556	2653
科学研究和技术服务业	M	**7163**	**6579**	**6527**	**8029**	**12285**
研究和试验发展	73	395	592	578	446	750
自然科学研究和试验发展	731		22	6	56	26
工程和技术研究和试验发展	732	234	237	445	228	485
农业科学研究和试验发展	733	110	238	45	86	85
医学研究和试验发展	734	31	66	51	63	113
社会人文科学研究	735	20	29	31	13	41
专业技术服务业	74	5785	4920	4564	6180	4959
气象服务	741	68	27	16	98	70
地震服务	742	12		8		
海洋服务	743	22			35	35
测绘服务	744	414	349	258	284	134
质检技术服务	745	910	832	640	1704	1010
环境与生态监测	746	60	90	19	58	85
地质勘查	747	81	501	73	77	37
工程技术	748	3459	2585	2509	2814	2678
其他专业技术服务业	749	759	536	1041	1110	910
科技推广和应用服务业	75	983	1067	1385	1403	6576
技术推广服务	751	872	866	1072	1172	6248
科技中介服务	752	75	101	226	201	244
其他科技推广和应用服务业	759	36	100	87	30	84
水利、环境和公共设施管理业	N	**4022**	**1467**	**4344**	**2627**	**2430**
水利管理业	76	686	158	286	267	200
防洪除涝设施管理	761		3	13	16	
水资源管理	762	112	101	126	126	80
天然水收集与分配	763	559	3	2	49	63
水文服务	764		5	49	23	3
其他水利管理业	769	15	46	96	53	54
生态保护和环境治理业	77	130	276	160	268	229
生态保护	771	40	65	88	71	27
环境治理业	772	90	211	72	197	202

2008年	2009年	2010年	2011年	2012年	2013年	无开业年份	代码
19308	**23085**	**29256**	**30171**	**15918**	**10244**	**326**	K
19308	23085	29256	30171	15918	10244	326	70
7266	10849	17136	16321	7211	3746	209	701
9044	9837	9051	10601	6481	4378	63	702
1728	1647	2463	2223	1460	1489	21	703
1079	202	199	334	206	95	23	704
191	550	407	692	560	536	10	709
24605	**18618**	**29545**	**32050**	**33257**	**25247**	**295**	L
832	776	1598	2093	1642	2307	25	71
827	746	1565	2031	1618	2251	25	711
5	30	33	62	24	56		712
23773	17842	27947	29957	31615	22940	270	72
3170	3342	3311	5187	5412	4364	59	721
400	375	605	496	757	274		722
3225	3920	4603	5993	8910	6378	79	723
1694	2578	3804	5218	4993	4160	12	724
43	26	42	69	132	141		725
11275	3055	8020	6865	4020	3050	13	726
475	567	892	769	883	575	55	727
509	260	1994	758	500	659		728
2982	3719	4676	4602	6008	3339	52	729
12195	**17172**	**15695**	**17896**	**17378**	**13868**	**6137**	M
906	1568	1679	2238	2084	1150	4989	73
31	70	230	321	178	180		731
329	895	865	1203	1129	587	4968	732
422	331	375	281	444	143	6	733
88	228	138	286	202	228	15	734
36	44	71	147	131	12		735
3929	6374	6226	7157	5942	3726	970	74
12	39	18	63	140	89	1	741
3	10		12	1	33		742
152	31	7	37	22	8		743
242	208	194	184	262	121		744
778	1078	555	910	796	448	43	745
112	54	219	217	125	77	7	746
102	269	167	335	227	45	5	747
1517	3338	2898	3380	2181	1569	61	748
1011	1347	2168	2019	2188	1336	853	749
7360	9230	7790	8501	9352	8992	178	75
7096	8955	7084	7805	8661	8468	145	751
162	134	359	305	284	248	33	752
102	141	347	391	407	276		759
2546	**3940**	**4986**	**11576**	**5763**	**2433**	**153**	N
197	218	622	384	627	353		76
6	6	37	23	116	19		761
109	34	151	101	192	116		762
15	60	122	58	38	3		763
21	23	80	4	94	72		764
46	95	232	198	187	143		769
87	385	251	409	959	312		77
9		35	155	847	55		771
78	385	216	254	112	257		772

1-12 续表 18

行业中类	代码	2003年	2004年	2005年	2006年	2007年
公共设施管理业	78	3206	1033	3898	2092	2001
市政设施管理	781	1632	326	1136	248	301
环境卫生管理	782	364	88	474	629	494
城乡市容管理	783	5	34	7	7	10
绿化管理	784	805	424	922	829	740
公园和游览景区管理	785	400	161	1359	379	456
居民服务、修理和其他服务业	**O**	**3468**	**5092**	**5216**	**4154**	**4208**
居民服务业	79	1747	2116	3520	2504	1606
家庭服务	791	43	120	2265	90	75
托儿所服务	792	8	10	13	23	8
洗染服务	793	41	83	1	46	11
理发及美容服务	794	175	283	158	194	223
洗浴服务	795	672	764	487	1201	453
保健服务	796	7	40	18	67	95
婚姻服务	797	22	28	35	83	67
殡葬服务	798	277	308	287	404	99
其他居民服务业	799	502	480	256	396	575
机动车、电子产品和日用产品修理业	80	1251	1285	1434	1278	1350
汽车、摩托车修理与维护	801	1053	1139	1310	1025	1123
计算机和办公设备维修	802	128	60	73	152	179
家用电器修理	803	49	76	42	88	46
其他日用产品修理业	809	21	10	9	13	2
其他服务业	81	470	1691	262	372	1252
清洁服务	811	366	1612	142	240	1140
其他未列明服务业	819	104	79	120	132	112
教育	**P**	**14088**	**11763**	**20456**	**11879**	**11146**
教育	82	14088	11763	20456	11879	11146
学前教育	821	1662	1855	1893	1694	1385
初等教育	822	3145	3444	3918	2562	2773
中等教育	823	3481	3949	6492	4001	2633
高等教育	824	3774	607	234	258	489
特殊教育	825	76	2			
技能培训、教育辅助及其他教育	829	1950	1906	7919	3364	3866
卫生和社会工作	**Q**	**4294**	**7825**	**5936**	**4765**	**5418**
卫生	83	3407	7013	5042	3829	4121
医院	831	1160	4872	3120	1664	1232
社区医疗与卫生院	832	683	838	736	813	1534
门诊部(所)	833	287	613	662	532	494
计划生育技术服务活动	834	34	120	67	7	85
妇幼保健院(所、站)	835	4	46	46	14	94
专科疾病防治院(所、站)	836	17		9	16	16
疾病预防控制中心	837	1208	469	324	461	187
其他卫生活动	839	14	55	78	322	479
社会工作	84	887	812	894	936	1297
提供住宿社会工作	841	777	668	796	798	1145
不提供住宿社会工作	842	110	144	98	138	152
文化、体育和娱乐业	**R**	**3112**	**1953**	**3953**	**3608**	**2927**
新闻和出版业	85	166	71	1079	1024	155
新闻业	851	43	21	19	46	26
出版业	852	123	50	1060	978	129

2008年	2009年	2010年	2011年	2012年	2013年	无开业年份	代码
2262	3337	4113	10783	4177	1768	153	78
761	1376	856	1631	1557	537	10	781
568	680	313	7547	1089	278	68	782
5	40	80	103	30	46		783
333	813	2166	1111	1238	544	24	784
595	428	698	391	263	363	51	785
2961	**5199**	**6772**	**6327**	**8451**	**5505**	**43**	O
1468	2460	2654	2966	5617	3603	13	79
233	250	254	503	992	317		791
7	7	40	9	15	6		792
53	34	58	175	31	31		793
239	461	485	308	274	321		794
436	883	761	984	1263	1114	8	795
53	90	178	160	140	123		796
80	100	230	189	304	249		797
129	255	225	204	318	213	5	798
238	380	423	434	2280	1229		799
1130	1549	3348	2632	1734	1373	29	80
1003	1268	2997	2147	1334	1052	19	801
48	157	176	203	169	212	10	802
53	71	88	92	80	51		803
26	53	87	190	151	58		809
363	1190	770	729	1100	529	1	81
208	1097	501	412	860	396	1	811
155	93	269	317	240	133		819
10346	**11854**	**14880**	**12574**	**9794**	**10305**	**9**	P
10346	11854	14880	12574	9794	10305	9	82
2161	2218	2892	2721	3330	2809	5	821
1631	2710	1564	1644	1041	586		822
2523	2045	4428	2378	1597	2813		823
970	2300	1918	2729	360	1393		824
117	17		11	18	6		825
2944	2564	4078	3091	3448	2698	4	829
5902	**7376**	**5428**	**7282**	**8362**	**4006**	**71**	Q
5021	6123	3865	5619	6874	3125	70	83
3157	3988	1318	2601	5075	2009	63	831
1053	1404	1438	1642	1044	705		832
535	522	579	555	521	309	7	833
10		17	19	35	5		834
	11	218	225	47	43		835
89	39	26	52	58	3		836
111	102	137	322	34	10		837
66	57	132	203	60	41		839
881	1253	1563	1663	1488	881	1	84
790	1151	1318	1148	1085	674	1	841
91	102	245	515	403	207		842
3364	**10244**	**7712**	**9054**	**5316**	**4325**	**10**	R
74	172	108	3099	94	170		85
5	5	10	2373	45	6		851
69	167	98	726	49	164		852

1-12 续表 19

行业中类	代码					
		2003年	2004年	2005年	2006年	2007年
广播、电视、电影和影视录音制作业	86	577	869	382	126	326
广播	861	319	3	15	13	
电视	862	37	715	21	36	160
电影和影视节目制作	863	6	16	65	38	136
电影和影视节目发行	864	2	1	99		11
电影放映	865	213	134	176	31	19
录音制作	866			6	8	
文化艺术业	87	550	273	552	399	938
文艺创作与表演	871	363	36	58	60	196
艺术表演场馆	872				127	10
图书馆与档案馆	873	6	8	41	31	60
文物及非物质文化遗产保护	874	43	33	1	4	171
博物馆	875	12	18	17	9	254
烈士陵园、纪念馆	876	7	1	16	4	56
群众文化活动	877	66	145	376	127	140
其他文化艺术业	879	53	32	43	37	51
体育	88	448	192	661	729	294
体育组织	881	104	77	402	238	167
体育场馆	882	182	69	36	40	10
休闲健身活动	883	159	45	223	373	106
其他体育	889	3	1		78	11
娱乐业	89	1371	548	1279	1330	1214
室内娱乐活动	891	616	410	749	1192	1068
游乐园	892	729	13	478	46	29
彩票活动	893		9	29	4	
文化、娱乐、体育经纪代理	894		32	7	85	68
其他娱乐业	899	26	84	16	3	49
公共管理、社会保障和社会组织	**S**	**15321**	**20747**	**19653**	**16012**	**13801**
中国共产党机关	90	250	148	433	160	291
中国共产党机关	900	250	148	433	160	291
国家机构	91	7952	11128	12451	9966	7979
国家权力机构	911	143	7	16		11
国家行政机构	912	7777	11082	12307	9892	7725
人民法院和人民检察院	913	32		119	21	215
其他国家机构	919		39	9	53	28
人民政协、民主党派	92	6		5	5	3
人民政协	921	1		2		3
民主党派	922	5		3	5	
社会保障	93	522	372	406	528	289
社会保障	930	522	372	406	528	289
群众团体、社会团体和其他成员组织	94	2155	4858	4144	4114	4003
群众团体	941	110	58	189	359	313
社会团体	942	1126	2837	2984	3342	2907
基金会	943	6	2	9	18	
宗教组织	944	913	1961	962	395	783
基层群众自治组织	95	4436	4241	2214	1239	1236
社区自治组织	951	1987	1766	2122	1116	1131
村民自治组织	952	2449	2475	92	123	105

2008年	2009年	2010年	2011年	2012年	2013年	无开业年份	代码
282	4173	2233	1245	818	506		86
10	1	169	9	200	25		861
84	3625	1674	255	145	1		862
30	59	99	557	22	51		863
28	137	1	6	13	7		864
124	302	246	417	427	398		865
6	49	44	1	11	24		866
783	1243	709	1048	1368	908	1	87
221	698	182	260	264	269		871
17	67	10	125	72	64		872
54	25	25	25	32	14		873
117	5	6	5	5	37		874
98	45	139	101	323	46	1	875
39	18		13				876
171	155	87	305	330	151		877
66	230	260	214	342	327		879
536	594	717	941	1000	1140	4	88
188	183	219	555	376	873		881
67	35	68	41	114	73	2	882
281	304	427	299	347	179	2	883
	72	3	46	163	15		889
1689	4062	3945	2721	2036	1601	5	89
1575	3516	3758	1994	1872	1286	4	891
85	511	56	175	47	113		892
		68			30		893
20	24	41	59	46	100		894
9	11	22	493	71	72	1	899
12228	**15976**	**20320**	**17046**	**14605**	**9972**	**6628**	S
129	176	711	114	199	80	474	90
129	176	711	114	199	80	474	900
5943	12167	14226	10141	6820	6599	6019	91
	29	37		22		126	911
5842	11897	13996	9900	6531	6011	5516	912
8	3	18	5	234	210	342	913
93	238	175	236	33	378	35	919
	2	8	19	20	4	77	92
	2	4	19	20		61	921
		4			4	16	922
231	59	421	186	149	99	15	93
231	59	421	186	149	99	15	930
4283	2667	4042	5467	6647	2541	43	94
981	294	856	486	298	273	42	941
2216	2059	2900	4369	5650	1858	1	942
10	16	19	41	85	7		943
1076	298	267	571	614	403		944
1642	905	912	1119	770	649		95
1510	831	568	946	615	455		951
132	74	344	173	155	194		952

1-13 按行业(大类)、登记注册类型

行业	代码	法人单位数(个)					
			内资企业				
				国有企业	集体企业	股份合作企业	联营企业
总计	00	**418475**	**410607**	**47087**	**13150**	**2302**	**704**
农、林、牧、渔业	A	**9607**	**9601**	**358**	**33**	**9**	**2**
农业	01	25	25	13	1		
林业	02	12	12	11			
畜牧业	03	3	3	1			
渔业	04	8	8				
农、林、牧、渔服务业	05	9559	9553	333	32	9	2
采矿业	B	**5444**	**5379**	**47**	**371**	**12**	**21**
煤炭开采和洗选业	06	616	616	15	110	4	5
石油和天然气开采业	07	12	11				
黑色金属矿采选业	08	1707	1699	4	68	1	3
有色金属矿采选业	09	762	733	4	41	1	2
非金属矿采选业	10	2194	2169	17	146	5	11
开采辅助活动	11	124	122	5	6	1	
其他采矿业	12	29	29	2			
制造业	C	**82989**	**78767**	**1023**	**4535**	**940**	**158**
农副食品加工业	13	5560	5217	64	77	18	7
食品制造业	14	1993	1843	23	46	16	1
酒、饮料和精制茶制造业	15	1129	1056	13	32	4	1
烟草制品业	16	8	8	2	2		
纺织业	17	1688	1601	37	80	16	5
纺织服装、服饰业	18	3844	3444	27	118	25	2
皮革、毛皮、羽毛及其制品和制鞋业	19	760	700	12	33	10	2
木材加工和木、竹、藤、棕、草制品业	20	2198	2059	14	77	11	3
家具制造业	21	1155	1056	3	24	5	3
造纸和纸制品业	22	1419	1355	19	97	20	
印刷和记录媒介复制业	23	1923	1906	91	249	64	5
文教、工美、体育和娱乐用品制造业	24	1121	987	9	60	10	3
石油加工及炼焦	25	939	898	17	40	9	
化学原料和化学制品制造业	26	4675	4423	61	273	67	11
医药制造业	27	736	676	18	15	3	1
化学纤维制造业	28	126	119		8	2	
橡胶和塑料制品业	29	4713	4498	21	228	51	6
非金属矿物制品业	30	8857	8599	74	516	44	17
黑色金属冶炼和压延加工业	31	2851	2744	24	230	26	2
有色金属冶炼和压延加工业	32	1045	992	18	72	12	3
金属制品业	33	6478	6240	52	471	79	18

分组的法人单位数

国有联营企业	集体联营企业	国有与集体联营企业	其他联营企业	有限责任公司	国有独资公司	其他有限责任公司	股份有限公司	私营企业	代码
63	**228**	**55**	**358**	**65924**	**846**	**65078**	**6810**	**214082**	00
	1		**1**	**130**	**3**	**127**	**9**	**670**	A
				3	1	2		5	01
								1	02
				2		2			03
							2	6	04
	1		1	125	2	123	7	658	05
	5	**2**	**14**	**517**	**13**	**504**	**47**	**4207**	B
	1		4	32	4	28	4	436	06
				3		3	1	5	07
			3	120	5	115	12	1448	08
	2			118		118	19	525	09
	2	2	7	188	3	185	9	1725	10
				45		45	2	53	11
				11	1	10		15	12
6	**52**	**11**	**89**	**10751**	**105**	**10646**	**1379**	**57406**	C
1	1	1	4	616	5	611	88	4072	13
	1			238		238	31	1393	14
			1	148	1	147	26	789	15
				2		2	1		16
	2	1	2	190	2	188	20	1176	17
	1		1	347	8	339	30	2749	18
			2	55		55	5	562	19
	2		1	185		185	21	1654	20
	1		2	94		94	9	882	21
				147	1	146	19	1015	22
	2		3	204	1	203	24	1188	23
	1		2	103	1	102	13	736	24
				153	2	151	40	610	25
1	3	1	6	636	6	630	112	3141	26
			1	182	1	181	36	406	27
				20	1	19	2	84	28
	2		4	536	4	532	71	3456	29
	8	2	7	1100	6	1094	114	6458	30
		1	1	305	6	299	42	2067	31
	2		1	156	5	151	32	675	32
	10	1	7	813	6	807	93	4523	33

1-13 续表 1

行业	代码	法人单位数(个)	内资企业				
				国有企业	集体企业	股份合作企业	联营企业
通用设备制造业	34	12514	12099	122	725	186	29
专用设备制造业	35	5949	5700	108	297	79	14
汽车制造业	36	1372	1184	26	64	14	3
铁路、船舶、航空航天和其他运输设备制造业	37	1112	1038	27	107	12	2
电气机械和器材制造业	38	4411	4190	72	301	88	9
计算机、通信和其他电子设备制造业	39	1045	897	24	31	8	2
仪器仪表制造业	40	1487	1405	18	81	38	1
其他制造业	41	398	373	2	31	5	2
废弃资源综合利用业	42	359	353	5	15	2	2
金属制品、机械和设备修理业	43	1124	1107	20	135	16	4
电力、热力、燃气及水生产和供应业	**D**	**1895**	**1791**	**263**	**123**	**14**	**6**
电力、热力生产和供应业	44	1194	1146	129	52	9	4
燃气生产和供应业	45	212	180	14	5	4	
水的生产和供应业	46	489	465	120	66	1	2
建筑业	**E**	**19727**	**19571**	**383**	**653**	**91**	**26**
房屋建筑业	47	3416	3404	73	214	20	4
土木工程建筑业	48	3550	3525	189	146	16	7
建筑安装业	49	4419	4379	67	205	29	6
建筑装饰和其他建筑业	50	8342	8263	54	88	26	9
批发和零售业	**F**	**115758**	**114867**	**1454**	**2536**	**592**	**216**
批发业	51	80560	79883	966	1506	342	127
零售业	52	35198	34984	488	1030	250	89
交通运输、仓储和邮政业	**G**	**12227**	**12052**	**839**	**318**	**72**	**21**
道路运输业	54	6536	6496	439	204	49	7
水上运输业	55	393	381	30	8	3	1
航空运输业	56	61	59	8	1		
管道运输业	57	11	10	1			
装卸搬运和运输代理业	58	3460	3394	56	65	13	2
仓储业	59	1218	1164	231	20	6	8
邮政业	60	430	430	33	1	1	1
住宿和餐饮业	**H**	**6474**	**6191**	**345**	**270**	**48**	**20**
住宿业	61	2773	2692	271	166	24	11
餐饮业	62	3701	3499	74	104	24	9
信息传输、软件和信息技术服务业	**I**	**8724**	**8327**	**518**	**28**	**17**	**14**
电信、广播电视和卫星传输服务	63	871	845	158	12	3	
互联网和相关服务	64	660	656	37	2		
软件和信息技术服务业	65	7193	6826	323	14	14	14

国有联营企业	集体联营企业	国有与集体联营企业	其他联营企业	有限责任公司	国有独资公司	其他有限责任公司	股份有限公司	私营企业	代码
1	5	3	20	1601	14	1587	199	8921	34
1	2		11	1009	9	1000	107	3922	35
			3	272	8	264	24	754	36
		1	1	230	7	223	23	621	37
1	4		4	713	3	710	97	2819	38
1			1	189	2	187	29	580	39
	1			261	3	258	42	910	40
			2	47	1	46	6	253	41
	1		1	52	2	50	7	247	42
	3		1	147		147	16	743	43
1	**1**	**2**	**2**	**482**	**47**	**435**	**49**	**752**	**D**
1	1	1	1	357	33	324	41	506	44
				44	1	43	6	97	45
		1	1	81	13	68	2	149	46
1	**8**	**2**	**15**	**5073**	**87**	**4986**	**409**	**12546**	**E**
	1	2	1	1060	27	1033	98	1881	47
	2		5	1029	39	990	75	2007	48
1	2		3	1078	8	1070	90	2836	49
	3		6	1906	13	1893	146	5822	50
17	**87**	**14**	**98**	**24437**	**87**	**24350**	**2007**	**75857**	**F**
10	46	7	64	17814	70	17744	1350	52021	51
7	41	7	34	6623	17	6606	657	23836	52
5	**6**	**3**	**7**	**2981**	**72**	**2909**	**268**	**7229**	**G**
1	3		3	1644	27	1617	160	3821	54
			1	109	5	104	8	213	55
				24	2	22	4	21	56
				4		4	1	4	57
1			1	807	12	795	55	2326	58
1	3	3	1	258	19	239	25	573	59
			1	112	5	107	10	248	60
6	**7**	**1**	**6**	**910**	**13**	**897**	**95**	**4194**	**H**
5	4	1	1	393	8	385	38	1652	61
1	3		5	517	5	512	57	2542	62
	2		**12**	**1983**	**21**	**1962**	**186**	**5290**	**I**
				149	13	136	33	454	63
				128		128	17	425	64
	2		12	1706	8	1698	136	4411	65

1-13 续表 2

行　　业	代码	法　人 单位数 (个)	内资企业				
				国有企业	集体企业	股份合作企业	联营企业
房地产业	K	**15314**	**14622**	**945**	**238**	**74**	**26**
房地产业	70	15314	14622	945	238	74	26
租赁和商务服务业	L	**32694**	**32268**	**3199**	**805**	**127**	**47**
租赁业	71	1941	1932	12	20	8	4
商务服务业	72	30753	30336	3187	785	119	43
科学研究和技术服务业	M	**17892**	**17712**	**3754**	**322**	**73**	**32**
研究和试验发展	73	2090	2061	339	38	13	3
专业技术服务业	74	7965	7855	2110	170	40	21
科技推广和应用服务业	75	7837	7796	1305	114	20	8
水利、环境和公共设施管理业	N	**3745**	**3724**	**2030**	**102**	**5**	**6**
水利管理业	76	1104	1102	903	35	1	1
生态保护和环境治理业	77	424	414	238	4	1	1
公共设施管理业	78	2217	2208	889	63	3	4
居民服务、修理和其他服务业	O	**7471**	**7391**	**720**	**382**	**80**	**22**
居民服务业	79	3427	3379	615	185	24	6
机动车、电子产品和日用产品修理业	80	3139	3116	86	165	49	13
其他服务业	81	905	896	19	32	7	3
教育	P	**13308**	**13292**	**5841**	**295**	**22**	**23**
教育	82	13308	13292	5841	295	22	23
卫生和社会工作	Q	**11978**	**11974**	**3636**	**1781**	**38**	**24**
卫生	83	9899	9895	2846	1625	31	18
社会工作	84	2079	2079	790	156	7	6
文化、体育和娱乐业	R	**7967**	**7907**	**1703**	**86**	**19**	**14**
新闻和出版业	85	315	314	195	16	1	4
广播、电视、电影和影视录音制作业	86	563	554	287	15		3
文化艺术业	87	1837	1835	1008	27	3	1
体育	88	926	898	182	13	4	2
娱乐业	89	4326	4306	31	15	11	4
公共管理、社会保障和社会组织	S	**42358**	**42353**	**19888**	**241**	**7**	**24**
中国共产党机关	90	1587	1587	1582	4		
国家机构	91	14561	14561	14446	52		
人民政协、民主党派	92	284	284	283			
社会保障	93	575	575	550	15		
群众团体、社会团体和其他成员组织	94	9469	9464	3027	170	7	24
基层群众自治组织	95	15882	15882				

国有联营企业	集体联营企业	国有与集体联营企业	其他联营企业	有限责任公司	国有独资公司	其他有限责任公司	股份有限公司	私营企业	代码
3	**5**	**3**	**15**	**4697**	**92**	**4605**	**405**	**7915**	K
3	5	3	15	4697	92	4605	405	7915	70
6	**9**	**5**	**27**	**7622**	**169**	**7453**	**619**	**18248**	L
1			3	451	2	449	30	1261	71
5	9	5	24	7171	167	7004	589	16987	72
6	**10**	**4**	**12**	**2926**	**57**	**2869**	**280**	**6288**	M
1		1	1	436	5	431	41	1027	73
3	6	3	9	1705	43	1662	170	3387	74
2	4		2	785	9	776	69	1874	75
2	**3**		**1**	**524**	**28**	**496**	**46**	**916**	N
1				59	12	47	4	74	76
	1			55	4	51	3	98	77
1	2		1	410	12	398	39	744	78
	8	**1**	**13**	**1037**	**4**	**1033**	**116**	**4251**	O
	2		4	354	1	353	44	1629	79
	5	1	7	490	1	489	49	2050	80
	1		2	193	2	191	23	572	81
	7	**2**	**14**	**285**	**1**	**284**	**42**	**2167**	P
	7	2	14	285	1	284	42	2167	82
3	**7**	**3**	**11**	**81**	**2**	**79**	**37**	**1159**	Q
2	5	3	8	66	2	64	35	967	83
1	2		3	15		15	2	192	84
2	**2**		**10**	**634**	**25**	**609**	**62**	**4001**	R
1			3	57	7	50	3	19	85
	1		2	104	4	100	4	123	86
1				179	10	169	18	386	87
	1		1	61	3	58	9	244	88
			4	233	1	232	28	3229	89
5	**8**	**2**	**9**	**31**		**31**	**5**	**97**	S
									90
									91
									92
								1	93
5	8	2	9	31		31	5	96	94
									95

1-13 续表 3

行业	代码	私营独资企业	私营合伙企业	私营有限责任公司	私营股份有限公司	其他企业	港、澳、台商投资企业
总　计	00	**56550**	**2685**	**148796**	**6051**	**60548**	**2051**
农、林、牧、渔业	A	**278**	**17**	**360**	**15**	**8390**	**1**
农业	01			5		3	
林业	02			1			
畜牧业	03						
渔业	04	1		5			
农、林、牧、渔服务业	05	277	17	349	15	8387	1
采矿业	B	**2361**	**175**	**1582**	**89**	**157**	**28**
煤炭开采和洗选业	06	343	13	70	10	10	
石油和天然气开采业	07			5		2	1
黑色金属矿采选业	08	796	67	561	24	43	6
有色金属矿采选业	09	217	22	267	19	23	13
非金属矿采选业	10	989	73	632	31	68	7
开采辅助活动	11	9		41	3	10	1
其他采矿业	12	7		6	2	1	
制造业	C	**20792**	**696**	**34280**	**1638**	**2575**	**897**
农副食品加工业	13	1568	45	2363	96	275	78
食品制造业	14	629	16	703	45	95	40
酒、饮料和精制茶制造业	15	379	10	382	18	43	13
烟草制品业	16					1	
纺织业	17	502	23	614	37	77	20
纺织服装、服饰业	18	1208	21	1452	68	146	62
皮革、毛皮、羽毛及其制品和制鞋业	19	330	4	212	16	21	11
木材加工和木、竹、藤、棕、草制品业	20	758	20	832	44	94	32
家具制造业	21	337	6	532	7	36	17
造纸和纸制品业	22	404	17	571	23	38	22
印刷和记录媒介复制业	23	599	29	529	31	81	6
文教、工美、体育和娱乐用品制造业	24	311	9	398	18	53	24
石油加工及炼焦	25	149	7	430	24	29	11
化学原料和化学制品制造业	26	1053	36	1954	98	122	58
医药制造业	27	61	1	322	22	15	23
化学纤维制造业	28	24		53	7	3	3
橡胶和塑料制品业	29	1449	44	1880	83	129	58
非金属矿物制品业	30	2930	109	3258	161	276	79
黑色金属冶炼和压延加工业	31	920	35	1063	49	48	25
有色金属冶炼和压延加工业	32	209	11	435	20	24	12
金属制品业	33	1623	56	2731	113	191	37

合资经营企业(港、澳、台资)	合作经营企业(港、澳、台资)	港、澳、台商独资经营企业	港、澳、台商投资股份有限公司	其他港、澳、台投资企业	外商投资企业	中外合资经营企业	中外合作经营企业	外资企业	外商投资股份有限公司	其他外商投资企业	代码
968	**81**	**929**	**56**	**17**	**5817**	**2286**	**216**	**3041**	**152**	**122**	**00**
1					**5**	**5**					**A**
											01
											02
											03
											04
1					5	5					05
19	**3**	**5**	**1**		**37**	**20**	**4**	**12**	**1**		**B**
											06
	1										07
5		1			2	1	1				08
12			1		16	12	2	2			09
2	2	3			18	7	1	9	1		10
		1			1			1			11
											12
491	**39**	**342**	**23**	**2**	**3325**	**1514**	**146**	**1571**	**62**	**32**	**C**
30	7	40	1		265	128	37	96	3	1	13
23	3	12	2		110	47	8	52	1	2	14
6	1	6			60	29	1	27	3		15
											16
14	2	3	1		67	32	2	28	3	2	17
40	3	19			338	170	17	144	5	2	18
7	1	3			49	21	1	27			19
19		10	3		107	46	4	54	2	1	20
8		9			82	36	1	43	1	1	21
13	2	6	1		42	25	1	12	3	1	22
4		2			11	6		4	1		23
11	1	12			110	35	4	69	2		24
8		3			30	19	2	9			25
25	1	30	2		194	103	3	78	7	3	26
17		5		1	37	21	4	12			27
2		1			4	3				1	28
29	5	24			157	67	7	78	3	2	29
50	3	23	3		179	106	7	61	3	2	30
17		7	1		82	45	7	27	1	2	31
7		4	1		41	25	1	12	2	1	32
16		20	1		201	86	11	101	2	1	33

1-13 续表 4

行 业	代码	私营独资企业	私营合伙企业	私营有限责任公司	私营股份有限公司	其他企业	港、澳、台商投资企业
通用设备制造业	34	2690	96	5879	256	316	67
专用设备制造业	35	1008	33	2728	153	164	36
汽车制造业	36	216	7	504	27	27	39
铁路、船舶、航空航天和其他运输设备制造业	37	123	9	464	25	16	16
电气机械和器材制造业	38	658	20	2047	94	91	51
计算机、通信和其他电子设备制造业	39	85	4	463	28	34	37
仪器仪表制造业	40	203	11	652	44	54	10
其他制造业	41	107	2	132	12	27	5
废弃资源综合利用业	42	69	3	170	5	23	2
金属制品、机械和设备修理业	43	190	12	527	14	26	3
电力、热力、燃气及水生产和供应业	D	**188**	**4**	**535**	**25**	**102**	**55**
电力、热力生产和供应业	44	96	3	387	20	48	25
燃气生产和供应业	45	28	1	66	2	10	20
水的生产和供应业	46	64		82	3	44	10
建筑业	E	**742**	**33**	**11322**	**449**	**390**	**54**
房屋建筑业	47	140	6	1643	92	54	4
土木工程建筑业	48	169	6	1769	63	56	11
建筑安装业	49	118	9	2611	98	68	12
建筑装饰和其他建筑业	50	315	12	5299	196	212	27
批发和零售业	F	**18718**	**498**	**54615**	**2026**	**7768**	**215**
批发业	51	9384	289	40875	1473	5757	128
零售业	52	9334	209	13740	553	2011	87
交通运输、仓储和邮政业	G	**858**	**57**	**6083**	**231**	**324**	**60**
道路运输业	54	485	36	3153	147	172	18
水上运输业	55	11	3	196	3	9	2
航空运输业	56			21		1	1
管道运输业	57			4			
装卸搬运和运输代理业	58	131	7	2130	58	70	21
仓储业	59	196	10	355	12	43	18
邮政业	60	32	1	206	9	24	
住宿和餐饮业	H	**2465**	**55**	**1596**	**78**	**309**	**71**
住宿业	61	983	26	611	32	137	32
餐饮业	62	1482	29	985	46	172	39
信息传输、软件和信息技术服务业	I	**316**	**15**	**4823**	**136**	**291**	**58**
电信、广播电视和卫星传输服务	63	34	2	414	4	36	12
互联网和相关服务	64	114	4	297	10	47	
软件和信息技术服务业	65	168	9	4112	122	208	46

合资经营企业(港、澳、台资)	合作经营企业(港、澳、台资)	港、澳、台商独资经营企业	港、澳、台商投资股份有限公司	其他港、澳、台投资企业	外商投资企业	中外合资经营企业	中外合作经营企业	外资企业	外商投资股份有限公司	其他外商投资企业	代码
37	1	26	2	1	348	135	11	194	7	1	34
20		16			213	87	4	113	6	3	35
19		18	2		149	60	1	85	3		36
7	1	8			58	22	2	33	1		37
32	2	16	1		170	66	4	98		2	38
20	4	13			111	42	3	64	2		39
7		2	1		72	33	2	32	1	4	40
1	1	3			20	9		11			41
1			1		4	2		2			42
1	1	1			14	8	1	5			43
29	**1**	**25**			**49**	**23**	**5**	**17**	**3**	**1**	**D**
17		8			23	13	3	4	3		44
11		9			12	7		5			45
1	1	8			14	3	2	8		1	46
41	**1**	**9**	**3**		**102**	**52**	**6**	**38**	**3**	**3**	**E**
3		1			8	4	1	2	1		47
6	1	2	2		14	3	3	7	1		48
10		2			28	15	2	11			49
22		4	1		52	30		18	1	3	50
67	**5**	**130**	**7**	**6**	**676**	**150**	**15**	**458**	**24**	**29**	**F**
36	4	81	2	5	549	109	11	384	20	25	51
31	1	49	5	1	127	41	4	74	4	4	52
26	**3**	**28**	**2**	**1**	**115**	**68**	**2**	**35**	**5**	**5**	**G**
8	3	6	1		22	15		6		1	54
2					10	9		1			55
		1			1	1					56
					1	1					57
10		10		1	45	24	1	16	2	2	58
6		11	1		36	18	1	12	3	2	59
											60
35	**4**	**30**	**1**	**1**	**212**	**92**	**7**	**102**	**8**	**3**	**H**
19	1	12			49	29	2	17		1	61
16	3	18	1	1	163	63	5	85	8	2	62
13		**40**	**4**	**1**	**339**	**62**		**262**	**12**	**3**	**I**
3		5	4		14			10	3	1	63
					4			4			64
10		35		1	321	62		248	9	2	65

1-13 续表 5

行业	代码	私营独资企业	私营合伙企业	私营有限责任公司	私营股份有限公司	其他企业	港、澳、台商投资企业
房地产业	K	**418**	**26**	**7138**	**333**	**322**	**418**
房地产业	70	418	26	7138	333	322	418
租赁和商务服务业	L	**1503**	**726**	**15476**	**543**	**1601**	**97**
租赁业	71	189	8	1037	27	146	4
商务服务业	72	1314	718	14439	516	1455	93
科学研究和技术服务业	M	**623**	**58**	**5395**	**212**	**4037**	**27**
研究和试验发展	73	112	11	873	31	164	4
专业技术服务业	74	343	25	2892	127	252	19
科技推广和应用服务业	75	168	22	1630	54	3621	4
水利、环境和公共设施管理业	N	**95**	**7**	**783**	**31**	**95**	**9**
水利管理业	76	16		57	1	25	1
生态保护和环境治理业	77	6	2	86	4	14	4
公共设施管理业	78	73	5	640	26	56	4
居民服务、修理和其他服务业	O	**1722**	**60**	**2370**	**99**	**783**	**19**
居民服务业	79	754	30	803	42	522	12
机动车、电子产品和日用产品修理业	80	902	27	1074	47	214	4
其他服务业	81	66	3	493	10	47	3
教育	P	**1562**	**100**	**476**	**29**	**4617**	**2**
教育	82	1562	100	476	29	4617	2
卫生和社会工作	Q	**898**	**79**	**172**	**10**	**5218**	**3**
卫生	83	735	68	154	10	4307	3
社会工作	84	163	11	18		911	
文化、体育和娱乐业	R	**2896**	**33**	**1035**	**37**	**1388**	**21**
新闻和出版业	85	4	1	14		19	
广播、电视、电影和影视录音制作业	86	16	1	101	5	18	6
文化艺术业	87	72	5	303	6	213	1
体育	88	83	3	151	7	383	5
娱乐业	89	2721	23	466	19	755	9
公共管理、社会保障和社会组织	S	**59**	**19**	**19**		**22060**	**3**
中国共产党机关	90					1	
国家机构	91					63	
人民政协、民主党派	92					1	
社会保障	93			1		9	
群众团体、社会团体和其他成员组织	94	59	19	18		6104	3
基层群众自治组织	95					15882	

合资经营企业(港、澳、台资)	合作经营企业(港、澳、台资)	港、澳、台商独资经营企业	港、澳、台商投资股份有限公司	其他港、澳、台投资企业	外商投资企业	中外合资经营企业	中外合作经营企业	外资企业	外商投资股份有限公司	其他外商投资企业	代码
174	**14**	**220**	**9**	**1**	**274**	**113**	**12**	**133**	**10**	**6**	K
174	14	220	9	1	274	113	12	133	10	6	70
27	**6**	**59**	**2**	**3**	**329**	**48**	**6**	**233**	**14**	**28**	L
1	1	2			5	2		3			71
26	5	57	2	3	324	46	6	230	14	28	72
14	**1**	**10**	**2**		**153**	**51**	**5**	**92**	**1**	**4**	M
1		3			25	8		15		2	73
11	1	6	1		91	26	4	60	1		74
2		1	1		37	17	1	17		2	75
4	**1**	**4**			**12**	**5**		**6**		**1**	N
1					1	1					76
3		1			6	2		4			77
	1	3			5	2		2		1	78
4	**1**	**11**	**2**	**1**	**61**	**24**	**2**	**32**	**1**	**2**	O
3	1	6	2		36	13		22	1		79
1		2		1	19	9	1	7		2	80
		3			6	2	1	3			81
	1	**1**			**14**	**6**		**7**		**1**	P
	1	1			14	6		7		1	82
3					**1**		**1**				Q
3					1		1				83
											84
15	**1**	**5**			**39**	**16**	**5**	**13**	**2**	**3**	R
					1					1	85
3		3			3	1		1		1	86
	1				1	1					87
4		1			23	8	3	10	1	1	88
8		1			11	6	2	2	1		89
2		**1**			**2**			**2**			S
											90
											91
											92
											93
2		1			2			2			94
											95

1-14 按行业(大类)、登记注册类型

行业	代码	从业人员数(人)	内资企业	国有企业	集体企业	股份合作企业	联营企业
总　计	**00**	**12585094**	**11677111**	**2526245**	**434499**	**68489**	**19246**
农、林、牧、渔业	**A**	**140625**	**140585**	**30425**	**369**	**156**	**8**
农业	01	26570	26570	24663	60		
林业	02	1815	1815	1665			
畜牧业	03	33	33	15			
渔业	04	567	567				
农、林、牧、渔服务业	05	111640	111600	4082	309	156	8
采矿业	**B**	**585158**	**579656**	**68110**	**24363**	**448**	**849**
煤炭开采和洗选业	06	223060	223060	5117	6941	252	4
石油和天然气开采业	07	44297	44277				
黑色金属矿采选业	08	121998	120069	218	6735	8	85
有色金属矿采选业	09	57231	54937	155	2391	30	84
非金属矿采选业	10	75275	74178	3129	7476	143	676
开采辅助活动	11	62414	62252	59388	820	15	
其他采矿业	12	883	883	103			
制造业	**C**	**4384752**	**3722759**	**203701**	**161438**	**22026**	**8716**
农副食品加工业	13	360343	304636	6000	1428	301	63
食品制造业	14	90201	71708	538	812	218	12
酒、饮料和精制茶制造业	15	49343	30476	129	437	16	18
烟草制品业	16	2327	2327	19	256		
纺织业	17	77766	68189	811	1602	149	137
纺织服装、服饰业	18	215796	153759	909	2038	785	2
皮革、毛皮、羽毛及其制品和制鞋业	19	26245	19881	254	242	190	3
木材加工和木、竹、藤、棕、草制品业	20	86356	73875	257	2434	316	19
家具制造业	21	55808	35190	102	295	35	9
造纸和纸制品业	22	55067	47308	723	2678	347	
印刷和记录媒介复制业	23	36131	34833	3275	3623	1110	27
文教、工美、体育和娱乐用品制造业	24	30258	22652	113	734	101	22
石油加工及炼焦	25	109243	106084	6939	6925	365	
化学原料和化学制品制造业	26	215434	194548	11978	13011	1115	86
医药制造业	27	62019	55005	796	351	18	1
化学纤维制造业	28	8920	8145		315	25	
橡胶和塑料制品业	29	203409	171209	677	8600	1530	29
非金属矿物制品业	30	367415	342405	4421	18420	1861	433
黑色金属冶炼和压延加工业	31	438063	414083	128905	10480	1537	275
有色金属冶炼和压延加工业	32	79487	69709	1705	5288	881	257
金属制品业	33	262202	228608	3283	20936	1484	352

分组的法人单位从业人员数

国有联营企业	集体联营企业	国有与集体联营企业	其他联营企业	有限责任公司	国有独资公司	其他有限责任公司	股份有限公司	私营企业	代码
1561	**11169**	**1069**	**5447**	**2762540**	**376392**	**2386148**	**698408**	**4600501**	**00**
	7		**1**	**2447**	**313**	**2134**	**467**	**8610**	**A**
				1219	295	924		573	01
								150	02
				18		18			03
							332	235	04
	7		1	1210	18	1192	135	7652	05
	229	**46**	**574**	**242359**	**124600**	**117759**	**50460**	**190102**	**B**
	1		3	183698	113462	70236	135	26741	06
				47		47	44082	125	07
			85	21775	10796	10979	2494	87560	08
	84			25224		25224	3025	23746	09
	144	46	486	10023	315	9708	666	50843	10
				1143		1143	58	765	11
				449	27	422		322	12
51	**7179**	**312**	**1174**	**833286**	**50355**	**782931**	**263245**	**2192052**	**C**
1	2	1	59	49014	465	48549	16219	226925	13
	12			13866		13866	5133	50022	14
			18	6279	2	6277	2214	20989	15
				1384		1384	662		16
	51	38	48	10305	134	10171	2226	51660	17
	1		1	30523	1375	29148	1437	115899	18
			3	1687		1687	98	16977	19
	15		4	7164		7164	737	61521	20
	6		3	2798		2798	367	31029	21
				5523	140	5383	3190	34426	22
	11		16	6269	14	6255	310	19497	23
	5		17	2439	2	2437	528	17995	24
				10451	322	10129	55857	25272	25
1	37	26	22	36677	1134	35543	27371	102632	26
			1	24565	3	24562	4266	23778	27
				4035	10	4025	117	3464	28
	8		21	25318	294	25024	1756	131562	29
	293	21	119	58917	843	58074	10067	243732	30
		188	87	81188	15183	66005	61958	128307	31
	249		8	23515	1077	22438	2256	35102	32
	250	5	97	54518	7220	47298	3147	142888	33

1-14 续表 1

行业	代码	从业人员数（人）					
			内资企业	国有企业	集体企业	股份合作企业	联营企业
通用设备制造业	34	564675	492729	9041	18535	3753	476
专用设备制造业	35	260285	221323	5083	7776	1284	169
汽车制造业	36	165633	95724	3379	1458	941	15
铁路、船舶、航空航天和其他运输设备制造业	37	141647	132397	6387	10736	617	4
电气机械和器材制造业	38	205820	164697	2256	6574	2011	85
计算机、通信和其他电子设备制造业	39	95268	53699	2123	4352	54	16
仪器仪表制造业	40	42556	35628	216	1321	615	1
其他制造业	41	15026	11312	2443	1559	24	63
废弃资源综合利用业	42	11485	11122	54	685	30	5
金属制品、机械和设备修理业	43	50524	49498	885	7537	313	6137
电力、热力、燃气及水生产和供应业	**D**	**206941**	**183825**	**40066**	**1497**	**276**	**744**
电力、热力生产和供应业	44	151646	136127	15395	848	203	683
燃气生产和供应业	45	19458	12990	3607	132	61	
水的生产和供应业	46	35837	34708	21064	517	12	61
建筑业	**E**	**2129188**	**2113918**	**112477**	**121844**	**15921**	**1768**
房屋建筑业	47	1218751	1216774	25652	73156	11012	185
土木工程建筑业	48	425719	421243	69005	18556	938	1407
建筑安装业	49	264962	262355	13485	27997	2429	127
建筑装饰和其他建筑业	50	219756	213546	4335	2135	1542	49
批发和零售业	**F**	**1042393**	**999586**	**35051**	**22412**	**4407**	**3830**
批发业	51	612640	602607	23433	12021	2701	1005
零售业	52	429753	396979	11618	10391	1706	2825
交通运输、仓储和邮政业	**G**	**612578**	**598423**	**315823**	**22017**	**1218**	**496**
道路运输业	54	224995	221488	65969	17472	709	72
水上运输业	55	44923	39040	8972	113	72	8
航空运输业	56	11433	11125	4412	33		
管道运输业	57	1282	1197	436			
装卸搬运和运输代理业	58	64487	61713	2107	2808	352	117
仓储业	59	20418	18820	6445	292	84	148
邮政业	60	30794	30794	20272	19	1	21
住宿和餐饮业	**H**	**157470**	**133504**	**15150**	**4236**	**544**	**181**
住宿业	61	78100	68149	13262	3098	182	116
餐饮业	62	79370	65355	1888	1138	362	65
信息传输、软件和信息技术服务业	**I**	**181773**	**107394**	**13107**	**270**	**118**	**87**
电信、广播电视和卫星传输服务	63	61965	32206	7838	166	23	
互联网和相关服务	64	14050	7369	505	13		
软件和信息技术服务业	65	105758	67819	4764	91	95	87

国有联营企业	集体联营企业	国有与集体联营企业	其他联营企业	有限责任公司	国有独资公司	其他有限责任公司	股份有限公司	私营企业	代码
13	34	32	397	105218	4885	100333	16579	334671	34
8	31		130	69251	2122	67129	16973	118378	35
			15	38475	9017	29458	8319	42818	36
		1	3	85610	2792	82818	1375	27264	37
20	35		30	36128	277	35851	10231	105875	38
8			8	21944	698	21246	2608	22356	39
	1			7714	620	7094	4554	20760	40
			63	2092	1118	974	145	4732	41
	3		2	3878	608	3270	374	5904	42
	6135		2	6541		6541	2171	25617	43
538	**17**	**60**	**129**	**108138**	**65828**	**42310**	**12557**	**19302**	D
538	17	2	126	92243	57998	34245	11850	14129	44
				5905	2129	3776	474	2695	45
		58	3	9990	5701	4289	233	2478	46
10	**129**	**154**	**1475**	**795387**	**53654**	**741733**	**107949**	**952738**	E
	8	154	23	460169	28077	432092	64085	581486	47
	65		1342	189199	24345	164854	24699	116335	48
10	36		81	89818	548	89270	14034	113201	49
	20		29	56201	684	55517	5131	141716	50
155	**2832**	**132**	**711**	**271417**	**5467**	**265950**	**52407**	**542541**	F
78	335	56	536	150827	3823	147004	20823	337709	51
77	2497	76	175	120590	1644	118946	31584	204832	52
332	**60**	**59**	**45**	**113734**	**37317**	**76417**	**26160**	**115048**	G
40	19		13	72798	22994	49804	4367	58198	54
			8	14658	8413	6245	12362	2769	55
				1412	1148	264	4928	338	56
				70		70	654	37	57
116			1	14677	1171	13506	1031	40023	58
46	41	59	2	4951	369	4582	812	5603	59
			21	2645	1308	1337	55	7578	60
80	**65**	**5**	**31**	**31435**	**2345**	**29090**	**2597**	**75460**	H
76	32	5	3	19504	1883	17621	1041	29527	61
4	33		28	11931	462	11469	1556	45933	62
	12		**75**	**38594**	**2679**	**35915**	**14684**	**38084**	I
				9647	2545	7102	11891	2312	63
				2227		2227	323	3919	64
	12		75	26720	134	26586	2470	31853	65

1-14 续表 2

行业	代码	从业人员数（人）					
			内资企业				
				国有企业	集体企业	股份合作企业	联营企业
房地产业	**K**	**312420**	**287260**	**25894**	**4691**	**1083**	**306**
房地产业	70	312420	287260	25894	4691	1083	306
租赁和商务服务业	**L**	**394816**	**389082**	**76330**	**26489**	**1176**	**283**
租赁业	71	12396	12293	150	115	224	15
商务服务业	72	382420	376789	76180	26374	952	268
科学研究和技术服务业	**M**	**260069**	**256554**	**84559**	**6765**	**829**	**285**
研究和试验发展	73	38746	38516	21110	297	84	10
专业技术服务业	74	145442	142456	50834	5778	654	217
科技推广和应用服务业	75	75881	75582	12615	690	91	58
水利、环境和公共设施管理业	**N**	**132835**	**132548**	**99900**	**1972**	**136**	**78**
水利管理业	76	20040	20009	16526	284	25	11
生态保护和环境治理业	77	6875	6733	4718	36	13	30
公共设施管理业	78	105920	105806	78656	1652	98	37
居民服务、修理和其他服务业	**O**	**79990**	**78727**	**10310**	**4021**	**2093**	**184**
居民服务业	79	42731	41660	9271	1623	247	28
机动车、电子产品和日用产品修理业	80	26813	26662	920	1576	636	134
其他服务业	81	10446	10405	119	822	1210	22
教育	**P**	**558399**	**557293**	**468048**	**7451**	**456**	**189**
教育	82	558399	557293	468048	7451	456	189
卫生和社会工作	**Q**	**327898**	**327828**	**257640**	**13787**	**1147**	**557**
卫生	83	305126	305056	246742	12235	1074	518
社会工作	84	22772	22772	10898	1552	73	39
文化、体育和娱乐业	**R**	**91276**	**88103**	**44051**	**972**	**102**	**88**
新闻和出版业	85	12831	12828	7433	556	10	30
广播、电视、电影和影视录音制作业	86	19948	19656	15735	125		24
文化艺术业	87	23803	23799	17071	164	9	2
体育	88	10169	9290	3183	56	44	8
娱乐业	89	24525	22530	629	71	39	24
公共管理、社会保障和社会组织	**S**	**772641**	**772536**	**603710**	**3676**	**67**	**554**
中国共产党机关	90	28626	28626	28575	46		
国家机构	91	544299	544299	542606	645		
人民政协、民主党派	92	3923	3923	3918			
社会保障	93	7529	7529	7402	79		
群众团体、社会团体和其他成员组织	94	79211	79106	21209	2906	67	554
基层群众自治组织	95	109053	109053				

国有联营企业	集体联营企业	国有与集体联营企业	其他联营企业	有限责任公司	国有独资公司	其他有限责任公司	股份有限公司	私营企业	代码
10	**36**	**41**	**219**	**113383**	**5362**	**108021**	**10103**	**128111**	K
10	36	41	219	113383	5362	108021	10103	128111	70
20	**73**	**43**	**147**	**102884**	**13021**	**89863**	**6062**	**159225**	L
1			14	3489	22	3467	137	7047	71
19	73	43	133	99395	12999	86396	5925	152178	72
25	**87**	**47**	**126**	**51978**	**8580**	**43398**	**5028**	**58320**	M
6		2	2	8303	3563	4740	1113	6622	73
11	50	45	111	38030	4471	33559	3308	40538	74
8	37		13	5645	546	5099	607	11160	75
34	**39**		**5**	**13618**	**2724**	**10894**	**846**	**15075**	N
11				2274	1776	498	69	505	76
	30			944	309	635	16	907	77
23	9		5	10400	639	9761	761	13663	78
	112	**1**	**71**	**14487**	**1646**	**12841**	**2154**	**38189**	O
	15		13	6216	27	6189	813	18455	79
	87	1	46	5460	1107	4353	1210	15122	80
	10		12	2811	512	2299	131	4612	81
	30	**28**	**131**	**2747**	**1**	**2746**	**501**	**22940**	P
	30	28	131	2747	1	2746	501	22940	82
34	**46**	**91**	**386**	**2267**	**171**	**2096**	**1012**	**16221**	Q
26	31	91	370	2170	171	1999	996	14468	83
8	15		16	97		97	16	1753	84
9	**6**		**73**	**11905**	**2038**	**9867**	**881**	**21362**	R
7			23	3753	1107	2646	179	608	85
	1		23	2073	128	1945	23	1389	86
2				2382	604	1778	113	1954	87
	5		3	1089	179	910	41	2233	88
			24	2608	20	2588	525	15178	89
263	**210**	**50**	**31**	**180**		**180**	**48**	**479**	S
									90
									91
									92
								5	93
263	210	50	31	180		180	48	474	94
									95

1-14 续表 3

行　　业	代码	私营独资企　　业	私营合伙企　　业	私营有限责任公司	私营股份有限公司	其他企业	港、澳、台商投资企　　业
总　　计	00	**797657**	**37315**	**3573568**	**191961**	**567183**	**229773**
农、林、牧、渔业	A	**3440**	**188**	**4780**	**202**	**98103**	**6**
农业	01			573		55	
林业	02			150			
畜牧业	03						
渔业	04	24		211			
农、林、牧、渔服务业	05	3416	188	3846	202	98048	6
采矿业	B	**86125**	**4974**	**93212**	**5791**	**2965**	**2363**
煤炭开采和洗选业	06	16868	97	8970	806	172	
石油和天然气开采业	07			125		23	20
黑色金属矿采选业	08	40975	2675	41463	2447	1194	1673
有色金属矿采选业	09	6038	938	15778	992	282	369
非金属矿采选业	10	22004	1264	26161	1414	1222	295
开采辅助活动	11	138		587	40	63	6
其他采矿业	12	102		128	92	9	
制造业	C	**466316**	**16574**	**1623187**	**85975**	**38295**	**136461**
农副食品加工业	13	31549	1735	184942	8699	4686	18497
食品制造业	14	10197	181	37932	1712	1107	5016
酒、饮料和精制茶制造业	15	6366	101	13531	991	394	3688
烟草制品业	16					6	
纺织业	17	12991	294	36539	1836	1299	2947
纺织服装、服饰业	18	30162	642	80528	4567	2166	15537
皮革、毛皮、羽毛及其制品和制鞋业	19	6480	353	9231	913	430	644
木材加工和木、竹、藤、棕、草制品业	20	14623	577	43968	2353	1427	3129
家具制造业	21	5331	198	25395	105	555	3341
造纸和纸制品业	22	8443	287	24402	1294	421	3207
印刷和记录媒介复制业	23	6326	309	12215	647	722	200
文教、工美、体育和娱乐用品制造业	24	6472	156	11056	311	720	1469
石油加工及炼焦	25	3551	320	18607	2794	275	605
化学原料和化学制品制造业	26	21798	663	75873	4298	1678	6581
医药制造业	27	1772	60	20708	1238	1230	4046
化学纤维制造业	28	425		2104	935	189	627
橡胶和塑料制品业	29	52048	824	74207	4483	1737	3821
非金属矿物制品业	30	64273	3042	167862	8555	4554	8563
黑色金属冶炼和压延加工业	31	37059	1276	86795	3177	1433	7789
有色金属冶炼和压延加工业	32	5858	95	27804	1345	705	6516
金属制品业	33	33118	1496	105196	3078	2000	3974

合资经营企业(港、澳、台资)	合作经营企业(港、澳、台资)	港、澳、台商独资经营企业	港、澳、台商投资股份有限公司	其他港、澳、台投资企业	外商投资企业	中外合资经营企业	中外合作经营企业	外资企业	外商投资股份有限公司	其他外商投资企业	代码
107951	**8360**	**103316**	**9185**	**961**	**678210**	**294430**	**28520**	**324330**	**26352**	**4578**	00
6					**34**	**34**					A
											01
											02
											03
											04
6					34	34					05
1764	**62**	**517**	**20**		**3139**	**1815**	**582**	**732**	**10**		B
											06
	20										07
1323		350			256	69	187				08
349			20		1925	1530	355	40			09
92	42	161			802	216	40	536	10		10
		6			156			156			11
											12
69071	**5540**	**59147**	**2142**	**561**	**525532**	**246269**	**23679**	**240219**	**13301**	**2064**	C
6023	2473	9745	256		37210	19144	6503	10939	44	580	13
2629	48	2166	173		13477	6456	862	5956	2	201	14
1502	278	1908			15179	7796	138	5357	1888		15
											16
1147	1202	469	129		6630	2072	37	4418	43	60	17
8820	139	6578			46500	23445	2968	19214	58	815	18
492	47	105			5720	1414	140	4166			19
2498		454	177		9352	2368	716	5871	367	30	20
1647		1694			17277	9171	76	7989	36	5	21
2541	61	595	10		4552	2517	3	1368	663	1	22
176		24			1098	359		738	1		23
498	116	855			6137	2686	116	3094	241		24
390		215			2554	1553	666	335			25
2259	64	4229	29		14305	10111	695	3016	462	21	26
3312		209		525	2968	1478	357	1133			27
626		1			148	146				2	28
2334	244	1243			28379	9078	1171	17217	896	17	29
4674	157	3364	368		16447	10885	316	5089	119	38	30
7278		421	90		16191	9331	2288	4525	13	34	31
837		5649	30		3262	2253	70	679	190	70	32
1062		2889	23		29620	14759	4478	10332	34	17	33

1-14 续表 4

行业	代码	私营独资企业	私营合伙企业	私营有限责任公司	私营股份有限公司	其他企业	港、澳、台商投资企业
通用设备制造业	34	58598	1786	261244	13043	4456	5278
专用设备制造业	35	19957	963	92928	4530	2409	4401
汽车制造业	36	4817	264	34023	3714	319	8152
铁路、船舶、航空航天和其他运输设备制造业	37	2632	239	23111	1282	404	1387
电气机械和器材制造业	38	13739	472	86112	5552	1537	8829
计算机、通信和其他电子设备制造业	39	988	29	19971	1368	246	6222
仪器仪表制造业	40	2840	112	15912	1896	447	1154
其他制造业	41	1225	6	3031	470	254	207
废弃资源综合利用业	42	963	27	4885	29	192	204
金属制品、机械和设备修理业	43	1715	67	23075	760	297	430
电力、热力、燃气及水生产和供应业	**D**	**1910**	**99**	**16215**	**1078**	**1245**	**16340**
电力、热力生产和供应业	44	1199	98	12116	716	776	10695
燃气生产和供应业	45	267	1	2413	14	116	5528
水的生产和供应业	46	444		1686	348	353	117
建筑业	**E**	**19614**	**291**	**883585**	**49248**	**5834**	**4248**
房屋建筑业	47	11200	80	537722	32484	1029	60
土木工程建筑业	48	3030	36	109007	4262	1104	1866
建筑安装业	49	1450	77	107340	4334	1264	718
建筑装饰和其他建筑业	50	3934	98	129516	8168	2437	1604
批发和零售业	**F**	**104654**	**3387**	**409715**	**24785**	**67521**	**20050**
批发业	51	53529	2195	263453	18532	54088	3857
零售业	52	51125	1192	146262	6253	13433	16193
交通运输、仓储和邮政业	**G**	**7338**	**462**	**103823**	**3425**	**3927**	**4407**
道路运输业	54	4415	317	50816	2650	1903	1896
水上运输业	55	117	52	2587	13	86	598
航空运输业	56			338		2	5
管道运输业	57			37			
装卸搬运和运输代理业	58	1247	40	38170	566	598	1261
仓储业	59	1360	50	4072	121	485	647
邮政业	60	182	3	7334	59	203	
住宿和餐饮业	**H**	**31142**	**820**	**41087**	**2411**	**3901**	**7944**
住宿业	61	9771	276	18098	1382	1419	5461
餐饮业	62	21371	544	22989	1029	2482	2483
信息传输、软件和信息技术服务业	**I**	**1567**	**123**	**34566**	**1828**	**2450**	**18060**
电信、广播电视和卫星传输服务	63	205	29	2046	32	329	16501
互联网和相关服务	64	448	29	3152	290	382	
软件和信息技术服务业	65	914	65	29368	1506	1739	1559

合资经营企业(港、澳、台资)	合作经营企业(港、澳、台资)	港、澳、台商独资经营企业	港、澳、台商投资股份有限公司	其他港、澳、台投资企业	外商投资企业	中外合资经营企业	中外合作经营企业	外资企业	外商投资股份有限公司	其他外商投资企业	代码
3474	10	1573	185	36	66668	29705	816	35400	744	3	34
744		3657			34561	20670	280	13219	321	71	35
5385		2537	230		61757	36095	66	25489	107		36
844	1	542			7863	3251	467	4115	30		37
4256	247	4325	1		32294	8285	201	23757		51	38
2707	370	3145			35347	8540	200	19585	7022		39
560		158	436		5774	807	40	4859	20	48	40
38	58	111			3507	1270		2237			41
199			5		159	109		50			42
119	25	286			596	515	9	72			43
7950	**42**	**8348**			**6776**	**3401**	**1413**	**838**	**1103**	**21**	D
2827		7868			4824	2436	1116	169	1103		44
5111		417			940	469		471			45
12	42	63			1012	496	297	198		21	46
3642	**340**	**241**	**25**		**11022**	**7549**	**131**	**3327**	**3**	**12**	E
57		3			1917	1364	9	544			47
1466	340	45	15		2610	291	39	2279	1		48
562		156			1889	1454	83	352			49
1557		37	10		4606	4440		152	2	12	50
7316	**197**	**11624**	**795**	**118**	**22757**	**9132**	**121**	**12187**	**1151**	**166**	F
1199	193	2346	3	116	6176	1524	114	4124	270	144	51
6117	4	9278	792	2	16581	7608	7	8063	881	22	52
1778	**1199**	**1413**	**15**	**2**	**9748**	**8831**	**11**	**768**	**97**	**41**	G
544	1199	143	10		1611	1283		313		15	54
598					5285	5284		1			55
		5			303	303					56
					85	85					57
550		709		2	1513	1138	10	328	16	21	58
86		556	5		951	738	1	126	81	5	59
											60
4415	**374**	**3133**	**2**	**20**	**16022**	**4926**	**1162**	**9696**	**189**	**49**	H
3788	355	1318			4490	3196	241	1013		40	61
627	19	1815	2	20	11532	1730	921	8683	189	9	62
3510		**8648**	**5900**	**2**	**56319**	**1955**		**43882**	**8601**	**1881**	I
3047		7554	5900		13258			8254	3131	1873	63
					6681			6681			64
463		1094		2	36380	1955		28947	5470	8	65

1-14 续表 5

行业	代码	私营独资企业	私营合伙企业	私营有限责任公司	私营股份有限公司	其他企业	港、澳、台商投资企业
房地产业	K	**3950**	**184**	**118111**	**5866**	**3689**	**13901**
房地产业	70	3950	184	118111	5866	3689	13901
租赁和商务服务业	L	**10199**	**6230**	**137663**	**5133**	**16633**	**2116**
租赁业	71	1140	30	5765	112	1116	63
商务服务业	72	9059	6200	131898	5021	15517	2053
科学研究和技术服务业	M	**4166**	**357**	**51260**	**2537**	**48790**	**1172**
研究和试验发展	73	512	44	5869	197	977	32
专业技术服务业	74	2615	167	35731	2025	3097	1128
科技推广和应用服务业	75	1039	146	9660	315	44716	12
水利、环境和公共设施管理业	N	**1174**	**52**	**13452**	**397**	**923**	**148**
水利管理业	76	113		383	9	315	30
生态保护和环境治理业	77	54	10	809	34	69	89
公共设施管理业	78	1007	42	12260	354	539	29
居民服务、修理和其他服务业	O	**14148**	**683**	**22336**	**1022**	**7289**	**570**
居民服务业	79	7663	294	9860	638	5007	523
机动车、电子产品和日用产品修理业	80	6048	382	8356	336	1604	29
其他服务业	81	437	7	4120	48	678	18
教育	P	**16735**	**1355**	**4444**	**406**	**54961**	**38**
教育	82	16735	1355	4444	406	54961	38
卫生和社会工作	Q	**11768**	**1214**	**2788**	**451**	**35197**	**64**
卫生	83	10245	1110	2662	451	26853	64
社会工作	84	1523	104	126		8344	
文化、体育和娱乐业	R	**12561**	**153**	**8218**	**430**	**8742**	**441**
新闻和出版业	85	18	5	585		259	
广播、电视、电影和影视录音制作业	86	138	4	1174	73	287	272
文化艺术业	87	449	19	1463	23	2104	1
体育	88	642	10	1411	170	2636	107
娱乐业	89	11314	115	3585	164	3456	61
公共管理、社会保障和社会组织	S	**340**	**53**	**86**		**163822**	**9**
中国共产党机关	90					5	
国家机构	91					1048	
人民政协、民主党派	92					5	
社会保障	93			5		43	
群众团体、社会团体和其他成员组织	94	340	53	81		53668	9
基层群众自治组织	95					109053	

合资经营企业(港、澳、台资)	合作经营企业(港、澳、台资)	港、澳、台商独资经营企业	港、澳、台商投资股份有限公司	其他港、澳、台投资企业	外商投资企业	中外合资经营企业	中外合作经营企业	外资企业	外商投资股份有限公司	其他外商投资企业	代码
6012	**490**	**7228**	**168**	**3**	**11259**	**5070**	**499**	**5318**	**331**	**41**	K
6012	490	7228	168	3	11259	5070	499	5318	331	41	70
848	**36**	**1190**	**36**	**6**	**3618**	**729**	**35**	**2547**	**142**	**165**	L
17	3	43			40	9		31			71
831	33	1147	36	6	3578	720	35	2516	142	165	72
1115	**5**	**45**	**7**		**2343**	**873**	**82**	**1334**	**7**	**47**	M
15		17			198	43		137		18	73
1095	5	23	5		1858	660	80	1111	7		74
5		5	2		287	170	2	86		29	75
104	**3**	**41**			**139**	**21**		**108**		**10**	N
30					1	1					76
74		15			53	18		35			77
	3	26			85	2		73		10	78
59	**39**	**387**	**75**	**10**	**693**	**307**	**3**	**370**	**4**	**9**	O
43	39	366	75		548	215		329	4		79
16		3		10	122	80	1	32		9	80
		18			23	12	2	9			81
	32	**6**			**1068**	**821**		**208**		**39**	P
	32	6			1068	821		208		39	82
64					**6**		**6**				Q
64					6		6				83
											84
272	**1**	**168**			**2732**	**923**	**796**	**980**	**13**	**20**	R
					3					3	85
124		148			20	6		2		12	86
	1				3	3					87
92		15			772	208	413	141	5	5	88
56		5			1934	706	383	837	8		89
6		**3**			**96**			**96**			S
											90
											91
											92
											93
6		3			96			96			94
											95

1-15 按从业人员组距、开业(成立)时间、

分组	法人单位数(个)	内资	国有	集体	股份合作	联营
总计	**418475**	**410607**	**47087**	**13150**	**2302**	**704**
按从业人员组距分组						
7人及以下	247494	244913	18440	7449	1299	454
8-19人	89309	87921	11358	2614	509	137
20-49个	44408	43092	8464	1729	271	77
50-99人	18237	17308	4647	642	111	17
100-299人	13555	12559	3207	494	69	13
300-499人	2497	2210	460	96	24	1
500-999人	1788	1555	293	64	13	1
1000-4999人	1064	937	204	60	5	4
5000-9999人	84	76	9	2	1	
10000人以上	39	36	5			
按开业(成立)时间分组						
1949年及以前	2528	2528	1608	114	2	1
1950-1977年	13812	13805	7366	1198	54	14
1978-1991年	28640	28460	12276	3880	353	70
1992-1995年	13589	12887	3631	2182	416	62
1996年	3880	3712	961	506	83	13
1997年	4063	3909	727	424	82	14
1998年	6533	6340	828	472	106	21
1999年	7358	7126	747	432	171	21
2000年	10258	9954	1196	390	138	21
2001年	11592	11258	1232	425	148	29
2002年	12964	12515	1634	322	93	16
2003年	15537	15035	1259	414	91	25
2004年	16882	16355	1369	301	86	17
2005年	18565	17984	1592	317	49	31
2006年	20621	19971	1434	322	51	31
2007年	21137	20609	1506	271	44	35
2008年	22840	22501	1012	208	47	30
2009年	29507	29112	1107	212	42	28
2010年	39657	39188	1540	216	51	55
2011年	41319	40894	1530	234	81	54
2012年	39323	38939	1416	182	63	41
2013年	36167	35879	905	123	48	65
无开业年份	1703	1646	211	5	3	10

登记注册类型分组的法人单位数

国有联营	集体联营	国有与集体联营	其他联营	有限责任公司	国有独资	其他有限责任公司	股份有限公司	私营
63	**228**	**55**	**358**	**65924**	**846**	**65078**	**6810**	**214082**
35	142	31	246	39925	233	39692	3601	132023
15	50	5	67	13555	174	13381	1320	44532
9	20	16	32	6327	142	6185	818	21645
	9	1	7	2658	75	2583	361	8177
3	4	2	4	2140	106	2034	380	5848
			1	528	32	496	97	965
1				430	33	397	115	620
	3		1	312	37	275	92	252
				32	8	24	19	13
				17	6	11	7	7
1				31	8	23	11	28
2	7	4	1	180	23	157	50	450
11	34	17	8	760	46	714	160	2683
9	31	8	14	1231	58	1173	224	3902
2	11			377	10	367	83	1311
	8	1	5	547	14	533	101	1620
3	11	2	5	959	28	931	123	3222
2	13		6	1094	30	1064	127	3577
3	7	4	7	1474	34	1440	166	4861
1	13	2	13	1768	35	1733	200	5830
	5		11	2077	33	2044	221	6741
5	5	1	14	2635	33	2602	304	8667
	4	1	12	2881	29	2852	274	9776
6	13	1	11	3117	35	3082	326	10786
3	7	2	19	3590	43	3547	375	12411
	7	1	27	3635	44	3591	388	12356
3	10	1	16	3770	44	3726	401	13658
2	6	2	18	4677	58	4619	484	17616
2	13	1	39	6664	63	6601	683	24875
4	9	1	40	7659	74	7585	659	25746
3	7	3	28	7535	58	7477	707	23580
1	7	3	54	8915	34	8881	632	19502
			10	348	12	336	111	884

1-15 续表

分组	私营独资	私营合伙	私营有限责任公司	私营股份有限公司	其他	港、澳、台商投资
总　计	**56550**	**2685**	**148796**	**6051**	**60548**	**2051**
按从业人员组距分组						
7人及以下	35409	1536	91729	3349	41722	632
8-19人	12332	688	30239	1273	13896	344
20-49个	5926	333	14668	718	3761	374
50-99人	1727	81	6007	362	695	251
100-299人	1064	43	4489	252	408	269
300-499人	56	3	852	54	39	85
500-999人	29	1	564	26	19	58
1000-4999人	6		231	15	8	36
5000-9999人	1		10	2		2
10000人以上			7			
按开业(成立)时间分组						
1949年及以前	12		16		733	
1950-1977年	255	9	171	15	4493	4
1978-1991年	1445	95	1057	86	8278	64
1992-1995年	1750	129	1884	139	1239	219
1996年	590	45	639	37	378	33
1997年	677	35	854	54	394	33
1998年	1332	76	1716	98	609	47
1999年	1328	91	2037	121	957	52
2000年	1660	122	2925	154	1708	65
2001年	2041	101	3520	168	1626	63
2002年	1921	112	4487	221	1411	96
2003年	2406	156	5819	286	1640	89
2004年	2449	170	6853	304	1651	120
2005年	2928	145	7388	325	1766	133
2006年	2974	172	8879	386	1757	145
2007年	2676	150	9159	371	2374	121
2008年	2989	158	10121	390	3375	74
2009年	4286	153	12712	465	4946	135
2010年	6716	187	17275	697	5104	190
2011年	5835	202	18996	713	4931	139
2012年	5515	180	17341	544	5415	122
2013年	4620	191	14231	460	5689	83
无开业年份	145	6	716	17	74	24

港澳台商合资经营	港澳台商合作经营	港澳台商独资	港澳台商投资股份有限公司	其他港澳台商投资	外商投资企业	中外合资经营	中外合作经营	外资企业	外商投资股份有限公司	其他外商投资
968	**81**	**929**	**56**	**17**	**5817**	**2286**	**216**	**3041**	**152**	**122**
258	24	321	18	11	1949	653	61	1110	52	73
145	16	172	10	1	1044	367	25	592	31	29
177	16	170	9	2	942	416	35	447	31	13
136	9	101	5		678	308	30	325	12	3
155	9	94	9	2	727	351	45	321	9	1
49	4	31	1		202	84	6	106	6	
34		21	2	1	175	67	10	90	6	2
14	3	17	2		91	36	4	47	3	1
		2			6	1		3	2	
					3	3				
2	1			1	3	2		1		
45	4	13	1	1	116	49	12	51	3	1
132	12	69	5	1	483	243	25	206	6	3
23	3	5	2		135	61	6	65	3	
20	3	8	2		121	47	11	58	5	
29	5	13			146	82	10	47	4	3
32	3	15	2		180	99	12	65	3	1
39	4	20	2		239	102	21	105	8	3
31	4	24	4		271	121	6	139	4	1
51	3	42			353	163	16	170	3	1
47	2	39	1		413	183	13	199	14	4
59	7	48	6		407	173	18	207	5	4
64	1	61	6	1	448	192	14	231	11	
67	9	66	3		505	186	18	281	14	6
48	3	63	4	3	407	134	10	248	10	5
26		47	1		265	78	7	165	5	10
51	4	77		3	260	71	6	153	19	11
83	1	100	5	1	279	81	5	162	12	19
40	6	87	4	2	286	75	2	187	5	17
42	5	68	4	3	262	79	1	157	9	16
29		51	2	1	205	49	3	128	8	17
8	1	13	2		33	16		16	1	

1-16 按从业人员组距、开业(成立)时间、

分组	从业人员数(人)	内资	国有	集体	股份合作	联营
总计	**12585094**	**11677111**	**2526245**	**434499**	**68489**	**19246**
按从业人员组距分组						
7人及以下	852617	844751	68612	22260	4576	1539
8-19人	1045464	1028435	139826	31532	5857	1558
20-49个	1340522	1299786	263710	51387	7995	2340
50-99人	1260792	1194872	323179	43838	7801	1128
100-299人	2249219	2076005	510106	80296	12683	2171
300-499人	952235	841991	175767	37044	9593	361
500-999人	1233381	1074033	201806	44376	8905	538
1000-4999人	2015965	1768499	384415	111361	5781	9611
5000-9999人	561638	515911	53144	12405	5298	
10000人以上	1073261	1032828	405680			
按开业(成立)时间分组						
1949年及以前	741653	741653	591210	3548	40	5
1950-1977年	934708	930539	579653	38554	3852	344
1978-1991年	1271656	1200656	560444	173376	18324	5812
1992-1995年	811282	647769	169209	66211	9453	1137
1996年	224220	194040	33156	21740	1888	108
1997年	250983	227675	40418	11969	2247	139
1998年	328368	308158	37883	16641	3449	3109
1999年	431155	398013	29073	12429	3209	312
2000年	392045	340336	33397	10683	1565	210
2001年	546884	484035	28054	9306	3171	309
2002年	517408	472953	52339	16198	993	97
2003年	581985	510104	39232	11073	2535	188
2004年	593426	526424	38428	6345	2089	205
2005年	588796	531188	46326	4818	1255	1176
2006年	608028	549150	33895	6259	2611	293
2007年	534796	495883	27400	4836	6102	393
2008年	528109	505215	20760	3606	1543	759
2009年	612397	590947	32844	5566	402	2346
2010年	704786	677223	39699	3037	1481	418
2011年	533007	517457	37177	3143	1172	569
2012年	443973	431249	26180	3715	678	536
2013年	327538	319013	19656	1429	422	727
无开业年份	77891	77431	9812	17	8	54

登记注册类型分组的法人单位从业人员数

国有联营	集体联营	国有与集体联营	其他联营	有限责任公司	国有独资	其他有限责任公司	股份有限公司	私营
1561	**11169**	**1069**	**5447**	**2762540**	**376392**	**2386148**	**698408**	**4600501**
109	467	110	853	139729	786	138943	12944	438151
155	550	62	791	156226	2193	154033	15426	515848
267	601	501	971	191501	4310	187191	25176	650786
	578	58	492	183502	5488	178014	24882	565248
492	685	338	656	367246	19503	347743	64559	978228
			361	200805	12725	188080	36680	367744
538				300099	21588	278511	80607	424961
	8288		1323	594216	72958	521258	174608	480065
				228765	56589	172176	124914	91385
				400451	180252	220199	138612	88085
5				102496	74479	28017	37780	1926
7	57	99	181	180243	46237	134006	48652	50151
81	3839	507	1385	161622	15917	145705	56223	176050
313	462	101	261	170705	26124	144581	42980	175922
37	71			66762	5971	60791	15689	51433
	52	25	62	44943	3333	41610	52327	68900
47	2937	19	106	78770	8747	70023	25172	137399
19	252		41	97189	54012	43177	92700	151682
8	56	55	91	92050	3636	88414	31637	153320
3	124	10	172	169310	34087	135223	34534	222246
	24		73	127037	9078	117959	35580	226879
31	79	1	77	117041	7637	109404	36459	288137
	45	58	102	116976	5403	111573	12925	332746
601	168	2	405	121561	4714	116847	19354	320012
18	111	7	157	138159	15892	122267	13751	336591
	55	10	328	125938	9982	115956	17496	285110
257	293	43	166	116741	9035	107706	39313	281847
37	2235	6	68	173757	3063	170694	19795	302004
8	56	5	349	183874	13092	170782	24197	373111
52	50	45	422	130508	9596	120912	12893	283666
14	43	39	440	101735	2340	99395	15304	229304
23	160	37	507	83952	435	83517	13377	146168
			54	61171	13582	47589	270	5897

1-16 续表

分　组	私营独资	私营合伙	私营有限责任公司	私营股份有限公司	其他	港、澳、台商投资
总　计	**797657**	**37315**	**3573568**	**191961**	**567183**	**229773**
按从业人员组距分组						
7人及以下	118374	5427	302157	12193	156940	1959
8-19人	143383	7847	349808	14810	162162	4258
20-49个	174767	9415	444548	22056	106891	11784
50-99人	118262	5361	416278	25347	45294	17701
100-299人	182011	7286	746013	42918	60716	46585
300-499人	21104	1049	325482	20109	13997	32844
500-999人	19502	930	388008	16521	12741	38531
1000-4999人	11544		444594	23927	8442	64857
5000-9999人	8710		68595	14080		11254
10000人以上			88085			
按开业(成立)时间分组						
1949年及以前	516		1410		4648	
1950-1977年	7715	135	34170	8131	29090	682
1978-1991年	34107	2287	130938	8718	48805	6391
1992-1995年	38177	2104	128829	6812	12152	37847
1996年	14363	1272	34808	990	3264	3421
1997年	12279	390	51978	4253	6732	6583
1998年	28551	1316	101219	6313	5735	3428
1999年	28062	1181	116606	5833	11419	8892
2000年	28966	1810	115795	6749	17474	17125
2001年	37978	1106	170261	12901	17105	12966
2002年	36437	1941	176978	11523	13830	13608
2003年	47325	2463	226433	11916	15439	14052
2004年	53308	3580	253753	22105	16710	21879
2005年	49204	1713	256996	12099	16686	16665
2006年	53966	2564	267464	12597	17591	14539
2007年	47619	2256	223990	11245	28608	10616
2008年	37726	2842	233103	8176	40646	7409
2009年	47235	1847	241683	11239	54233	8493
2010年	65449	2279	293272	12111	51406	10003
2011年	49727	1411	223311	9217	48329	4723
2012年	43896	1620	178407	5381	53797	6275
2013年	34235	1169	107250	3514	53282	4094
无开业年份	816	29	4914	138	202	82

港澳台商合资经营	港澳台商合作经营	港澳台商独　资	港澳台商投资股份有限公司	其他港澳台商投资	外商投资企　业	中外合资经　营	中外合作经　营	外资企业	外商投资股份有限公　司	其他外商投　资
107951	**8360**	**103316**	**9185**	**961**	**678210**	**294430**	**28520**	**324330**	**26352**	**4578**
806	68	1000	62	23	5907	1953	140	3421	144	249
1806	219	2102	121	10	12771	4461	306	7306	376	322
5397	544	5495	292	56	28952	12848	1111	13661	949	383
9686	594	7092	329		48219	21869	2167	23150	847	186
26078	1812	16898	1450	347	126629	60250	7827	56655	1697	200
18854	1430	12124	436		77400	32294	2259	40651	2196	
22851		13659	1496	525	120817	45224	6654	63566	4008	1365
22473	3693	33692	4999		182609	70024	8056	98250	4406	1873
		11254			34473	5074		17670	11729	
					40433	40433				
77	80			525	3487	3473		14		
4128	424	1599	1	239	64609	27191	1041	29392	6980	5
14664	3552	19424	203	4	125666	47196	2595	72769	2514	592
2571	169	538	143		26759	9559	175	11686	5339	
2956	86	3478	63		16725	9547	1431	5627	120	
2385	563	480			16782	6999	1597	8025	70	91
4991	90	3749	62		24250	14924	1499	7420	402	5
9857	399	4011	2858		34584	9243	1853	20059	3392	37
4527	1399	6723	317		49883	27311	353	21498	691	30
10740	306	2562			30847	13554	6239	10851	147	56
6279	16	7536	221		57829	33779	983	21523	1456	88
9595	657	7846	3781		45123	21014	3896	20117	84	12
9358	37	7010	256	4	40943	19042	1090	20311	500	
7447	203	6834	55		44339	19139	3038	21828	228	106
2350	82	8138	22	24	28297	13963	1429	12595	283	27
1465		5936	8		15485	6056	429	7988	910	102
2701	38	5714		40	12957	2843	612	5954	1563	1985
5948	1	3084	969	1	17560	3021	54	13788	558	139
1002	84	3497	31	109	10827	2229	19	6789	690	1100
3825	171	2124	143	12	6449	2213	170	3846	111	109
1064		2981	46	3	4431	1951	17	2057	312	94
21	3	52	6		378	183		193	2	

1-17 按从业人员组距、开业(成立)时间、机构类型分组的法人单位数

分组	法人单位数(个)	企业法人	事业法人	机关法人	社会团体	民办非企业单位	基金会	居委会	村委会	其他组织机构
总计	**418475**	**329733**	**28908**	**9320**	**8358**	**11150**	**51**	**4400**	**11482**	**15073**
按从业人员组距分组										
7人及以下	247494	197815	11537	1593	6683	7764	42	1439	10414	9847
8-19人	89311	68750	7120	2537	1197	2292	6	2728	933	3748
20-49个	44409	34443	4963	2475	331	810	3	215	123	1046
50-99人	18234	13484	2771	1460	81	187		13	8	230
100-299人	13555	10470	2042	726	51	80		5	3	178
300-499人	2497	2124	247	93	11	10			1	11
500-999人	1788	1574	141	55	3	6				9
1000-4999人	1064	952	87	19	1	1				4
5000-9999人	84	83		1						
10000人以上	39	38		1						
按开业(成立)时间分组										
1949年及以前	2528	316	926	475	86	9		32	614	70
1950-1977年	13812	2197	4965	1709	282	429	1	234	3565	430
1978-1991年	28640	9177	7026	3271	1190	686	2	588	5935	765
1992-1995年	13589	9861	1729	643	392	403	4	94	62	401
1996年	3880	2771	561	121	130	125		28	11	133
1997年	4063	3177	435	76	81	115	2	43	9	125
1998年	6533	5350	457	100	151	177	1	94	35	168
1999年	7358	5931	425	87	167	170		406	35	137
2000年	10258	7671	729	159	272	389	1	720	35	282
2001年	11592	9057	722	198	270	355	1	609	62	318
2002年	12964	10253	937	395	268	410		405	107	189
2003年	15537	13002	784	153	286	486	1	176	408	241
2004年	16882	14192	948	187	350	458	2	149	376	220
2005年	18565	15615	1077	238	527	630	3	192	15	268
2006年	20621	17880	1008	169	557	617	4	78	20	288
2007年	21137	17947	1100	153	487	672		104	23	651
2008年	22840	19601	681	122	312	670	4	127	27	1296
2009年	29507	25370	720	154	367	889	3	47	14	1943
2010年	39657	35380	901	326	505	910	4	53	47	1531
2011年	41319	37019	1120	151	573	893	8	99	17	1439
2012年	39323	34739	963	155	726	890	8	70	33	1739
2013年	36167	31743	683	89	377	761	2	52	32	2428
无开业年份	1703	1484	11	189	2	6				11

1-18 按从业人员组距、开业(成立)时间、机构类型分组的法人单位从业人员数

分组	法人单位从业人员数(人)	企业法人	事业法人	机关法人	社会团体	民办非企业单位	基金会	居委会	村委会	其他组织机构
总计	**12585094**	**10536532**	**1154773**	**448572**	**64629**	**108793**	**290**	**47527**	**61526**	**162452**
按从业人员组距分组										
7人及以下	852617	665026	43760	8140	21378	25476	146	7118	47287	34286
8-19人	1045547	799258	87442	32477	13282	26174	58	33079	9657	44120
20-49个	1340621	1036787	154189	78087	9697	23460	86	5908	3287	29120
50-99人	1260610	933065	193648	100434	5283	12299		842	548	14491
100-299人	2249219	1769362	318938	113083	7801	12514		580	397	26544
300-499人	952235	810954	95108	34245	4221	3624			350	3733
500-999人	1233381	1086688	99656	35068	1941	4244				5784
1000-4999人	2015965	1819242	162032	28289	1026	1002				4374
5000-9999人	561638	556308		5330						
10000人以上	1073261	1059842		13419						
按开业(成立)时间分组										
1949年及以前	741653	524938	150169	61122	1316	122		221	3184	581
1950-1977年	934708	435609	368307	99945	3964	3987	4	1805	18824	2263
1978-1991年	1271656	856206	237649	125137	8265	4293	29	4800	30911	4366
1992-1995年	811282	698547	52286	47897	2490	4853	25	935	411	3838
1996年	224220	200670	15710	4274	651	954		301	68	1592
1997年	250983	215440	15465	15356	449	2079	12	449	86	1647
1998年	328368	309296	10473	3149	911	2123	2	1016	368	1030
1999年	431155	406297	10685	4497	1322	2287		5165	210	692
2000年	392045	351820	18688	5011	2326	3520	4	8364	221	2091
2001年	546884	509543	16397	5445	2117	3308	1	7703	367	2003
2002年	517408	463222	26408	15083	2177	4998		3721	560	1239
2003年	581985	542806	22204	4178	1364	4990	6	1987	2449	2001
2004年	593426	548923	19977	7976	2993	6133	2	1766	2475	3181
2005年	588796	537833	28658	7875	3343	6475	9	2122	92	2389
2006年	608028	570071	19594	5420	3893	5511	18	1116	123	2282
2007年	534796	492693	18490	3027	3436	6672		1131	105	9242
2008年	528109	481796	12550	3463	3377	7281	10	1510	132	17990
2009年	612397	546178	23729	4643	2558	8652	16	831	74	25716
2010年	704786	640329	24503	9037	3921	8375	19	568	344	17690
2011年	533007	475827	24162	3540	5154	7785	41	946	173	15379
2012年	443973	388667	18527	2700	6221	8321	85	615	155	18682
2013年	327538	274442	14265	3244	2338	6061	7	455	194	26532
无开业年份	77891	65379	5877	6553	43	13				26

1-19 按行业(门类)分组的个体经营户数和从业人员数

行业	个体经营户户数 (户)	从业人员数 (人)
总 计	**2154038**	**4609092**
农、林、牧、渔业	12879	20705
采矿业	956	5861
制造业	87261	293556
电力、热力、燃气及水生产和供应业		
建筑业	24391	76605
批发和零售业	995851	1964356
交通运输、仓储和邮政业	636355	1112439
住宿和餐饮业	150802	533436
信息传输、软件和信息技术服务业	4831	9657
金融业		
房地产业	5456	12172
租赁和商务服务业	18114	39553
科学研究和技术服务业	5564	14691
水利、环境和公共设施管理业		
居民服务、修理和其他服务业	170800	405890
教育	12128	43294
卫生和社会工作	14213	33800
文化、体育和娱乐业	14437	43077
公共管理、社会保障和社会组织		

第二篇

小微企业

2-1 按地区、开业(成立)时间分组

地 区	法 人 单位数 (个)	1949年 及以前	1950-1977年	1978-1991年	1992-1995年
全 省	**315047**	**224**	**1850**	**8370**	**9130**
沈阳市	**86699**	**36**	**418**	**2469**	**2741**
和平区	10213	5	54	348	411
沈河区	12765	5	51	332	368
大东区	6565	5	52	287	334
皇姑区	11405		55	395	397
铁西区	12315	5	56	294	410
苏家屯区	2928	3	26	181	136
东陵区	7378	1	18	120	193
沈北新区	2940		9	97	97
于洪区	7880	3	23	164	219
辽中县	2398		8	66	53
康平县	2383	1	19	26	27
法库县	4670	1	26	51	26
新民市	2859	7	21	108	70
大连市	**90440**	**48**	**275**	**1725**	**2792**
中山区	11043	5	24	165	350
西岗区	9363	3	16	177	339
沙河口区	12817	2	10	164	338
甘井子区	15539	3	27	350	538
旅顺口区	4329	4	35	160	216
金州区	18435	4	23	248	545
长海县	253		3	7	10
瓦房店市	7136	3	26	144	176
普兰店市	6830	20	78	213	206
庄河市	4695	4	33	97	74
鞍山市	**27322**	**24**	**142**	**770**	**764**
铁东区	5078	5	26	150	152
铁西区	5562	5	45	133	146
立山区	4505		16	186	143
千山区	1305	1	3	35	30
台安县	1729		6	31	24
岫岩满族自治县	1692	1	15	64	72
海城市	7451	12	31	171	197
抚顺市	**12112**	**8**	**157**	**606**	**435**
新抚区	1686	1	29	94	59
东洲区	1997	1	43	165	99
望花区	3787	3	31	165	138

的小微企业法人单位数

1996年	1997年	1998年	1999年	2000年	2001年	2002年
2584	**2942**	**4969**	**5582**	**7183**	**8551**	**9630**
587	**788**	**1356**	**1516**	**1571**	**1973**	**2308**
76	108	192	196	217	264	307
111	134	198	229	250	328	376
69	74	126	142	145	209	186
65	114	204	180	210	246	377
78	121	208	250	229	280	282
32	31	44	61	51	89	80
52	61	104	130	156	207	257
18	28	48	55	65	66	77
38	56	107	155	110	161	240
9	17	34	41	49	37	35
12	13	13	19	15	20	21
8	8	22	16	20	23	27
19	23	56	42	54	43	43
710	**823**	**1299**	**1407**	**2116**	**2598**	**3188**
82	108	145	176	234	301	387
95	94	159	178	279	289	375
69	71	121	149	241	318	398
104	145	242	281	317	415	558
55	88	116	82	115	143	170
145	145	217	233	344	519	641
3		3	7	12	2	13
53	62	102	92	208	217	201
81	77	132	153	271	287	304
23	33	62	56	95	107	141
252	**269**	**477**	**622**	**840**	**881**	**1024**
45	49	92	87	149	157	270
49	58	91	124	158	195	186
39	46	88	136	149	174	193
17	18	22	19	42	47	55
10	7	23	47	57	53	55
22	9	22	30	52	32	57
70	82	139	179	233	223	208
101	**127**	**197**	**208**	**288**	**392**	**329**
21	19	27	39	47	72	58
14	23	32	47	53	82	75
22	37	56	46	79	117	89

2-1 续表 1

地 区	法人单位数(个)	1949年及以前	1950-1977年	1978-1991年	1992-1995年
顺城区	1626	1	13	60	52
抚顺县	1007		9	27	23
新宾满族自治县	866		21	63	33
清原满族自治县	1143	2	11	32	31
本溪市	**11086**	**11**	**154**	**393**	**262**
平山区	3119	1	51	118	69
溪湖区	1884	2	20	72	46
明山区	2811		22	66	39
南芬区	465		7	23	15
本溪满族自治县	1464	3	32	87	70
桓仁满族自治县	1343	5	22	27	23
丹东市	**10747**	**33**	**176**	**508**	**435**
元宝区	2074		39	61	78
振兴区	2577	4	31	81	110
振安区	734	1	11	32	29
宽甸满族自治县	1184	14	18	77	46
东港市	2004	12	18	88	67
凤城市	2174	2	59	169	105
锦州市	**11239**	**11**	**61**	**294**	**278**
古塔区	1560	2	14	46	63
凌河区	1717	2	6	64	44
太和区	2799		14	46	74
黑山县	1314	2	9	29	9
义县	1257	3	9	30	16
凌海市	1415	1	8	48	39
北镇市	1177	1	1	31	33
营口市	**17928**	**10**	**65**	**342**	**398**
站前区	3197	3	8	48	94
西市区	2777		7	41	69
鲅鱼圈区	3704	1	2	31	63
老边区	1931		1	35	35
盖州市	3127	4	25	132	79
大石桥市	3192	2	22	55	58
阜新市	**9258**	**4**	**88**	**354**	**201**
海州区	1574		21	86	45
新邱区	547		7	26	12
太平区	1073		1	85	33
清河门区	285		2	19	10
细河区	2146		12	42	40

1996年	1997年	1998年	1999年	2000年	2001年	2002年
20	23	26	36	40	60	51
5	6	18	12	15	14	18
8	8	19	11	33	32	25
11	11	19	17	21	15	13
274	**149**	**227**	**199**	**337**	**322**	**346**
149	42	73	65	113	102	113
43	28	47	45	43	53	58
48	37	36	47	116	67	79
8	5	9	1	6	10	11
15	20	34	24	38	36	49
11	17	28	17	21	54	36
147	**140**	**293**	**331**	**347**	**440**	**427**
28	34	53	69	70	83	93
39	33	66	78	85	109	98
12	13	27	22	32	33	31
16	10	40	41	44	65	39
20	20	59	61	60	57	66
32	30	48	60	56	93	100
67	**83**	**164**	**196**	**240**	**254**	**277**
14	19	30	37	41	49	39
13	15	28	42	36	37	51
12	18	31	58	64	74	70
6	5	11	11	20	21	23
8	9	20	14	28	29	25
10	8	22	26	34	24	47
4	9	22	8	17	20	22
132	**130**	**270**	**286**	**412**	**401**	**426**
23	29	66	59	83	101	88
20	20	39	50	49	47	59
20	25	41	49	70	69	75
11	6	39	27	59	33	45
31	26	47	51	60	60	70
27	24	38	50	91	91	89
44	**63**	**111**	**88**	**141**	**173**	**196**
12	16	30	23	26	32	46
2	4	4	10	13	10	12
7	7	14	11	22	21	26
2	5	3		3	2	11
11	13	21	19	28	35	50

2-1 续表 2

地　区	法　人 单位数 (个)	1949年 及以前	1950- 1977年	1978- 1991年	1992- 1995年
阜新蒙古族自治县	1881		37	54	46
彰武县	1752	4	8	42	15
辽阳市	**7685**	**6**	**87**	**309**	**284**
白塔区	1773	1	21	56	52
文圣区	524	1	10	39	20
宏伟区	896		4	28	33
弓长岭区	313		4	19	8
太子河区	1032	2	18	52	61
辽阳县	2128	2	8	61	58
灯塔市	1019		22	54	52
盘锦市	**7733**	**3**	**29**	**94**	**110**
双台子区	1276		2	17	21
兴隆台区	3883		1	42	65
大洼县	1579	3	15	19	10
盘山县	995		11	16	14
铁岭市	**6046**	**17**	**59**	**124**	**115**
银州区	1224	2	5	13	19
清河区	431		3	7	11
铁岭县	939	8	2	6	9
西丰县	350	2	12	17	8
昌图县	1925	3	25	45	37
调兵山市	319		1	9	3
开原市	858	2	11	27	28
朝阳市	**8476**	**4**	**85**	**146**	**130**
双塔区	2200		8	27	38
龙城区	1059		1	7	6
朝阳县	1034	2	13	7	9
建平县	1145		15	30	19
喀喇沁左翼蒙古族自治县	793	1	8	8	14
北票市	1099	1	18	20	19
凌源市	1146		22	47	25
葫芦岛市	**8276**	**9**	**54**	**236**	**185**
连山区	1878	1	11	66	49
龙港区	1590		1	16	25
南票区	608		10	38	23
绥中县	1771	6	12	40	26
建昌县	580		5	21	17
兴城市	1849	2	15	55	45

1996年	1997年	1998年	1999年	2000年	2001年	2002年
6	11	24	12	37	51	40
4	7	15	13	12	22	11
93	**88**	**177**	**195**	**214**	**298**	**280**
18	19	52	69	50	66	77
11	9	23	10	14	29	20
9	4	17	25	33	28	39
		7	9	10	10	16
15	14	32	39	28	53	46
29	16	33	20	45	72	59
11	26	13	23	34	40	23
48	**91**	**96**	**187**	**229**	**262**	**254**
13	27	19	37	31	40	26
16	38	52	114	161	166	174
10	19	16	27	19	31	36
9	7	9	9	18	25	18
40	**57**	**107**	**113**	**128**	**146**	**185**
6	11	26	27	23	37	36
5	3	10	4	12	10	17
7	13	14	13	18	20	38
2	4	8	9	10	10	14
17	18	30	27	32	35	36
1	1	7	9	7	6	12
2	7	12	24	26	28	32
42	**55**	**94**	**118**	**163**	**198**	**226**
17	16	32	41	49	66	66
4	3	11	18	14	19	33
2	1	2	4	14	10	19
3	5	4	12	17	21	31
3	4	6	12	12	22	12
5	8	23	15	24	28	35
8	18	16	16	33	32	30
47	**79**	**101**	**116**	**157**	**213**	**164**
9	17	23	22	63	67	48
10	10	21	23	22	46	40
6	10	11	14	7	22	13
5	9	15	20	18	28	20
5	5	9	11	10	12	13
12	28	22	26	37	38	30

2-1 续表 3

地 区	2003年	2004年	2005年	2006年	2007年
全 省	**12283**	**13490**	**14788**	**17038**	**17062**
沈阳市	**2800**	**3166**	**3451**	**4334**	**4542**
和平区	389	439	458	548	556
沈河区	475	490	517	703	771
大东区	248	292	280	348	307
皇姑区	366	435	478	533	597
铁西区	369	461	487	635	676
苏家屯区	109	132	136	160	133
东陵区	296	278	345	440	414
沈北新区	96	118	160	178	146
于洪区	269	300	322	387	412
辽中县	44	52	50	80	92
康平县	33	39	49	93	144
法库县	39	50	73	97	172
新民市	67	80	96	132	122
大连市	**3960**	**4520**	**4572**	**5128**	**5213**
中山区	501	659	641	709	664
西岗区	469	538	553	601	643
沙河口区	556	589	582	687	765
甘井子区	703	817	769	838	929
旅顺口区	171	199	204	275	241
金州区	854	918	917	1111	999
长海县	16	13	18	15	14
瓦房店市	271	311	319	304	365
普兰店市	280	281	323	357	351
庄河市	139	195	246	231	242
鞍山市	**1110**	**1244**	**1410**	**1571**	**1506**
铁东区	220	255	274	368	340
铁西区	251	351	375	341	332
立山区	209	199	269	270	225
千山区	80	79	75	75	81
台安县	50	50	48	88	127
岫岩满族自治县	79	71	69	78	81
海城市	221	239	300	351	320
抚顺市	**445**	**488**	**698**	**837**	**655**
新抚区	70	72	66	93	111
东洲区	67	105	112	105	84
望花区	143	145	337	431	272

2008年	2009年	2010年	2011年	2012年	2013年	无开业年份
18817	**24424**	**34135**	**35950**	**33722**	**30970**	**1353**
5283	**6194**	**9988**	**10938**	**9878**	**10226**	**136**
682	785	991	1199	1053	930	5
880	1065	1428	1483	1204	1365	2
411	452	705	687	601	602	3
717	700	1246	1443	1177	1464	6
827	1028	1297	1519	1297	1448	58
160	181	289	306	289	296	3
421	541	772	925	840	792	15
136	192	394	340	320	295	5
469	504	1026	1067	971	872	5
89	148	383	394	371	345	1
102	190	437	348	432	316	14
232	270	694	756	846	1211	2
157	138	326	471	477	290	17
5556	**6812**	**8673**	**10303**	**9937**	**8686**	**99**
703	853	1057	1182	1181	913	3
573	666	881	973	838	623	1
841	959	1435	1304	1465	1750	3
1036	1277	1333	1724	1732	1400	1
240	296	299	435	467	297	21
1051	1252	1702	2417	2150	1978	22
26	15	27	16	19	14	
418	626	901	865	836	627	9
481	472	530	775	583	556	19
187	396	508	612	666	528	20
1535	**2347**	**3033**	**2679**	**2488**	**2312**	**22**
324	434	506	387	604	184	
370	449	571	549	348	435	
246	384	427	501	312	289	4
65	112	168	130	81	69	1
110	153	169	122	259	230	10
83	104	198	181	192	176	4
337	711	994	809	692	929	3
527	**1011**	**1368**	**1208**	**1018**	**956**	**53**
126	160	202	120	92	94	14
77	159	217	217	119	92	9
108	254	353	371	304	264	22

2-1 续表 4

地 区	2003年	2004年	2005年	2006年	2007年
顺城区	67	67	77	83	73
抚顺县	33	29	30	29	22
新宾满族自治县	33	46	43	51	49
清原满族自治县	32	24	33	45	44
本溪市	**513**	**653**	**720**	**753**	**666**
平山区	163	224	234	260	191
溪湖区	83	86	121	97	90
明山区	122	192	212	192	154
南芬区	23	22	21	24	11
本溪满族自治县	83	69	69	103	113
桓仁满族自治县	39	60	63	77	107
丹东市	**539**	**527**	**527**	**593**	**598**
元宝区	113	153	98	120	158
振兴区	123	94	113	133	124
振安区	35	36	48	42	43
宽甸满族自治县	77	60	72	75	68
东港市	72	75	82	99	78
凤城市	119	109	114	124	127
锦州市	**372**	**404**	**430**	**482**	**500**
古塔区	69	86	81	80	77
凌河区	63	62	46	59	82
太和区	90	87	119	136	125
黑山县	31	39	41	41	41
义县	46	40	55	58	68
凌海市	46	49	48	56	71
北镇市	27	41	40	52	36
营口市	674	642	870	978	928
站前区	164	130	276	255	227
西市区	99	132	138	142	128
鲅鱼圈区	136	118	137	200	191
老边区	64	64	79	120	86
盖州市	77	81	81	87	125
大石桥市	134	117	159	174	171
阜新市	**275**	**257**	**372**	**385**	**406**
海州区	67	55	73	92	74
新邱区	13	7	15	13	27
太平区	38	41	52	37	42
清河门区	12	7	15	12	14
细河区	61	81	102	122	113

2008年	2009年	2010年	2011年	2012年	2013年	无开业年份
73	112	164	163	136	229	
51	115	199	123	147	82	
42	101	79	62	51	52	4
50	110	154	152	169	143	4
706	**754**	**818**	**1036**	**976**	**791**	**26**
193	190	237	235	152	142	2
106	130	167	202	149	185	11
182	170	114	279	415	219	3
33	37	41	53	51	53	1
92	101	118	138	91	73	6
100	126	141	129	118	119	3
597	**701**	**857**	**965**	**822**	**695**	**49**
151	130	108	141	172	121	1
129	185	227	264	216	231	4
31	43	42	56	57	51	7
71	68	73	91	53	54	12
100	123	240	232	196	175	4
115	152	167	181	128	63	21
543	**865**	**1212**	**1294**	**1651**	**1516**	**45**
64	112	104	158	148	226	1
71	106	178	186	211	314	1
134	227	304	323	359	407	27
55	100	248	166	258	147	1
66	80	128	195	175	141	14
106	147	93	127	266	139	
47	93	157	139	234	142	1
1261	1688	2212	1965	1808	1577	453
210	246	337	271	255	224	
147	244	265	368	319	263	131
376	436	513	421	354	364	12
99	218	360	188	164	151	47
231	263	383	341	334	301	238
198	281	354	376	382	274	25
440	**903**	**1107**	**1240**	**1300**	**1075**	**35**
87	170	192	173	175	74	5
27	88	55	67	87	37	11
35	75	85	150	188	103	
13	34	24	23	50	24	
117	191	248	330	278	225	7

2-1 续表 5

地　区	2003年	2004年	2005年	2006年	2007年
阜新蒙古族自治县	52	40	63	58	84
彰武县	32	26	52	51	52
辽阳市	**373**	**399**	**415**	**393**	**398**
白塔区	97	87	76	76	69
文圣区	22	33	33	30	29
宏伟区	49	45	40	42	42
弓长岭区	16	24	22	31	23
太子河区	57	41	56	63	49
辽阳县	89	111	123	115	124
灯塔市	43	58	65	36	62
盘锦市	**366**	**266**	**293**	**351**	**378**
双台子区	54	46	47	52	65
兴隆台区	222	163	154	174	175
大洼县	56	42	55	77	80
盘山县	34	15	37	48	58
铁岭市	**250**	**252**	**324**	**370**	**363**
银州区	64	54	73	76	77
清河区	15	14	20	35	24
铁岭县	33	49	56	71	92
西丰县	15	23	13	18	12
昌图县	68	58	84	106	86
调兵山市	7	17	22	16	27
开原市	48	37	56	48	45
朝阳市	**331**	**409**	**390**	**457**	**460**
双塔区	105	111	104	142	157
龙城区	47	50	44	41	45
朝阳县	18	28	29	44	37
建平县	49	95	74	66	48
喀喇沁左翼蒙古族自治县	19	28	35	35	52
北票市	48	53	46	61	57
凌源市	45	44	58	68	64
葫芦岛市	**275**	**263**	**316**	**406**	**449**
连山区	78	86	92	105	110
龙港区	62	61	75	108	108
南票区	12	21	35	29	36
绥中县	40	27	32	56	91
建昌县	21	17	21	32	39
兴城市	62	51	61	76	65

2008年	2009年	2010年	2011年	2012年	2013年	无开业年份
85	165	224	257	285	249	1
76	180	279	240	237	363	11
497	**529**	**710**	**735**	**589**	**611**	**5**
109	126	168	180	161	143	
24	21	41	36	31	37	1
38	45	94	97	77	106	1
16	17	23	21	18	19	
76	54	92	70	63	51	
185	198	184	221	170	204	1
49	68	108	110	69	51	2
435	**635**	**1126**	**994**	**825**	**626**	**35**
57	142	180	154	142	103	1
231	183	614	478	368	292	
95	124	202	246	208	173	16
52	186	130	116	107	58	18
383	**636**	**795**	**521**	**542**	**484**	**35**
98	171	151	109	67	58	21
27	40	64	45	40	22	3
79	83	91	78	93	63	3
14	16	54	22	26	41	
77	206	327	175	216	216	1
18	22	32	24	34	37	7
70	98	76	68	66	47	
572	**745**	**1036**	**978**	**940**	**804**	**93**
151	187	276	201	189	216	1
62	89	129	182	183	70	1
69	147	164	149	155	106	5
74	70	114	111	125	132	30
53	74	91	88	90	78	48
87	81	155	119	77	114	5
76	97	107	128	121	88	3
482	**604**	**1200**	**1094**	**948**	**611**	**267**
130	149	252	195	193	98	14
95	119	197	185	207	99	60
40	46	66	78	50	27	14
100	159	277	260	236	196	98
39	41	92	65	53	34	18
78	90	316	311	209	157	63

2-2 按地区、开业(成立)时间分组的

地 区	从 业 人员数 (人)	1949年及以前	1950-1977年	1978-1991年	1992-1995年
全 省	**5365615**	**7296**	**76960**	**321256**	**254294**
沈阳市	**1198484**	**1885**	**11190**	**67966**	**58797**
和平区	115650	504	963	7314	8598
沈河区	132022	139	1894	7676	5668
大东区	71359	75	840	7081	6178
皇姑区	101150		2035	9846	5806
铁西区	134055	8	812	8440	5998
苏家屯区	61293	345	357	6356	3381
东陵区	88495	2	887	2231	3724
沈北新区	78293		553	2440	4409
于洪区	85535	468	837	4614	4718
辽中县	65653		346	7031	3588
康平县	107342	40	653	558	1167
法库县	89429	13	393	1866	3625
新民市	68208	291	620	2513	1937
大连市	**1409017**	**1284**	**13366**	**81392**	**86432**
中山区	87099	169	760	2558	6066
西岗区	101752	16	1073	8216	6044
沙河口区	99921	10	125	7712	8549
甘井子区	245705	279	1625	14934	17048
旅顺口区	83500	26	1895	7924	6047
金州区	314304	86	1473	10884	19224
长海县	5783		106	130	369
瓦房店市	187072	90	1248	8761	8222
普兰店市	167920	520	1966	9961	10427
庄河市	115961	88	3095	10312	4436
鞍山市	**477755**	**405**	**9113**	**32257**	**24538**
铁东区	96953	117	923	4895	3719
铁西区	76838	86	1308	2249	4701
立山区	60976		308	7917	3095
千山区	17878	2	143	1343	621
台安县	47156		177	2017	1758
岫岩满族自治县	30528	29	2097	2094	2630
海城市	147426	171	4157	11742	8014
抚顺市	**225638**	**570**	**3419**	**19468**	**11486**
新抚区	23727	5	682	2420	1964
东洲区	33891	3	657	4906	1815
望花区	66135	536	148	4115	1837

小微企业法人单位从业人员数

1996年	1997年	1998年	1999年	2000年	2001年	2002年
77286	**85383**	**137087**	**144063**	**160775**	**210159**	**223257**
14359	**17790**	**31954**	**36074**	**32278**	**37609**	**40456**
1387	1567	3065	4608	4415	4044	3959
3029	2785	2607	3566	3093	3226	4348
1528	805	1699	1800	1635	3344	2746
1201	1721	2422	3001	2387	3793	3971
1532	2301	4673	4188	4820	5505	5557
907	1426	1582	2228	1877	3899	2132
989	1679	2223	2102	3334	3320	4473
911	1507	3218	3475	3266	2829	5147
1264	1195	1961	2853	2228	2796	3580
176	515	2994	1974	1959	2510	1159
270	857	347	1613	638	311	776
250	419	1246	615	349	364	477
915	1013	3917	4051	2277	1668	2131
22358	**31989**	**33526**	**34390**	**48178**	**63060**	**68080**
1212	1318	2415	2071	2568	3454	4275
1170	13546	2271	2201	3398	4240	3803
1175	1276	2163	2652	2691	3283	4489
3306	4375	8918	8602	8204	10274	11349
1727	1903	2179	2505	2680	3546	4590
5817	4150	6724	6306	9871	16512	15537
166		11	195	250	237	203
3064	2508	3991	4529	7406	8493	7844
3330	2064	3000	3558	7177	9431	8239
1391	849	1854	1771	3933	3590	7751
8043	**7181**	**14345**	**15827**	**16617**	**18002**	**19572**
1448	1142	2777	4432	2373	3058	4744
1281	1450	1556	2052	3290	3232	2344
1233	948	2071	2738	2867	2720	3299
143	397	267	441	594	506	767
887	474	531	1514	1978	1979	2402
762	258	551	455	988	665	1271
2289	2512	6592	4195	4527	5842	4745
2357	**3035**	**4727**	**5352**	**5283**	**9048**	**9214**
739	728	632	459	1026	1440	1589
122	428	335	553	826	2435	2031
318	698	1072	1254	1011	1709	2468

2-2 续表 1

地　区	从业人员数(人)	1949年及以前	1950-1977年	1978-1991年	1992-1995年
顺城区	30982	18	205	3627	2339
抚顺县	18888		141	451	1383
新宾满族自治县	25613		726	1991	1328
清原满族自治县	26402	8	860	1958	820
本溪市	**225280**	**215**	**4655**	**16830**	**7435**
平山区	54430	21	1362	4482	1854
溪湖区	46393	66	216	3442	923
明山区	43339		940	2206	877
南芬区	12050		270	2222	337
本溪满族自治县	40312	64	1132	3305	2523
桓仁满族自治县	28756	64	735	1173	921
丹东市	**218705**	**873**	**7200**	**17850**	**12980**
元宝区	26861		1824	1058	1522
振兴区	42873	408	940	5186	3728
振安区	21121	12	322	2250	1433
宽甸满族自治县	29862	24	895	1956	1223
东港市	54809	227	879	3527	2116
凤城市	43179	202	2340	3873	2958
锦州市	**226363**	**1084**	**2513**	**12294**	**9476**
古塔区	23453	94	474	1816	1265
凌河区	25713	111	86	3663	1654
太和区	52605		427	1654	3382
黑山县	40690	472	466	2364	243
义县	25135	373	82	701	291
凌海市	38632	16	826	1445	1425
北镇市	20135	18	152	651	1216
营口市	**345296**	**169**	**1911**	**10739**	**11642**
站前区	64584	20	118	1495	2451
西市区	44254		88	1374	1595
鲅鱼圈区	79767	13	24	882	2138
老边区	46505		190	1508	1051
盖州市	46681	86	1201	2480	1968
大石桥市	63505	50	290	3000	2439
阜新市	**161054**	**10**	**1993**	**14305**	**4589**
海州区	27746		361	3315	795
新邱区	10298		99	1575	347
太平区	19063		85	3414	327
清河门区	10480		142	533	164
细河区	45543		473	2642	1398

1996年	1997年	1998年	1999年	2000年	2001年	2002年
728	533	432	1662	1052	1712	1010
38	175	494	456	335	268	161
285	251	784	333	690	1021	1511
127	222	978	635	343	463	444
7901	**4200**	**6024**	**4729**	**6797**	**11719**	**10329**
3324	679	1292	1221	2490	2843	3753
1809	1364	1229	1852	1198	2454	1416
1747	1284	873	886	1078	1966	2711
321	97	618	1	520	640	70
450	465	1182	585	999	2662	1671
250	311	830	184	512	1154	708
4594	**3928**	**8898**	**11213**	**8367**	**10487**	**10931**
324	580	659	1144	1025	1526	869
654	686	1995	2208	1671	2503	1497
601	490	459	1211	1159	1432	1249
471	897	1523	2541	750	1158	927
1469	804	3191	2545	2745	1680	3306
1075	471	1071	1564	1017	2188	3083
2397	**2431**	**6586**	**5190**	**8459**	**6479**	**9530**
352	999	890	845	1263	499	942
306	235	347	589	638	371	793
655	524	1222	1224	2971	1386	2799
691	275	900	346	936	1264	841
220	140	216	417	765	571	843
160	124	2082	1554	1327	2115	2739
13	134	929	215	559	273	573
6067	**3814**	**11677**	**8838**	**12139**	**12980**	**10443**
1168	937	2121	1291	1878	3632	1477
556	680	3186	992	1377	1078	857
1091	873	1472	1653	1702	1780	3211
328	160	1577	961	2390	902	1109
661	796	1195	1349	1698	1977	1512
2263	368	2126	2592	3094	3611	2277
1456	**1473**	**3197**	**2470**	**2458**	**4735**	**5897**
487	193	1027	485	272	1165	900
5	40	93	813	191	519	345
215	408	295	490	214	512	350
179	69	314		36	27	1814
347	537	255	471	1012	1142	1279

2-2 续表 2

地区	从业人员数(人)	1949年及以前	1950-1977年	1978-1991年	1992-1995年
阜新蒙古族自治县	26568		335	1199	1252
彰武县	21356	10	498	1627	306
辽阳市	**185758**	**112**	**4061**	**12049**	**10006**
白塔区	27906	1	1204	2940	974
文圣区	9858	22	464	1289	353
宏伟区	16266		234	1127	1719
弓长岭区	9968		127	269	600
太子河区	16397	81	511	1392	1320
辽阳县	72172	8	1049	1996	3634
灯塔市	33191		472	3036	1406
盘锦市	**143532**	**66**	**10442**	**8450**	**4852**
双台子区	15068		279	603	412
兴隆台区	54626		83	1335	3885
大洼县	43412	66	8284	964	167
盘山县	30426		1796	5548	388
铁岭市	**189596**	**191**	**1555**	**8272**	**3309**
银州区	33298	24	330	1329	377
清河区	11056		16	913	99
铁岭县	37631	20	26	2376	387
西丰县	8369	7	159	408	280
昌图县	50034	94	937	1907	1208
调兵山市	16324		17	473	88
开原市	32884	46	70	866	870
朝阳市	**209110**	**64**	**2393**	**6292**	**3972**
双塔区	53442		163	460	977
龙城区	27683		710	401	175
朝阳县	22094	3	113	216	513
建平县	24000		259	703	797
喀喇沁左翼蒙古族自治县	18556	25	147	1447	234
北票市	27146	36	387	1301	840
凌源市	36189		614	1764	436
葫芦岛市	**150027**	**368**	**3149**	**13092**	**4780**
连山区	34181	188	244	5027	2116
龙港区	36242		15	586	1083
南票区	9115		289	1023	356
绥中县	29254	125	1396	2465	619
建昌县	13617		214	2031	286
兴城市	27618	55	991	1960	320

1996年	1997年	1998年	1999年	2000年	2001年	2002年
103	67	1000	144	641	1076	1029
120	159	213	67	92	294	180
2440	**1648**	**4494**	**4794**	**6615**	**6677**	**7387**
131	310	903	1297	956	1148	1769
113	105	293	90	265	439	284
88	12	346	300	333	585	940
		388	248	342	90	415
243	161	482	806	510	784	471
1592	599	1691	583	2082	2375	2483
273	461	391	1470	2127	1256	1025
1044	**2172**	**2875**	**3073**	**3345**	**7933**	**5990**
457	358	289	268	422	438	566
233	886	1689	2050	2001	3695	3472
228	683	587	590	677	929	1497
126	245	310	165	245	2871	455
1867	**1816**	**3963**	**4785**	**2768**	**9089**	**10322**
268	286	1167	1747	700	1691	1466
68	22	116	69	150	298	2894
742	407	1149	650	671	2391	1724
18	47	62	340	96	277	495
495	672	664	874	359	2920	1000
3	16	466	236	291	91	229
273	366	339	869	501	1421	2514
1348	**1300**	**2212**	**4351**	**4657**	**7417**	**11111**
635	550	822	872	1247	1213	3642
221	67	492	271	252	452	4295
51	53	12	48	552	89	553
105	130	105	213	459	1481	538
67	35	49	157	259	474	258
142	167	494	353	693	1586	1413
127	298	238	2437	1195	2122	412
1055	**2606**	**2609**	**2977**	**2814**	**4924**	**3995**
83	351	726	407	1123	1713	1133
423	117	916	598	849	1472	1293
103	295	204	257	165	664	357
232	100	153	451	332	495	248
139	314	137	221	64	181	429
75	1429	473	1043	281	399	535

2-2 续表 3

地 区	2003年	2004年	2005年	2006年	2007年
全 省	**296378**	**318375**	**322634**	**345879**	**305460**
沈阳市	**51262**	**58956**	**71398**	**100290**	**82269**
和平区	4903	3964	5184	19080	4667
沈河区	5677	7490	6233	6875	6718
大东区	3799	5381	4405	3503	4308
皇姑区	3550	4449	4391	5047	5198
铁西区	6186	8707	8678	9197	8494
苏家屯区	5834	3484	4299	4846	3444
东陵区	4110	4306	5304	8429	5062
沈北新区	3830	7054	7691	5943	4909
于洪区	4518	3759	8448	6053	4241
辽中县	2639	2996	2318	4996	2994
康平县	1770	2105	6008	14002	20436
法库县	1958	2981	3954	4230	6833
新民市	2488	2280	4485	8089	4965
大连市	**83023**	**108108**	**93365**	**78558**	**71164**
中山区	4780	5404	9786	4608	3856
西岗区	5104	7337	6314	5005	4603
沙河口区	5557	10029	5038	5581	5167
甘井子区	16270	20361	13502	14284	12647
旅顺口区	3474	5292	5599	7563	3991
金州区	20033	24142	17670	18655	15621
长海县	179	212	1090	192	145
瓦房店市	10959	11904	12866	9291	11004
普兰店市	8606	15315	11349	7801	7281
庄河市	8061	8112	10151	5578	6849
鞍山市	**22305**	**21366**	**23905**	**30022**	**25195**
铁东区	5359	3877	4309	5786	5616
铁西区	3472	4507	4598	4157	3700
立山区	2970	2628	3577	3407	2587
千山区	1116	1591	875	1118	848
台安县	2939	2289	1983	5245	4901
岫岩满族自治县	1524	1847	1305	1900	1528
海城市	4925	4627	7258	8409	6015
抚顺市	**11772**	**11990**	**15261**	**15758**	**12159**
新抚区	729	931	916	1235	1022
东洲区	1042	1567	2461	1635	1378
望花区	3018	2798	5640	6412	4640

2008年	2009年	2010年	2011年	2012年	2013年	无开业年份
322067	**352063**	**456878**	**379254**	**331432**	**226423**	**10956**
70054	**73128**	**121679**	**88972**	**72757**	**56956**	**405**
5394	6680	9276	6620	5957	3481	20
7674	7915	17038	11698	8824	7847	2
3125	3409	4727	4357	3850	2759	5
6083	5380	7378	8441	6866	8155	29
7476	7615	12769	8580	6996	5338	185
2513	2102	3301	2918	2152	1880	30
4554	4116	10949	7458	5728	3488	27
3089	3534	7147	3724	1884	1720	13
4264	5067	6782	6561	5850	3468	10
4339	4349	7374	5143	3933	2313	7
8149	12165	17837	7367	7648	2585	40
7525	7887	13256	10637	8764	11780	7
5869	2909	3845	5468	4305	2142	30
78860	**73922**	**96579**	**93620**	**84913**	**62054**	**796**
4361	5253	5798	6163	5879	4332	13
3812	3876	6505	5555	3943	3717	3
4944	5008	7188	5826	6074	5379	5
15578	13215	15583	14107	13115	8128	1
3809	3621	3268	4729	4194	2815	123
17633	14977	21757	25741	22039	19195	257
387	227	639	557	243	245	
11882	13204	16863	13279	12789	6759	116
11225	8119	10937	11375	8431	7562	246
5229	6422	8041	6288	8206	3922	32
26184	**34217**	**41107**	**33147**	**32313**	**21951**	**143**
4588	7344	9048	6411	11933	3054	
5040	7155	6960	5980	3780	3940	
3071	3402	4131	3855	2211	1920	21
1012	1476	1659	1225	789	918	27
2548	2947	3127	2727	2775	1910	48
1826	1580	2212	2184	1588	1213	21
8099	10313	13970	10765	9237	8996	26
10195	**18800**	**23177**	**14564**	**10351**	**7177**	**475**
1195	1350	1915	1173	819	682	76
1492	2675	2873	2552	1220	787	98
2376	4424	12284	4302	2705	2139	231

2-2 续表 4

地 区	2003年	2004年	2005年	2006年	2007年
顺城区	2617	1183	1940	1654	1808
抚顺县	1451	1689	1706	970	751
新宾满族自治县	1521	1067	1432	1807	1208
清原满族自治县	1394	2755	1166	2045	1352
本溪市	**10695**	**14069**	**14747**	**12724**	**12357**
平山区	2982	3169	3389	3524	2161
溪湖区	2538	1952	2289	1497	1347
明山区	1943	3351	3839	2406	2269
南芬区	388	545	665	1072	656
本溪满族自治县	1921	2333	1748	3031	3221
桓仁满族自治县	923	2719	2817	1194	2703
丹东市	**12037**	**10780**	**12054**	**13424**	**11516**
元宝区	1061	1644	1443	1255	1581
振兴区	1645	1227	1820	2661	1479
振安区	1283	1174	1458	1067	1209
宽甸满族自治县	2231	2267	1767	2526	2171
东港市	3248	2120	2286	3491	2820
凤城市	2569	2348	3280	2424	2256
锦州市	**11483**	**11576**	**12946**	**12818**	**14364**
古塔区	822	1247	1291	1152	2188
凌河区	1506	1424	823	1014	906
太和区	3221	2173	2765	3634	2755
黑山县	1871	2112	3847	2441	2330
义 县	925	1103	1509	1833	2250
凌海市	1885	2623	1682	1882	2768
北镇市	1253	894	1029	862	1167
营口市	**29613**	**19526**	**18464**	**20535**	**17877**
站前区	4299	3898	4919	5322	4062
西市区	2032	2495	2819	2975	2168
鲅鱼圈区	15736	3088	2738	3465	3713
老边区	1823	3775	2330	2789	1915
盖州市	1612	2063	1445	2317	2314
大石桥市	4111	4207	4213	3667	3705
阜新市	**9878**	**5441**	**8623**	**7434**	**6416**
海州区	1110	868	2503	1655	1164
新邱区	379	178	283	308	510
太平区	925	784	1173	904	982
清河门区	831	588	189	485	136
细河区	4518	2124	2686	2211	1983

2008年	2009年	2010年	2011年	2012年	2013年	无开业年份
1498	1636	1440	1415	1139	1334	
1019	1885	1841	1155	1875	644	
1072	4425	1361	1081	899	756	64
1543	2405	1463	2886	1694	835	6
13756	**13909**	**14648**	**15889**	**13442**	**7725**	**485**
2822	2838	3253	4008	1760	1165	38
4465	3900	4100	3467	2761	1923	185
1818	2103	1891	2958	4269	1909	15
708	440	401	547	866	606	60
2199	2321	2421	3197	1786	927	169
1744	2307	2582	1712	2000	1195	18
11042	**10698**	**10897**	**11133**	**10690**	**6526**	**587**
1401	2153	1253	1691	1672	1175	1
1854	2590	2590	2113	1806	1588	24
702	996	582	623	760	486	163
2037	841	905	1359	827	509	57
3615	1853	3793	3191	3744	2067	92
1433	2265	1774	2156	1881	701	250
13923	**18069**	**18131**	**15379**	**18468**	**12063**	**704**
1140	1337	1110	1229	1104	1390	4
881	3541	1756	1386	1994	1686	3
2981	3525	4210	3300	4417	2749	631
2791	3423	3914	3001	3789	2366	7
1841	2514	2496	2324	2220	1446	55
3151	2564	1810	1804	3308	1342	
1138	1165	2835	2335	1636	1084	4
29905	**28377**	**31800**	**21369**	**20920**	**13763**	**2728**
5054	4536	8104	2702	3267	1833	
2218	3475	3450	4688	2830	2452	869
14334	5545	6118	3712	3660	2705	114
2466	5842	6576	2934	3286	2356	237
2863	4519	4270	2923	3824	2225	1383
2970	4460	3282	4410	4053	2192	125
7543	**12179**	**15864**	**16127**	**17840**	**9618**	**1508**
1479	1285	2603	2881	2658	528	12
315	675	570	604	899	239	1311
734	1091	1649	1345	2198	968	
232	827	1378	908	1200	428	
2878	4645	4979	4930	3805	1191	37

2-2 续表 5

地 区	2003年	2004年	2005年	2006年	2007年
阜新蒙古族自治县	1866	614	983	898	1113
彰武县	249	285	806	973	528
辽阳市	**10478**	**14867**	**13881**	**10572**	**8424**
白塔区	1234	1428	1588	1286	1064
文圣区	814	537	965	547	521
宏伟区	719	666	805	948	798
弓长岭区	446	637	489	681	303
太子河区	994	677	970	1751	416
辽阳县	4273	7731	5640	3811	3649
灯塔市	1998	3191	3424	1548	1673
盘锦市	**7862**	**6117**	**6375**	**7786**	**8284**
双台子区	738	450	443	553	634
兴隆台区	3672	3134	3208	2287	2380
大洼县	2327	1989	1511	3462	2657
盘山县	1125	544	1213	1484	2613
铁岭市	**11188**	**14857**	**13730**	**16638**	**14869**
银州区	1524	1763	3172	2030	2680
清河区	158	509	668	1313	811
铁岭县	1660	1962	3064	3834	3491
西丰县	1631	290	202	530	240
昌图县	2736	1903	2763	5940	3489
调兵山市	449	5762	1962	494	1551
开原市	3030	2668	1899	2497	2607
朝阳市	**16512**	**14240**	**13665**	**11026**	**12109**
双塔区	4425	2071	3715	2383	3274
龙城区	2226	1465	1615	2104	1939
朝阳县	1119	874	1061	993	665
建平县	1424	3066	2309	1487	1528
喀喇沁左翼蒙古族自治县	536	1314	1065	806	1627
北票市	2504	1912	2036	1830	1513
凌源市	4278	3538	1864	1423	1563
葫芦岛市	**8270**	**6482**	**4220**	**8294**	**8457**
连山区	1500	2493	747	1321	1571
龙港区	1723	1466	1279	1791	2321
南票区	142	514	539	483	596
绥中县	1638	444	346	617	1366
建昌县	768	362	250	2314	1329
兴城市	2499	1203	1059	1768	1274

2008年	2009年	2010年	2011年	2012年	2013年	无开业年份
695	1847	2195	2883	4321	2303	4
1210	1809	2490	2576	2759	3961	144
13221	**13133**	**14754**	**10962**	**8750**	**6317**	**116**
930	1463	3444	1173	1819	844	
306	492	807	418	400	333	1
974	1963	1676	834	701	497	1
3311	451	417	258	240	256	
851	757	1455	779	721	265	
6064	6376	4443	4797	3552	3672	72
785	1631	2512	2703	1317	450	42
8582	**9664**	**12634**	**11194**	**8936**	**5703**	**153**
611	1545	2460	1306	1221	1007	8
2201	2608	5881	4473	3072	2381	
3079	2774	2488	3413	2940	2050	50
2691	2737	1805	2002	1703	265	95
13325	**17102**	**19207**	**7307**	**9469**	**3757**	**210**
2430	3316	3527	2041	808	493	129
251	609	1224	480	235	150	3
3610	2782	3331	1044	1566	736	8
172	313	1091	574	766	371	
1963	4449	7360	2246	4638	1407	10
1559	714	859	319	498	187	60
3340	4919	1815	603	958	413	
14122	**18523**	**18964**	**24384**	**12214**	**7832**	**402**
2727	6336	7746	6470	1833	1877	4
1595	2989	2015	2446	1407	542	4
1181	1553	1990	6734	2583	1112	26
1448	1826	1645	1871	1470	972	164
1906	1579	1827	1831	1858	897	158
2211	1281	1778	2240	1276	1129	24
3054	2959	1963	2792	1787	1303	22
11355	**10342**	**17437**	**15207**	**10369**	**4981**	**2244**
1094	2103	4087	3957	1410	731	56
5838	2383	4244	2980	3482	1038	345
627	310	459	989	417	258	68
2078	4245	4026	3159	2155	1501	1063
658	345	1423	912	560	336	344
1060	956	3198	3210	2345	1117	368

2-3 按地区、登记注册类型分组

地区	法人单位数(个)	内资	国有	集体	股份合作	联营
全省	**315047**	**308289**	**5642**	**10272**	**2114**	**603**
沈阳市	**86699**	**85114**	**1678**	**2573**	**674**	**139**
和平区	10213	9914	353	256	137	13
沈河区	12765	12571	257	259	91	30
大东区	6565	6473	134	430	20	13
皇姑区	11405	11285	257	471	172	18
铁西区	12315	12002	214	333	117	34
苏家屯区	2928	2863	81	175	16	5
东陵区	7378	7159	102	95	35	6
沈北新区	2940	2818	51	81	5	1
于洪区	7880	7785	88	206	40	9
辽中县	2398	2380	18	36	32	1
康平县	2383	2381	29	75	2	1
法库县	4670	4662	28	48	2	
新民市	2859	2821	66	108	5	8
大连市	**90440**	**86928**	**827**	**1298**	**640**	**101**
中山区	11043	10564	146	112	98	6
西岗区	9363	9141	128	152	163	2
沙河口区	12817	12592	119	118	174	7
甘井子区	15539	14932	145	274	91	9
旅顺口区	4329	4182	62	82	42	32
金州区	18435	17009	114	200	52	21
长海县	253	252	13	31		
瓦房店市	7136	6983	37	98	10	12
普兰店市	6830	6633	42	181	9	11
庄河市	4695	4640	21	50	1	1
鞍山市	**27322**	**27091**	**472**	**1286**	**117**	**63**
铁东区	5078	5033	149	197	29	14
铁西区	5562	5506	103	281	38	24
立山区	4505	4460	101	411	25	9
千山区	1305	1289	7	62	2	
台安县	1729	1724	34	62	2	2
岫岩满族自治县	1692	1682	28	90	1	2
海城市	7451	7397	50	183	20	12
抚顺市	**12112**	**11978**	**439**	**983**	**51**	**25**
新抚区	1686	1667	101	121	9	4
东洲区	1997	1974	89	309	10	2
望花区	3787	3737	90	345	7	12

的小微企业法人单位数

国有联营	集体联营	国有与集体联营	其他联营	有限责任公司			股份有限公司	私营
					国有独资	其他有限责任公司		
50	**194**	**47**	**312**	**61923**	**636**	**61287**	**5578**	**205495**
17	**29**	**20**	**73**	**19034**	**185**	**18849**	**2013**	**55876**
5	3	4	1	1165	46	1119	100	7818
3	10	2	15	3464	27	3437	476	7636
1	3	4	5	1078	13	1065	89	4623
2		1	15	4627	13	4614	424	4925
	5	3	26	3066	20	3046	418	7569
	3		2	431	10	421	99	1865
1		1	4	861	18	843	90	5589
			1	1219	16	1203	54	1280
	3	2	4	614	10	604	147	6352
	1			598	6	592	27	1522
		1		225	1	224	14	1942
				1232	3	1229	19	2848
5	1	2		454	2	452	56	1907
6	**31**	**8**	**56**	**18692**	**116**	**18576**	**1195**	**61289**
1	1	2	2	2872	23	2849	111	7138
1	1			2078	13	2065	77	6492
1	5		1	3824	13	3811	146	8135
	2	3	4	3104	15	3089	260	10862
1	2	1	28	809	5	804	123	2870
1	11	1	8	2970	29	2941	196	13013
				39	1	38	8	143
1	3		8	1263	3	1260	199	4339
	5	1	5	916	7	909	58	4678
	1			817	7	810	17	3619
6	**21**	**8**	**28**	**6144**	**41**	**6103**	**519**	**15821**
3	4	1	6	1200	11	1189	179	2890
	4	5	15	1716	1	1715	101	3130
1	3	1	4	948	10	938	141	2556
				177	2	175	16	961
1	1			274	2	272	27	879
	1		1	80	6	74	8	1403
1	8	1	2	1749	9	1740	47	4002
6	**11**	**3**	**5**	**2471**	**28**	**2443**	**236**	**7519**
2	1		1	344	11	333	99	912
1		1		235	5	230	14	1271
1	9	2		902	6	896	42	2326

2-3 续表 1

地 区	法 人 单位数 (个)	内资	国有	集体	股份合作	联营
顺城区	1626	1599	67	68	25	3
抚顺县	1007	1002	9	25		
新宾满族自治县	866	862	37	53		2
清原满族自治县	1143	1137	46	62		2
本溪市	**11086**	**10957**	**472**	**912**	**36**	**58**
平山区	3119	3080	166	392	16	28
溪湖区	1884	1849	55	159	1	3
明山区	2811	2792	93	131	6	15
南芬区	465	456	12	50	3	2
本溪满族自治县	1464	1453	96	140	2	3
桓仁满族自治县	1343	1327	50	40	8	7
丹东市	**10747**	**10468**	**277**	**506**	**177**	**28**
元宝区	2074	2027	53	103	54	6
振兴区	2577	2491	75	77	76	6
振安区	734	692	10	42	9	2
宽甸满族自治县	1184	1177	36	63	15	11
东港市	2004	1957	40	78	7	1
凤城市	2174	2124	63	143	16	2
锦州市	**11239**	**11130**	**215**	**481**	**110**	**13**
古塔区	1560	1548	42	72	28	3
凌河区	1717	1713	53	95	30	2
太和区	2799	2733	49	83	43	6
黑山县	1314	1312	14	55	5	
义县	1257	1247	19	66	2	1
凌海市	1415	1407	22	59	1	1
北镇市	1177	1170	16	51	1	
营口市	**17928**	**17556**	**229**	**514**	**19**	**37**
站前区	3197	3162	48	140	6	3
西市区	2777	2681	27	93	3	1
鲅鱼圈区	3704	3603	49	65	3	17
老边区	1931	1913	12	31	1	2
盖州市	3127	3088	55	137	3	9
大石桥市	3192	3109	38	48	3	5
阜新市	**9258**	**9209**	**252**	**508**	**10**	**15**
海州区	1574	1566	82	147	3	2
新邱区	547	547	8	33	2	
太平区	1073	1063	17	147	1	1
清河门区	285	279	9	32		1
细河区	2146	2132	55	60	4	2

国有联营	集体联营	国有与集体联营	其他联营	有限责任公司	国有独资	其他有限责任公司	股份有限公司	私营
1			2	604	6	598	34	724
				32		32	5	926
1			1	219		219	9	522
	1		1	135		135	33	838
4	**36**		**18**	**2103**	**47**	**2056**	**267**	**6227**
	28			529	28	501	71	1745
2	1			237	4	233	16	1345
2	3		10	690	7	683	75	1661
	2			33	2	31	4	287
	2		1	243	1	242	34	758
			7	371	5	366	67	431
1	**10**	**1**	**16**	**1412**	**10**	**1402**	**291**	**7105**
	4	1	1	177		177	42	1444
1	2		3	623	5	618	133	1282
			2	99	1	98	33	435
	2		9	106	1	105	35	773
	1			111	2	109	7	1705
	1		1	296	1	295	41	1466
1	**4**	**2**	**6**	**2100**	**23**	**2077**	**80**	**7864**
	2	1		345	3	342	16	1017
1		1		442	3	439	14	1022
			6	708	13	695	33	1757
				92	3	89		1133
	1			401		401	11	704
	1			103	1	102	5	1159
				9		9	1	1072
4	**20**	**1**	**12**	**2893**	**43**	**2850**	**301**	**12097**
	1		2	435	12	423	83	2318
1				853	9	844	55	1586
3	11		3	557	11	546	45	2610
	1		1	187	7	180	32	1637
	6		3	512	2	510	38	1669
	1	1	3	349	2	347	48	2277
1	**10**	**1**	**3**	**465**	**22**	**443**	**44**	**7289**
	2			69	3	66	12	1229
				14	2	12	1	455
			1	79	4	75	3	805
			1	20	2	18	1	199
	2			102	8	94	9	1893

2-3 续表 2

地 区	法 人 单位数 (个)					
		内资	国有	集体	股份合作	联营
阜新蒙古族自治县	1881	1873	36	56		8
彰武县	1752	1749	45	33		1
辽阳市	**7685**	**7592**	**131**	**229**	**44**	**14**
白塔区	1773	1749	37	30	7	
文圣区	524	520	12	38	3	
宏伟区	896	885	9	19	16	
弓长岭区	313	309	12	20		
太子河区	1032	999	28	40	11	5
辽阳县	2128	2122	13	23	4	1
灯塔市	1019	1008	20	59	3	8
盘锦市	**7733**	**7634**	**116**	**136**	**154**	**19**
双台子区	1276	1258	10	42	25	
兴隆台区	3883	3834	39	37	119	11
大洼县	1579	1556	45	43	9	7
盘山县	995	986	22	14	1	1
铁岭市	**6046**	**5984**	**186**	**253**	**25**	**53**
银州区	1224	1211	28	48	13	4
清河区	431	429	13	21	1	2
铁岭县	939	918	24	35		33
西丰县	350	345	14	19	2	2
昌图县	1925	1918	71	63	3	12
调兵山市	319	311	13	10	1	
开原市	858	852	23	57	5	
朝阳市	**8476**	**8435**	**166**	**182**	**1**	**2**
双塔区	2200	2193	45	40	1	1
龙城区	1059	1057	5	2		
朝阳县	1034	1025	5	6		
建平县	1145	1135	23	52		1
喀喇沁左翼蒙古族自治县	793	788	26	23		
北票市	1099	1092	35	17		
凌源市	1146	1145	27	42		
葫芦岛市	**8276**	**8213**	**182**	**411**	**56**	**36**
连山区	1878	1865	41	118	19	11
龙港区	1590	1560	41	27	25	13
南票区	608	605	8	96	2	3
绥中县	1771	1764	32	65	4	3
建昌县	580	580	22	30	5	4
兴城市	1849	1839	38	75	1	2

国有联营	集体联营	国有与集体联营	其他联营	有限责任公司	国有独资	其他有限责任公司	股份有限公司	私营
1	5	1	1	84	2	82	7	1476
	1			97	1	96	11	1232
	4		**10**	**609**	**6**	**603**	**56**	**5707**
				49	1	48	2	1606
				62	1	61		380
				273	2	271	17	540
				28	2	26	4	224
	1		4	94		94	14	760
	1			71		71	3	1443
	2		6	32		32	16	754
	2		**17**	**1943**	**24**	**1919**	**265**	**4413**
				230	3	227	58	841
			11	1329	4	1325	119	1855
	2		5	226	14	212	47	1084
			1	158	3	155	41	633
	7	**2**	**44**	**906**	**14**	**892**	**131**	**3411**
			4	210	4	206	41	755
			2	96		96	15	249
		1	32	152	1	151	19	549
	1		1	38		38	6	201
	6	1	5	109	4	105	25	1074
				84	2	82	10	179
				217	3	214	15	404
	1		**1**	**1598**	**61**	**1537**	**23**	**6145**
			1	693	23	670	12	1370
				299	3	296	5	741
				101	5	96	1	699
	1			57	2	55	2	995
				144	4	140	2	582
				23	8	15	1	1015
				281	16	265		743
4	**8**	**1**	**23**	**1553**	**16**	**1537**	**157**	**4732**
3	2	1	5	540	5	535	70	887
			13	772	7	765	54	500
	1		2	28		28	6	295
1	2			62		62	5	1162
	2		2	55	1	54	8	371
	1		1	96	3	93	14	1517

2-3 续表 3

地区	私营独资	私营合伙	私营有限责任公司	私营股份有限公司	其他	港、澳、台商投资
全 省	**53576**	**2141**	**144013**	**5765**	**16662**	**1668**
沈阳市	**10903**	**363**	**42987**	**1623**	**3127**	**439**
和平区	585	46	7047	140	72	72
沈河区	559	54	6831	192	358	62
大东区	803	21	3643	156	86	25
皇姑区	787	39	3823	276	391	33
铁西区	996	47	6240	286	251	92
苏家屯区	850	38	921	56	191	13
东陵区	933	42	4516	98	381	61
沈北新区	525	5	713	37	127	37
于洪区	1263	21	4827	241	329	27
辽中县	718	6	750	48	146	5
康平县	783	4	1140	15	93	1
法库县	1358	19	1436	35	485	3
新民市	743	21	1100	43	217	8
大连市	**7940**	**324**	**51559**	**1466**	**2886**	**699**
中山区	242	27	6736	133	81	105
西岗区	463	38	5865	126	49	46
沙河口区	386	48	7526	175	69	40
甘井子区	1202	70	9274	316	187	124
旅顺口区	972	21	1791	86	162	27
金州区	1652	44	11026	291	443	261
长海县	21		117	5	18	
瓦房店市	1090	25	3047	177	1025	47
普兰店市	1479	28	3050	121	738	31
庄河市	433	23	3127	36	114	18
鞍山市	**7090**	**274**	**7857**	**600**	**2669**	**87**
铁东区	1012	57	1686	135	375	26
铁西区	867	33	2079	151	113	20
立山区	1008	33	1409	106	269	13
千山区	189	5	685	82	64	6
台安县	496	9	362	12	444	2
岫岩满族自治县	959	24	403	17	70	6
海城市	2559	113	1233	97	1334	14
抚顺市	**2640**	**93**	**4494**	**292**	**254**	**33**
新抚区	256	20	613	23	77	7
东洲区	501	16	741	13	44	5
望花区	677	27	1514	108	13	10

港澳台商合资经营	港澳台商合作经营	港澳台商独　资	港澳台商投资股份有限公司	其他港澳台商投资	外商投资企　业	中外合资经　营	中外合作经　营	外资企业	外商投资股份有限公　司	其他外商投　资
776	**68**	**761**	**48**	**15**	**5090**	**1986**	**185**	**2679**	**126**	**114**
184	**16**	**222**	**12**	**5**	**1146**	**430**	**25**	**642**	**21**	**28**
12	5	52	2	1	227	56	3	160	1	7
25	2	32	3		132	40	4	79	3	6
15		10			67	31	1	32	2	1
14	1	16	1	1	87	30	2	50	4	1
50	3	34	3	2	221	105	1	105	4	6
7	1	4	1		52	20	2	29	1	
29	1	30		1	158	64	5	86		3
10	1	26			85	44	3	34	2	2
13		12	2		68	20	2	43	1	2
1		4			13	10		3		
1					1	1				
1	1	1			5			5		
6	1	1			30	9	2	16	3	
305	**30**	**339**	**18**	**7**	**2813**	**886**	**120**	**1693**	**64**	**50**
32	4	64	4	1	374	89	12	249	15	9
21	2	20	2	1	176	48	10	109	3	6
15	2	19	1	3	185	49	9	123	2	2
65	2	53	4		483	165	21	282	10	5
14	4	9			120	60	9	46	3	2
110	6	140	4	1	1165	342	25	752	24	22
					1	1				
23	4	17	2	1	106	38	9	53	3	3
14	4	12	1		166	69	21	71	4	1
11	2	5			37	25	4	8		
48	**3**	**30**	**6**		**144**	**86**	**1**	**45**	**6**	**6**
13	1	10	2		19	9		6	2	2
11		7	2		36	20	1	13	1	1
7		5	1		32	22		10		
4		1	1		10	4		6		
1		1			3	2		1		
3	1	2			4	3		1		
9	1	4			40	26		8	3	3
23	**3**	**6**	**1**		**101**	**51**	**3**	**43**	**2**	**2**
3		4			12	9		2		1
3	1	1			18	8		9		1
7	2	1			40	14	3	21	2	

2-3 续表 4

地区	私营独资	私营合伙	私营有限责任公司	私营股份有限公司	其他	港、澳、台商投资
顺城区	174	6	507	37	74	8
抚顺县	387	5	469	65	5	1
新宾满族自治县	203	7	291	21	20	2
清原满族自治县	442	12	359	25	21	
本溪市	**1714**	**143**	**4034**	**336**	**882**	**45**
平山区	255	56	1292	142	133	7
溪湖区	224	10	1061	50	33	14
明山区	376	21	1176	88	121	8
南芬区	185	3	95	4	65	6
本溪满族自治县	458	38	236	26	177	3
桓仁满族自治县	216	15	174	26	353	7
丹东市	**3167**	**192**	**3534**	**212**	**672**	**56**
元宝区	248	44	1081	71	148	12
振兴区	433	25	765	59	219	13
振安区	170	14	234	17	62	8
宽甸满族自治县	567	38	150	18	138	2
东港市	822	19	848	16	8	5
凤城市	927	52	456	31	97	16
锦州市	**2928**	**79**	**4668**	**189**	**267**	**48**
古塔区	212	13	759	33	25	2
凌河区	149	9	834	30	55	1
太和区	300	19	1380	58	54	29
黑山县	714	6	410	3	13	
义县	344	3	332	25	43	6
凌海市	808	17	320	14	57	5
北镇市	401	12	633	26	20	5
营口市	**3189**	**114**	**8484**	**310**	**1466**	**109**
站前区	503	21	1714	80	129	11
西市区	147	4	1407	28	63	25
鲅鱼圈区	890	18	1663	39	257	29
老边区	290	6	1331	10	11	7
盖州市	749	18	867	35	665	15
大石桥市	610	47	1502	118	341	22
阜新市	**3403**	**45**	**3717**	**124**	**626**	**15**
海州区	473	17	713	26	22	1
新邱区	353	1	97	4	34	
太平区	342	2	440	21	10	4
清河门区	90		104	5	17	1
细河区	275	6	1581	31	7	3

港澳台商合资经营	港澳台商合作经营	港澳台商独资	港澳台商投资股份有限公司	其他港澳台商投资	外商投资企业	中外合资经营	中外合作经营	外资企业	外商投资股份有限公司	其他外商投资
8					19	12		7		
			1		4			4		
2					2	2				
					6	6				
18	**5**	**20**	**1**	**1**	**84**	**58**	**4**	**15**	**4**	**3**
5			1	1	32	22	1	5	3	1
7		7			21	15	1	5		
2		6			11	6	1	3		1
	2	4			3	1			1	1
1	1	1			8	6		2		
3	2	2			9	8	1			
34	**3**	**15**	**3**	**1**	**223**	**126**	**10**	**74**	**7**	**6**
7	1	3		1	35	21		14		
6		7			73	36	3	29	2	3
5		3			34	16	1	12	2	3
2					5	4		1		
4		1			42	28	3	11		
10	2	1	3		34	21	3	7	3	
26		**20**	**2**		**61**	**30**	**5**	**22**	**2**	**2**
1		1			10	5	1	4		
		1			3	2		1		
16		13			37	19	2	14	1	1
					2	1		1		
3		2	1		4	1		1	1	1
3		1	1		3	1	1	1		
3		2			2	1	1			
64	**3**	**38**	**3**	**1**	**263**	**155**	**6**	**84**	**10**	**8**
7		3	1		24	20		3		1
18		7			71	28	4	31	5	3
14		15			72	38	1	30		3
5		2			11	9		2		
3	3	9			24	13		9	2	
17		2	2	1	61	47	1	9	3	1
12		**3**			**34**	**24**		**7**	**3**	
1					7	5		2		
3		1			6	4		1	1	
1					5	5				
2		1			11	7		3	1	

2-3 续表 5

地 区	私营独资	私营合伙	私营有限责任公司	私营股份有限公司	其他	港、澳、台商投资
阜新蒙古族自治县	1010	9	431	26	206	3
彰武县	860	10	351	11	330	3
辽阳市	**3359**	**155**	**2023**	**170**	**802**	**28**
白塔区	477	62	994	73	18	7
文圣区	247	17	111	5	25	
宏伟区	261	16	248	15	11	2
弓长岭区	165	4	45	10	21	2
太子河区	466	23	229	42	47	8
辽阳县	1190	20	227	6	564	4
灯塔市	553	13	169	19	116	5
盘锦市	**940**	**48**	**3231**	**194**	**588**	**39**
双台子区	93	7	688	53	52	8
兴隆台区	260	25	1479	91	325	17
大洼县	397	14	631	42	95	11
盘山县	190	2	433	8	116	3
铁岭市	**1485**	**75**	**1765**	**86**	**1019**	**29**
银州区	183	18	523	31	112	5
清河区	119	5	119	6	32	
铁岭县	204	3	338	4	106	14
西丰县	107	6	83	5	63	4
昌图县	573	23	465	13	561	3
调兵山市	77	4	85	13	14	1
开原市	222	16	152	14	131	2
朝阳市	**2277**	**113**	**3730**	**25**	**318**	**22**
双塔区	320	20	1018	12	31	5
龙城区	221	1	512	7	5	2
朝阳县	321	3	372	3	213	7
建平县	402	34	559		5	2
喀喇沁左翼蒙古族自治县	258	12	312		11	5
北票市	463	25	525	2	1	1
凌源市	292	18	432	1	52	
葫芦岛市	**2541**	**123**	**1930**	**138**	**1086**	**19**
连山区	532	26	302	27	179	7
龙港区	160	13	312	15	128	9
南票区	171	16	80	28	167	
绥中县	564	26	553	19	431	1
建昌县	142	10	209	10	85	
兴城市	972	32	474	39	96	2

港澳台商合资经营	港澳台商合作经营	港澳台商独　资	港澳台商投资股份有限公司	其他港澳台商投资	外商投资企　业	中外合资经　营	中外合作经　营	外资企业	外商投资股份有限公　司	其他外商投　资
2		1			5	3		1	1	
3										
16	**2**	**10**			**65**	**42**	**2**	**14**	**3**	**4**
5		2			17	11		5	1	
					4	3		1		
2					9	7		2		
		2			2	2				
3	1	4			25	13	1	6	1	4
3	1				2	1			1	
3		2			6	5	1			
17	**1**	**21**			**60**	**42**	**2**	**12**	**1**	**3**
6		2			10	10				
8	1	8			32	20	2	8	1	1
2		9			12	8		2		2
1		2			6	4		2		
8	**1**	**18**	**2**		**33**	**15**	**4**	**11**	**1**	**2**
1		4			8		1	7		
					2			1		1
3		9	2		7	7				
3		1			1			1		
	1	2			4	2		2		
		1			7	5	1			1
1		1			4	1	2		1	
10		**12**			**19**	**12**	**1**	**5**	**1**	
2		3			2	2				
1		1								
6		1			2	1	1			
		2			8	4		4		
1		4								
		1			6	4		1	1	
					1	1				
11	**1**	**7**			**44**	**29**	**2**	**12**	**1**	
1	1	5			6	3	2	1		
8		1			21	15		5	1	
					3	3				
		1			6	1		5		
2					8	7		1		

2-4 按地区、登记注册类型分组

地区	从业人员数(个)	内资	国有	集体	股份合作	联营
全省	**5365615**	**5081354**	**173778**	**256236**	**41091**	**6923**
沈阳市	**1198484**	**1134208**	**43392**	**52111**	**10376**	**924**
和平区	115650	111292	7042	5352	1000	174
沈河区	132022	127916	6235	4504	1639	227
大东区	71359	67034	4628	5989	383	104
皇姑区	101150	99125	5694	8923	1732	112
铁西区	134055	117623	4349	5302	1024	164
苏家屯区	61293	56149	1803	5030	571	13
东陵区	88495	79955	3410	753	541	31
沈北新区	78293	67085	1626	1577	167	2
于洪区	85535	82217	3871	3728	752	14
辽中县	65653	64146	1320	1347	2472	13
康平县	107342	107014	1039	3628	7	30
法库县	89429	88857	670	3621	4	
新民市	68208	65795	1705	2357	84	40
大连市	**1409017**	**1268334**	**26444**	**31019**	**8586**	**1381**
中山区	87099	80927	2145	1002	760	82
西岗区	101752	98619	5174	1658	1793	12
沙河口区	99921	95172	2095	4270	1714	62
甘井子区	245705	215287	3980	7063	1950	56
旅顺口区	83500	75546	3249	1474	1304	506
金州区	314304	252469	4891	3946	615	258
长海县	5783	5757	141	263		
瓦房店市	187072	179593	824	5904	200	126
普兰店市	167920	153561	3130	3929	200	273
庄河市	115961	111403	815	1510	50	6
鞍山市	**477755**	**468976**	**17373**	**37929**	**2463**	**1185**
铁东区	96953	95967	7934	5178	647	201
铁西区	76838	74329	2004	6206	345	295
立山区	60976	59629	1391	12604	751	258
千山区	17878	17368	148	1676	136	
台安县	47156	47024	794	1448	11	56
岫岩满族自治县	30528	30082	1311	2126	1	233
海城市	147426	144577	3791	8691	572	142
抚顺市	**225638**	**219452**	**12448**	**18765**	**893**	**128**
新抚区	23727	23052	1428	2969	56	33
东洲区	33891	33209	1111	5770	173	6
望花区	66135	63257	2318	5396	207	52

的小微企业法人单位从业人员数

国有联营	集体联营	国有与集体联营	其他联营	有限责任公司	国有独资	其他有限责任公司	股份有限公司	私营
560	**2563**	**886**	**2914**	**1088674**	**26913**	**1061761**	**114165**	**3238887**
96	**287**	**218**	**323**	**265679**	**7470**	**258209**	**29934**	**710856**
32	92	49	1	23475	1248	22227	1847	72147
16	104	9	98	38868	997	37871	3992	69786
1	51	34	18	15914	811	15103	1348	38195
14		5	93	36230	345	35885	4445	39625
	12	68	84	36113	1197	34916	4203	65228
	10		3	10455	282	10173	1861	35172
2		10	19	23404	513	22891	1563	48436
			2	26451	1018	25433	1941	34545
	3	6	5	7977	299	7678	1496	62572
	13			11084	642	10442	2747	43457
		30		9598	10	9588	229	91504
				16971	103	16868	1087	62442
31	2	7		9139	5	9134	3175	47747
67	**472**	**270**	**572**	**247687**	**5560**	**242127**	**22923**	**898244**
23	3	39	17	26147	1368	24779	1143	49242
6	6			18951	489	18462	1121	69612
14	42		6	26650	602	26048	1340	58785
	12	36	8	51902	669	51233	5942	142758
8	51	188	259	13802	96	13706	2691	50322
13	144	1	100	49442	942	48500	3686	185372
				960	64	896	221	3895
3	31		92	24718	228	24490	4087	130114
	177	6	90	19643	753	18890	1833	116710
	6			15472	349	15123	859	91434
98	**426**	**232**	**429**	**108132**	**1241**	**106891**	**14882**	**255809**
39	34	43	85	20325	212	20113	4064	49629
	35	37	223	21455	2	21453	4255	38860
8	51	150	49	11668	88	11580	2203	29177
				3181	12	3169	236	11212
46	10			14402	10	14392	1805	24571
	168		65	3233	361	2872	1561	20497
5	128	2	7	33868	556	33312	758	81863
32	**49**	**9**	**38**	**62324**	**2352**	**59972**	**6304**	**115392**
6	7		20	8629	578	8051	781	8561
4		2		8127	189	7938	263	17047
5	40	7		22954	1335	21619	3178	28825

2-4 续表 1

地 区	从 业人员数(个)					
		内资	国有	集体	股份合作	联营
顺城区	30982	29730	3513	1015	457	20
抚顺县	18888	18840	114	366		
新宾满族自治县	25613	25365	1773	892		10
清原满族自治县	26402	25999	2191	2357		7
本溪市	**225280**	**220598**	**13707**	**24539**	**613**	**705**
平山区	54430	53318	6084	10674	359	403
溪湖区	46393	44997	1116	4307	1	6
明山区	43339	42700	2076	2827	101	125
南芬区	12050	11729	241	2618	89	3
本溪满族自治县	40312	39707	3235	3096	8	64
桓仁满族自治县	28756	28147	955	1017	55	104
丹东市	**218705**	**205318**	**8645**	**12274**	**3433**	**449**
元宝区	26861	25946	472	2315	544	121
振兴区	42873	39326	2658	1666	632	67
振安区	21121	18899	965	1310	171	13
宽甸满族自治县	29862	29079	1197	1646	142	204
东港市	54809	50680	1668	2067	701	38
凤城市	43179	41388	1685	3270	1243	6
锦州市	**226363**	**219630**	**6702**	**19707**	**1804**	**107**
古塔区	23453	22946	983	2254	232	32
凌河区	25713	25329	1996	3867	406	35
太和区	52605	48189	1456	3023	981	25
黑山县	40690	40452	474	4647	65	
义县	25135	24898	217	1906	10	4
凌海市	38632	37974	1065	2697	30	11
北镇市	20135	19842	511	1313	80	
营口市	**345296**	**323614**	**6232**	**11309**	**409**	**339**
站前区	64584	61826	1045	2646	48	36
西市区	44254	41476	808	3384	13	1
鲅鱼圈区	79767	72909	1243	528	85	184
老边区	46505	45505	227	834	2	15
盖州市	46681	44965	2001	1810	4	53
大石桥市	63505	56933	908	2107	257	50
阜新市	**161054**	**158624**	**8900**	**10572**	**59**	**370**
海州区	27746	27263	3132	3139	15	7
新邱区	10298	10298	239	1129	11	
太平区	19063	18741	1125	3003	8	2
清河门区	10480	10096	250	1376		40
细河区	45543	44970	1732	592	25	11

国有联营	集体联营	国有与集体联营	其他联营	有限责任公司	国有独资	其他有限责任公司	股份有限公司	私营
15			5	10636	250	10386	490	12718
				762		762	578	16973
2			8	5667		5667	453	16086
	2		5	5549		5549	561	15182
20	**487**		**198**	**58451**	**1950**	**56501**	**6279**	**105725**
	403			9817	733	9084	1653	22563
5	1			10396	151	10245	848	28017
15	24		86	15403	443	14960	930	19929
	3			2850	465	2385	98	5316
	56		8	9331	90	9241	1011	20827
			104	10654	68	10586	1739	9073
23	**143**	**38**	**245**	**32269**	**648**	**31621**	**8000**	**132484**
	70	38	13	3690		3690	465	16055
23	28		16	10767	283	10484	3476	17664
			13	2616	140	2476	1425	11832
	2		202	3625	170	3455	970	19799
	38			4186	34	4152	438	41474
	5		1	7385	21	7364	1226	25660
10	**21**	**51**	**25**	**45972**	**364**	**45608**	**3988**	**138822**
	6	26		6212	102	6110	1056	12009
10		25		5722	50	5672	683	12106
			25	15966	130	15836	1469	24842
				4515	47	4468		30497
	4			6764		6764	375	15200
	11			6578	35	6543	345	26693
				215		215	60	17475
120	**95**	**16**	**108**	**50805**	**951**	**49854**	**5102**	**239182**
	8		28	5923	384	5539	842	50124
1				12193	146	12047	1083	23591
119	28		37	10876	193	10683	969	57908
	8		7	4197	181	4016	619	39498
	43		10	8731	40	8691	1004	26165
	8	16	26	8885	7	8878	585	41896
1	**281**	**6**	**82**	**27090**	**2616**	**24474**	**832**	**106567**
	7			2775	75	2700	129	17946
				2160	3	2157	6	6560
			2	3637	1127	2510	27	10706
			40	992	570	422	2	7394
	11			9265	508	8757	268	32976

2-4 续表 2

地区	从业人员数(个)	内资	国有	集体	股份合作	联营
阜新蒙古族自治县	26568	25919	1343	707		300
彰武县	21356	21337	1079	626		10
辽阳市	**185758**	**182164**	**4178**	**8397**	**2306**	**55**
白塔区	27906	27230	1235	2585	63	
文圣区	9858	9849	477	506	35	
宏伟区	16266	15924	562	554	904	
弓长岭区	9968	9659	240	376		
太子河区	16397	15324	422	515	364	15
辽阳县	72172	71635	208	566	826	28
灯塔市	33191	32543	1034	3295	114	12
盘锦市	**143532**	**139562**	**6013**	**1964**	**8568**	**160**
双台子区	15068	14404	455	681	492	
兴隆台区	54626	52709	2263	795	2430	46
大洼县	43412	42741	1321	264	348	112
盘山县	30426	29708	1974	224	5298	2
铁岭市	**189596**	**185788**	**7268**	**8836**	**748**	**539**
银州区	33298	32488	1321	2253	362	46
清河区	11056	10977	169	887	118	10
铁岭县	37631	36845	425	1362		164
西丰县	8369	8159	467	384	15	29
昌图县	50034	49534	2856	1694	14	290
调兵山市	16324	15685	653	344	25	
开原市	32884	32100	1377	1912	214	
朝阳市	**209110**	**207617**	**3716**	**3823**	**4**	**13**
双塔区	53442	53373	961	274	4	7
龙城区	27683	27678	123	155		
朝阳县	22094	21847	36	19		
建平县	24000	23340	751	671		6
喀喇沁左翼蒙古族自治县	18556	18270	303	1441		
北票市	27146	26970	785	346		
凌源市	36189	36139	757	917		
葫芦岛市	**150027**	**147469**	**8760**	**14991**	**829**	**568**
连山区	34181	33947	2215	5502	250	263
龙港区	36242	34987	1667	776	331	160
南票区	9115	9050	76	2443	198	78
绥中县	29254	29012	1075	4062	17	16
建昌县	13617	13617	2005	610	32	43
兴城市	27618	26856	1722	1598	1	8

国有联营	集体联营	国有与集体联营	其他联营	有限责任公司	国有独资	其他有限责任公司	股份有限公司	私营
1	253	6	40	4815	327	4488	52	17274
	10			3446	6	3440	348	13711
	34		**21**	**23284**	**224**	**23060**	**861**	**130341**
				1954	13	1941	17	21247
				1746	83	1663		6758
				5540	19	5521	224	8085
				3877	109	3768	230	4764
	2		13	3732		3732	219	9653
	28			5132		5132	58	54286
	4		8	1303		1303	113	25548
	28		**132**	**44049**	**374**	**43675**	**6199**	**68353**
				2911	6	2905	574	8875
			46	22737	105	22632	2607	19779
	28		84	14272	239	14033	1482	23761
			2	4129	24	4105	1536	15938
	111	**45**	**383**	**25649**	**700**	**24949**	**4012**	**127631**
			46	4603	231	4372	794	22087
			10	1387		1387	87	8149
		20	144	4057	2	4055	687	28410
	12		17	431		431	202	5063
	99	25	166	4525	81	4444	595	35034
				2363	317	2046	1186	11022
				8283	69	8214	461	17866
	6		**7**	**58039**	**2089**	**55950**	**2464**	**136885**
			7	21432	486	20946	517	29953
				10267	259	10008	1344	15772
				3489	35	3454	2	16804
	6			1768	27	1741	280	19617
				3491	40	3451	206	12669
				1455	564	891	115	24171
				16137	678	15459		17899
93	**123**	**1**	**351**	**39244**	**374**	**38870**	**2385**	**72596**
83	35	1	144	14177	71	14106	937	9651
			160	17072	260	16812	619	13103
	64		14	443		443	99	4059
10	6			2904		2904	143	17615
	13		30	1146	12	1134	281	8969
	5		3	3502	31	3471	306	19199

2-4 续表 3

地区	私营独资	私营合伙	私营有限责任公司	私营股份有限公司	其他	港、澳、台商投资
全 省	**705556**	**29502**	**2379576**	**124253**	**161600**	**69956**
沈阳市	**141227**	**4634**	**541694**	**23301**	**20936**	**19092**
和平区	2179	279	68463	1226	255	1841
沈河区	4556	458	63273	1499	2665	1935
大东区	4753	236	31149	2057	473	1344
皇姑区	5455	222	32071	1877	2364	981
铁西区	7097	707	54689	2735	1240	4641
苏家屯区	9986	813	22550	1823	1244	1296
东陵区	5881	298	40302	1955	1817	2473
沈北新区	7784	221	24662	1878	776	2507
于洪区	9672	189	50626	2085	1807	1178
辽中县	8585	200	33270	1402	1706	220
康平县	48348	86	42720	350	979	142
法库县	12456	605	46576	2805	4062	275
新民市	14475	320	31343	1609	1548	259
大连市	**102318**	**3316**	**758185**	**34425**	**32050**	**26804**
中山区	1121	459	46529	1133	406	2175
西岗区	2793	248	64800	1771	298	828
沙河口区	1529	285	51580	5391	256	535
甘井子区	14914	693	122706	4445	1636	5342
旅顺口区	12371	417	34986	2548	2198	1962
金州区	16666	521	160482	7703	4259	11236
长海县	114		3710	71	277	
瓦房店市	24891	303	99286	5634	13620	2209
普兰店市	21246	156	91996	3312	7843	1573
庄河市	6673	234	82110	2417	1257	944
鞍山市	**93299**	**4474**	**145580**	**12456**	**31203**	**3297**
铁东区	15946	796	30678	2209	7989	590
铁西区	7942	515	28591	1812	909	895
立山区	9690	288	16894	2305	1577	751
千山区	2190	104	7757	1161	779	98
台安县	11054	475	12478	564	3937	50
岫岩满族自治县	9730	403	9375	989	1120	290
海城市	36747	1893	39807	3416	14892	623
抚顺市	**31462**	**1109**	**75988**	**6833**	**3198**	**1614**
新抚区	2214	167	5927	253	595	128
东洲区	5604	155	10910	378	712	273
望花区	5370	214	20653	2588	327	796

港澳台商合资经营	港澳台商合作经营	港澳台商独资	港澳台商投资股份有限公司	其他港澳台商投资	外商投资企业	中外合资经营	中外合作经营	外资企业	外商投资股份有限公司	其他外商投资
37955	**2959**	**26815**	**2030**	**197**	**214305**	**96364**	**10860**	**102425**	**3379**	**1277**
10015	**775**	**7636**	**543**	**123**	**45184**	**22429**	**1227**	**20294**	**900**	**334**
311	395	1127	7	1	2517	707	28	1744	2	36
1277	10	621	27		2171	938	14	1156	25	38
953		391			2981	1267	287	1389	32	6
207	46	618	2	108	1044	408	10	553	67	6
3338	33	1092	166	12	11791	6170	70	5314	205	32
544	278	218	256		3848	2220	201	1147	280	
1586	2	883		2	6067	3019	265	2775		8
545	3	1959			8701	4990	280	3158	72	201
646		447	85		2140	525	31	1574	3	7
203		17			1287	1005		282		
142					186	186				
7	7	261			297			297		
256	1	2			2154	994	41	905	214	
13902	**1497**	**10886**	**456**	**63**	**113879**	**38976**	**6275**	**66612**	**1419**	**597**
708	289	1124	52	2	3997	1033	281	2474	161	48
598	4	220	5	1	2305	762	271	1121	65	86
287	28	187	10	23	4214	862	65	3169	105	13
3195	67	2015	65		25076	8300	909	15390	398	79
869	317	776			5992	3440	355	2110	56	31
5362	334	5364	175	1	50599	15365	1152	33421	373	288
					26	26				
1264	91	798	20	36	5270	1882	750	2546	43	49
903	286	255	129		12786	5299	2124	5142	218	3
716	81	147			3614	2007	368	1239		
1735	**15**	**1175**	**372**		**5482**	**3365**	**8**	**1684**	**329**	**96**
328	10	177	75		396	294		85	7	10
300		310	285		1614	1143	8	421	30	12
386		358	7		596	278		318		
90		3	5		412	228		184		
25		25			82	32		50		
273	1	16			156	131		25		
333	4	286			2226	1259		601	292	74
1231	**236**	**142**	**5**		**4572**	**2509**	**263**	**1664**	**112**	**24**
72		56			547	455		89		3
161	64	48			409	240		148		21
586	172	38			2082	792	263	915	112	

2-4 续表 4

地 区	私营独资	私营合伙	私营有限责任公司	私营股份有限公司	其他	港、澳、台商投资
顺城区	1967	166	9836	749	881	267
抚顺县	5058	22	11398	495	47	5
新宾满族自治县	5751	75	8900	1360	484	145
清原满族自治县	5498	310	8364	1010	152	
本溪市	**29414**	**2203**	**67157**	**6951**	**10579**	**1887**
平山区	3710	655	16031	2167	1765	429
溪湖区	4099	299	22190	1429	306	605
明山区	4054	210	14383	1282	1309	497
南芬区	1632	19	3623	42	514	114
本溪满族自治县	13228	845	5850	904	2135	58
桓仁满族自治县	2691	175	5080	1127	4550	184
丹东市	**45450**	**2552**	**77574**	**6908**	**7764**	**2441**
元宝区	2483	295	12295	982	2284	642
振兴区	3042	217	13038	1367	2396	463
振安区	3061	291	7476	1004	567	634
宽甸满族自治县	9160	836	8154	1649	1496	92
东港市	13456	227	26708	1083	108	182
凤城市	14248	686	9903	823	913	428
锦州市	**40415**	**1499**	**91482**	**5426**	**2528**	**2288**
古塔区	1637	205	9282	885	168	78
凌河区	903	54	10705	444	514	17
太和区	2448	147	21309	938	427	1342
黑山县	13298	364	16628	207	254	
义县	5060	36	9462	642	422	75
凌海市	12330	582	12746	1035	555	528
北镇市	4739	111	11350	1275	188	248
营口市	**32072**	**1636**	**198290**	**7184**	**10236**	**6509**
站前区	2888	213	44741	2282	1162	894
西市区	1134	25	22051	381	403	1013
鲅鱼圈区	6554	68	50352	934	1116	1864
老边区	6421	74	32761	242	113	405
盖州市	7404	112	17187	1462	5197	589
大石桥市	7671	1144	31198	1883	2245	1744
阜新市	**27868**	**644**	**75687**	**2368**	**4234**	**1143**
海州区	3729	105	13589	523	120	11
新邱区	4194	5	2217	144	193	
太平区	3328	13	7166	199	233	287
清河门区	2064		5144	186	42	95
细河区	1755	36	30819	366	101	263

港澳台商合资经营	港澳台商合作经营	港澳台商独　资	港澳台商投资股份有限公司	其他港澳台商投资	外商投资企　业	中外合资经　营	中外合作经　营	外资企业	外商投资股份有限公　司	其他外商投　资
267					985	516		469		
			5		43			43		
145					103	103				
					403	403				
1202	**186**	**472**	**23**	**4**	**2795**	**2013**	**173**	**488**	**78**	**43**
402			23	4	683	481	27	91	62	22
438		167			791	557	2	232		
288		209			142	105	14	17		6
	70	44			207	176			16	15
13	16	29			547	399		148		
61	100	23			425	295	130			
1862	**51**	**490**	**35**	**3**	**10946**	**7202**	**780**	**2802**	**136**	**26**
537	18	84		3	273	193		80		
207		256			3084	1602	245	1218	5	14
491		143			1588	1003	138	340	95	12
92					691	523		168		
176		6			3947	3035	287	625		
359	33	1	35		1363	846	110	371	36	
1334		**894**	**60**		**4445**	**2338**	**239**	**1712**	**151**	**5**
62		16			429	406	1	22		
		17			367	361		6		
579		763			3074	1285	147	1543	97	2
					238	218		20		
30		15	30		162	10		95	54	3
423		75	30		130	14	90	26		
240		8			45	44	1			
4117	**74**	**2052**	**262**	**4**	**15173**	**10321**	**576**	**4109**	**100**	**67**
768		90	36		1864	1740		117		7
674		339			1765	901	154	638	51	21
839		1025			4994	2551	265	2143		35
356		49			595	555		40		
47	74	468			1127	598		505	24	
1433		81	226	4	4828	3976	157	666	25	4
701		**442**			**1287**	**931**		**278**	**78**	
11					472	309		163		
51		236			35	22		5	8	
95					289	289				
254		9			310	155		95	60	

2-4 续表 5

地 区	私营独资	私营合伙	私营有限责任公司	私营股份有限公司	其他	港、澳、台商投资
阜新蒙古族自治县	8077	145	8563	489	1428	468
彰武县	4721	340	8189	461	2117	19
辽阳市	**72598**	**2506**	**50280**	**4957**	**12742**	**1381**
白塔区	2570	336	16217	2124	129	343
文圣区	3822	238	2628	70	327	
宏伟区	2057	220	5563	245	55	2
弓长岭区	3218	80	917	549	172	50
太子河区	4277	111	4422	843	404	318
辽阳县	41024	1184	11772	306	10531	346
灯塔市	15630	337	8761	820	1124	322
盘锦市	**8731**	**690**	**55718**	**3214**	**4256**	**1059**
双台子区	901	48	7436	490	416	181
兴隆台区	1758	196	16423	1402	2052	444
大洼县	4918	431	17364	1048	1181	192
盘山县	1154	15	14495	274	607	242
铁岭市	**30915**	**1188**	**90504**	**5024**	**11105**	**1408**
银州区	2653	274	17203	1957	1022	85
清河区	1150	16	6584	399	170	
铁岭县	7059	46	21094	211	1740	594
西丰县	1795	46	2809	413	1568	204
昌图县	10908	322	23294	510	4526	215
调兵山市	817	45	9542	618	92	30
开原市	6533	439	9978	916	1987	280
朝阳市	**30878**	**1817**	**102316**	**1874**	**2673**	**464**
双塔区	2523	146	26573	711	225	55
龙城区	2447	8	12436	881	17	5
朝阳县	4416	56	12146	186	1497	30
建平县	4467	474	14676		247	75
喀喇沁左翼蒙古族自治县	4447	355	7867		160	286
北票市	8470	479	15152	70	98	13
凌源市	4108	299	13466	26	429	
葫芦岛市	**18909**	**1234**	**49121**	**3332**	**8096**	**569**
连山区	3262	187	5925	277	952	122
龙港区	1273	140	11428	262	1259	440
南票区	1502	190	1609	758	1654	
绥中县	3987	326	12840	462	3180	3
建昌县	1408	192	7235	134	531	
兴城市	7477	199	10084	1439	520	4

港澳台商合资经营	港澳台商合作经营	港澳台商独资	港澳台商投资股份有限公司	其他港澳台商投资	外商投资企业	中外合资经营	中外合作经营	外资企业	外商投资股份有限公司	其他外商投资
271		197			181	156		15	10	
19										
765	**58**	**558**			**2213**	**1536**	**86**	**486**	**57**	**48**
243		100			333	190		133	10	
					9	8		1		
2					340	332		8		
		50			259	259				
11	3	304			755	333	10	344	20	48
291	55				191	164			27	
218		104			326	250	76			
285	**20**	**754**			**2911**	**1791**	**380**	**727**	**1**	**12**
104		77			483	483				
155	20	269			1473	706	380	381	1	5
16		176			479	232		240		7
10		232			476	370		106		
256	**42**	**836**	**274**		**2400**	**916**	**600**	**852**	**7**	**25**
6		79			725		60	665		
					79			66		13
65		255	274		192	192				
150		54			6			6		
	42	173			285	170		115		
		30			609	472	125			12
35		245			504	82	415		7	
108		**356**			**1029**	**410**	**187**	**422**	**10**	
49		6			14	14				
1		4								
18		12			217	30	187			
		75			585	215		370		
40		246								
		13			163	101		52	10	
					50	50				
442	**5**	**122**			**1989**	**1627**	**66**	**295**	**1**	
10	5	107			112	34	66	12		
428		12			815	780		34	1	
					65	65				
		3			239	50		189		
4					758	698		60		

2-5 按地区、营业状态分组的小微企业法人单位数

地 区	法人单位数（个）						
		营业	停业(歇业)	筹建	当年关闭	当年破产	其他
全 省	**315047**	**259036**	**38008**	**8916**	**6212**	**594**	**2281**
沈阳市	**86699**	**71460**	**10585**	**2310**	**1658**	**135**	**551**
和平区	10213	8670	1254	203	51	6	29
沈河区	12765	11770	571	104	212	10	98
大东区	6565	5304	1033	123	63	21	21
皇姑区	11405	8658	1671	123	822	22	109
铁西区	12315	9668	1822	637	90	6	92
苏家屯区	2928	2477	314	98	21	7	11
东陵区	7378	6280	841	164	42	18	33
沈北新区	2940	2053	521	155	132		79
于洪区	7880	6327	1188	290	53	4	18
辽中县	2398	1963	220	130	42	30	13
康平县	2383	2119	177	70	4	2	11
法库县	4670	4245	298	91	20	1	15
新民市	2859	1926	675	122	106	8	22
大连市	**90440**	**72775**	**11659**	**2724**	**2219**	**136**	**927**
中山区	11043	8103	1640	338	903	16	43
西岗区	9363	7516	1495	202	100	12	38
沙河口区	12817	9788	1716	600	489	17	207
甘井子区	15539	12384	2837	237	38	4	39
旅顺口区	4329	3320	405	178	175	3	248
金州区	18435	16098	1540	341	381	20	55
长海县	253	236	15	2			
瓦房店市	7136	6416	436	206	18		60
普兰店市	6830	5253	1055	172	59	59	232
庄河市	4695	3661	520	448	56	5	5
鞍山市	**27322**	**25242**	**1467**	**349**	**159**	**8**	**97**
铁东区	5078	4985	29	35	16	3	10
铁西区	5562	5292	202	10	55		3
立山区	4505	3896	399	145	9		56
千山区	1305	994	287	6	13		5
台安县	1729	1513	101	80	23		12
岫岩满族自治县	1692	1304	325	49	12	2	
海城市	7451	7258	124	24	31	3	11
抚顺市	**12112**	**9530**	**2093**	**350**	**93**	**33**	**13**
新抚区	1686	1472	158	26	23	5	2
东洲区	1997	1853	76	50	10	7	1
望花区	3787	2178	1457	121	19	10	2

2-5　续表 1

地　区	法　人 单位数 (个)	营业	停业(歇业)	筹建	当年关闭	当年破产	其他
顺城区	1626	1430	107	57	19	5	8
抚顺县	1007	919	58	19	11		
新宾满族自治县	866	801	34	20	6	5	
清原满族自治县	1143	877	203	57	5	1	
本溪市	**11086**	**9064**	**1024**	**242**	**411**	**106**	**239**
平山区	3119	2776	287	9	35		12
溪湖区	1884	1029	454	168	47	15	171
明山区	2811	2671	67	12	21	5	35
南芬区	465	298	145	10	10	1	1
本溪满族自治县	1464	1373	27	14	38	1	11
桓仁满族自治县	1343	917	44	29	260	84	9
丹东市	**10747**	**8814**	**1546**	**206**	**85**	**14**	**82**
元宝区	2074	1580	479	4	5	1	5
振兴区	2577	2249	213	64	12	1	38
振安区	734	579	105	16	13		21
宽甸满族自治县	1184	981	153	30	12	1	7
东港市	2004	1786	160	40	11	2	5
凤城市	2174	1639	436	52	32	9	6
锦州市	**11239**	**9753**	**1005**	**347**	**54**	**61**	**19**
古塔区	1560	1478	63	7	3	2	7
凌河区	1717	1556	86	40	10	21	4
太和区	2799	2159	401	213	12	6	8
黑山县	1314	1281	6	11	9	7	
义县	1257	1064	116	60	7	10	
凌海市	1415	1375	31	7	1	1	
北镇市	1177	840	302	9	12	14	
营口市	**17928**	**13438**	**3010**	**952**	**332**	**45**	**151**
站前区	3197	2633	417	29	101	13	4
西市区	2777	1688	693	333	43	2	18
鲅鱼圈区	3704	3002	640	40	16	2	4
老边区	1931	1672	102	102	34	16	5
盖州市	3127	1981	634	338	50	7	117
大石桥市	3192	2462	524	110	88	5	3
阜新市	**9258**	**7260**	**1354**	**441**	**136**	**11**	**56**
海州区	1574	1316	206	33	16	1	2
新邱区	547	345	158	37	7		
太平区	1073	998	54	15	4		2
清河门区	285	201	46	21	15		2
细河区	2146	1471	463	154	38		20

2-5 续表 2

地　区	法　人单位数（个）	营业	停业(歇业)	筹建	当年关闭	当年破产	其他
阜新蒙古族自治县	1881	1419	282	107	49	9	15
彰武县	1752	1510	145	74	7	1	15
辽阳市	**7685**	**6321**	**824**	**130**	**378**	**6**	**26**
白塔区	1773	1482	245	30	11	4	1
文圣区	524	416	104	1	2		1
宏伟区	896	708	141	30	15		2
弓长岭区	313	198	100	10	4		1
太子河区	1032	752	72	21	181		6
辽阳县	2128	1994	52	26	45		11
灯塔市	1019	771	110	12	120	2	4
盘锦市	**7733**	**6669**	**703**	**270**	**64**	**1**	**26**
双台子区	1276	1025	177	47	11		16
兴隆台区	3883	3604	232	29	13	1	4
大洼县	1579	1265	163	131	17		3
盘山县	995	775	131	63	23		3
铁岭市	**6046**	**5342**	**465**	**117**	**57**	**4**	**61**
银州区	1224	1146	36	31	4		7
清河区	431	327	85	16	3		
铁岭县	939	826	48	32	10	1	22
西丰县	350	299	44	2	5		
昌图县	1925	1661	203	19	20	3	19
调兵山市	319	280	13	15	9		2
开原市	858	803	36	2	6		11
朝阳市	**8476**	**6848**	**872**	**200**	**517**	**31**	**8**
双塔区	2200	1677	102	24	392	4	1
龙城区	1059	867	151	24	13	3	1
朝阳县	1034	793	147	32	49	8	5
建平县	1145	918	164	41	15	7	
喀喇沁左翼蒙古族自治县	793	665	74	51	2	1	
北票市	1099	885	159	17	34	4	
凌源市	1146	1043	75	11	12	4	1
葫芦岛市	**8276**	**6520**	**1401**	**278**	**49**	**3**	**25**
连山区	1878	1332	488	25	21	3	9
龙港区	1590	1305	208	60	7		10
南票区	608	431	160	14	3		
绥中县	1771	1550	117	98	5		1
建昌县	580	509	48	18	1		4
兴城市	1849	1393	380	63	12		1

2-6　按地区、营业状态分组的小微企业法人单位从业人员数

地　区	从　业 人员数 （人）						
		营业	停业(歇业)	筹建	当年关闭	当年破产	其他
全　省	**5365615**	**5083895**	**171894**	**50555**	**32622**	**6441**	**20208**
沈阳市	**1198484**	**1121815**	**50031**	**10081**	**10782**	**1300**	**4475**
和平区	115650	110194	4171	658	442	8	177
沈河区	132022	126468	2991	623	846	154	940
大东区	71359	66933	3601	518	202	14	91
皇姑区	101150	84842	11072	681	3406	411	738
铁西区	134055	119894	10461	2360	448	23	869
苏家屯区	61293	58089	1611	603	745	156	89
东陵区	88495	85177	2299	556	155	37	271
沈北新区	78293	73755	2264	699	1174		401
于洪区	85535	80745	2634	910	1183	4	59
辽中县	65653	63096	1200	723	74	458	102
康平县	107342	105784	1003	262	123	2	168
法库县	89429	84417	3291	644	808	12	257
新民市	68208	62421	3433	844	1176	21	313
大连市	**1409017**	**1347516**	**36091**	**12416**	**4059**	**2592**	**6343**
中山区	87099	80759	3094	1398	1061	443	344
西岗区	101752	97548	2812	848	130	91	323
沙河口区	99921	94854	2625	1267	643	114	418
甘井子区	245705	238088	4764	869	214	4	1766
旅顺口区	83500	79227	2304	712	298	8	951
金州区	314304	306616	4366	1944	932	20	426
长海县	5783	5632	140	11			
瓦房店市	187072	178551	5577	2081	130		733
普兰店市	167920	154240	8491	1708	485	1655	1341
庄河市	115961	112001	1918	1578	166	257	41
鞍山市	**477755**	**462534**	**8916**	**2401**	**2529**	**66**	**1309**
铁东区	96953	95881	205	449	183	35	200
铁西区	76838	75883	791	50	86		28
立山区	60976	54848	3967	900	361		900
千山区	17878	16976	783	53	57		9
台安县	47156	44937	313	565	1260		81
岫岩满族自治县	30528	28814	1341	210	153	10	
海城市	147426	145195	1516	174	429	21	91
抚顺市	**225638**	**214497**	**8048**	**2366**	**431**	**147**	**149**
新抚区	23727	22893	585	153	64	26	6
东洲区	33891	32751	518	488	68	60	6
望花区	66135	59453	5624	989	28	31	10

2-6 续表 1

地 区	从 业人员数(人)						
		营业	停业(歇业)	筹建	当年关闭	当年破产	其他
顺城区	30982	30225	303	242	72	13	127
抚顺县	18888	18571	181	90	46		
新宾满族自治县	25613	24959	399	227	12	16	
清原满族自治县	26402	25645	438	177	141	1	
本溪市	**225280**	**203796**	**10238**	**2459**	**5452**	**985**	**2350**
平山区	54430	48813	5030	115	368		104
溪湖区	46393	40525	2137	1553	258	79	1841
明山区	43339	42266	599	158	138	6	172
南芬区	12050	10355	1534	97	61	1	2
本溪满族自治县	40312	37160	533	323	2152	7	137
桓仁满族自治县	28756	24677	405	213	2475	892	94
丹东市	**218705**	**204589**	**10601**	**1738**	**712**	**126**	**939**
元宝区	26861	25563	1160	56	42	1	39
振兴区	42873	39479	2463	311	288		332
振安区	21121	19091	1406	179	68		377
宽甸满族自治县	29862	28229	1272	210	76	1	74
东港市	54809	52390	1732	392	131	86	78
凤城市	43179	39837	2568	590	107	38	39
锦州市	**226363**	**217860**	**4747**	**2318**	**780**	**358**	**300**
古塔区	23453	22802	553	24	4	13	57
凌河区	25713	24389	866	171	56	118	113
太和区	52605	48534	1808	1704	322	107	130
黑山县	40690	40127	79	67	334	83	
义县	25135	24446	427	235	16	11	
凌海市	38632	38121	415	77	11	8	
北镇市	20135	19441	599	40	37	18	
营口市	**345296**	**324299**	**11861**	**5802**	**1880**	**219**	**1235**
站前区	64584	61685	2209	166	432	41	51
西市区	44254	39025	2701	2164	208	2	154
鲅鱼圈区	79767	76983	1844	289	601	2	48
老边区	46505	44096	1324	628	258	147	52
盖州市	46681	41899	2059	1922	255	18	528
大石桥市	63505	60611	1724	633	126	9	402
阜新市	**161054**	**147976**	**7440**	**3849**	**793**	**52**	**944**
海州区	27746	25770	1693	122	135	1	25
新邱区	10298	7619	1283	1388	8		
太平区	19063	18225	636	116	79		7
清河门区	10480	9696	632	70	30		52
细河区	45543	43229	1239	660	124		291

2-6　续表 2

地　区	从　业 人员数 (人)	营业	停业(歇业)	筹建	当年关闭	当年破产	其他
阜新蒙古族自治县	26568	23582	1333	1015	385	46	207
彰武县	21356	19855	624	478	32	5	362
辽阳市	**185758**	**176505**	**4147**	**1014**	**3406**	**131**	**555**
白塔区	27906	26944	653	263	35	4	7
文圣区	9858	9620	209	1	2		26
宏伟区	16266	15715	229	231	89		2
弓长岭区	9968	9457	420	53	20		18
太子河区	16397	15731	338	88	234		6
辽阳县	72172	67541	1757	239	2153		482
灯塔市	33191	31497	541	139	873	127	14
盘锦市	**143532**	**138057**	**3288**	**1848**	**197**	**8**	**134**
双台子区	15068	13924	652	413	11		68
兴隆台区	54626	53052	1204	290	45	8	27
大洼县	43412	41560	946	847	38		21
盘山县	30426	29521	486	298	103		18
铁岭市	**189596**	**180869**	**6357**	**708**	**186**	**296**	**1180**
银州区	33298	31813	973	179	10		323
清河区	11056	10547	446	60	3		
铁岭县	37631	36026	782	197	11	295	320
西丰县	8369	7965	385	13	6		
昌图县	50034	46702	2997	150	67	1	117
调兵山市	16324	16022	118	88	85		11
开原市	32884	31794	656	21	4		409
朝阳市	**209110**	**201286**	**4975**	**1264**	**1273**	**147**	**165**
双塔区	53442	51127	1293	226	643	41	112
龙城区	27683	26479	980	86	116	3	19
朝阳县	22094	21071	684	169	133	13	24
建平县	24000	23265	466	217	40	12	
喀喇沁左翼蒙古族自治县	18556	18049	204	212	90	1	
北票市	27146	26370	356	275	141	4	
凌源市	36189	34925	992	79	110	73	10
葫芦岛市	**150027**	**142296**	**5154**	**2291**	**142**	**14**	**130**
连山区	34181	32107	1835	103	92	14	30
龙港区	36242	34864	964	345	8		61
南票区	9115	8316	726	68	5		
绥中县	29254	27840	344	1063	2		5
建昌县	13617	12862	385	344	1		25
兴城市	27618	26307	900	368	34		9

2-7 按地区、资产总计分组的小微企业法人单位数

地 区	法 人 单位数 (个)	50万元及以下	50万-100万元
全 省	**315047**	**117199**	**43495**
沈阳市	**86699**	**36352**	**15559**
和平区	10213	4333	1510
沈河区	12765	5570	2650
大东区	6565	2590	1239
皇姑区	11405	6223	2210
铁西区	12315	5128	2159
苏家屯区	2928	1193	450
东陵区	7378	2488	1157
沈北新区	2940	1267	331
于洪区	7880	3240	1471
辽中县	2398	756	465
康平县	2383	754	523
法库县	4670	1527	1023
新民市	2859	1283	371
大连市	**90440**	**32387**	**8871**
中山区	11043	5098	1371
西岗区	9363	4784	1326
沙河口区	12817	6625	1844
甘井子区	15539	6558	1431
旅顺口区	4329	1585	378
金州区	18435	3362	881
长海县	253	14	7
瓦房店市	7136	846	347
普兰店市	6830	2285	693
庄河市	4695	1230	593
鞍山市	**27322**	**6879**	**3708**
铁东区	5078	1113	576
铁西区	5562	1076	723
立山区	4505	2082	700
千山区	1305	240	214
台安县	1729	408	271
岫岩满族自治县	1692	677	244
海城市	7451	1283	980
抚顺市	**12112**	**5032**	**1923**
新抚区	1686	1048	318
东洲区	1997	855	366
望花区	3787	1531	543

2-7　续表 1

地　区	法　人单位数(个)		
		50万元及以下	50万-100万元
顺城区	1626	619	314
抚顺县	1007	372	142
新宾满族自治县	866	142	72
清原满族自治县	1143	465	168
本溪市	**11086**	**2910**	**2520**
平山区	3119	325	1000
溪湖区	1884	755	147
明山区	2811	971	921
南芬区	465	168	75
本溪满族自治县	1464	306	166
桓仁满族自治县	1343	385	211
丹东市	**10747**	**4218**	**1382**
元宝区	2074	742	343
振兴区	2577	1104	333
振安区	734	251	83
宽甸满族自治县	1184	586	116
东港市	2004	680	243
凤城市	2174	855	264
锦州市	**11239**	**4701**	**1906**
古塔区	1560	815	270
凌河区	1717	952	291
太和区	2799	1034	400
黑山县	1314	332	261
义县	1257	459	213
凌海市	1415	469	287
北镇市	1177	640	184
营口市	**17928**	**6803**	**2243**
站前区	3197	1443	627
西市区	2777	1291	360
鲅鱼圈区	3704	1297	551
老边区	1931	245	84
盖州市	3127	1478	339
大石桥市	3192	1049	282
阜新市	**9258**	**4162**	**1298**
海州区	1574	840	251
新邱区	547	247	99
太平区	1073	412	155
清河门区	285	131	34
细河区	2146	901	232

2-7 续表 2

地　区	法　人单位数(个)	50万元及以下	50万-100万元
阜新蒙古族自治县	1881	893	244
彰武县	1752	738	283
辽阳市	**7685**	**2496**	**803**
白塔区	1773	871	276
文圣区	524	165	49
宏伟区	896	390	110
弓长岭区	313	114	19
太子河区	1032	440	131
辽阳县	2128	144	102
灯塔市	1019	372	116
盘锦市	**7733**	**1434**	**608**
双台子区	1276	434	164
兴隆台区	3883	319	151
大洼县	1579	336	187
盘山县	995	345	106
铁岭市	**6046**	**2486**	**541**
银州区	1224	346	169
清河区	431	156	40
铁岭县	939	331	45
西丰县	350	159	31
昌图县	1925	1022	165
调兵山市	319	133	27
开原市	858	339	64
朝阳市	**8476**	**3268**	**1025**
双塔区	2200	1138	282
龙城区	1059	347	174
朝阳县	1034	520	92
建平县	1145	338	125
喀喇沁左翼蒙古族自治县	793	203	65
北票市	1099	380	124
凌源市	1146	342	163
葫芦岛市	**8276**	**4071**	**1108**
连山区	1878	986	272
龙港区	1590	729	203
南票区	608	242	72
绥中县	1771	773	275
建昌县	580	199	82
兴城市	1849	1142	204

2-7 续表 3

地 区	100万-500万元	500万-1000万元	1000万-5000万元	5000万-1亿元	1亿元以上
全 省	**81638**	**28166**	**31916**	**6663**	**5970**
沈阳市	**19952**	**5241**	**6834**	**1321**	**1440**
和平区	2465	756	844	128	177
沈河区	2782	774	752	134	103
大东区	1616	480	482	75	83
皇姑区	1920	495	433	54	70
铁西区	2913	826	855	194	240
苏家屯区	671	209	319	51	35
东陵区	2074	566	690	155	248
沈北新区	477	159	380	128	198
于洪区	1988	424	571	104	82
辽中县	533	145	339	84	76
康平县	425	93	528	43	17
法库县	1487	187	360	69	17
新民市	601	127	281	102	94
大连市	**22843**	**12538**	**10345**	**1700**	**1756**
中山区	2580	894	728	120	252
西岗区	2069	514	457	110	103
沙河口区	2663	713	644	133	195
甘井子区	3033	1461	2474	239	343
旅顺口区	882	415	818	161	90
金州区	5332	4837	3233	389	401
长海县	85	32	88	11	16
瓦房店市	2212	2559	744	252	176
普兰店市	2362	616	673	125	76
庄河市	1625	497	486	160	104
鞍山市	**9153**	**2487**	**3508**	**1175**	**412**
铁东区	1451	319	947	623	49
铁西区	1989	690	891	124	69
立山区	992	310	306	47	68
千山区	432	213	150	31	25
台安县	542	153	189	78	88
岫岩满族自治县	431	112	177	36	15
海城市	3316	690	848	236	98
抚顺市	**3197**	**697**	**893**	**197**	**173**
新抚区	189	42	63	15	11
东洲区	502	112	110	32	20
望花区	1075	232	239	72	95

2-7 续表 4

地 区	100万-500万元	500万-1000万元	1000万-5000万元	5000万-1亿元	1亿元以上
顺城区	395	79	161	33	25
抚顺县	344	39	74	25	11
新宾满族自治县	436	95	106	8	7
清原满族自治县	256	98	140	12	4
本溪市	3851	660	816	137	192
平山区	1613	76	75	15	15
溪湖区	513	154	194	42	79
明山区	671	62	122	21	43
南芬区	107	21	73	8	13
本溪满族自治县	468	231	236	30	27
桓仁满族自治县	479	116	116	21	15
丹东市	**2869**	**772**	**1114**	**211**	**181**
元宝区	822	61	71	17	18
振兴区	574	192	248	59	67
振安区	177	68	114	12	29
宽甸满族自治县	217	85	135	30	15
东港市	516	187	294	56	28
凤城市	563	179	252	37	24
锦州市	**2507**	**705**	**989**	**253**	**178**
古塔区	285	71	85	21	13
凌河区	272	92	83	16	11
太和区	621	250	317	84	93
黑山县	408	116	145	35	17
义县	335	69	139	31	11
凌海市	390	69	124	51	25
北镇市	196	38	96	15	8
营口市	**4361**	**1759**	**1986**	**391**	**385**
站前区	583	177	295	40	32
西市区	490	178	307	76	75
鲅鱼圈区	1057	290	309	73	127
老边区	687	551	292	44	28
盖州市	713	212	298	44	43
大石桥市	831	351	485	114	80
阜新市	**2056**	**526**	**859**	**183**	**174**
海州区	281	61	102	21	18
新邱区	107	26	50	13	5
太平区	323	77	71	13	22
清河门区	34	16	48	7	15
细河区	408	159	319	71	56

2-7 续表 5

地 区	100万-500万元	500万-1000万元	1000万-5000万元	5000万-1亿元	1亿元以上
阜新蒙古族自治县	433	108	142	31	30
彰武县	470	79	127	27	28
辽阳市	**2317**	**644**	**1050**	**190**	**185**
白塔区	376	102	104	19	25
文圣区	139	55	81	17	18
宏伟区	186	71	91	22	26
弓长岭区	65	46	51	8	10
太子河区	236	69	107	23	26
辽阳县	1101	220	465	44	52
灯塔市	214	81	151	57	28
盘锦市	**3797**	**536**	**894**	**217**	**247**
双台子区	315	86	212	25	40
兴隆台区	2819	181	279	65	69
大洼县	457	175	236	91	97
盘山县	206	94	167	36	41
铁岭市	**1111**	**405**	**858**	**307**	**338**
银州区	271	107	189	52	90
清河区	128	22	55	20	10
铁岭县	122	66	205	80	90
西丰县	66	22	49	18	5
昌图县	312	100	189	78	59
调兵山市	54	24	53	8	20
开原市	158	64	118	51	64
朝阳市	**1970**	**771**	**1096**	**210**	**136**
双塔区	392	141	166	40	41
龙城区	277	69	140	32	20
朝阳县	260	46	82	23	11
建平县	300	140	183	32	27
喀喇沁左翼蒙古族自治县	172	78	235	29	11
北票市	275	122	160	25	13
凌源市	294	175	130	29	13
葫芦岛市	**1654**	**425**	**674**	**171**	**173**
连山区	358	80	133	26	23
龙港区	254	102	181	50	71
南票区	166	55	53	13	7
绥中县	402	94	149	50	28
建昌县	166	38	62	14	19
兴城市	308	56	96	18	25

2-8 按行业(大类)、地区分组的

行业	代码	法人单位数(个)	沈阳市	和平区	沈河区	大东区	皇姑区	铁西区
总　计	00	**315047**	**86699**	**10213**	**12765**	**6565**	**11405**	**12315**
农、林、牧、渔业	A	**1719**	**208**	**1**		**2**	**1**	**5**
农业	01	9						
林业	02	6						
畜牧业	03	2	1					
渔业	04	4						
农、林、牧、渔服务业	05	1698	207	1		2	1	5
采矿业	B	**5307**	**104**	**1**	**1**		**2**	**3**
煤炭开采和洗选业	06	587	6					
石油和天然气开采业	07	11	1					
黑色金属矿采选业	08	1654	4				1	
有色金属矿采选业	09	732	4					
非金属矿采选业	10	2172	78	1	1			2
开采辅助活动	11	122	6				1	
其他采矿业	12	29	5					1
制造业	C	**80921**	**19077**	**834**	**974**	**1583**	**1853**	**2505**
农副食品加工业	13	5316	1081	13	14	23	21	69
食品制造业	14	1937	474	58	18	19	22	39
酒、饮料和精制茶制造业	15	1098	208	2	4	5	5	9
烟草制品业	16	5	1	1				
纺织业	17	1650	226	16	17	41	7	30
纺织服装、服饰业	18	3709	432	15	39	34	26	42
皮革、毛皮、羽毛及其制品和制鞋业	19	748	182	9	8	9	20	12
木材加工和木、竹、藤、棕、草制品业	20	2158	429	12	4	27	42	31
家具制造业	21	1122	486	22	8	23	11	72
造纸和纸制品业	22	1392	391	14	28	40	35	36
印刷和记录媒介复制业	23	1913	624	80	110	70	95	87
文教、工美、体育和娱乐用品制造业	24	1111	330	21	29	32	21	25
石油加工、炼焦和核燃料加工业	25	911	107	1	4	10	6	15
化学原料和化学制品制造业	26	4572	865	19	29	62	71	142
医药制造业	27	702	190	9	15	17	9	29
化学纤维制造业	28	122	17	1	1	3		1
橡胶和塑料制品业	29	4632	1196	40	39	79	82	135
非金属矿物制品业	30	8705	1434	44	18	74	57	132
黑色金属冶炼和压延加工业	31	2721	349	4	6	22	29	62
有色金属冶炼和压延加工业	32	1008	230	4	14	12	22	33
金属制品业	33	6381	1586	57	92	183	197	185
通用设备制造业	34	12254	3274	115	139	306	476	520
专用设备制造业	35	5842	1652	77	90	179	226	278
汽车制造业	36	1262	440	15	13	73	57	72
铁路、船舶、航空航天和其他运输设备制造	37	1051	190	6	6	11	21	35
电气机械和器材制造业	38	4290	1676	94	124	144	160	273
计算机、通信和其他电子设备制造业	39	999	335	36	28	20	51	35
仪器仪表制造业	40	1469	341	24	54	33	54	60
其他制造业	41	389	92	6	4	4	7	9
废弃资源综合利用业	42	355	39		1	1	2	7
金属制品、机械和设备修理业	43	1097	200	19	18	27	21	30

小微企业法人单位数

苏家屯区	东陵区	沈北新区	于洪区	辽中县	康平县	法库县	新民市	代码
2928	**7378**	**2940**	**7880**	**2398**	**2383**	**4670**	**2859**	00
9	**2**	**22**	**93**	**35**	**12**	**13**	**13**	A
								01
								02
							1	03
								04
9	2	22	93	35	12	13	12	05
7	**6**	**6**		**2**	**16**	**49**	**11**	B
3		2				1		06
	1							07
1	2							08
	1	1				2		09
2	2	2		1	11	45	11	10
					5			11
1		1		1		1		12
1453	**1827**	**1254**	**3275**	**929**	**739**	**657**	**1194**	C
106	63	98	119	197	56	57	245	13
43	46	41	57	20	31	25	55	14
13	33	18	15	57	12	17	18	15
								16
13	29	12	31	5	8	3	14	17
28	20	28	86	27	67	10	10	18
15	59	4	21	12	4	5	4	19
27	24	36	100	22	14	43	47	20
52	37	16	178	9	14	13	31	21
39	45	33	54	14	4	14	35	22
15	34	32	50	13	4	13	21	23
23	39	23	48	19	22	16	12	24
4	5	12	15	13	1	3	18	25
76	72	81	133	45	23	25	87	26
11	32	32	7	4	2	4	19	27
2	4	3	1		1			28
107	109	72	169	55	214	26	69	29
214	144	112	257	59	67	149	107	30
30	24	30	62	40	9	16	15	31
44	23	12	38	4	6	9	9	32
106	163	96	329	36	52	33	57	33
149	246	149	800	126	38	62	148	34
85	179	92	263	56	39	38	50	35
30	56	41	41	17	14	2	9	36
24	13	28	24	6	5	5	6	37
137	174	91	287	44	18	45	85	38
22	78	28	23	4	5	2	3	39
7	53	14	27	6	1	3	5	40
9	10	9	12	10	2	7	3	41
1	2	2	5	6	2	5	5	42
21	11	9	23	3	4	7	7	43

2-8 续表 1

行　　业	代码	法人单位数（个）	沈阳市	和平区	沈河区	大东区	皇姑区	铁西区
电力、热力、燃气及水生产和供应业	D	**1736**	**328**	**39**	**38**	**15**	**30**	**40**
电力、热力生产和供应业	44	1104	249	30	37	15	18	32
燃气生产和供应业	45	193	22	2			1	3
水的生产和供应业	46	439	57	7	1		11	5
建筑业	E	**18434**	**5275**	**688**	**892**	**467**	**779**	**741**
房屋建筑业	47	2734	585	59	77	32	71	61
土木工程建筑业	48	3213	998	119	152	83	125	121
建筑安装业	49	4238	1477	243	260	116	224	191
建筑装饰和其他建筑业	50	8249	2215	267	403	236	359	368
批发和零售业	F	**113946**	**35227**	**4440**	**5389**	**2734**	**4774**	**6084**
批发业	51	79620	25431	3191	4116	2078	3397	4972
零售业	52	34326	9796	1249	1273	656	1377	1112
交通运输、仓储和邮政业	G	**11545**	**2731**	**182**	**349**	**253**	**274**	**364**
道路运输业	54	6140	1965	97	208	173	197	277
水上运输业	55	353						
航空运输业	56	53	27	3	11	1	1	
管道运输业	57	10	2		1			1
装卸搬运和运输代理业	58	3427	365	63	98	20	48	54
仓储业	59	1161	293	8	15	56	13	28
邮政业	60	401	79	11	16	3	15	4
住宿和餐饮业	H	**6223**	**1107**	**235**	**253**	**125**	**170**	**103**
住宿业	61	2620	518	98	137	61	82	37
餐饮业	62	3603	589	137	116	64	88	66
信息传输、软件和信息技术服务业	I	**8109**	**3034**	**472**	**553**	**126**	**459**	**302**
电信、广播电视和卫星传输服务	63	680	389	22	35	10	12	10
互联网和相关服务	64	614	207	22	43	16	40	18
软件和信息技术服务业	65	6815	2438	428	475	100	407	274
房地产业	K	**12589**	**3328**	**429**	**636**	**232**	**472**	**399**
房地产业	70	12589	3328	429	636	232	472	399
租赁和商务服务业	L	**28919**	**9132**	**1783**	**2138**	**557**	**1424**	**1036**
租赁业	71	1905	613	65	84	36	75	69
商务服务业	72	27014	8519	1718	2054	521	1349	967
科学研究和技术服务业	M	**11633**	**4096**	**615**	**1064**	**187**	**661**	**405**
研究和试验发展	73	1647	674	94	146	41	124	62
专业技术服务业	74	6074	2071	359	526	92	306	223
科技推广和应用服务业	75	3912	1351	162	392	54	231	120
水利、环境和公共设施管理业	N	**1684**	**338**	**40**	**45**	**18**	**49**	**38**
水利管理业	76	176	40	12	4		8	5
生态保护和环境治理业	77	188	44	5	4	3	10	3
公共设施管理业	78	1320	254	23	37	15	31	30
居民服务、修理和其他服务业	O	**6479**	**1413**	**214**	**245**	**136**	**232**	**170**
居民服务业	79	2503	433	89	79	37	67	54
机动车、电子产品和日用产品修理业	80	3098	739	81	128	84	128	86
其他服务业	81	878	241	44	38	15	37	30
卫生和社会工作	Q	**122**	**10**		**2**	**1**	**2**	
社会工作	84	122	10		2	1	2	
文化、体育和娱乐业	R	**5681**	**1291**	**240**	**186**	**129**	**223**	**120**
新闻和出版业	85	158	114	38	19	5	39	4
广播、电视、电影和影视录音制作业	86	314	121	35	25	5	13	10
文化艺术业	87	629	317	79	52	24	86	25
体育	88	356	87	23	15	8	15	10
娱乐业	89	4224	652	65	75	87	70	71

苏家屯区	东陵区	沈北新区	于洪区	辽中县	康平县	法库县	新民市	代码
10	**33**	**21**	**40**	**15**	**9**	**19**	**19**	D
5	22	16	34	7	7	14	12	44
3	3	1		4	1	2	2	45
2	8	4	6	4	1	3	5	46
135	**384**	**165**	**490**	**81**	**139**	**150**	**164**	E
25	64	30	45	17	24	44	36	47
34	85	39	104	17	46	38	35	48
42	112	34	133	28	33	21	40	49
34	123	62	208	19	36	47	53	50
787	**2841**	**769**	**2480**	**876**	**798**	**2420**	**835**	F
357	1935	556	1882	541	391	1579	436	51
430	906	213	598	335	407	841	399	52
77	**198**	**67**	**378**	**73**	**163**	**285**	**68**	G
48	92	35	324	51	151	253	59	54
								55
1	1	2				7		56
								57
4	24	10	25	2	6	10	1	58
21	73	18	25	18	3	12	3	59
3	8	2	4	2	3	3	5	60
33	**73**	**19**	**46**	**5**	**16**	**12**	**17**	H
13	26	12	26	4	11	7	4	61
20	47	7	20	1	5	5	13	62
15	**595**	**42**	**62**	**41**	**64**	**232**	**71**	I
3	13	1	3	23	33	170	54	63
2	31	7	12		8	5	3	64
10	551	34	47	18	23	57	14	65
91	**310**	**129**	**261**	**89**	**88**	**82**	**110**	K
91	310	129	261	89	88	82	110	70
132	**545**	**185**	**356**	**127**	**194**	**446**	**209**	L
9	37	18	61	11	39	83	26	71
123	508	167	295	116	155	363	183	72
68	**372**	**147**	**177**	**54**	**78**	**205**	**63**	M
11	85	32	41	10	9	6	13	73
25	170	69	83	26	56	105	31	74
32	117	46	53	18	13	94	19	75
11	**36**	**25**	**18**	**4**	**11**	**32**	**11**	N
1		2	1		3		4	76
	3	6	1	1	1	7		77
10	33	17	16	3	7	25	7	78
55	**72**	**38**	**110**	**26**	**41**	**43**	**31**	O
21	19	10	19	10	15	3	10	79
26	39	19	73	14	22	22	17	80
8	14	9	18	2	4	18	4	81
1	**1**		**1**	**2**				Q
1	1		1	2				84
44	**83**	**51**	**93**	**39**	**15**	**25**	**43**	R
1	3	3	2					85
	18	7	2	1	2	2	1	86
3	12	8	10	5	5	7	1	87
2	4	4	6					88
38	46	29	73	33	8	16	41	89

2-8 续表 2

行业	代码							
		大连市	中山区	西岗区	沙河口区	甘井子区	旅顺口区	金州区
总计	00	**90440**	**11043**	**9363**	**12817**	**15539**	**4329**	**18435**
农、林、牧、渔业	A	**500**			**3**	**11**	**38**	**46**
农业	01	3				1		1
林业	02							
畜牧业	03							
渔业	04	4						1
农、林、牧、渔服务业	05	493			3	10	38	44
采矿业	B	**201**	**1**			**13**	**15**	**23**
煤炭开采和洗选业	06	3					1	1
石油和天然气开采业	07	4				2		
黑色金属矿采选业	08	7					2	
有色金属矿采选业	09	9				1		1
非金属矿采选业	10	167				9	8	18
开采辅助活动	11	5	1			1	1	1
其他采矿业	12	6					3	2
制造业	C	**19975**	**251**	**545**	**608**	**4317**	**2103**	**5100**
农副食品加工业	13	1295	15	18	11	190	177	249
食品制造业	14	496	11	12	12	119	38	102
酒、饮料和精制茶制造业	15	174	2	1	3	16	9	31
烟草制品业	16							
纺织业	17	354	3	9	10	52	23	75
纺织服装、服饰业	18	1436	25	30	44	283	33	381
皮革、毛皮、羽毛及其制品和制鞋业	19	127	4	4	7	42	2	43
木材加工和木、竹、藤、棕、草制品业	20	566	3	1	7	170	27	197
家具制造业	21	272	1	5	4	68	18	70
造纸和纸制品业	22	359		3	6	65	17	153
印刷和记录媒介复制业	23	392	22	35	40	99	11	110
文教、工美、体育和娱乐用品制造业	24	194	7	9	10	49	13	57
石油加工、炼焦和核燃料加工业	25	84	1			28	9	10
化学原料和化学制品制造业	26	929	9	33	27	232	66	214
医药制造业	27	102			6	18	7	38
化学纤维制造业	28	23		1		2	2	8
橡胶和塑料制品业	29	1061	5	16	23	226	95	318
非金属矿物制品业	30	1180	7	8	14	263	111	219
黑色金属冶炼和压延加工业	31	638	1	1	4	88	68	163
有色金属冶炼和压延加工业	32	99			1	19	12	25
金属制品业	33	1678	16	73	22	516	179	487
通用设备制造业	34	4331	23	70	135	782	722	1004
专用设备制造业	35	1276	16	30	52	248	174	472
汽车制造业	36	226	1	2	7	40	15	95
铁路、船舶、航空航天和其他运输设备制造	37	563	16	35	24	111	125	66
电气机械和器材制造业	38	779	6	18	32	192	75	214
计算机、通信和其他电子设备制造业	39	246	6	10	16	62	16	99
仪器仪表制造业	40	355	11	44	58	126	19	61
其他制造业	41	93		3	8	16	7	48
废弃资源综合利用业	42	83				10	4	14
金属制品、机械和设备修理业	43	564	40	74	25	185	29	77

长海县	瓦房店市	普兰店市	庄河市	鞍山市	铁东区	铁西区	立山区	代码
253	**7136**	**6830**	**4695**	**27322**	**5078**	**5562**	**4505**	**00**
8	**116**	**219**	**59**	**42**		**1**	**4**	**A**
		1						01
								02
								03
3								04
5	116	218	59	42		1	4	05
	42	**61**	**46**	**445**	**9**	**11**	**42**	**B**
	1			1			1	06
	2			2			1	07
	3	1	1	118	6	8	24	08
	3	2	2	69			1	09
	32	57	43	247	3	3	9	10
	1			4			3	11
		1		4			3	12
44	**2420**	**3088**	**1499**	**7739**	**411**	**1790**	**1469**	**C**
28	116	256	235	357	5	41	13	13
	51	95	56	146	6	22	11	14
1	27	54	30	78	3	7	4	15
								16
1	41	97	43	285	6	35	11	17
	37	521	82	358	8	36	29	18
	5	17	3	57	3	28	1	19
	30	109	22	140	7	33	10	20
	24	55	27	98	8	33	5	21
	19	69	27	95	3	19	8	22
	15	41	19	155	38	27	24	23
	15	22	12	122	4	18	14	24
	19	16	1	38	1	7	4	25
1	93	209	45	394	15	108	65	26
	6	19	8	25	1	12	3	27
	4	5	1	16		5	5	28
2	89	196	91	377	30	74	66	29
1	180	298	79	1318	42	173	113	30
1	114	136	62	282	11	67	57	31
	14	21	7	77	1	10	12	32
1	152	165	67	849	48	235	182	33
	1067	336	192	887	57	292	267	34
	97	97	90	613	35	208	195	35
	26	33	7	70	14	12	13	36
2	74	47	63	58	5	26	15	37
	67	118	57	322	22	117	118	38
	5	14	18	130	7	49	65	39
	5	17	14	240	16	74	112	40
1	1	7	2	39	2	5	9	41
	9	11	35	34	2	4	7	42
5	18	7	104	79	11	13	31	43

2-8 续表 3

行业	代码	大连市	中山区	西岗区	沙河口区	甘井子区	旅顺口区	金州区
电力、热力、燃气及水生产和供应业	D	**263**	**15**	**6**	**13**	**52**	**27**	**45**
电力、热力生产和供应业	44	165	8	6	13	37	19	21
燃气生产和供应业	45	45	2			11	5	8
水的生产和供应业	46	53	5			4	3	16
建筑业	E	**6103**	**515**	**734**	**1149**	**1058**	**263**	**1186**
房屋建筑业	47	720	21	45	67	86	32	120
土木工程建筑业	48	836	47	75	104	110	31	157
建筑安装业	49	1334	106	159	306	256	39	301
建筑装饰和其他建筑业	50	3213	341	455	672	606	161	608
批发和零售业	F	**31767**	**4503**	**3728**	**5490**	**5193**	**808**	**6334**
批发业	51	25586	3925	3039	4521	3890	513	5641
零售业	52	6181	578	689	969	1303	295	693
交通运输、仓储和邮政业	G	**3876**	**1381**	**345**	**228**	**564**	**99**	**662**
道路运输业	54	1137	64	121	85	286	36	253
水上运输业	55	223	66	31	14	21	18	21
航空运输业	56	18	5	2	3		2	3
管道运输业	57	4					1	1
装卸搬运和运输代理业	58	2084	1220	173	116	166	26	276
仓储业	59	310	7	8	2	71	10	85
邮政业	60	100	19	10	8	20	6	23
住宿和餐饮业	H	**1597**	**319**	**270**	**232**	**166**	**60**	**307**
住宿业	61	706	142	155	87	58	23	112
餐饮业	62	891	177	115	145	108	37	195
信息传输、软件和信息技术服务业	I	**3581**	**460**	**454**	**904**	**1184**	**78**	**357**
电信、广播电视和卫星传输服务	63	113	16	19	5	20	5	18
互联网和相关服务	64	216	15	10	20	67	24	39
软件和信息技术服务业	65	3252	429	425	879	1097	49	300
房地产业	K	**3880**	**519**	**532**	**488**	**544**	**264**	**843**
房地产业	70	3880	519	532	488	544	264	843
租赁和商务服务业	L	**11286**	**2254**	**1809**	**2480**	**1267**	**214**	**1870**
租赁业	71	540	60	62	77	98	15	102
商务服务业	72	10746	2194	1747	2403	1169	199	1768
科学研究和技术服务业	M	**3600**	**320**	**475**	**650**	**596**	**196**	**841**
研究和试验发展	73	673	37	46	63	107	85	298
专业技术服务业	74	1890	188	304	378	297	59	394
科技推广和应用服务业	75	1037	95	125	209	192	52	149
水利、环境和公共设施管理业	N	**519**	**51**	**39**	**38**	**63**	**28**	**104**
水利管理业	76	54	6	3	8	9	3	10
生态保护和环境治理业	77	61	9	6	6	10	4	20
公共设施管理业	78	404	36	30	24	44	21	74
居民服务、修理和其他服务业	O	**1991**	**282**	**289**	**329**	**336**	**65**	**453**
居民服务业	79	778	166	113	159	105	26	126
机动车、电子产品和日用产品修理业	80	794	77	113	109	177	29	167
其他服务业	81	419	39	63	61	54	10	160
卫生和社会工作	Q	**26**	**1**	**1**	**4**	**2**	**6**	**2**
社会工作	84	26	1	1	4	2	6	2
文化、体育和娱乐业	R	**1275**	**171**	**136**	**201**	**173**	**65**	**262**
新闻和出版业	85	17	3	1	5	4	1	3
广播、电视、电影和影视录音制作业	86	81	14	9	25	7	3	9
文化艺术业	87	165	47	26	30	19	15	19
体育	88	128	33	26	25	10	3	19
娱乐业	89	884	74	74	116	133	43	212

长海县	瓦房店市	普兰店市	庄河市	鞍山市	铁东区	铁西区	立山区	代码
5	**46**	**30**	**24**	**225**	**16**	**27**	**22**	D
4	25	15	17	86	12	13	14	44
	13	4	2	20	3	4	3	45
1	8	11	5	119	1	10	5	46
26	**320**	**404**	**448**	**1240**	**433**	**250**	**243**	E
11	105	78	155	243	49	59	43	47
5	85	121	101	198	67	34	42	48
2	41	83	41	330	104	78	81	49
8	89	122	151	469	213	79	77	50
36	**2832**	**1658**	**1185**	**10249**	**1823**	**2485**	**1448**	F
5	2194	1128	730	6431	719	1858	818	51
31	638	530	455	3818	1104	627	630	52
24	**228**	**165**	**180**	**699**	**91**	**146**	**71**	G
4	108	88	92	474	53	112	48	54
18	10	9	15	1	1			55
1		2		1				56
	2							57
1	26	28	52	109	18	15	18	58
	79	31	17	75	9	13	3	59
	3	7	4	39	10	6	2	60
16	**99**	**81**	**47**	**1049**	**358**	**94**	**185**	H
12	66	32	19	277	68	33	24	61
4	33	49	28	772	290	61	161	62
3	**61**	**67**	**13**	**461**	**166**	**65**	**169**	I
	13	14	3	36	8	4	4	63
1	13	25	2	44	25	5	8	64
2	35	28	8	381	133	56	157	65
15	**250**	**219**	**206**	**955**	**306**	**193**	**179**	K
15	250	219	206	955	306	193	179	70
43	**307**	**396**	**646**	**1777**	**842**	**224**	**247**	L
	26	26	74	118	8	20	12	71
43	281	370	572	1659	834	204	235	72
9	**169**	**173**	**171**	**934**	**225**	**84**	**161**	M
	7	27	3	60	11	13	23	73
7	128	65	70	396	176	46	90	74
2	34	81	98	478	38	25	48	75
7	**88**	**56**	**45**	**93**	**14**	**17**	**23**	N
	7	6	2	8	1		2	76
	3	3		8	2	1	2	77
7	78	47	43	77	11	16	19	78
3	**63**	**96**	**75**	**823**	**259**	**146**	**127**	O
2	19	41	21	399	165	39	46	79
	33	41	48	378	74	103	64	80
1	11	14	6	46	20	4	17	81
	1	**9**		**34**	**2**	**2**	**17**	Q
	1	9		34	2	2	17	84
14	**94**	**108**	**51**	**557**	**123**	**27**	**98**	R
				7	5		2	85
	4	3	7	20	9	2	4	86
1	2	2	4	31	15	2	6	87
	4	5	3	39	18	3	10	88
13	84	98	37	460	76	20	76	89

2-8 续表 4

行业	代码	千山区	台安县	岫岩满族自治县	海城市	抚顺市	新抚区	东洲区
总计	00	**1305**	**1729**	**1692**	**7451**	**12112**	**1686**	**1997**
农、林、牧、渔业	A	**1**	**11**	**7**	**18**	**28**		**2**
农业	01							
林业	02					5		
畜牧业	03							
渔业	04							
农、林、牧、渔服务业	05	1	11	7	18	23		2
采矿业	B	**16**	**1**	**162**	**204**	**248**	**10**	**72**
煤炭开采和洗选业	06					40	3	22
石油和天然气开采业	07				1			
黑色金属矿采选业	08	14		27	39	104	7	21
有色金属矿采选业	09		1	38	29	27		3
非金属矿采选业	10	2		97	133	77		26
开采辅助活动	11				1			
其他采矿业	12				1			
制造业	C	**532**	**527**	**575**	**2435**	**4009**	**305**	**769**
农副食品加工业	13	24	89	25	160	149	9	12
食品制造业	14	16	24	21	46	94	16	7
酒、饮料和精制茶制造业	15	10	14	15	25	50	2	13
烟草制品业	16							
纺织业	17	10	9	50	164	72	3	6
纺织服装、服饰业	18	7	11	19	248	91	17	20
皮革、毛皮、羽毛及其制品和制鞋业	19	1	5		19	20	2	4
木材加工和木、竹、藤、棕、草制品业	20	7	36	10	37	310	9	15
家具制造业	21	14	3	5	30	29	1	1
造纸和纸制品业	22	4	15	8	38	53	5	12
印刷和记录媒介复制业	23	5	7	5	49	81	20	14
文教、工美、体育和娱乐用品制造业	24	3	33	36	14	70	6	11
石油加工、炼焦和核燃料加工业	25	7	10	1	8	119	18	40
化学原料和化学制品制造业	26	36	57	11	102	402	14	138
医药制造业	27	1	3		5	38	1	4
化学纤维制造业	28		1	1	4	6	1	2
橡胶和塑料制品业	29	16	18	17	156	209	20	49
非金属矿物制品业	30	104	62	260	564	505	26	104
黑色金属冶炼和压延加工业	31	32	7	4	104	100	2	7
有色金属冶炼和压延加工业	32	11	11	3	29	74	2	9
金属制品业	33	78	53	14	239	348	30	84
通用设备制造业	34	75	19	33	144	475	33	98
专用设备制造业	35	30	10	9	126	324	17	64
汽车制造业	36	3	5	1	22	31	3	2
铁路、船舶、航空航天和其他运输设备制造	37	5	1		6	14	3	2
电气机械和器材制造业	38	15	12	8	30	165	24	18
计算机、通信和其他电子设备制造业	39	3		2	4	25	1	1
仪器仪表制造业	40	6	6	10	16	55	6	4
其他制造业	41	2	1	4	16	27	1	11
废弃资源综合利用业	42	2	4	2	13	26	2	2
金属制品、机械和设备修理业	43	5	1	1	17	47	11	15

望花区	顺城区	抚顺县	新宾满族自治县	清原满族自治县	本溪市	平山区	溪湖区	代码
3787	**1626**	**1007**	**866**	**1143**	**11086**	**3119**	**1884**	00
4	**6**	**1**	**3**	**12**	**15**	**5**	**4**	A
					1			01
			1	4	1			02
								03
								04
4	6	1	2	8	13	5	4	05
17	**4**	**43**	**37**	**65**	**542**	**35**	**71**	B
8		1	5	1	112		14	06
								07
4	1	28	16	27	232	22	42	08
		2	1	21	45		1	09
5	3	12	15	16	142	8	14	10
					4	2		11
					7	3		12
1477	**552**	**230**	**286**	**390**	**2704**	**532**	**772**	C
39	27	9	22	31	115	10	22	13
29	20	4	8	10	56	5	12	14
12	4	4	3	12	71	5	3	15
								16
32	7	10	6	8	34	8	8	17
30	13	2	2	7	43	18	11	18
3	3	1	1	6	12	1	3	19
15	23	44	85	119	94	2	15	20
7	8	2	6	4	31	2	8	21
17	13	2	2	2	35	7	11	22
23	20	1		3	62	16	9	23
10	20	2	18	3	37	6	10	24
31	22	4	2	2	42	7	18	25
141	47	20	17	25	176	41	62	26
6	2	1	18	6	146	2	86	27
2			1		4	2		28
70	47	10	6	7	129	28	47	29
210	48	27	35	55	349	40	113	30
67	10	6	5	3	225	66	43	31
49	3	4	1	6	88	6	25	32
138	59	10	12	15	196	55	45	33
201	67	24	13	39	334	94	113	34
167	35	17	12	12	121	24	36	35
24	1		1		28	4	5	36
5	2			2	18	7	5	37
68	22	19	4	10	111	38	23	38
12	9		1	1	19	5	2	39
27	14	3		1	33	12	4	40
9	1		5		22	4	8	41
17	1	3		1	39	11	16	42
16	4	1			34	6	9	43

2-8 续表 5

行　　业	代码	千山区	台安县	岫岩满族自治县	海城市	抚顺市	新抚区	东洲区
电力、热力、燃气及水生产和供应业	D	**2**	**100**	**15**	**43**	**117**	**6**	**24**
电力、热力生产和供应业	44	2	7	12	26	95	5	20
燃气生产和供应业	45		5	1	4	9	1	2
水的生产和供应业	46		88	2	13	13		2
建筑业	E	**61**	**28**	**23**	**202**	**700**	**79**	**77**
房屋建筑业	47	17	9	10	56	187	19	30
土木工程建筑业	48	10	7	5	33	153	12	15
建筑安装业	49	19	3	3	42	156	28	16
建筑装饰和其他建筑业	50	15	9	5	71	204	20	16
批发和零售业	F	**500**	**482**	**482**	**3029**	**4092**	**664**	**672**
批发业	51	415	318	274	2029	3058	370	515
零售业	52	85	164	208	1000	1034	294	157
交通运输、仓储和邮政业	G	**53**	**71**	**37**	**230**	**510**	**64**	**84**
道路运输业	54	38	43	25	155	435	40	76
水上运输业	55							
航空运输业	56		1					
管道运输业	57							
装卸搬运和运输代理业	58	11	8	4	35	30	10	1
仓储业	59	4	16	2	28	28	2	6
邮政业	60		3	6	12	17	12	1
住宿和餐饮业	H	**14**	**24**	**55**	**319**	**221**	**72**	**44**
住宿业	61	7	7	17	121	89	25	18
餐饮业	62	7	17	38	198	132	47	26
信息传输、软件和信息技术服务业	I	**13**	**4**	**8**	**36**	**108**	**30**	**14**
电信、广播电视和卫星传输服务	63	2	1	4	13	22	5	6
互联网和相关服务	64	2			4	14	3	3
软件和信息技术服务业	65	9	3	4	19	72	22	5
房地产业	K	**17**	**42**	**28**	**190**	**470**	**71**	**55**
房地产业	70	17	42	28	190	470	71	55
租赁和商务服务业	L	**27**	**81**	**80**	**276**	**747**	**213**	**68**
租赁业	71	3	24	3	48	45	4	5
商务服务业	72	24	57	77	228	702	209	63
科学研究和技术服务业	M	**13**	**299**	**70**	**82**	**343**	**76**	**55**
研究和试验发展	73				13	33	7	7
专业技术服务业	74	9	14	22	39	202	42	34
科技推广和应用服务业	75	4	285	48	30	108	27	14
水利、环境和公共设施管理业	N	**8**	**4**	**6**	**21**	**100**	**9**	**10**
水利管理业	76	1		1	3	11	2	
生态保护和环境治理业	77	1			2	5	1	1
公共设施管理业	78	6	4	5	16	84	6	9
居民服务、修理和其他服务业	O	**32**	**28**	**67**	**164**	**241**	**46**	**42**
居民服务业	79	10	12	34	93	64	17	11
机动车、电子产品和日用产品修理业	80	20	16	33	68	156	26	27
其他服务业	81	2			3	21	3	4
卫生和社会工作	Q	**5**	**1**		**7**	**2**	**1**	
社会工作	84	5	1		7	2	1	
文化、体育和娱乐业	R	**11**	**26**	**77**	**195**	**176**	**40**	**9**
新闻和出版业	85					6	2	
广播、电视、电影和影视录音制作业	86		1	1	3	20	12	
文化艺术业	87				8	18	7	
体育	88	1		1	6	14	3	5
娱乐业	89	10	25	75	178	118	16	4

望花区	顺城区	抚顺县	新宾满族自治县	清原满族自治县	本溪市	平山区	溪湖区	代码
35	**10**	**5**	**23**	**14**	**119**	**13**	**17**	D
29	9	2	19	11	94	9	10	44
3		1	1	1	12	2	4	45
3	1	2	3	2	13	2	3	46
247	**138**	**61**	**49**	**49**	**671**	**211**	**132**	E
60	18	15	21	24	129	36	26	47
32	29	18	27	20	114	25	30	48
64	37	8		3	158	59	36	49
91	54	20	1	2	270	91	40	50
1198	**382**	**444**	**342**	**390**	**4109**	**1306**	**520**	F
1034	239	350	240	310	2592	714	403	51
164	143	94	102	80	1517	592	117	52
137	**70**	**84**	**30**	**41**	**281**	**103**	**69**	G
121	58	78	28	34	188	72	53	54
					4			55
								56
								57
10	3	2	1	3	39	18	7	58
5	7	4	1	3	26	5	5	59
1	2			1	24	8	4	60
35	**37**	**3**	**17**	**13**	**288**	**96**	**13**	H
11	11	1	16	7	86	22	5	61
24	26	2	1	6	202	74	8	62
29	**22**	**8**	**2**	**3**	**120**	**57**	**26**	I
5	5			1	10	3	1	63
1	4	3			23	14	4	64
23	13	5	2	2	87	40	21	65
141	**134**	**15**	**17**	**37**	**444**	**130**	**42**	K
141	134	15	17	37	444	130	42	70
220	**112**	**45**	**33**	**56**	**774**	**332**	**77**	L
17	5	3	6	5	40	16	2	71
203	107	42	27	51	734	316	75	72
116	**50**	**21**	**3**	**22**	**501**	**134**	**89**	M
15	2			2	75	5	59	73
56	44	13	1	12	218	87	22	74
45	4	8	2	8	208	42	8	75
30	**17**	**15**	**9**	**10**	**113**	**27**	**11**	N
	1	4	3	1	12	1	1	76
		2	1		16	6	1	77
30	16	9	5	9	85	20	9	78
78	**47**	**13**	**8**	**7**	**244**	**89**	**22**	O
12	13	3	5	3	96	34	6	79
56	31	10	3	3	122	44	13	80
10	3			1	26	11	3	81
				1	**9**	**4**	**1**	Q
				1	9	4	1	84
23	**45**	**19**	**7**	**33**	**152**	**45**	**18**	R
	3			1	1			85
4	1	1	1	1	11	4	2	86
4	4			3	11	6	1	87
3	2	1			11	4	2	88
12	35	17	6	28	118	31	13	89

2-8 续表 6

行业	代码	明山区	南芬区	本溪满族自治县	桓仁满族自治县	丹东市	元宝区
总计	00	**2811**	**465**	**1464**	**1343**	**10747**	**2074**
农、林、牧、渔业	A	**3**			**3**	**19**	
农业	01				1	2	
林业	02				1		
畜牧业	03						
渔业	04						
农、林、牧、渔服务业	05	3			1	17	
采矿业	B	**49**	**70**	**265**	**52**	**657**	**8**
煤炭开采和洗选业	06	6	1	82	9	106	
石油和天然气开采业	07					1	1
黑色金属矿采选业	08	16	37	102	13	140	
有色金属矿采选业	09	1	2	27	14	164	1
非金属矿采选业	10	25	28	52	15	241	4
开采辅助活动	11			1	1	2	1
其他采矿业	12	1	2	1		3	1
制造业	C	**565**	**150**	**397**	**288**	**3864**	**525**
农副食品加工业	13	15	6	32	30	358	9
食品制造业	14	15	4	9	11	112	28
酒、饮料和精制茶制造业	15	8	6	15	34	69	7
烟草制品业	16					2	
纺织业	17	8	2	8		162	45
纺织服装、服饰业	18	3	4	5	2	167	33
皮革、毛皮、羽毛及其制品和制鞋业	19	5		1	2	16	3
木材加工和木、竹、藤、棕、草制品业	20	9	6	33	29	112	1
家具制造业	21	7	2	6	6	41	7
造纸和纸制品业	22	7	1	7	2	81	17
印刷和记录媒介复制业	23	29	1	1	6	102	39
文教、工美、体育和娱乐用品制造业	24	4	6	3	8	71	17
石油加工、炼焦和核燃料加工业	25	10	4	3		10	
化学原料和化学制品制造业	26	18	16	32	7	201	29
医药制造业	27	1		8	49	36	7
化学纤维制造业	28	2				2	
橡胶和塑料制品业	29	28	8	10	8	151	19
非金属矿物制品业	30	79	14	63	40	354	29
黑色金属冶炼和压延加工业	31	25	24	57	10	175	4
有色金属冶炼和压延加工业	32	34	1	13	9	67	3
金属制品业	33	50	10	26	10	186	33
通用设备制造业	34	82	16	25	4	422	60
专用设备制造业	35	41	6	10	4	283	41
汽车制造业	36	7	1	11		187	11
铁路、船舶、航空航天和其他运输设备制造	37	5			1	19	
电气机械和器材制造业	38	34	5	8	3	189	34
计算机、通信和其他电子设备制造业	39	9		2	1	74	8
仪器仪表制造业	40	11		1	5	163	27
其他制造业	41	4		5	1	15	4
废弃资源综合利用业	42	3	2	3	4	17	
金属制品、机械和设备修理业	43	12	5		2	20	10

振兴区	振安区	宽甸满族自治县	东港市	凤城市	锦州市	古塔区	凌河区	代码
2577	**734**	**1184**	**2004**	**2174**	**11239**	**1560**	**1717**	00
	1	**1**	**12**	**5**	**100**	**1**		A
			2					01
								02
								03
								04
	1	1	10	5	100	1		05
1	**13**	**226**	**34**	**375**	**212**	**1**	**1**	B
		11	1	94	20			06
								07
		66	2	72	22			08
	4	44	5	110	7	1		09
1	9	103	26	98	161		1	10
		1			1			11
		1		1	1			12
745	**431**	**300**	**973**	**890**	**3339**	**258**	**286**	C
52	14	35	210	38	379	5	6	13
15	16	12	19	22	85	6	9	14
7	7	11	16	21	89	2	1	15
				2				16
7	28	7	41	34	50	1	5	17
33	20	8	55	18	72	4	5	18
4	1	1	3	4	122	3	2	19
3	5	37	23	43	74	1	1	20
8	4	5	10	7	17	3	1	21
11	16	6	10	21	60	5	3	22
17	11	1	18	16	98	14	28	23
9	13	3	12	17	26	3	2	24
3	4		2	1	53	7	6	25
35	25	31	39	42	218	16	12	26
9	4	6	5	5	24	2	2	27
2					6		1	28
17	21	8	59	27	181	19	13	29
32	34	57	112	90	507	19	14	30
17	11	22	74	47	118	3	2	31
6	4	11	15	28	64	1	3	32
31	19	12	60	31	190	23	17	33
97	38	5	71	151	296	48	44	34
75	55	7	39	66	165	18	25	35
40	19	1	17	99	54	1	6	36
11	1	2	2	3	53		16	37
52	35	5	37	26	212	34	30	38
47	7	2	6	4	35	11	6	39
96	17	1	2	20	40	5	14	40
3	2	2	1	3	20	3	1	41
1		1	11	4	12		1	42
5		1	4		19	1	10	43

2-8 续表 7

行　　业	代码						
		明山区	南芬区	本溪满族自治县	桓仁满族自治县	丹东市	元宝区
电力、热力、燃气及水生产和供应业	D	**15**	**5**	**32**	**37**	**92**	**9**
电力、热力生产和供应业	44	10	2	27	36	71	8
燃气生产和供应业	45	3	2	1		8	1
水的生产和供应业	46	2	1	4	1	13	
建筑业	E	**222**	**11**	**33**	**62**	**643**	**189**
房屋建筑业	47	30	4	9	24	124	20
土木工程建筑业	48	26	2	7	24	148	23
建筑安装业	49	47	1	8	7	122	39
建筑装饰和其他建筑业	50	119	4	9	7	249	107
批发和零售业	F	**1167**	**163**	**352**	**601**	**2996**	**784**
批发业	51	734	93	233	415	1770	473
零售业	52	433	70	119	186	1226	311
交通运输、仓储和邮政业	G	**38**	**13**	**30**	**28**	**353**	**46**
道路运输业	54	24	4	23	12	176	19
水上运输业	55	1			3	36	2
航空运输业	56					2	
管道运输业	57						
装卸搬运和运输代理业	58	8	3		3	75	16
仓储业	59	2	5	5	4	48	6
邮政业	60	3	1	2	6	16	3
住宿和餐饮业	H	**82**	**11**	**33**	**53**	**341**	**41**
住宿业	61	21	5	12	21	168	11
餐饮业	62	61	6	21	32	173	30
信息传输、软件和信息技术服务业	I	**27**	**2**	**2**	**6**	**118**	**59**
电信、广播电视和卫星传输服务	63	4			2	6	2
互联网和相关服务	64	3		1	1	18	13
软件和信息技术服务业	65	20	2	1	3	94	44
房地产业	K	**177**	**5**	**50**	**40**	**435**	**72**
房地产业	70	177	5	50	40	435	72
租赁和商务服务业	L	**209**	**16**	**63**	**77**	**577**	**183**
租赁业	71	11	1	3	7	38	10
商务服务业	72	198	15	60	70	539	173
科学研究和技术服务业	M	**102**	**2**	**150**	**24**	**190**	**51**
研究和试验发展	73	7		2	2	12	3
专业技术服务业	74	74	2	14	19	147	36
科技推广和应用服务业	75	21		134	3	31	12
水利、环境和公共设施管理业	N	**31**		**34**	**10**	**51**	**11**
水利管理业	76	1		6	3	2	1
生态保护和环境治理业	77	4		5		2	
公共设施管理业	78	26		23	7	47	10
居民服务、修理和其他服务业	O	**88**	**5**	**16**	**24**	**231**	**63**
居民服务业	79	33	3	7	13	103	25
机动车、电子产品和日用产品修理业	80	46	2	9	8	118	35
其他服务业	81	9			3	10	3
卫生和社会工作	Q	**4**				**2**	
社会工作	84	4				2	
文化、体育和娱乐业	R	**32**	**12**	**7**	**38**	**178**	**33**
新闻和出版业	85	1				1	
广播、电视、电影和影视录音制作业	86	2	1	2		9	2
文化艺术业	87	1		2	1	5	3
体育	88	3		1	1	18	5
娱乐业	89	25	11	2	36	145	23

振兴区	振安区	宽甸满族自治县	东港市	凤城市	锦州市	古塔区	凌河区	代码
11	**2**	**33**	**19**	**18**	**88**	**3**	**7**	D
9	2	31	9	12	61	3	7	44
2			2	3	9			45
		2	8	3	18			46
151	**67**	**51**	**132**	**53**	**677**	**134**	**150**	E
16	17	20	36	15	130	19	27	47
22	14	21	56	12	104	16	21	48
43	13	6	14	7	101	24	24	49
70	23	4	26	19	342	75	78	50
829	**94**	**318**	**469**	**502**	**3673**	**572**	**631**	F
491	61	141	300	304	2062	374	403	51
338	33	177	169	198	1611	198	228	52
122	**20**	**30**	**56**	**79**	**634**	**37**	**70**	G
37	14	16	29	61	418	24	21	54
18	1	8	7		17		4	55
2					1			56
					2	1		57
42		3	9	5	135	10	36	58
13	5	3	10	11	46	2	3	59
10			1	2	15		6	60
152	**16**	**57**	**37**	**38**	**311**	**76**	**46**	H
75	11	33	16	22	150	37	23	61
77	5	24	21	16	161	39	23	62
41	**5**	**5**	**2**	**6**	**109**	**39**	**33**	I
1		3			14	2	4	63
2	1	2			13	2	4	64
38	4		2	6	82	35	25	65
144	**43**	**35**	**72**	**69**	**414**	**95**	**89**	K
144	43	35	72	69	414	95	89	70
202	**12**	**46**	**75**	**59**	**825**	**156**	**236**	L
17		4	5	2	102	10	19	71
185	12	42	70	57	723	146	217	72
44	**8**	**26**	**34**	**27**	**258**	**54**	**65**	M
1	3	1	1	3	9	3	2	73
39	5	23	26	18	164	41	44	74
4		2	7	6	85	10	19	75
5	**9**	**16**	**5**	**5**	**72**	**6**	**13**	N
	1				4			76
		1		1	9		3	77
5	8	15	5	4	59	6	10	78
81	**10**	**24**	**37**	**16**	**196**	**39**	**34**	O
45	3	10	15	5	73	19	12	79
35	6	14	18	10	108	18	14	80
1	1		4	1	15	2	8	81
	1		**1**		**4**	**1**	**3**	Q
	1		1		4	1	3	84
49	**2**	**16**	**46**	**32**	**327**	**88**	**53**	R
1					3		3	85
4			1	2	6	2	2	86
2					18	2	10	87
6	1	2	2	2	7	1	4	88
36	1	14	43	28	293	83	34	89

2-8 续表 8

行业	代码	太和区	黑山县	义县	凌海市	北镇市	营口市
总 计	00	**2799**	**1314**	**1257**	**1415**	**1177**	**17928**
农、林、牧、渔业	A	**8**	**18**	**33**	**15**	**25**	**45**
农业	01						
林业	02						
畜牧业	03						
渔业	04						
农、林、牧、渔服务业	05	8	18	33	15	25	45
采矿业	B	**11**	**41**	**85**	**58**	**15**	**530**
煤炭开采和洗选业	06		6	5	9		2
石油和天然气开采业	07						
黑色金属矿采选业	08	2		15	2	3	44
有色金属矿采选业	09	2		1	3		258
非金属矿采选业	10	6	34	64	44	12	226
开采辅助活动	11		1				
其他采矿业	12	1					
制造业	C	**1045**	**374**	**440**	**512**	**424**	**5983**
农副食品加工业	13	62	89	61	85	71	257
食品制造业	14	30	9	8	8	15	84
酒、饮料和精制茶制造业	15	22	6	25	16	17	42
烟草制品业	16						1
纺织业	17	18	5	6	9	6	216
纺织服装、服饰业	18	13	15	11	13	11	362
皮革、毛皮、羽毛及其制品和制鞋业	19	7	3	10	1	96	40
木材加工和木、竹、藤、棕、草制品业	20	15	37	11	7	2	76
家具制造业	21	4	1		6	2	34
造纸和纸制品业	22	19	12	5	10	6	128
印刷和记录媒介复制业	23	17	15	6	14	4	87
文教、工美、体育和娱乐用品制造业	24	11	8	1		1	93
石油加工、炼焦和核燃料加工业	25	15	3	4	10	8	106
化学原料和化学制品制造业	26	64	21	28	38	39	372
医药制造业	27	12	2	4	1	1	20
化学纤维制造业	28	2		1	2		16
橡胶和塑料制品业	29	60	5	5	38	41	515
非金属矿物制品业	30	136	53	117	124	44	1141
黑色金属冶炼和压延加工业	31	54	9	18	27	5	193
有色金属冶炼和压延加工业	32	20	3	27	7	3	117
金属制品业	33	72	37	13	14	14	453
通用设备制造业	34	137	11	25	24	7	726
专用设备制造业	35	56	18	20	14	14	269
汽车制造业	36	26	3	4	6	8	61
铁路、船舶、航空航天和其他运输设备制造	37	22	1	5	8	1	31
电气机械和器材制造业	38	110	4	9	20	5	331
计算机、通信和其他电子设备制造业	39	12		5		1	49
仪器仪表制造业	40	16		3	1	1	95
其他制造业	41	4	3	7	1	1	6
废弃资源综合利用业	42	2	1	1	7		25
金属制品、机械和设备修理业	43	7			1		37

站前区	西市区	鲅鱼圈区	老边区	盖州市	大石桥市	阜新市	海州区	代码
3197	**2777**	**3704**	**1931**	**3127**	**3192**	**9258**	**1574**	00
	2	**4**	**2**	**35**	**2**	**410**	**2**	A
								01
								02
								03
								04
	2	4	2	35	2	410	2	05
1	**6**	**25**	**21**	**121**	**356**	**339**	**18**	B
		1			1	163	17	06
						1	1	07
			5	6	33	45		08
	1	11	5	38	203	3		09
1	5	13	11	77	119	119		10
						8		11
								12
663	**1128**	**801**	**1048**	**954**	**1389**	**2437**	**263**	C
12	5	32	27	85	96	197	11	13
14	7	6	20	21	16	82	6	14
	3	10	2	17	10	55	5	15
1								16
27	46	11	31	69	32	37	1	17
39	60	81	68	66	48	47	12	18
	5	10	3	18	4	45	2	19
3	16	12	15	16	14	131	3	20
2	5	10	8	3	6	21	1	21
32	15	13	27	24	17	32	6	22
34	13	17	7	9	7	78	18	23
10	44	16	10	7	6	38	3	24
22	27	3	26	10	18	14	2	25
39	64	31	84	47	107	133	18	26
2	5		8	3	2	18	5	27
7	4	2	2	1		1		28
47	87	184	72	55	70	102	13	29
53	71	93	158	141	625	344	37	30
9	27	32	62	37	26	58	6	31
9	16	9	13	28	42	23	2	32
59	108	53	117	59	57	119	14	33
103	193	90	120	112	108	434	26	34
42	88	19	48	27	45	153	23	35
6	17	13	9	12	4	15		36
3	16	3	1	6	2	9	4	37
55	109	32	56	68	11	117	15	38
8	29		5	2	5	30	3	39
18	33	3	38	3		13	5	40
		3	2		1	26	2	41
1	5	1	5	4	9	24		42
6	10	12	4	4	1	41	20	43

2-8 续表 9

行　　业	代码	太和区	黑山县	义县	凌海市	北镇市	营口市
电力、热力、燃气及水生产和供应业	D	**28**	**14**	**8**	**16**	**12**	**78**
电力、热力生产和供应业	44	20	10	5	10	6	43
燃气生产和供应业	45	2	1	2	3	1	19
水的生产和供应业	46	6	3	1	3	5	16
建筑业	E	**216**	**29**	**51**	**64**	**33**	**780**
房屋建筑业	47	39	5	16	17	7	141
土木工程建筑业	48	22	12	3	17	13	154
建筑安装业	49	35	4	3	6	5	120
建筑装饰和其他建筑业	50	120	8	29	24	8	365
批发和零售业	F	**731**	**582**	**378**	**455**	**324**	**5801**
批发业	51	529	168	256	170	162	3610
零售业	52	202	414	122	285	162	2191
交通运输、仓储和邮政业	G	**226**	**40**	**73**	**63**	**125**	**1182**
道路运输业	54	112	32	68	42	119	508
水上运输业	55	12		1			42
航空运输业	56	1					2
管道运输业	57	1					
装卸搬运和运输代理业	58	73	1	1	12	2	442
仓储业	59	27	2	3	6	3	156
邮政业	60		5		3	1	32
住宿和餐饮业	H	**41**	**66**	**9**	**41**	**32**	**461**
住宿业	61	22	21	4	27	16	231
餐饮业	62	19	45	5	14	16	230
信息传输、软件和信息技术服务业	I	**26**	**2**	**4**	**2**	**3**	**131**
电信、广播电视和卫星传输服务	63	5		1	1	1	21
互联网和相关服务	64	5	1			1	24
软件和信息技术服务业	65	16	1	3	1	1	86
房地产业	K	**116**	**22**	**39**	**17**	**36**	**769**
房地产业	70	116	22	39	17	36	769
租赁和商务服务业	L	**176**	**37**	**77**	**68**	**75**	**1071**
租赁业	71	24	10	15	9	15	77
商务服务业	72	152	27	62	59	60	994
科学研究和技术服务业	M	**66**	**15**	**17**	**17**	**24**	**312**
研究和试验发展	73	3				1	27
专业技术服务业	74	36	7	10	14	12	232
科技推广和应用服务业	75	27	8	7	3	11	53
水利、环境和公共设施管理业	N	**11**	**4**	**16**	**4**	**18**	**97**
水利管理业	76		1	1		2	9
生态保护和环境治理业	77	3		3			9
公共设施管理业	78	8	3	12	4	16	79
居民服务、修理和其他服务业	O	**45**	**19**	**17**	**22**	**20**	**352**
居民服务业	79	15	8	8	5	6	174
机动车、电子产品和日用产品修理业	80	30	11	8	14	13	160
其他服务业	81			1	3	1	18
卫生和社会工作	Q						**5**
社会工作	84						5
文化、体育和娱乐业	R	**53**	**51**	**10**	**61**	**11**	**331**
新闻和出版业	85						3
广播、电视、电影和影视录音制作业	86	1	1				11
文化艺术业	87	1	1	2		2	14
体育	88	2					14
娱乐业	89	49	49	8	61	9	289

站前区	西市区	鲅鱼圈区	老边区	盖州市	大石桥市	阜新市	海州区	代码
2	**8**	**22**	**6**	**27**	**13**	**60**	**9**	D
1	6	12	2	12	10	36	8	44
	2	4	2	9	2	9	1	45
1		6	2	6	1	15		46
191	**201**	**196**	**78**	**66**	**48**	**416**	**79**	E
34	34	33	23	10	7	103	15	47
23	42	39	23	13	14	86	9	48
41	40	17	8	10	4	77	21	49
93	85	107	24	33	23	150	34	50
1275	**630**	**1112**	**491**	**1376**	**917**	**3671**	**730**	F
489	401	524	417	1058	721	1667	363	51
786	229	588	74	318	196	2004	367	52
143	**146**	**548**	**83**	**178**	**84**	**175**	**36**	G
68	50	139	66	131	54	129	22	54
8	21	12	1					55
	1	1						56
								57
52	56	316	8	3	7	19	11	58
8	8	75	7	42	16	13	1	59
7	10	5	1	2	7	14	2	60
121	**32**	**211**	**5**	**47**	**45**	**151**	**77**	H
39	6	141	2	27	16	73	46	61
82	26	70	3	20	29	78	31	62
50	**34**	**15**	**20**	**7**	**5**	**68**	**11**	I
7	3	4	1	5	1	9	2	63
2	12	2	5	1	2	8	1	64
41	19	9	14	1	2	51	8	65
141	**151**	**243**	**45**	**103**	**86**	**299**	**72**	K
141	151	243	45	103	86	299	72	70
347	**244**	**221**	**78**	**77**	**104**	**425**	**132**	L
9	23	28	6	8	3	31	4	71
338	221	193	72	69	101	394	128	72
90	**84**	**54**	**17**	**34**	**33**	**226**	**47**	M
5	13	4	1	1	3	15	2	73
77	51	44	13	24	23	126	40	74
8	20	6	3	9	7	85	5	75
17	**31**	**13**	**5**	**22**	**9**	**56**	**7**	N
2	1		1	4	1	5		76
1	3	2		2	1	6	1	77
14	27	11	4	16	7	45	6	78
98	**41**	**121**	**26**	**44**	**22**	**168**	**40**	O
56	21	67	3	23	4	48	18	79
38	17	50	19	20	16	107	22	80
4	3	4	4	1	2	13		81
1	**2**	**1**		**1**		**5**		Q
1	2	1		1		5		84
57	**37**	**117**	**6**	**35**	**79**	**352**	**51**	R
	1			1	1			85
2		5		3	1	8	3	86
6	4	3			1	13	2	87
6	3	3		2		8	2	88
43	29	106	6	29	76	323	44	89

2-8 续表 10

行业	代码	新邱区	太平区	清河门区	细河区	阜新蒙古族自治县	彰武县
总 计	00	**547**	**1073**	**285**	**2146**	**1881**	**1752**
农、林、牧、渔业	A	**7**	**5**	**2**	**1**	**116**	**277**
农业	01						
林业	02						
畜牧业	03						
渔业	04						
农、林、牧、渔服务业	05	7	5	2	1	116	277
采矿业	B	**63**	**24**	**26**	**3**	**156**	**49**
煤炭开采和洗选业	06	57	21	26	1	41	
石油和天然气开采业	07						
黑色金属矿采选业	08					45	
有色金属矿采选业	09					3	
非金属矿采选业	10	5	3		2	60	49
开采辅助活动	11	1				7	
其他采矿业	12						
制造业	C	**216**	**385**	**92**	**764**	**433**	**284**
农副食品加工业	13	23	5	2	25	82	49
食品制造业	14	10	7		20	18	21
酒、饮料和精制茶制造业	15	6	6	1	10	17	10
烟草制品业	16						
纺织业	17	6	7		16	4	3
纺织服装、服饰业	18	2	13	4	7	4	5
皮革、毛皮、羽毛及其制品和制鞋业	19		3	35	4		1
木材加工和木、竹、藤、棕、草制品业	20	41	8	3	7	22	47
家具制造业	21	1	1		5	3	10
造纸和纸制品业	22	2	6	1	10	3	4
印刷和记录媒介复制业	23	4	11	3	28	10	4
文教、工美、体育和娱乐用品制造业	24	3	4	2	9	14	3
石油加工、炼焦和核燃料加工业	25	1	5		1	1	4
化学原料和化学制品制造业	26	10	20	5	25	27	28
医药制造业	27	1	5		4	2	1
化学纤维制造业	28		1				
橡胶和塑料制品业	29	4	25	1	42	9	8
非金属矿物制品业	30	65	35	12	42	104	49
黑色金属冶炼和压延加工业	31	2	14	1	19	14	2
有色金属冶炼和压延加工业	32	1	9	1	6	3	1
金属制品业	33	4	31	4	25	28	13
通用设备制造业	34	7	87	6	292	14	2
专用设备制造业	35	18	26	5	53	20	8
汽车制造业	36	2	2		9	2	
铁路、船舶、航空航天和其他运输设备制造	37	1	2		2		
电气机械和器材制造业	38		18	2	73	6	3
计算机、通信和其他电子设备制造业	39		4		22		1
仪器仪表制造业	40		4		4		
其他制造业	41		6	2	1	8	7
废弃资源综合利用业	42	2	3	1	2	16	
金属制品、机械和设备修理业	43		17	1	1	2	

辽阳市	白塔区	文圣区	宏伟区	弓长岭区	太子河区	辽阳县	灯塔市	代码
7685	**1773**	**524**	**896**	**313**	**1032**	**2128**	**1019**	**00**
69	**1**	**5**	**1**	**2**	**2**	**3**	**55**	**A**
								01
								02
								03
								04
69	1	5	1	2	2	3	55	05
475	**1**	**56**	**14**	**68**	**3**	**173**	**160**	**B**
50					1		49	06
								07
249		8	2	53		96	90	08
13		1		1	1	9	1	09
161		47	11	14	1	68	20	10
2	1		1					11
								12
3089	**287**	**256**	**400**	**87**	**714**	**937**	**408**	**C**
149	4	10	11	2	32	45	45	13
45	6	1	11	3	8	9	7	14
45	3	4	1	10	3	13	11	15
								16
82	13	3	4		32	13	17	17
263	12	3	5	2	13	199	29	18
97		3		1	3	10	80	19
52	3	3	3	2	14	24	3	20
26		2	3		10	10	1	21
55	4	8	3		26	10	4	22
52	25	1	9	1	9	4	3	23
78	9	11	10	2	37	5	4	24
28	2	2	11		6	6	1	25
246	9	25	104	6	54	32	16	26
13	3	1	2	1	3	1	2	27
23			13		8	2		28
199	16	14	39	1	32	91	6	29
350	12	86	30	13	59	44	106	30
253	9	6	6	9	41	175	7	31
26		2	5	2	7	8	2	32
248	40	12	36	3	62	84	11	33
385	43	27	46	12	126	103	28	34
150	18	15	11	13	58	25	10	35
24	2	3	1	2	9	3	4	36
3					2	1		37
95	27	5	15	2	32	9	5	38
12	6	1	1		2	1	1	39
71	19	4	19		24	5		40
6			1		1	1	3	41
7					1	4	2	42
6	2	4						43

2-8 续表 11

行业	代码	新邱区	太平区	清河门区	细河区	阜新蒙古族自治县	彰武县
电力、热力、燃气及水生产和供应业	D	**3**	**3**	**5**	**8**	**17**	**15**
电力、热力生产和供应业	44	1	2	1	6	6	12
燃气生产和供应业	45	2	1	1	1	2	1
水的生产和供应业	46			3	1	9	2
建筑业	E	**16**	**70**	**8**	**177**	**35**	**31**
房屋建筑业	47	3	13	5	44	13	10
土木工程建筑业	48	7	13	1	35	10	11
建筑安装业	49	3	16	1	31	3	2
建筑装饰和其他建筑业	50	3	28	1	67	9	8
批发和零售业	F	**135**	**407**	**80**	**626**	**877**	**816**
批发业	51	55	188	36	270	317	438
零售业	52	80	219	44	356	560	378
交通运输、仓储和邮政业	G	**8**	**18**	**5**	**44**	**15**	**49**
道路运输业	54	4	13	5	36	9	40
水上运输业	55						
航空运输业	56						
管道运输业	57						
装卸搬运和运输代理业	58	4	1		3		
仓储业	59		1		1	5	5
邮政业	60		3		4	1	4
住宿和餐饮业	H	**9**	**14**	**1**	**18**	**16**	**16**
住宿业	61		5		7	10	5
餐饮业	62	9	9	1	11	6	11
信息传输、软件和信息技术服务业	I	**2**	**5**	**2**	**38**	**6**	**4**
电信、广播电视和卫星传输服务	63	1	1	2		1	2
互联网和相关服务	64		1		1	4	1
软件和信息技术服务业	65	1	3		37	1	1
房地产业	K	**10**	**24**	**13**	**116**	**29**	**35**
房地产业	70	10	24	13	116	29	35
租赁和商务服务业	L	**18**	**39**	**10**	**142**	**46**	**38**
租赁业	71	3	6		10	4	4
商务服务业	72	15	33	10	132	42	34
科学研究和技术服务业	M	**8**	**10**	**5**	**92**	**49**	**15**
研究和试验发展	73		1		11		1
专业技术服务业	74	3	8	3	61	3	8
科技推广和应用服务业	75	5	1	2	20	46	6
水利、环境和公共设施管理业	N	**4**	**9**	**3**	**13**	**16**	**4**
水利管理业	76				1	2	2
生态保护和环境治理业	77		1		2	1	1
公共设施管理业	78	4	8	3	10	13	1
居民服务、修理和其他服务业	O	**5**	**17**	**3**	**49**	**19**	**35**
居民服务业	79	2	3		11	7	7
机动车、电子产品和日用产品修理业	80	3	11	3	31	10	27
其他服务业	81		3		7	2	1
卫生和社会工作	Q		**2**		**2**	**1**	
社会工作	84		2		2	1	
文化、体育和娱乐业	R	**43**	**41**	**30**	**53**	**50**	**84**
新闻和出版业	85						
广播、电视、电影和影视录音制作业	86		1		2	1	1
文化艺术业	87	1	3		4	1	2
体育	88		3		3		
娱乐业	89	42	34	30	44	48	81

辽阳市	白塔区	文圣区	宏伟区	弓长岭区	太子河区	辽阳县	灯塔市	代码
31	**7**	**1**	**4**	**7**	**3**	**3**	**6**	**D**
12	1	1	1	5	1	1	2	44
7	1		3	1		1	1	45
12	5			1	2	1	3	46
353	**156**	**16**	**78**	**18**	**37**	**22**	**26**	**E**
63	22	3	17	9	4	5	3	47
77	20	4	14	6	12	10	11	48
90	40	5	24	1	12	4	4	49
123	74	4	23	2	9	3	8	50
2161	**646**	**88**	**235**	**46**	**170**	**772**	**204**	**F**
1535	390	68	177	29	117	650	104	51
626	256	20	58	17	53	122	100	52
254	**63**	**28**	**27**	**21**	**34**	**41**	**40**	**G**
198	46	26	21	17	29	30	29	54
								55
								56
								57
17	10	1	3				3	58
26		1	2	2	4	9	8	59
13	7		1	2	1	2		60
156	**68**	**5**	**6**	**11**	**7**	**36**	**23**	**H**
54	27	3	2	5	1	5	11	61
102	41	2	4	6	6	31	12	62
40	**25**		**7**	**3**	**1**	**4**		**I**
2					1	1		63
5	4					1		64
33	21		7	3		2		65
226	**111**	**15**	**39**	**10**	**14**	**25**	**12**	**K**
226	111	15	39	10	14	25	12	70
355	**188**	**21**	**37**	**17**	**17**	**41**	**34**	**L**
53	20		9	1	2	16	5	71
302	168	21	28	16	15	25	29	72
151	**65**	**15**	**20**	**3**	**9**	**24**	**15**	**M**
14	7		3		3		1	73
87	52	2	12	2	5	10	4	74
50	6	13	5	1	1	14	10	75
26	**11**	**1**	**6**	**3**		**2**	**3**	**N**
								76
3	1		1				1	77
23	10	1	5	3		2	2	78
197	**87**	**15**	**19**	**14**	**17**	**25**	**20**	**O**
103	57	5	7	10	1	16	7	79
89	30	10	9	4	16	9	11	80
5			3				2	81
8	**1**	**1**				**5**	**1**	**Q**
8	1	1				5	1	84
94	**56**	**1**	**3**	**3**	**4**	**15**	**12**	**R**
								85
3	2		1					86
3	3							87
3			1			1	1	88
85	51	1	1	3	4	14	11	89

2-8 续表 12

行业	代码	盘锦市	双台子区	兴隆台区	大洼县	盘山县	铁岭市
总 计	00	**7733**	**1276**	**3883**	**1579**	**995**	**6046**
农、林、牧、渔业	A	**54**	**7**	**2**	**32**	**13**	**165**
农业	01	1			1		
林业	02						
畜牧业	03						
渔业	04						
农、林、牧、渔服务业	05	53	7	2	31	13	165
采矿业	B	**90**	**1**	**85**	**2**	**2**	**126**
煤炭开采和洗选业	06						9
石油和天然气开采业	07	1		1			1
黑色金属矿采选业	08						7
有色金属矿采选业	09						5
非金属矿采选业	10	1				1	102
开采辅助活动	11	88	1	84	2	1	1
其他采矿业	12						1
制造业	C	**1988**	**253**	**633**	**666**	**436**	**2436**
农副食品加工业	13	272	12	10	144	106	287
食品制造业	14	51	8	6	21	16	77
酒、饮料和精制茶制造业	15	20	6	5	6	3	80
烟草制品业	16						1
纺织业	17	18	4	8	4	2	42
纺织服装、服饰业	18	35	3	18	12	2	27
皮革、毛皮、羽毛及其制品和制鞋业	19	5		2	3		5
木材加工和木、竹、藤、棕、草制品业	20	17	1	2	10	4	91
家具制造业	21	16	6	5	4	1	22
造纸和纸制品业	22	22	1	5	5	11	45
印刷和记录媒介复制业	23	43	6	33	4		56
文教、工美、体育和娱乐用品制造业	24	12	2	5	4	1	16
石油加工、炼焦和核燃料加工业	25	252	37	34	91	90	19
化学原料和化学制品制造业	26	236	32	88	77	39	157
医药制造业	27	20	5	6	4	5	37
化学纤维制造业	28	2	1			1	3
橡胶和塑料制品业	29	147	37	44	29	37	227
非金属矿物制品业	30	218	23	51	76	68	261
黑色金属冶炼和压延加工业	31	6	1	3	1	1	49
有色金属冶炼和压延加工业	32	4			2	2	37
金属制品业	33	132	25	37	58	12	141
通用设备制造业	34	102	17	44	30	11	324
专用设备制造业	35	213	12	150	39	12	200
汽车制造业	36	5	1	1	3		68
铁路、船舶、航空航天和其他运输设备制造	37	9			8	1	5
电气机械和器材制造业	38	59	5	31	15	8	87
计算机、通信和其他电子设备制造业	39	6		5	1		10
仪器仪表制造业	40	23	1	18	4		22
其他制造业	41	14	4	6	3	1	15
废弃资源综合利用业	42	8	1	4	2	1	16
金属制品、机械和设备修理业	43	21	2	12	6	1	9

银州区	清河区	铁岭县	西丰县	昌图县	调兵山市	开原市	朝阳市	代码
1224	**431**	**939**	**350**	**1925**	**319**	**858**	**8476**	**00**
5	**6**	**19**	**11**	**82**	**4**	**38**	**27**	**A**
							1	01
								02
							1	03
								04
5	6	19	11	82	4	38	25	05
10	**6**	**53**	**18**	**7**	**4**	**28**	**1046**	**B**
		3	4	1	1		22	06
		1						07
		2	1			4	640	08
		3	1			1	41	09
10	6	42	12	6	3	23	343	10
		1						11
		1						12
415	**211**	**542**	**157**	**607**	**129**	**375**	**2121**	**C**
16	16	30	18	135	11	61	236	13
10	11	14	10	23	5	4	83	14
4	8	10	7	34	9	8	54	15
			1					16
2	1	3	15	13	3	5	30	17
6	2	3	3	10	1	2	41	18
3		1		1			11	19
2	16	18	13	32	2	8	40	20
5		6	1	2	2	6	18	21
7	17	7	2	2	2	8	25	22
13	8	1		15	3	16	39	23
2	1	6		2	1	4	16	24
		11			6	2	8	25
17	19	45	8	43	8	17	114	26
4	4	7	18	1		3	15	27
2		1					2	28
68	13	69	21	19	8	29	80	29
28	29	60	20	73	22	29	380	30
3	8	25	4	4	2	3	191	31
10	1	16	1	4	1	4	41	32
29	10	45	5	32	7	13	98	33
61	30	70	2	94	10	57	119	34
33	8	42	4	23	11	79	328	35
42	2	13	1	7	2	1	38	36
1	1	2			1		4	37
21	4	29		15	8	10	59	38
8		1		1			14	39
15		3		1	1	2	3	40
1	1	2	1	8	1	1	10	41
1	1	1	1	11		1	18	42
1		1	1	2	2	2	6	43

2-8 续表 13

行业	代码	盘锦市	双台子区	兴隆台区	大洼县	盘山县	铁岭市
电力、热力、燃气及水生产和供应业	D	**73**	**8**	**12**	**33**	**20**	**78**
电力、热力生产和供应业	44	20	2	7	9	2	39
燃气生产和供应业	45	11	2	1	7	1	8
水的生产和供应业	46	42	4	4	17	17	31
建筑业	E	**442**	**70**	**227**	**100**	**45**	**206**
房屋建筑业	47	61	7	28	13	13	60
土木工程建筑业	48	126	32	41	31	22	51
建筑安装业	49	69	10	46	10	3	26
建筑装饰和其他建筑业	50	186	21	112	46	7	69
批发和零售业	F	**2881**	**644**	**1531**	**380**	**326**	**1727**
批发业	51	1454	383	529	258	284	990
零售业	52	1427	261	1002	122	42	737
交通运输、仓储和邮政业	G	**212**	**59**	**65**	**46**	**42**	**173**
道路运输业	54	137	37	45	29	26	116
水上运输业	55	5		3	1	1	
航空运输业	56	1		1			
管道运输业	57	1		1			
装卸搬运和运输代理业	58	28	14	8	6		13
仓储业	59	34	6	3	10	15	27
邮政业	60	6	2	4			17
住宿和餐饮业	H	**131**	**16**	**96**	**12**	**7**	**109**
住宿业	61	44	8	28	4	4	56
餐饮业	62	87	8	68	8	3	53
信息传输、软件和信息技术服务业	I	**157**	**9**	**140**	**3**	**5**	**43**
电信、广播电视和卫星传输服务	63	15	4	8		3	19
互联网和相关服务	64	15	1	12	1	1	13
软件和信息技术服务业	65	127	4	120	2	1	11
房地产业	K	**332**	**68**	**148**	**86**	**30**	**277**
房地产业	70	332	68	148	86	30	277
租赁和商务服务业	L	**605**	**83**	**414**	**82**	**26**	**285**
租赁业	71	80	14	37	25	4	31
商务服务业	72	525	69	377	57	22	254
科学研究和技术服务业	M	**250**	**26**	**178**	**30**	**16**	**88**
研究和试验发展	73	21	2	13	4	2	11
专业技术服务业	74	196	20	148	21	7	64
科技推广和应用服务业	75	33	4	17	5	7	13
水利、环境和公共设施管理业	N	**85**	**5**	**42**	**32**	**6**	**31**
水利管理业	76	9		6	2	1	10
生态保护和环境治理业	77	10		5	4	1	4
公共设施管理业	78	66	5	31	26	4	17
居民服务、修理和其他服务业	O	**239**	**18**	**184**	**29**	**8**	**111**
居民服务业	79	88	5	73	9	1	44
机动车、电子产品和日用产品修理业	80	124	11	91	15	7	42
其他服务业	81	27	2	20	5		25
卫生和社会工作	Q	**2**				**2**	**5**
社会工作	84	2				2	5
文化、体育和娱乐业	R	**192**	**9**	**126**	**46**	**11**	**186**
新闻和出版业	85	1		1			2
广播、电视、电影和影视录音制作业	86	9		6	3		5
文化艺术业	87	20	2	15	2	1	6
体育	88	4		3	1		5
娱乐业	89	158	7	101	40	10	168

银州区	清河区	铁岭县	西丰县	昌图县	调兵山市	开原市	朝阳市	代码
7	**8**	**11**	**5**	**33**	**6**	**8**	**125**	D
2	3	7	2	17	4	4	97	44
2	1	1		3		1	8	45
3	4	3	3	13	2	3	20	46
72	**22**	**22**	**4**	**62**	**9**	**15**	**474**	E
17	4	8	2	21	4	4	101	47
12	9	9	1	16		4	100	48
10	3	4	1	4	1	3	89	49
33	6	1		21	4	4	184	50
300	**80**	**149**	**105**	**809**	**82**	**202**	**2542**	F
111	42	97	74	516	45	105	1504	51
189	38	52	31	293	37	97	1038	52
26	**12**	**27**	**6**	**47**	**14**	**41**	**186**	G
17	10	21	4	28	12	24	106	54
								55
							1	56
							1	57
3	1	3		4		2	18	58
3	1	2	2	9		10	44	59
3		1		6	2	5	16	60
55	**11**	**10**	**5**	**14**	**4**	**10**	**84**	H
31	6	4	1	7	1	6	54	61
24	5	6	4	7	3	4	30	62
7	**2**	**6**	**9**	**13**	**3**	**3**	**53**	I
3	1	2	3	7	1	2	12	63
2		2	6	3			1	64
2	1	2		3	2	1	40	65
88	**19**	**40**	**6**	**76**	**18**	**30**	**393**	K
88	19	40	6	76	18	30	393	70
120	**16**	**27**	**8**	**62**	**14**	**38**	**546**	L
13	3	3	2	7		3	46	71
107	13	24	6	55	14	35	500	72
34	**10**	**17**	**2**	**11**	**7**	**7**	**480**	M
6	2	1		2			14	73
26	8	10	2	5	6	7	172	74
2		6		4	1		294	75
7	**3**	**4**	**1**	**10**	**2**	**4**	**50**	N
		1		5	1	3	9	76
2	1	1					5	77
5	2	2	1	5	1	1	36	78
31	**12**	**9**	**3**	**30**	**12**	**14**	**98**	O
15	5	7		9		8	35	79
13	6	1	2	14	2	4	57	80
3	1	1	1	7	10	2	6	81
	1		**2**	**2**			**4**	Q
	1		2	2			4	84
47	**12**	**3**	**8**	**60**	**11**	**45**	**247**	R
1			1				3	85
				4		1	7	86
2		1		1	1	1	6	87
3					1	1	10	88
41	12	2	7	55	9	42	221	89

2-8 续表 14

行业	代码	双塔区	龙城区	朝阳县	建平县	喀喇沁左翼蒙古族自治县	北票市
总计	00	**2200**	**1059**	**1034**	**1145**	**793**	**1099**
农、林、牧、渔业	A	**2**	**1**	**4**	**4**	**1**	**8**
农业	01				1		
林业	02						
畜牧业	03		1				
渔业	04						
农、林、牧、渔服务业	05	2		4	3	1	8
采矿业	B	**22**	**18**	**106**	**378**	**121**	**245**
煤炭开采和洗选业	06	2	1	1		2	3
石油和天然气开采业	07						
黑色金属矿采选业	08	2	5	80	256	69	189
有色金属矿采选业	09	1		2	3	16	15
非金属矿采选业	10	17	12	23	119	34	38
开采辅助活动	11						
其他采矿业	12						
制造业	C	**402**	**420**	**228**	**208**	**240**	**289**
农副食品加工业	13	19	36	42	64	17	22
食品制造业	14	12	5	8	9	19	10
酒、饮料和精制茶制造业	15	11	4	5	6	11	10
烟草制品业	16						
纺织业	17	4	4	6	2	1	8
纺织服装、服饰业	18	6	5	6	2	3	7
皮革、毛皮、羽毛及其制品和制鞋业	19	1	1	3		1	3
木材加工和木、竹、藤、棕、草制品业	20	5	8	6	4	5	4
家具制造业	21	1	7	4	1	3	1
造纸和纸制品业	22	3	4	2	3	3	2
印刷和记录媒介复制业	23	15	6	2	5	1	4
文教、工美、体育和娱乐用品制造业	24	4	1	1		2	5
石油加工、炼焦和核燃料加工业	25	2	1	1		3	
化学原料和化学制品制造业	26	17	26	13	12	9	10
医药制造业	27	3	6	1	3	1	
化学纤维制造业	28		1				
橡胶和塑料制品业	29	17	21	13	5	9	7
非金属矿物制品业	30	42	39	42	42	72	53
黑色金属冶炼和压延加工业	31	25	43	15	11	29	38
有色金属冶炼和压延加工业	32	2	7	9	2	9	8
金属制品业	33	24	22	8	12	13	10
通用设备制造业	34	26	44	5	3	8	16
专用设备制造业	35	130	78	26	12	8	65
汽车制造业	36	7	9	2	2	2	1
铁路、船舶、航空航天和其他运输设备制造	37		3			1	
电气机械和器材制造业	38	13	28	5	3	4	2
计算机、通信和其他电子设备制造业	39	5	3	1	2	1	1
仪器仪表制造业	40	1	2				
其他制造业	41	2	2		2	1	
废弃资源综合利用业	42	2	4		1	4	1
金属制品、机械和设备修理业	43	3		2			1

凌源市	葫芦岛市	连山区	龙港区	南票区	绥中县	建昌县	兴城市	代码
1146	**8276**	**1878**	**1590**	**608**	**1771**	**580**	**1849**	00
7	**37**	**3**	**1**		**10**	**8**	**15**	A
	1				1			01
								02
								03
								04
7	36	3	1		9	8	15	05
156	**292**	**81**	**3**	**65**	**37**	**43**	**63**	B
13	53	2		47		1	3	06
								07
39	42	11			2	25	4	08
4	87	47	1	5	2	8	24	09
100	107	21	2	13	31	9	31	10
	1				1			11
	2				1		1	12
334	**2160**	**400**	**315**	**187**	**361**	**102**	**795**	C
36	184	16	3	28	40	24	73	13
20	52	6	2	5	14	11	14	14
7	63	7	3	9	16	9	19	15
								16
5	42	6	1	1	11	2	21	17
12	335	6	7	4	4	1	313	18
2	9		3	1		1	4	19
8	26	6	2	2	7	1	8	20
1	11	7	1		1		2	21
8	11			1	6	1	3	22
6	44	15	8	1	8	4	8	23
3	8	3	1		2		2	24
1	31	10	9	9			3	25
27	129	43	28	11	16	4	27	26
1	18		4	2	10		2	27
1	1						1	28
8	58	12	7	4	11	1	23	29
90	364	54	32	59	66	20	133	30
30	84	39	5	11	4	8	17	31
4	61	26	12	13	4	3	3	32
9	157	41	54	8	19	8	27	33
17	145	49	27	11	22	1	35	34
9	95	23	17	3	30	1	21	35
15	15		1	1	7		6	36
	75		64		5		6	37
4	88	18	17	3	35	1	14	38
1	14	1			12		1	39
	15	4			5		6	40
3	4	1	1		1		1	41
6	7	3	2		1		1	42
	14	4	4		4	1	1	43

2-8 续表 15

行业	代码						
		双塔区	龙城区	朝阳县	建平县	喀喇沁左翼蒙古族自治县	北票市
电力、热力、燃气及水生产和供应业	D	**50**	**7**	**3**	**12**	**21**	**16**
电力、热力生产和供应业	44	46	3	2	9	17	9
燃气生产和供应业	45	1	1	1		1	3
水的生产和供应业	46	3	3		3	3	4
建筑业	E	**228**	**57**	**35**	**44**	**20**	**52**
房屋建筑业	47	32	20	11	5	4	12
土木工程建筑业	48	40	10	6	15	6	18
建筑安装业	49	58	10	4	2	1	7
建筑装饰和其他建筑业	50	98	17	14	22	9	15
批发和零售业	F	**609**	**418**	**349**	**327**	**213**	**299**
批发业	51	343	329	146	220	109	169
零售业	52	266	89	203	107	104	130
交通运输、仓储和邮政业	G	**50**	**24**	**25**	**19**	**18**	**22**
道路运输业	54	27	17	6	14	10	17
水上运输业	55						
航空运输业	56	1					
管道运输业	57						
装卸搬运和运输代理业	58	3	2	1	3	5	1
仓储业	59	8	5	18	1	2	2
邮政业	60	11			1	1	2
住宿和餐饮业	H	**48**	**5**	**3**	**1**	**6**	**7**
住宿业	61	31	4	1	1	6	3
餐饮业	62	17	1	2			4
信息传输、软件和信息技术服务业	I	**34**	**3**	**5**	**4**	**2**	
电信、广播电视和卫星传输服务	63	6	1	2	1		
互联网和相关服务	64	1					
软件和信息技术服务业	65	27	2	3	3	2	
房地产业	K	**207**	**27**	**17**	**45**	**22**	**25**
房地产业	70	207	27	17	45	22	25
租赁和商务服务业	L	**280**	**38**	**23**	**41**	**51**	**50**
租赁业	71	22	6	2	4	7	
商务服务业	72	258	32	21	37	44	50
科学研究和技术服务业	M	**135**	**14**	**205**	**18**	**34**	**21**
研究和试验发展	73	9	2	1		2	
专业技术服务业	74	96	10	1	14	12	18
科技推广和应用服务业	75	30	2	203	4	20	3
水利、环境和公共设施管理业	N	**21**	**5**	**2**	**3**	**12**	**5**
水利管理业	76	2				3	2
生态保护和环境治理业	77	3			1		1
公共设施管理业	78	16	5	2	2	9	2
居民服务、修理和其他服务业	O	**40**	**13**	**8**	**4**	**8**	**8**
居民服务业	79	17	3	1	1	5	4
机动车、电子产品和日用产品修理业	80	19	9	7	2	3	4
其他服务业	81	4	1		1		
卫生和社会工作	Q	**4**					
社会工作	84	4					
文化、体育和娱乐业	R	**68**	**9**	**21**	**37**	**24**	**52**
新闻和出版业	85	3					
广播、电视、电影和影视录音制作业	86	1		1	1	1	2
文化艺术业	87	1		1	1	1	
体育	88	6		1		2	1
娱乐业	89	57	9	18	35	20	49

凌源市	葫芦岛市	连山区	龙港区	南票区	绥中县	建昌县	兴城市	代码
16	**59**	**11**	**19**	**4**	**9**	**6**	**10**	D
11	36	7	10	3	5	5	6	44
1	6	2	4					45
4	17	2	5	1	4	1	4	46
38	**454**	**135**	**181**	**11**	**52**	**31**	**44**	E
17	87	21	31	5	11	8	11	47
5	68	12	19	2	16	12	7	48
7	89	42	29	1	9	3	5	49
9	210	60	102	3	16	8	21	50
327	**3050**	**745**	**476**	**263**	**833**	**210**	**523**	F
188	1930	471	305	225	609	102	218	51
139	1120	274	171	38	224	108	305	52
28	**279**	**59**	**65**	**16**	**78**	**21**	**40**	G
15	153	35	20	6	57	15	20	54
	25	2	9		6		8	55
								56
1								57
3	53	8	32	1	6	2	4	58
8	35	6	4	9	6	3	7	59
1	13	8			3	1	1	60
14	**217**	**49**	**32**	**5**	**23**	**10**	**98**	H
8	114	19	17	1	11	4	62	61
6	103	30	15	4	12	6	36	62
5	**86**	**19**	**45**	**2**	**15**	**1**	**4**	I
2	12	1	3		6	1	1	63
	13	3	6		2		2	64
3	61	15	36	2	7		1	65
50	**367**	**70**	**130**	**7**	**71**	**31**	**58**	K
50	367	70	130	7	71	31	58	70
63	**514**	**117**	**157**	**20**	**128**	**34**	**58**	L
5	91	10	9		64	6	2	71
58	423	107	148	20	64	28	56	72
53	**204**	**30**	**70**	**6**	**32**	**27**	**39**	M
	9		5		1	1	2	73
21	109	20	51	4	8	16	10	74
32	86	10	14	2	23	10	27	75
2	**53**	**12**	**15**	**4**	**13**	**2**	**7**	N
2	3	1	1	1				76
	6	3			2		1	77
	44	8	14	3	11	2	6	78
17	**175**	**64**	**36**	**7**	**27**	**9**	**32**	O
4	65	31	9	4	6	1	14	79
13	104	28	26	3	21	8	18	80
	6	5	1					81
	6	**4**	**1**				**1**	Q
	6	4	1				1	84
36	**323**	**79**	**44**	**11**	**82**	**45**	**62**	R
								85
1	3	1	1		1			86
2	2	1				1		87
	8		2		3	1	2	88
33	310	77	41	11	78	43	60	89

2-9 按行业(大类)、地区分组的

行　　业	代码	从业人员数(人)	沈阳市	和平区	沈河区	大东区	皇姑区
总　计	00	**5365615**	**1198484**	**115650**	**132022**	**71359**	**101150**
农、林、牧、渔业	A	**17221**	**1448**	**1**		**3**	**1**
农业	01	195					
林业	02	935					
畜牧业	03	18	12				
渔业	04	57					
农、林、牧、渔服务业	05	16016	1436	1		3	1
采矿业	B	**199572**	**7673**	**1**	**5**		**7**
煤炭开采和洗选业	06	25319	382				
石油和天然气开采业	07	215	16				
黑色金属矿采选业	08	81712	168				5
有色金属矿采选业	09	27030	385				
非金属矿采选业	10	61218	5821	1	5		
开采辅助活动	11	3195	816				2
其他采矿业	12	883	85				
制造业	C	**2420997**	**572790**	**14266**	**13919**	**29470**	**25586**
农副食品加工业	13	195422	46863	42	442	533	233
食品制造业	14	54426	14089	315	481	186	232
酒、饮料和精制茶制造业	15	27807	7677	21	30	25	24
烟草制品业	16	281	193	193			
纺织业	17	52283	4998	79	160	517	51
纺织服装、服饰业	18	132328	16177	68	230	683	306
皮革、毛皮、羽毛及其制品和制鞋业	19	19627	2931	51	68	369	192
木材加工和木、竹、藤、棕、草制品业	20	63276	13838	39	19	416	595
家具制造业	21	29565	9482	180	51	221	177
造纸和纸制品业	22	39601	10933	134	347	468	538
印刷和记录媒介复制业	23	32125	10066	1322	1403	1616	1255
文教、工美、体育和娱乐用品制造业	24	24595	6922	172	283	275	255
石油加工、炼焦和核燃料加工业	25	29605	3230	45	18	52	168
化学原料和化学制品制造业	26	126885	22955	85	254	855	828
医药制造业	27	35697	9078	138	1199	496	79
化学纤维制造业	28	4012	572	2	5	207	
橡胶和塑料制品业	29	149237	60674	372	430	1210	1100
非金属矿物制品业	30	264269	45086	818	456	1434	646
黑色金属冶炼和压延加工业	31	116388	15385	199	167	547	450
有色金属冶炼和压延加工业	32	40572	9793	277	454	741	132
金属制品业	33	169339	38416	640	1603	4357	3280
通用设备制造业	34	337247	80099	1352	2075	4499	6718
专用设备制造业	35	153352	38726	1249	1080	2280	2900
汽车制造业	36	55790	23577	272	251	3395	748
铁路、船舶、航空航天和其他运输设备制造	37	39166	6443	76	22	304	241
电气机械和器材制造业	38	125134	47321	1283	1214	2531	2189
计算机、通信和其他电子设备制造业	39	32862	14855	4216	342	339	1189
仪器仪表制造业	40	31118	6978	501	676	747	692
其他制造业	41	7256	1686	23	23	13	105
废弃资源综合利用业	42	7908	848		6	2	25
金属制品、机械和设备修理业	43	23824	2899	102	130	152	238

小微企业法人单位从业人员数

铁西区	苏家屯区	东陵区	沈北新区	于洪区	辽中县	康平县	法库县	新民市	代码
134055	**61293**	**88495**	**78293**	**85535**	**65653**	**107342**	**89429**	**68208**	00
14	**59**	**6**	**100**	**727**	**216**	**130**	**84**	**107**	A
									01
									02
								12	03
									04
14	59	6	100	727	216	130	84	95	05
8	**320**	**49**	**64**		**66**	**1861**	**4606**	**686**	B
	51		56				275		06
		16							07
	150	13							08
		5	2				378		09
6	112	15	4		6	1047	3939	686	10
						814			11
2	7		2		60		14		12
61788	**44339**	**40640**	**62127**	**51780**	**48798**	**85017**	**44936**	**50124**	C
1862	3525	1347	6587	1426	9887	5340	5783	9856	13
523	880	539	2975	869	701	1776	2725	1887	14
93	434	670	816	511	1800	931	1302	1020	15
									16
741	224	372	468	445	597	779	200	365	17
967	858	172	1367	1333	1401	8141	373	278	18
142	418	120	46	210	255	287	419	354	19
900	765	246	1014	1478	1075	1287	3427	2577	20
647	1449	356	683	2771	287	972	825	863	21
1020	1384	1116	1744	686	468	338	902	1788	22
1050	218	794	992	549	296	31	297	243	23
255	337	436	855	911	1194	1174	532	243	24
373	35	131	503	245	536	300	333	491	25
3014	2260	1298	4833	1869	2136	1601	846	3076	26
1083	465	978	1937	61	355	280	631	1376	27
6	24	28	76	4		220			28
2963	3135	2342	2543	2312	2599	37249	1663	2756	29
2677	5404	2298	4030	4711	3032	5658	10143	3779	30
1356	2110	418	1387	1840	3158	1007	1521	1225	31
1303	1123	1047	798	905	218	816	1000	979	32
4934	2889	2986	4508	4216	1885	4334	1501	1283	33
12393	4425	4321	6728	12567	8326	4681	4856	7158	34
6996	2254	4951	3514	3638	2549	3034	2324	1957	35
4715	1104	2936	4133	1457	1563	1953	500	550	36
1076	938	457	1387	642	202	637	153	308	37
8490	6338	4047	4489	5184	2854	1784	1747	5171	38
587	467	4131	2538	288	343	186	7	222	39
1020	164	1842	478	338	285	2	53	180	40
124	59	79	417	127	344	100	237	35	41
20	6	24	2	13	41	88	571	50	42
458	647	158	279	174	411	31	65	54	43

2-9 续表 1

行业	代码	从业人员数（人）	沈阳市	和平区	沈河区	大东区	皇姑区
电力、热力、燃气及水生产和供应业	D	**57331**	**12307**	**1077**	**1672**	**289**	**909**
电力、热力生产和供应业	44	36786	8563	696	1667	289	648
燃气生产和供应业	45	6980	1022	21			5
水的生产和供应业	46	13565	2722	360	5		256
建筑业	E	**867394**	**171652**	**27671**	**30212**	**11328**	**15479**
房屋建筑业	47	376964	55254	8494	9395	630	1774
土木工程建筑业	48	157280	32409	3118	4902	1813	2874
建筑安装业	49	160341	45690	8556	7656	3301	5847
建筑装饰和其他建筑业	50	172809	38299	7503	8259	5584	4984
批发和零售业	F	**724880**	**185395**	**20551**	**34814**	**14515**	**28985**
批发业	51	505952	131923	13854	25752	10610	19953
零售业	52	218928	53472	6697	9062	3905	9032
交通运输、仓储和邮政业	G	**189319**	**26445**	**1554**	**3777**	**2065**	**2904**
道路运输业	54	105196	19273	886	2388	1454	2139
水上运输业	55	5976					
航空运输业	56	1506	464	29	98	23	5
管道运输业	57	846	7		5		
装卸搬运和运输代理业	58	56873	2818	568	666	300	404
仓储业	59	14412	2795	32	270	284	202
邮政业	60	4510	1088	39	350	4	154
住宿和餐饮业	H	**103037**	**17907**	**3682**	**4343**	**1614**	**2704**
住宿业	61	45157	8759	1565	2444	711	1514
餐饮业	62	57880	9148	2117	1899	903	1190
信息传输、软件和信息技术服务业	I	**71292**	**19239**	**3017**	**3727**	**914**	**2810**
电信、广播电视和卫星传输服务	63	5542	2669	191	297	52	87
互联网和相关服务	64	4963	1582	261	348	90	354
软件和信息技术服务业	65	60787	14988	2565	3082	772	2369
房地产业	K	**189621**	**47783**	**7057**	**9508**	**3029**	**5312**
房地产业	70	189621	47783	7057	9508	3029	5312
租赁和商务服务业	L	**313473**	**84541**	**27611**	**18154**	**5285**	**8736**
租赁业	71	12152	3279	275	445	149	390
商务服务业	72	301321	81262	27336	17709	5136	8346
科学研究和技术服务业	M	**104084**	**30369**	**5516**	**8157**	**1308**	**4452**
研究和试验发展	73	11221	3484	393	954	145	675
专业技术服务业	74	67302	19803	4423	4819	833	2715
科技推广和应用服务业	75	25561	7082	700	2384	330	1062
水利、环境和公共设施管理业	N	**19235**	**3101**	**374**	**321**	**135**	**370**
水利管理业	76	1724	438	165	22		82
生态保护和环境治理业	77	2172	427	29	41	16	85
公共设施管理业	78	15339	2236	180	258	119	203
居民服务、修理和其他服务业	O	**52124**	**9224**	**1303**	**1644**	**749**	**1544**
居民服务业	79	23588	3433	664	628	182	553
机动车、电子产品和日用产品修理业	80	22877	4541	398	758	518	798
其他服务业	81	5659	1250	241	258	49	193
卫生和社会工作	Q	**1172**	**76**		**32**	**12**	**11**
社会工作	84	1172	76		32	12	11
文化、体育和娱乐业	R	**34863**	**8534**	**1969**	**1737**	**643**	**1340**
新闻和出版业	85	2558	1706	816	351	22	337
广播、电视、电影和影视录音制作业	86	4086	1632	389	506	148	81
文化艺术业	87	4000	1454	262	244	135	384
体育	88	3702	812	173	177	50	82
娱乐业	89	20517	2930	329	459	288	456

铁西区	苏家屯区	东陵区	沈北新区	于洪区	辽中县	康平县	法库县	新民市	代码
1588	**194**	**1517**	**818**	**1324**	**742**	**536**	**1082**	**559**	D
1112	70	1047	510	1157	124	225	810	208	44
259	119	108	3		364	12	121	10	45
217	5	362	305	167	254	299	151	341	46
21133	**7097**	**12101**	**4550**	**11896**	**7071**	**8589**	**8363**	**6162**	E
5239	3790	6406	2111	3213	5862	845	4256	3239	47
3572	1679	1696	946	2175	398	6397	2008	831	48
7269	1227	2614	803	3978	685	954	1200	1600	49
5053	401	1385	690	2530	126	393	899	492	50
25017	**3463**	**11613**	**3231**	**10448**	**4299**	**5507**	**18238**	**4714**	F
19687	1820	8287	2357	8123	2706	3053	13043	2678	51
5330	1643	3326	874	2325	1593	2454	5195	2036	52
3477	**912**	**1891**	**1074**	**1608**	**1234**	**1558**	**3438**	**953**	G
2694	653	948	672	1167	935	1477	3009	851	54
									55
	43	144	22				100		56
2									57
443	18	206	23	65	12	38	69	6	58
321	184	295	351	215	281	32	251	77	59
17	14	298	6	161	6	11	9	19	60
1406	**486**	**1653**	**468**	**530**	**150**	**134**	**298**	**439**	H
343	108	845	316	384	148	100	250	31	61
1063	378	808	152	146	2	34	48	408	62
1483	**135**	**4149**	**328**	**304**	**240**	**520**	**1377**	**235**	I
92	72	468	53	139	134	302	620	162	63
132	4	172	42	56		71	31	21	64
1259	59	3509	233	109	106	147	726	52	65
5052	**1376**	**7163**	**2275**	**2799**	**994**	**886**	**807**	**1525**	K
5052	1376	7163	2275	2799	994	886	807	1525	70
7970	**1706**	**4084**	**1161**	**2354**	**1215**	**1257**	**3533**	**1475**	L
300	37	118	66	246	38	183	930	102	71
7670	1669	3966	1095	2108	1177	1074	2603	1373	72
2939	**387**	**2178**	**1247**	**836**	**267**	**643**	**1814**	**625**	M
290	52	335	203	133	39	72	80	113	73
2041	210	1390	876	536	109	497	977	377	74
608	125	453	168	167	119	74	757	135	75
301	**84**	**328**	**265**	**99**	**68**	**230**	**395**	**131**	N
15	2		101	3		19		29	76
8		6	95	7	44	20	76		77
278	82	322	69	89	24	191	319	102	78
933	**523**	**581**	**220**	**504**	**164**	**378**	**336**	**345**	O
271	217	329	72	84	31	121	52	229	79
550	271	230	121	358	123	206	105	105	80
112	35	22	27	62	10	51	179	11	81
	7	**1**		**1**	**12**				Q
	7	1		1	12				84
946	**205**	**541**	**365**	**325**	**117**	**96**	**122**	**128**	R
36	6	52	78	8					85
175		190	28	32	1	45	31	6	86
119	50	47	73	29	32	24	49	6	87
109	34	65	103	19					88
507	115	187	83	237	84	27	42	116	89

2-9 续表 2

行业	代码						
		大连市	中山区	西岗区	沙河口区	甘井子区	旅顺口区
总　计	00	**1409017**	**87099**	**101752**	**99921**	**245705**	**83500**
农、林、牧、渔业	A	**3923**			**3**	**17**	**268**
农业	01	29				1	
林业	02						
畜牧业	03						
渔业	04	57					
农、林、牧、渔服务业	05	3837			3	16	268
采矿业	B	**6870**	**1**			**473**	**304**
煤炭开采和洗选业	06	61					2
石油和天然气开采业	07	118				90	
黑色金属矿采选业	08	194					65
有色金属矿采选业	09	642				5	
非金属矿采选业	10	5614				373	130
开采辅助活动	11	106	1			5	40
其他采矿业	12	135					67
制造业	C	**628167**	**2925**	**9739**	**7826**	**122261**	**60040**
农副食品加工业	13	47631	261	281	317	6733	4554
食品制造业	14	15433	42	182	455	3010	1131
酒、饮料和精制茶制造业	15	4622	9	1	37	425	161
烟草制品业	16						
纺织业	17	10675	6	42	89	1429	771
纺织服装、服饰业	18	53231	396	391	601	11989	1450
皮革、毛皮、羽毛及其制品和制鞋业	19	3390	56	21	23	1404	26
木材加工和木、竹、藤、棕、草制品业	20	15709	113	2	52	4763	615
家具制造业	21	10421	1	73	219	2205	963
造纸和纸制品业	22	10043		12	120	1516	290
印刷和记录媒介复制业	23	9802	199	594	255	3627	169
文教、工美、体育和娱乐用品制造业	24	4956	63	62	95	1206	321
石油加工、炼焦和核燃料加工业	25	3189	1			1028	221
化学原料和化学制品制造业	26	23250	83	235	459	5369	1688
医药制造业	27	4409			24	1063	543
化学纤维制造业	28	742		10		42	190
橡胶和塑料制品业	29	27345	38	134	184	5586	2122
非金属矿物制品业	30	37487	111	58	556	6560	2644
黑色金属冶炼和压延加工业	31	25546	25	4	85	2427	2300
有色金属冶炼和压延加工业	32	3803			18	622	308
金属制品业	33	49584	169	2749	104	14027	5510
通用设备制造业	34	136320	323	593	1449	18918	18528
专用设备制造业	35	37876	293	297	372	6780	3885
汽车制造业	36	11214	5	5	37	1543	920
铁路、船舶、航空航天和其他运输设备制造	37	23105	197	1200	1060	4538	7263
电气机械和器材制造业	38	26639	28	146	487	5719	1779
计算机、通信和其他电子设备制造业	39	7278	19	243	92	1537	175
仪器仪表制造业	40	7334	150	548	431	2670	581
其他制造业	41	1997		7	22	318	81
废弃资源综合利用业	42	1391				146	31
金属制品、机械和设备修理业	43	13745	337	1849	183	5061	820

金州区	长海县	瓦房店市	普兰店市	庄河市	鞍山市	铁东区	铁西区	立山区	代码
314304	**5783**	**187072**	**167920**	**115961**	**477755**	**96953**	**76838**	**60976**	00
283	**81**	**1033**	**1907**	**331**	**369**		**9**	**28**	A
8			20						01
									02
									03
14	43								04
261	38	1033	1887	331	369		9	28	05
459		**2156**	**1799**	**1678**	**13467**	**493**	**124**	**1498**	B
56		3			12			12	06
		28			9			1	07
		47	35	47	5585	449	99	1183	08
22		229	6	380	2216			1	09
351		1809	1700	1251	5328	44	25	117	10
20		40			210			130	11
10			58		107			54	12
150798	**1512**	**114473**	**99458**	**59135**	**204402**	**8144**	**38019**	**30341**	C
8723	1037	5336	9615	10774	14255	120	430	156	13
2966		2432	3492	1723	4453	93	378	343	14
504	22	1334	1139	990	1743	29	95	39	15
									16
2334	60	1742	2848	1354	9297	190	738	152	17
14309		1686	18706	3703	8464	106	1048	602	18
1138		152	404	166	854	22	509	1	19
4647		1548	3107	862	2560	141	474	168	20
2353		1415	1767	1425	2039	133	643	183	21
3706		757	2330	1312	2042	47	336	60	22
3108		589	1036	225	1984	560	386	270	23
1472		641	888	208	2572	36	269	364	24
262		603	1062	12	2260	14	72	403	25
4904	24	3916	5570	1002	10374	246	2286	883	26
1512		265	464	538	750	96	276	36	27
296		79	105	20	255		93	90	28
9312	68	3254	4125	2522	9418	637	2109	881	29
5451	19	8872	10112	3104	39754	699	3649	2399	30
4844	16	7326	4989	3530	9779	383	1805	1847	31
876		675	594	710	3103	1	461	328	32
12874	15	6792	5302	2042	23732	878	5648	4037	33
24154		52514	10754	9087	19444	1326	5914	5184	34
15583		4147	2535	3984	13698	723	3589	4805	35
5540		1630	1225	309	2250	293	540	499	36
2636	94	2582	1770	1765	1354	84	587	403	37
7952		2741	4524	3263	8110	521	2531	2458	38
4145		247	256	564	1896	179	1008	607	39
1941		123	511	379	4458	379	1592	1592	40
1394	5	32	90	48	503	18	89	60	41
551		473	44	146	756	41	74	424	42
1311	152	570	94	3368	2245	149	390	1067	43

2-9 续表 3

行业	代码	大连市	中山区	西岗区	沙河口区	甘井子区	旅顺口区
电力、热力、燃气及水生产和供应业	D	**9894**	**207**	**190**	**519**	**1900**	**875**
电力、热力生产和供应业	44	6770	114	190	519	1632	759
燃气生产和供应业	45	1569	26			194	40
水的生产和供应业	46	1555	67			74	76
建筑业	E	**224125**	**10481**	**21428**	**25328**	**34212**	**7402**
房屋建筑业	47	85990	1016	3942	3808	10043	3348
土木工程建筑业	48	35784	881	3233	4483	4894	1200
建筑安装业	49	42563	1808	4330	7659	8968	895
建筑装饰和其他建筑业	50	59788	6776	9923	9378	10307	1959
批发和零售业	F	**196836**	**20704**	**18966**	**21382**	**22746**	**3976**
批发业	51	161885	17622	16127	17412	15780	2650
零售业	52	34951	3082	2839	3970	6966	1326
交通运输、仓储和邮政业	G	**49168**	**12286**	**3146**	**1617**	**7385**	**1423**
道路运输业	54	19529	782	1682	975	4192	425
水上运输业	55	3743	834	424	97	278	585
航空运输业	56	526	106	11	6		45
管道运输业	57	116					10
装卸搬运和运输代理业	58	20016	10392	943	497	1366	257
仓储业	59	4162	18	23	14	1054	68
邮政业	60	1076	154	63	28	495	33
住宿和餐饮业	H	**24453**	**5140**	**2923**	**4423**	**2636**	**869**
住宿业	61	11385	2595	1802	1532	907	355
餐饮业	62	13068	2545	1121	2891	1729	514
信息传输、软件和信息技术服务业	I	**38930**	**2816**	**2933**	**6527**	**22575**	**295**
电信、广播电视和卫星传输服务	63	798	158	85	20	119	23
互联网和相关服务	64	1591	163	43	260	566	103
软件和信息技术服务业	65	36541	2495	2805	6247	21890	169
房地产业	K	**58686**	**10389**	**6621**	**8096**	**10486**	**2899**
房地产业	70	58686	10389	6621	8096	10486	2899
租赁和商务服务业	L	**109010**	**16813**	**28572**	**16431**	**10896**	**2328**
租赁业	71	3699	303	253	282	877	91
商务服务业	72	105311	16510	28319	16149	10019	2237
科学研究和技术服务业	M	**30612**	**2159**	**4385**	**4646**	**5462**	**1444**
研究和试验发展	73	4939	168	237	476	958	508
专业技术服务业	74	19361	1597	3491	3314	3341	749
科技推广和应用服务业	75	6312	394	657	856	1163	187
水利、环境和公共设施管理业	N	**5855**	**314**	**391**	**182**	**986**	**442**
水利管理业	76	349	53	25	36	44	20
生态保护和环境治理业	77	797	63	62	15	321	24
公共设施管理业	78	4709	198	304	131	621	398
居民服务、修理和其他服务业	O	**14026**	**1611**	**1564**	**1687**	**2538**	**490**
居民服务业	79	5451	928	678	715	887	223
机动车、电子产品和日用产品修理业	80	5926	459	626	652	1373	192
其他服务业	81	2649	224	260	320	278	75
卫生和社会工作	Q	**185**	**11**	**3**	**9**	**55**	**20**
社会工作	84	185	11	3	9	55	20
文化、体育和娱乐业	R	**8277**	**1242**	**891**	**1245**	**1077**	**425**
新闻和出版业	85	373	45	70	147	79	12
广播、电视、电影和影视录音制作业	86	916	183	162	261	65	17
文化艺术业	87	873	279	125	61	105	151
体育	88	1347	275	230	278	189	12
娱乐业	89	4768	460	304	498	639	233

金州区	长海县	瓦房店市	普兰店市	庄河市	鞍山市	铁东区	铁西区	立山区	代码
2246	**92**	**1973**	**1067**	**825**	**4077**	**392**	**720**	**453**	D
1359	67	1226	644	260	2393	297	242	377	44
380		536	176	217	469	57	81	38	45
507	25	211	247	348	1215	38	397	38	46
42738	**1890**	**17115**	**31997**	**31534**	**58879**	**15019**	**12016**	**7834**	E
12196	1134	9177	17886	23440	25703	4276	2970	1376	47
5029	237	4189	6837	4801	7398	2161	1681	1617	48
11306	263	1846	4670	818	15331	3866	5925	3033	49
14207	256	1903	2604	2475	10447	4716	1440	1808	50
54962	**156**	**32032**	**14887**	**7025**	**89665**	**28111**	**17595**	**8943**	F
50440	25	26217	11162	4450	53839	10051	13119	5930	51
4522	131	5815	3725	2575	35826	18060	4476	3013	52
13715	**769**	**3289**	**2493**	**3045**	**19257**	**1852**	**1672**	**830**	G
5792	394	1875	1666	1746	16278	1368	975	503	54
595	333	79	176	342	5	5			55
318	33		7		4				56
85		21							57
5277	9	261	305	709	1107	222	109	294	58
1460		1022	276	227	1466	158	533	28	59
188		31	63	21	397	99	55	5	60
4212	**237**	**1852**	**1641**	**520**	**17706**	**8504**	**944**	**3056**	H
1673	178	1234	847	262	4460	1864	243	373	61
2539	59	618	794	258	13246	6640	701	2683	62
2707	**6**	**443**	**470**	**158**	**4677**	**2615**	**463**	**976**	I
149		113	100	31	543	189	15	36	63
225	2	130	85	14	837	637	38	54	64
2333	4	200	285	113	3297	1789	410	886	65
10341	**273**	**4162**	**3305**	**2114**	**11670**	**4359**	**1539**	**1866**	K
10341	273	4162	3305	2114	11670	4359	1539	1866	70
17361	**505**	**4692**	**5111**	**6301**	**26740**	**16943**	**1581**	**2240**	L
996		151	168	578	1343	118	114	66	71
16365	505	4541	4943	5723	25397	16825	1467	2174	72
7386	**39**	**1815**	**1641**	**1635**	**11088**	**4288**	**819**	**1139**	M
2231		86	264	11	644	268	120	91	73
3835	29	1357	741	907	6113	3496	530	836	74
1320	10	372	636	717	4331	524	169	212	75
1172	**189**	**907**	**480**	**792**	**834**	**147**	**164**	**138**	N
60		53	44	14	89	2		19	76
259		33	20		91	39	17	16	77
853	189	821	416	778	654	106	147	103	78
3899	**7**	**601**	**1145**	**484**	**9205**	**3849**	**879**	**913**	O
1225	6	174	473	142	5661	2909	238	347	79
1513		317	483	311	3175	734	611	461	80
1161	1	110	189	31	369	206	30	105	81
13		**20**	**54**		**267**	**27**	**15**	**128**	Q
13		20	54		267	27	15	128	84
2012	**27**	**509**	**465**	**384**	**5452**	**2210**	**279**	**593**	R
20					134	130		4	85
110		67	12	39	383	267	27	22	86
129	3	4	6	10	414	284	4	47	87
255		30	67	11	596	396	76	54	88
1498	24	408	380	324	3925	1133	172	466	89

2-9 续表 4

行业	代码	千山区	台安县	岫岩满族自治县	海城市	抚顺市	新抚区	东洲区
总计	00	**17878**	**47156**	**30528**	**147426**	**225638**	**23727**	**33891**
农、林、牧、渔业	A	**5**	**51**	**87**	**189**	**1141**		**15**
农业	01							
林业	02					895		
畜牧业	03							
渔业	04							
农、林、牧、渔服务业	05	5	51	87	189	246		15
采矿业	B	**269**	**82**	**3682**	**7319**	**12759**	**293**	**2052**
煤炭开采和洗选业	06					1134	24	480
石油和天然气开采业	07				8			
黑色金属矿采选业	08	239		1361	2254	7868	269	748
有色金属矿采选业	09		82	1277	856	1416		142
非金属矿采选业	10	30		1044	4068	2341		682
开采辅助活动	11				80			
其他采矿业	12				53			
制造业	C	**11087**	**33235**	**13953**	**69623**	**105054**	**3953**	**17196**
农副食品加工业	13	529	7576	687	4757	5251	80	394
食品制造业	14	314	1250	891	1184	2153	116	122
酒、饮料和精制茶制造业	15	152	763	276	389	923	86	212
烟草制品业	16							
纺织业	17	199	649	1110	6259	2403	16	56
纺织服装、服饰业	18	188	616	529	5375	2260	279	603
皮革、毛皮、羽毛及其制品和制鞋业	19	30	42		250	652	6	54
木材加工和木、竹、藤、棕、草制品业	20	121	849	110	697	11979	126	233
家具制造业	21	194	186	162	538	927	6	20
造纸和纸制品业	22	107	411	54	1027	1669	36	253
印刷和记录媒介复制业	23	40	127	15	586	752	112	185
文教、工美、体育和娱乐用品制造业	24	18	1199	343	343	2304	59	155
石油加工、炼焦和核燃料加工业	25	416	1201	5	149	2174	229	814
化学原料和化学制品制造业	26	650	3380	267	2662	10526	176	4064
医药制造业	27	1	213		128	2063	6	240
化学纤维制造业	28		2	44	26	282	2	10
橡胶和塑料制品业	29	376	804	601	4010	4599	166	1762
非金属矿物制品业	30	2083	4572	6724	19628	12466	252	2301
黑色金属冶炼和压延加工业	31	800	351	162	4431	3182	228	161
有色金属冶炼和压延加工业	32	189	1132	19	973	2227	15	112
金属制品业	33	1496	4472	284	6917	6520	611	1583
通用设备制造业	34	1730	695	1074	3521	10368	419	1784
专用设备制造业	35	535	416	185	3445	9604	301	1174
汽车制造业	36	132	421	1	364	1082	70	114
铁路、船舶、航空航天和其他运输设备制造	37	191	2		87	294	10	30
电气机械和器材制造业	38	263	1381	224	732	4998	183	280
计算机、通信和其他电子设备制造业	39	51		19	32	545	8	43
仪器仪表制造业	40	100	475	100	220	1043	110	38
其他制造业	41	55	9	20	252	763	15	189
废弃资源综合利用业	42	27	40	19	131	396	45	20
金属制品、机械和设备修理业	43	100	1	28	510	649	185	190

望花区	顺城区	抚顺县	新宾满族自治县	清原满族自治县	本溪市	平山区	溪湖区	代码
66135	**30982**	**18888**	**25613**	**26402**	**225280**	**54430**	**46393**	00
28	**104**	**2**	**227**	**765**	**180**	**86**	**17**	A
					16			01
			190	705	40			02
								03
								04
28	104	2	37	60	124	86	17	05
351	**108**	**3645**	**2854**	**3456**	**24002**	**1842**	**2910**	B
25		12	591	2	5679		430	06
								07
227	92	3304	1249	1979	11851	1487	2202	08
		48	262	964	1625		1	09
99	16	281	752	511	4322	229	277	10
					89	52		11
					436	74		12
33164	**12047**	**9784**	**15040**	**13870**	**79586**	**16698**	**26392**	C
529	822	570	1662	1194	3692	194	701	13
504	433	137	498	343	943	108	159	14
160	45	27	184	209	1412	132	30	15
								16
1103	99	545	197	387	1409	193	380	17
669	390	168	30	121	1194	460	243	18
232	154	6	20	180	130	27	8	19
279	759	3306	3909	3367	2454	76	527	20
20	161	19	416	285	1559	29	169	21
809	332	35	96	108	902	295	306	22
129	219	18		89	1442	507	76	23
54	546	51	1378	61	643	133	188	24
648	271	127	28	57	1201	559	410	25
2822	957	890	823	794	5532	1269	1975	26
84	18	80	1339	296	9313	99	7418	27
252			18		61	45		28
894	846	500	203	228	2599	669	1134	29
4619	996	498	1878	1922	8610	1440	2414	30
1519	361	273	285	355	9252	2803	1994	31
1438	16	201	90	355	2084	139	566	32
1616	1476	176	332	726	6461	1955	1569	33
4078	1253	584	545	1705	7470	2598	2820	34
5850	794	340	617	528	3195	620	1413	35
743	85		70		1022	99	69	36
49	83			122	440	195	155	37
2468	457	1061	124	425	2387	919	387	38
303	172		14	5	416	101	177	39
625	235	31		4	894	279	93	40
263	12		284		440	83	119	41
165	25	137		4	1441	510	581	42
240	30	4			988	162	311	43

2-9 续表 5

行业	代码							
		千山区	台安县	岫岩满族自治县	海城市	抚顺市	新抚区	东洲区
电力、热力、燃气及水生产和供应业	D	**59**	**924**	**340**	**1189**	**3971**	**428**	**691**
电力、热力生产和供应业	44	59	404	200	814	3298	425	534
燃气生产和供应业	45		216	25	52	315	3	134
水的生产和供应业	46		304	115	323	358		23
建筑业	E	**1696**	**1851**	**2755**	**17708**	**39024**	**8098**	**6350**
房屋建筑业	47	403	847	2385	13446	17001	2542	2964
土木工程建筑业	48	630	349	183	777	8089	1518	1144
建筑安装业	49	355	508	137	1507	9274	3770	1500
建筑装饰和其他建筑业	50	308	147	50	1978	4660	268	742
批发和零售业	F	**2744**	**3211**	**2684**	**26377**	**26048**	**4582**	**3404**
批发业	51	2200	2018	1454	19067	18471	2318	2533
零售业	52	544	1193	1230	7310	7577	2264	871
交通运输、仓储和邮政业	G	**927**	**2820**	**1693**	**9463**	**5865**	**524**	**1297**
道路运输业	54	819	2429	1511	8673	4883	243	1158
水上运输业	55							
航空运输业	56		4					
管道运输业	57							
装卸搬运和运输代理业	58	60	26	84	312	364	188	16
仓储业	59	48	344	10	345	515	11	120
邮政业	60		17	88	133	103	82	3
住宿和餐饮业	H	**174**	**481**	**768**	**3779**	**3431**	**1159**	**444**
住宿业	61	54	113	293	1520	1528	533	170
餐饮业	62	120	368	475	2259	1903	626	274
信息传输、软件和信息技术服务业	I	**50**	**23**	**107**	**443**	**701**	**123**	**140**
电信、广播电视和卫星传输服务	63	6	4	92	201	218	22	70
互联网和相关服务	64	15			93	89	10	28
软件和信息技术服务业	65	29	19	15	149	394	91	42
房地产业	K	**201**	**518**	**436**	**2751**	**6762**	**1145**	**553**
房地产业	70	201	518	436	2751	6762	1145	553
租赁和商务服务业	L	**132**	**610**	**1353**	**3881**	**13429**	**1456**	**814**
租赁业	71	3	131	9	902	330	24	41
商务服务业	72	129	479	1344	2979	13099	1432	773
科学研究和技术服务业	M	**104**	**2655**	**932**	**1151**	**3259**	**892**	**444**
研究和试验发展	73				165	240	39	55
专业技术服务业	74	92	161	439	559	2299	726	290
科技推广和应用服务业	75	12	2494	493	427	720	127	99
水利、环境和公共设施管理业	N	**60**	**22**	**84**	**219**	**1093**	**137**	**78**
水利管理业	76	18		15	35	130	22	
生态保护和环境治理业	77	1			18	21	3	6
公共设施管理业	78	41	22	69	166	942	112	72
居民服务、修理和其他服务业	O	**305**	**460**	**1269**	**1530**	**2039**	**506**	**367**
居民服务业	79	181	172	872	942	654	223	92
机动车、电子产品和日用产品修理业	80	121	288	397	563	1234	261	207
其他服务业	81	3			25	151	22	68
卫生和社会工作	Q	**34**	**11**		**52**	**10**	**9**	
社会工作	84	34	11		52	10	9	
文化、体育和娱乐业	R	**31**	**202**	**385**	**1752**	**1052**	**422**	**46**
新闻和出版业	85					82	64	
广播、电视、电影和影视录音制作业	86		15	8	44	277	219	
文化艺术业	87				79	94	44	
体育	88	1		3	66	83	12	12
娱乐业	89	30	187	374	1563	516	83	34

望花区	顺城区	抚顺县	新宾满族自治县	清原满族自治县	本溪市	平山区	溪湖区	代码
1408	**353**	**65**	**437**	**589**	**3764**	**272**	**454**	D
1254	349	21	327	388	2894	195	364	44
103		15	8	52	382	31	53	45
51	4	29	102	149	488	46	37	46
9982	**7546**	**1304**	**2110**	**3634**	**43979**	**9669**	**7982**	E
3207	3043	686	1402	3157	18627	1191	3280	47
2499	1397	387	698	446	8434	1539	1758	48
2814	1122	52		16	7917	3181	1649	49
1462	1984	179	10	15	9001	3758	1295	50
7979	**2404**	**2354**	**3349**	**1976**	**35309**	**10876**	**4826**	F
6586	1448	1791	2351	1444	24153	6906	3871	51
1393	956	563	998	532	11156	3970	955	52
1210	**1058**	**640**	**378**	**758**	**5183**	**1870**	**668**	G
1088	714	602	359	719	3816	1243	509	54
					26			55
								56
								57
78	34	15	15	18	650	426	78	58
40	301	23	4	16	296	51	50	59
4	9			5	395	150	31	60
415	**973**	**16**	**317**	**107**	**4628**	**1946**	**123**	H
140	333	4	305	43	1586	639	32	61
275	640	12	12	64	3042	1307	91	62
128	**235**	**50**	**16**	**9**	**1153**	**582**	**325**	I
22	100			4	70	32	1	63
1	28	22			231	136	63	64
105	107	28	16	5	852	414	261	65
2381	**2000**	**166**	**188**	**329**	**6898**	**2498**	**565**	K
2381	2000	166	188	329	6898	2498	565	70
7309	**2603**	**339**	**413**	**495**	**9811**	**4749**	**848**	L
71	56	9	103	26	315	164	7	71
7238	2547	330	310	469	9496	4585	841	72
849	**742**	**155**	**47**	**130**	**5259**	**1756**	**874**	M
100	38			8	760	51	626	73
452	656	77	4	94	2610	1290	204	74
297	48	78	43	28	1889	415	44	75
253	**234**	**150**	**131**	**110**	**1655**	**316**	**72**	N
	23	52	32	1	284	9	8	76
		5	7		182	68	15	77
253	211	93	92	109	1189	239	49	78
530	**382**	**131**	**78**	**45**	**2725**	**871**	**180**	O
94	98	69	60	18	1435	330	50	79
394	267	62	18	25	1068	432	118	80
42	17			2	222	109	12	81
				1	**116**	**34**	**50**	Q
				1	116	34	50	84
148	**193**	**87**	**28**	**128**	**1032**	**365**	**107**	R
	16			2	36			85
31	10	4	10	3	94	47	14	86
21	17			12	92	54	2	87
34	17	8			75	27	18	88
62	133	75	18	111	735	237	73	89

2-9 续表 6

行业	代码						
		明山区	南芬区	本溪满族自治县	桓仁满族自治县	丹东市	元宝区
总 计	00	**43339**	**12050**	**40312**	**28756**	**218705**	**26861**
农、林、牧、渔业	A	**18**			**59**	**332**	
农业	01				16	6	
林业	02				40		
畜牧业	03						
渔业	04						
农、林、牧、渔服务业	05	18			3	326	
采矿业	B	**1238**	**2420**	**13401**	**2191**	**21795**	**53**
煤炭开采和洗选业	06	131	2	4616	500	3683	
石油和天然气开采业	07					4	4
黑色金属矿采选业	08	849	1679	4961	673	6546	
有色金属矿采选业	09	7	84	1163	370	6530	1
非金属矿采选业	10	233	343	2602	638	4971	37
开采辅助活动	11			27	10	50	10
其他采矿业	12	18	312	32		11	1
制造业	C	**9389**	**5751**	**13456**	**7900**	**107537**	**8854**
农副食品加工业	13	519	50	1131	1097	14783	162
食品制造业	14	155	75	142	304	3336	590
酒、饮料和精制茶制造业	15	89	27	392	742	1299	87
烟草制品业	16					19	
纺织业	17	104	138	594		5103	752
纺织服装、服饰业	18	193	108	133	57	9178	422
皮革、毛皮、羽毛及其制品和制鞋业	19	58		23	14	668	22
木材加工和木、竹、藤、棕、草制品业	20	81	295	770	705	1710	2
家具制造业	21	372	183	558	248	1219	94
造纸和纸制品业	22	69	60	144	28	2878	228
印刷和记录媒介复制业	23	311	281	30	237	1185	346
文教、工美、体育和娱乐用品制造业	24	22	103	28	169	1674	324
石油加工、炼焦和核燃料加工业	25	141	59	32		364	
化学原料和化学制品制造业	26	235	479	1379	195	5539	325
医药制造业	27	116		362	1318	1749	165
化学纤维制造业	28	16				339	
橡胶和塑料制品业	29	383	175	139	99	3160	401
非金属矿物制品业	30	1187	293	2498	778	8467	504
黑色金属冶炼和压延加工业	31	342	1396	2217	500	6724	52
有色金属冶炼和压延加工业	32	707	15	421	236	2595	9
金属制品业	33	849	976	787	325	3579	426
通用设备制造业	34	969	281	696	106	8712	1207
专用设备制造业	35	635	50	185	292	5937	697
汽车制造业	36	409	160	285		4976	323
铁路、船舶、航空航天和其他运输设备制造	37	77			13	202	
电气机械和器材制造业	38	680	88	226	87	5811	875
计算机、通信和其他电子设备制造业	39	81		45	12	2332	154
仪器仪表制造业	40	373		5	144	3201	573
其他制造业	41	78		126	34	171	38
废弃资源综合利用业	42	30	78	108	134	515	
金属制品、机械和设备修理业	43	108	381		26	112	76

振兴区	振安区	宽甸满族自治县	东港市	凤城市	锦州市	古塔区	凌河区	代码
42873	**21121**	**29862**	**54809**	**43179**	**226363**	**23453**	**25713**	00
	2	**10**	**255**	**65**	**716**	**1**		A
			6					01
								02
								03
								04
	2	10	249	65	716	1		05
1	**551**	**10007**	**856**	**10327**	**10111**	**5**	**6**	B
		402	77	3204	1893			06
								07
		3546	73	2927	1194			08
	315	2787	345	3082	202	5		09
1	236	3223	361	1113	6796		6	10
		40			16			11
		9		1	10			12
17413	**11732**	**9479**	**38329**	**21730**	**116799**	**4245**	**6346**	C
1101	425	1933	10397	765	17172	27	85	13
240	507	352	738	909	1770	65	138	14
73	198	182	278	481	2650	10	5	15
				19				16
279	1348	168	1791	765	2193	7	58	17
1934	1301	536	4005	980	4687	37	88	18
268	39	4	157	178	2337	15	72	19
30	45	552	560	521	3909	2	31	20
598	30	69	284	144	223	36	2	21
392	624	236	151	1247	2700	48	64	22
155	236	4	247	197	1478	216	437	23
76	306	24	563	381	597	27	18	24
257	83		2	22	2484	199	87	25
963	466	1615	942	1228	8102	100	238	26
502	192	318	366	206	1347	81	17	27
339					374		34	28
141	232	52	1759	575	5164	275	109	29
502	750	1433	2451	2827	18723	315	338	30
310	377	880	4249	856	6986	30	206	31
59	94	274	613	1546	3184	32	120	32
292	258	532	1646	425	5005	303	246	33
1405	609	44	2622	2825	6386	719	612	34
1589	921	156	1218	1356	5537	301	537	35
817	897	3	642	2294	2106	5	310	36
79	50	42	23	8	2070		614	37
1305	1040	38	1993	560	6065	878	651	38
1904	192	13	50	19	1218	401	62	39
1715	496	3	70	344	765	46	430	40
61	16	12	8	36	435	60	6	41
18		1	480	16	262		4	42
9		3	24		870	10	727	43

2-9 续表 7

行业	代码	明山区	南芬区	本溪满族自治县	桓仁满族自治县	丹东市	元宝区
电力、热力、燃气及水生产和供应业	D	**701**	**50**	**889**	**1398**	**2334**	**115**
电力、热力生产和供应业	44	420	12	653	1250	1245	89
燃气生产和供应业	45	272	24	2		201	26
水的生产和供应业	46	9	14	234	148	888	
建筑业	E	**12740**	**1661**	**4333**	**7594**	**32145**	**5524**
房屋建筑业	47	6275	154	1962	5765	15233	2815
土木工程建筑业	48	1589	1474	672	1402	7984	873
建筑安装业	49	1799	17	959	312	4858	583
建筑装饰和其他建筑业	50	3077	16	740	115	4070	1253
批发和零售业	F	**9318**	**1042**	**3457**	**5790**	**21115**	**7093**
批发业	51	5739	550	2467	4620	11971	4481
零售业	52	3579	492	990	1170	9144	2612
交通运输、仓储和邮政业	G	**467**	**635**	**471**	**1072**	**6677**	**361**
道路运输业	54	367	478	401	818	3623	148
水上运输业	55	3			23	926	13
航空运输业	56					158	
管道运输业	57						
装卸搬运和运输代理业	58	44	83		19	1141	141
仓储业	59	21	67	57	50	729	48
邮政业	60	32	7	13	162	100	11
住宿和餐饮业	H	**1377**	**175**	**498**	**509**	**6342**	**740**
住宿业	61	408	76	176	255	3410	365
餐饮业	62	969	99	322	254	2932	375
信息传输、软件和信息技术服务业	I	**216**	**5**	**6**	**19**	**1134**	**357**
电信、广播电视和卫星传输服务	63	31			6	169	10
互联网和相关服务	64	26		3	3	142	93
软件和信息技术服务业	65	159	5	3	10	823	254
房地产业	K	**2460**	**59**	**665**	**651**	**7294**	**1158**
房地产业	70	2460	59	665	651	7294	1158
租赁和商务服务业	L	**2516**	**178**	**860**	**660**	**5510**	**1387**
租赁业	71	79	5	16	44	181	82
商务服务业	72	2437	173	844	616	5329	1305
科学研究和技术服务业	M	**1083**	**12**	**1341**	**193**	**2551**	**471**
研究和试验发展	73	62		8	13	158	25
专业技术服务业	74	777	12	158	169	2077	355
科技推广和应用服务业	75	244		1175	11	316	91
水利、环境和公共设施管理业	N	**405**		**660**	**202**	**543**	**111**
水利管理业	76	23		219	25	6	1
生态保护和环境治理业	77	46		53		42	
公共设施管理业	78	336		388	177	495	110
居民服务、修理和其他服务业	O	**1070**	**33**	**233**	**338**	**2107**	**408**
居民服务业	79	613	21	161	260	1149	164
机动车、电子产品和日用产品修理业	80	383	12	72	51	885	221
其他服务业	81	74			27	73	23
卫生和社会工作	Q	**32**				**26**	
社会工作	84	32				26	
文化、体育和娱乐业	R	**309**	**29**	**42**	**180**	**1263**	**229**
新闻和出版业	85	36				1	
广播、电视、电影和影视录音制作业	86	9	2	22		98	27
文化艺术业	87	28		6	2	46	30
体育	88	19		5	6	205	29
娱乐业	89	217	27	9	172	913	143

振兴区	振安区	宽甸满族自治县	东港市	凤城市	锦州市	古塔区	凌河区	代码
248	**275**	**309**	**904**	**483**	**3092**	**106**	**49**	D
147	275	185	328	221	1829	106	49	44
101			56	18	387			45
		124	520	244	876			46
7825	**6068**	**4050**	**5703**	**2975**	**28293**	**5452**	**7228**	E
3027	2773	2312	2469	1837	13462	2327	3862	47
736	1983	1697	2184	511	4336	611	505	48
2580	740	28	669	258	3911	1321	859	49
1482	572	13	381	369	6584	1193	2002	50
4812	**868**	**2036**	**3339**	**2967**	**24804**	**3962**	**3997**	F
2550	529	803	1947	1661	13537	2461	2234	51
2262	339	1233	1392	1306	11267	1501	1763	52
2803	**108**	**663**	**1656**	**1086**	**12151**	**2940**	**1199**	G
1030	84	315	1130	916	8496	2234	500	54
507	6	160	240		397		38	55
158					141			56
					698	654		57
775		128	61	36	1789	35	533	58
258	18	60	222	123	560	17	100	59
75			3	11	70		28	60
2732	**299**	**875**	**723**	**973**	**5965**	**1682**	**992**	H
1531	125	520	272	597	2920	982	522	61
1201	174	355	451	376	3045	700	470	62
483	**101**	**164**	**5**	**24**	**898**	**238**	**232**	I
		159			154	11	39	63
38	6	5			90	27	36	64
445	95		5	24	654	200	157	65
2329	**718**	**763**	**1181**	**1145**	**6815**	**1138**	**2322**	K
2329	718	763	1181	1145	6815	1138	2322	70
2017	**48**	**619**	**858**	**581**	**8494**	**1366**	**1542**	L
54		20	20	5	729	131	242	71
1963	48	599	838	576	7765	1235	1300	72
929	**106**	**297**	**405**	**343**	**3276**	**919**	**883**	M
3	19	45	45	21	43	7	19	73
903	87	234	243	255	2530	810	735	74
23		18	117	67	703	102	129	75
48	**59**	**236**	**26**	**63**	**1068**	**179**	**182**	N
	5				50			76
		27		15	112		15	77
48	54	209	26	48	906	179	167	78
804	**126**	**257**	**331**	**181**	**1963**	**545**	**362**	O
544	59	148	170	64	875	403	100	79
257	54	109	140	104	813	76	81	80
3	13		21	13	275	66	181	81
	6		**20**		**31**	**4**	**27**	Q
	6		20		31	4	27	84
429	**54**	**97**	**218**	**236**	**1887**	**671**	**346**	R
1					22		22	85
49			17	5	75	44	20	86
16					358	174	157	87
41	50	24	37	24	71	15	29	88
322	4	73	164	207	1361	438	118	89

2-9 续表 8

行业	代码	太和区	黑山县	义县	凌海市	北镇市	营口市
总 计	00	**52605**	**40690**	**25135**	**38632**	**20135**	**345296**
农、林、牧、渔业	A	**73**	**189**	**192**	**154**	**107**	**420**
农业	01						
林业	02						
畜牧业	03						
渔业	04						
农、林、牧、渔服务业	05	73	189	192	154	107	420
采矿业	B	**293**	**2960**	**3519**	**2742**	**586**	**16750**
煤炭开采和洗选业	06		381	363	1149		186
石油和天然气开采业	07						
黑色金属矿采选业	08	258		777	156	3	1322
有色金属矿采选业	09	2		88	107		9354
非金属矿采选业	10	23	2563	2291	1330	583	5888
开采辅助活动	11		16				
其他采矿业	12	10					
制造业	C	**27584**	**26086**	**14808**	**25652**	**12078**	**173511**
农副食品加工业	13	1920	5799	2656	4391	2294	5579
食品制造业	14	420	605	80	267	195	2774
酒、饮料和精制茶制造业	15	427	547	1032	303	326	742
烟草制品业	16						63
纺织业	17	610	696	157	583	82	8418
纺织服装、服饰业	18	241	1832	874	691	924	14811
皮革、毛皮、羽毛及其制品和制鞋业	19	88	128	59	15	1960	1410
木材加工和木、竹、藤、棕、草制品业	20	107	2738	246	707	78	1183
家具制造业	21	45	45		81	14	728
造纸和纸制品业	22	503	712	124	743	506	2838
印刷和记录媒介复制业	23	178	230	46	242	129	1231
文教、工美、体育和娱乐用品制造业	24	117	397	2		36	1525
石油加工、炼焦和核燃料加工业	25	387	254	200	839	518	2849
化学原料和化学制品制造业	26	1999	1694	931	2043	1097	10885
医药制造业	27	599	155	408	12	75	642
化学纤维制造业	28	324		10	6		622
橡胶和塑料制品业	29	1229	158	50	2399	944	11753
非金属矿物制品业	30	3112	4460	3145	6534	819	34958
黑色金属冶炼和压延加工业	31	3312	917	372	1937	212	6593
有色金属冶炼和压延加工业	32	859	437	1205	515	16	4679
金属制品业	33	1415	1366	865	510	300	14332
通用设备制造业	34	2616	706	727	665	341	20416
专用设备制造业	35	1198	1290	753	931	527	7676
汽车制造业	36	795	292	168	37	499	1981
铁路、船舶、航空航天和其他运输设备制造	37	968	17	292	173	6	954
电气机械和器材制造业	38	2935	398	132	900	171	9104
计算机、通信和其他电子设备制造业	39	729		25		1	900
仪器仪表制造业	40	251		26	11	1	3007
其他制造业	41	57	127	163	15	7	99
废弃资源综合利用业	42	17	86	60	95		367
金属制品、机械和设备修理业	43	126			7		392

站前区	西市区	鲅鱼圈区	老边区	盖州市	大石桥市	阜新市	海州区	代码
64584	**44254**	**79767**	**46505**	**46681**	**63505**	**161054**	**27746**	00
	169	**20**	**9**	**214**	**8**	**3395**	**12**	A
								01
								02
								03
								04
	169	20	9	214	8	3395	12	05
155	**309**	**1239**	**439**	**3420**	**11188**	**13224**	**484**	B
		184			2	8733	458	06
						26	26	07
			157	186	979	1482		08
	90	799	116	1559	6790	87		09
155	219	256	166	1675	3417	2785		10
						111		11
								12
38452	**23627**	**23807**	**30990**	**21738**	**34897**	**61091**	**5410**	C
582	281	992	674	1868	1182	4964	397	13
640	375	73	740	733	213	1684	92	14
	102	302	25	213	100	711	35	15
63								16
1865	1198	384	1591	2598	782	761	5	17
2280	1931	4007	2539	2561	1493	1211	220	18
	67	379	62	720	182	2703	24	19
43	199	307	243	178	213	3933	79	20
125	138	115	227	27	96	849	6	21
1031	226	187	629	608	157	1034	82	22
326	188	151	405	67	94	574	160	23
187	592	508	128	73	37	643	7	24
826	681	26	740	308	268	305	155	25
2534	1521	686	2238	631	3275	3506	671	26
128	106		362	39	7	684	196	27
249	30	131	122	90		3		28
2968	1237	3461	2019	892	1176	2214	175	29
4167	1424	2881	4743	3068	18675	9935	1094	30
880	691	1681	1595	790	956	1694	141	31
947	455	379	166	758	1974	1321	285	32
4865	2165	1908	3504	940	950	1949	378	33
6614	4683	2481	3103	2025	1510	11099	333	34
2764	1724	367	1244	770	807	3058	179	35
715	248	480	224	272	42	330		36
133	264	36	5	487	29	100	20	37
2215	1973	1666	2005	925	320	3164	348	38
247	347		135	5	166	1019	11	39
972	634	57	1286	58		75	6	40
		35	61		3	462	61	41
7	21	25	105	20	189	454		42
79	126	102	70	14	1	652	250	43

2-9 续表 9

行业	代码	太和区	黑山县	义县	凌海市	北镇市	营口市
电力、热力、燃气及水生产和供应业	D	**486**	**491**	**380**	**1138**	**442**	**2577**
电力、热力生产和供应业	44	256	370	171	638	239	1595
燃气生产和供应业	45	66	81	199	40	1	376
水的生产和供应业	46	164	40	10	460	202	606
建筑业	E	**7561**	**2303**	**1573**	**2899**	**1277**	**30455**
房屋建筑业	47	3436	871	1043	1719	204	15123
土木工程建筑业	48	303	1258	25	656	978	4903
建筑安装业	49	1058	100	280	271	22	4254
建筑装饰和其他建筑业	50	2764	74	225	253	73	6175
批发和零售业	F	**5082**	**4982**	**2170**	**2631**	**1980**	**40104**
批发业	51	3585	1875	1371	1206	805	25702
零售业	52	1497	3107	799	1425	1175	14402
交通运输、仓储和邮政业	G	**3098**	**1247**	**848**	**1596**	**1223**	**42289**
道路运输业	54	1203	1192	809	1413	1145	13402
水上运输业	55	356		3			588
航空运输业	56	141					105
管道运输业	57	44					
装卸搬运和运输代理业	58	1073	22	25	72	29	26212
仓储业	59	281	14	11	91	46	1641
邮政业	60		19		20	3	341
住宿和餐饮业	H	**1130**	**901**	**190**	**385**	**685**	**6126**
住宿业	61	559	203	148	198	308	3246
餐饮业	62	571	698	42	187	377	2880
信息传输、软件和信息技术服务业	I	**303**	**10**	**17**	**5**	**93**	**1190**
电信、广播电视和卫星传输服务	63	11		5	2	86	288
互联网和相关服务	64	19	6			2	141
软件和信息技术服务业	65	273	4	12	3	5	761
房地产业	K	**1997**	**308**	**436**	**258**	**356**	**9057**
房地产业	70	1997	308	436	258	356	9057
租赁和商务服务业	L	**3466**	**415**	**529**	**522**	**654**	**13602**
租赁业	71	102	55	94	47	58	454
商务服务业	72	3364	360	435	475	596	13148
科学研究和技术服务业	M	**723**	**158**	**145**	**212**	**236**	**3293**
研究和试验发展	73	16				1	249
专业技术服务业	74	516	91	113	189	76	2661
科技推广和应用服务业	75	191	67	32	23	159	383
水利、环境和公共设施管理业	N	**321**	**58**	**96**	**26**	**206**	**1349**
水利管理业	76		35	7		8	89
生态保护和环境治理业	77	79		18			157
公共设施管理业	78	242	23	71	26	198	1103
居民服务、修理和其他服务业	O	**306**	**309**	**173**	**155**	**113**	**2736**
居民服务业	79	84	157	69	28	34	1275
机动车、电子产品和日用产品修理业	80	222	152	89	116	77	1279
其他服务业	81			15	11	2	182
卫生和社会工作	Q						**46**
社会工作	84						46
文化、体育和娱乐业	R	**182**	**273**	**59**	**257**	**99**	**1791**
新闻和出版业	85						60
广播、电视、电影和影视录音制作业	86	1	10				134
文化艺术业	87	5	4	11		7	233
体育	88	27					109
娱乐业	89	149	259	48	257	92	1255

站前区	西市区	鲅鱼圈区	老边区	盖州市	大石桥市	阜新市	海州区	代码
286	**230**	**582**	**128**	**603**	**748**	**3035**	**373**	D
266	223	237	56	236	577	1059	328	44
	7	167	50	105	47	1449	45	45
20		178	22	262	124	527		46
5229	**7259**	**6030**	**5493**	**3150**	**3294**	**36586**	**8600**	E
1535	2356	2869	4361	1701	2301	16030	3402	47
600	1746	1195	711	272	379	7957	1422	48
1594	1755	377	178	141	209	6249	812	49
1500	1402	1589	243	1036	405	6350	2964	50
9094	**4111**	**6581**	**4944**	**9500**	**5874**	**19062**	**4784**	F
3702	2431	3192	4134	7460	4783	9795	2575	51
5392	1680	3389	810	2040	1091	9267	2209	52
2158	**1449**	**29801**	**1982**	**3856**	**3043**	**2873**	**1000**	G
1042	675	3733	1693	3415	2844	1891	301	54
353	110	113	12					55
	102	3						56
								57
486	370	25095	87	157	17	735	676	58
92	98	838	188	275	150	158	13	59
185	94	19	2	9	32	89	10	60
1690	**434**	**1950**	**49**	**1025**	**978**	**3156**	**1359**	H
568	83	1270	41	745	539	1083	586	61
1122	351	680	8	280	439	2073	773	62
364	**191**	**263**	**203**	**25**	**144**	**332**	**69**	I
31	19	85	6	12	135	58	1	63
19	60	7	46	3	6	27	9	64
314	112	171	151	10	3	247	59	65
1689	**1563**	**2865**	**926**	**988**	**1026**	**7128**	**2111**	K
1689	1563	2865	926	988	1026	7128	2111	70
2970	**3349**	**4575**	**592**	**860**	**1256**	**5422**	**2143**	L
63	134	127	88	28	14	180	16	71
2907	3215	4448	504	832	1242	5242	2127	72
1071	**663**	**540**	**268**	**380**	**371**	**2200**	**750**	M
90	57	56	14	10	22	66	5	73
914	454	410	242	345	296	1680	732	74
67	152	74	12	25	53	454	13	75
232	**383**	**185**	**44**	**354**	**151**	**654**	**74**	N
23	1		6	37	22	26		76
58	13	25		44	17	103	5	77
151	369	160	38	273	112	525	69	78
748	**268**	**758**	**403**	**338**	**221**	**1614**	**308**	O
405	131	434	45	210	50	572	147	79
306	113	282	336	118	124	912	161	80
37	24	42	22	10	47	130		81
6	**12**	**20**		**8**		**80**		Q
6	12	20		8		80		84
440	**237**	**551**	**35**	**222**	**306**	**1202**	**269**	R
	53			5	2			85
17		58		43	16	136	93	86
128	46	58			1	136	19	87
37	7	6		59		100	12	88
258	131	429	35	115	287	830	145	89

2-9 续表 10

行业	代码	新邱区	太平区	清河门区	细河区	阜新蒙古族自治县	彰武县
总计	**00**	**10298**	**19063**	**10480**	**45543**	**26568**	**21356**
农、林、牧、渔业	**A**	**48**	**32**	**4**	**15**	**708**	**2576**
农业	01						
林业	02						
畜牧业	03						
渔业	04						
农、林、牧、渔服务业	05	48	32	4	15	708	2576
采矿业	**B**	**2533**	**1215**	**2338**	**90**	**5174**	**1390**
煤炭开采和洗选业	06	2477	1151	2338	80	2229	
石油和天然气开采业	07						
黑色金属矿采选业	08					1482	
有色金属矿采选业	09					87	
非金属矿采选业	10	5	64		10	1316	1390
开采辅助活动	11	51				60	
其他采矿业	12						
制造业	**C**	**3687**	**7442**	**4469**	**19967**	**10520**	**9596**
农副食品加工业	13	435	172	12	762	1923	1263
食品制造业	14	34	67		561	369	561
酒、饮料和精制茶制造业	15	44	38	1	130	308	155
烟草制品业	16						
纺织业	17	103	92		424	15	122
纺织服装、服饰业	18	16	216	297	144	109	209
皮革、毛皮、羽毛及其制品和制鞋业	19		33	2573	69		4
木材加工和木、竹、藤、棕、草制品业	20	408	83	6	171	585	2601
家具制造业	21	4	5		9	5	820
造纸和纸制品业	22	176	83	11	520	66	96
印刷和记录媒介复制业	23	23	61	14	191	91	34
文教、工美、体育和娱乐用品制造业	24	8	33	15	87	460	33
石油加工、炼焦和核燃料加工业	25	12	44		3	30	61
化学原料和化学制品制造业	26	130	474	134	227	927	943
医药制造业	27	5	179		43	165	96
化学纤维制造业	28		3				
橡胶和塑料制品业	29	21	529	2	966	219	302
非金属矿物制品业	30	1969	1000	482	1228	2801	1361
黑色金属冶炼和压延加工业	31	2	271	40	538	650	52
有色金属冶炼和压延加工业	32	1	423	150	46	395	21
金属制品业	33	6	299	116	671	281	198
通用设备制造业	34	21	1394	266	8776	169	140
专用设备制造业	35	188	637	171	1372	227	284
汽车制造业	36	52	16		239	23	
铁路、船舶、航空航天和其他运输设备制造	37	3	22		55		
电气机械和器材制造业	38		715	6	1634	307	154
计算机、通信和其他电子设备制造业	39		29		978		1
仪器仪表制造业	40		43		26		
其他制造业	41		27	126	15	148	85
废弃资源综合利用业	42	26	78	30	78	242	
金属制品、机械和设备修理业	43		376	17	4	5	

辽阳市	白塔区	文圣区	宏伟区	弓长岭区	太子河区	辽阳县	灯塔市	代码
185758	**27906**	**9858**	**16266**	**9968**	**16397**	**72172**	**33191**	00
733	**1**	**121**	**4**	**13**	**27**	**17**	**550**	A
								01
								02
								03
								04
733	1	121	4	13	27	17	550	05
21709	**1**	**1846**	**62**	**2242**	**74**	**7841**	**9643**	B
183					64		119	06
								07
16192		301	2	1754		5714	8421	08
653		49		62	9	478	55	09
4677		1496	57	426	1	1649	1048	10
4	1		3					11
								12
89183	**3493**	**5126**	**6525**	**1601**	**11897**	**43490**	**17051**	C
3137	109	93	180	19	284	1421	1031	13
914	64	2	461	6	39	275	67	14
892	44	41	13	301	12	315	166	15
								16
2379	51	51	40		690	534	1013	17
8215	358	155	87	62	358	5556	1639	18
4184		6		95	21	72	3990	19
750	16	10	17	9	53	623	22	20
551		15	97		27	336	76	21
1231	99	83	137		658	228	26	22
420	156	7	61	7	36	144	9	23
1280	43	121	80	20	702	108	206	24
383	20	13	142		28	175	5	25
5912	188	642	2153	141	1008	1383	397	26
347	45	3	78	8	33	87	93	27
455			111		128	216		28
3811	142	92	578	5	277	2648	69	29
11846	281	2569	217	416	1240	1558	5565	30
18662	49	127	136	155	945	16354	896	31
1610		52	292	140	245	635	246	32
6381	269	102	568	4	966	4103	369	33
8462	376	554	405	78	2001	4675	373	34
3312	395	239	70	121	992	1039	456	35
630	24	55	1	12	298	112	128	36
110					16	94		37
1597	380	37	316	2	279	443	140	38
448	296	7	4		61	30	50	39
981	83	26	278		416	178		40
130			3		80	35	12	41
124					4	113	7	42
29	5	24						43

2-9 续表 11

行　　业	代码	新邱区	太平区	清河门区	细河区	阜新蒙古族自治县	彰武县
电力、热力、燃气及水生产和供应业	D	**1284**	**212**	**96**	**190**	**519**	**361**
电力、热力生产和供应业	44	21	192	30	119	219	150
燃气生产和供应业	45	1263	20	11	2	80	28
水的生产和供应业	46			55	69	220	183
建筑业	E	**1078**	**4841**	**1949**	**15816**	**3199**	**1103**
房屋建筑业	47	695	902	1864	6672	1971	524
土木工程建筑业	48	373	2134	51	2470	992	515
建筑安装业	49	3	537	34	4791	52	20
建筑装饰和其他建筑业	50	7	1268		1883	184	44
批发和零售业	F	**709**	**2808**	**355**	**2978**	**3805**	**3623**
批发业	51	280	1417	178	1229	1988	2128
零售业	52	429	1391	177	1749	1817	1495
交通运输、仓储和邮政业	G	**89**	**196**	**146**	**753**	**230**	**459**
道路运输业	54	51	109	146	701	176	407
水上运输业	55						
航空运输业	56						
管道运输业	57						
装卸搬运和运输代理业	58	38	12		9		
仓储业	59		49		5	49	42
邮政业	60		26		38	5	10
住宿和餐饮业	H	**113**	**363**	**14**	**433**	**508**	**366**
住宿业	61		57		112	142	186
餐饮业	62	113	306	14	321	366	180
信息传输、软件和信息技术服务业	I	**11**	**31**	**22**	**153**	**36**	**10**
电信、广播电视和卫星传输服务	63	10	2	22		18	5
互联网和相关服务	64		3		2	10	3
软件和信息技术服务业	65	1	26		151	8	2
房地产业	K	**234**	**697**	**815**	**1976**	**500**	**795**
房地产业	70	234	697	815	1976	500	795
租赁和商务服务业	L	**306**	**369**	**148**	**1605**	**470**	**381**
租赁业	71	13	29		68	25	29
商务服务业	72	293	340	148	1537	445	352
科学研究和技术服务业	M	**43**	**144**	**35**	**852**	**278**	**98**
研究和试验发展	73		1		59		1
专业技术服务业	74	23	140	24	670	22	69
科技推广和应用服务业	75	20	3	11	123	256	28
水利、环境和公共设施管理业	N	**51**	**86**	**12**	**166**	**217**	**48**
水利管理业	76				1	15	10
生态保护和环境治理业	77		4		62	5	27
公共设施管理业	78	51	82	12	103	197	11
居民服务、修理和其他服务业	O	**39**	**285**	**20**	**382**	**255**	**325**
居民服务业	79	22	19		144	165	75
机动车、电子产品和日用产品修理业	80	17	206	20	200	68	240
其他服务业	81		60		38	22	10
卫生和社会工作	Q		**67**		**5**	**8**	
社会工作	84		67		5	8	
文化、体育和娱乐业	R	**73**	**275**	**57**	**162**	**141**	**225**
新闻和出版业	85						
广播、电视、电影和影视录音制作业	86		3		18	4	18
文化艺术业	87	1	80		14	10	12
体育	88		81		7		
娱乐业	89	72	111	57	123	127	195

辽阳市	白塔区	文圣区	宏伟区	弓长岭区	太子河区	辽阳县	灯塔市	代码
1081	**270**	**9**	**75**	**281**	**96**	**80**	**270**	D
360	1	9	30	250	1	20	49	44
173	67		45	10		26	25	45
548	202			21	95	34	196	46
29335	**11955**	**975**	**6155**	**1743**	**1860**	**3854**	**2793**	E
13175	3991	302	2897	1179	375	3429	1002	47
7543	3110	226	1179	536	698	301	1493	48
5466	3062	371	1210	21	561	81	160	49
3151	1792	76	869	7	226	43	138	50
21580	**3549**	**465**	**1517**	**221**	**1143**	**13565**	**1120**	F
16595	1874	376	956	119	654	12119	497	51
4985	1675	89	561	102	489	1446	623	52
4567	**1112**	**262**	**514**	**115**	**665**	**1417**	**482**	G
3928	1034	256	182	107	638	1305	406	54
								55
								56
								57
300	40	1	249				10	58
270		5	73	5	20	101	66	59
69	38		10	3	7	11		60
2319	**1333**	**38**	**73**	**320**	**43**	**376**	**136**	H
994	635	17	12	197	6	70	57	61
1325	698	21	61	123	37	306	79	62
387	**155**		**88**	**86**	**2**	**56**		I
5					2	3		63
32	8					24		64
350	147		88	86		29		65
4007	**2206**	**483**	**542**	**99**	**147**	**322**	**208**	K
4007	2206	483	542	99	147	322	208	70
6131	**1540**	**206**	**206**	**2942**	**207**	**423**	**607**	L
318	54		58	1	3	150	52	71
5813	1486	206	148	2941	204	273	555	72
2075	**1159**	**202**	**197**	**5**	**133**	**269**	**110**	M
108	73		26		8		1	73
1472	1044	21	114	2	121	112	58	74
495	42	181	57	3	4	157	51	75
418	**180**	**1**	**158**	**51**		**20**	**8**	N
								76
31	1		26				4	77
387	179	1	132	51		20	4	78
1593	**637**	**113**	**142**	**212**	**91**	**231**	**167**	O
967	398	70	77	203	20	136	63	79
592	239	43	47	9	71	95	88	80
34			18				16	81
95	**2**	**5**				**84**	**4**	Q
95	2	5				84	4	84
545	**313**	**6**	**8**	**37**	**12**	**127**	**42**	R
								85
44	38		6					86
10	10							87
31			1			23	7	88
460	265	6	1	37	12	104	35	89

2-9 续表 12

行业	代码	盘锦市	双台子区	兴隆台区	大洼县	盘山县	铁岭市
总 计	00	**143532**	**15068**	**54626**	**43412**	**30426**	**189596**
农、林、牧、渔业	A	**592**	**55**	**16**	**377**	**144**	**3500**
农业	01	56			56		
林业	02						
畜牧业	03						
渔业	04						
农、林、牧、渔服务业	05	536	55	16	321	144	3500
采矿业	B	**1796**	**2**	**1754**	**13**	**27**	**5198**
煤炭开采和洗选业	06						450
石油和天然气开采业	07	20		20			22
黑色金属矿采选业	08						534
有色金属矿采选业	09						253
非金属矿采选业	10	1				1	3906
开采辅助活动	11	1775	2	1734	13	26	13
其他采矿业	12						20
制造业	C	**57454**	**5036**	**16881**	**21910**	**13627**	**122047**
农副食品加工业	13	7580	221	275	3784	3300	14867
食品制造业	14	1064	81	141	696	146	3054
酒、饮料和精制茶制造业	15	346	107	53	77	109	2246
烟草制品业	16						6
纺织业	17	646	58	298	275	15	2585
纺织服装、服饰业	18	1348	28	275	700	345	1883
皮革、毛皮、羽毛及其制品和制鞋业	19	52		11	41		51
木材加工和木、竹、藤、棕、草制品业	20	417	52	12	331	22	3675
家具制造业	21	200	79	42	78	1	793
造纸和纸制品业	22	229	2	55	52	120	2403
印刷和记录媒介复制业	23	580	83	436	61		1667
文教、工美、体育和娱乐用品制造业	24	211	5	75	111	20	801
石油加工、炼焦和核燃料加工业	25	9198	1006	1370	3750	3072	903
化学原料和化学制品制造业	26	7631	1037	2404	2838	1352	7222
医药制造业	27	1371	188	440	247	496	2597
化学纤维制造业	28	3	1			2	282
橡胶和塑料制品业	29	4090	785	1031	1241	1033	11741
非金属矿物制品业	30	6737	453	2031	2377	1876	12736
黑色金属冶炼和压延加工业	31	298	25	77	178	18	3308
有色金属冶炼和压延加工业	32	419			126	293	2004
金属制品业	33	3190	217	761	1978	234	6249
通用设备制造业	34	2356	273	973	809	301	18650
专用设备制造业	35	5897	159	4231	894	613	9589
汽车制造业	36	215	1	207	7		4175
铁路、船舶、航空航天和其他运输设备制造	37	413			373	40	391
电气机械和器材制造业	38	1131	91	597	331	112	4730
计算机、通信和其他电子设备制造业	39	476		446	30		546
仪器仪表制造业	40	258	1	229	28		1684
其他制造业	41	142	39	45	15	43	330
废弃资源综合利用业	42	285	5	22	198	60	626
金属制品、机械和设备修理业	43	671	39	344	284	4	253

银州区	清河区	铁岭县	西丰县	昌图县	调兵山市	开原市	朝阳市	代码
33298	**11056**	**37631**	**8369**	**50034**	**16324**	**32884**	**209110**	00
92	**22**	**434**	**1084**	**1045**	**27**	**796**	**193**	A
							6	01
								02
							6	03
								04
92	22	434	1084	1045	27	796	181	05
28	**20**	**3535**	**227**	**133**	**90**	**1165**	**36818**	B
		407	8	20	15		1004	06
		22						07
		96	58			380	27330	08
		159	14			80	1312	09
28	20	2818	147	113	75	705	7172	10
		13						11
		20						12
22032	**6188**	**25404**	**4706**	**31631**	**6509**	**25577**	**55384**	C
672	611	1596	500	6980	463	4045	5787	13
362	579	771	185	715	126	316	1764	14
43	213	219	179	1146	112	334	1597	15
			6					16
304	8	164	749	784	293	283	823	17
199	173	186	57	548	10	710	1044	18
13		2		36			143	19
32	260	845	74	2046	8	410	596	20
80		146	20	11	122	414	298	21
267	640	105	27	39	33	1292	554	22
460	74	19		95	209	810	529	23
106	66	221		8	25	375	386	24
		559			291	53	307	25
971	117	1739	104	2046	673	1572	2266	26
332	301	437	959	62		506	430	27
113		169					21	28
3027	332	4142	327	965	425	2523	1433	29
2100	730	2604	617	4116	904	1665	11881	30
103	308	1875	316	287	199	220	6966	31
423	3	642	115	334	109	378	2315	32
1896	459	2071	227	977	214	405	1346	33
2887	546	3286	93	7617	707	3514	2952	34
1544	323	1497	114	851	596	4664	6917	35
2930	46	674	2	487	32	4	1941	36
7	79	11			294		425	37
1249	121	1222		741	398	999	1725	38
521		20		5			467	39
1361		115		70	134	4	61	40
18	3	23	2	269	12	3	86	41
4	196	41	26	354		5	307	42
8		3	7	42	120	73	17	43

2-9 续表 13

行业	代码	盘锦市	双台子区	兴隆台区	大洼县	盘山县	铁岭市
电力、热力、燃气及水生产和供应业	D	**2196**	**181**	**555**	**1180**	**280**	**2504**
电力、热力生产和供应业	44	1043	110	196	706	31	1384
燃气生产和供应业	45	158	23	4	40	91	71
水的生产和供应业	46	995	48	355	434	158	1049
建筑业	E	**36895**	**2979**	**9258**	**11551**	**13107**	**26611**
房屋建筑业	47	22828	461	3265	8630	10472	20890
土木工程建筑业	48	5706	1260	928	1170	2348	3561
建筑安装业	49	2873	403	1943	404	123	905
建筑装饰和其他建筑业	50	5488	855	3122	1347	164	1255
批发和零售业	F	**17128**	**3094**	**10228**	**2329**	**1477**	**13254**
批发业	51	8445	1938	3487	1721	1299	7870
零售业	52	8683	1156	6741	608	178	5384
交通运输、仓储和邮政业	G	**4005**	**981**	**1115**	**1383**	**526**	**2743**
道路运输业	54	3005	797	896	897	415	1534
水上运输业	55	35		13	18	4	
航空运输业	56	5		5			
管道运输业	57	20		20			
装卸搬运和运输代理业	58	635	122	137	376		432
仓储业	59	256	40	17	92	107	496
邮政业	60	49	22	27			281
住宿和餐饮业	H	**2615**	**371**	**1668**	**290**	**286**	**2335**
住宿业	61	1152	132	744	89	187	1225
餐饮业	62	1463	239	924	201	99	1110
信息传输、软件和信息技术服务业	I	**1352**	**81**	**1175**	**9**	**87**	**364**
电信、广播电视和卫星传输服务	63	204	20	135		49	155
互联网和相关服务	64	82	1	72	4	5	38
软件和信息技术服务业	65	1066	60	968	5	33	171
房地产业	K	**5697**	**1059**	**2734**	**1630**	**274**	**4985**
房地产业	70	5697	1059	2734	1630	274	4985
租赁和商务服务业	L	**7071**	**608**	**5058**	**1316**	**89**	**2952**
租赁业	71	486	78	244	157	7	96
商务服务业	72	6585	530	4814	1159	82	2856
科学研究和技术服务业	M	**2528**	**324**	**1650**	**398**	**156**	**955**
研究和试验发展	73	167	46	97	16	8	188
专业技术服务业	74	2095	258	1425	315	97	709
科技推广和应用服务业	75	266	20	128	67	51	58
水利、环境和公共设施管理业	N	**1082**	**122**	**408**	**462**	**90**	**315**
水利管理业	76	69		37	30	2	108
生态保护和环境治理业	77	76		38	36	2	18
公共设施管理业	78	937	122	333	396	86	189
居民服务、修理和其他服务业	O	**1822**	**151**	**1270**	**266**	**135**	**957**
居民服务业	79	708	44	426	163	75	485
机动车、电子产品和日用产品修理业	80	946	98	706	82	60	349
其他服务业	81	168	9	138	21		123
卫生和社会工作	Q	**92**				**92**	**69**
社会工作	84	92				92	69
文化、体育和娱乐业	R	**1207**	**24**	**856**	**298**	**29**	**807**
新闻和出版业	85	10		10			6
广播、电视、电影和影视录音制作业	86	136		108	28		55
文化艺术业	87	217	7	149	56	5	27
体育	88	20		16	4		128
娱乐业	89	824	17	573	210	24	591

银州区	清河区	铁岭县	西丰县	昌图县	调兵山市	开原市	朝阳市	代码
160	**202**	**245**	**242**	**975**	**311**	**369**	**3358**	D
25	36	191	36	611	190	295	2345	44
5	2	18		39		7	156	45
130	164	36	206	325	121	67	857	46
3088	**3559**	**4152**	**582**	**6845**	**7355**	**1030**	**69884**	E
1245	2239	3729	307	5989	6960	421	37775	47
1011	1271	392	150	546		191	15985	48
209	18	16	125	115	23	399	7055	49
623	31	15		195	372	19	9069	50
2453	**349**	**1521**	**813**	**6190**	**571**	**1357**	**15163**	F
958	151	1056	641	4168	281	615	9129	51
1495	198	465	172	2022	290	742	6034	52
439	**68**	**499**	**181**	**543**	**163**	**850**	**3840**	G
369	57	118	176	253	152	409	2533	54
								55
							103	56
							5	57
16	10	283		88		35	311	58
36	1	93	5	179		182	602	59
18		5		23	11	224	286	60
1078	**173**	**162**	**302**	**159**	**238**	**223**	**2127**	H
629	115	58	176	39	60	148	1237	61
449	58	104	126	120	178	75	890	62
84	**7**	**76**	**61**	**61**	**67**	**8**	**324**	I
28	3	8	49	34	27	6	144	63
4		15	12	7			1	64
52	4	53		20	40	2	179	65
1234	**158**	**988**	**55**	**1338**	**510**	**702**	**5968**	K
1234	158	988	55	1338	510	702	5968	70
1537	**75**	**278**	**37**	**390**	**221**	**414**	**9555**	L
43	13	7	11	15		7	212	71
1494	62	271	26	375	221	407	9343	72
373	**99**	**159**	**23**	**82**	**135**	**84**	**4341**	M
109	13	38		28			144	73
251	86	92	23	41	132	84	2262	74
13		29		13	3		1935	75
72	**15**	**20**	**10**	**124**	**28**	**46**	**447**	N
		1		54	25	28	43	76
13	4	1					21	77
59	11	18	10	70	3	18	383	78
268	**81**	**140**	**19**	**256**	**44**	**149**	**817**	O
104	64	132		96		89	421	79
131	16	5	13	124	5	55	378	80
33	1	3	6	36	39	5	18	81
	2		**5**	**62**			**38**	Q
	2		5	62			38	84
360	**38**	**18**	**22**	**200**	**55**	**114**	**853**	R
3			3				128	85
				52		3	62	86
15		1		2	3	6	33	87
86					23	19	61	88
256	38	17	19	146	29	86	569	89

2-9 续表 14

行　　业	代码						
		双塔区	龙城区	朝阳县	建平县	喀喇沁左翼蒙古族自治县	北票市
总　计	00	**53442**	**27683**	**22094**	**24000**	**18556**	**27146**
农、林、牧、渔业	A	**8**	**6**	**17**	**24**	**12**	**48**
农业	01				6		
林业	02						
畜牧业	03		6				
渔业	04						
农、林、牧、渔服务业	05	8		17	18	12	48
采矿业	B	**468**	**373**	**6384**	**10197**	**4770**	**10751**
煤炭开采和洗选业	06	63	130	30		97	412
石油和天然气开采业	07						
黑色金属矿采选业	08	182	123	5725	7227	3118	9490
有色金属矿采选业	09	5		148	6	626	379
非金属矿采选业	10	218	120	481	2964	929	470
开采辅助活动	11						
其他采矿业	12						
制造业	C	**7631**	**10343**	**5221**	**6301**	**8716**	**7489**
农副食品加工业	13	263	950	494	2157	413	595
食品制造业	14	103	80	247	105	613	315
酒、饮料和精制茶制造业	15	127	258	287	125	348	339
烟草制品业	16						
纺织业	17	255	77	76	33	10	157
纺织服装、服饰业	18	94	117	221	2	161	137
皮革、毛皮、羽毛及其制品和制鞋业	19	8	5	62		24	10
木材加工和木、竹、藤、棕、草制品业	20	83	78	93	32	149	38
家具制造业	21	2	127	103	7	57	1
造纸和纸制品业	22	108	42	21	14	152	106
印刷和记录媒介复制业	23	254	120	10	27	19	32
文教、工美、体育和娱乐用品制造业	24	297	10	8		27	21
石油加工、炼焦和核燃料加工业	25	2	236	1		57	
化学原料和化学制品制造业	26	181	480	412	348	166	199
医药制造业	27	114	245	3	6	57	
化学纤维制造业	28		1				
橡胶和塑料制品业	29	103	401	189	135	314	75
非金属矿物制品业	30	1018	865	925	2171	2481	1675
黑色金属冶炼和压延加工业	31	1139	1202	430	177	1423	1036
有色金属冶炼和压延加工业	32	61	108	868	262	386	337
金属制品业	33	315	191	97	118	395	140
通用设备制造业	34	645	1077	65	14	534	204
专用设备制造业	35	1927	1543	449	150	457	1982
汽车制造业	36	175	581	86	63	202	75
铁路、船舶、航空航天和其他运输设备制造	37		357			68	
电气机械和器材制造业	38	100	1011	66	216	91	9
计算机、通信和其他电子设备制造业	39	187	124	2	118	21	1
仪器仪表制造业	40	44	17				
其他制造业	41	6	18		11	2	
废弃资源综合利用业	42	13	22		10	89	1
金属制品、机械和设备修理业	43	7		6			4

凌源市	葫芦岛市	连山区	龙港区	南票区	绥中县	建昌县	兴城市	代码
36189	**150027**	**34181**	**36242**	**9115**	**29254**	**13617**	**27618**	00
78	**279**	**13**	**12**		**131**	**34**	**89**	A
	82				82			01
								02
								03
								04
78	197	13	12		49	34	89	05
3875	**7400**	**1473**	**21**	**2322**	**871**	**1677**	**1036**	B
272	1919	20		1890		6	3	06
								07
1465	1446	406			111	905	24	08
148	2355	863	2	253	129	401	707	09
1990	1596	184	19	179	623	365	226	10
	5				5			11
	79				3		76	12
9683	**47992**	**7105**	**7861**	**3595**	**11526**	**2530**	**15375**	C
915	3861	231	80	434	1214	594	1308	13
301	995	34	10	140	314	330	167	14
113	947	38	32	100	630	38	109	15
								16
215	593	59	35	7	60	10	422	17
312	8625	52	281	82	192	20	7998	18
34	122		71	8		8	35	19
123	563	104	8	15	117	43	276	20
1	276	126	15		129		6	21
111	145			2	127	5	11	22
67	415	122	155	7	35	37	59	23
23	81	61	3		11		6	24
11	758	380	181	189			8	25
480	3185	1169	586	279	584	283	284	26
5	917		143	90	633		51	27
20	1						1	28
216	1236	59	25	53	382	15	702	29
2746	5583	697	491	941	1577	419	1458	30
1559	2013	770	252	245	130	467	149	31
293	1435	537	254	243	72	148	181	32
90	2595	438	825	228	603	81	420	33
413	4513	1419	540	468	1112	8	966	34
409	2330	349	640	20	1052	2	267	35
759	291		3	25	149		114	36
	2865		2633		191		41	37
232	2352	216	432	19	1419	5	261	38
14	466	15			441		10	39
	379	11			312		56	40
49	12	2	3		5		2	41
172	136	4	124		3		5	42
	302	212	39		32	17	2	43

2-9 续表 15

行业	代码	双塔区	龙城区	朝阳县	建平县	喀喇沁左翼蒙古族自治县	北票市
电力、热力、燃气及水生产和供应业	D	**1009**	**143**	**28**	**588**	**386**	**666**
电力、热力生产和供应业	44	929	101	13	364	253	249
燃气生产和供应业	45	5	1	15		36	48
水的生产和供应业	46	75	41		224	97	369
建筑业	E	**28327**	**11064**	**4531**	**2971**	**1734**	**4515**
房屋建筑业	47	12430	7253	2924	738	1447	2110
土木工程建筑业	48	8138	1553	737	1214	187	1671
建筑安装业	49	2646	573	340	18	10	203
建筑装饰和其他建筑业	50	5113	1685	530	1001	90	531
批发和零售业	F	**3550**	**2703**	**1710**	**1693**	**1174**	**1849**
批发业	51	1722	1971	965	1128	609	1185
零售业	52	1828	732	745	565	565	664
交通运输、仓储和邮政业	G	**1491**	**517**	**249**	**567**	**240**	**483**
道路运输业	54	894	382	98	357	194	435
水上运输业	55						
航空运输业	56	103					
管道运输业	57						
装卸搬运和运输代理业	58	96	8	14	162	21	1
仓储业	59	138	127	137	44	21	32
邮政业	60	260			4	4	15
住宿和餐饮业	H	**1166**	**127**	**72**	**2**	**189**	**118**
住宿业	61	662	122	20	2	189	39
餐饮业	62	504	5	52			79
信息传输、软件和信息技术服务业	I	**177**	**86**	**11**	**17**	**9**	
电信、广播电视和卫星传输服务	63	57	72	4	5		
互联网和相关服务	64	1					
软件和信息技术服务业	65	119	14	7	12	9	
房地产业	K	**3401**	**303**	**142**	**701**	**369**	**311**
房地产业	70	3401	303	142	701	369	311
租赁和商务服务业	L	**3692**	**1592**	**2418**	**567**	**285**	**416**
租赁业	71	81	33	7	23	37	
商务服务业	72	3611	1559	2411	544	248	416
科学研究和技术服务业	M	**1620**	**196**	**1212**	**187**	**379**	**293**
研究和试验发展	73	92	23	20		9	
专业技术服务业	74	1344	167	15	175	129	257
科技推广和应用服务业	75	184	6	1177	12	241	36
水利、环境和公共设施管理业	N	**171**	**58**	**9**	**12**	**151**	**39**
水利管理业	76	13				15	8
生态保护和环境治理业	77	10			3		8
公共设施管理业	78	148	58	9	9	136	23
居民服务、修理和其他服务业	O	**337**	**150**	**41**	**33**	**74**	**56**
居民服务业	79	204	87	2	9	39	41
机动车、电子产品和日用产品修理业	80	117	62	39	23	35	15
其他服务业	81	16	1		1		
卫生和社会工作	Q	**38**					
社会工作	84	38					
文化、体育和娱乐业	R	**356**	**22**	**49**	**140**	**68**	**112**
新闻和出版业	85	128					
广播、电视、电影和影视录音制作业	86	13		2	18	8	17
文化艺术业	87	5		3	6	6	
体育	88	43		6		11	1
娱乐业	89	167	22	38	116	43	94

凌源市	葫芦岛市	连山区	龙港区	南票区	绥中县	建昌县	兴城市	代码
538	**3141**	**594**	**887**	**84**	**430**	**353**	**793**	D
436	2008	539	442	80	226	222	499	44
51	252	33	219					45
51	881	22	226	4	204	131	294	46
16742	**39531**	**13908**	**9926**	**342**	**6119**	**4837**	**4399**	E
10873	19873	7082	4300	235	3260	1717	3279	47
2485	7191	1046	986	13	2053	2513	580	48
3265	3995	2369	894	83	377	133	139	49
119	8472	3411	3746	11	429	474	401	50
2484	**19417**	**4352**	**3321**	**2122**	**5533**	**1897**	**2192**	F
1549	12637	2483	1856	1922	4399	1118	859	51
935	6780	1869	1465	200	1134	779	1333	52
293	**4256**	**1335**	**792**	**90**	**774**	**608**	**657**	G
173	3005	1026	442	42	571	494	430	54
	256	7	73		81		95	55
								56
5								57
9	363	28	238	2	17	60	18	58
103	466	129	39	46	95	51	106	59
3	166	145			10	3	8	60
453	**3927**	**627**	**1350**	**42**	**457**	**486**	**965**	H
203	2172	274	601	15	301	429	552	61
250	1755	353	749	27	156	57	413	62
24	**611**	**142**	**251**	**26**	**162**	**13**	**17**	I
6	67	3	11		38	13	2	63
	80	8	48		11		13	64
18	464	131	192	26	113		2	65
741	**6871**	**1484**	**3047**	**64**	**1093**	**392**	**791**	K
741	6871	1484	3047	64	1093	392	791	70
585	**11205**	**2196**	**7072**	**254**	**893**	**281**	**509**	L
31	530	220	57		225	24	4	71
554	10675	1976	7015	254	668	257	505	72
454	**2278**	**169**	**1048**	**84**	**425**	**246**	**306**	M
	31		16		5	3	7	73
175	1630	110	936	77	164	197	146	74
279	617	59	96	7	256	46	153	75
7	**821**	**156**	**280**	**37**	**263**	**39**	**46**	N
7	43	11	27	5				76
	94	47			31		16	77
	684	98	253	32	232	39	30	78
126	**1296**	**389**	**264**	**34**	**259**	**87**	**263**	O
39	502	190	49	17	47	33	166	79
87	779	186	213	17	212	54	97	80
	15	13	2					81
	41	**16**	**3**				**22**	Q
	41	16	3				22	84
106	**961**	**222**	**107**	**19**	**318**	**137**	**158**	R
								85
4	44	30	10		4			86
13	13	11				2		87
	64		10		16	35	3	88
89	840	181	87	19	298	100	155	89

2-10 按行业(中类)、开业(成立)

行业中类	代码	法人单位数(个)	1949年及以前	1950-1977年	1978-1991年
总　计	**00**	**315047**	**224**	**1850**	**8370**
农、林、牧、渔业	**A**	**1719**	**2**	**14**	**17**
农业	01	9	1	3	
谷物种植	011	4		2	
蔬菜、食用菌及园艺作物种植	014	3			
水果种植	015	1	1		
中药材种植	017	1		1	
林业	02	6		4	1
造林和更新	022	1		1	
森林经营和管护	023	5		3	1
畜牧业	03	2			
牲畜饲养	031	1			
家禽饲养	032	1			
渔业	04	4			
水产养殖	041	4			
农、林、牧、渔服务业	05	1698	1	7	16
农业服务业	051	1161	1	3	10
林业服务业	052	75		1	1
畜牧服务业	053	362		3	4
渔业服务业	054	100			1
采矿业	**B**	**5307**	**4**	**53**	**289**
煤炭开采和洗选业	06	587	1	17	95
烟煤和无烟煤开采洗选	061	568	1	16	95
褐煤开采洗选	062	6			
其他煤炭采选	069	13		1	
石油和天然气开采业	07	11			
石油开采	071	5			
天然气开采	072	6			
黑色金属矿采选业	08	1654		6	30
铁矿采选	081	1562		3	24
锰矿、铬矿采选	082	79		3	6
其他黑色金属矿采选	089	13			
有色金属矿采选业	09	732		3	33
常用有色金属矿采选	091	523		2	18
贵金属矿采选	092	151		1	12
稀有稀土金属矿采选	093	58			3
非金属矿采选业	10	2172	3	27	127
土砂石开采	101	1666	1	17	89
化学矿开采	102	99		4	11
采盐	103	22	1	1	4
石棉及其他非金属矿采选	109	385	1	5	23
开采辅助活动	11	122			3
煤炭开采和洗选辅助活动	111	11			
石油和天然气开采辅助活动	112	93			3
其他开采辅助活动	119	18			
其他采矿业	12	29			1
其他采矿业	120	29			1

时间分组的小微企业法人单位数

1992–1995年	1996年	1997年	1998年	1999年	2000年	2001年	2002年	代码
9130	**2584**	**2942**	**4969**	**5582**	**7183**	**8551**	**9630**	00
9	**3**	**5**	**7**	**14**	**13**	**17**	**20**	A
2						1		01
1								011
1						1		014
								015
								017
1								02
								022
1								023
								03
								031
								032
								04
								041
6	3	5	7	14	13	16	20	05
6	2	4	3	8	9	10	8	051
		1	1	1			1	052
	1			1	3	5	6	053
			3	4	1	1	5	054
203	**69**	**77**	**119**	**101**	**145**	**181**	**170**	B
59	23	21	20	19	24	36	35	06
59	22	21	20	19	22	36	35	061
								062
	1				2			069
							1	07
								071
							1	072
50	10	6	22	17	32	40	39	08
45	9	4	20	16	30	39	38	081
5	1	2	1	1	2	1	1	082
			1					089
21	11	15	15	21	23	38	25	09
13	8	8	10	15	11	31	17	091
7	3	4	4	6	8	5	7	092
1		3	1		4	2	1	093
71	25	35	58	41	57	60	66	10
50	15	22	42	28	47	46	39	101
7	5	4	5	3	2	4	6	102
1			1	1				103
13	5	9	10	9	8	10	21	109
1			3	2	9	7	3	11
					2			111
1			3	2	7	6	3	112
						1		119
1			1	1			1	12
1			1	1			1	120

2-10 续表 1

行业中类	代码	法人单位数(个)	1949年及以前	1950-1977年	1978-1991年
制造业	C	**80921**	**56**	**879**	**3983**
农副食品加工业	13	5316	3	27	105
谷物磨制	131	1042	2	2	10
饲料加工	132	988			15
植物油加工	133	187	1	2	6
制糖业	134	16			
屠宰及肉类加工	135	875		16	28
水产品加工	136	1008		4	23
蔬菜、水果和坚果加工	137	746		1	15
其他农副食品加工	139	454		2	8
食品制造业	14	1937	1	16	66
焙烤食品制造	141	656		6	16
糖果、巧克力及蜜饯制造	142	67			2
方便食品制造	143	242		1	7
乳制品制造	144	46			
罐头食品制造	145	167	1	1	9
调味品、发酵制品制造	146	292		6	16
其他食品制造	149	467		2	16
酒、饮料和精制茶制造业	15	1098	3	7	40
酒的制造	151	597	3	7	30
饮料制造	152	495			10
精制茶加工	153	6			
烟草制品业	16	5			3
烟叶复烤	161	2			1
卷烟制造	162	1			1
其他烟草制品制造	169	2			1
纺织业	17	1650	2	33	98
棉纺织及印染精加工	171	433		7	19
毛纺织及染整精加工	172	67		4	5
麻纺织及染整精加工	173	10			
丝绢纺织及印染精加工	174	214		7	18
化纤织造及印染精加工	175	41	1		2
针织或钩针编织物及其制品制造	176	265		6	11
家用纺织制成品制造	177	260		6	13
非家用纺织制成品制造	178	360	1	3	30
纺织服装、服饰业	18	3709	1	39	100
机织服装制造	181	3096		34	87
针织或钩针编织服装制造	182	184		1	5
服饰制造	183	429	1	4	8
皮革、毛皮、羽毛及其制品和制鞋业	19	748	2	14	30
皮革鞣制加工	191	33	1	1	2
皮革制品制造	192	192		4	6
毛皮鞣制及制品加工	193	145		1	5
羽毛(绒)加工及制品制造	194	27			
制鞋业	195	351	1	8	17
木材加工和木、竹、藤、棕、草制品业	20	2158		11	74

1992–1995年	1996年	1997年	1998年	1999年	2000年	2001年	2002年	代码
3904	**1157**	**1270**	**2203**	**2323**	**2638**	**3196**	**3196**	C
105	64	69	120	132	189	175	208	13
13	2	5	15	18	32	30	41	131
14	13	20	31	34	40	36	44	132
6	6	2	5	6	5	6	6	133
					1			134
14	20	16	25	20	28	34	32	135
25	16	16	22	26	50	40	42	136
21	3	5	14	19	23	20	27	137
12	4	5	8	9	10	9	16	139
81	20	35	54	60	68	75	71	14
28	5	8	15	11	21	23	15	141
4		2	2	2		2	3	142
7	2	2	6	5	3	8	9	143
2			1	2	5	4	1	144
10	1	5	4	6	8	11	9	145
12	9	5	16	12	8	12	14	146
18	3	13	10	22	23	15	20	149
50	23	24	34	49	63	49	51	15
29	18	17	19	33	27	23	20	151
21	4	7	15	16	36	26	31	152
	1							153
								16
								161
								162
								169
85	40	38	53	48	85	92	83	17
27	18	10	20	9	24	23	28	171
5		1		1	2	1		172
3		2		1		1		173
13	5	4	8	5	16	22	15	174
1	2	1	3	1	2		3	175
14	5	7	5	10	13	13	12	176
5	3	5	6	12	11	9	9	177
17	7	8	11	9	17	23	16	178
102	47	42	67	64	121	125	112	18
89	41	37	57	57	107	111	98	181
12	4	5	8	5	6	8	8	182
1	2		2	2	8	6	6	183
24	6	11	11	12	14	22	19	19
1						1		191
9	1	5	5	5	8	5	7	192
6	1	3	2	2	1	2	5	193
1			1		1	2	1	194
7	4	3	3	5	4	12	6	195
98	27	29	43	49	56	65	80	20

2-10 续表 2

行业中类	代码	法人单位数（个）	1949年及以前	1950-1977年	1978-1991年
木材加工	201	761		5	36
人造板制造	202	308			2
木制品制造	203	1013		5	32
竹、藤、棕、草等制品制造	204	76		1	4
家具制造业	21	1122		12	33
木质家具制造	211	896		8	24
竹、藤家具制造	212	6			
金属家具制造	213	74		1	2
塑料家具制造	214	23			2
其他家具制造	219	123		3	5
造纸和纸制品业	22	1392	4	22	100
纸浆制造	221	7		1	1
造纸	222	272	3	6	24
纸制品制造	223	1113	1	15	75
印刷和记录媒介复制业	23	1913	7	36	256
印刷	231	1752	6	36	229
装订及印刷相关服务	232	157	1		27
记录媒介复制	233	4			
文教、工美、体育和娱乐用品制造业	24	1111		16	43
文教办公用品制造	241	102		3	8
乐器制造	242	55		1	1
工艺美术品制造	243	831		11	25
体育用品制造	244	84		1	7
玩具制造	245	23			1
游艺器材及娱乐用品制造	246	16			1
石油加工、炼焦和核燃料加工业	25	911	2	6	44
精炼石油产品制造	251	872	1	4	40
炼焦	252	38	1	2	4
核燃料加工	253	1			
化学原料和化学制品制造业	26	4572	5	49	247
基础化学原料制造	261	860	1	12	56
肥料制造	262	603		1	8
农药制造	263	93	1	2	11
涂料、油墨、颜料及类似产品制造	264	844	2	9	53
合成材料制造	265	353	1	1	15
专用化学产品制造	266	1395		15	81
炸药、火工及焰火产品制造	267	33		6	6
日用化学产品制造	268	391		3	17
医药制造业	27	702	2	7	26
化学药品原料药制造	271	87	1	1	4
化学药品制剂制造	272	112	1	2	8
中药饮片加工	273	108			5
中成药生产	274	108		3	4
兽用药品制造	275	57		1	3
生物药品制造	276	148			1
卫生材料及医药用品制造	277	82			1
化学纤维制造业	28	122			6

1992–1995年	1996年	1997年	1998年	1999年	2000年	2001年	2002年	代码
32	8	12	13	17	24	16	19	201
9	1	5	6	5	7	11	5	202
56	18	12	21	24	24	38	51	203
1			3	3	1		5	204
35	9	12	24	26	24	36	49	21
25	8	11	21	21	18	27	45	211
						1		212
5		1	2	2	3	5	2	213
2			1					214
3	1			3	3	3	2	219
79	25	24	53	52	50	65	66	22
1						1		221
14	6	5	9	11	9	13	12	222
64	19	19	44	41	41	51	54	223
171	40	66	102	75	85	108	63	23
165	36	63	97	71	77	97	60	231
6	4	3	5	3	8	11	3	232
				1				233
69	19	19	19	44	48	43	52	24
9	4	1	1	6	3	9	6	241
3	1	1	1	2	1	1	3	242
47	10	12	13	32	37	29	38	243
8	3	4	4	2	4	1	4	244
1				1		1		245
1	1	1		1	3	2	1	246
38	10	14	25	24	19	52	43	25
38	10	13	25	22	19	52	41	251
		1		2			2	252
								253
279	98	81	166	157	179	215	217	26
54	23	21	39	21	34	50	51	261
11	11	1	13	9	14	19	33	262
3	3	2	4	4	4	5	5	263
58	12	10	30	36	36	45	36	264
19	11	10	9	8	13	9	13	265
106	27	27	50	62	60	68	61	266
3		1		1	1	1		267
25	11	9	21	16	17	18	18	268
43	11	8	35	28	26	27	37	27
3	3		9	4	3	1	8	271
10	3	1	5	4	8	5	3	272
4	1	5	4	3	3	3	6	273
13	3		5	4	8	6	10	274
3		2	3	5	3	4	5	275
5	1		3	5		6	3	276
5			6	3	1	2	2	277
9	4	1	3	4	5	7	3	28

2-10 续表 3

行业中类	代码	法人单位数（个）	1949年及以前	1950-1977年	1978-1991年
纤维素纤维原料及纤维制造	281	32			2
合成纤维制造	282	90			4
橡胶和塑料制品业	29	4632		39	172
橡胶制品业	291	981		14	66
塑料制品业	292	3651		25	106
非金属矿物制品业	30	8705	5	77	513
水泥、石灰和石膏制造	301	512	3	14	39
石膏、水泥制品及类似制品制造	302	1596	1	7	63
砖瓦、石材等建筑材料制造	303	3244		32	241
玻璃制造	304	132		2	7
玻璃制品制造	305	343		6	18
玻璃纤维和玻璃纤维增强塑料制品制造	306	210		2	20
陶瓷制品制造	307	146		2	1
耐火材料制品制造	308	1830	1	5	81
石墨及其他非金属矿物制品制造	309	692		7	43
黑色金属冶炼和压延加工业	31	2721	1	32	205
炼铁	311	121		2	4
炼钢	312	68			6
黑色金属铸造	313	1630		22	140
钢压延加工	314	745	1	7	48
铁合金冶炼	315	157		1	7
有色金属冶炼和压延加工业	32	1008	1	7	48
常用有色金属冶炼	321	253		2	11
贵金属冶炼	322	42		1	4
稀有稀土金属冶炼	323	59			2
有色金属合金制造	324	134		2	5
有色金属铸造	325	69			5
有色金属压延加工	326	451	1	2	21
金属制品业	33	6381	2	70	343
结构性金属制品制造	331	2962		12	113
金属工具制造	332	466		12	32
集装箱及金属包装容器制造	333	322		3	32
金属丝绳及其制品制造	334	204	1	9	8
建筑、安全用金属制品制造	335	624		15	23
金属表面处理及热处理加工	336	634		5	58
搪瓷制品制造	337	35		1	2
金属制日用品制造	338	236		2	11
其他金属制品制造	339	898	1	11	64
通用设备制造业	34	12254	3	147	584
锅炉及原动设备制造	341	634	1	14	43
金属加工机械制造	342	1697		14	57
物料搬运设备制造	343	500	1	10	36
泵、阀门、压缩机及类似机械制造	344	2038	1	33	113
轴承、齿轮和传动部件制造	345	1097		13	42
烘炉、风机、衡器、包装等设备制造	346	880		21	49
文化、办公用机械制造	347	45		3	1
通用零部件制造	348	4824		39	234

1992–1995年	1996年	1997年	1998年	1999年	2000年	2001年	2002年	代码
5	1			1	4			281
4	3	1	3	3	1	7	3	282
206	70	74	142	141	152	226	201	29
52	21	20	46	34	30	47	45	291
154	49	54	96	107	122	179	156	292
379	105	106	211	195	227	289	276	30
24	9	10	21	20	22	15	15	301
45	9	14	24	22	22	29	44	302
121	39	35	57	54	62	93	85	303
6		1	4	2	4	3	6	304
22	6	8	18	14	16	12	14	305
14	4	3	7	5	6	10	7	306
4	4	2	4	3	4	5	9	307
100	26	26	51	47	63	95	76	308
43	8	7	25	28	28	27	20	309
193	55	55	86	97	108	109	124	31
4		2	2	3	3	2	5	311
3	2		1	2	4	1	2	312
120	31	38	62	65	69	74	83	313
58	19	9	19	20	28	29	34	314
8	3	6	2	7	4	3		315
57	23	24	26	23	31	43	34	32
17	6	5	7	5	7	15	6	321
4	2	2		1	1	1	2	322
3		2	2	1	3	3	4	323
7	4	3	6	1	5	3	6	324
5		1	1	2	1	3	2	325
21	11	11	10	13	14	18	14	326
339	92	93	161	192	164	250	226	33
126	30	31	50	76	63	103	98	331
25	13	7	17	18	12	17	22	332
25	5	4	9	15	13	15	19	333
17	4	4	11	7	7	9	11	334
34	15	8	15	13	17	29	22	335
44	7	15	23	28	20	23	21	336
3	2	1	2	5	1	2		337
15	2	4	4	8	1	13	6	338
50	14	19	30	22	30	39	27	339
615	150	202	348	339	407	480	525	34
38	17	14	25	26	22	25	31	341
53	16	15	32	42	52	58	61	342
38	2	12	12	15	21	19	25	343
145	22	52	84	77	93	91	111	344
39	18	16	32	27	41	50	60	345
53	12	18	29	27	42	39	49	346
1	2		2	2	1	2	3	347
227	59	71	122	113	120	177	171	348

2-10 续表 4

行业中类	代码	法人单位数（个）	1949年及以前	1950-1977年	1978-1991年
其他通用设备制造业	349	539			9
专用设备制造业	35	5842	4	63	246
采矿、冶金、建筑专用设备制造	351	1905	1	13	64
化工、木材、非金属加工专用设备制造	352	1258		12	56
食品、饮料、烟草及饲料生产专用设备制	353	149		1	14
印刷、制药、日化及日用品生产专用设备	354	274		6	12
纺织、服装和皮革加工专用设备制造	355	107		4	8
电子和电工机械专用设备制造	356	396		1	12
农、林、牧、渔专用机械制造	357	361	2	9	17
医疗仪器设备及器械制造	358	312		5	15
环保、社会公共服务及其他专用设备制造	359	1080	1	12	48
汽车制造业	36	1262		23	63
汽车整车制造	361	22		1	1
改装汽车制造	362	45		1	4
低速载货汽车制造	363	3			
电车制造	364	6		1	
汽车车身、挂车制造	365	45			4
汽车零部件及配件制造	366	1141		20	54
铁路、船舶、航空航天和其他运输设备制造	37	1051	3	12	77
铁路运输设备制造	371	326	2	7	57
城市轨道交通设备制造	372	8			
船舶及相关装置制造	373	610	1	4	13
航空、航天器及设备制造	374	44			4
摩托车制造	375	10			1
自行车制造	376	23		1	1
非公路休闲车及零配件制造	377	5			
潜水救捞及其他未列明运输设备制造	379	25			1
电气机械和器材制造业	38	4290	3	71	245
电机制造	381	441		8	16
输配电及控制设备制造	382	2090	2	42	131
电线、电缆、光缆及电工器材制造	383	756	1	7	51
电池制造	384	86		2	7
家用电力器具制造	385	220		3	10
非电力家用器具制造	386	113			1
照明器具制造	387	327		8	18
其他电气机械及器材制造	389	257		1	11
计算机、通信和其他电子设备制造业	39	999		13	42
计算机制造	391	79			3
通信设备制造	392	140		1	11
广播电视设备制造	393	46			1
雷达及配套设备制造	394	6			
视听设备制造	395	29		1	3
电子器件制造	396	185		4	4
电子元件制造	397	300		6	16
其他电子设备制造	399	214		1	4
仪器仪表制造业	40	1469	2	18	73
通用仪器仪表制造	401	1043		11	50

1992–1995年	1996年	1997年	1998年	1999年	2000年	2001年	2002年	代码
21	2	4	10	10	15	19	14	349
251	68	81	140	187	167	217	203	35
81	28	28	45	61	50	68	64	351
49	12	24	32	40	33	41	50	352
6	5	1	9	3		11	3	353
16	3	5	4	12	11	15	9	354
11	3		1	6	6	7	4	355
15	4	4	7	8	12	14	12	356
6	4	2	8	13	11	8	5	357
16	4	6	8	11	8	9	12	358
51	5	11	26	33	36	44	44	359
68	13	17	39	36	37	40	46	36
1	1			1	2	1		361
3		2	2		1	1	3	362
	1						1	363
							2	364
1		1		1	1	1	2	365
63	11	14	37	34	33	37	38	366
55	13	11	27	21	32	28	38	37
26	8	3	13	10	14	11	12	371
			1		1		1	372
25	5	6	9	10	13	14	22	373
			2	1	2	1		374
		1	1		1			375
3			1			1	1	376
1		1						377
					1	1	2	379
237	64	76	120	143	157	182	199	38
16	7	7	11	13	17	20	14	381
141	27	30	61	73	81	92	107	382
42	16	16	28	28	32	34	39	383
5	1		1	4	1	6	3	384
9	4	11	7	6	6	6	13	385
1		1		1		2	3	386
22	4	11	10	12	13	17	10	387
1	5		2	6	7	5	10	389
52	21	13	25	28	34	42	46	39
5	1	1		1	4	6	4	391
8	4	1	6	3	6	3	3	392
	3		3	1	1	2	3	393
			1		1	1		394
3	2			1	3		1	395
17	2	4	4	4	2	6	12	396
11	7	2	5	12	11	11	15	397
8	2	5	6	6	6	13	8	399
90	29	26	42	51	61	83	71	40
65	17	17	38	36	44	65	54	401

2-10 续表 5

行业中类	代码	法人单位数(个)	1949年及以前	1950-1977年	1978-1991年
专用仪器仪表制造	402	242	1	1	16
钟表与计时仪器制造	403	22	1	2	3
光学仪器及眼镜制造	404	38		4	
其他仪器仪表制造业	409	124			4
其他制造业	41	389		2	20
日用杂品制造	411	85		2	8
煤制品制造	412	122			9
核辐射加工	413	1			
其他未列明制造业	419	181			3
废弃资源综合利用业	42	355			10
金属废料和碎屑加工处理	421	195			8
非金属废料和碎屑加工处理	422	160			2
金属制品、机械和设备修理业	43	1097		10	71
金属制品修理	431	40			5
通用设备修理	432	184		2	8
专用设备修理	433	135		3	11
铁路、船舶、航空航天等运输设备修理	434	488		3	32
电气设备修理	435	62		1	4
仪器仪表修理	436	25			3
其他机械和设备修理业	439	163		1	8
电力、热力、燃气及水生产和供应业	D	**1736**		**35**	**106**
电力、热力生产和供应业	44	1104		21	53
电力生产	441	269		16	16
电力供应	442	57		4	8
热力生产和供应	443	778		1	29
燃气生产和供应业	45	193			7
燃气生产和供应业	450	193			7
水的生产和供应业	46	439		14	46
自来水生产和供应	461	270		14	44
污水处理及其再生利用	462	142			2
其他水的处理、利用与分配	469	27			
建筑业	E	**18434**	**6**	**99**	**595**
房屋建筑业	47	2734	3	61	227
房屋建筑业	470	2734	3	61	227
土木工程建筑业	48	3213	1	23	141
铁路、道路、隧道和桥梁工程建筑	481	1096	1	8	54
水利和内河港口工程建筑	482	286		6	16
海洋工程建筑	483	5			
工矿工程建筑	484	167		1	22
架线和管道工程建筑	485	503		2	32
其他土木工程建筑	489	1156		6	17
建筑安装业	49	4238	1	9	158
电气安装	491	1592		5	58
管道和设备安装	492	1027			55
其他建筑安装业	499	1619	1	4	45
建筑装饰和其他建筑业	50	8249	1	6	69
建筑装饰业	501	6392	1	4	45
工程准备活动	502	1000		1	16
提供施工设备服务	503	170			1
其他未列明建筑业	509	687		1	7

1992–1995年	1996年	1997年	1998年	1999年	2000年	2001年	2002年	代码
13	4	5	3	10	6	12	9	402
1	1			1		1		403
	1	1			3	3	2	404
11	6	3	1	4	8	2	6	409
16		6	6	14	3	16	17	41
6		2	2	5	1	4	5	411
3		1	1	1	1	6	9	412
								413
7		3	3	8	1	6	3	419
4	1		1	7	9	3	6	42
2	1			5	4	1	4	421
2			1	2	5	2	2	422
74	10	13	20	25	17	32	30	43
2		1		1		1		431
16	3	2	5	4	6	11	11	432
15	1	4	3	2	3	3	1	433
21	3	5	9	10	6	11	8	434
7	3		1	1	1	2	2	435
					1	1	1	436
13		1	2	7		3	7	439
61	**13**	**16**	**33**	**36**	**51**	**58**	**65**	**D**
41	7	9	23	26	27	42	43	44
8	3	1	5	9	6	9	5	441
5	2		2	5	2	3	2	442
28	2	8	16	12	19	30	36	443
6	3	3	3	3	5	8	3	45
6	3	3	3	3	5	8	3	450
14	3	4	7	7	19	8	19	46
13	3	3	6	6	13	3	14	461
1		1			5	4	4	462
			1	1	1	1	1	469
577	**151**	**177**	**298**	**300**	**322**	**470**	**574**	**E**
103	22	19	45	42	33	71	70	47
103	22	19	45	42	33	71	70	470
108	15	19	41	60	54	74	96	48
38	6	7	15	21	15	18	18	481
7	2	2	1	3	4	9	8	482
							1	483
8	3		4	5	2	6	4	484
25	3	7	9	14	14	14	27	485
30	1	3	12	17	19	27	38	489
171	59	68	92	97	109	151	169	49
73	21	34	42	37	52	68	82	491
43	16	10	18	27	28	35	41	492
55	22	24	32	33	29	48	46	499
195	55	71	120	101	126	174	239	50
149	39	57	90	83	96	139	179	501
32	10	7	16	13	14	16	35	502
3	2	2	4	2	3	1	5	503
11	4	5	10	3	13	18	20	509

2-10 续表 6

行业中类	代码	法人单位数（个）	1949年及以前	1950-1977年	1978-1991年
批发和零售业	F	**113946**	**134**	**466**	**1775**
批发业	51	79620	54	259	963
农、林、牧产品批发	511	4726	2	49	102
食品、饮料及烟草制品批发	512	8071	8	32	97
纺织、服装及家庭用品批发	513	7040	5	12	57
文化、体育用品及器材批发	514	1809	2	2	21
医药及医疗器材批发	515	2036	1	6	17
矿产品、建材及化工产品批发	516	26692	35	120	348
机械设备、五金产品及电子产品批发	517	20227		24	157
贸易经纪与代理	518	3248		1	17
其他批发业	519	5771	1	13	147
零售业	52	34326	80	207	812
综合零售	521	2972	57	140	311
食品、饮料及烟草制品专门零售	522	2847	1	11	68
纺织、服装及日用品专门零售	523	3409	3	12	68
文化、体育用品及器材专门零售	524	1784	17	12	51
医药及医疗器材专门零售	525	5290	1	10	28
汽车、摩托车、燃料及零配件专门零售	526	5525		11	107
家用电器及电子产品专门零售	527	4539		1	22
五金、家具及室内装饰材料专门零售	528	5108		8	69
货摊、无店铺及其他零售业	529	2852	1	2	88
交通运输、仓储和邮政业	G	**11545**	**6**	**103**	**268**
道路运输业	54	6140	2	37	136
城市公共交通运输	541	554		2	31
公路旅客运输	542	366		10	13
道路货物运输	543	4941	2	22	68
道路运输辅助活动	544	279		3	24
水上运输业	55	353			9
水上旅客运输	551	47			2
水上货物运输	552	200			6
水上运输辅助活动	553	106			1
航空运输业	56	53			3
航空客货运输	561	21			1
通用航空服务	562	11			
航空运输辅助活动	563	21			2
管道运输业	57	10			
管道运输业	570	10			
装卸搬运和运输代理业	58	3427	1	4	50
装卸搬运	581	370		2	23
运输代理业	582	3057	1	2	27
仓储业	59	1161	3	60	66
谷物、棉花等农产品仓储	591	409	2	55	37
其他仓储业	599	752	1	5	29
邮政业	60	401		2	4
邮政基本服务	601	21		1	3
快递服务	602	380		1	1

1992–1995年	1996年	1997年	1998年	1999年	2000年	2001年	2002年	代码
2101	**551**	**753**	**1299**	**1616**	**2157**	**2604**	**3201**	F
1334	351	494	849	1044	1412	1768	2233	51
87	24	22	33	39	80	77	104	511
91	34	42	65	88	122	139	172	512
70	19	46	61	65	111	158	190	513
31	7	10	24	20	41	50	71	514
41	18	16	26	31	39	44	45	515
504	135	157	322	402	506	666	863	516
389	88	132	263	328	417	531	660	517
29	7	24	6	15	25	32	42	518
92	19	45	49	56	71	71	86	519
767	200	259	450	572	745	836	968	52
77	33	36	41	47	59	72	64	521
41	9	15	21	40	49	49	62	522
55	18	14	44	49	62	84	97	523
31	13	11	22	32	30	47	51	524
53	16	16	46	37	79	93	125	525
274	50	72	128	154	177	178	236	526
49	9	28	36	66	92	129	124	527
86	32	29	56	79	117	114	138	528
101	20	38	56	68	80	70	71	529
348	**103**	**130**	**149**	**162**	**210**	**259**	**304**	G
209	52	84	76	92	107	136	156	54
114	29	46	32	30	19	22	17	541
12	3	6	6	7	10	9	8	542
70	17	22	28	44	65	99	124	543
13	3	10	10	11	13	6	7	544
12	2	2	6	11	10	10	21	55
5	1	1		3	6	3		551
3		1	3	4	2	3	20	552
4	1		3	4	2	4	1	553
1	1				1	1		56
	1					1		561
								562
1					1			563
2					1			57
2					1			570
90	36	22	47	40	60	83	99	58
16	3	4	6	8	6	9	10	581
74	33	18	41	32	54	74	89	582
32	11	21	17	16	22	23	23	59
13	5	12	6	7	9	13	5	591
19	6	9	11	9	13	10	18	599
2	1	1	3	3	9	6	5	60
	1			1	4		2	601
2		1	3	2	5	6	3	602

2-10 续表 7

行业中类	代码	法人单位数(个)	1949年及以前	1950-1977年	1978-1991年
住宿和餐饮业	H	**6223**	**2**	**34**	**222**
住宿业	61	2620	2	18	141
旅游饭店	611	661	2	7	36
一般旅馆	612	1761		10	97
其他住宿业	619	198		1	8
餐饮业	62	3603		16	81
正餐服务	621	2905		14	75
快餐服务	622	273		2	4
饮料及冷饮服务	623	140			
其他餐饮业	629	285			2
信息传输、软件和信息技术服务业	I	**8109**	**1**	**1**	**20**
电信、广播电视和卫星传输服务	63	680		1	
电信	631	518			
广播电视传输服务	632	152		1	
卫星传输服务	633	10			
互联网和相关服务	64	614	1		
互联网接入及相关服务	641	100			
互联网信息服务	642	405	1		
其他互联网服务	649	109			
软件和信息技术服务业	65	6815			20
软件开发	651	4309			8
信息系统集成服务	652	638			1
信息技术咨询服务	653	1185			7
数据处理和存储服务	654	82			2
集成电路设计	655	36			
其他信息技术服务业	659	565			2
房地产业	K	**12589**	**4**	**14**	**106**
房地产业	70	12589	4	14	106
房地产开发经营	701	4724		1	39
物业管理	702	5094		1	37
房地产中介服务	703	2496	1	2	12
其他房地产业	709	275	3	10	18
租赁和商务服务业	L	**28919**	**2**	**53**	**449**
租赁业	71	1905		2	18
机械设备租赁	711	1862		1	17
文化及日用品出租	712	43		1	1
商务服务业	72	27014	2	51	431
企业管理服务	721	3888	1	40	205
法律服务	722	233			12
咨询与调查	723	8037	1	1	34
广告业	724	5743			16
知识产权服务	725	151			1
人力资源服务	726	2318		2	52
旅行社及相关服务	727	1502		1	25
安全保护服务	728	324			21
其他商务服务业	729	4818		7	65

1992–1995年	1996年	1997年	1998年	1999年	2000年	2001年	2002年	代码
225	**77**	**81**	**122**	**132**	**165**	**165**	**178**	H
132	38	33	53	48	74	71	71	61
49	17	13	17	16	25	20	16	611
77	16	18	33	31	44	47	53	612
6	5	2	3	1	5	4	2	619
93	39	48	69	84	91	94	107	62
80	37	45	63	78	82	81	95	621
8	2	2	4	5	1	5	3	622
		1	1		2	3	7	623
5			1	1	6	5	2	629
84	**17**	**21**	**42**	**53**	**135**	**137**	**173**	I
17	2	2	4	5	20	11	19	63
5	1	1	2	2	11	8	10	631
12	1	1	2	2	9	3	7	632
				1			2	633
4	3		3	3	15	15	18	64
			1	1	4	4	3	641
3	2		1	1	10	9	13	642
1	1		1	1	1	2	2	649
63	12	19	35	45	100	111	136	65
36	7	11	14	32	60	64	92	651
8	1	3	11	3	15	15	14	652
10	2	4	4	7	14	19	18	653
	1		2	1	1		3	654
2							1	655
7	1	1	4	2	10	13	8	659
359	**96**	**74**	**166**	**214**	**347**	**374**	**533**	K
359	96	74	166	214	347	374	533	70
228	37	29	85	100	154	127	235	701
94	50	37	72	90	128	163	219	702
23	5	6	8	21	59	77	71	703
14	4	2	1	3	6	7	8	709
574	**138**	**133**	**218**	**304**	**521**	**504**	**553**	L
28	3	12	16	10	19	25	20	71
28	3	12	15	10	19	23	19	711
			1			2	1	712
546	135	121	202	294	502	479	533	72
162	28	15	28	31	47	61	56	721
19	5	1	7	13	9	16	14	722
82	26	22	26	86	180	80	129	723
69	20	24	42	46	87	109	116	724
3	1	1	1	1	3	7	13	725
42	8	5	12	25	34	29	52	726
41	13	10	26	46	68	78	59	727
16	2	3	1	5	3	5	8	728
112	32	40	59	41	71	94	86	729

2-10 续表 8

行业中类	代码	法人单位数(个)	1949年及以前	1950-1977年	1978-1991年
科学研究和技术服务业	M	**11633**	**1**	**38**	**255**
研究和试验发展	73	1647		4	28
自然科学研究和试验发展	731	163			1
工程和技术研究和试验发展	732	1007		3	18
农业科学研究和试验发展	733	233		1	5
医学研究和试验发展	734	215			4
社会人文科学研究	735	29			
专业技术服务业	74	6074		26	155
气象服务	741	20			2
地震服务	742	3			
海洋服务	743	29			2
测绘服务	744	263			5
质检技术服务	745	658		1	21
环境与生态监测	746	113			5
地质勘查	747	176		3	10
工程技术	748	2767		16	87
其他专业技术服务业	749	2045		6	23
科技推广和应用服务业	75	3912	1	8	72
技术推广服务	751	3174	1	8	62
科技中介服务	752	389			9
其他科技推广和应用服务业	759	349			1
水利、环境和公共设施管理业	N	**1684**		**5**	**20**
水利管理业	76	176		3	3
防洪除涝设施管理	761	12		1	
水资源管理	762	45			3
天然水收集与分配	763	21		2	
水文服务	764	11			
其他水利管理业	769	87			
生态保护和环境治理业	77	188		1	
生态保护	771	18		1	
环境治理业	772	170			
公共设施管理业	78	1320		1	17
市政设施管理	781	147			7
环境卫生管理	782	89			3
城乡市容管理	783	26			
绿化管理	784	800		1	2
公园和游览景区管理	785	258			5
居民服务、修理和其他服务业	O	**6479**	**2**	**29**	**199**
居民服务业	79	2503	2	9	58
家庭服务	791	361			3
托儿所服务	792	3			
洗染服务	793	81	1		2
理发及美容服务	794	427		3	8
洗浴服务	795	671	1	2	11
保健服务	796	147			1
婚姻服务	797	268			1

1992–1995年	1996年	1997年	1998年	1999年	2000年	2001年	2002年	代码
387	**92**	**77**	**122**	**132**	**183**	**271**	**295**	**M**
37	16	7	16	21	17	31	27	73
1				2		7	2	731
29	10	3	7	11	12	12	9	732
1	3	3	3	2	3	5	7	733
5	3	1	6	5	2	6	9	734
1				1		1		735
249	53	46	89	88	106	180	198	74
3			1	1	1		2	741
								742
3	1	1			1			743
6	3		1	3	3	5	10	744
32	7	11	14	9	14	19	18	745
2	1				1	1	4	746
8	2		8	3	4	2	6	747
148	31	25	41	49	47	106	113	748
47	8	9	24	23	35	47	45	749
101	23	24	17	23	60	60	70	75
74	20	21	13	20	44	51	52	751
19	3	2	1	1	11	4	12	752
8		1	3	2	5	5	6	759
58	**8**	**12**	**21**	**20**	**41**	**32**	**42**	**N**
11	1	4	5	4	7	3	7	76
		1		1	1			761
4	1	1	4	2	2	1	2	762
4		1	1					763
						1		764
3		1		1	4	1	5	769
3	1	1	3	2	4	4	3	77
1		1	2		1		1	771
2	1		1	2	3	4	2	772
44	6	7	13	14	30	25	32	78
7	1		2	1	3	2	2	781
5		2		1		3	1	782
						2		783
19	4	2	7	10	14	15	24	784
13	1	3	4	2	13	3	5	785
183	**92**	**98**	**145**	**137**	**166**	**176**	**191**	**O**
59	36	47	67	54	76	64	67	79
3	1	3	3	1	4	6	4	791
								792
3	1	1	1	2		4	1	793
7	1	4	11	6	23	8	19	794
18	20	22	31	29	25	21	24	795
				1	5	2	2	796
2	6	2	7	2	4	7	5	797

2-10 续表 9

行业中类	代码	法人单位数(个)	1949年及以前	1950-1977年	1978-1991年
殡葬服务	798	223		3	6
其他居民服务业	799	322		1	26
机动车、电子产品和日用产品修理业	80	3098		19	125
汽车、摩托车修理与维护	801	2495		14	97
计算机和办公设备维修	802	274			5
家用电器修理	803	206		2	11
其他日用产品修理业	809	123		3	12
其他服务业	81	878		1	16
清洁服务	811	558			10
其他未列明服务业	819	320		1	6
卫生和社会工作	**Q**	**122**		**5**	**2**
社会工作	84	122		5	2
提供住宿社会工作	841	108		4	1
不提供住宿社会工作	842	14		1	1
文化、体育和娱乐业	**R**	**5681**	**4**	**22**	**64**
新闻和出版业	85	158	2	3	23
新闻业	851	3			
出版业	852	155	2	3	23
广播、电视、电影和影视录音制作业	86	314		16	26
广播	861	12		1	
电视	862	18			1
电影和影视节目制作	863	100		2	1
电影和影视节目发行	864	25		1	1
电影放映	865	142		12	23
录音制作	866	17			
文化艺术业	87	629	2	3	5
文艺创作与表演	871	187	1	1	
艺术表演场馆	872	23		2	1
图书馆与档案馆	873	24	1		
文物及非物质文化遗产保护	874	5			
博物馆	875	19			
烈士陵园、纪念馆	876	1			
群众文化活动	877	60			4
其他文化艺术业	879	310			
体育	88	356			5
体育组织	881	43			
体育场馆	882	37			2
休闲健身活动	883	243			3
其他体育	889	33			
娱乐业	89	4224			5
室内娱乐活动	891	4005			4
游乐园	892	47			1
彩票活动	893	5			
文化、娱乐、体育经纪代理	894	100			
其他娱乐业	899	67			

1992–1995年	1996年	1997年	1998年	1999年	2000年	2001年	2002年	代码
17	5	8	8	6	8	9	6	798
9	2	7	6	7	7	7	6	799
113	54	50	75	72	70	99	102	80
99	45	43	61	65	55	88	87	801
6	4	4	4	3	3	4	10	802
5	4	3	7	3	7	4	3	803
3	1		3	1	5	3	2	809
11	2	1	3	11	20	13	22	81
6	1		3	7	13	12	11	811
5	1	1		4	7	1	11	819
	1	**1**	**1**	**5**	**6**	**3**	**8**	**Q**
	1	1	1	5	6	3	8	84
	1		1	4	6	3	7	841
		1		1			1	842
57	**16**	**17**	**24**	**33**	**83**	**104**	**127**	**R**
18	4	1	2	3	6	3	3	85
								851
18	4	1	2	3	6	3	3	852
10	2	3	5	1	3	4	5	86
					1			861
3		1	1		1			862
3	1	2	2		1	1	3	863
2			1	1		1		864
2	1		1			2	2	865
								866
6	3	1		8	6	8	11	87
4	1			2	2	4	5	871
				1	2		1	872
	1			1	1	1	1	873
								874
						2		875
								876
					1		1	877
2	1	1		4		1	3	879
6	1	2	7	5	11	8	10	88
2					1		2	881
1	1	1		1	4	1	1	882
3		1	6	4	5	5	7	883
			1		1	2		889
17	6	10	10	16	57	81	98	89
12	5	9	10	15	53	77	91	891
2	1			1	3	1	1	892
1						1		893
1						1	4	894
1		1			1	1	2	899

2-10 续表 10

行业中类	代码					
		2003年	2004年	2005年	2006年	2007年
总　计	**00**	**12283**	**13490**	**14788**	**17038**	**17062**
农、林、牧、渔业	**A**	**30**	**22**	**25**	**38**	**80**
农业	01					
谷物种植	011					
蔬菜、食用菌及园艺作物种植	014					
水果种植	015					
中药材种植	017					
林业	02					
造林和更新	022					
森林经营和管护	023					
畜牧业	03					
牲畜饲养	031					
家禽饲养	032					
渔业	04	2		2		
水产养殖	041	2		2		
农、林、牧、渔服务业	05	28	22	23	38	80
农业服务业	051	16	8	12	25	52
林业服务业	052	2	2	1	1	4
畜牧服务业	053	6	7	6	8	18
渔业服务业	054	4	5	4	4	6
采矿业	**B**	**335**	**505**	**432**	**358**	**298**
煤炭开采和洗选业	06	57	21	16	13	11
烟煤和无烟煤开采洗选	061	56	21	16	13	11
褐煤开采洗选	062	1				
其他煤炭采选	069					
石油和天然气开采业	07					1
石油开采	071					
天然气开采	072					1
黑色金属矿采选业	08	115	278	218	119	114
铁矿采选	081	106	276	211	113	112
锰矿、铬矿采选	082	8	2	6	6	1
其他黑色金属矿采选	089	1		1		1
有色金属矿采选业	09	53	43	65	62	42
常用有色金属矿采选	091	36	31	49	45	36
贵金属矿采选	092	10	8	10	14	3
稀有稀土金属矿采选	093	7	4	6	3	3
非金属矿采选业	10	104	157	127	149	127
土砂石开采	101	78	135	113	119	96
化学矿开采	102	6	4		6	7
采盐	103	1	3		1	2
石棉及其他非金属矿采选	109	19	15	14	23	22
开采辅助活动	11	4	6	6	11	2
煤炭开采和洗选辅助活动	111			1		
石油和天然气开采辅助活动	112	4	4	4	9	2
其他开采辅助活动	119		2	1	2	
其他采矿业	12	2			4	1
其他采矿业	120	2			4	1

2008年	2009年	2010年	2011年	2012年	2013年	无开业年份	代码
18817	**24424**	**34135**	**35950**	**33722**	**30970**	**1353**	**00**
151	**188**	**238**	**233**	**215**	**360**	**18**	**A**
	1			1			01
				1			011
	1						014
							015
							017
							02
							022
							023
			1	1			03
				1			031
			1				032
							04
							041
151	187	238	232	213	360	18	05
106	115	141	154	169	286	13	051
3	7	19	9	8	12	1	052
38	54	62	56	29	52	3	053
4	11	16	13	7	10	1	054
350	**316**	**336**	**293**	**367**	**260**	**46**	**B**
4	12	18	16	34	31	4	06
3	11	16	12	31	28	4	061
1	1	2		1			062
			4	2	3		069
	1		3	4	1		07
	1		3	1			071
				3	1		072
138	117	99	84	67	44	9	08
133	108	96	77	57	37	8	081
5	6	3	7	7	5		082
	3			3	2	1	089
50	45	42	47	50	18	10	09
35	34	28	36	39	14	7	091
7	8	8	10	11	3	2	092
8	3	6	1		1	1	093
142	127	156	136	195	159	23	10
112	102	125	101	147	127	15	101
8	4	2	3	3	2	3	102
	1	2	2	1			103
22	20	27	30	44	30	5	109
13	10	20	4	11	7		11
	3	3			2		111
11	6	12	2	9	5		112
2	1	5	2	2			119
3	4	1	3	6			12
3	4	1	3	6			120

2-10 续表 11

行业中类	代码	2003年	2004年	2005年	2006年	2007年
制造业	C	**4120**	**4214**	**4683**	**5340**	**4626**
农副食品加工业	13	269	252	356	347	362
谷物磨制	131	42	39	66	61	63
饲料加工	132	61	56	83	86	66
植物油加工	133	11	6	13	12	16
制糖业	134		1	2	1	1
屠宰及肉类加工	135	47	47	46	55	59
水产品加工	136	54	55	83	69	67
蔬菜、水果和坚果加工	137	33	34	40	42	54
其他农副食品加工	139	21	14	23	21	36
食品制造业	14	79	98	101	103	97
焙烤食品制造	141	21	24	26	33	35
糖果、巧克力及蜜饯制造	142	1	3	3	6	4
方便食品制造	143	10	14	9	14	14
乳制品制造	144	2	6	4	2	1
罐头食品制造	145	10	9	14	12	6
调味品、发酵制品制造	146	16	13	12	16	11
其他食品制造	149	19	29	33	20	26
酒、饮料和精制茶制造业	15	66	57	65	65	51
酒的制造	151	33	29	25	27	26
饮料制造	152	33	28	38	36	25
精制茶加工	153			2	2	
烟草制品业	16					1
烟叶复烤	161					1
卷烟制造	162					
其他烟草制品制造	169					
纺织业	17	108	88	91	101	76
棉纺织及印染精加工	171	30	27	27	24	19
毛纺织及染整精加工	172	2	4	1	3	3
麻纺织及染整精加工	173					
丝绢纺织及印染精加工	174	19	11	8	14	8
化纤织造及印染精加工	175	3	1	1	3	1
针织或钩针编织物及其制品制造	176	23	15	11	16	15
家用纺织制成品制造	177	16	12	15	14	9
非家用纺织制成品制造	178	15	18	28	27	21
纺织服装、服饰业	18	152	169	204	270	218
机织服装制造	181	132	143	184	247	201
针织或钩针编织服装制造	182	11	14	12	8	3
服饰制造	183	9	12	8	15	14
皮革、毛皮、羽毛及其制品和制鞋业	19	22	25	20	60	27
皮革鞣制加工	191	1	1	1		
皮革制品制造	192	10	7	4	7	4
毛皮鞣制及制品加工	193	2	3	5	5	5
羽毛(绒)加工及制品制造	194	2	1	1		1
制鞋业	195	7	13	9	48	17
木材加工和木、竹、藤、棕、草制品业	20	94	99	153	160	145

2008年	2009年	2010年	2011年	2012年	2013年	无开业年份	代码
4485	**5030**	**6451**	**6518**	**5651**	**4287**	**711**	C
300	354	425	493	523	406	32	13
57	65	76	126	164	108	5	131
58	69	96	65	58	40	3	132
14	14	12	8	16	12	2	133
		1	3	4	1	1	134
46	70	67	78	61	58	8	135
64	51	75	74	75	73	4	136
40	47	65	83	87	69	4	137
21	38	33	56	58	45	5	139
95	95	132	185	228	159	18	14
35	34	47	81	95	67	10	141
2	5	4	9	8	5		142
14	12	24	22	24	34	1	143
2	6	3		1	2	2	144
6	6	10	9	16	3	1	145
9	8	17	30	33	16	1	146
27	24	27	34	51	32	3	149
48	44	60	108	75	57	9	15
18	23	36	72	46	31	5	151
30	21	24	36	29	25	4	152
					1		153
					1		16
							161
							162
					1		169
61	71	129	99	79	79	11	17
18	21	36	19	17	9	1	171
1	4	4	11	7	7	1	172
1		1	1				173
4	8	11	7	6	5		174
2	2	3	5	1	2	1	175
16	12	22	14	15	9	1	176
12	9	21	20	18	30	5	177
7	15	31	22	15	17	2	178
245	265	378	432	286	250	20	18
184	191	296	382	218	181	19	181
8	6	22	12	11	14	1	182
53	68	60	38	57	55		183
29	43	138	92	60	63	4	19
1	3	3	3	12	2		191
6	12	21	26	19	18	3	192
7	7	15	40	15	13		193
1	1	6	1	2	5		194
14	20	93	22	12	25	1	195
121	153	214	186	158	132	11	20

2-10 续表 12

行业中类	代码	2003年	2004年	2005年	2006年	2007年
木材加工	201	28	30	47	51	44
人造板制造	202	16	18	27	23	33
木制品制造	203	46	49	73	79	65
竹、藤、棕、草等制品制造	204	4	2	6	7	3
家具制造业	21	53	51	68	71	62
木质家具制造	211	43	45	62	53	49
竹、藤家具制造	212					1
金属家具制造	213	2	2	1	10	1
塑料家具制造	214	1	1			2
其他家具制造	219	7	3	5	8	9
造纸和纸制品业	22	72	67	84	98	64
纸浆制造	221	1	1			1
造纸	222	16	8	17	21	17
纸制品制造	223	55	58	67	77	46
印刷和记录媒介复制业	23	99	96	91	87	59
印刷	231	93	90	84	81	53
装订及印刷相关服务	232	5	6	7	6	6
记录媒介复制	233	1				
文教、工美、体育和娱乐用品制造业	24	62	51	49	74	54
文教办公用品制造	241	5	4	2	6	6
乐器制造	242	2	2	1	2	1
工艺美术品制造	243	47	42	42	59	43
体育用品制造	244	6	3	4	6	
玩具制造	245	2			1	2
游艺器材及娱乐用品制造	246					2
石油加工、炼焦和核燃料加工业	25	46	53	47	50	62
精炼石油产品制造	251	45	51	44	47	61
炼焦	252	1	2	3	3	1
核燃料加工	253					
化学原料和化学制品制造业	26	267	234	271	307	251
基础化学原料制造	261	55	47	54	65	51
肥料制造	262	27	21	43	35	33
农药制造	263	6	8	6	6	2
涂料、油墨、颜料及类似产品制造	264	51	40	46	55	47
合成材料制造	265	21	20	24	22	19
专用化学产品制造	266	86	79	83	98	75
炸药、火工及焰火产品制造	267	1	1	1	2	3
日用化学产品制造	268	20	18	14	24	21
医药制造业	27	45	42	40	26	22
化学药品原料药制造	271	3	8	8	3	2
化学药品制剂制造	272	6	4	7	1	3
中药饮片加工	273	11	11	6	6	3
中成药生产	274	12	6	2	2	3
兽用药品制造	275		6	6	4	3
生物药品制造	276	9	5	6	5	5
卫生材料及医药用品制造	277	4	2	5	5	3
化学纤维制造业	28	7	5	8	6	7

2008年	2009年	2010年	2011年	2012年	2013年	无开业年份	代码
47	57	87	81	58	47	2	201
18	26	26	24	22	19	5	202
51	65	93	75	72	60	4	203
5	5	8	6	6	6		204
65	90	120	112	86	78	6	21
51	69	92	91	70	59	4	211
	2				1	1	212
4	7	7	7	6	4		213
2	2	3	4	1	2		214
8	10	18	10	9	12	1	219
70	75	96	96	69	57	4	22
							221
6	15	14	19	14	12	1	222
64	60	82	77	55	45	3	223
58	57	104	91	105	55	2	23
50	49	93	80	92	48	2	231
7	7	11	11	13	7		232
1	1						233
69	58	89	72	89	61	11	24
4	5	5	3	7	5		241
3	7	5	3	3	3	8	242
54	41	71	58	70	47	3	243
5	5	5	4	3	5		244
3		2	4	5			245
		1		1	1		246
41	77	73	67	54	42	22	25
39	74	72	64	50	40	20	251
2	3	1	3	3	2	2	252
				1			253
200	232	302	294	258	207	56	26
33	41	45	40	35	25	7	261
31	47	70	48	73	46	9	262
4	3		4	4	6		263
34	42	53	59	39	46	5	264
14	18	33	26	21	17	9	265
67	59	66	86	67	52	20	266
	1	1	1		2	1	267
17	21	34	30	19	13	5	268
49	71	44	36	29	38	10	27
5	9	2	2	1	5	2	271
9	14	3	6	2	4	3	272
6	12	10	3	2	4		273
5	5	5	2	2	6	2	274
2	1		3	1	2		275
18	22	14	14	12	12	2	276
4	8	10	6	9	5	1	277
6	7	11	7	5	6	5	28

2-10 续表 13

行业中类	代码					
		2003年	2004年	2005年	2006年	2007年
纤维素纤维原料及纤维制造	281	2	2	2		3
合成纤维制造	282	5	3	6	6	4
橡胶和塑料制品业	29	252	244	275	365	329
橡胶制品业	291	62	69	58	66	61
塑料制品业	292	190	175	217	299	268
非金属矿物制品业	30	371	351	463	545	455
水泥、石灰和石膏制造	301	25	22	16	35	17
石膏、水泥制品及类似制品制造	302	54	41	61	81	91
砖瓦、石材等建筑材料制造	303	116	106	169	225	168
玻璃制造	304	4	7	7	6	3
玻璃制品制造	305	21	14	22	14	13
玻璃纤维和玻璃纤维增强塑料制品制造	306	9	23	14	13	10
陶瓷制品制造	307	3	8	7	7	12
耐火材料制品制造	308	99	84	129	129	111
石墨及其他非金属矿物制品制造	309	40	46	38	35	30
黑色金属冶炼和压延加工业	31	189	183	229	199	174
炼铁	311	11	13	14	7	8
炼钢	312	3	5	6	5	2
黑色金属铸造	313	112	114	139	129	106
钢压延加工	314	51	31	56	47	47
铁合金冶炼	315	12	20	14	11	11
有色金属冶炼和压延加工业	32	43	65	57	73	74
常用有色金属冶炼	321	8	12	16	22	17
贵金属冶炼	322	2	1	4	3	4
稀有稀土金属冶炼	323	3	5	8	2	6
有色金属合金制造	324	6	5	9	8	9
有色金属铸造	325	3	7	1	3	3
有色金属压延加工	326	21	35	19	35	35
金属制品业	33	329	316	345	427	331
结构性金属制品制造	331	128	126	140	199	165
金属工具制造	332	18	25	22	28	14
集装箱及金属包装容器制造	333	21	17	18	22	12
金属丝绳及其制品制造	334	10	10	15	16	8
建筑、安全用金属制品制造	335	35	28	26	48	29
金属表面处理及热处理加工	336	56	42	48	48	40
搪瓷制品制造	337	1	1		3	2
金属制日用品制造	338	13	12	8	19	13
其他金属制品制造	339	47	55	68	44	48
通用设备制造业	34	645	739	750	833	758
锅炉及原动设备制造	341	34	33	27	41	36
金属加工机械制造	342	84	95	97	94	106
物料搬运设备制造	343	33	22	36	31	32
泵、阀门、压缩机及类似机械制造	344	116	114	106	147	95
轴承、齿轮和传动部件制造	345	78	88	88	75	61
烘炉、风机、衡器、包装等设备制造	346	50	59	55	67	49
文化、办公用机械制造	347	1	2	4	3	1
通用零部件制造	348	234	292	314	358	351

2008年	2009年	2010年	2011年	2012年	2013年	无开业年份	代码
1	1	6	1			1	281
5	6	5	6	5	6	4	282
268	299	354	314	268	199	42	29
48	49	64	45	41	36	7	291
220	250	290	269	227	163	35	292
457	543	780	899	830	529	99	30
30	37	42	36	37	16	7	301
85	120	189	221	216	132	25	302
188	161	314	368	357	215	38	303
7	8	13	17	13	11	1	304
13	20	27	30	19	12	4	305
11	8	7	18	9	9	1	306
5	10	11	13	16	10	6	307
93	135	125	138	105	95	16	308
25	44	52	58	58	29	1	309
152	111	146	109	92	49	23	31
6	5	11	9	4	5	1	311
6	3	5	2	3	3	4	312
74	61	80	49	37	16	9	313
50	35	46	42	41	21	6	314
16	7	4	7	7	4	3	315
59	54	61	70	73	48	14	32
15	11	18	16	28	9		321
	3	1	1	3	1	1	322
5	5	2		1	1	1	323
10	11	4	10	10	9	1	324
6	3	6	6	6	3	2	325
23	21	30	37	25	25	9	326
379	384	565	530	449	342	52	33
195	207	325	298	263	182	32	331
23	28	52	32	27	19	3	332
20	16	20	18	10	8		333
14	9	8	11	5	7	3	334
23	37	54	46	51	51	5	335
48	25	35	21	14	13		336
	3	1	1	3	1		337
11	14	15	20	20	23	2	338
45	45	55	83	56	38	7	339
751	821	922	914	758	508	55	34
25	24	43	38	43	30	4	341
122	142	173	150	137	87	10	342
33	23	26	31	19	17	6	343
78	150	122	131	100	52	5	344
85	91	72	49	46	26		345
28	46	42	57	48	34	6	346
2	3		3	6	3		347
343	279	368	404	306	222	20	348

2-10 续表 14

行业中类	代码					
		2003年	2004年	2005年	2006年	2007年
其他通用设备制造业	349	15	34	23	17	27
专用设备制造业	35	306	346	340	404	346
采矿、冶金、建筑专用设备制造	351	103	120	128	151	138
化工、木材、非金属加工专用设备制造	352	82	79	64	110	67
食品、饮料、烟草及饲料生产专用设备制	353	12	9	11	8	6
印刷、制药、日化及日用品生产专用设备	354	17	21	24	13	14
纺织、服装和皮革加工专用设备制造	355	3	8	5	5	8
电子和电工机械专用设备制造	356	11	15	23	25	19
农、林、牧、渔专用机械制造	357	15	13	14	16	19
医疗仪器设备及器械制造	358	11	24	17	13	17
环保、社会公共服务及其他专用设备制造	359	52	57	54	63	58
汽车制造业	36	74	76	78	73	79
汽车整车制造	361	1	1			2
改装汽车制造	362	2	2	1	3	2
低速载货汽车制造	363					
电车制造	364					
汽车车身、挂车制造	365	3	5	4		1
汽车零部件及配件制造	366	68	68	73	70	74
铁路、船舶、航空航天和其他运输设备制造	37	40	48	45	60	60
铁路运输设备制造	371	19	13	11	13	9
城市轨道交通设备制造	372		1	1		
船舶及相关装置制造	373	19	28	28	40	43
航空、航天器及设备制造	374		3	4	1	5
摩托车制造	375		1		2	
自行车制造	376	2		1	2	1
非公路休闲车及零配件制造	377		1			
潜水救捞及其他未列明运输设备制造	379		1		2	2
电气机械和器材制造业	38	216	254	217	284	235
电机制造	381	24	33	21	23	20
输配电及控制设备制造	382	119	132	110	148	110
电线、电缆、光缆及电工器材制造	383	38	36	38	61	45
电池制造	384	1	4	3	4	3
家用电力器具制造	385	10	13	14	14	13
非电力家用器具制造	386	4	8	6	8	10
照明器具制造	387	13	16	14	9	17
其他电气机械及器材制造	389	7	12	11	17	17
计算机、通信和其他电子设备制造业	39	54	49	69	69	51
计算机制造	391	4	5	7	2	2
通信设备制造	392	5	4	9	8	8
广播电视设备制造	393	5	5	2	2	2
雷达及配套设备制造	394	1	1	1		
视听设备制造	395			1	4	3
电子器件制造	396	11	10	8	7	9
电子元件制造	397	17	17	19	30	19
其他电子设备制造	399	11	7	22	16	8
仪器仪表制造业	40	100	81	92	104	75
通用仪器仪表制造	401	78	58	69	74	48

2008年	2009年	2010年	2011年	2012年	2013年	无开业年份	代码
35	63	76	51	53	37	4	349
348	366	486	479	403	344	47	35
120	121	141	152	110	103	15	351
94	68	98	113	71	53	10	352
7	14	10	4	8	7		353
11	16	19	21	12	12	1	354
3	4	7	5	3	5	1	355
21	21	40	42	42	46	2	356
19	27	59	39	31	24		357
19	17	21	18	29	31	1	358
54	78	91	85	97	63	17	359
61	80	98	99	71	65	26	36
3	3		2		2		361
2	7	1	2	3	3		362
			1				363
	1			1	1		364
1	4	5	4	2	4	1	365
55	65	92	90	65	55	25	366
88	83	104	84	70	43	9	37
12	16	19	19	16	16		371
1			2				372
73	58	72	57	41	20	9	373
	4	6	1	6	4		374
	1			2			375
	3	2	2	1	1		376
		1	1				377
2	1	4	2	4	2		379
234	274	285	284	221	207	82	38
30	25	25	31	26	22	32	381
104	129	132	114	89	89	27	382
43	41	44	40	42	25	9	383
5	9	10	5	2	6	4	384
10	17	19	20	7	8		385
10	15	13	12	9	8	1	386
16	15	19	28	20	27	8	387
16	23	23	34	26	22	1	389
41	56	69	72	70	67	16	39
4	4	3	7	6	10		391
3	7	14	12	12	9	3	392
	6	2	3	4		1	393
							394
2		1		1	1	2	395
10	9	10	9	20	20	3	396
13	16	22	17	13	18	3	397
9	14	17	24	14	9	4	399
66	92	88	73	67	71	14	40
48	61	69	42	43	45	11	401

2-10 续表 15

行业中类	代码	2003年	2004年	2005年	2006年	2007年
专用仪器仪表制造	402	16	12	16	18	11
钟表与计时仪器制造	403		1		1	2
光学仪器及眼镜制造	404	2	2	1	1	7
其他仪器仪表制造业	409	4	8	6	10	7
其他制造业	41	23	16	19	14	25
日用杂品制造	411	11	2	3	4	4
煤制品制造	412	7	6	9	4	9
核辐射加工	413					1
其他未列明制造业	419	5	8	7	6	11
废弃资源综合利用业	42	5	16	14	17	21
金属废料和碎屑加工处理	421	3	7	5	4	10
非金属废料和碎屑加工处理	422	2	9	9	13	11
金属制品、机械和设备修理业	43	32	43	42	48	55
金属制品修理	431	1	4	3	1	1
通用设备修理	432	11	7	6	14	11
专用设备修理	433	5	8	3	5	6
铁路、船舶、航空航天等运输设备修理	434	6	8	19	15	18
电气设备修理	435	2	2	2	1	6
仪器仪表修理	436	1	2	1		2
其他机械和设备修理业	439	6	12	8	12	11
电力、热力、燃气及水生产和供应业	**D**	**80**	**55**	**87**	**123**	**104**
电力、热力生产和供应业	44	67	39	58	74	53
电力生产	441	5	7	6	19	15
电力供应	442	3	1	2	1	1
热力生产和供应	443	59	31	50	54	37
燃气生产和供应业	45	4	3	6	8	6
燃气生产和供应业	450	4	3	6	8	6
水的生产和供应业	46	9	13	23	41	45
自来水生产和供应	461	4	6	14	27	42
污水处理及其再生利用	462	4	7	9	14	3
其他水的处理、利用与分配	469	1				
建筑业	**E**	**692**	**826**	**896**	**919**	**1022**
房屋建筑业	47	69	101	101	108	111
房屋建筑业	470	69	101	101	108	111
土木工程建筑业	48	135	130	166	142	157
铁路、道路、隧道和桥梁工程建筑	481	37	30	57	42	47
水利和内河港口工程建筑	482	9	9	14	16	13
海洋工程建筑	483					
工矿工程建筑	484	12	6	7	8	15
架线和管道工程建筑	485	23	36	34	22	32
其他土木工程建筑	489	54	49	54	54	50
建筑安装业	49	190	224	255	245	249
电气安装	491	86	91	115	89	87
管道和设备安装	492	43	53	54	74	67
其他建筑安装业	499	61	80	86	82	95
建筑装饰和其他建筑业	50	298	371	374	424	505
建筑装饰业	501	218	256	252	332	377
工程准备活动	502	46	83	76	51	64
提供施工设备服务	503	4	7	17	8	13
其他未列明建筑业	509	30	25	29	33	51

2008年	2009年	2010年	2011年	2012年	2013年	无开业年　份	代码
12	17	11	21	10	17	1	402
1	1	1	1	4			403
1	3	2			5		404
4	10	5	9	10	4	2	409
15	30	36	34	36	37	4	41
3	5	4	6	6	2		411
7	7	11	11	6	11	3	412
							413
5	18	21	17	24	24	1	419
24	46	29	49	60	27	6	42
15	26	18	29	39	14		421
9	20	11	20	21	13	6	422
85	99	113	138	79	60	1	43
1	4	1	6	5	3		431
12	14	12	16	6	7		432
10	7	7	18	14	6		433
50	59	65	73	34	32	1	434
4	3	8	5	4	3		435
2	1	5	4	1			436
6	11	15	16	15	9		439
111	**135**	**151**	**142**	**142**	**103**	**29**	**D**
73	86	106	93	82	67	14	44
18	24	32	23	18	14	10	441
1	2	2		10	1		442
54	60	72	70	54	52	4	443
12	24	18	19	25	19	8	45
12	24	18	19	25	19	8	450
26	25	27	30	35	17	7	46
13	9	10	14	9	2	1	461
11	14	14	10	21	13	5	462
2	2	3	6	5	2	1	469
1093	**1316**	**1985**	**2224**	**1975**	**1871**	**46**	**E**
123	204	307	337	307	263	7	47
123	204	307	337	307	263	7	470
172	233	336	420	359	323	8	48
58	80	148	128	145	119	4	481
16	16	34	43	28	28	2	482
1		2			1		483
4	14	13	12	11	10		484
31	26	31	46	43	31	1	485
62	97	108	191	132	134	1	489
273	257	414	398	340	297	12	49
83	78	137	144	115	91	4	491
68	67	84	93	75	72	4	492
122	112	193	161	150	134	4	499
525	622	928	1069	969	988	19	50
411	460	761	849	768	820	6	501
65	80	84	99	112	73	7	502
10	13	13	24	13	24	1	503
39	69	70	97	76	71	5	509

2-10 续表 16

行业中类	代码	2003年	2004年	2005年	2006年	2007年
批发和零售业	F	**4111**	**4419**	**4616**	**5669**	**5926**
批发业	51	2900	3123	3229	4116	4349
农、林、牧产品批发	511	124	124	156	210	219
食品、饮料及烟草制品批发	512	228	231	271	354	447
纺织、服装及家庭用品批发	513	285	289	272	370	408
文化、体育用品及器材批发	514	84	87	79	96	91
医药及医疗器材批发	515	64	75	68	109	112
矿产品、建材及化工产品批发	516	1071	1155	1125	1454	1507
机械设备、五金产品及电子产品批发	517	866	906	920	1171	1196
贸易经纪与代理	518	58	95	105	113	150
其他批发业	519	120	161	233	239	219
零售业	52	1211	1296	1387	1553	1577
综合零售	521	87	92	90	91	82
食品、饮料及烟草制品专门零售	522	79	77	161	129	142
纺织、服装及日用品专门零售	523	113	108	149	173	200
文化、体育用品及器材专门零售	524	61	66	72	103	84
医药及医疗器材专门零售	525	166	179	175	196	178
汽车、摩托车、燃料及零配件专门零售	526	258	287	258	252	248
家用电器及电子产品专门零售	527	186	198	217	270	272
五金、家具及室内装饰材料专门零售	528	177	216	176	235	253
货摊、无店铺及其他零售业	529	84	73	89	104	118
交通运输、仓储和邮政业	G	**372**	**598**	**667**	**724**	**669**
道路运输业	54	168	299	296	364	329
城市公共交通运输	541	15	29	21	21	16
公路旅客运输	542	19	23	23	39	29
道路货物运输	543	126	240	244	293	271
道路运输辅助活动	544	8	7	8	11	13
水上运输业	55	20	24	21	16	27
水上旅客运输	551	4	1		2	4
水上货物运输	552	10	18	14	10	13
水上运输辅助活动	553	6	5	7	4	10
航空运输业	56	1	5	1	2	3
航空客货运输	561	1	2	1	1	2
通用航空服务	562		1			
航空运输辅助活动	563		2		1	1
管道运输业	57	1				
管道运输业	570	1				
装卸搬运和运输代理业	58	142	214	281	261	228
装卸搬运	581	12	17	13	17	21
运输代理业	582	130	197	268	244	207
仓储业	59	32	44	54	63	68
谷物、棉花等农产品仓储	591	6	14	22	24	18
其他仓储业	599	26	30	32	39	50
邮政业	60	8	12	14	18	14
邮政基本服务	601		1			
快递服务	602	8	11	14	18	14

2008年	2009年	2010年	2011年	2012年	2013年	无开业年份	代码
7015	**9507**	**13999**	**14702**	**14034**	**13089**	**202**	F
5027	6886	9759	10467	9660	9205	138	51
259	422	734	601	643	603	12	511
550	796	1023	1022	1159	1078	22	512
460	639	768	866	788	1097	4	513
118	140	199	213	223	199	1	514
130	171	206	263	253	300	1	515
1620	2214	3346	3465	2974	2653	50	516
1426	1731	2176	2544	2171	2105	26	517
211	295	394	525	594	497	13	518
253	478	913	968	855	673	9	519
1988	2621	4240	4235	4374	3884	64	52
139	201	310	288	315	330	10	521
162	240	324	355	433	373	6	522
222	255	377	485	417	402	2	523
86	110	163	220	269	229	4	524
217	474	1024	834	778	564	1	525
319	380	576	530	538	474	18	526
380	387	517	516	579	456	5	527
321	366	558	623	713	730	12	528
142	208	391	384	332	326	6	529
746	**916**	**1267**	**1281**	**1120**	**1085**	**58**	G
380	509	760	692	608	614	34	54
18	11	13	24	18	22	4	541
24	19	28	28	27	20	3	542
322	466	703	608	530	551	26	543
16	13	16	32	33	21	1	544
35	31	23	25	21	25	2	55
7	4	1	1		2		551
17	18	15	14	13	16		552
11	9	7	10	8	7	2	553
	1	6	8	11	7	1	56
	1	3	3	2	2		561
		1	1	6	2		562
		2	4	3	3	1	563
	1	1	3			1	57
	1	1	3			1	570
248	270	319	344	297	283	8	58
17	24	46	39	37	40		581
231	246	273	305	260	243	8	582
57	73	103	143	137	82	11	59
29	25	28	20	40	17	2	591
28	48	75	123	97	65	9	599
26	31	55	66	46	74	1	60
1	1		4	1	1		601
25	30	55	62	45	73	1	602

2-10 续表 17

行业中类	代码	2003年	2004年	2005年	2006年	2007年
住宿和餐饮业	H	**217**	**207**	**262**	**288**	**304**
住宿业	61	92	82	99	112	125
旅游饭店	611	26	26	25	28	37
一般旅馆	612	61	48	66	75	79
其他住宿业	619	5	8	8	9	9
餐饮业	62	125	125	163	176	179
正餐服务	621	113	107	131	148	153
快餐服务	622	4	5	16	11	10
饮料及冷饮服务	623	1	7	6	7	7
其他餐饮业	629	7	6	10	10	9
信息传输、软件和信息技术服务业	I	**235**	**248**	**306**	**371**	**430**
电信、广播电视和卫星传输服务	63	22	18	16	33	28
电信	631	9	10	11	23	16
广播电视传输服务	632	13	8	5	9	11
卫星传输服务	633				1	1
互联网和相关服务	64	24	23	45	36	23
互联网接入及相关服务	641	4	4	3	6	3
互联网信息服务	642	20	12	37	27	20
其他互联网服务	649		7	5	3	
软件和信息技术服务业	65	189	207	245	302	379
软件开发	651	123	139	159	200	258
信息系统集成服务	652	23	18	26	27	41
信息技术咨询服务	653	28	34	32	52	51
数据处理和存储服务	654	5	4	5	4	2
集成电路设计	655		3	3	3	1
其他信息技术服务业	659	10	9	20	16	26
房地产业	K	**461**	**533**	**593**	**697**	**803**
房地产业	70	461	533	593	697	803
房地产开发经营	701	114	167	192	275	318
物业管理	702	258	265	265	290	344
房地产中介服务	703	78	88	123	119	135
其他房地产业	709	11	13	13	13	6
租赁和商务服务业	L	**781**	**975**	**1200**	**1283**	**1458**
租赁业	71	29	35	52	48	70
机械设备租赁	711	29	34	51	46	68
文化及日用品出租	712		1	1	2	2
商务服务业	72	752	940	1148	1235	1388
企业管理服务	721	75	83	146	141	177
法律服务	722	6	9	9	7	9
咨询与调查	723	218	294	322	400	436
广告业	724	148	153	206	243	283
知识产权服务	725	15	9	7	7	6
人力资源服务	726	74	113	148	111	125
旅行社及相关服务	727	87	109	103	93	92
安全保护服务	728	16	7	7	10	8
其他商务服务业	729	113	163	200	223	252

2008年	2009年	2010年	2011年	2012年	2013年	无开业年份	代码
317	**461**	**776**	**682**	**758**	**528**	**20**	H
142	155	328	283	278	229	14	61
39	39	43	56	61	53	10	611
92	104	256	201	197	153	3	612
11	12	29	26	20	23	1	619
175	306	448	399	480	299	6	62
136	261	360	303	346	192	5	621
19	19	35	37	55	26		622
4	10	16	15	34	19		623
16	16	37	44	45	62	1	629
526	**744**	**958**	**1162**	**1150**	**1276**	**19**	I
44	62	75	109	113	79		63
33	52	58	96	104	66		631
10	10	15	12	9	12		632
1		2	1		1		633
40	92	66	69	69	62	3	64
3	9	12	9	19	15		641
31	72	37	44	31	31	3	642
6	11	17	16	19	16		649
442	590	817	984	968	1135	16	65
289	367	509	593	612	722	14	651
38	66	74	88	81	84	1	652
73	90	138	193	187	221	1	653
4	8	7	15	8	10		654
2	2	4	3	8	4		655
36	57	85	92	72	94		659
743	**1050**	**1483**	**1560**	**1193**	**1152**	**34**	K
743	1050	1483	1560	1193	1152	34	70
214	383	632	680	409	290	15	701
345	417	486	529	496	495	13	702
170	230	342	320	269	332	5	703
14	20	23	31	19	35	1	709
1697	**2201**	**3168**	**4004**	**4256**	**4365**	**82**	L
97	124	235	350	332	369	11	71
93	121	230	344	322	366	11	711
4	3	5	6	10	3		712
1600	2077	2933	3654	3924	3996	71	72
179	311	408	551	507	620	16	721
17	11	14	15	30	10		722
542	613	838	1030	1263	1390	24	723
314	446	648	897	899	970	7	724
8	5	9	13	17	24		725
151	175	269	323	332	231	5	726
78	65	125	125	134	116	8	727
9	13	54	35	52	49		728
302	438	568	665	690	586	11	729

2-10 续表 18

行业中类	代码	2003年	2004年	2005年	2006年	2007年
科学研究和技术服务业	M	**353**	**394**	**423**	**543**	**646**
研究和试验发展	73	33	48	45	57	69
自然科学研究和试验发展	731		3	1	5	5
工程和技术研究和试验发展	732	22	33	27	33	46
农业科学研究和试验发展	733	7	6	6	11	9
医学研究和试验发展	734	4	6	10	8	9
社会人文科学研究	735			1		
专业技术服务业	74	235	258	271	354	354
气象服务	741	1		1		2
地震服务	742					
海洋服务	743	1			2	1
测绘服务	744	16	21	13	19	19
质检技术服务	745	26	29	36	68	49
环境与生态监测	746	3	7	5	5	4
地质勘查	747	6	13	9	6	7
工程技术	748	115	129	117	163	161
其他专业技术服务业	749	67	59	90	91	111
科技推广和应用服务业	75	85	88	107	132	223
技术推广服务	751	69	66	71	110	173
科技中介服务	752	9	8	25	13	33
其他科技推广和应用服务业	759	7	14	11	9	17
水利、环境和公共设施管理业	N	**69**	**63**	**71**	**55**	**79**
水利管理业	76	8	3	7	1	8
防洪除涝设施管理	761			1		
水资源管理	762	3	1			4
天然水收集与分配	763	2				1
水文服务	764		1			1
其他水利管理业	769	3	1	6	1	2
生态保护和环境治理业	77	6	11	9	11	9
生态保护	771		1	3		
环境治理业	772	6	10	6	11	9
公共设施管理业	78	55	49	55	43	62
市政设施管理	781	4	5	12	2	2
环境卫生管理	782	2	1	3	3	7
城乡市容管理	783	1	1	1	1	2
绿化管理	784	32	31	29	20	37
公园和游览景区管理	785	16	11	10	17	14
居民服务、修理和其他服务业	O	**281**	**281**	**307**	**332**	**328**
居民服务业	79	103	115	115	113	125
家庭服务	791	8	14	17	13	9
托儿所服务	792	1				
洗染服务	793	7	5	1	3	2
理发及美容服务	794	22	20	17	25	30
洗浴服务	795	37	40	42	35	26
保健服务	796	2	5	3	7	10
婚姻服务	797	7	7	10	13	15

2008年	2009年	2010年	2011年	2012年	2013年	无开业年 份	代码
702	**1014**	**1320**	**1580**	**1442**	**1310**	**53**	M
82	156	219	271	260	193	10	73
6	11	30	41	28	20		731
48	100	133	156	164	126	5	732
18	16	29	35	37	23	3	733
10	27	20	28	28	22	2	734
	2	7	11	3	2		735
350	451	621	728	642	598	22	74
		3	1		2		741
			1	1	1		742
1	5	3	3	2	3		743
18	20	26	20	35	20		744
41	57	50	59	47	46	4	745
11	5	11	17	16	14	1	746
9	16	16	16	19	12	1	747
163	173	255	308	261	249	10	748
107	175	257	303	261	251	6	749
270	407	480	581	540	519	21	75
236	357	381	459	437	433	16	751
22	24	65	40	46	37	5	752
12	26	34	82	57	49		759
75	**152**	**194**	**236**	**223**	**193**	**15**	N
9	11	18	22	20	21		76
	1	1		3	2		761
	2	3	4	2	6		762
3		2	2	3			763
3	2	2	1				764
3	6	10	15	12	13		769
14	20	10	30	20	26		77
1			5		1		771
13	20	10	25	20	25		772
52	121	166	184	183	146	15	78
8	9	21	21	17	19	2	781
4	5	6	16	15	10	2	782
	3	5	3	1	6		783
31	75	111	113	127	92	4	784
9	29	23	31	23	19	7	785
367	**471**	**686**	**735**	**656**	**601**	**16**	O
137	192	271	277	266	246	4	79
21	34	35	54	73	55		791
		1			1		792
5	3	10	15	8	6		793
28	35	54	40	38	28		794
31	47	64	63	43	36	3	795
10	11	34	21	16	17		796
16	17	29	37	33	48		797

2-10 续表 19

行业中类	代码					
		2003年	2004年	2005年	2006年	2007年
殡葬服务	798	7	10	11	12	14
其他居民服务业	799	12	14	14	5	19
机动车、电子产品和日用产品修理业	80	150	145	155	163	158
汽车、摩托车修理与维护	801	129	119	129	131	121
计算机和办公设备维修	802	10	13	12	15	23
家用电器修理	803	6	9	10	15	13
其他日用产品修理业	809	5	4	4	2	1
其他服务业	81	28	21	37	56	45
清洁服务	811	16	8	23	38	30
其他未列明服务业	819	12	13	14	18	15
卫生和社会工作	Q	**6**	**6**	**2**	**7**	**3**
社会工作	84	6	6	2	7	3
提供住宿社会工作	841	5	6	2	6	3
不提供住宿社会工作	842	1			1	
文化、体育和娱乐业	R	**140**	**144**	**218**	**291**	**286**
新闻和出版业	85	6	7	4	6	7
新闻业	851				1	
出版业	852	6	7	4	5	7
广播、电视、电影和影视录音制作业	86	8	8	15	14	11
广播	861			1	1	
电视	862	1	1	1	2	
电影和影视节目制作	863	1	3	5	6	7
电影和影视节目发行	864	1	1	3		2
电影放映	865	5	3	4	3	2
录音制作	866			1	2	
文化艺术业	87	15	21	26	24	33
文艺创作与表演	871	7	10	11	16	9
艺术表演场馆	872				1	2
图书馆与档案馆	873	2		2	3	1
文物及非物质文化遗产保护	874					
博物馆	875		1	2		5
烈士陵园、纪念馆	876			1		
群众文化活动	877	2	1	2	1	7
其他文化艺术业	879	4	9	8	3	9
体育	88	19	10	19	26	10
体育组织	881	2	1	2	6	1
体育场馆	882		3		2	2
休闲健身活动	883	15	5	17	16	6
其他体育	889	2	1		2	1
娱乐业	89	92	98	154	221	225
室内娱乐活动	891	88	90	146	208	211
游乐园	892	2	2	2	4	2
彩票活动	893				1	
文化、娱乐、体育经纪代理	894		2	4	6	9
其他娱乐业	899	2	4	2	2	3

2008年	2009年	2010年	2011年	2012年	2013年	无开业年份	代码
8	18	15	18	17	16	1	798
18	27	29	29	38	39		799
172	211	315	337	259	243	11	80
145	163	248	267	200	180	9	801
10	22	26	36	29	33	2	802
11	17	22	19	18	17		803
6	9	19	15	12	13		809
58	68	100	121	131	112	1	81
40	50	56	72	81	80	1	811
18	18	44	49	50	32		819
7	**8**	**15**	**16**	**6**	**14**		**Q**
7	8	15	16	6	14		84
6	8	13	15	6	11		841
1		2	1		3		842
432	**915**	**1108**	**582**	**534**	**476**	**4**	**R**
8	10	8	8	6	20		85
		1			1		851
8	10	7	8	6	19		852
15	21	40	35	32	40		86
1	1	4		1	1		861
		1	3	1	1		862
5	11	15	14	5	12		863
2	2	2	2	2	1		864
6	4	15	15	21	21		865
1	3	3	1	2	4		866
48	61	72	83	97	96		87
18	12	17	25	26	16		871
1	3	3	1	3	2		872
2	3	3	1		1		873
1		1	1	1	1		874
1	2	1	3	2			875
							876
5	6	7	5	12	6		877
20	35	40	47	53	70		879
27	30	46	37	43	32	2	88
4	2	3	6	7	4		881
3	2	6	3	2	1	1	882
20	24	36	21	26	22	1	883
	2	1	7	8	5		889
334	793	942	419	356	288	2	89
325	782	921	384	330	243	1	891
1	2	6	6	6	4		892
		1			1		893
6	6	10	12	9	30		894
2	3	4	17	11	10	1	899

2-11 按行业(中类)、开业(成立)时间

行业中类	代码	从业人员数(人)	1949年及以前	1950-1977年	1978-1991年
总　计	**00**	**5365615**	**7296**	**76960**	**321256**
农、林、牧、渔业	**A**	**17221**	**87**	**1183**	**1244**
农业	01	195	82	22	
谷物种植	011	82		6	
蔬菜、食用菌及园艺作物种植	014	15			
水果种植	015	82	82		
中药材种植	017	16		16	
林业	02	935		589	299
造林和更新	022	40		40	
森林经营和管护	023	895		549	299
畜牧业	03	18			
牲畜饲养	031	12			
家禽饲养	032	6			
渔业	04	57			
水产养殖	041	57			
农、林、牧、渔服务业	05	16016	5	572	945
农业服务业	051	9573	5	204	43
林业服务业	052	1482		30	13
畜牧服务业	053	3753		338	722
渔业服务业	054	1208			167
采矿业	**B**	**199572**	**319**	**2602**	**11840**
煤炭开采和洗选业	06	25319	35	924	3624
烟煤和无烟煤开采洗选	061	24623	35	904	3624
褐煤开采洗选	062	437			
其他煤炭采选	069	259		20	
石油和天然气开采业	07	215			
石油开采	071	124			
天然气开采	072	91			
黑色金属矿采选业	08	81712		412	2487
铁矿采选	081	77462		237	2288
锰矿、铬矿采选	082	3926		175	199
其他黑色金属矿采选	089	324			
有色金属矿采选业	09	27030		32	1355
常用有色金属矿采选	091	18754		31	513
贵金属矿采选	092	6920		1	832
稀有稀土金属矿采选	093	1356			10
非金属矿采选业	10	61218	284	1234	4298
土砂石开采	101	44036	220	823	2766
化学矿开采	102	4256		313	373
采盐	103	1243	14	1	294
石棉及其他非金属矿采选	109	11683	50	97	865
开采辅助活动	11	3195			
煤炭开采和洗选辅助活动	111	1038			
石油和天然气开采辅助活动	112	1950			
其他开采辅助活动	119	207			
其他采矿业	12	883			76
其他采矿业	120	883			76

分组的小微企业法人单位从业人员数

1992–1995年	1996年	1997年	1998年	1999年	2000年	2001年	2002年	代码
254294	**77286**	**85383**	**137087**	**144063**	**160775**	**210159**	**223257**	00
119	**22**	**55**	**24**	**129**	**124**	**103**	**104**	A
21						8		01
20								011
1						8		014
								015
								017
47								02
								022
47								023
								03
								031
								032
								04
								041
51	22	55	24	129	124	95	104	05
51	20	54	12	65	53	79	46	051
		1	1	18			12	052
	2			3	35	12	27	053
			11	43	36	4	19	054
8909	**3772**	**2866**	**5539**	**4528**	**6700**	**7268**	**7542**	B
2324	1577	600	557	1032	721	1418	2257	06
2324	1567	600	557	1032	648	1418	2257	061
								062
	10				73			069
							26	07
								071
							26	072
3531	692	251	1248	1139	2707	2006	2097	08
3094	688	188	1237	1034	2510	1986	2081	081
437	4	63	2	105	197	20	16	082
			9					089
735	616	498	561	1265	825	2024	1072	09
447	329	418	427	969	509	1624	538	091
281	287	61	118	296	196	304	533	092
7		19	16		120	96	1	093
2318	887	1517	2935	1045	2352	1755	1994	10
1227	305	672	1903	778	1869	1518	1175	101
218	254	47	394	118	288	44	190	102
1			87	21				103
872	328	798	551	128	195	193	629	109
			227	20	95	65	82	11
					5			111
			227	20	90	59	82	112
						6		119
1			11	27			14	12
1			11	27			14	120

2-11 续表 1

行业中类	代码	从业人员数(人)	1949年及以前	1950-1977年	1978-1991年
制造业	C	**2420997**	**3338**	**26311**	**125805**
农副食品加工业	13	195422	106	494	3053
谷物磨制	131	31926	105	11	84
饲料加工	132	42613			472
植物油加工	133	6719	1	42	177
制糖业	134	733			
屠宰及肉类加工	135	40506		394	629
水产品加工	136	37993		35	992
蔬菜、水果和坚果加工	137	22455		10	406
其他农副食品加工	139	12477		2	293
食品制造业	14	54426	10	253	1615
焙烤食品制造	141	12426		85	352
糖果、巧克力及蜜饯制造	142	1909			6
方便食品制造	143	5959		2	104
乳制品制造	144	3552			
罐头食品制造	145	8088	10	1	298
调味品、发酵制品制造	146	9027		163	515
其他食品制造	149	13465		2	340
酒、饮料和精制茶制造业	15	27807	271	150	1068
酒的制造	151	15412	271	150	676
饮料制造	152	12195			392
精制茶加工	153	200			
烟草制品业	16	281			265
烟叶复烤	161	19			9
卷烟制造	162	63			63
其他烟草制品制造	169	199			193
纺织业	17	52283	2	670	3457
棉纺织及印染精加工	171	16697		211	813
毛纺织及染整精加工	172	2085		301	33
麻纺织及染整精加工	173	661			
丝绢纺织及印染精加工	174	6831		79	513
化纤织造及印染精加工	175	2351	1		228
针织或钩针编织物及其制品制造	176	9056		11	813
家用纺织制成品制造	177	5309		35	179
非家用纺织制成品制造	178	9293	1	33	878
纺织服装、服饰业	18	132328	1	833	3475
机织服装制造	181	113989		778	3247
针织或钩针编织服装制造	182	7361		1	52
服饰制造	183	10978	1	54	176
皮革、毛皮、羽毛及其制品和制鞋业	19	19627	14	51	800
皮革鞣制加工	191	861	9	1	7
皮革制品制造	192	6085		9	112
毛皮鞣制及制品加工	193	4187		1	66
羽毛(绒)加工及制品制造	194	797			
制鞋业	195	7697	5	40	615
木材加工和木、竹、藤、棕、草制品业	20	63276		208	1962

1992–1995年	1996年	1997年	1998年	1999年	2000年	2001年	2002年	代码
126521	**42694**	**41321**	**78005**	**77446**	**91227**	**109250**	**116339**	C
5151	3055	2730	6090	7039	7235	5941	9920	13
265	212	139	192	1196	1469	1180	1706	131
925	357	1417	2178	2018	2061	1310	2342	132
163	90	2	353	304	138	110	125	133
					8			134
796	976	565	1462	1001	635	1072	1654	135
1319	1055	364	1253	1379	2208	1479	2341	136
1144	24	90	274	667	591	616	1080	137
539	341	153	378	474	125	174	672	139
4515	614	1642	1232	1850	1798	2810	2043	14
970	89	111	114	84	472	375	138	141
80		98	31	3		61	53	142
631	11	198	285	133	25	248	140	143
407			24	191	153	758	36	144
689	110	261	72	315	490	947	613	145
815	348	55	390	362	308	227	530	146
923	56	919	316	762	350	194	533	149
1379	509	359	1306	1434	1672	1424	1627	15
800	438	175	925	1221	869	1056	713	151
579	53	184	381	213	803	368	914	152
	18							153
								16
								161
								162
								169
2886	1683	1259	1794	1710	3465	3634	3325	17
1353	733	418	870	567	767	993	1515	171
34		4		6	305	4		172
183		265		16		13		173
413	300	79	386	25	757	858	255	174
5	37	218	6	71	103		354	175
515	365	130	194	286	752	507	528	176
69	51	94	234	402	159	472	239	177
314	197	51	104	337	622	787	434	178
6063	3186	1974	4204	2972	5571	5849	5254	18
5276	2865	1712	3715	2495	5114	5031	4988	181
709	298	262	458	395	52	658	144	182
78	23		31	82	405	160	122	183
533	378	473	440	350	619	628	669	19
25						24		191
230	50	300	29	100	466	281	312	192
39	1	141	96	15	102	61	118	193
28			10		34	24	18	194
211	327	32	305	235	17	238	221	195
2589	977	982	1464	1025	1811	2043	1866	20

2-11 续表 2

行业中类	代码	从业人员数（人）	1949年及以前	1950-1977年	1978-1991年
木材加工	201	17346		129	826
人造板制造	202	14411			64
木制品制造	203	30221		78	1035
竹、藤、棕、草等制品制造	204	1298		1	37
家具制造业	21	29565		161	1435
木质家具制造	211	25344		129	1104
竹、藤家具制造	212	81			
金属家具制造	213	1534		1	11
塑料家具制造	214	451			44
其他家具制造	219	2155		31	276
造纸和纸制品业	22	39601	196	659	2515
纸浆制造	221	59		24	3
造纸	222	9913	178	168	805
纸制品制造	223	29629	18	467	1707
印刷和记录媒介复制业	23	32125	566	716	4579
印刷	231	29786	564	716	4109
装订及印刷相关服务	232	2130	2		470
记录媒介复制	233	209			
文教、工美、体育和娱乐用品制造业	24	24595		172	1252
文教办公用品制造	241	2014		17	288
乐器制造	242	772		48	12
工艺美术品制造	243	18119		106	606
体育用品制造	244	2637		1	278
玩具制造	245	411			8
游艺器材及娱乐用品制造	246	642			60
石油加工、炼焦和核燃料加工业	25	29605	208	176	2067
精炼石油产品制造	251	27849	188	131	1451
炼焦	252	1749	20	45	616
核燃料加工	253	7			
化学原料和化学制品制造业	26	126885	320	1344	7399
基础化学原料制造	261	31856	1	362	2831
肥料制造	262	17455		26	114
农药制造	263	3445	235	47	329
涂料、油墨、颜料及类似产品制造	264	18299	31	173	1562
合成材料制造	265	9067	53	18	247
专用化学产品制造	266	37860		191	2028
炸药、火工及焰火产品制造	267	1496		522	95
日用化学产品制造	268	7407		5	193
医药制造业	27	35697	22	691	1887
化学药品原料药制造	271	4874	20	9	274
化学药品制剂制造	272	6955	2	527	435
中药饮片加工	273	5525			299
中成药生产	274	6636		144	829
兽用药品制造	275	2019		11	47
生物药品制造	276	7653			1
卫生材料及医药用品制造	277	2035			2
化学纤维制造业	28	4012			73

1992–1995年	1996年	1997年	1998年	1999年	2000年	2001年	2002年	代码
700	251	225	443	172	609	230	329	201
243	3	314	156	73	407	405	237	202
1592	723	443	824	740	773	1408	1204	203
54			41	40	22		96	204
1579	225	608	834	996	360	2139	1146	21
1215	224	528	714	796	311	1663	1041	211
						21		212
148		80	53	151	37	324	88	213
33			67					214
183	1			49	12	131	17	219
2588	768	1180	906	1607	1613	2278	1568	22
7						2		221
155	123	157	263	321	460	554	196	222
2426	645	1023	643	1286	1153	1722	1372	223
2740	1066	1121	2462	1630	1333	1786	1019	23
2701	1012	1109	2285	1443	1188	1679	1008	231
39	54	12	177	44	145	107	11	232
				143				233
1944	574	868	569	1165	1833	610	1253	24
233	66	44	5	106	12	108	315	241
71	5	34	40	27	30	30	72	242
1179	277	447	430	1004	1424	451	604	243
436	222	88	94	8	338	6	47	244
17				10		12		245
8	4	255		10	29	3	215	246
1044	286	511	612	401	972	1933	2087	25
1044	286	510	612	397	972	1933	2084	251
		1		4			3	252
								253
7629	3530	1750	5671	4424	4701	7098	7012	26
2054	1590	649	2032	1066	774	2066	1970	261
194	161	10	337	147	546	322	1375	262
124	54	7	52	99	48	536	332	263
1062	277	170	769	1084	731	1221	719	264
475	412	162	100	240	365	168	215	265
3065	856	352	1903	1431	1848	2107	2068	266
19		275		2	1	80		267
636	180	125	478	355	388	598	333	268
2002	742	328	2112	1292	1199	1713	2321	27
99	312		451	560	139		346	271
732	167	96	629	162	473	572	201	272
134	3	80	175	158	110	314	221	273
800	147		518	270	412	547	948	274
20		152	130	44	45	37	337	275
136	113		90	71		214	202	276
81			119	27	20	29	66	277
156	104	4	151	181	126	72	88	28

2-11 续表 3

行业中类	代码	从业人员数（人）	1949年及以前	1950-1977年	1978-1991年
纤维素纤维原料及纤维制造	281	801			4
合成纤维制造	282	3211			69
橡胶和塑料制品业	29	149237		721	5481
橡胶制品业	291	28260		302	1548
塑料制品业	292	120977		419	3933
非金属矿物制品业	30	264269	62	2850	18725
水泥、石灰和石膏制造	301	24250	10	537	1618
石膏、水泥制品及类似制品制造	302	52686	1	834	1918
砖瓦、石材等建筑材料制造	303	82012		974	9065
玻璃制造	304	4190		26	343
玻璃制品制造	305	10398		60	664
玻璃纤维和玻璃纤维增强塑料制品制造	306	8058		15	365
陶瓷制品制造	307	4290		29	4
耐火材料制品制造	308	58599	51	87	3481
石墨及其他非金属矿物制品制造	309	19786		288	1267
黑色金属冶炼和压延加工业	31	116388	2	803	7252
炼铁	311	4438		41	124
炼钢	312	2492			85
黑色金属铸造	313	64565		694	3981
钢压延加工	314	37529	2	65	2901
铁合金冶炼	315	7364		3	161
有色金属冶炼和压延加工业	32	40572	465	653	1331
常用有色金属冶炼	321	10847		141	363
贵金属冶炼	322	2284		195	188
稀有稀土金属冶炼	323	2558			31
有色金属合金制造	324	5454		211	276
有色金属铸造	325	1703			19
有色金属压延加工	326	17726	465	106	454
金属制品业	33	169339	13	2584	10782
结构性金属制品制造	331	72520		579	3618
金属工具制造	332	12662		94	984
集装箱及金属包装容器制造	333	14124		253	1604
金属丝绳及其制品制造	334	5654	1	219	202
建筑、安全用金属制品制造	335	15849		409	1118
金属表面处理及热处理加工	336	17364		177	1444
搪瓷制品制造	337	1185		157	76
金属制日用品制造	338	5315		16	291
其他金属制品制造	339	24666	12	680	1445
通用设备制造业	34	337247	371	4802	16338
锅炉及原动设备制造	341	17241	6	531	684
金属加工机械制造	342	48792		460	1769
物料搬运设备制造	343	18598	362	351	926
泵、阀门、压缩机及类似机械制造	344	67345	3	1328	3972
轴承、齿轮和传动部件制造	345	49218		321	1881
烘炉、风机、衡器、包装等设备制造	346	23545		358	2226
文化、办公用机械制造	347	1786		46	96
通用零部件制造	348	93600		1407	4663

1992–1995年	1996年	1997年	1998年	1999年	2000年	2001年	2002年	代码
90	10			44	114			281
66	94	4	151	137	12	72	88	282
6344	2051	2367	3623	4383	4105	7141	6969	29
1949	812	386	1612	1559	960	1752	1611	291
4395	1239	1981	2011	2824	3145	5389	5358	292
13210	3961	3649	8127	8508	7017	11654	11119	30
1034	255	405	1325	1286	817	1525	911	301
1359	207	552	582	500	770	1430	1344	302
3741	1024	1554	2127	2327	1278	2811	1938	303
48		20	66	275	330	121	509	304
1033	64	232	290	852	308	363	967	305
393	192	69	365	403	141	295	335	306
83	75	65	165	125	64	41	648	307
4149	1945	623	2422	1746	2544	3954	3382	308
1370	199	129	785	994	765	1114	1085	309
7832	2556	1890	4872	4245	5877	4585	6240	31
141		63	283	36	25	24	45	311
30	30		69	24	304	8	70	312
3474	804	1367	2541	2671	3435	2721	3784	313
3524	1322	235	1771	939	1476	1710	2341	314
663	400	225	208	575	637	122		315
2692	1024	827	1111	732	1828	1443	1422	32
871	72	296	273	148	451	638	125	321
462	9	20		120	1	39	302	322
41		78	15	11	23	79	109	323
261	152	98	196	1	536	66	144	324
37		6	5	125	2	23	88	325
1020	791	329	622	327	815	598	654	326
9404	2730	1872	5194	6391	5917	7527	7393	33
2974	1024	648	1667	1687	2399	2456	2866	331
1142	312	86	365	650	447	693	572	332
622	198	33	677	1027	431	278	1012	333
189	77	26	536	147	182	187	518	334
811	409	104	425	346	451	1317	1006	335
970	236	295	425	1034	474	752	688	336
15	7	4	45	351	29	116		337
425	29	77	67	122	1	219	87	338
2256	438	599	987	1027	1503	1509	644	339
18898	6290	6835	10400	9844	13662	14812	19870	34
1211	402	260	572	652	994	693	1326	341
2015	577	212	1027	1505	2556	1736	1883	342
1209	31	267	424	729	715	698	1761	343
5688	1028	1883	2499	2489	2809	3325	4269	344
1996	1735	1248	1706	1261	1787	3158	4112	345
1446	566	827	952	535	1606	823	1385	346
1	32		54	21	1	386	97	347
4616	1888	1798	2888	2499	2561	3495	4784	348

2-11 续表 4

行业中类	代码	从业人员数（人）	1949年及以前	1950-1977年	1978-1991年
其他通用设备制造业	349	17122			121
专用设备制造业	35	153352	305	2337	7952
采矿、冶金、建筑专用设备制造	351	50714	261	341	2489
化工、木材、非金属加工专用设备制造	352	36647		444	1671
食品、饮料、烟草及饲料生产专用设备制	353	5192		1	507
印刷、制药、日化及日用品生产专用设备	354	7361		288	242
纺织、服装和皮革加工专用设备制造	355	3380		611	302
电子和电工机械专用设备制造	356	8615		1	354
农、林、牧、渔专用机械制造	357	9892	2	259	601
医疗仪器设备及器械制造	358	6478		238	286
环保、社会公共服务及其他专用设备制造	359	25073	42	154	1500
汽车制造业	36	55790		991	1620
汽车整车制造	361	812			1
改装汽车制造	362	3738		239	28
低速载货汽车制造	363	109			
电车制造	364	260		190	
汽车车身、挂车制造	365	1847			5
汽车零部件及配件制造	366	49024		562	1586
铁路、船舶、航空航天和其他运输设备制造	37	39166	13	691	4814
铁路运输设备制造	371	11965	12	453	3129
城市轨道交通设备制造	372	239			
船舶及相关装置制造	373	23671	1	230	1229
航空、航天器及设备制造	374	2040			448
摩托车制造	375	196			2
自行车制造	376	635		8	5
非公路休闲车及零配件制造	377	128			
潜水救捞及其他未列明运输设备制造	379	292			1
电气机械和器材制造业	38	125134	360	2002	7100
电机制造	381	11102		178	224
输配电及控制设备制造	382	60724	329	1359	3848
电线、电缆、光缆及电工器材制造	383	28570	31	272	2124
电池制造	384	2964		35	48
家用电力器具制造	385	4390		90	161
非电力家用器具制造	386	3110			267
照明器具制造	387	9891		40	275
其他电气机械及器材制造	389	4383		28	153
计算机、通信和其他电子设备制造业	39	32862		761	1547
计算机制造	391	2165			111
通信设备制造	392	4276		1	239
广播电视设备制造	393	1505			5
雷达及配套设备制造	394	320			
视听设备制造	395	1636		2	89
电子器件制造	396	6805		211	509
电子元件制造	397	8437		532	424
其他电子设备制造	399	7718		15	170
仪器仪表制造业	40	31118	31	360	2029
通用仪器仪表制造	401	22597		210	1362

1992–1995年	1996年	1997年	1998年	1999年	2000年	2001年	2002年	代码
716	31	340	278	153	633	498	253	349
6407	1808	2133	4126	5731	4855	6940	5761	35
2016	729	808	1225	1829	1594	2242	1862	351
1868	358	593	976	1439	785	1291	1820	352
172	54	1	467	62		796	216	353
405	75	99	31	441	264	555	107	354
148	26		10	60	155	53	73	355
306	59	21	248	170	357	462	205	356
191	241	100	169	503	585	231	110	357
225	57	90	65	524	154	163	295	358
1076	209	421	935	703	961	1147	1073	359
2717	578	551	2104	1455	2301	1534	3430	36
4	4			21	2	27		361
49		101	152		134	156	747	362
	98						5	363
							4	364
70		10		275	120	22	46	365
2594	476	440	1952	1159	2045	1329	2628	366
2202	647	375	957	904	774	860	1456	37
1265	498	61	404	419	329	214	369	371
			70		3		15	372
787	149	283	359	431	360	624	1025	373
			113	54	32	2		374
		6	10		49			375
134			1			10	5	376
16		25						377
					1	10	42	379
8125	2017	3044	4787	3960	7137	6477	7268	38
337	68	266	304	348	572	768	577	381
4838	1040	735	2161	2176	3384	2852	2845	382
1815	578	895	1530	1026	1944	1468	2508	383
22	20		129	14	13	472	19	384
381	50	256	92	105	33	138	488	385
20		129		28		34	49	386
709	190	763	545	192	978	533	680	387
3	71		26	71	213	212	102	389
2093	343	1076	1209	1251	934	2523	2355	39
74	1	1		119	39	98	67	391
243	70	10	151	9	160	290	154	392
	26		28	9	1	6	227	393
			272		3	2		394
238	12			15	3		5	395
840	137	413	278	441	11	187	333	396
292	92	433	203	205	397	660	537	397
406	5	219	277	453	320	1280	1032	399
1890	576	644	1297	931	2248	2485	984	40
1428	363	244	1241	663	1957	1634	649	401

2-11 续表 5

行业中类	代码	从业人员数(人)	1949年及以前	1950-1977年	1978-1991年
专用仪器仪表制造	402	5030	11	10	566
钟表与计时仪器制造	403	617	20	73	55
光学仪器及眼镜制造	404	700		67	
其他仪器仪表制造业	409	2174			46
其他制造业	41	7256		21	431
日用杂品制造	411	1657		21	189
煤制品制造	412	2293			174
核辐射加工	413	1			
其他未列明制造业	419	3305			68
废弃资源综合利用业	42	7908			791
金属废料和碎屑加工处理	421	4265			591
非金属废料和碎屑加工处理	422	3643			200
金属制品、机械和设备修理业	43	23824		157	2710
金属制品修理	431	887			113
通用设备修理	432	3204		35	162
专用设备修理	433	1611		10	130
铁路、船舶、航空航天等运输设备修理	434	14651		45	1855
电气设备修理	435	832		14	76
仪器仪表修理	436	235			29
其他机械和设备修理业	439	2404		53	345
电力、热力、燃气及水生产和供应业	**D**	**57331**		**3299**	**6913**
电力、热力生产和供应业	44	36786		743	3621
电力生产	441	9135		689	468
电力供应	442	1644		52	119
热力生产和供应	443	26007		2	3034
燃气生产和供应业	45	6980			194
燃气生产和供应业	450	6980			194
水的生产和供应业	46	13565		2556	3098
自来水生产和供应	461	9568		2556	2873
污水处理及其再生利用	462	3382			225
其他水的处理、利用与分配	469	615			
建筑业	**E**	**867394**	**922**	**31426**	**107376**
房屋建筑业	47	376964	872	26305	66392
房屋建筑业	470	376964	872	26305	66392
土木工程建筑业	48	157280	10	4297	19945
铁路、道路、隧道和桥梁工程建筑	481	65679	10	453	8856
水利和内河港口工程建筑	482	19338		2700	1122
海洋工程建筑	483	115			
工矿工程建筑	484	14385		35	5209
架线和管道工程建筑	485	30356		230	3127
其他土木工程建筑	489	27407		879	1631
建筑安装业	49	160341	8	746	15325
电气安装	491	62952		594	5957
管道和设备安装	492	40749			4998
其他建筑安装业	499	56640	8	152	4370
建筑装饰和其他建筑业	50	172809	32	78	5714
建筑装饰业	501	121441	32	47	4453
工程准备活动	502	28701		5	1091
提供施工设备服务	503	4349			10
其他未列明建筑业	509	18318		26	160

1992–1995年	1996年	1997年	1998年	1999年	2000年	2001年	2002年	代码
249	21	150	54	232	133	480	126	402
10	2			1		291		403
	65	3			33	40	8	404
203	125	247	2	35	125	40	201	409
177		113	28	154	27	439	383	41
88		40	5	21	1	178	90	411
31		11	15	38	4	105	217	412
								413
58		62	8	95	22	156	76	419
38	7		60	118	107	57	182	42
6	7			29	32	1	148	421
32			60	89	75	56	34	422
1694	409	156	263	763	130	815	309	43
18		23		10		1		431
290	205	42	145	31	78	517	78	432
104	4	50	19	33	18	28	22	433
913	169	40	83	563	30	169	131	434
209	31		2	26	3	6	23	435
					1	10	10	436
160		1	14	100		84	45	439
2852	**640**	**443**	**1878**	**826**	**1693**	**1616**	**1830**	**D**
2108	167	294	1625	628	1009	1304	905	44
310	133	6	572	265	253	186	53	441
83	32		344	164	47	39	14	442
1715	2	288	709	199	709	1079	838	443
133	458	103	50	82	289	96	50	45
133	458	103	50	82	289	96	50	450
611	15	46	203	116	395	216	875	46
597	15	23	153	113	241	11	704	461
14		23			143	197	169	462
			50	3	11	8	2	469
48852	**13437**	**12102**	**20647**	**26444**	**17636**	**43243**	**39430**	**E**
20093	5721	2588	7692	9569	4766	22991	15992	47
20093	5721	2588	7692	9569	4766	22991	15992	470
7966	1027	1510	1937	7220	1996	6966	3829	48
2493	368	674	575	2623	576	1482	927	481
1308	185	100	18	26	156	1894	147	482
							48	483
990	359		74	299	108	707	153	484
1865	72	523	879	3420	631	1870	1712	485
1310	43	213	391	852	525	1013	842	489
10493	2744	3677	6875	5830	7001	7413	10390	49
3343	792	2107	2676	1396	4213	3382	5654	491
2915	1432	611	1264	2740	988	1484	2949	492
4235	520	959	2935	1694	1800	2547	1787	499
10300	3945	4327	4143	3825	3873	5873	9219	50
8511	3085	3895	3099	2924	2560	5003	5325	501
1472	530	121	565	742	644	567	3062	502
101	38	2	228	45	35	8	253	503
216	292	309	251	114	634	295	579	509

2-11 续表 6

行业中类	代码	从业人员数(人)	1949年及以前	1950-1977年	1978-1991年
批发和零售业	F	**724880**	**1865**	**4301**	**16278**
批发业	51	505952	785	2508	8424
农、林、牧产品批发	511	37412	43	420	1014
食品、饮料及烟草制品批发	512	67778	163	355	1096
纺织、服装及家庭用品批发	513	42011	30	138	527
文化、体育用品及器材批发	514	10115	35	25	220
医药及医疗器材批发	515	14046	13	91	215
矿产品、建材及化工产品批发	516	162066	500	1083	2989
机械设备、五金产品及电子产品批发	517	116784		223	1234
贸易经纪与代理	518	20196		1	139
其他批发业	519	35544	1	172	990
零售业	52	218928	1080	1793	7854
综合零售	521	24136	559	1152	2916
食品、饮料及烟草制品专门零售	522	18047	1	102	835
纺织、服装及日用品专门零售	523	23911	5	72	731
文化、体育用品及器材专门零售	524	12204	507	246	792
医药及医疗器材专门零售	525	25476	2	82	534
汽车、摩托车、燃料及零配件专门零售	526	41524		72	772
家用电器及电子产品专门零售	527	28544		4	102
五金、家具及室内装饰材料专门零售	528	28303		56	557
货摊、无店铺及其他零售业	529	16783	6	7	615
交通运输、仓储和邮政业	G	**189319**	**203**	**4443**	**10810**
道路运输业	54	105196	27	2797	7106
城市公共交通运输	541	19502		97	642
公路旅客运输	542	13629		1584	1272
道路货物运输	543	61915	27	897	2754
道路运输辅助活动	544	10150		219	2438
水上运输业	55	5976			186
水上旅客运输	551	1357			75
水上货物运输	552	2598			110
水上运输辅助活动	553	2021			1
航空运输业	56	1506			187
航空客货运输	561	738			33
通用航空服务	562	114			
航空运输辅助活动	563	654			154
管道运输业	57	846			
管道运输业	570	846			
装卸搬运和运输代理业	58	56873	62	346	1930
装卸搬运	581	28616		132	897
运输代理业	582	28257	62	214	1033
仓储业	59	14412	114	1280	1390
谷物、棉花等农产品仓储	591	6713	110	1257	701
其他仓储业	599	7699	4	23	689
邮政业	60	4510		20	11
邮政基本服务	601	813		6	5
快递服务	602	3697		14	6

1992–1995年	1996年	1997年	1998年	1999年	2000年	2001年	2002年	代码
15235	**4008**	**5714**	**9668**	**11457**	**15162**	**19047**	**21940**	F
9771	2486	4015	5900	7246	9866	13062	14765	51
757	198	204	303	241	652	547	810	511
1108	330	391	584	738	923	1346	1424	512
614	160	378	420	489	850	1183	1213	513
123	36	46	144	109	216	356	510	514
436	219	202	199	366	414	366	308	515
3597	853	1302	2049	2769	3425	4734	5668	516
2353	569	856	1805	2028	2757	3765	3991	517
233	30	170	48	88	148	235	293	518
550	91	466	348	418	481	530	548	519
5464	1522	1699	3768	4211	5296	5985	7175	52
526	300	240	894	396	517	604	524	521
270	40	85	256	320	288	351	449	522
431	177	78	331	582	439	792	635	523
223	74	89	126	240	170	361	371	524
389	100	147	304	276	457	605	797	525
1996	380	429	888	1052	1481	1340	1940	526
423	90	200	299	543	707	842	1039	527
474	250	176	263	418	755	629	963	528
732	111	255	407	384	482	461	457	529
9432	**2760**	**2966**	**6276**	**4500**	**5997**	**5806**	**6026**	G
5613	1263	2539	4709	3135	3068	3132	3630	54
1537	370	1680	1256	1410	663	822	850	541
578	47	506	465	484	449	211	356	542
2683	470	151	657	693	1408	1987	2320	543
815	376	202	2331	548	548	112	104	544
477	155	9	330	130	150	400	372	55
286	136	8		26	128	20		551
81		1	317	43	2	66	364	552
110	19		13	61	20	314	8	553
141	2				43	51		56
	2					51		561
								562
141					43			563
129					654			57
129					654			570
2361	1046	182	1007	794	1230	1629	1618	58
625	210	63	178	304	411	406	279	581
1736	836	119	829	490	819	1223	1339	582
638	169	226	213	212	343	499	310	59
261	91	154	76	66	148	340	54	591
377	78	72	137	146	195	159	256	599
73	125	10	17	229	509	95	96	60
	125			211	236		21	601
73		10	17	18	273	95	75	602

2-11 续表 7

行业中类	代码	从业人员数（人）	1949年及以前	1950-1977年	1978-1991年
住宿和餐饮业	H	**103037**	**256**	**626**	**4564**
住宿业	61	45157	256	448	3295
旅游饭店	611	23790	256	266	1475
一般旅馆	612	19075		143	1512
其他住宿业	619	2292		39	308
餐饮业	62	57880		178	1269
正餐服务	621	50018		160	1238
快餐服务	622	3198		18	25
饮料及冷饮服务	623	1397			
其他餐饮业	629	3267			6
信息传输、软件和信息技术服务业	I	**71292**	**1**	**46**	**498**
电信、广播电视和卫星传输服务	63	5542		46	
电信	631	3108			
广播电视传输服务	632	2315		46	
卫星传输服务	633	119			
互联网和相关服务	64	4963	1		
互联网接入及相关服务	641	1031			
互联网信息服务	642	3314	1		
其他互联网服务	649	618			
软件和信息技术服务业	65	60787			498
软件开发	651	43356			249
信息系统集成服务	652	4843			6
信息技术咨询服务	653	7540			66
数据处理和存储服务	654	1224			173
集成电路设计	655	315			
其他信息技术服务业	659	3509			4
房地产业	K	**189621**	**43**	**155**	**2687**
房地产业	70	189621	43	155	2687
房地产开发经营	701	67880		15	931
物业管理	702	103322		30	1428
房地产中介服务	703	16022	4	12	126
其他房地产业	709	2397	39	98	202
租赁和商务服务业	L	**313473**	**8**	**429**	**24719**
租赁业	71	12152		6	146
机械设备租赁	711	11881		1	142
文化及日用品出租	712	271		5	4
商务服务业	72	301321	8	423	24573
企业管理服务	721	37439	2	208	2898
法律服务	722	2332			152
咨询与调查	723	48516	6	3	264
广告业	724	33860			116
知识产权服务	725	993			12
人力资源服务	726	84120		15	7591
旅行社及相关服务	727	11753		18	588
安全保护服务	728	40835			12217
其他商务服务业	729	41473		179	735

1992–1995年	1996年	1997年	1998年	1999年	2000年	2001年	2002年	代码
4533	**2150**	**1433**	**2666**	**2539**	**3372**	**3400**	**3757**	H
2922	1247	655	1421	985	1647	1580	1899	61
2091	1024	416	945	659	1006	1107	1063	611
797	200	222	435	325	569	398	805	612
34	23	17	41	1	72	75	31	619
1611	903	778	1245	1554	1725	1820	1858	62
1526	787	764	1150	1492	1628	1699	1743	621
50	116	13	25	60	3	48	69	622
		1	10		26	60	37	623
35			60	2	68	13	9	629
1116	**142**	**213**	**731**	**642**	**2146**	**1643**	**2047**	I
413	6	18	43	45	746	209	193	63
43	3	7	34	6	433	196	68	631
370	3	11	9	34	313	13	48	632
				5			77	633
43	53		29	39	95	231	114	64
			3	31	29	150	13	641
42	52		25	7	65	64	87	642
1	1		1	1	1	17	14	649
660	83	195	659	558	1305	1203	1740	65
493	53	157	170	418	762	864	1477	651
56	1	19	303	41	178	179	105	652
59	4	10	42	84	230	92	83	653
	4		105	5	64		39	654
23							1	655
29	21	9	39	10	71	68	35	659
6607	**2488**	**2038**	**3195**	**3856**	**5848**	**6553**	**9374**	K
6607	2488	2038	3195	3856	5848	6553	9374	70
2721	438	691	1417	1074	2079	1858	2873	701
3495	1994	1321	1723	2498	3217	3884	5841	702
293	35	17	52	271	480	751	602	703
98	21	9	3	13	72	60	58	709
19859	**2117**	**13634**	**4538**	**7371**	**5678**	**6000**	**8120**	L
144	18	113	106	208	161	315	112	71
144	18	113	100	208	161	299	108	711
			6			16	4	712
19715	2099	13521	4432	7163	5517	5685	8008	72
3985	244	137	420	2455	502	713	816	721
460	78	7	60	203	124	108	110	722
624	173	157	186	805	1798	697	1096	723
653	156	166	326	271	592	1183	1150	724
19	3	6	2	1	22	115	111	725
1918	258	12067	220	434	504	218	922	726
637	142	50	331	750	602	781	499	727
9651	757	324	2072	1832	579	819	2063	728
1768	288	607	815	412	794	1051	1241	729

2-11 续表 8

行业中类	代码	从业人员数（人）	1949年及以前	1950-1977年	1978-1991年
科学研究和技术服务业	M	**104084**	**2**	**1162**	**5113**
研究和试验发展	73	11221		125	544
自然科学研究和试验发展	731	1177			68
工程和技术研究和试验发展	732	6836		122	364
农业科学研究和试验发展	733	1358		3	23
医学研究和试验发展	734	1602			89
社会人文科学研究	735	248			
专业技术服务业	74	67302		859	3922
气象服务	741	112			20
地震服务	742	43			
海洋服务	743	317			53
测绘服务	744	2609			41
质检技术服务	745	8858		40	446
环境与生态监测	746	846			43
地质勘查	747	2347		64	313
工程技术	748	37372		734	2694
其他专业技术服务业	749	14798		21	312
科技推广和应用服务业	75	25561	2	178	647
技术推广服务	751	20626	2	178	499
科技中介服务	752	2862			147
其他科技推广和应用服务业	759	2073			1
水利、环境和公共设施管理业	N	**19235**		**110**	**291**
水利管理业	76	1724		68	23
防洪除涝设施管理	761	68		23	
水资源管理	762	337			23
天然水收集与分配	763	513		45	
水文服务	764	135			
其他水利管理业	769	671			
生态保护和环境治理业	77	2172		35	
生态保护	771	135		35	
环境治理业	772	2037			
公共设施管理业	78	15339		7	268
市政设施管理	781	1936			126
环境卫生管理	782	1328			42
城乡市容管理	783	253			
绿化管理	784	8105		7	66
公园和游览景区管理	785	3717			34
居民服务、修理和其他服务业	O	**52124**	**47**	**291**	**2024**
居民服务业	79	23588	47	112	568
家庭服务	791	2543			25
托儿所服务	792	14			
洗染服务	793	722	12		15
理发及美容服务	794	4025		6	76
洗浴服务	795	8468	35	16	142
保健服务	796	986			5

1992–1995年	1996年	1997年	1998年	1999年	2000年	2001年	2002年	代码
6604	**1713**	**1422**	**1923**	**2278**	**2301**	**3485**	**3614**	M
244	129	91	109	206	96	142	173	73
5				5		59	15	731
185	73	86	51	147	54	40	75	732
3	37	4	24	16	39	7	24	733
50	19	1	34	29	3	35	59	734
1				9		1		735
5454	1421	1048	1723	1951	1726	2954	3004	74
11			6	4	14		14	741
								742
46	44	33			3			743
117	31		36	60	16	93	122	744
592	279	224	298	250	372	296	254	745
14	10				13	15	61	746
201	85		193	56	45	29	148	747
4026	849	748	833	1315	937	2128	2026	748
447	123	43	357	266	326	393	379	749
906	163	283	91	121	479	389	437	75
475	137	246	55	105	343	343	276	751
372	26	4	12	5	102	23	127	752
59		33	24	11	34	23	34	759
1012	**144**	**177**	**294**	**455**	**522**	**466**	**725**	N
228	9	25	60	22	98	35	54	76
		15		1	1			761
27	9	3	27	10	36	2	11	762
181		5	33					763
						6		764
20		2		11	61	27	43	769
53	74	18	40	12	49	26	39	77
25		18	10		7		1	771
28	74		30	12	42	26	38	772
731	61	134	194	421	375	405	632	78
128	24		9	43	37	98	44	781
44		13		97		13	4	782
						99		783
369	32	15	141	205	179	172	516	784
190	5	106	44	76	159	23	68	785
1949	**964**	**873**	**1444**	**1307**	**1536**	**1690**	**1629**	O
816	436	462	740	760	933	752	731	79
31	5	24	25	42	22	59	14	791
								792
11	64	5	8	13		30	2	793
75	5	23	120	89	263	112	221	794
174	210	216	239	437	458	291	355	795
				6	17	13	12	796

2-11 续表 9

行业中类	代码	从业人员数(人)	1949年及以前	1950-1977年	1978-1991年
婚姻服务	797	1555			12
殡葬服务	798	3278		87	129
其他居民服务业	799	1997		3	164
机动车、电子产品和日用产品修理业	80	22877		178	1202
汽车、摩托车修理与维护	801	19161		143	993
计算机和办公设备维修	802	1852			37
家用电器修理	803	1151		9	89
其他日用产品修理业	809	713		26	83
其他服务业	81	5659		1	254
清洁服务	811	3705			204
其他未列明服务业	819	1954		1	50
卫生和社会工作	**Q**	**1172**		**81**	**17**
社会工作	84	1172		81	17
提供住宿社会工作	841	1092		66	7
不提供住宿社会工作	842	80		15	10
文化、体育和娱乐业	**R**	**34863**	**205**	**495**	**1077**
新闻和出版业	85	2558	73	157	597
新闻业	851	14			
出版业	852	2544	73	157	597
广播、电视、电影和影视录音制作业	86	4086		197	298
广播	861	86		5	
电视	862	253			6
电影和影视节目制作	863	651		5	2
电影和影视节目发行	864	266		11	22
电影放映	865	2681		176	268
录音制作	866	149			
文化艺术业	87	4000	132	141	131
文艺创作与表演	871	1265	48	90	
艺术表演场馆	872	333		51	13
图书馆与档案馆	873	206	84		
文物及非物质文化遗产保护	874	37			
博物馆	875	236			
烈士陵园、纪念馆	876	1			
群众文化活动	877	441			118
其他文化艺术业	879	1481			
体育	88	3702			30
体育组织	881	405			
体育场馆	882	267			16
休闲健身活动	883	2717			14
其他体育	889	313			
娱乐业	89	20517			21
室内娱乐活动	891	18740			18
游乐园	892	725			3
彩票活动	893	53			
文化、娱乐、体育经纪代理	894	496			
其他娱乐业	899	503			

1992–1995年	1996年	1997年	1998年	1999年	2000年	2001年	2002年	代码
18	31	14	24	9	46	56	22	797
411	85	68	274	133	101	151	79	798
96	36	112	50	31	26	40	26	799
1048	518	408	676	488	480	830	765	80
930	442	379	562	434	384	700	680	801
47	44	14	12	33	8	32	65	802
62	24	15	93	15	34	74	10	803
9	8		9	6	54	24	10	809
85	10	3	28	59	123	108	133	81
37	2		28	32	97	101	57	811
48	8	3		27	26	7	76	819
	56	**2**	**8**	**36**	**30**	**9**	**108**	**Q**
	56	2	8	36	30	9	108	84
	56		8	34	30	9	100	841
		2		2			8	842
694	**179**	**124**	**251**	**249**	**803**	**580**	**672**	**R**
324	66	33	36	52	162	67	18	85
								851
324	66	33	36	52	162	67	18	852
179	11	19	44	23	32	30	15	86
					25			861
95		5	23		5			862
16	5	14	13		2	1	10	863
26			7	23		2		864
42	6		1			27	5	865
								866
67	35	1		38	80	88	70	87
61	28			19	18	20	35	871
				1	32		5	872
	4			2	20	6	10	873
								874
						61		875
								876
					10		5	877
6	3	1		16		1	15	879
28	12	10	110	31	154	58	131	88
4					4		51	881
2	12	2		5	60	5	5	882
22		8	105	26	89	15	75	883
			5		1	38		889
96	55	61	61	105	375	337	438	89
54	16	46	61	104	312	317	413	891
10	39			1	30	10	5	892
25						1		893
5						2	13	894
2		15			33	7	7	899

2-11 续表 10

行业中类	代码					
		2003年	2004年	2005年	2006年	2007年
总　计	**00**	**296378**	**318375**	**322634**	**345879**	**305460**
农、林、牧、渔业	**A**	**1220**	**341**	**215**	**562**	**750**
农业	01					
谷物种植	011					
蔬菜、食用菌及园艺作物种植	014					
水果种植	015					
中药材种植	017					
林业	02					
造林和更新	022					
森林经营和管护	023					
畜牧业	03					
牲畜饲养	031					
家禽饲养	032					
渔业	04	18		39		
水产养殖	041	18		39		
农、林、牧、渔服务业	05	1202	341	176	562	750
农业服务业	051	61	66	95	463	585
林业服务业	052	1021	16	1	10	29
畜牧服务业	053	46	45	52	67	101
渔业服务业	054	74	214	28	22	35
采矿业	**B**	**16705**	**23076**	**18862**	**14390**	**12627**
煤炭开采和洗选业	06	4066	1237	593	429	462
烟煤和无烟煤开采洗选	061	3810	1237	593	429	462
褐煤开采洗选	062	256				
其他煤炭采选	069					
石油和天然气开采业	07					15
石油开采	071					
天然气开采	072					15
黑色金属矿采选业	08	7305	13804	11877	6021	6413
铁矿采选	081	6362	13747	11548	5687	6164
锰矿、铬矿采选	082	937	57	324	334	86
其他黑色金属矿采选	089	6		5		163
有色金属矿采选业	09	2304	2633	2713	2055	1683
常用有色金属矿采选	091	1661	1786	1890	1591	1578
贵金属矿采选	092	494	697	426	426	83
稀有稀土金属矿采选	093	149	150	397	38	22
非金属矿采选业	10	2920	5343	3332	5325	3636
土砂石开采	101	1952	4106	2666	3948	2561
化学矿开采	102	147	520		502	97
采盐	103	203	339		13	162
石棉及其他非金属矿采选	109	618	378	666	862	816
开采辅助活动	11	86	59	347	477	121
煤炭开采和洗选辅助活动	111			10		
石油和天然气开采辅助活动	112	86	37	314	452	121
其他开采辅助活动	119		22	23	25	
其他采矿业	12	24			83	297
其他采矿业	120	24			83	297

2008年	2009年	2010年	2011年	2012年	2013年	无开业年份	代码
322067	**352063**	**456878**	**379254**	**331432**	**226423**	**10956**	00
1213	**1516**	**2110**	**1709**	**1716**	**2612**	**63**	A
	6			56			01
				56			011
	6						014
							015
							017
							02
							022
							023
			6	12			03
				12			031
			6				032
							04
							041
1213	1510	2110	1703	1648	2612	63	05
840	958	1385	1148	1348	1949	43	051
26	33	88	49	43	79	12	052
318	419	463	430	155	511	7	053
29	100	174	76	102	73	1	054
11567	**9631**	**9736**	**7295**	**7685**	**5627**	**486**	B
263	473	784	454	678	768	43	06
243	428	674	440	601	697	43	061
20	45	110		6			062
			14	71	71		069
	1		103	48	22		07
	1		103	20			071
				28	22		072
6579	4048	3599	2544	1990	833	129	08
6469	3859	3369	2280	1863	650	121	081
110	125	230	264	121	120		082
	64			6	63	8	089
1132	936	1154	1696	1052	514	175	09
673	363	823	1453	632	467	32	091
288	523	230	242	420	42	140	092
171	50	101	1		5	3	093
3467	3444	3691	2382	3634	3286	139	10
2811	2693	2910	1641	2898	2484	110	101
169	36	108	27	13	377	21	102
	6	46	41	15			103
487	709	627	673	708	425	8	109
51	640	499	27	195	204		11
	487	378			158		111
44	137	77	3	155	46		112
7	16	44	24	40			119
75	89	9	89	88			12
75	89	9	89	88			120

2-11 续表 11

行业中类	代码	2003年	2004年	2005年	2006年	2007年
制造业	C	**151100**	**149349**	**168345**	**188014**	**160438**
农副食品加工业	13	14503	13720	18844	17364	16425
谷物磨制	131	2594	1829	2409	3357	2821
饲料加工	132	2626	3181	5082	3294	2926
植物油加工	133	522	421	915	524	603
制糖业	134		32	4	175	1
屠宰及肉类加工	135	3227	3218	3539	4716	3623
水产品加工	136	2554	3738	4307	2716	3425
蔬菜、水果和坚果加工	137	1959	880	1767	2035	1849
其他农副食品加工	139	1021	421	821	547	1177
食品制造业	14	2357	4712	3440	2907	4003
焙烤食品制造	141	407	871	954	557	1138
糖果、巧克力及蜜饯制造	142	7	147	201	198	176
方便食品制造	143	297	653	271	361	548
乳制品制造	144	258	307	368	240	59
罐头食品制造	145	317	459	345	606	323
调味品、发酵制品制造	146	731	604	490	344	981
其他食品制造	149	340	1671	811	601	778
酒、饮料和精制茶制造业	15	1539	2573	1588	2190	1204
酒的制造	151	755	1117	566	983	362
饮料制造	152	784	1456	1011	1041	842
精制茶加工	153			11	166	
烟草制品业	16					10
烟叶复烤	161					10
卷烟制造	162					
其他烟草制品制造	169					
纺织业	17	4327	2630	3136	4172	2555
棉纺织及印染精加工	171	1558	807	1056	819	819
毛纺织及染整精加工	172	75	103	10	260	267
麻纺织及染整精加工	173					
丝绢纺织及印染精加工	174	616	304	350	735	299
化纤织造及印染精加工	175	248	5	236	188	7
针织或钩针编织物及其制品制造	176	803	445	354	534	480
家用纺织制成品制造	177	394	277	196	775	95
非家用纺织制成品制造	178	633	689	934	861	588
纺织服装、服饰业	18	7212	6225	9441	10077	10158
机织服装制造	181	5908	5617	8695	9403	9651
针织或钩针编织服装制造	182	1001	390	566	277	43
服饰制造	183	303	218	180	397	464
皮革、毛皮、羽毛及其制品和制鞋业	19	422	794	625	762	594
皮革鞣制加工	191	8	27	5		
皮革制品制造	192	171	142	261	193	166
毛皮鞣制及制品加工	193	82	157	74	61	123
羽毛(绒)加工及制品制造	194	27	67	23		8
制鞋业	195	134	401	262	508	297
木材加工和木、竹、藤、棕、草制品业	20	4054	3515	5692	5532	6350

2008年	2009年	2010年	2011年	2012年	2013年	无开业年份	代码
148389	**154007**	**170036**	**123526**	**106208**	**57895**	**5433**	C
13640	11329	13162	10441	9635	5380	165	13
2181	1755	2211	2751	2162	1285	12	131
2904	2522	3354	1437	1488	697	22	132
648	574	613	31	88	273	2	133
		16	129	335	8	25	134
2867	2475	3193	2140	1557	714	53	135
2189	1011	1602	1259	1768	980	19	136
1872	1611	1445	1803	1409	906	17	137
979	1381	728	891	828	517	15	139
3132	2466	4565	3462	3164	1708	128	14
665	736	818	1514	1264	611	101	141
47	70	345	68	284	34		142
302	213	503	433	272	326	3	143
90	463	177		6	13	2	144
560	370	655	310	313	20	4	145
462	124	711	428	296	141	2	146
1006	490	1356	709	729	563	16	149
1433	1367	1055	1978	894	743	44	15
582	678	621	1471	480	486	17	151
851	689	434	507	414	252	27	152
					5		153
					6		16
							161
							162
					6		169
1949	2076	2927	1744	1759	1076	47	17
546	413	1249	382	648	158	2	171
8	144	141	149	178	62	1	172
171		8	5				173
152	190	235	92	87	106		174
19	159	101	347	5	9	4	175
599	540	427	203	342	226	2	176
226	51	289	359	319	374	20	177
228	579	477	207	180	141	18	178
8258	7959	11756	9384	7331	5095	50	18
6519	6094	10015	8078	5502	3239	47	181
318	318	411	431	355	219	3	182
1421	1547	1330	875	1474	1637		183
874	1542	4239	2647	1329	829	15	19
10	226	272	43	184	20		191
251	659	920	649	633	139	12	192
213	382	804	1374	187	90		193
5	2	445	11	64	31		194
395	273	1798	570	261	549	3	195
4583	5448	4370	3431	3345	1977	52	20

2-11 续表 12

行业中类	代码	2003年	2004年	2005年	2006年	2007年
木材加工	201	1246	817	1158	1962	1068
人造板制造	202	794	834	2148	1490	2397
木制品制造	203	1987	1844	2369	2012	2694
竹、藤、棕、草等制品制造	204	27	20	17	68	191
家具制造业	21	1511	1849	2978	2501	1311
木质家具制造	211	1450	1797	2838	1972	1172
竹、藤家具制造	212					23
金属家具制造	213	24	13	9	228	8
塑料家具制造	214	6	3			16
其他家具制造	219	31	36	131	301	92
造纸和纸制品业	22	2297	2059	2976	2979	2836
纸浆制造	221	5	17			1
造纸	222	523	448	648	1121	1440
纸制品制造	223	1769	1594	2328	1858	1395
印刷和记录媒介复制业	23	1667	1364	1468	1732	776
印刷	231	1631	1342	1375	1683	708
装订及印刷相关服务	232	31	22	93	49	68
记录媒介复制	233	5				
文教、工美、体育和娱乐用品制造业	24	1778	1192	1267	1837	1050
文教办公用品制造	241	33	249	100	54	66
乐器制造	242	3	85	1	123	13
工艺美术品制造	243	1545	753	1137	1518	934
体育用品制造	244	92	105	29	139	
玩具制造	245	105			3	26
游艺器材及娱乐用品制造	246					11
石油加工、炼焦和核燃料加工业	25	1598	2002	1519	2724	2213
精炼石油产品制造	251	1583	1991	1463	2341	2028
炼焦	252	15	11	56	383	185
核燃料加工	253					
化学原料和化学制品制造业	26	8105	8048	9143	8140	8343
基础化学原料制造	261	1581	1880	2025	2185	2436
肥料制造	262	1175	1197	1669	839	1535
农药制造	263	62	483	120	646	33
涂料、油墨、颜料及类似产品制造	264	1291	739	1085	1554	1246
合成材料制造	265	895	493	905	303	435
专用化学产品制造	266	2804	2892	2920	2215	2044
炸药、火工及焰火产品制造	267	11	1	5	41	149
日用化学产品制造	268	286	363	414	357	465
医药制造业	27	2731	2510	1802	1230	905
化学药品原料药制造	271	257	594	576	31	46
化学药品制剂制造	272	330	301	418	90	58
中药饮片加工	273	646	449	260	453	169
中成药生产	274	578	518	39	5	295
兽用药品制造	275		340	203	321	197
生物药品制造	276	826	303	177	282	108
卫生材料及医药用品制造	277	94	5	129	48	32
化学纤维制造业	28	694	88	116	282	72

2008年	2009年	2010年	2011年	2012年	2013年	无开业年份	代码
1220	1870	1438	1277	881	478	17	201
1254	1353	673	696	430	422	18	202
1979	2029	2195	1364	1966	945	17	203
130	196	64	94	68	132		204
1836	1747	2506	1619	1119	1042	63	21
1630	1503	2080	1402	873	892	10	211
	4				30	3	212
128	46	27	82	41	35		213
5	30	187	39	7	14		214
73	164	212	96	198	71	50	219
1751	2149	2123	2413	1126	868	146	22
							221
96	461	204	968	157	327	140	222
1655	1688	1919	1445	969	541	6	223
1075	1102	1272	852	1232	565	2	23
976	745	1182	757	1067	504	2	231
67	328	90	95	165	61		232
32	29						233
1571	1027	1923	975	1087	598	50	24
62	84	96	25	33	18		241
35	58	30	7	8	5	35	242
1141	721	1636	705	989	497	15	243
313	164	34	192	7	44		244
20		123	46	41			245
		4		9	34		246
1766	2351	2084	1641	865	402	143	25
1716	2332	2059	1380	838	373	137	251
50	19	25	261	20	29	6	252
				7			253
6773	6830	6872	4881	5753	2586	533	26
1308	1066	1437	1049	983	480	31	261
1582	1481	1273	826	1698	799	149	262
40	120		17	18	43		263
1153	1125	737	637	509	411	13	264
493	791	808	646	593	164	86	265
1774	1771	1791	1282	1828	467	223	266
	3	47	124		111	10	267
423	473	779	300	124	111	21	268
3792	4303	1710	763	912	623	107	27
204	730	17	37	9	161	2	271
888	492	39	269	20	31	23	272
478	764	635	88	60	29		273
253	42	119	5	24	76	67	274
18	5		59	5	48		275
1653	1915	707	253	438	159	5	276
298	355	193	52	356	119	10	277
445	488	151	185	102	104	330	28

2-11 续表 13

行业中类	代码	2003年	2004年	2005年	2006年	2007年
纤维素纤维原料及纤维制造	281	148	17	26		13
合成纤维制造	282	546	71	90	282	59
橡胶和塑料制品业	29	8769	6522	10467	20069	19804
橡胶制品业	291	2472	1716	1790	2110	2305
塑料制品业	292	6297	4806	8677	17959	17499
非金属矿物制品业	30	14279	13808	18749	18988	14804
水泥、石灰和石膏制造	301	1697	1023	730	1997	1129
石膏、水泥制品及类似制品制造	302	2326	1210	3340	2943	3699
砖瓦、石材等建筑材料制造	303	3352	3436	5789	6403	5083
玻璃制造	304	201	389	360	168	8
玻璃制品制造	305	528	639	919	532	238
玻璃纤维和玻璃纤维增强塑料制品制造	306	436	1194	1138	515	328
陶瓷制品制造	307	83	212	221	116	169
耐火材料制品制造	308	4552	3670	5056	5069	3407
石墨及其他非金属矿物制品制造	309	1104	2035	1196	1245	743
黑色金属冶炼和压延加工业	31	11129	7811	11172	8497	7489
炼铁	311	510	515	390	339	432
炼钢	312	189	163	425	270	21
黑色金属铸造	313	6011	4582	6178	5669	4642
钢压延加工	314	3585	1915	3636	1927	1793
铁合金冶炼	315	834	636	543	292	601
有色金属冶炼和压延加工业	32	1974	3342	2030	3742	3959
常用有色金属冶炼	321	573	807	325	1083	1098
贵金属冶炼	322	4	102	164	188	357
稀有稀土金属冶炼	323	70	296	455	38	312
有色金属合金制造	324	220	363	398	373	195
有色金属铸造	325	243	288	50	19	14
有色金属压延加工	326	864	1486	638	2041	1983
金属制品业	33	10943	12638	10201	12695	8643
结构性金属制品制造	331	4275	4740	4560	5824	4085
金属工具制造	332	915	440	535	401	294
集装箱及金属包装容器制造	333	500	2087	1226	532	449
金属丝绳及其制品制造	334	491	463	450	362	308
建筑、安全用金属制品制造	335	1227	854	599	1614	421
金属表面处理及热处理加工	336	1716	1980	1041	1869	801
搪瓷制品制造	337	17	2		49	133
金属制日用品制造	338	127	308	161	806	496
其他金属制品制造	339	1675	1764	1629	1238	1656
通用设备制造业	34	20129	22465	23253	23555	19589
锅炉及原动设备制造	341	960	1320	949	1035	1590
金属加工机械制造	342	2558	2503	3231	3659	4306
物料搬运设备制造	343	1166	999	823	1546	1043
泵、阀门、压缩机及类似机械制造	344	4262	4510	4078	4372	2649
轴承、齿轮和传动部件制造	345	3753	4125	5189	3170	2321
烘炉、风机、衡器、包装等设备制造	346	1493	1616	1492	2105	1084
文化、办公用机械制造	347	163	66	103	316	59
通用零部件制造	348	5406	6109	6531	6816	5870

2008年	2009年	2010年	2011年	2012年	2013年	无开业年　份	代码
20	181	128	5			1	281
425	307	23	180	102	104	329	282
8071	9612	8041	6708	4950	2846	193	29
1432	1376	1103	446	619	380	20	291
6639	8236	6938	6262	4331	2466	173	292
14163	17761	19622	18088	16803	7804	518	30
2107	2272	1758	495	1037	222	60	301
3417	5830	6065	6181	5767	2235	176	302
4705	4233	6015	5932	6872	3216	137	303
183	261	354	162	194	162	10	304
301	579	952	507	228	100	42	305
436	264	255	549	271	98	1	306
111	713	581	246	349	165	25	307
2094	2823	2314	2445	1431	1288	66	308
809	786	1328	1571	654	318	1	309
6861	5943	5361	2607	2410	698	256	31
129	550	342	319	55	73	2	311
313	245	129	17	8	18	74	312
3354	3231	2751	1122	1165	343	45	313
2376	1659	1906	1075	1015	245	111	314
689	258	233	74	167	19	24	315
3354	2141	1959	1359	2244	848	92	32
900	257	677	418	1088	243		321
	36	23	50	10	10	4	322
394	377	192		27	8	2	323
811	368	27	198	375	180	5	324
83	116	223	86	179	79	18	325
1166	987	817	607	565	328	63	326
12008	9085	13661	7997	7299	4071	291	33
6026	4550	7800	4634	3830	2117	161	331
1115	475	1805	531	567	222	17	332
847	422	776	613	372	165		333
249	243	75	202	318	191	18	334
815	982	1190	535	734	452	30	335
1269	625	681	294	400	193		336
	77	10	2	82	13		337
441	536	388	226	258	228	6	338
1246	1175	936	960	738	490	59	339
21877	23996	24018	15891	13420	6469	463	34
524	739	1115	745	589	317	27	341
3485	3531	5085	2823	2611	1094	166	342
2059	741	1255	661	546	219	67	343
2776	6043	3396	3125	2178	639	24	344
3154	2776	2286	1285	1415	539		345
428	1511	639	1158	706	554	35	346
190	26		67	48	14		347
7985	6127	6011	5365	4179	2489	113	348

2-11 续表 14

行业中类	代码	2003年	2004年	2005年	2006年	2007年
其他通用设备制造业	349	368	1217	857	536	667
专用设备制造业	35	10623	11189	9111	12971	9189
采矿、冶金、建筑专用设备制造	351	3527	3961	3291	4237	2817
化工、木材、非金属加工专用设备制造	352	3043	2630	1898	4386	2782
食品、饮料、烟草及饲料生产专用设备制	353	494	430	165	124	152
印刷、制药、日化及日用品生产专用设备	354	506	634	503	493	586
纺织、服装和皮革加工专用设备制造	355	46	208	742	292	102
电子和电工机械专用设备制造	356	452	405	520	335	581
农、林、牧、渔专用机械制造	357	522	541	239	474	571
医疗仪器设备及器械制造	358	155	778	212	598	320
环保、社会公共服务及其他专用设备制造	359	1878	1602	1541	2032	1278
汽车制造业	36	3514	4701	4270	3066	3915
汽车整车制造	361	271	46			52
改装汽车制造	362	162	123	10	64	233
低速载货汽车制造	363					
电车制造	364					
汽车车身、挂车制造	365	71	295	174		2
汽车零部件及配件制造	366	3010	4237	4086	3002	3628
铁路、船舶、航空航天和其他运输设备制造	37	1494	1616	1776	3502	1725
铁路运输设备制造	371	1008	216	266	294	199
城市轨道交通设备制造	372		1	24		
船舶及相关装置制造	373	481	1004	1361	3035	1213
航空、航天器及设备制造	374		337	118	54	162
摩托车制造	375		17		77	
自行车制造	376	5		7	29	140
非公路休闲车及零配件制造	377		23			
潜水救捞及其他未列明运输设备制造	379		18		13	11
电气机械和器材制造业	38	7299	6733	6571	10008	7250
电机制造	381	930	1134	504	747	498
输配电及控制设备制造	382	3742	3310	3737	5559	3194
电线、电缆、光缆及电工器材制造	383	1293	1061	1270	2478	1556
电池制造	384	167	108	49	96	169
家用电力器具制造	385	197	223	427	236	428
非电力家用器具制造	386	262	124	203	387	203
照明器具制造	387	541	382	317	211	654
其他电气机械及器材制造	389	167	391	64	294	548
计算机、通信和其他电子设备制造业	39	1875	1861	2284	3243	2212
计算机制造	391	288	332	338	63	2
通信设备制造	392	100	112	261	119	825
广播电视设备制造	393	396	20	3	235	21
雷达及配套设备制造	394	18	24	1		
视听设备制造	395			69	515	520
电子器件制造	396	308	353	356	423	408
电子元件制造	397	444	666	577	1501	185
其他电子设备制造	399	321	354	679	387	251
仪器仪表制造业	40	2602	1868	2277	2004	1171
通用仪器仪表制造	401	1949	1517	1985	1326	674

2008年	2009年	2010年	2011年	2012年	2013年	无开业年　份	代码
1276	2502	4231	662	1148	604	31	349
9433	8995	12445	8448	7655	4472	466	35
3411	3156	4150	2858	2241	1520	149	351
3135	1414	2080	1998	1284	678	74	352
106	697	483	13	199	53		353
258	492	731	423	91	136	1	354
99	73	99	97	163	18	3	355
461	514	1199	650	773	538	4	356
544	690	1336	700	838	445		357
355	169	531	297	496	469	1	358
1064	1790	1836	1412	1570	615	234	359
2303	4568	6404	2992	1687	883	206	36
18	305		5		56		361
6	1062	164	236	54	18		362
			6				363
	25			6	35		364
3	106	392	90	23	113	30	365
2276	3070	5848	2655	1604	661	176	366
3826	3058	3409	1971	1652	1431	13	37
574	361	761	281	397	455		371
52			74				372
3077	2234	2343	1580	1141	711	13	373
	220	221	3	41	235		374
	10			25			375
	232	29	4	6	20		376
		45	19				377
123	1	10	10	42	10		379
6399	9026	7830	4721	4424	1858	738	38
549	787	810	340	784	183	194	381
2862	4136	3445	2119	2028	696	329	382
1809	1539	1224	1067	859	155	68	383
282	522	401	113	35	206	44	384
69	292	292	172	166	94		385
131	430	641	81	43	77	1	386
427	684	753	436	223	280	78	387
270	636	264	393	286	167	24	389
1476	1031	1455	1656	751	717	209	39
185	198	28	91	56	74		391
79	192	425	584	107	126	19	392
	28	17	391	89		3	393
							394
82		6		5	4	71	395
679	186	199	93	139	283	18	396
103	326	363	154	202	130	11	397
348	101	417	343	153	100	87	399
1704	1927	1780	935	833	460	82	40
1296	1230	1398	547	504	363	57	401

2-11 续表 15

行业中类	代码	2003年	2004年	2005年	2006年	2007年
专用仪器仪表制造	402	540	217	107	588	255
钟表与计时仪器制造	403		4		3	19
光学仪器及眼镜制造	404	39	17	11	2	94
其他仪器仪表制造业	409	74	113	174	85	129
其他制造业	41	502	358	607	473	525
日用杂品制造	411	393	25	8	164	155
煤制品制造	412	78	107	401	49	231
核辐射加工	413					1
其他未列明制造业	419	31	226	198	260	138
废弃资源综合利用业	42	268	484	121	119	393
金属废料和碎屑加工处理	421	137	136	17	33	86
非金属废料和碎屑加工处理	422	131	348	104	86	307
金属制品、机械和设备修理业	43	905	672	1421	653	965
金属制品修理	431	4	85	87	3	9
通用设备修理	432	222	193	66	247	218
专用设备修理	433	57	84	10	75	64
铁路、船舶、航空航天等运输设备修理	434	437	113	730	240	510
电气设备修理	435	46	39	17	15	76
仪器仪表修理	436	9	29	1		54
其他机械和设备修理业	439	130	129	510	73	34
电力、热力、燃气及水生产和供应业	D	**2493**	**1609**	**4084**	**4341**	**3186**
电力、热力生产和供应业	44	2229	1193	3052	3571	2300
电力生产	441	80	222	464	859	791
电力供应	442	7	8	250	5	26
热力生产和供应	443	2142	963	2338	2707	1483
燃气生产和供应业	45	127	192	380	185	146
燃气生产和供应业	450	127	192	380	185	146
水的生产和供应业	46	137	224	652	585	740
自来水生产和供应	461	34	151	123	139	612
污水处理及其再生利用	462	102	73	529	446	128
其他水的处理、利用与分配	469	1				
建筑业	E	**40558**	**65162**	**49298**	**34837**	**34763**
房屋建筑业	47	9505	32786	15687	9314	10525
房屋建筑业	470	9505	32786	15687	9314	10525
土木工程建筑业	48	11050	7481	9249	7714	6750
铁路、道路、隧道和桥梁工程建筑	481	6536	1894	3640	3801	2530
水利和内河港口工程建筑	482	453	189	1565	775	530
海洋工程建筑	483					
工矿工程建筑	484	612	350	826	262	468
架线和管道工程建筑	485	1610	2678	1587	1123	2167
其他土木工程建筑	489	1839	2370	1631	1753	1055
建筑安装业	49	11590	9550	9611	9423	9061
电气安装	491	2325	4626	4750	2945	4754
管道和设备安装	492	4706	1867	1583	3170	1442
其他建筑安装业	499	4559	3057	3278	3308	2865
建筑装饰和其他建筑业	50	8413	15345	14751	8386	8427
建筑装饰业	501	5808	8685	9534	6168	5576
工程准备活动	502	934	2959	3704	815	1563
提供施工设备服务	503	388	124	643	787	210
其他未列明建筑业	509	1283	3577	870	616	1078

2008年	2009年	2010年	2011年	2012年	2013年	无开业年份	代码
303	336	190	275	110	69	8	402
40	12	1	28	58			403
2	173	130			16		404
63	176	61	85	161	12	17	409
492	538	596	426	357	596	13	41
34	71	77	57	33	7		411
117	117	140	207	47	196	8	412
							413
341	350	379	162	277	393	5	419
896	1423	686	973	836	332	17	42
766	906	428	456	300	186		421
130	517	258	517	536	146	17	422
2648	2719	2054	2338	1234	808	1	43
2	291	48	35	35	123		431
263	98	86	120	55	53		432
302	285	38	110	89	79		433
1932	1883	1576	1882	847	502	1	434
72	33	83	30	19	12		435
8	4	35	35	10			436
69	125	188	126	179	39		439
2935	**4266**	**3697**	**2679**	**2796**	**1577**	**1678**	D
1855	2713	2452	1823	1816	1084	294	44
688	695	944	657	281	263	256	441
2	15	23		413	1		442
1165	2003	1485	1166	1122	820	38	443
478	1086	481	355	414	364	1317	45
478	1086	481	355	414	364	1317	450
602	467	764	501	566	129	67	46
394	158	305	164	188	11	3	461
137	297	260	176	329	103	31	462
71	12	199	161	49	15	33	469
37473	**50837**	**86440**	**53787**	**34913**	**17633**	**178**	E
15890	20306	40239	21996	13533	4125	77	47
15890	20306	40239	21996	13533	4125	77	470
5989	12119	18338	11210	7275	3376	26	48
2307	8553	9132	2906	4130	1209	4	481
758	673	2675	2568	930	551	15	482
45		10			12		483
43	791	1410	1400	186	103		484
1822	331	3305	565	534	303	2	485
1014	1771	1806	3771	1495	1198	5	489
7513	7519	10335	7315	5239	2656	27	49
2671	1793	4090	2563	1606	709	6	491
1059	1818	1694	2150	1270	600	9	492
3783	3908	4551	2602	2363	1347	12	499
8081	10893	17528	13266	8866	7476	48	50
5273	8519	11020	10472	5694	5739	19	501
1457	1368	3129	1223	1941	794	15	502
306	70	446	256	76	321	2	503
1045	936	2933	1315	1155	622	12	509

2-11 续表 16

行业中类	代码	2003年	2004年	2005年	2006年	2007年
批发和零售业	F	**26926**	**29155**	**31414**	**38345**	**38948**
批发业	51	18487	20046	21822	27666	28423
农、林、牧产品批发	511	853	1107	1356	1965	1937
食品、饮料及烟草制品批发	512	1854	1800	2674	3294	4073
纺织、服装及家庭用品批发	513	1984	1709	1747	2388	2308
文化、体育用品及器材批发	514	536	493	401	619	562
医药及医疗器材批发	515	550	611	539	781	684
矿产品、建材及化工产品批发	516	6233	7261	7132	9250	9154
机械设备、五金产品及电子产品批发	517	5443	5363	5637	6902	7411
贸易经纪与代理	518	283	642	797	568	991
其他批发业	519	751	1060	1539	1899	1303
零售业	52	8439	9109	9592	10679	10525
综合零售	521	569	647	1222	927	490
食品、饮料及烟草制品专门零售	522	534	595	824	655	1037
纺织、服装及日用品专门零售	523	874	726	914	1197	1741
文化、体育用品及器材专门零售	524	489	490	537	811	595
医药及医疗器材专门零售	525	1068	1220	980	1120	832
汽车、摩托车、燃料及零配件专门零售	526	2139	2261	1976	2105	1813
家用电器及电子产品专门零售	527	1293	1357	1423	1821	1825
五金、家具及室内装饰材料专门零售	528	993	1271	1063	1400	1488
货摊、无店铺及其他零售业	529	480	542	653	643	704
交通运输、仓储和邮政业	G	**20198**	**9521**	**10644**	**10470**	**10026**
道路运输业	54	5021	5825	6354	6361	7017
城市公共交通运输	541	777	1254	1130	945	2196
公路旅客运输	542	1147	739	927	1596	463
道路货物运输	543	2847	3808	3860	3670	3974
道路运输辅助活动	544	250	24	437	150	384
水上运输业	55	479	216	243	592	480
水上旅客运输	551	254	8		43	182
水上货物运输	552	115	88	109	345	209
水上运输辅助活动	553	110	120	134	204	89
航空运输业	56	5	128	144	19	16
航空客货运输	561	5	18	144	14	13
通用航空服务	562		6			
航空运输辅助活动	563		104		5	3
管道运输业	57	2				
管道运输业	570	2				
装卸搬运和运输代理业	58	13776	2542	2917	2516	1664
装卸搬运	581	12243	474	123	420	337
运输代理业	582	1533	2068	2794	2096	1327
仓储业	59	829	731	924	792	735
谷物、棉花等农产品仓储	591	143	341	443	448	246
其他仓储业	599	686	390	481	344	489
邮政业	60	86	79	62	190	114
邮政基本服务	601		12			
快递服务	602	86	67	62	190	114

2008年	2009年	2010年	2011年	2012年	2013年	无开业年　份	代码
46210	**59309**	**84330**	**87930**	**85054**	**71331**	**1253**	F
32686	42726	60161	64030	59593	50636	848	51
2068	3301	5351	4471	5345	4413	56	511
5448	7279	8280	8119	8669	7569	261	512
2861	3446	4813	4960	4283	5471	39	513
753	793	1070	936	1132	931	69	514
813	1192	1289	1536	1740	1480	2	515
9854	12094	20098	19625	18331	13874	191	516
8149	9718	11674	14685	11529	10590	102	517
1240	1895	2520	3648	3675	2519	33	518
1500	3008	5066	6050	4889	3789	95	519
13524	16583	24169	23900	25461	20695	405	52
939	1586	2086	1948	2307	2669	118	521
1058	1564	1881	2158	2572	2155	17	522
1702	1920	2569	2947	2992	2042	14	523
585	556	977	1122	1690	1110	43	524
1322	2276	4093	3367	3067	2435	3	525
2767	3016	4602	4100	3718	2580	97	526
2503	2354	2974	2814	3415	2505	11	527
1656	2169	2807	3280	3947	3644	44	528
992	1142	2180	2164	1753	1555	58	529
17727	**9763**	**12958**	**11860**	**9618**	**6899**	**416**	G
4895	6213	8740	7280	5957	4378	136	54
306	609	632	1067	717	518	24	541
714	467	373	683	406	148	14	542
3771	5027	7585	5163	4479	3589	95	543
104	110	150	367	355	123	3	544
803	286	152	256	104	108	48	55
115	57	11	5		3		551
215	149	113	152	42	77		552
473	80	28	99	62	28	48	553
	9	35	462	106	56	102	56
	9	11	423	9	6		561
		11	7	73	17		562
		13	32	24	33	102	563
	5	11	40			5	57
	5	11	40			5	570
10985	2070	2166	2065	2343	1571	53	58
9248	480	617	259	483	427		581
1737	1590	1549	1806	1860	1144	53	582
827	977	1034	946	802	350	71	59
370	431	388	214	342	67	22	591
457	546	646	732	460	283	49	599
217	203	820	811	306	436	1	60
8	5		170	5	9		601
209	198	820	641	301	427	1	602

2-11 续表 17

行业中类	代码	2003年	2004年	2005年	2006年	2007年
住宿和餐饮业	H	**3942**	**4091**	**4394**	**4586**	**5297**
住宿业	61	1886	1449	1805	1656	2014
旅游饭店	611	1201	990	1017	631	1133
一般旅馆	612	658	403	605	872	832
其他住宿业	619	27	56	183	153	49
餐饮业	62	2056	2642	2589	2930	3283
正餐服务	621	1932	2107	2013	2645	2957
快餐服务	622	47	45	301	174	100
饮料及冷饮服务	623	36	72	69	59	129
其他餐饮业	629	41	418	206	52	97
信息传输、软件和信息技术服务业	I	**3217**	**8994**	**3953**	**4356**	**3520**
电信、广播电视和卫星传输服务	63	163	165	224	282	163
电信	631	72	56	127	179	66
广播电视传输服务	632	91	109	97	95	96
卫星传输服务	633				8	1
互联网和相关服务	64	185	252	289	281	298
互联网接入及相关服务	641	25	64	47	60	30
互联网信息服务	642	160	152	225	212	268
其他互联网服务	649		36	17	9	
软件和信息技术服务业	65	2869	8577	3440	3793	3059
软件开发	651	1973	8078	2611	3022	2358
信息系统集成服务	652	261	110	360	241	244
信息技术咨询服务	653	293	204	181	407	271
数据处理和存储服务	654	237	52	121	31	28
集成电路设计	655		44	44	33	18
其他信息技术服务业	659	105	89	123	59	140
房地产业	K	**9655**	**9960**	**8443**	**10223**	**12467**
房地产业	70	9655	9960	8443	10223	12467
房地产开发经营	701	1470	1774	2182	3870	4055
物业管理	702	7522	7337	5287	5606	7500
房地产中介服务	703	591	717	693	675	857
其他房地产业	709	72	132	281	72	55
租赁和商务服务业	L	**11085**	**8521**	**13712**	**24711**	**12156**
租赁业	71	148	410	314	334	548
机械设备租赁	711	148	398	312	330	538
文化及日用品出租	712		12	2	4	10
商务服务业	72	10937	8111	13398	24377	11608
企业管理服务	721	809	773	1920	1603	1272
法律服务	722	114	52	98	33	119
咨询与调查	723	1493	1619	2258	2379	2751
广告业	724	1182	954	1355	1655	1712
知识产权服务	725	90	48	38	37	40
人力资源服务	726	2445	2089	3300	15208	1826
旅行社及相关服务	727	453	637	696	695	706
安全保护服务	728	3319	433	442	836	882
其他商务服务业	729	1032	1506	3291	1931	2300

2008年	2009年	2010年	2011年	2012年	2013年	无开业年份	代码
5853	**8211**	**10113**	**8536**	**10915**	**7667**	**136**	H
2579	2941	3517	3300	3850	3680	125	61
1532	1560	1317	1151	1474	1420	56	611
944	1279	1983	1872	2178	2024	19	612
103	102	217	277	198	236	50	619
3274	5270	6596	5236	7065	3987	11	62
2757	4836	5633	4426	5441	3074	10	621
130	179	493	342	722	238		622
41	69	165	114	329	180		623
346	186	305	354	573	495	1	629
4052	**5084**	**6982**	**7427**	**7328**	**6991**	**163**	I
214	363	578	690	619	362		63
137	216	347	371	438	309		631
74	147	218	310	181	50		632
3		13	9		3		633
322	686	654	391	649	333	18	64
12	185	79	42	178	83		641
280	404	498	266	317	171	18	642
30	97	77	83	154	79		649
3516	4035	5750	6346	6060	6296	145	65
2535	2562	3824	4011	3721	3895	123	651
285	350	444	552	548	548	12	652
444	670	807	1197	1256	1130	10	653
6	86	23	93	75	82		654
12	25	45	17	37	16		655
234	342	607	476	423	625		659
13124	**15149**	**21526**	**22252**	**13984**	**9691**	**303**	K
13124	15149	21526	22252	13984	9691	303	70
3081	5803	10300	11439	5995	3605	209	701
8633	7691	8957	8644	6376	4275	63	702
1334	1389	2177	1996	1449	1480	21	703
76	266	92	173	164	331	10	709
22172	**16281**	**27014**	**30726**	**31022**	**23305**	**295**	L
827	721	1566	2079	1613	2238	25	71
822	691	1535	2017	1589	2182	25	711
5	30	31	62	24	56		712
21345	15560	25448	28647	29409	21067	270	72
1494	2225	2552	4642	4327	3383	59	721
153	111	89	55	157	49		722
3162	3576	4458	5867	8787	6278	79	723
1677	2578	3791	5191	4983	4157	12	724
43	26	42	69	131	138		725
11012	2747	7733	6751	3851	2998	13	726
475	564	888	761	871	554	55	727
509	235	1994	751	500	620		728
2820	3498	3901	4560	5802	2890	52	729

2-11 续表 18

行业中类	代码					
		2003年	2004年	2005年	2006年	2007年
科学研究和技术服务业	M	**4545**	**4127**	**4180**	**5388**	**5869**
研究和试验发展	73	255	316	336	388	539
自然科学研究和试验发展	731		8	1	44	20
工程和技术研究和试验发展	732	200	237	266	219	362
农业科学研究和试验发展	733	33	24	25	72	62
医学研究和试验发展	734	22	47	30	53	95
社会人文科学研究	735			14		
专业技术服务业	74	3749	3289	3035	4154	3551
气象服务	741	6		3		6
地震服务	742					
海洋服务	743	10			35	20
测绘服务	744	239	325	114	241	134
质检技术服务	745	417	412	423	1103	811
环境与生态监测	746	19	79	12	52	20
地质勘查	747	81	192	73	77	34
工程技术	748	2267	1898	1725	2028	1760
其他专业技术服务业	749	710	383	685	618	766
科技推广和应用服务业	75	541	522	809	846	1779
技术推广服务	751	438	359	498	727	1480
科技中介服务	752	67	63	224	90	215
其他科技推广和应用服务业	759	36	100	87	29	84
水利、环境和公共设施管理业	N	**1037**	**884**	**1118**	**771**	**995**
水利管理业	76	90	15	65	3	72
防洪除涝设施管理	761			2		
水资源管理	762	25	3			24
天然水收集与分配	763	50				15
水文服务	764		5			3
其他水利管理业	769	15	7	63	3	30
生态保护和环境治理业	77	43	209	82	178	180
生态保护	771		8	10		
环境治理业	772	43	201	72	178	180
公共设施管理业	78	904	660	971	590	743
市政设施管理	781	51	78	288	6	15
环境卫生管理	782	26	15	5	33	143
城乡市容管理	783	5	11	7	7	10
绿化管理	784	536	409	507	195	317
公园和游览景区管理	785	286	147	164	349	258
居民服务、修理和其他服务业	O	**2351**	**2615**	**2430**	**2916**	**2595**
居民服务业	79	926	1340	1019	1272	945
家庭服务	791	40	120	119	90	75
托儿所服务	792	2				
洗染服务	793	41	83	1	46	11
理发及美容服务	794	175	283	158	191	218
洗浴服务	795	386	443	487	505	314
保健服务	796	3	40	18	67	81

2008年	2009年	2010年	2011年	2012年	2013年	无开业年份	代码
5650	**7467**	**9317**	**10625**	**9826**	**7118**	**355**	M
488	939	1424	1929	1661	1050	37	73
20	68	230	316	149	169		731
283	573	848	1006	1081	548	16	732
151	80	173	257	183	112	6	733
34	211	128	245	188	215	15	734
	7	45	105	60	6		735
3011	4137	4898	5197	4755	3324	140	74
		13	3		12		741
			9	1	33		742
10	24	3	18	10	8		743
115	196	192	161	255	121		744
448	627	368	502	316	337	43	745
101	32	75	119	113	67	1	746
102	126	162	89	227	45	5	747
1242	1835	2399	2497	1960	1410	61	748
993	1297	1686	1799	1873	1291	30	749
2151	2391	2995	3499	3410	2744	178	75
1921	2128	2382	2828	2821	2240	145	751
128	122	336	305	233	228	33	752
102	141	277	366	356	276		759
755	**1747**	**2111**	**1865**	**2155**	**1453**	**148**	N
62	52	284	183	158	118		76
	1	6		5	14		761
	12	31	40	38	16		762
10		105	48	21			763
21	16	80	4				764
31	23	62	91	94	88		769
79	355	121	219	109	251		77
1			19		1		771
78	355	121	200	109	250		772
614	1340	1706	1463	1888	1084	148	78
136	209	191	182	168	98	5	781
43	81	68	93	319	221	68	782
	40	25	13	8	28		783
284	590	1073	828	1131	509	24	784
151	420	349	347	262	228	51	785
2598	**4176**	**5170**	**5198**	**4647**	**3634**	**40**	O
1109	1962	2317	2333	2247	1751	10	79
123	241	241	501	458	288		791
		6			6		792
53	34	58	175	29	31		793
239	441	463	301	274	292		794
425	678	742	724	671	512	8	795
50	89	178	154	140	113		796

2-11 续表 19

行业中类	代码					
		2003年	2004年	2005年	2006年	2007年
婚姻服务	797	19	15	29	83	47
殡葬服务	798	153	254	130	241	87
其他居民服务业	799	107	102	77	49	112
机动车、电子产品和日用产品修理业	80	1239	1142	1164	1272	1286
汽车、摩托车修理与维护	801	1041	997	1040	1024	1059
计算机和办公设备维修	802	128	59	73	152	179
家用电器修理	803	49	76	42	83	46
其他日用产品修理业	809	21	10	9	13	2
其他服务业	81	186	133	247	372	364
清洁服务	811	82	54	135	240	252
其他未列明服务业	819	104	79	112	132	112
卫生和社会工作	**Q**	**35**	**80**	**26**	**96**	**77**
社会工作	84	35	80	26	96	77
提供住宿社会工作	841	34	80	26	91	77
不提供住宿社会工作	842	1			5	
文化、体育和娱乐业	**R**	**1311**	**890**	**1516**	**1873**	**1746**
新闻和出版业	85	91	42	55	70	113
新闻业	851				3	
出版业	852	91	42	55	67	113
广播、电视、电影和影视录音制作业	86	247	147	314	103	166
广播	861			10	5	
电视	862	30	7	2	23	
电影和影视节目制作	863	6	16	65	38	136
电影和影视节目发行	864	2	1	99		11
电影放映	865	209	123	132	29	19
录音制作	866			6	8	
文化艺术业	87	87	69	98	79	164
文艺创作与表演	871	34	26	36	45	51
艺术表演场馆	872				7	10
图书馆与档案馆	873	6		6	7	3
文物及非物质文化遗产保护	874					
博物馆	875		5	11		28
烈士陵园、纪念馆	876			1		
群众文化活动	877	27	9	8	3	24
其他文化艺术业	879	20	29	36	17	48
体育	88	176	95	236	410	89
体育组织	881	14	1	24	73	6
体育场馆	882		48		6	3
休闲健身活动	883	159	45	212	253	79
其他体育	889	3	1		78	1
娱乐业	89	710	537	813	1211	1214
室内娱乐活动	891	587	408	749	1073	1068
游乐园	892	97	13	41	46	29
彩票活动	893				4	
文化、娱乐、体育经纪代理	894		32	7	85	68
其他娱乐业	899	26	84	16	3	49

2008年	2009年	2010年	2011年	2012年	2013年	无开业年份	代码
73	100	227	189	298	243		797
45	224	210	156	155	103	2	798
101	155	192	133	222	163		799
1130	1547	2241	2149	1717	1368	29	80
1003	1266	1890	1806	1322	1047	19	801
48	157	176	197	169	212	10	802
53	71	88	92	75	51		803
26	53	87	54	151	58		809
359	667	612	716	683	515	1	81
208	577	343	412	447	396	1	811
151	90	269	304	236	119		819
60	**62**	**172**	**92**	**21**	**104**		**Q**
60	62	172	92	21	104		84
56	62	153	87	21	95		841
4		19	5		9		842
2289	**4557**	**5166**	**3747**	**3544**	**2886**	**9**	**R**
54	67	101	172	43	165		85
		5			6		851
54	67	96	172	43	159		852
195	170	410	521	480	485		86
7	1	21		8	4		861
		1	52	3	1		862
30	59	99	63	20	51		863
28	7	1	6	13	7		864
124	54	244	399	425	398		865
6	49	44	1	11	24		866
249	386	460	460	692	473		87
123	63	153	164	195	56		871
7	46	10	15	72	64		872
15	17	16	4		6		873
7		1	2	5	22		874
8	3	38	67	15			875
							876
31	39	33	25	84	25		877
58	218	209	183	321	300		879
305	367	384	416	449	207	4	88
20	12	8	113	50	25		881
20	11	14	16	35	5	2	882
265	274	359	241	312	162	2	883
	70	3	46	52	15		889
1486	3567	3811	2178	1880	1556	5	89
1372	3477	3691	1981	1716	1273	4	891
85	55	56	45	47	113		892
		3			20		893
20	24	41	59	46	94		894
9	11	20	93	71	56	1	899

2-12 按行业(大类)、登记注册类型

行业	代码	法人单位数(个)	内资企业				
				国有企业	集体企业	股份合作企业	联营企业
总计	00	**315047**	**308289**	**5642**	**10272**	**2114**	**603**
农、林、牧、渔业	A	**1719**	**1715**	**35**	**18**	**3**	**1**
农业	01	9	9	5			
林业	02	6	6	6			
畜牧业	03	2	2				
渔业	04	4	4				
农、林、牧、渔服务业	05	1698	1694	24	18	3	1
采矿业	B	**5307**	**5246**	**41**	**361**	**12**	**20**
煤炭开采和洗选业	06	587	587	13	109	4	5
石油和天然气开采业	07	11	10				
黑色金属矿采选业	08	1654	1649	4	65	1	3
有色金属矿采选业	09	732	704	4	40	1	2
非金属矿采选业	10	2172	2147	15	141	5	10
开采辅助活动	11	122	120	3	6	1	
其他采矿业	12	29	29	2			
制造业	C	**80921**	**77179**	**986**	**4488**	**934**	**155**
农副食品加工业	13	5316	5025	63	77	18	7
食品制造业	14	1937	1798	23	46	16	1
酒、饮料和精制茶制造业	15	1098	1043	13	32	4	1
烟草制品业	16	5	5	2	2		
纺织业	17	1650	1572	37	80	16	5
纺织服装、服饰业	18	3709	3371	27	118	25	2
皮革、毛皮、羽毛及其制品和制鞋业	19	748	693	12	33	10	2
木材加工和木、竹、藤、棕、草制品业	20	2158	2029	14	77	11	3
家具制造业	21	1122	1035	3	24	5	3
造纸和纸制品业	22	1392	1336	19	97	20	
印刷和记录媒介复制业	23	1913	1897	90	249	64	5
文教、工美、体育和娱乐用品制造业	24	1111	982	9	60	10	3
石油加工、炼焦和核燃料加工业	25	911	872	15	38	9	
化学原料和化学制品制造业	26	4572	4336	58	269	67	11
医药制造业	27	702	652	17	15	3	1
化学纤维制造业	28	122	116		8	2	
橡胶和塑料制品业	29	4632	4440	20	226	51	6
非金属矿物制品业	30	8705	8468	72	513	43	17
黑色金属冶炼和压延加工业	31	2721	2630	21	223	24	2
有色金属冶炼和压延加工业	32	1008	957	17	70	11	3
金属制品业	33	6381	6170	49	467	79	18
通用设备制造业	34	12254	11874	119	719	185	29
专用设备制造业	35	5842	5609	105	295	79	14
汽车制造业	36	1262	1119	22	63	13	2
铁路、船舶、航空航天和其他运输设备制造	37	1051	985	22	101	12	2
电气机械和器材制造业	38	4290	4096	71	299	88	9
计算机、通信和其他电子设备制造业	39	999	877	23	30	8	2
仪器仪表制造业	40	1469	1394	18	81	38	1
其他制造业	41	389	368	1	29	5	2
废弃资源综合利用业	42	355	349	5	15	2	2
金属制品、机械和设备修理业	43	1097	1081	19	132	16	2

分组的小微企业法人单位数

国有联营企业	集体联营企业	国有与集体联营企业	其他联营企业	有限责任公司	国有独资公司	其他有限责任公司	股份有限公司	私营企业	代码
50	**194**	**47**	**312**	**61923**	**636**	**61287**	**5578**	**205495**	**00**
			1	**100**	**1**	**99**	**6**	**524**	**A**
				1		1		3	01
									02
				2		2			03
							1	3	04
			1	97	1	96	5	518	05
	5	**2**	**13**	**475**	**7**	**468**	**42**	**4138**	**B**
	1		4	21		21	4	421	06
				3		3		5	07
			3	108	3	105	10	1415	08
	2			102		102	17	515	09
	2	2	6	185	3	182	9	1714	10
				45		45	2	53	11
				11	1	10		15	12
6	**50**	**11**	**88**	**10345**	**76**	**10269**	**1279**	**56423**	**C**
1	1	1	4	582	5	577	75	3932	13
	1			225		225	27	1365	14
			1	142	1	141	24	784	15
									16
	2	1	2	182	2	180	19	1156	17
	1		1	329	6	323	30	2694	18
			2	54		54	5	556	19
	2		1	182		182	21	1627	20
	1		2	94		94	9	861	21
				145	1	144	17	1000	22
	2		3	201	1	200	24	1183	23
	1		2	102	1	101	12	733	24
				149	2	147	33	599	25
1	3	1	6	611	5	606	101	3097	26
			1	172	1	171	32	398	27
				19	1	18	2	82	28
	2		4	523	4	519	71	3414	29
	8	2	7	1062	5	1057	111	6374	30
		1	1	274	1	273	35	2003	31
	2		1	141	3	138	31	661	32
	10	1	7	800	4	796	91	4475	33
1	5	3	20	1560	10	1550	192	8754	34
1	2		11	974	7	967	98	3880	35
			2	249	5	244	16	727	36
		1	1	207	4	203	22	603	37
1	4		4	688	3	685	88	2762	38
1			1	182	1	181	27	571	39
	1			259	2	257	39	904	40
			2	46		46	6	252	41
	1		1	50	1	49	7	245	42
	1		1	141		141	14	731	43

2-12 续表 1

行业	代码	法人单位数(个)	内资企业				
				国有企业	集体企业	股份合作企业	联营企业
电力、热力、燃气及水生产和供应业	D	**1736**	**1654**	**201**	**120**	**14**	**5**
电力、热力生产和供应业	44	1104	1070	106	51	9	3
燃气生产和供应业	45	193	168	9	5	4	
水的生产和供应业	46	439	416	86	64	1	2
建筑业	E	**18434**	**18297**	**296**	**599**	**87**	**25**
房屋建筑业	47	2734	2726	59	184	19	4
土木工程建筑业	48	3213	3192	133	134	15	6
建筑安装业	49	4238	4202	53	193	28	6
建筑装饰和其他建筑业	50	8249	8177	51	88	25	9
批发和零售业	F	**113946**	**113171**	**1351**	**2504**	**589**	**213**
批发业	51	79620	78981	895	1488	340	125
零售业	52	34326	34190	456	1016	249	88
交通运输、仓储和邮政业	G	**11545**	**11383**	**427**	**277**	**72**	**19**
道路运输业	54	6140	6102	141	183	49	7
水上运输业	55	353	346	8	8	3	1
航空运输业	56	53	51	3	1		
管道运输业	57	10	9				
装卸搬运和运输代理业	58	3427	3363	52	64	13	2
仓储业	59	1161	1111	207	20	6	8
邮政业	60	401	401	16	1	1	1
住宿和餐饮业	H	**6223**	**5976**	**300**	**262**	**48**	**20**
住宿业	61	2620	2561	236	159	24	11
餐饮业	62	3603	3415	64	103	24	9
信息传输、软件和信息技术服务业	I	**8109**	**7777**	**95**	**25**	**17**	**14**
电信、广播电视和卫星传输服务	63	680	677	44	10	3	
互联网和相关服务	64	614	612	6	2		
软件和信息技术服务业	65	6815	6488	45	13	14	14
房地产业	K	**12589**	**12118**	**239**	**168**	**42**	**21**
房地产业	70	12589	12118	239	168	42	21
租赁和商务服务业	L	**28919**	**28500**	**656**	**748**	**125**	**44**
租赁业	71	1905	1896	12	18	8	4
商务服务业	72	27014	26604	644	730	117	40
科学研究和技术服务业	M	**11633**	**11460**	**605**	**255**	**71**	**27**
研究和试验发展	73	1647	1618	57	29	12	3
专业技术服务业	74	6074	5971	424	141	39	19
科技推广和应用服务业	75	3912	3871	124	85	20	5
水利、环境和公共设施管理业	N	**1684**	**1663**	**95**	**66**	**5**	**6**
水利管理业	76	176	174	17	14	1	1
生态保护和环境治理业	77	188	178	14	2	1	1
公共设施管理业	78	1320	1311	64	50	3	4
居民服务、修理和其他服务业	O	**6479**	**6401**	**152**	**323**	**77**	**22**
居民服务业	79	2503	2457	63	132	24	6
机动车、电子产品和日用产品修理业	80	3098	3075	77	162	47	13
其他服务业	81	878	869	12	29	6	3
卫生和社会工作	Q	**122**	**122**	**3**	**6**	**1**	
社会工作	84	122	122	3	6	1	
文化、体育和娱乐业	R	**5681**	**5627**	**160**	**52**	**17**	**11**
新闻和出版业	85	158	157	61	13	1	3
广播、电视、电影和影视录音制作业	86	314	305	50	12		3
文化艺术业	87	629	627	31	10	3	1
体育	88	356	330	10	4	3	
娱乐业	89	4224	4208	8	13	10	4

国有联营企业	集体联营企业	国有与集体联营企业	其他联营企业	有限责任公司	国有独资公司	其他有限责任公司	股份有限公司	私营企业	代码
	1	**2**	**2**	**435**	**32**	**403**	**40**	**741**	D
	1	1	1	318	22	296	33	502	44
				41		41	5	95	45
		1	1	76	10	66	2	144	46
1	**8**	**2**	**14**	**4558**	**55**	**4503**	**361**	**11985**	E
	1	2	1	807	14	793	72	1528	47
	2		4	872	23	849	65	1913	48
1	2		3	1003	6	997	81	2771	49
	3		6	1876	12	1864	143	5773	50
16	**86**	**14**	**97**	**23830**	**68**	**23762**	**1922**	**75033**	F
9	46	7	63	17525	55	17470	1312	51569	51
7	40	7	34	6305	13	6292	610	23464	52
3	**6**	**3**	**7**	**2877**	**61**	**2816**	**254**	**7164**	G
1	3		3	1602	22	1580	157	3801	54
			1	102	4	98	5	210	55
				23	1	22	2	21	56
				4		4	1	4	57
1			1	793	12	781	55	2319	58
1	3	3	1	244	18	226	24	566	59
			1	109	4	105	10	243	60
6	**7**	**1**	**6**	**861**	**11**	**850**	**90**	**4109**	H
5	4	1	1	357	6	351	36	1612	61
1	3		5	504	5	499	54	2497	62
	2		**12**	**1932**	**10**	**1922**	**163**	**5263**	I
				122	2	120	17	452	63
				123		123	16	419	64
	2		12	1687	8	1679	130	4392	65
2	**3**	**2**	**14**	**3988**	**67**	**3921**	**333**	**7048**	K
2	3	2	14	3988	67	3921	333	7048	70
6	**8**	**5**	**25**	**7551**	**163**	**7388**	**597**	**17826**	L
1			3	451	2	449	30	1259	71
5	8	5	22	7100	161	6939	567	16567	72
6	**6**	**4**	**11**	**2836**	**45**	**2791**	**273**	**6196**	M
1		1	1	421	3	418	40	1006	73
3	5	3	8	1639	36	1603	165	3332	74
2	1		2	776	6	770	68	1858	75
2	**3**		**1**	**495**	**16**	**479**	**45**	**893**	N
1				51	4	47	4	74	76
	1			54	3	51	3	98	77
1	2		1	390	9	381	38	721	78
	8	**1**	**13**	**1020**	**2**	**1018**	**113**	**4182**	O
	2		4	344	1	343	42	1580	79
	5	1	7	487		487	48	2035	80
	1		2	189	1	188	23	567	81
				12		**12**		**55**	Q
				12		12		55	84
2	**1**		**8**	**608**	**22**	**586**	**60**	**3915**	R
1			2	48	6	42	2	18	85
	1		2	102	4	98	4	121	86
1				174	9	165	18	364	87
				56	2	54	9	215	88
			4	228	1	227	27	3197	89

2-12 续表 2

行业	代码	私营独资企业	私营合伙企业	私营有限责任公司	私营股份有限公司	其他企业	港、澳、台商投资企业
总　计	**00**	**53576**	**2141**	**144013**	**5765**	**16662**	**1668**
农、林、牧、渔业	**A**	**217**	**11**	**282**	**14**	**1028**	
农业	01			3			
林业	02						
畜牧业	03						
渔业	04			3			
农、林、牧、渔服务业	05	217	11	276	14	1028	
采矿业	**B**	**2346**	**175**	**1529**	**88**	**157**	**25**
煤炭开采和洗选业	06	337	13	61	10	10	
石油和天然气开采业	07			5		2	1
黑色金属矿采选业	08	788	67	537	23	43	3
有色金属矿采选业	09	216	22	258	19	23	13
非金属矿采选业	10	989	73	621	31	68	7
开采辅助活动	11	9		41	3	10	1
其他采矿业	12	7		6	2	1	
制造业	**C**	**20733**	**692**	**33407**	**1591**	**2569**	**791**
农副食品加工业	13	1564	44	2234	90	271	64
食品制造业	14	629	16	675	45	95	37
酒、饮料和精制茶制造业	15	379	10	377	18	43	9
烟草制品业	16					1	
纺织业	17	501	23	596	36	77	18
纺织服装、服饰业	18	1204	21	1404	65	146	44
皮革、毛皮、羽毛及其制品和制鞋业	19	329	4	208	15	21	11
木材加工和木、竹、藤、棕、草制品业	20	757	20	807	43	94	29
家具制造业	21	336	6	512	7	36	13
造纸和纸制品业	22	402	17	559	22	38	19
印刷和记录媒介复制业	23	599	29	524	31	81	6
文教、工美、体育和娱乐用品制造业	24	310	9	396	18	53	23
石油加工、炼焦和核燃料加工业	25	149	7	420	23	29	11
化学原料和化学制品制造业	26	1047	36	1919	95	122	52
医药制造业	27	61	1	314	22	14	15
化学纤维制造业	28	24		52	6	3	2
橡胶和塑料制品业	29	1443	44	1848	79	129	55
非金属矿物制品业	30	2927	109	3184	154	276	74
黑色金属冶炼和压延加工业	31	914	34	1008	47	48	21
有色金属冶炼和压延加工业	32	209	11	421	20	23	10
金属制品业	33	1618	55	2689	113	191	34
通用设备制造业	34	2678	96	5731	249	316	66
专用设备制造业	35	1004	32	2691	153	164	35
汽车制造业	36	216	7	479	25	27	32
铁路、船舶、航空航天和其他运输设备制造	37	123	9	447	24	16	15
电气机械和器材制造业	38	656	20	1996	90	91	45
计算机、通信和其他电子设备制造业	39	85	4	454	28	34	32
仪器仪表制造业	40	203	11	647	43	54	9
其他制造业	41	107	2	131	12	27	5
废弃资源综合利用业	42	69	3	168	5	23	2
金属制品、机械和设备修理业	43	190	12	516	13	26	3

合资经营企业(港、澳、台资)	合作经营企业(港、澳、台资)	港、澳、台商独资经营企业	港、澳、台商投资股份有限公司	其他港、澳、台投资企业	外商投资企业	中外合资经营企业	中外合作经营企业	外资企业	外商投资股份有限公司	其他外商投资企业	代码
776	**68**	**761**	**48**	**15**	**5090**	**1986**	**185**	**2679**	**126**	**114**	00
					4	**4**					A
											01
											02
											03
											04
					4	4					05
17	**3**	**4**	**1**		**36**	**19**	**4**	**12**	**1**		B
											06
	1										07
3					2	1	1				08
12			1		15	11	2	2			09
2	2	3			18	7	1	9	1		10
		1			1			1			11
											12
427	**35**	**306**	**22**	**1**	**2951**	**1356**	**130**	**1381**	**54**	**30**	C
24	4	35	1		227	108	32	84	3		13
22	3	10	2		102	43	7	49	1	2	14
4	1	4			46	21	1	22	2		15
											16
13	1	3	1		60	31	2	22	3	2	17
27	3	14			294	150	14	124	5	1	18
7	1	3			44	20	1	23			19
16		10	3		100	44	3	51	1	1	20
6		7			74	32	1	39	1	1	21
10	2	6	1		37	22	1	11	2	1	22
4		2			10	6		3	1		23
11	1	11			106	33	4	67	2		24
8		3			28	18	1	9			25
23	1	26	2		184	96	2	77	6	3	26
10		5			35	20	4	11			27
1		1			4	3				1	28
27	5	23			137	63	6	64	2	2	29
48	3	20	3		163	94	7	57	3	2	30
13		7	1		70	39	6	22	1	2	31
6		3	1		41	25	1	12	2	1	32
16		17	1		177	73	10	91	2	1	33
36	1	26	2	1	314	125	11	171	6	1	34
20		15			198	80	4	105	6	3	35
14		16	2		111	45	1	62	3		36
6	1	8			51	19	1	30	1		37
28	2	14	1		149	60	4	83		2	38
17	4	11			90	37	3	50			39
7		2			66	33	2	26	1	4	40
1	1	3			16	7		9			41
1			1		4	2		2			42
1	1	1			13	7	1	5			43

2-12 续表 3

行业	代码	私营独资企业	私营合伙企业	私营有限责任公司	私营股份有限公司	其他企业	港、澳、台商投资企业
电力、热力、燃气及水生产和供应业	D	**182**	**4**	**530**	**25**	**98**	**41**
电力、热力生产和供应业	44	96	3	383	20	48	18
燃气生产和供应业	45	27	1	65	2	9	13
水的生产和供应业	46	59		82	3	41	10
建筑业	E	**738**	**33**	**10799**	**415**	**386**	**47**
房屋建筑业	47	137	6	1312	73	53	4
土木工程建筑业	48	168	6	1683	56	54	9
建筑安装业	49	118	9	2550	94	67	11
建筑装饰和其他建筑业	50	315	12	5254	192	212	23
批发和零售业	F	**18691**	**497**	**53860**	**1985**	**7729**	**159**
批发业	51	9378	288	40453	1450	5727	116
零售业	52	9313	209	13407	535	2002	43
交通运输、仓储和邮政业	G	**845**	**57**	**6033**	**229**	**293**	**55**
道路运输业	54	481	36	3137	147	162	17
水上运输业	55	10	3	194	3	9	1
航空运输业	56			21		1	1
管道运输业	57			4			
装卸搬运和运输代理业	58	130	7	2124	58	65	19
仓储业	59	193	10	351	12	36	17
邮政业	60	31	1	202	9	20	
住宿和餐饮业	H	**2448**	**55**	**1532**	**74**	**286**	**54**
住宿业	61	977	26	580	29	126	21
餐饮业	62	1471	29	952	45	160	33
信息传输、软件和信息技术服务业	I	**313**	**14**	**4802**	**134**	**268**	**44**
电信、广播电视和卫星传输服务	63	33	2	413	4	29	1
互联网和相关服务	64	113	3	294	9	46	
软件和信息技术服务业	65	167	9	4095	121	193	43
房地产业	K	**375**	**23**	**6354**	**296**	**279**	**287**
房地产业	70	375	23	6354	296	279	287
租赁和商务服务业	L	**1449**	**428**	**15409**	**540**	**953**	**94**
租赁业	71	188	8	1036	27	114	4
商务服务业	72	1261	420	14373	513	839	90
科学研究和技术服务业	M	**593**	**55**	**5339**	**209**	**1197**	**24**
研究和试验发展	73	98	9	868	31	50	4
专业技术服务业	74	340	25	2843	124	212	16
科技推广和应用服务业	75	155	21	1628	54	935	4
水利、环境和公共设施管理业	N	**93**	**7**	**762**	**31**	**58**	**9**
水利管理业	76	16		57	1	12	1
生态保护和环境治理业	77	6	2	86	4	5	4
公共设施管理业	78	71	5	619	26	41	4
居民服务、修理和其他服务业	O	**1681**	**58**	**2345**	**98**	**512**	**17**
居民服务业	79	723	29	787	41	266	10
机动车、电子产品和日用产品修理业	80	893	26	1069	47	206	4
其他服务业	81	65	3	489	10	40	3
卫生和社会工作	Q	**42**	**1**	**12**		**45**	
社会工作	84	42	1	12		45	
文化、体育和娱乐业	R	**2830**	**31**	**1018**	**36**	**804**	**21**
新闻和出版业	85	4	1	13		11	
广播、电视、电影和影视录音制作业	86	16	1	99	5	13	6
文化艺术业	87	56	4	299	5	26	1
体育	88	60	2	146	7	33	5
娱乐业	89	2694	23	461	19	721	9

合资经营企业(港、澳、台资)	合作经营企业(港、澳、台资)	港、澳、台商独资经营企业	港、澳、台商投资股份有限公司	其他港、澳、台投资企业	外商投资企业	中外合资经营企业	中外合作经营企业	外资企业	外商投资股份有限公司	其他外商投资企业	代码
18	**1**	**22**			**41**	**18**	**4**	**17**	**1**	**1**	D
13		5			16	9	2	4	1		44
4		9			12	7		5			45
1	1	8			13	2	2	8		1	46
35		**9**	**3**		**90**	**43**	**6**	**35**	**3**	**3**	E
3		1			4	1	1	1	1		47
5		2	2		12	2	3	6	1		48
9		2			25	13	2	10			49
18		4	1		49	27		18	1	3	50
45	**4**	**100**	**4**	**6**	**616**	**137**	**14**	**415**	**21**	**29**	F
31	3	75	2	5	523	107	10	362	19	25	51
14	1	25	2	1	93	30	4	53	2	4	52
24	**2**	**26**	**2**	**1**	**107**	**60**	**2**	**35**	**5**	**5**	G
8	2	6	1		21	14		6		1	54
1					6	5		1			55
		1			1	1					56
					1	1					57
9		9		1	45	24	1	16	2	2	58
6		10	1		33	15	1	12	3	2	59
											60
26	**3**	**23**	**1**	**1**	**193**	**81**	**5**	**97**	**7**	**3**	H
11		10			38	20	1	16		1	61
15	3	13	1	1	155	61	4	81	7	2	62
9		**33**	**1**	**1**	**288**	**56**		**222**	**8**	**2**	I
			1		2			2			63
					2			2			64
9		33		1	284	56		218	8	2	65
116	**10**	**152**	**8**	**1**	**184**	**71**	**5**	**95**	**8**	**5**	K
116	10	152	8	1	184	71	5	95	8	5	70
25	**6**	**58**	**2**	**3**	**325**	**48**	**6**	**231**	**14**	**26**	L
1	1	2			5	2		3			71
24	5	56	2	3	320	46	6	228	14	26	72
11	**1**	**10**	**2**		**149**	**49**	**5**	**90**	**1**	**4**	M
1		3			25	8		15		2	73
8	1	6	1		87	24	4	58	1		74
2		1	1		37	17	1	17		2	75
4	**1**	**4**			**12**	**5**		**6**		**1**	N
1					1	1					76
3		1			6	2		4			77
	1	3			5	2		2		1	78
4	**1**	**9**	**2**	**1**	**61**	**24**	**2**	**32**	**1**	**2**	O
3	1	4	2		36	13		22	1		79
1		2		1	19	9	1	7		2	80
		3			6	2	1	3			81
											Q
											84
15	**1**	**5**			**33**	**15**	**2**	**11**	**2**	**3**	R
					1					1	85
3		3			3	1		1		1	86
	1				1	1					87
4		1			21	8	1	10	1	1	88
8		1			7	5	1		1		89

2-13 按行业(大类)、登记注册类型

行业	代码	从业人员数(人)	内资企业				
				国有企业	集体企业	股份合作企业	联营企业
总 计	00	**5365615**	**5081354**	**173778**	**256236**	**41091**	**6923**
农、林、牧、渔业	A	**17221**	**17192**	**1860**	**141**	**26**	**1**
农业	01	195	195	124			
林业	02	935	935	935			
畜牧业	03	18	18				
渔业	04	57	57				
农、林、牧、渔服务业	05	16016	15987	801	141	26	1
采矿业	B	**199572**	**196092**	**3809**	**16279**	**448**	**488**
煤炭开采和洗选业	06	25319	25319	1173	4775	252	4
石油和天然气开采业	07	215	195				
黑色金属矿采选业	08	81712	81318	218	4026	8	85
有色金属矿采选业	09	27030	25223	155	1736	30	84
非金属矿采选业	10	61218	60121	1991	4922	143	315
开采辅助活动	11	3195	3033	169	820	15	
其他采矿业	12	883	883	103			
制造业	C	**2420997**	**2198869**	**27549**	**107310**	**18277**	**2640**
农副食品加工业	13	195422	176028	1147	1428	301	63
食品制造业	14	54426	46223	538	812	218	12
酒、饮料和精制茶制造业	15	27807	24286	129	437	16	18
烟草制品业	16	281	281	19	256		
纺织业	17	52283	48571	811	1602	149	137
纺织服装、服饰业	18	132328	106384	909	2038	785	2
皮革、毛皮、羽毛及其制品和制鞋业	19	19627	16625	254	242	190	3
木材加工和木、竹、藤、棕、草制品业	20	63276	58348	257	2434	316	19
家具制造业	21	29565	23969	102	295	35	9
造纸和纸制品业	22	39601	35555	723	2678	347	
印刷和记录媒介复制业	23	32125	31269	2873	3623	1110	27
文教、工美、体育和娱乐用品制造业	24	24595	19153	113	734	101	22
石油加工、炼焦和核燃料加工业	25	29605	27968	412	964	365	
化学原料和化学制品制造业	26	126885	117269	1594	7549	1115	86
医药制造业	27	35697	33211	434	351	18	1
化学纤维制造业	28	4012	3692		315	25	
橡胶和塑料制品业	29	149237	137769	315	4596	1530	29
非金属矿物制品业	30	264269	249545	2473	16969	688	433
黑色金属冶炼和压延加工业	31	116388	109264	837	6033	610	275
有色金属冶炼和压延加工业	32	40572	36851	860	1852	295	257
金属制品业	33	169339	158195	1285	11497	1484	352
通用设备制造业	34	337247	313534	2592	15193	3447	476
专用设备制造业	35	153352	142665	2909	7029	1284	169
汽车制造业	36	55790	43123	641	1083	184	9
铁路、船舶、航空航天和其他运输设备制造	37	39166	35786	1576	4438	617	4
电气机械和器材制造业	38	125134	112320	1894	5919	2011	85
计算机、通信和其他电子设备制造业	39	32862	25715	1020	542	54	16
仪器仪表制造业	40	31118	28327	216	1321	615	1
其他制造业	41	7256	6256	1	578	24	63
废弃资源综合利用业	42	7908	7545	54	685	30	5
金属制品、机械和设备修理业	43	23824	23142	561	3817	313	67

分组的小微企业法人单位从业人员数

国有联营企业	集体联营企业	国有与集体联营企业	其他联营企业	有限责任公司	国有独资公司	其他有限责任公司	股份有限公司	私营企业	代码
560	**2563**	**886**	**2914**	**1088674**	**26913**	**1061761**	**114165**	**3238887**	**00**
			1	**662**	**3**	**659**	**91**	**4594**	**A**
				8		8		63	01
									02
				18		18			03
							14	43	04
			1	636	3	633	77	4488	05
	229	**46**	**213**	**19288**	**440**	**18848**	**1944**	**150871**	**B**
	1		3	976		976	135	17832	06
				47		47		125	07
			85	5497	98	5399	705	69585	08
	84			4198		4198	380	18358	09
	144	46	125	6978	315	6663	666	43884	10
				1143		1143	58	765	11
				449	27	422		322	12
51	**1109**	**312**	**1168**	**339781**	**5738**	**334043**	**49449**	**1617717**	**C**
1	2	1	59	25988	465	25523	4154	139212	13
	12			7352		7352	1846	34338	14
			18	4235	2	4233	527	18530	15
									16
	51	38	48	5820	134	5686	1267	37486	17
	1		1	10855	314	10541	1437	88192	18
			3	1285		1285	98	14123	19
	15		4	6055		6055	737	47103	20
	6		3	2798		2798	367	19808	21
				4255	140	4115	706	26425	22
	11		16	4900	14	4886	310	17704	23
	5		17	2097	2	2095	218	15148	24
				5586	322	5264	1338	19028	25
1	37	26	22	23825	626	23199	3836	77586	26
			1	10004	3	10001	2147	19924	27
				810	10	800	117	2236	28
	8		21	15140	294	14846	1756	112666	29
	293	21	119	38103	224	37879	3972	182353	30
		188	87	13160	212	12948	1476	85440	31
	249		8	5689	307	5382	1913	25580	32
	250	5	97	22776	127	22649	2292	116509	33
13	34	32	397	41443	807	40636	6296	239631	34
8	31		130	26751	93	26658	3700	98414	35
			9	12385	485	11900	923	27579	36
		1	3	8883	488	8395	811	19053	37
20	35		30	20045	277	19768	3876	76953	38
8			8	6227	232	5995	1189	16421	39
	1			6683	118	6565	1377	17667	40
			63	974		974	145	4217	41
	3		2	1473	42	1431	374	4732	42
	65		2	4184		4184	244	13659	43

2-13 续表 1

行业	代码	从业人员数(人)					
			内资企业	国有企业	集体企业	股份合作企业	联营企业
电力、热力、燃气及水生产和供应业	D	**57331**	**52987**	**13988**	**1461**	**276**	**206**
电力、热力生产和供应业	44	36786	35235	6823	842	203	145
燃气生产和供应业	45	6980	4955	127	132	61	
水的生产和供应业	46	13565	12797	7038	487	12	61
建筑业	E	**867394**	**863455**	**26414**	**64751**	**12950**	**445**
房屋建筑业	47	376964	376884	5923	34178	10482	185
土木工程建筑业	48	157280	156662	12985	11141	877	84
建筑安装业	49	160341	159018	3797	17297	1079	127
建筑装饰和其他建筑业	50	172809	170891	3709	2135	512	49
批发和零售业	F	**724880**	**717937**	**14472**	**18260**	**3829**	**1380**
批发业	51	505952	500883	9305	11051	2232	773
零售业	52	218928	217054	5167	7209	1597	607
交通运输、仓储和邮政业	G	**189319**	**184033**	**19811**	**8334**	**1218**	**366**
道路运输业	54	105196	103063	12317	5594	709	72
水上运输业	55	5976	5833	276	113	72	8
航空运输业	56	1506	1198	396	33		
管道运输业	57	846	761				
装卸搬运和运输代理业	58	56873	55025	1616	2283	352	117
仓储业	59	14412	13643	4401	292	84	148
邮政业	60	4510	4510	805	19	1	21
住宿和餐饮业	H	**103037**	**97217**	**8510**	**3700**	**544**	**181**
住宿业	61	45157	42714	7239	2566	182	116
餐饮业	62	57880	54503	1271	1134	362	65
信息传输、软件和信息技术服务业	I	**71292**	**57636**	**1697**	**231**	**118**	**87**
电信、广播电视和卫星传输服务	63	5542	5161	739	128	23	
互联网和相关服务	64	4963	4959	173	13		
软件和信息技术服务业	65	60787	47516	785	90	95	87
房地产业	K	**189621**	**179161**	**6409**	**3035**	**639**	**281**
房地产业	70	189621	179161	6409	3035	639	281
租赁和商务服务业	L	**313473**	**309107**	**32421**	**25901**	**1160**	**269**
租赁业	71	12152	12049	150	113	224	15
商务服务业	72	301321	297058	32271	25788	936	254
科学研究和技术服务业	M	**104084**	**102467**	**10628**	**2620**	**697**	**252**
研究和试验发展	73	11221	10991	1076	189	82	10
专业技术服务业	74	67302	66214	8251	1960	524	191
科技推广和应用服务业	75	25561	25262	1301	471	91	51
水利、环境和公共设施管理业	N	**19235**	**18948**	**1968**	**679**	**136**	**78**
水利管理业	76	1724	1693	315	81	25	11
生态保护和环境治理业	77	2172	2030	301	10	13	30
公共设施管理业	78	15339	15225	1352	588	98	37
居民服务、修理和其他服务业	O	**52124**	**51187**	**2048**	**3003**	**681**	**184**
居民服务业	79	23588	22843	1150	1241	247	28
机动车、电子产品和日用产品修理业	80	22877	22726	837	1428	380	134
其他服务业	81	5659	5618	61	334	54	22
卫生和社会工作	Q	**1172**	**1172**	**30**	**135**	**1**	
社会工作	84	1172	1172	30	135	1	
文化、体育和娱乐业	R	**34863**	**33894**	**2164**	**396**	**91**	**65**
新闻和出版业	85	2558	2555	856	160	10	15
广播、电视、电影和影视录音制作业	86	4086	3794	633	97		24
文化艺术业	87	4000	3996	430	45	9	2
体育	88	3702	3176	133	26	39	
娱乐业	89	20517	20373	112	68	33	24

国有联营企业	集体联营企业	国有与集体联营企业	其他联营企业	有限责任公司	国有独资公司	其他有限责任公司	股份有限公司	私营企业	代码
	17	**60**	**129**	**16909**	**1288**	**15621**	**1768**	**17149**	D
	17	2	126	12748	806	11942	1389	12309	44
				2002		2002	146	2372	45
		58	3	2159	482	1677	233	2468	46
10	**129**	**154**	**152**	**275375**	**4649**	**270726**	**22203**	**456180**	E
	8	154	23	125794	772	125022	10799	188935	47
	65		19	55006	3001	52005	3745	71903	48
10	36		81	46449	377	46072	4064	85014	49
	20		29	48126	499	47627	3595	110328	50
122	**614**	**132**	**512**	**152217**	**846**	**151371**	**14124**	**447704**	F
45	335	56	337	107454	650	106804	9657	306642	51
77	279	76	175	44763	196	44567	4467	141062	52
202	**60**	**59**	**45**	**48188**	**3792**	**44396**	**6154**	**96944**	G
40	19		13	29965	1738	28227	3595	49061	54
			8	2855	344	2511	199	2224	55
				366	102	264	63	338	56
				70		70	654	37	57
116			1	10639	1171	9468	1031	38416	58
46	41	59	2	3069	246	2823	557	4659	59
			21	1224	191	1033	55	2209	60
80	**65**	**5**	**31**	**18183**	**868**	**17315**	**1577**	**61388**	H
76	32	5	3	8804	406	8398	746	22024	61
4	33		28	9379	462	8917	831	39364	62
	12		**75**	**17462**	**225**	**17237**	**1497**	**34419**	I
				1494	91	1403	245	2308	63
				1273		1273	117	3008	64
	12		75	14695	134	14561	1135	29103	65
7	**31**	**27**	**216**	**69528**	**2874**	**66654**	**6087**	**90071**	K
7	31	27	216	69528	2874	66654	6087	90071	70
20	**69**	**43**	**137**	**82136**	**4068**	**78068**	**4611**	**153550**	L
1			14	3489	22	3467	137	7040	71
19	69	43	123	78647	4046	74601	4474	146510	72
25	**76**	**47**	**104**	**27058**	**977**	**26081**	**2963**	**47996**	M
6		2	2	2861	6	2855	367	6023	73
11	46	45	89	19473	848	18625	2145	31227	74
8	30		13	4724	123	4601	451	10746	75
34	**39**		**5**	**6088**	**339**	**5749**	**576**	**8963**	N
11				597	99	498	69	505	76
	30			732	97	635	16	907	77
23	9		5	4759	143	4616	491	7551	78
	112	**1**	**71**	**8891**	**50**	**8841**	**720**	**31058**	O
	15		13	3573	27	3546	313	13475	79
	87	1	46	3984		3984	276	14128	80
	10		12	1334	23	1311	131	3455	81
				88		**88**		**527**	Q
				88		88		527	84
9	**1**		**55**	**6820**	**756**	**6064**	**401**	**19756**	R
7			8	1242	247	995	71	88	85
	1		23	1783	128	1655	23	1123	86
2				1279	331	948	113	1777	87
				597	30	567	41	2017	88
			24	1919	20	1899	153	14751	89

2-13 续表 2

行业	代码	私营独资企业	私营合伙企业	私营有限责任公司	私营股份有限公司	其他企业	港、澳、台商投资企业
总计	00	**705556**	**29502**	**2379576**	**124253**	**161600**	**69956**
农、林、牧、渔业	A	**2225**	**111**	**2092**	**166**	**9817**	
农业	01			63			
林业	02						
畜牧业	03						
渔业	04			43			
农、林、牧、渔服务业	05	2225	111	1986	166	9817	
采矿业	B	**79488**	**4974**	**61705**	**4704**	**2965**	**828**
煤炭开采和洗选业	06	14513	97	2416	806	172	
石油和天然气开采业	07			125		23	20
黑色金属矿采选业	08	37398	2675	28152	1360	1194	138
有色金属矿采选业	09	5333	938	11095	992	282	369
非金属矿采选业	10	22004	1264	19202	1414	1222	295
开采辅助活动	11	138		587	40	63	6
其他采矿业	12	102		128	92	9	
制造业	C	**429586**	**14595**	**1112642**	**60894**	**36146**	**50240**
农副食品加工业	13	28597	805	104413	5397	3735	4126
食品制造业	14	10197	181	22248	1712	1107	2354
酒、饮料和精制茶制造业	15	6366	101	11072	991	394	652
烟草制品业	16					6	
纺织业	17	12381	294	23589	1222	1299	1013
纺织服装、服饰业	18	28404	642	55787	3359	2166	3392
皮革、毛皮、羽毛及其制品和制鞋业	19	6022	353	7136	612	430	644
木材加工和木、竹、藤、棕、草制品业	20	14183	577	30320	2023	1427	1364
家具制造业	21	4933	198	14572	105	555	658
造纸和纸制品业	22	7155	287	17998	985	421	1708
印刷和记录媒介复制业	23	6326	309	10422	647	722	200
文教、工美、体育和娱乐用品制造业	24	5973	156	8708	311	720	1121
石油加工、炼焦和核燃料加工业	25	3551	320	14123	1034	275	605
化学原料和化学制品制造业	26	17409	663	56421	3093	1678	2946
医药制造业	27	1772	60	16854	1238	332	628
化学纤维制造业	28	425		1601	210	189	172
橡胶和塑料制品业	29	49072	824	59676	3094	1737	2735
非金属矿物制品业	30	61133	3042	112640	5538	4554	5886
黑色金属冶炼和压延加工业	31	33872	976	48503	2089	1433	1773
有色金属冶炼和压延加工业	32	5858	95	18282	1345	405	459
金属制品业	33	29991	1146	82294	3078	2000	1549
通用设备制造业	34	49727	1786	179399	8719	4456	4403
专用设备制造业	35	18272	564	75048	4530	2409	1372
汽车制造业	36	4817	264	20843	1655	319	2513
铁路、船舶、航空航天和其他运输设备制造	37	2632	239	15366	816	404	993
电气机械和器材制造业	38	12787	472	59720	3974	1537	3292
计算机、通信和其他电子设备制造业	39	988	29	14036	1368	246	2123
仪器仪表制造业	40	2840	112	13845	870	447	718
其他制造业	41	1225	6	2516	470	254	207
废弃资源综合利用业	42	963	27	3713	29	192	204
金属制品、机械和设备修理业	43	1715	67	11497	380	297	430

合资经营企业(港、澳、台资)	合作经营企业(港、澳、台资)	港、澳、台商独资经营企业	港、澳、台商投资股份有限公司	其他港、澳、台投资企业	外商投资企业	中外合资经营企业	中外合作经营企业	外资企业	外商投资股份有限公司	其他外商投资企业	代码
37955	**2959**	**26815**	**2030**	**197**	**214305**	**96364**	**10860**	**102425**	**3379**	**1277**	00
					29	**29**					A
											01
											02
											03
											04
					29	29					05
579	**62**	**167**	**20**		**2652**	**1328**	**582**	**732**	**10**		B
											06
	20										07
138					256	69	187				08
349			20		1438	1043	355	40			09
92	42	161			802	216	40	536	10		10
		6			156			156			11
											12
28364	**2139**	**17995**	**1706**	**36**	**171888**	**82562**	**9417**	**77097**	**2113**	**699**	C
1586	238	2046	256		15268	7654	2534	5036	44		13
1810	48	323	173		5849	3432	492	1722	2	201	14
254	278	120			2869	1061	138	1615	55		15
											16
379	36	469	129		2699	1682	37	877	43	60	17
2341	139	912			22552	12617	1412	8435	58	30	18
492	47	105			2358	1015	140	1203			19
733		454	177		3564	1100	124	2294	16	30	20
387		271			4938	2793	76	2028	36	5	21
1042	61	595	10		2338	1228	3	858	248	1	22
176		24			656	359		296	1		23
498	116	507			4321	1940	116	2024	241		24
390		215			1032	576	121	335			25
869	64	1984	29		6670	3906	137	2499	107	21	26
419		209			1858	1001	357	500			27
171		1			148	146				2	28
1667	244	824			8733	3737	608	4293	78	17	29
3805	157	1556	368		8838	5385	316	2980	119	38	30
1262		421	90		5351	3427	503	1374	13	34	31
407		22	30		3262	2253	70	679	190	70	32
1062		464	23		9595	3134	595	5815	34	17	33
2599	10	1573	185	36	19310	7941	816	10200	350	3	34
744		628			9315	3745	280	4898	321	71	35
1170		1113	230		10154	4210	66	5771	107		36
450	1	542			2387	691	26	1640	30		37
1917	247	1127	1		9522	4081	201	5189		51	38
818	370	935			5024	1983	200	2841			39
560		158			2073	807	40	1158	20	48	40
38	58	111			793	378		415			41
199			5		159	109		50			42
119	25	286			252	171	9	72			43

2-13 续表 3

行业	代码	私营独资企业	私营合伙企业	私营有限责任公司	私营股份有限公司	其他企业	港、澳、台商投资企业
电力、热力、燃气及水生产和供应业	D	**1893**	**99**	**14079**	**1078**	**1230**	**1943**
电力、热力生产和供应业	44	1199	98	10296	716	776	741
燃气生产和供应业	45	260	1	2097	14	115	1085
水的生产和供应业	46	434		1686	348	339	117
建筑业	E	**10013**	**291**	**421029**	**24847**	**5137**	**1929**
房屋建筑业	47	1940	80	175557	11358	588	60
土木工程建筑业	48	2689	36	66697	2481	921	367
建筑安装业	49	1450	77	79877	3610	1191	618
建筑装饰和其他建筑业	50	3934	98	98898	7398	2437	884
批发和零售业	F	**100019**	**3304**	**331134**	**13247**	**65951**	**2261**
批发业	51	53299	2112	241780	9451	53769	1106
零售业	52	46720	1192	89354	3796	12182	1155
交通运输、仓储和邮政业	G	**7161**	**462**	**85912**	**3409**	**3018**	**1511**
道路运输业	54	4396	317	41698	2650	1750	869
水上运输业	55	114	52	2045	13	86	70
航空运输业	56			338		2	5
管道运输业	57			37			
装卸搬运和运输代理业	58	1243	40	36567	566	571	335
仓储业	59	1236	50	3252	121	433	232
邮政业	60	172	3	1975	59	176	
住宿和餐饮业	H	**29938**	**820**	**29225**	**1405**	**3134**	**1668**
住宿业	61	9415	276	11741	592	1037	793
餐饮业	62	20523	544	17484	813	2097	875
信息传输、软件和信息技术服务业	I	**1559**	**112**	**31416**	**1332**	**2125**	**793**
电信、广播电视和卫星传输服务	63	204	29	2043	32	224	1
互联网和相关服务	64	445	18	2424	121	375	
软件和信息技术服务业	65	910	65	26949	1179	1526	792
房地产业	K	**3197**	**180**	**82324**	**4370**	**3111**	**6665**
房地产业	70	3197	180	82324	4370	3111	6665
租赁和商务服务业	L	**9905**	**3527**	**135031**	**5087**	**9059**	**1076**
租赁业	71	1135	30	5763	112	881	63
商务服务业	72	8770	3497	129268	4975	8178	1013
科学研究和技术服务业	M	**4062**	**347**	**41460**	**2127**	**10253**	**209**
研究和试验发展	73	462	35	5329	197	383	32
专业技术服务业	74	2607	167	26838	1615	2443	165
科技推广和应用服务业	75	993	145	9293	315	7427	12
水利、环境和公共设施管理业	N	**891**	**52**	**7623**	**397**	**460**	**148**
水利管理业	76	113		383	9	90	30
生态保护和环境治理业	77	54	10	809	34	21	89
公共设施管理业	78	724	42	6431	354	349	29
居民服务、修理和其他服务业	O	**12974**	**472**	**16850**	**762**	**4602**	**244**
居民服务业	79	6745	291	6061	378	2816	197
机动车、电子产品和日用产品修理业	80	5796	174	7822	336	1559	29
其他服务业	81	433	7	2967	48	227	18
卫生和社会工作	Q	**449**	**5**	**73**		**391**	
社会工作	84	449	5	73		391	
文化、体育和娱乐业	R	**12196**	**151**	**6981**	**428**	**4201**	**441**
新闻和出版业	85	18	5	65		113	
广播、电视、电影和影视录音制作业	86	138	4	908	73	111	272
文化艺术业	87	295	18	1443	21	341	1
体育	88	546	9	1292	170	323	107
娱乐业	89	11199	115	3273	164	3313	61

合资经营企业(港、澳、台资)	合作经营企业(港、澳、台资)	港、澳、台商独资经营企业	港、澳、台商投资股份有限公司	其他港、澳、台投资企业	外商投资企业	中外合资经营企业	中外合作经营企业	外资企业	外商投资股份有限公司	其他外商投资企业	代码
1261	**42**	**640**			**2401**	**996**	**300**	**838**	**246**	**21**	D
581		160			810	392	3	169	246		44
668		417			940	469		471			45
12	42	63			651	135	297	198		21	46
1663		**241**	**25**		**2010**	**1410**	**131**	**454**	**3**	**12**	E
57		3			20	1	9	10			47
307		45	15		251	152	39	59	1		48
462		156			705	389	83	233			49
837		37	10		1034	868		152	2	12	50
740	**19**	**1358**	**26**	**118**	**4682**	**1166**	**100**	**2979**	**271**	**166**	F
292	15	680	3	116	3963	919	93	2565	242	144	51
448	4	678	23	2	719	247	7	414	29	22	52
849	**172**	**473**	**15**	**2**	**3775**	**2858**	**11**	**768**	**97**	**41**	G
544	172	143	10		1264	936		313		15	54
70					73	72		1			55
		5			303	303					56
					85	85					57
149		184		2	1513	1138	10	328	16	21	58
86		141	5		537	324	1	126	81	5	59
											60
918	**19**	**709**	**2**	**20**	**4152**	**2125**	**84**	**1815**	**79**	**49**	H
541		252			1650	930	63	617		40	61
377	19	457	2	20	2502	1195	21	1198	79	9	62
224		**566**	**1**	**2**	**12863**	**816**		**11897**	**142**	**8**	I
			1		380			380			63
					4			4			64
224		566		2	12479	816		11513	142	8	65
2403	**422**	**3720**	**117**	**3**	**3795**	**1197**	**54**	**2255**	**252**	**37**	K
2403	422	3720	117	3	3795	1197	54	2255	252	37	70
367	**36**	**631**	**36**	**6**	**3290**	**729**	**35**	**2226**	**142**	**158**	L
17	3	43			40	9		31			71
350	33	588	36	6	3250	720	35	2195	142	158	72
152	**5**	**45**	**7**		**1408**	**529**	**82**	**743**	**7**	**47**	M
15		17			198	43		137		18	73
132	5	23	5		923	316	80	520	7		74
5		5	2		287	170	2	86		29	75
104	**3**	**41**			**139**	**21**		**108**		**10**	N
30					1	1					76
74		15			53	18		35			77
	3	26			85	2		73		10	78
59	**39**	**61**	**75**	**10**	**693**	**307**	**3**	**370**	**4**	**9**	O
43	39	40	75		548	215		329	4		79
16		3		10	122	80	1	32		9	80
		18			23	12	2	9			81
											Q
											84
272	**1**	**168**			**528**	**291**	**61**	**143**	**13**	**20**	R
					3					3	85
124		148			20	6		2		12	86
	1				3	3					87
92		15			419	208	60	141	5	5	88
56		5			83	74	1		8		89

2-14 按行业(大类)、营业状态分组的小微企业法人单位数

行业	代码	法人单位数(个)	营业	停业(歇业)	筹建	当年关闭	当年破产	其他
总计	00	**315047**	**259036**	**38008**	**8916**	**6212**	**594**	**2281**
农、林、牧、渔业	A	**1719**	**1271**	**259**	**144**	**20**	**1**	**24**
农业	01	9	8	1				
林业	02	6	6					
畜牧业	03	2	2					
渔业	04	4	4					
农、林、牧、渔服务业	05	1698	1251	258	144	20	1	24
采矿业	B	**5307**	**3980**	**999**	**112**	**175**	**17**	**24**
煤炭开采和洗选业	06	587	334	146	15	84	5	3
石油和天然气开采业	07	11	8	2	1			
黑色金属矿采选业	08	1654	1309	270	22	43	5	5
有色金属矿采选业	09	732	521	175	19	11	4	2
非金属矿采选业	10	2172	1682	387	53	34	3	13
开采辅助活动	11	122	104	13	2	2		1
其他采矿业	12	29	22	6		1		
制造业	C	**80921**	**63619**	**12360**	**2518**	**1485**	**210**	**729**
农副食品加工业	13	5316	4288	708	140	105	22	53
食品制造业	14	1937	1536	288	62	24	5	22
酒、饮料和精制茶制造业	15	1098	851	187	29	25	4	2
烟草制品业	16	5	5					
纺织业	17	1650	1249	306	24	43	10	18
纺织服装、服饰业	18	3709	2906	623	54	81	8	37
皮革、毛皮、羽毛及其制品和制鞋业	19	748	534	173	21	12	2	6
木材加工和木、竹、藤、棕、草制品业	20	2158	1695	339	44	56	6	18
家具制造业	21	1122	846	212	28	22	3	11
造纸和纸制品业	22	1392	1078	243	33	29		9
印刷和记录媒介复制业	23	1913	1643	213	13	29	5	10
文教、工美、体育和娱乐用品制造业	24	1111	847	189	27	37	1	10
石油加工、炼焦和核燃料加工业	25	911	691	133	63	16	7	1
化学原料和化学制品制造业	26	4572	3409	814	183	96	12	58
医药制造业	27	702	524	105	36	19	2	16
化学纤维制造业	28	122	85	19	8	7	2	1
橡胶和塑料制品业	29	4632	3714	647	133	76	15	47
非金属矿物制品业	30	8705	6747	1410	308	148	27	65
黑色金属冶炼和压延加工业	31	2721	2142	419	50	69	13	28
有色金属冶炼和压延加工业	32	1008	756	177	45	17	6	7
金属制品业	33	6381	4991	1043	184	98	9	56
通用设备制造业	34	12254	9952	1681	319	194	18	90
专用设备制造业	35	5842	4660	790	208	114	12	58
汽车制造业	36	1262	971	170	82	23	2	14
铁路、船舶、航空航天和其他运输设备制造	37	1051	814	173	36	12	1	15
电气机械和器材制造业	38	4290	3329	653	192	73	8	35
计算机、通信和其他电子设备制造业	39	999	771	146	54	12	6	10
仪器仪表制造业	40	1469	1191	193	43	18	2	22
其他制造业	41	389	302	58	19	7	1	2
废弃资源综合利用业	42	355	237	59	54	3		2
金属制品、机械和设备修理业	43	1097	855	189	26	20	1	6

2-14　续表

行　　业	代码	法　人 单位数 (个)	营业	停业 (歇业)	筹建	当年 关闭	当年 破产	其他
电力、热力、燃气及水生产和供应业	D	**1736**	**1457**	**127**	**110**	**15**	**4**	**23**
电力、热力生产和供应业	44	1104	925	100	51	11	4	13
燃气生产和供应业	45	193	149	10	30			4
水的生产和供应业	46	439	383	17	29	4		6
建筑业	E	**18434**	**15199**	**2088**	**555**	**433**	**29**	**130**
房屋建筑业	47	2734	2199	320	110	75	3	27
土木工程建筑业	48	3213	2658	362	106	57	7	23
建筑安装业	49	4238	3651	378	80	93	5	31
建筑装饰和其他建筑业	50	8249	6691	1028	259	208	14	49
批发和零售业	F	**113946**	**96641**	**11886**	**2353**	**2020**	**177**	**869**
批发业	51	79620	66771	8953	1715	1425	94	662
零售业	52	34326	29870	2933	638	595	83	207
交通运输、仓储和邮政业	G	**11545**	**9465**	**1426**	**353**	**244**	**11**	**46**
道路运输业	54	6140	5152	704	168	81	8	27
水上运输业	55	353	287	42	11	10	1	2
航空运输业	56	53	50	2	1			
管道运输业	57	10	8		2			
装卸搬运和运输代理业	58	3427	2781	429	77	132		8
仓储业	59	1161	832	223	84	13	2	7
邮政业	60	401	355	26	10	8		2
住宿和餐饮业	H	**6223**	**5287**	**609**	**113**	**135**	**32**	**47**
住宿业	61	2620	2234	250	59	42	12	23
餐饮业	62	3603	3053	359	54	93	20	24
信息传输、软件和信息技术服务业	I	**8109**	**6838**	**825**	**267**	**150**	**4**	**25**
电信、广播电视和卫星传输服务	63	680	580	84	9	4		3
互联网和相关服务	64	614	504	79	15	12		4
软件和信息技术服务业	65	6815	5754	662	243	134	4	18
房地产业	K	**12589**	**10510**	**1249**	**390**	**306**	**32**	**102**
房地产业	70	12589	10510	1249	390	306	32	102
租赁和商务服务业	L	**28919**	**23287**	**3547**	**1214**	**709**	**39**	**123**
租赁业	71	1905	1526	250	82	33	5	9
商务服务业	72	27014	21761	3297	1132	676	34	114
科学研究和技术服务业	M	**11633**	**9621**	**1236**	**469**	**207**	**14**	**86**
研究和试验发展	73	1647	1269	209	102	44	1	22
专业技术服务业	74	6074	5241	541	172	88	7	25
科技推广和应用服务业	75	3912	3111	486	195	75	6	39
水利、环境和公共设施管理业	N	**1684**	**1345**	**214**	**88**	**28**		**9**
水利管理业	76	176	135	25	11	3		2
生态保护和环境治理业	77	188	155	21	6	4		2
公共设施管理业	78	1320	1055	168	71	21		5
居民服务、修理和其他服务业	O	**6479**	**5475**	**666**	**145**	**157**	**16**	**20**
居民服务业	79	2503	2083	285	52	68	8	7
机动车、电子产品和日用产品修理业	80	3098	2694	271	58	58	7	10
其他服务业	81	878	698	110	35	31	1	3
卫生和社会工作	Q	**122**	**101**	**12**	**3**	**3**		**3**
社会工作	84	122	101	12	3	3		3
文化、体育和娱乐业	R	**5681**	**4940**	**505**	**82**	**125**	**8**	**21**
新闻和出版业	85	158	139	10	1	5		3
广播、电视、电影和影视录音制作业	86	314	266	34	5	5	1	3
文化艺术业	87	629	464	100	26	33	1	5
体育	88	356	282	51	8	12		3
娱乐业	89	4224	3789	310	42	70	6	7

2-15 按行业(大类)、营业状态分组的小微企业法人单位从业人员数

行业	代码	从业人员数(人)	营业	停业(歇业)	筹建	当年关闭	当年破产	其他
总计	00	**5365615**	**5083895**	**171894**	**50555**	**32622**	**6441**	**20208**
农、林、牧、渔业	A	**17221**	**15284**	**1193**	**559**	**53**		**132**
农业	01	195	189	6				
林业	02	935	935					
畜牧业	03	18	18					
渔业	04	57	57					
农、林、牧、渔服务业	05	16016	14085	1187	559	53		132
采矿业	B	**199572**	**185145**	**9555**	**1219**	**3106**	**269**	**278**
煤炭开采和洗选业	06	25319	20836	2533	244	1567	45	94
石油和天然气开采业	07	215	185	17	13			
黑色金属矿采选业	08	81712	77130	3080	252	989	196	65
有色金属矿采选业	09	27030	25509	1130	292	77	17	5
非金属矿采选业	10	61218	57621	2639	390	453	11	104
开采辅助活动	11	3195	3028	111	28	18		10
其他采矿业	12	883	836	45		2		
制造业	C	**2420997**	**2293707**	**82143**	**19792**	**14516**	**2276**	**8563**
农副食品加工业	13	195422	185768	6448	1170	1228	297	511
食品制造业	14	54426	51805	1813	359	181	18	250
酒、饮料和精制茶制造业	15	27807	26558	837	160	158	92	2
烟草制品业	16	281	281					
纺织业	17	52283	48900	2689	89	511	28	66
纺织服装、服饰业	18	132328	127046	3712	318	354	93	805
皮革、毛皮、羽毛及其制品和制鞋业	19	19627	18873	617	74	33	6	24
木材加工和木、竹、藤、棕、草制品业	20	63276	60749	1506	254	559	94	114
家具制造业	21	29565	27878	1005	218	342	47	75
造纸和纸制品业	22	39601	36788	2010	504	173		126
印刷和记录媒介复制业	23	32125	30201	1308	54	411	36	115
文教、工美、体育和娱乐用品制造业	24	24595	23185	849	117	382	1	61
石油加工、炼焦和核燃料加工业	25	29605	27583	1298	381	309	33	1
化学原料和化学制品制造业	26	126885	118805	4542	1856	835	267	580
医药制造业	27	35697	34156	780	351	139	13	258
化学纤维制造业	28	4012	3146	484	335	40	6	1
橡胶和塑料制品业	29	149237	143563	3412	728	596	377	561
非金属矿物制品业	30	264269	249154	9533	2642	1566	143	1231
黑色金属冶炼和压延加工业	31	116388	109447	4530	435	1674	54	248
有色金属冶炼和压延加工业	32	40572	37664	2102	547	112	42	105
金属制品业	33	169339	161019	5286	982	954	172	926
通用设备制造业	34	337247	320212	12244	2341	1219	182	1049
专用设备制造业	35	153352	145156	4873	1699	724	150	750
汽车制造业	36	55790	52709	1374	837	729	7	134
铁路、船舶、航空航天和其他运输设备制造	37	39166	37175	1112	619	150	1	109
电气机械和器材制造业	38	125134	117865	4559	1583	873	26	228
计算机、通信和其他电子设备制造业	39	32862	31546	746	373	139	21	37
仪器仪表制造业	40	31118	29832	875	224	31	59	97
其他制造业	41	7256	6866	290	72	25	1	2
废弃资源综合利用业	42	7908	7507	147	220	17		17
金属制品、机械和设备修理业	43	23824	22270	1162	250	52	10	80

2-15　续表

行　　业	代码	从　业人员数(人)	营业	停业(歇业)	筹建	当年关闭	当年破产	其他
电力、热力、燃气及水生产和供应业	D	**57331**	**52968**	**803**	**2393**	**358**	**15**	**794**
电力、热力生产和供应业	44	36786	34341	736	617	354	15	723
燃气生产和供应业	45	6980	5340	24	1593			23
水的生产和供应业	46	13565	13287	43	183	4		48
建筑业	E	**867394**	**844763**	**12721**	**3085**	**2925**	**1953**	**1947**
房屋建筑业	47	376964	369599	4094	1115	822	13	1321
土木工程建筑业	48	157280	151981	2847	651	540	911	350
建筑安装业	49	160341	156558	2430	320	787	102	144
建筑装饰和其他建筑业	50	172809	166625	3350	999	776	927	132
批发和零售业	F	**724880**	**672625**	**33023**	**9172**	**5334**	**644**	**4082**
批发业	51	505952	467403	24654	6609	3685	338	3263
零售业	52	218928	205222	8369	2563	1649	306	819
交通运输、仓储和邮政业	G	**189319**	**181315**	**4398**	**1592**	**1198**	**48**	**768**
道路运输业	54	105196	100716	2236	690	912	20	622
水上运输业	55	5976	5541	295	109	15	1	15
航空运输业	56	1506	1379	25	102			
管道运输业	57	846	831		15			
装卸搬运和运输代理业	58	56873	55231	1107	292	197		46
仓储业	59	14412	13239	674	357	38	27	77
邮政业	60	4510	4378	61	27	36		8
住宿和餐饮业	H	**103037**	**97628**	**2275**	**1019**	**892**	**538**	**685**
住宿业	61	45157	42685	964	612	230	235	431
餐饮业	62	57880	54943	1311	407	662	303	254
信息传输、软件和信息技术服务业	I	**71292**	**67710**	**1913**	**1027**	**428**	**4**	**210**
电信、广播电视和卫星传输服务	63	5542	5372	144	11	5		10
互联网和相关服务	64	4963	4645	185	72	28		33
软件和信息技术服务业	65	60787	57693	1584	944	395	4	167
房地产业	K	**189621**	**178160**	**6355**	**3012**	**739**	**262**	**1093**
房地产业	70	189621	178160	6355	3012	739	262	1093
租赁和商务服务业	L	**313473**	**296790**	**9792**	**4217**	**1802**	**216**	**656**
租赁业	71	12152	11207	568	236	84	23	34
商务服务业	72	301321	285583	9224	3981	1718	193	622
科学研究和技术服务业	M	**104084**	**97241**	**3787**	**2072**	**478**	**46**	**460**
研究和试验发展	73	11221	9872	611	501	88	1	148
专业技术服务业	74	67302	64649	1542	765	219	17	110
科技推广和应用服务业	75	25561	22720	1634	806	171	28	202
水利、环境和公共设施管理业	N	**19235**	**17502**	**1011**	**557**	**94**		**71**
水利管理业	76	1724	1531	92	72	16		13
生态保护和环境治理业	77	2172	2029	82	38	4		19
公共设施管理业	78	15339	13942	837	447	74		39
居民服务、修理和其他服务业	O	**52124**	**49223**	**1726**	**534**	**363**	**147**	**131**
居民服务业	79	23588	22306	753	194	168	102	65
机动车、电子产品和日用产品修理业	80	22877	21674	730	241	142	43	47
其他服务业	81	5659	5243	243	99	53	2	19
卫生和社会工作	Q	**1172**	**1106**	**22**	**3**	**3**		**38**
社会工作	84	1172	1106	22	3	3		38
文化、体育和娱乐业	R	**34863**	**32728**	**1177**	**302**	**333**	**23**	**300**
新闻和出版业	85	2558	2425	28	1	62		42
广播、电视、电影和影视录音制作业	86	4086	3869	91	8	10	14	94
文化艺术业	87	4000	3490	282	118	55	1	54
体育	88	3702	3440	180	36	26		20
娱乐业	89	20517	19504	596	139	180	8	90

2-16 按行业(大类)、资产总计组距分组的小微企业法人单位数

行业	代码	法人单位数(个)	50万元及以下	50万-100万元	100万-500万元	500万-1000万元	1000万-5000万元	5000万-1亿元	1亿元以上
总计	00	**315047**	**117199**	**43495**	**81638**	**28166**	**31916**	**6663**	**5970**
农、林、牧、渔业	A	**1719**	**701**	**304**	**582**	**72**	**48**	**11**	**1**
农业	01	9	4	1	1		2	1	
林业	02	6			4		1	1	
畜牧业	03	2			1		1		
渔业	04	4		1	1		2		
农、林、牧、渔服务业	05	1698	697	302	575	72	42	9	1
采矿业	B	**5307**	**948**	**343**	**1456**	**783**	**1315**	**302**	**160**
煤炭开采和洗选业	06	587	167	36	131	113	110	19	11
石油和天然气开采业	07	11	3	2	2		2		2
黑色金属矿采选业	08	1654	164	59	352	271	572	146	90
有色金属矿采选业	09	732	130	46	186	103	198	47	22
非金属矿采选业	10	2172	454	187	720	285	411	85	30
开采辅助活动	11	122	24	7	59	5	17	5	5
其他采矿业	12	29	6	6	6	6	5		
制造业	C	**80921**	**20807**	**8793**	**21880**	**9438**	**14111**	**3293**	**2599**
农副食品加工业	13	5316	1234	486	1349	610	1082	325	230
食品制造业	14	1937	636	222	454	205	305	72	43
酒、饮料和精制茶制造业	15	1098	313	135	277	117	171	41	44
烟草制品业	16	5	1	1		2	1		
纺织业	17	1650	437	188	465	203	256	68	33
纺织服装、服饰业	18	3709	1132	383	1264	340	506	64	20
皮革、毛皮、羽毛及其制品和制鞋业	19	748	277	106	136	88	116	13	12
木材加工和木、竹、藤、棕、草制品业	20	2158	570	244	586	292	359	70	37
家具制造业	21	1122	353	141	280	114	193	27	14
造纸和纸制品业	22	1392	366	180	397	163	209	47	30
印刷和记录媒介复制业	23	1913	676	327	563	134	159	30	24
文教、工美、体育和娱乐用品制造业	24	1111	420	139	302	79	137	21	13
石油加工、炼焦和核燃料加工业	25	911	165	80	224	120	187	58	77
化学原料和化学制品制造业	26	4572	1198	497	1100	574	820	194	189
医药制造业	27	702	136	45	122	77	157	84	81
化学纤维制造业	28	122	33	11	34	12	19	6	7
橡胶和塑料制品业	29	4632	1221	520	1298	508	809	151	125
非金属矿物制品业	30	8705	1997	870	2501	1042	1583	430	282
黑色金属冶炼和压延加工业	31	2721	440	208	712	388	650	150	173
有色金属冶炼和压延加工业	32	1008	204	77	260	100	204	83	80
金属制品业	33	6381	1748	699	1734	744	1107	188	161
通用设备制造业	34	12254	2938	1365	3374	1765	2045	455	312
专用设备制造业	35	5842	1448	613	1625	635	1103	237	181
汽车制造业	36	1262	276	103	265	119	306	81	112
铁路、船舶、航空航天和其他运输设备制造	37	1051	233	108	228	134	228	75	45
电气机械和器材制造业	38	4290	1061	516	1127	459	763	199	165
计算机、通信和其他电子设备制造业	39	999	252	133	237	86	192	55	44
仪器仪表制造业	40	1469	427	168	414	138	243	43	36
其他制造业	41	389	122	46	116	38	58	7	2
废弃资源综合利用业	42	355	89	32	115	35	64	7	13
金属制品、机械和设备修理业	43	1097	404	150	321	117	79	12	14

2-16 续表

行业	代码	法人单位数(个)	50万元及以下	50万-100万元	100万-500万元	500万-1000万元	1000万-5000万元	5000万-1亿元	1亿元以上
电力、热力、燃气及水生产和供应业	D	**1736**	**361**	**157**	**424**	**168**	**297**	**121**	**208**
电力、热力生产和供应业	44	1104	203	87	258	115	196	78	167
燃气生产和供应业	45	193	44	13	50	17	37	17	15
水的生产和供应业	46	439	114	57	116	36	64	26	26
建筑业	E	**18434**	**5190**	**2219**	**4372**	**2272**	**3904**	**327**	**150**
房屋建筑业	47	2734	547	243	524	398	886	92	44
土木工程建筑业	48	3213	780	290	814	425	797	64	43
建筑安装业	49	4238	998	482	987	649	1013	85	24
建筑装饰和其他建筑业	50	8249	2865	1204	2047	800	1208	86	39
批发和零售业	F	**113946**	**45305**	**18800**	**32709**	**8803**	**6835**	**1041**	**453**
批发业	51	79620	29840	12949	23122	7213	5433	671	392
零售业	52	34326	15465	5851	9587	1590	1402	370	61
交通运输、仓储和邮政业	G	**11545**	**4657**	**1459**	**2976**	**1147**	**906**	**179**	**221**
道路运输业	54	6140	2555	861	1618	483	465	95	63
水上运输业	55	353	127	38	79	18	55	13	23
航空运输业	56	53	14	6	12	8	7	3	3
管道运输业	57	10		1	4	1	2	1	1
装卸搬运和运输代理业	58	3427	1340	351	944	498	213	26	55
仓储业	59	1161	403	106	267	115	156	40	74
邮政业	60	401	218	96	52	24	8	1	2
住宿和餐饮业	H	**6223**	**2590**	**883**	**1765**	**412**	**452**	**75**	**46**
住宿业	61	2620	1045	336	718	201	248	40	32
餐饮业	62	3603	1545	547	1047	211	204	35	14
信息传输、软件和信息技术服务业	I	**8109**	**4146**	**1301**	**1758**	**474**	**305**	**70**	**55**
电信、广播电视和卫星传输服务	63	680	387	104	118	31	24	6	10
互联网和相关服务	64	614	339	86	118	34	20	14	3
软件和信息技术服务业	65	6815	3420	1111	1522	409	261	50	42
房地产业	K	**12589**	**4387**	**1575**	**2095**	**1021**	**1494**	**510**	**1507**
房地产业	70	12589	4387	1575	2095	1021	1494	510	1507
租赁和商务服务业	L	**28919**	**15079**	**3946**	**5825**	**1869**	**1247**	**499**	**454**
租赁业	71	1905	823	298	588	99	79	14	4
商务服务业	72	27014	14256	3648	5237	1770	1168	485	450
科学研究和技术服务业	M	**11633**	**5145**	**1890**	**2931**	**974**	**526**	**108**	**59**
研究和试验发展	73	1647	679	238	403	203	87	22	15
专业技术服务业	74	6074	2626	978	1542	523	312	66	27
科技推广和应用服务业	75	3912	1840	674	986	248	127	20	17
水利、环境和公共设施管理业	N	**1684**	**644**	**208**	**496**	**131**	**142**	**32**	**31**
水利管理业	76	176	75	26	47	12	12	1	3
生态保护和环境治理业	77	188	65	29	48	15	21	3	7
公共设施管理业	78	1320	504	153	401	104	109	28	21
居民服务、修理和其他服务业	O	**6479**	**3544**	**871**	**1445**	**374**	**188**	**45**	**12**
居民服务业	79	2503	1493	283	475	120	95	30	7
机动车、电子产品和日用产品修理业	80	3098	1574	493	774	164	77	12	4
其他服务业	81	878	477	95	196	90	16	3	1
卫生和社会工作	Q	**122**	**71**	**13**	**27**	**5**	**6**		
社会工作	84	122	71	13	27	5	6		
文化、体育和娱乐业	R	**5681**	**3624**	**733**	**897**	**223**	**140**	**50**	**14**
新闻和出版业	85	158	73	19	24	12	20	6	4
广播、电视、电影和影视录音制作业	86	314	115	28	93	28	36	10	4
文化艺术业	87	629	383	87	102	28	26	3	
体育	88	356	190	39	74	22	14	12	5
娱乐业	89	4224	2863	560	604	133	44	19	1

2-17 按登记注册类型、营业状态分组的小微企业法人单位数

单位：个

登记注册类型	法人单位数	营业	停业(歇业)	筹建	当年关闭	当年破产	其他
合　计	**315047**	**259036**	**38008**	**8916**	**6212**	**594**	**2281**
内资企业	308289	253498	37241	8712	6071	569	2198
国有企业	5642	4279	1113	31	118	36	65
集体企业	10272	7524	2364	22	222	41	99
股份合作企业	2114	1736	303	12	44	11	8
联营企业	603	461	98	19	15	5	5
国有联营企业	50	32	16				2
集体联营企业	194	143	45	1	3	1	1
国有与集体联营企业	47	38	5		3		1
其他联营企业	312	248	32	18	9	4	1
有限责任公司	61923	51237	6336	2528	1253	112	457
国有独资公司	636	545	60	13	12	1	5
其他有限责任公司	61287	50692	6276	2515	1241	111	452
股份有限公司	5578	4762	480	190	89	12	45
私营企业	205495	169677	24622	5554	4073	322	1247
私营独资企业	53576	44735	6660	750	1030	110	291
私营合伙企业	2141	1754	285	47	44	1	10
私营有限责任公司	144013	118346	17075	4610	2876	197	909
私营股份有限公司	5765	4842	602	147	123	14	37
其他企业	16662	13822	1925	356	257	30	272
港、澳、台商投资企业	1668	1340	171	78	40	13	26
与港澳台商合资经营企业	776	632	79	24	21	6	14
与港澳台商合作经营企业	68	51	12	2	2	1	
港澳台商独资经营企业	761	607	72	48	16	6	12
港澳台商投资股份有限公司	48	39	6	2	1		
其他港澳台投资企业	15	11	2	2			
外商投资企业	5090	4198	596	126	101	12	57
中外合资经营企业	1986	1617	251	44	40	2	32
中外合作经营企业	185	145	30	1	6		3
外资企业	2679	2254	276	72	48	9	20
外商投资股份有限公司	126	94	22	4	4	1	1
其他外商投资企业	114	88	17	5	3		1

2-18 按登记注册类型、营业状态分组的小微企业法人单位从业人员数

单位：人

登记注册类型	从业人员数	营业	停业(歇业)	筹建	当年关闭	当年破产	其他
合 计	**5365615**	**5083895**	**171894**	**50555**	**32622**	**6441**	**20208**
内资企业	5081354	4809918	166446	48634	31576	6242	18538
国有企业	173778	160692	10488	594	923	167	914
集体企业	256236	232303	20749	90	1777	336	981
股份合作企业	41091	39120	1469	67	280	119	36
联营企业	6923	5871	764	135	78	64	11
国有联营企业	560	488	65				7
集体联营企业	2563	2017	532	1	7	5	1
国有与集体联营企业	886	802	42		40		2
其他联营企业	2914	2564	125	134	31	59	1
有限责任公司	1088674	1034603	27075	15253	6118	1001	4624
国有独资公司	26913	25526	1003	227	127	1	29
其他有限责任公司	1061761	1009077	26072	15026	5991	1000	4595
股份有限公司	114165	108861	2659	1339	509	77	720
私营企业	3238887	3080761	94906	29286	20551	4223	9160
私营独资企业	705556	663154	28260	3575	7854	756	1957
私营合伙企业	29502	27676	1295	215	261	1	54
私营有限责任公司	2379576	2270456	62448	24273	12035	3433	6931
私营股份有限公司	124253	119475	2903	1223	401	33	218
其他企业	161600	147707	8336	1870	1340	255	2092
港、澳、台商投资企业	69956	66882	1312	766	300	183	513
与港澳台商合资经营企业	37955	36199	641	431	185	89	410
与港澳台商合作经营企业	2959	2789	39	8	93	30	
港澳台商独资经营企业	26815	25806	610	212	20	64	103
港澳台商投资股份有限公司	2030	2002	20	6	2		
其他港澳台投资企业	197	86	2	109			
外商投资企业	214305	207095	4136	1155	746	16	1157
中外合资经营企业	96364	92877	1984	552	293	6	652
中外合作经营企业	10860	10527	204	3	37		89
外资企业	102425	99611	1570	542	289	9	404
外商投资股份有限公司	3379	3162	80	7	124	1	5
其他外商投资企业	1277	918	298	51	3		7

第三篇

文化及相关产业

3-1-1　文化及相关产业单位分布情况

分　　组	法人单位数(个)	产业活动单位数(个)	个体经营户(有证照)(户)
合　计	**26565**	**1206**	**42700**
(一)按单位性质分			
经营性文化产业	22689	606	30748
公益性文化事业	3876	600	11952
(二)按行业类别分			
文化制造业	3226	44	2491
文化批零业	3677	170	23883
文化服务业	19662	992	16326
(三)按活动性质分			
文化产品的生产	19942	1049	14608
文化相关产品的生产	6623	157	28092

3-1-2　文化及相关产业从业人员分布情况

单位：人

分　　组	合计	法人单位从业人员数	产业活动单位从业人员数	个体经营户(有证照)从业人员
合　计	**497771**	**381058**	**9244**	**107469**
(一)按单位性质分				
经营性文化产业	408123	322529	5754	79840
公益性文化事业	89648	58529	3490	27629
(二)按行业类别分				
文化制造业	117521	108682	550	8289
文化批零业	77731	28759	920	48052
文化服务业	302519	243617	7774	51128
(三)按活动性质分				
文化产品的生产	320537	264233	7328	48976
文化相关产品的生产	177234	116825	1916	58493

3-2-1 文化及相关产业增加值

单位：亿元

指标名称	全省	沈阳	大连	鞍山	抚顺	本溪	丹东
合　计	**621.49**	**201.16**	**238.30**	**39.29**	**14.80**	**20.12**	**15.13**
一、法人单位	583.78	193.36	230.20	35.20	12.84	18.44	13.64
1.工业	209.26	75.66	76.93	10.44	6.76	3.05	6.25
2.批零业	48.21	17.46	12.92	6.06	0.21	1.46	2.08
3.服务业企业	272.69	79.63	131.27	13.95	4.17	10.25	3.23
4.事业单位	47.33	19.66	7.32	4.16	1.56	3.03	1.95
5.社团及其他	6.29	0.95	1.76	0.59	0.14	0.65	0.14
二、个体经营户(有照)	37.72	7.80	8.10	4.09	1.96	1.68	1.49

3-2-1 续表

指标名称	锦州	营口	阜新	辽阳	盘锦	铁岭	朝阳	葫芦岛
合　计	**18.07**	**25.91**	**6.00**	**11.75**	**9.62**	**8.35**	**6.80**	**6.18**
一、法人单位	16.16	23.69	4.50	10.78	8.65	6.72	4.82	4.77
1.工业	6.31	9.73	1.58	4.41	2.18	4.47	1.07	0.42
2.批零业	1.42	3.35	0.54	0.52	1.37	0.23	0.35	0.24
3.服务业企业	6.11	9.17	1.48	4.17	4.26	0.06	1.99	2.95
4.事业单位	1.65	1.26	0.82	1.60	0.79	1.28	1.25	1.00
5.社团及其他	0.67	0.18	0.08	0.08	0.05	0.68	0.16	0.16
二、个体经营户(有照)	1.91	2.22	1.50	0.97	0.97	1.63	1.98	1.41

3-2-2 法人单位文化及相关产业增加值

单位：亿元

指标名称	全省	沈阳	大连	鞍山	抚顺	本溪	丹东
合 计	**583.78**	**193.36**	**230.20**	**35.20**	**12.84**	**18.44**	**13.64**
第一部分 文化产品的生产	**363.44**	**109.25**	**149.08**	**25.46**	**7.73**	**15.71**	**7.45**
一、新闻出版发行服务	20.24	8.12	7.01	0.68	0.86	1.06	0.14
二、广播电视电影服务	26.47	10.71	9.27	1.43	0.39	1.28	0.57
三、文化艺术服务	33.78	14.43	7.18	2.21	0.74	0.66	0.84
四、文化信息传输服务	41.88	13.81	18.56	0.70	0.42	0.52	1.23
五、文化创意和设计服务	127.49	33.78	76.21	5.80	0.55	0.66	1.31
六、文化休闲娱乐服务	45.57	3.75	15.69	7.67	2.91	7.26	1.14
七、工艺美术品的生产	68.01	24.65	15.16	6.97	1.86	4.27	2.22
第二部分 文化相关产品的生产	**220.33**	**84.11**	**81.12**	**9.74**	**5.11**	**2.73**	**6.19**
八、文化产品生产的辅助生产	79.53	33.63	23.66	3.63	4.39	0.74	1.76
九、文化用品的生产	100.21	39.83	36.49	5.59	0.21	1.37	4.10
十、文化专用设备的生产	40.60	10.65	20.97	0.52	0.51	0.62	0.33

3-2-2 续表

指标名称	锦州	营口	阜新	辽阳	盘锦	铁岭	朝阳	葫芦岛
合 计	**16.16**	**23.69**	**4.50**	**10.78**	**8.65**	**6.72**	**4.82**	**4.77**
第一部分 文化产品的生产	**12.21**	**9.83**	**3.50**	**9.10**	**4.12**	**2.88**	**3.59**	**3.53**
一、新闻出版发行服务	0.74	0.29	0.40	0.32	0.11	0.01	0.25	0.25
二、广播电视电影服务	1.03	0.53	0.50	0.15	0.21	0.06	0.17	0.17
三、文化艺术服务	2.38	1.04	0.30	1.48	0.54	1.01	0.39	0.58
四、文化信息传输服务	0.47	1.56	0.30	2.01	0.51	0.20	0.70	0.89
五、文化创意和设计服务	1.46	3.22	0.10	1.87	0.61	0.65	0.52	0.75
六、文化休闲娱乐服务	2.78	1.69	0.20	0.54	0.49	0.02	0.60	0.83
七、工艺美术品的生产	3.35	1.50	1.70	2.73	1.65	0.93	0.96	0.06
第二部分 文化相关产品的生产	**3.95**	**13.86**	**1.00**	**1.68**	**4.53**	**3.84**	**1.23**	**1.24**
八、文化产品生产的辅助生产	2.10	4.84	0.40	0.33	1.23	0.92	0.94	0.96
九、文化用品的生产	1.82	3.60	0.40	1.34	2.05	2.91	0.25	0.25
十、文化专用设备的生产	0.03	5.42	0.20	0.01	1.25	0.01	0.04	0.04

3-3-1 文化及相关

指标名称	法人单位合计(个)	企业小计	文化制造业
合　计	**26565**	**22689**	**3226**
第一部分　文化产品的生产	**20420**	**16564**	**855**
一、新闻出版发行服务	836	706	
(一)新闻服务	47	5	
(二)出版服务	268	180	
(三)发行服务	521	521	
二、广播电视电影服务	563	325	
(一)广播电视服务	221	37	
(二)电影和影视录音服务	342	288	
三、文化艺术服务	4063	925	
(一)文艺创作与表演服务	372	218	
(二)图书馆与档案馆服务	249	25	
(三)文化遗产保护服务	238	27	
(四)群众文化服务	545	62	
(五)文化研究和社团服务	1367	33	
(六)文化艺术培训服务	870	249	
(七)其他文化艺术服务	422	311	
四、文化信息传输服务	723	595	
(一)互联网信息服务	434	410	
(二)增值电信服务(文化部分)	11	11	
(三)广播电视传输服务	278	174	
五、文化创意和设计服务	7664	7631	
(一)广告服务	5767	5758	
(二)文化软件服务	377	377	
(三)建筑设计服务	599	582	
(四)专业设计服务	921	914	
六、文化休闲娱乐服务	4790	4601	
(一)景区游览服务	387	273	
(二)娱乐休闲服务	4169	4100	
(三)摄影扩印服务	234	228	
七、工艺美术品的生产	1781	1781	855
(一)工艺美术品的制造	822	822	822
(二)园林、陈设艺术及其他陶瓷制品的制造	33	33	33
(三)工艺美术品的销售	926	926	

产业机构数

				产业活动单位（个）	有证照的个体经营户数（户）
		文化服务业事业	文化其他服务业		
文化批发和零售业	文化服务业企业				
3677	**15786**	**1763**	**2113**	**1206**	**42700**
1447	**14262**	**1746**	**2110**	**1024**	**14608**
521	185	117	13	118	
	5	39	3	3	
	180	78	10	12	
521				103	
	325	232	6	203	52
	37	182	2	193	
	288	50	4	10	52
	925	1134	2004	298	749
	218	93	61	12	88
	25	215	9	19	2
	27	173	38	10	
	62	397	86	215	77
	33	135	1199	28	1
	249	38	583	13	523
	311	83	28	1	58
	595	120	8	118	139
	410	22	2	52	120
	11			2	4
	174	98	6	64	15
	7631	27	6	118	2436
	5758	5	4	52	2390
	377			3	35
	582	17		29	11
	914	5	2	34	
	4601	116	73	144	9566
	273	112	2	25	
	4100	3	66	105	6066
	228	1	5	14	3500
926				25	1666
				7	1662
					4
926				18	

3-3-1 续表

指标名称	法人单位合计(个)	企业小计	文化制造业
第二部分 文化相关产品的生产	**6145**	**6125**	**2371**
八、文化产品生产的辅助生产	3504	3484	1918
(一)版权服务	1966	1961	1918
(二)印刷复制服务			
(三)文化经纪代理服务	98	98	
(四)文化贸易代理与拍卖服务	42	42	
(五)文化出租服务	20	20	
(六)会展服务	931	917	
(七)其他文化辅助生产	447	446	
九、文化用品的生产	2369	2369	337
(一)办公用品的制造	47	47	47
(二)乐器的制造	57	57	57
(三)玩具的制造	23	23	23
(四)游艺器材及娱乐用品的制造	14	14	14
(五)视听设备的制造	33	33	33
(六)焰火、鞭炮产品的制造	9	9	9
(七)文化用纸的制造	63	63	63
(八)文化用油墨颜料的制造	35	35	35
(九)文化用化学品的制造	11	11	11
(十)其他文化用品的制造	45	45	45
(十一)文具乐器照相器材的销售	1405	1405	
(十二)文化用家电的销售	239	239	
(十三)其他文化用品的销售	388	388	
十、文化专用设备的生产	272	272	116
(一)印刷专用设备的制造	46	46	46
(二)广播电视电影专用设备的制造	45	45	45
(三)其他文化专用设备的制造	25	25	25
(四)广播电视电影专用设备的批发	143	143	
(五)舞台照明设备的批发	13	13	

				产业活动单位（个）	有证照的个体经营户数（户）
		文化服务业事业	文化其他服务业		
文化批发和零售业	文化服务业企业				
2230	**1524**	**17**	**3**	**182**	**28092**
42	1524	17	3	132	4150
	43	4	1	8	2
				36	761
	98			1	5
42					5
	20				217
	917	12	2	25	
	446	1		62	3160
2032				43	23872
					18
					9
					21
					1
					3
					5
1405				27	17672
239				9	6143
388				7	
156				7	70
				1	3
					4
143				6	
13					63

3-3-2 分地区、分行业文化产业法人单位数

单位：个

指标名称	全省合计	沈阳市	大连市	鞍山市	抚顺市	本溪市	丹东市
合　计	**26565**	**8491**	**7066**	**2254**	**815**	**775**	**845**
第一部分　文化产品的生产	**20420**	**6234**	**5164**	**1790**	**670**	**649**	**672**
一、新闻出版发行服务	836	461	121	40	26	17	11
(一)新闻服务	47	17	5	1	2	1	
(二)出版服务	268	163	29	12	9	5	4
(三)发行服务	521	281	87	27	15	11	7
二、广播电视电影服务	563	145	101	38	28	23	20
(一)广播电视服务	221	34	29	17	8	6	7
(二)电影和影视录音服务	342	111	72	21	20	17	13
三、文化艺术服务	4063	1055	842	349	194	182	166
(一)文艺创作与表演服务	372	121	92	26	9	8	35
(二)图书馆与档案馆服务	249	44	29	22	7	14	14
(三)文化遗产保护服务	238	40	47	14	11	11	11
(四)群众文化服务	545	99	102	59	30	20	15
(五)文化研究和社团服务	1367	356	210	94	72	67	56
(六)文化艺术培训服务	870	167	263	120	57	58	31
(七)其他文化艺术服务	422	228	99	14	8	4	4
四、文化信息传输服务	723	180	216	54	26	26	53
(一)互联网信息服务	434	132	166	34	7	19	14
(二)增值电信服务(文化部分)	11	4	1	2			
(三)广播电视传输服务	278	44	49	18	19	7	39
五、文化创意和设计服务	7664	3088	2498	560	165	161	156
(一)广告服务	5767	2305	1763	450	142	135	134
(二)文化软件服务	377	39	270	31	1		5
(三)建筑设计服务	599	239	192	27	13	14	9
(四)专业设计服务	921	505	273	52	9	12	8
六、文化休闲娱乐服务	4790	740	966	539	151	169	192
(一)景区游览服务	387	51	90	35	19	34	34
(二)娱乐休闲服务	4169	631	819	468	123	129	147
(三)摄影扩印服务	234	58	57	36	9	6	11
七、工艺美术品的生产	1781	565	420	210	80	71	74
(一)工艺美术品的制造	822	238	130	103	65	32	47
(二)园林、陈设艺术及其他陶瓷制品的制造	33	11	9			1	
(三)工艺美术品的销售	926	316	281	107	15	38	27

3-3-2　续表 1　　　　　单位：个

指标名称	全省合计	沈阳市	大连市	鞍山市	抚顺市	本溪市	丹东市
第二部分　文化相关产品的生产	**6145**	**2257**	**1902**	**464**	**145**	**126**	**173**
八、文化产品生产的辅助生产	3504	1202	1233	186	96	73	109
(一)版权服务	1966	629	413	163	83	64	102
(二)印刷复制服务							
(三)文化经纪代理服务	98	25	52	3	2	1	
(四)文化贸易代理与拍卖服务	42	8	22	6			
(五)文化出租服务	20	6	7	1		1	
(六)会展服务	931	394	474	8	9	7	6
(七)其他文化辅助生产	447	140	265	5	2		1
九、文化用品的生产	2369	969	572	240	47	43	58
(一)办公用品的制造	47	10	12	4	1	4	6
(二)乐器的制造	57	4	9	2	1		1
(三)玩具的制造	23	9	11				2
(四)游艺器材及娱乐用品的制造	14	9	2	1	1		
(五)视听设备的制造	33	17	9		1	1	3
(六)焰火、鞭炮产品的制造	9	1	2				2
(七)文化用纸的制造	63	10	12	13	2	1	4
(八)文化用油墨颜料的制造	35	13	12	2	1		2
(九)文化用化学品的制造	11	1	4				
(十)其他文化用品的制造	45	9	9	8		1	
(十一)文具乐器照相器材的销售	1405	626	300	145	29	20	25
(十二)文化用家电的销售	239	59	67	43	5	11	9
(十三)其他文化用品的销售	388	201	123	22	6	5	4
十、文化专用设备的生产	272	86	97	38	2	10	6
(一)印刷专用设备的制造	46	14	22	1	1		2
(二)广播电视电影专用设备的制造	45	10	10	19			
(三)其他文化专用设备的制造	25	4	10				2
(四)广播电视电影专用设备的批发	143	57	45	16	1	10	2
(五)舞台照明设备的批发	13	1	10	2			

3-3-2 续表 2 单位：个

指标名称	锦州市	营口市	阜新市	辽阳市	盘锦市	铁岭市	朝阳市	葫芦岛市
合 计	**973**	**1265**	**815**	**534**	**672**	**563**	**754**	**743**
第一部分 文化产品的生产	**807**	**989**	**697**	**439**	**511**	**463**	**684**	**651**
一、新闻出版发行服务	22	30	16	13	24	19	20	16
(一)新闻服务	1	4		2	4	2	6	2
(二)出版服务	9	9	8	1	4	6	7	2
(三)发行服务	12	17	8	10	16	11	7	12
二、广播电视电影服务	20	22	36	8	46	45	20	11
(一)广播电视服务	11	11	29	4	33	12	14	6
(二)电影和影视录音服务	9	11	7	4	13	33	6	5
三、文化艺术服务	205	208	137	153	99	117	204	152
(一)文艺创作与表演服务	15	12	9	2	14	8	15	6
(二)图书馆与档案馆服务	14	18	22	21	8	13	12	11
(三)文化遗产保护服务	20	8	12	9	4	10	29	12
(四)群众文化服务	69	23	27	32	20	19	21	9
(五)文化研究和社团服务	69	90	45	39	34	44	110	81
(六)文化艺术培训服务	13	47	13	41	7	13	10	30
(七)其他文化艺术服务	5	10	9	9	12	10	7	3
四、文化信息传输服务	25	29	16	4	18	28	21	27
(一)互联网信息服务	9	13	7	3	9	7	4	10
(二)增值电信服务(文化部分)		2						2
(三)广播电视传输服务	16	14	9	1	9	21	17	15
五、文化创意和设计服务	158	306	90	69	129	54	140	90
(一)广告服务	131	248	68	56	105	41	116	73
(二)文化软件服务	7	14	4	1	1		4	
(三)建筑设计服务	14	32	10	9	10	9	9	12
(四)专业设计服务	6	12	8	3	13	4	11	5
六、文化休闲娱乐服务	328	334	337	104	176	183	235	336
(一)景区游览服务	34	14	10	15	15	5	13	18
(二)娱乐休闲服务	286	300	321	84	158	173	219	311
(三)摄影扩印服务	8	20	6	5	3	5	3	7
七、工艺美术品的生产	49	60	65	88	19	17	44	19
(一)工艺美术品的制造	21	35	33	74	8	13	16	7
(二)园林、陈设艺术及其他陶瓷制品的制造	1			1		1	9	
(三)工艺美术品的销售	27	25	32	13	11	3	19	12

3-3-2　续表 3　　　　单位：个

指标名称	锦州市	营口市	阜新市	辽阳市	盘锦市	铁岭市	朝阳市	葫芦岛市
第二部分　文化相关产品的生产	**166**	**276**	**118**	**95**	**161**	**100**	**70**	**92**
八、文化产品生产的辅助生产	108	126	91	59	51	60	52	58
(一)版权服务	98	92	81	53	44	57	40	47
(二)印刷复制服务								
(三)文化经纪代理服务	2	4	5		1		2	1
(四)文化贸易代理与拍卖服务		3		3				
(五)文化出租服务		3			1		1	
(六)会展服务	5	7	3	2	3	2	3	8
(七)其他文化辅助生产	3	17	2	1	2	1	6	2
九、文化用品的生产	58	134	25	35	108	34	15	31
(一)办公用品的制造	3	2	3			2		
(二)乐器的制造		38	1			1		
(三)玩具的制造					1			
(四)游艺器材及娱乐用品的制造	1							
(五)视听设备的制造	1	1						
(六)焰火、鞭炮产品的制造			1	1		1	1	
(七)文化用纸的制造	2	4	1		1	12	1	
(八)文化用油墨颜料的制造		2				3		
(九)文化用化学品的制造		6						
(十)其他文化用品的制造		5				4		9
(十一)文具乐器照相器材的销售	37	62	15	19	97	8	9	13
(十二)文化用家电的销售	10	8	2	11	3	2	3	6
(十三)其他文化用品的销售	4	6	2	4	6	1	1	3
十、文化专用设备的生产		16	2	1	2	6	3	3
(一)印刷专用设备的制造		6						
(二)广播电视电影专用设备的制造			1		1	1	3	
(三)其他文化专用设备的制造		9						
(四)广播电视电影专用设备的批发		1	1	1	1	5		3
(五)舞台照明设备的批发								

3-3-3 分地区、分行业文化产业企业数

单位：个

指标名称	全省	沈阳市	大连市	鞍山市	抚顺市	本溪市	丹东市
合　计	**22689**	**7726**	**6377**	**1948**	**629**	**584**	**621**
第一部分　文化产品的生产	**16564**	**5473**	**4478**	**1487**	**484**	**458**	**449**
一、新闻出版发行服务	706	410	108	35	22	12	10
(一)新闻服务	5	2	2				
(二)出版服务	180	127	19	8	7	1	3
(三)发行服务	521	281	87	27	15	11	7
二、广播电视电影服务	325	123	82	22	21	12	9
(一)广播电视服务	37	13	11	4	1	1	
(二)电影和影视录音服务	288	110	71	18	20	11	9
三、文化艺术服务	925	414	218	111	24	33	9
(一)文艺创作与表演服务	218	89	65	17	4	7	2
(二)图书馆与档案馆服务	25	6	2	1	1	2	1
(三)文化遗产保护服务	27	8	11				
(四)群众文化服务	62	25	11	5	9		
(五)文化研究和社团服务	33	10	15	2		2	2
(六)文化艺术培训服务	249	79	34	76	6	20	2
(七)其他文化艺术服务	311	197	80	10	4	2	2
四、文化信息传输服务	595	159	206	49	25	21	20
(一)互联网信息服务	410	121	164	32	7	18	13
(二)增值电信服务(文化部分)	11	4	1	2			
(三)广播电视传输服务	174	34	41	15	18	3	7
五、文化创意和设计服务	7631	3083	2497	558	165	159	152
(一)广告服务	5758	2304	1762	448	142	135	131
(二)文化软件服务	377	39	270	31	1		5
(三)建筑设计服务	582	237	192	27	13	14	8
(四)专业设计服务	914	503	273	52	9	10	8
六、文化休闲娱乐服务	4601	719	947	502	147	150	175
(一)景区游览服务	273	31	77	10	15	26	23
(二)娱乐休闲服务	4100	630	814	458	123	118	143
(三)摄影扩印服务	228	58	56	34	9	6	9
七、工艺美术品的生产	1781	565	420	210	80	71	74
(一)工艺美术品的制造	822	238	130	103	65	32	47
(二)园林、陈设艺术及其他陶瓷制品的制造	33	11	9			1	
(三)工艺美术品的销售	926	316	281	107	15	38	27

3-3-3　续表 1　　单位：个

指标名称	全省	沈阳市	大连市	鞍山市	抚顺市	本溪市	丹东市
第二部分　文化相关产品的生产	**6125**	**2253**	**1899**	**461**	**145**	**126**	**172**
八、文化产品生产的辅助生产	3484	1198	1230	183	96	73	108
(一)版权服务	1961	629	413	162	83	64	102
(二)印刷复制服务							
(三)文化经纪代理服务	98	25	52	3	2	1	
(四)文化贸易代理与拍卖服务	42	8	22	6			
(五)文化出租服务	20	6	7	1		1	
(六)会展服务	917	390	471	6	9	7	5
(七)其他文化辅助生产	446	140	265	5	2		1
九、文化用品的生产	2369	969	572	240	47	43	58
(一)办公用品的制造	47	10	12	4	1	4	6
(二)乐器的制造	57	4	9	2	1		1
(三)玩具的制造	23	9	11				2
(四)游艺器材及娱乐用品的制造	14	9	2	1	1		
(五)视听设备的制造	33	17	9		1	1	3
(六)焰火、鞭炮产品的制造	9	1	2				2
(七)文化用纸的制造	63	10	12	13	2	1	4
(八)文化用油墨颜料的制造	35	13	12	2	1		2
(九)文化用化学品的制造	11	1	4				
(十)其他文化用品的制造	45	9	9	8		1	
(十一)文具乐器照相器材的销售	1405	626	300	145	29	20	25
(十二)文化用家电的销售	239	59	67	43	5	11	9
(十三)其他文化用品的销售	388	201	123	22	6	5	4
十、文化专用设备的生产	272	86	97	38	2	10	6
(一)印刷专用设备的制造	46	14	22	1	1		2
(二)广播电视电影专用设备的制造	45	10	10	19			
(三)其他文化专用设备的制造	25	4	10				2
(四)广播电视电影专用设备的批发	143	57	45	16	1	10	2
(五)舞台照明设备的批发	13	1	10	2			

3-3-3 续表 2 单位：个

指标名称	锦州市	营口市	阜新市	辽阳市	盘锦市	铁岭市	朝阳市	葫芦岛市
合 计	**760**	**1044**	**649**	**367**	**538**	**360**	**511**	**575**
第一部分 文化产品的生产	**595**	**769**	**534**	**272**	**377**	**261**	**444**	**483**
一、新闻出版发行服务	16	20	9	10	17	14	11	12
(一)新闻服务							1	
(二)出版服务	4	3	1		1	3	3	
(三)发行服务	12	17	8	10	16	11	7	12
二、广播电视电影服务	7	12	9	4	9	4	7	4
(一)广播电视服务	1	2	3				1	
(二)电影和影视录音服务	6	10	6	4	9	4	6	4
三、文化艺术服务	24	22	15	6	24	8	6	11
(一)文艺创作与表演服务	8	6	1	2	9	3	4	1
(二)图书馆与档案馆服务	2	2	6	1			1	
(三)文化遗产保护服务	2		3		1	1	1	
(四)群众文化服务	4	2	1		4			1
(五)文化研究和社团服务		2						
(六)文化艺术培训服务	6	7	2	2	4	2		9
(七)其他文化艺术服务	2	3	2	1	6	2		
四、文化信息传输服务	17	24	13	4	13	16	7	21
(一)互联网信息服务	9	13	7	3	8	5	1	9
(二)增值电信服务(文化部分)		2						2
(三)广播电视传输服务	8	9	6	1	5	11	6	10
五、文化创意和设计服务	156	304	89	68	127	47	138	88
(一)广告服务	131	248	68	56	104	40	116	73
(二)文化软件服务	7	14	4	1	1		4	
(三)建筑设计服务	13	30	9	8	9	3	9	10
(四)专业设计服务	5	12	8	3	13	4	9	5
六、文化休闲娱乐服务	326	327	334	92	168	155	231	328
(一)景区游览服务	32	8	9	4	13	3	9	13
(二)娱乐休闲服务	286	299	319	84	152	147	219	308
(三)摄影扩印服务	8	20	6	4	3	5	3	7
七、工艺美术品的生产	49	60	65	88	19	17	44	19
(一)工艺美术品的制造	21	35	33	74	8	13	16	7
(二)园林、陈设艺术及其他陶瓷制品的制造	1			1		1	9	
(三)工艺美术品的销售	27	25	32	13	11	3	19	12

3-3-3　续表 3

单位：个

指标名称	锦州市	营口市	阜新市	辽阳市	盘锦市	铁岭市	朝阳市	葫芦岛市
第二部分　文化相关产品的生产	**165**	**275**	**115**	**95**	**161**	**99**	**67**	**92**
八、文化产品生产的辅助生产	107	125	88	59	51	59	49	58
(一)版权服务	98	92	78	53	44	57	39	47
(二)印刷复制服务								
(三)文化经纪代理服务	2	4	5		1		2	1
(四)文化贸易代理与拍卖服务		3		3				
(五)文化出租服务		3			1		1	
(六)会展服务	4	6	3	2	3	2	1	8
(七)其他文化辅助生产	3	17	2	1	2		6	2
九、文化用品的生产	58	134	25	35	108	34	15	31
(一)办公用品的制造	3	2	3			2		
(二)乐器的制造		38	1			1		
(三)玩具的制造					1			
(四)游艺器材及娱乐用品的制造	1							
(五)视听设备的制造	1	1						
(六)焰火、鞭炮产品的制造			1	1		1	1	
(七)文化用纸的制造	2	4	1		1	12	1	
(八)文化用油墨颜料的制造		2				3		
(九)文化用化学品的制造		6						
(十)其他文化用品的制造		5				4		9
(十一)文具乐器照相器材的销售	37	62	15	19	97	8	9	13
(十二)文化用家电的销售	10	8	2	11	3	2	3	6
(十三)其他文化用品的销售	4	6	2	4	6	1	1	3
十、文化专用设备的生产		16	2	1	2	6	3	3
(一)印刷专用设备的制造		6						
(二)广播电视电影专用设备的制造			1		1	1	3	
(三)其他文化专用设备的制造		9						
(四)广播电视电影专用设备的批发		1	1	1	1	5		3
(五)舞台照明设备的批发								

3-4-1 文化及相关产业

指标名称	全省 (人)	法人单位 从业人员 (人)	企业小计
合 计	**497771**	**381058**	**322529**
第一部分 文化产品的生产	**328020**	**271477**	**213393**
一、新闻出版发行服务	21165	20441	18486
(一)新闻服务	3144	3046	2423
(二)出版服务	10172	9785	8453
(三)发行服务	7849	7610	7610
二、广播电视电影服务	21114	19948	5049
(一)广播电视服务	15855	14913	902
(二)电影和影视录音服务	5259	5035	4147
三、文化艺术服务	43694	39527	7646
(一)文艺创作与表演服务	7444	6626	2617
(二)图书馆与档案馆服务	4068	3921	218
(三)文化遗产保护服务	4370	4302	279
(四)群众文化服务	7414	6341	446
(五)文化研究和社团服务	9411	9187	248
(六)文化艺术培训服务	8626	6949	2355
(七)其他文化艺术服务	2361	2201	1483
四、文化信息传输服务	26209	24736	22136
(一)互联网信息服务	12341	11505	11222
(二)增值电信服务(文化部分)	124	100	100
(三)广播电视传输服务	13744	13131	10814
五、文化创意和设计服务	105404	97673	97297
(一)广告服务	42179	35290	35197
(二)文化软件服务	36635	36568	36568
(三)建筑设计服务	18282	17743	17540
(四)专业设计服务	8308	8072	7992
六、文化休闲娱乐服务	74822	39015	32642
(一)景区游览服务	13990	13099	7165
(二)娱乐休闲服务	47685	23108	22702
(三)摄影扩印服务	13147	2808	2775
七、工艺美术品的生产	35612	30137	30137
(一)工艺美术品的制造	27824	22464	22464
(二)园林、陈设艺术及其他陶瓷制品的制造	817	807	807
(三)工艺美术品的销售	6971	6866	6866

机构从业人员

					产业活动单位从业人员（人）	有证照的个体经营户从业人员（人）
文化制造业	文化批发和零售业	文化服务业企业	文化服务业事业	文化其他服务业		
108682	**28759**	**185088**	**44691**	**13838**	**9244**	**107469**
23271	**14476**	**175646**	**44267**	**13817**	**7567**	**48976**
	7610	10876	1915	40	724	
		2423	614	9	98	
		8453	1301	31	387	
	7610				239	
		5049	14870	29	999	167
		902	14005	6	942	
		4147	865	23	57	167
		7646	18668	13213	1980	2187
		2617	3255	754	523	295
		218	3593	110	144	3
		279	3817	206	68	
		446	5148	747	864	209
		248	1574	7365	223	1
		2355	696	3898	149	1528
		1483	585	133	9	151
		22136	2547	53	1021	452
		11222	265	18	457	379
		100			9	15
		10814	2282	35	555	58
		97297	318	58	1200	6531
		35197	44	49	443	6446
		36568			10	57
		17540	203		511	28
		7992	71	9	236	
		32642	5949	424	1495	34312
		7165	5931	3	891	
		22702	14	392	537	24040
		2775	4	29	67	10272
23271	6866				148	5327
22464					43	5317
807						10
	6866				105	

3-4-1 续表

指标名称	全省(人)	法人单位从业人员(人)	企业小计
第二部分 文化相关产品的生产	**169751**	**109581**	**109136**
八、文化产品生产的辅助生产	57409	46162	45717
(一)版权服务	36501	36424	36405
(二)印刷复制服务	3161		
(三)文化经纪代理服务	505	483	483
(四)文化贸易代理与拍卖服务	249	236	236
(五)文化出租服务	523	108	108
(六)会展服务	6263	6039	5617
(七)其他文化辅助生产	10207	2872	2868
九、文化用品的生产	95736	47119	47119
(一)办公用品的制造	1048	982	982
(二)乐器的制造	1888	1842	1842
(三)玩具的制造	524	411	411
(四)游艺器材及娱乐用品的制造	632	631	631
(五)视听设备的制造	19704	19691	19691
(六)焰火、鞭炮产品的制造	494	494	494
(七)文化用纸的制造	6589	6589	6589
(八)文化用油墨颜料的制造	761	761	761
(九)文化用化学品的制造	814	814	814
(十)其他文化用品的制造	2114	2076	2076
(十一)文具乐器照相器材的销售	44118	8638	8638
(十二)文化用家电的销售	15018	2239	2239
(十三)其他文化用品的销售	2032	1951	1951
十、文化专用设备的生产	16606	16300	16300
(一)印刷专用设备的制造	1945	1924	1924
(二)广播电视电影专用设备的制造	2402	2402	2402
(三)其他文化专用设备的制造	10765	10755	10755
(四)广播电视电影专用设备的批发	1165	1026	1026
(五)舞台照明设备的批发	329	193	193

文化制造业	文化批发和零售业	文化服务业企业	文化服务业事业	文化其他服务业	产业活动单位从业人员（人）	有证照的个体经营户从业人员（人）
85411	**14283**	**9442**	**424**	**21**	**1677**	**58493**
36039	236	9442	424	21	1086	10161
36039		366	9	10	73	4
					492	2669
		483			2	20
	236					13
		108				415
		5617	411	11	224	
		2868	4		295	7040
34291	12828				437	48180
982						66
1842						46
411						113
631						1
19691						13
494						
6589						
761						
814						
2076						38
	8638				162	35318
	2239				194	12585
	1951				81	
15081	1219				154	152
1924					15	6
2402						
10755						10
	1026				139	
	193					136

3-4-2 分地区、分行业文化及相关产业法人单位从业人员

单位：人

指标名称	全省	沈阳市	大连市	鞍山市	抚顺市	本溪市	丹东市
合　计	**381058**	**101307**	**143198**	**32442**	**10873**	**10699**	**12374**
第一部分　文化产品的生产	**271477**	**73192**	**94096**	**26309**	**9162**	**8735**	**7789**
一、新闻出版发行服务	20441	9325	4985	1157	583	507	301
(一)新闻服务	3046	219	2481	16	7	5	
(二)出版服务	9785	5237	1385	463	455	308	155
(三)发行服务	7610	3869	1119	678	121	194	146
二、广播电视电影服务	19948	6800	2610	1325	963	791	858
(一)广播电视服务	14913	4876	1760	959	686	105	727
(二)电影和影视录音服务	5035	1924	850	366	277	686	131
三、文化艺术服务	39527	11050	7396	3618	1538	1817	1287
(一)文艺创作与表演服务	6626	2919	1151	493	59	189	213
(二)图书馆与档案馆服务	3921	801	658	316	189	176	219
(三)文化遗产保护服务	4302	1089	540	208	310	293	163
(四)群众文化服务	6341	1334	1125	668	388	194	132
(五)文化研究和社团服务	9187	2469	976	657	243	526	324
(六)文化艺术培训服务	6949	1444	2459	1069	297	407	211
(七)其他文化艺术服务	2201	994	487	207	52	32	25
四、文化信息传输服务	24736	7051	9844	1017	615	518	1318
(一)互联网信息服务	11505	1790	8307	636	34	187	122
(二)增值电信服务(文化部分)	100	60	4	25			
(三)广播电视传输服务	13131	5201	1533	356	581	331	1196
五、文化创意和设计服务	97673	22914	53581	9723	1303	1387	1075
(一)广告服务	35290	12027	9732	6261	1023	1042	737
(二)文化软件服务	36568	761	35215	299	2		28
(三)建筑设计服务	17743	7070	4838	2707	243	192	217
(四)专业设计服务	8072	3056	3796	456	35	153	93
六、文化休闲娱乐服务	39015	7642	9524	6178	1818	2119	1750
(一)景区游览服务	13099	3115	2963	1493	671	1226	758
(二)娱乐休闲服务	23108	3271	6236	4051	1100	799	922
(三)摄影扩印服务	2808	1256	325	634	47	94	70
七、工艺美术品的生产	30137	8410	6156	3291	2342	1596	1200
(一)工艺美术品的制造	22464	5888	4298	2141	2257	1243	981
(二)园林、陈设艺术及其他陶瓷制品的制造	807	103	367			5	
(三)工艺美术品的销售	6866	2419	1491	1150	85	348	219

3-4-2 续表 1 单位：人

指标名称	全省(人)	沈阳市	大连市	鞍山市	抚顺市	本溪市	丹东市
第二部分 文化相关产品的生产	**109581**	**28115**	**49102**	**6133**	**1711**	**1964**	**4585**
八、文化产品生产的辅助生产	46162	15675	15989	2481	1364	1517	1244
(一)版权服务	36424	12256	10813	2129	1285	1462	1185
(二)印刷复制服务							
(三)文化经纪代理服务	483	108	201	90	11	2	
(四)文化贸易代理与拍卖服务	236	41	123	40			
(五)文化出租服务	108	60	19	4		7	
(六)会展服务	6039	2613	2772	176	62	46	47
(七)其他文化辅助生产	2872	597	2061	42	6		12
九、文化用品的生产	47119	10749	21266	3240	260	383	3262
(一)办公用品的制造	982	43	573	34	2	38	47
(二)乐器的制造	1842	81	1234	28	3		12
(三)玩具的制造	411	153	240				13
(四)游艺器材及娱乐用品的制造	631	357	36	215	15		
(五)视听设备的制造	19691	3817	13525		2	12	2261
(六)焰火、鞭炮产品的制造	494	80	12				18
(七)文化用纸的制造	6589	113	1146	572	15	44	651
(八)文化用油墨颜料的制造	761	502	77	22	16		5
(九)文化用化学品的制造	814	101	472				
(十)其他文化用品的制造	2076	225	1214	127		38	
(十一)文具乐器照相器材的销售	8638	3701	1562	1550	110	100	204
(十二)文化用家电的销售	2239	584	652	465	60	117	33
(十三)其他文化用品的销售	1951	992	523	227	37	34	18
十、文化专用设备的生产	16300	1691	11847	412	87	64	79
(一)印刷专用设备的制造	1924	389	1114	8	80		46
(二)广播电视电影专用设备的制造	2402	942	913	192			
(三)其他文化专用设备的制造	10755	33	9275				18
(四)广播电视电影专用设备的批发	1026	325	369	197	7	64	15
(五)舞台照明设备的批发	193	2	176	15			

3-4-2 续表 2

单位：人

指标名称	锦州市	营口市	阜新市	辽阳市	盘锦市	铁岭市	朝阳市	葫芦岛市
合　计	**14956**	**14083**	**6445**	**6005**	**6732**	**8632**	**6952**	**6360**
第一部分　文化产品的生产	**10723**	**9505**	**5683**	**5046**	**4813**	**4738**	**6058**	**5628**
一、新闻出版发行服务	749	599	469	273	231	347	491	424
(一)新闻服务	16	70		21	48	6	102	55
(二)出版服务	640	314	234	90	32	165	180	127
(三)发行服务	93	215	235	162	151	176	209	242
二、广播电视电影服务	1217	1205	1308	274	791	428	956	422
(一)广播电视服务	1115	1092	1240	221	623	254	902	353
(二)电影和影视录音服务	102	113	68	53	168	174	54	69
三、文化艺术服务	2206	2193	1279	1339	1108	1472	1775	1449
(一)文艺创作与表演服务	424	340	257	6	268	95	147	65
(二)图书馆与档案馆服务	302	266	158	207	208	148	157	116
(三)文化遗产保护服务	362	102	167	170	38	98	606	156
(四)群众文化服务	514	258	364	345	200	367	256	196
(五)文化研究和社团服务	521	892	205	299	247	650	539	639
(六)文化艺术培训服务	49	237	83	269	82	58	28	256
(七)其他文化艺术服务	34	98	45	43	65	56	42	21
四、文化信息传输服务	668	940	78	249	405	507	528	998
(一)互联网信息服务	69	89	24	6	99	58	9	75
(二)增值电信服务(文化部分)		6						5
(三)广播电视传输服务	599	845	54	243	306	449	519	918
五、文化创意和设计服务	1481	2034	622	675	855	284	810	929
(一)广告服务	651	1369	363	341	577	158	599	410
(二)文化软件服务	106	99	25	9	6		18	
(三)建筑设计服务	690	408	191	305	169	107	122	484
(四)专业设计服务	34	158	43	20	103	19	71	35
六、文化休闲娱乐服务	2495	1759	999	864	1117	739	740	1271
(一)景区游览服务	1079	344	132	411	288	80	160	379
(二)娱乐休闲服务	1322	1320	817	426	810	635	560	839
(三)摄影扩印服务	94	95	50	27	19	24	20	53
七、工艺美术品的生产	1907	775	928	1372	306	961	758	135
(一)工艺美术品的制造	1608	576	630	1259	179	940	386	78
(二)园林、陈设艺术及其他陶瓷制品的制造	20			22		3	287	
(三)工艺美术品的销售	279	199	298	91	127	18	85	57

3-4-2　续表 3　　　　单位：人

指标名称	锦州市	营口市	阜新市	辽阳市	盘锦市	铁岭市	朝阳市	葫芦岛市
第二部分　文化相关产品的生产	**4233**	**4578**	**762**	**959**	**1919**	**3894**	**894**	**732**
八、文化产品生产的辅助生产	1582	1442	636	447	625	1997	647	516
(一)版权服务	1478	1265	582	421	582	1987	530	449
(二)印刷复制服务								
(三)文化经纪代理服务	8	22	22		7		9	3
(四)文化贸易代理与拍卖服务		11		21				
(五)文化出租服务		8			5		5	
(六)会展服务	86	43	30	3	24	6	74	57
(七)其他文化辅助生产	10	93	2	2	7	4	29	7
九、文化用品的生产	2651	1414	119	509	1091	1865	109	201
(一)办公用品的制造	7	18	8			212		
(二)乐器的制造		415	3			66		
(三)玩具的制造					5			
(四)游艺器材及娱乐用品的制造	8							
(五)视听设备的制造	68	6						
(六)焰火、鞭炮产品的制造			1	362		2	19	
(七)文化用纸的制造	2290	104	3		500	1150	1	
(八)文化用油墨颜料的制造		122				17		
(九)文化用化学品的制造		241						
(十)其他文化用品的制造		25				356		91
(十一)文具乐器照相器材的销售	168	411	90	58	527	45	37	75
(十二)文化用家电的销售	75	45	5	81	30	12	51	29
(十三)其他文化用品的销售	35	27	9	8	29	5	1	6
十、文化专用设备的生产		1722	7	3	203	32	138	15
(一)印刷专用设备的制造		287						
(二)广播电视电影专用设备的制造			5		192	20	138	
(三)其他文化专用设备的制造		1429						
(四)广播电视电影专用设备的批发		6	2	3	11	12		15
(五)舞台照明设备的批发								

3-4-3 分地区、分行业文化及相关产业企业从业人员

单位：人

指标名称	全省	沈阳市	大连市	鞍山市	抚顺市	本溪市	丹东市
合 计	**322529**	**85726**	**134208**	**27505**	**8583**	**7879**	**9490**
第一部分 文化产品的生产	**213393**	**57805**	**85212**	**21411**	**6872**	**5915**	**4906**
一、新闻出版发行服务	18486	8891	4804	1100	568	230	290
(一)新闻服务	2423	8	2359				
(二)出版服务	8453	5014	1326	422	447	36	144
(三)发行服务	7610	3869	1119	678	121	194	146
二、广播电视电影服务	5049	2010	1076	401	429	112	98
(一)广播电视服务	902	95	239	55	152	7	
(二)电影和影视录音服务	4147	1915	837	346	277	105	98
三、文化艺术服务	7646	3278	1361	1340	125	257	105
(一)文艺创作与表演服务	2617	1324	442	209	14	69	27
(二)图书馆与档案馆服务	218	29	24	12	3	4	6
(三)文化遗产保护服务	279	68	103				
(四)群众文化服务	446	119	59	85	52		
(五)文化研究和社团服务	248	40	83	61		12	50
(六)文化艺术培训服务	2355	889	293	797	31	153	9
(七)其他文化艺术服务	1483	809	357	176	25	19	13
四、文化信息传输服务	22136	6740	9603	954	611	464	903
(一)互联网信息服务	11222	1654	8279	633	34	180	117
(二)增值电信服务(文化部分)	100	60	4	25			
(三)广播电视传输服务	10814	5026	1320	296	577	284	786
五、文化创意和设计服务	97297	22839	53571	9690	1303	1373	1032
(一)广告服务	35197	12025	9722	6228	1023	1042	710
(二)文化软件服务	36568	761	35215	299	2		28
(三)建筑设计服务	17540	7053	4838	2707	243	192	201
(四)专业设计服务	7992	3000	3796	456	35	139	93
六、文化休闲娱乐服务	32642	5637	8641	4635	1494	1883	1278
(一)景区游览服务	7165	1115	2100	144	347	1054	310
(二)娱乐休闲服务	22702	3266	6219	3862	1100	735	909
(三)摄影扩印服务	2775	1256	322	629	47	94	59
七、工艺美术品的生产	30137	8410	6156	3291	2342	1596	1200
(一)工艺美术品的制造	22464	5888	4298	2141	2257	1243	981
(二)园林、陈设艺术及其他陶瓷制品的制造	807	103	367			5	
(三)工艺美术品的销售	6866	2419	1491	1150	85	348	219

3-4-3　续表 1

单位：人

指标名称	全省	沈阳市	大连市	鞍山市	抚顺市	本溪市	丹东市
第二部分　文化相关产品的生产	**109136**	**27921**	**48996**	**6094**	**1711**	**1964**	**4584**
八、文化产品生产的辅助生产	45717	15481	15883	2442	1364	1517	1243
(一)版权服务	36405	12256	10813	2119	1285	1462	1185
(二)印刷复制服务							
(三)文化经纪代理服务	483	108	201	90	11	2	
(四)文化贸易代理与拍卖服务	236	41	123	40			
(五)文化出租服务	108	60	19	4		7	
(六)会展服务	5617	2419	2666	147	62	46	46
(七)其他文化辅助生产	2868	597	2061	42	6		12
九、文化用品的生产	47119	10749	21266	3240	260	383	3262
(一)办公用品的制造	982	43	573	34	2	38	47
(二)乐器的制造	1842	81	1234	28	3		12
(三)玩具的制造	411	153	240				13
(四)游艺器材及娱乐用品的制造	631	357	36	215	15		
(五)视听设备的制造	19691	3817	13525		2	12	2261
(六)焰火、鞭炮产品的制造	494	80	12				18
(七)文化用纸的制造	6589	113	1146	572	15	44	651
(八)文化用油墨颜料的制造	761	502	77	22	16		5
(九)文化用化学品的制造	814	101	472				
(十)其他文化用品的制造	2076	225	1214	127		38	
(十一)文具乐器照相器材的销售	8638	3701	1562	1550	110	100	204
(十二)文化用家电的销售	2239	584	652	465	60	117	33
(十三)其他文化用品的销售	1951	992	523	227	37	34	18
十、文化专用设备的生产	16300	1691	11847	412	87	64	79
(一)印刷专用设备的制造	1924	389	1114	8	80		46
(二)广播电视电影专用设备的制造	2402	942	913	192			
(三)其他文化专用设备的制造	10755	33	9275				18
(四)广播电视电影专用设备的批发	1026	325	369	197	7	64	15
(五)舞台照明设备的批发	193	2	176	15			

3-4-3 续表 2 单位：人

指标名称	锦州市	营口市	阜新市	辽阳市	盘锦市	铁岭市	朝阳市	葫芦岛市
合 计	**11550**	**10579**	**4107**	**3971**	**4825**	**6139**	**3821**	**4146**
第一部分 文化产品的生产	**7324**	**6019**	**3353**	**3012**	**2906**	**2249**	**2995**	**3414**
一、新闻出版发行服务	687	275	375	162	161	308	393	242
(一)新闻服务							56	
(二)出版服务	594	60	140		10	132	128	
(三)发行服务	93	215	235	162	151	176	209	242
二、广播电视电影服务	117	212	249	53	136	33	62	61
(一)广播电视服务	42	101	203				8	
(二)电影和影视录音服务	75	111	46	53	136	33	54	61
三、文化艺术服务	385	229	149	15	265	36	33	68
(一)文艺创作与表演服务	161	164	2	6	152	19	17	11
(二)图书馆与档案馆服务	94	10	25	5			6	
(三)文化遗产保护服务	11		80		5	2	10	
(四)群众文化服务	82	8	9		30			2
(五)文化研究和社团服务		2						
(六)文化艺术培训服务	27	29	13	2	48	9		55
(七)其他文化艺术服务	10	16	20	2	30	6		
四、文化信息传输服务	310	824	62	249	122	118	260	916
(一)互联网信息服务	69	89	24	6	52	20	1	64
(二)增值电信服务(文化部分)		6						5
(三)广播电视传输服务	241	729	38	243	70	98	259	847
五、文化创意和设计服务	1457	2020	599	670	838	201	801	903
(一)广告服务	651	1369	363	341	561	153	599	410
(二)文化软件服务	106	99	25	9	6		18	
(三)建筑设计服务	667	394	168	300	168	29	122	458
(四)专业设计服务	33	158	43	20	103	19	62	35
六、文化休闲娱乐服务	2461	1684	991	491	1078	592	688	1089
(一)景区游览服务	1045	282	131	52	263	10	108	204
(二)娱乐休闲服务	1322	1307	810	426	796	558	560	832
(三)摄影扩印服务	94	95	50	13	19	24	20	53
七、工艺美术品的生产	1907	775	928	1372	306	961	758	135
(一)工艺美术品的制造	1608	576	630	1259	179	940	386	78
(二)园林、陈设艺术及其他陶瓷制品的制造	20			22		3	287	
(三)工艺美术品的销售	279	199	298	91	127	18	85	57

3-4-3　续表 3　　　　单位：人

指标名称	锦州市	营口市	阜新市	辽阳市	盘锦市	铁岭市	朝阳市	葫芦岛市
第二部分　文化相关产品的生产	**4226**	**4560**	**754**	**959**	**1919**	**3890**	**826**	**732**
八、文化产品生产的辅助生产	1575	1424	628	447	625	1993	579	516
(一)版权服务	1478	1265	574	421	582	1987	529	449
(二)印刷复制服务								
(三)文化经纪代理服务	8	22	22		7		9	3
(四)文化贸易代理与拍卖服务		11		21				
(五)文化出租服务		8			5		5	
(六)会展服务	79	25	30	3	24	6	7	57
(七)其他文化辅助生产	10	93	2	2	7		29	7
九、文化用品的生产	2651	1414	119	509	1091	1865	109	201
(一)办公用品的制造	7	18	8			212		
(二)乐器的制造		415	3			66		
(三)玩具的制造					5			
(四)游艺器材及娱乐用品的制造	8							
(五)视听设备的制造	68	6						
(六)焰火、鞭炮产品的制造			1	362		2	19	
(七)文化用纸的制造	2290	104	3		500	1150	1	
(八)文化用油墨颜料的制造		122				17		
(九)文化用化学品的制造		241						
(十)其他文化用品的制造		25				356		91
(十一)文具乐器照相器材的销售	168	411	90	58	527	45	37	75
(十二)文化用家电的销售	75	45	5	81	30	12	51	29
(十三)其他文化用品的销售	35	27	9	8	29	5	1	6
十、文化专用设备的生产		1722	7	3	203	32	138	15
(一)印刷专用设备的制造		287						
(二)广播电视电影专用设备的制造			5		192	20	138	
(三)其他文化专用设备的制造		1429						
(四)广播电视电影专用设备的批发		6	2	3	11	12		15
(五)舞台照明设备的批发								

3-5-1 文化及相关产业企业主营业务收入

单位：亿元

分组	合计	文化制造业企业	文化批发和零售业企业	文化服务业企业
合 计	**1492.04**	**835.58**	**233.45**	**423.01**
一、按登记注册类型分组				
内资企业	1221.78	670.02	213.73	338.03
国有企业	77.36	34.53	10.66	32.17
集体企业	57.48	50.67	3.51	3.30
股份合作企业	6.21	4.92	0.42	0.87
联营企业	0.33	0.07		0.27
国有联营企业	0.17	0.02		0.16
集体联营企业	0.03	0.01		0.01
国有与集体联营企业	0.00			0.00
其他联营企业	0.13	0.04		0.09
有限责任公司	378.73	163.98	76.88	137.86
国有独资公司	25.83	0.04	0.48	25.31
其他有限责任公司	352.90	163.95	76.40	112.55
股份有限公司	69.74	38.92	3.49	27.32
私营企业	614.25	371.57	115.90	126.78
私营独资企业	134.07	101.25	12.85	19.97
私营合伙企业	3.92	2.68	0.55	0.69
私营有限责任公司	450.60	249.67	98.31	102.62
私营股份有限公司	25.66	17.96	4.19	3.51
其他企业	17.69	5.37	2.86	9.46
港、澳、台商投资企业	15.97	11.17	1.21	3.59
与港澳台商合资经营企业	6.77	5.04	0.00	1.72
与港澳台商合作经营企业	0.43	0.41		0.01
港澳台商独资经营企业	8.64	5.71	1.08	1.86
港澳台商投资股份有限公司	0.13		0.13	0.00
其他港澳台投资企业				
外商投资企业	254.29	154.39	18.52	81.38
中外合资经营企业	57.38	47.55	1.42	8.41
中外合作经营企业	3.01	1.39		1.62
外资企业	175.71	102.90	17.05	55.76
外商投资股份有限公司	18.12	2.56	0.04	15.53
其他外商投资企业	0.08		0.01	0.07
二、按控股情况分组				
国有控股	252	117	27	109
集体控股	63	53	4	6
私人控股	868	504	168	196
港澳台商控股	18	13	1	3
外商控股	223	142	18	63
其他	68	7	15	46
三、按文化及相关产业类别分组				
(一) 文化产品的生产	695	194	100	401
1、新闻出版发行服务	57		27	30
(1)新闻服务	4			4
(2)出版服务	26			26
(3)发行服务	27		27	
2、广播电视电影服务	15			15
(1)广播电视服务	5			5
(2)电影和影视录音服务	10			10
3、文化艺术服务	9			9
(1)文艺创作与表演服务	3			3
(2)图书馆与档案馆服务	0			0

3-5-1　续表　　单位：亿元

分　　组	合计	文化制造业企业	文化批发和零售业企业	文化服务业企业
(3)文化遗产保护服务				0
(4)群众文化服务				0
(5)文化研究和社团服务				0
(6)文化艺术培训服务	3			3
(7)其他文化艺术服务	2			2
4、文化信息传输服务	62			62
(1)互联网信息服务	34			34
(2)增值电信服务(文化部分)	1			1
(3)广播电视传输服务	27			27
5、文化创意和设计服务	238			238
(1)广告服务	92			92
(2)文化软件服务	84			84
(3)建筑设计服务	45			45
(4)专业设计服务	18			18
6、文化休闲娱乐服务	47			47
(1)景区游览服务	9			9
(2)娱乐休闲服务	36			36
(3)摄影扩印服务	3			3
7、工艺美术品的生产	267	194	72	
(1)工艺美术品的制造	190	190		
(2)园林、陈设艺术及其他陶瓷制品的制造	4	4		
(3)工艺美术品的销售	72		72	
(二)文化相关产品的生产	797	641	134	22
8、文化产品生产的辅助生产	234	211		22
(1)版权服务	211	211		
(2)印刷复制服务				
(3)文化经纪代理服务				
(4)文化贸易代理与拍卖服务				
(5)文化出租服务				
(6)会展服务	13			13
(7)其他文化辅助生产	8			8
9、文化用品的生产	428	320	107	
(1)办公用品的制造	7	7		
(2)乐器的制造	4	4		
(3)玩具的制造	3	3		
(4)游艺器材及娱乐用品的制造	1	1		
(5)视听设备的制造	225	225		
(6)焰火、鞭炮产品的制造	2	2		
(7)文化用纸的制造	45	45		
(8)文化用油墨颜料的制造	14	14		
(9)文化用化学品的制造	3	3		
(10)其他文化用品的制造	16	16		
(11)文具乐器照相器材的销售	66		66	
(12)文化用家电的销售	30		30	
(13)其他文化用品的销售	12		12	
10、文化专用设备的生产	136	109	26	
(1)印刷专用设备的制造	30	30		
(2)广播电视电影专用设备的制造	12	12		
(3)其他文化专用设备的制造	68	68		
(4)广播电视电影专用设备的批发	15		15	
(5)舞台照明设备的批发	12		12	

3-5-2 文化及相关产业“三上”企业主营业务收入

单位：亿元

分组	合计	规模以上文化制造业企业	限额以上文化批发和零售业企业	重点文化服务业企业
合　计	**1165.50**	**740.06**	**138.29**	**287.14**
一、按登记注册类型分组				
内资企业	925.37	601.45	119.38	204.54
国有企业	66.11	32.13	8.40	25.57
集体企业	51.07	45.98	2.98	2.11
股份合作企业	4.14	3.71		0.43
联营企业				
国有联营企业				
集体联营企业				
国有与集体联营企业				
其他联营企业				
有限责任公司	306.75	155.79	45.11	105.85
国有独资公司	21.95		0.42	21.54
其他有限责任公司	284.80	155.79	44.69	84.32
股份有限公司	65.33	37.63	2.56	25.14
私营企业	428.29	323.91	60.33	44.05
私营独资企业	88.13	83.30	4.38	0.45
私营合伙企业	2.16	2.16		
私营有限责任公司	316.81	222.17	52.50	42.15
私营股份有限公司	21.18	16.28	3.45	1.45
其他企业	3.68	2.29		1.39
港、澳、台商投资企业	14.45	10.39	1.19	2.88
与港澳台商合资经营企业	6.16	4.65		1.51
与港澳台商合作经营企业	0.41	0.41		
港澳台商独资经营企业	7.75	5.32	1.06	1.37
港澳台商投资股份有限公司	0.13		0.13	
其他港澳台投资企业				
外商投资企业	225.67	128.23	17.73	79.72
中外合资经营企业	31.62	22.61	1.34	7.66
中外合作经营企业	3.00	1.39		1.62
外资企业	173.21	101.89	16.38	54.94
外商投资股份有限公司	17.84	2.33		15.51
其他外商投资企业				
二、按控股情况分组				
国有控股	231	113	21	97
集体控股	54	47	3	4
私人控股	629	447	93	89
港澳台商控股	16	13	1	3
外商控股	195	116	18	62
其他	39	5	2	33
三、按文化及相关产业类别分组				
(一) 文化产品的生产	519	178	63	278
1、新闻出版发行服务	47		19	28
(1)新闻服务	4			4
(2)出版服务	24			24
(3)发行服务	19		19	
2、广播电视电影服务	11			11
(1)广播电视服务	5			5
(2)电影和影视录音服务	7			7
3、文化艺术服务	3			3

3-5-2　续表　　单位：亿元

分　　组	合计	规模以上文化制造业企业	限额以上文化批发和零售业企业	重点文化服务业企业
(1)文艺创作与表演服务	2			2
(2)图书馆与档案馆服务				
(3)文化遗产保护服务				
(4)群众文化服务				
(5)文化研究和社团服务				
(6)文化艺术培训服务	1			1
(7)其他文化艺术服务				
4、文化信息传输服务	52			52
(1)互联网信息服务	30			30
(2)增值电信服务(文化部分)	1			1
(3)广播电视传输服务	21			21
5、文化创意和设计服务	164			164
(1)广告服务	40			40
(2)文化软件服务	80			80
(3)建筑设计服务	34			34
(4)专业设计服务	9			9
6、文化休闲娱乐服务	20			20
(1)景区游览服务	6			6
(2)娱乐休闲服务	12			12
(3)摄影扩印服务	1			1
7、工艺美术品的生产	222	178	44	
(1)工艺美术品的制造	174	174		
(2)园林、陈设艺术及其他陶瓷制品的制造	4	4		
(3)工艺美术品的销售	44		44	
(二)文化相关产品的生产	647	562	75	9
8、文化产品生产的辅助生产	175	166		9
(1)版权服务	166	166		
(2)印刷复制服务				
(3)文化经纪代理服务				
(4)文化贸易代理与拍卖服务				
(5)文化出租服务				
(6)会展服务	5			5
(7)其他文化辅助生产	4			4
9、文化用品的生产	344	290	55	
(1)办公用品的制造	6	6		
(2)乐器的制造	4	4		
(3)玩具的制造	2	2		
(4)游艺器材及娱乐用品的制造	1	1		
(5)视听设备的制造	201	201		
(6)焰火、鞭炮产品的制造	2	2		
(7)文化用纸的制造	44	44		
(8)文化用油墨颜料的制造	13	13		
(9)文化用化学品的制造	3	3		
(10)其他文化用品的制造	15	15		
(11)文具乐器照相器材的销售	32		32	
(12)文化用家电的销售	21		21	
(13)其他文化用品的销售	2		2	
10、文化专用设备的生产	127	107	20	
(1)印刷专用设备的制造	29	29		
(2)广播电视电影专用设备的制造	10	10		
(3)其他文化专用设备的制造	67	67		
(4)广播电视电影专用设备的批发	9		9	
(5)舞台照明设备的批发	11		11	

3-5-3 分地区文化及

分　　组	全省	沈阳市	大连市	鞍山市	抚顺市	本溪市
合　计	**1492.04**	**566.86**	**570.52**	**71.84**	**43.62**	**17.09**
一、按登记注册类型分组						
内资企业	1221.78	524.62	363.16	67.58	41.50	15.79
国有企业	77.36	44.09	18.46	2.69	1.27	2.13
集体企业	57.48	8.03	35.31	4.75	0.53	0.86
股份合作企业	6.21	3.15	1.80	0.23	0.10	0.00
联营企业	0.33	0.10	0.00	0.04	0.03	0.00
国有联营企业	0.17	0.05		0.02	0.01	
集体联营企业	0.03	0.00		0.01		0.00
国有与集体联营企业	0.00	0.00				
其他联营企业	0.13	0.04	0.00	0.00	0.02	
有限责任公司	378.73	178.49	127.37	12.55	15.16	2.72
国有独资公司	25.83	21.86	1.46	0.04	0.07	0.02
其他有限责任公司	352.90	156.63	125.92	12.51	15.09	2.70
股份有限公司	69.74	40.01	15.88	2.99	0.32	0.16
私营企业	614.25	245.86	161.01	40.12	23.51	8.93
私营独资企业	134.07	33.28	16.43	22.17	8.46	1.91
私营合伙企业	3.92	0.30	0.20	1.90	0.59	0.10
私营有限责任公司	450.60	197.72	141.37	15.54	12.19	5.95
私营股份有限公司	25.66	14.55	3.00	0.50	2.27	0.96
其他企业	17.69	4.91	3.32	4.23	0.60	0.98
港、澳、台商投资企业	15.97	4.89	6.52	0.36	0.22	0.06
与港澳台商合资经营企业	6.77	1.50	1.63	0.04	0.22	
与港澳台商合作经营企业	0.43	0.41	0.01			
港澳台商独资经营企业	8.64	2.97	4.88	0.19		0.06
港澳台商投资股份有限公司	0.13		0.00	0.13		
其他港澳台投资企业						
外商投资企业	254.29	37.35	200.84	3.90	1.90	1.25
中外合资经营企业	57.38	34.02	11.50	3.90	0.48	1.25
中外合作经营企业	3.01	1.39	1.55			
外资企业	175.71	1.90	171.97		1.42	
外商投资股份有限公司	18.12	0.00	15.78			
其他外商投资企业	0.08	0.04	0.04			
二、按企业控股情况分组						
国有控股	252.05	142.26	88.85	3.09	1.33	2.22
集体控股	63.09	9.74	37.65	5.04	0.43	0.93
私人控股	867.85	343.68	236.75	55.43	39.03	13.11
港澳台商控股	17.68	8.32	5.96	0.34	0.22	0.06
外商控股	223.08	28.15	181.21	3.90	1.43	0.07
其他	68.29	34.70	20.11	4.04	1.17	0.70
三、按文化及相关产业类别分组						
(一) 文化产品的生产	694.72	269.28	250.83	43.25	26.83	11.56
1、新闻出版发行服务	57.06	34.87	14.10	2.18	0.46	0.37
(1)新闻服务	3.92	0.01	3.83			
(2)出版服务	25.93	18.17	5.88	0.78	0.29	0.01
(3)发行服务	27.22	16.69	4.39	1.40	0.17	0.36
2、广播电视电影服务	14.68	5.02	7.24	0.57	0.47	0.14
(1)广播电视服务	4.97	0.14	4.36	0.01	0.09	0.01
(2)电影和影视录音服务	9.71	4.88	2.87	0.56	0.38	0.13
3、文化艺术服务	8.89	4.21	1.64	1.29	0.14	0.42
(1)文艺创作与表演服务	3.30	1.93	0.65	0.21	0.02	0.09
(2)图书馆与档案馆服务	0.28	0.03	0.02	0.01	0.00	0.01

相关产业企业主营业务收入

单位：亿元

丹东市	锦州市	营口市	阜新市	辽阳市	盘锦市	铁岭市	朝阳市	葫芦岛市
28.22	**34.31**	**33.64**	**9.86**	**14.11**	**19.34**	**70.54**	**6.95**	**5.13**
18.19	34.30	31.59	9.86	14.11	18.81	70.35	6.89	5.04
1.41	1.44	1.10	0.81	0.25	0.28	1.46	1.21	0.78
2.46	1.38	0.56	1.11	0.21	0.42	1.76	0.03	0.07
0.30	0.44		0.00	0.00	0.20	0.00		0.00
0.13		0.01			0.03			0.00
0.10								
0.01								0.00
0.03		0.01			0.03			0.00
2.69	7.49	3.56	0.39	3.90	3.76	17.24	1.17	2.24
0.00	0.38	0.32	0.01		0.02		0.26	1.41
2.69	7.10	3.24	0.38	3.90	3.74	17.24	0.92	0.83
0.07	2.99	2.83	0.00	0.00	4.36	0.11		0.01
10.76	20.34	22.87	6.63	9.68	9.05	49.52	4.34	1.66
3.57	4.57	5.73	1.15	6.94	1.12	26.40	1.35	0.99
0.19	0.13	0.20		0.19	0.05	0.03	0.00	0.03
6.89	13.75	16.77	5.47	2.23	7.69	21.43	2.98	0.61
0.11	1.89	0.16	0.01	0.32	0.19	1.65	0.00	0.03
0.37	0.23	0.67	0.92	0.06	0.72	0.26	0.14	0.29
2.18		1.15		0.00	0.54		0.06	
2.16		1.15		0.00			0.06	
0.01					0.54			
7.85	0.01	0.91			0.00	0.19		0.08
5.50		0.63			0.00	0.01		0.08
		0.07						
0.01	0.01	0.21				0.19		
2.33								
1.93	2.85	1.41	0.75	2.66	0.57	0.55	1.39	2.18
2.74	1.84	0.57	1.11	0.29	0.55	1.76	0.14	0.27
13.11	28.99	29.89	7.68	11.00	17.02	64.67	5.25	2.24
2.13		0.08			0.54		0.05	
7.90	0.00	0.21			0.00	0.19		
0.41	0.63	1.48	0.32	0.16	0.67	3.36	0.12	0.43
11.18	21.89	11.77	9.17	10.94	5.77	12.53	5.52	4.20
0.36	0.37	0.40	0.83	0.34	0.45	0.71	1.29	0.35
							0.09	
0.10	0.12	0.01	0.26		0.02	0.15	0.14	
0.26	0.26	0.38	0.57	0.34	0.43	0.56	1.06	0.35
0.17	0.19	0.23	0.29	0.02	0.31	0.01	0.02	0.01
	0.00	0.06	0.28				0.01	
0.17	0.19	0.17	0.01	0.02	0.31	0.01	0.01	0.01
0.16	0.30	0.27	0.05	0.02	0.29	0.02	0.05	0.04
0.02	0.06	0.17	0.00	0.00	0.10	0.01	0.03	0.01
0.01	0.13	0.02	0.03	0.02			0.00	

3-5-3 续表

分　　组	全省	沈阳市	大连市	鞍山市	抚顺市	本溪市
(3)文化遗产保护服务	0.16	0.02	0.10			
(4)群众文化服务	0.46	0.11	0.06	0.07	0.07	
(5)文化研究和社团服务	0.29	0.03	0.20	0.03		0.02
(6)文化艺术培训服务	2.50	1.03	0.19	0.85	0.03	0.28
(7)其他文化艺术服务	1.90	1.07	0.41	0.12	0.02	0.03
4、文化信息传输服务	62.22	22.40	31.74	0.57	0.75	0.58
(1)互联网信息服务	34.33	6.48	26.52	0.43	0.04	0.28
(2)增值电信服务(文化部分)	0.80	0.72	0.01	0.03		
(3)广播电视传输服务	27.09	15.20	5.21	0.10	0.71	0.30
5、文化创意和设计服务	237.97	84.80	127.86	7.69	1.72	2.57
(1)广告服务	91.75	53.79	22.26	5.06	1.30	1.96
(2)文化软件服务	83.60	1.81	80.87	0.52	0.00	
(3)建筑设计服务	45.10	22.71	14.86	1.62	0.38	0.46
(4)专业设计服务	17.51	6.50	9.86	0.49	0.05	0.15
6、文化休闲娱乐服务	47.20	5.47	18.06	6.93	2.08	2.79
(1)景区游览服务	8.87	0.44	3.44	0.06	0.31	1.30
(2)娱乐休闲服务	35.56	3.47	14.28	6.58	1.71	1.36
(3)摄影扩印服务	2.76	1.56	0.33	0.28	0.06	0.12
7、工艺美术品的生产	266.70	112.50	50.19	24.02	21.22	4.70
(1)工艺美术品的制造	189.88	76.28	31.52	16.35	21.06	4.01
(2)园林、陈设艺术及其他陶瓷制品的制造	4.44	0.11	2.60			0.01
(3)工艺美术品的销售	72.38	36.11	16.08	7.67	0.16	0.69
(二)文化相关产品的生产	797.32	297.58	319.69	28.59	16.79	5.54
8、文化产品生产的辅助生产	234.05	94.96	55.46	7.55	14.39	3.11
(1)版权服务	211.75	87.32	41.83	7.25	14.20	3.01
(2)印刷复制服务						
(3)文化经纪代理服务	0.50	0.12	0.27	0.04	0.02	
(4)文化贸易代理与拍卖服务	0.37	0.08	0.17	0.08		
(5)文化出租服务	0.15	0.03	0.06	0.02		0.02
(6)会展服务	13.05	6.54	6.02	0.10	0.15	0.09
(7)其他文化辅助生产	8.23	0.87	7.12	0.07	0.02	
9、文化用品的生产	427.54	184.84	163.01	19.36	0.36	1.87
(1)办公用品的制造	6.83	0.07	1.64	0.12	0.03	0.09
(2)乐器的制造	4.40	0.13	2.93	0.11		
(3)玩具的制造	2.53	1.19	1.30			
(4)游艺器材及娱乐用品的制造	1.09	0.91	0.15		0.02	
(5)视听设备的制造	225.04	110.32	107.12			0.05
(6)焰火、鞭炮产品的制造	1.79		0.08			
(7)文化用纸的制造	44.69	0.27	9.28	8.56	0.01	0.13
(8)文化用油墨颜料的制造	14.35	13.10	0.35	0.16	0.03	
(9)文化用化学品的制造	3.46	0.43	0.90			
(10)其他文化用品的制造	16.25	3.36	6.89	0.39		0.17
(11)文具乐器照相器材的销售	65.57	36.64	17.80	6.08	0.15	0.36
(12)文化用家电的销售	29.62	13.15	9.58	3.00	0.08	0.87
(13)其他文化用品的销售	11.89	5.25	4.98	0.93	0.05	0.21
10、文化专用设备的生产	135.73	17.78	101.22	1.68	2.05	0.55
(1)印刷专用设备的制造	30.13	12.02	14.11	0.08	2.03	
(2)广播电视电影专用设备的制造	11.58	3.46	2.95	0.77		
(3)其他文化专用设备的制造	67.63	0.01	61.72			
(4)广播电视电影专用设备的批发	14.78	2.29	11.04	0.62	0.02	0.55
(5)舞台照明设备的批发	11.62	0.00	11.41	0.21		

单位：亿元

丹东市	锦州市	营口市	阜新市	辽阳市	盘锦市	铁岭市	朝阳市	葫芦岛市
	0.01		0.01		0.01		0.02	
	0.07	0.02	0.01		0.06			0.00
0.01								
0.01	0.01	0.03	0.00		0.04			0.03
0.12	0.02	0.02	0.00	0.00	0.09	0.00		
1.55	0.39	0.88	0.07	0.86	0.28	0.14	0.32	1.68
0.08	0.12	0.04	0.02	0.00	0.12	0.01		0.19
		0.02						0.02
1.47	0.27	0.82	0.05	0.86	0.16	0.13	0.32	1.48
1.06	2.63	3.79	0.39	0.95	1.52	1.08	0.83	1.08
0.78	0.96	2.85	0.27	0.31	1.11	0.13	0.57	0.42
0.00	0.11	0.23	0.01	0.02	0.01		0.01	
0.18	1.53	0.61	0.08	0.61	0.27	0.93	0.23	0.64
0.09	0.03	0.11	0.03	0.02	0.13	0.03	0.02	0.02
0.84	3.75	2.50	0.70	0.30	1.87	0.30	0.74	0.88
0.34	2.19	0.21	0.09	0.02	0.28	0.01	0.02	0.15
0.45	1.42	2.22	0.59	0.26	1.54	0.28	0.71	0.68
0.05	0.14	0.07	0.02	0.02	0.05	0.01	0.01	0.05
7.05	14.26	3.70	6.86	8.43	1.05	10.27	2.27	0.16
4.57	8.89	2.44	5.60	8.03	0.42	10.21	0.45	0.05
	0.01			0.08		0.00	1.64	
2.48	5.36	1.26	1.26	0.32	0.63	0.06	0.18	0.11
17.04	12.42	21.87	0.69	3.18	13.57	58.01	1.43	0.92
2.62	6.41	7.64	0.52	1.04	2.77	36.13	0.98	0.47
2.56	6.37	7.49	0.50	1.01	2.69	36.13	0.95	0.45
	0.01		0.01		0.01		0.00	0.00
		0.01		0.02				
		0.01			0.02		0.00	
0.05	0.01	0.04	0.00	0.00	0.03		0.00	0.01
0.01	0.02	0.09		0.00	0.01		0.03	0.01
14.16	6.00	6.56	0.17	2.05	6.62	21.79	0.30	0.45
0.12	0.00	0.03	0.01			4.73		
0.01		1.03	0.00			0.19		
0.03					0.02			
	0.01							
7.55		0.00						
0.09				1.55		0.00	0.08	
5.54	3.72	0.87	0.00		4.60	11.70		
0.00		0.68				0.03		
		2.14						
		0.04				5.04		0.35
0.62	0.35	1.37	0.12	0.07	1.86	0.08	0.05	0.03
0.04	1.89	0.24	0.02	0.42	0.09	0.01	0.17	0.04
0.17	0.03	0.16	0.02	0.01	0.05		0.00	0.02
0.25		7.68	0.00	0.08	4.19	0.10	0.15	0.01
0.14		1.76						
			0.00		4.16	0.08	0.15	
		5.90						
0.12		0.02	0.00	0.08	0.02	0.01		0.01

3-5-4 分地区文化

分　　组	全省	沈阳市	大连市	鞍山市	抚顺市	本溪市
合　计	**1165.50**	**448.87**	**462.34**	**36.47**	**38.26**	**5.74**
一、按登记注册类型分组						
内资企业	925.37	432.13	258.38	32.65		4.59
国有企业	66.11	41.55	14.42	36.20	0.96	1.36
集体企业	51.07	6.69	34.67	3.45	0.11	
股份合作企业	4.14	2.79	0.96			
联营企业						
国有联营企业						
集体联营企业						
国有与集体联营企业						
其他联营企业						
有限责任公司	306.75	145.24	106.85	4.59	14.17	1.18
国有独资公司	21.95	18.69	1.39		0.07	
其他有限责任公司	284.80	126.55	105.47	4.59	14.09	1.18
股份有限公司	65.33	38.56	14.68	2.11		
私营企业	428.29	195.04	86.51	20.37	20.87	2.05
私营独资企业	88.13	26.36	4.24	11.63	7.33	0.11
私营合伙企业	2.16			1.59	0.57	
私营有限责任公司	316.81	155.23	80.67	6.97	10.77	1.94
私营股份有限公司	21.18	13.45	1.60	0.17	2.21	
其他企业	3.68	2.25	0.28		0.09	
港、澳、台商投资企业	14.45	4.24	6.16	0.13	0.22	
与港澳台商合资经营企业	6.16	1.34	1.42		0.22	
与港澳台商合作经营企业	0.41	0.41				
港澳台商独资经营企业	7.75	2.48	4.74			
港澳台商投资股份有限公司	0.13			0.13		
其他港澳台投资企业						
外商投资企业	225.67	12.50	197.80	3.69	1.84	1.15
中外合资经营企业	31.62	9.86	10.39	3.69	0.42	1.15
中外合作经营企业	3.00	1.39	1.55			
外资企业	173.21	1.25	170.35		1.42	
外商投资股份有限公司	17.84		15.51			
其他外商投资企业						
二、按企业控股情况分组						
国有控股	231.42	131.67	83.74	2.39	0.80	1.36
集体控股	54.38	7.67	36.22	3.45		
私人控股	628.81	277.59	144.92	25.53	34.97	4.31
港澳台商控股	16.41	7.67	5.76	0.13	0.22	
外商控股	195.34	3.41	178.79	3.69	1.42	
其他	39.12	20.85	12.90	1.27	0.85	0.07
三、按文化及相关产业类别分组						
(一) 文化产品的生产	518.56	211.87	193.70	24.03	23.10	4.37
1、新闻出版发行服务	46.69	29.16	11.50	1.53	0.18	0.25
(1)新闻服务	3.90		3.81			
(2)出版服务	23.71	16.70	5.67	0.71	0.18	
(3)发行服务	19.08	12.46	2.02	0.82		0.25
2、广播电视电影服务	11.17	3.60	6.26	0.35	0.31	
(1)广播电视服务	4.52		4.29		0.09	
(2)电影和影视录音服务	6.65	3.60	1.97	0.35	0.22	
3、文化艺术服务	2.99	2.37	0.31	0.04		
(1)文艺创作与表演服务	2.05	1.66	0.20	0.04		
(2)图书馆与档案馆服务	0.12					

产业“三上”企业主营业务收入

单位：亿元

丹东市	锦州市	营口市	阜新市	辽阳市	盘锦市	铁岭市	朝阳市	葫芦岛市
21.61	**29.38**	**20.44**	**6.73**	**9.74**	**11.86**	**68.45**	**3.23**	**2.39**
11.66	29.38	18.70	6.73	9.74	11.34	68.26	3.23	2.39
0.60	1.16	0.83	0.38	0.21	0.23	0.51	1.18	0.58
2.09	1.21	0.18	0.90	0.05		1.72		
	0.39							
2.34	6.74	0.76	0.19	3.73	1.99	17.13	0.17	1.67
	0.12	0.27						1.41
2.34	6.62	0.49	0.19	3.73	1.99	17.13	0.17	0.27
	2.99	2.71			4.28			
6.63	16.85	14.22	4.39	5.74	4.84	48.75	1.88	0.13
2.15	2.79	2.68	0.05	4.64	0.05	26.03	0.07	
4.48	12.22	11.54	4.34	0.85	4.79	21.07	1.81	0.13
	1.85			0.26		1.65		
	0.04		0.87			0.15		
2.12		1.07			0.52			
2.12		1.07						
					0.52			
7.84		0.67				0.19		
5.50		0.60						
		0.07						
						0.19		
2.33								
0.96	2.31	1.04	0.57	2.62	0.36	0.51	1.09	1.99
2.16	1.64	0.18	0.90	0.14		1.72	0.11	0.20
8.25	25.01	19.09	5.26	6.98	10.96	63.80	1.93	0.20
2.12					0.52			
7.84						0.19		
0.28	0.42	0.12			0.02	2.23	0.10	
7.55	18.41	3.11	6.73	7.83	1.57	10.87	3.06	2.37
0.34	0.33	0.28	0.44	0.21	0.29	0.66	1.22	0.29
							0.09	
0.10	0.10					0.15	0.10	
0.24	0.24	0.28	0.44	0.21	0.29	0.51	1.03	0.29
0.12	0.16	0.06	0.09		0.23		0.00	
		0.06	0.09					
0.12	0.16				0.23		0.00	
	0.16	0.11						
	0.04	0.11						
	0.12							

3-5-4 续表

分　　组	全省	沈阳市	大连市	鞍山市	抚顺市	本溪市
(3)文化遗产保护服务	0.07		0.07			
(4)群众文化服务						
(5)文化研究和社团服务						
(6)文化艺术培训服务	0.72	0.72				
(7)其他文化艺术服务	0.03		0.03			
4、文化信息传输服务	51.93	18.07	28.99	0.01	0.45	0.29
(1)互联网信息服务	30.30	5.65	24.61	0.01		
(2)增值电信服务(文化部分)	0.70	0.70				
(3)广播电视传输服务	20.93	11.72	4.39		0.45	0.29
5、文化创意和设计服务	164.43	59.25	100.06	1.49	0.72	
(1)广告服务	40.46	34.33	5.61	0.03	0.48	
(2)文化软件服务	80.30	1.66	78.58			
(3)建筑设计服务	34.25	20.58	9.19	1.46	0.24	
(4)专业设计服务	9.42	2.67	6.68			
6、文化休闲娱乐服务	19.58	2.85	10.00	2.07	1.46	0.54
(1)景区游览服务	6.23	0.28	2.73		0.24	0.49
(2)娱乐休闲服务	12.23	1.58	7.23	2.07	1.21	
(3)摄影扩印服务	1.12	0.99	0.04			0.05
7、工艺美术品的生产	221.78	96.57	36.57	18.54	19.99	3.30
(1)工艺美术品的制造	173.84	73.94	27.24	13.30	19.99	3.25
(2)园林、陈设艺术及其他陶瓷制品的制造	3.88		2.35			
(3)工艺美术品的销售	44.06	22.63	6.98	5.25		0.05
(二)文化相关产品的生产	646.94	237.00	268.64	12.44	15.16	1.37
8、文化产品生产的辅助生产	175.35	81.64	29.96	0.96	13.13	0.38
(1)版权服务	165.90	78.43	23.72	0.96	13.13	0.38
(2)印刷复制服务						
(3)文化经纪代理服务						
(4)文化贸易代理与拍卖服务						
(5)文化出租服务						
(6)会展服务	5.22	3.21	2.01			
(7)其他文化辅助生产	4.22		4.22			
9、文化用品的生产	344.44	139.50	141.49	11.48		0.74
(1)办公用品的制造	5.99		1.26			
(2)乐器的制造	3.60		2.74			
(3)玩具的制造	1.59	1.15	0.44			
(4)游艺器材及娱乐用品的制造	0.79	0.79				
(5)视听设备的制造	200.77	86.34	106.90			
(6)焰火、鞭炮产品的制造	1.55					
(7)文化用纸的制造	43.59		9.10	8.11		
(8)文化用油墨颜料的制造	13.43	12.74				
(9)文化用化学品的制造	3.18	0.43	0.83			
(10)其他文化用品的制造	15.23	3.29	6.88			
(11)文具乐器照相器材的销售	31.99	24.75	5.00	1.97		
(12)文化用家电的销售	20.69	8.21	8.09	1.41		0.74
(13)其他文化用品的销售	2.04	1.80	0.23			
10、文化专用设备的生产	127.15	15.86	97.20		2.03	0.25
(1)印刷专用设备的制造	29.14	11.69	13.74		2.03	
(2)广播电视电影专用设备的制造	10.31	3.41	2.65			
(3)其他文化专用设备的制造	67.26		61.49			
(4)广播电视电影专用设备的批发	9.06	0.76	7.95			0.25
(5)舞台照明设备的批发	11.37		11.37			

单位：亿元

丹东市	锦州市	营口市	阜新市	辽阳市	盘锦市	铁岭市	朝阳市	葫芦岛市
0.66	0.25	0.75		0.86	0.08		0.10	1.41
0.03								
0.63	0.25	0.75		0.86	0.08		0.10	1.41
0.10	1.56	0.16	0.04	0.32			0.13	0.61
	0.06							
0.10	1.50	0.09	0.04	0.32			0.13	0.61
		0.07						
0.20	2.18	0.08			0.22			
0.13	2.06	0.08			0.22			
0.06	0.07							
	0.04							
6.14	13.77	1.67	6.16	6.43	0.75	10.21	1.61	0.07
3.75	8.69	1.57	5.21	6.43	0.32	10.16		
							1.54	
2.39	5.08	0.10	0.95		0.44	0.05	0.07	0.07
14.06	10.97	17.33		1.91	10.29	57.58	0.17	0.02
0.83	5.47	5.76			1.38	35.84		
0.83	5.47	5.76			1.38	35.84		
13.23	5.51	4.10		1.83	4.72	21.66	0.17	0.02
						4.73		
		0.67				0.19		
7.53								
				1.55				
5.54	3.72	0.83			4.60	11.70		
		0.68						
		1.92						
						5.04		0.02
0.16				0.00	0.11			
	1.79			0.28			0.17	
					0.01			
		7.46		0.08	4.19	0.08		
		1.69						
					4.16	0.08		
		5.78						
				0.08	0.02			

3-6-1 文化及相关产业企业资产总计

单位：亿元

分组	资产总计	文化制造业企业	文化批发和零售业企业	文化服务业企业
合　计	**1737.59**	**583.05**	**175.75**	**978.79**
一、按登记注册类型分组				
内资企业	1524.74	486.56	168.82	869.36
国有企业	147.30	52.41	11.94	82.95
集体企业	24.32	16.14	2.74	5.44
股份合作企业	6.90	4.99	0.27	1.64
联营企业	5.77	5.04		0.74
国有联营企业	0.22	0.02		0.20
集体联营企业	0.20	0.02		0.19
国有与集体联营企业	0.00			0.00
其他联营企业	5.35	5.00		0.35
有限责任公司	630.76	198.15	54.30	378.31
国有独资公司	102.99	0.01	1.75	101.23
其他有限责任公司	527.77	198.14	52.55	277.08
股份有限公司	154.33	39.06	5.68	109.60
私营企业	507.72	166.84	91.69	249.19
私营独资企业	90.94	39.02	13.80	38.13
私营合伙企业	4.13	1.92	0.11	2.10
私营有限责任公司	397.53	120.67	75.80	201.06
私营股份有限公司	15.12	5.24	1.98	7.90
其他企业	47.64	3.94	2.20	41.50
港、澳、台商投资企业	27.69	9.27	1.01	17.41
与港澳台商合资经营企业	13.83	4.93	0.00	8.90
与港澳台商合作经营企业	0.12	0.10		0.02
港澳台商独资经营企业	13.69	4.24	0.95	8.50
港澳台商投资股份有限公司	0.05		0.05	0.00
其他港澳台投资企业				
外商投资企业	185.16	87.22	5.92	92.02
中外合资经营企业	40.73	22.81	0.53	17.39
中外合作经营企业	9.25	0.16		9.09
外资企业	103.38	55.09	4.74	43.56
外商投资股份有限公司	31.07	9.16	0.03	21.88
其他外商投资企业	0.10			0.10
二、按控股情况分组				
国有控股	582.20	197.29	25.05	359.86
集体控股	40.64	20.29	3.42	16.92
私人控股	821.24	268.66	132.54	420.04
港澳台商控股	18.41	8.22	0.42	9.78
外商控股	139.49	80.59	5.19	53.71
其他	135.61	8.01	9.13	118.48
三、按文化及相关产业类别分组				
(一) 文化产品的生产	1045.39	82.41	85.92	877.06
1、新闻出版发行服务	144.91		28.11	116.80
(1)新闻服务	9.32			9.32
(2)出版服务	107.48			107.48
(3)发行服务	28.11		28.11	
2、广播电视电影服务	29.83			29.83
(1)广播电视服务	4.01			4.01
(2)电影和影视录音服务	25.82			25.82
3、文化艺术服务	29.05			29.05
(1)文艺创作与表演服务	11.48			11.48
(2)图书馆与档案馆服务	0.33			0.33

3-6-1　续表　　　　单位：亿元

分　　组	资产总计	文　化 制造业企业	文化批发和 零售业企业	文　化 服务业企业
(3)文化遗产保护服务	1.36			1.36
(4)群众文化服务	1.04			1.04
(5)文化研究和社团服务	1.70			1.70
(6)文化艺术培训服务	6.97			6.97
(7)其他文化艺术服务	6.18			6.18
4、文化信息传输服务	122.89			122.89
(1)互联网信息服务	25.34			25.34
(2)增值电信服务(文化部分)	0.99			0.99
(3)广播电视传输服务	96.56			96.56
5、文化创意和设计服务	395.31			395.31
(1)广告服务	187.35			187.35
(2)文化软件服务	104.94			104.94
(3)建筑设计服务	75.59			75.59
(4)专业设计服务	27.44			27.44
6、文化休闲娱乐服务	183.19			183.19
(1)景区游览服务	67.88			67.88
(2)娱乐休闲服务	109.93			109.93
(3)摄影扩印服务	5.38			5.38
7、工艺美术品的生产	140.22	82.41	57.81	
(1)工艺美术品的制造	71.82	71.82		
(2)园林、陈设艺术及其他陶瓷制品的制造	10.59	10.59		
(3)工艺美术品的销售	57.81		57.81	
(二)文化相关产品的生产	692.20	500.64	89.83	101.73
8、文化产品生产的辅助生产	265.54	161.45	2.37	101.73
(1)版权服务	164.26	161.45		2.81
(2)印刷复制服务				
(3)文化经纪代理服务	1.80			1.80
(4)文化贸易代理与拍卖服务	2.37		2.37	
(5)文化出租服务	0.19			0.19
(6)会展服务	85.43			85.43
(7)其他文化辅助生产	11.50			11.50
9、文化用品的生产	344.24	274.26	69.98	
(1)办公用品的制造	2.98	2.98		
(2)乐器的制造	6.91	6.91		
(3)玩具的制造	2.02	2.02		
(4)游艺器材及娱乐用品的制造	2.46	2.46		
(5)视听设备的制造	206.13	206.13		
(6)焰火、鞭炮产品的制造	0.92	0.92		
(7)文化用纸的制造	36.51	36.51		
(8)文化用油墨颜料的制造	3.33	3.33		
(9)文化用化学品的制造	2.97	2.97		
(10)其他文化用品的制造	10.03	10.03		
(11)文具乐器照相器材的销售	47.21		47.21	
(12)文化用家电的销售	14.46		14.46	
(13)其他文化用品的销售	8.30		8.30	
10、文化专用设备的生产	82.42	64.93	17.49	
(1)印刷专用设备的制造	8.37	8.37		
(2)广播电视电影专用设备的制造	14.28	14.28		
(3)其他文化专用设备的制造	42.27	42.27		
(4)广播电视电影专用设备的批发	12.81		12.81	
(5)舞台照明设备的批发	4.68		4.68	

3-6-2 文化及相关产业“三上”企业资产总计

单位：亿元

分　　组	资产总计	规模以上文化制造业企业	限额以上文化批发和零售业企业	重点文化服务业企业
合　计	**1097.59**	**462.71**	**87.73**	**547.14**
一、按登记注册类型分组				
内资企业	933.02	390.57	82.43	460.02
国有企业	101.66	46.08	7.03	48.55
集体企业	15.44	11.01	1.96	2.47
股份合作企业	2.25	1.57		0.68
联营企业				
国有联营企业				
集体联营企业				
国有与集体联营企业				
其他联营企业				
有限责任公司	455.85	181.74	31.85	242.26
国有独资公司	76.85		0.27	76.58
其他有限责任公司	379.00	181.74	31.58	165.68
股份有限公司	138.39	36.78	2.07	99.54
私营企业	215.97	112.09	39.53	64.35
私营独资企业	25.96	20.98	4.44	0.54
私营合伙企业	1.59	1.59		
私营有限责任公司	181.65	86.46	34.37	60.81
私营股份有限公司	6.78	3.06	0.72	3.00
其他企业	3.46	1.30		2.16
港、澳、台商投资企业	14.90	6.80	0.40	7.70
与港澳台商合资经营企业	4.43	3.60		0.83
与港澳台商合作经营企业	0.10	0.10		
港澳台商独资经营企业	10.32	3.09	0.35	6.88
港澳台商投资股份有限公司	0.05		0.05	
其他港澳台投资企业				
外商投资企业	149.67	65.34	4.90	79.42
中外合资经营企业	23.72	9.79	0.39	13.55
中外合作经营企业	9.20	0.15		9.05
外资企业	92.87	53.41	4.51	34.95
外商投资股份有限公司	23.87	1.99		21.87
其他外商投资企业				
二、按控股情况分组				
国有控股	491.64	187.80	17.87	285.96
集体控股	20.21	13.35	1.99	4.87
私人控股	395.32	191.80	57.73	145.80
港澳台商控股	13.87	5.87	0.40	7.59
外商控股	113.28	59.29	4.90	49.10
其他	63.26	4.60	4.85	53.82
三、按文化及相关产业类别分组				
(一) 文化产品的生产	601.75	56.08	51.57	494.11
1、新闻出版发行服务	128.29		16.28	112.01
(1)新闻服务	9.26			9.26
(2)出版服务	102.75			102.75
(3)发行服务	16.28		16.28	
2、广播电视电影服务	16.33			16.33
(1)广播电视服务	2.62			2.62
(2)电影和影视录音服务	13.71			13.71
3、文化艺术服务	8.71			8.71
(1)文艺创作与表演服务	7.83			7.83
(2)图书馆与档案馆服务	0.20			0.20

3-6-2　续表　　　　单位：亿元

分　　组	资产总计	规模以上文化制造业企业	限额以上文化批发和零售业企业	重点文化服务业企业
(3)文化遗产保护服务	0.24			0.24
(4)群众文化服务				
(5)文化研究和社团服务				
(6)文化艺术培训服务	0.31			0.31
(7)其他文化艺术服务	0.13			0.13
4、文化信息传输服务	90.67			90.67
(1)互联网信息服务	12.69			12.69
(2)增值电信服务(文化部分)	0.50			0.50
(3)广播电视传输服务	77.48			77.48
5、文化创意和设计服务	178.28			178.28
(1)广告服务	34.83			34.83
(2)文化软件服务	87.02			87.02
(3)建筑设计服务	46.03			46.03
(4)专业设计服务	10.40			10.40
6、文化休闲娱乐服务	88.11			88.11
(1)景区游览服务	39.29			39.29
(2)娱乐休闲服务	48.42			48.42
(3)摄影扩印服务	0.40			0.40
7、工艺美术品的生产	91.36	56.08	35.29	
(1)工艺美术品的制造	46.16	46.16		
(2)园林、陈设艺术及其他陶瓷制品的制造	9.91	9.91		
(3)工艺美术品的销售	35.29		35.29	
(二)文化相关产品的生产	495.84	406.64	36.16	53.04
8、文化产品生产的辅助生产	155.67	102.63		53.04
(1)版权服务	102.63	102.63		
(2)印刷复制服务				
(3)文化经纪代理服务				
(4)文化贸易代理与拍卖服务				
(5)文化出租服务				
(6)会展服务	50.26			50.26
(7)其他文化辅助生产	2.78			2.78
9、文化用品的生产	266.32	243.23	23.09	
(1)办公用品的制造	1.64	1.64		
(2)乐器的制造	3.62	3.62		
(3)玩具的制造	0.43	0.43		
(4)游艺器材及娱乐用品的制造	0.46	0.46		
(5)视听设备的制造	187.80	187.80		
(6)焰火、鞭炮产品的制造	0.82	0.82		
(7)文化用纸的制造	34.38	34.38		
(8)文化用油墨颜料的制造	2.52	2.52		
(9)文化用化学品的制造	2.46	2.46		
(10)其他文化用品的制造	9.08	9.08		
(11)文具乐器照相器材的销售	14.22		14.22	
(12)文化用家电的销售	8.29		8.29	
(13)其他文化用品的销售	0.58		0.58	
10、文化专用设备的生产	73.85	60.78	13.07	
(1)印刷专用设备的制造	7.11	7.11		
(2)广播电视电影专用设备的制造	12.31	12.31		
(3)其他文化专用设备的制造	41.35	41.35		
(4)广播电视电影专用设备的批发	8.45		8.45	
(5)舞台照明设备的批发	4.62		4.62	

3-6-3 分地区文化及

分　　组	全省	沈阳市	大连市	鞍山市	抚顺市	本溪市
合　计	**1737.59**	**602.94**	**689.03**	**182.21**	**30.31**	**14.31**
一、按登记注册类型分组						
内资企业	1524.74	574.81	522.46	180.00	25.63	13.87
国有企业	147.30	72.81	46.14	6.97	2.55	3.92
集体企业	24.32	4.42	11.20	3.40	0.92	0.34
股份合作企业	6.90	1.68	3.86	0.22	0.54	0.00
联营企业	5.77	5.29	0.01	0.19	0.05	0.00
国有联营企业	0.22	0.05		0.00	0.00	
集体联营企业	0.20	0.01	0.00	0.18		0.00
国有与集体联营企业	0.00	0.00				
其他联营企业	5.35	5.23	0.00	0.00	0.05	
有限责任公司	630.76	241.86	256.38	41.41	14.99	2.77
国有独资公司	102.99	66.09	7.88	0.01	0.07	0.01
其他有限责任公司	527.77	175.78	248.50	41.40	14.92	2.76
股份有限公司	154.33	97.08	34.43	6.59	0.30	0.70
私营企业	507.72	147.04	165.32	88.81	5.78	5.03
私营独资企业	90.94	14.34	15.82	31.21	1.76	1.06
私营合伙企业	4.13	0.20	0.41	2.71	0.20	0.07
私营有限责任公司	397.53	127.12	143.40	53.17	3.66	3.36
私营股份有限公司	15.12	5.38	5.69	1.73	0.15	0.54
其他企业	47.64	4.62	5.11	32.42	0.51	1.10
港、澳、台商投资企业	27.69	8.53	14.50	1.79	0.28	0.08
与港澳台商合资经营企业	13.83	2.23	9.13	1.04	0.28	
与港澳台商合作经营企业	0.12	0.11	0.01			
港澳台商独资经营企业	13.69	6.19	5.36	0.71		0.08
港澳台商投资股份有限公司	0.05		0.00	0.05		
其他港澳台投资企业						
外商投资企业	185.16	19.59	152.06	0.42	4.41	0.37
中外合资经营企业	40.73	18.14	16.58	0.42	0.22	0.37
中外合作经营企业	9.25	0.16	8.99			
外资企业	103.38	1.26	97.35		4.18	
外商投资股份有限公司	31.07		29.08			
其他外商投资企业	0.10	0.03	0.07			
二、按企业控股情况分组						
国有控股	582.20	294.58	214.18	10.15	2.55	3.95
集体控股	40.64	8.23	22.54	3.85	0.51	0.38
私人控股	821.24	249.05	261.87	139.31	21.46	8.89
港澳台商控股	18.41	7.88	7.02	1.20	0.28	0.08
外商控股	139.49	14.66	112.63	0.42	4.20	0.08
其他	135.61	28.54	70.79	27.28	1.31	0.93
三、按文化及相关产业类别分组						
(一) 文化产品的生产	1045.39	377.51	369.27	140.86	18.17	11.09
1、新闻出版发行服务	144.91	111.04	21.11	7.11	0.70	0.40
(1)新闻服务	9.32	0.01	9.18			
(2)出版服务	107.48	93.95	8.55	2.82	0.53	0.01
(3)发行服务	28.11	17.08	3.38	4.28	0.17	0.40
2、广播电视电影服务	29.83	12.16	9.06	3.96	1.04	0.11
(1)广播电视服务	4.01	0.59	2.42	0.01	0.10	0.01
(2)电影和影视录音服务	25.82	11.57	6.64	3.95	0.94	0.10
3、文化艺术服务	29.05	11.54	5.48	9.52	0.15	0.33
(1)文艺创作与表演服务	11.48	8.45	1.70	0.66	0.05	0.15
(2)图书馆与档案馆服务	0.33	0.03	0.01	0.01	0.00	0.00

相关产业企业资产总计

单位：亿元

丹东市	锦州市	营口市	阜新市	辽阳市	盘锦市	铁岭市	朝阳市	葫芦岛市
21.39	**41.50**	**48.36**	**9.60**	**12.99**	**40.51**	**28.32**	**8.13**	**7.98**
16.54	40.82	47.26	9.60	12.99	36.71	28.02	8.13	7.91
5.19	3.21	3.42	0.83	0.19	0.57	0.23	0.64	0.63
0.51	0.58	0.55	1.19	0.24	0.59	0.17	0.01	0.17
0.16	0.24		0.00	0.00	0.18	0.01	0.00	0.01
0.20		0.01			0.02			0.01
0.17								
0.01								0.01
0.03		0.01			0.02			0.00
3.76	13.27	21.81	0.70	5.51	13.49	9.87	1.55	3.40
0.00	8.47	14.53	0.07		3.19		0.46	2.23
3.75	4.80	7.28	0.63	5.51	10.29	9.87	1.09	1.17
0.11	7.74	6.84	0.01	0.01	0.37	0.04		0.11
5.95	15.49	13.99	6.45	6.91	20.63	17.35	5.81	3.14
2.15	3.30	3.74	2.30	2.86	1.19	8.46	1.54	1.22
0.06	0.03	0.06		0.18	0.04	0.09	0.01	0.08
3.59	11.97	9.59	4.14	3.61	19.19	8.67	4.25	1.82
0.15	0.20	0.61	0.02	0.27	0.21	0.14	0.00	0.02
0.65	0.29	0.65	0.41	0.13	0.85	0.33	0.12	0.43
1.00		0.70		0.00	0.80		0.01	
0.44		0.70		0.00			0.01	
0.56					0.80			
3.85	0.68	0.40			3.00	0.31		0.07
1.75		0.17			3.00	0.00		0.07
	0.03	0.07						
0.10	0.02	0.16				0.30		
1.99								
6.09	12.56	22.04	1.11	2.99	5.97	2.18	0.97	2.87
0.73	0.86	0.55	1.19	0.27	0.89	0.17	0.11	0.35
8.79	27.28	24.14	6.97	9.58	28.33	24.31	6.90	4.35
0.83		0.31			0.80		0.00	
4.02	0.01	0.16			3.00	0.31		
0.93	0.78	1.15	0.32	0.15	1.52	1.35	0.15	0.41
12.50	28.81	28.49	8.32	10.73	17.95	8.77	6.60	6.34
0.62	0.52	0.42	0.77	0.25	0.46	0.50	0.89	0.12
							0.13	
0.31	0.38	0.03	0.22		0.05	0.27	0.35	
0.31	0.14	0.39	0.55	0.25	0.41	0.22	0.41	0.12
0.66	0.75	0.42	0.61	0.27	0.50	0.04	0.15	0.09
	0.00	0.26	0.59				0.02	
0.66	0.75	0.16	0.01	0.27	0.50	0.04	0.13	0.09
0.16	0.45	0.21	0.63	0.03	0.37	0.14	0.03	0.02
0.02	0.10	0.12	0.00	0.00	0.10	0.11	0.02	0.01
0.01	0.20	0.03	0.02	0.03			0.00	

3-6-3 续表

分组	全省	沈阳市	大连市	鞍山市	抚顺市	本溪市
(3)文化遗产保护服务	1.36	0.39	0.44			
(4)群众文化服务	1.04	0.18	0.20	0.39	0.08	
(5)文化研究和社团服务	1.70	0.19	0.67	0.82		0.02
(6)文化艺术培训服务	6.97	0.52	0.44	5.75	0.01	0.15
(7)其他文化艺术服务	6.18	1.77	2.03	1.90	0.01	0.01
4、文化信息传输服务	122.89	73.64	24.05	9.01	0.56	1.01
(1)互联网信息服务	25.34	3.87	12.46	8.22	0.01	0.17
(2)增值电信服务(文化部分)	0.99	0.54	0.00	0.42		
(3)广播电视传输服务	96.56	69.22	11.60	0.37	0.55	0.84
5、文化创意和设计服务	395.31	98.90	195.35	68.86	3.07	1.65
(1)广告服务	187.35	58.95	43.92	60.44	2.45	1.26
(2)文化软件服务	104.94	4.78	97.30	2.29	0.00	
(3)建筑设计服务	75.59	23.77	43.38	3.47	0.60	0.30
(4)专业设计服务	27.44	11.40	10.75	2.66	0.02	0.09
6、文化休闲娱乐服务	183.19	25.28	73.95	21.30	9.21	5.18
(1)景区游览服务	67.88	2.75	19.35	0.05	4.64	3.97
(2)娱乐休闲服务	109.93	21.24	54.03	18.25	4.55	1.15
(3)摄影扩印服务	5.38	1.29	0.58	3.00	0.02	0.07
7、工艺美术品的生产	140.22	44.96	40.26	21.11	3.44	2.39
(1)工艺美术品的制造	71.82	25.24	16.03	8.24	3.30	1.66
(2)园林、陈设艺术及其他陶瓷制品的制造	10.59	0.19	8.80			0.00
(3)工艺美术品的销售	57.81	19.53	15.43	12.87	0.13	0.73
(二)文化相关产品的生产	692.20	225.43	319.76	41.36	12.14	3.23
8、文化产品生产的辅助生产	265.54	90.27	114.01	16.03	9.75	1.59
(1)版权服务	164.26	64.40	44.48	12.75	9.54	1.53
(2)印刷复制服务						
(3)文化经纪代理服务	1.80	0.17	0.92	0.28	0.05	
(4)文化贸易代理与拍卖服务	2.37	0.72	1.12	0.31		
(5)文化出租服务	0.19	0.06	0.07	0.04		0.00
(6)会展服务	85.43	23.23	58.16	2.27	0.14	0.05
(7)其他文化辅助生产	11.50	1.70	9.25	0.38	0.01	
9、文化用品的生产	344.24	119.61	153.67	21.94	1.01	1.50
(1)办公用品的制造	2.98	0.10	1.38	0.58	0.10	0.02
(2)乐器的制造	6.91	0.13	2.78	0.09	0.04	
(3)玩具的制造	2.02	0.20	1.74			
(4)游艺器材及娱乐用品的制造	2.46	0.94	0.87	0.20	0.46	
(5)视听设备的制造	206.13	84.79	116.48		0.09	0.05
(6)焰火、鞭炮产品的制造	0.92		0.01			
(7)文化用纸的制造	36.51	0.26	7.55	2.98	0.03	0.07
(8)文化用油墨颜料的制造	3.33	2.62	0.30	0.20	0.02	
(9)文化用化学品的制造	2.97	0.42	0.98			
(10)其他文化用品的制造	10.03	3.09	4.19	0.20		0.03
(11)文具乐器照相器材的销售	47.21	20.09	9.25	12.49	0.13	0.17
(12)文化用家电的销售	14.46	3.87	5.04	3.71	0.05	1.07
(13)其他文化用品的销售	8.30	3.11	3.11	1.49	0.09	0.10
10、文化专用设备的生产	82.42	15.55	52.07	3.39	1.39	0.14
(1)印刷专用设备的制造	8.37	4.09	2.31	0.23	1.37	
(2)广播电视电影专用设备的制造	14.28	9.95	2.52	1.35		
(3)其他文化专用设备的制造	42.27	0.08	33.27			
(4)广播电视电影专用设备的批发	12.81	1.43	9.34	1.77	0.02	0.14
(5)舞台照明设备的批发	4.68	0.00	4.63	0.05		

单位：亿元

丹东市	锦州市	营口市	阜新市	辽阳市	盘锦市	铁岭市	朝阳市	葫芦岛市
	0.03		0.41		0.09		0.00	
	0.08	0.03	0.03		0.05			0.00
0.00								
0.00	0.02	0.02	0.00		0.04	0.02		0.01
0.12	0.03	0.03	0.17	0.00	0.09	0.01		
4.48	0.58	1.13	0.31	1.98	0.57	2.12	0.98	2.47
0.06	0.04	0.03	0.23	0.00	0.11	0.01		0.11
		0.01						0.02
4.42	0.54	1.08	0.08	1.98	0.46	2.10	0.98	2.34
1.12	10.45	7.48	0.64	2.12	1.62	2.02	0.80	1.23
0.79	9.04	6.25	0.42	1.42	1.17	0.16	0.64	0.44
0.09	0.13	0.28	0.02	0.02	0.01		0.01	
0.21	1.21	0.83	0.11	0.67	0.17	0.01	0.11	0.75
0.03	0.07	0.11	0.09	0.01	0.27	1.84	0.03	0.05
3.14	8.80	17.60	1.56	0.56	12.58	0.61	1.32	2.08
1.88	7.19	15.77	0.42	0.07	9.98	0.05	0.58	1.20
1.22	1.53	1.77	1.13	0.42	2.55	0.52	0.74	0.84
0.05	0.09	0.06	0.01	0.08	0.05	0.05	0.00	0.04
2.31	7.25	1.23	3.80	5.51	1.85	3.34	2.43	0.35
1.37	2.96	0.89	2.71	5.05	0.56	3.23	0.54	0.06
	0.01			0.03		0.01	1.55	
0.94	4.28	0.34	1.09	0.43	1.29	0.10	0.34	0.29
8.89	12.69	19.87	1.28	2.26	22.56	19.56	1.54	1.63
2.15	3.24	4.71	0.90	1.02	6.43	13.64	1.27	0.54
2.11	3.13	4.34	0.87	0.80	4.93	13.64	1.25	0.50
	0.03	0.30	0.02		0.01		0.00	0.01
		0.00		0.22				
		0.00			0.02		0.00	
0.03	0.03	0.02	0.01	0.00	1.45	0.00	0.00	0.02
0.00	0.05	0.06	0.01	0.00	0.02		0.02	0.01
5.99	9.45	6.59	0.37	1.22	15.83	5.86	0.12	1.09
0.03	0.01	0.06	0.01			0.68		
0.00		3.57	0.00			0.30		
0.07					0.01			
	0.01							
4.52	0.20	0.00						
0.05			0.01	0.82		0.01	0.02	
0.69	8.48	0.34	0.01		12.98	3.14		
0.06		0.08				0.05		
		1.57						
		0.05				1.57		0.90
0.38	0.48	0.78	0.31	0.13	2.65	0.12	0.08	0.15
0.05	0.22	0.07	0.02	0.24	0.07	0.00	0.02	0.03
0.13	0.06	0.06	0.01	0.02	0.12		0.00	0.01
0.75		8.57	0.01	0.03	0.30	0.06	0.16	0.01
0.04		0.33						
			0.01		0.26	0.05	0.16	
0.69		8.23						
0.02		0.01	0.00	0.03	0.04	0.01		0.01

3-6-4　分地区文化

分　　组	全省	沈阳市	大连市	鞍山市	抚顺市	本溪市
合　计	**1097.59**	**460.61**	**471.10**	**22.89**	**20.75**	**5.05**
一、按登记注册类型分组						
内资企业	933.02	447.86	329.98	22.78	16.12	4.78
国有企业	101.66	64.01	24.15	2.58	1.15	2.57
集体企业	15.44	2.06	10.47	0.81	0.41	
股份合作企业	2.25	0.60	1.50			
联营企业						
国有联营企业						
集体联营企业						
国有与集体联营企业						
其他联营企业						
有限责任公司	455.85	196.87	204.45	4.57	11.42	1.31
国有独资公司	76.85	56.51	7.33		0.07	
其他有限责任公司	379.00	140.36	197.11	4.57	11.35	1.31
股份有限公司	138.39	94.12	28.13	1.41		
私营企业	215.97	88.57	60.05	13.40	3.05	0.90
私营独资企业	25.96	5.44	1.62	6.97	0.81	0.06
私营合伙企业	1.59			1.43	0.16	
私营有限责任公司	181.65	79.28	56.07	4.95	2.03	0.84
私营股份有限公司	6.78	3.85	2.36	0.05	0.05	
其他企业	3.46	1.63	1.23		0.10	
港、澳、台商投资企业	14.90	6.36	6.76	0.05	0.28	
与港澳台商合资经营企业	4.43	1.88	1.61		0.28	
与港澳台商合作经营企业	0.10	0.10				
港澳台商独资经营企业	10.32	4.38	5.15			
港澳台商投资股份有限公司	0.05			0.05		
其他港澳台投资企业						
外商投资企业	149.67	6.39	134.36	0.06	4.36	0.27
中外合资经营企业	23.72	6.21	15.14	0.06	0.17	0.27
中外合作经营企业	9.20	0.15	8.99			
外资企业	92.87	0.03	88.35		4.18	
外商投资股份有限公司	23.87		21.87			
其他外商投资企业						
二、按企业控股情况分组						
国有控股	491.64	270.95	187.09	4.29	0.95	2.57
集体控股	20.21	3.92	13.19	0.82		
私人控股	395.32	157.49	122.60	16.63	14.39	2.45
港澳台商控股	13.87	5.99	6.48	0.05	0.28	
外商控股	113.28	1.87	103.12	0.06	4.18	
其他	63.26	20.40	38.62	1.04	0.94	0.03
三、按文化及相关产业类别分组						
(一) 文化产品的生产	601.75	292.85	222.80	19.14	10.67	4.02
1、新闻出版发行服务	128.29	102.71	19.16	2.18	0.47	0.36
(1)新闻服务	9.26		9.13			
(2)出版服务	102.75	91.62	8.21	1.34	0.47	
(3)发行服务	16.28	11.09	1.82	0.85		0.36
2、广播电视电影服务	16.33	7.85	6.85	0.39	0.38	
(1)广播电视服务	2.62		2.29		0.10	
(2)电影和影视录音服务	13.71	7.85	4.56	0.39	0.28	
3、文化艺术服务	8.71	7.95	0.43	0.02		
(1)文艺创作与表演服务	7.83	7.64	0.06	0.02		
(2)图书馆与档案馆服务	0.20					

产业“三上”企业资产总计

单位：亿元

丹东市	锦州市	营口市	阜新市	辽阳市	盘锦市	铁岭市	朝阳市	葫芦岛市
8.20	**24.37**	**24.98**	**3.62**	**6.33**	**21.07**	**22.35**	**2.84**	**3.42**
4.18	24.37	24.41	3.62	6.33	20.28	22.04	2.84	3.42
1.20	2.86	1.17	0.13	0.15	0.50	0.19	0.54	0.46
0.34	0.20	0.20	0.76	0.08		0.11		
	0.14							
1.12	2.81	11.58	0.41	5.29	5.69	7.52	0.41	2.41
	0.20	10.51						2.23
1.12	2.61	1.07	0.41	5.29	5.69	7.52	0.41	0.18
	7.74	6.69			0.30			
1.52	10.55	4.77	2.00	0.81	13.79	14.11	1.89	0.55
0.44	1.59	0.70	0.06	0.32	0.05	7.88	0.02	
1.08	8.79	4.07	1.95	0.33	13.75	6.09	1.87	0.55
	0.17			0.16		0.14		
	0.07		0.32			0.11		
0.27		0.39			0.79			
0.27		0.39						
					0.79			
3.75		0.18				0.30		
1.75		0.11						
		0.07						
						0.30		
1.99								
1.87	3.94	11.49	0.54	2.95	1.71	0.19	0.41	2.68
0.43	0.42	0.20	0.76	0.11		0.11	0.08	0.17
1.60	19.47	13.02	2.33	3.27	18.47	20.84	2.20	0.57
0.27					0.79			
3.75						0.30		
0.28	0.54	0.27			0.10	0.91	0.15	
3.81	13.38	12.48	3.62	5.29	4.31	3.50	2.83	3.05
0.55	0.47	0.30	0.48	0.15	0.23	0.30	0.85	0.08
							0.13	
0.31	0.37					0.11	0.32	
0.24	0.10	0.30	0.48	0.15	0.23	0.19	0.40	0.08
0.06	0.16	0.20	0.04		0.38		0.03	
		0.20	0.04					
0.06	0.16				0.38		0.03	
	0.27	0.04						
	0.07	0.04						
	0.20							

3-6-4 续表

分　　组	全省	沈阳市	大连市	鞍山市	抚顺市	本溪市
(3)文化遗产保护服务	0.24		0.24			
(4)群众文化服务						
(5)文化研究和社团服务						
(6)文化艺术培训服务	0.31	0.31				
(7)其他文化艺术服务	0.13		0.13			
4、文化信息传输服务	90.67	60.47	21.15	0.31	0.29	0.84
(1)互联网信息服务	12.69	1.96	10.55	0.18		
(2)增值电信服务(文化部分)	0.50	0.50				
(3)广播电视传输服务	77.48	58.01	10.60	0.12	0.29	0.84
5、文化创意和设计服务	178.28	58.10	113.65	2.94	0.98	
(1)广告服务	34.83	28.08	5.95	0.01	0.79	
(2)文化软件服务	87.02	4.55	82.44			
(3)建筑设计服务	46.03	20.13	20.27	2.93	0.20	
(4)专业设计服务	10.40	5.34	4.99			
6、文化休闲娱乐服务	88.11	19.74	38.83	2.35	6.58	1.53
(1)景区游览服务	39.29	1.73	14.79		2.58	1.50
(2)娱乐休闲服务	48.42	17.68	24.02	2.35	4.00	
(3)摄影扩印服务	0.40	0.33	0.02			0.03
7、工艺美术品的生产	91.36	36.03	22.74	10.96	1.96	1.28
(1)工艺美术品的制造	46.16	21.57	4.75	5.59	1.96	1.26
(2)园林、陈设艺术及其他陶瓷制品的制造	9.91		8.62			
(3)工艺美术品的销售	35.29	14.46	9.38	5.37		0.02
(二)文化相关产品的生产	495.84	167.76	248.30	3.75	10.09	1.03
8、文化产品生产的辅助生产	155.67	66.54	59.49	0.61	8.72	0.09
(1)版权服务	102.63	46.79	26.20	0.61	8.72	0.09
(2)印刷复制服务						
(3)文化经纪代理服务						
(4)文化贸易代理与拍卖服务						
(5)文化出租服务						
(6)会展服务	50.26	19.75	30.51			
(7)其他文化辅助生产	2.78		2.78			
9、文化用品的生产	266.32	87.77	138.53	3.14		0.92
(1)办公用品的制造	1.64		0.96			
(2)乐器的制造	3.62		2.24			
(3)玩具的制造	0.43	0.10	0.33			
(4)游艺器材及娱乐用品的制造	0.46	0.46				
(5)视听设备的制造	187.80	67.99	116.28			
(6)焰火、鞭炮产品的制造	0.82					
(7)文化用纸的制造	34.38		7.40	1.39		
(8)文化用油墨颜料的制造	2.52	2.43				
(9)文化用化学品的制造	2.46	0.42	0.80			
(10)其他文化用品的制造	9.08	2.98	4.17			
(11)文具乐器照相器材的销售	14.22	10.28	3.11	0.55		
(12)文化用家电的销售	8.29	2.67	3.19	1.20		0.92
(13)其他文化用品的销售	0.58	0.44	0.05			
10、文化专用设备的生产	73.85	13.45	50.28		1.37	0.03
(1)印刷专用设备的制造	7.11	3.54	2.02		1.37	
(2)广播电视电影专用设备的制造	12.31	9.77	2.23			
(3)其他文化专用设备的制造	41.35		33.20			
(4)广播电视电影专用设备的批发	8.45	0.14	8.22			0.03
(5)舞台照明设备的批发	4.62		4.62			

单位：亿元

丹东市	锦州市	营口市	阜新市	辽阳市	盘锦市	铁岭市	朝阳市	葫芦岛市
1.05	0.53	0.98		1.98	0.34		0.52	2.23
0.01								
1.04	0.53	0.98		1.98	0.34		0.52	2.23
0.18	1.19	0.11	0.03	0.26			0.10	0.73
	0.03							
0.18	1.16	0.04	0.03	0.26			0.10	0.73
		0.07						
0.74	6.23	10.37			1.75			
0.41	6.16	10.37			1.75			
0.33	0.05							
	0.02							
1.24	4.53	0.48	3.08	2.91	1.61	3.20	1.32	0.02
0.58	1.29	0.38	2.27	2.91	0.51	3.11		
							1.30	
0.66	3.24	0.10	0.81		1.10	0.09	0.02	0.02
4.39	10.99	12.50		1.04	16.76	18.85	0.02	0.37
0.05	2.37	1.45			3.24	13.12		
0.05	2.37	1.45			3.24	13.12		
4.33	8.62	2.71		1.01	13.22	5.68	0.02	0.37
						0.68		
		1.08				0.30		
3.54								
				0.82				
0.69	8.48	0.30			12.98	3.14		
		0.08						
		1.24						
						1.57		0.37
0.10				0.02	0.15			
	0.14			0.16			0.02	
					0.09			
		8.34		0.03	0.30	0.05		
		0.19						
					0.26	0.05		
		8.16						
				0.03	0.04			

3-7-1 分地区文化制造业企业数

单位：个

地 区	合计	文化制造业企业数	文化贸易企业数	文化服务业企业数
全 省	**22689**	**3226**	**3677**	**15786**
沈阳市	**7726**	**989**	**1549**	**5188**
和平区	1390	100	261	1029
沈河区	1697	142	353	1202
大东区	564	101	144	319
皇姑区	1177	123	224	830
铁西区	825	123	159	543
苏家屯区	134	34	12	88
东陵区	649	79	201	369
沈北新区	203	63	18	122
于洪区	348	95	45	208
辽中县	134	35	9	90
康平县	142	25	27	90
法库县	323	28	87	208
新民市	140	41	9	90
大连市	**6377**	**656**	**935**	**4786**
中山区	1059	30	216	813
西岗区	1060	48	201	811
沙河口区	1253	52	170	1031
甘井子区	978	162	101	715
旅顺口区	183	22	22	139
金州区	985	193	153	639
长海县	23		1	22
瓦房店市	237	32	16	189
普兰店市	311	66	33	212
庄河市	288	51	22	215
鞍山市	**1948**	**305**	**368**	**1275**
铁东区	707	43	155	509
铁西区	203	56	46	101
立山区	298	45	55	198
千山区	32	8	6	18
台安县	86	43	6	37
岫岩满族自治县	197	41	42	114
海城市	425	69	58	298
抚顺市	**629**	**155**	**71**	**403**
新抚区	161	27	26	108
东洲区	61	25	9	27
望花区	138	36	14	88
顺城区	132	40	9	83
抚顺县	35	3	3	29
新宾满族自治县	40	18	6	16
清原满族自治县	62	6	4	52
本溪市	**584**	**102**	**95**	**387**
平山区	206	21	34	151
溪湖区	57	20	3	34
明山区	151	33	22	96
南芬区	38	6	19	13
本溪满族自治县	49	4	6	39
桓仁满族自治县	83	18	11	54
丹东市	**621**	**173**	**74**	**374**
元宝区	187	55	20	112
振兴区	153	31	23	99
振安区	31	23	1	7
宽甸满族自治县	56	4	7	45
东港市	104	29	11	64
凤城市	90	31	12	47
锦州市	**760**	**127**	**90**	**543**
古塔区	170	17	17	136

3-7-1 续表

单位：个

地区	合计	文化制造业企业数	文化贸易企业数	文化服务业企业数
凌河区	173	30	27	116
太和区	139	29	14	96
黑山县	93	24	10	59
义县	38	6	6	26
凌海市	99	15	8	76
北镇市	48	6	8	34
营口市	**1044**	**195**	**122**	**727**
站前区	299	49	65	185
西市区	217	70	25	122
鲅鱼圈区	245	26	18	201
老边区	67	19	3	45
盖州市	83	17	4	62
大石桥市	133	14	7	112
阜新市	**649**	**118**	**60**	**471**
海州区	148	21	28	99
新邱区	53	7		46
太平区	84	17	12	55
清河门区	39	4		35
细河区	121	38	6	77
阜新蒙古族自治县	99	24	11	64
彰武县	105	7	3	95
辽阳市	**367**	**128**	**61**	**178**
白塔区	185	34	39	112
文圣区	18	13	2	3
宏伟区	36	19	7	10
弓长岭区	11	3		8
太子河区	51	43	3	5
辽阳县	38	9	5	24
灯塔市	28	7	5	16
盘锦市	**538**	**54**	**134**	**350**
双台子区	63	8	22	33
兴隆台区	375	38	103	234
大洼县	82	6	7	69
盘山县	18	2	2	14
铁岭市	**360**	**95**	**30**	**235**
银州区	101	16	11	74
清河区	27	19	2	6
铁岭县	21	13		8
西丰县	9			9
昌图县	101	18	11	72
调兵山市	16	5	2	9
开原市	85	24	4	57
朝阳市	**511**	**69**	**39**	**403**
双塔区	205	21	21	163
龙城区	31	7	2	22
朝阳县	30	3		27
建平县	57	7	5	45
喀喇沁左翼蒙古族自治县	53	12	4	37
北票市	68	9	3	56
凌源市	67	10	4	53
葫芦岛市	**575**	**60**	**49**	**466**
连山区	147	18	16	113
龙港区	118	9	15	94
南票区	14	1		13
绥中县	126	18	4	104
建昌县	66	4	3	59
兴城市	104	10	11	83

3-7-2 分地区文化制造业企业从业人员数

单位：人

地区	合计	文化制造业企业	文化贸易企业	文化服务业企业
全 省	**322529**	**108682**	**28759**	**185088**
沈阳市	**85726**	**25083**	**11933**	**48710**
和平区	22167	2538	1869	17760
沈河区	19111	1705	4975	12431
大东区	4834	2207	980	1647
皇姑区	8453	1607	1393	5453
铁西区	5460	1826	724	2910
苏家屯区	1137	520	39	578
东陵区	8429	4768	713	2948
沈北新区	3677	2435	51	1191
于洪区	2807	1728	154	925
辽中县	1986	1539	80	367
康平县	1859	1069	158	632
法库县	2910	687	678	1545
新民市	2896	2454	119	323
大连市	**134208**	**45206**	**6015**	**82987**
中山区	11585	792	1744	9049
西岗区	11071	668	918	9485
沙河口区	8407	353	625	7429
甘井子区	58059	12772	716	44571
旅顺口区	1634	387	80	1167
金州区	27682	19723	1309	6650
长海县	59		8	51
瓦房店市	7514	5927	190	1397
普兰店市	3180	1635	283	1262
庄河市	5017	2949	142	1926
鞍山市	**27505**	**5291**	**4322**	**17892**
铁东区	14840	603	2793	11444
铁西区	1684	795	309	580
立山区	2352	727	331	1294
千山区	228	72	40	116
台安县	1860	1560	54	246
岫岩满族自治县	1695	358	290	1047
海城市	4846	1176	505	3165
抚顺市	**8583**	**3670**	**420**	**4493**
新抚区	1187	176	148	863
东洲区	613	346	31	236
望花区	1868	801	58	1009
顺城区	2283	750	59	1474
抚顺县	233	69	10	154
新宾满族自治县	1887	1378	68	441
清原满族自治县	512	150	46	316
本溪市	**7879**	**2822**	**857**	**4200**
平山区	2442	615	342	1485
溪湖区	517	264	29	224
明山区	1258	333	116	809
南芬区	518	383	101	34
本溪满族自治县	1458	58	164	1236
桓仁满族自治县	1686	1169	105	412
丹东市	**9490**	**5237**	**635**	**3618**
元宝区	1643	684	198	761
振兴区	3880	2496	197	1187
振安区	557	500	5	52
宽甸满族自治县	610	28	33	549
东港市	1193	585	97	511
凤城市	1607	944	105	558
锦州市	11550	5479	650	5421
古塔区	1867	243	119	1505

3-7-2 续表

单位：人

地区	合计	文化制造业企业	文化贸易企业	文化服务业企业
凌河区	1663	455	198	1010
太和区	1430	319	55	1056
黑山县	2139	1719	107	313
义县	377	46	28	303
凌海市	2866	2422	78	366
北镇市	1208	275	65	868
营口市	**10579**	**4454**	**914**	**5211**
站前区	3112	1266	453	1393
西市区	2513	1705	143	665
鲅鱼圈区	1892	339	139	1414
老边区	1050	735	17	298
盖州市	895	272	99	524
大石桥市	1117	137	63	917
阜新市	**4107**	**1224**	**639**	**2244**
海州区	1396	167	290	939
新邱区	118	31		87
太平区	571	100	187	284
清河门区	115	27		88
细河区	580	281	19	280
阜新蒙古族自治县	932	551	97	284
彰武县	395	67	46	282
辽阳市	**3971**	**2063**	**424**	**1484**
白塔区	1525	199	220	1106
文圣区	521	490	8	23
宏伟区	212	141	35	36
弓长岭区	89	27		62
太子河区	751	723	13	15
辽阳县	545	268	89	188
灯塔市	328	215	59	54
盘锦市	**4825**	**1456**	**875**	**2494**
双台子区	400	88	112	200
兴隆台区	3044	697	742	1605
大洼县	758	151	19	588
盘山县	623	520	2	101
铁岭市	**6139**	**4753**	**268**	**1118**
银州区	1109	568	96	445
清河区	699	651	10	38
铁岭县	1026	968		58
西丰县	53			53
昌图县	416	106	75	235
调兵山市	456	274	32	150
开原市	2380	2186	55	139
朝阳市	**3821**	**1360**	**383**	**2078**
双塔区	1822	572	144	1106
龙城区	290	130	11	149
朝阳县	103	18		85
建平县	393	145	50	198
喀喇沁左翼蒙古族自治县	584	333	45	206
北票市	266	53	72	141
凌源市	363	109	61	193
葫芦岛市	**4146**	**584**	**424**	**3138**
连山区	937	183	186	568
龙港区	1612	175	72	1365
南票区	53	7		46
绥中县	681	117	43	521
建昌县	309	37	48	224
兴城市	526	65	47	414

3-7-3 分地区文化制造业企业主营业务收入

单位：亿元

地 区	合计	文化制造业企业	文化贸易企业	文化服务业企业
全 省	**1492.04**	**835.58**	**233.45**	**423.01**
沈阳市	**566.86**	**308.98**	**110.23**	**147.65**
和平区	131.67	29.22	14.63	87.82
沈河区	96.21	4.72	60.75	30.74
大东区	38.79	27.17	8.82	2.81
皇姑区	18.50	2.68	6.73	9.09
铁西区	18.45	4.46	9.38	4.62
苏家屯区	4.76	3.21	0.13	1.42
东陵区	104.57	96.28	4.15	4.14
沈北新区	67.84	65.12	0.59	2.12
于洪区	8.71	7.39	0.23	1.09
辽中县	18.51	18.02	0.18	0.30
康平县	10.62	9.72	0.23	0.68
法库县	12.36	6.71	3.05	2.60
新民市	35.85	34.27	1.36	0.21
大连市	**570.52**	**285.27**	**75.45**	**209.80**
中山区	43.76	3.63	22.18	17.96
西岗区	30.78	0.96	3.11	26.71
沙河口区	27.46	0.73	4.79	21.93
甘井子区	186.58	59.38	13.95	113.25
旅顺口区	3.90	1.97	0.12	1.81
金州区	173.40	128.21	28.40	16.79
长海县	0.20		0.01	0.19
瓦房店市	53.46	48.86	1.15	3.46
普兰店市	18.22	13.23	1.30	3.69
庄河市	32.76	28.31	0.45	4.01
鞍山市	**71.84**	**33.70**	**20.00**	**18.15**
铁东区	15.44	1.42	5.21	8.81
铁西区	7.34	3.95	2.22	1.16
立山区	5.22	1.79	1.78	1.65
千山区	0.69	0.43	0.12	0.15
台安县	11.76	11.14	0.34	0.28
岫岩满族自治县	6.42	2.12	3.55	0.75
海城市	24.98	12.84	6.77	5.36
抚顺市	**43.62**	**37.37**	**0.62**	**5.63**
新抚区	2.04	0.82	0.22	1.00
东洲区	2.69	1.28	0.04	1.37
望花区	13.95	13.22	0.10	0.63
顺城区	3.73	2.04	0.07	1.62

3-7-3　续表 1　　　　单位：亿元

地　区	合计	文化制造业企业	文化贸易企业	文化服务业企业
抚顺县	0.94	0.79	0.01	0.14
新宾满族自治县	16.66	16.15	0.12	0.40
清原满族自治县	3.61	3.09	0.06	0.46
本溪市	**17.09**	**7.43**	**3.03**	**6.64**
平山区	5.34	1.09	1.80	2.44
溪湖区	1.24	0.77	0.10	0.37
明山区	2.68	1.02	0.33	1.32
南芬区	1.73	1.46	0.26	0.01
本溪满族自治县	2.39	0.55	0.15	1.68
桓仁满族自治县	3.72	2.53	0.38	0.82
丹东市	**28.22**	**20.60**	**3.69**	**3.93**
元宝区	5.83	3.70	0.88	1.25
振兴区	10.10	7.66	1.16	1.28
振安区	1.46	1.42	0.00	0.04
宽甸满族自治县	0.45	0.01	0.11	0.33
东港市	3.72	1.96	1.34	0.42
凤城市	6.67	5.85	0.19	0.63
锦州市	**34.31**	**19.00**	**7.89**	**7.41**
古塔区	2.43	0.15	0.23	2.05
凌河区	6.56	0.29	4.62	1.66
太和区	1.57	0.63	0.08	0.86
黑山县	11.05	10.38	0.22	0.45
义县	0.40	0.02	0.07	0.32
凌海市	6.82	5.60	0.79	0.43
北镇市	5.47	1.93	1.89	1.65
营口市	**33.64**	**22.35**	**3.45**	**7.84**
站前区	9.95	5.60	2.32	2.03
西市区	9.52	8.25	0.29	0.97
鲅鱼圈区	4.24	1.02	0.45	2.78
老边区	5.75	5.20	0.07	0.47
盖州市	1.43	0.68	0.14	0.60
大石桥市	2.75	1.60	0.16	0.99
阜新市	**9.86**	**6.11**	**1.99**	**1.76**
海州区	1.61	0.17	0.54	0.91
新邱区	0.04	0.01		0.03
太平区	1.59	0.27	1.05	0.27
清河门区	0.51	0.46		0.06
细河区	0.29	0.15	0.04	0.10

3-7-3 续表 2

单位：亿元

地 区	合计	文化制造业企业	文化贸易企业	文化服务业企业
阜新蒙古族自治县	5.49	4.99	0.30	0.19
彰武县	0.34	0.07	0.07	0.20
辽阳市	**14.11**	**10.67**	**1.27**	**2.17**
白塔区	2.61	0.31	0.48	1.81
文圣区	2.31	2.25	0.04	0.02
宏伟区	0.25	0.16	0.07	0.02
弓长岭区	0.09	0.06		0.02
太子河区	2.18	2.18	0.00	0.00
辽阳县	1.70	1.05	0.38	0.27
灯塔市	4.98	4.66	0.30	0.02
盘锦市	**19.34**	**11.88**	**3.08**	**4.37**
双台子区	1.24	0.56	0.28	0.39
兴隆台区	8.19	2.27	2.71	3.21
大洼县	5.19	4.45	0.09	0.65
盘山县	4.72	4.60		0.12
铁岭市	**70.54**	**68.12**	**0.72**	**1.70**
银州区	9.57	8.87	0.22	0.48
清河区	11.94	11.93	0.00	0.02
铁岭县	6.86	5.92		0.94
西丰县	0.10			0.10
昌图县	0.28	0.05	0.15	0.09
调兵山市	5.71	5.59	0.08	0.04
开原市	36.08	35.76	0.28	0.04
朝阳市	**6.95**	**3.26**	**1.47**	**2.22**
双塔区	2.16	0.41	0.62	1.13
龙城区	0.35	0.18	0.03	0.14
朝阳县	0.40	0.06		0.34
建平县	0.43	0.16	0.15	0.12
喀喇沁左翼蒙古族自治县	2.11	1.90	0.11	0.10
北票市	0.50	0.04	0.41	0.06
凌源市	0.98	0.51	0.15	0.32
葫芦岛市	**5.13**	**0.83**	**0.56**	**3.73**
连山区	0.94	0.11	0.30	0.53
龙港区	2.56	0.27	0.06	2.23
南票区	0.03	0.00		0.02
绥中县	0.93	0.34	0.09	0.50
建昌县	0.27	0.05	0.02	0.20
兴城市	0.41	0.07	0.09	0.25

3-8-1　文化服务业事业单位主要指标

分　　组	法　人 单位数 (个)	从业人员 期末人数 (人)	单位费用 支　出 (亿元)	年末资产 (亿元)
合　计	**1763**	**44691**	**80.94**	**136.04**
一、按国民经济行业分组				
新闻业	39	614	1.57	1.24
图书出版	3	11	0.00	0.01
报纸出版	38	1077	1.36	1.74
期刊出版	36	203	0.14	0.13
音像制品出版				
电子出版物出版				
其他出版业	1	10	0.00	0.00
广播	43	1926	2.46	4.63
电视	139	12079	32.44	45.39
电影和影视节目制作	3	505	1.06	1.53
电影和影视节目发行	4	57	0.03	0.02
电影放映	42	261	0.08	0.18
录音制作	1	42	0.10	0.18
文艺创作与表演	66	1767	1.95	1.23
艺术表演场馆	27	1488	1.82	1.93
图书馆	120	2688	4.49	11.41
档案馆	95	905	1.28	1.67
文物及非物质文化遗产保护	65	1047	1.49	3.08
博物馆	70	2110	3.61	7.84
烈士陵园、纪念馆	38	660	0.84	3.16
群众文化活动	397	5148	6.56	9.25
社会人文科学研究	68	1236	2.11	2.11
专业性团体 *	67	338	0.15	0.09
文化艺术培训	12	239	0.17	0.26
其他未列明教育 *	26	457	0.77	1.00
其他文化艺术业	83	585	0.69	0.39
互联网信息服务	22	265	3.58	1.18
其他电信服务 *				
有线广播电视传输服务	54	1201	1.02	3.97
无线广播电视传输服务	44	1081	1.33	2.04
卫星传输服务 *				
广告业	5	44	0.01	0.02
软件开发 *				
数字内容服务 *				
工程勘察设计 *	17	203	1.18	0.78
专业化设计服务	5	71	0.07	0.18
公园管理	47	3107	3.41	8.98
游览景区管理	52	1993	3.07	6.85
野生动物保护 *	7	532	1.05	2.38
野生植物保护 *	6	299	0.52	9.88
歌舞厅娱乐活动				
电子游艺厅娱乐活动				
网吧活动	2	7	0.00	0.00

3-8-1 续表 1

分组	法人单位数(个)	从业人员期末人数(人)	单位费用支出(亿元)	年末资产(亿元)
其他室内娱乐活动	1	7	0.00	0.10
游乐园				
其他娱乐业				
摄影扩印服务	1	4	0.00	0.00
知识产权服务 *	4	9	0.00	0.00
文化娱乐经纪人				
其他文化艺术经纪代理				
娱乐及体育设备出租 *				
图书出租				
音像制品出租				
会议及展览服务	12	411	0.51	1.25
其他未列明商务服务业 *	1	4		
二、按文化及相关产业类别分组	1762	44687	80.94	136.04
(一) 文化产品的生产	1745	44263	80.43	134.79
1、新闻出版发行服务	116	1905	3.08	3.11
(1)新闻服务				
(2)出版服务	116	1905	3.08	3.11
(3)发行服务				
2、广播电视电影服务	232	14838	36.06	51.75
(1)广播电视服务	44	1936	2.46	4.63
(2)电影和影视录音服务	188	12902	33.60	47.12
3、文化艺术服务	1052	18125	25.35	43.20
(1)文艺创作与表演服务	67	1809	2.05	1.41
(2)图书馆与档案馆服务	147	4176	6.31	13.34
(3)文化遗产保护服务	230	4062	6.39	12.58
(4)群众文化服务	38	660	0.84	3.16
(5)文化研究和社团服务	465	6384	8.67	11.36
(6)文化艺术培训服务	79	577	0.32	0.35
(7)其他文化艺术服务	26	457	0.77	1.00
4、文化信息传输服务	203	3132	6.62	7.58
(1)互联网信息服务	83	585	0.69	0.39
(2)增值电信服务(文化部分)	22	265	3.58	1.18
(3)广播电视传输服务	98	2282	2.35	6.01
5、文化创意和设计服务	22	247	1.20	0.80
(1)广告服务				
(2)文化软件服务	5	44	0.01	0.02
(3)建筑设计服务				
(4)专业设计服务	17	203	1.18	0.78
6、文化休闲娱乐服务	120	6016	8.12	28.37
(1)景区游览服务	111	5703	7.60	18.39
(2)娱乐休闲服务	9	313	0.52	9.98
(3)摄影扩印服务				
7、工艺美术品的生产				
(1)工艺美术品的制造				
(2)园林、陈设艺术及其他陶瓷制品的制造				
(3)工艺美术品的销售				

3-8-1　续表 2

分　　组	法　人 单位数 (个)	从业人员 期末人数 (人)	单位费用 支　出 (亿元)	年末资产 (亿元)
(二)文化相关产品的生产	17	424	0.52	1.25
8、文化产品生产的辅助生产	17	424	0.52	1.25
(1)版权服务	1	4	0.00	0.00
(2)印刷复制服务				
(3)文化经纪代理服务	4	9	0.00	0.00
(4)文化贸易代理与拍卖服务				
(5)文化出租服务				
(6)会展服务				
(7)其他文化辅助生产	12	411	0.51	1.25
9、文化用品的生产				
(1)办公用品的制造				
(2)乐器的制造				
(3)玩具的制造				
(4)游艺器材及娱乐用品的制造				
(5)视听设备的制造				
(6)焰火、鞭炮产品的制造				
(7)文化用纸的制造				
(8)文化用油墨颜料的制造				
(9)文化用化学品的制造				
(10)其他文化用品的制造				
(11)文具乐器照相器材的销售				
(12)文化用家电的销售				
(13)其他文化用品的销售				
10、文化专用设备的生产				
(1)印刷专用设备的制造				
(2)广播电视电影专用设备的制造				
(3)其他文化专用设备的制造				
(4)广播电视电影专用设备的批发				
(5)舞台照明设备的批发				
三、按地区分组				
沈阳市	339	13157	35.53	46.86
大连市	183	5609	13.38	40.39
鞍山市	145	3721	6.53	10.50
抚顺市	56	1518	1.49	3.88
本溪市	73	1948	3.05	5.76
丹东市	139	2492	5.60	7.99
锦州市	144	2913	2.14	4.01
营口市	92	2367	1.77	3.15
阜新市	108	2053	1.31	1.76
辽阳市	95	1639	2.97	3.16
盘锦市	92	1585	1.40	1.75
铁岭市	127	1762	1.88	1.72
朝阳市	107	2493	2.37	3.24
葫芦岛市	63	1434	1.53	1.87

3-8-2 分地区文化服务业事业单位主要指标

地 区	法 人 单位数 (个)	从业人员 期末人数 (人)	单位费用 支 出 (亿元)	年末资产 (亿元)
全 省	**1763**	**44691**	**80.94**	**136.04**
沈阳市	**339**	**13157**	**35.53**	**46.86**
和平区	58	5742	22.76	20.82
沈河区	62	2445	4.94	7.41
大东区	26	438	0.46	2.11
皇姑区	74	2319	3.97	3.49
铁西区	14	120	0.20	0.36
苏家屯区	11	262	0.25	0.15
东陵区	14	493	1.85	10.90
沈北新区	12	132	0.15	0.34
于洪区	12	264	0.13	0.18
辽中县	8	158	0.30	0.37
康平县	17	253	0.23	0.22
法库县	16	132	0.09	0.26
新民市	15	399	0.19	0.25
大连市	**183**	**5609**	**13.38**	**40.39**
中山区	26	1088	1.24	3.31
西岗区	31	1186	2.74	6.44
沙河口区	17	935	5.29	16.14
甘井子区	6	158	0.23	0.33
旅顺口区	12	242	0.49	1.44
金州区	21	944	1.95	8.66
长海县	9	89	0.20	0.71
瓦房店市	12	303	0.50	0.50
普兰店市	35	314	0.35	0.69
庄河市	14	350	0.39	2.16
鞍山市	**145**	**3721**	**6.53**	**10.50**
铁东区	46	2281	4.59	8.66
铁西区	8	174	0.13	0.35
立山区	5	209	0.11	0.06
千山区	6	31	0.03	0.04
台安县	27	262	1.03	0.49
岫岩满族自治县	40	282	0.27	0.39
海城市	13	482	0.38	0.51
抚顺市	**56**	**1518**	**1.49**	**3.88**
新抚区	14	380	0.59	0.73
东洲区	6	116	0.13	0.33
望花区	5	69	0.08	0.18
顺城区	20	602	0.38	0.49

3-8-2　续表 1

地　区	法　人 单位数 (个)	从业人员 期末人数 (人)	单位费用 支　出 (亿元)	年末资产 (亿元)
抚顺县				
新宾满族自治县	5	183	0.06	1.24
清原满族自治县	6	168	0.26	0.92
本溪市	**73**	**1948**	**3.05**	**5.76**
平山区	11	578	0.53	1.45
溪湖区	5	36	0.03	0.05
明山区	11	648	1.31	2.38
南芬区	5	56	0.06	0.17
本溪满族自治县	18	386	0.43	1.18
桓仁满族自治县	23	244	0.69	0.54
丹东市	**139**	**2492**	**5.60**	**7.99**
元宝区	7	66	0.04	0.08
振兴区	27	878	4.00	3.79
振安区	11	50	0.04	0.03
宽甸满族自治县	48	457	0.20	0.93
东港市	26	534	0.66	0.39
凤城市	20	507	0.67	2.77
锦州市	**144**	**2913**	**2.14**	**4.01**
古塔区	10	982	0.71	1.60
凌河区	22	342	0.27	0.45
太和区	20	248	0.16	0.65
黑山县	32	423	0.40	0.75
义县	39	397	0.15	0.16
凌海市	13	295	0.17	0.11
北镇市	8	226	0.28	0.28
营口市	**92**	**2367**	**1.77**	**3.15**
站前区	41	1226	0.98	2.29
西市区	7	50	0.08	0.11
鲅鱼圈区	12	209	0.23	0.37
老边区	9	161	0.10	0.08
盖州市	13	519	0.20	0.18
大石桥市	10	202	0.18	0.12
阜新市	**108**	**2053**	**1.31**	**1.76**
海州区	24	991	0.49	0.37
新邱区	9	86	0.09	0.11
太平区	10	42	0.03	0.01
清河门区	9	35	0.01	0.00
细河区	22	313	0.20	0.26

3-8-2 续表 2

地 区	法 人 单位数 (个)	从业人员 期末人数 (人)	单位费用 支 出 (亿元)	年末资产 (亿元)
阜新蒙古族自治县	10	324	0.24	0.78
彰武县	24	262	0.23	0.22
辽阳市	**95**	**1639**	**2.97**	**3.16**
白塔区	35	895	1.08	0.70
文圣区	11	148	0.13	0.29
宏伟区	9	140	0.17	0.50
弓长岭区	6	112	0.19	0.48
太子河区	5	9	0.00	0.00
辽阳县	22	176	1.06	0.95
灯塔市	7	159	0.34	0.23
盘锦市	**92**	**1585**	**1.40**	**1.75**
双台子区	12	302	0.21	0.56
兴隆台区	26	658	0.78	0.72
大洼县	30	382	0.23	0.32
盘山县	24	243	0.18	0.15
铁岭市	**127**	**1762**	**1.88**	**1.72**
银州区	23	666	0.53	0.76
清河区	10	45	0.02	0.02
铁岭县	14	192	0.13	0.07
西丰县	4	41	0.91	0.59
昌图县	57	483	0.24	0.25
调兵山市	6	104	0.03	0.01
开原市	13	231	0.02	0.02
朝阳市	**107**	**2493**	**2.37**	**3.24**
双塔区	43	1294	1.11	1.57
龙城区	6	196	0.36	0.38
朝阳县				
建平县	12	334	0.25	0.63
喀喇沁左翼蒙古族自治县	11	171	0.21	0.09
北票市	22	316	0.27	0.29
凌源市	13	182	0.17	0.27
葫芦岛市	**63**	**1434**	**1.53**	**1.87**
连山区	12	212	0.13	0.10
龙港区	13	557	0.81	0.99
南票区	2	21	0.02	0.02
绥中县	14	209	0.18	0.52
建昌县	12	173	0.16	0.14
兴城市	10	262	0.22	0.10

附　录

主要指标解释及分类规定

主要指标解释

法人单位 是指有权拥有资产、承担负债，并独立从事社会经济活动（或与其他单位进行交易）的组织。法人单位应同时具备以下条件：

1.依法成立，有自己的名称、组织机构和场所，能够独立承担民事责任；

2.独立拥有（或授权使用）资产或者经费，承担负债，有权与其他单位签订合同；

3.具有包括资产负债表在内的账户，或者能够根据需要编制账户。

法人单位包括五种类型：企业法人、事业单位法人、机关法人、社会团体和其他成员组织法人、其他法人。

企业法人 是指依据《中华人民共和国公司登记管理条例》、《中华人民共和国企业法人登记管理条例》等国家法律和法规，经各级工商行政管理机关登记注册，领取《企业法人营业执照》的企业。包括：

1.公司制企业法人；

2.非公司制企业法人；

3.依据《中华人民共和国个人独资企业法》、《中华人民共和国合伙企业法》，经各级工商行政管理机关登记注册，领取《营业执照》的个人独资企业、合伙企业。

事业单位法人 是指经国务院或地方县级以上机构编制管理部门批准，经国家或地方县级以上事业单位登记管理部门登记或备案，领取《事业单位法人证书》，取得法人资格的事业单位。包括：

1.各级党委、政府直属事业单位；

2.中共中央、国务院直属事业单位举办的事业单位；

3.各级人大、政协机关，人民法院、人民检察院和各民主党派机关举办的事业单位；

4.各级党委部门和政府部门举办的事业单位；

5.使用财政性经费的群众团体举办的事业单位；

6.国有企业及其他组织利用国有资产举办的事业单位；

7.依照法律或有关规定，应当由各级登记管理机关登记的其他事业单位。

机关法人 是指各级政党机关和国家机关。包括：

1.县级以上各级中国共产党委员会及其所属各工作部门；

2.县级以上各级人民代表大会机关；

3.县级以上各级人民政府及其所属各工作部门，以及地区行政行署；

4.县级以上各级政治协商会议机关；

5.县级以上各级人民法院、检察院机关；

6.县级以上各民主党派机关；

7.乡、镇中国共产党委员会和人民政府。

社会团体法人 是指依据《社会团体登记管理条例》，经国家或县级以上民政部门登记注册或备案、领取《社会团体法人登记证书》的各类社会团体，以及由机构编制管理部门管理其编制的群众团体。包括：

1.社会团体法人；

2.群众团体法人；

其他法人 是指除上述类型以外的法人。是依据《中华人民共和国居民委员会组织法》、《中华人民共和国村民委员会组织法》、《民办非企业单位登记管理暂行条例》、《基金会管理条例》、《农民专业合作社登记管理条例》及其他法律、法规，依法成立，具备法人条件的单位。包括：

1.居民委员会和村民委员会；

2.基金会；

3.领取《民办非企业单位（法人）登记证书》的民办非企业单位；

4.宗教组织和活动场所；

5.农民专业合作社；

6.其他未列明法人单位。

单产业法人 是指包含一个产业活动单位的法人单位，称为单产业法人单位，该法人单位同是也是一个产业活动单位。

多产业法人 是由两个以上产业活动单位组成的法人单位，称为多产业法人单位，这些产业活动单位接受法人单位的管理和控制。

从业人员期末人数 指报告期末最后一日24时在本单位工作，并取得工资或其他形式劳动报酬的人员数。该指标为时点指标，不包括最后一日当天及以前已经与单位解除劳动合同关系的人员，是在岗职工、劳务派遣人员及其他从业人员之和。从业人员不包括：

1.离开本单位仍保留劳动关系，并定期领取生活费的人员；

2.利用课余时间打工的学生及在本单位实习的各类在校学生；

3.本单位因劳务外包而使用的人员，如：建筑业整建制使用的人员。

资产总计 指企业过去的交易或者事项形成的、由企业拥有或者控制的、预期会给企业带来经济利益的资源。资产一般按流动性（资产的变现或耗用时间长短）分为流动资产和非流动资产。其中流动资产可分为货币资金、交易性金融资产、应收票据、应收账款、预付款项、其他应收款、存货等；非流动资产可分为长期股权投资、固定资产、无形资产及其他非流动资产等。根据会计"资产负债表"中"资产总计"项目的期末余额数填报。

执行2006年《企业会计准则》的企业：资产总计=流动资产合计+非流动资产合计；未执行2006年《企业会计准则》企业的资产包括流动资产、长期投资、固定资产、无形资产和其他资产等。

分类规定

登记注册类型 指企业或企业产业活动单位的登记注册类型，工商行政管理部门对企业（单位）登记注册的类型分为以下几种：

1.国有企业：指企业全部资产归国家所有，并按《中华人民共和国企业法人登记管理条例》规定登记注册的非公司制的经济组织。不包括有限责任公司中的国有独资公司。

2.集体企业：指企业资产归集体所有，并按《中华人民共和国企业法人登记管理条例》规定登记注册的经济组织。

3.股份合作企业：指以合作制为基础，由企业职工共同出资入股，吸收一定比例的社会资产投资组建，实行自主经营，自负盈亏，共同劳动，民主管理，按劳分配与按股分红相结合的一种集体经济组织。

4.联营企业：指两个及两个以上相同或不同所有制性质的企业法人或事业单位法人，按自愿、平等、互利的原则，共同投资组成的经济组织。联营企业包括国有联营企业、集体联营企业、国有与集体联营企业和其他联营企业。

国有联营企业 指所有联营单位均为国有。

集体联营企业 指所有联营单位均为集体。

国有与集体联营企业 指联营单位既有国有也有集体。

其他联营企业 指上述三种联营企业之外的其他联营形式的企业。

5.有限责任公司：指根据《中华人民共和国公司登记管理条例》规定登记注册，由两个以上，五十个以下的股东共同出资，每个股东以其所认缴的出资额对公司承担有限责任，公司以其全部资产对其债务承担责任的经济组织。有限责任公司包括国有独资公司以及其他有限责任公司。

国有独资公司 指国家授权的投资机构或者国家授权的部门单独投资设立的有限责任公司。

其他有限责任公司 指国有独资公司以外的其他有限责任公司。

6.股份有限公司：指根据《中华人民共和国公司登记管理条例》规定登记注册，其全部注册资本由等额股份构成并通过发行股票筹集资本，股东以其认购的股份对公司承担有限责任，公司以其全部资产对其债务承担责任的经济组织。

7.私营企业：指由自然人投资设立或由自然人控股，以雇佣劳动为基础的营利性经济组织。包括按照《公司法》、《合伙企业法》、《私营企业暂行条例》以及《个人独资企业法》规定登记注册的私营独资企业、私营合伙企业、私营有限责任公司、私营股份有限公司和个人独资企业。

私营独资企业 指按《私营企业暂行条例》的规定，由一名自然人投资经营，以雇佣劳动为基础，投资者对企业债务承担无限责任的企业。

私营合伙企业 指按《合伙企业法》或《私营企业暂行条例》的规定，由两个以上自然人按照协议共同投资、共同经营、共负盈亏，以雇佣劳动为基础，对债务承担无限责任的企业。

私营有限责任公司 指按《公司法》、《私营企业暂行条例》的规定，由两个以上自然人投资或由单个自然人控股的有限责任公司。

私营股份有限公司 指按《公司法》的规定，由五个以上自然人投资，或由单个自然人控股的股份有限公司。

个人独资企业 指按《个人独资企业法》、《个人独资企业登记管理办法》的规定，由一个自然人投资，财产为投资人个人所有，投资人以其个人财产对企业债务承担无限责任的经营实体。个人独资企业填表时归入私营独资企业。

8.其他内资企业：指上述第（1）条至第（7）条之外的其他内资经济组织。

9.与港澳台商合资经营企业：指港澳台地区投资者与内地的企业依照《中华人民共和国中外合资经营企业法》及有关法律的规定，按合同规定的比例投资设立，分享利润和分担风险的企业。

10.与港澳台商合作经营企业：指港澳台地区投资者与内地企业依照《中华人民共和国中外合作经营企业法》及有关法律的规定，依照合作合同的约定进行投资或提供条件设立，分配利润、分担风险和亏损的企业。

11.港澳台商独资经营企业：指依照《中华人民共和国外资企业法》及有关法律的规定，在内地由港澳台地区投资者全额投资设立的企业。

12.港澳台商投资股份有限公司：指根据国家有关规定，经商务部（原外经贸部）批准设立，并且其中港、澳、台商的股本占公司注册资本的比例达 25%以上的股份有限公司。凡其中港、澳、台商的股本占公司注册资本的比例小于 25%的，属于内资中的股份有限公司。

13.其他港、澳、台商投资企业：指在中国境内参照《外国企业或个人在中国境内设立合伙企业管理办法》和《外商投资合伙企业登记管理规定》，依法设立的港、澳、台商投资合伙企业。

14.中外合资经营企业：指外国企业或外国人与中国内地企业依照《中华人民共和国中外合资经营企业法》及有关法律的规定，按合同规定的比例投资设立，分享利润和分担风险的企业。

15.中外合作经营企业：指外国企业或外国人与中国内地企业依照《中华人民共和国中外合作经营企业法》及有关法律的规定，依照合作合同的约定进行投资或提供条件设立，分配利润、分担风险和亏损的企业。

16.外资企业：指依照《中华人民共和国外资企业法》及有关法律的规定，在中国内地由外国投资者全额投资设立的企业。

17.外商投资股份有限公司：指根据国家有关规定，经商务部（原外经贸部）批准设立，并且其中外资的股本占公司注册资本的比例达25%以上的股份有限公司。凡其中外资股本占公司注册资本的比例小于25%的，属于内资中的股份有限公司。

18.其他外商投资企业：指在中国境内依照《外国企业或个人在中国境内设立合伙企业管理办法》和《外商投资合伙企业登记管理规定》，依法设立的外商投资合伙企业。

统计上大中小微型企业划分办法

一、根据工业和信息化部、国家统计局、国家发展改革委、财政部《关于印发中小企业划型标准规定的通知》(工信部联企业[2011]300 号)，结合统计工作的实际情况，特制定本办法。

二、本办法适用对象为在中华人民共和国境内依法设立的各种组织形式的法人企业或单位。个体工商户参照本办法进行划分。

三、本办法适用范围包括：农、林、牧、渔业，采矿业，制造业，电力、热力、燃气及水生产和供应业，建筑业，批发和零售业，交通运输、仓储和邮政业，住宿和餐饮业，信息传输、软件和信息技术服务业，房地产业，租赁和商务服务业，科学研究和技术服务业，水利、环境和公共设施管理业，居民服务、修理和其他服务业，文化、体育和娱乐业等 15 个行业门类以及社会工作行业大类。

四、本办法按照行业门类、大类、中类和组合类别，依据从业人员、营业收入、资产总额等指标或替代指标，将我国的企业划分为大型、中型、小型、微型等四种类型。具体划分标准见附表。

五、企业划分由政府综合统计部门根据统计年报每年确定一次，定报统计原则上不进行调整。

六、本办法自印发之日起执行，国家统计局 2003 年印发的《统计上大中小型企业划分办法（暂行）》（国统字[2003]17 号）同时废止。

附表：统计上大中小微型企业划分标准

行业名称	指标名称	计量单位	大型	中型	小型	微型
农、林、牧、渔业	营业收入(Y)	万元	Y≥20000	500≤Y＜20000	50≤Y＜500	Y＜50
工业 *	从业人员(X)	人	X≥1000	300≤X＜1000	20≤X＜300	X＜20
	营业收入(Y)	万元	Y≥40000	2000≤Y＜40000	300≤Y＜2000	Y＜300
建筑业	营业收入(Y)	万元	Y≥80000	6000≤Y＜80000	300≤Y＜6000	Y＜300
	资产总额(Z)	万元	Z≥80000	5000≤Z＜80000	300≤Z＜5000	Z＜300
批发业	从业人员(X)	人	X≥200	20≤X＜200	5≤X＜20	X＜5
	营业收入(Y)	万元	Y≥40000	5000≤Y＜40000	1000≤＜5000	Y＜1000
零售业	从业人员(X)	人	X≥300	50≤X＜300	10≤X＜50	X＜10
	营业收入(Y)	万元	Y≥20000	500≤Y＜20000	100≤Y＜500	Y＜100
交通运输业 *	从业人员(X)	人	X≥1000	300≤X＜1000	20≤X＜300	X＜20
	营业收入(Y)	万元	Y≥30000	3000≤Y＜30000	200≤Y＜3000	Y＜200
仓储业	从业人员(X)	人	X≥200	100≤X＜200	20≤X＜100	X＜20
	营业收入(Y)	万元	Y≥30000	1000≤Y＜30000	100≤Y＜1000	Y＜100
邮政业	从业人员(X)	人	X≥1000	300≤X＜1000	20≤X＜300	X＜20
	营业收入(Y)	万元	Y≥30000	2000≤Y＜30000	100≤Y＜2000	Y＜100
住宿业	从业人员(X)	人	X≥300	100≤X＜300	10≤X＜100	X＜10
	营业收入(Y)	万元	Y≥10000	2000≤Y＜10000	100≤Y＜2000	Y＜100
餐饮业	从业人员(X)	人	X≥300	100≤X＜300	10≤X＜100	X＜10
	营业收入(Y)	万元	Y≥10000	2000≤Y＜10000	100≤Y＜2000	Y＜100
信息传输业 *	从业人员(X)	人	X≥2000	100≤X＜2000	10≤X＜100	X＜10
	营业收入(Y)	万元	Y≥100000	1000≤＜100000	100≤Y＜1000	Y＜100
软件和信息技术服务业	从业人员(X)	人	X≥300	100≤X＜300	10≤X＜100	X＜10
	营业收入(Y)	万元	Y≥10000	1000≤Y＜10000	50≤Y＜1000	Y＜50
房地产开发经营	营业收入(Y)	万元	Y≥200000	1000≤＜200000	100≤Y＜1000	Y＜100
	资产总额(Z)	万元	Z≥10000	5000≤Z＜10000	2000≤＜5000	Z＜2000
物业管理	从业人员(X)	人	X≥1000	300≤X＜1000	100≤X＜300	X＜100
	营业收入(Y)	万元	Y≥5000	1000≤Y＜5000	500≤Y＜1000	Y＜500
租赁和商务服务业	从业人员(X)	人	X≥300	100≤X＜300	10≤X＜100	X＜10
	资产总额(Z)	万元	Z≥120000	8000≤＜120000	100≤Z＜8000	Z＜100
其他未列明行业 *	从业人员(X)	人	X≥300	100≤X＜300	10≤X＜100	X＜10

说明：

1.大型、中型和小型企业须同时满足所列指标的下限，否则下划一档；微型企业只须满足所列指标中的一项即可。

2.附表中各行业的范围以《国民经济行业分类》(GB/T4754-2011）为准。带*的项为行业组合类别，其中，工业包括采矿业，制造业，电力、热力、燃气及水生产和供应业；交通运输业包括道路运输业，水上运输业，航空运输业，管道运输业，装卸搬运和运输代理业，不包括铁路运输业；信息传输业包括电信、广播电视和卫星传输服务，互联网和相关服务；其他未列明行业包括科学研究和技术服务业，水利、环境和公共设施管理业，居民服务、修理和其他服务业，社会工作，文化、体育和娱乐业，以及房地产中介服务，其他房地产业等，不包括自有房地产经营活动。

3.企业划分指标以现行统计制度为准。

（1）从业人员，是指期末从业人员数，没有期末从业人员数的，采用全年平均人员数代替。

（2）营业收入，工业、建筑业、限额以上批发和零售业、限额以上住宿和餐饮业以及其他设置主营业务收入指标的行业，采用主营业务收入；限额以下批发与零售业企业采用商品销售额代替；限额以下住宿与餐饮业企业采用营业额代替；农、林、牧、渔业企业采用营业总收入代替；其他未设置主营业务收入的行业，采用营业收入指标。

（3）资产总额，采用资产总计代替。

文化及相关产业分类（2012）

一、目的和作用

（一）为深入贯彻落实党的十七届六中全会关于深化文化体制改革、推动社会主义文化大发展大繁荣的精神，建立科学可行的文化及相关产业统计制度，制定本分类。

（二）本分类为界定我国文化及相关单位的生产活动提供依据，为当前的社会主义文化建设、文化宏观管理提供参考，为文化及相关产业统计提供统一的定义和范围。

二、定义和范围

（一）定义

本分类规定的文化及相关产业是指为社会公众提供文化产品和文化相关产品的生产活动的集合。

（二）范围

根据以上定义，我国文化及相关产业的范围包括：

1．以文化为核心内容，为直接满足人们的精神需要而进行的创作、制造、传播、展示等文化产品（包括货物和服务）的生产活动；

2．为实现文化产品生产所必需的辅助生产活动；

3．作为文化产品实物载体或制作（使用、传播、展示）工具的文化用品的生产活动（包括制造和销售）；

4．为实现文化产品生产所需专用设备的生产活动（包括制造和销售）。

三、分类原则

（一）以《国民经济行业分类》为基础

本分类以《国民经济行业分类》（GB/T4754—2011）为基础，根据文化及相关单位生产活动的特点，将行业分类中相关的类别重新组合，是《国民经济行业分类》的派生分类。

（二）兼顾部门管理需要和可操作性

根据我国文化体制改革和发展的实际，本分类在考虑文化生产活动特点的同时，兼顾政府部门管理的需要；立足于现行的统计制度和方法，充分考虑分类的可操作性。

（三）与国际分类标准相衔接

本分类借鉴了联合国教科文组织的《文化统计框架—2009》的分类方法，在定义和覆盖范围上可与其衔接。

四、分类方法

本分类依据上述分类原则，将文化及相关产业分为五层。

第一层包括文化产品的生产、文化相关产品的生产两部分，用“第一部分”、“第二部分”表示；

第二层根据管理需要和文化生产活动的自身特点分为10个大类，用“一”、“二”……“十”表示；

第三层依照文化生产活动的相近性分为50个中类，在每个大类下分别用“（一）”、“（二）”、“（三）”……表示；

第四层共有120个小类，是文化及相关产业的具体活动类别，直接用《国民经济行业分类》（GB/T4754—2011）相对应行业小类的名称和代码表示。对于含有部分文化生产活动的小类，在其名称后用“*”标出。

第五层为带“*”小类下设置的延伸层。通过在类别名称前加“—”表示，不设代码和顺序号，其包含的活动内容在表2中加以说明。

五、文化及相关产业分类表

表 1　文化及相关产业的类别名称和行业代码

类 别 名 称	国民经济行业代码
第一部分　文化产品的生产	
一、新闻出版发行服务	
（一）新闻服务	
新闻业	8510
（二）出版服务	
图书出版	8521
报纸出版	8522
期刊出版	8523
音像制品出版	8524
电子出版物出版	8525
其他出版业	8529
（三）发行服务	
图书批发	5143
报刊批发	5144
音像制品及电子出版物批发	5145
图书、报刊零售	5243
音像制品及电子出版物零售	5244
二、广播电视电影服务	
（一）广播电视服务	
广播	8610
电视	8620
（二）电影和影视录音服务	
电影和影视节目制作	8630
电影和影视节目发行	8640
电影放映	8650
录音制作	8660
三、文化艺术服务	
（一）文艺创作与表演服务	
文艺创作与表演	8710
艺术表演场馆	8720
（二）图书馆与档案馆服务	
图书馆	8731
档案馆	8732
（三）文化遗产保护服务	
文物及非物质文化遗产保护	8740
博物馆	8750
烈士陵园、纪念馆	8760
（四）群众文化服务	
群众文化活动	8770
（五）文化研究和社团服务	
社会人文科学研究	7350
专业性团体（的服务）*	9421
—学术理论社会团体的服务	
—文化团体的服务	

续表 1

类 别 名 称	国民经济行业代码
（六）**文化艺术培训服务**	
文化艺术培训	8293
其他未列明教育 *	8299
—美术、舞蹈、音乐辅导服务	
（七）**其他文化艺术服务**	
其他文化艺术业	8790
四、文化信息传输服务	
（一）**互联网信息服务**	
互联网信息服务	6420
（二）**增值电信服务（文化部分）**	
其他电信服务 *	6319
—增值电信服务(文化部分）	
（三）**广播电视传输服务**	
有线广播电视传输服务	6321
无线广播电视传输服务	6322
卫星传输服务 *	6330
—传输、覆盖与接收服务	
—设计、安装、调试、测试、监测等服务	
五、文化创意和设计服务	
（一）**广告服务**	
广告业	7240
（二）**文化软件服务**	
软件开发 *	6510
—多媒体、动漫游戏软件开发	
数字内容服务 *	6591
—数字动漫、游戏设计制作	
（三）**建筑设计服务**	
工程勘察设计 *	7482
—房屋建筑工程设计服务	
—室内装饰设计服务	
—风景园林工程专项设计服务	
（四）**专业设计服务**	
专业化设计服务	7491
六、文化休闲娱乐服务	
（一）**景区游览服务**	
公园管理	7851
游览景区管理	7852
野生动物保护 *	7712
—动物园和海洋馆、水族馆管理服务	
野生植物保护 *	7713
—植物园管理服务	

续表 2

类　别　名　称	国民经济行业代码
（二）娱乐休闲服务	
歌舞厅娱乐活动	8911
电子游艺厅娱乐活动	8912
网吧活动	8913
其他室内娱乐活动	8919
游乐园	8920
其他娱乐业	8990
（三）摄影扩印服务	
摄影扩印服务	7492
七、工艺美术品的生产	
（一）工艺美术品的制造	
雕塑工艺品制造	2431
金属工艺品制造	2432
漆器工艺品制造	2433
花画工艺品制造	2434
天然植物纤维编织工艺品制造	2435
抽纱刺绣工艺品制造	2436
地毯、挂毯制造	2437
珠宝首饰及有关物品制造	2438
其他工艺美术品制造	2439
（二）园林、陈设艺术及其他陶瓷制品的制造	
园林、陈设艺术及其他陶瓷制品制造 *	3079
—陈设艺术陶瓷制品制造	
（三）工艺美术品的销售	
首饰、工艺品及收藏品批发	5146
珠宝首饰零售	5245
工艺美术品及收藏品零售	5246
第二部分　文化相关产品的生产	
八、文化产品生产的辅助生产	
（一）版权服务	
知识产权服务 *	7250
—版权和文化软件服务	
（二）印刷复制服务	
书、报刊印刷	2311
本册印制	2312
包装装潢及其他印刷	2319
装订及印刷相关服务	2320
记录媒介复制	2330
（三）文化经纪代理服务	
文化娱乐经纪人	8941
其他文化艺术经纪代理	8949
（四）文化贸易代理与拍卖服务	
贸易代理 *	5181
—文化贸易代理服务	
拍卖 *	5182
—艺（美）术品、文物、古董、字画拍卖服务	

续表 3

类 别 名 称	国民经济行业代码
（五）**文化出租服务**	
娱乐及体育设备出租 *	7121
—视频设备、照相器材和娱乐设备的出租服务	
图书出租	7122
音像制品出租	7123
（六）**会展服务**	
会议及展览服务	7292
（七）**其他文化辅助生产**	
其他未列明商务服务业 *	7299
—公司礼仪和模特服务	
—大型活动组织服务	
—票务服务	
九、文化用品的生产	
（一）**办公用品的制造**	
文具制造	2411
笔的制造	2412
墨水、墨汁制造	2414
（二）**乐器的制造**	
中乐器制造	2421
西乐器制造	2422
电子乐器制造	2423
其他乐器及零件制造	2429
（三）**玩具的制造**	
玩具制造	2450
（四）**游艺器材及娱乐用品的制造**	
露天游乐场所游乐设备制造	2461
游艺用品及室内游艺器材制造	2462
其他娱乐用品制造	2469
（五）**视听设备的制造**	
电视机制造	3951
音响设备制造	3952
影视录放设备制造	3953
（六）**焰火、鞭炮产品的制造**	
焰火、鞭炮产品制造	2672
（七）**文化用纸的制造**	
机制纸及纸板制造 *	2221
—文化用机制纸及纸板制造	
手工纸制造	2222
（八）**文化用油墨颜料的制造**	
油墨及类似产品制造	2642
颜料制造 *	2643
—文化用颜料制造	

续表 4

类　别　名　称	国民经济行业代码
（九）**文化用化学品的制造**	
信息化学品制造 *	2664
—文化用信息化学品的制造	
（十）**其他文化用品的制造**	
照明灯具制造 *	3872
—装饰用灯和影视舞台灯制造	
其他电子设备制造 *	3990
—电子快译通、电子记事本、电子词典等制造	
（十一）**文具乐器照相器材的销售**	
文具用品批发	5141
文具用品零售	5241
乐器零售	5247
照相器材零售	5248
（十二）**文化用家电的销售**	
家用电器批发 *	5137
—文化用家用电器批发	
家用视听设备零售	5271
（十三）**其他文化用品的销售**	
其他文化用品批发	5149
其他文化用品零售	5249
十、文化专用设备的生产	
（一）**印刷专用设备的制造**	
印刷专用设备制造	3542
（二）**广播电视电影专用设备的制造**	
广播电视节目制作及发射设备制造	3931
广播电视接收设备及器材制造	3932
应用电视设备及其他广播电视设备制造	3939
电影机械制造	3471
（三）**其他文化专用设备的制造**	
幻灯及投影设备制造	3472
照相机及器材制造	3473
复印和胶印设备制造	3474
（四）**广播电视电影专用设备的批发**	
通讯及广播电视设备批发 *	5178
—广播电视电影专用设备批发	
（五）**舞台照明设备的批发**	
电气设备批发 *	5176
—舞台照明设备的批发	

表 2　对延伸层文化生产活动内容的说明

序号	类别名称及代码		文化生产活动的内容
	小类	延伸层	
1	专业性团体（的服务）（9421）	学术理论社会团体的服务	包括党的理论研究、史学研究、思想工作研究、社会人文科学研究等团体的服务。
		文化团体的服务	包括新闻、图书、报刊、音像、版权、广播、电视、电影、演员、作家、文学艺术、美术家、摄影家、文物、博物馆、图书馆、文化馆、游乐园、公园、文艺理论研究、民族文化等团体的服务。
2	其他未列明教育(8299)	美术、舞蹈、音乐辅导服务	包括美术、舞蹈和音乐等辅导服务。
3	其他电信服务（6319）	增值电信服务(文化部分）	包括手机报、个性化铃音、网络广告等业务服务。
4	卫星传输服务(6330)	传输、覆盖与接收服务	包括卫星广播电视信号的传输、覆盖与接收服务。
		设计、安装、调试、测试、监测等服务	包括卫星广播电视传输、覆盖、接收系统的设计、安装、调试、测试、监测等服务。
5	软件开发(6510)	多媒体、动漫游戏软件开发	包括应用软件开发及经营中的多媒体软件和动漫游戏软件开发及经营活动。
6	数字内容服务(6591)	数字动漫、游戏设计制作	包括数字动漫制作和游戏设计制作等服务。
7	工程勘察设计(7482)	房屋建筑工程设计服务	包括房屋（住宅、商业用房、公用事业用房、其他房屋）建筑工程设计服务。
		室内装饰设计服务	包括住宅室内装饰设计服务和其他室内装饰设计服务。
		风景园林工程专项设计服务	包括各类风景园林工程专项设计服务。
8	野生动物保护(7712)	动物园和海洋馆、水族馆管理服务	包括动物园管理服务，放养动物园管理服务，鸟类动物园管理服务，海洋馆、水族馆管理服务。
9	野生植物保护(7713)	植物园管理服务	包括各类植物园管理服务。
10	园林、陈设艺术及其他陶瓷制品制造（3079）	陈设艺术陶瓷制品制造	包括室内陈设艺术陶瓷制品、工艺陶瓷制品、陶瓷壁画、陶瓷制塑像和其他陈设艺术陶瓷制品的制造。
11	知识产权服务（7250）	版权和文化软件服务	版权服务包括版权代理服务，版权鉴定服务，版权咨询服务，海外作品登记服务，涉外音像合同认证服务，著作权使用报酬收转服务，版权贸易服务和其他版权服务。文化软件服务指与文化有关的软件服务，包括软件代理、软件著作权登记、软件鉴定等服务。

续表

序号	类别名称及代码		文化生产活动的内容
	小类	延伸层	
12	贸易代理（5181）	文化贸易代理服务	包括文化用品、图书、音像、文化用家用电器和广播电视器材等国际国内贸易代理服务。
13	拍卖(5182)	艺（美）术品、文物、古董、字画拍卖服务	包括艺（美）术品拍卖服务，文物拍卖服务，古董、字画拍卖服务。
14	娱乐及体育设备出租(7121)	视频设备、照相器材和娱乐设备的出租服务	包括视频设备出租服务，照相器材出租服务，娱乐设备出租服务。
15	其他未列明商务服务业（7299）	公司礼仪和模特服务	公司礼仪服务包括开业典礼、庆典及其他重大活动的礼仪服务。模特服务包括服装模特、艺术模特和其他模特等服务。
		大型活动组织服务	包括文艺晚会策划组织服务，大型庆典活动策划组织服务，艺术、模特大赛策划组织服务，艺术节、电影节等策划组织服务，民间活动策划组织服务，公益演出、展览等活动的策划组织服务，其他大型活动的策划组织服务。
		票务服务	包括电影票务服务，文艺演出票务服务，展览、博览会票务服务。
16	机制纸及纸板制造(2221)	文化用机制纸及纸板制造	包括未涂布印刷书写用纸制造，涂布类印刷用纸制造，感应纸及纸板制造。
17	颜料制造(2643)	文化用颜料制造	包括水彩颜料、水粉颜料、油画颜料、国画颜料、调色料、其他艺术用颜料、美工塑型用膏等制造。
18	信息化学品制造(2664)	文化用信息化学品的制造	包括感光胶片的制造，摄影感光纸、纸板及纺织物制造，摄影用化学制剂、复印机用化学制剂制造，空白磁带、空白磁盘、空盘制造。
19	照明灯具制造(3872)	装饰用灯和影视舞台灯制造	包括装饰用灯（圣诞树用成套灯具、其他装饰用灯）和影视舞台灯的制造。
20	其他电子设备制造(3990)	电子快译通、电子记事本、电子词典等制造	包括电子快译通、电子记事本、电子词典等电子设备的制造。
21	家用电器批发(5137)	文化用家用电器批发	包括电视机、摄录像设备、便携式收录放设备、音响设备等的批发。
22	通讯及广播电视设备批发(5178)	广播电视电影专用设备批发	包括广播设备、电视设备、电影设备、广播电视卫星设备等的批发。
23	电气设备批发(5176)	舞台照明设备的批发	包括各类舞台照明设备的批发。